D1270882

L' ENCYCLOPÉDIE DE LA CUISINE
DE JEHANE BENOIT

L'ENCYCLOPÉDIE
DE LA
CUISINE
DE
JEHANE BENOIT

BRIMAR

ERPI

ÉDITIONS
DU RENOUVEAU
PÉDAGOGIQUE INC.

Coordination
Danièle Bourassa

Révision
Danièle Bourassa
Marie-Carole Daigle
France Giguère
Louise Malette
Catherine Passever

Correction d'épreuves et index
Pauline Coulombe-Côté

Direction artistique
Dufour & Fille

Directeur de production
André Thérien

Infographie
Philippe Morin

Photos
Studio Paul Martin

Films
Pré impression Trans-continentale inc.

Impression
Métropole Litho inc.

Nous tenons à remercier les commerçants qui ont participé à la réalisation de la couverture.

Arthur Quentin
Appareils ménagers M.L.
Boutiquatou
Ébénisterie Réal Moore

Dépot légal : 3e trimestre 1991
Bibliothèque nationale du Québec
Bibliothèque nationale du Canada

ISBN 2-7613-0664-3   1234567890 ML 987654321
                                              2100

IMPRIMÉ AU CANADA

TABLE DES MATIÈRES

RENSEIGNEMENTS GÉNÉRAUX	1
FINES HERBES, GRAINES AROMATIQUES ET ÉPICES	37
SAUCES FROIDES ET SAUCES CHAUDES	45
HORS-D'ŒUVRE ET CANAPÉS	77
SOUPES ET POTAGES	93
POISSONS ET FRUITS DE MER	121
BŒUF	161
VEAU	195
AGNEAU	217
PORC	237
VOLAILLE	273
GIBIER	317
PÂTES ALIMENTAIRES	335
ŒUFS	353
SANDWICHES	373

LÉGUMES 383

POMMES DE TERRE,
LÉGUMES SECS ET RIZ 447

FROMAGE 477

FRUITS 495

TARTES 513

GÂTEAUX 539

ENTREMETS SUCRÉS,
SAUCES DE DESSERT ET GLAÇAGES 569

CRÈMES GLACÉES ET SORBETS 611

BISCUITS 621

PAIN, BRIOCHES ET PÂTES ÉCLAIR 637

MARINADES ET CONDIMENTS 663

CONFITURES ET GELÉES 677

CONFISERIE 685

BOISSONS 695

PRÉFACE

À L'AUTOMNE 1989, je partis faire une randonnée à cheval dans les Rocheuses. Il n'y a pas meilleur moyen de locomotion pour pénétrer au cœur de ces montagnes dont la beauté est légendaire. Les parcours accidentés ont pour effet de creuser les estomacs les mieux lestés au départ, malgré l'apport d'un sandwich à l'heure du midi. L'arrivée au campement en fin d'après-midi a donc lieu dans la hâte de se présenter à la tente du cuisinier.

Ce dernier nous attendait tout souriant derrière ses casseroles fumantes. Bien équipée, sa cuisine. Fourneau à gaz, poêles et poêlons, tasses à mesurer, cuillers à pot, couteaux, planches à découper, herbes sèches en bocaux avoisinant les verres disposés sur une longue tablette portant en bout de course quatre ou cinq livres. Je reconnais l'*Encyclopédie de la cuisine de Jehane Benoit*. Je ressens, il va sans dire, un pincement de fierté. Le volume, malgré son poids et ses dimensions, avait trouvé place dans la caisse des objets essentiels que transporte un cheval de bât. Interrogé, notre cuisinier avoue que, sans l'encyclopédie, il perdrait sa bonne assurance.

Depuis la mort de mon épouse, je me rends compte de l'utilité quotidienne de son ouvrage. Et il y a autre chose. Ses méthodes, ses conseils, ses recettes reflètent sa personnalité, ce qui expliquerait pourquoi tant de personnes semblent la connaître, elle, aussi bien que son encyclopédie, compagne constante et sécurisante de leur cuisine. Il est vrai que des milliers d'entre elles l'ont effectivement rencontrée. Toutes lui reconnaissent le mérite d'avoir rassemblé et grossi notre bagage culinaire, et d'avoir inspiré les professsionnels de la cuisine tout autant que celles et ceux qui consultent cet ouvrage pour bien manger.

C'est pourquoi il me fait tant plaisir de voir aujourd'hui son encyclopédie revivre dans cette nouvelle édition. Je suis sûr que ce sera un plaisir largement partagé.

Bernard Benoit

L' IMPORTANCE D'UN SAVOIR CULINAIRE

SAVOIR CUISINER, c'est posséder un talent, mais c'est aussi avoir une bonne connaissance du rôle déterminant d'une alimentation saine et équilibrée dans le maintien de la santé.

La nourriture a une grande influence sur le développement du corps humain et, donc, sur le bien-être de nos enfants.

Nous savons qu'il existe différents procédés pour cultiver les légumes ou les fruits, différentes méthodes d'élevage pour les animaux de boucherie. De même en cuisine, il y a des règles de base, véritables fondations soutenant l'édifice entier. Apprendre à connaître et à comprendre ces règles permet de simplifier la vie quotidienne et de procurer aux siens santé et vitalité.

Connaître ces règles fondamentales, c'est aussi le plus sûr chemin pour apprendre à se nourrir sainement, à bien cuire les aliments utiles à notre subsistance et à composer des menus variés, évitant ainsi la monotonie. Dans cette encyclopédie de la cuisine, vous trouverez ces règles décrites dans chacun des chapitres.

J'ai la conviction qu'il est inutile de se procurer des recettes par centaines si l'on ne sait pas pourquoi il faut rôtir plutôt que braiser ou griller, c'est-à-dire si l'on ne connaît pas les principes fondamentaux de la cuisine. Combien de fois ai-je rencontré une personne ayant un vaste répertoire de recettes et qui pourtant commettait une faute aussi élémentaire que d'oublier de retirer les oeufs brouillés du feu avant la fin de la cuisson: ceux-ci continuent à cuire quelques secondes après avoir été retirés du feu.

J'espère donc que vous lirez et appliquerez sérieusement ces règles: elles vous faciliteront la vie. Par exemple, lorsque vous saurez préparer un rôti, vous saurez tous les cuire: les mêmes principes s'appliquent aux uns comme aux autres. Bien vite ces connaissances élargiront votre horizon et vous premettront d'innover.

Une cuisine originale et créative devient chose facile une fois que vous avez saisi tous ces principes qui sont à la base de l'art culinaire. À partir de ce moment, vous pouvez laisser aller votre imagination et improviser avec ce que j'appelle «la finesse et le flair en cuisine».

Voici un exemple de ce que j'entends par «finesse et flair». Une purée d'épinards ou un peu de pâte de tomates ajouté à une purée de pommes de terre vous donnera des pommes de terre vertes ou roses, chacune avec une saveur bien différente. C'est non seulement agréable à l'oeil, mais aussi au palais. Or la connaissance des principes fondamentaux de la cuisine vous permettra de prévoir que l'addition d'épinards va éclaircir la purée de pommes de terre: il faudra donc diminuer d'autant le liquide.

Votre sens artistique, doublé de ces connaissances, vous permettra d'observer, de prévoir et de donner libre cours à votre imagination. De plus, il vous dictera toujours des idées nouvelles à essayer.

Se nourrir est un des rares plaisirs dont nous puissions jouir durant toute notre existence.

Dans les jours de disette comme dans les jours d'abondance, la cuisine s'est enrichie jusqu'à devenir un art que l'on retrouve dans la poésie, la littérature et le folklore. Les légendes et les croyances concernant la cuisine, toujours pleines de charme, se sont transmises de génération en génération.

Avons-nous une cuisine canadienne? Oui, mais nous avons surtout une cuisine québécoise.

La cuisine d'un pays témoigne de sa géographie, de son histoire, de l'ingéniosité gourmande de son peuple et de ses atavismes. S'y ajoutent de longues périodes de tâtonnement et d'expérience.

Au Québec, la cuisine n'échappe pas à ce processus millénaire. Nous sommes de plus très fiers de ces tendances régionales qui sont à l'origine, chez nous comme ailleurs, de la richesse et de la variété d'une cuisine dont l'originalité et la simplicité sont le signe même de sa perfection.

Nos ancêtres ont rivalisé d'imagination pour adapter aux besoins ou aux nécessités du pays les plats venus de France, transmis de génération en génération. Ces plats ont évidemment subi de nombreuses transformations. Ils sont maintenant nôtres. Utilisant les ressources des forêts, des plaines, des lacs, des rivières, des fleuves et de la mer, selon les saisons, la cuisine du Québec est donc de tradition française mais d'inspiration canadienne.

Les Amérindiens apprirent aux colons français à fumer les viandes sous le wigwam, à griller le poisson enroulé sur les rondins d'érable, à trouver dans les bois le persil, la sarriette, le thym, les bleuets, les framboises blanches, les «herbes qui guérissent».

Les Jésuites s'aperçurent qu'un résidu sucré se déposait sur la viande de gibier, bouillie par l'Amérindien dans une eau de sève. Ce fut l'origine du sirop d'érable, ce délicieux dessert du Québec, que l'on déguste aussi sous forme de sucre, le sucre du terroir.

Les Canadiens sont friands de sarrasin, héritage breton. Les crêpes prennent chez nous le nom de galettes. On les mange parfois avec du beurre et du sucre, mais plus souvent avec de la mélasse. La cassonade, la mélasse et les épices furent apportées par les Anglais.

Autre influence bretonne: la grande miche de pain au levain de pommes de terre, cuite sur un feu de bois. Elle prit au Canada le nom de «pain sur la sole» car elle était cuite sur la sole de pierre d'un four chauffé avec du bois d'érable très sec. Ces fours à pain existent encore dans le Bas-Québec. On les construisait à côté de la maison. Quoi de meilleur qu'une grande tranche de pain de ménage grillée sur le «poêle à bois» et tartinée de bon beurre frais battu en crème légère?

Du Poitou nous avons gardé les cretons, les omelettes au lard, les beignets, les gâteaux au lard salé, les crêpes croustillantes et les crêpes à la reine. La Normandie nous a légué, entre autres, le canard aux pommes, la perdrix au chou, les crêpes aux pommes, le cou d'oie farci, les potées et les soupes et la compote à la citrouille.

Notre gibier et notre venaison font les délices de nos gourmets. Et tout d'abord, les exquis petits oiseaux de neige qui passent une fois l'an au-dessus de l'île d'Orléans, près de la ville de Québec: on n'en fait qu'une bouchée. La perdrix, grasse et savoureuse, est tout imprégnée du parfum des sapins et des baies de genièvre dont elle se nourrit; l'oie des neiges, plus fine et plus tendre que le meilleur canard; le chevreuil, l'orignal et même le castor dont les amateurs dégustent la queue en civet. Le lièvre est recherché après les premières vagues de froid et de neige: il est à ce moment-là plus ferme et rempli de la saveur du sapin dont il mange les bourgeons. Gibier et venaison sont apprêtés aux pommes, au chou, en pâté, en civet ou à la sauce brune du pays.

La cipaille, plat de Noël, est un exemple amusant de la transformation d'une recette d'origine anglaise. À l'époque coloniale, les Anglais mangeaient le «sea pie»: un plat composé de six couches de pâte garnies de poisson, de pommes de terre et d'oignons tranchés mince, le tout copieusement arrosé d'eau salée et cuit au four pendant plusieurs heures. Les Français du Canada en conclurent qu'il valait mieux appeler le «sea pie» anglais d'un nom qui indiquât bien sa composition, c'est-à-dire «six pâtes».

Il y avait là aussi un drôle de jeu de mots. Mais à la longue «six pâtes» se changea à son tour en cipaille, plus proche de l'appellation anglaise. La recette, cependant, s'en éloigne radicalement puisque la cipaille est un délicieux pâté de lard, de poulet, de lièvre et de perdrix, aromatisé de thym, de sarriette, d'oignon et de persil. Un bouillon bien corsé enrobe la pâte du fond et la vapeur aromatique qui s'en dégage cuit les autres rangs de pâte et de viande, au four, à feu doux, durant huit à douze heures. Un des régals gastronomiques du Québec.

Chez nous une gibelotte est l'équivalent de la bouillabaisse. Le nom manque d'attrait, mais non le plat. Un morceau de petit lard et des légumes parfumés mijotés dans une bonne quantité d'eau font le court-bouillon. On ajoute différents poissons entiers ou en morceaux, lorsque le petit lard est tendre. Après la cuisson, on sert la gibelotte dans des assiettes creuses, accompagnée de tranches de pain. La gibelotte est un mets de printemps.

La soupe aux pois est si typiquement canadienne-française que les Anglo-saxons donnent souvent ce nom à la population québécoise. On la connait et l'apprécie dans toute l'Amérique du Nord. Durant l'hiver, les habitants des campagnes en cuisaient de grandes quantités à la fois qu'ils congelaient ensuite au froid de l'atmosphère. Ils en cassaient au besoin un morceau pour le fondre lentement à feu doux. L'arôme qui s'en dégageait embaumait la cuisine d'un parfum robuste d'oignon, de lard, de pois et de sarriette.

Les fèves au lard ont une double origine franco-anglaise. Le colon français mijotait les haricots secs apportés de France avec de l'oignon et du thym sauvage, pour les manger seuls ou avec le gigot des grandes occasions. Les Anglais firent de même, mais en y ajoutant de la mélasse et du rhum. Le rhum disparut, la mélasse resta et, dès lors, la cuisson se fit dans un pot en terre cuite, que l'on fabriquait, à l'origine, dans le four à pain.

Le pâté au poulet québécois est préparé à partir d'une poule bien grasse et tendre, mijotée avec des aromates et quelques légumes. La viande cuite se détache des os. On l'enrobe d'une sauce ivoire, crémeuse et légère, qui sent bon le bouillon de poule bien réduit. On ajoute quelques pommes de terre noisette, des petits pois et des petits oignons. On verse le tout dans une terrine tapissée de pâte brisée. On recouvre de même pâte et l'on cuit dans un four moyen pour la dorer. La sauce répand son odeur appétissante. C'est le plat du Jour de l'An et des beaux dimanches en famille.

La tarte à la citrouille, peu connue en France, nous est venue de la Nouvelle-Angleterre. C'est un mets d'automne.

Il ne faut pas oublier le saumon et la truite de ruisseau. Le Québec estime avoir le meilleur saumon, celui de Gaspé, qui arrive sur nos marchés au mois de mai. Le Nouveau-Brunswick et la Colombie-Britannique réclament aussi le même honneur. C'est affaire de goût. Les petites truites, longues d'à peine 20 ou 25 cm (8 ou 10 po), sont grillées en papillottes à feu gai d'érable bien sec. On peut aussi les faire dorer dans un grand poêlon en fonte avec du gras de petit salé bien chaud et bien fumant. C'est la spécialité des guides de pêche qui ont, à juste titre, la réputation de bien cuire le poisson.

Notre cuisine est héritée de France et adaptée aux nécessités de notre environnement. C'est bien ce qui en fait une cuisine régionale, faite aussi d'intuition et de bon sens, une cuisine traditionnelle toujours indispensable aux grandes fêtes familiales. Le réveillon de Noël, par exemple, et le dîner du Jour de l'An sont toujours accompagnés de bons plats traditionnels: la bûche de Noël, garnie de crème au beurre et servie entourée de branches de sapin et de bouquets de houx;

la tourtière, servie chaude pour le réveillon — elle doit son nom aux jolis plats de faïence apportés au Canada par nos ancêtres et qui furent ensuite modelés dans des formes et des couleurs rappelant la nature canadienne; la soupe aux huîtres, fumante et parfumée — les huîtres du golfe du Saint-Laurent la rendent particulièrement savoureuse; la dinde rôtie, farcie aux pommes de terre; les canneberges en sauce; le plum-pudding — chaud et servi avec une sauce au beurre, un exemple de l'influence anglaise sur notre cuisine.

Vous trouverez des centaines de recettes dans l'*Encyclopédie de la cuisine*. J'espère qu'elles sauront vous donner le désir de développer votre personnalité culinaire, puisque chacun peut avoir le secret de petits plats inimitables. Le tour de main joue un rôle primordial et dépend lui-même du tour d'esprit et du caractère. Les nerveux ratent le bifteck parce qu'ils n'ont pas la patience d'attendre que le poêlon ou le beurre soit chaud à point. Les distraits servent dur un oeuf qu'ils voulaient mou. Et puis, les saveurs varient avec les ingrédients que chacun dose selon ses goûts et ses ressources. En somme, une recette est un thème sur lequel chacun improvise.

Mon plus sincère désir en écrivant ce livre fut de permettre à chacun de cuisiner selon ses possibilités et ses aptitudes. Plutôt que de manger à chaque repas de mauvais plats «bâclés», il vaut mieux concocter une fois par jour un mets réussi.

En Chine, un chef cuisinier est appelé «Dai See Fooh», ce qui veut dire «Grand maître des arts culinaires». On le traite avec tous les égards et la déférence dus à une si haute fonction et à une si vaste culture.

Aussi souvenez-vous que la réputation d'être un cuisinier ou une cuisinière émérite et inégalable vous sera acquise si vous possèdez une connaissance exacte des règles culinaires élémentaires et que vous y ajoutez des variations suggérées par l'imagination, la culture et votre sens artistique. Voilà ce que signifient «la finesse et le flair en cuisine». Peut-être serez-vous alors «Dai See Fooh» pour votre famille ou vos amis, avec toute la considération que cela comporte.

RENSEIGNEMENTS GÉNÉRAUX

COMMENT ÉQUIPER UNE CUISINE

Avant de commencer à décorer la cuisine, il faut l'aménager de façon intelligente et pratique, en fonction de ses besoins et de ses goûts. Et inutile de cacher ses ustensiles ! Au contraire, tout doit être à la portée de la main. Ainsi, cuisiner deviendra un plaisir plutôt qu'une corvée. Voici une liste d'ustensiles indispensables et pratiques que toute personne désirant cuisiner devrait posséder.

INDISPENSABLES

8 à 16 assiettes
8 à 16 tasses et soucoupes
8 à 16 bols à soupe
8 à 16 verres à eau
8 à 16 verres à vin rouge et blanc
8 à 16 verres à jus de fruits
8 à 16 cuillers à thé
8 à 16 cuillers à dessert
8 à 16 cuillers à soupe
8 à 16 fourchettes de table
8 à 16 fourchettes à dessert
8 à 16 couteaux de table
2 tasses à mesurer
1 ensemble de cuillers-mesure
1 ensemble de bols à mélanger
1 râpe
1 cafetière
3 cuillers de bois (de différentes grandeurs)
1 fouet en acier inoxydable
1 louche
2 spatules de caoutchouc
1 ouvre-boîte
1 décapsuleur
1 tire-bouchon
1 tamis
1 planche à pain
1 rouleau à pâtisserie
1 moule à muffins
1 moule à gâteau carré
1 moule à pain
2 moules à gâteaux ronds
1 plaque à biscuits
2 moules à tarte
1 couteau-éplucheur
1 batteur à main
1 pilon à pommes de terre
1 écumoire
1 brosse à légumes
2 passoires, une grande et une petite
1 entonnoir moyen
2 petits poêlons
2 petites casseroles
1 poêlon avec couvercle
1 sauteuse avec couvercle
1 grande casserole
1 cocotte
1 faitout
1 bain-marie
1 marmite
1 bouilloire
1 grande rôtissoire
1 lèchefrite
1 couteau à pain
1 couteau à découper
1 couteau à désosser
1 couteau de chef
1 paire de ciseaux de cuisine

PRATIQUES

8 à 16 assiettes à pain
8 à 16 assiettes à dessert
Plats de service
Légumier
Saucière
Saladier
Assiette à gâteau
Crémier et sucrier
Salière et poivrière de service
Beurrier
Chopes à café
Demi-tasses
(pour le café espresso)
Ramequins
8 verres à thé glacé
6 à 8 verres à whisky
8 verres à cocktail
6 à 8 assiettes et bols de verre pour dessert, soupe, fruits ou rince-doigts
6 à 8 verres à liqueur
6 à 8 verres à cognac
Flûtes ou tulipes à champagne (qui sont plus pratiques que les coupes)
Chopes à bière
Ensemble pour le punch
Ensemble pour cocktails de crustacés
6 à 8 couteaux à bifteck
Cuillers pour thé glacé
Couteaux à beurre
Cuillers pour demi-tasse
Fourchettes à crustacés
Couteaux et fourchettes à poisson
Couteaux et fourchettes à fruits
Ciseaux à raisins
Casse-noix
Passoire pour le thé
Couteau à dessert
Couteau à fromage
Pinces à homard
Mélangeur
Autocuiseur
Moulin à café électrique
Gaufrier
Batteur sur socle
Théière (faïence, porcelaine, etc.)
Cafetière (espresso, à piston, filtre, etc.)
Pichets à lait, à eau et à glace (en verre ou en porcelaine)
Thermos à glace
Carafes à vin, à whisky, à xérès
Mélangeur à cocktails
Plat à gratin
Moules à soufflé
Planche à découper
Casseroles de fantaisie
Soupière
Ravier pour les salades
Panier à pain
Panier à vin
Moulin à poivre
Service à fondue

L'ARITHMÉTIQUE DANS LA CUISINE

ÉQUIVALENCES DE POIDS ET DE MESURES

INGRÉDIENTS	POIDS	MESURES
Amandes entières	30 g (1 oz)	18 amandes
Bacon	500 g (1 lb)	22 à 26 tranches
Beurre	125 g (¼ lb)	125 mL (½ tasse)
Beurre	250 g (½ lb)	250 mL (1 tasse)
Beurre	500 g (1 lb)	500 mL (2 tasses)
Beurre, margarine ou graisse	30 g (1 oz)	30 mL (2 c. à soupe)
Cacao	500 g (1 lb)	1 L (4 tasses)
Carottes	500 g (1 lb)	5 à 10 carottes
Cassonade	30 g (1 oz)	15 mL (1 c. à soupe bien tassée)
Cassonade	500 g (1 lb)	675 mL (2¾ tasses bien tassées)
Cerises	500 g (1 lb)	675 mL (2¾ tasses) de cerises dénoyautées
Chocolat non sucré	30 g (1 oz)	1 carré
Dattes dénoyautées	500 g (1 lb)	500 mL (2 tasses)
Dattes dénoyautées	500 g (1 lb)	625 mL (2½ tasses) de dattes coupées
Farine	30 g (1 oz)	15 mL (1 c. à soupe)
Farine	500 g (1 lb)	1 L (4 tasses)
Farine de blé entier	500 g (1 lb)	875 mL (3½ tasses) de farine non tamisée
Farine de maïs	500 g (1 lb)	750 mL (3 tasses)
Farine de riz	30 g (1 oz)	15 mL (1 c. à soupe)
Farine tamisée	500 g (1 lb)	1,1 L (4½ tasses)
Fromage canadien	125 g (¼ lb)	250 mL (1 tasse) de fromage râpé
Fromage cottage	250 g (½ lb)	250 mL (1 tasse) ou 8 c. à soupe + 2 c. à thé
Fromage râpé	500 g (1 lb)	1 L (4 tasses)
Graisse végétale	500 g (1 lb)	625 mL (2½ tasses)
Guimauves	125 g (¼ lb)	15 guimauves
Légumes secs	500 g (1 lb)	500 mL (2 tasses)
Macaroni	500 g (1 lb)	2 L (8 tasses) macaroni cuit
Mélasse	500 g (1 lb)	325 mL (1⅓ tasse)
Noix écalées	500 g (1 lb)	750 mL à 1 L (3 à 4 tasses) de noix hachées
Noix hachées	125 g (¼ lb)	250 mL (1 tasse)
Noix non écalées	500 g (1 lb)	500 mL (2 tasses)
Oignons	500 g (1 lb)	4 à 8 oignons
Pêches	500 g (1 lb)	625 mL (2½ tasses) de pêches cuites
Petits pois	500 g (1 lb)	250 mL (1 tasse) de pois écossés
Poires	500 g (1 lb)	625 mL (2½ tasses) de poires cuites
Poulet désossé	2,3 kg (5 lb)	1,1 L (4½ tasses)
Prunes	500 g (1 lb)	1 L (4 tasses) de prunes cuites
Raisins secs	30 g (1 oz)	15 mL (1 c. à soupe)
Rhubarbe	500 g (1 lb)	500 mL (2 tasses) de rhubarbe cuite
Riz	500 g (1 lb)	500 mL (2 tasses)
Riz	500 g (1 lb)	1,5 L (6 tasses) de riz cuit
Semoule de blé	30 g (1 oz)	15 mL (1 c. à soupe)
Spaghetti	500 g (1 lb)	2 L (8 tasses) de spaghetti cuit
Sucre	30 g (1 oz)	15 mL (1 c. à soupe rase)
Sucre	500 g (1 lb)	550 mL (2¼ tasses)
Sucre à glacer	30 g (1 oz)	15 mL (1 c. à soupe)
Sucre à glacer	500 g (1 lb)	1 L (4 tasses)
Tomates	500 g (1 lb)	3 tomates moyennes

ÉQUIVALENCES DE QUANTITÉS ET DE MESURES

QUANTITÉS	MESURES
1 ananas	625 à 750 mL (2½ à 3 tasses) d'ananas coupé en dés
3 bananes moyennes tranchées	625 mL (2½ tasses)
11 biscuits Graham écrasés	250 mL (1 tasse)
7 biscuits soda	250 mL (1 tasse)
8 à 10 blancs d'œufs	250 mL (1 tasse)
250 mL (1 tasse) de crème à 35 %	500 mL (2 tasses) de crème fouettée
12 à 14 jaunes d'œufs	250 mL (1 tasse)
jus d'un citron	45 à 60 mL (3 à 4 c. à soupe)
jus d'une orange	90 à 120 mL (6 à 8 c. à soupe)
5 œufs entiers	250 mL (1 tasse)
30 petits biscuits secs écrasés	250 mL (1 tasse)
3 pommes moyennes tranchées	750 mL (3 tasses)
3 pommes de terre moyennes tranchées	750 mL (3 tasses)
450 g (15 oz) de raisins secs	625 mL (2½ tasses)
zeste d'un citron	7 mL (1½ c. à thé)
zeste d'une orange	15 mL (1 c. à soupe)

ÉQUIVALENCES DES TEMPÉRATURES DU FOUR EN FAHRENHEIT ET EN CELSIUS

FAHRENHEIT	CELSIUS
150°F	70°C
200°F	100°C
250°F	120°C
275°F	140°C
300°F	150°C
325°F	160°C
350°F	180°C
365°F	185°C
375°F	190°C
400°F	200°C
425°F	220°C
450°F	230°C
475°F	240°C
500°F	260°C
525°F	270°C
550°F	290°C

ÉQUIVALENCES DES MESURES IMPÉRIALES ET MÉTRIQUES

1 c. à thé	5 mL	⅘ tasse	200 mL
3 c. à thé	15 mL	1 tasse	250 mL
1 c. à soupe	15 mL	2 tasses	500 mL
2 c. à soupe	30 mL	3 tasses	750 mL
3 c. à soupe	45 mL	4 tasses	1 L
4 c. à soupe	60 mL	1 oz	30 g
¼ tasse	50 mL	¼ lb	125 g
⅓ tasse	75 mL	⅓ lb	150 g
½ tasse	125 mL	½ lb	250 g
⅔ tasse	150 mL	¾ lb	375 g
¾ tasse	175 mL	1 lb	500 g

DIMENSIONS DES MOULES

MOULES À GÂTEAUX RONDS

20 x 3 cm (8 x 1¼ po)
20 x 4 cm (8 x 1½ po)
23 x 4 cm (9 x 1½ po)

MOULES À GÂTEAUX CARRÉS

20 x 20 x 5 cm (8 x 8 x 2 po)
23 x 23 x 5 cm (9 x 9 x 2 po)

MOULES À PAIN

23 x 13 x 8 cm (9 x 5 x 3 po)
25 x 13 x 8 cm (10 x 5 x 3 po)
25 x 15 x 5 cm (10 x 6 x 2 po)
27,5 x 18 x 4 cm (11 x 7 x 1½ po)
30 x 20 x 5 cm (12 x 8 x 2 po)
32,5 x 23 x 5 cm (13 x 9 x 2 po)

PLAQUE À GÂTEAU ROULÉ

39 x 25 x 2,5 cm (15½ x 10 x 1 po)

MOULES À CHEMINÉE
(gâteau de Savoie, gâteau des anges)

23 x 9 cm (9 x 3½ po)
25 x 10 cm (10 x 4 po)

MOULES À GÂTEAUX INDIVIDUELS

6 x 3 cm (2½ x 1¼ po)
8 x 4 cm (3 x 1½ po)

MOULES À FOND AMOVIBLE

23 x 8 cm (9 x 3 po)

MOULES À TARTE

10 cm (4 po)
13 cm (5 po)
15 cm (6 po)
18 cm (7 po)
20 cm (8 po)
23 cm (9 po)

MOULES ANNULAIRES
(pour les aspics et les gelées)

750 mL à 2,75 L (3 tasses à 11 tasses)
1,2 L à 3 L (5 tasses à 12 tasses)

CAPACITÉ DES MOULES EN VOLUME MÉTRIQUE

MOULES	VOLUME MÉTRIQUE
Moules ou plats	2 L
	2,5 L
	3 L
	3,5 L
	4 L
	5 L
Moules ronds (gâteau étagé)	1,2 L
	1,5 L
Moules à fond amovible	1,5 L
	3 L
	4,5 L
Moules à cheminée (gâteau de Savoie)	2 L
	3 L
Plaques à gâteau roulé	1 L
	2 L
Plats	500 mL
	750 mL
	1 L
	1,5 L
	2 L
	2,5 L
	3 L
	4 L
Ramequins	150 mL
	200 mL
	250 mL
	300 mL
	500 mL
	750 mL
Moules à pain	1,5 L
	2 L
	3 L
Plat à tarte	1 L

LES PRINCIPES DE BASE D'UNE SAINE ALIMENTATION

Pour bien manger, nul besoin de recourir uniquement aux aliments naturels ou de prendre chaque jour des suppléments alimentaires de toutes sortes. Manger sainement n'est pas si sorcier ! Il suffit de consommer régulièrement des aliments variés riches en éléments nutritifs, sans nécessairement dire adieu pour toujours aux petites douceurs. Inutile de remplacer son gâteau d'anniversaire par une salade de fruits frais, sous prétexte de vouloir acquérir de bonnes habitudes alimentaires… D'ailleurs, comme le dit si bien le dicton, «une fois n'est pas coutume».

🍃 Les principes de base d'une saine alimentation sont fort simples. En suivant les recommandations ci-dessous, la plupart des gens pourront combler leurs besoins nutritifs et énergétiques. L'important c'est de manger chaque jour des aliments provenant de chacun des groupes alimentaires suivants :

lait et produits laitiers
viande, poisson, volaille
et substituts
pains et céréales
fruits et légumes

🍃 Dans le groupe **lait et produits laitiers**, les portions suggérées varient en fonction de l'âge et des besoins en calcium, en vitamine D et en protéines. Ainsi, on recommande deux à trois portions par jour pour les enfants qui ont moins de 11 ans, trois à quatre portions pour les adolescents, les femmes enceintes et les mères qui allaitent, et deux portions pour les adultes. Une portion du groupe lait et produits laitiers équivaut à 250 mL (1 tasse) de lait, 175 mL (¾ tasse) de yogourt, ou 45 g (1½ oz) de fromage.

🍃 Pour le groupe **viande, poisson, volaille et substituts**, on recommande deux portions par jour. Voici quelques exemples d'une portion : 60 à 90 g (2 à 3 oz) de viande maigre, de poisson, de volaille ou de foie (après la cuisson), 2 œufs, ou encore 250 mL (1 tasse) de lentilles cuites.

🍃 Contrairement aux protéines d'origine animale, les protéines d'origine végétale (légumineuses par exemple) sont incomplètes car elles ne renferment pas tous les acides aminés essentiels à l'organisme. Les acides animés sont les principales composantes des protéines. Or, le corps humain peut fabriquer la plupart des acides aminés à l'exception de huit d'entre eux. Seule la consommation de certains aliments nous fournira les acides aminés manquants.

🍃 Il est possible d'obtenir tous les acides aminés en associant au moins deux protéines. Par exemple, on peut ajouter des protéines animales aux protéines végétales (macaroni au saumon, chili con carne), ou manger au cours du même repas au moins deux types de protéines végétales, qui ensemble fourniront les acides aminés essentiels (fèves au lard avec du pain, salade de haricots de lima et amandes).

🍃 Pour le groupe **pains et céréales**, on recommande trois à cinq portions par jour. Les portions varient selon les besoins énergétiques. Par exemple, un employé de bureau peu actif physiquement pourrait consommer trois portions par jour pendant la semaine, et cinq portions la fin de semaine, au cours de ses randonnées pédestres. Exemples d'une portion : 1 tranche de pain ou 1 petit pain, 125 à 175 mL (½ à ¾ tasse) de pâtes alimentaires ou de riz cuit.

🍃 Pour le dernier groupe, **fruits et légumes**, on recommande quatre à cinq portions par jour, dont au moins deux portions de légumes. Une portion équivaut à 125 mL (½ tasse) de légumes ou de fruits (frais, congelés ou en conserve), 125 mL (½ tasse) de jus de légumes ou de fruits, une pomme de terre, une tomate ou encore une pêche.

🍃 Attention aux jus de fruits, il faut s'assurer qu'il s'agit vraiment de jus pur et non pas de punch, de boissons aux fruits ou de jus préparés à base de cristaux.

🍃 Un grand nombre de recettes présentées dans ce livre combinent des aliments appartenant aux différents groupes alimentaires. Elles offrent d'excellentes suggestions pour varier son alimentation tout en mangeant sainement.

LA VALEUR ÉNERGÉTIQUE DES ALIMENTS

Tous les aliments fournissent de l'énergie. La valeur énergétique de chaque aliment est exprimée sous forme de kilojoules ou de Calories. Un surplus d'énergie par rapport aux dépenses (activité physique) favorise l'obésité à plus ou moins long terme. De plus, les recherches dans ce domaine semblent démontrer que les personnes obèses sont plus susceptibles de souffrir du diabète, de l'hypertension et des maladies cardiovasculaires.

❧ Pour maintenir le poids corporel, l'apport énergétique et les dépenses doivent s'équilibrer. À titre de référence, la ration énergétique recommandée pour une femme âgée de 25 à 49 ans se situe autour de 8000 kilojoules (1900 Calories). Pour un homme du même groupe d'âge, les besoins en énergie sont d'environ 11 300 kilojoules (2700 Calories). Les besoins en énergie des personnes plus jeunes et plus actives sont plus élevés, tandis que ceux des personnes plus âgées et moins actives sont moins élevés.

❧ Le tableau suivant vous indique la valeur énergétique de certains aliments.

ALIMENTS	KILOJOULES	CALORIES
Abricots cuits, 3 moitiés avec 30 mL (2 c. à soupe) de jus	170	40
Abricots déshydratés, 8 moitiés	280	70
Abricot frais, 1	70	15
Agneau, 1 côtelette grillée, maigre seulement, 90 g (3 oz)	680	160
Agneau, rôti, maigre seulement, 90 g (3 oz)	710	170
Amandes écalées, 12	360	85
Amandes hachées, 250 mL (1 tasse)	2720	650
Ananas en conserve, non sucré, 1 tranche avec 30 mL (2 c. à soupe) de jus	170	40
Ananas en conserve, sirop épais, 50 mL (¼ tasse), broyés	220	55
Ananas frais, 1 tranche de 2 cm (¾ po) d'épaisseur	40	170
Ananas, jus d', non sucré, 250 mL (1 tasse)	620	150
Arachide, beurre d', 15 mL (1 c. à soupe)	420	100
Arachides écalées, 125 mL (½ tasse)	1830	440
Artichaut, 1 moyen	220	55
Asperges, 8 pointes	130	30
Asperges, crème d', 125 mL (½ tasse)	360	85
Avelines, 50 mL (¼ tasse)	670	160
Avocat, ½	670	160
Babeurre, 250 mL (1 tasse)	440	105
Bacon grillé, 4 petites tranches	420	100
Banane, 1 de grosseur moyenne	440	105
Beigne nature, 1 de 9 cm (3½ po) de diamètre	200	50
Betteraves, 2 de 5 cm (2 po) de diamètre	200	50
Betteraves, feuilles, 125 mL (½ tasse)	170	40
Beurre, 15 mL (1 c. à soupe)	420	100
Biscuits Graham, 2	220	55
Biscuits soda, 4	200	50
Bleuets frais, 125 mL (½ tasse)	180	45
Bœuf à ragoût, maigre, 250 mL (1 tasse)	1380	330

Aliments	Kilojoules	Calories
Bœuf, bifteck d'intérieur de ronde, grillé, maigre seulement, 1 tranche de 11 x 6 x 1,2 cm (4½ x 2½ x ½ po)	650	155
Bœuf, côte, rôti, maigre seulement, 1 tranche de 11 x 6 x 1,2 cm (4¼ x 2½ x ½ po)	820	195
Bœuf haché maigre, grillé, 8 cm (3¼ po) de diamètre, 1,5 cm (½ po) d'épaisseur	880	210
Bœuf, pain de viande, 1 tranche de 10 x 15 x 0,4 cm (4 x 6 x ⅛ po)	300	70
Bœuf salé, bouilli, maigre, 100 g (3½ oz)	800	190
Boisson gazeuse de type cola, 250 mL (1 tasse)	420	100
Bouillon, 250 mL (1 tasse)	70	15
Brocoli, 250 mL (1 tasse)	200	50
Cacao, poudre de, 15 mL (1 c. à soupe)	140	35
Canard, rôti, viande seulement, 100 g (3½ oz)	840	200
Cantaloup, ½ de 13 cm (5 po) de diamètre	400	95
Carottes, 125 mL (½ tasse)	160	35
Céleri, 125 mL (½ tasse)	40	10
Céleri, crème de, 250 mL (1 tasse)	730	175
Cerises, 10 grosses	200	50
Chapelure sèche, 250 mL (1 tasse)	1740	415
Chocolat amer, 30 g (1 oz)	590	140
Chocolat au lait, 30 g (1 oz)	660	160
Chocolat au lait, fouetté, 500 mL (2 tasses)	1520	365
Chocolat, 1 biscuit à la cuiller, 7 cm (2¾ po) de diamètre	170	40
Chocolat, éclair à la crème pâtissière	1000	240
Chocolat, fudge, cube de 2,5 cm (1 po)	340	80
Chocolat, gâteau glacé, 20 cm (8 po) de diamètre, 1 tranche de 16	900	215
Chou cru, haché, 125 mL (½ tasse)	80	20
Chou cuit, 125 mL (½ tasse)	100	25
Chou, salade de, 125 mL (½ tasse)	180	45
Chou-fleur, 125 mL (½ tasse)	80	20

ALIMENTS	KILOJOULES	CALORIES
Choux de Bruxelles, 6	200	50
Citron, 1 moyen	70	15
Citron, jus de, 15 mL (1 c. à soupe)	20	5
Citron, tarte meringuée, ⅙ d'une tarte de 23 cm (9 po)	1490	355
Citrouille, purée de, 125 mL (½ tasse)	100	25
Citrouille, tarte, ⅙ d'une tarte de 23 cm (9 po)	1340	320
Compote de pommes non sucrée, 125 mL (½ tasse)	230	55
Compote de pommes sucrée, 125 mL (½ tasse)	430	100
Concombre, 1 de 21 x 5,4 cm (8½ x 2¼ po)	170	40
Consommé, 250 mL (1 tasse)	70	15
Courge cuite, 125 mL (½ tasse)	180	45
Courge, tarte à la, ⅙ d'une tarte de 23 cm (9 po)	1340	320
Crème à 15 %, 15 mL (1 c. à soupe)	100	25
Crème à 35 %, 15 mL (1 c. à soupe)	210	55
Crème à céréales, 15 mL (1 c. à soupe)	100	25
Crème de tapioca, 125 mL (½ tasse)	490	120
Crème fouettée, 15 mL (1 c. à soupe)	100	25
Crème glacée, vanille, 125 mL (½ tasse)	600	145
Crème pâtissière, 125 mL (½ tasse)	670	160
Cresson haché, 250 mL (1 tasse)	20	5
Croissant, 1 moyen	990	235
Dattes, 4	400	90
Figue séchée, 1	200	50
Flétan grillé, 1 filet de 125 g (4 oz)	900	215
Foie braisé, 100 g (3½ oz)	700	170
Fraises fraîches, 125 mL (½ tasse)	100	25
Fraises, gâteau sablé	1880	450
Fraises, gâteau sablé avec crème fouettée	2300	550
Framboises fraîches, 125 mL (½ tasse)	130	30

ALIMENTS	KILOJOULES	CALORIES
Fromage à la crème, 30 mL (2 c. à soupe)	430	100
Fromage cheddar, cube de 2,5 cm (1 po)	280	70
Fromage cheddar râpé, 15 mL (1 c. à soupe)	120	30
Fromage cottage en crème, 50 mL (¼ tasse)	210	55
Fromage, soufflé au, 125 mL (½ tasse)	460	110
Gâteau aux fruits, 1 tranche de 0,6 x 5 x 4 cm (¼ x 2 x 1½ po)	250	60
Gâteau blanc maison, non glacé, 1 morceau de 8 x 8 x 5 cm (3¼ x 3¼ x 2 po)	1310	315
Gâteau de Savoie maison, 22 cm (8¾ po) de diamètre, 1 tranche de 16	400	95
Gaufre, 1 de 15 cm (6 po) de diamètre	860	205
Glaçage au chocolat pour gâteaux, 50 mL (¼ tasse)	1040	250
Groseilles fraîches, 125 mL (½ tasse)	140	35
Gruau nature cuit, 125 mL (½ tasse)	480	115
Haricots beurre ou verts cuits, 125 mL (½ tasse)	80	20
Haricots de Lima cuits, 125 mL (½ tasse)	460	110
Huîtres, 5 moyennes	270	65
Jambon, maigre seulement, 120 g (4 oz)	750	190
Kiwi, 1 moyen	190	45
Lait écrémé, 250 mL (1 tasse)	380	90
Lait entier, 250 mL (1 tasse)	660	160
Lait concentré non sucré, 125 mL (½ tasse)	750	180
Lait glacé, vanille, ferme, 125 mL (½ tasse)	420	100
Laitue pommée, ¼ de tête	70	15
Macaroni au fromage, 150 mL (⅔ tasse)	1140	270
Macaroni cuit, 125 mL (½ tasse)	350	85
Maïs, 1 épi de 15 cm (6 po)	390	95
Maïs en crème, en conserve, 125 mL (½ tasse)	420	100
Maïs, flocons de (corn flakes), 250 mL (1 tasse)	370	90

ALIMENTS	KILOJOULES	CALORIES
Maïs soufflé nature, 375 mL (1½ tasse)	150	35
Maquereau grillé au beurre, 100 g (3½ oz)	990	235
Mayonnaise, 15 mL (1 c. à soupe)	420	100
Melon d'eau, 1 tranche de 25 cm (10 po) de diamètre et 2,5 cm (1 po) d'épaisseur	600	145
Miel, 5 mL (1 c. à thé)	100	25
Morue grillée, 1 filet de 13 x 6 x 2 cm (5¼ x 2½ x 1¾ po)	460	110
Muffin au son, 1	440	105
Noix de coco râpée, sucrée, 15 mL (1 c. à soupe)	200	50
Noix de Grenoble, 16 moitiés	870	210
Noix du Brésil, 2	190	45
Œuf, 1	330	80
Œufs brouillés, 50 mL (¼ tasse)	420	100
Oignons cuits, 3 à 4 petits	250	60
Olives, 4 petites	70	15
Orange, 1 moyenne	250	60
Orange, jus d', non sucré, 250 mL (1 tasse)	500	120
Pacanes, 6 noix	650	155
Pain blanc, 1 tranche	310	75
Pain de blé entier, 1 tranche	300	70
Pain français, baguette, 10 cm (4 po)	300	70
Pain pita, 1 de 15 cm (6 po) de diamètre	690	165
Palourdes, 6 moyennes	300	70
Pamplemousse, ½ moyen	170	40
Panais, 125 mL (½ tasse)	300	70
Pêche en conserve, non sucrée, 2 grosses moitiés avec 50 mL (¼ tasse) de jus	300	70
Pêche fraîche, 1 moyenne	160	35
Petits pains au lait, 2 de 5 x 3 cm (2 x 1¼ po)	860	205
Petits pois en conserve, 125 mL (½ tasse)	250	60
Poireau, 1	170	40

ALIMENTS	KILOJOULES	CALORIES
Poire en conserve, non sucrée, 2 moitiés avec 30 mL (2 c. à soupe) de jus	330	80
Poire fraîche, 1 grosse	420	100
Poivron vert, 1 moyen	60	15
Pois, soupe aux, 250 mL (1 tasse)	840	200
Pois secs, crus, 125 mL (½ tasse)	1670	400
Pomme, 1 moyenne	330	80
Pommes, tarte aux, ⅙ d'une tarte de 23 cm (9 po)	1690	405
Pomme de terre, bouillie, 1 moyenne	480	115
Pommes de terre, frites, 10	460	110
Pommes de terre, salade de, 125 mL (½ tasse)	790	190
Porc, 1 côtelette, grillée, maigre seulement	620	150
Porc, saucisses de, cuites, 30 g (1 oz)	230	55
Poulet, rôti, sans la peau, 100 g (3½ oz)	790	190
Poulet, salade de, 125 mL (½ tasse)	920	220
Pruneaux, 3 moyens	250	60
Radis, 4 moyens	20	5
Raisins, 14 gros	180	45
Raisins de Corinthe secs, 50 mL (¼ tasse)	360	85
Raisins, jus de, sucré, 125 mL (½ tasse)	280	70
Raisins secs, tarte aux, ⅙ d'une tarte de 23 cm (9 po)	1780	425
Rhubarbe cuite, sucrée, 125 mL (½ tasse)	620	150
Rhubarbe, tarte à la, ⅙ d'une tarte de 23 cm (9 po)	1490	355
Riz, cuit à la vapeur, 125 mL (½ tasse)	420	100
Riz, pouding avec raisins secs, 125 mL (½ tasse)	860	205
Rutabaga, 125 mL (½ tasse)	60	15
Sardines en conserve, 2 de 7 cm (3 po)	80	20
Sauce blanche épaisse, 15 mL (1 c. à soupe)	130	30
Sauce hollandaise, 15 mL (1 c. à soupe)	60	15

ALIMENTS	KILOJOULES	CALORIES
Saucisse de Francfort, 1	760	180
Saucisson de Bologne, 1 tranche de 11 cm (4¼ po) de diamètre et de 0,3 cm (⅛ po) d'épaisseur	260	60
Saumon rose en conserve, 125 mL (½ tasse)	550	130
Semoule cuite, 175 mL (¾ tasse)	1340	320
Sirop de maïs, 15 mL (1 c. à soupe)	260	60
Sirop d'érable, 15 mL (1 c. à soupe)	210	55
Sucre, 5 mL (1 c. à thé)	70	15
Tapioca aux pommes, 125 mL (½ tasse)	650	155
Tarte au mincemeat, ⅙ d'une tarte de 23 cm (9 po)	1790	430
Thon en conserve dans l'eau, 125 mL (½ tasse)	450	110
Thon en conserve dans l'huile, 125 mL (½ tasse)	700	170
Tofu, 1 morceau de 6 x 7 x 2,5 cm (2½ x 2¾ x 1 po)	360	85
Tomate, jus de , 250 mL (1 tasse)	90	20
Tomates, crème de, 250 mL (1 tasse)	710	170
Tomates en conserve, 125 mL (½ tasse)	100	25
Tomate fraîche, 1 moyenne	100	25
Veau, rôti, maigre et gras, 100 g (3½ oz)	1130	270
Vinaigrette italienne, 15 mL (1 c. à soupe)	390	95
Yogourt aux fruits, 1,4 % M.G., 125 mL (½ tasse)	570	135
Yogourt nature, 1,5 % M.G., 125 mL (½ tasse)	330	80

❧ Avis à tous les «compteurs de Calories»: les aliments ne contiennent pas que des Calories, ils renferment également des éléments essentiels à notre alimentation tels que les protéines, les glucides, les fibres alimentaires, les matières grasses, les vitamines et les minéraux. Par conséquent, il est très important non seulement de s'assurer qu'on ne consomme pas trop de Calories, mais surtout qu'il y a dans ce qu'on consomme une quantité suffisante des éléments essentiels à notre santé.

LES ÉLÉMENTS ESSENTIELS DE L'ALIMENTATION

PROTÉINES

Les protéines sont constituées de chaînes d'acides aminés qui servent à la production et à la régénération des tissus de l'organisme (peau, nerfs, os, etc.). Elles sont présentes dans différents aliments : lait et produits laitiers, viandes, volailles, poissons, légumineuses, œufs, noix et graines.

GLUCIDES

Les glucides (ou sucres) entrent dans la composition d'un très grand nombre d'aliments. Certains glucides sont digestibles (sucres simples, sucres complexes) alors que d'autres ne le sont pas (fibres alimentaires).

🐚 Les sucres simples sont facilement digérés et absorbés rapidement. Le sucre blanc, la mélasse, le miel, le sirop d'érable, les gelées et les bonbons entrent dans cette catégorie. Ces aliments ont une très faible valeur nutritive. Car bien qu'ils fournissent de l'énergie, ils contiennent peu ou pas de vitamines et de minéraux. Il en est tout autrement pour les autres sources de sucres simples telles que les fruits, les jus de fruits, les légumes, le lait et le yogourt. En plus de fournir de l'énergie, ces aliments constituent une bonne source de vitamines et de minéraux.

🐚 Les sucres complexes sont constitués par l'union de plusieurs sucres simples. Voici une liste d'aliments qui renferment des sucres complexes : le pain, le maïs, la pomme de terre, les céréales, le riz, les pâtes alimentaires et les légumineuses. En plus d'être riches en glucides complexes, ces aliments sont aussi de bonnes sources de protéines, de vitamines et de minéraux. Certains constituent même une excellente source de fibres alimentaires.

🐚 Les fibres alimentaires sont présentes uniquement dans les végétaux. Leur principale caractéristique est de ne pas pouvoir être digérées par l'organisme. On peut classer les fibres alimentaires en deux groupes : les fibres solubles et les fibres insolubles.

🐚 Les fibres solubles, ce sont par exemple les gommes présentes dans le son d'avoine et les légumineuses ainsi que la pectine que l'on trouve dans les fruits et les légumes. Les fibres solubles aident à réduire le taux de cholestérol sanguin et à normaliser la glycémie (taux de sucre sanguin) chez les diabétiques.

🐚 On retrouve des fibres insolubles dans les pains et céréales de grains entiers. Elles aident à prévenir, et à corriger s'il y a lieu, les problèmes de constipation. Cependant, elles n'agissent comme laxatif naturel que si elles sont ingérées avec de l'eau. En effet, c'est en se gorgeant d'eau que les fibres favorisent la formation de selles plus molles, ce qui a pour effet de réduire les problèmes de constipation.

🐚 Toutes les fibres solubles et insolubles donnent une sensation de satiété plus rapidement. Avis à tous ceux qui ont bon appétit.

🐚 À l'heure actuelle, plusieurs recherches sur les fibres sont en cours. Des résultats semblent indiquer que la consommation régulière de fibres, associée à un régime alimentaire faible en gras, pourrait contribuer à diminuer les risques de certains cancers.

LIPIDES

Les matières grasses, ou lipides, renferment une importante quantité d'énergie. Elles en fournissent deux fois plus que les glucides ou les protéines. Cependant, même si une personne veut à tout prix perdre du poids, elle devrait réduire sa consommation de lipides mais non les éliminer complètement de son alimentation. Les lipides jouent un rôle essentiel dans le transport et l'absorption des vitamines A, D, E et K. Ils aident à maintenir la température du corps et donnent une sensation de satiété.

🐚 Les matières grasses sont présentes dans les huiles, le beurre, la graisse végétale, le saindoux, la margarine, les viandes (même maigres), les volailles, le poisson, les œufs, le lait et les produits laitiers. Certains aliments camouflent mieux que d'autres les matières grasses. C'est le cas des noix, des charcuteries, des sauces, des vinaigrettes, des tartes, des pâtisseries et des gâteaux.

🐚 On a beaucoup parlé ces dernières années des problèmes liés au cholestérol.

🐚 Le cholestérol est une substance grasse produite par le foie et qui circule dans le sang. Il est essentiel à la synthèse de la vitamine D et des hormones, et entre dans la structure des membranes cellulaires. Les problèmes surgissent lorsque le taux de cholestérol sanguin devient trop élevé, favorisant ainsi le développement de maladies cardio-vasculaires.

🐚 Le jaune d'œuf, le foie, les abats, les fruits de mer, le beurre et les autres graisses animales contiennent du cholestérol. Le cholestérol provenant des aliments n'est pas toujours le seul responsable du taux élevé de cholestérol, puisque le foie en fabrique aussi.

🍀 Pour diminuer le taux de cholestérol sanguin, il est préférable de réduire sa consommation totale de matières grasses et de lipides saturés — huile de noix de coco, huile de palme, beurre, crème, lait entier, fromages faits de lait entier et autres aliments d'origine animale — et de consommer davantage de glucides complexes et de fibres alimentaires, plutôt que d'éliminer tous les aliments contenant du cholestérol.

VITAMINES ET MINÉRAUX

Les vitamines et les minéraux sont essentiels en très petites quantités à la croissance et au bon fonctionnement de l'organisme.

ÉLÉMENTS ESSENTIELS DE L'ALIMENTATION

VITAMINES ET MINÉRAUX	FONCTIONS DANS L'ORGANISME	SOURCES PRINCIPALES	PARTICULARITÉS	REMARQUES
Vitamine A	Aide à la formation des dents et des os. Maintient les muqueuses et la peau en santé. Assure une bonne vision dans l'obscurité.	Foie, rognons Œufs Lait Fruits et légumes	Sensible à la lumière.	L'absorption d'une quantité excessive de vitamine A donne une coloration orangée à la peau et peut même être toxique.
Vitamine B (thiamine, riboflavine, niacine)	Contribue à utiliser l'énergie des aliments. Aide au fonctionnement du système nerveux. Aide à assurer une croissance normale. Stimule l'appétit.	Viande, poisson, volaille et substituts Pains et céréales	La cuisson modifie la teneur en thiamine. La riboflavine est sensible à la lumière.	Il existe plusieurs types de vitamines B, dont les fonctions sont sensiblement les mêmes. On les regroupe sous l'appellation de vitamines du complexe B.
Vitamine C	Contribue à la santé des dents et des gencives. Favorise une bonne cicatrisation. Maintient les vaisseaux sanguins en bon état.	Fruits et légumes (plus particulièrement brocoli, choux de Bruxelles, chou-fleur, orange, pamplemousse, jus de tomate ou de légumes, cantaloup, kiwi, jus de pomme vitaminé)	La vitamine C peut être détruite par la chaleur et lorsqu'elle est exposée à l'air ou à la lumière.	Il est important de consommer de la vitamine C chaque jour, car elle ne s'accumule pas dans l'organisme.

Suite du tableau à la page 16

Vitamines et minéraux	Fonctions dans l'organisme	Sources principales	Particularités	Remarques
Vitamine D	Joue un rôle dans la formation et le maintien de la santé des os et des dents.	Exposition de la peau au soleil (les rayons du soleil activent la vitamine D sous la peau) Margarine enrichie Lait	Sensible à la lumière	La vitamine D est essentielle à l'absorption du calcium.
Fer	Véhicule l'oxygène dans le sang. Est une partie intégrante des globules rouges.	Viandes (abats surtout) Jaune d'œuf Légumineuses Noix et graines		Pour augmenter l'absorption du fer, prendre un aliment riche en vitamine C au cours du même repas.
Calcium	Joue un rôle dans la coagulation du sang. Contribue au fonctionnement normal du système nerveux. Joue un rôle dans la formation et le maintien de la santé des dents et des os. Favorise la croissance.	Lait Fromage Yogourt		Des quantités excessives de phosphore, par exemple une consommation exagérée de boissons gazeuses ou de caféine, nuisent à l'absorption du calcium.

LA CUISSON SOUS PRESSION

La cuisson sous pression présente bien des avantages. C'est un mode de cuisson rapide, qui économise temps et énergie. Les aliments cuits sous pression ont belle apparence et conservent toute leur couleur, leurs vitamines et leurs sels minéraux. De plus, ce type de cuisson permet de rehausser la saveur des aliments.

🍂 Un autre avantage, c'est que les viandes les moins tendres (par conséquent les moins chères) deviennent savoureuses et tendres en un rien de temps lorsqu'elles sont cuites sous pression.

🍂 Plus le temps de cuisson est long, comme c'est le cas pour les méthodes de cuisson habituelles, plus il y a perte de vitamines, surtout de vitamine C. La petite quantité d'eau utilisée dans la cuisson sous pression permet de réduire les pertes de vitamines et de minéraux. De plus, étant donné que la cuisson sous pression s'effectue presque sans air, on élimine pratiquement les problèmes d'oxydation.

🍂 Il est très important que les aliments cuisent en très peu de temps. Par conséquent, on doit observer rigoureusement les temps de cuisson et les directives données pour refroidir l'autocuiseur.

🍂 L'autocuiseur est tellement simple à utiliser que plus personne ne voudra s'en passer. En suivant les directives et les tableaux de cuisson, nos petits plats seront toujours réussis. On peut également utiliser l'autocuiseur pour la cuisson des aliments de bébé et même pour les desserts ! Grâce à sa température constante, les aliments cuisent toujours uniformément et en un rien de temps.

AUTOCUISEUR

Des autocuiseurs, il en existe de différentes dimensions, en fonte ou en acier inoxydable. Il est donc important de connaître la capacité et les particularités du modèle que l'on possède et de toujours suivre les conseils et les directives du fabricant.

🍂 Il est très important que l'autocuiseur et son couvercle soient toujours très propres pour assurer une étanchéité parfaite. Il faut donc retirer souvent le joint d'étanchéité et bien le laver, tout particulièrement après la cuisson des viandes et des aliments gras.

🍂 Après avoir utilisé l'autocuiseur pendant un certain temps, il se peut que le joint d'étanchéité rétrécisse. Dans pareil cas, il ne faut pas hésiter à le changer.

🍂 Pour assurer un rendement maximum de l'autocuiseur, il est recommandé de changer la valve de sécurité automatique en même temps que le joint d'étanchéité. Il est bon d'avoir toujours sous la main une valve et un joint neufs. On les trouve dans les grands magasins ou on les commande directement auprès du fabricant.

UTILISATION ET ENTRETIEN DE L'AUTOCUISEUR

Avant d'utiliser l'autocuiseur pour la première fois, on doit retirer le joint d'étanchéité et le laver. Nettoyer également la rainure et la valve automatique, afin d'enlever toutes les huiles et les graisses de protection.

🍂 Nettoyer l'intérieur de l'autocuiseur en aluminium avec un bon nettoyeur d'aluminium non alcalin ou avec un tampon de laine d'acier. Laver soigneusement la marmite en acier inoxydable avec un nettoyeur doux ou un tampon de laine d'acier très fine. Laver et rincer à l'eau chaude. L'autocuiseur est alors prêt à être utilisé. Il n'est pas nécessaire de laver le régulateur de pression.

🍂 Il est préférable de ne pas ranger l'autocuiseur en laissant le couvercle verrouillé, car il pourrait s'y imprégner des odeurs désagréables. Placer plutôt le couvercle à l'envers sur l'autocuiseur. Ainsi, l'air circule plus librement, ce qui diminue les risques d'odeurs. Toujours ranger l'autocuiseur dans un endroit sec.

🍂 Lorsque le couvercle est difficile à fermer, appliquer un peu de graisse non salée ou d'huile végétale sur le joint d'étanchéité. Avant d'utiliser l'autocuiseur, vérifier si la valve est bien propre.

🍂 Toujours retirer le régulateur de pression avant d'enlever le couvercle et d'ouvrir l'autocuiseur. Lorsque le couvercle semble coller ou est difficile à tourner, c'est qu'il y a encore de la pression et qu'il faut refroidir davantage l'autocuiseur.

🍂 Il est important de refroidir l'autocuiseur dans un récipient d'eau froide ou sous le robinet chaque fois qu'on le demande dans une recette. L'autocuiseur doit être refroidi aussitôt que le temps de cuisson indiqué est écoulé. On ne doit pas faire couler l'eau sur la valve automatique, car l'eau pourrait s'introduire dans l'autocuiseur.

🏶 On peut se servir de l'autocuiseur de différentes façons, selon le type d'aliments que l'on désire faire cuire. Pour braiser ou frire, faire chauffer l'autocuiseur, puis ajouter une cuillerée de matière grasse et y faire revenir la viande, sans couvrir l'autocuiseur. Laisser légèrement refroidir et ajouter un peu d'eau. Placer le couvercle sur la marmite et bien verrouiller. Cuire selon le temps de cuisson indiqué dans la recette.

🏶 Pour faire cuire des légumes, les déposer sur la claie de l'autocuiseur et ajouter un peu d'eau. Les légumes frais n'ont pas besoin d'une grande quantité d'eau pour la cuisson. Pour les autocuiseurs d'une capacité de 2,5 L (10 tasses) et 3,5 L (14 tasses), utiliser 125 mL (½ tasse) d'eau. Pour les autocuiseurs d'une capacité de 5 L (20 tasses), utiliser 250 mL (1 tasse) d'eau.

🏶 Les légumes et les fruits secs ou déshydratés doivent être recouverts d'eau.

🏶 Il est très important de se souvenir que l'autocuiseur ne doit jamais etre rempli plus qu'aux deux tiers.

🏶 Pour cuire les soupes, les ragoûts et la plupart des céréales dans l'autocuiseur, il est préférable de ne pas mettre la claie.

TABLEAU DE CUISSON DES VIANDES

VIANDES	TEMPS DE CUISSON EN MINUTES, SOUS 6,8 KG (15 LB) DE PRESSION	QUANTITÉ DE LIQUIDE À AJOUTER APRÈS AVOIR BIEN FAIT REVENIR LA VIANDE
Bœuf salé	12 à 15 par 500 g (1 lb)	500 mL (2 tasses) d'eau
Cœur de bœuf farci	45	250 mL (1 tasse) d'eau
Côtes de bœuf	25	125 mL (½ tasse) d'eau
Boulettes de viande	10	125 mL (½ tasse) d'eau
Pain de viande	15	125 mL (½ tasse) d'eau
Pot-au-feu	8 à 10 par 500 g (1 lb)	125 mL (½ tasse) d'eau
Langue fraîche	45	500 mL (2 tasses) d'eau
Langue fumée	55	750 mL (3 tasses) d'eau
Pain de jambon	20	125 mL (½ tasse) d'eau
Épaule picnic fumée de 1,8 kg (4 lb)	30	250 mL (1 tasse) d'eau
Jambon dans le jarret	35	250 mL (1 tasse) d'eau
Demi-jambon de 1,4 à 1,8 kg (3 à 4 lb)	30	125 mL (½ tasse) d'eau
Gigot d'agneau	12 à 14 par 500 g (1 lb)	125 mL (½ tasse) d'eau
Côtelettes de porc panées	12 à 15	125 mL (½ tasse) d'eau
Rôti de filet de porc	12 à 15 par 500 g (1 lb)	125 mL (½ tasse) d'eau
Côtes levées et sauce barbecue	15	50 mL (¼ tasse) d'eau + 30 mL (2 c. à soupe) de vinaigre
Bifteck à la suisse	15	125 mL (½ tasse) d'eau
Bifteck à la suisse et aux tomates	15	250 mL (1 tasse) de soupe aux tomates

TABLEAU DE CUISSON DES VIANDES (suite)

VIANDES	TEMPS DE CUISSON EN MINUTES, SOUS 6,8 KG (15 LB) DE PRESSION	QUANTITÉ DE LIQUIDE À AJOUTER APRÈS AVOIR BIEN FAIT REVENIR LA VIANDE
Paupiettes de veau	10	250 mL (1 tasse) d'eau
Veau braisé	15 par 500 g (1 lb)	125 mL (½ tasse) d'eau
Veau épicé	15	250 mL (1 tasse) de crème
Tranches de veau panées	10	250 mL (1 tasse) de crème

TABLEAU DE CUISSON DE LA VOLAILLE

VOLAILLE	TEMPS DE CUISSON EN MINUTES, SOUS 6,8 KG (15 LB) DE PRESSION	QUANTITÉ DE LIQUIDE À AJOUTER APRÈS AVOIR BIEN FAIT REVENIR LA VOLAILLE
Poulet entier de 900 g à 1,8 kg (2 à 4 lb)	20 à 30	125 mL (½ tasse) d'eau
Fricassée de poulet	15 à 25	125 mL (½ tasse) d'eau + 250 mL (1 tasse) de lait
Poulet sauté 900 g (2 lb)	10	125 mL (½ tasse) d'eau
Poulet sauté 900 g à 1,8 kg (2 à 4 lb)	15 à 25	125 mL (½ tasse) d'eau
Poulet au paprika	15	250 mL (1 tasse) de crème
Poulet en gelée	15	750 mL (3 tasses) d'eau
Poulet aux champignons	15	250 mL (1 tasse) d'eau
Ragoût de poulet	20	500 mL (2 tasses) d'eau

TABLEAU DE CUISSON DES LÉGUMES

LÉGUMES	PRÉPARATION	QUANTITÉ D'EAU	TEMPS DE CUISSON EN MINUTES
Asperges	Laver et enlever les parties dures (garder pour préparer des soupes).	125 mL (½ tasse)	1 à 2
Betteraves	Bien laver et laisser 8 cm (3 po) de tiges. Garder les racines. Peler après la cuisson.	125 mL (½ tasse)	10 à 18

TABLEAU DE CUISSON DES LÉGUMES (suite)

Légumes	Préparation	Quantité d'eau	Temps de cuisson en minutes
Brocolis	Laver et inciser le pied. Enlever les feuilles et les parties dures du pied.	125 mL (½ tasse)	2 à 3
Carottes	Laver, brosser ou peler. Couper en tranches ou laisser entières.	125 mL (½ tasse)	3 (si coupées en tranches) 4 à 8 (si entières)
Céleri	Séparer le pied, enlever les parties dures. Bien laver et brosser. Couper en morceaux de 1 cm (½ po) de long.	125 mL (½ tasse)	2 à 3
Chou	Enlever les feuilles fanées et couper le chou en quartiers.	125 mL (½ tasse)	3 à 4
Choux de Bruxelles	Laver et enlever les feuilles fanées et laisser les choux entiers.	125 mL (½ tasse)	3
Chou-fleur	Laver et enlever la tige ou défaire le chou-fleur en bouquets.	125 mL (½ tasse)	5 (si entier) 2 (si en bouquets)
Courges	Laver, peler et couper en petits morceaux.	125 mL (½ tasse)	10 à 12
Épinards	Choisir des épinards jeunes et tendres. Enlever les feuilles fanées et bien laver à l'eau plusieurs fois.	125 mL (½ tasse)	1 à 3
Feuilles de betteraves	Choisir des feuilles jeunes et tendres. Enlever les feuilles fanées et bien laver à l'eau plusieurs fois.	125 mL (½ tasse)	3
Haricots de Lima	Écosser et laver.	125 mL (½ tasse)	2 à 3

TABLEAU DE CUISSON DES LÉGUMES (suite)

LÉGUMES	PRÉPARATION	QUANTITÉ D'EAU	TEMPS DE CUISSON EN MINUTES
Haricots verts ou beurre	Laver, équeuter et enlever les fils. Couper en morceaux de 1 cm (1 po).	125 mL (½ tasse)	3 à 4
Maïs en épi	Éplucher et laver.	250 mL (1 tasse)	3 à 5
Navets	Parer les navets comme les rutabagas.	125 mL (½ tasse)	3 à 5
Oignons entiers	Peler et laver les oignons moyens.	125 mL (½ tasse)	5 à 7
Panais	Laver, peler ou brosser. Laisser entiers ou couper en deux dans le sens de la longueur.	125 mL (½ tasse)	7 (si entiers) 10 (si coupés en deux)
Patates douces entières	Laver et bien brosser mais ne pas peler.	125 mL (½ tasse)	10
Petits pois	Laver et écosser.	125 mL (½ tasse)	1 (si petits) 2 (si gros)
Pommes de terre (petites)	Laver et bien brosser les pommes de terre nouvelles.	250 mL (1 tasse)	10
Pommes de terre pour purée	Laver et peler. Laisser les petites pommes de terre entières et couper les grosses en deux.	250 mL (1 tasse)	10
Pommes de terre en robe des champs	Laver et bien brosser.	250 mL (1 tasse)	15
Rutabagas	Laver, peler et couper en dés.	125 mL (½ tasse)	3 à 5

❧ Verser la quantité d'eau requise dans le fond de l'autocuiseur. Placer les légumes sur la claie. Assaisonner avant ou après la cuisson. Ne jamais remplir l'autocuiseur plus qu'aux deux tiers.

❧ Une fois le temps de cuisson écoulé, refroidir l'autocuiseur rapidement dans un bassin d'eau froide pour faire tomber la pression.

❧ On peut faire cuire plusieurs légumes différents à la fois sans que leur saveur ou leur couleur ne soit modifiée. Il faut toutefois s'assurer qu'ils requièrent le même temps de cuisson. Attention, les légumes plus gros ou moins frais prennent plus de temps à cuire.

LA CONGÉLATION

Avec le train de vie qu'on mène, on a pas toujours le temps de passer au supermarché pour acheter ce qu'il nous faut pour se faire un bon petit plat. Heureusement que le congélateur est là pour nous dépanner !

❧ Grâce au congélateur, on peut faire des provisions de légumes, de fruits, de viande, de desserts et de plats cuisinés de toutes sortes. Ainsi, plus de panique en cas d'imprévus. Avec un congélateur, on peut profiter des soldes en achetant les aliments en grandes quantités. Un bon moyen de faire des économies substantielles.

❧ Le congélateur peut également nous faire économiser du temps. En effet, il suffit de doubler ou encore tripler les recettes qui exigent une longue préparation comme les ragoûts, les fèves au lard, les soupes aux pois, etc. On peut utiliser ces plats cuisinés pour un repas et garder le reste au congélateur. C'est très pratique lorsque le temps nous presse ou que des invités arrivent à l'improviste.

❧ Pour pouvoir tirer profit de son congélateur, il est important de se familiariser avec la préparation des mets, l'emballage, le temps de conservation et la cuisson des différents aliments.

UTILISATION ET ENTRETIEN DU CONGÉLATEUR

Bien souvent, on ne sait comment tirer parti de son congélateur. On se demande quels aliments y mettre ou encore quelle quantité congeler. C'est pourtant assez simple, il suffit d'utiliser son congélateur en fonction de ses besoins et de son mode de vie.

❧ En répondant aux questions suivantes, vous serez mieux en mesure de déterminer quels sont vos besoins.

Avez-vous des enfants ? Combien ? Quel âge ont-ils ? Quel est leur régime alimentaire ?

Y a-t-il un membre de la famille qui a un régime alimentaire particulier ?

Quels sont les goûts de votre famille ?

Quels sont les produits frais que vous pouvez vous procurer ?

Qu'est-ce que vous aimez servir lorsque vous recevez ?

De combien de temps disposez-vous ? De quelle façon cuisinez-vous ?

Quelle est la capacité de votre congélateur ?

Quelles sont les économies que vous pouvez faire en congelant certains aliments ?

❧ On peut congeler les aliments préférés de la famille, les décongeler au besoin et les remplacer par d'autres denrées, ce qui permet d'assurer un certain roulement. Votre congélateur est ainsi toujours bien rempli.

❧ Prenez l'habitude de tenir un inventaire à jour du contenu de votre congélateur. Ainsi vous saurez toujours ce que vous avez sous la main pour recevoir vos amis ou faire un repas minute. Un coup d'œil à votre inventaire et vous pourrez évaluer ce dont vous avez besoin.

❧ Plus vous utiliserez votre congélateur, plus il vous permettra de faire des économies appréciables.

❧ Achetez des aliments de bonne qualité, car la congélation n'améliorera pas leur qualité. Le congélateur ne fait que conserver les aliments plus longtemps, sans qu'ils perdent de leur saveur et de leur valeur nutritive.

❧ Choisissez les variétés de fruits et de légumes qui se congèlent. Les fruits doivent être mûrs, mais fermes. Les légumes doivent être frais ou cueillis depuis peu. Congelez les fruits et les légumes le plus tôt possible après la cueillette ou l'achat.

❧ Congelez les viandes, les volailles et les poissons le plus tôt possible après l'achat.

❧ Il est important que le congélateur et les contenants utilisés pour la congélation soient toujours propres afin de réduire les risques de contamination. Certains congélateurs doivent être dégelés une fois par année. Suivre à ce sujet les directives données par le manufacturier.

CONGÉLATION DES VIANDES

Réserver environ 5 % de la capacité du congélateur pour conserver les viandes fraîches. Couper la viande en morceaux prêts à être utilisés. Désosser et enlever l'excédent de gras. Mettre les os dans un sac pour ne pas encombrer inutilement le congélateur. Le gras de viande se conserve très bien au congélateur si on le fait fondre avant de le congeler. Emballer la viande en petits paquets. Plus pratiques, ils prennent moins de temps à dégeler. Utiliser de bons contenants ou du bon papier à congélation, afin d'éviter que la viande absorbe des saveurs désagréables.

Emballer les pâtés de viande, les filets de poisson ou les tranches de foie en les séparant d'une double épaisseur de papier à congélation. Ils seront ainsi plus faciles à séparer au moment de leur utilisation.

☙ Envelopper le jambon et le bacon dans 2 ou 3 épaisseurs de papier à congélation. Ne pas conserver plus de 2 mois.

☙ La graisse de porc fondue se conservera plus longtemps et ne perdra pas toute sa saveur si on y ajoute de la graisse végétale. Pour 23 kg (50 lb) de graisse de porc, utiliser 1,4 kg (3 lb) de graisse végétale.

☙ Ne pas conserver le gibier plus de 6 mois au congélateur.

☙ Pour congeler de très grandes quantités de viande, il est préférable de demander à son boucher ou à un établissement commercial de faire la congélation. Garder la viande ainsi congelée dans le congélateur.

☙ Il faut noter que l'achat d'un quartier de viande ne convient pas à tous les consommateurs. Vous devez tenir compte des goûts de chacun et de la taille de votre famille. Si vous n'êtes pas amateur de ragoûts, de soupes et de viandes braisées, inutile d'acheter une demi-carcasse, car vous aurez trop de pertes. Dans ce cas, il vaut mieux acheter vos coupes de viandes préférées à bas prix, c'est beaucoup plus avantageux.

DÉCONGÉLATION DES VIANDES

Laisser décongeler les viandes dans leur emballage à la température ambiante ou au réfrigérateur. Il est préférable de les décongeler dans le réfrigérateur, mais cela

prend un peu plus de temps.

☙ Pour décongeler la viande, il faut compter 2 à 2½ heures à la température ambiante et 5 à 8 heures au réfrigérateur. On peut aussi placer la viande congelée sous l'eau froide du robinet, à condition que le contenant ou l'emballage soit bien hermétique.

☙ Utiliser sans délai les viandes décongelées.

CUISSON DES VIANDES CONGELÉES

Il n'est pas vraiment nécessaire de décongeler les viandes avant la cuisson. Qu'elles soient décongelées ou non, elles seront tout aussi délicieuses et juteuses. Cependant les rôtis et les biftecks ayant plus de 4 cm (1½ po) d'épaisseur cuiront plus vite et plus uniformément s'ils sont complètement ou partiellement décongelés. De plus, les viandes encore congelées ont tendance à cuire trop rapidement à l'extérieur par rapport à l'intérieur.

☙ Pour faire cuire les viandes congelées, il faut prolonger la cuisson de 10 à 15 minutes par 500 g (1 lb) de viande.

☙ Un bifteck congelé de 2,5 cm (1 po) d'épaisseur prendra de 13 à 23 minutes pour griller.

☙ Il est préférable de faire décongeler la volaille au réfrigérateur avant la cuisson. Consulter le tableau portant sur la décongélation de la volaille pour connaître le temps requis.

CONGÉLATION DES PLATS CUISINÉS

Vous trouverez dans ce livre un grand nombre de recettes qui vous permettront de concocter de bons petits plats que vous pourrez ensuite congeler. Préparez vos plats préférés à l'avance et gardez-les au congélateur pour vous dépanner. Pour que vos plats congelés soient toujours un vrai régal, suivez les règles de congélation suivantes :

☙ Toujours choisir des ingrédients de bonne qualité.

☙ Utiliser du beurre, de la graisse végétale ou de l'huile d'arachide pour faire dorer les aliments qui entrent dans la préparation d'un

DÉCONGÉLATION DE LA VOLAILLE (au réfrigérateur)

POULET

Moins de 2 kg (4 lb)	12 à 16 heures
Plus de 2kg (4 lb)	1 à 1½ journée

DINDE

Moins de 5 à 8 kg (12 à 18 lb)	2 à 3 jours
8 kg (18 lb) et plus	3 à 4 jours

CANARD

1,5 à 2,5 kg (3 à 5 lb)	1 à 1½ jour

OIE

2 à 6,5 kg (4 à 14 lb)	1 à 2 jours

ragoût ou d'un plat cuisiné. La graisse végétale se conserve mieux que le saindoux, qui a tendance à changer de goût après 4 mois.

❧ Éviter de trop cuire les légumes qui entrent dans la préparation d'un ragoût ou d'une soupe. Les ajouter vers la fin de la cuisson. La viande doit demeurer tendre, mais ferme. Les pâtes alimentaires et le riz doivent être fermes car s'ils sont trop cuits, ils deviendront pâteux une fois réchauffés.

❧ Pour congeler les ragoûts, mettre la viande et les légumes dans le fond du contenant à congélation et bien les recouvrir de la sauce.

❧ Refroidir rapidement les plats cuisinés avant de les congeler. Pour ce faire, mettre la casserole dans un plat d'eau glacée, à découvert, et brasser souvent. Les plats cuisinés se conservent de 3 à 4 mois au congélateur.

❧ Décongeler les plats cuisinés ou les sauces au réfrigérateur ou à la température ambiante (il est préférable de ne les décongeler que partiellement lorsqu'on les fait dégeler à la température ambiante). La plupart des plats cuisinés peuvent très bien se réchauffer au bain-marie ou au four à 200°C (400°F), sans qu'il soit nécessaire de les décongeler.

❧ Il faut tenir compte des différents aliments qui entrent dans la composition des plats cuisinés, car la congélation peut en affecter le goût. L'oignon et le sel perdent leur saveur une fois congelés alors que l'ail, les clous de girofle, le poivre, le poivron vert et le céleri prennent un goût plus accentué. C'est pourquoi il faut utiliser ces derniers ingrédients en plus petite quantité.

❧ Mettre la chapelure et le fromage râpé au moment de réchauffer les plats cuisinés.

❧ Si les plats préparés avec des pâtes ou du riz semblent secs au moment de les réchauffer, ajouter environ 75 mL (⅓ tasse) de lait.

❧ Une fois cuites, les viandes hachées doivent être congelées dans une sauce afin qu'elles ne sèchent pas.

CONGÉLATION DE DIVERS ALIMENTS

MÛRES ET GROSEILLES

Mettre des mûres et des groseilles en quantité égale dans un contenant à congélation d'une capacité de 1 L (4 tasses), sans les sucrer. Congeler. Les tartes préparées avec ce mélange de fruits seront tout simplement délicieuses.

RESTES DE VIANDES

Congeler tous les restes de viandes dans un même contenant. Lorsqu'on en a accumulé une quantité suffisante, on peut s'en servir pour se faire une fricassée ou un pâté chinois.

SAINDOUX OU AUTRES MATIÈRES GRASSES

Faire fondre du saindoux (ou tout autre matière grasse) à feu doux. Passer au tamis fin au-dessus d'un moule à gâteau carré. Laisser refroidir. Couper en carrés de 5 cm (2 po) de côté. Envelopper chaque carré de gras séparément (ceci vous facilitera la tâche lorsque vous aurez besoin d'une quantité précise de matière grasse).

OIGNONS

Pour congeler les oignons entiers, les peler et les placer dans un grand pot de verre. Utiliser selon ses besoins. Congeler les oignons râpés en petite quantité dans des sacs individuels. Ajouter les oignons râpés aux soupes et aux ragoûts sans les décongeler.

TOMATES VERTES

Laver et trancher des tomates vertes. Enrober chaque tranche de tomate de farine de maïs. Déposer les tranches côte à côte sur une plaque à biscuits et congeler. Envelopper les tranches de tomate congelées par petits paquets. Faire dorer à feu doux, sans décongeler, dans de l'huile ou dans toute autre matière grasse.

CONCOMBRES

Peler et râper des concombres. Mettre ensuite la pulpe dans un moule à glaçons et congeler. Retirer les cubes de concombre glacés du moule. Envelopper ou mettre dans des sacs de plastique. Pour utiliser, laisser décongeler à demi et écraser le cube. Ajouter tel quel dans les salades. Ajouter directement les cubes glacés dans les liquides chauds et laisser fondre.

PETITS POIS ET HARICOTS

Nettoyer et étendre des petits pois ou des haricots sur une plaque à biscuits et mettre au congélateur. Une fois congelés, mettre les légumes dans des sacs de plastique, en portions individuelles ou familiales. Utiliser selon ses besoins.

BETTERAVES

Faire cuire des betteraves et les couper en dés. Laisser refroidir au réfrigérateur. Congeler en petits paquets. Pour servir, mettre les betteraves congelées dans la partie supérieure d'un bain-marie. Ajouter du beurre, du sel et une pincée de sucre. Faire chauffer 15 à 20 minutes.

CÉLERI

Seules les feuilles de céleri se congèlent. Bien laver les feuilles, les hacher et les congeler dans de petits sacs de plastique. Utiliser pour aromatiser les ragoûts, les soupes, les pommes de terre en purée, les farces, etc.

POIVRONS ROUGES OU VERTS

Congeler les poivrons entiers ou encore coupés en dés ou en lanières. Hacher les poivrons entiers lorsqu'ils sont encore congelés.

FINES HERBES

Congeler les fines herbes dans des petits sacs individuels. Les hacher si nécessaire lorsqu'elles sont encore congelées.

JUS DE CITRON

Pour toujours avoir du jus de citron frais sous la main, extraire le jus de citrons bien frais et le congeler dans un moule à glaçons. Lorsque les cubes de jus sont bien pris, les mettre dans un sac de plastique.

On peut aussi congeler le jus de citron de la manière suivante : mélanger 250 mL (1 tasse) de sucre et 250 mL (1 tasse) de jus de citron. Faire chauffer jusqu'à ce que le sucre soit dissous. Congeler de la même manière que le jus de citron frais. Utiliser pour les salades de fruits et les limonades.

RHUBARBE

Laver et envelopper la rhubarbe dans une double épaisseur de papier à congélation. La couper lorsqu'elle est encore congelée pour la faire cuire.

GÂTEAUX, BISCUITS ET PAIN

Les gâteaux, les biscuits et le pain se congèlent très bien.

GLAÇAGES À GÂTEAUX

Les glaçages à gâteaux au beurre ou au sucre à glacer se congèlent très bien, mais il faut éviter de congeler les glaçages à base de blanc d'œuf.

CASSONADE

Conserver la cassonade dans le congélateur pour l'empêcher de durcir.

GUIMAUVES

Congeler les guimauves dans leur emballage. Elles ont alors moins tendance à sécher et elles ne collent pas aux ciseaux lorsqu'on désire les couper.

EMBALLAGE DES ALIMENTS À CONGELER

Il est inutile de se passer de papier ou de contenants à congélation sous prétexte de vouloir faire des économies. Ils sont spécialement conçus pour empêcher les aliments de sécher, afin qu'ils gardent toute leur saveur.

Il existe deux sortes d'emballages pour la congélation :

PAPIERS

Certains papiers sont bruns ou roses d'un côté et paraffinés de l'autre. Ce type de papier convient parfaitement pour envelopper les aliments qu'on ne gardera pas plus de 2 mois au congélateur. Ne jamais utiliser le papier ciré ordinaire, choisir plutôt le papier ciré spécialement conçu pour la congélation. Éviter les emballages de plastique utilisés pour envelopper le pain, ils ne protègent pas les aliments.

Les papiers laminés, les polyéthylènes et les papiers glacés qui sont à l'épreuve de l'eau conviennent très bien pour la plupart des aliments.

Le papier d'aluminium épais, les pellicules de plastique et les sacs de plastique à fermeture étanche sont idéaux pour les aliments que l'on désire congeler pendant plusieurs mois. Ils sont à l'épreuve de l'eau et empêchent l'air de pénetrer.

CONTENANTS

Il existe de nombreux types de contenants. La plupart sont excellents pour la congélation. Notons que les contenants de plastique et les cartons cirés risquent moins de se briser que les pots de verre. Il est préférable de ne jamais utiliser les cartons de crème glacée, car ils sont trop légers et ne sont pas à l'épreuve de l'eau et de l'air. Il est avantageux de se procurer des contenants à congélation de bonne qualité. Ils sont un peu plus chers, mais durent par contre plus longtemps. Il faut également tenir compte de la forme des contenants, les contenants carrés ou rectangulaires prennent moins d'espace que les contenants ronds.

Au moment d'emballer les aliments pour la congélation, il est très important d'enlever l'air. Les emballages doivent être fermés hermétiquement. Laisser toujours un espace libre de 1 à 2,5 cm (½ à 1 po) dans la partie supérieure des contenants pour permettre aux aliments de gonfler pendant la congélation.

☙ Mettre des étiquettes sur tous les emballages en indiquant clairement le nom de l'aliment et la date de la congélation. On peut également y indiquer le nombre de portions ou de morceaux contenus dans l'emballage.

☙ Lorsqu'on congèle plusieurs denrées à la fois, on doit les placer dans la partie la plus froide du congélateur pour faciliter la congélation. On peut ensuite les placer où bon nous semble.

DURÉE DE CONSERVATION DE CERTAINS ALIMENTS

Agneau	6 à 9 mois
Beignes	2 mois
Beurre	6 mois
Biscuits chauds	3 mois
Biscuits cuits	9 mois
Biscuits non cuits	9 mois
Bœuf	6 à 12 mois
Boulettes de viande cuites	4 à 6 mois
Crèmes glacées	1 à 2 mois
Croûtes de tartes	2 mois
Gâteaux aux fruits	1 an
Gâteaux glacés	2 à 3 mois
Gâteaux non glacés	1 à 2 mois
Muffins	3 mois
Pains	3 mois
Pains enveloppés (du magasin)	2 semaines
Pains de viande cuits	4 à 6 mois
Petits pains	3 mois
Plats cuisinés	3 à 4 mois
Poissons	2 à 3 mois
Porc	3 à 6 mois
Ragoûts	4 mois
Sandwiches	2 semaines
Saucisses	1 à 3 mois
Soupes	4 mois
Tartes	2 mois
Veau	6 à 9 mois
Viande hachée	1 à 3 mois
Volaille	6 à 12 mois

LES RÉCHAUDS, LA FONDUE ET LE BARBECUE

RÉCHAUDS

Il existe quatre sortes de réchauds : le réchaud à alcool, le réchaud à alcool solidifié, le brûleur à mèche et la poêle à frire électrique.

❧ Conçu pour donner une chaleur vive, le réchaud à alcool atteint rapidement une température très élevée. Sa flamme est facilement réglable. L'alcool est plus économique et dure plus longtemps que le combustible solide.

❧ Le réchaud à alcool solidifié est idéal pour la cuisson à feu très doux, car sa flamme est basse et vacillante. On peut également s'en servir pour tout autre usage. On l'emploie notamment pour garder au chaud les aliments déjà cuits. Le prix élevé du combustible en fait un appareil fort coûteux pour un usage courant.

❧ Le brûleur à mèche fonctionne comme les lampes à pétrole d'autrefois. Sa flamme est relativement petite et donne peu de chaleur. On l'utilise uniquement pour garder les aliments au chaud. L'origine de ce brûleur remonte aux temps lointains où les festins étaient de coutume en Angleterre. On déposait les réchauds, alors appelés «casseroles à réchauffer», sur la table afin de garder les plats chauds en attendant le moment de servir.

❧ La poêle à frire électrique peut servir de réchaud. Elle est facile à utiliser et très pratique.

❧ Il est très important de pouvoir régler facilement la chaleur des réchauds munis de brûleurs. Pour avoir un maximum de chaleur, bien ouvrir les orifices du brûleur. Fermer partiellement avec le couvercle pour réduire la température.

❧ Une autre façon de régler la chaleur des réchauds est de mettre le plat dans une casserole remplie d'eau chaude (ne s'applique que pour certains plats). Cette méthode assure une cuisson lente et régulière des aliments.

❧ Les véritables amateurs de la cuisine au réchaud se procureront un joli plateau dans lequel ils disposeront tous les ingrédients et les ustensiles nécessaires à la préparation de la recette. Le plateau idéal est de forme oblongue, car il se prête aux utilisations les plus variées.

❧ En disposant joliment les ingrédients (une affaire de quelques minutes), le plateau sera non seulement des plus attrayants, mais il ne manquera pas de donner l'eau à la bouche. Il est important de toujours disposer les aliments selon l'ordre indiqué dans la recette.

❧ Voici quelques conseils utiles pour la cuisson des aliments sur le réchaud.

❧ Il est préférable d'enrober les boulettes et les croquettes avec des miettes de pain ou de craquelins plutôt qu'avec de la farine. La croûte sera alors plus ferme et plus croustillante.

❧ La sauce de soja et les sauces piquantes donnent une belle apparence aux viandes cuites sur le réchaud. Si l'on badigeonne la viande avant la cuisson, elle prendra une belle couleur brune.

❧ Utiliser le poêlon du réchaud comme bain-marie pour garder les aliments chauds jusqu'au moment de servir.

❧ Disposer les ingrédients de manière à pouvoir les utiliser selon l'ordre indiqué dans la recette.

❧ Présenter joliment les ingrédients, les couper en formes régulières, si désiré.

❧ Pour décorer les plats en sauce, réserver une partie des ingrédients solides et les couper joliment. Utiliser pour garnir le plat après la cuisson.

❧ Pour donner du caractère à un plat, le décorer de spirales de crème aigre après la cuisson. Servir immédiatement.

❧ Les plats aromatisés à l'ail sont toujours délicieux. Voici quelques trucs pour que les plats prennent toute la saveur de l'ail sans qu'il y en ait de gros morceaux dans la préparation :

❧ Piquer la gousse d'ail avec un cure-dent, il sera alors plus facile de la récupérer après la cuisson.

❧ Émincer et, à l'aide d'un couteau, broyer l'ail avec du gros sel pour former une pâte.

❧ Écraser et broyer l'ail sans utiliser de sel.

❧ Écraser l'ail avec un presse-ail.

❧ La farine grillée relève le goût de bien des petits plats préparés sur le réchaud. Elle relève particulièrement le goût des sauces au vin ou aux épices.

FONDUE

Partout dans le monde, les gens aiment se réunir autour d'une délicieuse fondue. Qu'elle soit suisse, française ou orientale, la fondue découle à l'origine d'une coutume paysanne, qui consistait à réunir tous les convives autour d'un seul et unique plat. Des facteurs géographiques, climatiques et culturels ont cependant contribué à créer différents types de fondues d'un pays à l'autre.

❧ Le terme fondue vient du verbe fondre et désigne non seulement le mets, mais aussi tout le rituel qui s'y rattache. La viande de la fondue bourguignonne n'est aucunement fondue mais plutôt plongé dans de l'huile frémissante. Dans un sens, la fondue à la viande se rapproche davantage des premières fondues connues, soit la fondue de Pékin, le Shabu-Shabu japonais et la fondue mongole.

❧ Lorsqu'on sert une fondue, il est très important d'observer des règles simples de sécurité.

❧ Tout d'abord, lire attentivement le guide du fabricant avant d'utiliser le poêlon à fondue pour la première fois.

❧ Pour la fondue au fromage, utiliser un poêlon à fondue en céramique ou en terre cuite. Pour éviter que le fromage durcisse, la flamme du brûleur ne doit pas être trop vive.

❧ Pour la fondue bourguignonne ou pour les fondues dont la cuisson se fait dans de l'huile très chaude, toujours utiliser un poêlon à fondue en métal. Les autres poêlons seraient portés à se craqueler sous l'effet de l'huile chaude. Pour éviter les accidents, remplir le poêlon à fondue jusqu'à la moitié de sa capacité. Faire chauffer l'huile sur la cuisinière avant de mettre le poêlon à fondue sur le réchaud. Allumer le brûleur. La flamme doit être vive et constante pour que l'huile reste toujours en ébullition.

BARBECUE

Avant la cuisson, tapisser le fond du barbecue d'une feuille de papier d'aluminium, cela facilitera le nettoyage.

❧ Disposer le charbon de bois dans le foyer du barbecue. Pour obtenir le rendement maximal de son barbecue, il est important d'utiliser la bonne quantité de charbons. Voici un petit truc pour avoir une cuisson parfaite à coup sûr : déterminer la quantité de charbons utilisée en fonction du temps de cuisson requis. Mettre 2,5 cm (1 po) de charbons par 15 minutes de cuisson.

❧ Allumer le feu de 40 à 80 minutes avant de commencer à cuire les aliments. Attendre pour ce faire que les charbons soient bien rouges et recouverts d'une mince couche de cendre blanche ou grise.

❧ Le temps de cuisson et la température du barbecue sont parfois difficiles à déterminer. Ce petit guide de cuisson nous facilite la tâche : Pour obtenir un bifteck saignant, placer la viande sur le gril à une distance de 8 à 10 cm (3 à 4 po) au-dessus de la source de chaleur. Pour un bifteck à point ou bien cuit, placer la viande à une distance de 13 à 15 cm (5 à 6 po) au-dessus de la source de chaleur. Pour le porc et l'agneau, la température doit être moins élevée et plus uniforme, il faut donc placer la viande à 15 cm (6 po) de la source de chaleur. Placer les morceaux de viande qui cuisent rapidement, ainsi que le poisson, à 5 cm (2 po) de la source de chaleur.

ACCESSOIRES UTILES POUR LE BARBECUE

Fourchette à long manche

Grande cuiller

Spatule

Pinces pour tourner les aliments (une large et une étroite)

Poêlon en fonte ordinaire ou émaillée avec une longue queue

Mitaines isolantes (isolées à l'amiante)

Gril à poisson

Grande planche de bois pour découper la viande

Couteaux bien affûtés (un petit et un grand)

Petit pinceau pour badigeonner

Papier essuie-tout

Papier d'aluminium

Plateau résistant à la chaleur servant à déposer les aliments ou les casseroles

Plateau pour déposer les assaisonnements, les fines herbes et les sauces

Ciseaux

Brochettes ayant entre 15 cm et 60 cm (6 po et 24 po) de longueur

TABLEAU DE CUISSON DES ALIMENTS AU BARBECUE

VIANDES	TAILLE	INTENSITÉ DU FEU	TEMPÉRATURE DE LA VIANDE			
			SAIGNANT 55°C-60°C (130°F-140°F)	ROSÉ 60°C-65°C (140°F-145°F)	À POINT 65°C-70°C (145°F-155°F)	BIEN CUIT 70°C-85°C (155°F-180°F)
AGNEAU						
Côtelettes	2,5 cm (1 po)	moyen	4-5 min	6 min	6-7 min	8 min ou plus
Côtelettes	4 cm (1½ po)	moyen	5-6 min	7 min	8-9 min	10 min ou plus
Côtelettes	5 cm (2 po)	moyen	6-7 min	8 min	9-10 min	12 min ou plus
BŒUF						
Bifteck	2,5 cm (1 po)	vif	5-6 min	7 min	7-8 min	10 min ou plus
Bifteck	4 cm (1½ po)	vif	6-7 min	8-9 min	10 min	12-15 min
Bifteck	5 cm (2 po)	moyen-vif	8-10 min	10-15 min	15-18 min	20 min ou plus
Bifteck	6,5 cm (2½ po)	moyen-vif	12-15 min	15-17 min	18-23 min	25 min ou plus
Bifteck de flanc	entier	vif	4-5 min	5-6 min	—	—
Hamburger	2,5 cm (1 po)	moyen-vif	4 min	5 min	6 min	7 min ou plus
Faux-filet	entier	moyen	12-15 min	15-17 min	18-23 min	—
PORC						
Côtelettes	2,5 cm (1 po)	moyen-doux	—	—	—	13-18 min
Côtelettes	4 cm (1½ po)	moyen-doux	—	—	—	15-23 min
Côtelettes	5 cm (2 po)	moyen-doux	—	—	—	20-30 min
Jambon, tranche	2,5 cm (1 po)	moyen-doux	—	—	—	15-18 min
Jambon, tranche	4 cm (1½ po)	moyen-doux	—	—	—	18-23 min
Petites côtes	entières	très doux	—	—	—	1 h
VOLAILLE						
Poulet	750 à 900 g (1½ à 2 lb)	moyen	—	—	—	20-30 min
Poulet	coupé en deux	moyen	—	—	—	15-30 min
Canard	coupé en deux	moyen-doux	4-6 min	6-8 min	9-15 min	15-25 min
Pigeon	coupé en deux	moyen	—	—	—	12-18 min
POISSONS						
Darne	2,5 cm (1 po)	Ne pas trop cuire afin que le poisson			3-5 min	
Darne	4 cm (1½ po)	ne se dessèche pas. Le poisson			4-6 min	
Filets	petit	est cuit lorsqu'il se défait			3-6 min	
Filets	gros	facilement à la fourchette.			6-9 min	
HOMARD						
Ouvert	500 à 750 g (1 à 1½ lb)	moyen-vif	—	—	—	12-16 min

LES DIVERS MODES DE CUISSON DES VIANDES

Les différents modes de cuisson varient en fonction du type de viande utilisée. Si la viande n'est pas très tendre, il est préférable de la braiser ou de la faire bouillir. Les coupes de viande plus tendres seront meilleures grillées ou rôties.

La cuisson de toutes les viandes doit se faire à feu moyen, car un feu vif aurait tendance à les durcir. La température joue un rôle très important dans la cuisson des viandes, parfois plus que le temps de cuisson.

BRAISER

Pour faire braiser les viandes, on doit commencer par les faire brunir. Pour ce faire, enrober la viande avec de la farine assaisonnée de sel, de poivre, de paprika, de fines herbes et de sucre. Faire brunir dans un corps gras bien chaud. Utiliser n'importe quelle matière grasse (utilisez la quantité que vous désirez en fonction de votre régime alimentaire). Le corps gras brunit la surface de la viande et pénètre à l'intérieur et ce, même si la viande ne repose pas à plat dans le fond de la casserole.

Pour obtenir une cuisson parfaite, il est très important de ne pas augmenter la température pour accélérer la cuisson. La viande braisée doit cuire lentement, à feu doux ou moyen. La croûte dorée qui se formera à la surface retiendra tous les jus de la viande à l'intérieur, l'empêchant de sécher, de durcir et de perdre de sa couleur.

Pour faire une viande braisée, faire brunir la viande puis ajouter les fines herbes, les assaisonnements et les autres ingrédients de la recette. Ne pas mettre de liquide. Couvrir et faire cuire.

Pour faire une viande en cocotte, faire brunir la viande et ajouter le liquide et les autres ingrédients de la recette. Couvrir et faire cuire à feu assez doux. Pour faire la sauce, épaissir le fond de cuisson avec de la farine ou le faire réduire jusqu'à ce qu'il ait la consistance d'une sauce.

BOUILLIR

On peut faire bouillir doucement la viande, avec ou sans légumes, dans une grande quantité de liquide. On recommande ce mode de cuisson pour les coupes de viandes qui sont peu tendres comme le jarret, le cou, la queue, etc. On peut faire cuire la viande entière ou coupée en morceaux.

Enlever l'excédent de gras et enrober les morceaux de viande d'un mélange de farine, de sel et de poivre. Faire fondre le gras et y faire saisir la viande (il n'est pas nécessaire d'enrober la viande de farine pour la saisir). On peut également préparer les viandes bouillies sans les faire saisir. Aromatiser au goût.

Pour le bœuf : feuilles de céleri, assaisonnement au chili, thym, ketchup, feuilles de laurier, clous de girofle, bâtons de cannelle, épices mélangées, sarriette, macis.

Pour le veau : menthe, cari, thym, basilic, romarin, cardamome.

Pour le porc : sauge, persil, basilic, feuilles de laurier, clous de girofle, cannelle, muscade, paprika.

Ajouter le sel au début de la cuisson afin que tous les sucs savoureux de la viande se retrouvent dans la sauce.

Ajouter le liquide, compter 750 mL de liquide par 500 g de viande (3 tasses par livre). On peut utiliser de l'eau ayant servi à la cuisson de légumes, du thé, du jus de tomate, du jus de pomme, du vin rouge ou blanc, de la crème aigre ou ordinaire, du consommé ou du café froid.

Porter au point d'ébullition, ne pas faire bouillir. Couvrir et laisser mijoter à feu doux.

On peur aussi faire bouillir la viande avec des légumes. Laver et hacher en gros morceaux des légumes, par exemple des oignons, des feuilles de céleri, des carottes, des panais ou de l'ail. Il n'est pas nécessaire de les peler.

Retirer la viande de la casserole après l'avoir saisie. Mettre les légumes dans la casserole. N'ajouter aucun liquide. Couvrir et laisser mijoter les légumes dans leur jus, à feu très doux, pendant environ 10 minutes. Ce procédé s'appelle «faire fondre les légumes», il permet d'extraire toute la saveur des légumes. Déposer la viande sur les légumes. Ne pas saler. Ajouter les fines herbes et le liquide. Couvrir et laisser mijoter à feu doux.

GRILLER

On peut faire griller les viandes dans un poêlon, au four ou sur le barbecue.

Les viandes grillées au four sont aussi délicieuses que celles préparées sur le barbecue. Le principe de base est le même que pour le barbecue, c'est-à-dire que la viande cuit d'un seul côté à la fois. Pendant la cuisson, l'air circule sur le côté qui n'est pas exposé directement à la source de chaleur, ce qui empêche la viande de sécher.

🐾 Pour faire griller les viandes au four, il est important de suivre les règles ci-dessous afin d'éviter que la viande ne durcisse ou ne sèche pendant la cuisson. Vos biftecks seront ainsi comparables à ceux cuits sur le barbecue.

🐾 Faire chauffer le four avant de l'utiliser.

🐾 Ne pas garder la température trop élevée pendant la cuisson. Si elle devient trop élevée, placer la viande à 10 ou 13 cm (4 ou 5 po) du gril, ou éteindre le four pendant quelques minutes, le temps que la température baisse.

🐾 Laisser la porte du four entrouverte pendant la cuisson (ouvrez-la complètement si vous ne pouvez pas la maintenir entrouverte).

🐾 Pour faire griller les viandes dans une cuisinière au gaz, déposer la viande sur la grille du four placée le plus près de la source de chaleur. La flamme brunit la viande lentement sans la faire durcir. Une fois que le four est réglé à la température désirée, il n'est pas nécessaire de surveiller constamment la cuisson, sauf pour retourner la viande.

🐾 Les viandes grillées au poêlon ressemblent aussi aux grillades préparées sur le barbecue. Utiliser un poêlon à fond épais. Ne pas graisser le poêlon, il sert uniquement de support pour recueillir le jus de la viande. Toujours se rappeler que le feu doit être doux. Placer la viande dans un poêlon tiède. Ne pas couvrir, car la température deviendrait trop élevée et la viande durcirait. Arroser avec le gras qui s'écoule de la viande. Retourner à la mi-cuisson.

🐾 Si l'élément de la cuisinière devient trop chaud, retirer le poêlon et réduire le feu. La viande continue à cuire même si elle n'est plus sur le feu, grâce à la chaleur que dégage le poêlon. Lorsque l'élément est moins chaud, remettre le poêlon sur le feu et poursuivre la cuisson.

🐾 On peut saupoudrer la viande de paprika avant la cuisson, mais l'on ne doit saler et poivrer qu'au moment de servir. Si désiré, utiliser un thermomètre à viande.

RÔTIR

Le rôle que joue la température dans tous les types de cuisson est primordial. En effet, les viandes qui cuisent à une température trop élevée auront tendance à durcir, ce qui est particulièrement le cas des rôtis de viande.

🐾 Combien de beaux rôtis ont été gaspillés et combien de bouchers ont été blâmés à tort parce que la viande n'était pas assez tendre ?

🐾 Pour que notre rôti soit toujours cuit à la perfection, il suffit de suivre ces quelques conseils pratiques.

🐾 Utiliser une rôtissoire suffisamment grande pour contenir le rôti. Il est recommandé d'employer une rôtissoire à fond épais, en fonte émaillée de préférence, et mesurant 40 x 30 cm (16 x 12 po). La profondeur peut être de 5 à 10 cm (2 à 4 po).

🐾 Mettre le rôti dans la rôtissoire, la partie osseuse vers le fond et le gras vers le haut. Pour cuire les rôtis sans os, placer le côté maigre sur 2 ou 3 os plats (en demander au boucher). Si le rôti est roulé et entouré de gras, placer la partie maigre sur les os. Il est important de placer la viande (la partie qui n'a pas d'os ou de gras) sur des os

plats. Autrement, la viande cuirait à la vapeur et finirait par frire dans la graisse, elle deviendrait alors sèche et dure.

🐾 Badigeonner la viande de beurre moutarde. Le beurre moutarde se prépare avec de la moutarde en poudre et un corps gras. Il permet de fermer les pores de la viande afin qu'elle retienne tous ses jus naturels à l'intérieur et conserve toute sa saveur. Pour ceux qui n'aiment pas la saveur de la moutarde en poudre, sachez que son goût est à peine perceptible après la cuisson.

45 mL (3 c. à soupe) de matière grasse : fond de cuisson, graisse végétale, lard, bacon, beurre, huile, etc.
15 mL (1 c. à soupe) de moutarde en poudre

🐾 Défaire le corps gras en crème et ajouter la moutarde en poudre. (La moutarde en poudre ne doit pas être remplacée par de la moutarde préparée.) Étendre le beurre moutarde sur la viande. Ne pas badigeonner le gras ou les os. Pour que le beurre s'étende facilement sur la viande, le corps gras doit être à la température ambiante.

🐾 Insérer ici et là quelques gousses d'ail ou des tranches d'oignon. Si désiré, piquer le rôti avec des fines herbes, en faisant de petites entailles dans la partie charnue de la viande avec la pointe d'un couteau.

🐾 Pour connaître avec précision le degré de cuisson de la viande, insérer un thermomètre à viande dans la partie la plus charnue du rôti, en prenant bien soin que la pointe du thermomètre ne touche à aucun os ni au gras. Si désiré, placer un thermomètre sur pied près du rôti, pour vérifier la température du four. Utiliser deux thermomètres à la fois permet de mieux surveiller la cuisson.

🐜 Faire chauffer le four à la température requise. Mettre le rôti au four et cuire jusqu'à ce que la viande ait atteint le degré de cuisson désiré (voir le *Tableau de cuisson des viandes rôties* plus bas, pour connaître le temps de cuisson requis).

🐜 Ne pas couvrir la rôtissoire pendant la cuisson, car le rôti cuirait à la vapeur plutôt qu'à la chaleur sèche. La viande prendrait trop de temps à dorer et serait probablement trop cuite.

🐜 Sauf exception, ne pas saler la viande avant de la rôtir et ne pas la saupoudrer de farine. Tout comme les biftecks et les côtelettes, les rôtis ne doivent être salés qu'au moment de servir. Le sel a la propriété d'absorber tous les jus naturels de la viande, ce qui l'assèche. Si l'on ajoute de la farine, la sauce n'aura pas belle apparence et il se formera une croûte épaisse sur le rôti.

🐜 Ne pas ajouter de liquide, car la viande aura tendance à sécher et à diminuer de volume.

🐜 Ne pas saisir la viande. À l'époque où l'on cuisinait sur un feu de foyer, on avait l'habitude de saisir les viandes pour retenir les jus à l'intérieur. Nos fours actuels ne sont pas assez puissants pour saisir à ce point, c'est pourquoi on utilise le beurre moutarde pour empêcher que la viande ne perde ses jus.

🐜 Sauf exception, ne pas arroser le rôti pendant la cuisson. Lorsque le rôti cuit, la graisse accumulée dans le fond de la lèchefrite devient plus chaude que la température du four. Par conséquent, en arrosant le rôti avec cette graisse, la viande se

TABLEAU DE CUISSON DES VIANDES RÔTIES

	TEMPS DE CUISSON APPROXIMATIF (MINUTES PAR 500 G OU 1 LB)	TEMPÉRATURE DU FOUR	DEGRÉ DE CUISSON	TEMPÉRATURE INTERNE (THERMOMÈTRE À VIANDE)
Bœuf, coupes moins tendres	45	120°C (250°F)	saignant	57°C (135°F)
	55	120°C (250°F)	à point	66°C (150°F)
	60	120°C (250°F)	bien cuit	71°C (160°F)
Bœuf, coupes tendres	18	160°C (325°F)	saignant	60°C (140°F)
	20	160°C (325°F)	à point	68°C (155°F)
	27	160°C (325°F)	bien cuit	74°C (165°F)
Poulet rôti	20	160°C (325°F)	bien cuit	85°C (185°F)
Canard, jeune	25	160°C (325°F)	bien cuit	85°C (185°F)
Oie, jeune	25	160°C (325°F)	bien cuit	85°C (185°F)
Jambon, fumé à la maison	25	160°C (325°F)	bien cuit	77°C (170°F)
Jambon pré-cuit	20	160°C (325°F)	bien cuit	66°C (150°F)
Agneau, gigot	25	160°C (325°F)	à point	66°C (150°F)
Agneau, épaule	40	140°C (275°F)	à point	66°C (150°F)
Mouton, gigot ou épaule	60	105°C (225°F)	bien cuit	82°C (180°F)
Rôti de porc	40	160°C (325°F)	bien cuit	74°C (165°F)
Côtes levées	30	160°C (325°F)	bien cuit	82°C (180°F)
Dinde, grosse	15	160°C (325°F)	bien cuit	82°C (180°F)
Veau, plat	40	140°C (275°F)	bien cuit	82°C (180°F)
Veau, roulé	45	140°C (275°F)	bien cuit	82°C (180°F)

contracte, sa surface se fendille et ses jus naturels s'écoulent. La viande se contractera davantage sous l'effet du contraste de l'air frais de l'extérieur et de l'air chaud du four si on ouvre le four pour arroser la viande.

☙ Laisser reposer le rôti cuit sur un plat chaud 5 à 15 minutes avant de le découper. En laissant reposer la viande, tous les jus qui se sont concentrés au centre du rôti pendant la cuisson sont redistribués dans la viande. Il sera alors plus facile de découper la viande, et le rôti aura meilleur goût.

☙ Étant donné que la cuisson de la viande se poursuit pendant environ 30 minutes après qu'elle soit sortie du four, il est préférable de la sortir lorsque le thermomètre indique 3°C (5°F) de moins que la température suggérée dans le tableau de cuisson.

☙ Pour préparer la sauce, toujours verser le liquide bien froid dans le fond de cuisson bien chaud. En procédant de cette manière, on obtiendra une sauce lisse et savoureuse.

FRIRE

La friture consiste à faire cuire les viandes rapidement dans une petite quantité de matière grasse. La température joue un rôle très important dans ce type de cuisson. En effet, lorsque l'intensité de la source de chaleur est trop élevée, la température du corps gras tend à augmenter et celui-ci peut même brûler. C'est justement ce qui arrive lorsqu'on fait cuire du bacon à feu trop vif, la graisse devient trop chaude et le bacon tend à brûler. Aussi, pour réussir à frire les aliments à la perfection, il est recommandé de les faire cuire à feu moyen.

☙ Les viandes grasses comme le porc, l'agneau, le jambon, et les poissons gras (saumon et truite) se prêtent bien à ce type de cuisson.

☙ Il est préférable de faire sauter les viandes maigres et tendres. Pour faire sauter des aliments, on utilise une très petite quantité de gras, soit tout juste ce qu'il faut pour que les aliments ne collent pas. On place les aliments dans le poêlon chaud et on les fait cuire à feu vif en remuant jusqu'à ce qu'ils soient dorés.

☙ Utiliser un poêlon à fond épais ayant 5 à 10 cm (2 à 4 po) de profondeur. Les poêlons en fonte, en fonte émaillée ou en aluminium épais sont les meilleurs. Ils doivent être munis d'un couvercle qui s'ajuste très bien.

☙ Pour faire frire une viande au poêlon, il faut utiliser une plus grande quantité de matière grasse que lorsqu'on la fait sauter.

☙ Utiliser de l'huile ou du beurre. Mais attention, le beurre a tendance à brûler même à une température très modérée. C'est pourquoi il faut surveiller la friture de près ou encore mélanger le beurre avec un peu d'huile végétale. Les gras fondus des viandes utilisées font les meilleures fritures.

☙ Faire frire les aliments lorsque la matière grasse est bien chaude. Retourner les aliments pendant la cuisson, pour qu'ils soient bien dorés de chaque côté.

☙ Servir immédiatement. Si on ne peut servir les aliments tout de suite après la cuisson, on doit les déposer dans un plat chaud et les recouvrir d'un linge sec ou d'un essuie-tout. On peut les garder au four chaud pendant 15 minutes au maximum.

☙ Certains aliments peuvent aussi être cuits à la grande friture. Utiliser alors une friteuse électrique ou une casserole profonde munie d'un panier à friture. Le panier permet de manipuler plus facilement les aliments. Plonger les aliments à frire dans de l'huile bouillante. Il ne faut pas surchauffer l'huile ou la graisse, car cela les rend impropres à la friture.

☙ Cuire quelques aliments à la fois. Éviter de surcharger la friteuse.

☙ Vérifier la température de l'huile avant de mettre de nouveaux aliments.

☙ La grande friture permet de faire des économies lorsqu'on garde l'huile à friture pour un usage ultérieur. Après chaque usage, laisser l'huile refroidir légèrement et la passer ensuite dans un tamis tapissé d'une toile à fromage. Laisser refroidir. Garder au réfrigérateur dans un contenant couvert. Lorsqu'on utilise l'huile de nouveau, ajouter si nécessaire un peu d'huile fraîche.

☙ Bien égoutter les aliments frits sur un essuie-tout.

COMMENT PRÉPARER UN BON RAGOÛT

Pour 6 petites portions, utiliser 500 g (1 lb) de viande désossée ou 750 g (1½ lb) de viande non désossée. Enlever tous les petits morceaux de gras et les faire dorer lentement dans une casserole à fond épais ou en fonte émaillée.

☙ Couper la viande en cubes et les enrober de farine assaisonnée. Faire dorer la viande dans le gras fondu. Ajouter suffisamment d'eau pour recouvrir la viande. Couvrir et laisser mijoter jusqu'à ce que la viande soit tendre.

Éviter de laisser bouillir. Le veau, le porc et l'agneau prennent de 1½ à 2 heures de cuisson et le bœuf de 2½ à 3 heures.

🍃 Au cours des 30 à 45 dernières minutes de cuisson, ajouter, au choix, les légumes suivants : oignons, pommes de terre, céleri, carottes, rutabagas. Couper les légumes en dés ou en bâtonnets. Assaisonner et aromatiser au goût.

🍃 **Ragoût de bœuf :** feuilles de céleri, ail, paprika, assaisonnement au chili, ketchup, vinaigre, clous de girofle, basilic.

🍃 **Ragoût de veau :** poivrons verts, feuilles de laurier, feuilles de céleri, paprika, muscade, marjolaine, sarriette.

🍃 **Ragoût d'agneau :** menthe séchée, cari, thym, sarriette, ketchup.

🍃 **Ragoût de porc :** paprika, assaisonnement au chili, sauge, persil, feuilles de céleri, feuilles de laurier, clous de girofle.

🍃 Pour épaissir le ragoût, délayer 30 mL (2 c. à soupe) de farine grillée dans 45 mL (3 c. à soupe) d'eau pour chaque 250 mL (1 tasse) de bouillon. Ajouter au ragoût. Porter à ébullition et remuer jusqu'à ce que le ragoût épaississe.

🍃 Les meilleures coupes de viande à utiliser pour préparer les ragoûts sont, dans le bœuf : l'épaule, le flanc, les bouts de côtes, l'extérieur de ronde et la poitrine ; dans le porc : l'épaule ou toute autre partie maigre.

🍃 Pour varier, on peut présenter le ragoût en pâté : verser le ragoût cuit dans un plat de terre cuite, recouvrir d'une purée de pommes de terre ou d'une croûte à tarte. Badigeonner le dessus du pâté avec un peu de graisse fondue.

Faire dorer dans un four très chaud.

🍃 On peut aussi accompagner le ragoût de boulettes de pâte. Préparer des boulettes de pâte à la farine ou aux pommes de terre. Incorporer dans le ragoût 15 minutes avant la fin de la cuisson.

🍃 Le ragoût peut être servi avec des légumes : faire cuire le ragoût sans légumes et le servir ensuite avec des carottes, des rutabagas ou tout autre légume.

🍃 On peut l'accompagner de pommes de terre bouillies, cuites au four ou en purée. Les patates douces sont délicieuses avec le ragoût de porc et d'agneau.

🍃 Les pâtes alimentaires et le riz accompagnent aussi très bien le ragoût. Faire cuire les pâtes dans le ragoût ou les servir simplement bouillies, mélangées avec quelques champignons tranchés, des feuilles de céleri ou du persil haché.

COMMENT APPRÊTER LES ABATS

Le foie, les rognons, la cervelle et les ris, fortement recommandés par les diététistes, sont des viandes de toute première qualité. Le foie emmagasine les surplus de protéines, de vitamines et de sels minéraux, ce qui en fait un aliment hautement nutritif. Les rognons viennent tout juste après le foie quant à leur valeur nutritive. Voici quelques conseils sur la façon d'apprêter les abats.

🍃 Ne jamais faire tremper les abats dans l'eau, car ils sont riches en vitamines du complexe B et ces vitamines se dissolvent dans l'eau.

🍃 Réfrigérer les abats, sinon ils se gâtent rapidement.

🍃 Faire cuire les abats à feu doux, sauf si on désire les faire saisir.

Dans ce cas, la cuisson doit se faire en quelques secondes.

🍃 Étant donné que les abats cuisent assez rapidement, les assaisonner avant la cuisson. Par contre, ne saler qu'au moment de servir.

🍃 Enlever la fine membrane blanche qui recouvre les rognons, qui leur donne ce petit goût particulier que bien des gens n'aiment pas. Les rognons dégagent une odeur forte lorsque le feu est trop vif ou lorsqu'on les fait cuire trop longtemps.

LES SOUFFLÉS

MOULES À SOUFFLÉS

Les moules à soufflé existent en différentes formes et dimensions. On choisira la grandeur du moule en fonction du nombre d'œufs utilisés.

🍃 Pour les soufflés préparés avec 4 œufs, utiliser un moule d'une capacité de 1,5 L (6 tasses).

🍃 Pour les soufflés préparés avec 6 œufs, utiliser un moule d'une capacité de 2 L (8 tasses).

🍃 Pour mesurer la capacité des moules, il suffit de les remplir d'eau. Par exemple, le moule d'une capacité de 1,5 L peut contenir 1,5 L (6 tasses) d'eau.

🍃 Il est important de ne jamais utiliser les moules ayant une capacité supérieure à 2 L (8 tasses), car le soufflé ne cuirait pas bien.

🍃 Ne jamais remplir le moule à soufflé plus qu'aux trois quart.

🍃 Si l'on ne possède pas de moule assez grand pour contenir le soufflé, on peut faire un «collet». Tailler une bande de papier résistant, assez large pour qu'elle dépasse le bord du moule de 2,5 à

5 cm (1 à 2 po), et assez longue pour qu'elle en fasse le tour. Attacher cette bande avec une ou deux épingles. Beurrer le côté de la bande qui touche au soufflé. Au moment de servir, retirer la bande. Le soufflé se tiendra alors très bien, même s'il a dépassé de 8 à 10 cm (3 à 4 po) le bord du moule.

❧ Utiliser un moule en porcelaine ou en verre pour remplacer le moule à soufflé. Il est important que les parois du moule soient bien droites pour que le soufflé lève le plus possible. Si les parois sont incurvées, le soufflé lèvera en rond comme un gâteau.

❧ En général, il est préférable de ne pas beurrer le moule à soufflé, car les parois deviennent glissantes et le soufflé a tendance à tomber plus rapidement au sortir du four. Cependant, certaines recettes l'exigent. Dans ce cas, saupoudrer le beurre d'un peu de farine, de sucre ou de chapelure.

PRÉPARATION DES SOUFFLÉS

Les soufflés se servent en toutes occasions, comme entrée au dîner (soufflé au fromage), comme plat principal au souper (soufflé de homard) ou encore comme dessert (soufflés légers et savoureux au chocolat, au miel ou parfumés à de délicieuses liqueurs).

❧ Voici la méthode type pour préparer la plupart des soufflés :

❧ Préparer une sauce blanche épaisse. La sauce doit être lisse et crémeuse. S'il reste un tout petit grumeau, le soufflé ne lèvera pas uniformément.

❧ Ajouter des jaunes d'œufs. On ajoute des jaunes d'œufs, du fromage ou tout autre aliment pour lier la sauce et l'aromatiser. Il est important de laisser tiédir légèrement la sauce avant d'y ajouter les jaunes d'œufs.

❧ Incorporer des blancs d'œufs battus. Pour réussir le soufflé, il est important de battre les blancs d'œufs et de les incorporer dans la sauce avec le plus grand soin.

❧ Les blancs d'œufs doivent être à la température ambiante au moment de les utiliser. Battre les blancs d'œufs dans un grand bol, de préférence avec un fouet en métal.

❧ Il est difficile de dire exactement combien de temps les blancs doivent être battus. Mais certains indices ne trompent pas. Au début, les blancs d'œufs épaississent, ils moussent légèrement et de petites bulles d'air commencent à se former. C'est à ce moment qu'il faut les surveiller de près, car presque aussitôt, ils deviendront solides sans être encore secs. C'est exactement la consistance qu'ils doivent avoir pour que le soufflé soit parfait. Si l'on continue de battre, les blancs d'œufs deviennent trop secs et perdent une quantité importante de leurs bulles d'air. Ils sont alors moins légers et gonflent moins bien.

❧ Il est très important de porter une attention toute particulière à la façon dont on incorpore les blancs d'œufs dans la préparation. En effet, si l'on ne les incorpore pas correctement, on risque de tout faire rater et ce, même si les blancs d'œufs sont battus à la perfection.

❧ Pour ce faire, mettre la préparation de soufflé dans un grand bol (incorporer les blancs d'œufs dans un poêlon ne donne pas de bons résultats). Utiliser une spatule de caoutchouc, pour ne pas briser les bulles d'air contenues dans les blancs d'œufs. Incorporer la moitié des blancs d'œufs en les pliant délicatement dans le mélange. Cette opération ne doit pas durer plus d'une minute. Ajouter ensuite le reste des blancs d'œufs et les incorporer avec soin. Cette opération ne doit pas durer plus de 20 secondes. Il est important d'incorporer les blancs d'œuf d'un mouvement lent et continu, de haut en bas, de façon à incorporer le plus d'air possible dans la préparation. Il est possible qu'il reste des traces de blancs d'œufs dans la préparation, mais cela n'affectera en rien le résultat final.

❧ Les chefs expérimentés dans la confection des soufflés ajoutent un ou deux blancs d'œufs de plus que la quantité recommandée dans la recette. Leur soufflé est alors plus léger.

❧ On peut utiliser du cognac ou toute autre liqueur pour parfumer le soufflé. D'ailleurs les liqueurs, et tout particulièrement le cognac, aident le soufflé à bien lever.

❧ Il est possible d'ajouter du cognac à tous les types de soufflés sans que leur goût en soit modifié. Pour ce faire, ajouter 30 mL (2 c. à soupe) de cognac dans la préparation du soufflé.

❧ Si on veut que le soufflé gonfle en formant un petit «chapeau» en son centre, il suffit de procéder ainsi : une fois le soufflé dans le moule, y planter un couteau bien droit à 2,5 à 5 cm (1 à 2 po) de profondeur et à 4 cm (1½ po) du bord du plat.

❧ En tenant le couteau toujours bien droit, dessiner un cercle en y allant d'un mouvement de haut en bas.

❧ Mettre le soufflé au four

immédiatement. Ainsi, le centre du soufflé lèvera davantage, et le soufflé aura l'air de porter un chapeau.

CUISSON DES SOUFFLÉS

Il est important de ne pas ouvrir la porte du four avant les 5 dernières minutes de cuisson, pour éviter que l'air froid ne pénètre dans le four et ne fasse tomber le soufflé. Au cours des 5 dernières minutes de cuisson, ouvrir et fermer la porte du four délicatement.

 Pour vérifier la cuisson du soufflé, tirer délicatement la grille du four, et bouger le soufflé légèrement une ou deux fois, pour voir s'il est suffisamment ferme.

 Ne jamais utiliser une broche de métal ou un couteau, ce qui pourrait faire dégonfler le soufflé.

 Le soufflé est cuit lorsqu'il semble ferme et que la croûte du dessus est légère et bien dorée.

 Pour faire cuire le soufflé «à la française», on augmente la température de 20°C (50°F). Par exemple, pour une recette indiquant la température du four à 180°C (350°F), on augmente la chaleur à 200°C (400°F) et on réduit le temps de cuisson de 10 minutes.

FINES HERBES, GRAINES AROMATIQUES ET ÉPICES

Les fines herbes, les graines aromatiques et les épices forment un trio parfumé qui rehausse les saveurs et aiguise l'appétit. Elles sont indispensables à la bonne cuisine.

🍃 Combien faut-il employer d'épices et d'aromates ? Tout est matière de goût. Leur dosage tient à un secret très simple : l'assaisonnement ne doit pas masquer la saveur naturelle d'un aliment, mais la faire ressortir.

🍃 Il est important de faire la distinction entre les fines herbes, les graines aromatiques et les épices. Les herbes, que l'on achète fraîches ou déshydratées, ont un parfum plus subtil que les graines aromatiques et les épices. La plupart sont, grâce à leurs propriétés médicinales, faciles à digérer même par les estomacs délicats.

🍃 Les graines aromatiques, au parfum généralement plus soutenu, transmettent leur arôme aux aliments. On les utilise entières, moulues grossièrement ou en poudre. Entières, elles conviennent aux sauces et aux plats mijotés ou encore aux décoctions (voir les recettes d'infusions et de décoctions au chapitre sur les *Boissons*, page 717). Moulues, elles ont parfois une saveur plus concentrée ; il faut donc les doser en conséquence.

🍃 Les épices (dont le poivre et le sel) assaisonnent également les plats et relèvent leur goût. Leur saveur étant plus prononcée que celle des herbes ou des graines, il faut les utiliser avec précaution. N'hésitez donc pas à adapter les directives d'une recette : par exemple, réduisez la quantité de cannelle demandée si vous croyez que le goût sera trop prononcé pour vous plaire. Ou encore, ajoutez moins de sel (ou remplacez-le par une herbe de votre choix) si vous devez suivre un régime hyposodique. En changeant les quantités de sel, de poivre, d'herbes, de graines aromatiques ou d'épices d'une recette, vous ne pouvez que l'améliorer, puisqu'elle est alors adaptée à votre goût personnel. Bref, vous avez tout intérêt à bien connaître les subtilités de ce trio culinaire qui vous permet d'apporter une note distinctive à votre cuisine.

LES FINES HERBES

Faisons un rapide survol des herbes que l'on retrouve en cuisine...

MARJOLAINE

«Grande dame» de la famille des fines herbes, la marjolaine s'allie agréablement à divers aliments. On ne doit pas en abuser, car son arôme est assez piquant. Elle forme souvent un duo avec le thym.

🍃 La marjolaine sauvage, aussi appelée «origan», a quant à elle un charme indéfinissable qui plaît aux amateurs de sarriette et de marjolaine.

🍃 L'utiliser pour aromatiser la sauce aux œufs, les potages à base de bœuf ou de tomate, les farces pour canard, oie et autre gibier, les purées de pommes de terre ainsi que les épinards, les courges, les champignons et les salades vertes.

🍃 En préparant le poisson frit, en ajouter une pincée à la pâte.

🍃 En saupoudrer les rôtis de porc ou d'agneau.

SAUGE

De saveur forte et piquante, la sauge s'emploie avec discrétion.

🍃 L'utiliser pour aromatiser les ragoûts de viande, les poissons d'eau de mer, les salades de charcuterie, les plats de légumineuses, la soupe à la queue de bœuf, la purée de pommes de terre et le maïs en crème.

🍃 En ajouter 2 mL (½ c. à thé) par 500 g (1 lb) à la purée de canneberges.

Romarin

🍃 En incorporer 2 mL (½ c. à thé) à la pâte des *Petits pains au lait* (voir page 649), que vous servirez chauds, avec de la confiture.

🍃 En saupoudrer le rôti de porc.

ROMARIN

Le romarin possède un arôme marqué, très particulier : il faut donc l'utiliser en petite quantité.

🍃 L'utiliser pour aromatiser l'agneau, rôti ou bouilli.

🍃 En ajouter 2 mL (½ c. à thé) à la farce au pain pour volailles.

🍃 En jeter une petite pincée dans 15 mL (1 c. à soupe) de beurre doré, que l'on verse sur le poulet rôti ou le chou bouilli au moment de servir.

🍃 Couper une gousse d'ail en trois, la rouler dans le romarin et piquer chaque morceau d'ail dans le rôti de porc.

⫸ En ajouter quelques brins à la sauce nappant les poudings aux fruits.

⫸ En jeter une pincée, ainsi qu'un peu de basilic et de marjolaine, à la soupe à la queue de bœuf.

⫸ En utiliser une pincée chaque fois qu'une recette demande du thym ou des échalotes.

BASILIC

Le basilic anime tout ce qu'il touche. On le préfère dans les salades et les plats à base de tomates. Il convient également aux aliments cuits.

⫸ Sans être piquant, le basilic a une saveur très aromatique ; on peut donc l'utiliser généreusement. Il donne à coup sûr de la vie aux aliments fades.

⫸ Le considérer comme le fidèle compagnon de la tomate et de l'oignon.

⫸ Y penser dès que vous préparez un mets aux œufs : en jeter une pincée sur une omelette mi-cuite, par exemple.

⫸ Saupoudrer de basilic et de sel des pommes de terre et des oignons d'égale grosseur, déposés dans une marmite. Faire mijoter, à couvert, dans 250 mL (1 tasse) d'eau.

⫸ En saupoudrer 2 mL (½ c. à thé) sur le gigot d'agneau avant de le faire rôtir.

⫸ Y recourir, en combinaison avec la marjolaine et l'origan, pour rehausser la saveur des sauces à spaghetti.

⫸ Parfumer les ragoûts d'agneau au cari (voir *Cari d'agneau à la mode du Bengale*, page 228) en ajoutant 1 mL (¼ c. à thé) de basilic par cuillerée à thé de cari.

⫸ En ajouter à la soupe aux légumes, avec un peu de sarriette et de marjolaine.

ESTRAGON

Corrigeant la fadeur d'un plat tout en lui conférant une originalité certaine, l'estragon fera tou-

Laurier, thym et estragon

jours les délices des gourmets. Il est indispensable, notamment, à la réussite du poulet sauté.

⫸ Il a donné naissance au célèbre vinaigre d'estragon, qui ajoute une touche d'élégance au jus de tomate, aux œufs brouillés, aux filets de poisson, aux biftecks, à la crème de champignons, à la soupe aux tomates et aux consommés.

LAURIER

La feuille de laurier ayant un arôme très riche, il faut l'utiliser avec discernement. Cette précaution est d'autant plus nécessaire lorsque l'on apprête un mets où se trouve un liquide, car l'arôme du laurier s'y transmet tout au long de la cuisson.

⫸ L'utiliser pour préparer un bouquet garni, en réunissant dans un sachet de toile 1 feuille de laurier, 15 mL (1 c. à soupe) de persil, 2 mL (½ c. à thé) de marjolaine et 2 mL (½ c. à thé) de thym.

⫸ L'utiliser pour aromatiser les plats cuisinés tels que les ragoûts, les sauces, les potages et les légumes.

⫸ Faire tremper des biftecks minute durant une heure, dans une marinade composée de 45 mL (3 c. à soupe) de vin ou de jus de citron et de 2 feuilles de laurier broyées. Égoutter et faire griller les biftecks. Les servir arrosés de leur propre gras de cuisson, auquel vous aurez ajouté le reste de la marinade.

⫸ Aromatiser une fricassée de poulet avec 1 feuille de laurier, 5 mL (1 c. à thé) de sarriette et une généreuse quantité de persil.

⫸ Déposer une feuille de laurier dans un pot de betteraves avant d'y verser le vinaigre chaud dans lequel elles marineront.

⫸ Faire tremper une feuille de laurier, entière ou broyée, durant cinq à six heures dans une soupe aux tomates ou un jus de tomate en conserve.

⫸ Ajouter une feuille de laurier à l'eau de cuisson des légumes, notamment les betteraves, les oignons et les pommes de terre.

⫸ Toujours penser à ajouter une feuille de laurier à la soupe au chou, au jambon ou à la langue.

THYM

Simple et sans prétention, le thym est, comme le laurier, une herbe des plus polyvalentes en cuisine : il se mêle heureusement aux autres herbes aromatiques pour relever le goût des aliments.

⫸ Utiliser sa touche magique pour aromatiser les soupes, les sauces, les tomates, les farces, et les salades de viande ou de poisson.

⫸ En ajouter 1 mL (¼ c. à thé) (ou plus) à la sauce de l'agneau rôti, au porc haché servant à faire des boulettes, aux pommes de terre en purée ou cuites au four et aux cocktails à la tomate.

ANETH

On associe généralement l'aneth aux cornichons marinés. Sa saveur chaude et aromatique est très prononcée. Frais, l'aneth présente un feuillage fin, léger et très vert. On le trouve aussi en graines.

🍀 Ajouter de l'aneth frais à la purée de pommes de terre et à la salade au chou ou au saumon, auxquels il donnera du piquant.

🍀 Ajouter de l'aneth aux haricots verts, aux fèves, au chou-fleur et au chou bouilli. S'il est frais, l'y ajouter, haché, en même temps que le beurre ; s'il est en graines, l'ajouter à l'eau de cuisson.

🍀 En graines, utiliser l'aneth pour parfumer les soupes, les macaroni, les poissons grillés et les ragoûts d'agneau.

SARRIETTE

On pourrait presque dire que la sarriette, que je me plais à appeler «l'herbe de la cuisine du Québec», a sa place partout. La

Aneth

saveur de cette herbe de la famille de la menthe rappelle celle du thym, en moins soutenu.

🍀 L'utiliser pour parfumer agréablement plusieurs aliments, notamment le chou, la chou-

croute, les petits pois, les pains de viande, les rôtis de porc, les ragoûts de boulettes ou de pattes de porc, les ragoûts de bœuf et les œufs brouillés.

🍀 Y penser pour vous assurer de préparer une soupe aux pois excellente.

🍀 Prendre soin de l'ajouter à la *Fricassée du Québec*, dont la recette figure au chapitre sur le Bœuf, page 189.

CERFEUIL

Cette herbe annuelle ne livre pleinement sa douce saveur que lorsqu'elle est fraîche. Ses feuilles, menues et légères, annoncent très justement la délicatesse de son parfum. C'est d'ailleurs parce qu'elles sont si délicates qu'on ne hache pas les feuilles de cerfeuil avec un couteau, mais qu'on prend plutôt soin de les tailler avec des ciseaux.

🍀 En tout temps, utiliser le cerfeuil en substitut du persil.

🍀 L'utiliser pour aromatiser les salades vertes, les soupes aux pommes de terre ou aux légumes, les farces pour volailles et les poissons à chair fine tels que le flétan ou la sole.

🍀 En faire un délicieux assaisonnement pour les tomates fraîches.

CIBOULETTE

Qui, chez nous, ne connaît pas la ciboulette et sa très douce saveur d'oignon frais cueilli ? Comme le cerfeuil, la ciboulette est utilisée fraîche, et ciselée plutôt que hachée.

🍀 Dans les omelettes et la salade verte, réserver une place de choix à la ciboulette.

🍀 Utiliser la ciboulette partout où son goût piquant de jeune oignon semble prometteur.

MENTHE

Cette herbe au goût très marqué et bien connu ne sert bien souvent qu'à aromatiser la sauce accompagnant les morceaux d'agneau. Pourtant, elle peut si bien égayer les salades de fruits, les moitiés de pamplemousse, les salades, les tomates, les vinaigrettes et les mayonnaises garnissant les poissons froids !

🍀 Là ne s'arrêtent pas ses vertus : une infusion chaude de menthe est délicieuse et réconfortante. L'infusion de menthe se boit froide ou chaude, avec ou sans sucre, parfois accompagnée d'une tranche de citron.

🍀 Le mariage de la menthe, du citron et du miel est toujours réussi. Essayez-le dans une salade de fruits : sucrez les fruits de votre choix avec du miel, arrosez d'un peu de jus de citron et saupoudrez de menthe hachée finement.

LES GRAINES AROMATIQUES

ANIS

Fruit d'une petite plante de la famille du persil, l'anis est reconnu comme le plus ancien des aromates utilisés en cuisine. De nos jours, on l'emploie notamment pour aromatiser les bonbons de réglisse. Quelle que soit la recette, il faut s'assurer de ne pas en faire un usage trop généreux, question de s'habituer à son goût très présent.

🍀 Utiliser l'anis pour parfumer les biscuits, les gâteaux et les pains.

🍀 L'essayer dans les soupes aux légumes, sur le rôti de porc ou les filets de porc sautés, dans la purée de pommes et dans la farce pour canard ou perdrix.

☙ En faire une infusion délicieuse et rafraîchissante, qui se boit chaude ou froide.

CARVI

Le carvi est une plante de la famille du persil. Sa graine est toutefois plus petite et presque noire, et sa saveur est plus soutenue et poivrée que celle de l'anis. On connaît surtout le carvi saupoudré sur le pain de seigle ou les biscuits à l'ancienne.

☙ Accompagner de graines de carvi le rôti de porc, le thon en sauce ou en salade, le ragoût de porc ou de veau, la salade de chou, le rutabaga, la betterave et le fromage frais.

CARDAMOME

La cardamome est le fruit séché d'une plante de la famille du gingembre, de la taille d'un pois. Chaque capsule — une mince enveloppe de couleur ivoire — contient de 5 à 8 graines qui, seules, sont utilisées en cuisine. On achète la cardamome en graines ou en poudre. En graines, elle se conserve plus longtemps : il faut alors broyer la graine avec le dos d'une cuiller en bois. Sa saveur fine, parfumée, aromatique et légèrement poivrée la rend tout aussi agréable avec les mets sucrés qu'avec les plats salés... et le café ! C'est d'ailleurs l'aromate favori des Scandinaves, qui ajoutent souvent une graine de cardamome à leur demi-tasse de café noir. En France, on connaît la cardamome sous le nom de «graines de paradis».

☙ L'utiliser dans les gâteaux, les biscuits, la tarte aux pommes et à la rhubarbe, le riz au lait, les crèmes anglaises et les pâtisseries danoises.

☙ Ne pas l'oublier dans la soupe aux pois cassés, avec les patates douces et le rôti d'agneau.

☙ L'ajouter au bouillon d'une langue ou d'un cœur de bœuf farci, ainsi que dans les marinades.

GRAINE DE CÉLERI

La graine de céleri n'a aucun lien avec le céleri du potager qui monte en graine... Bien que tous deux appartiennent à la famille du persil, leurs goûts diffèrent. Minuscule, la graine de céleri a une saveur chaude, légèrement aromatique, et elle contient une huile essentielle qui confère aux aliments un frais parfum de céleri.

☙ L'utiliser pour aromatiser les sauces, les soupes, les salades de légumes, les marinades, le poisson, les légumes, les petits pains, bref, partout où l'on aime retrouver la saveur du céleri frais.

CUMIN

Cette graine à l'odeur forte donne aux aliments une saveur exotique et orientale. Elle sert à aromatiser certains fromages de Hollande et entre dans la composition du cari. C'est un aromate fort prisé des Mexicains, qui l'emploient dans leur chili con carne et leurs tamals.

☙ La saupoudrer délicatement sur les petits pains sucrés et dans les tartes aux pommes ou aux cerises.

☙ En ajouter à la sauce tomate, au riz à l'eau, aux œufs farcis et aux «fèves au lard».

CORIANDRE

La coriandre est une plante annuelle qui pousse partout en Grèce et dans le midi de l'Italie. Je la cultive moi-même avec facilité dans mon potager. Ses graines grisâtres, grosses comme un plomb de chasse, ont une odeur désagréable lorsqu'elles sont

Cardamone, graines de céleri, cumin et coriandre

fraîches mais elles acquièrent, en séchant, un parfum piquant et agréable, mi-citron, mi-sauge. Comme le cumin, on l'utilise en petite quantité, mais sa saveur plaît généralement davantage. C'est l'aromate utilisé dans la fabrication de la saucisse fumée.

☙ L'utiliser dans les marinades, surtout pour les cornichons.

☙ En parfumer les pâtisseries, les tartes aux fruits, les biscuits, le gâteau aux épices, les lentilles, le riz et les viandes cuites dans une sauce brune ou une sauce tomate.

BAIE DE GENIÈVRE

La baie de genièvre, fruit du genévrier, est un petit grain rond d'un noir violacé. Pour avoir un aperçu de sa saveur, pensez qu'il constitue l'un des principaux ingrédients du gin.

☙ Employer avec le gibier, la venaison et la choucroute.

☙ Jeter quelques baies, broyées, dans le beurre servant à faire sauter les rognons de veau ou d'agneau.

GRAINES DE SÉSAME

Les graines de sésame sont minuscules, de couleur ivoire, brillantes et lisses. Croquantes comme de petites noix, elles ont une saveur très fine et très douce. On peut les étaler sur une plaque à biscuits et les faire griller au four ; les laisser ensuite refroidir et les conserver dans un récipient de verre.

🌰 Les saupoudrer sur les légumes cuits ou sur les pâtes, pour leur donner de la texture et de la saveur.

🌰 En parsemer les biscuits, les pains et les abaisses de tarte.

LES ÉPICES

CANNELLE

La cannelle est l'écorce séchée du cannelier. Très ancienne (c'est la cinnamone du Cantique des Cantiques), elle est sûrement la plus connue de toutes les épices. On l'utilise en bâton et en poudre, selon le mets et le goût.

🌰 L'utiliser pour parfumer le chocolat, les gâteaux, les purées de fruit, les poires pochées, les desserts au riz et à la semoule de blé, ainsi que la tarte aux pommes.

🌰 Lui laisser la vedette dans les ragoûts et dans tous les plats de porc.

🌰 Ne pas l'oublier pour aromatiser les pruneaux, le yogourt sucré et les marinades.

CLOU DE GIROFLE

Le clou de girofle est le bouton floral d'un arbuste, le giroflier. On le cultive notamment à Java, à Madagascar et en Amérique. On le trouve entier, moulu ou encore en essence. Qui n'a pas piqué quelques clous de girofle dans le gras d'un jambon ? En poudre, on

l'utilise avec les fruits, dans les gâteaux, ainsi que dans les pains

Gingembre, muscade, clou de girofle et cannelle

de viande et les ragoûts de bœuf et de gibier. Son essence sert à la fabrication de bonbons et... à soulager les petites douleurs aux dents !

🌰 Aromatiser un bouillon ou un ragoût en y ajoutant une gousse d'ail ou un oignon piqué de quelques clous.

🌰 Ajouter quelques clous à un court-bouillon de poisson ou à la sauce du gibier.

MUSCADE

La noix de muscade est le fruit d'un arbuste, le muscadier, cultivé dans certaines régions tropicales. Elle est enveloppée d'un tégument beige pâle semblable à une dentelle, appelé macis. Le même fruit donne donc deux épices : la muscade et le macis. Moins parfumé et moins sucré que la muscade, le macis s'emploie de préférence avec les viandes et les plats où l'on désire un goût plus léger. Idéalement, la noix de muscade sera ronde plutôt que longue, dégageant un parfum frais et subtil, mais tenace. Il est préférable d'utiliser de la muscade fraîche, que l'on râpe soi-même avec une râpe spécialement conçue à cet

effet ou toute autre râpe bien mordante. On vend également de la muscade en poudre.

🌰 L'utiliser dans la sauce Béchamel, avec le chou de Bruxelles, le chou-fleur, le poulet rôti, le veau.

🌰 L'utiliser pour aromatiser la purée de pommes et de poires et les pâtisseries.

🌰 La saupoudrer sur la meringue d'une tarte au citron.

PIMENT DE LA JAMAÏQUE

Le piment de la Jamaïque (souvent appelé, à tort, «quatre-épices») n'est pas un mélange de poivre, de muscade, de cannelle et de clous de girofle, mais il provient d'une graine dont le goût évoque un mélange de ces quatre épices. Très caractérisé, le piment de la Jamaïque permet de petites merveilles en cuisine... aussi longtemps qu'on le dose avec intelligence.

GINGEMBRE

Qu'il provienne des Indes, de la Jamaïque ou d'ailleurs, le gingembre est un stimulant pour l'estomac. En poudre, il donne une saveur piquante aux biscuits et gâteaux au gingembre. En racine séchée, il sert à épicer marinades et confitures et à aromatiser les purées de fruit. Frais, le gingembre offre un maximum de saveur et de finesse. On se procure facilement les racines fraîches dans les épiceries asiatiques, ainsi que dans un nombre croissant de supermarchés. Il suffit de peler la racine et de la râper très finement, car il en faut peu pour parfumer tout un plat ! Congelée dans un contenant hermétique, la racine de gingembre se conserve indéfiniment ; on peut même la peler et la râper sans la faire décongeler.

SAFRAN

Le safran est fait du pistil séché des fleurs de crocus (variété nommée fleur de safran), une plante bulbeuse cultivée surtout en Espagne, en Italie dans le Gatinais (en France). Il contient une huile volatile et un colorant orange. Le safran est l'épice la plus chère entre toutes, mais une petite pincée suffit généralement à aromatiser tout un plat. Il faut prendre le temps d'expérimenter son goût particulier afin de l'apprécier.

🍂 Se rappeler que le safran est indispensable aux riz à l'espagnole et à la milanaise, à la paella et à la bouillabaisse.

🍂 L'utiliser avec les poissons, les viandes rouges ou blanches cuites en sauce et certains légumes séchés.

🍂 L'ajouter aux gâteaux ou petits pains pour leur donner une couleur et une saveur spéciales.

🍂 En ajouter une petite quantité à une vinaigrette, à laquelle il donnera une saveur inattendue.

CARI

Le cari (aussi appelé curry) est une poudre jaune généralement composée de plusieurs épices moulues — notamment le gingembre, la coriandre, le cumin, le safran ou le curcuma — et dont la quantité varie selon le cuisinier. Voilà pourquoi les diverses marques de cari sur le marché diffèrent parfois considérablement. Le cari constitue la base des savoureux plats de l'Inde, qu'il colore d'un beau jaune vif. Il faut le doser prudemment, car sa saveur est plutôt vive.

🍂 L'utiliser avec le riz, le poisson, les viandes, les ragoûts, les volailles.

CURCUMA

Le curcuma est la racine moulue d'une plante de la famille du gingembre, qui pousse aux Indes orientales. Odorant, il présente parfois une certaine amertume. On le trouve essentiellement dans les caris indiens et dans les moutardes préparées.

🍂 Durant des années, j'ai ajouté une touche de curcuma à ma vinaigrette à la française. Un certain Noël, j'en ai ajouté une pincée à la farine de ma pâte à biscuits, question de leur donner une belle couleur dorée. La cuisine perse m'a appris à en saupoudrer sur la farine assaisonnée servant à paner le poulet frit. J'en mets également 1 à 2 mL (¼ à ½ c. à thé) dans l'huile ou le beurre dans lesquels je fais sauter les oignons. Enfin, un vieux chef français m'a suggéré d'en jeter une pincée sur les œufs brouillés, afin

Cari, paprika, sel et poivre

qu'ils aient une belle couleur. Ne manquez pas, non plus, d'ajouter un peu de curcuma à vos sauces aux œufs et à vos riz cuisinés.

PAPRIKA

Cette belle poudre rouge vif, à la saveur douce, est faite de petits piments rouges doux, séchés et moulus. Le paprika est apprécié

pour sa couleur, mais il peut jouer un rôle plus important si on en ajoute une petite quantité aux sauces et aux viandes, mélangée avec un peu de beurre ramolli ou de crème aigre. Le paprika parfume toute la cuisine hongroise. C'est d'ailleurs de la Hongrie que nous parvient le meilleur paprika.

🍂 Juste avant la cuisson, saupoudrer légèrement de paprika la viande à griller au barbecue, au four ou au poêlon, afin d'obtenir une belle couleur dorée.

POIVRE

Les grains du poivrier proviennent essentiellement de l'Inde et de l'Asie du Sud-Est. Quelle que soit sa couleur, le poivre stimule les sécrétions digestives et favorise la digestion. «Confiez le sel à un sage et le poivre à un avare», dit le dicton ; voilà un signe clair qu'il ne faut faire abus ni de l'un ni de l'autre.

🍂 Le poivre blanc est obtenu en faisant macérer le poivre noir dans l'eau salée avant de le décortiquer. Il est donc plus doux, mais plus parfumé que le poivre noir. Tous deux ont leur importance en cuisine. Ainsi, le poivre noir sert à accentuer la saveur d'un bouillon à cuisson longue et lente ; pour une salade ou une sauce fine, on choisit plutôt le poivre blanc.

🍂 Il est de loin préférable d'acheter le poivre en grains et de le moudre dans un petit moulin, selon le besoin. Le poivre frais a une saveur parfaite, et il en faut moins que s'il était déjà moulu.

SEL

Le sel, gros ou fin, est sûrement le condiment le plus employé et le plus nécessaire ! On emploie le gros sel en cuisine et le sel fin à table. Il faut généralement 2 mL (½ c. à thé) de sel par 1 L (4 tasses) de liquide ou par 750 mL à 1 L (3 à 4 tasses) d'aliments. On sale même les gâteaux et sucreries, car le sel fait ressortir le goût du sucre.

CAYENNE

La cayenne est une petite baie moulue, extrêmement forte, qu'il faut employer avec modération. Un soupçon ajouté aux poissons, aux sauces ou aux courts-bouillons en relève la saveur. La sauce Tabasco est une cayenne liquide qui nécessite tout autant de restrictions.

RAIFORT

Le raifort se vend nature, en poudre ou en condiment préparé. Cette racine jaunâtre, de la taille d'un panais et recouverte d'une pelure brune, a une saveur qui s'apparente à celle de la moutarde. Fraîche, il faut la râper, la saler et l'additionner de vinaigre... une entreprise compliquée et plutôt désagréable. Heureusement, on trouve du raifort préparé — aussi bon que le raifort maison — dans la plupart des supermarchés.

❧ L'utiliser avec le bœuf bouilli, le rôti de bœuf, le gibier et pour assaisonner certaines sauces.

❧ Ajouter de petites cuillerées de raifort séché aux sauces ou aux bouillons.

MOUTARDE

Graine d'une herbe de la famille des crucifères, la moutarde est reconnue comme le condiment le plus ancien. Décortiquées et broyées, ses graines sont mélangées avec du vin sur, du jus de raisin vert, du vinaigre, etc. Il est intéressant d'apprendre à mélanger soi-même ses moutardes et

d'en préparer diverses versions, aromatisées aux herbes fraîches. Inutile de préciser l'emploi de ce condiment bien connu.

HERBES SALÉES À LA MODE DU QUÉBEC

Pour faire vos propres herbes salées avant l'hiver, assurez-vous tout d'abord de choisir des herbes bien fraîches. Approvisionnez-vous, au choix, en persil, cerfeuil, sarriette, marjolaine, basilic, thym, estragon, romarin, sauge, etc. Coupez les tiges, puis lavez et hachez les herbes, une variété à la fois. Stérilisez bien les pots utilisés. Choisissez une première herbe, dont vous déposerez environ 2,5 cm (1 po) dans un pot. Saupoudrez généreusement de gros sel. Recouvrez chaque herbe d'une autre variété, en couches successives. Saupoudrez du gros sel sur chaque couche, jusqu'à ce que le pot soit rempli. Fermez hermétiquement le pot et gardez-le au frais ou au réfrigérateur. En cuisine, utilisez les herbes telles quelles. Ces herbes salées se conservent au moins un an.

HERBES SALÉES À SEC

Pour faire des herbes salées à sec, coupez les tiges des herbes choisies. Déposez les feuilles dans un bol de faïence ou de verre en couches de 2,5 cm (1 po), en couvrant chaque couche de sel de table ou de gros sel, au goût. Ne pas couvrir, ou couvrir d'une toile à fromage et laisser sécher 1 mois à l'obscurité, dans un endroit sec et bien aéré. Une fois les herbes séchées, broyez-les en utilisant un tamis. Entreposez le tout dans de petites bouteilles.

❧ Employez les herbes séchées en substitut du sel, saupoudré sur les aliments. Ne les ajoutez aux ra-

goûts et aux sauces que de 20 à 30 minutes avant la fin de la cuisson.

SEL AROMATIQUE

❧ Préparez ce sel avec des herbes fraîches ou déshydratées.

50 mL (¼ tasse) de sarriette
50 mL (¼ tasse) de persil
30 mL (2 c. à soupe) de thym
15 mL (1 c. à soupe) de sauge
125 mL (½ tasse) de feuilles de céleri
zeste de ½ citron
250 mL (1 tasse) de sel fin

Malaxer tous les ingrédients avec un mortier en bois ou une cuiller. Passer à travers une passoire fine. Verser dans de petites bouteilles.

BEURRE AUX FINES HERBES

50 mL (¼ tasse) de beurre doux
5 mL (1 c. à thé) de jus de citron
15 mL (1 c. à soupe) de fines herbes retirées d'un vinaigre
ou 5 mL (1 c. à thé) de fines herbes déshydratées
ou 30 à 45 mL (2 à 3 c. à soupe) de fines herbes émincées

❧ Bien mélanger tous les ingrédients. Couvrir. Conserver au réfrigérateur.

❧ Saupoudrer sur les légumes ou le poisson cuit.

❧ En ajouter un bon morceau à une soupe ou à une sauce.

❧ En tartiner des tranches de pain. Coller ces tranches les unes aux autres comme pour reconstituer un pain. Réchauffer au four, à 180°C (350°F), de 15 à 20 minutes. Servir.

❧ Utiliser pour préparer les gelées aux fines herbes.

SAUCES FROIDES
ET SAUCES CHAUDES

LES SAUCES À RÔTIS

Il existe trois types de sauces à rôtis :

🙠 La sauce crémeuse, à base de farine.

🙠 La sauce claire, à base de graisse de cuisson.

🙠 La sauce parfaite, à base de consommé.

SAUCE CRÉMEUSE

🙠 Une bonne sauce à base de farine doit avoir une belle couleur brune. Pour une sauce réussie, faire chauffer la graisse de cuisson d'un rôti jusqu'à ébullition. Y faire dorer la farine à feu vif de 5 à 8 minutes ou jusqu'à ce qu'elle soit bien brunie.

🙠 Pour une sauce plus foncée et encore plus savoureuse, utiliser de la farine de blé entier. La farine grillée relève également le goût des sauces, c'est pourquoi il est préférable d'en avoir toujours un peu sous la main.

🙠 Les proportions idéales pour une sauce à base de farine sont de 30 mL (2 c. à soupe) de graisse de cuisson pour 30 mL (2 c. à soupe) de farine. Il faut éviter de dépasser la quantité de graisse de cuisson suggérée, qui s'incorporerait mal et donnerait un goût désagréable à la sauce. Employer 125 mL (½ tasse) de liquide pour chaque cuillerée à soupe de farine. (Étant donné que la farine de blé entier et la farine grillée se lient moins bien que la farine tout-usage, il est recommandé d'en ajouter 15 mL ou 1 c. à soupe.)

🙠 On peut préparer la sauce avec le liquide de notre choix : eau, jus de tomate, lait, crème, vin, restes de thé ou de café, etc. et créer ainsi une multitude de sauces aux couleurs variées et au goût unique.

COMMENT FAIRE GRILLER LA FARINE

Étendre la farine dans une lèchefrite et la faire brunir lentement au four à 150°C (300°F). Remuer de temps à autre. Poursuivre la cuisson jusqu'à ce qu'elle soit dorée. Tamiser pour réduire les grumeaux et laisser refroidir. Conserver dans un bocal en verre fermé hermétiquement, dans un endroit frais.

SAUCE CLAIRE

🙠 Pour préparer la sauce claire, enlever environ la moitié de la graisse de cuisson accumulée dans la lèchefrite et y incorporer le liquide de votre choix (voir *Sauce crémeuse*). Pour réussir cette sauce, verser le liquide très froid dans la graisse de cuisson très chaude et porter à ébullition en grattant continuellement le fond et le tour de la lèchefrite. La sauce est prête au moment où elle commence à bouillir.

SAUCE PARFAITE

🙠 La sauce parfaite est la plus facile à préparer et la plus délicieuse. Retirer le rôti et placer la lèchefrite directement sur le feu. Faire chauffer toute la graisse de cuisson jusqu'à ce qu'elle commence à bouillonner et ajouter une boîte de consommé en conserve, non dilué et froid. Brasser en grattant le fond et le tour de la lèchefrite. Retirer du feu dès que l'ébullition reprend. On peut mélanger au consommé 15 mL (1 c. à soupe) de cognac ou de jus de citron.

SUGGESTIONS POUR AROMATISER LES SAUCES

🙠 Pour le bœuf : marjolaine, origan, poireau haché finement, persil, ketchup ou moutarde.

🙠 Pour le poulet : sauge, estragon, ciboulette ou paprika.

🙠 Pour l'agneau : romarin, basilic, graines d'aneth, câpres ou sauce Tabasco.

🙠 Pour le porc : sauge, thym, persil, ail, moutarde ou anis.

🙠 Pour la dinde : basilic, thym ou marjolaine, mélangé avec un peu de zeste de citron et de muscade.

🙠 Pour le veau : mêmes condiments que pour le bœuf ou le poulet.

SAUCE BLANCHE

SAUCE BLANCHE LÉGÈRE
15 mL (1 c. à soupe) de beurre ou autre matière grasse
15 mL (1 c. à soupe) de farine
250 mL (1 tasse) de liquide

SAUCE BLANCHE MOYENNE
30 mL (2 c. à soupe) de beurre ou autre matière grasse
30 mL (2 c. à soupe) de farine
250 mL (1 tasse) de liquide

SAUCE BLANCHE ÉPAISSE
45 mL (3 c. à soupe) de beurre ou autre matière grasse
60 mL (4 c. à soupe) de farine
250 mL (1 tasse) de liquide

🙠 Faire fondre le beurre dans un poêlon. Retirer du feu et ajouter la farine. Bien mélanger. Verser le liquide d'un seul coup et cuire à feu moyen, en brassant sans arrêt, jusqu'à ce que le mélange ait la consistance désirée.

🖎 Préparée de cette manière, la sauce blanche a toujours une belle consistance lisse.

SAUCE MORNAY

2 jaunes d'œufs
125 mL (½ tasse) de crème
250 mL (1 tasse) de sauce blanche moyenne
125 mL (½ tasse) de fromage râpé

🖎 Battre les jaunes d'œufs avec la crème.

🖎 Incorporer la sauce blanche et le fromage râpé en brassant vigoureusement. Laisser mijoter à feu doux pendant quelques minutes.

SAUCE SOUBISE

3 oignons, hachés finement
15 mL (1 c. à soupe) de beurre
45 mL (3 c. à soupe) d'eau
500 mL (2 tasses) de sauce blanche moyenne
sel, poivre, muscade

🖎 Faire cuire les oignons dans le beurre et l'eau jusqu'à ce qu'ils aient ramolli. Éviter de les faire dorer.

🖎 Incorporer les oignons à la sauce blanche sans les égoutter. Ajouter le sel, le poivre et la muscade. Faire bouillir la sauce pendant 5 minutes.

🖎 Si vous désirez une sauce bien lisse, passez-la au tamis en pressant fortement sur les oignons.

Sauce Mornay

SAUCE AUX CÂPRES

50 mL (¼ tasse) de câpres
1 oignon vert, haché finement
1 pincée de cari
5 mL (1 c. à thé) de beurre
250 mL (1 tasse) de sauce blanche moyenne

🖎 Incorporer tous les ingrédients à la sauce blanche. Laisser mijoter pendant 3 ou 4 minutes à feu doux.

SAUCE ITALIENNE

30 mL (2 c. à soupe) de beurre
6 brins de persil, hachés finement
2 oignons verts, hachés finement
125 g (¼ lb) de champignons
125 mL (½ tasse) de vin blanc
250 mL (1 tasse) de sauce blanche moyenne

🖎 Faire fondre le beurre, ajouter le persil, les oignons verts et les champignons. Laisser mijoter pendant 10 minutes.

🖎 Ajouter le vin et faire réduire de moitié à feu vif. Incorporer ce mélange à la sauce blanche et laisser mijoter de 3 à 4 minutes.

SAUCE HONGROISE

2 oignons verts, hachés finement
15 mL (1 c. à soupe) de pâte de tomates
5 mL (1 c. à thé) de paprika
1 mL (¼ c. à thé) de muscade
250 mL (1 tasse) de sauce blanche moyenne

🖎 Incorporer tous les ingrédients à la sauce blanche. Laisser mijoter pendant 5 minutes.

SAUCE PROVENÇALE

45 mL (3 c. à soupe) d'huile
d'olive
1 oignon moyen, haché finement
2 tomates, coupées en petits
morceaux
1 poignée de persil, haché
2 gousses d'ail, hachées finement
250 mL (1 tasse) de sauce
blanche moyenne

🌢 Faire chauffer l'huile d'olive, y
faire cuire l'oignon, les tomates, le
persil et l'ail. Laisser mijoter pendant 20 minutes.
🌢 Préparer la sauce blanche à
base de consommé ou de crème
et y incorporer le mélange de
tomates. Laisser mijoter pendant
10 minutes.

SAUCE AUX OLIVES

175 mL (¾ tasse) de fromage
doux râpé
125 mL (½ tasse) d'olives vertes
ou noires coupées en fines
tranches
250 mL (1 tasse) de sauce
blanche moyenne

🌢 Incorporer le fromage et les
olives à la sauce blanche. Laisser
mijoter pendant 5 minutes.

SAUCE AURORE

45 mL (3 c. à soupe) de beurre
60 mL (4 c. à soupe) de farine
500 mL (2 tasses) de lait
ou de bouillon de poulet
125 mL (½ tasse) de crème à 35%
sel et poivre, au goût
45 mL (3 c. à soupe) de pâte
de tomates
5 mL (1 c. à thé) de basilic
45 mL (3 c. à soupe) de persil
haché finement
15 mL (1 c. à soupe) de beurre
mou

🌢 Préparer une sauce blanche
avec le beurre, la farine et le lait.

Lorsque la sauce est lisse et
crémeuse, ajouter petit à petit la
crème, en brassant sans arrêt.
Saler et poivrer au goût.
🌢 Incorporer, à feu doux, la pâte
de tomates, le basilic et le persil.
Bien mélanger. Retirer du feu.
🌢 Ajouter le beurre mou et brasser jusqu'à ce qu'il soit fondu. Ne
pas réchauffer la sauce après avoir
ajouté le beurre.

SAUCE AUX CHAMPIGNONS

250 g (½ lb) de champignons
45 mL (3 c. à soupe) de beurre
1 petite gousse d'ail, hachée
finement
6 oignons verts, hachés finement
1 pincée d'estragon
sel et poivre
500 mL (2 tasses) de sauce
blanche moyenne

🌢 Nettoyer et couper les champignons en fines tranches. Dans un
poêlon, faire fondre le beurre
jusqu'à ce qu'il soit de couleur
noisette. Ajouter les champignons, l'ail et les oignons verts.
Faire cuire à feu vif pendant
3 minutes, en brassant sans arrêt.
Retirer du feu. Ajouter l'estragon.
Saler et poivrer.
🌢 Verser la sauce blanche sur les
champignons. Bien mélanger.
Faire mijoter pendant 5 minutes,
en brassant souvent. Rectifier
l'assaisonnement. Pour préparer
une sauce aux champignons au
xérès ou au porto, ajouter 45 mL
(3 c. à soupe) de xérès ou de
porto au mélange de champignons et d'oignons verts, juste
avant de le retirer du feu.

Sauce provençale

SAUCE PROVENÇALE

1 Préparer la sauce blanche.

2 Cuire l'oignon, l'ail et le persil dans l'huile chaude.

3 Laisser mijoter pendant 20 minutes.

4 Incorporer le mélange de tomates à la sauce blanche. Laisser mijoter pendant 10 minutes.

ROUX BLOND OU BRUN

🍲 Faire fondre le beurre jusqu'à ce qu'il devienne de couleur plus ou moins noisette. Ajouter la farine. Cuire à feu moyen, en brassant, jusqu'à ce que le roux ait la couleur désirée. Le temps de cuisson de la farine et du beurre détermine la couleur du roux. Pour une sauce de couleur ivoire, utiliser le roux blond. Le roux brun convient parfaitement pour préparer une sauce brune.

LE BOUILLON BLANC OU BRUN

Bien des sauces se préparent en mélangeant du bouillon blanc ou brun à un roux. Bien sûr, il n'est pas nécessaire de faire son propre bouillon. Les consommés ou les bouillons en boîte de même que les cubes dissous dans l'eau et les concentrés de bœuf ou de poulet conviennent tout aussi bien.

🍲 Pour les recettes qui requièrent du bouillon blanc, utiliser une boîte de consommé ou un cube de bouillon de poulet. Remplacer le bouillon brun exigé dans certaines recettes par du bouillon en boîte, des cubes ou un concentré de bœuf. Diluer le consommé de poulet ou le concentré de bœuf pour obtenir un bouillon plus léger.

🍲 Toutefois je m'en voudrais de ne pas vous donner mes propres recettes de bouillon blanc et brun. Ils rehaussent la saveur des sauces et sont délicieux servis chauds ou froids. De plus, ils se conservent de 10 à 12 jours au réfrigérateur.

BOUILLON BLANC

environ 1 kg (2 à 3 lb) de jarret de veau, coupé en six morceaux
750 g (1½ lb) d'abats de poulet
6 dos de poulet ou une carcasse de poulet ou de dinde
4 carottes, pelées et coupées en tranches
3 gros oignons, coupés en tranches
3 branches de céleri avec les feuilles, hachées
5 mL (1 c. à thé) de moutarde en poudre
15 mL (1 c. à soupe) de gros sel
2 mL (½ c. à thé) de thym
1 feuille de laurier
7 L (28 tasses) d'eau chaude

🍲 Mettre tous les ingrédients dans une grande casserole. Porter à ébullition. Écumer. Couvrir et laisser mijoter pendant 3½ heures.

🍲 Après la cuisson, il devrait rester 5 L (20 tasses) de bouillon. S'il y a un excédent, faire bouillir, à découvert, jusqu'à ce qu'il ne reste plus que 5 L (20 tasses). Laisser refroidir et passer au tamis.

🍲 Pour un bouillon de poulet, remplacer le jarret de veau par une poule à bouillir.

BOUILLON BRUN

1 à 2 kg (2 à 4 lb) d'os de bœuf, coupés en petits morceaux
1 os de jambon sans viande (si possible)
1,8 kg (4 lb) de poitrine de bœuf maigre ou d'épaule de bœuf
30 mL (2 c. à soupe) de beurre
250 mL (1 tasse) de gras de bœuf coupé en dés
3 grosses carottes, coupées en tranches
3 gros oignons, hachés
1 poireau, coupé en tranches
1 feuille de laurier
1 gousse d'ail, hachée finement
25 mL (1½ c. à soupe) de thym
15 mL (1 c. à soupe) de gros sel
4 mL (¼ c. à soupe) de poivre
7 L (28 tasses) d'eau chaude

🍲 Demander au boucher de couper les os en petits morceaux. Couper la viande en gros cubes. Faire fondre le beurre avec le gras de bœuf. Ajouter la viande et le reste des ingrédients. Cuire à feu moyen-vif, en remuant souvent, jusqu'à ce que la viande et les légumes soient légèrement dorés. (C'est ce qui donne la couleur au bouillon.) Porter à ébullition. Couvrir et laisser mijoter de 4 à 6 heures ou jusqu'à ce qu'il ne reste plus que 5 L (20 tasses) de bouillon (voir *Bouillon blanc* s'il y a un excédent).

🍲 Pour conserver les bouillons blanc ou brun, laisser refroidir le bouillon. Placer une double épaisseur de toile à fromage dans un tamis très fin et passer le bouillon. Laisser le bouillon s'écouler lentement, sans remuer. Verser ensuite le bouillon dans de grands pots de verre. Couvrir et réfrigérer. Une couche de gras se formera alors sur le dessus du bouillon, empêchant l'air de passer. Lorsqu'on veut s'en servir, il suffit d'enlever le gras et de prendre la quantité désirée. Faire fondre ensuite le gras et le remettre sur le dessus du bouillon. En procédant de cette façon, le bouillon peut se conserver de 10 à 15 jours.

🍲 Pour préparer un bouillon de tomates, ajouter une boîte de 500 mL (16 oz) de pâte de tomates au bouillon blanc ou brun.

🍲 Ces bouillons conviennent à tous les types de sauces et peuvent remplacer l'eau utilisée dans les soupes en boîte. On peut aussi les déguster froids, en consommé.

LA SAUCE BÉCHAMEL

Autrefois, la sauce béchamel se faisait à base de velouté réduit. Aujourd'hui, elle se prépare comme une sauce blanche, c'est-à-dire avec une égale quantité de beurre et de farine. Elle est toutefois plus riche, plus fine et plus savoureuse. En effet la sauce blanche se prépare sans légumes, avec de l'eau ou un mélange moitié eau, moitié lait alors que la sauce béchamel se prépare avec du lait, des œufs battus, du jus de citron et un peu de muscade.

❧ On peut remplacer le lait par du bouillon de poulet, de légumes ou de poisson. Pour donner encore plus de saveur, cuire de l'oignon et des légumes coupés en dés dans le beurre avant d'ajouter la farine. (Dans ce cas, il faut passer la sauce au tamis avant de servir.) Ajouter le reste des ingrédients, couvrir et laisser mijoter à feu doux.

Sauce béchamel à l'anglaise

SAUCE BÉCHAMEL

15 mL (1 c. à soupe) de carotte râpée
15 mL (1 c. à soupe) d'oignon râpé
15 mL (1 c. à soupe) de beurre
½ feuille de laurier
1 pincée de thym
50 mL (¼ tasse) de consommé
250 mL (1 tasse) de sauce blanche moyenne

❧ Faire cuire la carotte et l'oignon dans le beurre, à feu doux, sans laisser dorer. Ajouter le laurier, le thym et le consommé. Faire bouillir pendant 3 minutes à feu vif, en brassant presque sans arrêt.

❧ Ajouter la sauce blanche et laisser mijoter pendant 10 minutes. Passer la sauce au tamis. Servir.

SAUCE BÉCHAMEL À L'ANGLAISE

250 mL (1 tasse) de lait ou de crème, ou de bouillon de poulet, de légumes ou de poisson
1 petit oignon, haché finement
½ branche de céleri
½ carotte
6 grains de poivre
½ feuille de laurier
30 mL (2 c. à soupe) de beurre
30 mL (2 c. à soupe) de farine
1 jaune d'œuf
15 mL (1 c. à soupe) de jus de citron
sel et muscade

❧ Verser le lait dans une casserole. Ajouter l'oignon, le céleri, la carotte, le poivre et le laurier. Laisser mijoter pendant 15 minutes. Passer au tamis très fin.

❧ Faire fondre le beurre dans un poêlon et y incorporer la farine. Bien mélanger et ajouter le lait. Cuire à feu moyen, en brassant sans arrêt, jusqu'à ce que la sauce soit lisse et crémeuse. Retirer du feu.

❧ Mélanger le jaune d'œuf et le jus de citron. Battre ce mélange dans la sauce. Saler. Ajouter la muscade au goût.

SAUCE BRUNE TYPE

50 mL (¼ tasse) d'eau bouillante
2 tranches de bacon
45 mL (3 c. à soupe) de beurre
45 mL (3 c. à soupe) de gras de viande
75 mL (⅓ tasse) de carottes coupées en fines tranches

SAUCE BÉCHAMEL À L'ANGLAISE

1 Verser le lait dans la casserole. Ajouter l'oignon, le céleri, la carotte, le poivre et le laurier.

2 Passer au tamis fin.

3 Ajouter la farine au beurre fondu.

4 Incorporer le jaune d'œuf à la sauce.

75 mL (⅓ tasse) de céleri coupé
en dés
1 oignon, haché finement
60 mL (4 c. à soupe) de farine
1,5 L (6 tasses) de consommé
30 mL (2 c. à soupe) de pâte
de tomates
1 feuille de laurier
1 mL (¼ c. à thé) de thym
3 brins de persil
sel et poivre

🍃 Verser l'eau bouillante sur les
tranches de bacon. Laisser tremper pendant 10 minutes. Bien les
égoutter et les couper en quatre
morceaux.

🍃 Dans une casserole, mélanger
le beurre, le gras de viande, le
bacon, les carottes, le céleri et
l'oignon. Faire cuire à feu moyen
pendant 10 minutes.

🍃 Incorporer la farine. Poursuivre
la cuisson à feu vif, en brassant
sans arrêt, jusqu'à ce que la farine
soit dorée. Retirer du feu.

🍃 Ajouter le consommé, la pâte
de tomates, le laurier, le thym et
le persil. Porter à ébullition en
remuant sans arrêt. Faire cuire
ensuite à demi-couvert, à feu très
doux, pendant 2 heures ou
jusqu'à ce qu'il ne reste plus que
1 L (4 tasses) de sauce. Si nécessaire, prolonger la cuisson.

🍃 Passer la sauce au tamis fin.
Saler et poivrer au goût.

🍃 Cette sauce se conserve de 2 à
3 semaines au réfrigérateur et de
3 à 4 mois au congélateur.
Puisque le temps de cuisson est
assez long, il est préférable d'en
préparer en grande quantité. On
peut l'utiliser pour préparer une
sauce à rôti, il suffit d'enlever une
partie de la graisse de cuisson et

d'ajouter la sauce brune à ce qui
reste dans le fond de la lèchefrite.

SAUCE DIABLE

15 mL (1 c. à soupe) de beurre
4 oignons verts, hachés finement
250 mL (1 tasse) de vin blanc
ou 150 mL (⅔ tasse) de vermouth
français
500 mL (2 tasses) de sauce brune
type
Poivre, fraîchement moulu

🍃 Dans une casserole, faire fondre le beurre à feu doux. Y faire
revenir les oignons verts pendant
2 minutes, sans les faire dorer.

🍃 Ajouter le vin et faire bouillir à
feu vif. Réduire le bouillon à 45 à
60 mL (3 à 4 c. à soupe).

🍃 Faire chauffer la sauce brune et
l'incorporer au vin. Laisser mijoter à feu doux pendant quelques
minutes. Poivrer au goût. Servir.

SAUCE ROBERT

15 mL (1 c. à soupe) de beurre
15 mL (1 c. à soupe) d'huile
végétale
1 oignon, haché finement
250 mL (1 tasse) de vin blanc
500 mL (2 tasses) de sauce brune
type
15 à 20 mL (3 à 4 c. à thé)
de moutarde de Dijon
45 mL (3 c. à soupe) de beurre mou
45 mL (3 c. à soupe) de persil
haché finement

🍃 Dans une casserole, faire chauffer le beurre et l'huile végétale. Y
faire dorer l'oignon. Ajouter le vin
et faire bouillir à feu vif jusqu'à ce
qu'il n'en reste plus que 45 à
60 mL (3 à 4 c. à soupe).

🍃 Faire chauffer la sauce brune et
y ajouter le vin. Laisser mijoter,
en brassant, pendant quelques
minutes.

🍃 Mélanger la moutarde, le beurre
mou et le persil. Retirer la sauce

Sauce Robert

du feu et y ajouter le mélange de moutarde. Brasser jusqu'à ce que le beurre soit fondu. Rectifier l'assaisonnement. Servir.

SAUCE MADÈRE

125 mL (½ tasse) vin de Madère ou de porto
500 mL (2 tasses) de sauce brune type
30 mL (2 c. à soupe) de beurre

❧ Faire bouillir le vin de Madère jusqu'à ce qu'il n'en reste plus que 45 mL (3 c. à soupe).

❧ Ajouter la sauce brune au vin. Couvrir et laisser mijoter pendant 5 minutes. Retirer du feu. Ajouter le beurre et brasser jusqu'à ce qu'il soit fondu. Servir.

SAUCE CHASSEUR

30 mL (2 c. à soupe) de beurre
4 oignons verts, hachés finement
250 mL (1 tasse) de tomates fraîches
1 petite gousse d'ail
2 mL (½ c. à thé) de basilic
2 mL (½ c. à thé) de sucre
1 mL (¼ c. à thé) de sel
125 mL (½ tasse) de vin blanc
250 mL (1 tasse) de sauce brune type
30 mL (2 c. à soupe) de beurre
125 g (¼ lb) de champignons, coupés en fines tranches

❧ Dans une casserole, faire fondre le beurre. Y faire cuire les oignons verts à feu doux pendant 5 minutes.

❧ Peler les tomates et les couper en dés. Les ajouter aux oignons verts avec l'ail, le basilic, le sucre et le sel. Couvrir et laisser mijoter pendant 5 minutes.

❧ Ajouter le vin et la sauce brune. Faire bouillir de 5 à 6 minutes à feu moyen, en brassant 3 ou 4 fois.

❧ Entre-temps, faire fondre le beurre dans un poêlon jusqu'à ce qu'il soit de couleur noisette. Y faire cuire les champignons à feu vif pendant 1 minute, en brassant sans arrêt. Incorporer les champignons à la sauce. Laisser mijoter pendant 1 minute. Rectifier l'assaisonnement.

❧ Préparation d'un poulet ou d'une côtelette de veau chasseur : faire dorer la viande de tous les côtés dans du beurre. Couvrir et faire cuire à feu doux de 15 à 20 minutes. Ajouter ensuite la sauce chasseur. Couvrir et laisser mijoter à feu doux jusqu'à ce que la viande soit tendre.

SAUCE HOLLANDAISE LÉGÈRE

2 œufs entiers
2 mL (½ c. à thé) de sel
30 mL (2 c. à soupe) de jus de citron
125 mL (½ tasse) de beurre mou
1 pincée de poivre
125 mL (½ tasse) d'eau chaude

❧ Dans le récipient du mélangeur, mettre les œufs, le sel, le jus de citron, le beurre et le poivre. Couvrir et actionner l'appareil à vitesse maximum pendant 1 seconde. Sans arrêter l'appareil, soulever le couvercle et ajouter petit à petit l'eau chaude. Verser le mélange dans une casserole et cuire à feu très doux, en remuant sans arrêt, jusqu'à ce que la sauce épaississe légèrement. Servir.

SAUCE HOLLANDAISE

50 à 125 mL (¼ à ½ tasse) de beurre très froid
2 jaunes d'œufs, battus à la fourchette
jus de ½ citron ou moins, au goût

❧ Ce n'est pas sorcier de préparer une sauce hollandaise. En fait, c'est la sauce la plus facile à réussir. Il suffit de savoir que sa cuisson requiert un minimum de chaleur, car elle est uniquement une émulsion de beurre et de jaunes d'œufs. Voici donc une façon simple et rapide de préparer la sauce hollandaise, sans bain-marie.

❧ Dans un petit poêlon, mettre le beurre, les jaunes d'œufs et le jus de citron. Placer le poêlon sur un feu très doux. Brasser sans arrêt jusqu'à ce que le mélange ressemble à du beurre en crème. Si le poêlon devient trop chaud, le retirer du feu et continuer à brasser. Souvent, la chaleur dégagée par le poêlon est suffisante pour terminer la cuisson de la sauce.

❧ Si par malheur la sauce tourne, ajouter immédiatement 15 mL (1 c. à soupe) d'eau glacée ou cube de glace et retirer le poêlon du feu. Brasser vigoureusement jusqu'à ce que la sauce redevienne lisse. Si le résultat n'est toujours pas satisfaisant, battre un jaune d'œuf frais et y ajouter, en fouettant, la hollandaise tournée, à feu très doux.

SAUCE MOUSSELINE

❧ Ajouter à la sauce hollandaise 2 blancs d'œufs battus en neige.

Pour que la sauce soit bien mousseuse, ne les incorporer qu'au moment de servir.

SAUCE MOUTARDE DE LUXE

🍃 Délayer 15 mL (1 c. à soupe) de moutarde de Dijon dans 30 mL (2 c. à soupe) d'eau froide. Remplacer le jus de citron de la sauce hollandaise par ce mélange.

SAUCE MALTAISE

🍃 Remplacer le jus de citron de la sauce hollandaise par 60 mL (4 c. à soupe) de jus d'orange et le zeste râpé d'une orange. C'est la sauce idéale pour accompagner les asperges.

SAUCE HOLLANDAISE CHANTILLY

sauce hollandaise
125 mL (½ tasse) de crème à 35%

🍃 Préparer la sauce hollandaise. Au moment de servir, fouetter la crème et l'incorporer à la sauce.
🍃 Cette sauce se sert tiède. Éviter de la réchauffer, car elle risquerait de tomber ou de tourner. Nappée sur du poisson froid, des asperges ou du poulet, elle est un vrai délice.

SAUCE BÉARNAISE

50 mL (¼ tasse) de vinaigre de cidre ou de vin
1 oignon vert, haché
5 mL (1 c. à thé) d'estragon
4 grains de poivre, fraîchement moulus

Sauce béarnaise

🍃 Faire réduire le vinaigre, l'oignon vert, l'estragon et le poivre, à feu moyen.
🍃 Passer au tamis lorsqu'il ne reste plus que 45 mL (3 c. à soupe) de vinaigre. Remplacer le jus de citron de la sauce hollandaise par ce mélange.

SAUCE CHORON

sauce béarnaise
30 mL (2 c. à soupe) de pâte de tomates

🍃 Préparer la sauce béarnaise et y ajouter la pâte de tomates, 5 mL (1 c. à thé) à la fois, en brassant sans arrêt.
🍃 Servir avec le bifteck, le poisson frit, le poulet et les œufs.

SAUCE COLBERT

30 mL (2 c. à soupe) de graisse de rôti
15 mL (1 c. à soupe) de vin blanc

ou de jus de citron
sauce béarnaise

🍃 Faire fondre la graisse de rôti (partie gélatineuse qui reste dans le fond de la lèchefrite après la cuisson d'un rôti) dans le vin blanc, sans laisser bouillir.
🍃 Préparer la sauce béarnaise et y ajouter petit à petit le mélange de vin, en brassant sans arrêt. Servir avec de la viande grillée ou rôtie.

LES SAUCES POUR ACCOMPAGNER LE POISSON

SAUCE AU CONCOMBRE
🍃 Mélanger 50 mL (¼ tasse) de crème aigre avec 250 mL (1 tasse) de concombre coupé en dés et 1 mL (¼ c. à thé) de graines de céleri. Saler et poivrer au goût.

SAUCE AU CITRON
🍃 Mélanger 75 mL (⅓ tasse) de mayonnaise avec 5 mL (1 c. à thé)

de raifort, 5 mL (1 c. à thé) de moutarde et 30 mL (2 c. à soupe) de jus de citron.

SAUCE AU XÉRÈS

🖎 Mélanger 250 mL (1 tasse) de mayonnaise avec 50 mL (¼ tasse) de xérès et 30 mL (2 c. à soupe) de ciboulette ou d'oignons verts, hachées finement.

SAUCE AU CHUTNEY

🖎 Mélanger 5 mL (1 c. à thé) de cari avec 30 mL (2 c. à soupe) de cognac. Incorporer ce mélange à 125 mL (½ tasse) de mayonnaise et 30 mL (2 c. à soupe) de chutney.

LES SAUCES POUR ARROSER LES RÔTIS À LA BROCHE

Il est important d'arroser les viandes et la volaille au cours de leur rôtissage à la broche. Un peu de beurre fondu suffit, mais une sauce spécialement préparée à cet effet donne un goût particulier aux viandes tout en gardant le maximum de leur jus.

🖎 Toutes les sauces pour arroser les rôtis se conservent très bien. Garder l'excédent dans des bouteilles de verre bien propres. Fermer hermétiquement et réfrigérer.

SAUCE PIQUANTE

(pour le bœuf)

125 mL (½ tasse) de ketchup
5 mL (1 c. à thé) de moutarde en poudre
15 mL (1 c. à soupe) de sauce Worcestershire
15 mL (1 c. à soupe) d'huile végétale

🖎 Mélanger tous les ingrédients. Badigeonner le rôti de cette sauce pendant tout le temps de la cuisson. Donne 125 mL (½ tasse).

SAUCE ANGLAISE

(pour le bœuf)

125 mL (½ tasse) d'oignons hachés finement
50 mL (¼ tasse) de beurre
325 mL (1⅓ tasse) de sauce chili
75 mL (⅓ tasse) de sauce de soja

🖎 Faire dorer les oignons dans le beurre. Retirer du feu. Ajouter la sauce chili et la sauce de soja. Bien mélanger. Donne 425 mL (1¾ tasse).

SAUCE À BADIGEONNER

250 mL (1 tasse) de champignons hachés finement
50 mL (¼ tasse) d'huile végétale
6 anchois, hachés finement
125 mL (½ tasse) de persil haché finement
1 boîte de 500 mL (16 oz) de pâte de tomates
4 gousses d'ail, écrasées
175 mL (¾ tasse) d'huile végétale
750 mL (3 tasses) de vin rouge
50 mL (¼ tasse) de cognac
2 mL (½ c. à thé) de sel
1 mL (¼ c. à thé) de poivre

🖎 Faire revenir les champignons dans l'huile, à feu vif, pendant 1 minute.

🖎 Mettre le reste des ingrédients dans une casserole et y ajouter les champignons. Laisser mijoter à feu moyen, pendant 15 minutes, en brassant souvent.

🖎 Laisser refroidir. Verser la sauce dans un bocal propre. Bien couvrir et réfrigérer.

🖎 Utiliser cette sauce pour badigeonner les biftecks et les rôtis avant de les faire cuire. On peut également en ajouter quelques cuillerées aux œufs brouillés, au bœuf haché ou au poulet barbecue. Ajoutée aux sauces et ou aux ragoûts, elle en relève toute la saveur.

SAUCE AU VIN BLANC

(pour le poulet et le veau)

50 mL (¼ tasse) d'huile végétale
125 mL (½ tasse) de vin blanc
1 gousse d'ail, hachée finement
1 oignon, haché finement
2 mL (½ c. à thé) de sel
2 mL (½ c. à thé) de sel de céleri
1 mL (¼ c. à thé) de poivre
1 mL (¼ c. à thé) de thym
1 mL (¼ c. à thé) de marjolaine

🖎 Mettre tous les ingrédients dans une bouteille. Agiter vigoureusement. Laisser reposer de 4 à 6 heures avant d'utiliser.

SAUCE GRECQUE

(pour l'agneau)

125 mL (½ tasse) d'huile végétale
30 mL (2 c. à soupe) de jus de citron
zeste d'un citron
2 mL (½ c. à thé) de poivre fraîchement moulu
5 mL (1 c. à thé) de sel
1 mL (¼ c. à thé) de thym
1 gousse d'ail, hachée finement (facultatif)

🖎 Mettre tous les ingrédients dans une bouteille. Agiter vigoureusement et laisser reposer pendant 1 heure. Arroser l'agneau pendant la cuisson. Donne 125 mL (½ tasse).

SAUCE AUX FINES HERBES

(pour les poissons et les saucisses)

50 mL (¼ tasse) d'oignon haché finement
50 mL (¼ tasse) d'huile végétale
30 mL (2 c. à soupe) de cassonade
2 mL (½ c. à thé) de sel
2 mL (½ c. à thé) de paprika
125 mL (½ tasse) de jus de citron
125 mL (½ tasse) d'eau
250 mL (1 tasse) de sauce chili
1 mL (¼ c. à thé) de romarin
1 mL (¼ c. à thé) de basilic

🍮 Faire revenir l'oignon dans l'huile, à feu doux, sans laisser dorer.
🍮 Ajouter le reste des ingrédients. Laisser mijoter pendant 15 minutes. Remuer plusieurs fois pendant la cuisson.
🍮 Servir cette sauce chaude ou froide. Donne 500 mL (2 tasses).

SAUCE ROSE

(pour la dinde, le poulet et le lapin)

10 mL (2 c. à thé) de sel
1 mL (¼ c. à thé) de poivre
375 mL (1½ tasse) de jus
de tomate ou de vin blanc
1 mL (¼ c. à thé) de moutarde
en poudre
10 mL (2 c. à thé) de sauce
Worcestershire
1 feuille de laurier
2 mL (½ c. à thé) de sarriette
1 pincée de thym
125 mL (½ tasse) de vinaigre
de cidre
15 mL (1 c. à soupe) de sucre
2 à 3 gousses d'ail, hachées
finement
45 mL (3 c. à soupe) de beurre

🍮 Mettre tous les ingrédients dans une casserole. Porter à ébullition et laisser mijoter, à découvert, à feu doux, pendant 10 minutes. Servir cette sauce chaude ou froide. Donne 500 mL (2 tasses).

SAUCE À LA CRÈME

60 mL (4 c. à soupe) de beurre
1 oignon vert, haché finement
1,1 L (4½ tasses) de farine
375 mL (1½ tasse) de crème
125 mL (½ tasse) de lait
sel et poivre
50 mL (¼ tasse) de persil haché
finement

🍮 Faire fondre le beurre dans une casserole et y faire revenir l'oignon vert. Laisser mijoter à feu doux pendant 5 minutes. Retirer du feu.
🍮 Incorporer la farine et bien mélanger. Ajouter la crème et le lait. Brasser. Remettre la casserole sur le feu. Battre avec un fouet métallique (ou brasser avec une cuiller de bois) jusqu'à ce que la sauce soit lisse et crémeuse. Saler et poivrer au goût. Ajouter le persil et laisser mijoter à feu très doux pendant quelques secondes.

SAUCE AU FROMAGE

30 mL (2 c. à soupe) de beurre
15 mL (1 c. à soupe) de farine
375 mL (1½ tasse) de lait
250 g (½ lb) de fromage
cheddar, râpé
30 mL (2 c. à soupe) de xérès
sel et poivre, au goût

🍮 Dans une casserole, faire cuire le beurre avec la farine jusqu'à ce qu'elle soit dorée. Retirer du feu.
🍮 Ajouter le lait et brasser, à feu doux, jusqu'à ce que la sauce soit lisse et crémeuse.
🍮 Incorporer le fromage et le xérès. Remuer, à feu très doux, jusqu'à ce que le fromage soit fondu. Saler et poivrer.

Sauce au cari

❦ TECHNIQUE ❦

SAUCE AU CARI

1 Faire cuire les oignons dans le beurre, à feu doux, pendant 10 minutes.

2 Saupoudrer le cari sur les oignons et bien mélanger.

3 Ajouter la farine et mélanger.

4 Incorporer le lait ou le consommé.

SAUCE AU CARI

60 mL (4 c. à soupe) de beurre
125 mL (½ tasse) d'oignons
hachés finement
30 à 60 mL (2 à 4 c. à soupe)
de cari
60 mL (4 c. à soupe) de farine
500 mL (2 tasses) de consommé
ou de lait
50 mL (¼ tasse) de crème
jus de ½ citron
sel et poivre

❧ Faire fondre le beurre et y
ajouter les oignons. Faire cuire à
feu doux pendant 10 minutes,
sans les faire dorer. Couvrir et
remuer 2 ou 3 fois pendant la
cuisson.

❧ Saupoudrer le cari sur les
oignons et bien brasser jusqu'à ce
que le mélange soit homogène.
Ajouter la farine et mélanger.
Incorporer ensuite le consommé.
Poursuivre la cuisson, en brassant
sans arrêt, jusqu'à ce que la sauce
soit lisse et crémeuse.

❧ Ajouter, en remuant, la crème
et le jus de citron. Saler et poivrer
au goût.

SAUCE MOUTARDE
À L'ANGLAISE

4 jaunes d'œufs, légèrement battus
15 mL (1 c. à soupe) de farine
jus d'un citron
1 mL (¼ c. à thé) de sucre
125 mL (½ tasse) de beurre,
fondu
500 mL (2 tasses) de consommé
15 mL (3 c. à thé) de moutarde
en poudre
sel et poivre

❧ Dans la partie supérieure d'un
bain-marie, mélanger les jaunes
d'œufs, la farine et le jus de citron.

❧ Ajouter le sucre, le beurre et le
consommé. Cuire au-dessus d'une
eau frémissante jusqu'à ce que la
sauce soit lisse et crémeuse.
Ajouter la moutarde. Saler et
poivrer au goût. Eviter de faire
bouillir la sauce lorsqu'elle est terminée.

SAUCE AUX RAISINS
SECS

125 mL (½ tasse) de cassonade
5 mL (1 c. à thé) de moutarde
en poudre
15 mL (1 c. à soupe) de farine
30 mL (2 c. à soupe) de vinaigre
30 mL (2 c. à soupe) de jus
de citron
375 mL (1½ tasse) d'eau
zeste de ½ citron
75 mL (⅓ tasse) de raisins secs

❧ Mélanger la cassonade, la moutarde et la farine. Ajouter le reste
des ingrédients. Bien mélanger.
❧ Cuire à feu doux, en remuant
sans arrêt, jusqu'à ce que la sauce
épaississe. Laisser mijoter pendant 5 minutes.

VARIANTE
Tremper les raisins pendant
24 heures dans 125 mL (½ tasse)
de cognac ou de whisky. Préparer
la sauce aux raisins et ajouter le
cognac pendant la cuisson. Servir
avec du gibier ou de la langue de
bœuf braisée ou bouillie.

SAUCE AUX
TOMATES FRAÎCHES

900 g (2 lb) de tomates fraîches
2 oignons moyens, hachés
finement
2 clous de girofle
15 mL (1 c. à soupe) de sucre
persil, thym, laurier, au goût
15 mL (1 c. à soupe) de pâte
de tomates
15 mL (1 c. à soupe) de beurre

Sauce aux tomates en conserve

❧ Dans une casserole, mettre les tomates, les oignons, les clous de girofle, le sucre, le persil, le thym et le laurier. Faire bouillir pendant 25 minutes.

❧ Lorsque la sauce devient crémeuse, ajouter la pâte de tomates et le beurre. Retirer du feu et brasser jusqu'à ce que le beurre soit fondu.

SAUCE AUX TOMATES EN CONSERVE

1 grosse boîte de tomates
2 oignons, hachés finement
1 brin de persil
1 feuille de laurier
1 pincée de thym
2 clous de girofle
15 mL (1 c. à soupe) de sucre
15 mL (1 c. à soupe) de beurre
15 mL (1 c. à soupe) de farine
ou 125 mL (½ tasse) de
chapelure ou de craquelins

❧ Dans une casserole, mettre les tomates, les oignons, le persil, le laurier, le thym, les clous de girofle et le sucre. Laisser mijoter pendant 1 heure.

❧ Passer au tamis, si désiré. Quelques minutes avant de servir, épaissir la sauce avec le beurre mélangé à la farine ou avec la chapelure.

SAUCE AUX TOMATES ET AUX PIEDS DE CHAMPIGNONS

60 mL (4 c. à soupe) de beurre
250 à 500 g (½ à 1 lb) de pieds
de champignons frais
2 poireaux, coupés en fines
tranches
1 grosse boîte de tomates
5 mL (1 c. à thé) de sucre

2 mL (½ c. à thé) de basilic
1 feuille de laurier
sel et poivre

❧ Dans une casserole, faire fondre le beurre et y ajouter les pieds de champignons et les poireaux. Bien mélanger. Couvrir et laisser mijoter à feu doux pendant 5 minutes.

❧ Ajouter les tomates, le sucre, le basilic et le laurier. Porter à ébullition et laisser mijoter, à découvert, de 40 à 60 minutes. Saler et poivrer au goût. Servir.

SAUCE VELOUTÉE POUR LE POISSON

BOUILLON
750 g (1½ lb) d'arêtes ou de têtes
de poisson
15 mL (1 c. à soupe) de beurre
2 L (8 tasses) d'eau
2 mL (½ c. à thé) de thym
1 gousse d'ail non pelée
1 oignon, haché
5 grains de poivre
2 carottes, coupées en quatre
1 petit paquet de poireaux
(la partie verte)
1 petit paquet de feuilles
de céleri
5 mL (1 c. à thé) de sel

VELOUTÉ
175 mL (¾ tasse) de beurre
375 mL (1½ tasse) de farine
1,2 L (5 tasses) de bouillon
de poisson

❧ Préparation du bouillon : dans une soupière, mettre les arêtes, le beurre et l'eau. Faire cuire à feu vif pendant 5 minutes.

❧ Ajouter le thym, l'ail, l'oignon, le poivre, les carottes, le poireau, les feuilles de céleri et le sel. Porter à ébullition. Laisser bouillir à feu vif pendant 30 minutes.

❧ Passer au tamis fin. Il devrait rester 1,25 L (5 à 5½ tasses) de bouillon de poisson.

VELOUTÉ
❧ Dans une casserole, faire fondre le beurre, y ajouter la farine et bien mélanger. Retirer du feu. Ajouter le bouillon de poisson et battre avec un fouet métallique ou un batteur à main. Remettre au feu. Couvrir et laisser mijoter à feu lent pendant 1 heure. Brasser 3 ou 4 fois pendant la cuisson. Assaisonner et servir.

❧ Cette sauce se conserve au congélateur ou au réfrigérateur pendant 2 semaines. Elle accompagne délicieusement toutes les sortes de poissons. Pour varier, ajouter des champignons, de la pâte de tomates, du vin blanc, etc.

SAUCE AUX CÂPRES POUR LE POISSON

30 mL (2 c. à soupe) de beurre
45 mL (3 c. à soupe) de farine
500 mL (2 tasses) d'eau
ou de court-bouillon de poisson
1 jaune d'œuf
30 mL (2 c. à soupe) de crème
30 mL (2 c. à soupe) de jus
de citron
30 à 45 mL (2 à 3 c. à soupe)
de câpres
sel et poivre
45 mL (3 c. à soupe) de beurre
mou

❧ Préparer une sauce blanche avec le beurre, la farine et le court-bouillon. Retirer du feu lorsque la sauce est lisse et crémeuse.

❧ Battre le jaune d'œuf avec la crème. Incorporer à la sauce, en brassant sans arrêt. Ajouter le jus de citron et les câpres. Saler et poivrer au goût.

🦐 Laisser mijoter à feu doux pendant 1 ou 2 minutes, en remuant sans arrêt. Retirer du feu, ajouter le beurre mou et brasser jusqu'à ce qu'il soit fondu. Napper le poisson de cette sauce. Servir.

VARIANTES

🦐 Sauce pour accompagner l'agneau bouilli : remplacer le court-bouillon par l'eau de cuisson de l'agneau.

🦐 À défaut de câpres, utiliser de fines tranches de petits cornichons.

SAUCE NORMANDE AUX HUÎTRES

(pour le poisson)

1 œuf dur
8 à 10 huîtres crues
4 champignons, hachés finement
15 mL (1 c. à soupe) de beurre
15 mL (1 c. à soupe) de farine
30 mL (2 c. à soupe) de jus de citron ou 15 mL (1 c. à soupe) de vin blanc
50 mL (¼ tasse) de crème
1 pincée de muscade
sel et poivre, au goût

🦐 Trancher le blanc et le jaune de l'œuf séparément. Couper les huîtres en quatre. Faire revenir les champignons dans le beurre pendant ½ minute. Ajouter la farine et bien mélanger.

🦐 Réserver 250 mL (1 tasse) du jus de cuisson du poisson avec lequel vous allez servir la sauce. Si la quantité n'est pas suffisante, ajouter de l'eau. Y incorporer le jaune d'œuf et verser ce mélange

sur les champignons. Brasser jusqu'à ce que la sauce soit crémeuse.

🦐 Ajouter le blanc d'œuf et le jus de citron. Bien mélanger et incorporer les huîtres, la crème et la muscade. Saler et poivrer au goût. Napper le poisson cuit de cette sauce.

🦐 La chaleur de la sauce est suffisante pour cuire les huîtres.

SAUCE FROIDE

300 mL (1¼ tasse) de crème
375 mL (1½ tasse) de bouillon de poulet
1 pincée d'estragon
sel et poivre
15 mL (1 c. à soupe) de gélatine sans saveur
45 mL (3 c. à soupe) de vin blanc ou de jus de citron

🦐 Dans une casserole, mettre la crème, le bouillon de poulet et l'estragon. Faire mijoter jusqu'à ce qu'il ne reste plus que 500 mL (2 tasses). Saler et poivrer au goût. Passer au tamis très fin.

🦐 Dissoudre la gélatine dans le vin blanc pendant 5 minutes. Incorporer à la sauce crème et faire chauffer à feu très doux, en brassant, jusqu'à ce que la gélatine soit fondue.

🦐 Étendre une couche de sauce sur des poitrines de volaille ou du saumon cuit et complètement refroidi. Réfrigérer jusqu'à ce qu'elle prenne. Répéter l'opération jusqu'à ce que la sauce ait l'épaisseur désirée.

SAUCE AMANDINE

125 g (¼ lb) de beurre
50 à 125 mL (¼ à ½ tasse)

d'amandes blanchies et émincées
jus de ½ citron
sel et poivre

🦐 Dans un poêlon, faire chauffer le beurre jusqu'à ce qu'il soit bien foncé. Ajouter les amandes et brasser vigoureusement de manière à les faire dorer, sans les brûler.

🦐 Ajouter le jus de citron et retirer du feu. Saler et poivrer légèrement. Servir avec du poisson rôti, des haricots verts, du chou-fleur, etc.

SAUCE AU PAIN POUR LA PERDRIX

2 clous de girofle
1 petit oignon
250 mL (1 tasse) de lait
300 mL (1¼ tasse) de mie de pain
sel et poivre, au goût
15 mL (1 c. à soupe) de beurre
15 mL (1 c. à soupe) de crème

🦐 Piquer les clous de girofle dans l'oignon. Mettre le lait et l'oignon dans une casserole et porter à ébullition à feu doux.

🦐 Ajouter la mie de pain. Couvrir et faire mijoter pendant 20 minutes. Retirer l'oignon. Saler et poivrer au goût.

🦐 Au moment de servir, incorporer le beurre et la crème à la sauce bien chaude. Battre quelques minutes avec un fouet métallique. Servir dans une saucière.

SAUCE AUX PRUNES

Lorsque la sauce est refroidie, la congeler dans des récipients. Pour servir, verser le contenu d'un des récipients dans la partie supérieure d'un bain-marie. Si le contenu est

Sauce diablée

toute leur saveur.

🍂 Entre-temps, couper le lard salé en petits carrés et les faire frire dans un poêlon à fond épais, jusqu'à ce qu'ils soient croustillants et dorés. Ajouter les oignons, le persil, le sucre et le basilic. Faire cuire à feu moyen, en brassant, jusqu'à ce que l'oignon commence à dorer. Incorporer les tomates. Laisser mijoter quelques secondes et remuer. Saler et poivrer au goût. Servir.

SAUCE GRIBICHE

La gribiche est un classique de la cuisine française. Essayez-la sur une salade verte ou sur une salade de homard, elle est un vrai délice.

3 œufs durs
3 oignons verts, hachés finement
45 mL (3 c. à soupe) de persil haché finement
2 mL (½ c. à thé) d'estragon
15 mL (1 c. à soupe) de moutarde française ou allemande
250 mL (1 tasse) d'huile végétale
5 mL (1 c. à thé) de vinaigre de vin ou de jus de citron
sel et poivre, au goût

🍂 Hacher le blanc des œufs. Couvrir et réserver.

🍂 Écraser le jaune et y ajouter les oignons verts, le persil, l'estragon et la moutarde. Piler et bien mélanger.

🍂 À l'aide d'un batteur à main, ajouter petit à petit l'huile aux jaunes d'œufs, en battant sans arrêt. Ajouter, en brassant, le vinaigre. Saler et poivrer au goût. Incorporer les blancs d'œufs. Cette sauce se conserve au réfrigérateur de 3 à 4 jours, dans un contenant fermé hermétiquement. Battre avant de servir.

---

difficile à retirer, faire couler de l'eau chaude sur le récipient pendant une minute. Réchauffer au bain-marie.

(Pour le bœuf et le poulet)

2 oignons blancs
16 à 18 petites prunes bleues fraîches
375 mL (1½ tasse) de vin rouge ou de jus de pomme
4 clous de girofle entiers
45 mL (3 c. à soupe) de beurre
15 mL (1 c. à soupe) de sucre
2 mL (½ c. à thé) de sel
1 mL (¼ c. à thé) de poivre

🍂 Peler et hacher les oignons. Laver les prunes, les couper en deux et les dénoyauter. Mettre les prunes dans une casserole avec le vin rouge et les clous de girofle. Porter à ébullition. Laisser mijoter pendant 10 minutes.

🍂 Faire fondre le beurre, ajouter les oignons, le sucre, le sel et le poivre. Couvrir et laisser mijoter pendant 10 minutes. Incorporer

ce mélange aux prunes et faire mijoter à feu doux pendant environ 40 minutes ou jusqu'à ce que la sauce ait la consistance désirée.

SAUCE VIMOT

Préparez cette sauce à l'avance et conservez-la au réfrigérateur. Au moment de servir, réchauffez-la sans la faire bouillir.

750 g (1½ lb) de tomates fraîches non pelées
4 tranches fines de lard salé gras
3 oignons moyens, hachés finement
75 mL (⅓ tasse) de persil haché finement
5 mL (1 c. à thé) de sucre
2 mL (½ c. à thé) de basilic

🍂 Laver et couper les tomates en dés. Pour obtenir un mélange épais et crémeux, faire mijoter les tomates dans une casserole, à feu moyen, en brassant de temps à autre. Ce procédé fait ressortir

SAUCE DIABLÉE

Cette sauce au vin est non seulement délicieuse avec la fondue bourguignonne, mais accompagne aussi agréablement le poulet et le poisson grillé.

250 mL (1 tasse) de vin blanc
2 oignons verts, hachés
½ gousse d'ail, hachée
½ cube de bouillon de bœuf
1 pincée de cayenne
2 mL (½ c. à thé) de moutarde française ou allemande
30 mL (2 c. à soupe) de ketchup

❧ Dans une casserole, mettre le vin, les oignons verts et l'ail. Faire bouillir, à découvert, jusqu'à ce que le vin soit réduit de moitié.

❧ Ajouter le bouillon de bœuf et le cayenne. Brasser pour dissoudre. Retirer du feu et incorporer la moutarde et le ketchup. Bien mélanger et servir.

❧ La sauce peut être préparée à l'avance, mais elle a meilleur goût lorsqu'elle vient juste d'être faite.

SAUCE RAVIGOTE

C'est le mélange de ciboulette, de persil et de cerfeuil frais qui en font une sauce si exquise. Servez-la froide.

45 à 60 mL (3 à 4 c. à soupe) d'huile végétale
15 mL (1 c. à soupe) de vin ou de vinaigre de cidre
sel et poivre
1 oignon vert, haché finement
5 mL (1 c. à thé) de câpres
30 mL (2 c. à soupe) de persil frais
30 mL (2 c. à soupe) de ciboulette fraîche
2 mL (½ c. à thé) de cerfeuil ou d'estragon frais

❧ Mélanger l'huile et le vin. Saler et poivrer au goût. Ajouter l'oignon vert et les câpres. Hacher le persil, la ciboulette et le cerfeuil (ou le mélange que vous préférez). Incorporer à la sauce. Servir.

❧ On peut préparer cette sauce à l'avance et il n'est pas nécessaire de la réfrigérer.

SAUCE SUISSE PIQUANTE

Voici une sauce à la fois originale et savoureuse.

❧ Mélanger 75 mL (⅓ tasse) de crème aigre avec 75 mL (⅓ tasse) de vinaigrette de votre choix et 45 mL (3 c. à soupe) de chutney. Servir.

SAUCE AUX TOMATES

3 tranches de bacon, coupées en petits morceaux
1 oignon, haché finement
15 mL (1 c. à soupe) de farine
4 grosses tomates fraîches non pelées
15 mL (1 c. à soupe) de persil haché finement
2 mL (½ c. à thé) de thym
2 mL (½ c. à thé) de sel
poivre au goût
1 pincée de muscade
125 mL (½ tasse) de pâte de tomates
1 mL (¼ c. à thé) de sucre

❧ Faire cuire le bacon jusqu'à ce qu'il soit doré. Ajouter l'oignon et le faire revenir jusqu'à ce qu'il soit légèrement doré. Ajouter la farine et bien mélanger.

❧ Couper les tomates en petits morceaux et les ajouter au bacon. Incorporer le persil, le thym, le sel, le poivre et la muscade. Remuer jusqu'à ce que le mélange soit lisse.

❧ Ajouter la pâte de tomates et le sucre. Faire cuire à feu doux de 15 à 25 minutes ou jusqu'à ce que

Sauce ravigote

la sauce soit crémeuse. Passer la sauce au tamis pour en enlever les pépins. Servir.

SAUCE COCKTAIL

125 mL (½ tasse) de ketchup
30 mL (2 c. à soupe) de jus de citron
15 mL (1 c. à soupe) de raifort égoutté
2 mL (½ c. à thé) de moutarde en poudre
15 mL (1 c. à soupe) de jus d'oignon
1 mL (¼ c. à thé) de graines de céleri
50 mL (¼ tasse) de jus de tomate

❧ Mélanger tous les ingrédients. Réfrigérer pendant 1 ou 2 heures. Servir.

SAUCE BARBECUE

Cette sauce accompagne le poulet grillé. Il faut compter 2 ou 3 poulets pour 4 à 6 personnes, et 5 poulets pour dix personnes (soit une moitié de poulet par personne).

4 À 6 PORTIONS
125 mL (½ tasse) de beurre
250 mL (1 tasse) de vinaigre de cidre
5 mL (1 c. à thé) de sel
2 mL (½ c. à thé) de paprika
1 mL (¼ c. à thé) de thym
50 à 125 mL (¼ à ½ tasse) d'eau

10 PORTIONS
250 g (½ lb) de beurre
500 mL (2 tasses) de vinaigre de cidre
30 g (1 oz) de sel
15 g (½ oz) de paprika
10 mL (2 c. à thé) de thym
500 mL (2 tasses) d'eau

❧ Mettre tous les ingrédients dans une casserole. Porter à ébullition et laisser mijoter à feu doux pendant 5 minutes.
❧ Arroser les poulets de cette sauce pendant qu'ils grillent, chaque fois qu'ils sont retournés. Toujours arroser de sauce chaude.

SAUCE BARBECUE POUR LE POULET

30 mL (2 c. à soupe) de gras de poulet ou autre gras de viande
30 mL (2 c. à soupe) de farine
250 mL (1 tasse) d'eau ou de consommé
15 mL (1 c. à soupe) de concentré de bœuf
5 mL (1 c. à thé) de sauce de soja
1 pincée de piment de la Jamaïque
sel, poivre et cayenne, au goût

❧ Faire cuire le gras jusqu'à ce qu'il soit de couleur noisette. Y ajouter la farine et brasser, à feu doux, jusqu'à ce qu'elle soit dorée. Retirer du feu.
❧ Incorporer le consommé, le concentré de bœuf et la sauce de soja. Remettre sur le feu et cuire, en brassant sans arrêt, jusqu'à ce que la sauce soit lisse et crémeuse.
❧ Ajouter le piment de la Jamaïque, le sel, le poivre et le cayenne. Laisser mijoter pendant quelques secondes. Servir.

SAUCE FUMÉE

(Pour l'agneau, les côtes de porc et le poulet)

50 mL (¼ tasse) de vinaigre de cidre

125 mL (½ tasse) d'eau
30 mL (2 c. à soupe) de sucre
15 mL (1 c. à soupe) de moutarde
1 mL (¼ c. à thé) de poivre
½ citron non pelé, coupé en tranches
1 oignon, coupé en fines tranches
50 mL (¼ tasse) de beurre
125 mL (½ tasse) de ketchup
5 mL (1 c. à thé) de sel fumé

❧ Dans une casserole, mettre le vinaigre, l'eau, le sucre, la moutarde, le poivre, le citron, l'oignon et le beurre. Faire mijoter pendant 20 minutes.
❧ Ajouter le ketchup et le sel fumé. Faire bouillir pendant 1 minute. On peut servir cette sauce chaude ou froide.

SAUCE BARBECUE AU CITRON

(Pour le poulet et le poisson)

1 gousse d'ail, hachée finement
2 mL (½ c. à thé) de sel
50 mL (¼ tasse) d'huile végétale
125 mL (½ tasse) de jus de citron
1 oignon vert, haché finement
1 mL (¼ c. à thé) de poivre
1 mL (¼ c. à thé) de thym

❧ Mélanger tous les ingrédients. Bien brasser. Verser dans un pot de verre. Fermer hermétiquement. Réfrigérer pendant 24 heures avant de servir.

SAUCE BARBECUE AUX TOMATES

(Pour le bifteck, le porc et le canard)

7 mL (1½ c. à thé) de sel
1 mL (¼ c. à thé) de poivre

375 mL (1½ tasse) de jus
de tomate
1 mL (¼ c. à thé) de moutarde
en poudre
20 mL (4 c. à thé) de sauce
Worcestershire
1 feuille de laurier
125 mL (½ tasse) de vinaigre
de malt
5 mL (1 c. à thé) de sucre
2 gousses d'ail, hachées finement
45 mL (3 c. à soupe) d'huile
végétale

❧ Mettre tous les ingrédients
dans un bol. Bien mélanger.
Verser dans un pot de verre.
Fermer hermétiquement. Réfrigérer pendant 1 heure avant de
servir.

Sauce barbecue aux tomates

SAUCE BARBECUE AU VIN

(Pour le poulet, le canard et le
bœuf haché)

50 mL (¼ tasse) d'huile
125 mL (½ tasse) de vin rouge
1 gousse d'ail, écrasée
1 petit oignon, râpé
2 mL (½ c. à thé) de sel
2 mL (½ c. à thé) de sel de céleri
1 mL (¼ c. à thé) de poivre
1 mL (¼ c. à thé) de marjolaine
1 mL (¼ c. à thé) de romarin

❧ Mettre tous les ingrédients
dans un bol, dans l'ordre indiqué.
Brasser pour bien mélanger.
❧ Verser cette sauce sur la viande.
Couvrir et laisser mariner au
réfrigérateur pendant 3 heures.
❧ Faire griller la viande en la
badigeonnant de la sauce, 2 ou
3 fois pendant la cuisson.

SAUCE BARBECUE POUR LES SAUCISSES

50 mL (¼ tasse) d'huile végétale
1 oignon, haché finement
15 mL (1 c. à soupe) de sauce
Worcestershire
30 mL (2 c. à soupe) de cassonade
2 mL (½ c. à thé) de sel
2 mL (½ c. à thé) de paprika
50 mL (¼ tasse) de jus de citron
125 mL (½ tasse) d'eau
250 mL (1 tasse) de sauce chili

❧ Dans une casserole, mettre
l'huile et l'oignon. Faire mijoter
pendant 10 minutes à feu doux.
❧ Ajouter le reste des ingrédients.
Porter à ébullition et laisser mijoter à feu très doux pendant
15 minutes, en brassant plusieurs
fois.
❧ Badigeonner les saucisses de
cette sauce en cours de cuisson
ou y tremper les saucisses déjà
grillées.

SAUCE BARBECUE DU VERMONT

150 mL (⅔ tasse) de sauce chili
150 mL (⅔ tasse) de ketchup
1 petit oignon, haché finement
15 mL (1 c. à soupe) de vinaigre
de cidre
jus d'un citron
2 mL (½ c. à thé) de sel
1 pincée de poivre
1 gousse d'ail, hachée finement
5 mL (1 c. à thé) de sauce
Worcestershire

❧ Mettre tous les ingrédients
dans un pot de verre, dans l'ordre
indiqué. Fermer le pot et agiter
vigoureusement.
❧ Réfrigérer pendant quelques
heures. Servir avec des saucisses,
du bœuf haché, etc. Cette sauce
se conserve très bien au réfrigérateur.

SAUCE BARBECUE SANS CUISSON

1 ou 2 gousses d'ail, écrasées
7 mL (1½ c. à thé) de sel
50 mL (¼ tasse) d'oignons verts hachés finement
10 mL (2 c. à thé) de moutarde
5 mL (1 c. à thé) de moutarde en poudre
50 mL (¼ tasse) de cassonade
jus d'un citron
45 mL (3 c. à soupe) de sauce Worcestershire
1 boîte de soupe aux tomates non diluée

🍃 Mettre tous les ingrédients dans un bol. À l'aide d'un batteur à main, mélanger pendant quelques secondes. Verser dans un pot de verre. Fermer hermétiquement et réfrigérer.

🍃 Servir avec des boulettes de viande, des saucisses ou du poulet grillé.

MOUTARDE AUX FINES HERBES

75 mL (5 c. à soupe) de moutarde en poudre
125 mL (½ tasse) de cassonade
1 mL (¼ c. à thé) de marjolaine
1 mL (¼ c. à thé) de poivre
5 mL (1 c. à thé) de gros sel
125 mL (½ tasse) de jus de citron
quelques gouttes de sauce Tabasco (facultatif)
125 mL (½ tasse) d'huile d'olive

🍃 Mettre tous les ingrédients dans le récipient du mélangeur. Couvrir et mélanger pendant 1 minute. Verser dans de petits pots. Fermer hermétiquement.

Laisser reposer de 8 à 10 jours avant d'utiliser.

MOUTARDE FINLANDAISE

Très populaire en Finlande, cette moutarde accompagne délicieusement le jambon. Facile à préparer, elle a une saveur à la fois agréable, douce et piquante. C'est Pierre, mon ami finlandais, qui m'a donné sa recette.

60 mL (4 c. à soupe) de moutarde en poudre
45 mL (3 c. à soupe) de sucre
2 mL (½ c. à thé) de sel
15 mL (1 c. à soupe) de vinaigre de cidre ou de malt
60 mL (4 c. à soupe) d'eau bouillante

🍃 Dans une petite casserole, mélanger la moutarde, le sucre et le sel. Mettre le vinaigre dans l'eau bouillante et ajouter au mélange de la moutarde. Bien mêler. Remuer lentement au bain-marie jusqu'à ce que le mélange ait la consistance d'une pâte lisse, ne pas battre. Lorsque le mélange est lisse et légèrement épais, retirer du feu. La moutarde sera plutôt liquide, elle épaissira en refroidissant. Verser dans des petits pots, couvrir et laisser reposer pendant quelques jours avant d'utiliser. Cette moutarde n'a pas besoin d'être réfrigérée.

🍃 Servir avec du pain de jambon.

BEURRE BLANC NANTAIS

50 mL (¼ tasse) de vinaigre de cidre ou de jus de citron
50 mL (¼ tasse) de vin blanc sec

15 mL (1 c. à soupe) d'oignons verts hachés finement
1 mL (¼ c. à thé) de sel
1 pincée de poivre
375 g (12 oz) de beurre très froid, coupé en cubes

🍃 Dans une petite casserole, mettre le vinaigre, le vin blanc, les oignons verts, le sel et le poivre. Faire bouillir sans couvrir jusqu'à ce qu'il ne reste plus que 25 mL (1½ c. à soupe) de liquide. Passer au tamis en pressant bien sur les oignons verts. Remettre le liquide dans la casserole et faire chauffer.

🍃 Retirer la casserole du feu et commencer à ajouter le beurre. Aussitôt que le beurre fond et devient crémeux, ajouter un autre cube de beurre. Placer la casserole à feu très doux, ajouter un cube de beurre à la fois, en battant sans arrêt avec un fouet métallique. Attendre que le beurre soit fondu avant d'en ajouter un autre. Éviter de trop chauffer et de faire bouillir, cela ferait tourner la sauce. Servir dès que la mousse devient couleur ivoire.

🍃 Ce beurre se sert habituellement avec du brochet bouilli. Mais il est tout aussi savoureux servi avec des asperges, du brocoli, du chou-fleur et même des œufs pochés.

BEURRE NOIR

60 mL (4 c. à soupe) de beurre
45 mL (3 c. à soupe) de persil haché finement
60 mL (4 c. à soupe) de jus de citron
sel et poivre

ᏐᎮ Pour préparer du beurre noir, il faut d'abord clarifier le beurre de la manière qui suit : couper le beurre en morceaux et les mettre dans une casserole à feu moyen. Dès qu'il est fondu, écumer. Verser délicatement la partie jaune clair du beurre (beurre clarifié) dans un poêlon. Enlever le résidu laiteux qui reste dans le fond de la casserole.

ᏐᎮ Faire chauffer le beurre clarifié à feu moyen jusqu'à ce qu'il soit de couleur noisette foncée. Retirer aussitôt du feu. Remettre dans la casserole.

ᏐᎮ Dans le poêlon, ajouter le persil, le jus de citron, le sel et le poivre. Faire bouillir à feu vif, jusqu'à ce qu'il ne reste plus que 15 mL (1 c. à soupe) de jus de citron. Ajouter au beurre noir. Servir avec du poisson bouilli, de la cervelle, des légumes, etc.

BEURRE NOISETTE

ᏐᎮ Procéder de la même manière que pour le beurre noir, sans toutefois laisser le beurre clarifié devenir aussi foncé.

BEURRE MOUTARDE

50 mL (¼ tasse) de beurre
15 mL (1 c. à soupe) de moutarde de Dijon
sel et poivre
ciboulette ou persil, haché finement

ᏐᎮ Défaire le beurre en crème et y ajouter la moutarde. Bien mélanger.

ᏐᎮ Saler et poivrer. Incorporer la ciboulette. On peut en mettre quelques noisettes sur du foie de veau, sur un poisson grillé ou sur

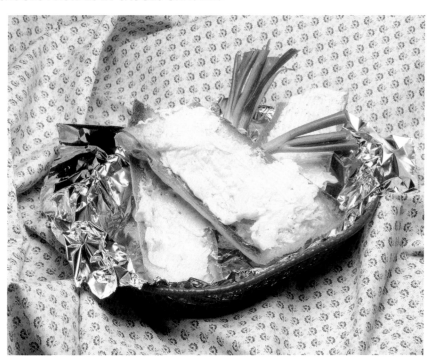

Beurre à l'ail

un bifteck. Ce beurre peut aussi servir à donner plus de velouté aux sauces.

BEURRE À L'AIL

4 gousses d'ail non pelées
1 L (4 tasses) d'eau bouillante
125 mL (½ tasse) de beurre
sel et poivre

ᏐᎮ Mettre les gousses d'ail dans l'eau bouillante. Porter à ébullition. Les égoutter, les peler et les passer à l'eau froide. Répéter cette opération avec les gousses d'ail pelées.

ᏐᎮ Hacher et réduire l'ail en purée. Ajouter le beurre et bien broyer. Saler et poivrer au goût. Servir avec du poisson grillé ou bouilli, des côtelettes d'agneau, des pommes de terre bouillies ou encore du pain grillé. Utiliser pour donner plus de goût aux soupes et aux sauces.

BEURRE AU VIN

50 mL (¼ tasse) de vin rouge
15 mL (1 c. à soupe) d'oignons verts hachés finement
15 mL (1 c. à soupe) de graisse de rôti ou 125 mL (½ tasse) de consommé
125 mL (½ tasse) de beurre
30 mL (2 c. à soupe) de persil haché finement
sel et poivre

ᏐᎮ Dans une casserole, mettre le vin, l'oignon vert et la graisse de rôti (partie gélatineuse qui reste dans le fond de la lèchefrite après la cuisson d'un rôti). Faire bouillir jusqu'à ce qu'il ne reste plus que 25 mL (1½ c. à soupe) de liquide. Laisser refroidir.

ᏐᎮ Défaire le beurre en crème et l'ajouter, une cuillerée à la fois, au vin. Bien battre après chaque addition. Ajouter le persil. Saler et poivrer au goût. Servir avec du bifteck ou du foie de veau, ou utiliser pour donner plus de velouté aux sauces.

BEURRE BERCY

❧ Pour préparer le beurre Bercy, remplacer le vin rouge du *Beurre au vin* par du vin blanc sec. Servir avec du poulet ou du veau, ou utiliser pour donner plus de velouté aux sauces blanches.

BEURRE POUR ESCARGOTS

125 mL (½ tasse) de beurre
30 mL (2 c. à soupe) d'oignons verts hachés finement
2 gousses d'ail, hachées finement
30 mL (2 c. à soupe) de persil haché finement
sel et poivre

❧ Défaire le beurre en crème. Ajouter les oignons verts et l'ail.

Bien écraser jusqu'à ce qu'on ne les distingue presque plus.
❧ Incorporer le persil, le sel et le poivre. Continuer à mélanger jusqu'à ce que le beurre soit légèrement vert. Ce beurre est tout simplement délicieux servi avec de la viande, du poisson grillé, des champignons, des moules, des huîtres chaudes et évidemment avec des escargots.

BEURRE D'ESTRAGON

125 mL (½ tasse) de beurre
15 mL (1 c. à soupe) de jus de citron
30 mL (2 c. à soupe) d'estragon frais ou 15 mL (1 c. à soupe) d'estragon séché
30 mL (2 c. à soupe) de persil haché finement
sel et poivre

❧ Défaire le beurre en crème. Ajouter le jus de citron, quelques

gouttes à la fois. Brasser vigoureusement après chaque addition.
❧ Incorporer l'estragon et le persil. Mélanger jusqu'à ce qu'on ne les distingue presque plus. Saler et poivrer au goût.
❧ Servir avec de la viande ou du poisson grillé ou bouilli, ou utiliser pour donner plus de goût et de velouté aux soupes et aux sauces.

BEURRE BIFTECK

1 gousse d'ail, coupée en deux
125 mL (½ tasse) de beurre
5 mL (1 c. à thé) d'oignons verts hachés finement
5 mL (1 c. à thé) de basilic
2 mL (½ c. à thé) de marjolaine
5 mL (1 c. à thé) de jus de citron
2 mL (½ c. à thé) de sel fumé
5 mL (1 c. à thé) de paprika

❧ Frotter l'intérieur d'un bol avec l'ail. Défaire le beurre en crème dans ce bol.
❧ Ajouter l'oignon vert, le basilic, la marjolaine, le jus de citron, le sel fumé et le paprika. Brasser jusqu'à ce que le mélange soit crémeux et homogène.
❧ Badigeonner de ce beurre savoureux les biftecks ou les poissons cuits sur le gril ou au barbecue.

LA VINAIGRETTE

La vinaigrette classique se compose d'huile, de vinaigre, de sel et de poivre noir. En général, il faut 1 partie de vinaigre pour 2 ou 3 parties d'huile. Le sel et le poivre sont ajoutés au goût.
❧ La vinaigrette est simple à préparer et se prête à toutes les variations. Essayez l'huile d'olive

Beurre pour escargots

française, italienne, espagnole, grecque ou encore l'huile de maïs. Utilisez le vinaigre d'estragon, de basilic, de cidre, de malt, de vin blanc ou rouge ou tout simplement le bon vieux vinaigre blanc.

🍂 Vous pouvez remplacer le vinaigre par du jus de citron et utiliser du poivre blanc fraîchement moulu à la place du poivre noir. Ce sont les ingrédients composant la vinaigrette qui lui donnent son arôme particulier. Utilisez différents ingrédients selon que vous désirez une vinaigrette pour arroser vos plats délicats ou ceux de tous les jours. Essayez des mélanges variés et découvrez celui qui vous plaira.

🍂 Pour ma part, j'aime le vinaigre de vin blanc au basilic et l'huile italienne ou grecque, pour arroser les tomates.

🍂 Pour le saumon froid, je préfère le jus de citron et l'huile française.

🍂 Pour le riz aux légumes frais, j'utilise le vinaigre de cidre et l'huile de maïs. Enfin, pour la fameuse salade verte, j'écrase un peu de gros sel dans le bol avant d'y mettre la salade. Je l'arrose de jus de citron frais mélangé à de l'huile française ou espagnole et je saupoudre de poivre noir fraîchement moulu. Il n'y a rien de tel pour rehausser la saveur de cette salade.

🍂 Laissez aller votre imagination et préparez autant de vinaigrettes que vous le désirez.

VINAIGRETTE FRANÇAISE

5 mL (1 c. à thé) de moutarde de Dijon
15 mL (1 c. à soupe) de sel

Vinaigrette de Dijon

2 mL (½ c. à thé) de poivre
60 mL (4 c. à soupe) de vinaigre de vin ou de cidre
125 mL (½ tasse) d'huile d'olive

🍂 Mettre tous les ingrédients dans un bol. Battre jusqu'à ce que le mélange soit homogène.

VINAIGRETTE ANGLAISE

125 mL (½ tasse) de vinaigre de malt ou d'estragon
250 mL (1 tasse) d'huile d'olive
5 mL (1 c. à thé) de moutarde en poudre
2 mL (½ c. à thé) de sauce Worcestershire
2 mL (½ c. à thé) de sel
2 mL (½ c. à thé) de poivre
1 mL (¼ c. à thé) de graines de céleri
2 cubes de glace

🍂 Dans un bol, mettre le vinaigre et y ajouter petit à petit l'huile, en battant sans arrêt.

🍂 Ajouter la moutarde, la sauce Worcestershire, le sel, le poivre et les graines de céleri. Bien battre après chaque addition.

🍂 Ajouter les cubes de glace et battre pendant 3 ou 4 secondes. Réfrigérer pendant 30 minutes. Bien agiter avant d'utiliser.

VINAIGRETTE DE DIJON

7 mL (1½ c. à thé) de sel
2 mL (½ c. à thé) de poivre
5 mL (1 c. à thé) de moutarde de Dijon
15 mL (3 c. à thé) de vinaigre d'estragon
15 mL (3 c. à thé) de vin rouge
250 mL (1 tasse) d'huile d'olive
15 mL (1 c. à soupe) d'oignon haché finement

Vinaigrette au roquefort

1 gousse d'ail, écrasée
45 mL (3 c. à soupe) de persil
haché finement

🍃 Mélanger le sel, le poivre et la
moutarde.
🍃 Incorporer le vinaigre d'estragon et le vin rouge. Ajouter petit
à petit l'huile d'olive, en battant
sans arrêt. Ajouter l'oignon, l'ail
et le persil. Battre pendant
quelques secondes.

VINAIGRETTE AU ROQUEFORT

125 g (4 oz) de fromage
roquefort
1 mL (¼ c. à thé) de sel
2 mL (½ c. à thé) de paprika
90 mL (6 c. à soupe) de vinaigre
de cidre ou de porto
90 à 120 mL (6 à 8 c. à soupe)
d'huile d'olive

🍃 Mettre le fromage dans un bol
et l'écraser avec une fourchette.

Ajouter le sel, le paprika, le vinaigre et l'huile d'olive. Battre avec
un fouet métallique jusqu'à ce
que le mélange soit lisse et
presque crémeux.
🍃 Passer au tamis très fin, si
désiré. Conserver au réfrigérateur
dans un pot de verre fermé.

VINAIGRETTE AUX FINES HERBES

250 mL (1 tasse) d'huile végétale
ou d'huile d'olive
50 mL (¼ tasse) de vinaigre
de cidre ou d'estragon
5 mL (1 c. à thé) de sel
2 mL (½ c. à thé) de sucre
5 mL (1 c. à thé) de paprika
2 mL (½ c. à thé) de moutarde
15 mL (1 c. à soupe) d'oignon râpé
5 mL (1 c. à thé) de sauce
Worcestershire
5 mL (1 c. à thé) de basilic
1 gousse d'ail entière

🍃 Mettre tous les ingrédients
dans un pot de verre. Fermer le
pot et agiter vigoureusement.
Enlever l'ail avant de servir.

VINAIGRETTE À L'HUILE VÉGÉTALE

250 mL (1 tasse) d'huile végétale
75 mL (⅓ tasse) de vinaigre
5 mL (1 c. à thé) de sucre
7 mL (1½ c. à thé) de sel
2 mL (½ c. à thé) de paprika
2 mL (½ c. à thé) de moutarde
en poudre
1 gousse d'ail

🍃 Mettre tous les ingrédients
dans un pot de verre ou une
bouteille. Bien fermer et agiter
vigoureusement. Réfrigérer pendant plusieurs heures. Enlever
l'ail. Bien remuer avant de servir.
Donne 325 mL (1⅓ tasse).

VINAIGRETTE CHIFFONADE

🍃 Ajouter à 175 mL (¾ tasse) de
vinaigrette à l'huile végétale
30 mL (2 c. à soupe) d'œuf dur
haché, 15 mL (1 c. à soupe) de
poivron vert haché finement,
15 mL (1 c. à soupe) de piment
rouge haché, 5 mL (1 c. à thé) de
persil haché et 1 mL (¼ c. à thé)
de jus d'oignon.

VINAIGRETTE CHUTNEY

🍃 Ajouter à 175 mL (¾ tasse) de
vinaigrette à l'huile végétale
30 mL (2 c. à soupe) de chutney.

❦ TECHNIQUE ❦

VINAIGRETTE AU ROQUEFORT

1 Mettre le fromage dans un bol et l'écraser avec une fourchette.

2 Ajouter le sel, le paprika et le vinaigre.

3 Ajouter l'huile d'olive.

4 Battre avec un fouet métallique jusqu'à ce que le mélange soit lisse et crémeux.

VINAIGRETTE ROSÉE

250 mL (1 tasse) d'huile végétale
50 mL (¼ tasse) de vinaigre
de malt
25 mL (1½ c. à soupe) de ketchup
5 mL (1 c. à thé) de sucre
2 mL (½ c. à thé) de paprika
5 mL (1 c. à thé) de sel
2 mL (½ c. à thé) de moutarde
en poudre
5 mL (1 c. à thé) d'oignon râpé
1 blanc d'œuf non battu

☙ Mettre tous les ingrédients dans un bol. Battre jusqu'à ce que le mélange soit homogène. Garder au réfrigérateur. Remuer avant de servir.

VINAIGRETTE À LA CRÈME

1 jaune d'œuf
60 mL (4 c. à soupe) de crème aigre
125 mL (½ tasse) de vinaigrette française
jus de citron, au goût
30 mL (2 c. à soupe) de persil ou d'aneth haché finement

☙ Battre le jaune d'œuf et la crème jusqu'à ce qu'ils soient bien mélangés.
☙ Ajouter petit à petit la vinaigrette, en battant sans arrêt.

☙ Rectifier l'assaisonnement et ajouter le jus de citron. Au moment de servir, incorporer le persil.
☙ Arroser les salades aux œufs et au poisson de cette vinaigrette.

LA MAYONNAISE

La mayonnaise est une émulsion de jaunes d'œufs et d'huile, sans cuisson, qui devient ferme et crémeuse. Pour battre une mayonnaise, utiliser deux fourchettes tenues dans une seule main, ou encore un fouet métallique ou un batteur à main. Le mélangeur convient également très bien. Avec un peu d'expérience, on peut faire à la main de 750 mL à 1 L (3 à 4 tasses) de mayonnaise, en moins de 15 minutes.
☙ La mayonnaise sera plus facile à préparer si tous les ustensiles et les ingrédients sont à la température ambiante. On peut aussi rincer à l'eau chaude le bol utilisé. Bien le sécher avant d'y mettre les jaunes d'œufs.
☙ Toujours battre les jaunes d'œufs pendant 1 ou 2 minutes avant d'y ajouter un autre ingrédient. Lorsqu'ils deviennent épais et collants, on peut commencer à ajouter l'huile.
☙ Ajouter les premiers 50 mL (¼ tasse) d'huile, quelques gouttes à la fois jusqu'à ce que la préparation commence à épaissir. Incorporer ensuite le reste de l'huile en plus grande quantité.
☙ Le jaune d'un gros œuf absorbe généralement 175 mL (¾ tasse) d'huile. Il est préférable de ne pas dépasser cette quantité, car la mayonnaise risquerait de tourner. Pour les moins expérimentés, il est plus sage de compter 125 mL (½ tasse) d'huile par jaune d'œuf.
☙ Pour préparer une mayonnaise à base de 3 œufs, utiliser un bol d'une capacité de 3 L (12 tasses) en acier inoxydable ou en verre. Le placer sur un linge mouillé pour l'empêcher de glisser.
☙ En général, on ajoute le vinaigre ou le jus de citron, le sel, le poivre et la moutarde avant de commencer à incorporer l'huile.

COMMENT REPRENDRE UNE MAYONNAISE TOURNÉE

☙ Bien réchauffer un bol à l'eau bouillante et l'essuyer. Dans le bol, mettre 5 mL (1 c. à thé) de moutarde et 15 mL (1 c. à soupe) de la mayonnaise tournée. Battre quelques secondes avec un fouet métallique, ou jusqu'à ce que le mélange épaississe et devienne crémeux. Ajouter le reste de la mayonnaise, 5 mL (1 c. à thé) à la fois, en battant vigoureusement après chaque addition.

TABLEAU DE PROPORTIONS POUR LES MAYONNAISES

JAUNES D'ŒUFS	HUILE	VINAIGRE OU JUS DE CITRON	QUANTITÉ FINALE
2	250 à 375 ml (1 à 1½ tasse)	30 à 45 ml (2 à 3 c. à soupe)	300 à 425 ml (1¼ à 1¾ tasse)
3	375 à 550 ml (1½ à 2¼ tasses)	45 à 75 ml (3 à 5 c. à soupe)	500 à 675 ml (2 à 2¾ tasses)
4	500 à 750 ml (2 à 3 tasses)	60 à 90 ml (4 à 6 c. à soupe)	650 à 900 ml (2½ à 3⅔ tasses)
6	750 ml à 1,1 L (3 à 4½ tasses)	90 à 150 ml (6 à 10 c. à soupe)	925 ml à 1,3 L (3¾ à 5½ tasses)

MAYONNAISE AU MÉLANGEUR

Pour que votre mayonnaise soit toujours parfaitement réussie, utilisez des œufs et de l'huile à la température ambiante.

1 œuf entier ou 2 jaunes d'œufs
2 mL (½ c. à thé) de sel
1 mL (¼ c. à thé) de poivre
2 mL (½ c. à thé) de moutarde en poudre ou 5 mL (1 c. à thé) de moutarde
30 mL (2 c. à soupe) de vinaigre de cidre ou de jus de citron
250 mL (1 tasse) d'huile végétale

🝔 Dans le récipient du mélangeur, mettre l'œuf, le sel, le poivre, la moutarde, le vinaigre et 50 mL (¼ tasse) d'huile. Couvrir et actionner l'appareil à vitesse maximum pendant 1 seconde. Sans arrêter l'appareil, soulever le couvercle et ajouter petit à petit le reste de l'huile. Battre jusqu'à ce que la mayonnaise soit ferme et crémeuse.

Mayonnaise au mélangeur

MAYONNAISE VERTE

🝔 Ajouter à la mayonnaise 4 brins de persil, 3 feuilles d'épinards crus et, si possible, quelques brins de cresson. Battre au mélangeur pendant 1 minute. La mayonnaise prendra une belle teinte verte et aura un goût tout à fait particulier. Servir avec du poisson ou du veau.

MAYONNAISE ROSÉE

🝔 Ajouter à la mayonnaise 1 tomate fraîche pelée et coupée en quatre, 15 mL (1 c. à soupe) de sauce chili, 1 petite gousse

d'ail et 3 brins de persil frais. Battre au mélangeur pendant 1 minute. Cette mayonnaise est tout simplement délicieuse.

MAYONNAISE À L'HUILE D'OLIVE

2 jaunes d'œufs
5 mL (1 c. à thé) de sel
1 mL (¼ c. à thé) de poivre
5 mL (1 c. à thé) de moutarde en poudre
15 mL (1 c. à soupe) de vinaigre
250 mL (1 tasse) d'huile d'olive
15 mL (1 c. à soupe) d'eau bouillante

🝔 Dans un bol, mettre les jaunes d'œufs, le sel, le poivre, la moutarde et le vinaigre. Remuer pendant quelques secondes pour mélanger. Couvrir et laisser reposer pendant 20 minutes.
🝔 Ajouter l'huile, en battant vigoureusement, jusqu'à ce que la préparation épaississe. Les pre-

miers 60 à 75 mL (4 à 5 c. à soupe) doivent être versés en filet, car si l'huile est ajoutée trop vite, on risque de faire tourner la mayonnaise.
🝔 Incorporer l'eau bouillante. Garder la mayonnaise dans un endroit frais. Ne pas réfrigérer.

MAYONNAISE À L'AIL

1 gousse d'ail, coupée en deux
2 mL (½ c. à thé) de sucre
5 mL (1 c. à thé) de moutarde en poudre
5 mL (1 c. à thé) de sel
2 jaunes d'œufs
45 à 60 mL (3 à 4 c. à soupe) de jus de citron
375 à 500 mL (1½ à 2 tasses) d'huile d'olive

🝔 Frotter un bol avec l'ail et y mettre le sucre, la moutarde et le sel.
🝔 Ajouter les jaunes d'œufs et bien battre. Incorporer 30 mL (2 c. à soupe) du jus de citron et

Mayonnaise Mille-Îles

bien mélanger.

Ajouter l'huile d'olive petit à petit, en battant sans arrêt. Incorporer le reste du jus de citron et continuer à battre jusqu'à ce que la mayonnaise ait la consistance désirée.

MAYONNAISE AU JUS DE CITRON

2 jaunes d'œufs
5 mL (1 c. à thé) de sel
5 mL (1 c. à thé) de sucre
1 mL (¼ c. à thé) de paprika
5 mL (1 c. à thé) de moutarde en poudre
1 pincée de poivre
60 mL (4 c. à soupe) de jus de citron
425 mL (1¾ tasse) d'huile végétale

Dans un bol, mettre les jaunes d'œufs, le sel, le sucre, le paprika, la moutarde, le poivre et 30 mL (2 c. à soupe) du jus de citron. Bien battre. Ajouter 250 mL (1 tasse) d'huile, 15 mL (1 c. à soupe) à la fois, en battant après chaque addition.

Incorporer 15 mL (1 c. à soupe) du jus de citron et verser le reste de l'huile par petites quantités. Ajouter, en battant, la dernière cuillerée de jus de citron.

MAYONNAISE AU RAIFORT

Ajouter 30 à 60 mL (2 à 4 c. à soupe) de raifort à 250 mL (1 tasse) de mayonnaise. Bien mélanger.

MAYONNAISE CRÉMEUSE AU RAIFORT

Fouetter 50 mL (¼ tasse) de crème à 35%. Dans un petit bol,

mettre 125 mL (½ tasse) de mayonnaise au raifort et 50 mL (¼ tasse) de gelée de cassis. Battre jusqu'à ce que le mélange soit lisse et onctueux. Incorporer la crème fouettée. Réfrigérer avant de servir. Cette mayonnaise est délicieuse sur les salades de fruits.

MAYONNAISE AUX FINES HERBES

Ajouter à 250 mL (1 tasse) de mayonnaise 1 c. à thé de persil haché, 7 mL (1½ c. à thé) de ciboulette hachée, 1 mL (¼ c. à thé) de basilic frais haché et quelques gouttes de jus de citron. Bien mélanger.

SAUCE CRÉMEUSE AUX FINES HERBES

C'est la sauce idéale pour accompagner les crevettes fraîches, le saumon bouilli, les asperges et le rôti de veau servi chaud ou froid.

250 mL (1 tasse) de mayonnaise
250 mL (1 tasse) de crème aigre
125 mL (½ tasse) de persil frais
1 paquet de ciboulette
45 mL (3 c. à soupe) d'aneth frais
6 anchois

Au mélangeur, réduire en purée la mayonnaise, la crème aigre, le persil, la ciboulette, l'aneth et les anchois. On obtient alors une belle sauce verte au goût exquis.

SAUCE TARTARE

Ajouter à 375 mL (1½ tasse) de mayonnaise, 30 mL (2 c. à soupe) d'olives farcies, 30 mL (2 c. à soupe) de cornichons sucrés hachés finement, 15 mL (1 c. à soupe) de persil haché et 15 mL (1 c. à soupe) d'oignon râpé.

MAYONNAISE CUITE SANS HUILE

50 mL (¼ tasse) de beurre
50 mL (¼ tasse) de sucre
60 mL (4 c. à soupe) de farine
2 mL (½ c. à thé) de moutarde en poudre
5 mL (1 c. à thé) de sel
2 œufs entiers, battus
300 mL (1¼ tasse) de lait ou crème aigre
125 à 175 mL (½ à ¾ tasse) de vinaigre de cidre

☙ Dans la partie supérieure d'un bain-marie, faire fondre le beurre et y ajouter le sucre, la farine, la moutarde, le sel, les œufs et le lait.
☙ Cuire au-dessus d'une eau frémissante jusqu'à ce que le mélange épaississe et devienne crémeux. Ajouter lentement le vinaigre de cidre et remuer jusqu'à ce que la préparation redevienne onctueuse. Conserver au réfrigérateur dans un pot.

MAYONNAISE MILLE-ÎLES

5 mL (1 c. à thé) de moutarde en poudre
2 mL (½ c. à thé) de paprika
1 œuf dur, haché
125 mL (½ tasse) de céleri
4 oignons verts, hachés finement
4 cornichons

60 mL (4 c. à soupe) de pâte de tomates
250 mL (1 tasse) de mayonnaise

☙ Incorporer tous les ingrédients à la mayonnaise.

MAYONNAISE ANDALOUSE

☙ Ajouter à 250 mL (1 tasse) de mayonnaise 60 mL (4 c. à soupe) de pâte de tomates et 2 poivrons coupés en julienne.

MAYONNAISE RUSSE À L'EUROPÉENNE

30 mL (2 c. à soupe) de sucre
60 mL (4 c. à soupe) d'eau
2 mL (½ c. à thé) de sel
2 mL (½ c. à thé) de paprika
7 mL (1½ c. à thé) de graines de céleri
le jus d'un citron
60 mL (4 c. à soupe) de vinaigre
45 mL (3 c. à soupe) de pâte de tomates
50 mL (¼ tasse) d'oignon râpé
250 mL (1 tasse) d'huile végétale

☙ Faire chauffer le sucre et l'eau jusqu'à ce que le mélange ait la consistance d'un sirop assez épais. Laisser refroidir.
☙ Mélanger le reste des ingrédients.
☙ Incorporer le sirop froid et battre pendant 3 minutes.

MAYONNAISE RUSSE À L'AMÉRICAINE

☙ Ajouter 125 mL (½ tasse) de sauce chili à 250 mL (1 tasse) de mayonnaise.

MAYONNAISE À LA GÉLATINE

(Pour les chauds-froids)

15 mL (1 c. à soupe) de gélatine sans saveur
30 mL (2 c. à soupe) d'eau froide
500 mL (2 tasses) de mayonnaise

☙ Dissoudre la gélatine dans l'eau froide pendant 5 minutes. Ajouter de l'eau chaude jusqu'à ce que la gélatine soit fondue.
☙ Verser la gélatine sur la mayonnaise en remuant vigoureusement. Napper les légumes, la viande ou le poisson de cette mayonnaise. Si désiré, mélanger des légumes, du poisson ou de la viande à la mayonnaise et verser dans des petits moules huilés. Réfrigérer jusqu'à ce que la préparation prenne.

MAYONNAISE AUX CONCOMBRES

1 gros concombre ou deux petits
30 mL (2 c. à soupe) d'oignons verts hachés finement
1 mL (¼ c. à thé) d'aneth séché
15 mL (1 c. à soupe) de moutarde
15 mL (1 c. à soupe) de jus de citron
250 mL (1 tasse) de mayonnaise

☙ Peler le concombre, l'épépiner et le râper.
☙ Ajouter le reste des ingrédients. Bien mélanger et réfrigérer jusqu'au moment de servir. Cette mayonnaise est parfaite pour accompagner le poisson.

SAUCE À LA MENTHE

45 mL (3 c. à soupe) de vinaigre
de cidre
150 mL (⅔ tasse) d'eau
125 à 175 mL (½ à ¾ tasse)
de feuilles de menthe, hachées
finement ou 50 mL (¼ tasse)
de menthe séchée
15 mL (1 c. à soupe) de jus
de citron (facultatif)

15 à 30 mL (1 à 2 c. à soupe)
de sucre
1 mL (¼ c. à thé) de sel

 Dans une casserole, mettre le
vinaigre, 75 mL (⅓ tasse) d'eau et
30 mL (2 c. à soupe) de menthe.
Laisser mijoter pendant 5 minutes. Passer au tamis fin. Réserver
le liquide.

 Ajouter au liquide réservé le
reste de l'eau et de la menthe, le
jus de citron, le sucre et le sel.
Faire chauffer jusqu'à ce que la
préparation commence à bouillonner. Verser dans un pot, couvrir et réfrigérer. Au moment de
servir, réchauffer sans laisser
bouillir. Cette sauce peut également se servir froide.

Elle se conserve plusieurs
semaines au réfrigérateur.

HORS-D'ŒUVRES ET CANAPÉS

LES HORS-D'ŒUVRE ET LES CANAPÉS

Êtes-vous de ceux qui aiment recevoir et choisissent avec sérieux le style de la réception et les mets qui s'y rattachent ? Tant mieux, s'il en est ainsi. Cependant, rappelons-nous que de nos jours nous recherchons ce qui est rapide et facile.

✒ Un punch, une boisson, un thé particulier ou un bon café noir , l'un ou l'autre accompagné de hors-d'œuvre ou de canapés, voilà qui permet d'organiser une merveilleuse et agréable réception rapide et facile. Le fait que presque tout puisse être préparé et disposé à l'avance constitue également un atout. À de telles réceptions les invités se servent eux-mêmes, ce qui ajoute au plaisir de tous ! Essayez, vous verrez !

✒ Les recettes qui suivent peuvent être servies avant le dîner ou en guise de collation après le théâtre ou le concert ou simplement lors d'une réunion d'amis. Bien entendu, ces hors-d'œuvres et canapés vous serviront de guide mais vous pouvez les améliorer, les simplifier ou seulement vous en inspirer.

✒ Qu'est-ce qu'un canapé ? À l'époque victorienne, c'était de savoureuses bouchées, servies avant dîner avec le xérès. Avec le temps, les hors-d'œuvre français prirent de l'influence et les canapés devinrent plus élaborés. Aujourd'hui, on les aime simples mais alléchants et attrayants.

✒ La règle fondamentale concernant les hors-d'œuvre et canapés est de viser au contraste des couleurs, des textures, des assaisonnements et des présentations.

✒ Les hors-d'œuvre sont des aliments que l'on sert au début des repas de midi et du soir. Ils sont une introduction, une préface à ce qui doit suivre. C'est pourquoi, lorsque le plat principal est plutôt riche ou composé d'une grosse pièce de viande rôtie, les hors-d'œuvre doivent être légers.

✒ Leur variété est si grande que l'on peut facilement en faire un repas entier. Mais on peut aussi en servir quelques-uns joliment disposés sur un seul plat. N'oublions pas, en choisissant les hors-d'œuvre d'un repas, d'éviter les aliments déjà servis à ce même repas : une salade de tomates avant des tomates farcies, une salade de pommes de terre si la viande est accompagnée de pommes frites ou en purée. De même, une entrée piquante ou très épicée comme certaines saucisses ou des anchois, n'est pas très appropriée si le repas comporte une sauce délicate à saveur subtile. En somme, les hors-d'œuvre sont affaire de goût, de tact, et aussi d'expérience. De quoi sont-ils composés ? D'œufs, de pâtés, de jambon, de rillettes, d'anchois, de sardines, de thon, d'huîtres, de charcuteries diverses ou de légumes.

✒ Servez les hors-d'œuvre au début des repas et disposez-les sur la table avant d'inviter les convives à s'asseoir. À chaque place une assiette, un petit couteau et une fourchette. Si l'on désire les accompagner d'un vin, ce doit être un vin blanc sec, tel qu'un Graves, un Meursault, un vin d'Alsace, etc.

HORS-D'ŒUVRE À BASE DE LÉGUMES

BEURRE
céleri en branches
radis
champignons frais, marinés
beurre
250 g (½ lb) de champignons

MARINADE
15 mL (1 c. à soupe) de jus de citron
30 mL (2 c. à soupe) d'huile d'olive
1 mL (¼ c. à thé) de marjolaine
1 oignon vert, émincé
2 mL (½ c. à thé) de sel
1 mL (¼ c. à thé) de poivre

✒ Enlever les pieds des champignons, Nettoyer les têtes et les mélanger avec tous les ingrédients sans les cuire. Les préparer une ou deux heures à l'avance et les réfrigérer jusqu'au moment de servir. Les saupoudrer de persil haché fin.

VARIANTES

✒ Placer des tranches de tomates en éventail dans une assiette, râper finement des carottes crues, les aromatiser avec un peu de jus de citron, du poivre, du sel et très peu d'huile. Former un petit tas dans le creux de l'éventail de tomates. Décorer l'assiette avec des olives noires et des olives vertes mélangées.

✒ Hacher finement des feuilles de laitue, ce qui la fait ressembler à de la paille fine. Garnir de salade de pommes de terre, de petits pois et de dés de betteraves. Chaque légume a déjà été passé dans une vinaigrette de votre choix ou une mayonnaise éclaircie avec un peu de crème. Il faut toutefois éviter de trop en mettre, ce qui rendrait le hors-d'œuvre trop riche et huileux.

🍃Disposer des bouquets de choux-fleurs et de haricots verts cuits et des quartiers de tomates. Aromatiser chaque légume à la vinaigrette — le tout garni d'olives noires finement hachées et de persil.

HORS-D'ŒUVRE À BASE D'ŒUFS DURS

Le succès des œufs durs dans la préparation des hors-d'œuvre tient d'abord à leurs couleurs gaies ainsi qu'à leur forme nette et harmonieuse. L'œuf peut être coupé en moitiés, en quartiers ou en tranches rondes ou ovales, ou encore le blanc haché et le jaune émietté. Chaque préparation donne un coup d'œil différent et permet de jolis dessins et formes. Voici un hors-d'œuvre simple et attrayant à la fois.

🍃Couper des œufs durs dans le sens de la longueur pour en faire des ovales, badigeonner le dessus d'une couche de mayonnaise et garnir de câpres ou encore d'un brin de persil, d'un anchois roulé ou de cornichons hachés fin.

ŒUFS MIMOSA

🍃Couper des œufs durs dans le sens de la longueur, évider leur jaune et le remplacer par une petite cuillerée de mayonnaise. On les place sur un plat à viande et on les parsème de feuilles de cresson ; le tout doit avoir un air de légère verdure. Sur le cresson on émiette ou râpe les jaunes, ce

Cocktail de crevettes

qui donne un air de mimosa, cette jolie fleur du sud de la France.

🍃 Voici les ingrédients qui voisinent agréablement avec les œufs durs, soit pour en faire une assiette garnie ou, combinés avec les œufs, pour les en farcir : les tomates, le cresson, le persil, l'oignon vert émincé, le poivron, les crevettes, le thon, les olives noires, le riz, la laitue et la mayonnaise, grande amie de l'œuf dur.

HORS-D'ŒUVRE À BASE DE POISSON ET DE FRUITS DE MER

🍃On utilise les conserves de poisson : anchois, sardines, thon, saumon, filets de hareng, homard et crabe.

🍃Servir les anchois nature, arrosés d'un filet d'huile d'olive, et accompagnés d'une salade de pommes de terre en petits dés saupoudrée d'un peu d'oignon et de beaucoup de persil frais. Ajouter à l'assiette quelques olives noires, des tranches de tomates, des quartiers d'œufs durs et du beurre, le tout arrangé avec goût.

🍃Les sardines se suffisent à elles-mêmes. La meilleure façon de les servir et la plus facile pour un hors-d'œuvre est de faire des assiettes individuelles garnies de quelques feuilles de laitue sur lesquelles on couche 4 à 6 petites sardines. Verser sur la laitue un peu d'huile d'olive, saupoudrer de paprika et accompagner d'un ou deux quartiers de citron.

🍃Le saumon se mélange avec une sauce vinaigrette de votre choix ou une mayonnaise, entouré d'une salade de riz froide ou d'une macédoine (dés de légumes cuits : carottes, rutabagas, oignons, petits pois, haricots).

🐚 Le saumon fumé se sert dans des assiettes individuelles, tranché très mince, arrosé d'un filet d'huile d'olive. Saupoudrer de persil haché très fin ou garnir de cresson et d'un quartier de citron.

🐚 Le thon se sert de la même manière que le saumon.

🐚 Les huîtres fraîches sont toujours un hors-d'œuvre élégant et très apprécié des amateurs. L'huître est un aliment léger, reconstituant, riche en vitamines et en sels minéraux. On la mange nature ou avec quelques gouttes de jus de citron ou de sauce mignonnette, préparée avec 50 mL (1/4 tasse) de vinaigre de vin, 3 oignon verts hachés, et 15 mL (1 c. à soupe) de poivre concassé. Pour accompagner les huîtres, de minces tranches de pain brun ou de pain de seigle tartinées de beurre et des cœurs de céleri. Dans certaines parties de la France, on offre de petites saucisses cocktail très chaudes qui se mangent en alternance avec une huître froide. Très agréable, si les huîtres sont bien froides et les saucisses bien chaudes.

COCKTAIL DE CREVETTES

🐚 Le cocktail de crevettes est, je crois, le plus populaire des hors-d'œuvre.

🐚 Placer les crevettes sur une feuille de laitue, un nid de cresson ou de la glace concassée. Garnir avec une sauce cocktail ou avec de la mayonnaise à l'huile et quelques quartiers de citron frais.

🐚 Les crevettes fraîches, cuites, de couleur rosée, n'ont qu'à être débarrassées de leur carapace. Les sauces pouvant accompagner les crevettes sont nombreuses. En voici quelques unes.

SAUCE COCKTAIL
150 mL (⅔ tasse) de ketchup
45 mL (3 c. à soupe) de sauce chili
30 mL (2 c. à soupe) de raifort préparé
45 mL (3 c. à soupe) de jus de citron
1 pincée de poivre ou quelques gouttes de sauce Tabasco

🐚 Mélanger tous les ingrédients. Pour varier cette sauce, ajouter au goût de l'oignon haché très fin, du céleri coupé en dés, du concombre râpé ou des cornichons. Servir cette sauce très froide. Cette recette donne suffisament de sauce pour 6 à 8 personnes.

SAUCE AU KETCHUP
🐚 Bien mélanger 60 mL (4 c. à soupe) de ketchup ou de sauce chili avec 4 gouttes de sauce Tabasco, 60 mL (4 c. à soupe) de raifort et une pincée de sel.

SAUCE AU KETCHUP CITRONNÉE
🐚 Bien mélanger 50 mL (¼ tasse) de ketchup ou de sauce chili avec 90 mL (6 c. à soupe) de jus de citron frais, 15 mL (1 c. à soupe) de raifort, 3 gouttes de sauce Tabasco et 1 mL (¼ c. à thé) de sel de céleri.

SAUCE CRÉMEUSE AU RAIFORT
🐚 Bien mélanger 50 mL (¼ tasse) de raifort avec 3 mL (¾ c. à thé) de sel, 1 mL (¼ c. à thé) de poivre et 5 mL (1 c. à thé) de vinaigre. Fouetter 125 mL (½ tasse) de crème à 35% et l'incorporer au mélange de raifort.

SAUCE AUX CÂPRES
🐚 Bien mélanger 45 mL (3 c. à soupe) de mayonnaise avec 15 mL (1 c. à soupe) de câpres.

HORS-D'ŒUVRE DE FRUITS DE MER

Servez-les avec un verre de vin blanc frais ou une tasse de thé de Ceylan chaud.

6 à 12 huîtres fraîches
1 petit bocal de caviar rouge ou noir
15 mL (1 c. à soupe) de raifort préparé
2 limettes ou citrons
900 g (2 lb) de crevettes crues
500 à 900 g (1 à 2 lb) de homard cuit, frais ou congelé
1 avocat
4 oignons verts, émincés
60 mL (4 c. à soupe) de persil frais, haché
2 mL (½ c. à thé) de poivre frais moulu
90 mL (6 c. à soupe) d'huile végétale
30 mL (2 c. à soupe) de vin ou de vinaigre de cidre
2 mL (½ c. à thé) de sauce H.P.
quelques gouttes de Tabasco
2 mL (½ c. à thé) de sel
1 mL (¼ c. à thé) de cari ou d'estragon
15 mL (1 c. à soupe) de cognac ou de whisky

🐚 Remplir de glace concassée un grand plateau, mettre au congélateur ou préparer le plateau au moment de servir.

🐚 Au centre, disposer les huîtres sur écailles. Mélanger le caviar et le raifort et étendre délicatement ce mélange sur les huîtres. Couper les limettes et les citrons en quartiers et disposer sur la glace, autour des huîtres. Envelopper chaque quartier de limette ou de citron dans un petit carré de toile à fromage, afin d'empêcher le jus de jaillir lorsque le fruit est pressé.

🍂 Amener à forte ébullition 1 L (4 tasses) d'eau. Ajouter 2 tranches de citron non pelé, 2 mL (½ c. a thé) de sel et les crevettes crues. Baisser le feu, laisser mijoter exactement 5 minutes. Retirer du feu. Laisser refroidir les crevettes dans leur eau, puis les décortiquer. Mettre dans un bol, couvrir et réfrigérer jusqu'au moment de servir.

🍂 Pour servir, les disposer ici et là entre les quartiers de limette et de citron, enfoncer un pic de couleur dans chaque crevette.

🍂 Mettre le homard toute la nuit à dégeler dans le réfrigérateur. Ouvrir et éponger les morceaux de homard avec un papier absorbant.

🍂 Couper l'avocat en deux, enlever le noyau. Poser une moitié de chaque côté du plateau.

🍂 Mélanger les oignons verts, le persil, le poivre, l'huile végétale, le vinaigre, la sauce H.P., le Tabasco, le sel, le cari ou l'estragon et le cognac ou le whisky. Verser un peu de ce mélange dans la cavité de chaque avocat et réserver le reste pour remplir au besoin. C'est la sauce trempette pour les crevettes et le homard. Disposer le homard de chaque côté du plateau. On peut ajouter du thon, du crabe, des palourdes, des carrés de flétan cuit, etc.

🍂 Tout cela paraît compliqué, mais en réalité c'est très simple car tout peut être préparé à l'avance et gardé au réfrigérateur. Il ne reste plus qu'à le disposer d'une façon attrayante, sur un grand plateau profond rempli de glace concassée. Ce hors-d'œuvre accompagné d'un vin blanc frais est toujours un gage de réussite pour une réception.

CHAMPIGNONS MARINÉS

500 g (1 lb) de champignons
jus de ½ citron
2 mL (½ c. à thé) de sel
1 mL (¼ c. à thé) de poivre
2 oignons verts, finement émincés
30 à 45 mL (2 à 3 c. à soupe) d'huile d'olive
pain français, tranché mince

🍂 Couper en fines tranches les champignons nettoyés. Ajouter le jus de citron, le sel, le poivre, les oignons verts et l'huile d'olive. Bien mélanger le tout. Réfrigérer pendant 2 ou 3 heures.

🍂 Tartiner de ce mélange de minces tranches de pain français et les disposer dans un grand plateau.

FOIES DE POULET HACHÉS

6 foies de poulet
30 mL (2 c. à soupe) de beurre
1 petit oignon, émincé
2 œufs durs
sel et poivre, au goût

🍂 Nettoyer les foies de poulet et les faire frire légèrement dans le beurre, à feu moyen. Ajouter l'oignon et faire cuire de 2 à 3 minutes. Refroidir.

🍂 Hacher menu les foies refroidis et les œufs. Bien mélanger. Saler et poivrer au goût.

🍂 Servir comme hors-d'œuvre avec du pain grillé ou utiliser comme garniture de sandwiches.

PÂTÉ DE FOIES DE POULET

250 g (½ lb) de foies de poulet
250 mL (1 tasse) d'eau chaude

Champignons marinés

[81]

Artichauts aux œufs à l'italienne

1 œuf dur, finement haché
2 oignons verts, finement hachés
2 mL (½ c. à thé) de basilic
30 mL (2 c. à soupe)
de mayonnaise
1 mL (¼ c. à thé) de sel
1 pincée de poivre

❧ Faire mijoter les foies de poulet à l'eau chaude pendant 5 minutes. Égoutter et hacher finement.
❧ Bien mélanger l'œuf dur et le foie hachés, les oignons verts, le basilic, la mayonnaise, le sel et le poivre, au robot culinaire si possible.
❧ Ce pâté s'utilise comme garniture à sandwiches ou à canapés, ou roulé en petites boules enrobées de noix hachées et déposées sur des biscottes rondes.

PÂTÉ COLMAR

500 g (1 lb) de pâté de foie gras (liverwurst*)
250 g (½ lb) de beurre doux

125 mL (½ tasse) de crème à 35%
1 mL (¼ c. à thé) de muscade
1 mL (¼ c. à thé) de poivre
125 mL (½ tasse) de porto
75 mL (⅓ tasse) de pistaches hachées ou de pignons
1 petite boîte de truffes (au goût)

❧ Placer tous les ingrédients dans un bol et les battre jusqu'à ce que le mélange soit crémeux et léger. Couvrir et réfrigérer jusqu'au moment de servir.

* Le véritable liverwurst allemand est un saucisson de pâté de foie gras.

ARTICHAUTS AUX ŒUFS À L'ITALIENNE

Voici un attrayant hors-d'œuvre dont les ingrédients sont faciles à trouver dans votre supermarché.

1 boîte de 400 mL (14 oz) de cœurs d'artichauts

jus et zeste râpé d'un citron
45 mL (3 c. à soupe) d'huile végétale
2 mL (½ c. à thé) de sel
1 mL (¼ c. à thé) de poivre
1 petite gousse d'ail (facultatif)
6 œufs durs
1 boîte de filets d'anchois, roulés
1 laitue
persil, haché

❧ Égoutter les artichauts. Mélanger le jus de citron, le zeste, l'huile végétale, le sel, le poivre et l'ail écrasé. Ajouter les artichauts. Couvrir et laisser mariner de 2 à 6 heures. Ne pas réfrigérer.
❧ Hacher grossièrement les œufs durs, les mettre dans un bol, couvrir et réfrigérer. Retirer les anchois de la boîte, égoutter l'huile.
❧ Nettoyer la laitue, la couper en petits morceaux et la mettre au réfrigérateur dans un linge humide pour la rendre croustillante.
❧ Disposer la laitue dans le fond d'une assiette ronde assez grande ou d'un petit plateau de votre choix. Verser le mélange des artichauts au centre, y compris la vinaigrette. Disposer les œufs hachés en anneau autour des artichauts. Décorer de filets d'anchois. Saupoudrer de persil haché.

MOUSSE AUX TOMATES FRAÎCHES

60 mL (4 c. à soupe) de beurre
900 g (2 lb) de tomates, pelées
15 mL (1 c. à soupe) de sucre
5 mL (1 c. à thé) de basilic
250 mL (1 tasse) de sauce blanche épaisse

30 mL (2 c. à soupe) de gélatine
non aromatisée
60 mL (4 c. à soupe) d'eau froide
375 mL (1½ tasse) de crème à
35%, fouettée

🍃 Faire fondre le beurre dans un
poêlon. Ajouter les tomates
pelées, le sucre et le basilic ; laisser mijoter sans couvrir pendant
30 minutes.
🍃 Ajouter la sauce blanche
épaisse et la gélatine fondue dans
les 60 mL (4 c. à soupe) d'eau
froide. Bien brasser pendant
5 minutes pour faire fondre la
gélatine. Passer le tout au tamis.
🍃 Laisser refroidir et incorporer la
crème fouettée.
🍃 Verser dans un moule et laisser
prendre au frais.

MOUSSE À L'INDIENNE

250 g (½ lb) de fromage
à la crème
5 mL (1 c. à thé) de cari
50 mL (¼ tasse) de câpres
ou de relish
30 mL (2 c. à soupe) de crème
aigre
15 mL (1 c. à soupe) de beurre
30 mL (2 c. à soupe) de xérès
ou de porto

🍃 Mélanger tous les ingrédients
jusqu'à consistance crémeuse.

CRUDITÉS AMANDINES

🍃 Six à douze heures avant le
moment d'utiliser, couper en
minces languettes des légumes
crus, carottes, chou-fleur, rutabaga,
radis, céleri, etc. Mettre dans un
bol et recouvrir d'autant de glace
que possible. Couvrir et réfrigérer.
🍃 Au moment de servir, bien

assécher les légumes. Les disposer
dans un joli plateau et garnir
d'amandes salées.

CHAMPIGNONS SMETANA

500 g (1 lb) de champignons
45 mL (3 c. à soupe) de beurre
1 mL (¼ c. à thé) de marjolaine
1 pincée de muscade
jus de ½ citron
sel et poivre, au goût
300 mL (1¼ tasse) de crème aigre
6 tranches de pain, grillées

🍃 Nettoyer les champignons et
les couper en tranches. Les passer
dans le beurre chaud, à feu vif,
pendant 2 minutes, en les remuant
sans arrêt.
🍃 Retirer du feu. Ajouter la marjolaine, la muscade, le jus de citron, le sel et le poivre. Remettre
sur feu doux, ajouter la crème
aigre et continuer de remuer
jusqu'à ce que la sauce soit

chaude, tout en évitant
l'ébullition.
🍃 Pour servir, verser chaque portion sur une tranche de pain grillé.

COUPES DE TOMATES

6 petites tomates
2 pommes de terre, cuites
15 mL (1 c. à soupe) de vinaigre
1 mL (¼ c. à thé) d'estragon
ou de basilic
2 oignons verts, émincés
50 mL (¼ tasse) d'olives noires
1 petit concombre
mayonnaise

🍃 Ébouillanter les tomates et les
peler. Retirer une tranche sur le
dessus et les réfrigérer pendant
1 heure. Creuser les tomates avec
soin. Réserver la pulpe.
🍃 Peler et couper les pommes de
terre en dés. Ajouter le vinaigre,
l'estragon ou le basilic et les
oignons verts. Saler et poivrer au
goût. Bien mélanger.

Coupes de tomates

COUPES DE TOMATES

1 Ébouillanter les tomates.

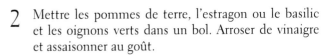

2 Mettre les pommes de terre, l'estragon ou le basilic et les oignons verts dans un bol. Arroser de vinaigre et assaisonner au goût.

3 Ajouter les olives et le concombre aux pommes de terre. Incorporer la mayonnaise. Rectifier l'assaisonnement.

4 Farcir les tomates.

Hors-d'œuvre à l'espagnole

🏵 Émincer les olives. Peler le concombre et le couper en petits dés. Ajouter les olives et le concombre aux pommes de terre. Mélanger le tout avec de la mayonnaise, au goût. Farcir les tomates avec cette préparation. Servir sur une feuille de laitue.

HORS-D'ŒUVRE À L'ESPAGNOLE

30 mL (2 c. à soupe) d'huile végétale
15 mL (1 c. à soupe) de vinaigre ou de jus de citron
4 mL (¼ c. à soupe) de sel
1 mL (¼ c. à thé) de moutarde en poudre
1 mL (¼ c. à thé) de poivre
1 concombre
2 tomates
5 mL (1 c. à thé) de ciboulette hachée ou 5 mL (1 c. à thé) d'oignon vert haché

🏵 Bien amalgamer l'huile végétale, le vinaigre ou le jus de citron, le sel, la moutarde et le poivre pour en faire une vinaigrette.
🏵 Peler le concombre et les tomates, les trancher très mince et les laisser mariner dans cette vinaigrette environ ½ heure. Ajouter la ciboulette ou l'oignon vert haché. Garder au froid.

NOIX DE GRENOBLE ÉPICÉES

90 mL (6 c. à soupe) d'huile végétale
30 mL (2 c. à soupe) de cari
15 mL (1 c. à soupe) de gingembre moulu
30 mL (2 c. à soupe) de cassonade
500 mL (2 tasses) de noix de Grenoble

15 mL (3 c. à thé) de chutney (au goût)
sel, au goût

🏵 Faire chauffer l'huile à feu doux, ajouter le cari, le gingembre et la cassonade. Bien mélanger. Retirer du feu, ajouter les noix. Remuer jusqu'à ce qu'elles aient absorbé le mélange. Ajouter le chutney.
🏵 Étendre les noix sur une plaque à biscuits recouverte d'un papier brun. Placer dans un four préalablement chauffé à 180°C (350°F). Éteindre le four et laisser les noix sécher de 20 à 30 minutes.
🏵 Saler légèrement et conserver dans un pot de verre, fermé, dans un endroit frais.

OLIVES À LA SÉVILLANE

500 mL (2 tasses) d'olives noires
50 mL (¼ tasse) de xérès
2 gousses d'ail entières
persil, au goût
8 à 12 tranches de pepperone

🏵 Égoutter les olives, les placer dans une assiette à soupe. Ajouter le xérès et l'ail. Mélanger, couvrir et laisser reposer 24 heures.
🏵 Pour servir, mettre les olives au milieu d'un plat, entourer de minces tranches de pepperone et garnir le tout de persil haché fin. Servir avec des biscottes beurrées.

CANAPÉS D'ANCHOIS

6 anchois dans l'huile
30 mL (2 c. à soupe) d'emmenthal suisse râpé
rondelles de petits cornichons
petites coquilles de pâte à tarte, cuites

🍂 Écraser les anchois avec le fromage râpé. Remplir chaque coquille de ce mélange. Garnir avec une ou deux rondelles de cornichons.

ÉCLAIRS AUX ANCHOIS

4 œufs durs, râpés
30 mL (2 c. à soupe) de purée d'anchois
10 mL (2 c. à thé) de câpres
12 petits éclairs de 5 cm (2 po)

🍂 Mélanger les œufs durs, la purée d'anchois et les câpres.
🍂 Ouvrir les éclairs et farcir avec ce mélange. Servir.

CANAPÉS SUÉDOIS

30 mL (2 c. à soupe) de beurre
5 mL (1 c. à thé) de raifort
rondelles de pain noir
saumon fumé, tranché mince
jus de citron

🍂 Mélanger le beurre en crème avec le raifort. Tartiner généreusement chaque rondelle de pain noir avec ce mélange.
🍂 Recouvrir avec un morceau de saumon fumé et arroser de quelques gouttes de jus de citron.

CANAPÉS DE FOIE GRAS À LA RUSSE

petites rondelles de pain, grillées
foie gras
filets d'anchois, roulés
caviar
blanc d'œuf dur

🍂 Étendre le foie gras sur chaque rondelle de pain grillé. Garnir avec un filet d'anchois roulé et placé au milieu. Entourer avec un peu de caviar et mettre sur l'anchois un dé de blanc d'œuf dur.

CANAPÉS DE SARDINES À LA FRANÇAISE

croûtons de pain
beurre
sardines
5 mL (1 c. à thé) de persil émincé
50 mL (¼ tasse) de mayonnaise
1 pincée d'estragon
1 oignon vert, haché
2 mL (½ c. à thé) de moutarde préparée

🍂 Faire frire les croûtons de pain de forme allongée dans le beurre, à feu doux, jusqu'à ce qu'ils soient bien dorés. Poser sur un papier absorbant et laisser refroidir.
🍂 Placer sur chaque croûton une petite sardine, la saupoudrer de persil émincé et l'entourer d'un filet de mayonnaise à laquelle on a déjà ajouté l'estragon, l'oignon vert et la moutarde préparée.

CANAPÉS À L'INDIENNE

15 mL (1 c. à soupe) de beurre
5 mL (1 c. à thé) de cari
125 mL (½ tasse) de crabe
2 ou 3 œufs
sel et poivre
biscottes
persil, émincé

🍂 Faire fondre le beurre, ajouter le cari et bien mélanger. Ajouter le crabe et chauffer pendant quelques instants tout en remuant.
🍂 Battre les œufs avec du sel et du poivre. Les ajouter au crabe et faire cuire comme des œufs brouillés. Laisser refroidir. Mettre une cuillerée de ce mélange sur

Canapés suédois

chaque biscotte et saupoudrer de persil.

CANAPÉS D'ÉPICURE

fromage de Roquefort
beurre
noix de Grenoble, émincées
rondelles de pain, grillées

🖤 Mettre dans un bol une quantité égale de fromage, de beurre et de noix de Grenoble. Battre le tout en crème et utiliser pour garnir les rondelles de pain.

CANAPÉS DE CRABE

petites rondelles de pain blanc
beurre
concombre
mayonnaise
crabe
câpres

🖤 Faire dorer les rondelles de pain dans le beurre. Les laisser refroidir sur un papier absorbant.
🖤 Déposer sur chacune une tranche très mince de concombre et au milieu du concombre une petite boule de mayonnaise. Mettre un peu de crabe sur la mayonnaise et garnir avec une câpre.

TREMPETTE AUX PALOURDES DE LA NOUVELLE-ANGLETERRE

1 gousse d'ail, coupée en deux (facultatif)
1 boîte de palourdes émincées ou de petites palourdes
1 paquet (250 g ou 8 oz) de fromage à la crème
jus d'un citron ou d'une limette

Canapés de crabe

5 mL (1 c. à thé) de sauce Worcestershire
sel et poivre, au goût

🖤 Frotter le bol avec la gousse d'ail coupée et mettre de côté. Égoutter les palourdes, en réserver le jus.
🖤 Mettre les palourdes dans le bol préparé, ajouter le fromage à la crème, le jus de citron ou de limette, la sauce Worcestershire.
🖤 Bien mélanger. Saler et poivrer. Éclaircir au goût la trempette avec le jus des palourdes en ajoutant 1 cuillerée à la fois.

TREMPETTE LA DAME EN ROSE

250 mL (1 tasse) de mayonnaise
125 mL (½ tasse) de sauce chili
125 mL (½ tasse) de céleri finement coupé
2 à 3 oignons verts, émincés
jus d'un citron
2 œufs durs, émincés

🖤 Mélanger la mayonnaise, la sauce chili, le céleri, les oignons verts et le jus de citron. Saler et poivrer au goût. Mettre la préparation dans un bol et recouvrir complètement des œufs émincés. Réfrigérer jusqu'au moment de servir.
🖤 Pour servir, mettre les trempettes dans trois jolis bols et les placer sur un grand plateau en les entourant de petites tranches de pain croustillant, de petits muffins de farine de maïs ou d'avoine coupés en deux ou en trois. Ajouter quelques-unes des nombreuses variétés de biscuits à trempettes et croustilles.

TREMPETTE À L'INDIENNE

50 mL (¼ tasse) de crème aigre
50 mL (¼ tasse) de purée de petits pois pour bébés
5 mL (1 c. à thé) de cari

Trempette savoureuse au homard

50 mL (¼ tasse) de poulet
ou de jambon cuit, émincé
sel, au goût

🍀 Mélanger tous les ingrédients et battre jusqu'à l'obtention d'un mélange crémeux. Verser dans un bol, couvrir et réfrigérer. Servir entouré de feuilles d'endives ou de croustilles de pommes de terre.

TREMPETTE JOYEUSE

4 œufs durs, hachés
3 tranches de lard fumé, cuit
et croustillant, émietté
5 mL (1 c. à thé) d'oignon haché
5 mL (1 c. à thé) de sauce
Worcestershire
5 mL (1 c. à thé) de raifort,
bien égoutté
mayonnaise

🍀 Mélanger tous les ingrédients et battre vigoureusement. Ajouter assez de mayonnaise pour obtenir une bonne consistance.

TREMPETTE DE FROMAGE AUX LÉGUMES

500 mL (2 tasses) de fromage
cottage
50 mL (¼ tasse) de crème épaisse
50 mL (¼ tasse) de carottes
râpées
125 mL (½ tasse) d'oignon
émincé
50 mL (¼ tasse) de poivron vert
émincé

🍀 Mélanger tous les ingrédients et battre vigoureusement.

TREMPETTE SAVOUREUSE AU HOMARD

125 g (4 oz) de fromage
à la crème
50 mL (¼ tasse) de beurre,
ramolli

5 mL (1 c. à thé) d'estragon
1 boîte de 90 g (3 oz) de pâte
de homard
15 mL (1 c. à soupe) de cognac
(facultatif)

🍀 Mélanger avec un batteur tous les ingrédients pour obtenir un mélange lisse et crémeux. Couvrir et réfrigérer jusqu'au moment de servir.

ASPIC CLASSIQUE

1 L (4 tasses) de bouillon ou
2 boîtes de consommé non dilué
et 1 boîte d'eau
30 mL (2 c. à soupe) de carottes,
d'oignons et de céleri, coupés
en dés
5 mL (1 c. à thé) d'épices
à marinade
2 enveloppes de gélatine
non aromatisée
125 mL (½ tasse) d'eau froide
30 à 60 mL (2 à 4 c. à soupe)
de jus de citron
2 blancs d'œufs non battus
60 mL (4 c. à soupe) de xérès
ou quelques gouttes de Tabasco
sel et poivre, au goût

🍀 Chauffer le bouillon ou le consommé et l'eau, ajouter les légumes et les épices à marinade. Amener à ébullition, couvrir et faire mijoter 25 minutes. Passer à travers un tamis fin ou une toile à fromage.

🍀 Tremper la gélatine 5 minutes dans l'eau froide ; ajouter le consommé chaud et remuer pour dissoudre la gélatine.

🍀 Mélanger le jus de citron et les blancs d'œufs, ajouter au consommé et amener à ébullition. Couvrir et laisser chauffer 20 minutes à feu très doux. Passer alors à travers une toile à fromage qu'on devra auparavant rincer à l'eau froide et bien tordre.

🌿 Ajouter le xérès ou le Tabasco. Verser dans un moule huilé et mettre au réfrigérateur pour faire prendre.

ASPIC AUX TOMATES CLASSIQUE
🌿 Substituer 2 boîtes de sauce tomate de 250 g (8 oz) chacune à 1 boîte d'eau ou 375 mL (1½ tasse) de bouillon.

ASPIC AU CONCOMBRE
🌿 Remplacer les carottes par 1 concombre râpé non pelé.

ASPIC AU POISSON
OU AUX FRUITS DE MER
🌿 Procéder comme pour l'aspic de base. Mettre au réfrigérateur jusqu'à consistance mi-ferme. Ajouter alors 500 mL (2 tasses) de poisson ou de fruits de mer cuits, ou en conserve et en morceaux.

ASPIC À LA VIANDE
🌿 Procéder comme pour l'aspic au poisson ou aux fruits de mer et les remplacer par une égale quantité de viande cuite en dés — poulet, canard, ris de veau ou jambon.

ASPIC AUX ŒUFS CLASSIQUE
🌿 Préparer des œufs durs ou des œufs farcis. Préparer l'aspic de base. En verser une mince couche dans un moule. Réfrigérer pour faire prendre. Placer les œufs durs ou farcis sur le dessus. Recouvrir de l'aspic. Réfrigérer de nouveau pour faire prendre.

🌿 Les aspics sont servis démoulés sur un lit de laitue, accompagnés de mayonnaise.

ASPIC AUX ŒUFS

2 enveloppes de gélatine
non aromatisée
2 boîtes de 284 mL (10 oz)
de bouillon de bœuf non dilué.
250 mL (1 tasse) de vin, de xérès
ou de jus de pomme
1 mL (¼ c. à thé) de Tabasco
24 œufs durs, tranchés
24 rondelles de pain grillé

🌿 Saupoudrer la gélatine sur le bouillon de bœuf pour la reconstituer. Mettre sur feu doux et remuer pour dissoudre la gélatine. Retirer du feu et ajouter le vin (ou xérès ou jus de pomme) et le Tabasco. Verser la moitié du mélange dans un moule huilé de 40 x 25 x 2,5 cm (15 x 10 x 1 po) ou dans deux moules carrés de 20 cm (8 po). Réfrigérer jusqu'à ce que le mélange soit de consistance mi-ferme.

🌿 Disposer les tranches d'œufs durs à environ 2,5 cm (1 po) les unes des autres sur le dessus de la gelée. Verser avec précaution à l'aide d'une cuiller le reste de la gelée, en ayant soin de bien en recouvrir chaque tranche d'œuf. Réfrigérer pour bien faire prendre.

🌿 Couper en rondelles, laissant une mince bordure de gelée tout autour de chaque tranche d'œuf, disposer sur les rondelles de pain grillé et servir.

🌿 Les rondelles de pain peuvent être recouvertes de pâte d'anchois, de sardines, de crevettes, de jambon ou de homard, avant d'y disposer les aspics.

ASPIC AUX TOMATES

1 enveloppe de gélatine
non aromatisée

425 mL (1¾ tasse) de jus
de tomate
1 mL (¼ c. à thé) de sel
5 mL (1 c. à thé) de sucre
2 mL (½ c. à thé) de sauce
Worcestershire
2 mL (½ c. à thé) de basilic
30 mL (2 c. à soupe) de jus
de citron

🌿 Saupoudrer la gélatine sur 125 mL (½ tasse) de jus de tomate pour la reconstituer. Mettre à feu doux et remuer pour dissoudre la gélatine. Retirer du feu et rajouter le reste du jus de tomate ainsi que les assaisonnements.

🌿 Verser dans un moule de 500 mL (2 tasses) ou dans des moules individuels. Réfrigérer pour faire prendre. Démouler pour servir, garnir de verdure, de tranches de concombre et d'olives noires. Accompagner de mayonnaise.

VARIANTES
🌿 Procéder de la même manière que pour l'aspic aux tomates jusqu'au moment de mettre dans le moule. Réfrigérer le mélange jusqu'à obtention d'une consistance de blancs d'œufs non battus. Retirer du réfrigérateur et y incorporer 250 mL (1 tasse) de chou haché, 125 mL (½ tasse) de céleri émincé et 250 mL (1 tasse) de poivron vert finement haché. Verser dans un moule huilé de 750 mL (3 tasses).

🌿 Procéder comme précédemment en substituant aux légumes crus soit 375 mL (1½ tasse) de légumes cuits soit 250 mL (1 tasse) de poulet cuit coupé en dés et 50 mL (¼ tasse) d'olives tranchées, ou encore 250 mL (1 tasse) de crevettes cuites, ou bien 250 mL

(1 tasse) de lamelles de jambon cuit mêlées à 50 mL (¼ tasse) de marinade.

HUÎTRES
AU BACON

6 tranches de lard fumé
12 huîtres

🍂 Poser sur un plateau un réchaud de table, une assiette de tranches de lard fumé coupées en deux — ce qui vous donnera 12 portions —, une huître placée sur chaque morceau de lard et quelques jolis pics de bois ou de métal. (On peut aussi envelopper chaque huître dans un morceau de lard fumé et les attacher prêtes à cuire.) Une bouteille de chutney et de ketchup complète le tout.

🍂 Allumer le réchaud à table, devant les invités, y faire dorer les huîtres à feu vif. Laisser chaque invité se servir et garnir au goût.

BOUCHÉES
DE STEAK

500 g (1 lb) de steak dans le haut de la ronde
30 mL (2 c. à soupe) de sauce de soja
30 mL (2 c. à soupe) de jus de citron
30 mL (2 c. à soupe) de xérès
30 mL (2 c. à soupe) de miel
une petite gousse d'ail, écrasée
45 mL (3 c. à soupe) de beurre

🍂 Combiner dans un joli bol tous les ingrédients sauf le steak. Emincer le steak en fines lamelles. Les mettre dans la sauce et les laisser mariner pendant 1 heure. Préparer un panier de petits pains chauds et croustillants à mettre sur un plateau au moment de servir, autant de baguettes de bambou qu'il y a d'invités et un petit bol rempli de ciboulette, d'oignons verts ou de persil émincé.

🍂 Installer et allumer un réchaud de table devant les invités. Faire dorer le beurre. Chacun pique avec la baguette une lamelle de bœuf, l'enroule autour de celle-ci et la fait dorer au beurre pendant une ou deux secondes. Manger nature ou plonger dans le bol de condiments.

SAUCISSES DIABLÉES

petites saucisses cocktail
250 mL (1 tasse) de ketchup aux tomates
50 mL (¼ tasse) de xérès
1 gousse d'ail, finement hachée

🍂 Griller les saucisses dans un poêlon. Mélanger le ketchup, le xérès et l'ail dans un bol.

🍂 Une fois les saucisses grillées, les recouvrir de sauce et les laisser reposer jusqu'au lendemain, si possible, pour en améliorer la saveur.

🍂 Avant de servir, les déposer avec leur sauce dans une jolie casserole et les réchauffer 30 minutes dans un four à 180°C (350°F). Servir chaudes.

SAUCISSES EN PÂTE

500 g (1 lb) de saucisses cocktail
125 mL (½ tasse) de farine tamisée
75 mL (⅓ tasse) de bière
1 œuf
5 mL (1 c. à thé) d'oignon
huile à friture

🍂 Faire cuire les saucisses à l'eau bouillante pendant 2 minutes. Égoutter et sécher.

🍂 Faire une pâte lisse avec la farine, la bière, l'œuf et l'oignon.

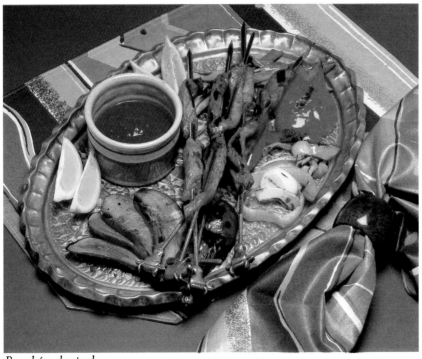

Bouchées de steak

Tremper chaque saucisse dans la pâte et faire frire dans l'huile chauffée à 185°C (365°F) de 3 à 4 minutes ou jusqu'à ce qu'elles soient brunes et gonflées. Égoutter sur un papier brun. Servir avec un bol de sauce cocktail.

NOIX DE GRENOBLE HÉLOÏSE

500 g (1 lb) de noix de Grenoble
zeste râpé d'une orange
5 mL (1 c. à thé) de cannelle
2 mL (½ c. à thé) de cardamome
1 mL (¼ c. à thé) de muscade fraîchement râpée

🙠 Briser les noix sans retirer les fruits de leur coquille. Les mettre sur une plaque à biscuits.
🙠 Bien mélanger le zeste d'orange, la cannelle, la cardamome et la muscade, de préférence dans un mortier. Saupoudrer les noix. Faire chauffer pendant 20 minutes dans un four à 230°C (450°F). Verser chaudes dans un joli panier et servir.

HUÎTRES FUMÉES DE CANCALE

1 boîte d'huîtres fumées
1 mL (¼ c. à thé) de cari
15 mL (1 c. à soupe) de cognac
15 mL (1 c. à soupe) de beurre
biscottes

🙠 Verser le contenu d'une boîte d'huîtres fumées dans un petit plat à cuisson.
🙠 Mélanger le cari et le cognac. Verser sur les huîtres. Couper le beurre en petits dés et les poser sur les huîtres. Faire chauffer pen-

Saucisses en pâte

dant 10 minutes dans un four à 200°C (400°F). Servir avec les biscottes.

BUREKS TURQUES

Les bureks sont de petites crêpes fourrées d'un mélange d'épinards et de fromage frais parfumé à la menthe. Les Turcs utilisent une pâte feuilletée appelée fila, mais vous pouvez la remplacer par n'importe quelle bonne pâte de votre choix, en feuilles très minces.

🙠 Découper la pâte en carrés de 5 cm (2 po) de diamètre.
🙠 Déposer sur chaque carré de pâte 15 mL (1 c. à soupe) d'épinards à la crème (ceux-ci peuvent être entiers ou finement hachés après avoir été passés dans la crème). Ajouter sur le dessus 5 mL (1 c. à thé) de crème épaisse ou de fromage cottage et saupoudrer de menthe fraîche ou séchée. Replier les crêpes en triangles.

🙠 Faire chauffer un peu d'huile dans une grande poêle. Faire frire les bureks environ 3 minutes de chaque côté, jusqu'à l'obtention d'une couleur brun doré. Égoutter sur du papier brun. Servir chaud ou froid.

TARTELETTES FLORENTINES

pâte à tarte (au choix)
4 œufs entiers
15 mL (1 c. à soupe) de farine
2 mL (½ c. à thé) de sel
1 pincée de poivre
500 mL (2 tasses) de crème à 10 %
125 mL (½ tasse) de fromage râpé
125 mL (½ tasse) d'épinards cuits et hachés

🙠 Abaisser la pâte assez mince, la découper en cercles et en foncer des moules à tartelette. Réfrigérer jusqu'au moment de confectionner les tartelettes.

Battre les œufs avec la farine, le sel, le poivre, la crème, le fromage et les épinards.

🙥 Remplir les tartelettes de ce mélange. Cuire au four préalablement chauffé à 190°C (375°F), pendant 20 minutes. Laisser refroidir et démouler. Conserver au réfrigérateur. Pour servir les tartelettes chaudes, les mettre au four à 190°C (375°F) pendant 5 minutes.

BEURRES POUR CANAPÉS

🙥 Sortir du réfrigérateur, 1 heure avant de l'utiliser, 500 g (1 lb) de beurre doux ou salé. Mettre le beurre dans le bol du batteur sur socle et le fouetter jusqu'à ce qu'il soit léger et duveteux. Ajouter petit à petit le jus d'un citron.

🙥 Mettre dans un plat, couvrir et laisser au froid comme vous le feriez pour le beurre ordinaire. Vous vous apercevrez bien vite que les hors-d'œuvre et les canapés préparés avec ce beurre savoureux ont un goût différent. Pour réussir chacune des recettes qui suivent, mélanger les ingrédients avec 50 mL (¼ tasse) de ce beurre fouetté.

BEURRE AUX ANCHOIS
🙥 Ajouter 15 mL (1 c. à soupe) ou 3 filets d'anchois écrasés.

BEURRE AUX CÂPRES
🙥 Ajouter 15 mL (1 c. à soupe) de câpres.

BEURRE AU CAVIAR
🙥 Ajouter 10 mL (2 c. à thé) de caviar et 1 mL (¼ c. à thé) d'oignon râpé (ainsi le caviar se conserve plus longtemps).

BEURRE BLEU
🙥 Ajouter 50 mL (¼ tasse) de fromage bleu écrasé, de roquefort français, de stilton anglais ou de gorgonzola italien.

BEURRE INDIEN
🙥 Ajouter 15 mL (1 c. à soupe) de chutney, 2 mL (½ c. à thé) de cari et 30 mL (2 c. à soupe) de brandy.

BEURRE AUX ŒUFS
🙥 Ajouter 2 œufs durs râpés, une pointe de Tabasco et de jus d'oignon. Saler au goût.

BEURRE À L'AIL
🙥 Ajouter une petite gousse d'ail émincée ou écrasée.

BEURRE AU RAIFORT
🙥 Ajouter 30 mL (2 c. à soupe) de raifort égoutté.

BEURRE AU HOMARD
🙥 Ajouter 30 mL (2 c. à soupe) de pâte de homard, une pointe de paprika et de moutarde sèche.

BEURRE AUX OLIVES
🙥 Ajouter 50 mL (¼ tasse) d'olives vertes ou noires finement émincées et quelques gouttes de jus d'oignon.

BEURRE AUX FINES HERBES
🙥 Ajouter 2 mL (½ c. à thé) de fines herbes séchées: estragon, basilic, fenouil, sarriette, sauge ou marjolaine.

BEURRE À LA MENTHE
🙥 Ajouter 30 mL (2 c. à soupe) de feuilles de menthe fraîche, finement émincées.

SOUPES ET POTAGES

Bouillon de jus de tomate, en gelée

BOUILLON À LA CARCASSE DE VOLAILLE

carcasse de poulet ou de dinde
500 à 900 g (1 à 2 lb) de dos
de poulet
2 L (8 tasses) d'eau
4 à 5 branches de céleri
avec leurs feuilles
1 oignon, coupé en 4
1 carotte, tranchée
30 mL (2 c. à soupe) de gros sel
2 mL (½ c. à thé) de poivre
5 mL (1 c. à thé) de thym
1 feuille de laurier
50 mL (¼ tasse) de riz ou 125 mL
(½ tasse) de farine d'avoine
ou 250 mL (1 tasse) de pommes
de terre taillées en dés
30 mL (2 c. à soupe) de persil
ou de cerfeuil haché

🐦 Placer dans la casserole la carcasse de poulet ou de dinde. Ajouter les dos de poulet.

Recouvrir avec l'eau, ajouter le céleri, l'oignon, la carotte, le sel, le poivre, le thym, la feuille de laurier. Couvrir. Porter à ébullition et laisser mijoter pendant 2 heures. Passer et ajouter, au goût, le riz, la farine d'avoine ou les pommes de terre. Faire mijoter pendant encore 15 minutes.
🐦 Au moment de servir, garnir de persil ou de cerfeuil haché.

BOUILLON DE JUS DE TOMATE, EN GELÉE

2 enveloppes (30 mL ou 2 c. à soupe) de gélatine non aromatisée
125 mL (½ tasse) d'eau froide
500 mL (2 tasses) de jus de tomate
500 mL (2 tasses) de consommé
ou de bouillon
1 petit oignon, râpé
125 mL (½ tasse) de feuilles
de céleri hachées

2 mL (½ c. à thé) de basilic
5 mL (1 c. à thé) de sucre
5 mL (1 c. à thé) de gros sel
15 mL (1 c. à soupe) de jus
de citron

🐦 Faire tremper la gélatine dans l'eau froide pendant 5 minutes.
🐦 Porter le reste des ingrédients à ébullition. Faire bouillir pendant 2 minutes. Retirer du feu, ajouter la gélatine en remuant bien pour la fondre complètement. Passer en vous servant d'une toile à fromage comme pour le *Consommé de base* (voir page suivante). Réfrigérer jusqu'à ce que le bouillon soit pris en gelée.
🐦 Pour servir, écraser la gelée en avec une fourchette, et servir dans des tasses. Garnir chacune avec une tranche de citron, et saupoudrer de paprika.

BOUILLON DE VEAU

900 g (2 lb) de jarret de veau
250 g (½ lb) d'épaule de veau
ou l'os d'un rôti de veau
2 poireaux, tranchés
1 gros oignon entier
2 clous de girofle, piqués
dans l'oignon
2 mL (½ c. à thé) de poivre
2 mL (½ c. à thé) de thym
1 feuille de laurier
15 mL (1 c. à soupe) de gros sel
2 L (8 tasses) d'eau

🐦 Mettre tous les ingrédients dans une casserole. Porter à ébullition. Couvrir. Laisser mijoter pendant 3 heures. Passer en vous servant d'une toile à fromage comme pour le *Consommé de base* (voir page suivante).

CONSOMMÉ
DE BASE

30 mL (2 c. à soupe) de gras
de bœuf ou de beurre
900 g (2 lb) de poitrine
ou d'épaule de bœuf
500 à 900 g (1 à 2 lb) de jarret
de veau
3 L (12 tasses) d'eau tiède
4 oignons moyens, coupés
en quartiers
2 carottes entières
3 clous de girofle entiers
15 mL (1 c. à soupe) de gros sel
2 mL (½ c. à thé) de moutarde
en poudre
2 mL (½ c. à thé) de thym
250 mL (1 tasse) de feuilles
de céleri hachées

🍃 Faire fondre le gras de bœuf ou
le beurre dans une casserole et y
faire légèrement dorer le morceau
de viande. Ajouter le reste des
ingrédients. Porter à ébullition.
Écumer. Couvrir et faire mijoter
pendant 2½ heures.

🍃 Pour passer le consommé après
la cuisson, étendre une toile à fromage mouillée dans une passoire
posée sur un grand bol. Y verser le
contenu de la casserole et le laisser s'écouler sans y toucher ; cela
ne prend que quelques secondes.
Réfrigérer. Lorsque le consommé
refroidit, le gras remonte à la surface et durcit, empêchant ainsi
l'air d'altérer le consommé, et
permet de le conserver de 2 à
3 semaines. Le consommé, une
fois refroidi, prend en gelée.

CONSOMMÉ
IRLANDAIS

*Une cuisson prolongée et lente est
sans doute le secret de ce délicieux
consommé. On dit, en Irlande,
qu'il est aussi clair que le whisky,
aussi stimulant que le champagne,
et aussi nourrissant que la bière
forte (stout). Il comporte plusieurs
ingrédients, mais se prépare rapidement.*

900 g à 1,4 kg (2 à 3 lb) de jarret
de bœuf
1 pied de porc ou 900 g (2 lb)
de jarret de veau
3 L (12 tasses) d'eau froide
2 gros oignons ou oignons
espagnols non pelés
2 grosses carottes, bien brossées
4 branches de céleri
1 poireau
6 clous de girofle entiers
2 feuilles de laurier
2 mL (½ c. à thé) de thym
8 grains de poivre
1 bouquet de persil attaché
10 mL (2 c. à thé) de sel
30 à 60 mL (2 à 4 c. à soupe)
de whisky irlandais

🍃 Faire couper le jarret de bœuf,
le pied de porc ou le jarret de veau
en morceaux de 5 cm (2 po).
Mettre dans une grande marmite.
Verser l'eau froide dessus. Amener
lentement à ébullition.

🍃 Pendant ce temps, laver et
couper les oignons en deux (la
pelure donnera un ton ambré au
consommé). Laisser les carottes
entières et non pelées, couper les
branches de céleri en deux. Faire
une incision dans le poireau pour
pouvoir laver l'intérieur des
feuilles à l'eau froide, mais le
laisser entier. Lorsque l'eau bout,
ajouter les légumes un par un,

afin que l'eau ne s'arrête pas de
bouillir. Ajouter ensuite les clous
de girofle entiers, les feuilles de
laurier, le thym, les grains de
poivre, le sel et le persil, en
s'assurant que le bouquet est bien
attaché. Les légumes ne sont pas
coupés afin de conserver au
consommé toute sa limpidité.

🍃 Couvrir et faire mijoter de 7 à
8 heures, à feu doux. La cuisson
lente est le secret. Écumer avec
soin au cours de la cuisson.

🍃 Lorsque le consommé est prêt,
le passer dans une passoire couverte d'une double épaisseur de
toile à fromage. Laisser le consommé couler sans y toucher.

🍃 En Irlande, on conserve souvent les légumes. Le lendemain,
ils sont pilés avec une égale quantité de beurre et servis comme
colcannon irlandais.

🍃 Verser le consommé dans un
grand bol. Réfrigérer au moins
12 heures. Le gras montera à la
surface et servira de couvercle.

🍃 Avant de servir, retirer le gras,
faire chauffer le consommé,
ajouter le whisky et garnir d'une
tige de cresson ou de persil finement haché.

CONSOMMÉ AU VIN

🍃 À 250 mL de consommé bouillant, on ajoute 15 mL (1 c. à
soupe) de xérès ou de porto, ou
30 mL (2 c. à soupe) de vin rouge.

CONSOMMÉ AU CARI

2 tranches de bacon
1 oignon, émincé
30 mL (2 c. à soupe) de beurre
15 mL (1 c. à soupe) de farine
5 mL (1 c. à thé) de cari
1,2 à 1,5 L (5 à 6 tasses)
de consommé
75 mL (⅓ tasse) de riz non cuit
persil, haché

🍃 Faire frire le bacon à feu doux. Retirer du poêlon en y laissant le gras. Ajouter le beurre et faire dorer l'oignon.

🍃 Ajouter le cari et bien mélanger avec le beurre et l'oignon. Ajouter la farine, mélanger et verser dans le consommé chaud. Remuer et ajouter le riz. Faire mijoter pendant 25 minutes. Saupoudrer de persil émincé avant de servir.

CONSOMMÉ MADRILÈNE EN GELÉE

900 g (2 lb) de jarret de veau
250 g (½ lb) de bœuf haché maigre
1 gros oignon, tranché
1 gousse d'ail, hachée
1 feuille de laurier
2 mL (½ c. à thé) de thym
sel et poivre, au goût
15 mL (1 c. à soupe) de sucre
1 boîte de 575 mL (20 oz)
de tomates
1,5 L (6 tasses) d'eau

🍃 Mettre le tout dans une casserole, porter à ébullition. Couvrir et laisser mijoter pendant 3 heures. La cuisson terminée, passer avec une toile à fromage comme pour le *Consommé de base* (voir page précédente). Verser dans un bol, couvrir et réfrigérer. Une fois refroidi, le consommé forme une belle gelée rose.

CONSOMMÉ CRÔUTE-AU-POT

🍃 Fendre en deux dans le sens la longueur une baguette de pain, en enlever la mie et la diviser en tronçons de 5 à 8 cm (2 à 3 po). Beurrer chaque croûte avec du beurre bien frais, et faire dorer dans un four à 190°C (375°F). Servir le consommé chaud et, à part, un panier de croûtes et une assiette avec les légumes qui ont servi à faire le consommé. Chacun et chacune se sert à volonté.

SOUPE AU POULET

poulet de 1,4 kg (3 lb)
5 mL (1 c. à thé) de sel
1 branche de céleri, hachée
1 carotte moyenne, coupée en dés
1 petit oignon, coupé en dés
1 pincée de thym
1,5 L (6 tasses) d'eau

🍃 Couper le poulet en portions individuelles. On peut aussi faire la soupe avec les ailes, le cou et le dos du poulet. Placer dans l'auto-cuiseur ; ajouter le sel, le céleri, la carotte, l'oignon, le thym et l'eau.

🍃 Verrouiller le couvercle, placer le régulateur de pression sur le tuyau de la valve et faire cuire pendant 15 minutes Laisser tomber la pression d'elle-même.

SOUPE AUX LÉGUMES

500 g (1 lb) de viande pour la soupe

Consommé au cari

1 petit os pour la soupe
1 L (4 tasses) d'eau
10 mL (2 c. à thé) de sel
50 mL (¼ tasse) de riz
500 mL (2 tasses) de tomates
1 oignon, émincé
1 gousse d'ail, émincée
1 mL (¼ c. à thé) de sarriette
1 mL (¼ c. à thé) de marjolaine
50 mL (¼ tasse) de pommes
de terre coupées en dés
50 mL (¼ tasse) de carottes
coupées en dés
50 mL (¼ tasse) de haricots verts
hachés
50 mL (¼ tasse) de céleri coupé
en dés
15 mL (1 c. à soupe) de persil
haché

🍂 Placer l'eau, l'os, la viande et les assaisonnements dans l'auto-cuiseur et faire d'abord cuire pendant 17 minutes. Laisser tomber la pression d'elle-même.

🍂 Retirer le couvercle, ajouter le reste des ingrédients, refermer l'autocuiseur, et faire cuire pendant 3 minutes. Laisser la pression tomber d'elle-même.

SOUPE AUX LÉGUMES DU QUÉBEC

750 à 900 g (1½ à 2 lb)
de poitrine ou d'épaule de bœuf
1 os de bœuf sans viande
ou 1 os de rôti de bœuf
500 mL (2 tasses) de carottes
taillées en dés
125 mL (½ tasse) de panais taillé
en dés
3 gros oignons, en tranches fines
250 mL (1 tasse) de céleri avec

les feuilles haché finement
1 gros poireau, émincé (à volonté)
5 mL (1 c. à thé) de sarriette
2 mL (½ c. à thé) de marjolaine
1 mL (¼ c. à thé) d'anis
5 mL (1 c. à thé) de moutarde
en poudre
2 mL (½ c. à thé) de grains
de poivre
30 mL (2 c. à soupe) de gros sel
15 mL (1 c. à soupe) de sucre
1 boîte de 575 mL (20 oz)
de tomates
3 L (12 tasses) d'eau
125 mL (½ tasse) d'orge entière

🍂 Mettre tous les ingrédients dans une casserole. Porter à ébullition. Couvrir et faire mijoter pendant 4 heures. Remuer 2 ou 3 fois, pendant la première heure de cuisson. On peut remplacer l'orge par des pâtes alimentaires ou du riz, selon son goût, une quinzaine de minutes avant la fin de la cuisson. Le bœuf est servi comme celui du *Pot-au-feu Classique* (voir page 105).

LA SOUPE FAMILIALE

🍂 Pour obtenir un bouillon savoureux et une soupe bien fraîche, il y a quelques règles de base à observer :

🍂 Utiliser des os de bœuf, ou de jambon, des os de poulet et des abats, des os de côtelettes ou de bifteck. On peut les mélanger, la quantité n'a aucune importance. Si vous n'avez rien de tout cela, vous pouvez remplacer par 125 mL (½ tasse) d'un reste de sauce ou de graisse de rôti.

🍂 Placer les os dans une casserole, et recouvrir d'eau. Ajouter encore une quantité d'eau égale à

celle déjà versée. Porter à ébullition. Pour 125 mL (½ tasse) de gras, ajouter simplement 1 L (4 tasses) d'eau.

🍂 Aromatiser avec du thym, du laurier, de la sarriette, de la marjolaine, du basilic, ou une combinaison d'herbes aromatiques, telles que la sarriette et la marjolaine et un peu d'aneth. Assaisonner de gros sel, de grains de poivre, ajouter des feuilles de céleri ou des tiges de persil. Ajouter l'oignon et l'ail au goût. Chaque combinaison donne une saveur différente.

🍂 Aromatiser lorsque l'ébullition commence. Ensuite, couvrir et cuire à feu très doux sans bouillir, de 4 à 6 heures.

🍂 Enlever les os ou passer avant d'ajouter les légumes au liquide. Choisir le ou les légumes que vous désirez incorporer au bouillon. Le goût de la soupe variera selon les légumes employés. Peler et tailler les légumes. Faire fondre 15 mL (1 c. à soupe) de beurre pour 1 à 1,5 L (4 à 6 tasses) de légumes, les ajouter au beurre, couvrir et faire cuire pendant 20 minutes à feu lent. Vous faites ainsi fondre les légumes, c'est-à-dire que vous les faites chauffer pour enlever leur crudité et en faire ressortir la saveur.

🍂 Verser les légumes dans le bouillon, ainsi que le vermicelle, le tapioca, le riz, ou les nouilles. Faire mijoter, avec le couvercle, juste assez longtemps pour faire cuire les féculents. Faites des expériences et vous inventerez des soupes merveilleuses.

Soupe végétarienne

SOUPE VÉGÉTARIENNE

1,5 L (6 tasses) d'eau
60 mL (4 c. à soupe) d'orge perlé
2 mL (½ c. à thé) de basilic
ou de sarriette
4 carottes
2 oignons
4 branches de céleri
1 grosse pomme de terre
250 g (½ lb) de champignons frais
beurre

❧ Porter l'eau à ébullition. Ajouter l'orge et le basilic ou la sarriette. Couvrir et laisser mijoter pendant 1 heure.

❧ Passer au hachoir ou râper les carottes, les oignons, le céleri, la pomme de terre. Trancher les champignons très mince.

❧ Ajouter les légumes préparés au bouillon d'orge. Assaisonner de sel et de poivre au goût et laisser mijoter pendant 20 minutes. Mettre 2 mL (½ c. à thé) de beurre dans chaque assiette, y verser la soupe et servir.

SOUPE VÉNITIENNE

15 mL (1 c. à soupe) de beurre
15 mL (1 c. à soupe) de farine
125 mL (½ tasse) d'eau
250 mL (1 tasse) de tomates
en boîte
1 mL (¼ c. à thé) de basilic
ou de thym
2 mL (½ c. à thé) de sel de céleri
5 mL (1 c. à thé) de persil haché
5 mL (1 c. à thé) de sucre
sel et poivre
1 boîte de consommé
375 mL (1½ tasse) d'eau
1 œuf dur, haché

❧ Faire fondre le beurre. Ajouter la farine, bien mélanger. Ajouter l'eau, les tomates, le basilic ou le thym, le sel de céleri, le persil haché, le sucre, le sel et le poivre. Faire bouillir pendant 15 minutes et ajouter le consommé, l'eau et l'œuf dur haché. Laisser bouillir pendant 5 minutes. Servir avec des croûtons et un bol de fromage râpé.

SOUPE DE CÉLERI AU FROMAGE

Pour consommer cette soupe froide, la passer au mélangeur et la réfrigérer. Au moment de servir, garnir de ciboulette ou de persil.

1 boîte de crème de céleri
250 mL (1 tasse) de lait
1 petit oignon, finement haché
125 mL (½ tasse) de céleri coupé
en petits dés
15 mL (1 c. à soupe) de beurre
2 mL (½ c. à thé) de paprika
1 pincée de muscade ou de basilic
1 pincée de cayenne
250 à 375 mL (1 à 1½ tasse)
de fromage cottage
1 petit piment fort, finement
haché (facultatif)

❧ Mélanger la soupe et le lait dans une casserole. Dorer l'oignon et le céleri dans le beurre. Ajouter à la soupe. Incorporer le reste des ingrédients au mélange chaud. Remuer à feu doux jusqu'à ce que le mélange soit parfait.

SOUPE AU CHOU

45 mL (3 c. à soupe) de beurre
ou de gras
2 carottes moyennes, râpées
3 oignons, en tranches minces
1 à 1,5 L (4 à 6 tasses) de chou
finement haché
quelques feuilles de céleri,
émincées
5 mL (1 c. à thé) de sel
2 mL (½ c. à thé) de poivre
2 mL (½ c. à thé) de sucre

1 L (4 tasses) d'eau
ou de consommé
500 mL (2 tasses) de lait
tranches de pain dorées au beurre
fromage râpé

🍂 Faire fondre le beurre ou le gras dans une casserole, ajouter les carottes, les oignons, le chou, les feuilles de céleri, le sel, le poivre et le sucre. Bien mélanger, couvrir et laisser mijoter pendant 25 minutes. Ajouter l'eau ou le consommé, porter à ébullition et faire mijoter pendant 15 minutes. Ajouter le lait, réchauffer et assaisonner. Pour servir, déposer dans chaque assiette une tranche de pain dorée au beurre, saupoudrer de fromage et recouvrir avec la soupe.

SOUPE À L'OIGNON DU LUNDI

60 mL (4 c. à soupe) de gras
de bacon ou de porc
60 mL (4 c. à soupe) de beurre
8 gros oignons, pelés
et coupés en tranches minces
90 mL (6 c. à soupe)
de concentré de bœuf
2 L (8 tasses) d'eau
1 mL (¼ c. à thé) de thym
sel et poivre

🍂 Faire fondre le gras et le beurre. Ajouter les oignons et les laisser cuire jusqu'à ce qu'ils soient bien ramollis, en évitant de les laisser frire.

🍂 Verser le concentré de bœuf sur les oignons cuits et bien remuer pour en recouvrir les oignons. Ajouter l'eau, le thym, le sel et le poivre au goût. Porter à ébullition. Couvrir et laisser mijoter pendant 40 minutes.

🍂 Pour servir à la mode de nos grand-mères, saupoudrer le tout de fromage râpé.

SOUPE À L'OIGNON, DES HALLES

4 ou 5 gros oignons
60 mL (4 c. à soupe) de beurre
30 mL (2 c. à soupe) de farine
1,5 L (6 tasses) d'eau tiède
ou de consommé
500 mL (2 tasses) de lait
bouillant
5 mL (1 c. à thé) de gros sel
1 mL (¼ c. à thé) de poivre
4 à 6 tranches de pain

🍂 Peler les oignons et les couper en deux. Tailler chaque moitié en tranches minces et d'égale épaisseur ; ceci est important pour l'uniformité de la cuisson. Ce travail s'effectue rapidement si vous posez chaque moitié d'oignon, le côté coupé à plat sur la planche et que vous vous servez d'un couteau bien affûté.

🍂 Faire chauffer le beurre dans une casserole de métal épais, de préférence de la fonte émaillée, y ajouter les oignons et les remuer avec une cuiller de bois, jusqu'à ce que l'oignon ait pris une couleur légèrement dorée (pas plus, car trop rôti, il donne une saveur âcre à la soupe). Lorsque l'oignon est bien doré, ajouter la farine et continuer à cuire à feu lent en remuant souvent, jusqu'à ce que la farine prenne une légère couleur dorée.

🍂 Ajouter l'eau ou le consommé et le sel. Porter à ébullition en remuant sans arrêt, et ensuite laisser mijoter pendant 8 à 10 minutes.

🍂 Pendant ce temps, faire griller les tranches de pain. En placer une dans chaque assiette et la poivrer légèrement.

🍂 Incorporer le lait bouillant à la soupe. Vérifier l'assaisonnement et verser le tout sur les tranches de pain. Servir avec un bol de fromage râpé.

🍂 Pour présenter cette soupe avec du gruyère : couper 250 g (½ lb) de ce fromage en tranches

Soupe à l'oignon, des Halles

[99]

❦ TECHNIQUE ❦

SOUPE À L'OIGNON, DES HALLES

1   Faire dorer les oignons dans le beurre chaud.

2   Ajouter la farine, mélanger et continuer la cuisson à feu doux.

3   Ajouter l'eau ou le consommé et le sel.

4   Ajouter le lait.

très minces ou le râper. Placer dans le fond d'une soupière ou d'un plat de Pyrex le tiers des tranches de pain grillé, les poivrer et les saupoudrer ou les recouvrir avec le tiers du fromage. Faire ainsi 3 étages. Verser la soupe à l'oignon avec ou sans lait. Couvrir et mettre pendant 10 minutes dans un four à 200°C (400°F).

« Soupe à l'oignon gratinée : pour obtenir un beau gratin, employer un plat plus large que haut. Quelques minutes avant de servir, verser la soupe à l'oignon dans le plat. Poser le pain grillé par-dessus et le saupoudrer copieusement avec le fromage râpé ou tranché. Arroser le fromage avec 15 mL (1 c. à soupe) de beurre fondu, légèrement poivré. Mettre au four, à 260°C (500°F), jusqu'à formation d'une belle croûte dorée (de 10 à 20 minutes). Servir aussitôt.

SOUPE À L'OIGNON, AU VIN BLANC

75 mL (⅓ tasse) de beurre
125 mL (½ tasse) de farine
8 gros oignons
3 L (12 tasses) d'eau
1 bouteille de vin blanc sec
pain croûté
fromage parmesan, râpé
sel et poivre

« Émincer les oignons et les faire dorer dans la moitié du beurre, tel qu'expliqué pour la *Soupe à l'oignon, des Halles* (voir page 99).
« Faire fondre le reste du beurre dans une casserole, y ajouter la farine et cuire à feu moyen, en remuant souvent jusqu'à l'obtention d'une belle couleur dorée. Ajouter l'eau et le vin, mélanger. ajouter les oignons frits, du sel et

du poivre au goût. Porter à ébullition, faire bouillir ensuite à feu moyen pour réduire le bouillon à 3 litres.

« Préparer 24 tranches, plutôt minces, de pain croûté, les beurrer, les poivrer et les saupoudrer de fromage parmesan. Les placer sur une plaque à biscuits et les faire dorer dans un four à 200°C (400°F). Disposer ensuite les tranches de pain dans une soupière ou dans des plats individuels. Verser la soupe sur le pain 5 minutes avant de servir. Garder au chaud. Cette soupe n'est jamais servie gratinée.

VELOUTÉ D'OIGNONS À LA FRANÇAISE

45 mL (3 c. à soupe) de beurre
30 mL (2 c. à soupe) de gras de bacon
375 mL (1½ tasse) d'oignons en tranches très minces
45 mL (3 c. à soupe) de farine
500 mL (2 tasses) de crème légère
1 œuf, battu
1 pincée de thym
sel et poivre, au goût

« Faire chauffer le beurre et le gras du bacon et y incorporer les oignons. Bien remuer, couvrir et laisser mijoter une vingtaine de minutes. Battre ensemble la farine, la crème, l'œuf et le thym. Ajouter ce mélange aux oignons et remuer jusqu'à une consistance légèrement épaisse. Assaisonner au goût. Servir tel quel ou passer dans le presse-purée ou le mélangeur pour en faire une crème. Garnir chaque bol avec 15 mL (1 c. à soupe) de céleri cru finement haché.

SOUPE PARMENTIER

Prête en 10 minutes, c'est une délicieuse soupe familiale. Comme elle se prête bien à la congélation, on peut l'avoir sous la main en cas d'urgence.

4 tranches de bacon
1 gros oignon, finement haché
50 mL (¼ tasse) de céleri coupé en dés
375 mL (1½ tasse) d'eau bouillante
750 mL (3 tasses) de lait
5 mL (1 c. à thé) de sel
2 mL (½ c. à thé) de poivre
1 mL (¼ c. à thé) de sarriette
375 à 500 mL (1½ à 2 tasses) de purée de pommes de terre instantanée

« Faire frire le bacon et l'égoutter sur un papier. Ajouter au gras du poêlon l'oignon et le céleri, remuer sur feu moyen jusqu'à ce qu'ils soient légèrement dorés. Ajouter l'eau, le lait, le sel, le poivre et la sarriette. Laisser mijoter 5 minutes et ajouter les flocons de pommes de terre en remuant fortement. On peut varier la quantité de flocons au goût, selon que l'on veut obtenir une crème plus ou moins épaisse. Faire mijoter 2 ou 3 minutes et servir.

SOUPE AUX POIS SANS VIANDE

500 mL (2 tasses) de pois secs
2 L (8 tasses) d'eau froide
60 mL (4 c. à soupe) de gras de votre choix
1 gros oignon, en tranches minces
15 mL (1 c. à soupe) de gros sel
1 petite tranche de zeste de citron
5 mL (1 c. à thé) de sarriette

Soupe aux pois classique

🍃 Trier et laver les pois, les recouvrir avec l'eau froide et les laisser tremper pendant 12 heures.

🍃 Faire fondre le gras dans une casserole, y ajouter l'oignon et laisser cuire, sans toutefois lui faire prendre de la couleur. Ajouter les pois avec leur eau et le reste des ingrédients. Porter à ébullition, couvrir et laisser mijoter pendant 2 heures ou jusqu'à ce que les pois soient tendres.

🍃 Pour obtenir une crème de pois, passer la soupe au presse-purée ou au mélangeur, après la cuisson.

SOUPE AUX POIS CLASSIQUE

500 g (1 lb) de pois secs
250 g (½ lb) de lard salé
3 L (12 tasses) d'eau
3 oignons moyens, émincés
2 carottes, taillées en cubes
2 ou 3 feuilles de laurier

1 poignée de feuilles de céleri, hachées
quelques branches de persil, hachées
5 mL (1 c. à thé) de sarriette

🍃 Laver et égoutter les pois. Les mettre dans une grande casserole avec tous les ingrédients. Porter à ébullition et laisser bouillir pendant 2 minutes. Retirer du feu et laisser reposer pendant 1 heure.

🍃 Remettre sur le feu et reporter à ébullition. Diminuer le feu et laisser mijoter, à couvert, pendant 1 heure ou jusqu'à ce que les pois soient cuits. Assaisonner de sel et de poivre.

🍃 Servir tel quel ou en purée en passant au tamis ou au hachoir, ou encore en utilisant le mélangeur.

VARIANTES

🍃 Pour une soupe maigre, remplacer le lard salé par 8 cubes de bouillon de légumes et réduire la quantité d'eau à 2,5 L (10 tasses), ou encore utiliser l'eau de cuisson des légumes.

🍃 Réchauffer en incorporant à la soupe des tranches de saucisses et du maïs cuits.

🍃 Ajouter du fromage et du bacon. Au moment de servir, saupoudrer du fromage râpé sur chaque assiettée de soupe et y émietter du bacon croustillant.

🍃 Verser sur chaque portion de soupe une cuillerée de crème aigre et saupoudrer de ciboulette hachée.

🍃 Faire cuire pendant quelques minutes 1 L (4 tasses) de la soupe aux pois avec 1 boîte de tomates et 1 boîte d'eau.

🍃 Pour une soupe aux pois à l'américaine, remplacer le lard salé par un os de jambon.

SOUPE AUX TOMATES ET VERMICELLE

2 oignons, pelés et émincés
30 mL (2 c. à soupe) de beurre
3 tomates mûres, en tranches
1,2 L (5 tasses) de consommé ou d'eau de cuisson des pommes de terre
1 mL (¼ c. à thé) de thym
1 feuille de laurier
1 branche de persil
5 mL (1 c. à thé) de sucre
50 mL (¼ tasse) de vermicelle

🍃 Faire fondre le beurre, ajouter l'oignon et le laisser dorer, à feu doux et sans couvrir, pendant 10 minutes, en remuant fréquemment avec une cuiller de bois. Ajouter les tomates et les laisser fondre et réduire à feu moyen, de 10 à 15 minutes.

🍃 Ajouter le liquide, le thym, le laurier, le persil et le sucre. Couvrir et faire bouillir de 15 à 20 minutes, à feu moyen.

Passer avec une passoire fine, en pressant bien avec le dos de la cuiller de bois, pour écraser les légumes. Remettre la purée claire dans la casserole, porter à ébullition. Ajouter le vermicelle, le sel et le poivre au goût. Faire mijoter pendant 10 minutes et servir.

SOUPE AUX TOMATES VERTES

750 mL (3 tasses) de tomates vertes non pelées hachées
1 oignon, émincé
1 mL (¼ c. à thé) de cannelle
1 pincée de clous de girofle moulus
5 mL (1 c. à thé) de sucre
1 mL (¼ c. à thé) de poivre
1 L (4 tasses) d'eau
1 mL (¼ c. à thé) de bicarbonate de soude
45 mL (3 c. à soupe) de beurre
45 mL (3 c. à soupe) de farine
1 L (4 tasses) de lait

Mettre dans une casserole les tomates, l'oignon, la cannelle, les clous de girofle moulus, le sucre, le poivre et l'eau. Porter à ébullition et faire bouillir pendant 20 minutes. Ajouter le bicarbonate de soude.

Faire fondre le beurre, ajouter la farine. Mélanger et ajouter le lait. Cuire en tournant sans arrêt, jusqu'à l'obtention d'une sauce crémeuse. Ajouter les tomates vertes au mélange. Bien remuer. Saler au goût et servir.

SOUPE AUX TOMATES, DU QUÉBEC

1 boîte de 575 mL (20 oz) de tomates
1 oignon, émincé

quelques feuilles de céleri, hachées
15 mL (1 c. à soupe) de sucre
1 pincée de sarriette
15 mL (1 c. à soupe) de fécule de maïs
125 mL (½ tasse) de lait froid
500 mL (2 tasses) de lait

Verser dans une casserole la boîte de tomates ; y ajouter l'oignon finement haché, les feuilles de céleri émincées, le sucre et la sarriette, et faire mijoter pendant 20 minutes.

Délayer la fécule de maïs dans du lait froid. Ajouter les 500 mL (2 tasses) de lait qui restent. Porter à ébullition et faire cuire à feu doux jusqu'à ce que le liquide épaississe légèrement. Au moment de servir, verser ce lait chaud sur les tomates chaudes d'un seul coup et remuer vivement. Ne pas faire bouillir après avoir ajouté le lait. On peut ajouter 125 mL (½ tasse) de riz cuit. Ne pas saler avant de servir.

SOUPE AUX GOURGANES

500 g (1 lb) de gourganes fraîches
1 L (4 tasses) d'eau bouillante
5 mL (1 c. à thé) de gros sel
2 mL (½ c. à thé) de sucre
2 mL (½ c. à thé) de sarriette
2 gros oignons, émincés
250 g (½ lb) de gras de lard salé
15 mL (1 c. à soupe) de vinaigre de cidre
15 mL (1 c. à soupe) de beurre

Écosser les gourganes fraîches et enlever une mince pelure à chaque fève. Porter l'eau à ébullition, ajouter les fèves, le sel, le sucre et la sarriette. Couvrir et laisser mijoter de 1 heure à 1½ heure ou jusqu'à ce que les fèves soient tendres.

Couper le gras de lard salé en petits cubes, les faire fondre, jusqu'à ce qu'ils soient dorés et croustillants. Ajouter les oignons et les faire dorer. Les verser dans

Soupe aux tomates, du Québec

la soupe et continuer à la faire cuire. Au moment de servir, ajouter le vinaigre de cidre et le beurre.

SOUPE À L'OSEILLE

45 mL (3 c. à soupe) de beurre
500 mL (2 tasses) d'oseille hachée
2 L (8 tasses) d'eau chaude
6 pommes de terre, pelées et tranchées
15 mL (1 c. à soupe) de gros sel
2 mL (½ c. à thé) de poivre
1 œuf
30 mL (2 c. à soupe) de crème

🍃 Faire chauffer le beurre, ajouter l'oseille et laisser mijoter pendant 5 minutes. Ajouter l'eau, les pommes de terre, le sel et le poivre. Couvrir et laisser mijoter pendant 1 heure. Passer dans une passoire fine ou au presse-purée, pour mettre en crème. Battre l'œuf avec la crème, et ajouter une cuillerée de soupe chaude. Verser le tout dans la soupe en remuant sans arrêt. Ne pas faire bouillir après avoir ajouté l'œuf.

SOUPE MAJORQUINE

4 à 5 gousses d'ail
2 oignons espagnols
1 poireau
60 mL (4 c. à soupe) d'huile d'olive
2 piments rouges en conserve
1 poivron vert
3 tomates
250 mL (1 tasse) de chou émincé
2 mL (½ c. à thé) de thym
1 feuille de laurier
2 clous de girofle entiers
5 mL (1 c. à thé) de gros sel
1,5 L (6 tasses) d'eau bouillante

🍃 Peler et émincer les gousses d'ail. Peler et trancher les oignons en rondelles. Laver et trancher le poireau. Égoutter les piments rouges et les couper en dés. Nettoyer le poivron vert et le couper en dés. Peler les tomates et les trancher.

🍃 Faire chauffer l'huile d'olive dans une casserole, ajouter l'ail, l'oignon et le poireau. Bien remuer. Couvrir et laisser mijoter pendant 10 minutes tout en remuant une ou deux fois. Ajouter les tomates, le piment rouge et le poivron. Laisser mijoter pendant encore 15 minutes. Ajouter l'eau chaude, porter le tout à ébullition, puis incorporer le chou émincé, le thym, les clous de girofle, la feuille de laurier et le gros sel. Couvrir et laisser mijoter de 1½ à 2 heures. Au moment de servir, mettre sur la table un huilier d'huile d'olive et un moulinet à poivre, et laisser les convives se servir eux-mêmes.

SOUPE DE MAÏS

2 tranches de lard salé
1 oignon, émincé
1 boîte de maïs
250 mL (1 tasse) de pommes de terre cuites coupées en dés
500 mL (2 tasses) de lait
1 mL (¼ c. à thé) de sarriette
5 mL (1 c. à thé) de sel
2 mL (½ c. à thé) de poivre

🍃 Couper le lard salé en petits carrés et faire dorer jusqu'à ce qu'ils soient bien fondus et bien croustillants. Ajouter l'oignon et faire dorer à feu vif. Ajouter le reste des ingrédients. Porter à ébullition et faire mijoter pendant 10 minutes. Pour servir, saupoudrer de persil ou de feuilles de céleri séchées.

Soupe au fromage canadien

SOUPE AU FROMAGE CANADIEN

2 carottes, râpées
1 oignon, émincé
45 mL (3 c. à soupe) de beurre
125 mL (½ tasse) de céleri
finement haché
50 mL (¼ tasse) de farine
1 L (4 tasses) de consommé
de votre choix
250 g (½ lb) de fromage canadien
(de type cheddar) doux ou fort
500 mL (2 tasses) de lait chaud
30 mL (2 c. à soupe) de persil
ou de cerfeuil

🐦 Faire fondre le beurre, ajouter les carottes, l'oignon et le céleri, et les faire dorer à feu moyen. Ajouter la farine, bien mélanger. Ajouter le consommé [on peut aussi employer 1 L (4 tasses) d'eau chaude et 4 cubes de bouillon de poulet] et mélanger le tout, jusqu'à l'obtention d'une crème lisse. Incorporer le fromage et le lait chaud. Retirer du feu. Assaisonner de sel et de poivre au goût. Remuer pendant quelques instants et servir avec une pincée de persil ou cerfeuil.

SOUPE À L'ORGE À L'ANCIENNE

250 mL (1 tasse) d'orge mondé
entier
3 L (12 tasses) d'eau froide
900 g (2 lb) de poitrine de bœuf
ou 1 os de rôti de bœuf
15 mL (1 c. à soupe) de gros sel
2 carottes, taillées en rondelles
1 gros oignon, émincé
2 branches de céleri, taillées en dés
2 poireaux, émincés (à volonté)
2 mL (½ c. à thé) de thym
2 mL (½ c. à thé) de sarriette

1 citron
45 mL (3 c. à soupe) de beurre

🐦 Placer l'orge mondé dans un bol et le recouvrir d'eau tiède. Laisser tremper pendant 1 heure. Pour cette soupe, ne pas employer l'orge perlé.

🐦 Mettre dans une casserole l'eau froide, la poitrine ou l'os de bœuf et le gros sel. Ajouter l'orge égoutté. Porter à ébullition à feu doux, et écumer. Ajouter 125 mL (½ tasse) d'eau froide et continuer à écumer. L'écumage est important pour obtenir une soupe à l'orge d'une belle couleur et non une soupe ayant une couleur grisâtre.

🐦 Lorsque toute l'écume est enlevée, ajouter le reste des ingrédients sauf le beurre et le citron. Porter à ébullition. Couvrir, en laissant 2,5 cm (1 po) à découvert, et faire mijoter pendant 3 heures. Retirer la viande. Ajouter 45 mL (3 c. à soupe) de beurre et le jus d'un citron, ainsi que le zeste du citron. Ne pas laisser bouillir, après avoir ajouté le beurre. Servir garnie de persil ou de cerfeuil émincé.

POT-AU-FEU CLASSIQUE

Le pot-au-feu donne à la fois une délicieuse soupe aux légumes et un plat de viande appétissant.

1,4 kg (3 lb) de plat de côtes
de bœuf
3 L (12 tasses) d'eau froide
15 mL (1 c. à soupe) de gros sel
3 carottes entières, pelées
1 petit rutabaga, pelé
et coupé en 2
2 gros poireaux, nettoyés et ficelés

3 oignons pelés, chacun piqué
d'un clou de girofle
1 panais moyen, pelé
2 branches de céleri
1 gousse d'ail, finement hachée
3 branches de cerfeuil (facultatif)

🐦 Mettre la viande dans le fond d'une casserole. Ajouter l'eau et le gros sel. Poser la casserole sur un feu modéré, non couverte. Porter lentement à ébullition. C'est important pour la saveur et la limpidité du pot-au-feu. La viande, graduellement pénétrée par la chaleur, laisse alors échapper l'écume (peut prendre jusqu'à 30 minutes). Enlever la première écume à l'aide d'une écumoire. Lorsque l'eau bout fortement, ajouter 125 mL (½ tasse) d'eau froide, ce qui ralentira l'ébullition et fera monter à la surface le reste de l'écume qu'il faut également enlever.

🐦 Ajouter le reste des ingrédients. Porter le liquide encore une fois à ébullition. Couvrir en laissant une ouverture de 2,5 cm (1 po) pour que le bouillon soit plus clair. Faire mijoter jusqu'à ce que la viande soit tendre (de 2 à 3 heures).

🐦 Lorsque la cuisson est terminée, retirer le morceau de viande, si on désire le servir chaud. Pour le servir froid, laisser refroidir dans le bouillon, le faire égoutter et mettre la viande sur un plat. Recouvrir de papier ciré et réfrigérer.

🐦 Chaude, on sert la viande entourée des légumes du pot-au-feu et de pommes de terre bouillies, saupoudrées de cerfeuil ou de persil.

🐦 Froid, le bœuf bouilli est tranché très mince et arrosé de vinaigrette, garni de persil frais haché et de petits oignons émincés.

SERI NO OYNYN

(Soupe au porc et au cresson)

En saison, il vous sera plus facile de vous procurer de cette délicieuse verdure qu'est le cresson et vous pourrez alors essayer cette bonne soupe qu'on peut préparer à table dans un poêlon à fondue. Placer les ingrédients préparés sur un plateau. Servir accompagnée de craquelins.

500 g (1 lb) de porc maigre
150 mL (⅔ tasse) de sauce
de soya non salée
1,5 L (6 tasses) d'eau bouillante
2 paquets de cresson, lavé et essoré
2 œufs ou 125 mL (½ tasse)
de crevettes coupées en dés

🍃 Couper le porc en petits carrés, le mettre dans une casserole et verser la sauce de soya dessus, remuer pour bien enrober la viande.
🍃 Ajouter l'eau bouillante et porter à ébullition. Faire bouillir 5 minutes.
🍃 Hacher le cresson, ajouter au bouillon et laisser mijoter 2 minutes. Battre l'œuf avec un peu de sel et verser dans la soupe.
🍃 Ne pas toucher ni remuer pendant 2 minutes. Battre avec une fourchette et servir.
🍃 Si des crevettes sont utilisées, retrancher l'œuf et ajouter les crevettes en même temps que le cresson. Laisser mijoter 2 minutes.

SOUPE À LA QUEUE DE BŒUF

1 ou 2 queues de bœuf, coupées en tronçons
3 carottes, taillées en dés
1 feuille de laurier
2 mL (½ c. à thé) de thym
1 tranche épaisse de citron
3 clous de girofle, piqués
dans le citron
1 oignon, haché
2 branches de céleri avec feuilles, hachées
8 grains de poivre
1 boîte de 425 mL (15 oz)
de tomates
15 mL (1 c. à soupe) de sel
2 L (8 tasses) d'eau bouillante
125 mL (½ tasse) de xérès

🍃 Mettre dans une marmite tous les ingrédients, à l'exception du xérès.
🍃 Porter à ébullition. Couvrir et laisser mijoter jusqu'à ce que la viande se détache des os, à peu près pendant 3 heures.
🍃 Avant de servir, ajouter le xérès, au goût. Mettre un morceau de queue de bœuf dans chaque assiette de soupe.

SOUPE AUX HUÎTRES

750 mL (3 tasses) de lait
2 branches de céleri
1 petit oignon, coupé en 2
1 feuille de laurier
sel et poivre
50 mL (¼ tasse) de crème
ou de vin blanc
250 mL (1 tasse) d'huîtres avec leur eau
15 mL (1 c. à soupe) de beurre
paprika

🍃 Faire mijoter sans laisser bouillir, durant 30 minutes, le lait avec le céleri, l'oignon coupé, la feuille de laurier, le sel et le poivre. Une fois les légumes cuits, passer le bouillon et le remettre dans la casserole.
🍃 Faire chauffer la crème ou le vin blanc jusqu'à ébullition ; y verser les huîtres. Couvrir et reti-

rer du feu, laisser reposer pendant 10 minutes.
🍃 Au moment de servir, verser les huîtres dans le lait chaud. Ajouter le beurre et saupoudrer de paprika. Servir immédiatement.

SOUPE À LA MORUE FRAÎCHE

3 tranches de lard salé
900 g (2 lb) de morue fraîche
1 gros oignon, tranché mince
500 mL (2 tasses) de pommes de terre tranchées
375 mL (1½ tasse) d'eau chaude
500 mL (2 tasses) de lait chaud
5 mL (1 c. à thé) de sel
1 mL (¼ c. à thé) de sarriette
30 mL (2 c. à soupe) de beurre

🍃 Couper le lard salé en cubes d'environ 4 cm (1½ po). Les faire fondre et dorer à feu moyen dans une grande casserole. Couper les filets ou les tranches de morue en morceaux de 2,5 cm (1 po).
🍃 Placer des couches alternées de pommes de terre, d'oignons et de poisson, dans la casserole. Ajouter l'eau chaude. Couvrir. Porter à ébullition et laisser mijoter de 10 à 15 minutes ou jusqu'à ce que les pommes de terre soient tendres. Ajouter le lait, le sel, la sarriette et le beurre. Ne pas mélanger, garder simplement au chaud jusqu'au moment de servir.

CHAUDRÉE À LA MODE DE LA NOUVELLE-ANGLETERRE

60 mL (4 c. à soupe) de beurre
ou 3 tranches de lard salé
2 oignons moyens, émincés

375 mL (1½ tasse) de palourdes
fraîches ou en boîte
250 mL (1 tasse) de jus
de palourdes
15 mL (1 c. à soupe) de sel
2 mL (½ c. à thé) de poivre
2 L (8 tasses) d'eau bouillante
1 grosse pomme de terre, coupée
en dés
500 mL (2 tasses) de crème
500 mL (2 tasses) de lait
paprika

🔹 Faire fondre le beurre ou couper le lard salé en petits cubes et les faire fondre jusqu'à ce qu'ils soient bien dorés. Faire frire les oignons dans ce gras. Ajouter les palourdes, les laisser mijoter pendant 5 minutes et les retirer de la casserole.

🔹 Mettre dans le gras le jus de palourdes, le sel, le poivre, l'eau bouillante et la pomme de terre coupée en dés. Couvrir et faire mijoter pendant 30 minutes. Ajouter la crème et le lait. Laisser mijoter sans faire bouillir. Ajouter les palourdes et laisser chauffer pendant 5 minutes à feu très bas. Saupoudrer chaque portion de paprika.

Chaudrée à la mode de la Nouvelle-Angleterre

CHAUDRÉE À LA MODE DE NEW-YORK

2 boîtes de palourdes
ou 24 palourdes fraîches
2 tranches de lard salé
1 poireau, coupé en tranches
minces
125 mL (½ tasse) d'oignon émincé
1 gousse d'ail, écrasée
125 mL (½ tasse) de poivron vert
haché
125 mL (½ tasse) de carottes
coupées en dés

50 mL (¼ tasse) de céleri émincé
750 mL (3 tasses) de pommes
de terre coupées en dés
1,5 L (6 tasses) d'eau
250 mL (1 tasse) de tomates
en boîte
50 mL (¼ tasse) de purée
de tomates
15 mL (1 c. à soupe) de sucre
50 mL (¼ tasse) de persil émincé
2 mL (½ c. à thé) de thym
1 feuille de laurier
4 clous de girofle
5 mL (1 c. à thé) de sel
poivre, au goût

🔹 Égoutter les palourdes en boîte et garder leur jus ou brosser les palourdes fraîches, les mettre dans une casserole avec juste assez d'eau pour les recouvrir. Porter à ébullition, couvrir et laisser mijoter jusqu'à ce que les coquilles s'entrouvent (de 10 à 15 minutes environ). Retirer les palourdes de leur coquille, garder le jus.

🔹 Faire fondre le lard salé, coupé en petits cubes, jusqu'à ce qu'il

soit bien fondu. Ajouter le poireau, l'oignon, l'ail et faire dorer pendant environ 5 minutes. Ajouter les palourdes, le poivron, les carottes, le céleri, les pommes de terre, le sel et 1,5 L (6 tasses) d'eau. Porter à ébullition, couvrir et faire mijoter pendant 10 minutes. Ajouter le jus des palourdes, ainsi que les tomates, la purée de tomates, le sucre, le persil, le thym, la feuille de laurier, les clous de girofle, le sel et le poivre. Laisser mijoter pendant 20 minutes et servir.

SOUPE PANADE À LA MODE DU POITOU

500 à 750 mL (2 à 3 tasses)
de pain sec
1,5 à 2 L (6 à 8 tasses) d'eau tiède
3 oignons, en tranches minces
60 mL (4 c. à soupe) de gras
de lard ou de bacon fondu
2 mL (½ c. à thé) de sarriette
1 œuf

125 mL (½ tasse) de lait
15 mL (1 c. à soupe) de beurre
sel et poivre, au goût

🐚 Écraser le pain sec et le placer dans un bol. Verser l'eau tiède dessus et laisser tremper pendant 30 minutes.

🐚 Pendant ce temps, faire frire les oignons dans le gras de lard ou de bacon fondu. Ajouter la sarriette, bien mélanger et verser sur le pain. Saler et poivrer. Porter à ébullition, à feu lent, en remuant presque sans arrêt. Couvrir et laisser mijoter de 10 à 20 minutes, à feu très doux. Battre ensemble l'œuf et le lait. Retirer la soupe du feu, y incorporer l'œuf ainsi que le beurre, tout en remuant. Ne pas faire bouillir.

LES POTAGES AUX HERBES

Par herbes, on entend la laitue, le cresson, les épinards, le poireau, les feuilles de céleri, le persil et l'oseille. On peut les utiliser séparément ou les combiner au goût. Le travail de base consiste à faire fondre le beurre ou tout autre gras, et à y ajouter les herbes choisies pour les faire fondre à feu doux.

🐚 Fondre veut dire ici couvrir et laisser étuver ou mijoter jusqu'à ce que les herbes aient perdu leur crudité en abandonnant leur eau et en s'imprégnant du corps gras utilisé. Ces potages sont particulièrement savoureux lorsque le gras utilisé consiste en de minces tranches de lard salé bien gras, grillées à feu lent.

🐚 Lorsque les herbes sont fondues, on ajoute le liquide. Là aussi il y a plusieurs variantes : on peut employer l'eau de cuisson des légumes, comme l'eau des pommes de terre bouillies, ou simplement de l'eau ordinaire, ou encore un mélange moitié lait, moitié eau, ou, enfin, un bouillon de veau ou de poulet.

🐚 La liaison du potage cuit se fait avec des jaunes d'œufs. Battre le nombre de jaunes requis, y ajouter une bonne cuillerée du bouillon chaud en remuant bien. Retirer le potage du feu et incorporer les jaunes d'œufs en remuant vivement. Si le potage doit être réchauffé, le mettre à feu très doux pour éviter l'ébullition. Le potage aux herbes se sert tel quel ou garni avec 50 mL (¼ tasse) de semoule de blé, ou de vermicelle très fin, ou encore de riz cuit, ajouté avant les jaunes d'œufs et mijoté pendant 5 minutes.

POTAGE AUX HERBES

1 gros poireau émincé
250 mL (1 tasse) d'épinards finement hachés
250 mL (1 tasse) de laitue émincée
125 mL (½ tasse) d'oseille émincée
30 mL (2 c. à soupe) de beurre
1,2 L (5 tasses) d'eau bouillante
5 mL (1 c. à thé) de sel
125 mL (½ tasse) de crème légère
3 jaunes d'œufs
60 mL (4 c. à soupe) de riz cuit ou 45 mL (3 c. à soupe) de semoule de blé ou 45 mL (3 c. à soupe) de vermicelle fin

🐚 Faire fondre 30 mL (2 c. à soupe) de beurre, y ajouter le poireau, l'épinard, la laitue et l'oseille, bien mélanger au beurre. Couvrir et laisser mijoter pour faire fondre les légumes tel qu'expliqué plus haut. Ajouter l'eau bouillante. Couvrir et laisser mijoter pendant 20 minutes. Passer le tout dans une grosse passoire en écrasant bien les herbes ou utiliser un presse-purée. Remettre cette purée verte dans la casserole et reporter lentement

Potage au céleri

à ébullition. Ajouter le riz cuit. Remuer les jaunes d'œufs avec la crème et le sel. Ajouter quelques cuillerées du potage chaud, en tournant vivement. Verser lentement dans le reste du potage, après l'avoir retiré du feu en remuant sans arrêt. Servir, après avoir vérifié l'assaisonnement.

POTAGE FERMIÈRE

4 pommes de terre
2 poireaux ou 3 oignons
ou 250 mL (1 tasse) de ciboulette
1 L (4 tasses) d'eau chaude
ou de consommé
15 à 45 mL (1 à 3 c. à soupe)
de beurre
5 mL (1 c. à thé) de sel
30 mL (2 c. à soupe) de persil
frais
250 mL (1 tasse) de lait
ou de crème légère
petits croûtons, dorés au beurre

❧ La pomme de terre est la base de ce délicieux potage essentiellement maigre. Le poireau n'y entre que pour donner de la saveur et sa proportion doit être calculée afin que cette saveur ne soit pas dominante. Le poireau se remplace par de l'oignon et même par de la ciboulette lorsqu'on peut l'avoir en assez grande quantité (au moins 250 mL ou 1 tasse).

❧ Peler les pommes de terre, et les couper en dés. Laver les poireaux et en faire des tranches minces, en utilisant la partie verte aussi bien que la blanche.

❧ Faire fondre le beurre, ajouter soit les poireaux, soit les oignons ou la ciboulette. Couvrir la casserole et laisser mijoter pendant 10 minutes. Ajouter l'eau ou le consommé et le sel. Couvrir et faire bouillir pendant 20 minutes.

Potage Saint-Germain

Au moment de servir, ajouter le lait, le persil frais et les croûtons dorés au beurre. On peut mettre ce potage en crème en le passant au tamis ou au presse-purée.

POTAGE AU CÉLERI

750 mL (3 tasses) de céleri,
branches et feuilles
2 pommes de terre moyennes
1 L (4 tasses) d'eau
ou de consommé
1 mL (¼ c. à thé) de poivre
5 mL (1 c. à thé) de sel
50 mL (¼ tasse) de persil
finement haché
45 mL (3 c. à soupe) de beurre
250 mL (1 tasse) de lait chaud

❧ Tailler le céleri en petits dés. Râper les pommes de terre. Porter à ébullition l'eau ou le consommé. Ajouter le céleri, les pommes de terre, le poivre, le sel, le persil et le beurre. Couvrir et laisser mijoter pendant 1 heure à feu moyen.

❧ Au moment de servir, ajouter le lait chaud. Autrefois, on aromatisait la soupe au céleri avec 2 mL (½ c. à thé) d'anis, ajouté en même temps que le sel et le poivre.

POTAGE SAINT-GERMAIN

2 paquets de petits pois congelés
1 poireau moyen
10 feuilles de laitue
10 feuilles d'épinards frais
50 mL (¼ tasse) de beurre
5 mL (1 c. à thé) de gros sel
2 mL (½ c. à thé) de sucre
250 mL (1 tasse) d'eau
1 L (4 tasses) de bouillon de veau
ou de poulet
500 g (1 lb) de petits pois frais
125 mL (½ tasse) de crème
cerfeuil ou persil, haché

❧ Placer dans une casserole de fonte émaillée les petits pois

❧ TECHNIQUE ❧

POTAGE SAINT-GERMAIN

1 Placer dans une casserole les petits pois congelés, le poireau, les feuilles de laitue et d'épinards, le beurre, le gros sel, le sucre et l'eau.

2 Passer le tout au presse-purée pour mettre en crème.

3 Ajouter le bouillon de poulet et faire mijoter.

4 Ajouter les pois frais et la crème.

Crème vert-pré

congelés, le poireau coupé en rondelles, les feuilles de laitue et d'épinards nettoyées et taillées en julienne ou en languettes, le beurre, le gros sel, le sucre et l'eau. Porter à ébullition.

🍃 Couvrir et laisser mijoter à feu lent de 25 à 30 minutes. Passer le tout à la passoire fine ou au presse-purée pour mettre en crème. Remettre dans la casserole et ajouter graduellement, tout en remuant, le bouillon de veau ou de poulet. Laisser mijoter de 10 à 15 minutes. Faire cuire les petits pois frais et les ajouter à la soupe ainsi que la crème. Servir bien chaud, garni de cerfeuil ou de persil.

POTAGE À LA CITROUILLE

900 g (2 lb) de citrouille, pelée et coupée en gros dés
30 à 45 mL (2 à 3 c. à soupe) de beurre

1 mL (¼ c. à thé) de muscade
250 mL (1 tasse) d'eau
250 mL (1 tasse) de lait
125 mL (½ tasse) de crème
125 mL (½ tasse) de petits croûtons

🍃 Peler et couper la citrouille en gros dés. Faire fondre le beurre dans une casserole. Ajouter la muscade et la citrouille. Bien couvrir et laisser mijoter pendant 20 minutes à feu lent. Ajouter l'eau et le lait. Continuer à cuire pendant 10 minutes. Passer au tamis ou au presse-purée pour mettre en crème.

🍃 Ajouter la crème et les petits croûtons. Servir aussitôt.

CRÈME DE PERSIL

250 mL (1 tasse) de persil (feuilles et queues) finement haché
750 mL (3 tasses) de consommé

15 mL (1 c. à soupe) de farine
15 mL (1 c. à soupe) de beurre
500 mL (2 tasses) de lait
sel et poivre

🍃 Faire mijoter le persil haché pendant 20 minutes dans le consommé.

🍃 Faire une sauce blanche avec la farine, le beurre et le lait. Quand la sauce devient épaisse, ajouter le bouillon de persil. Saler et poivrer au goût. Servir avec un bol de fromage râpé.

CRÈME VERT-PRÉ

250 g (½ lb) de champignons frais, finement hachés
45 mL (3 c. à soupe) de beurre
500 mL (2 tasses) de lait
1 boîte de petits pois

🍃 Faire frire les champignons dans le beurre, à feu vif, pendant 2 ou 3 minutes. Ajouter le lait. Couvrir et laisser mijoter pendant 20 minutes

🍃 Égoutter les petits pois, et passer au presse-purée. Ajouter cette purée aux champignons et continuer à faire cuire pendant 10 minutes. Si vous désirez une crème plus légère, utiliser l'eau égouttée des petits pois pour l'allonger.

CRÈME DE PETITS POIS

250 mL (1 tasse) de petits pois congelés ou frais
5 mL (1 c. à thé) de sel
1 mL (¼ c. à thé) de sucre
1 pincée de basilic
30 mL (2 c. à soupe) de farine
500 mL (2 tasses) de lait
1 oignon vert, coupé en 4
2 branches de persil

Crème de champignons

🍃 Mettre tous les ingrédients dans le récipient du mélangeur. Couvrir et mélanger pendant à peu près 1 minute, juste assez pour hacher les légumes.

🍃 Verser le tout dans une casserole, laisser chauffer à feu moyen, tout en remuant, jusqu'à l'obtention d'une crème légère. Ajouter 15 mL (1 c. à soupe) de beurre et servir.

🍃 Remplacer les petits pois par des asperges, des carottes, des haricots de Lima, etc.

🍃 Pour dégeler partiellement les légumes congelés, placer les boîtes non développées dans un plat d'eau chaude, pendant 20 minutes. Il n'est pas nécessaire que les légumes soient complètement dégelés.

🍃 Les légumes frais ne sont que nettoyés et ne requièrent aucune cuisson préalable.

CRÈME D'ASPERGES

500 mL (2 tasses) d'asperges fraîches ou 1 boîte d'asperges surgelées
2 branches de céleri
1 branche de persil
1 pincée d'estragon ou de thym
5 mL (1 c. à thé) de sel
500 mL (2 tasses) de consommé bouillant ou 500 mL (2 tasses) de crème ou 500 mL (2 tasses) d'eau avec 1 cube de concentré de poulet

🍃 Une fois bien lavées, couper les asperges fraîches en bouts de 2,5 cm (1 po). Faire dégeler les asperges surgelées.

🍃 Placer tous les ingrédients dans un robot culinaire, couvrir et mélanger pendant 1 minute.

🍃 Verser dans une casserole et faire chauffer, sans laisser bouillir. Servir aussitôt prête.

🍃 Tous les légumes frais ou con-

gelés peuvent se préparer ainsi et permettent de faire une soupe chaude en 2 minutes. Varier les légumes et les combiner au goût. Aromatiser différemment et varier les bouillons pour obtenir chaque fois une soupe différente.

CRÈME DE CHAMPIGNONS

250 g (½ lb) de champignons frais
750 mL (3 tasses) d'eau bouillante
2 mL (½ c. à thé) de sel
1 petit oignon
30 mL (2 c. à soupe) de beurre
45 mL (3 c. à soupe) de beurre
45 mL (3 c. à soupe) de farine
250 mL (1 tasse) de crème
sel et poivre

🍃 Peler les champignons et enlever les pieds. Placer pelures et pieds dans une casserole. Recouvrir avec l'eau bouillante. Ajouter le sel et faire mijoter pendant ½ heure. Égoutter en conservant le bouillon. Jeter les pelures.

🍃 Couper les têtes de champignons pelées en petites tranches minces, hacher l'oignon et faire cuire ensemble, lentement, dans 30 mL (2 c. à soupe) de beurre jusqu'à ce que les champignons soient bruns et tendres, soit 3 ou 4 minutes.

🍃 Dans une autre casserole faire fondre 45 mL (3 c. à soupe) de beurre. Ajouter la farine. Bien mélanger et ajouter le bouillon de champignons ainsi que la crème. Remuer le tout sans arrêt jusqu'à ce que le mélange soit lisse. Assaisonner de poivre et sel au goût. Ajouter l'oignon et les champignons. Laisser mijoter pendant 5 minutes et servir.

❦ TECHNIQUE ❦

CRÈME DE CHAMPIGNONS

1 Placer pelures et pieds de champignons dans une casserole. Recouvrir d'eau bouillante, saler et faire mijoter.

2 Faire cuire les têtes de champignons et l'oignon dans le beurre.

3 Ajouter la farine au beurre chaud.

4 Ajouter le bouillon de champignons.

VELOUTÉ DE TOMATES FRAÎCHES

30 mL (2 c. à soupe) de beurre mou
45 mL (3 c. à soupe) de farine
125 mL (½ tasse) d'eau bouillante
375 mL (1½ tasse) de lait
3 ou 4 tomates, coupées en 4
1 petit oignon, pelé et coupé en 4
5 mL (1 c. à thé) de sucre
2 mL (½ c. à thé) de sel
1 ou 2 pincées de basilic ou de thym

☙ Mettre le beurre et la farine dans le récipient du mélangeur. Couvrir et mélanger pendant 3 secondes. Tout en continuant à battre, soulever le couvercle et incorporer, dans l'ordre, l'eau bouillante, le lait, les tomates fraîches (préalablement épépinées), l'oignon, le sucre, le basilic ou le thym. Couvrir et mélanger encore 30 secondes. Verser ensuite la soupe dans une casserole et faire chauffer, sans bouillir, de 15 à 20 minutes avant de servir.

POTAGE AU CARI

50 mL (¼ tasse) de beurre
1 gros oignon, coupé en tranches
50 mL (¼ tasse) de chutney
625 mL (2½ tasses) de consommé
5 à 10 mL (1 à 2 c. à thé) de cari
1 mL (¼ c. à thé) de gingembre
30 mL (2 c. à soupe) de farine
1 œuf
250 mL (1 tasse) de crème ou de yogourt
45 mL (3 c. à soupe) de xérès

☙ Faire chauffer le beurre, y ajouter l'oignon et faire revenir jusqu'à ce qu'il soit fondu, sans le laisser roussir. Verser dans le récipient du mélangeur et ajouter le chutney, le consommé, le cari, le gingembre, la farine et l'œuf. Couvrir et mélanger pendant 1 minute.

☙ Verser dans une casserole et faire chauffer jusqu'à l'obtention d'une crème dorée et lisse. Ajouter la crème ou le yogourt et le xérès. Réchauffer et servir.

POTAGE POLONAIS AUX ŒUFS

500 mL (2 tasses) de consommé
500 mL (2 tasses) de lait
60 mL (4 c. à soupe) de beurre
125 mL (½ tasse) de champignons émincés
60 mL (4 c. à soupe) de farine
15 mL (1 c. à soupe) de jambon blanc émincé (facultatif)
15 mL (1 c. à soupe) de câpres
3 œufs durs
30 mL (2 c. à soupe) de jus de citron frais

☙ Réchauffer le consommé et le lait ensemble. À côté, faire frire les champignons dans le beurre. Ajouter la farine et bien mélanger. Incorporer ensuite au lait chaud. Amener à ébullition tout en remuant constamment. Assaisonner au goût. Ajouter le jambon, les câpres et les blancs d'œufs coupés en languettes. Au moment de servir, râper les jaunes d'œufs et verser le jus de citron dans chaque bolée.

CRÈME AUX HUÎTRES

500 mL (2 tasses) d'huîtres
250 mL (1 tasse) de lait
375 mL (1½ tasse) de crème légère
45 mL (3 c. à soupe) de beurre
2 mL (½ c. à thé) de sel
poivre frais moulu, si possible
5 mL (1 c. à thé) de sauce Worcestershire
paprika

☙ Placer un réchaud sur la table. Déposer dans un plateau un pot de lait et de crème, une assiette de beurre et les huîtres dans un bol de verre. Ajouter le sel, le moulinet à poivre, la sauce Worcestershire et le paprika.

☙ Faire chauffer les bols à soupe, les mettre sur le plateau au moment de l'apporter à table.

☙ Compléter par des craquelins pour accompagner la soupe aux huîtres.

☙ À la table, allumer le réchaud, y verser le lait et la crème. Porter à ébullition. Ajouter le beurre, le sel, le poivre et la sauce Worcestershire. Faire mijoter pendant quelques secondes.

☙ Ajouter les huîtres et leur jus. Chauffer sans laisser bouillir et servir. Saupoudrer chaque bolée avec un peu de paprika.

BISQUE DE HOMARD

500 g (1 lb) de homard ou de crevettes
15 mL (3 c. à thé) d'huile d'olive
5 mL (1 c. à thé) de vinaigre
sel et poivre
30 mL (2 c. à soupe) de beurre
15 à 30 mL (1 à 2 c. à soupe) de purée de tomates
75 mL (⅓ tasse) de farine de riz
1,2 L (5 tasses) de bouillon
125 mL (½ tasse) de crème, chauffée
2 jaunes d'œufs
15 mL (1 c. à soupe) de beurre

🍂 La bisque est toujours meilleure lorsqu'elle est préparée avec des crustacés vivants. Si l'on utilise les crevettes, on les lave et on les décortique en mettant de côté les carapaces.

🍂 On cuit le homard vivant, en le plongeant dans l'eau bouillante, pour le laisser ensuite bouillir pendant 10 minutes. Mettre la chair de côté. Placer la carapace brisée en morceaux dans un grand bol. Faire de même avec les queues des crevettes et, avec un pilon de bois, concasser les carapaces de manière à les émietter le plus possible.

🍂 Mélanger la chair coupée en petits morceaux avec l'huile, le vinaigre, le sel et le poivre, et laisser mariner pendant 2 heures.

🍂 Faire fondre le beurre dans une casserole, ajouter la purée de tomates, bien mélanger au beurre et ajouter la farine de riz. Lorsque le tout est bien lié, ajouter le bouillon, les carapaces concassées et remuer tout en cuisant à feu moyen, jusqu'à l'obtention d'une sauce crémeuse, mais assez légère. Laisser mijoter pendant 15 minutes et passer au tamis. Remettre au feu. Ajouter la chair du homard ou des crevettes. Battre les jaunes d'œufs avec la crème tiède. Ajouter à la bisque, en remuant vivement. Ajouter le beurre. Vérifier l'assaisonnement et éviter toute ébullition après l'addition des œufs et de la crème.

CRÈME DE CREVETTES

250 g (½ lb) d'aiglefin ou de têtes de poisson
750 g (1½ lb) de crevettes non cuites

Vichyssoise

1 oignon moyen, coupé en 4
1 zeste de citron de 8 à 10 cm (3 à 4 po)
1 mL (¼ c. à thé) de basilic
1 pincée de grains de fenouil
1 mL (¼ c. à thé) de thym
1,5 L (6 tasses) d'eau froide
45 mL (3 c. à soupe) de morceaux de pain frais
60 mL (4 c. à soupe) de beurre
le jus d'un citron
1 pincée de muscade
125 mL (½ tasse) de crème ou de lait
1 jaune d'œuf
sel et poivre, au goût

🍂 Mettre les têtes de poisson ou l'aiglefin dans une casserole. Décortiquer les crevettes et ajouter les carapaces aux têtes de poisson. Ajouter l'oignon, le zeste, le basilic, le fenouil, le thym et l'eau froide. Amener à ébullition et laisser bouillir 20 minutes. Passer à la passoire fine. Ajouter les morceaux de pain au bouillon et bien mélanger.

🍂 Déposer les crevettes dans l'eau froide et amener à ébullition ; elles deviendront roses. Les égoutter et les mettre dans un bol en bois avec le beurre. À l'aide d'un pilon, écraser les crevettes au beurre tout en incorporant le jus de citron et la muscade. Ajouter au bouillon de poisson et battre avec un batteur à main.

🍂 Battre le jaune d'œuf avec la crème ou le lait, et ajouter une petite quantité de soupe chaude, bien mêler et incorporer dans la soupe. Vérifier l'assaisonnement et servir. Ne pas faire bouillir après l'addition de l'œuf.

VICHYSSOISE

125 mL (½ tasse) d'oignons émincés
500 mL (2 tasses) de poireaux coupés en rondelles
50 mL (¼ tasse) de beurre fondu
500 mL (2 tasses) de pommes de terre coupées en dés

1 L (4 tasses) de bouillon
de poulet ou de consommé
sel et poivre au goût
250 mL (1 tasse) de lait
ou de crème
30 mL (2 c. à soupe) de ciboulette

🍂 Faire fondre le beurre, y ajouter les oignons et les poireaux, en utilisant les parties verte et blanche des poireaux. Couvrir et laisser mijoter pendant 15 ou 20 minutes, à feu très doux. Il ne faut pas brunir les légumes, simplement les faire fondre.

🍂 Ajouter les pommes de terre crues, le bouillon ou le consommé, le sel et le poivre. Laisser mijoter jusqu'à ce que les pommes de terre soient tendres. Passer au presse-purée ou à la passoire fine, en écrasant bien les légumes. Ajouter le lait ou la crème. Faire chauffer en remuant vivement. Verser dans un plat et réfrigérer jusqu'au moment de servir. Garnir alors de ciboulette.

CRÈME FROIDE AUX TOMATES FRAÎCHES

12 grosses tomates bien mûres
2 oignons, râpés
15 mL (1 c. à soupe) de sel
5 mL (1 c. à thé) de poivre
15 mL (1 c. à soupe) de sucre
5 mL (1 c. à thé) de basilic
crème aigre ou crème à fouetter

🍂 Peler les tomates. Les couper en petits morceaux. Ajouter le reste des ingrédients. Battre avec le batteur à main. Réfrigérer. Vérifier l'assaisonnement. Servir avec la crème de votre choix.

CRÈME DE CONCOMBRES

1 L (4 tasses) de bouillon
de poulet
2 ou 3 concombres
1 oignon
10 mL (2 c. à thé) de beurre

250 mL (1 tasse) de crème
4 ou 5 champignons frais
1 mL (¼ c. à thé) de poudre d'ail
ciboulette

🍂 Porter le bouillon de poulet à ébullition. Peler et râper 1 ou 2 concombres et demi (mettre de côté une moitié de concombre) en prenant soin de ne pas perdre le jus. Ajouter la pulpe et le jus au bouillon chaud. Faire mijoter pendant 10 minutes.

🍂 Faire dorer l'oignon dans 5 mL (1 c. à thé) de beurre. Ajouter à la soupe avec la crème. Laisser mijoter pendant 5 minutes.

🍂 Trancher les champignons et les faire dorer quelques secondes dans l'autre cuillerée de beurre. Les ajouter à la soupe, ainsi que la poudre d'ail. Faire chauffer quelques minutes. Réfrigérer.

🍂 Servir, garnie de ciboulette et de concombre coupé en dés (utiliser la moitié de concombre mise de côté).

GASPACHO

125 mL (½ tasse) de ciboulette
hachée
250 mL (1 tasse) de persil haché
125 mL (½ tasse) de cerfeuil haché
1 gousse d'ail, écrasée
1 poivron vert, coupé en cubes
2 grosses tomates, pelées et
égrenées
250 mL (1 tasse) d'huile d'olive
175 mL (¾ tasse) de jus
de citron frais
1 gros oignon espagnol, coupé
en tranches minces
1 concombre, coupé en cubes
3 tranches de pain sec
sel et poivre
cubes de glace

Gaspacho

❦ TECHNIQUE ❦

GASPACHO

1 Écraser ensemble dans un robot culinaire la ciboulette, le persil, le cerfeuil et l'ail.

2 Ajouter le poivron vert et les tomates.

3 Mélanger et ajouter l'huile d'olive.

4 Ajouter le jus de citron, les oignons et les concombres.

Crème Crécy, froide

🍃 Écraser dans un robot culinaire la ciboulette, le persil, le cerfeuil et l'ail.

🍃 Ajouter le poivron et les tomates. Mélanger et ajouter lentement l'huile d'olive, tout en continuant à mélanger.

🍃 Ajouter le jus de citron, les oignons et le concombre. Saler et poivrer au goût. Écraser le pain sec et ajouter au mélange.

🍃 Laisser reposer 3 à 4 heures au réfrigérateur. Vérifier l'assaisonnement. Servir avec un cube de glace dans chaque tasse.

CRÈME À LA BIÈRE ET AUX CONCOMBRES

1 bouteille de 340 mL (12 oz) de bière légère
125 mL (½ tasse) de crème aigre
2 concombres moyens
5 mL (1 c. à thé) de sel

1 mL (¼ c. à thé) de poudre d'ail
2 mL (½ c. à thé) de sucre

🍃 Ajouter la bière à la crème aigre, lentement, tout en battant avec le batteur à main. Peler et râper les concombres et les incorporer au premier mélange ainsi que le reste des ingrédients. Réfrigérer jusqu'au moment de servir.

CRÈME CRÉCY, FROIDE

8 carottes moyennes, en tranches minces
2 branches de céleri avec feuilles, hachées
1 oignon, émincé
1 feuille de laurier
2 clous de girofle
1 L (4 tasses) de bouillon de poulet
50 mL (¼ tasse) de persil haché
125 mL (½ tasse) de crème

🍃 Mettre dans une casserole les carottes, le céleri, l'oignon, la feuille de laurier, les clous de girofle et le bouillon de poulet. Porter à ébullition, couvrir et laisser mijoter jusqu'à ce que les carottes soient tendres. Passer au presse-purée ou au robot culinaire. Ajouter le persil. Réfrigérer. Au moment de servir, vérifier l'assaisonnement et ajouter la crème.

POTAGE FROID DU TOIT DE CHAUME

C'est une vieille recette du pays de Galles que j'ai adaptée à nos commodités modernes. Avec un mélangeur, elle est prête en quelques minutes. Une soupe idéale à servir au jardin avant le barbecue.

1 boîte de crème de tomate
500 mL (2 tasses) de lait
ou 250 mL (1 tasse) de lait
et 250 mL (1 tasse) de crème
15 mL (1 c. à soupe) de jus de citron
5 mL (1 c. à thé) de raifort préparé, bien égoutté
2 mL (½ c. à thé) de cari
125 mL (½ tasse) de fromage cottage
2 oignons verts, émincés
ou 15 mL (1 c. à soupe) de ciboulette hachée
½ concombre, pelé et râpé

🍃 Mettre dans le récipient du mélangeur la soupe, le lait ou le lait et la crème, le jus de citron, le raifort et le cari. Couvrir puis mélanger fortement pendant 1 minute. Verser dans un bol, couvrir et réfrigérer jusqu'au moment de servir.

❦ TECHNIQUE ❦

CRÈME CRÉCY, FROIDE

1 Mettre dans une casserole les carottes, le céleri et l'oignon.

2 Ajouter les épices et le bouillon de poulet.

3 Passer au presse-purée ou au robot culinaire.

4 Au moment de servir, ajouter la crème.

Pour servir, ajouter le fromage cottage, les oignons ou la ciboulette. Mettre sur la table un petit bol de concombre râpé dont chacun se sert à volonté.

CRÈME SÉNÉGALAISE

2 poireaux
2 oignons
4 branches de céleri
60 mL (4 c. à soupe) de beurre
15 mL (1 c. à soupe) de poudre de cari

45 mL (3 c. à soupe) de farine
2 L (8 tasses) de bouillon de poulet
250 mL (1 tasse) de crème
2 poitrines de poulet, cuites

Couper en tranches minces les poireaux, les oignons et le céleri. Faire fondre le beurre, y ajouter les légumes, faire cuire 3 ou 4 minutes à feu assez vif, en remuant presque sans arrêt. Ajouter la poudre de cari et la farine. Bien mélanger. Verser dans le bouillon de poulet. Porter à ébullition, tout en remuant. Couvrir et laisser mijoter de 30 à 40 minutes. Passer en écrasant bien les légumes. Réfrigérer jusqu'au moment de servir. Ajouter alors la crème bien froide et battre 1 minute avec le batteur à main. La garniture classique de cette crème est la poitrine de poulet, cuite et coupée en filets très minces qu'on dépose dans chaque tasse. C'est une délicieuse crème froide, qui se sert en hiver comme en été.

POISSONS ET
FRUITS DE MER

LE POISSON

On peut se procurer du poisson nature ou fumé, frais, congelé ou en conserve. C'est un aliment délicieux qui a une excellente valeur nutritive.

POISSON FRAIS

En général, le poisson frais ne dégage pas d'odeur forte et sa chair est ferme et élastique. Étant donné qu'il ne se garde pas très longtemps, il est préférable de s'en servir le jour même où il a été acheté. Pour le conserver jusqu'au moment de le faire cuire, l'envelopper dans un papier à l'épreuve de l'humidité et le mettre dans un récipient fermé hermétiquement. Placer le récipient dans la partie la plus froide du réfrigérateur.

🐟 On peut acheter sur le marché du poisson frais entier ou éviscéré, en filets, en darnes ou en morceaux. Les filets et les darnes se préparent plus rapidement que le poisson entier ou en morceaux.

POISSON CONGELÉ

La saveur, l'apparence, de même que la valeur nutritive du poisson congelé sont tout à fait comparables à celles du poisson frais. De plus, il coûte moins cher. Toutefois, il doit être gardé congelé jusqu'au moment de l'utilisation.

🐟 Dans bien des cas, il n'est pas nécessaire de décongeler le poisson pour s'en servir. Si on désire le décongeler partiellement ou complètement, il est préférable de le faire au réfrigérateur. Une fois décongelé, il doit être utilisé le plus tôt possible et ne doit pas être congelé à nouveau.

POISSON EN CONSERVE

On trouve beaucoup de poissons, de mollusques et de crustacés en conserve. Les espèces les plus connues sont le saumon, la sardine et le thon. Bien entendu, il existe d'autres sortes de poisson en conserve comme le hareng, le maquereau, les palourdes, le crabe, le homard et les miettes de gades (mélange d'aiglefin, de morue, de brosme et de merluche).

🐟 Lorsque l'inspiration nous manque, il n'y a rien de tel que les conserves ou les soupes de poisson pour varier nos menus. Elles nous dépannent à tout coup et nous permettent de préparer de bons petits plats en un tournemain. C'est pourquoi il faut toujours s'en garder quelques boîtes sous la main.

POISSON FUMÉ

Le fumage du poisson est un art très ancien. À l'origine, on fumait le poisson pour le sécher et le conserver. Aujourd'hui, on le fume pour relever sa saveur. D'ailleurs presque tous les produits de la pêche fumés sont aussi périssables que le poisson frais. C'est pourquoi ils sont vendus congelés ou en conserve.

🐟 Les deux principales méthodes pour fumer le poisson sont le fumage à chaud et le fumage à froid ou léger. Le poisson fumé à chaud est complètement cuit alors que celui qui est fumé à froid exige une cuisson supplémentaire. Le saumon, le corégone et l'anguille sont habituellement fumés à chaud tandis que le hareng, la morue charbonnière, la laquaiche aux yeux d'or de Winnipeg (goldeye) et l'aiglefin sont fumés à froid.

PRÉPARATION DU POISSON

La première étape consiste à écailler le poisson. Maintenir la queue du poisson à l'aide d'un linge. Utiliser un écailleur (en vente dans les boutiques de sport ou dans les quincailleries) ou un couteau bien affûté. Gratter en commençant par la queue et en allant vers la tête. Arrêter juste derrière les branchies. Passer le poisson sous l'eau.

🐟 Couper ensuite les nageoires. Enlever la peau, si désiré, en plaçant le poisson sur une surface plane. À l'aide d'un couteau bien affûté, découper la peau le long de l'arête dorsale. Retirer la peau en partant de la tête et en allant vers la queue. Procéder de cette manière pour chaque flanc du poisson. Il est à noter que le poisson a une saveur encore plus délicate s'il est cuit avec la peau.

🐟 Pour vider le poisson, faire une incision le long de son abdomen. Enlever les entrailles et bien laver l'intérieur et l'extérieur du poisson à l'eau très froide. Il doit être tout à fait propre.

🐟 Pour enlever les arêtes, ouvrir le poisson, abdomen vers le bas, de manière à pouvoir l'aplatir. Retourner le poisson et le placer sur une planche à découper. Faire une incision le long de l'arête dorsale. Enlever les arêtes de la chair du poisson avec le dos d'un couteau. Retirer l'arête dorsale et les petites arêtes qui restent.

🐟 Utiliser le poisson entier ou le découper en deux filets.

LA CUISSON DU POISSON

Voici deux règles que tout bon chef devrait connaître pour apprêter le poisson : Manier délicatement et le moins souvent possible le poisson pendant et après la cuisson afin qu'il ait toujours belle apparence. Ne pas prolonger inutilement la cuisson afin qu'il garde toute sa saveur.

🐟 La chair du poisson n'étant pas très ferme, il est inutile de le faire cuire trop longtemps pour l'attendrir ou en faire ressortir toute sa saveur. Il est toujours délicieux cuit au four ou à la vapeur, grillé, poché ou frit. Pour réussir tous nos plats de poisson, il faut connaître les temps de cuisson requis. En général, c'est l'épaisseur plutôt que le poids du poisson qui détermine son temps de cuisson.

🐟 Qu'il soit rose, blanc ou crème, le poisson cru a toujours l'air visqueux. Pendant la cuisson, la chair du poisson devient opaque. Ce changement de couleur ne trompe pas. Lorsque la chair est opaque jusqu'au centre, elle est parfaitement cuite. Le poisson se défait alors facilement à la fourchette et les arêtes se séparent aisément. Si on cuit davantage le poisson, il tendra à perdre ses sucs et à se dessécher. Il deviendra dur et sans goût.

CUISSON AU COURT-BOUILLON

Le court-bouillon est le liquide dans lequel on fait bouillir le poisson. On peut le préparer au gré de notre fantaisie avec différents ingrédients.

🐟 Par exemple, il peut se composer d'eau salée ou tout simplement de vin. Mais la plupart du temps, on le prépare avec de l'eau salée, à laquelle on ajoute du vinaigre, du citron, ou du vin blanc ou rouge et une certaine quantité de carottes, d'oignons, d'ail, de persil et de fines herbes.

🐟 La cuisson du poisson dans un court-bouillon se fait toujours de la même façon, c'est-à-dire en le pochant dans un liquide frémissant, mais non bouillant, à feu très doux et à couvert. Cette méthode assure une pénétration régulière du liquide dans la chair du poisson. La cuisson étant progressive, le poisson a moins tendance à se défaire et à se dessécher.

🐟 Pour pocher le poisson, laisser mijoter le court-bouillon de 30 à 40 minutes et laisser tiédir. Enrouler le poisson dans un linge, le déposer dans le court-bouillon (ou encore déposer le poisson sur la grille d'une poissonnière) et porter lentement à ébullition, à feu doux. Il faut éviter de faire bouillir trop rapidement, car le poisson risquerait de se défaire. Une ébullition trop rapide tend également à saisir le poisson et empêche le liquide de bien pénétrer à l'intérieur. Dès que l'ébullition commence, réduire le feu, couvrir et laisser pocher à feu très doux. Commencer à calculer le temps de cuisson au moment où l'ébullition reprend. Le temps de cuisson varie selon la taille et le type de poisson utilisé.

🐟 Pour bien réussir tous vos plats de poisson, suivez ce petit guide de cuisson. Il s'applique à toutes les sortes de poissons :

🐟 Gros poissons
10 minutes par 500 g (1 lb)
🐟 Petits poissons
10 à 12 minutes au total
🐟 Tranches de poisson
12 à 15 minutes au total
🐟 Poissons plats
(plie, barbue, etc.)
8 à 9 minutes par 500 g (1 lb)

CUISSON DU POISSON FARCI

On peut à l'occasion servir du poisson farci cuit au four. Choisir un poisson pesant environ 1 kg (2 à 3 lb). Le saumon, la truite, le maquereau, le thon frais, le hareng ou le brochet conviennent parfaitement. Préparer de la farce de pain ou de riz. Farcir un poisson entier ou mettre un peu de farce entre deux darnes ou deux filets. Rien n'est plus délicieux !

🐟 Pour le poisson entier, il faut environ 175 mL de farce par 500 g (¾ tasse par lb) de poisson ; pour le poisson en filets et le poisson entier dont l'arête dorsale a été retirée, 250 mL par 500 g (1 tasse par lb).

🐟 Farcir le poisson entier sans trop presser, pour permettre à la farce de gonfler et d'absorber les sucs. Coudre la cavité du poisson. Le badigeonner de beurre fondu ou d'huile végétale et le déposer, dos vers le haut, dans un plat huilé. Mesurer l'épaisseur du poisson farci dans sa partie la plus épaisse. Faire cuire au four préalablement chauffé à 230°C (450°F), à raison de dix minutes par 2,5 cm (1 po) d'épaisseur.

🐟 Le poisson farci est tout à fait exquis surtout lorsque la farce est préparée avec des ingrédients qui se marient à sa fine saveur.

Fumet de poisson

CUISSON AU FOUR DANS DU PAPIER D'ALUMINIUM

Cette méthode de cuisson permet de conserver toute la saveur et les sucs naturels du poisson. Elle est semblable à la cuisson à la vapeur.

🐟 On peut faire cuire les poissons entiers, les morceaux, les filets de même que les poissons congelés de cette manière. (Il n'est pas nécessaire de faire dégeler le poisson avant de le faire cuire.)

🐟 Mesurer l'épaisseur et la longueur du poisson à faire cuire. Couper un grand morceau de papier d'aluminium résistant de manière à pouvoir bien envelopper le poisson. Graisser la surface du papier sur laquelle sera placé le poisson.

🐟 Déposer le poisson sur la surface graissée. Replier le papier sur le poisson et fermer hermétiquement de manière à former une papillote.

🐟 Placer sur une plaque à pâtis-serie. Faire cuire au four à 260°C (500°F). Allouer 10 minutes de cuisson par 2,5 cm (1 po) d'épaisseur pour le poisson frais et 20 minutes pour le poisson congelé. Une fois le temps de cuisson écoulé, poursuivre la cuisson 5 minutes pour le poisson frais, et 10 minutes pour le poisson congelé.

CUISSON AU BARBECUE

Bien des pêcheurs vous le diront, il n'y a rien de tel que de bonnes petites truites mouchetées ou des filets de poisson cuits sur un feu de camp. C'est un peu ce goût que l'on retrouve dans le poisson cuit au barbecue dans du papier d'aluminium.

🐟 Il suffit d'assaisonner le poisson et de le badigeonner d'un peu de beurre fondu ou d'huile. Pour un plat digne des fins gourmets, ajouter de l'estragon, du romarin ou un peu de sauge fraîche. Envelopper ensuite le poisson dans du papier d'aluminium résistant et le fermer hermétiquement de manière à former une papillote. Déposer sur la braise. Cuire de 8 à 10 minutes. Tourner une fois en cours de cuisson.

🐟 La cuisson du poisson dans du papier d'aluminium s'est grandement inspirée de la méthode de Nicolas Soyer. Le mode de cuisson qu'il proposait — la cuisson dans un sac de papier spécial — fit fureur en 1912 en Angleterre.

🐟 Lorsqu'on utilise du papier d'aluminium, graisser légèrement de beurre ou de graisse de bacon la surface sur laquelle sera déposé le poisson. Replier le papier de manière à former une papillote. Faire cuire selon les temps de cuisson suggérés dans les recettes au barbecue.

POISSON FUMÉ POCHÉ AU LAIT

900 g (2 lb) de filets de poisson fumé
500 mL (2 tasses) de lait
15 mL (1 c. à soupe) de beurre
1 tranche épaisse d'oignon
1 pincée de poivre

🐟 Couper les filets en portions individuelles. Faire chauffer le lait avec le beurre, l'oignon et le poivre, et ajouter le poisson. Couvrir et laisser mijoter de 10 à 20 minutes à feu moyen, ou faire cuire au four à 230°C (450°F) pendant 20 minutes. Retirer le poisson du mélange de lait et servir avec une sauce. Si désiré, préparer une sauce avec le mélange de lait en y ajoutant 30 mL (2 c. à soupe) de farine ou de fécule de maïs délayée dans 50 mL (¼ tasse) de lait froid. Garnir la sauce de persil haché.

FUMET DE POISSON

Le fumet de poisson est un court-bouillon très concentré. On l'utilise souvent en fine cuisine pour préparer des sauces qui accompagnent les plats de poisson, et bien sûr pour pocher le poisson.

750 à 900 g (1½ à 2 lb)
de parures de poissons
500 mL (2 tasses) d'eau
1 feuille de laurier
1 oignon, coupé en tranches
500 mL (2 tasses) de vin blanc
1 carotte crue, coupée en
tranches
2 branches de céleri, coupées en
morceaux de 2,5 cm (1 po)
30 mL (2 c. à soupe) de persil
1 mL (¼ c. à thé) de poivre
1 mL (¼ c. à thé) de sel

Poisson bouilli au lait

⮞ Mettre tous les ingrédients dans une casserole de fonte émaillée ou d'acier inoxydable. Porter à ébullition. Couvrir et laisser mijoter pendant 1 heure ou jusqu'à ce que le liquide soit réduit de moitié.

⮞ Placer une toile à fromage dans un tamis et y passer le fumet. Laisser égoutter, sans y toucher, pendant 30 minutes. Le fumet est alors prêt à être utilisé.

⮞ Les parures de poissons comprennent les queues, les arêtes principales et les têtes de poissons à chair ferme comme la morue et l'aiglefin.

POISSON BOUILLI

(cuisson type)

poisson entier ou tranché
jus de citron
sel
eau bouillante

⮞ Laver et sécher le poisson. Arroser de quelques gouttes de jus de citron. Saler.

⮞ Placer le poisson dans un papier-parchemin ou dans une toile à fromage. Bien le ficeler et le plonger dans l'eau bouillante.

⮞ Porter à ébullition et laisser mijoter de 8 à 10 minutes par 500 g (1 lb).

POISSON BOUILLI AU LAIT

(cuisson type)

poisson
30 mL (2 c. à soupe) de sel pour
250 mL (1 tasse) d'eau très froide
lait bouillant
30 mL (2 c. à soupe) de farine
30 mL (2 c. à soupe) de beurre

⮞ Couper le poisson en portions individuelles et le faire tremper

dans l'eau salée très froide pendant 5 minutes. Égoutter.

⮞ Placer le poisson dans le lait bouillant de manière qu'il en soit recouvert. Laisser mijoter de 8 à 10 minutes par 500 g (1 lb).

⮞ Préparer une sauce avec le lait de la cuisson. Ajouter 30 mL (2 c. à soupe) de farine et 30 mL (2 c. à soupe) de beurre pour chaque 250 mL (1 tasse) de lait.

POISSON CUIT AU COURT-BOUILLON

(cuisson type)

3 L (12 tasses) d'eau
30 mL (2 c. à soupe) de gros sel
125 mL (½ tasse) de vinaigre
2 grosses carottes, coupées
en tranches
6 brins de persil
1 feuille de laurier
1 pincée de thym
2 mL (½ c. à thé) de grains
de poivre entiers

2 gros oignons, coupés en quatre
poisson

🍂 Mettre tous les ingrédients sauf le poisson dans une casserole. Porter à ébullition et laisser mijoter pendant 30 minutes.

🍂 Laisser tiédir. Le poisson doit toujours être placé dans un court-bouillon tiède et non bouillant.

🍂 Mettre le poisson dans le court-bouillon de manière qu'il en soit recouvert. Laisser mijoter de 8 à 10 minutes par 500 g (1 lb).

🍂 Lorsqu'on prépare un court-bouillon pour le saumon, il est important de remplacer le vinaigre par du jus de citron.

POISSON GRILLÉ

(cuisson type)

poissons entiers ou en morceaux
sel
jus de citron

🍂 Il est préférable de faire griller les poissons de petite taille entiers et ceux de grosseur moyenne en morceaux. Saler et arroser de quelques gouttes de jus de citron. Si ce sont des poissons à chair sèche, arroser d'un peu d'huile.

🍂 Placer sur la grille du four préalablement chauffé à 230°C (450°F). Cuire de 8 à 10 minutes par 500 g (1 lb) pour les poissons entiers, et de 10 à 12 minutes en tout pour les poissons en morceaux.

POISSON ENTIER CUIT AU FOUR

(cuisson type)

un poisson entier
sel
chapelure fine
moutarde en poudre
huile d'olive ou beurre, fondu

🍂 Couper la queue et les nageoires. Faire une incision le long de l'arête dorsale du poisson de manière à pouvoir l'ouvrir.

🍂 Graisser un plat allant au four et y mettre le poisson, côté peau dans le fond du plat. Saler et saupoudrer de chapelure mélangée à un peu de moutarde en poudre. Arroser d'huile d'olive.

🍂 Faire cuire au four à 260°C (500°F), sans eau, jusqu'à ce que le dessus soit doré, à raison de 10 minutes par 2,5 cm (1 po) d'épaisseur. Pour les plus gros poissons, réduire la température vers la fin de la cuisson.

POISSON FRIT À LA MEUNIÈRE

(cuisson type)

farine
tranches de poisson ou filets
sel et poivre
huile ou graisse
jus de citron
persil, grossièrement haché
beurre

🍂 Le poisson est constitué de 75% d'eau et d'environ 18% d'albumine. C'est pourquoi il doit cuire comme les œufs, à feu moyen et dans un minimum de temps. Pour conserver tous les sucs naturels des poissons fins, il est préférable de les faire frire en petits morceaux. Lorsque les morceaux sont trop gros, l'extérieur a tendance à se dessécher avant que l'intérieur soit cuit. Utiliser de la graisse végétale ou de l'huile plutôt que du beurre, qui tend à brûler le poisson et à masquer son goût.

Poisson frit à la meunière

🍂 Enrober légèrement de farine les tranches de poisson. Saler et poivrer. Mettre suffisamment d'huile dans un poêlon pour en recouvrir le fond. Faire frire le poisson à feu moyen, 3 minutes de chaque côté. Retourner une fois en cours de cuisson.

🍂 Éviter de faire cuire le poisson trop longtemps pour ne pas qu'il durcisse et s'assèche. Le poisson préparé à la meunière doit être arrosé d'un peu de jus de citron et saupoudré de persil. Au moment de servir, faire fondre du beurre jusqu'à ce qu'il brunisse légèrement et le verser sur le poisson.

FILETS DE POISSON POCHÉS

(cuisson type)

filets de poisson
50 mL (¼ tasse) de crème,
de lait, d'eau ou de vin blanc
sel, poivre, muscade

🍂 Bien beurrer un plat en verre allant au four et y déposer les filets. Recouvrir de la crème. Saler et poivrer. Saupoudrer de muscade. Couvrir d'une feuille de papier d'aluminium graissée.

🍂 Faire cuire au four à 230°C (450°F) de 10 à 20 minutes selon l'épaisseur des filets.

FILETS DE POISSON GRATINÉS

(cuisson type)

900 g (2 lb) de poisson au choix
500 mL (2 tasses) de lait
2 mL (½ c. à thé) de sel

2 mL (½ c. à thé) de moutarde en poudre
1 feuille de laurier
1 mL (¼ c. à thé) de thym
chapelure
beurre, fondu
jus de citron

🍂 Couper le poisson en portions individuelles. Dans un plat en verre, mélanger le lait, le sel, la moutarde, le laurier et le thym. Faire mariner le poisson dans ce mélange pendant 2 heures.

🍂 Retirer les morceaux de poisson de la marinade, les enrober de chapelure et les déposer dans un plat en verre carré allant au four. Mélanger en égales quantités un peu de beurre fondu et de jus de citron. Arroser le poisson de ce mélange. Verser la marinade dans le plat.

🍂 Faire cuire au four à 200°C (400°F) de 20 à 30 minutes ou jusqu'à ce que le dessus soit doré et croustillant.

FILETS DE POISSON PÊCHEUR

(cuisson type)

2 oignons, tranchés et légèrement frits
1 à 1,5 kg (2 à 3 lb) de filets de poisson, coupés en portions individuelles
sel, poivre et muscade
jus d'un citron
2 mL (½ c. à thé) de thym
30 mL (2 c. à soupe) de beurre, coupé en dés

🍂 Beurrer un plat allant au four. Tapisser le fond avec les oignons et y déposer les filets de poisson. Saler, poivrer et saupoudrer de muscade. Arroser du jus de citron. Parsemer du thym et des noisettes de beurre. Couvrir d'une feuille de papier d'aluminium graissée. Cuire au four à 190°C (375°F) de 10 à 15 minutes par 500 g (1 lb).

Filets de poisson gratinés

FILETS DE POISSON FARCIS

(cuisson type)

2 filets de poisson, au choix
50 mL (¼ tasse) d'eau
15 mL (1 c. à soupe) de beurre

FARCE
Beurre
4 tranches de pain
1 œuf
2 petits cornichons, hachés finement
2 mL (½ c. à thé) de paprika
1 pincée de cari
1 pincée de thym
60 mL (4 c. à soupe) de lait
sel et poivre, au goût

🐟 Beurrer un plat à rôtir et y déposer un filet de poisson. Étendre la farce et recouvrir de l'autre filet. Ajouter l'eau et le beurre et faire cuire au four à 190°C (375°F) pendant 30 minutes.

🐟 Préparation de la farce : beurrer les tranches de pain de chaque côté et les couper en petits dés. Les mettre dans un bol avec l'œuf, les cornichons, le paprika, le cari, le thym et le lait. Saler et poivrer. Bien mélanger.

POISSON CUIT À LA VAPEUR

(cuisson type)

🐟 Mettre 125 mL (½ tasse) d'eau dans une poissonnière. Porter à ébullition. Placer le poisson sur la grille de la poissonnière. Couvrir et réduire le feu.

🐟 Cuire de 3 à 4 minutes pour le poisson de 2,5 cm (1 po) d'épaisseur, et de 6 à 8 minutes pour le poisson de 5 cm (2 po) d'épaisseur. Poursuivre la cuisson de 2 à 3 minutes, si le poisson est froid. Amincir le poisson qui a plus de 5 cm (2 po) d'épaisseur.

SOUFFLÉ AU POISSON

250 mL (1 tasse) de poisson cuit ou en conserve émietté
45 mL (3 c. à soupe) de carotte crue râpée finement
15 mL (1 c. à soupe) de persil haché finement
45 mL (3 c. à soupe) de beurre, fondu
45 mL (3 c. à soupe) de farine
5 mL (1 c. à thé) de sel
250 mL (1 tasse) de lait
3 œufs, séparés
5 mL (1 c. à thé) de jus de citron

🐟 Mélanger le poisson, la carotte et le persil. Préparer une sauce blanche avec le beurre, la farine, le sel et le lait. Ajouter, en brassant, le mélange de poisson à la sauce.

🐟 Battre les jaunes d'œufs en mousse et y ajouter le jus de citron. Incorporer à la sauce.

🐟 Battre les blancs d'œufs en neige ferme et les incorporer à la sauce. Bien mélanger. Verser la préparation dans une cocotte non graissée d'une capacité de 1,5 L (6 tasses) et la placer dans un plat d'eau chaude.

🐟 Faire cuire au four à 180°C (350°F) pendant 45 minutes ou jusqu'à ce que le soufflé soit pris, gonflé et légèrement doré. Servir immédiatement, avec du beurre fondu mélangé à du jus de citron chaud.

GALANTINE DE SAUMON

FARCE
4 tranches de pain, beurrées et coupées en petits dés
1 œuf
2 petits cornichons, hachés finement
2 mL (½ c. à thé) de paprika
1 pincée de cari
1 pincée de thym
60 mL (4 c. à soupe) de lait
sel et poivre
1 saumon de 1,8 kg (4 lb)

GELÉE
500 mL (2 tasses) de court-bouillon
500 g (1 lb) d'épinards, lavés
15 mL (1 c. à soupe) de gélatine
30 mL (2 c. à soupe) d'eau froide
1 concombre moyen, pelé et râpé
125 mL (½ tasse) de crème à 35%, fouettée

🐟 Préparation de la farce : mélanger les dés de pain, l'œuf, les cornichons, le paprika, le cari, le thym et le lait. Saler et poivrer.

🐟 Farcir le saumon de ce mélange et l'envelopper dans un linge. Cuire dans un court-bouillon (voir *Poisson cuit au court-bouillon*, page 125). Déposer le saumon cuit dans un plat. Enlever la peau. Réfrigérer jusqu'à ce que le poisson soit refroidi.

🐟 Préparation de la gelée : passer le court-bouillon au tamis et y cuire les épinards pendant 10 minutes. Tamiser en pressant bien sur les épinards de manière que le court-bouillon devienne vert. Jeter les épinards.

🐟 Faire tremper la gélatine dans l'eau froide pendant 5 minutes.

Ajouter au court-bouillon. Remuer à feu doux pour dissoudre la gélatine. Ajouter le concombre. Assaisonner au goût. Réfrigérer jusqu'à ce que la préparation soit prise à demi. Ajouter la crème fouettée et bien mélanger.

🍃 Badigeonner le saumon de cette gelée. Réfrigérer 20 minutes et répéter l'opération jusqu'à ce que toute la gelée soit utilisée. Servir la galantine très froide, garnie de tranches de concombres et de bouquets de cresson.

SAUMON AU FOUR

1 saumon de 1,8 kg (4 lb)
sel et poivre
farine
75 mL (5 c. à soupe) de beurre
5 mL (1 c. à thé) de sucre
1 oignon, râpé
1 gousse d'ail, écrasée et hachée
25 mL (1½ c. à soupe) de sauce Worcestershire
250 mL (1 tasse) de tomates en boîtes, égouttées

🍃 Frotter le saumon de sel et de poivre et le saupoudrer de farine. Bien beurrer un plat à rôtir et y déposer le poisson. Faire cuire au four à 230°C (450°F) pendant 10 minutes.

🍃 Retirer le saumon du four. Ajouter le beurre, le sucre, l'oignon, l'ail, la sauce Worcestershire et les tomates. Poursuivre la cuisson au four pendant 30 minutes en arrosant de temps à autre.

🍃 Enlever le saumon du plat. Épaissir la sauce avec un peu de farine et de beurre. Servir avec le poisson.

Saumon au four

SAUMON BOUILLI DE MARIE

2 L (8 tasses) d'eau
2 feuilles de laurier
15 mL (1 c. à soupe) de sel
5 mL (1 c. à thé) de paprika
10 grains de poivre
15 mL (1 c. à soupe) d'épices à marinades
½ citron, coupé en fines tranches
1,5 à 2,5 kg (3 à 5 lb) de saumon

🍃 Préparation du court-bouillon : faire bouillir l'eau, le laurier, le sel, le paprika, le poivre, les épices pour marinades et le citron pendant 25 minutes.

🍃 Envelopper le saumon dans une toile à fromage et le mettre dans le court-bouillon. Porter à ébullition et couvrir. Cuire 10 minutes par 500 g (1 lb).

🍃 Servir le saumon nappé de sauce aux œufs (voir page 368).

🍃 On peut également le servir froid. Dans ce cas, laisser le saumon cuit dans la toile à fromage, et le mettre dans un bol. Recouvrir du court-bouillon. Réfrigérer de 12 à 24 heures. Retirer la toile à fromage et enlever la peau. Garnir de *Mayonnaise andalouse* (page 75).

SAUMON CUIT À LA VAPEUR

(dans un poêlon)

darnes de saumon frais
sel et poivre
paprika
jus de citron
ciboulette

🍃 Déposer chaque darne de saumon sur un carré de papier d'aluminium. Saupoudrer de sel, de poivre et de paprika. Arroser d'un peu de jus de citron. Parsemer de ciboulette. Replier le papier d'aluminium sur les darnes de manière à former plusieurs papillotes.

🌶 Mettre les papillotes côte à côte dans un grand poêlon. Faire cuire à feu doux pendant 20 minutes. (Il n'est pas nécessaire d'ajouter de l'eau dans le poêlon.) Placer les darnes cuites sur un plat de service chaud. Mettre une noisette de beurre sur chaque darne. Servir.

DARNES DE SAUMON GRILLÉES

darnes de saumon [une darne de 2,5 cm (1 po) d'épaisseur par personne]
lait
chapelure fine de craquelins
1 pincée de sarriette ou de basilic
sel et poivre, au goût
paprika
beurre, fondu ou huile végétale

🌶 Tremper les darnes dans le lait. Égoutter.

🌶 Mélanger la chapelure avec la sarriette. Saler et poivrer. Ajouter du paprika. Enrober le saumon égoutté de ce mélange et badigeonner de beurre fondu.

🌶 Placer sur la grille du four à 5 cm (2 po) de la source de chaleur. Faire griller le saumon environ 7 minutes de chaque côté. Tourner une fois en cours de cuisson. Servir immédiatement car le saumon grillé a tendance à durcir après la cuisson.

SAUMON FROID ALI-BAB

900 g (2 lb) de saumon
75 mL (⅓ tasse) de beurre, fondu

75 mL (⅓ tasse) de vermouth sec ou de jus de citron
sel et poivre, au goût

🌶 Mettre le saumon sur une feuille de papier d'aluminium résistant. Relever les côtés de manière à former un genre de casserole. Déposer sur une lèche-frite.

🌶 Verser le beurre fondu sur le saumon. Ajouter le vermouth. Saler et poivrer. Faire cuire au four à 180°C (350°F) pendant 40 minutes.

🌶 Retirer du four et laisser refroidir. Replier le papier d'aluminium sur le saumon pour le couvrir. Réfrigérer pendant 12 heures. Le jus de cuisson devrait former une gelée. Servir avec de la mayonnaise persillée.

CROQUETTES DE SAUMON

1 boîte de 200 g (7 oz) de saumon
250 mL (1 tasse) de purée de pommes de terre chaude
1 œuf, battu
15 mL (1 c. à soupe) de jus de citron
5 mL (1 c. à thé) d'oignon râpé
1 mL (¼ c. à thé) de sel
1 pincée de poivre
2 mL (½ c. à thé) de sel de céleri
chapelure
1 œuf, légèrement battu
125 mL (½ tasse) de chapelure

🌶 Égoutter le saumon et le défaire en morceaux. Ajouter les pommes de terre, l'œuf, le jus de citron, l'oignon, le sel, le poivre et le sel de céleri. Ajouter suffisamment de chapelure pour que le mélange se travaille bien (il en faut tout au plus 30 mL ou 2 c. à soupe). Façonner en croquettes,

les tremper dans l'œuf et les enrober de chapelure. Réfrigérer pendant 1 heure. Faire dorer dans 5 cm (2 po) d'huile chaude (190°C ou 375°F) pendant environ 5 minutes. Égoutter sur un essuie-tout. Servir avec une sauce, si désiré.

VARIANTE

🌶 Mettre les croquettes sur une plaque à pâtisserie graissée. Faire dorer au four à 230°C (450°F) pendant environ 15 minutes.

PÂTÉ DE SAUMON

1 boîte de 425 g (15 oz) de saumon
60 mL (4 c. à soupe) de beurre
60 mL (4 c. à soupe) de farine
2 mL (½ c. à thé) de sel
1 pincée de poivre
500 mL (2 tasses) de liquide (jus du saumon mélangé à du lait)
175 mL (¾ tasse) de fromage cheddar râpé
125 mL (½ tasse) de céleri coupé en dés
1 carotte crue, râpée
500 mL (2 tasses) de purée de pommes de terre

🌶 Égoutter et défaire le saumon en morceaux. Réserver le jus du saumon.

🌶 Faire fondre le beurre et y ajouter la farine, le sel et le poivre. Ajouter le liquide et faire cuire à feu doux, en brassant sans arrêt, jusqu'à ce que la préparation soit lisse et onctueuse. Incorporer le fromage et brasser à feu doux jusqu'à ce qu'il soit fondu. Ajouter le céleri, la carotte et le saumon. Verser dans une cocotte d'une capacité de 1,5 L (6 tasses). Étendre les pommes de terre sur le mélange de saumon.

🍂 Faire cuire au four préalablement chauffé à 230°C (450°F) de 10 à 15 minutes ou jusqu'à ce que les pommes de terre soient bien dorées.

POISSON À LA CHINOISE

750 à 900 g (1½ à 2 lb) de filets de poisson frais ou congelé
30 mL (2 c. à soupe) de fécule de maïs
75 mL (5 c. à soupe) d'huile d'arachide ou végétale
3 oignons verts, coupés en biais
1 gousse d'ail, hachée finement
5 mL (1 c. à thé) de gingembre frais râpé
8 à 10 champignons, coupés en fines tranches
50 mL (¼ tasse) de pousses de bambou coupées en bâtonnets
50 mL (¼ tasse) de sauce de soja
15 mL (1 c. à soupe) de cassonade
2 mL (½ c. à thé) de sel
30 mL (2 c. à soupe) de xérès
175 mL (¾ tasse) de consommé

🍂 Couper les filets en portions individuelles et les enrober de fécule de maïs. Dans un grand poêlon, faire chauffer l'huile et y faire frire les filets environ 2 minutes de chaque côté. Retourner une fois en cours de cuisson. Déposer les filets cuits dans un plat chaud.

🍂 Mettre les oignons verts, l'ail et le gingembre dans le poêlon. Faire cuire à feu moyen pendant 1 minute, en brassant sans arrêt. Ajouter les champignons et les pousses de bambou. Poursuivre la cuisson pendant 30 secondes, en remuant sans arrêt. Mélanger la sauce de soja, la cassonade, le sel, le xérès et le consommé, et verser d'un seul coup dans le poêlon. Porter à ébullition. Retirer du feu.

🍂 Mettre le poisson dans cette sauce. Couvrir et laisser reposer pendant 10 minutes avant de servir. Accompagner d'un plat de riz à grain long.

🍂 Pour préparer des crevettes à la chinoise, remplacer les filets de poisson par 750 g (1½ lb) de crevettes crues, décortiquées et coupées en trois. Enrober les morceaux de crevettes de fécule de maïs et les faire cuire de la même manière que le poisson.

🍂 Le gingembre frais a une saveur fine et un arôme unique. Si on ne peut s'en procurer, il est préférable de l'omettre plutôt que de le remplacer par du gingembre moulu.

CROQUETTES DE POISSON

250 mL (1 tasse) de semoule de blé cuite
1 boîte de 200 g (7 oz) de saumon ou de thon, écrasé
1 petit oignon, haché finement
1 pincée de thym ou de sarriette
sel et poivre, au goût
1 œuf
45 mL (3 c. à soupe) d'eau
semoule non cuite

🍂 Dans un bol, mélanger la semoule de blé, le saumon, l'oignon et le thym. Saler et poivrer. Réfrigérer de 2 à 3 heures.

🍂 Façonner le mélange en croquettes. Battre l'œuf avec l'eau. Tremper les croquettes dans l'œuf et les enrober de semoule. Faire dorer dans un peu d'huile chaude. Tourner une fois en cours de cuisson. Servir telles quelles ou nappées d'une sauce blanche aux œufs (voir page 368).

Poisson à la chinoise

DARNES DE POISSON SUR LE GRIL

jus d'un citron
50 mL (¼ tasse) d'huile végétale
1 mL (¼ c. à thé) de cari
5 mL (1 c. à thé) de paprika
darnes de saumon ou de flétan
(environ 2 cm ou ¾ po
d'épaisseur)

🦋 Mélanger le jus de citron, l'huile, le cari et le paprika. Mettre les darnes dans ce mélange et les laisser mariner pendant 1 heure.

🦋 Faire cuire les darnes dans un gril à poisson (gril double). Le placer directement sur la braise, si elle n'est pas trop chaude ou sur le gril du barbecue. Faire griller de 4 à 5 minutes. Badigeonner plusieurs fois de marinade pendant la cuisson. Le poisson doit cuire assez rapidement afin d'éviter qu'il se dessèche.

PAIN DE SAUMON

375 mL (1½ tasse) de chapelure
250 mL (1 tasse) de saumon cuit
ou 1 boîte de 200 g (7 oz)
de saumon
2 œufs
30 mL (2 c. à soupe) de beurre
1 petit oignon
50 mL (¼ tasse) de feuilles
de céleri
1 brin de persil
2 mL (½ c. à thé) de sel
1 mL (¼ c. à thé) de moutarde
en poudre

🦋 Pour préparer la chapelure, mettre une tranche de pain sec dans le récipient du mélangeur. Couvrir. Actionner et arrêter successivement l'appareil jusqu'à ce qu'on obtienne la quantité de chapelure désirée. Mettre dans un bol.

🦋 Mettre le reste des ingrédients dans le récipient du mélangeur. Couvrir et actionner l'appareil de 30 à 40 secondes. Ajouter à la chapelure. Bien mélanger. Graisser un moule à pain ou un moule carré de 13 cm (5 po) de côté et y verser la préparation. Faire cuire au four à 190°C (375°F) pendant environ 45 minutes ou jusqu'à ce que le dessus soit légèrement doré.

🦋 Servir avec une sauce blanche ou une sauce hollandaise. Ce pain de saumon est également délicieux servi froid accompagné de mayonnaise.

VOL-AU-VENT AU SAUMON

1 boîte de 225 g (7 oz)
de saumon non égoutté
45 mL (3 c. à soupe) de beurre
30 mL (2 c. à soupe) de farine
500 mL (2 tasses) de lait
1 boîte de crème de céleri
non diluée
sel et poivre
vol-au-vent ou tranches de pain
grillées

🦋 Défaire le saumon en morceaux et enlever la peau.

🦋 Préparer une sauce blanche avec le beurre, la farine et le lait. Lorsque la sauce est lisse et crémeuse, ajouter la crème de céleri. Poursuivre la cuisson jusqu'à ce que la sauce soit onctueuse. Ajouter le saumon et faire cuire pendant 5 minutes. Saler et poivrer.

🦋 Servir cette sauce sur des vol-au-vent ou du pain grillé.

🦋 On peut préparer la sauce plusieurs heures d'avance et la réchauffer au bain-marie avant de l'utiliser.

DÉLICE DE LA MER

Ce petit amuse-gueule est franchement délicieux. Il est encore meilleur lorsqu'on le prépare à l'avance. On peut remplacer le saumon en boîte par un reste de saumon froid.

125 mL (½ tasse) de mayonnaise
45 mL (3 c. à soupe) de sauce
chili ou de ketchup
1 oignon vert, haché finement
5 mL (1 c. à thé) de sauce
Worcestershire
15 mL (1 c. à soupe) de jus
de citron
1 cornichon sur ou sucré, haché
15 mL (1 c. à soupe) de crème
1 boîte de 200 g (7 oz) de
saumon, égoutté

🦋 Dans un bol, mélanger la mayonnaise, la sauce chili, l'oignon vert, la sauce Worcestershire, le jus de citron, le cornichon et la crème. Dans un autre bol, défaire le saumon en morceaux et y ajouter la préparation de mayonnaise. Bien mélanger.

🦋 Servir avec des craquelins, des croustilles ou du pain grillé, non beurré.

THON FRAIS À L'INDIENNE

2 tranches épaisses de thon
sel, poivre et marjolaine
tranches d'oignons
tranches de tomates
5 mL (1 c. à thé) de vinaigre
5 mL (1 c. à thé) d'huile d'olive
jus d'un citron

❧ Faire bouillir le thon pendant 10 minutes. Égoutter.

❧ Saupoudrer de sel, de poivre et de marjolaine. Recouvrir de tranches d'oignons et de tomates. Arroser du vinaigre, de l'huile d'olive et du jus de citron.

❧ Faire cuire au four à 180°C (350°F) pendant 25 minutes.

THON EN SALADE

250 mL (1 tasse) de thon en conserve
2 œufs durs, râpés
125 mL (½ tasse) d'olives hachées
15 mL (1 c. à soupe) d'oignon vert haché
sel et poivre
15 mL (1 c. à soupe) de gélatine
50 mL (¼ tasse) d'eau froide
500 mL (2 tasses) de mayonnaise

❧ Défaire le thon en morceaux et le mélanger avec les œufs, les olives et l'oignon vert. Saler et poivrer au goût.

❧ Faire tremper la gélatine dans l'eau froide. Ajouter un peu d'eau chaude jusqu'à ce qu'elle soit fondue. Verser lentement sur la mayonnaise. Bien mélanger. Incorporer le mélange de thon.

❧ Verser le tout dans un moule huilé. Réfrigérer jusqu'à ce que la préparation soit prise. Servir avec une salade. On peut remplacer le thon par tout autre poisson cuit.

SALADE DE POISSON

250 mL (1 tasse) de mayonnaise
30 mL (2 c. à soupe) de jus de citron
15 mL (1 c. à soupe) de moutarde
2 boîtes de thon ou de saumon
500 mL (2 tasses) de pommes

Flétan à la russe

non pelées et coupées en dés
125 mL (½ tasse) de céleri coupé en dés

❧ Mélanger la mayonnaise, le jus de citron et la moutarde.

❧ Égoutter le thon et le défaire en morceaux. Ajouter les pommes et le céleri. Incorporer délicatement à la mayonnaise à l'aide d'une fourchette.

❧ Servir sur des feuilles de laitue. Garnir d'olives et de quartiers de tomates.

FLÉTAN À LA RUSSE

2 darnes de flétan (environ 2,5 cm ou 1 po d'épaisseur)
poivre, sel et sucre
oignon, en tranches
citron, en tranches
15 mL (1 c. à soupe) de ketchup
15 mL (1 c. à soupe) de beurre, fondu

❧ Couper chaque darne en deux et les mettre dans un plat de verre beurré allant au four. Saler et poivrer. Saupoudrer de sucre. Déposer sur chaque morceau de poisson quelques tranches d'oignon et une tranche de citron. Recouvrir avec le ketchup et le beurre fondu.

❧ Faire cuire au four à 180°C (350°F) pendant 30 minutes. Ajouter un peu d'eau, si nécessaire.

FLÉTAN AU CARI

sel et poivre
500 g (1 lb) de darnes de flétan
1 mL (¼ c. à thé) de cari
30 mL (2 c. à soupe) d'huile végétale
1 gros oignon, haché finement
6 à 8 petites pommes de terre, cuites
3 tomates, pelées et coupées en tranches
1 pincée de sucre
250 mL (1 tasse) de crème aigre

2 mL (½ c. à thé) de moutarde
en poudre
1 pincée de sauge
15 mL (1 c. à soupe) de jus
de citron
sel et poivre
paprika

🐟 Saler et poivrer les darnes et les
saupoudrer du cari. Dans un
poêlon, faire chauffer l'huile végétale et y faire revenir les darnes.
Déposer le poisson dans un plat
allant au four de 30 x 20 cm
(12 x 8 po) de côté.

🐟 Ajouter l'oignon et les pommes
de terre au reste de l'huile dans le
poêlon. Faire sauter à feu vif
jusqu'à ce qu'ils soient légèrement dorés. Étendre sur les
darnes. Recouvrir des tomates et
saupoudrer de sucre. Mélanger la
crème aigre avec la moutarde, la
sauge et le jus de citron. Verser ce
mélange sur les tomates. Saler et
poivrer. Saupoudrer de paprika.
Cuire au four à 180°C (350°F)
pendant 20 minutes.

HARENGS SAURS MARINÉS

12 petits harengs saurs
lait
15 mL (1 c. à soupe) de grains
de poivre entiers
3 feuilles de laurier
1 oignon, haché finement
4 clous de girofle entiers
3 tranches minces de citron
10 mL (2 c. à thé) de graines
de moutarde
125 mL (½ tasse) de vinaigre
125 mL (½ tasse) d'eau
15 mL (1 c. à soupe) de sucre

🐟 Faire tremper les harengs dans
du lait de 12 à 24 heures pour les
dessaler. Bien laver.

🐟 Dans un pot de verre, mettre
les harengs, un à la fois, en inter-
calant les grains de poivre, les
feuilles de laurier, l'oignon, les
clous de girofle, le citron et les
graines de moutarde. Ajouter le
vinaigre, l'eau et le sucre. Laisser

mariner pendant 24 heures. Servir
comme hors-d'œuvre.

HARENGS À LA CRÈME

6 à 8 filets de harengs frais
jus de 4 citrons
24 grains de poivre
300 mL (1¼ tasse) de crème aigre
1 oignon, coupé en rondelles

🐟 Mettre les filets de harengs
dans un plat de verre. Ajouter le
jus de citron. Couvrir et réfrigérer
pendant 24 heures (le jus de citron «cuit» le poisson).

🐟 Retirer les filets de harengs du
jus de citron. Les mélanger avec
les grains de poivre, la crème aigre
et les rondelles d'oignon. Réfrigérer. Servir avec des rondelles
d'œufs durs et des tranches de
tomates disposées autour des
harengs.

MORUE EN BRANDADE

900 g (2 lb) de morue fraîche
jus d'un citron
125 mL (½ tasse) d'huile d'olive
crème froide
1 gousse d'ail, écrasée et hachée
pain grillé

🐟 Retirer la peau et les arêtes de la
morue et la mettre dans une casserole avec le jus de citron et l'huile
d'olive. Faire chauffer à feu moyen
en l'écrasant avec une fourchette.
Au moment où la morue commence à être chaude, ajouter
quelques cuillerées de crème
froide. Le mélange ne doit jamais
bouillir. Retirer du feu juste avant
que l'ébullition commence et

Morue en brandade

continuer à écraser jusqu'à ce que le mélange soit lisse et crémeux. Ajouter l'ail. Servir la brandade très chaude sur du pain grillé.

FILETS DE HARENG MARINÉS

5 à 7 filets de hareng frais
2 gros oignons, tranchés en fines rondelles
125 mL (½ tasse) d'eau
2 carottes, pelées et coupées en fines tranches
125 mL (½ tasse) de vinaigre de cidre ou de malt
10 grains de poivre
1 mL (¼ c. à thé) de thym
3 feuilles de laurier
125 mL (½ tasse) d'huile d'olive

🍃 Dans un pot de grès, disposer en couches successives les filets de hareng et les rondelles d'oignons.
🍃 Mettre l'eau et les carottes dans une casserole et porter à ébullition. Laisser mijoter pendant 10 minutes. Ajouter le vinaigre, le poivre, le thym et le laurier. Poursuivre la cuisson pendant 10 minutes. Laisser tiédir.
🍃 Verser sur les harengs et ajouter l'huile d'olive. Laisser mariner de 3 à 4 jours dans un endroit frais avant de servir. Le hareng préparé de cette manière se conserve de 8 à 10 jours. Servir avec une salade de pommes de terre.

CABILLAUD À LA HOLLANDAISE

On appelle souvent la morue fraîche cabillaud et la morue salée et séchée, merluche. L'hiver est la meilleure saison pour acheter du cabillaud. Ce poisson étant de grande taille, il se vend souvent en

Morue à la Mithridate

filets. Il est préférable de choisir les morceaux de la queue.

🍃 Cuire le cabillaud dans un court-bouillon (voir *Poisson cuit au court-bouillon*, page 125).
🍃 Arroser d'un peu de beurre fondu et servir avec des pommes de terre persillées. Accompagner de sauce hollandaise.

MORUE À LA MITHRIDATE

1 gousse d'ail
sauce blanche moyenne
morue, cuite
pommes de terre cuites, coupées en fines tranches
chapelure
beurre, fondu

🍃 Frotter l'intérieur d'un plat à gratin avec l'ail. Remplir le plat en disposant en rangées successives la sauce blanche, la morue et

les pommes de terre. Terminer par la sauce blanche. Couvrir de chapelure et arroser de beurre fondu. Faire gratiner au four préalablement chauffé à 260°C (500°F) jusqu'à ce que le dessus soit bien doré.

CABILLAUD CRÉOLE

50 mL (¼ tasse) d'huile d'olive
175 mL (¾ tasse) de céleri haché finement (avec les feuilles)
1 gros oignon, coupé en fines tranches
625 mL (2½ tasses) de tomates en boîte, égouttées
5 mL (1 c. à thé) de sel
5 mL (1 c. à thé) de sucre
6 pommes de terre, pelées
1,4 kg (3 lb) de cabillaud (morue fraîche), coupé en tranches épaisses

🍃 Faire chauffer l'huile d'olive, y faire revenir le céleri et l'oignon.

Ajouter les tomates, le sel et le sucre. Porter à ébullition et ajouter les pommes de terre et le cabillaud.

🪝 Couvrir et laisser mijoter pendant 30 minutes en brassant de temps à autre.

Morue marinée

1,4 kg (3 lb) de darnes de morue fraîche ou de flétan
poivre
farine
250 mL (1 tasse) d'huile végétale ou d'huile d'olive
2 oignons moyens, coupés en tranches
10 grains de poivre
3 feuilles de laurier
250 mL (1 tasse) d'olives dénoyautées (vertes ou noires)
125 mL (½ tasse) de cidre ou de vinaigre de vin
5 mL (1 c. à thé) de sel

🪝 Frotter les darnes de morue de poivre de chaque côté et les enrober de farine. Dans un grand poêlon, faire chauffer l'huile végétale et y faire frire les darnes. Déposer le poisson cuit dans un plat de verre creux.

🪝 Ajouter au reste de l'huile dans le poêlon les oignons, les grains de poivre, le laurier, les olives, le cidre et le sel. Laisser mijoter pendant 3 minutes. Verser sur les darnes. Couvrir et laisser refroidir. Réfrigérer pendant au moins 24 heures.

🪝 Garnir de persil et de quartiers de tomates, de lime ou de citron. Servir avec une mayonnaise.

Boulettes de poisson de l'Atlantique

Les meilleurs boulettes de poisson sont celles préparées comme autrefois avec de la morue salée défaite en morceaux.

500 g (1 lb) de morue salée
5 pommes de terre moyennes, pelées et coupées en tranches
30 mL (2 c. à soupe) de beurre
1 mL (¼ c. à thé) de sauce Worcestershire
1 mL (¼ c. à thé) de moutarde en poudre
1 mL (¼ c. à thé) de poivre
3 jaunes d'œufs, légèrement battus

🪝 Faire tremper la morue salée dans de l'eau pendant toute une nuit.

🪝 Dans une casserole d'eau bouillante salée, faire cuire les pommes de terre jusqu'à ce qu'elles soient tendres. Égoutter et réduire en purée (pour obtenir une belle purée lisse, la passer au tamis très fin). Mettre la purée dans un bol chaud.

🪝 Égoutter la morue et cuire pendant 5 minutes dans de l'eau chaude (ne pas faire bouillir car la morue durcirait). Égoutter et sécher avec un linge. Il est très important de sécher le poisson pour bien réussir les boulettes.

🪝 Défaire la morue en morceaux et l'ajouter à la purée de pommes de terre. La préparation ne doit pas refroidir ou devenir humide.

🪝 Ajouter le beurre, la sauce Worcestershire, la moutarde, le poivre et les jaunes d'œufs. Brasser jusqu'à ce que le mélange soit homogène.

🪝 Façonner la préparation en boulettes. Enrober de farine et faire frire dans 8 cm (3 po) d'huile chaude (190°C ou 375°F). On peut également façonner la préparation en pâtés et les faire frire dans du beurre, du gras de porc ou de bacon. Servir avec des quartiers de citron et une salade verte.

Langues de morue frites

langues de morue
lait
1 œuf, battu
farine
beurre ou graisse

🪝 Dessaler les langues de morue en les faisant tremper dans du lait. Tremper dans l'œuf battu et enrober de farine. Faire frire dans du beurre ou de la graisse. Servir avec une sauce à la crème.

Poissons des chenaux

Les poissons des chenaux, ou poulamons, sont de petites morues, de 8 à 13 cm (3 à 5 po) de longueur. Ils s'achètent congelés et non nettoyés.

🪝 Recouvrir les poissons des chenaux d'eau froide et les laisser tremper pendant environ 1 heure ou jusqu'à ce qu'ils soient dégelés. Entailler sous le ventre et vider. Bien laver, assécher et rouler dans de la farine assaisonnée de sel, de poivre et de paprika. Faire cuire dans de l'huile ou de la graisse environ 5 minutes de chaque côté. Retourner une fois en cours de cuisson. Servir.

L' ÉPERLAN

L'un de nos poissons les plus délicieux est un petit salmonidé dont la taille moyenne se situe entre 10 et 23 cm (4 et 9 po) de longueur. Il s'agit de l'éperlan.

☙ Plusieurs variétés d'éperlans se pêchent dans les eaux du Canada. On le retrouve sur la côte de l'Atlantique, à partir du New-Jersey jusqu'au Labrador. Mais il abonde tout particulièrement dans le golfe du Saint-Laurent. Chaque année, à l'automne, l'éperlan part de la mer et se dirige vers les estuaires des fleuves. Ensuite, après la débâcle du printemps, il remonte les cours d'eau pour frayer. Les pêcheurs des provinces maritimes capturent l'éperlan surtout en hiver à l'aide de filets ancrés sous la glace.

☙ L'éperlan se vend au poids, frais ou congelé. Sa chair est délicate et sa saveur est très douce. Pour plusieurs personnes, il est un vrai délice cuit au poêlon. Préparé avec art, il fera fureur à votre table.

ÉPERLANS FRAIS FRITS DANS LA POÊLE

900 g (2 lb) d'éperlans
125 mL (½ tasse) de farine
2 mL (½ c. à thé) de sel
1 pincée de poivre
1 œuf
15 mL (1 c. à soupe) de jus de citron
125 mL (½ tasse) de chapelure fine
75 mL (⅓ tasse) de graisse ou d'huile végétale

☙ Avec des ciseaux de cuisine, enlever les têtes, les queues et les nageoires des éperlans. Entailler sous le ventre, vider et laver à l'eau froide. Si les poissons sont assez gros, insérer un petit couteau sous l'arête près de la tête. Dégager l'arête et l'enlever en tirant. La chair est assez molle, et avec un peu de précaution, l'arête s'enlèvera en n'emportant qu'un minimum de chair.

☙ Dans un plat peu profond, mélanger la farine, le sel et le poivre. Dans un autre plat, battre l'œuf avec le jus de citron. Dans un troisième plat, mettre la chapelure. Enrober les éperlans de farine assaisonnée, les tremper dans l'œuf battu au citron et les rouler dans la chapelure.

☙ Faire dorer à la poêle dans de la graisse ou de l'huile chaude à feu moyen. Garder au chaud dans le four jusqu'à ce que tous les éperlans soient cuits. Servir. Garnir de quartiers de citron.

ÉPERLANS AU GRATIN

900 g (2 lb) d'éperlans
125 mL (½ tasse) de lait
2 mL (½ c.thé) de sel
chapelure
60 mL (4 c. à soupe) de beurre, fondu
2 mL (½ c. à thé) de menthe séchée ou 15 mL (1 c. à soupe) de zeste râpé de citron

☙ Vider et laver les éperlans. Les tremper dans le lait mélangé au sel. Les enrober ensuite de chapelure et les mettre dans un plat graissé. Arroser du beurre fondu et ajouter la menthe.

☙ Faire cuire au four à 230°C (450°F) pendant une dizaine de minutes ou jusqu'à ce que la chair se détache facilement de l'arête dorsale, (si elle n'a pas été enlevée).

ÉPERLANS À LA CRÈME

900 g (2 lb) d'éperlans
45 mL (3 c. à soupe) de beurre, fondu
45 mL (3 c. à soupe) de farine
5 mL (1 c. à thé) de sel
1 mL (¼ c. à thé) de poivre
1 mL (¼ c. à thé) de muscade
250 mL (1 tasse) de lait
250 mL (1 tasse) de crème à 15%
125 mL (½ tasse) de mie de pain beurrée

☙ Vider et laver les éperlans et les mettre dans un plat beurré.

☙ Préparer une sauce avec le beurre fondu, la farine, le sel, le poivre, la muscade, le lait et la crème. Recouvrir les éperlans de cette sauce et parsemer de mie de pain.

☙ Faire cuire au four à 230°C (450°F) pendant 15 minutes.

POISSON AU FOUR

500 g (1 lb) de filets d'aiglefin, de morue ou de flétan congelés
5 mL (1 c. à thé) de farine
1 boîte de crème de céleri
50 mL (¼ tasse) de lait
45 mL (3 c. à soupe) de persil haché finement
1 petit oignon, haché finement
50 mL (¼ tasse) d'olives hachées finement, au goût

☙ Mettre le poisson dans un plat allant au four. Il n'est pas nécessaire de faire décongeler le poisson avant de le faire cuire. Saupoudrer de farine.

Aiglefin à la grecque

15 mL (1 c. à soupe) d'oignon haché finement
45 mL (3 c. à soupe) de farine
500 mL (2 tasses) de lait
aiglefin fumé, bouilli
chapelure
beurre, fondu

🌯 Faire fondre le beurre et y faire cuire, sans laisser dorer, le poivron et l'oignon jusqu'à ce qu'ils aient ramolli. Ajouter la farine et le lait.

🌯 Lorsque la sauce est assez épaisse, ajouter l'aiglefin fumé. Verser dans un plat beurré. Couvrir de chapelure et de beurre fondu.

🌯 Faire cuire au four à 190°C (375°F) pendant 20 minutes.

FILETS D'AIGLEFIN FARCIS

beurre
4 tranches de pain
1 œuf
2 petits cornichons, hachés finement
2 mL (½ c. à thé) de paprika
1 pincée de cari
1 pincée de thym
60 mL (4 c. à soupe) de lait
sel, poivre, au goût
2 filets d'aiglefin frais
50 mL (¼ tasse) d'eau
15 mL (1 c. à soupe) de beurre

🌯 Préparation de la farce : beurrer les tranches de pain et les couper en cubes. Dans un bol, bien mélanger l'œuf, les cornichons, le paprika, le cari, le thym et le lait. Saler et poivrer. Ajouter les cubes de pain et bien mélanger.

🌯 Beurrer un plat peu profond allant au four et y déposer un filet

🌯 Faire chauffer à feu doux la crème de céleri, le lait, le persil, l'oignon et les olives, en brassant presque sans arrêt.

🌯 Verser sur le poisson. Faire cuire au four à 190°C (375°F) de 25 à 35 minutes. Servir avec une purée de pommes de terre.

AIGLEFIN À LA GRECQUE

1 boîte de tomates
5 mL (1 c. à thé) de sucre
1 mL (¼ c. à thé) de basilic
1 mL (¼ c. à thé) de poivre
2 mL (½ c. à thé) de sel
500 à 900 g (1 à 2 lb) de filets d'aiglefin frais ou congelés
3 oignons verts, hachés finement
50 mL (¼ tasse) de persil haché finement
50 mL (¼ tasse) d'huile végétale
30 mL (2 c. à soupe) de farine
5 mL (1 c. à thé) de paprika
2 mL (½ c. à thé) de sel

🌯 Égoutter les tomates (le liquide peut être utilisé pour préparer des soupes, des sauces, etc.). Mettre les tomates dans un plat beurré. Saupoudrer de sucre, de basilic, de poivre et de sel. Disposer les filets d'aiglefin au milieu des tomates. (Il n'est pas nécessaire de dégeler les filets congelés.)

🌯 Mélanger ensuite les oignons verts, le persil, l'huile, la farine, le paprika et le sel. Verser sur le poisson.

🌯 Faire cuire au four à 260°C (500°F) de 15 à 18 minutes. Pour un repas vite préparé, servir avec des petits pois ou des pommes de terre bouillies.

AIGLEFIN FUMÉ DU MAINE

45 mL (3 c. à soupe) de beurre
15 mL (1 c. à soupe) de poivron vert haché (facultatif)

d'aiglefin. Étendre la farce sur le dessus et recouvrir de l'autre filet. Ajouter l'eau et le beurre.

❧ Faire cuire au four préalablement chauffé à 190°C (375°F) pendant 30 minutes ou jusqu'à ce que le poisson soit tendre.

HACHIS D'AIGLEFIN DU NOUVEAU-BRUNSWICK

Idéal pour le brunch, ce plat fera la joie de vos convives. Servi avec du pain de maïs chaud et de la confiture de groseilles, votre repas sera complet.

500 g (1 lb) d'aiglefin
2 tranches de citron
1 feuille de laurier
750 mL (3 tasses) de pommes de terre cuites coupées en dés
250 mL (1 tasse) de betteraves cuites
2 tranches de porc salé
ou 4 tranches de bacon, coupées en dés
50 mL (¼ tasse) de crème ou de lait

❧ Mettre l'aiglefin, le citron et la feuille de laurier dans une casserole. Ajouter suffisamment d'eau pour couvrir les ingrédients. Porter à ébullition et laisser mijoter pendant 10 minutes. Égoutter et défaire le poisson en morceaux. Ajouter les pommes de terre et les betteraves. Hacher le tout.

❧ Dans une poêle à frire électrique, faire dorer le porc salé à 190°C (375°F). Mélanger la crème avec le poisson et l'ajouter au porc. Faire cuire au four à 110°C (225°F) pendant environ 15 minutes ou régler la poêle à

frire à 150°C (300°F) et y mettre le mélange de poisson. Couvrir et cuire pendant 40 minutes. Le fond deviendra croustillant et d'un beau brun doré. Servir avec des cornichons sucrés ou du chili maison. Donne six portions.

LE SÉBASTE

Un petit poisson aux couleurs de feu, pêché dans les eaux profondes du nord de l'Atlantique, s'est taillé une place de choix dans notre alimentation. Il s'agit du sébaste, appelé aussi perche rose.

❧ La forme du sébaste rappelle celle de la perchaude. Cependant, sa tête est disproportionnée par rapport à son corps, qui est court et surmonté d'une large nageoire épineuse. C'est un petit poisson dont le poids moyen s'établit à environ 375 g (¾ lb). Sa longueur ne dépasse guère 30 cm (12 po), en partant de la pointe de la bouche jusqu'au bout de la queue.

❧ La couleur de sa peau varie de l'orange au rouge feu, ce qui, dans son habitat naturel, contribue à le protéger. En effet, on a découvert que plusieurs poissons d'eau profonde sont rouges. La faible lumière qui pénètre les profondeurs sombres et silencieuses de l'océan est verte, de fait si verte qu'elle transforme le rouge en gris neutre, ce qui rend le poisson peu apparent.

❧ Le sébaste se vend habituellement en filets congelés. Ils sont faciles à reconnaître grâce à la couleur rougeâtre de leur peau tachetée, qui n'est généralement pas enlevée.

❧ On peut faire cuire ce poisson comme bon nous semble, car toutes les méthodes de cuisson lui conviennent. Servi nature ou en sauce, il est toujours délicieux.

SÉBASTE AU FOUR

500 g (1 lb) de filets de sébaste congelés
sel et poivre
45 mL (3 c. à soupe) d'oignons verts hachés
1 mL (¼ c. à thé) de basilic
2 mL (½ c. à thé) de sucre
2 tomates, coupées en quartiers
50 mL (¼ tasse) de beurre, fondu

❧ Faire décongeler les filets de sébaste et les séparer les uns des autres. Enlever la peau et disposer les filets sur un seul rang dans un plat peu profond, beurré ou huilé. Saler et poivrer. Parsemer d'oignons verts. Saupoudrer le basilic et le sucre et placer les tomates autour du poisson. Verser le beurre fondu sur le poisson et les tomates.

❧ Faire cuire au four préalablement chauffé à 230°C (450°F) pendant 10 minutes.

SÉBASTE EN SOUFFLÉ

500 g (1 lb) de filets de sébaste congelés
sel et poivre
15 mL (1 c. à soupe) de noisettes de beurre
1 blanc d'œuf
45 mL (3 c. à soupe) de mayonnaise
30 mL (2 c. à soupe) d'amandes grillées et hachées

Sole amandine

10 mL (2 c. à thé) de jus de citron
6 tranches d'oignon, très fines
4 brins de persil
2 mL (½ c. à thé) de sel
10 grains de poivre
1 pincée de thym
1 feuille de laurier
1 clou de girofle
250 mL (1 tasse) d'eau
12 crevettes crues
6 filets de sole
sel
12 huîtres
125 mL (½ tasse) de beurre
125 mL (½ tasse) de vin blanc
5 jaunes d'œufs
30 mL (2 c. à soupe) de vin blanc
sel et poivre
30 mL (2 c. à soupe) de crème
à 35%

🍂 Faire décongeler les filets et enlever la peau. Saler et poivrer. Parsemer de noisettes de beurre et faire cuire au four préalablement chauffé à 230°C (450°F) pendant 10 minutes.

🍂 Entre-temps, battre le blanc d'œuf en neige et y incorporer la mayonnaise. Retirer le poisson du four quelques minutes avant la fin de la cuisson, le napper avec le mélange de blanc d'œuf et de mayonnaise. Parsemer d'amandes grillées. Remettre le plat au four pour terminer la cuisson. Faire gonfler et dorer la meringue pendant quelques minutes. Servir immédiatement.

SOLE AMANDINE

1 sole entière ou 2 à 4 filets de sole
farine
60 mL (4 c. à soupe) de beurre
sel et poivre
125 g (¼ lb) d'amandes effilées
5 mL (1 c. à thé) de vinaigre de vin

🍂 Nettoyer la sole, bien la sécher et l'enrober de farine.

🍂 Dans un poêlon de fonte émaillée, faire fondre le beurre jusqu'à ce qu'il soit de couleur noisette. Y faire frire le poisson (voir *Poisson frit à la meunière*, page 126). Cuire le poisson entier 8 minutes de chaque côté et les filets 3 minutes de chaque côté.

🍂 Mettre le poisson cuit dans un plat chaud. Saler et poivrer. Ajouter les amandes au reste du beurre dans le poêlon et les faire dorer pendant quelques secondes. Ajouter le vinaigre et remuer vigoureusement. Verser immédiatement sur le poisson. Servir.

FILETS DE SOLE MARGUERY

125 g (¼ lb) de petits
champignons
30 mL (2 c. à soupe) de beurre
sel et poivre

🍂 Couper les champignons en deux et enlever les pieds. Dans un poêlon, faire fondre le beurre et y faire revenir les champignons à feu vif pendant 1 minute, en brassant sans arrêt. Retirer du feu. Saler, poivrer et ajouter le jus de citron. Réserver.

🍂 Dans le poêlon, mettre l'oignon, le persil, le sel, le poivre, le thym, le laurier, le clou de girofle et l'eau. Porter à ébullition et ajouter les crevettes. Faire bouillir, couvrir et laisser mijoter à feu doux pendant 3 minutes. Retirer les crevettes et les décortiquer. Réserver le liquide de cuisson.

🍂 Mettre 3 filets de sole dans un plat allant au four de 35 x 22 cm (14 po x 9 po). Saler légèrement et disposer les 3 autres filets sur les premiers. Mettre les huîtres autour des filets. Verser le liquide de cuisson réservé sur les filets de sole, en le passant au tamis fin. Couvrir le plat d'un papier d'aluminium. Faire cuire au four à 160°C (325°F) de 10 à 12 minutes. Retirer du four.

⏗ Enlever les filets du plat et les garder au chaud. Verser le liquide de cuisson dans une casserole et faire réduire aux ²/₃. Ajouter le beurre et le vin blanc. Mélanger au fouet et faire cuire à feu doux de 2 à 3 minutes.

⏗ Dans la partie supérieure d'un bain-marie, battre les jaunes d'œufs avec le vin blanc. Saler et poivrer. Incorporer petit à petit le liquide de cuisson, en remuant sans arrêt. Faire cuire au-dessus d'une eau frémissante à feu doux, en brassant sans arrêt, jusqu'à ce que la sauce devienne légèrement crémeuse. (L'eau ne doit pas bouillir, ni toucher le fond de la partie supérieure du bain-marie, ce qui pourrait faire tourner la sauce.) Verser cette sauce sur les filets. Garnir des champignons et des crevettes.

⏗ Fouetter la crème. En répartir 6 cuillerées sur le dessus de la sauce. Avec la pointe d'une cuiller, mélanger légèrement la crème fouettée à la sauce. Faire griller au four pendant quelques secondes pour faire dorer. Servir. La crème prendra une couleur dorée.

FILETS DE SOLE ROULÉS

500 g (1 lb) de filets de sole fraîche
sel et poivre
morceaux de concombre à l'aneth ou cornichons entiers
125 mL (½ tasse) d'oignon haché
30 mL (2 c. à soupe) de beurre
250 mL (1 tasse) de sauce aux tomates
1 mL (¼ c. à thé) de sel

⏗ Saupoudrer chaque filet de sel et de poivre. Mettre un morceau de concombre à l'aneth sur l'extrémité la plus épaisse. Enrouler les filets et les disposer côte à côte dans un petit plat graissé allant au four.

⏗ Faire revenir l'oignon dans le beurre pendant 5 minutes, sans le laisser brunir. Ajouter, en brassant, la sauce aux tomates et le sel. Porter à ébullition et verser sur le poisson.

⏗ Faire cuire au four à 230°C (450°F) de 15 à 20 minutes ou jusqu'à ce que la chair du poisson soit complètement opaque et qu'elle se défasse facilement avec une fourchette.

FILET DE SOLE BEAUFORT

filet de sole
1 grand croûton de pain grillé
épinards à la crème
sauce au fromage

⏗ Faire cuire le filet de sole à la meunière (voir *Poisson frit à la meunière*, page 126).

⏗ Mettre le filet cuit sur le croûton. Recouvrir d'épinards à la crème, puis de sauce au fromage. Faire cuire au four à 260°C (500°F) pendant environ 5 minutes.

ESPADON GRILLÉ

L'espadon se pêche bien souvent pour le plaisir, car c'est un poisson combatif. On le trouve le long de la côte de la Nouvelle-Écosse. On peut acheter l'espadon frais en été. N'ayant pas d'arêtes, c'est l'un des poissons grillés les plus délicieux et les plus tendres.

900 g (2 lb) d'espadon en morceaux de 4 cm (1½ po) d'épaisseur
jus de 2 citrons
5 mL (1 c. à thé) de menthe fraîche hachée
50 mL (¼ tasse) d'huile végétale ou d'huile d'olive

Filet de sole Beaufort

15 mL (1 c. à soupe) d'origan
sel et poivre, au goût

🐚 Laver et assécher l'espadon.
🐚 Mélanger le jus de citron, la menthe, l'huile et l'origan. Saler et poivrer. Badigeonner un côté du poisson de ce mélange. Faire griller au four (voir *Poisson grillé*, page 126). Tourner à mi-cuisson et badigeonner du mélange de citron. Au moment de servir, badigeonner à nouveau l'espadon du mélange de citron.
🐚 Servir avec du riz mélangé à des petits pois frais et du beurre.

LE CALMAR

Le calmar est le petit cousin de la pieuvre, il a la forme d'une plume et mesure environ 30 cm (12 po) de longueur. Il est délicieux servi grillé avec du beurre et une pincée de romarin. Son goût surprendra agréablement, si on le prépare comme dans le sud de la France, avec une sauce aigre ou au vin.

CALMARS SAUTÉS AU VIN

900 g (2 lb) de calmars
125 g (¼ lb) de beurre
1 gousse d'ail, hachée finement
30 mL (2 c. à soupe) de menthe ou d'aneth haché finement
15 mL (1 c. à soupe) de persil haché
1 mL (¼ c. à thé) de sel
1 pincée de poivre
50 mL (¼ tasse) de vin blanc

🐚 Bien laver les calmars. Enlever la poche d'encre (si le pêcheur ne l'a pas déjà retirée), la tête et les entrailles. Couper les tentacules

en petits morceaux et le calmar en cubes de 5 cm (2 po) de côté. Essuyer avec un linge humide.
🐚 Dans une casserole, faire fondre le beurre à feu moyen. Y faire cuire les tentacules jusqu'à ce qu'elles changent de couleur. Ajouter l'ail, la menthe, le persil, le sel et le poivre. Faire sauter pendant 3 minutes en remuant assez souvent. Ajouter les cubes de calmars et les faire dorer légèrement pendant 3 minutes. Ajouter le vin. Couvrir et laisser mijoter pendant 10 minutes ou jusqu'à ce que les calmars soient tendres mais pas trop cuits.
🐚 Servir très chaud avec du pain grillé et beurré.

LA TRUITE

Les truites peuvent se diviser en deux catégories, les petites, comme la truite mouchetée, et les plus grosses comme la truite arc-en-ciel et la truite grise. Elles sont toutes délicieuses et méritent qu'on les apprête avec art. C'est pourquoi je vous propose ici mes recettes préférées qui m'ont été données par de vrais amateurs de pêche et des guides expérimentés.

TRUITE MOUCHETÉE BOUILLIE

🐚 Vider la truite et la laver. La mettre dans un poêlon peu profond et la recouvrir d'eau (ou de jus de palourdes, si possible). Ajouter un morceau d'oignon et une pincée de graines de céleri. Porter à ébullition. Couvrir et réduire le feu. Laisser mijoter 5 minutes pour chaque 900 g (2 lb) de poisson. Égoutter. Servir dans une serviette de papier pliée.

Accompagner de bols de persil haché, de beurre fondu et de quartiers de citron. La truite bouillie dans le jus de palourdes est un vrai délice pour les fins gourmets. C'est un guide de pêche de la Nouvelle-Écosse qui m'a appris, il y a bien longtemps, cette recette qui demeure encore aujourd'hui ma préférée.

TRUITE AU FOUR

1 truite de 1 à 2 kg (2 à 4 lb)
3 tranches de citron non pelées
sel, poivre
sauce piquante ou chutney
3 tranches de bacon
500 mL (2 tasses) de laitue coupée
4 tranches de citron
15 mL (1 c. à soupe) de xérès ou de cognac

🐚 Vider, laver et assécher la truite. Mettre les tranches de citron dans la cavité. Frotter la truite de sel, de poivre et de sauce piquante. Recouvrir avec les tranches de bacon. Mettre la laitue et les tranches de citron dans un plat à rôtir.
🐚 Placer la truite sur le lit de laitue. Cuire au four à 220°C (425°F) 5 minutes par 500 g (1 lb). Ajouter le xérès environ 5 minutes avant la fin de la cuisson. Il donne un goût délicat au poisson.

TRUITES GRILLÉES AU BACON

(cuisson au barbecue)

truites entières
citron, coupé en deux
poivre
bacon

🍃 Nettoyer les truites et les frotter vigoureusement avec le citron. Saupoudrer l'intérieur de poivre. Envelopper chaque truite de tranches de bacon de manière à bien la recouvrir. Fixer avec des curedents.

🍃 Placer les truites sur le gril du barbecue. Faire griller de 6 à 10 minutes, selon la grosseur des truites. Retourner une fois en cours de cuisson.

TRUITE OU SAUMON MARINÉ

125 mL (½ tasse) de vinaigre de cidre
500 mL (2 tasses) de vin blanc
1 gros oignon, coupé en fines tranches
1 carotte crue, coupée en fines tranches
15 mL (1 c. à soupe) de sel
3 clous de girofle
1 mL (¼ c. à thé) de thym
6 grains de poivre
2 mL (½ c. à thé) de sel de céleri
10 à 12 petites truites ou environ
2 kg (4 à 5 lb) de saumon, coupé en tranches

🍃 Mettre le vinaigre de cidre, le vin, l'oignon, la carotte, le sel, les clous de girofle, le thym, les grains de poivre et le sel de céleri dans une casserole. Porter à ébullition et laisser mijoter, à découvert, pendant 20 minutes.

🍃 Nettoyer les truites et les mettre dans le liquide bouillant. Faire mijoter pendant 20 minutes, sans laisser bouillir.

🍃 Retirer les truites en évitant de les briser, les placer dans un plat et les recouvrir du liquide de cuisson. Servir très froid dans le liquide. Ce

Filets de dorés bonne femme

plat se conserve de 15 à 20 jours au réfrigérateur en le couvrant bien.

TRUITES MOUCHETÉES FROIDES

6 truites mouchetées
75 mL (⅓ tasse) de vin blanc ou de vinaigre de cidre
1 L (4 tasses) d'eau froide
5 mL (1 c. à thé) de sel
1 petite carotte, coupée en fines tranches
1 oignon moyen, coupé en fines tranches
6 grains de poivre
1 clou de girofle
1 feuille de laurier
1 mL (¼ c. à thé) de thym
5 feuilles de céleri

SAUCE TOMATE
1 boîte de 175 mL (6 oz) de pâte de tomates

75 mL (⅓ tasse) de mayonnaise
jus d'un citron
5 mL (1 c. à thé) de zeste râpé de citron
sel et poivre, au goût

🍃 Laver les truites, les passer sous l'eau froide et les déposer sur une grille beurrée dans une casserole peu profonde (le poisson sera ainsi plus facile à manipuler pendant la cuisson).

🍃 Dans une autre casserole, mettre le vin, l'eau, le sel, la carotte, l'oignon, les grains de poivre, le girofle, le laurier, le thym et les feuilles de céleri. Porter à ébullition et laisser mijoter pendant 20 minutes. Passer au tamis fin et verser sur les truites. Couvrir et laisser mijoter pendant 15 minutes. Déposer les truites sur un plat de service, couvrir et réfrigérer.

🍃 Garnir de persil frais et d'œufs durs coupés en quartiers. Servir avec une sauce tomate.

❧ Préparation de la sauce tomate : bien mélanger la pâte de tomates, la mayonnaise, le jus et le zeste de citron. Saler et poivrer. En étendre un peu sur chaque truite. Servir le reste dans un bol.

LE BROCHET, LE DORÉ ET LE MASKINONGÉ

Le brochet, le doré et le maskinongé sont des espèces souvent pêchées par les amateurs. Ils sont tous délicieux, mais je préfère le maskinongé. Sa chair étant assez sèche, il est conseillé de le servir avec une sauce. Le maskinongé est généralement assez gros, c'est pourquoi il est préférable de le couper en darnes.

❧ J'aime bien aussi le doré et le brochet quand ils sont petits et entiers. Tous les deux s'apprêtent de la même façon.

FILETS DE DORÉ BONNE FEMME

champignons, hachés finement
persil, haché finement
oignons verts, hachés finement
sel et poivre
filets de doré
125 mL (½ tasse) de vin ou de consommé

❧ Beurrer un plat en verre allant au four et recouvrir le fond de champignons, de persil et d'oignons verts. Saler et poivrer. Placer les filets sur les champignons. Verser le vin. Recouvrir d'une feuille de papier d'aluminium beurrée et d'un couvercle.

❧ Faire pocher au four à 200°C (400°F) pendant 25 minutes. Servir.

Brochet à la crème

BROCHET CUIT AU FOUR

(recette de ma mère)

❧ Laver le brochet et l'ouvrir en deux de manière que seule la peau retienne les deux moitiés. Si désiré, enlever l'arête dorsale et les autres arêtes. Envelopper dans un linge pour sécher. Frotter le brochet avec du sel et du beurre et le mettre, peau vers le haut, dans un plat huilé. Battre un œuf avec 30 mL (2 c. à soupe) d'eau. Badigeonner ce mélange sur la peau du brochet. Saupoudrer de chapelure. Faire cuire au four à 200°C (400°F) pendant 10 minutes.

❧ Entre-temps, mélanger 45 mL (3 c. à soupe) de farine avec 375 mL (1½ tasse) de crème aigre jusqu'à ce que le mélange soit lisse. Faire revenir 1 gros oignon dans 30 mL (2 c. à soupe) de beurre.

❧ Retirer le poisson du four et le recouvrir de l'oignon, du mélange de crème aigre, d'une feuille de laurier et de 1 mL (¼ c. à thé) de thym. Poursuivre la cuisson pendant 10 minutes ou jusqu'à ce que le poisson soit tendre. Déposer le poisson sur un plat de service chaud. Brasser la sauce dans le fond du plat jusqu'à la consistance désirée. Napper le brochet de cette sauce. Le doré préparé de cette manière est un vrai régal.

BROCHET À LA CRÈME

sel et poivre
brochet, coupé en portions individuelles

1 œuf
eau
chapelure
250 mL (1 tasse) de crème

🦐 Saler et poivrer les morceaux de brochet. Battre l'œuf avec un peu d'eau et y tremper les morceaux de poisson. Enrober de chapelure.

🦐 Faire cuire au four à 200°C (400°F) pendant 30 minutes, en arrosant à plusieurs reprises avec la crème. Servir avec une sauce aux œufs aromatisée au romarin ou à la sarriette.

MASKINONGÉ DE LA CÔTE-NORD

Voici une recette d'autrefois toujours très populaire aujourd'hui. Je dois avouer que c'est mon plat de poisson préféré.

🦐 Enrober de farine des darnes (5 ou 6) de maskinongé. Dans un poêlon de fonte, faire fondre quelques cuillerées de beurre et y faire dorer le poisson de chaque côté. Tourner une fois en cours de cuisson. Retirer le poisson du poêlon.

🦐 Ajouter quelques oignons au reste du beurre dans le poêlon et les faire revenir jusqu'à ce qu'ils soient légèrement dorés. Ajouter 45 mL (3 c. à soupe) de farine et cuire 1 minute. Ajouter 500 mL (2 tasses) de lait et faire cuire, en brassant sans arrêt, jusqu'à ce que la sauce soit crémeuse. Saler et poivrer. Ajouter une pincée de thym ou de sarriette. Mettre les darnes de maskinongé dans la sauce. Couvrir et laisser mijoter à feu très doux pendant 25 minutes. Servir avec une purée de pommes de terre.

L'ACHIGAN

Il existe différentes sortes d'achigan dans nos lacs et nos rivières. Sa chair est maigre et non sèche. Les achigans pesant environ 2 kg (de 2 à 2½ lb) sont à leur meilleur lorsqu'ils sont grillés ou frits.

🦐 Voici une recette qui date du début du siècle. Ce délicieux plat d'achigan est idéal pour les buffets. Dans certaines régions du Québec, on l'appelle gibelotte ou fricassée d'achigan.

🦐 Râper 3 pommes de terre moyennes non pelées et 3 carottes moyennes non pelées. Dans une casserole, faire fondre 45 mL (3 c. à soupe) de beurre et y mélanger les pommes de terre, les carottes, 1 branche de céleri hachée finement et 1 ou 2 gousses d'ail hachée finement. Couvrir et faire cuire à feu doux pendant dix minutes ou jusqu'à ce que les saveurs soient mélangées. Saler et poivrer. Ajouter du persil au goût.

🦐 Bien beurrer un plat peu profond allant au four et y étendre les légumes dans le fond. Mettre quelques petits achigans sur les légumes et déposer une tranche de bacon sur chaque achigan. Cuire au four à 200°C (400°F) pendant 20 minutes. Arroser avec le jus d'un citron et poursuivre la cuisson pendant 10 minutes. Servir.

ACHIGAN FARCI

sel et poivre
1 achigan de 1,8 kg (4 lb)
500 mL (2 tasses) de chapelure
30 mL (2 c. à soupe) d'oignon haché finement
15 mL (1 c. à soupe) de câpres
5 mL (1 c. à thé) de persil

30 mL (2 c. à soupe) de beurre, fondu
60 mL (4 c. à soupe) de crème ou de vin chaud
sel, poivre, paprika
eau chaude
beurre, fondu

🦐 Saler et poivrer l'intérieur et l'extérieur de l'achigan.

🦐 Mélanger la chapelure, l'oignon, les câpres, le persil, le beurre et la crème. Saler et poivrer. Saupoudrer de paprika. Travailler ce mélange avec les mains jusqu'à ce qu'il ait la consistance d'une pâte. Farcir l'achigan de ce mélange. Coudre la cavité du poisson et le mettre dans un plat à rôtir bien beurré. Faire cuire au four à 200°C (400°F).

🦐 Mélanger une égale quantité d'eau chaude et de beurre fondu. Après 10 minutes de cuisson, arroser le poisson de ce mélange. Arroser toutes les 10 minutes pendant 45 minutes. Préparer une sauce avec le jus accumulé dans le plat et un peu de crème.

LA PERCHAUDE

À mon avis, la perchaude est meilleure que bien d'autres poissons. Elle est simple à préparer et délicieuse même si elle a beaucoup de petites arêtes.

🦐 Je l'aime bien frite ou grillée, nappée d'une vinaigrette française que je prépare avec de l'huile d'olive, du jus de citron, du sel, du poivre, des œufs durs coupés en tranches et du cresson.

🦐 Lorsque j'en ai plusieurs, je les fait mariner. Elles se conservent ainsi pendant environ 10 jours au réfrigérateur. La perchaude est un vrai délice servie froide accompagnée d'une salade de pommes de terre ou de laitue et de crème aigre.

❧ Voici ma méthode pour les mariner : laver 8 ou 10 petites perchaudes et enlever la peau et la queue. Mettre les poissons dans une casserole avec un oignon coupé en tranches, 5 grains de poivre, 4 clous de girofle, 1 feuille de laurier et 5 mL (1 c. à thé) de sel. Ajouter suffisamment d'eau pour recouvrir les poissons. Porter à ébullition, couvrir et laisser mijoter pendant 3 minutes. Retirer délicatement les perchaudes et les déposer sur un plat en verre ou en céramique.

❧ Ajouter à l'eau de cuisson 60 mL (4 c. à soupe) de beurre mélangé à 30 mL (2 c. à soupe) de farine. Porter à ébullition en brassant sans arrêt. Ajouter 250 mL (1 tasse) de vinaigre de cidre et verser sur les perchaudes. Couvrir et réfrigérer. Servir.

LA LAQUAICHE AUX YEUX D'OR DE WINNIPEG

La laquaiche aux yeux d'or (goldeye) se pêche uniquement dans les lacs manitobains près de Winnipeg. Il existe quelques poissons semblables, mais aucun ne se compare à la laquaiche. Sa peau est d'un brun rougeâtre et sa chair, tendre et blanche, est habituellement fumée. Il n'est pas nécessaire de la faire cuire. On peut la manger froide arrosée d'une vinaigrette au citron et accompagnée de tranches de tomates ou de pommes de terre bouillies.

❧ La laquaiche est également délicieuse cuite sur le gril ou pochée.

LAQUAICHE AUX YEUX D'OR GRILLÉE

1 laquaiche
30 mL (2 c. à soupe) de beurre mou

❧ Faire griller la laquaiche à 5 à 8 cm (2 à 3 po) de la source de chaleur. Cuire de 4 à 5 minutes de chaque côté. Retourner une fois en cours de cuisson.

❧ Mettre la laquaiche dans un plat de service chaud et la badigeonner avec le beurre. Enlever la tête et la peau. Servir accompagnée d'une salade de chou et de frites.

LE CORÉGONE

À mon avis, le corégone — surtout celui pêché dans les Grands Lacs et pesant de 1 à 2,5 kg (de 2 à 5 lb) — est plus savoureux que la truite mouchetée à cause de son goût de noisette. Frit, bouilli ou cuit au four, il fera toujours un triomphe à votre table. Fumé, il est également un vrai régal.

❧ Lorsque je prépare du corégone grillé ou frit, j'aime bien l'accompagner d'une sauce aux concombres. Voici ma recette de sauce : laver un concombre moyen, l'épépiner, le râper, sans le peler. Mélanger le concombre avec 250 mL (1 tasse) de crème aigre et ajouter un peu d'oignon. Saler et poivrer. Servir très froid avec le poisson chaud.

❧ J'en profite ici pour rendre hommage à tous les Néo-Canadiens qui nous font découvrir les plats traditionnels de leur pays d'origine. Voici une recette qu'un de mes amis polonais m'a confiée.

Laquaiche aux yeux d'or grillée

Un plat délicieux que j'aime bien préparer de temps à autre.

🍃 Dans de la graisse de bacon ou de l'huile, faire frire 900 g (2 lb) de corégone avec des oignons coupés en tranches, du thym, du persil. Saler et poivrer. (Utilisez la quantité d'ingrédients que vous désirez.) Ajouter 250 mL (1 tasse) de vin blanc et laisser mijoter à feu doux pendant 10 minutes. Ajouter 1 oignon coupé en fines tranches, 125 mL (½ tasse) d'amandes blanchies et effilées et 125 mL (½ tasse) de raisins secs. Poursuivre la cuisson de 8 à 10 minutes. Servir le poisson et sa sauce dans un plat creux et bien chaud. Accompagner de pommes de terre ou de pâtes.

RAGOÛT DE CORÉGONE

45 mL (3 c. à soupe) d'huile végétale ou de graisse de bacon
3 oignons, coupés en fines tranches
3 pommes de terre moyennes, pelées et coupées en fines tranches
250 mL (1 tasse) de céleri haché (avec les feuilles)
1 L (4 tasses) d'eau
5 mL (1 c. à thé) de sel
1 mL (¼ c. à thé) de poivre
1 pincée de basilic
1 feuille de laurier
750 à 900 g (1½ à 2 lb) de corégone
50 mL (¼ tasse) de pâte de tomates
5 mL (1 c. à thé) de paprika

🍃 Dans une casserole, faire chauffer l'huile et y ajouter les oignons, les pommes de terre et le céleri. Brasser jusqu'à ce que les légumes soient bien enrobés d'huile. Couvrir et laisser mijoter pendant 20 minutes, en remuant de temps à autre.

🍃 Ajouter l'eau, le sel, le poivre, le basilic et le laurier. Porter à ébullition. Laisser bouillir doucement, à découvert, pendant 20 minutes.

🍃 Couper le corégone en portions individuelles et l'ajouter à l'eau bouillante avec la pâte de tomates et le paprika. Brasser délicatement jusqu'à ce que les ingrédients soient bien mélangés. Couvrir et laisser mijoter pendant 20 minutes. Le ragoût doit avoir la consistance d'une sauce crémeuse. Servir dans des bols à soupe.

LES FRUITS DE MER

La saveur délicate des fruits de mer est fort estimée par tous les fins gourmets du monde entier. Voici la liste des principales espèces que l'on trouve sur le marché.

HOMARD

Il se pêche au large de la côte de l'Atlantique. Son poids varie de 500 g à 1,5 kg (de 1 à 3 lb). On estime qu'un petit homard de 500 g (1 lb) donne environ 125 g (¼ lb) de chair cuite. On peut se procurer du homard vivant, sur la côte de l'Atlantique et dans presque toutes les villes du Canada. On peut également l'acheter cuit, congelé ou en conserve.

CRABE

Il se pêche principalement dans le Golfe du Saint-Laurent. L'espèce la plus vendue est le crabe des neiges. On peut l'acheter vivant pendant l'été, et bien sûr il se vend aussi cuit, congelé ou en conserve pendant le reste de l'année.

CREVETTES

Elles se pêchent dans le Golfe du Saint-Laurent et au large du Labrador. L'espèce la plus courante est la crevette nordique. Il existe également des crevettes cultivées importées des pays asiatiques. Les crevettes se vendent souvent décortiquées et déjà cuites. On peut les acheter fraîches, congelées ou en conserve. Les crevettes cocktail en conserve proviennent généralement des pays asiatiques.

PALOURDES

Elles sont cueillies sur le littoral des côtes de l'Atlantique et du Pacifique. On peut les acheter fraîches, dans leur coquille ou écaillées, ou en conserve.

HUÎTRES

Elles sont pêchées au Nouveau-Brunswick et en Nouvelle-Écosse. Il en existe de différentes formes et de différentes grosseurs. On peut les acheter fraîches à l'automne. On trouve également sur le marché des huîtres cultivées et en conserve.

PÉTONCLES

Ils sont pêchés dans le Golfe du Saint-Laurent, aux Îles de la Madeleine et au large de la côte de l'Atlantique. On vend seulement la partie blanche qui réunit les deux coquilles. On peut les acheter frais ou congelés.

HOMARD GRILLÉ

🍃 Fendre le homard vivant en deux et le placer sur la grille du barbecue ou du four, le dos vers le bas. Arroser généreusement de beurre fondu. Faire griller à 8 cm (3 po) de la braise ou de la source de chaleur de 15 à 20 minutes.

Véritable homard à la Newburg

HOMARDS FRAIS BOUILLIS

homards vivants
sel et poivre
beurre, fondu

🥄 Plonger les homards vivants, tête première, dans une casserole d'eau bouillante salée ; mettre 15 mL (1 c. à soupe) de sel pour 1,2 L (5 tasses) d'eau. Mettre suffisamment d'eau de manière à bien les recouvrir. Faire bouillir à gros bouillons pendant 5 minutes. Réduire le feu et laisser mijoter pendant 20 minutes.

🥄 Plonger immédiatement les homards cuits dans de l'eau froide pendant quelques secondes. Pour décortiquer le homard, couper la carapace en deux dans le sens de la longueur. Enlever les intestins et les œufs (gardez-les pour préparer des sauces). Enlever la chair des pinces. Saler et poivrer la chair. Mettre le beurre fondu dans une saucière. Servir.

HOMARD THERMIDOR

1 homard
beurre
125 g (¼ lb) de champignons
2 mL (½ c. à thé) de paprika
5 mL (1 c. à thé) de moutarde
1 mL (¼ c. à thé) d'estragon
15 mL (1 c. à soupe) de persil
250 mL (1 tasse) de sauce blanche moyenne
125 mL (½ tasse) de xérès
noisettes de beurre
fromage râpé, gruyère ou parmesan

🥄 Faire bouillir ou griller le homard (voir *Homard grillé* ou *Homards frais bouillis* à la page précédente).

🥄 Retirer la chair du homard et la couper en petits morceaux. Garder la carapace. Faire fondre le beurre et y faire revenir les champignons. Ajouter le paprika, la moutarde, l'estragon, le persil, la sauce blanche et le xérès. Faire bouillir cette sauce pendant quelques minutes et en étendre une petite quantité dans le fond de la carapace du homard. Recouvrir des morceaux de homard et du reste de la sauce. Parsemer de noisettes de beurre. Saupoudrer d'un peu de fromage râpé.

🥄 Faire dorer au four à 230°C (450°F) pendant 10 minutes.

VÉRITABLE HOMARD À LA NEWBURG

2 homards vivants de 750 g (1½ lb)
50 mL (¼ tasse) de beurre
2 jaunes d'œufs
125 mL (½ tasse) de crème à 35%
30 mL (2 c. à soupe) de xérès
sel et poivre
1 pincée de cayenne et de muscade

🥄 Faire cuire les homards pendant 15 minutes dans une casserole d'eau bouillante. Retirer les homards et les laisser refroidir. Décortiquer et couper la chair en gros dés.

🥄 Dans un poêlon, faire fondre le beurre et y faire cuire la chair des homards pendant 2 minutes. Enlever le homard du poêlon et réserver.

🥄 Battre les jaunes d'œufs et les mélanger à la crème. Verser ce mélange dans le poêlon encore chaud. Remuer sans arrêt à feu doux jusqu'à ce que le mélange soit légèrement crémeux.

🥄 Ajouter le xérès et la chair des homards. Bien mélanger. Saler et poivrer. Ajouter le cayenne et la muscade. Faire chauffer pendant

❦ TECHNIQUE ❦

VÉRITABLE HOMARD À LA NEWBURG

1 Homard vivant.

2 Faire cuire les homards pendant 15 minutes dans une casserole d'eau bouillante.

3 Faire cuire la chair des homards dans le beurre pendant 2 minutes.

4 Enlever les homards du poêlon et réserver.

quelques minutes en évitant de faire bouillir. Servir aussitôt.

SALADE DE HOMARD

500 mL (2 tasses) de chair
de homard*
15 mL (1 c. à soupe)
de ciboulette
15 mL (1 c. à soupe) de câpres
sel et poivre, au goût
125 mL (½ tasse) de mayonnaise
au citron
30 mL (2 c. à soupe)
de ciboulette ou d'oignons verts
hachés finement
1 pincée d'estragon
laitue

❧ Utiliser de préférence du homard frais, cuit, ou encore du homard en conserve. Couper le homard en gros morceaux. Le mélanger à la fourchette avec la ciboulette et les câpres. Saler et poivre. (Attention, le homard en conserve est déjà salé.)
❧ Mélanger la *Mayonnaise au citron* (voir page 74) avec la ciboulette et l'estragon. En mettre la moitié sur le homard et mélanger à la fourchette. Servir sur un nid de laitue. Garnir avec le reste de la mayonnaise.

*On peut remplacer le homard par du crabe ou des crevettes.

DÉLICE AU HOMARD

500 g (1 lb) de chair de homard
ou de crabe en conserve
250 mL (1 tasse) de céleri coupé
en petits dés
1 petit oignon, haché finement
2 mL (½ c. à thé) de cari
125 mL (½ tasse) de mayonnaise
15 mL (1 c. à soupe)
de moutarde

6 tranches de pain de blé
ou de pain blanc
6 tranches fines de fromage suisse
4 œufs
500 mL (2 tasses) de lait chaud
2 mL (½ c. à thé) de sel
1 mL (¼ c. à thé) de poivre

❧ Égoutter la chair de homard et la défaire en petits morceaux. Ajouter le céleri, l'oignon, le cari, la mayonnaise et la moutarde. Bien mélanger. Rectifier l'assaisonnement. Répartir également le mélange sur 3 tranches de pain. Recouvrir des 3 autres tranches. Couper les sandwichs en deux en biais.
❧ Beurrer un plat peu profond allant au four. Disposer les demi-sandwichs et les tranches de fromage en alternant.
❧ Battre les œufs avec le lait chaud. Ajouter le sel et le poivre. Verser sur les sandwiches.
❧ Laisser reposer pendant 30 minutes. Mettre le plat de sandwichs dans un plat rempli d'eau chaude. Faire cuire au four à 160°C (325°F) de 40 à 50 minutes ou jusqu'à ce que la préparation soit bien gonflée et dorée.

CRABE EN SAUCE

500 g (1 lb) de crabe congelé
30 mL (2 c. à soupe) de xérès
60 mL (4 c. à soupe) de beurre
1 gousse d'ail, hachée finement
1 oignon, haché finement
250 mL (1 tasse) de mie de pain
15 mL (1 c. à soupe) de jus
de citron
2 mL (½ c. à thé) de moutarde
en poudre
15 mL (1 c. à soupe) de câpres
75 mL (⅓ tasse) de mayonnaise
sel et poivre
fromage, râpé
beurre

❧ Faire dégeler le crabe. Le mettre dans un bol et le recouvrir du xérès. Laisser reposer pendant 30 minutes.
❧ Dans un grand poêlon, faire fondre le beurre et y faire dorer l'ail et l'oignon. Ajouter la mie de pain et faire cuire pendant quelques minutes, de manière à la dorer légèrement.
❧ Ajouter le jus de citron, la moutarde, les câpres et la mayonnaise. Saler et poivrer. Incorporer la chair de crabe. Retirer du feu. Bien mélanger.
❧ Répartir ce mélange sur 4 à 6 vol-au-vent. Saupoudrer chaque vol-au-vent de fromage râpé et garnir d'une noisette de beurre.
❧ Faire chauffer au four à 200°C (400°F) de 10 à 15 minutes. Servir immédiatement.

CRABE FARCI NOUVELLE-ORLÉANS

30 mL (2 c. à soupe) de beurre
ou de graisse de bacon
2 oignons, hachés finement
6 branches de céleri, coupées
en dés
1 gousse d'ail, hachée finement
15 mL (1 c. à soupe) de persil
haché finement
½ poivron vert, haché
3 tranches de pain, croûtes
enlevées
lait
500 à 900 g (1 à 2 lb) de chair
de crabe (frais ou en conserve)
sel et poivre

❧ Dans un poêlon, faire fondre le beurre et y ajouter les oignons, le céleri, l'ail, le persil et le poivron vert. Faire cuire à feu doux de 15 à 20 minutes, en remuant souvent, sans laisser dorer.

🍀 Laisser tremper le pain dans un peu de lait pendant 2 minutes. Bien le presser pour enlever le surplus de lait. Ajouter le pain et la chair de crabe aux légumes. Saler et poivrer. Faire cuire à feu doux, pendant quelques minutes, en remuant sans arrêt. Servir dans de petits plats en terre cuite.

🍀 Si on prépare le crabe farci à l'avance, saupoudrer de chapelure le dessus de la préparation et y mettre une noisette de beurre. Faire chauffer au four à 180°C (350°F) de 15 à 20 minutes.

FRICASSÉE DE CRABE

45 mL (3 c. à soupe) de beurre
1 oignon, haché finement
1 petite gousse d'ail, hachée finement
5 mL (1 c. à thé) de cari
ou 1 mL (¼ c. à thé) de basilic
5 mL (1 c. à thé) de farine
1 petite boîte de tomates
2 mL (½ c. à thé) de sucre
sel et poivre
1 boîte de crabe
250 à 500 mL (1 à 2 tasses) de riz
persil, haché finement
beurre

🍀 Dans un poêlon, faire fondre le beurre et y faire dorer l'oignon et l'ail. Ajouter le cari. Saupoudrer la farine et mélanger.

🍀 Ajouter les tomates et le sucre. Porter à ébullition et laisser mijoter de 15 à 20 minutes. Saler et poivrer.

🍀 Ajouter le crabe et faire mijoter pendant 5 minutes.

🍀 Faire cuire le riz et le mélanger à la fourchette avec du persil et un peu de beurre. Dans un plat chaud, faire une couronne avec le riz. Verser la fricassée de crabe au milieu de cette couronne.

PETITES QUICHES AU CRABE

C'est à Covey Cove, un petit coin tout à fait charmant de la Nouvelle-Écosse, que j'ai appris cette recette. Je passais alors quelques jours chez un pêcheur dans sa maison nichée sur le haut d'une falaise, balayée par la mer. Sa femme savait préparer avec art de bons petits plats de homard. C'est une version modifiée de son pâté de homard que je vous présente ici, il s'agit de petites quiches au crabe qui peuvent très bien se servir en entrée.

pâte à tarte, au choix
250 mL (1 tasse)
de champignons tranchés, en conserve
30 mL (2 c. à soupe) de cognac ou de jus de citron
250 mL (1 tasse) de crabe en boîte
125 g (¼ lb) de fromage suisse ou de cheddar doux, râpé
3 œufs
15 mL (1 c. à soupe) de farine
1 pincée de muscade
2 mL (½ c. à thé) de sel
250 mL (1 tasse) de crème

🍀 Foncer des moules à tartelettes de la pâte (la pâte doit être mince).

🍀 Bien égoutter les champignons et les mélanger au cognac. Défaire le crabe en morceaux et enlever les parties dures. Remplir chaque moule des champignons, du crabe et du fromage.

🍀 Battre les œufs avec la farine, la muscade, le sel et la crème. Répartir également ce mélange sur chaque tartelette. Mettre les tartelettes sur une plaque à pâtisserie. Faire cuire au four à 190°C (375°F) de 20 à 30 minutes ou jusqu'à ce que les quiches soient fermes et légèrement dorées. Servir.

🍀 Pour congeler, laisser refroidir et envelopper chaque tartelette dans du papier d'aluminium. Pour réchauffer, enlever le papier d'aluminium et mettre au four à 190°C (375°F) de 10 à 15 minutes ou jusqu'à ce qu'elles soient chaudes.

SALADE ANTILLAISE

1 avocat, non pelé
jus de ½ citron
45 mL (3 c. à soupe) d'huile d'olive
5 mL (1 c. à thé) de câpres
1 mL (¼ c. à thé) de cari
250 mL (1 tasse) de crabe ou de crevettes
sel et poivre
persil
laitue

🍀 Couper l'avocat en deux et enlever le noyau.

🍀 Mélanger le jus de citron avec l'huile d'olive, les câpres et le cari. Verser sur le crabe et bien mélanger. Saler et poivrer.

🍀 Remplir les moitiés d'avocat avec le mélange de crabe. Saupoudrer de persil. Servir sur une feuille de laitue.

LA CREVETTE

La crevette est recouverte d'une mince carapace, facile à enlever. Les crevettes fraîches (crues) sont fermes au toucher et d'un gris verdâtre. Elles prennent une couleur rosée pendant la cuisson. On peut les acheter fraîches, cuites, congelées ou en conserve.

Crevettes en salade à l'américaine

❧ Pour préparer un cocktail de crevettes il faut :

6 grosses crevettes par portion
ou
10 petites crevettes par portion
ou
150 à 250 g (⅓ à ½ lb) de crevettes crues par portion (500 g ou 1 lb de crevettes crues équivaut environ à 250 g ou ½ lb de crevettes cuites).

PRÉPARATION DES CREVETTES
Les crevettes fraîches doivent être lavées à l'eau froide. On doit aussi les décortiquer et les déveiner avant ou après la cuisson.

❧ Il est préférable de décortiquer et de déveiner les crevettes avant la cuisson, quand elles entrent dans la composition des sauces. Elles sont alors plus juteuses et plus savoureuses.

❧ On ne doit pas décortiquer les crevettes servies en salades ou en cocktails.

CUISSON DES CREVETTES
Laver les crevettes sous l'eau froide.

❧ Porter à ébullition 1,2 L (5 tasses) d'eau, 5 mL (1 c. à thé) de gros sel et 2 tranches de citron non pelées, pour chaque 500 g (1 lb) de crevettes.

❧ Au moment où l'eau commence à bouillir, y mettre les crevettes. Réduire le feu, et faire cuire, à découvert, pendant 5 minutes. Égoutter.

❧ Décortiquer, si désiré, en commençant par le dessous de la crevette. Déveiner en faisant une petite incision sur le dos.

❧ Utiliser les carapaces de crevettes non cuites pour préparer une sauce. Faire bouillir les carapaces pendant 20 minutes dans 250 mL (1 tasse) d'eau salée avec 1 tranche de citron. Passer le liquide au tamis en pressant bien sur les carapaces. Les sauces préparées avec ce liquide auront un goût très fin.

CREVETTES EN CONSERVE
Il est important de bien rincer à l'eau froide les crevettes en conserve avant de les utiliser. Les égoutter sur un linge ou sur un essuie-tout.

CREVETTES CONGELÉES
Les crevettes congelées qu'on trouve sur le marché peuvent être cuites ou non. Si elles sont déjà cuites, il faut les décongeler avant de les utiliser, sinon on peut les faire cuire sans les faire dégeler.

CREVETTES EN SALADE À L'AMÉRICAINE

❧ Couper un avocat en deux dans le sens de la longueur. Enlever le noyau et frotter la chair avec un peu de jus de citron salé afin d'éviter qu'elle ne brunisse.
❧ Mélanger 250 g (½ lb) de crevettes cuites, hachées, avec 3 branches de céleri hachées et 1 oignon vert haché. Arroser de vinaigrette ou de jus de citron. Remplir les moitiés d'avocat de ce mélange et garnir de cresson ou de persil.

SANDWICHES AUX CREVETTES

❧ Mélanger 175 à 225 g (6 à 8 oz) de crevettes cuites, coupées en petits morceaux, avec 45 mL (3 c. à soupe) de mayonnaise, 5 mL (1 c. à thé) de jus de citron, ½ concombre, coupé en petits morceaux et 1 oignon vert ou de la ciboulette. Tartiner des tranches de pain de ce mélange. Donne environ 4 bons sandwichs.

ASSIETTES DE FRUITS DE MER

18 à 24 crevettes crues
3 œufs
500 mL (2 tasses) de bigorneaux
2 oignons verts
1 petite gousse d'ail
3 brins de persil
250 mL (1 tasse) de mayonnaise à l'huile
250 g (½ lb) de chair de crabe

🍤 Dans une casserole d'eau bouillante, faire cuire les crevettes pendant 10 minutes avec 1 tranche épaisse de citron, non pelée, 2 mL (½ c. à thé) de sel et une pincée de poivre. Égoutter et décortiquer. Mettre les crevettes dans un bol, les couvrir et les réfrigérer.

🍤 Faire cuire les œufs pendant 20 minutes, enlever la coquille et les réfrigérer.

🍤 Laver les bigorneaux sous l'eau froide. Les mettre dans une casserole avec 5 mL (1 c. à thé) de gros sel et 2 mL (½ c. à thé) de poivre. Les recouvrir d'eau froide. Porter à ébullition et faire bouillir pendant 10 minutes. Égoutter, couvrir et réfrigérer.

🍤 Hacher finement les oignons verts, l'ail et le persil. Ajouter à la mayonnaise et bien brasser. Ajouter la chair de crabe et mélanger. Réfrigérer.

🍤 Au moment de servir, placer la moitié d'un œuf dans chaque assiette. Disposer joliment autour 3 ou 4 crevettes, plusieurs bigorneaux et 2 ou 3 cuillerées de mayonnaise au crabe. Piquer un petit bigorneau sur le dessus de l'œuf.

🍤 Utiliser des fourchettes à escargots pour retirer les bigorneaux de leur coquille. Tremper chaque fruit de mer dans la mayonnaise. Servir avec du pain et du beurre.

CREVETTES EN SALADE À LA FRANÇAISE

vinaigrette
ou vinaigre de vin à l'estragon
laitue
crevettes

🍤 Préparation de la vinaigrette : mélanger 60 mL (4 c. à soupe) d'huile d'olive avec 15 mL (1 c. à soupe) de vinaigre de vin ou de cidre. Saler et poivrer au goût.

🍤 Foncer une assiette de laitue. Placer les crevettes au centre et les arroser d'une cuillerée de vinaigrette. Garnir d'un quartier de citron. Servir avec du pain français grillé et du beurre non salé.

CREVETTES FRITES

🍤 Décortiquer et déveiner 750 g (1½ lb) de crevettes crues. Enrober chaque crevette de pâte à frire.

🍤 Préparation de la pâte à frire : dans un bol, tamiser 250 mL (1 tasse) de farine. Ajouter 2 œufs entiers battus et 250 mL (1 tasse) de lait. Battre jusqu'à ce que la pâte soit lisse et légère.

🍤 Faire cuire les crevettes dans 500 mL (2 tasses) d'huile d'arachide ou de graisse végétale chaude (190°C ou 375°F). Faire frire pendant 3 minutes. Servir les crevettes chaudes avec un petit bol de chutney.

CREVETTES EN PAPILLON

750 g (1½ lb) de crevettes fraîches ou congelées, crues, décortiquées et déveinées
1 œuf
15 mL (1 c. à soupe) d'eau
30 mL (2 c. à soupe) d'huile végétale
1 gros oignon, coupé en fines rondelles
50 mL (¼ tasse) de consommé
15 mL (1 c. à soupe) de fécule de maïs
5 mL (1 c. à thé) de sauce de soja

🍤 Il est préférable d'acheter de grosses ou de moyennes crevettes pour préparer cette recette.

🍤 À l'aide d'un couteau affûté, faire une incision dans le dos des crevettes de manière à pouvoir les ouvrir en deux, pour leur donner la forme d'un papillon.

🍤 Battre l'œuf avec l'eau et y tremper les crevettes. Faire chauffer l'huile végétale et y faire frire les crevettes en une seule couche jusqu'à ce qu'elles commencent à devenir rosées. Tourner une fois en cours de cuisson. Répéter cette opération avec le reste des crevettes. Ajouter de l'huile, si nécessaire.

🍤 Égoutter les crevettes sur un essuie-tout et les garder au chaud. Enlever toute l'huile du poêlon, sauf 30 mL (2 c. à soupe) et y faire sauter les rondelles d'oignon jusqu'à ce qu'elles soient tendres et dorées.

🍤 Ajouter petit à petit le consommé à la fécule de maïs. Ajouter la sauce de soja et incorporer ce mélange aux oignons. Faire cuire, en remuant, jusqu'à ce que la

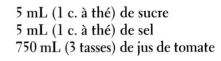

sauce soit épaisse et brillante. Disposer les crevettes dans un bol chaud et les napper de la sauce à l'oignon. Servir immédiatement avec du riz.

CREVETTES VICTORIA

500 g (1 lb) de crevettes crues ou cuites
50 mL (¼ tasse) de beurre
30 mL (2 c. à soupe) de ciboulette hachée
500 g (1 lb) de champignons frais, coupés en 4
30 mL (2 c. à soupe) de farine
2 mL (½ c. à thé) de sel
1 pincée de poivre
45 mL (3 c. à soupe) de xérès (si désiré)
1 mL (¼ c. à thé) de cari ou de sauge
300 mL (1¼ tasse) de crème aigre

🦐 Décortiquer les crevettes. Dans un grand poêlon, faire fondre le beurre et y ajouter les crevettes et la ciboulette. Bien mélanger. Cuire les crevettes crues pendant 10 minutes et les crevettes cuites pendant 5 minutes.

🦐 Ajouter les champignons et poursuivre la cuisson pendant 2 minutes, en remuant sans arrêt. Ajouter la farine, le sel, le poivre, le xérès, le cari et la crème aigre.

🦐 Faire mijoter doucement, en remuant sans arrêt jusqu'à ce que le mélange soit chaud. Éviter de faire bouillir. Servir.

CREVETTES AU FOUR

500 g (1 lb) de crevettes crues ou cuites
45 mL (3 c. à soupe) de beurre
1 gros oignon, haché finement
1 poivron vert, coupé en dés
375 mL (1½ tasse) de riz à grain long
5 mL (1 c. à thé) de cari
1 mL (¼ c. à thé) d'estragon

5 mL (1 c. à thé) de sucre
5 mL (1 c. à thé) de sel
750 mL (3 tasses) de jus de tomate

🦐 Décortiquer les crevettes.

🦐 Faire fondre le beurre et y faire dorer l'oignon et le poivron vert. Ajouter le riz et brasser à feu moyen jusqu'à ce que le riz soit de couleur noisette. Ajouter le cari, l'estragon, le sucre et le sel. Bien mélanger. Ajouter le jus de tomate et porter à ébullition.

🦐 Retirer du feu et ajouter les crevettes. Bien mélanger. Verser la préparation dans un plat. Couvrir et faire cuire au four à 180°C (350°F) de 30 à 40 minutes ou jusqu'à ce que le riz soit tendre et que le jus de tomate soit entièrement absorbé.

SOUFFLÉ AUX CREVETTES À L'INDIENNE

375 mL (1½ tasse) de yogourt, battu
10 mL (2 c. à thé) de cassonade
125 mL (½ tasse) de noix de coco râpée
30 mL (2 c. à soupe) d'huile d'olive
30 mL (2 c. à soupe) de beurre
2 oignons, hachés finement
1 gousse d'ail, hachée finement
10 mL (2 c. à thé) de cari
45 mL (3 c. à soupe) de farine
30 mL (2 c. à soupe) de lait
4 jaunes d'œufs, légèrement battus
175 mL (¾ tasse) de purée de petits pois
500 g (1 lb) de crevettes, décortiquées et coupées en dés*
sel, au goût
6 blancs d'œufs
ciboulette ou persil

Crevettes au four

🍃 Badigeonner un moule à soufflé de 20 cm (8 po) de diamètre d'un peu d'huile d'olive et le garder dans un endroit chaud.

🍃 Dans un bol, bien mélanger le yogourt, la cassonade et la noix de coco. Laisser reposer pendant 1 heure.

🍃 Dans un poêlon, faire chauffer l'huile d'olive et le beurre. Y faire dorer légèrement les oignons et l'ail de 2 à 3 minutes. Ajouter le cari et faire cuire pendant 3 minutes. Incorporer le mélange de yogourt et laisser mijoter pendant 10 minutes en brassant très souvent.

🍃 Mélanger la farine et le lait jusqu'à ce que le mélange ait la consistance d'une pâte lisse. Ajouter au mélange de yogourt et d'oignons. Faire cuire, en brassant sans arrêt, jusqu'à ce que la préparation soit crémeuse.

🍃 Retirer du feu. Incorporer les jaunes d'œufs et la purée de petits pois (préparer la purée avec des petits pois en conserve égouttés). Bien mélanger et ajouter les crevettes. Saler.

🍃 Battre les blancs d'œufs en neige et les incorporer délicatement à la préparation. Verser dans le moule à soufflé. Faire cuire au four préalablement chauffé à 190°C (375°F) de 40 à 45 minutes.

🍃 Garnir de ciboulette ou de persil haché. Servir.

* On peut préparer ce soufflé avec du homard, du crabe ou du thon.

TEMPURA AUX CREVETTES

500 g (1 lb) de crevettes fraîches
250 mL (1 tasse) de farine
30 mL (2 c. à soupe) de sauce de soja

2 œufs
150 mL (⅔ tasse) de lait
huile d'arachide (pour la friture)

🍃 Laver et décortiquer les crevettes sans enlever la queue. Faire une incision dans le dos des crevettes de manière à les ouvrir en deux, pour leur donner la forme d'un papillon.

🍃 Préparer une pâte à frire en mélangeant la farine, la sauce de soja, les œufs et le lait. Battre jusqu'à ce que la pâte soit lisse. Enrober les crevettes de cette pâte et les faire frire dans l'huile chaude (190°C ou 375°F) jusqu'à ce qu'elles soient dorées.

🍃 On peut, si désiré, servir des légumes frits pour accompagner les crevettes. Laver, peler si nécessaire, et couper en fines tranches des patates douces, des haricots verts, des poivrons verts ou rouges, du navet et du céleri. Verser de l'eau bouillante sur les légumes et laisser reposer pendant 5 minutes.

🍃 Égoutter et passer sous l'eau froide. Couvrir et réfrigérer jusqu'au moment de les faire cuire. Enrober chaque légume de pâte à frire et faire cuire comme les crevettes.

🍃 Servir accompagné d'une sauce : Mélanger 125 mL (½ tasse) de xérès avec 50 mL (¼ tasse) de sauce de soja, 5 mL (1 c. à thé) de gingembre frais, râpé et 5 mL (1 c. à thé) de sucre.

PAELLA ESPAGNOLE

1 L (4 tasses) d'eau
1 poulet d'environ 2 kg (4 à 5 lb)
feuilles de céleri
sel et poivre

125 mL (½ tasse) d'huile d'olive
2 gros oignons, hachés finement
2 gousses d'ail, hachées finement
4 tomates, pelées, coupées en tranches
500 mL (2 tasses) de riz à grain long
1 mL (¼ c. à thé) de marjolaine
2 mL (½ c. à thé) d'estragon
5 mL (1 c. à thé) de paprika
sel et poivre, au goût
1 bonne pincée de safran
1 boîte de petits pois congelés
500 g (1 lb) de crevettes fraîches
12 moules
12 tranches de salami

🍃 Dans une casserole, mettre l'eau, le poulet et quelques feuilles de céleri. Saler et poivrer. Couvrir et laisser mijoter jusqu'à ce que le poulet soit tendre. Le retirer du bouillon et le laisser tiédir. Désosser le poulet et le couper en morceaux. Garder dans un endroit chaud. Réserver le bouillon.

🍃 Faire chauffer l'huile d'olive et y faire dorer les oignons et l'ail. Ajouter 1 L (4 tasses) du bouillon de poulet et les tomates. Porter à ébullition. Ajouter le riz, la marjolaine, l'estragon et le paprika. Faire mijoter de 15 à 20 minutes ou jusqu'à ce que le riz soit tendre et que le bouillon soit complètement absorbé. Retirer du feu. Saler et poivrer. Ajouter le safran. Bien mélanger.

🍃 Faire cuire les petits pois et bien les égoutter. Cuire les crevettes et les décortiquer. Cuire les moules jusqu'à ce qu'elles s'ouvrent.

🍃 Dans un grand plat, mélanger le riz, les morceaux de poulet, les tranches de salami, les petits pois et les crevettes. Mettre les moules sur le dessus de la paella. Servir chaude.

Huîtres frites à l'américaine

cari ou encore une mayonnaise au cari.

HUÎTRES FRITES À L'AMÉRICAINE

125 mL (½ tasse) d'huile végétale
250 mL (1 tasse) de farine
1 œuf
375 mL (1½ tasse) de lait
500 mL (2 tasses) d'huîtres fraîches
farine
huile d'arachide (pour la friture)

🍃 Mélanger l'huile végétale et la farine jusqu'à ce que le mélange soit lisse. Ajouter l'œuf et le lait. Battre au batteur ou au fouet jusqu'à ce que la pâte à frire soit lisse. La pâte sera assez claire.

🍃 Assécher les huîtres en les roulant dans un linge propre et les enduire légèrement de farine. À l'aide d'une fourchette, tremper chaque huître dans la pâte à frire de manière à bien l'enrober. Faire frire dans 8 à 10 cm (3 à 4 po) d'huile chaude (190°C ou 375°F) de 3 à 4 minutes ou jusqu'à ce que la pâte soit dorée. Égoutter sur un essuie-tout. Servir immédiatement.

HUÎTRES FRITES AU POÊLON

🍃 Pour bien réussir ce plat, il est important que les huîtres soient très froides au moment de la préparation. Égoutter les huîtres écaillées et les étendre sur un linge. Replier le linge sur les huîtres et laisser sécher pendant 20 minutes.

MOULES MARINIÈRES

quelques oignons verts, hachés finement
quelques brins de persil
1 pincée de thym
½ feuille de laurier
2 L (8 tasses) de moules bien nettoyées
15 mL (1 c. à soupe) de beurre, en morceaux
250 mL (1 tasse) de vin blanc
persil, haché

🍃 Bien beurrer une casserole et y mettre les oignons verts, le persil, le thym et le laurier. Ajouter les moules et le beurre. Arroser du vin blanc.

🍃 Couvrir et faire cuire à feu vif de 15 à 20 minutes ou jusqu'à ce que les moules s'ouvrent. Verser dans un plat chaud. Garnir de persil haché.

CROQUETTES DE PALOURDES

500 mL (2 tasses) de palourdes
2 œufs, légèrement battus
250 mL (1 tasse) de chapelure fine
1 mL (¼ c. à thé) de sel
1 mL (¼ c. à thé) de thym
30 mL (2 c. à soupe) d'oignon haché finement
chapelure
huile végétale
beurre

🍃 Dans un grand bol, mélanger les palourdes, les œufs, la chapelure, le sel, le thym et l'oignon. Laisser reposer pendant 1 heure.

🍃 Façonner le mélange en 24 petites croquettes. Enrober de chapelure et faire cuire dans un mélange moitié huile, moitié beurre, pendant 3 minutes.

🍃 Servir avec de la sauce chili chaude, ou une sauce blanche au

On peut faire frire les huîtres en les enrobant simplement de farine mélangée à du sel, du poivre et du paprika, ou encore en les trempant dans 1 œuf battu avec 30 mL (2 c. à soupe) d'eau, puis en les enrobant d'un mélange composé d'une égale quantité de chapelure et de farine assaisonnée de sel, de poivre et de paprika.

Dans un poêlon, faire chauffer 5 cm (2 po) d'huile ou de graisse végétale. Lorsque l'huile est chaude, y mettre les huîtres, une à la fois. Cuire pendant 2 minutes. Tourner à mi-cuisson. Servir immédiatement.

HUÎTRES FRITES

2 œufs
2 mL (½ c. à thé) de sel
1 pincée de poivre
30 mL (2 c. à soupe) d'eau froide
huîtres
chapelure

Battre les œufs avec le sel, le poivre et l'eau froide. Tremper les huîtres dans ce mélange et les enrober de chapelure. Laisser reposer pendant 5 minutes, et faire cuire en grande friture jusqu'à ce que les huîtres soient bien dorées.

HUÎTRES AU BACON

Enrouler chaque huître dans une demi-tranche de bacon. Fixer avec un cure-dent. Faire dorer dans un poêlon avec un petit morceau de beurre. Servir avec du pain grillé.

COQUILLES SAINT-JACQUES

500 mL (2 tasses) de vin blanc sec
250 mL (1 tasse) d'eau
5 mL (1 c. à thé) de sel
quelques feuilles de céleri
quelques brins de persil
1 feuille de laurier
900 g (2 lb) de pétoncles
30 mL (2 c. à soupe) de beurre
1 petit oignon, haché finement
250 g (½ lb) de champignons, coupés en fines tranches
5 mL (1 c. à thé) de jus de citron
60 mL (4 c. à soupe) de beurre
50 mL (¼ tasse) de farine
2 jaunes d'œufs, légèrement battus
50 mL (¼ tasse) de crème
60 mL (4 c. à soupe) de chapelure
noisettes de beurre

Mettre le vin blanc, l'eau, le sel, les feuilles de céleri, le persil et le laurier dans une casserole. Porter à ébullition et ajouter les pétoncles. Couvrir et faire mijoter pendant 3 minutes. Retirer les pétoncles. Passer le bouillon au tamis et réserver.

Faire fondre le beurre, y ajouter l'oignon, les champignons et le jus de citron. Laisser mijoter pendant 10 minutes à feu doux. Ajouter les pétoncles et poursuivre la cuisson pendant 2 minutes.

Préparer une sauce blanche avec le beurre, la farine et le bouillon réservé. Lorsque la sauce est lisse et crémeuse, ajouter les jaunes d'œufs et la crème. Brasser vigoureusement, sans arrêt, pendant 2 minutes. Ajouter le mélange de pétoncles.

Verser dans 6 à 8 coquilles Saint-Jacques beurrées. Saupoudrer de chapelure et mettre quelques noisettes de beurre sur

Coquilles Saint-Jacques

❦ TECHNIQUE ❦

COQUILLES SAINT-JACQUES

1 Mettre le vin blanc, l'eau, le sel, les feuilles de céleri, le persil et le laurier dans une casserole. Porter à ébullition.

2 Ajouter les pétoncles. Couvrir et faire mijoter.

3 Faire cuire l'oignon, les champignons et le jus de citron dans le beurre chaud. Laisser mijoter à feu doux.

4 Ajouter les pétoncles et faire mijoter.

le dessus. Faire dorer au four à 260°C (500°F) pendant 5 minutes.

🐚 On peut préparer les coquilles Saint-Jacques à l'avance et les réfrigérer. Au moment de servir, faire chauffer au four à 230°C (450°F) pendant 15 minutes.

PÉTONCLES EN COCOTTE

500 g (1 lb) de pétoncles congelés
sel
30 mL (2 c. à soupe) de beurre
125 mL (½ tasse) d'oignon haché
375 mL (1½ tasse) de céleri haché
250 mL (1 tasse) de champignons frais coupés en tranches
50 mL (¼ tasse) de beurre, fondu
50 mL (¼ tasse) de farine
5 mL (1 c. à thé) de sel
500 mL (2 tasses) de lait
250 à 500 mL (1 à 2 tasses) de mie de pain
50 mL (¼ tasse) de fromage râpé fin

🐚 Faire décongeler les pétoncles, les séparer et les saupoudrer de sel. Faire fondre le beurre et y faire revenir l'oignon, le céleri et les champignons à feu doux pendant une dizaine de minutes ou jusqu'à ce qu'ils soient tendres mais croquants. Réserver.

🐚 Mélanger le beurre fondu, la farine et le sel. Ajouter le lait petit à petit. Faire cuire à feu doux en brassant jusqu'à ce que le mélange épaississe. Ajouter les légumes et les pétoncles à cette sauce. Mélanger délicatement. Verser dans une cocotte graissée d'une capacité de 1,5 L (6 tasses).

Couvrir de mie de pain beurrée (mélanger 15 mL ou 1 c. à soupe de beurre fondu pour 250 mL ou 1 tasse de mie de pain). Saupoudrer de fromage râpé. Faire cuire au four à 190°C (375°F) pendant environ 20 minutes ou jusqu'à ce que la sauce commence à bouillonner et que la mie de pain soit dorée.

PÉTONCLES AUX AMANDES

500 g (1 lb) de pétoncles
farine
beurre
125 g (¼ lb) d'amandes effilées
5 mL (1 c. à thé) de vinaigre

🐚 Bien assécher les pétoncles dans un linge et les enfariner. Faire fondre du beurre jusqu'à ce qu'il soit de couleur noisette et y faire frire les pétoncles. Retirer du poêlon.

🐚 Ajouter les amandes au reste du beurre dans le poêlon et les faire revenir jusqu'à ce qu'elles soient bien dorées. Ajouter le vinaigre. Verser ce beurre aux amandes sur les pétoncles.

TEMPURA

Le Tempura est un délicieux plat de poisson ou de fruits de mer et de légumes frits. Il en existe deux types : le Tempura et le Kara-age. Les aliments entrant dans la composition du Tempura sont enrobés de pâte à frire et cuits en grande friture, tandis que ceux du Kara-age sont seulement enrobés de farine de maïs et cuits dans une petite quantité d'huile.

750 à 900 g (1½ à 2 lb) de poisson ou de fruits de mer frais
Légumes variés de votre choix

PÂTE À FRIRE
1 œuf
375 mL (1½ tasse) d'eau
375 mL (1½ tasse) de fécule de maïs
1 pincée de sel
300 mL (1¼ tasse) de farine

SAUCE
75 mL (⅓ tasse) de saké ou de xérès sec
75 mL (⅓ tasse) de sauce de soja
250 mL (1 tasse) de bouillon Dashi* ou de jus de palourdes
750 mL (3 tasses) d'huile d'arachide (pour la friture)

🐚 Choisir deux sortes de poissons ou trois sortes de fruits de mer parmi les suivants :

Poissons à chair blanche, coupé en morceaux de 2,5 cm (1 po) (flétan, sole, perche),
Petits poissons entiers tels que l'éperlan,
Crevettes décortiquées avec la queue,
Homard, coupé en morceaux,
Huîtres ou palourdes entières, cuites.

🐚 Choisir trois ou quatre sortes de légumes parmi les suivants :

Aubergine pelée, coupée en cubes et roulée dans du jus de citron,
Courgette non pelée et coupée en tranches de 2,5 cm (1 po) d'épaisseur,
Poivron vert, épépiné et coupé en rondelles ou en lanières,
Oignons verts entiers avec la partie verte,
Oignons, coupés en fines tranches et défaits en anneaux,
Têtes de champignons,

PRÉPARATION DE LA PÂTE À FRIRE

🌿 Battre l'œuf avec l'eau et ajouter la fécule de maïs et le sel. Ajouter petit à petit la farine et continuer de battre pour bien mélanger. Ne préparer qu'au moment de la cuisson.

PRÉPARATION DE LA SAUCE

🌿 Mélanger le saké avec la sauce de soja et le bouillon Dashi. Faire mijoter pendant 5 minutes. Réfrigérer. Cette sauce doit être servie froide.

CUISSON

🌿 Faire chauffer l'huile à 180°C (350°F) ou jusqu'à ce qu'une croûte de pain dore en 60 secondes. Enrober le poisson et les légumes de pâte à frire, un morceau à la fois. Faire frire le poisson et les légumes, 3 à 5 morceaux à la fois, jusqu'à ce qu'ils soient bien dorés. Égoutter sur un essuie-tout. Servir.

🌿 Servir la sauce dans des bols individuels.

* Pour le bouillon de Dashi, voir page 180.

BOUILLABAISSE CLASSIQUE

2 homards frais de 900 g (2 lb) chacun
750g (1½ lb) de perchaude ou de bar
1,4kg (3 lb) de maquereau
24 crevettes
24 moules
125 mL (½ tasse) de carottes coupées en dés
2 poireaux, nettoyés et tranchés
175 mL (¾ tasse) d'oignons émincés
50 mL (¼ tasse) d'huile d'olive
1L (4 tasses) de tomates en conserve, égouttées et hachées
4 gousses d'ail, écrasées et hachées
30 mL (2 c. à soupe) de persil haché
5 mL (1 c. à thé) de grains de fenouil
1 mL (¼ c. à thé) de safran
1 feuille de laurier
2 mL (½ c. à thé) de thym
15 mL (1c. à soupe) de gros sel
250 mL (1 tasse) de vin blanc sec
50 mL (¼ tasse) de beurre fondu
12 épaisses tranches de pain français
poivre frais moulu

🌿 Partager les homards en deux dans le sens de la longueur. Retirer l'estomac et le boyau intestinal. Couper les homards en tronçons. Couper la perchaude et le maquereau en morceaux de 4 cm (1½ po). Brosser les moules et les palourdes pour en enlever tout le sable.

🌿 Faire chauffer 30 mL (2 c. à soupe) d'huile d'olive, y ajouter les carottes, les poireaux et les oignons. Couvrir et faire mijoter pendant 10 minutes à feu doux. Ajouter les tomates, 3 gousses d'ail écrasées, le persil, les grains de fenouil, le safran, la feuille de laurier, le thym, le sel et le poivre. Bien mélanger le tout et faire cuire 20 minutes à feu doux. Mettre de côté.

🌿 Faire chauffer le reste de l'huile dans une sauteuse. Ajouter les morceaux de homard, de perchaude et de maquereau. Faire cuire pendant 4 minutes à feu vif. Ajouter les crevettes, les moules et les palourdes dans leurs écailles. Ajouter le vin blanc, porter à ébullition et faire cuire 4 à 5 minutes à feu doux.

🌿 Ajouter le mélange de tomates, assaisonner et laisser mijoter 8 à 10 minutes à feu doux. Servir avec la garniture de pain.

GARNITURE DE PAIN

🌿 Mélanger le beurre et une gousse d'ail écrasée et en badigeonner chaque tranche de pain. Faire dorer à feu vif. Retourner les tranches de pain, badigeonner avec le beurre à l'ail et les faire dorer sur le second côté. Les servir dans un panier en même temps que la bouillabaisse.

BŒUF

LE BŒUF

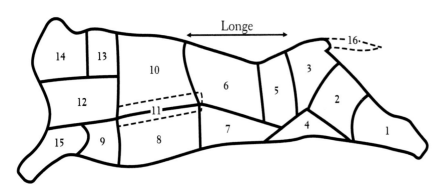

1. Jarret arrière
2. Ronde
3. Croupe
4. Pointe de surlonge
5. Surlonge
6. Aloyau
7. Flanc
8. Poitrine
9. Pointe de poitrine
10. Train de côtes (côtes)
11. Bouts de côtes
12. Épaule
13. Palette
14. Collier (cou)
15. Jarret avant
16. Queue

LE FILET DE BŒUF ENTIER

1. Tête du filet
2. Centre du filet
3. Queue du filet
4. Chateaubriand
5. Tournedos
6. Filet mignon

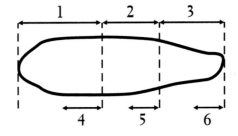

LES CATÉGORIES DE BŒUF

Voici les différentes catégories de bœuf établies par le gouvernement.

🔹 La catégorie A (marque rouge) se divise en 4 sous-classes : A1, A2, A3, A4, selon l'épaisseur de gras. Elle comprend de jeunes bouvillons et de jaunes taures. Sa viande est d'un rouge vif et doit être persillée (petits points blancs de gras qui donne beaucoup de goût à la viande) :

🔹 La catégorie B (marque bleue) se divise en 3 sous-classes : B1, B2, B3, selon l'épaisseur de gras. Elle comprend également de jeunes bouvillons et de jeunes taures. La couleur de la viande varie du rouge vif au rouge moyennement foncé. La viande n'a pas besoin d'être persillée.

🔹 Les catégories A et B se différencient par l'épaisseur de gras et la qualité de la viande.

🔹 La catégorie C (marque brune) se divise en 2 sous-classes : C1 et C2. Elle comprend des bouvillons et des taures d'âge intermédiaire. La couleur de la viande varie du rouge vif au rouge foncé. La catégorie C n'a pas le minimum de gras requis, c'est ce qui la différencie des catégories A et B.

🔹 La catégorie D se divise en 4 sous-classes : D1, D2, D3, D4. Elle comprend des vaches et des bouvillons d'âge avancé. L'état de la chair varie de passable à excellent.

🔹 La catégorie E comprend les jeunes taureaux, les vieux mâles et les mâles chatrés. La couleur de la viande est foncée et la chair est grossière, collante et rugueuse.

LES PARTIES DU BŒUF

JARRET ARRIÈRE

Les muscles du jarret sont plutôt coriaces. Cette viande est idéale pour préparer des bouillons, des gelées et même des ragoûts. Tout comme le flanc, le collier et les parures, le jarret est souvent vendu en morceaux pour les ragoûts et les fricassées.

RONDE

La ronde est une viande assez tendre qui peut servir à préparer des rôtis ou des biftecks.

🔹 Le bifteck de ronde, situé près de la croupe, est une tranche de viande ovale, désossée et presque sans gras. Il se divise en deux parties : l'intérieur de ronde et l'extérieur de ronde. L'intérieur de ronde, généralement plus tendres est excellent grillé ou sauté dans le beurre. Il est préférable de braiser, rôtir ou mijoter l'extérieur de ronde.

CROUPE

La croupe se vend le plus souvent désossée. C'est une viande maigre et moyennement tendre. Achetée dans les catégories A et B, elle peut être rôtie, sinon braisée.

🍃 Le rond de croupe se vend généralement en deux parties, l'intérieur de croupe, excellent en rôti, et l'extérieur de croupe, délicieux lorsque braisé.

POINTE DE SURLONGE

La pointe de surlonge est un morceau de viande triangulaire, situé près de la ronde. Sa viande est maigre et sans os. Elle s'achète entière pour préparer des rôtis ou encore en biftecks (biftecks de pointe de surlonge).

SURLONGE

Située à côté de l'aloyau, la surlonge est plus tendre que la ronde. On utilise la surlonge surtout en bifteck.

🍃 La forme du bifteck de surlonge varie selon la quantité d'os et de filet qu'il présente et l'endroit où il a été tranché. Le bifteck de surlonge désossé correspond au «boston steak». Les biftecks de surlonge sont délicieux sautés ou grillés.

ALOYAU

Situé près des côtes, c'est la partie la plus tendre de la longe. Il présente la plus grande partie du filet et contient l'os en forme de T (d'où le nom anglais «T-bone»). Il est généralement vendu en biftecks (bifteck d'aloyau et côte d'aloyau). Lorsque l'aloyau est désossé, la partie antérieure

s'appelle contre-filet et la partie intérieure, filet.

🍃 Le Chateaubriand est traditionnellement prélevé dans la tête du filet. Les tournedos et les filets mignons proviennent respectivement du centre et de la queue du filet. Celle-ci est également utilisée pour préparer la fondue bourguignonne, les pilafs, les brochettes, le tartare, etc. Toute tranche prélevée sur le filet de bœuf est du bifteck de filet.

FLANC

La plupart des muscles du flanc sont minces et entourés de gras. La partie charnue contenant les côtes peut être utilisée en bœuf à bouillir ou en bœuf haché, lorsque désossée. Le bifteck de flanc est excellent pour farcir, hacher, griller ou braiser.

POITRINE

La poitrine est située entre le flanc et la pointe de poitrine. Ses muscles étant assez coriaces, on l'emploie pour bouillir ou hacher. On peut l'utiliser désossée et roulée pour préparer un rôti braisé. Les charcutiers utilisent la poitrine pour préparer le bœuf mariné («smoked meat»).

POINTE DE POITRINE

La pointe de poitrine est située à côté du jarret. Désossée, elle se vend en bœuf à bouillir ou à braiser. Elle fait d'ailleurs d'excellents pot-au-feu. Les charcutiers utilisent la pointe de poitrine pour faire le bœuf salé («corned-beef»).

TRAIN DE CÔTES (CÔTES)

Le train de côtes se vend avec ou sans os, en biftecks ou en morceaux à rôtir. La côte de bœuf désossée (rôti d'entrecôte) est

excellente rôtie, les biftecks de faux-filets et de côtes sont délicieux grillés ou sautés et le rosbif de côtes et le faux-filet font de succulents rosbifs.

BOUTS DE CÔTES

Les bouts de côtes contiennent l'extrémité des côtes et des couches de gras et de viande. Ils sont excellents bouillis ou en ragoûts, coupés en morceaux, ou encore marinés et braisés comme les petites côtes de porc.

ÉPAULE

L'épaule est située à côté de la palette, c'est un morceau assez charnu et épais. La pointe d'épaule, généralement préparée en côtes croisées, peut servir à rôtir. Le reste est utilisé pour préparer des cubes, du bœuf haché ou de la viande à braiser. Le petit os d'épaule (offert sur demande) est excellent pour braiser, bouillir ou préparer des grillades.

PALETTE

La palette contient l'os long et plat de l'omoplate ainsi que d'autres petits os. Elle est idéale pour préparer des rôtis braisés. Le bas de palette (demi-palette) est utilisé pour braiser ou pour préparer des ragoûts ou de la viande hachée.

COLLIER (COU)

On utilise le cou pour préparer des bouillis ou des fricassées.

JARRET AVANT

Voir jarret arrière.

QUEUE

La queue contient beaucoup d'os, ordinairement séparés aux jointures. Elle est idéale pour préparer des soupes et des ragoûts.

Filet de bœuf rôti

RÔTI DE BŒUF À LA BROCHE

🦃 Pour un délicieux rôti, utiliser le rosbif de côtes, le faux-filet ou la surlonge.

🦃 Retirer la viande du réfrigérateur 1 heure avant de la rôtir. Enlever l'excédent de gras.

🦃 Si désiré, tremper la viande dans 75 mL (⅓ tasse) d'huile végétale mélangée à deux gousses d'ail hachées, pendant 1 heure.

🦃 Bien embrocher la viande pour équilibrer le poids du rôti. Cuire de 15 à 18 minutes par 500 g (1 lb). Ne jamais saler avant la fin de la cuisson.

🦃 Retirer la broche. Laisser reposer de 10 à 15 minutes.

FILET DE BŒUF RÔTI

1 tranche mince de gras de lard
1 filet entier de 2 à 3,5 kg
(4 à 8 lb)

sel et poivre
45 mL (3 c. à soupe) de beurre
5 mL (1 c. à thé) de moutarde
en poudre
125 mL (½ tasse) de suif
de bœuf

🦃 Mettre la tranche de gras de lard dans un plat à rôtir. Placer le filet sur le dessus de manière qu'il ne touche pas le fond du plat. Saler et poivrer au goût.

🦃 Défaire le beurre en crème avec la moutarde. Badigeonner ce mélange sur le dessus et les côtés du filet. Couper le suif de bœuf en petits morceaux et les mettre sur le dessus du filet.

🦃 Faire chauffer le four pendant 15 minutes à 230°C (450°F). Insérer, si possible, un thermomètre à viande dans la partie la plus charnue du filet. Faire rôtir 12 minutes par 500 g (1 lb) ou jusqu'à ce que le thermomètre indique 60°C (140°F) pour un filet saignant.

🦃 Pour une cuisson toujours par-faite, utiliser un thermomètre à viande car le poids et la qualité du filet peuvent varier.

🦃 Filet au vin rouge: Arroser le filet pendant la cuisson avec 125 à 250 mL (½ à 1 tasse) de vin rouge chaud (mais non bouilli).

🦃 Filet de bœuf froid: Retirer le filet du four lorsqu'il est saignant ou à point. Laisser refroidir dans le plat. Couvrir d'un papier d'aluminium ou d'un linge. Il est préférable de ne pas le réfrigérer. Le filet sera plus juteux s'il est servi à la température ambiante.

LE BIFTECK

Voici les trois principales méthodes de cuisson pour le bifteck :

🦃 Grillé sur le barbecue ou au four.

🦃 Grillé au poêlon sans aucune matière grasse.

🦃 Sauté au poêlon dans du beurre ou toute autre matière grasse.

Ces trois méthodes sont traitées dans la section *Les divers modes de cuisson des viandes*, page 30.

🦃 Retirer du réfrigérateur le bifteck ayant plus de 4 cm (1½ po) d'épaisseur, au moins une heure avant de le faire cuire, pour une cuisson saignante. De cette manière, l'intérieur du bifteck sera aussi chaud que l'extérieur.

🦃 Enlever l'excédent de gras autour du bifteck avant de le faire cuire, en laissant environ 0,8 cm (⅓ po) de gras.

🦃 Si désiré, frotter le bifteck avec une gousse d'ail 1 heure avant de le faire cuire.

🦃 Ne jamais saler ou poivrer avant la cuisson, à moins de préparer un bifteck au poivre.

🍂 Saler après la cuisson.

🍂 Lorsque la surface est dorée et que l'intérieur est peu cuit, le bifteck est saignant. Lorsque les jus montent à la surface, il est à point et lorsque les jus retournent à l'intérieur, il est bien cuit.

🍂 Frotter la grille du four ou du barbecue avec de l'huile ou un morceau de gras de bœuf avant d'y déposer le bifteck. La viande aura moins tendance à coller.

🍂 Ne pas faire sauter dans le beurre les biftecks ayant plus de 2,5 cm (1 po) d'épaisseur. Il est préférable de les griller.

ENTRECÔTE BORDELAISE

🍂 L'entrecôte bordelaise est un bifteck de côte désossé que l'on grille au four ou au poêlon. Il est garni de rondelles de moelle de bœuf pochées et nappé de sauce bordelaise.

🍂 La sauce bordelaise est une sauce brune à l'oignon vert et au vin de Bordeaux rouge.

🍂 Préparation de la sauce bordelaise : faire fondre 30 mL (2 c. à soupe) de beurre, y ajouter 1 petite carotte, coupée en rondelles, un petit oignon, coupé en fines tranches, une branche de persil, une pincée de thym et ½ feuille de laurier. (Cette préparation s'appelle une mirepoix.) Cuire à feu moyen, à découvert, en brassant souvent, jusqu'à ce que la préparation soit d'un doré plutôt pâle. Ajouter alors 45 mL (3 c. à soupe) de farine et poursuivre la cuisson jusqu'à ce que l'on obtienne un roux brun. Ajouter de 500 à 750 mL (2 à 3 tasses) de consommé dilué

(pour le consommé en cube ou en boîte) ou de bouillon de veau. Cuire à feu moyen, en remuant, jusqu'à ce que la sauce soit lisse. Couvrir et laisser mijoter à feu très doux de 20 à 30 minutes. Passer la sauce au tamis pour enlever les légumes.

🍂 Dans une casserole de fonte émaillée, mettre 3 oignons verts hachées très finement, 250 mL (1 tasse) de vin de Bordeaux rouge, une pincée de poivre et une toute petite pincée de thym. Faire bouillir, à découvert, jusqu'à ce qu'il ne reste plus que 75 mL (⅓ tasse) de vin. Passer au tamis. Ajouter à la sauce et incorporer 5 à 15 mL (1 c. à thé à 1 c. à soupe) de beurre. Bien mélanger. Garder la sauce bordelaise au chaud dans un bain-marie.

🍂 Préparation de la moelle de bœuf et du bifteck : retirer la moelle de bœuf des os et la couper en petits morceaux à l'aide d'un couteau affûté, préalablement trempé dans l'eau

chaude. Jeter dans l'eau bouillante. Couvrir et faire mijoter à feu très doux de 6 à 8 minutes. Entre-temps, faire griller le bifteck.

🍂 Servir le bifteck garni de moelle de bœuf et nappé de sauce bordelaise.

BIFTECK GRILLÉ AU BARBECUE

🍂 Préparer une braise d'intensité élevée. Faire des incisions sur le gras du bifteck à 4 cm (1½ po) d'intervalle, en prenant soin de ne pas entailler la viande.

🍂 Frotter le gril avec de l'huile végétale ou un morceau de gras du bifteck. Mettre 2 ou 3 gousses d'ail sur les braises. Déposer le bifteck sur le gril placé juste au-dessus des braises et le faire saisir de 2 à 3 minutes. Placer le gril à 8 cm (3 po) de la source de chaleur et continuer à faire griller

Bifteck grillé au barbecue

jusqu'à ce que le jus de la viande commence à perler sur la surface du bifteck.

🍮 Retourner et faire griller jusqu'à ce que la viande atteigne le degré de cuisson désiré. Un bifteck de 2,5 cm (1 po) d'épaisseur, cuit saignant, requiert de 4 à 5 minutes de cuisson par côté. Allouer plus ou moins de temps selon l'épaisseur du bifteck.

BIFTECK GRILLÉ AU FOUR

🍮 Choisir des tranches de biftecks ayant environ 2,5 cm (1 po) d'épaisseur (côte d'aloyau, bifteck d'aloyau, bifteck de faux-filet, bifteck de côte, bifteck de surlonge ou encore filet mignon). Il est préférable d'entourer le filet mignon d'une tranche de bacon.

🍮 Retirer la viande du réfrigérateur environ ½ heure avant de l'utiliser afin qu'elle soit à la température ambiante. Parer les biftecks en laissant environ 0,8 cm (⅓ po) d'épaisseur de gras. Si désiré, piquer un thermomètre à viande dans la partie la plus charnue, sans toucher l'os ni le gras.

🍮 Badigeonner les biftecks d'huile d'olive ou d'huile végétale et les saupoudrer généreusement de paprika. Si désiré, frotter la viande avec la moitié d'une gousse d'ail avant de la badigeonner d'huile. Ne pas saler ni poivrer avant la cuisson.

🍮 Dans la cuisinière à gaz, déposer les biftecks sur la grille placée au degré supérieur, à environ 5 cm (2 po) de la source de chaleur, et réduire le feu.

🍮 Dans la cuisinière électrique, déposer les biftecks sur la grille du bas placée à environ 13 à 15 cm (5 ou 6 po) de la source de chaleur. Insérer horizontalement le thermomètre à viande.

🍮 Cuire jusqu'à ce que la viande atteigne le degré de cuisson désiré. Tourner les biftecks à la mi-cuisson.

BIFTECK DE RONDE GRILLÉ

10 mL (2 c. à thé) de jus d'oignon
75 mL (⅓ tasse) de jus de citron ou de vinaigre
125 mL (½ tasse) d'huile végétale
15 mL (1 c. à soupe) de sauce Worcestershire
1 bifteck de ronde

🍮 Pour obtenir le jus d'oignon, frotter une moitié d'oignon sur une râpe fine. Avec la lame d'un couteau, récupérer la mousse accumulée sous la râpe.

🍮 Mélanger le jus de citron avec l'huile, le jus d'oignon et la sauce Worcestershire. Verser cette marinade sur le bifteck et laisser reposer pendant 12 heures à la température ambiante, en tournant la viande 1 ou 2 fois.

🍮 Égoutter le bifteck, le déposer sur la grille placée à environ 8 cm (3 po) de la source de chaleur et cuire de 4 à 5 minutes par côté.

🍮 Décorer d'une noisette de beurre. Saler et poivrer. Servir.

🍮 La marinade se conserve très bien au réfrigérateur dans un pot de verre.

BIFTECK DE FLANC GRILLÉ

125 mL (½ tasse) de xérès ou 50 mL (¼ tasse) de jus de citron
125 mL (½ tasse) de sauce de soja
2 gousses d'ail, hachées finement
5 mL (1 c. à thé) de gingembre moulu
1 bifteck de flanc

Bifteck de flanc grillé

🍂 Dans un bol, mélanger le xérès, la sauce de soja, l'ail et le gingembre. Ajouter le bifteck et laisser mariner de 4 à 5 heures au réfrigérateur.

🍂 Bien égoutter le bifteck, le badigeonner d'huile végétale et le faire griller de 3 à 5 minutes par côté sur le barbecue ou au four. Pour servir, trancher la viande, très mince, en diagonale.

BIFTECK DIANE

30 mL (2 c. à soupe) de beurre
ciboulette, persil, oignons verts, au goût
sel et poivre
oignons verts
1 entrecôte (bifteck de côte désossé) de 1 cm (½ po) d'épaisseur
15 mL (1 c. à soupe) de cognac
30 mL (2 c. à soupe) de xérès
7 mL (1½ c. à thé) de sauce Worcestershire

🍂 Défaire 15 mL (1 c. à soupe) de beurre en crème en ajoutant, au goût, de la ciboulette, du persil et des oignons verts. Saler et poivrer.

🍂 Dans un poêlon de fonte, faire fondre le reste du beurre et y faire dorer quelques oignons verts. Cuire l'entrecôte à feu très vif de 30 secondes à 1 minute par côté. Garder au chaud.

🍂 Verser le cognac dans le poêlon et faire flamber. Ajouter le beurre en crème, le xérès et la sauce Worcestershire. Remuer jusqu'à ce que le beurre soit fondu. Verser sur le bifteck. Servir.

Bifteck Diane

BIFTECK À L'ITALIENNE

125 mL (½ tasse) d'huile d'olive
2 oignons moyens, hachés finement
4 biftecks de filet de 2,5 cm (1 po) d'épaisseur
75 mL (⅓ tasse) de jus de citron
45 mL (3 c. à soupe) de câpres
sel et poivre

🍂 Dans un poêlon de fonte, faire chauffer l'huile et y faire dorer les oignons. Pousser les oignons sur le côté du poêlon et cuire les biftecks jusqu'à ce que la viande atteigne le degré de cuisson désiré. Retirer les biftecks du poêlon et garder au chaud.

🍂 Ajouter le jus de citron aux oignons. Remuer à feu vif en grattant bien le fond et le pourtour du poêlon. Ajouter les câpres. Saler et poivrer. Verser sur les biftecks. Servir.

BIFTECK AU POIVRE

2 mL (½ c. à thé) de grains de poivre
1 bifteck de 2,5 à 4 cm (1 à 1½ po) d'épaisseur
sel
30 mL (2 c. à soupe) de beurre
30 mL (2 c. à soupe) d'huile végétale
45 mL (3 c. à soupe) de thé froid ou de consommé
45 mL (3 c. à soupe) de vin blanc ou de jus de citron
30 mL (2 c. à soupe) de cognac (au goût)

🍂 À l'aide d'une cuiller en bois, écraser les grains de poivre. Saupoudrer le poivre de chaque côté du bifteck et le presser fortement dans la viande. Saler.

🍂 Dans un poêlon de fonte, faire chauffer le beurre et l'huile et y saisir le bifteck de chaque côté.

Filet mignon grillé au poêlon

Faire ensuite griller de 3 à 4 minutes par côté. Retirer du poêlon et déposer dans un plat chaud.

𝕾 Mettre le thé et le vin dans le poêlon et porter à ébullition, en grattant bien le fond. Ajouter le cognac en remuant. Napper le bifteck de cette sauce. Servir immédiatement.

FILET MIGNON GRILLÉ AU POÊLON

sel, poivre, paprika
filets mignons
huile d'olive ou beurre mou

𝕾 Saler, poivrer et saupoudrer de paprika un côté des filets. Badigeonner l'autre côté d'huile d'olive.

𝕾 Faire chauffer un poêlon de fonte à feu vif. Le retirer du feu et y placer les filets mignons, côté huilé vers le fond. Remettre le

poêlon sur l'élément et cuire les filets mignons de 4 à 6 minutes à feu moyen. Retourner les filets et cuire de 1 à 3 minutes, selon que vous désirez un filet saignant ou bien cuit.

ROULADE DE BŒUF À L'ANCIENNE

1 bifteck de ronde entier
2 gros oignons, hachés finement
250 mL (1 tasse) de pain sec coupé en petits morceaux
3 carottes, râpées
125 mL (½ tasse) de beurre, fondu
5 mL (1 c. à thé) de gros sel
2 mL (½ c. à thé) de graines de céleri
1 mL (¼ c. à thé) de poivre
2 mL (½ c. à thé) de moutarde en poudre
1 pincée de clous de girofle moulus
5 mL (1 c. à thé) de cannelle
15 mL (1 c. à soupe) de gros sel

𝕾 Demander au boucher de couper le bifteck en tranches de 0,3 à 0,6 cm (⅛ à ¼ po) d'épaisseur. Enlever le gras et les os.

𝕾 Faire revenir les oignons dans le gras du bifteck. Préparer une farce avec le pain sec, les oignons, les carottes, le beurre, le sel, les graines de céleri, le poivre, la moutarde en poudre, le girofle et la cannelle. Bien mélanger et étendre sur le bifteck. Rouler comme un gâteau.

𝕾 Placer sur un carré de coton propre et bien envelopper. Coudre avec un fil solide de manière à faire un gros boudin bien serré.

𝕾 Mettre dans une casserole d'eau bouillante (il doit y avoir suffisamment d'eau pour couvrir la viande). Couvrir et laisser mijoter pendant 4 heures. Après 2 heures de cuisson, ajouter le gros sel. Lorsque la viande est cuite (vérifier avec la lame d'un couteau), retirer la roulade de l'eau.

𝕾 Déposer la roulade dans un plat de service et placer quelque chose de lourd sur le dessus (planche à découper avec un poids, par exemple). Lorsque la roulade est assez refroidie, la mettre au réfrigérateur. Pour servir, développer et couper en tranches minces.

ROULADES DE BŒUF GARNIES

6 biftecks minute*
750 mL (3 tasses) de pain sec coupé en dés
2 mL (½ c. à thé) de sauge
30 mL (2 c. à soupe) de persil
1 mL (¼ c. à thé) de thym
5 mL (1 c. à thé) de sel

250 mL (1 tasse) de bouillon
de poulet chaud
45 mL (3 c. à soupe) de beurre,
fondu
zeste râpé d'une orange
250 mL (1 tasse) de canneberges
crues hachées ou 250 mL
(1 tasse) de pulpe d'orange
coupée en dés
50 mL (¼ tasse) de farine
5 mL (1 c. à thé) de sel
1 mL (¼ c. à thé) de poivre
60 mL (4 c. à soupe) de suif
de bœuf
50 mL (¼ tasse) de consommé
ou d'eau

❧ Bien attendrir les biftecks.
Dans un bol, mélanger le pain, la
sauge, le persil, le thym, le sel, le
bouillon de poulet, le beurre, le
zeste d'orange et les canneberges.
Répartir également ce mélange
sur les biftecks. Les rouler et les
fixer avec de petites brochettes
(j'utilise du gros fil). Mélanger la
farine, le sel et le poivre. Enrober
chaque roulade de ce mélange.
❧ Dans un poêlon à fond épais,
faire chauffer le suif de bœuf
jusqu'à ce qu'il fonde et y faire
dorer les roulades de chaque côté.
Déposer dans un plat allant au
four et ajouter le consommé.
Cuire au four à 140°C (275°F)
pendant 35 minutes. Disposer
chaque roulade dans une assiette
et napper d'un peu de sauce.
Accompagner de pommes de
terre et de champignons. Servir.
❧ Laisser refroidir et envelopper
avant de congeler. Pour servir,
faire chauffer les roulades au four
à 140°C (275°F) pendant 45 ou
50 minutes.

* Le bifteck minute, plutôt mince et
assez petit, est souvent prélevé dans
le contre-filet.

BŒUF BRAISÉ À LA FRANÇAISE

125 g (¼ lb) de lard salé, coupé
en tranches minces
4 oignons, coupés en rondelles
4 carottes, coupées en morceaux
de 2,5 cm (1 po) de longueur
2 clous de girofle
1 gousse d'ail, hachée finement
2 mL (½ c. à thé) de thym
1 mL (¼ c. à thé) de sauge
zeste râpé de ½ orange,
1,5 à 2,5 kg (3 à 6 lb) d'intérieur
ou d'extérieur de ronde

❧ Mettre tous les ingrédients
dans une marmite de fonte émaillée. Faire cuire à feu vif jusqu'à ce
que le lard commence à griller.
Remuer pour bien saisir la viande.
Couvrir et faire cuire à feu doux
de 2 à 3 heures ou jusqu'à ce que
la viande soit tendre. N'ajouter
aucun liquide, le bœuf fera son
propre jus.

POT-AU-FEU À L'AUTOCUISEUR

15 mL (1 c. à soupe) de graisse
1,8 kg (4 lb) de bœuf
à pot-au-feu
sel et poivre
1 carotte, hachée
1 oignon moyen, haché
1 feuille de laurier
1 mL (¼ c. à thé) de thym
125 mL (½ tasse) d'eau

❧ Dans un autocuiseur, faire fondre la graisse et y faire revenir la
viande. Saler et poivrer. Ajouter la
carotte, l'oignon, le laurier, le
thym et l'eau.
❧ Verrouiller le couvercle et placer le régulateur de pression.
Cuire pendant 35 minutes. Laisser tomber la pression d'elle-
même. Si désiré, préparer une
sauce avec le jus de cuisson.

Bœuf braisé à la française

RÔTI BRAISÉ À L'AMÉRICAINE

50 mL (¼ tasse) de farine
5 mL (1 c. à thé) de sel
1 mL (¼ c. a thé) de poivre
2 mL (½ c. à thé) de marjolaine
ou de sarriette
1,8 kg (4 lb) de bœuf dans le
haut-côté, la croupe ou les côtes,
coupé en cubes
60 mL (4 c. à soupe) de gras
4 oignons entiers
4 carottes entières
125 mL (½ tasse) de jus
de tomate
75 mL (⅓ tasse) de vinaigre
15 mL (1 c. à soupe) de sucre
1 mL (¼ c. à thé) de clous
de girofle moulus

☙ Dans un bol, mélanger la farine, le sel, le poivre et la marjolaine. Enrober les cubes de viande de ce mélange. Faire dorer dans le gras. Lorsque la viande est bien dorée, ajouter le reste des ingré-dients. Couvrir et laisser mijoter de 2½ à 3 heures ou jusqu'à ce que la viande soit tendre. Écraser les légumes dans la sauce avant de servir.

RÔTI BRAISÉ

Vous pouvez préparer ce rôti braisé à l'avance, le garder au congéla-teur et ainsi avoir toujours sous la main un bon petit plat prêt à servir.

125 mL (½ tasse) de suif de bœuf
haché
2,5 à 3,5 kg (6 à 8 lb) d'épaule
désossée ou de poitrine
6 oignons, coupés en tranches
5 mL (1 c. à thé) de sel
1 feuille de laurier
5 mL (1 c. à thé) de cari
ou 2 mL (½ c. à thé) de cannelle
3 clous de girofle
1 lanière de zeste d'orange

☙ Dans une marmite, faire fondre le suif de bœuf et y faire dorer la viande de chaque côté, à feu moyen. Ajouter les oignons, le sel, le laurier, le cari, le girofle et le zeste d'orange. Il n'est pas néces-saire d'ajouter d'eau car la viande fera son propre bouillon en cours de cuisson. Laisser mijoter à feu doux de 3 à 3½ heures ou jusqu'à ce que la viande soit tendre. Servir. Le secret pour réussir le rôti braisé est de toujours laisser mijoter la viande très lentement.

☙ Pour congeler, retirer la viande de la marmite lorsqu'elle est cuite. Verser dans un bol le bouil-lon (accumulé dans le fond de la marmite). Laisser refroidir le bouillon et la viande au réfrigéra-teur. Couper la viande en por-tions individuelles et recouvrir du bouillon. Congeler.

☙ Donne 16 portions.

☙ Durée de conservation au con-gélateur : 2 à 3 mois.

☙ Pour servir, décongeler au réfrigérateur ou à la température ambiante, compter 8 heures au réfrigérateur et 2 heures à la tem-pérature ambiante. Mettre les portions de rôti braisé dans un plat. Cuire, à découvert, au four préalablement chauffé à 180°C (350°F) pendant 1 heure, en arrosant au besoin.

CARBONADE DE BŒUF

750 g (1½ lb) de ronde de bœuf
sel et poivre
30 mL (2 c. à soupe) de gras
250 mL (1 tasse) d'oignons
hachés finement
30 mL (2 c. à soupe) de farine
15 mL (1 c. à soupe)
de cassonade
500 mL (2 tasses) de bière
250 mL (1 tasse) de consommé
2 mL (½ c. à thé) de graines
d'anis (facultatif)

Carbonade de bœuf

🍂 Couper la viande en cubes de 5 cm (2 po) de côté. Saler et poivrer.

🍂 Dans une casserole, faire fondre le gras et y faire dorer les morceaux de viande. Retirer de la casserole.

🍂 Faire dorer ensuite les oignons et ajouter le reste des ingrédients. Remuer jusqu'à ébullition. Ajouter les morceaux de viande.

🍂 Couvrir et cuire à feu moyen pendant 1½ heure, en remuant de temps à autre. Servir avec des pâtes ou une purée de pommes de terre.

🍂 À l'autocuiseur, procéder de la même manière, mais utiliser 250 mL (1 tasse) de bière et 125 mL (½ tasse) de consommé. Faire cuire pendant 20 minutes.

Bœuf bourguignon

BŒUF À LA MODE

1 morceau de bœuf à braiser d'environ 2 kg (4 à 5 lb) (intérieur de ronde)
5 mL (1 c. à thé) de sel
1 mL (¼ c. à thé) de poivre
1 mL (¼ c. à thé) de muscade ou de clous de girofle, moulus
2 feuilles de laurier
1 mL (¼ c. à thé) de thym
quelques branches de céleri
250 mL (1 tasse) de vin rouge ou blanc
250 mL (1 tasse) de consommé
45 mL (3 c. à soupe) de gras de bœuf (ou suif de bacon)
250 g (½ lb) de lard entrelardé, coupé en tranches minces
1 gros oignon, coupé en tranches
5 carottes

🍂 Dans un grand bol, mettre le morceau de bœuf, le sel, le poivre, la muscade, le laurier, le thym, le céleri, le vin et le consommé.

Couvrir et laisser mariner la viande de 12 à 24 heures au réfrigérateur. Égoutter la viande. Réserver la marinade.

🍂 Dans une casserole de fonte noire ou émaillée, faire fondre le gras de bœuf et y faire dorer la viande de chaque côté, à feu très doux. Dans une autre casserole, faire dorer le lard et l'ajouter à la viande. Ajouter ensuite l'oignon, les carottes et la marinade. Porter à ébullition. Couvrir et cuire à feu doux de 3 à 5 heures ou jusqu'à ce que la viande soit tendre. Retourner la viande 2 ou 3 fois en cours de cuisson. Servir.

🍂 Pour servir le bœuf à la mode froid, ajouter au moment de la cuisson un jarret de veau (beaucoup d'os et peu de viande). Laisser refroidir, trancher et napper de sauce.

BŒUF BOURGUIGNON

environ 1,5 kg (3 à 4 lb) d'épaule ou de ronde de bœuf
4 tranches de lard salé gras
farine
5 mL (1 c. à thé) de sel
2 mL (½ c. à thé) de poivre
1 poireau, coupé en fines tranches
1 mL (¼ c. à thé) de thym
50 mL (¼ tasse) de persil haché
2 gousses d'ail, hachées finement
vin rouge
30 mL (2 c. à soupe) de beurre
250 g (½ lb) de champignons entiers ou coupés en tranches

🍂 Couper la viande en cubes de 4 à 5 cm (1½ à 2 po) de côté. Enlever l'excédent de gras et les os, s'il y a lieu. Couper les tranches de lard salé en petits carrés. Enfariner les morceaux de viande.

🍂 Dans une casserole de fonte émaillée ou de fonte noire, faire

❦ TECHNIQUE ❦

BŒUF BOURGUIGNON

1   Enfariner les morceaux de bœuf.

2   Faire fondre le lard et y faire dorer les morceaux de viande. Ajouter le sel, le poivre, le poireau, le thym, le persil et l'ail.

3   Ajouter le vin rouge.

4   Faire sauter les champignons dans le beurre chaud.

fondre le lard salé et y faire dorer les morceaux de viande à feu vif.

⋆ Ajouter le sel, le poivre, le poireau, le thym, le persil et l'ail. Remuer le tout pendant quelques minutes et ajouter suffisamment de vin rouge pour recouvrir la viande. Porter à ébullition. Couvrir et laisser mijoter à feu très doux jusqu'à ce que la viande soit tendre.

⋆ Faire fondre le beurre jusqu'à ce qu'il soit de couleur noisette et y ajouter les champignons. Cuire à feu vif pendant 2 minutes en remuant sans arrêt. Ajouter au bœuf cuit.

⋆ Si désiré, épaissir la sauce avec 30 mL (2 c. à soupe) de farine délayée dans de l'eau froide. Rectifier l'assaisonnement. Servir avec des pommes de terre bouillies et des petits oignons bouillis sautés au beurre.

BŒUF EN DAUBE

250 mL (1 tasse) de cubes de lard salé
1,4 kg (3 lb) de bœuf dans la croupe ou l'épaule
30 mL (2 c. à soupe) de farine
250 mL (1 tasse) d'eau
125 mL (½ tasse) de vin rouge
15 mL (1 c. à soupe) de cognac (facultatif)
15 mL (1 c. à soupe) d'extrait de bœuf
2 carottes, pelées et tranchées
6 oignons moyens entiers
1 petit rutabaga, pelé et coupé en huit morceaux
sel et poivre, au goût
1 gousse d'ail, écrasée
3 brins de persil, hachés finement
ciboulette ou cerfeuil, au goût

⋆ Dans une casserole, faire fondre les cubes de lard salé et y faire revenir le morceau de bœuf à feu moyen jusqu'à ce qu'il soit doré de chaque côté. Retirer la viande.

⋆ Ajouter la farine et faire griller quelques minutes en remuant bien. Ajouter l'eau, le vin rouge, le cognac et l'extrait de bœuf. Porter à ébullition en remuant sans arrêt. Mettre le morceau de bœuf dans cette sauce. Ajouter les carottes, les oignons et le rutabaga. Saler et poivrer. Couvrir et faire mijoter à feu très doux, ou cuire au four à 160°C (325°F) de 1½ à 2 heures ou jusqu'à ce que la viande soit tendre.

⋆ Retirer la viande de la casserole. Mélanger l'ail, le persil et la ciboulette. Ajouter ce mélange à la sauce. Porter à ébullition.

⋆ Mettre la viande sur un plat de service chaud, disposer les légumes autour et verser la sauce dans une saucière. Servir.

SAUERBRATEN

375 mL (1½ tasse) de vinaigre de vin
125 mL (½ tasse) de vin rouge
2 oignons, coupés en tranches fines
2 carottes, pelées et tranchées
1 feuille de laurier
3 clous de girofle
15 mL (1 c. à soupe) de grains de poivre
15 mL (1 c. à soupe) de sel
1,8 kg (4 lb) de bœuf de ronde, d'épaule ou de croupe
60 mL (4 c. à soupe) de beurre
15 mL (1 c. à soupe) d'huile végétale
75 mL (5 c. à soupe) de farine
15 mL (1 c. à soupe) de sucre
150 mL (⅔ tasse) de miettes de biscuits au gingembre

⋆ Préparation de la marinade : dans un grand bol, mélanger le

Bœuf en daube

vinaigre, le vin, les oignons, les carottes, le laurier, les clous de girofle, le poivre et le sel.

🍂 Mettre la viande dans ce mélange. Couvrir et faire mariner pendant 24 heures au réfrigérateur, en tournant la viande plusieurs fois. Égoutter la viande. Réserver la marinade.

🍂 Dans une casserole en fonte, faire fondre le beurre avec l'huile et y faire dorer la viande de chaque coté, à feu moyen. Tourner plusieurs fois en cours de cuisson en saupoudrant chaque fois la viande d'un peu de farine.

🍂 Faire chauffer la marinade et la verser sur la viande. Couvrir et laisser mijoter à feu doux pendant environ 3 heures ou jusqu'à ce que la viande soit tendre.

🍂 Retirer la viande de la casserole et la garder au chaud. Dégraisser le jus de cuisson. Mélanger le reste de la farine et le sucre avec quelques cuillerées de la partie grasse du jus de cuisson. Ajouter au jus de cuisson et cuire, en brassant sans arrêt, jusqu'à ce que le mélange soit lisse et crémeux. Ajouter les miettes de biscuits. Mettre la viande dans cette sauce et laisser mijoter, à feu doux, pendant 30 minutes.

🍂 Servir avec des boulettes de pâte ou des nouilles.

BŒUF AU CHOU ROUGE

900 g (2 lb) de bœuf à ragoût
2 gros oignons, coupés en fines tranches
45 mL (3 c. à soupe) de gras (au choix)
5 mL (1 c. à thé) de sel
2 mL (½ c. à thé) de poivre
5 mL (1 c. à thé) de graines d'anis
1 feuille de laurier
750 mL (3 tasses) d'eau bouillante
45 mL (3 c. à soupe) de vinaigre de cidre

1 petit chou rouge, coupé en 8 quartiers
3 tranches de pain de blé grillées, réduites en chapelure

🍂 Faire dorer la viande et les oignons dans le gras bien chaud. Ajouter le sel, le poivre, l'anis et le laurier.

🍂 Verser l'eau bouillante sur la viande et ajouter le vinaigre. Mettre le chou rouge sur la viande. Couvrir et laisser mijoter pendant 2 heures à feu doux. Ajouter la chapelure de pain grillé et poursuivre la cuisson pendant 15 minutes, en remuant souvent. Servir avec une purée de pommes de terre.

RAGOÛT DE BŒUF HONGROIS

125 g (¼ lb) de bacon ou de lard salé, coupé en dés
900 g (2 lb) de bœuf à bouillir, coupé en morceaux
4 oignons, coupés en fines tranches
1 mL (¼ c. à thé) de marjolaine
5 mL (1 c. à thé) de sel
2 mL (½ c. à thé) de poivre
1 gousse d'ail, hachée finement
5 mL (1 c. à thé) de paprika
175 mL (¾ tasse) de vin rouge ou de jus de pomme
250 mL (1 tasse) de crème aigre

🍂 Dans une casserole, faire cuire le bacon et y faire dorer les morceaux de bœuf. Retirer la viande. Mettre les oignons, la marjolaine, le sel, le poivre et l'ail dans la casserole. Cuire à feu vif, en remuant, jusqu'à ce que les oignons soient légèrement dorés. Remettre la viande dans la casserole, saupoudrer du paprika et

Ragoût de bœuf hongrois

❦ TECHNIQUE ❦

RAGOÛT DE BŒUF HONGROIS

1 Faire dorer la viande avec le bacon chaud.

2 Retirer la viande. Ajouter les oignons, la marjolaine, le sel, le poivre et l'ail.

3 Remettre la viande dans la casserole. Saupoudrer de paprika.

4 Ajouter le vin rouge.

ajouter le vin rouge. Porter à ébullition. Couvrir et cuire à feu très doux de 1 à 1½ heure ou jusqu'à ce que la viande soit tendre. Au moment de servir, ajouter la crème aigre et chauffer le tout, sans laisser bouillir.

RAGOÛT DE BŒUF AUX TOMATES

75 mL (⅓ tasse) de farine grillée
5 mL (1 c. à thé) de sel
1 mL (¼ c. à thé) de poivre
5 mL (1 c. à thé) de sarriette
2 mL (½ c. à thé) de clous
de girofle moulus
750 g (1½ lb) d'épaule de bœuf,
coupée en 10 à 14 morceaux
30 mL (2 c. à soupe) de gras
1 gousse d'ail
2 oignons, coupés en fines
tranches
1 boîte de tomates
15 mL (1 c. à soupe) de sucre

❧ Mélanger la farine, le sel, le poivre, la sarriette et le girofle. Enrober les morceaux de viande de ce mélange. Faire dorer dans le gras. Ajouter le reste des ingrédients. Couvrir et laisser bouillir doucement pendant 1½ heure. Si désiré, ajouter des carottes et des rutabagas ½ heure avant la fin de la cuisson.

CHILI CON CARNE

500 g (1 lb) de haricots rouges
125 g (¼ lb) de lard salé,
coupé en dés
1 gros oignon, haché finement
2 gousses d'ail, hachées finement
30 mL (2 c. à soupe)
d'assaisonnement au chili
5 mL (1 c. à thé) de sel
1 mL (¼ c. à thé) de cumin

Bifteck suisse à la crème aigre

5 mL (1 c. à thé) d'origan
2 boîtes de 160 mL (5½ oz)
de pâte de tomates
250 mL (1 tasse) de sauce
aux tomates
750 g (1½ lb) d'épaule de porc
750 g (1½ lb) de bœuf à ragoût
60 mL (4 c. à soupe) de beurre
15 mL (1 c. à soupe) de sel
2 mL (½ c. à thé) de poivre

❧ Faire mijoter les haricots rouges dans 2 L (8 tasses) d'eau de 2 à 3 heures, jusqu'à ce qu'ils soient tendres. (Il faut éviter de trop les faire cuire.) Égoutter les haricots et réserver 250 mL (1 tasse) du liquide de cuisson.
❧ Faire cuire le lard salé jusqu'à ce qu'il soit doré et croustillant et y faire dorer l'oignon et l'ail. Ajouter l'assaisonnement au chili, le sel, le cumin, l'origan, la pâte de tomates et la sauce aux tomates. Laisser mijoter le tout de 15 à 20 minutes. Ajouter les haricots et le jus de cuisson

réservé. Couvrir et faire mijoter pendant 2 heures.
❧ Couper le porc et le bœuf en cubes de 2,5 cm (1 po) de côté. Dans un poêlon de fonte, faire fondre le beurre et y faire dorer la viande à feu moyen, en remuant assez souvent. Saler et poivrer. Ajouter la viande au mélange de haricots et de tomates 30 minutes avant la fin de la cuisson. Servir.

BIFTECK SUISSE À LA CRÈME AIGRE

45 mL (3 c. à soupe) de farine
2 mL (½ c. à thé) de sel
1 mL (¼ c. à thé) de poivre
2 mL (½ c. à thé) de paprika
500 à 900 g (1½ à 2 lb) de bifteck
de ronde ou d'épaule, coupé en
cubes de 2,5 cm (1 po) de côté
45 mL (3 c. à soupe) de gras
3 oignons, coupés en fines
tranches

125 mL (½ tasse) d'eau
125 mL (½ tasse) de crème aigre

🍴 Dans un bol, mélanger la farine, le sel, le poivre et le paprika. Enrober les cubes de viande de ce mélange. Faire dorer dans le gras. Lorsque la viande commence à brunir, ajouter les oignons. Laisser dorer quelques minutes, puis ajouter l'eau et la crème aigre. Couvrir et laisser mijoter pendant 1 heure ou jusqu'à ce que la viande soit très tendre (ne jamais laisser bouillir).

BŒUF BOUILLI

2 à 2,5 L (8 à 10 tasses) d'eau
1 carotte non pelée
1 gros oignon, coupé en 4
2 mL (½ c. à thé) de thym
4 clous de girofle
1 feuille de laurier
15 mL (1 c. à soupe) de gros sel
1 mL (¼ c. à thé) de poivre
2,3 kg (5 lb) de bœuf à bouillir

🍴 Porter l'eau à ébullition et ajouter le reste des ingrédients. Couvrir et laisser mijoter à feu doux pendant 3 ou 4 heures ou jusqu'à ce que la viande soit tendre. Pour réussir le bœuf bouilli, il faut le faire mijoter sans le faire bouillir.

🍴 On peut, si désiré, faire cuire des légumes avec le bœuf bouilli. Nettoyer et envelopper dans une toile à fromage des carottes, des panais, des petits pois frais ou des haricots verts. Cuire dans le bouillon de bœuf pendant les 25 à 30 dernières minutes de cuisson.

🍴 Lorsque le bœuf est cuit, le mettre sur un plat de service et le saupoudrer de gros sel (environ 15 mL ou 1 c. à soupe). Disposer les légumes autour avec des pommes de terre bouillies (cuire les pommes de terre séparément).

🍴 Pour servir le bœuf bouilli froid, le laisser refroidir dans son bouillon jusqu'à ce qu'il soit tiède. Le retirer du bouillon et le saupoudrer de gros sel. Couvrir d'un papier ciré et réfrigérer jusqu'au moment de servir.

🍴 On peut servir le bœuf bouilli chaud avec des légumes et une simple vinaigrette préparée à base de ciboulette (ou d'oignons verts) et de persil, haché finement.

POINTE DE POITRINE BOUILLIE

Voici une façon simple et délicieuse de faire bouillir le bœuf.

environ 1,5 kg (3 à 4 lb) de pointe de poitrine
60 mL (4 c. à soupe) de gras de poulet ou de beurre
1 gros oignon, coupé en fines tranches
15 mL (1 c. à soupe) de gros sel
45 mL (3 c. à soupe) de sauce de soja
1,5 à 2 L (6 à 8 tasses) d'eau chaude

🍴 Faire dorer la viande de chaque côté dans le gras de poulet et la mettre dans une casserole d'une capacité de 3 L (12 tasses). Ajouter l'oignon, le sel, la sauce de soja et l'eau (il doit avoir suffisamment d'eau pour recouvrir la viande). Couvrir et cuire au four préalablement chauffé à 180°C (350°F) de 3 à 4 heures. L'eau doit toujours recouvrir la viande pendant la cuisson. Vérifier de temps à autre.

🍴 Si désiré, préparer une sauce en mélangeant 500 mL (2 tasses) du jus de cuisson avec 15 mL (1 c. à soupe) de fécule de maïs délayée dans 45 mL (3 c. à soupe) d'eau.

BŒUF SALÉ AU CHOU

1,8 kg (4 lb) de bœuf salé (corned-beef)
1 oignon, piqué de clous de girofle
1 feuille de laurier
2 gousses d'ail
1 brin de persil
1 branche de céleri
1 chou vert, coupé en 6

🍴 Mettre le bœuf dans une casserole, le recouvrir d'eau froide et porter à ébullition. Faire mijoter pendant 10 minutes à feu moyen. Enlever l'eau.

🍴 Recouvrir à nouveau le bœuf d'eau froide, ajouter l'oignon, le laurier, l'ail, le persil et le céleri. Porter à ébullition. Couvrir et laisser mijoter à feu doux de 3 à 4 heures ou jusqu'à ce que la viande soit tendre.

🍴 Ajouter le chou 30 ou 40 minutes avant la fin de la cuisson.

🍴 Couper le bœuf en tranches minces. Servir avec de la moutarde et des pommes de terre bouillies.

🍴 Pour servir le bœuf salé froid, frotter un bol avec une gousse d'ail et y mettre la viande encore chaude. Recouvrir d'un papier ciré et placer un poids sur la viande, afin de la rendre plus ferme et plus facile à trancher lorsque refroidie. Servir avec une salade de pommes de terre et de la moutarde.

Bœuf Stroganoff

LA FONDUE BOURGUIGNONNE

La fondue bourguignonne est idéale pour recevoir de six à huit personnes. On peut doubler la recette et ainsi servir jusqu'à seize convives. Il faudra cependant asseoir vos invités autour d'une grande table ou de deux tables moyennes, et avoir sous la main deux plats à fondue. Pour donner de la classe à votre repas, utilisez un service à fondue en cuivre. Vous pouvez également improviser et dresser une table tout aussi élégante avec vos ustensiles de cuisine habituels.

❧ Choisissez une casserole profonde, de 15 à 20 cm (6 à 8 po) de diamètre, que vous pouvez poser sur un réchaud de table. Un bon combustible est essentiel afin de maintenir une chaleur constante, le sterno ou l'alcool sont les meilleurs. N'utilisez pas de brûleur à chandelle car il ne donne pas assez de chaleur pour bien cuire la viande. Vous pouvez aussi vous servir d'une poêle à frire électrique. Elle donne un bon rendement, car il est facile de maintenir sa température à 200°C (400°F). Par contre, elle demande plus d'huile pour la cuisson. De grandes fourchettes à fondue, munies de préférence de manches de bois, ou des brochettes de bois préalablement trempées dans l'eau compléteront votre service.

❧ Il faut absolument servir la fondue avec des sauces dans lesquelles vos invités pourront tremper à leur guise les morceaux de viande cuite. Vous pouvez offrir à vos convives des sauces déjà préparées comme de la moutarde forte, du ketchup et de la sauce chili que vous accompagnez de câpres et de jus de citron, ou de cornichons non sucrés. Les sauces anglaises telles que la sauce H.P. et Worcestershire sont également excellentes. Si vous désirez des sauces un peu plus originales, essayez les sauces maison comme la sauce vimot, gribiche, béarnaise, ravigote ou diablée (voir pages 55, 62, 63). Faites votre choix, mais assurez-vous d'en offrir au moins trois ou quatre.

❧ Vous pouvez accompagner votre fondue d'une salade verte et de croustilles ou de pommes de terre frites. Préparez une fondue à l'occasion de votre prochaine réception. Ce genre de repas crée une atmosphère de détente et de gaieté, même quand les convives ne se connaissent pas.

❧ Pour préparer la fondue bourguignonne, on peut utiliser le filet de bœuf, la saucisse polonaise, la ronde et même de petites boulettes de viande assaisonnées.

750 à 900 g (1½ à 2 lb) de bœuf maigre
ou
500 g (1 lb) de saucisses polonaises, coupées en cubes de 2,5 cm (1 po)
ou
900 g (2 lb) de filet de bœuf, coupé en tranches minces
huile d'arachide
1 tranche épaisse de pomme de terre crue

❧ Disposer joliment la viande sur un plateau. Couvrir et laisser à la température ambiante au moins ½ heure avant de servir.

❧ Placer le poêlon à fondue sur le réchaud au-dessus du brûleur et y mettre de 4 à 5 cm (1½ à 2 po) d'huile d'arachide. Porter à ébullition, ajouter la tranche de pomme de terre pour empêcher l'huile de grésiller.

❧ Mettre le poêlon à fondue au centre de la table afin que chaque invité puisse y avoir accès facilement. Dresser les couverts en mettant une assiette (ou une assiette à fondue), un plat de viande et une fourchette à fondue devant chaque convive. Disposer les bols de sauces et de marinades sur la table afin que chacun puisse se servir à sa guise. À l'extrémité de la table, mettre une salade verte et du pain croûté. J'aime mieux offrir à mes invités des popovers bien chauds et gonflés plutôt que du pain. Je les prépare le matin et je les réchauffe au moment de servir.

🍴 Tout est alors fin prêt. Chaque convive pique un morceau de viande avec sa fourchette, le plonge dans l'huile chaude et le fait cuire à son goût. Il le trempe ensuite dans l'une des sauces dont il a déposé quelques cuillerées dans son assiette.

BŒUF STROGANOFF

750 g (1½ lb) de filet de bœuf
ou de surlonge
75 mL (5 c. à soupe) de beurre
30 mL (2 c. à soupe) d'huile
d'olive
2 oignons verts, hachés finement
50 mL (¼ tasse) de vin blanc
375 mL (1½ tasse) de crème aigre
15 mL (1 c. à soupe) de jus
de citron
sel et poivre
persil ou cerfeuil, haché
finement

🍴 Couper la viande en lanières très fines.

🍴 Dans un poêlon de fonte, faire fondre 60 mL (4 c. à soupe) de beurre et ajouter 15 mL (1 c. à soupe) d'huile. Lorsque le beurre et l'huile sont bien chauds, saisir les lanières de bœuf de chaque côté, à feu vif, le plus rapidement possible. Une minute de cuisson suffit. Retirer la viande du poêlon. Réserver dans une assiette chaude.

🍴 Mettre le reste du beurre et de l'huile, puis les oignons verts dans le poêlon. Cuire pendant 1 minute, en remuant sans arrêt. Ajouter le vin, la crème aigre et le jus de citron et faire mijoter, sans bouillir, pendant 1 minute, en brassant sans arrêt (faire bouillir la crème aigre la ferait tourner).

🍴 Verser la sauce très chaude sur les lanières de bœuf. Saler et poivrer. Ajouter le persil. Servir avec un plat de riz ou de nouilles aux œufs.

SUKIYAKI

Faible en gras, le Sukiyaki est très sain. À la fois relevé et doux, ce plat de bœuf et de légumes vous enchantera.

500 à 750 g (1 à 1½ lb) de
surlonge ou d'intérieur de ronde
2 oignons moyens, coupés
en fines tranches
250 mL (1 tasse) de carottes
coupées en julienne
375 g (¾ lb) d'épinards frais
250 mL (1 tasse) de pousses
de bambou coupées en fines
tranches
375 mL (1½ tasse) de céleri
coupé en biais
250 g (½ lb) de champignons
frais, coupés en fines tranches
6 oignons verts, coupés en biais
125 mL (½ tasse) de marrons
coupés en tranches
375 mL (1½ tasse) de germes
de soja
2 carrés de tofu, coupés en cubes
(facultatif)
1 gros morceau de suif de bœuf

500 mL (2 tasses) de Dashi*
ou 750 mL (3 tasses)
de consommé de bœuf
75 mL (⅓ tasse) de saké
ou de xérès sec
45 mL (3 c. à soupe) de sucre
6 bols de riz à grain long, cuit

🍴 Donne 6 portions.

🍴 À l'aide d'un couteau affûté, couper la viande en tranches minces et en biais. Disposer sur le pourtour d'un grand plateau la viande, les oignons, les carottes, les épinards (n'utiliser que les feuilles entières), les pousses de bambou, le céleri, les champignons, les oignons verts, les marrons, les germes de soja et le tofu. Au centre, placer le morceau de suif de bœuf. Recouvrir de papier d'aluminium et réfrigérer jusqu'au moment d'utiliser.

🍴 Dans un pot attrayant, mélanger le Dashi, le saké et le sucre.

🍴 On peut faire cuire le Sukiyaki directement sur la table ou encore sur la cuisinière. Pour le faire cuire sur la table, faire chauffer une poêle à frire électrique à 200°C (400°F) ou utiliser une casserole de métal à fond épais placée au-dessus d'un réchaud à gaz butane. Lorsque la poêle est chaude, frotter l'intérieur avec le suif de bœuf pour bien la graisser. Y faire frire 6 tranches de viande (une par personne) en remuant avec une baguette ou une fourchette afin d'éviter qu'elles ne collent. Lorsque les tranches sont légèrement dorées (cela prend environ 1 minute), pousser la viande sur le côté de la poêle et ajouter, une à la fois, une portion de chaque légume. Verser 5 mL (1 c. à thé) du mélange de Dashi par portion de légumes. Remuer pendant environ ½ minute après chaque addition. Mélanger la viande avec une autre cuillerée du mélange de Dashi.

☙ Donner un bol de riz à chaque convive et les laisser se servir. Entre-temps, préparer une autre portion de Sukiyaki. Répéter cette opération jusqu'à ce que tous les ingrédients soient utilisés.

☙ Le Sukiyaki est souvent accompagné d'un jaune d'œuf cru et de raifort que l'on sert dans deux petits bols par convive. On trempe les aliments dans le jaune d'œuf et on accompagne la viande de raifort. On peut, si désiré, servir le riz avec de la sauce de soja.

* Préparation du Dashi : utiliser le «Dashi no moto» vendu en sachets comme les soupes déshydratées. Ajouter le contenu à 1 L (4 tasses) d'eau bouillante. Faire mijoter, à couvert, pendant 30 minutes. Ou encore mélanger 15 mL (1 c. à soupe) de katsuobushi séché ou de borato et 15 mL (1 c. à soupe) de kombu ou d'algue dans 1 L (4 tasses) d'eau bouillante.

TERIYAKI

Au Japon, les petits comme les grands apportent leur dîner. Leur repas se compose de riz et bien souvent de teriyaki, préparé à base de poisson, de légumes ou de fruits. Le Teriyaki que je vous propose se prépare avec du bœuf, mais vous pouvez le faire avec du porc, du poulet, de l'agneau et bien sûr, du poisson.

125 mL (½ tasse) de sauce de soja
50 mL (¼ tasse) de sucre
1 gousse d'ail, écrasée
15 mL (1 c. à soupe) de saké
ou de xérès sec
30 mL (2 c. à soupe) de
gingembre frais, haché ou 10 mL

(2 c. à thé) de gingembre moulu
900 g (2 lb) de bifteck d'intérieur de ronde, de surlonge ou de filet

☙ Dans une casserole, mettre la sauce de soja, le sucre, l'ail, le saké et le gingembre. Faire chauffer, en brassant pour dissoudre le sucre. Laisser refroidir. Verser sur le bœuf et laisser mariner de 2 à 12 heures. Tourner la viande de temps à autre pour bien l'enrober de marinade.

☙ Égoutter la viande. Placer sur le gril à 13 cm (5 po) de la source de chaleur ou au-dessus d'une braise d'intensité élevée. Cuire jusqu'à ce que la viande atteigne le degré de cuisson désiré. Tourner une fois en cours de cuisson. Servir.

SHABU-SHABU

Le Shabu-shabu (fondue japonaise) entre dans la catégorie de plats qu'on appelle en japonais «nabemono», qui signifie mets que l'on fait cuire au fur et à mesure qu'on le mange. Découvrez le plaisir de déguster cette spécialité japonaise à la fois saine et délicieuse.

1,5 à 2 L (6 à 8 tasses) de bouillon de poulet
500 g (1 lb) de bœuf, coupé en tranches minces
6 carrés de tofu
4 oignons verts
6 feuilles de chou chinois ou vert

☙ Préparation du bouillon de poulet : mettre de 1,5 à 2 L (6 à 8 tasses) d'eau dans une casserole. Ajouter une branche de céleri, un peu de sel, la peau, le cou, le cœur, le gésier et le foie de 2 poulets. Faire mijoter pendant 1 heure. Ou utiliser 2 à 3 cubes de

bouillon de poulet dilués dans 1,5 à 2 L (6 à 8 tasses) d'eau.

☙ Les tranches de viande ne doivent pas avoir plus de 0,3 cm (⅛ po) d'épaisseur. Les choisir dans l'intérieur de ronde, la pointe de surlonge ou le faux-filet.

☙ Placer la viande sur un plateau et couper chaque carré de tofu en deux ou en quatre morceaux. Couper les oignons verts en long et en biais. Hacher les feuilles de chou grossièrement. Disposer joliment le tout à côté de la viande.

☙ Passer le bouillon de poulet au tamis et le mettre dans un poêlon à fondue (ou une casserole à fond épais), placé au-dessus d'un brûleur. Porter à ébullition (maintenir l'ébullition pendant toute la durée du repas).

☙ À l'aide de baguettes en bambou (ou de fourchettes à fondue), chaque convive plonge les tranches de viande dans le bouillon. Pour que la viande soit tendre et savoureuse, elle ne doit pas perdre sa teinte rosée (éviter de laisser tomber la viande dans le bouillon car elle serait alors trop cuite). On trempe ensuite la viande dans la sauce (voir ci-dessous) avant de la déguster.

☙ Après avoir mangé toute la viande, ajouter les légumes d'un seul coup dans le bouillon. Laisser mijoter pendant quelques minutes. Manger les légumes au fur et à mesure qu'ils cuisent. Saler et poivrer le bouillon et le boire dans de petites tasses.

☙ Préparation de la sauce : faire dorer 60 mL (4 c. à soupe) de graines de sésame au four à 160°C (325°F). Les mélanger avec le jus d'un citron ou d'une limette, 30 mL (2 c. à soupe) de vinaigre japonais ou de vinaigre de cidre,

45 mL (3 c. à soupe) de sauce de soja et 2 oignons verts, hachées finement.

COMMENT APPRÊTER LE BŒUF HACHÉ

Il faut compter 125 g (¼ lb) de bœuf haché par portion ; 500 g (1 lb) donne 4 pâtés.

🐟 Pour avoir une viande hachée de qualité pour la préparation de pâtés (pour les hamburgers), choisir une viande, provenant de l'épaule ou de l'extérieur de ronde, maigre ou mi-maigre.

🐟 Il est préférable de ne pas conserver le bœuf haché trop longtemps. Ne jamais l'acheter plus de 2 jours à l'avance. Le retirer de l'emballage et le recouvrir d'un papier ciré.

🐟 Le bœuf haché se conserve au congélateur de 1 semaine à 3 mois. Façonner la viande en pâtés et placer un papier ciré entre chaque pâté. Envelopper en paquets de 4 à 8, selon vos besoins, dans une double épaisseur de papier ciré et une feuille de papier d'aluminium, ou encore dans des sacs à congélation. Il est préférable de dégeler les pâtés avant de les faire cuire.

PÂTÉS DE BŒUF HACHÉ

500 g (1 lb) de bœuf haché
5 mL (1 c. à thé) de sel
poivre
30 mL (2 c. à soupe) d'oignon haché
1 mL (¼ c. à thé) de thym
paprika
15 mL (1 c. à soupe) de gras, au choix

🐟 Dans un bol, mélanger à la fourchette le bœuf haché, le sel, le poivre, l'oignon et le thym (ou l'un de ces deux derniers ingrédients).

🐟 Façonner en pâtés en manipulant la viande le moins possible.

🐟 Pâtés frits au poêlon : saupoudrer les pâtés d'un peu de paprika. Faire chauffer le gras et y faire cuire les pâtés à feu moyen. Tourner une fois en cours de cuisson. Cuire les gros pâtés de 4 à 8 minutes et les plus petits de 2 à 6 minutes.

🐟 Pâtés grillés au poêlon : faire chauffer un poêlon, le frotter avec un petit morceau de suif et saupoudrer de sel. Y faire cuire les pâtés à feu moyen de 4 à 8 minutes pour les gros pâtés et de 2 à 6 minutes pour les petits.

VARIANTES

🐟 Entourer chaque pâté d'une tranche de bacon.

🐟 Utiliser 375 g (¾ lb) de bœuf haché et ajouter 250 mL (1 tasse)

de fèves au lard hachées.

🐟 Ajouter 250 mL (1 tasse) de fromage râpé et 50 mL (¼ tasse) d'eau.

🐟 Ajouter 50 mL (¼ tasse) de crème ou de lait concentré non sucré.

🐟 Ajouter 425 mL (1¾ tasse) de mie de pain frais, 1 œuf battu et 50 mL (¼ tasse) de lait. Donne 6 gros pâtés ou 10 petits.

🐟 Le thym, la marjolaine, la sarriette, les feuilles de céleri, le persil, l'oignon et l'ail relèvent agréablement la saveur du bœuf haché.

BŒUF HACHÉ PARMENTIER

30 mL (2 c. à soupe) de gras
1 oignon, haché finement
500 g (1 lb) de bœuf haché
250 à 500 mL (1 à 2 tasses) de légumes cuits ou en conserve
1 boîte de soupe aux tomates non diluée

Pâtés de bœuf haché

[181]

250 mL (1 tasse)
de sauce brune (voir page 51)
5 mL (1 c. à thé) de sel
2 mL (½ c. à thé) de moutarde
2 mL (½ c. à thé) de thym
ou de sarriette

🥄 Faire fondre le gras et y faire dorer l'oignon. Ajouter le bœuf haché. Cuire à feu vif, en remuant, jusqu'à ce que la viande perde sa teinte rosée. Retirer du feu et ajouter les légumes, la soupe aux tomates, la sauce brune, le sel, la moutarde et le thym. Bien mélanger et verser dans un plat en verre allant au four.

🥄 Recouvrir de purée de pommes de terre mélangée à un œuf entier (l'œuf n'est pas nécessaire mais il donne une belle texture à la purée). Faire cuire au four à 190°C (375°F) de 15 à 20 minutes ou jusqu'à ce que la sauce bouillonne autour des pommes de terre.

BŒUF HACHÉ ET CHOU

½ chou moyen, haché finement
45 mL (3 c. à soupe) de gras de bacon ou de bœuf
750 g (1½ lb) de bœuf haché
2 oignons, hachés finement
500 mL (2 tasses) de sauce aux tomates
2 mL (½ c. à thé) de sarriette
1 gousse d'ail, hachée finement
5 mL (1 c. à thé) de sel
1 mL (¼ c. à thé) de poivre
750 mL (3 tasses) de riz cuit

🥄 Bien beurrer un plat allant au four et y mettre la moitié du chou.

🥄 Dans un grand poêlon, faire chauffer le gras et y faire cuire le bœuf haché, en remuant, jusqu'à ce qu'il perde sa teinte rosée. Ajouter les oignons, 125 mL (½ tasse) de sauce aux tomates, la sarriette, l'ail, le sel, le poivre et le riz. Brasser pour bien mélanger le tout.

🥄 Verser 125 mL (½ tasse) de sauce aux tomates sur le chou. Recouvrir du mélange de riz puis du reste du chou. Verser le reste de la sauce aux tomates sur le tout. Faire cuire au four à 180°C (350°F) pendant 1 heure.

BOULETTES DE VIANDE ET SAUCE À SPAGHETTI

Habituellement, je prépare une grande quantité de boulettes de viande et de sauce à spaghetti. Je les congèle séparément dans des contenants d'une capacité de 1 L (4 tasses). J'obtiens ainsi quatre contenants de sauce et quatre de boulettes. On peut les utiliser séparément ou ensemble et concocter de bons petits plats. Il suffit de les réchauffer pendant 15 ou 20 minutes. On peut également faire cuire les spaghetti à l'avance et les faire congeler.

BOULETTES DE VIANDE

1,4 kg (3 lb) de bœuf haché
250 mL (1 tasse) de chapelure fine
125 mL (½ tasse) de miettes de craquelins
60 mL (4 c. à soupe) de persil haché
2 mL (½ c. à thé) de graines de céleri
2 gousses d'ail, écrasées
2 mL (½ c. à thé) de muscade ou de piment de la Jamaïque

2 mL (½ c. à thé) de thym
125 mL (½ tasse) de lait
6 œufs, battus
10 mL (2 c. à thé) de sel
2 mL (½ c. à thé) de poivre
250 mL (1 tasse) de suif de bœuf

SAUCE À SPAGHETTI

2 gros oignons, coupés en fines tranches
1,5 L (6 tasses) de tomates fraîches ou en conserve
1,5 L (6 tasses) d'eau
3 cubes de bouillon de poulet
3 cubes de bouillon de bœuf
3 boîtes de 160 mL (5½ oz) de pâte de tomates
30 mL (2 c. à soupe) de sucre
15 mL (3 c. à thé) de sel
5 mL (1 c. à thé) de poivre
10 mL (2 c. à thé) de basilic
5 mL (1 c. à thé) de marjolaine ou d'origan
3 feuilles de laurier

SPAGHETTI

4 paquets de 250 g (8 oz) de spaghetti
125 mL (½ tasse) d'huile d'olive
1 L (4 tasses) de fromage râpé

🥄 Préparation des boulettes de viande : mélanger le bœuf, la chapelure, les miettes de craquelins, le persil, les graines de céleri, l'ail, la muscade, le thym, le lait, les œufs, le sel et le poivre. Façonner en petites boulettes. Dans un poêlon, faire fondre le suif et y faire dorer les boulettes de chaque côté, à feu moyen. Éviter de trop remplir le poêlon. Laisser refroidir. Mettre les boulettes dans des contenants et congeler.

🥄 Si on désire utiliser les boulettes de viande dans la sauce à spaghetti, il faut les réchauffer au bain-marie de 15 à 20 minutes.

🍂 Préparation de la sauce à spaghetti : dorer les oignons dans le gras utilisé pour la cuisson des boulettes. Ajouter de l'huile au besoin, puis le reste des ingrédients. Porter à ébullition en brassant. Laisser mijoter, à découvert, pendant 2 heures. Laisser refroidir. Mettre la sauce à spaghetti dans des contenants et congeler.

🍂 Au moment de servir, réchauffer la sauce à spaghetti dans un poêlon (il n'est pas nécessaire de la faire dégeler). Ajouter les boulettes de viande et faire chauffer le tout.

🍂 Préparation des spaghetti : cuire un paquet de spaghetti à la fois selon le mode de cuisson indiqué sur l'emballage. Égoutter et ajouter 30 à 45 mL (2 à 3 c. à soupe) d'huile d'olive. Mélanger. Enrouler une portion de spaghetti autour de la main et déposer sur une double épaisseur de papier d'aluminium résistant. Préparer six portions de cette manière. Replier le papier d'aluminium sur les spaghetti et fermer hermétiquement. Congeler.

🍂 Prévoir un contenant de sauce et un contenant de boulettes pour chaque paquet de 250 g (8 oz) de spaghetti.

🍂 Pour réchauffer, mettre un paquet de spaghetti dans un tamis et le plonger dans l'eau bouillante pendant quelques secondes. Égoutter. Servir avec la sauce et le fromage râpé.

BOULETTES DE VIANDE AU RIZ

750 g (1½ lb) de bœuf haché
125 mL (½ tasse) de riz
5 mL (1 c. à thé) de sel
2 mL (½ c. à thé) de poivre

Pain de viande familial

15 mL (1 c. à soupe) d'oignon haché
1 petite boîte de soupe aux tomates
125 mL (½ tasse) d'eau
5 mL (1 c. à thé) de sucre
2 mL (½ c. à thé) de basilic

🍂 Mélanger le bœuf haché, le riz, le sel, le poivre et l'oignon. Façonner en boulettes.

🍂 Dans un autocuiseur, faire chauffer la soupe aux tomates, l'eau, le sucre et le basilic et y ajouter les boulettes. Verrouiller le couvercle, placer le régulateur de pression. Cuire pendant 10 minutes. Laisser la pression tomber d'elle-même. Servir.

PAIN DE VIANDE FAMILIAL

1,4 kg (3 lb) de bœuf ou de veau haché
2 œufs, légèrement battus
15 mL (1 c. à soupe) de sel
1 oignon, haché finement
2 mL (½ c. à thé) de muscade ou de macis moulu
1 mL (¼ c. à thé) de clous de girofle moulus
5 mL (1 c. à thé) de sarriette
250 g (½ lb) de lard salé ou de jambon, haché
250 mL (1 tasse) de chapelure de pain ou de miettes de craquelins
jus de ½ citron
125 mL (½ tasse) de jus de tomate chaud

🍂 Dans un bol, mettre le bœuf haché, les œufs, le sel, l'oignon, la muscade, le girofle, la sarriette, le lard salé, la chapelure et le jus de citron. Mélanger avec les mains jusqu'à ce que la préparation soit homogène. Étendre en pressant dans un moule à pain.

🍂 Cuire au four à 180°C (350°F) pendant 2 heures, en arrosant plusieurs fois avec le jus de tomate chaud. Donne 10 portions.

PAIN DE VIANDE

Ce pain de viande est tout simplement délicieux. Vous pouvez doubler la recette, en servir une partie en repas chaud et garder l'autre partie au congélateur. Cela vous fait un repas vite préparé lorsque le temps vous manque pour cuisiner.

2 pommes de terre, pelées
et coupées en dés
3 tranches de pain très sec
750 g (1½ lb) de bœuf haché
250 g (½ lb) de porc, haché
ou de chair à saucisse
2 œufs, battus
5 mL (1 c. à thé) de sel
2 mL (½ c. à thé) de poivre
1 oignon, haché finement
2 mL (½ c. à thé) de graines
de céleri
1 mL (¼ c. à thé) de marjolaine
ou d'origan
persil, au goût

6 portions de purée de pommes
de terre instantanée
50 mL (¼ tasse) de crème aigre

4 carottes, coupées en dés
2 branches de céleri, coupées
en dés
2 oignons verts, hachés finement
1 pincée de thym
1 pincée de sucre
5 mL (1 c. à thé) de beurre
jus d'un citron
sel et poivre

🍴 Faire cuire les pommes de terre dans une casserole d'eau bouillante (mettre suffisamment d'eau pour les recouvrir) et les réduire en purée. Réserver l'eau de cuisson.

🍴 Dans un grand bol, émietter les tranches de pain et verser 50 mL (¼ tasse) de l'eau de cuisson. Ajouter les pommes de terre et bien mélanger. Ajouter le bœuf haché, le porc, les œufs, le sel, le poivre, l'oignon, les graines de céleri, la marjolaine et le persil.

Bien mélanger. Verser cette préparation dans un moule à pain. Faire cuire au four à 140°C (275°F) pendant 1½ heure.

🍴 Préparer la purée de pommes de terre instantanée selon les instructions indiquées sur l'emballage en utilisant 125 mL (½ tasse) de moins du liquide suggéré. Lorsque les pommes de terre sont prêtes, y battre la crème aigre.

🍴 Dans une casserole, mettre les carottes, le céleri, les oignons verts, le thym et le sucre. Verser suffisamment d'eau bouillante pour les recouvrir. Couvrir et faire bouillir pendant 5 minutes. Égoutter. Ajouter le beurre et le jus de citron. Saler et poivrer.

🍴 Servir le pain de viande accompagné des pommes de terre et des légumes.

🍴 Pour préparer une assiette individuelle congelée, couper 2 ou 3 tranches du pain de viande et verser 5 mL (1 c. à thé) de sauce chili ou de ketchup sur la viande. Accompagner d'une portion de purée de pommes de terre et de légumes mélangés. Couvrir de papier d'aluminium et congeler. Pour servir, mettre au four à 200°C (400°F) pendant 25 minutes sans retirer le papier d'aluminium.

PAIN DE VIANDE À LA SAUCE PIQUANTE

150 mL (⅔ tasse) de chapelure
250 mL (1 tasse) de lait
750 g (1½ lb) de bœuf haché
2 œufs, bien battus
125 mL (½ tasse) d'oignons râpés

Pain de viande à la sauce piquante

5 mL (1 c. à thé) de sel
1 mL (¼ c. à thé) de poivre
2 mL (½ c. à thé) de sauge
ou de marjolaine

SAUCE PIQUANTE
45 mL (3 c. à soupe)
de cassonade
50 mL (¼ tasse) de ketchup
1 mL (¼ c. à thé) de muscade
5 mL (1 c. à thé) de moutarde
en poudre

🥄 Faire tremper la chapelure dans le lait pendant 20 minutes. Ajouter le reste des ingrédients et bien mélanger. Verser dans un moule à pain beurré. Recouvrir avec la sauce piquante. Faire cuire au four à 180°C (350°F) pendant 1 heure.

🥄 Préparation de la sauce piquante : dans un bol, mélanger la cassonade, le ketchup, la muscade et la moutarde en poudre.

PAIN DE RIZ AU BŒUF

1 œuf, légèrement battu
500 g (1 lb) de bœuf haché
5 mL (1 c. à thé) de sel
2 mL (½ c. à thé) de moutarde
en poudre
1 pincée de poivre
1 mL (¼ c. à thé) de sauge
125 mL (½ tasse) de lait
1 oignon, râpé
250 mL (1 tasse) de riz cuit

🥄 Bien mélanger tous les ingrédients dans un bol.

🥄 Graisser un moule à pain et y verser le mélange. Faire cuire au four à 180°C (350°F) pendant 45 minutes. Réfrigérer pendant 12 heures. Servir.

PAINS DE VIANDE INDIVIDUELS

J'aime bien préparer ces petits pains de viande car on peut les dégeler et les faire cuire plus rapidement que les pains de viande ordinaires. C'est une lectrice, qui s'y connaît en matière de congélation, qui m'a fait part de cette recette.

2 œufs
250 mL (1 tasse) de lait
500 mL (2 tasses) de mie
de pain blanc
10 mL (2 c. à thé) de sel
5 mL (1 c. à thé) de moutarde
en poudre
5 mL (1 c. à thé) de curcuma
5 mL (1 c. à thé) de graines
ou de sel de céleri
1 mL (¼ c. à thé) de poivre
1 gros oignon, haché finement
900 g (2 lb) de bœuf haché
paprika

🥄 Dans un bol, battre les œufs et ajouter, en brassant, le lait et la mie de pain. Laisser reposer. Mélanger le sel, la moutarde, le curcuma, les graines de céleri et le poivre. Ajouter au mélange de pain et de lait. Battre. Ajouter l'oignon et le bœuf haché. Bien mélanger. Façonner en 12 petits pains ronds et les enrober de paprika. Envelopper dans du papier d'aluminium et congeler.

🥄 Donne 12 pains individuels.

🥄 Durée de conservation au congélateur : 2 à 3 mois.

🥄 Pour servir, enlever le papier d'aluminium et mettre les pains de viande congelés dans un plat de cuisson. Cuire au four préalablement chauffé à 190°C (375°F) pendant 45 minutes.

PÂTÉS À L'IRLANDAISE

750 g (1½ lb) de bœuf haché
125 mL (½ tasse) de pommes
de terre crues hachées finement
125 mL (½ tasse) de carottes
crues hachées finement
125 mL (½ tasse) d'oignons verts
hachées
1 mL (¼ c. à thé) de poivre
7 mL (1½ c. à thé) de sel
15 mL (1 c. à soupe) de sauce
Worcestershire
1 œuf
8 pains à hamburger

🥄 Mélanger le bœuf, les pommes de terre, les carottes, les oignons verts, le poivre, le sel, la sauce Worcestershire et l'œuf. Façonner en 8 pâtés. Faire griller environ 8 minutes de chaque côté dans un poêlon légèrement huilé. Servir dans les pains à hamburger.

BŒUF EXPRESS

Vous pouvez servir ce bœuf sur des spaghetti, des pains hamburger ou avec des saucisses. Il est également délicieux préparé avec des pâtes. Utilisez-le pour finir vos restes de viande ou pour préparer une recette de votre cru. Le bœuf express s'apprête à toutes les sauces, c'est pourquoi je l'aime tant et que je le prépare en grande quantité.

50 mL (¼ tasse) de gras
de viande
4 oignons, hachés
3 gousses d'ail, hachées ou 15 mL
(1 c. à soupe) de flocons d'ail
séché
750 mL (3 tasses) de céleri haché
1,8 kg (4 lb) de bœuf haché
20 mL (4 c. à thé) de sel

Feuilles de chou farcies

2 mL (½ c. à thé) de poivre
5 mL (1 c. à thé) de sarriette
2 feuilles de laurier
45 mL (3 c. à soupe) de sauce
Worcestershire
2 bouteilles de 400 mL (14 oz)
de ketchup
15 mL (1 c. à soupe)
de cassonade

✥ Dans un grand poêlon, faire fondre le gras et y ajouter les oignons, l'ail et le céleri. Cuire à feu vif jusqu'à ce que les légumes aient ramolli et soient légèrement dorés. Ajouter le bœuf haché. Cuire en brassant jusqu'à ce que la viande perde sa teinte rosée. Ajouter le sel, le poivre, la sarriette, le laurier, la sauce Worcestershire, le ketchup et la cassonade. Porter à ébullition et laisser mijoter à feu doux de 40 à 50 minutes. Servir.

✥ Pour congeler, verser le bœuf express dans un bol et réfrigérer.

Dégraisser (conservez l'excédent de gras pour la cuisson, il relèvera la saveur de votre plat). Mettre dans des contenants d'une capacité de 500 mL (2 tasses) et fermer hermétiquement. Étiqueter, dater et congeler.

✥ Donne 3 L (12 tasses).

✥ Durée de conservation au congélateur : 3 à 6 mois.

✥ Faire dégeler partiellement dans le contenant couvert au réfrigérateur, pendant toute une nuit ou passer sous l'eau froide de 20 à 30 minutes, jusqu'à ce que le contenu glisse facilement hors du récipient. Réchauffer et servir.

VARIANTES

Dans une casserole d'eau bouillante, cuire 375 mL (1½ tasse) de macaroni ou de toute autre pâte. Faire chauffer 500 mL (2 tasses) du bœuf express partiellement dégelé. Ajouter le macaroni et 250 mL (1 tasse) de légumes cuits. Verser dans une casserole. Saupoudrer de 250 g (½ lb) de fromage râpé. Couvrir et faire chauffer jusqu'à ce que le fromage soit fondu.

✥ Couper en dés 500 mL (2 tasses) de restes de viande. Faire cuire 125 g (4 oz) de macaroni ou 250 mL (1 tasse) de riz. Faire chauffer 500 mL (2 tasses) de bœuf express le fond d'une casserole et recouvrir des dés de viande. Verser le bœuf express sur le tout. Saupoudrer de chapelure mélangée à du beurre. Cuire au four à 190°C (375°F) pendant 20 minutes.

FEUILLES DE CHOU FARCIES

1 chou moyen, cœur enlevé
2 oignons, hachés finement
150 mL (⅔ tasse) de gras
175 mL (¾ tasse) de riz cuit
30 mL (2 c. à soupe) de pâte de tomates
5 mL (1 c. à thé) de paprika
5 mL (1 c. à thé) de menthe
15 mL (1 c. à soupe) de zeste râpé de citron
jus de ½ citron
750 g (1½ lb) de bœuf ou de porc haché
sel et poivre
2 tranches de bacon
250 mL (1 tasse) de jus de tomate
5 mL (1 c. à thé) de sucre

✥ Dans une casserole d'eau bouillante salée [mettre 7 mL (1½ c. à thé) de sel], cuire le chou, à découvert, pendant 10 minutes. Égoutter et laisser refroidir.

❦ TECHNIQUE ❦
FEUILLES DE CHOU FARCIES

1 Faire blanchir les feuilles de chou.

2 Faire frire les oignons dans le gras.

3 Ajouter le riz et le faire dorer.

4 Ajouter la pâte de tomates.

🍃 Faire frire les oignons dans le gras. Ajouter le riz et cuire jusqu'à ce qu'il soit de couleur noisette. Ajouter la pâte de tomates, le paprika, la menthe, le zeste et le jus de citron. Bien mélanger et ajouter la viande. Cuire à feu vif, en remuant, jusqu'à ce que la viande perde sa teinte rosée. Laisser tiédir. Saler et poivrer.

🍃 Enlever les feuilles du chou, réserver les plus grosses pour un usage ultérieur. Déposer une cuillerée du mélange de riz et de bœuf sur chaque feuille. Rouler comme un cigare.

🍃 Mettre un peu d'huile dans une casserole (ou bien la beurrer). Placer quelques feuilles de chou dans le fond et y déposer les feuilles de chou farcies. Recouvrir des tranches de bacon. Ajouter le jus de tomate et le sucre. Poser une assiette sur les feuilles de chou farcies afin qu'elles restent bien en place. Couvrir et cuire à feu très doux de 2 à 3 heures.

MINCEMEAT À LA VIANDE

750 g (1½ lb) de bœuf
ou de chevreuil haché maigre
750 g (1½ lb) de porc haché
250 g (½ lb) de panne
ou de suif, haché
1 L (4 tasses) d'eau
900 g (2 lb) de raisins secs
900 g (2 lb) de raisins
de Corinthe secs
2 oranges non pelées
2 citrons non pelés
2 L (8 tasses) de pommes pelées
et râpées
900 g (2 lb) de sucre
500 g (1 lb) de cassonade
250 g (½ lb) de fruits confits
mélangés

250 mL (1 tasse) de mélasse
10 mL (2 c. à thé) de clous
de girofle moulus
15 mL (3 c. à thé) de cannelle
15 mL (3 c. à thé) de gingembre
moulu
5 mL (1 c. à thé) de muscade
fraîche râpée
250 mL (1 tasse) de jus
de pomme, de xérès, de jus
d'orange ou de rhum

🍃 Mettre le bœuf, le porc, la panne et l'eau dans une casserole. Porter à ébullition. Couvrir et laisser mijoter jusqu'à ce que la viande soit tendre. Égoutter. Laisser refroidir. Hacher la panne. Réserver le jus de cuisson.

🍃 Cuire les raisins secs et les raisins de Corinthe dans le jus de cuisson pendant 20 minutes. Ajouter un peu d'eau s'il y a moins de 750 mL (3 tasses) de jus de cuisson.

🍃 Défaire les citrons et les oranges au robot culinaire. Ajouter aux raisins. Ajouter ensuite les pommes, la viande, la panne et le reste des ingrédients. Faire mijoter pendant 12 minutes en remuant souvent. Verser dans des pots stérilisés et sceller. Le mincemeat se conserve au réfrigérateur de 4 à 6 mois. Cette recette permet de faire jusqu'à 6 grandes tartes.

BOULETTES DE VIANDE À LA POLONAISE

4 tranches de pain de seigle
ou de blé
125 mL (½ tasse) d'eau
750 g (1½ lb) de bœuf haché
1 oignon, râpé
5 mL (1 c. à thé) de sel
1 mL (¼ c. à thé) de poivre

5 mL (1 c. à thé) de graines
de carvi
250 mL (1 tasse) de crème aigre
chapelure
30 mL (2 c. à soupe) de beurre
½ cube de bouillon de bœuf
30 mL (2 c. à soupe) de jus
de citron
30 mL (2 c. à soupe) de vin blanc
(facultatif)
1 boîte de crème de champignons
persil frais, haché

🍃 Enlever la croûte des tranches de pain. Défaire la mie en petits morceaux [on doit avoir 375 mL (1½ tasse) de mie de pain]. Ajouter l'eau à la mie et laisser reposer pendant 5 minutes.

🍃 Égoutter. Presser avec les mains pour enlever l'excédent d'eau.

🍃 Mettre la mie dans un bol. Ajouter le bœuf haché, l'oignon, le sel, le poivre, les graines de carvi et 30 mL (2 c. à soupe) de crème aigre. Bien mélanger. Façonner en boulettes de 2,5 cm (1 po) de diamètre. Enrober de chapelure. Faire fondre le beurre dans un grand poêlon et y faire frire les boulettes jusqu'à ce qu'elles soient complètement dorées. Retirer du poêlon.

🍃 Dissoudre le bouillon de bœuf dans 125 mL (½ tasse) d'eau bouillante. Enlever l'excédent de gras du poêlon et y mettre le bouillon, le jus de citron et le vin. Porter à ébullition, en grattant le fond avec une cuiller de bois. Incorporer petit à petit la crème de champignons et le reste de la crème aigre. Bien mélanger. Ajouter les boulettes et faire chauffer très lentement (la crème aigre ne doit pas bouillir). Garnir de persil frais.

FRICASSÉE DE CHEZ-NOUS

125 mL (½ tasse) de gras
de viande ou de reste de sauce
500 à 750 mL (2 à 3 tasses)
de viande cuite coupée en dés
500 mL (2 tasses) d'oignons
hachés
1 L (4 tasses) de pommes de terre
crues coupées en dés
5 mL (1 c. à thé) de sarriette
sel et poivre

🍃 Faire fondre le gras, y faire frire la viande et les oignons pendant quelques minutes. Ajouter les pommes de terre et la sarriette. Saler et poivrer. Couvrir d'eau. Cuire à feu moyen, à couvert (de préférence), de 30 à 40 minutes.

🍃 Simple à préparer, cette fricassée est délicieuse et idéale pour les soupers en famille. Voici quelques trucs qui vous aideront à la réussir.

🍃 Préparer la fricassée avec du gras de poulet ou de dinde, elle en sera d'autant plus savoureuse.

🍃 Utiliser un reste de sauce, en employant la partie grasse du dessus et la gelée brune du fond.

🍃 Toujours couper la viande en petits dés.

🍃 Utiliser des pommes de terre «farineuses» comme les pommes de terre d'hiver, leur amidon aidera à épaissir la sauce.

🍃 Aromatiser la fricassée de sarriette lui donne une saveur toute québécoise.

PÂTÉ CHINOIS

45 mL (3 c. à soupe) de gras
de viande
2 gros oignons, hachés finement

Fricassée de chez-nous

250 à 500 mL (1 à 2 tasses)
de restes de bœuf cuit haché
ou 500 g (1 lb) de bœuf haché
2 mL (½ c. à thé) de sarriette
sel et poivre, au goût
1 boîte de maïs en crème
1 L (4 tasses) de pommes de terre
cuites

🍃 Faire fondre le gras et y faire dorer les oignons à feu vif. Ajouter la viande et la sarriette. Saler et poivrer. Cuire, en remuant, à feu moyen pendant 3 ou 4 minutes.

🍃 Mettre dans un plat allant au four. Verser le maïs sur la viande. Réduire les pommes de terre en purée sans mettre de lait, ajouter un petit morceau de beurre, si désiré. Recouvrir la préparation des pommes de terre. Égaliser la surface à l'aide d'un couteau. Parsemer de noisettes de beurre. Cuire au four à 190°C (375°F) de 15 à 20 minutes.

BŒUF ROBERT

45 mL (3 c. à soupe) de graisse
de rôti de bœuf
2 gros oignons, coupés
en tranches
1 petite gousse d'ail, hachée
finement
25 mL (1½ c. à soupe)
de champignons nettoyés et
coupés en dés
2 mL (½ c. à thé) de paprika
2 mL (½ c. à thé) de basilic
1 pincée de clous de girofle
moulus
gelée de sauce de rôti
30 mL (2 c. à soupe) de brandy
(facultatif)
1 boîte de soupe à l'oignon
non diluée
restes de rôti de bœuf

🍃 Faire fondre la graisse de rôti et y faire dorer les oignons, l'ail et les champignons. Ajouter le reste des ingrédients, sauf la soupe à l'oignon et le reste de rôti de bœuf. Cuire à feu vif, à découvert, jusqu'à ce que tout le liquide soit évaporé.

🍃 Ajouter la soupe à l'oignon et bien mélanger. Verser cette sauce sur le reste de rôti de bœuf. Cuire au four à 200°C (400°F) pendant 25 minutes.

🍃 À l'autocuiseur, procéder de la même façon en utilisant la moitié d'une boîte de soupe à l'oignon. Faire cuire pendant 10 minutes.

CROQUETTES DU LENDEMAIN

500 mL (2 tasses) de bœuf cuit haché
1 petit oignon, haché finement
50 mL (¼ tasse) de persil émincé
2 mL (½ c. à thé) de sel
125 mL (½ tasse) de sauce chili
1 œuf
30 mL (2 c. à soupe) d'eau froide
250 mL (1 tasse) de chapelure fine

45 mL (3 c. à soupe) de beurre ou d'huile végétale

🍃 Dans un bol, mélanger le bœuf, l'oignon, le persil, le sel et la sauce chili. Façonner le mélange en croquettes rondes ou en forme de petites saucisses.
🍃 Battre l'œuf avec l'eau froide. Rouler chaque croquette dans l'œuf puis dans la chapelure.
🍃 Faire dorer à feu doux dans le beurre chaud. Servir sur un lit d'épinards au beurre avec une sauce blanche ou simplement accompagné d'une sauce aux tomates.

HACHIS DE BŒUF DU GOURMET

60 mL (4 c. à soupe) de gras ou de beurre
2 gros oignons, hachés
500 à 750 mL (2 à 3 tasses) de restes de rôti de bœuf coupé en dés

Croquettes du lendemain

500 mL (2 tasses) de pommes de terre bouillies et hachées
50 mL (¼ tasse) de persil frais haché finement
10 mL (2 c. à thé) de sauce de soja ou de sauce A-1
5 mL (1 c. à thé) de sel
1 mL (¼ c. à thé) de poivre
1 mL (¼ c. à thé) de thym
45 mL (3 c. à soupe) de crème
1 œuf (par personne)

🍃 Régler une poêle à frire électrique à 150°C (300°F) et faire fondre le gras. Ajouter les oignons et les faire cuire jusqu'à ce qu'ils soient légèrement dorés.
🍃 Dans un bol, bien mélanger le bœuf, les pommes de terre, le persil, la sauce de soja, le sel, le poivre, le thym et la crème. Ajouter au reste du gras dans la poêle à frire. Écraser légèrement le hachis et laisser mijoter à 150°C (300°F) de 20 à 30 minutes ou jusqu'à ce qu'il bouillonne. Casser un œuf par personne sur le dessus du hachis. Couvrir et cuire jusqu'à ce que les œufs soient pris. Servir avec de la sauce chili.
🍃 Contrairement à ce qu'on pourrait penser, le fond de ce hachis n'est pas croustillant. À mon avis, il est plus facile de le réussir lorsqu'on utilise une poêle à frire électrique, dont on peut régler la température, plutôt qu'un poêlon ordinaire.

SALADE DE BŒUF BOUILLI

500 à 750 mL (2 à 3 tasses) de restes de bœuf bouilli
3 pommes de terre, cuites
1 petit oignon, haché finement
2 cornichons, hachés finement
sel et poivre, au goût
50 mL (¼ tasse) d'huile végétale

45 mL (3 c. à soupe) de vinaigre de cidre ou de jus de citron
50 mL (¼ tasse) de mayonnaise
câpres, au goût

🍂 Couper le bœuf bouilli en petits dés, en enlevant le gras et le cartilage. Peler et couper les pommes de terre en petits dés. Mélanger le bœuf et les pommes de terre avec l'oignon. Ajouter les cornichons. Saler et poivrer.

🍂 Mélanger l'huile avec le vinaigre et la mayonnaise. Verser sur la salade de bœuf et de pommes de terre. Bien brasser. Rectifier l'assaisonnement. Servir dans un nid de chou haché. Garnir de quelques câpres.

RAGOÛT DE QUEUES DE BŒUF À LA DIJONNAISE

45 mL (3 c. à soupe) de beurre
2 queues de bœuf, coupées en morceaux de 5 cm (2 po)
2 boîtes de consommé non dilué
1 gros oignon, coupé en fines tranches
1 gousse d'ail, hachée finement
1 poivron vert, coupé en dés
1 petite boîte de tomates
3 petites carottes, coupées en fines tranches
5 mL (1 c. à thé) de sel
6 grains de poivre
5 mL (1 c. à thé) de cassonade
1 mL (¼ c. à thé) de basilic
1 pincée de marjolaine
1 pincée de thym
250 mL (1 tasse) de vin rouge
5 mL (1 c. à thé) de jus de citron

🍂 Dans un poêlon, faire fondre le beurre et y faire dorer à feu vif les morceaux de queue de bœuf. Placer dans une casserole en terre

cuite et ajouter le consommé. Ajouter l'oignon et l'ail au reste de beurre dans le poêlon et les faire dorer. Les parsemer sur les morceaux de viande. Ajouter le reste des ingrédients. Couvrir et cuire au four à 160°C (325°F) de 3 à 4 heures ou jusqu'à ce que la viande soit tendre.

🍂 Enrober 6 à 8 pommes de terre bouillies de persil frais, haché. Les disposer joliment autour de la viande. Servir. On peut également préparer ce plat 2 ou 3 jours à l'avance et le réchauffer.

CŒUR DE BŒUF BRAISÉ

1 cœur de bœuf
50 mL (¼ tasse) de vinaigre
125 mL (½ tasse) de chapelure
2 tranches de bacon, coupées en petits morceaux
persil et basilic, au goût
jus et zeste râpé de ½ citron
5 mL (1 c. à thé) de sel
2 mL (½ c. à thé) de poivre
1 œuf, légèrement battu
250 mL (1 tasse) de farine grillée
75 mL (5 c. à soupe) de gras (au choix)
250 mL (1 tasse) de lait
250 mL (1 tasse) d'eau

🍂 Mettre le cœur dans un bol et le recouvrir d'eau froide. Ajouter le vinaigre. Laisser tremper pendant 4 heures. Égoutter. À l'aide de ciseaux, couper les membranes dures à l'intérieur du cœur.

🍂 Mélanger la chapelure avec le bacon, le persil, le basilic, le jus et le zeste de citron, le sel et le poivre. Ajouter l'œuf. Bien battre. Farcir le cœur de ce mélange et coudre l'ouverture.

🍂 Enrober le cœur de la farine

grillée et faire dorer à feu moyen dans le gras. Ajouter le lait et l'eau. Couvrir et laisser mijoter de 2 à 4 heures ou cuire au four à 180°C (350°F) de 5 à 7 heures.

🍂 Servir chaud accompagné d'une sauce aux tomates, ou froid avec de la moutarde et des betteraves marinées. Dans ce cas, laisser refroidir le cœur de bœuf dans son jus avant de servir.

FOIE DE BŒUF EN JULIENNE

500 g (1 lb) de foie de bœuf
30 mL (2 c. à soupe) de farine
5 mL (1 c. à thé) de sel
1 mL (¼ c. à thé) de poivre
1 pincée de thym
5 mL (1 c. à thé) de paprika
30 mL (2 c. à soupe) d'huile végétale
30 mL (2 c. à soupe) de beurre
2 oignons, hachés finement
125 mL (½ tasse) de persil haché finement
125 mL (½ tasse) de consommé ou de xérès
250 mL (1 tasse) de crème aigre

🍂 Couper le foie en julienne. Mélanger la farine avec le sel, le poivre, le thym et le paprika. Enrober le foie de cette farine assaisonnée. Faire frire à feu vif dans l'huile et le beurre chaud. Cuire, en remuant sans arrêt, pendant 2 minutes. Retirer du poêlon.

🍂 Ajouter les oignons et le persil au reste de beurre et d'huile dans le poêlon. Cuire à feu moyen, en remuant, pendant 2 ou 3 minutes. Ajouter le consommé et le foie de bœuf. Couvrir et faire mijoter à feu très doux de 30 à 40 minutes.

☛ Au moment de servir, ajouter la crème aigre et rectifier l'assaisonnement. Cuire à feu moyen, en remuant sans arrêt, pendant quelques minutes. Éviter de faire bouillir, car la crème aigre tournerait. Servir avec du riz.

PAIN AU FOIE ET AU BACON

250 g (½ lb) de foie de bœuf
8 tranches de bacon
1 gros oignon, haché finement
2 biscuits de blé filamenté, émiettés
3 œufs, battus
250 mL (1 tasse) de lait
30 mL (2 c. à soupe) de mélasse
175 mL (¾ tasse) de semoule de maïs
10 mL (2 c. à thé) de sel
2 mL (½ c. à thé) de poivre
2 mL (½ c. à thé) de marjolaine
125 mL (½ tasse) de ketchup

☛ Hacher le foie et 4 tranches de bacon au robot culinaire (en utilisant la lame de taille moyenne). Mettre dans un bol. Ajouter l'oignon, le blé filamenté, les œufs, le lait, la mélasse, la semoule de maïs, le sel, le poivre et la marjolaine. Bien mélanger.

☛ Tapisser le fond d'un moule à pain de 2 tranches de bacon. Verser le mélange de foie. Couvrir du ketchup. Mettre les 2 dernières tranches de bacon sur le dessus du pain. Cuire au four à 180°C (350°F) pendant 1½ heure.

☛ Servir chaud, nappé d'une sauce blanche au persil ou froid, accompagné d'une salade de pommes de terre. On peut également utiliser ce pain pour préparer de délicieux sandwichs.

LANGUE DE BŒUF CUMBERLAND

1 langue de bœuf fraîche d'environ 1,5 kg (3 à 4 lb)

2 oignons, coupés en tranches
2 feuilles de laurier
quelques feuilles de céleri
½ citron non pelé, coupé en fines tranches
6 grains de poivre ou 2 mL (½ c. à thé) de poivre moulu
15 mL (1 c. à soupe) de gros sel

SAUCE
15 mL (1 c. à soupe) de beurre
15 mL (1 c. à soupe) de farine
125 mL (½ tasse) de vinaigre de cidre
50 mL (¼ tasse) de vin rouge ou de jus de pomme
125 mL (½ tasse) de cassonade
clous de girofle moulus, cannelle et muscade, au goût
125 mL (½ tasse) de raisins secs
250 mL (1 tasse) de pruneaux dénoyautés (facultatif)

☛ Recouvrir la langue d'eau froide et faire tremper pendant 1 heure. Égoutter et déposer dans une grande casserole. Recouvrir d'eau froide. Ajouter les oignons, le laurier, les feuilles de céleri, le citron, le poivre et le sel. Porter à ébullition, couvrir et laisser mijoter de 2 à 3 heures ou jusqu'à ce que la langue soit tendre (la langue est cuite lorsque la peau se décolle facilement). Retirer du bouillon et enlever la peau. Servir chaude ou laisser refroidir dans le bouillon.

☛ Préparation de la sauce Cumberland : Faire tremper les pruneaux dans du jus de pomme pendant quelques heures. Faire fondre le beurre et ajouter la farine. Bien mélanger. Ajouter le vinaigre et le vin. Remuer jusqu'à ce que la sauce soit lisse et crémeuse. Ajouter la cassonade et les épices. Mélanger. Ajouter les raisins et les pruneaux.

Langue de bœuf Cumberland

➤ Déposer la langue dans une casserole et y verser la sauce. Couvrir et laisser mijoter pendant 30 minutes. Tourner la langue 2 ou 3 fois en cours de cuisson.

LANGUE DE BŒUF EN RAGOÛT

1 langue de bœuf fraîche ou salée
1 feuille de laurier
6 grains de poivre
1 mL (¼ c. à thé) de poivre
2 clous de girofle
1 oignon, coupé en quatre
feuilles de céleri
1 poireau

➤ Faire tremper la langue fraîche dans de l'eau froide pendant 3 heures, et la langue salée ou fumée pendant toute une nuit. Mettre la langue dans une casserole et ajouter le reste des ingrédients. Porter à ébullition. Couvrir et laisser mijoter de 2 à 3 heures ou jusqu'à ce que la langue soit tendre (la langue est cuite lorsque la peau se décolle facilement). Retirer la langue du bouillon et enlever la peau. Servir chaude ou laisser refroidir dans le bouillon.

PÂTÉ DE BŒUF ET DE ROGNONS

250 mL (1 tasse) de gras de rognon coupé en dés
1 rognon de bœuf, coupé en dés
500 g (1 lb) de bœuf à ragoût, coupé en dés
3 oignons, hachés
750 mL (3 tasses) d'eau chaude
5 mL (1 c. à thé) de sel
2 mL (½ c. à thé) de poivre
5 mL (1 c. à thé) de moutarde en poudre

Langue de bœuf en ragoût

125 mL (½ tasse) de farine grillée
125 mL (½ tasse) d'eau froide

➤ Faire revenir le gras de rognon jusqu'à ce qu'il soit croustillant. Y faire dorer le rognon et le bœuf à feu vif, pendant 2 minutes. Ajouter les oignons et les faire dorer. Ajouter l'eau, le sel, le poivre et la moutarde. Porter à ébullition. Couvrir et cuire à feu doux pendant 2 heures ou jusqu'à ce que le rognon soit tendre. Épaissir le jus de cuisson, en ajoutant la farine grillée préalablement délayée dans l'eau froide.

➤ Étendre une abaisse dans le fond d'une casserole (il est préférable d'utiliser la *Pâte à l'eau chaude* pour ce pâté, voir page 520). Y verser la garniture de rognons et de bœuf. Recouvrir d'une autre abaisse. Cuire au four à 200°C (400°F) jusqu'à ce que la pâte soit dorée. Servir avec une purée de pommes de terre. On peut également servir les rognons et le bœuf en sauce sur des rôties.

DÉLICE AUX ROGNONS

1 rognon de bœuf
60 mL (4 c. à soupe) de beurre
2 mL (½ c. à thé) de moutarde
1 pincée d'estragon
jus d'un citron
sel et poivre, au goût

➤ Couper le rognon en tranches très minces. Disposer les tranches de rognon sur une assiette en les faisant chevaucher. Mettre le beurre dans un bol de terre cuite. Dans un autre bol, mélanger la moutarde, l'estragon et le jus de citron. Saler et poivrer. Réfrigérer.

➤ Au moment de faire cuire, mettre tous les ingrédients sur un plateau. Cuire le rognon à feu vif dans un poêlon en fonte, sur un réchaud de table ou dans une poêle à frire électrique.

➤ Faire fondre le beurre jusqu'à ce qu'il soit de couleur noisette. Ajouter les tranches de rognon, une à la fois, en les plaçant côte à côte. Cuire ½ minute de chaque côté. Tourner une fois en cours de cuisson. Ajouter le mélange de moutarde. Remuer jusqu'à ce que la préparation bouillonne. Servir avec du riz au beurre et au persil.

❧ Pour que ce plat soit toujours une réussite, il est important de couper le rognon en tranches très minces et de le faire cuire à feu vif le plus rapidement possible, afin qu'il ne durcisse pas.

ROGNONS À LA FRANÇAISE

45 mL (3 c. à soupe) de beurre
2 rognons de bœuf, coupés en dés
1 grosse boîte de tomates
15 mL (1 c. à soupe) de sucre
2 gousses d'ail, hachées finement
4 oignons, coupés en tranches
1 mL (¼ c. à thé) de marjolaine
1 pincée de thym
1 feuille de laurier
2 clous de girofle
250 mL (1 tasse) de vin rouge
sel et poivre, au goût

❧ Faire fondre le beurre jusqu'à ce qu'il soit doré. Y faire revenir le rognon à feu vif, en remuant, jusqu'à ce qu'il perde sa teinte rosée.

❧ Ajouter les tomates et saupoudrer de sucre. Ajouter l'ail, les oignons, la marjolaine, le thym, le laurier et le girofle. Couvrir et laisser mijoter à feu doux ou cuire au four à 160°C (325°F) pendant 2 heures.

❧ Ajouter le vin rouge. Saler et poivrer. Cuire, à découvert, jusqu'à ce que la sauce ait une belle consistance. Servir avec des pâtes ou sur des muffins anglais grillés.

TRIPES À LA MODE DE CAEN

1,4 kg (3 lb) de tripes
1 à 1,5 kg (2 à 3 lb) de jarret de veau
125 g (¼ lb) de gras de bœuf
4 oignons moyens, coupés en tranches
1 feuille de laurier

2 mL (½ c. à thé) de thym
15 mL (1 c. à soupe) de gros sel
2 mL (½ c. à thé) de poivre
50 mL (¼ tasse) de cognac
vin rouge

❧ Couper les tripes en morceaux de 10 x 5 cm (4 x 2 po). Demander au boucher de trancher le jarret de veau en morceaux de 2,5 cm (1 po) d'épaisseur. Couper le gras de bœuf en dés.

❧ Dans un plat allant au four ou dans un pot de grès, disposer en rangées successives le gras de bœuf, les tripes et le jarret de veau. Ajouter le reste des ingrédients. Ajouter suffisamment de vin pour recouvrir la viande.

❧ Couvrir et cuire au four à 180°C (350°F) pendant 3 heures, puis poursuivre la cuisson à 120°C (250°F) pendant 5 heures. Retirer du four et laisser refroidir. Dégraisser et réchauffer. Servir chaud avec des pommes de terre au four.

VEAU

LE VEAU

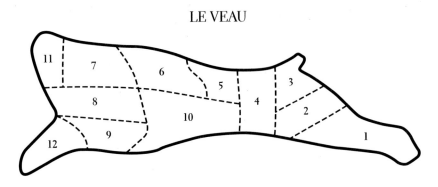

1. Cuisseau, partie du jarret
2. Cuisseau, partie de la ronde
3. Cuisseau, partie de la croupe
4. Surlonge
5. Longe, partie du filet
6. Longe, partie des côtes
7. Palette
8. Petit os d'épaule
9. Poitrine
10. Flanc
11. Cou
12. Jarret

LES PARTIES DU VEAU

CUISSEAU, PARTIE DU JARRET
Le cuisseau, partie du jarret, est la partie inférieure. C'est la meilleure partie à désosser et farcir. Elle est charnue et contient peu de gras.

CUISSEAU, PARTIE DE LA RONDE
Le cuisseau, partie de la ronde, est la partie centrale contenant le petit os rond. Elle s'achète entière, désossée et roulée, ou coupée en tranches minces pour les escalopes.

CUISSEAU, PARTIE DE LA CROUPE
Le cuisseau, partie de la croupe, est la partie supérieure voisine de la ronde. Maigre et de forme triangulaire. Plus tendre que le cuisseau, partie du jarret, mais pas aussi facile à dépecer.

SURLONGE
La surlonge est la partie charnue près de la croupe. Elle peut être désossée pour être farcie. Elle s'achète coupée en tranches. C'est une pièce de viande à rôtir.

LONGE, PARTIE DU FILET
C'est la partie voisine de la surlonge et l'extrémité la plus charnue de la longe ; elle contient l'os en T et le filet. Elle s'achète entière ou en côtelettes. C'est la partie la plus tendre du veau.

LONGE, PARTIE DES CÔTES
La longe, partie des côtes, est moins charnue que le filet, elle contient l'os des côtes et n'a pas de filet. À l'achat, on fait détacher partiellement les os de l'épine dorsale, ce qui facilitera énormément le dépeçage. Rôtie, cette partie a plus de saveur que le cuisseau, mais elle est moins économique à servir. Les côtelettes taillées dans cette partie sont de forme triangulaire, moins chères que les côtelettes de la longe, mais très savoureuses.

PALETTE
La palette est une partie de l'épaule contenant l'omoplate, qui peut d'ailleurs être enlevée lorsqu'on veut farcir la pièce ou simplement pour en faciliter le dépeçage. C'est un excellent morceau à farcir et rôtir. Tranchée, on peut la braiser, sauter ou la mettre en sauce.

PETIT OS D'ÉPAULE
Le petit os d'épaule est la partie voisine de la palette et elle est de texture plus fine. Elle contient le petit os rond de l'épaule et des bouts de côte. Cette partie peut être complètement désossée pour être rôtie. Les tranches s'appellent tranches du petit os de l'épaule. L'épaule roulée est le devant complet, palette et petit os d'épaule, désossé et roulé. Elle est très souvent recouverte de gras. Excellent morceau à congeler. Il est très bon rôti.

POITRINE
La poitrine est la partie voisine de l'os de l'épaule. Elle contient des couches de maigre, de gras et d'os. Elle s'emploie pour les ragoûts et les fricassées. On peut aussi la braiser.

FLANC
Le flanc contient des couches de maigre, de gras et d'os tout comme la poitrine, mais en moins charnu. Le flanc se vend entier, désossé, haché ou en tranches.

COU
Ce morceau contient beaucoup d'os. On peut l'acheter entier ou coupé. On s'en sert surtout dans les plats mijotés ou pour les bouillons.

JARRET
Le jarret est la partie de la patte qui contient des muscles à fibres plutôt grossières, des os et des cartilages. La partie du bas, peu

TABLEAU DE CUISSON DU VEAU

COUPES	FOUR	TEMPS DE CUISSON (minutes par 500 g ou 1 lb)
Croupe	160°C (325°F)	25 à 30 minutes
Cuisseau	160°C (325°F)	20 à 25 minutes
Épaule/Palette	160°C (325°F)	25 à 30 minutes
Longe/Surlonge	160°C (325°F)	25 à 30 minutes

charnue, s'emploie pour les gélatines. La partie du haut, plus charnue, s'emploie dans les soupes, les fricassées et les ragoûts.

DES PETITS TRUCS CONCERNANT LE VEAU

ACHAT ET PRÉPARATION

Le veau est abondant et à son meilleur au printemps et durant les premiers mois de l'été, mais on peut s'en procurer toute l'année. La viande provient de jeunes bêtes âgées de 3 à 12 semaines. Lorsqu'elles ont moins de 8 semaines, la viande est moins bonne. On reconnaît le veau tendre et frais à la blancheur nacrée de sa chair, à la fois ferme et élastique, et à l'aspect mat et blanc de son gras.

🕏 On rôtit au four la longe, le cuisseau et l'épaule.

🕏 Pour frire au poêlon, on utilise les côtelettes taillées dans la longe.

🕏 Pour préparer des blanquettes, des bouillons ou des ragoûts, on utilise le jarret, le flanc et l'épaule.

🕏 Les cervelles, le foie et les ris de veau sont les abats de viande les plus recherchés.

ASSAISONNEMENT

Le thym, la ciboulette, le persil, l'estragon, le laurier, la sarriette, l'ail, l'oignon, les feuilles de céleri, la muscade et la tomate sont les aromates qui conviennent le mieux au veau.

GARNITURE

On accompagne souvent le veau de légumes tels que les petits pois, les oignons bouillis, les champignons, les choux de Bruxelles, les haricots verts, les épinards, les asperges, le concombre, les carottes et le maïs.

🕏 Les meilleurs condiments à servir avec le veau sont les canneberges, la gelée de raisin de Corinthe, la sauce chili ou les cornichons sucrés.

🕏 L'utilisation des restes du veau ne pose aucun problème, car on peut les apprêter en salade, en sauce blanche ou aux tomates, en croquettes, en pâté ou tout simplement comme viande froide lorsqu'il s'agit des restes d'un rôti.

VEAU AU FOUR

pièce de veau
sel et poivre
gousses d'ail
1 oignon, émincé
30 mL (2 c. à soupe) de beurre
45 mL (3 c. à soupe) de gras
5 mL (1 c. à thé) de moutarde en poudre
5 mL (1 c. à thé) de thym, d'estragon ou de laurier

🕏 Assaisonner généreusement la viande. La piquer de quelques gousses d'ail et la recouvrir d'un oignon émincé. Mettre le beurre en crème avec le gras et la moutarde en poudre. Étendre ce mélange sur le veau, entre les tranches d'oignon. Aromatiser avec les herbes. Ne pas ajouter d'eau dans la rôtissoire et ne pas couvrir.

🕏 Placer dans un four préalablement chauffé à 180°C (350°F), et cuire en suivant les instructions données dans le tableau de cuisson ci-dessus. Au cours de la cuisson, arroser 2 ou 3 fois avec le jus accumulé au fond de la rôtissoire.

🕏 Le veau doit être cuit lentement, afin que la viande reste tendre.

🕏 Pour donner une teinte rosée au rôti, ajouter au gras en crème 30 mL (2 c. à soupe) de ketchup ou 15 mL (1 c. à soupe) de paprika.

VEAU À L'AUTOCUISEUR

🕏 La viande de veau requiert plus de soin et d'attention que les autres pour réussir une cuisson à l'autocuiseur. Laver avec du vinaigre le cuisseau de veau. Faire quelques incisions et les farcir avec 1 petit morceau d'ail ou une pincée de thym ou d'estragon. Saupoudrer avec 15 mL (1 c. à soupe) de paprika.

cuisseau de veau de 2 kg (4 à 5 lb)
15 mL (1 c. à soupe) d'huile
30 mL (2 c. à soupe) de gras ou de beurre

5 mL (1 c. à thé) de sel
2 mL (½ c. à thé) de poivre
1 oignon, émincé

🖙 Chauffer les deux corps gras dans l'autocuiseur. Lorsqu'ils sont très chauds, y faire dorer lentement le veau de tous côtés. Assaisonner et recouvrir avec l'oignon.

🖙 Fermer l'autocuiseur et faire cuire le cuisseau pendant 30 minutes (l'épaule roulée pendant 50 minutes). Retirer du feu et enlever la pression. Le rôti est alors prêt à servir. Un rôti d'environ 2 kg (4 à 5 lb) donne 375 à 500 mL (1½ à 2 tasses) de jus de cuisson (même si on le fait cuire sans eau). C'est une sauce qu'on peut servir telle quelle.

VEAU MARENGO

1,4 kg (3 lb) de veau, dans l'épaule ou la poitrine
30 mL (2 c. à soupe) d'huile d'olive

250 mL (1 tasse) d'oignons émincés
5 mL (1 c. à thé) de sel
1 mL (¼ c. à thé) de poivre
30 mL (2 c. à soupe) de farine
500 mL (2 tasses) de vin blanc
500 g (1 lb) de tomates fraîches ou 375 mL (1½ tasse) de tomates en boîte égouttées
2 mL (½ c. à thé) de basilic
2 mL (½ c. à thé) de thym
zeste d'orange d'environ 8 cm (3 po)
2 gousses d'ail, écrasées
250 g (½ lb) de champignons
25 mL (1½ c. à soupe) de fécule de maïs
15 mL (1 c. à soupe) d'eau
45 mL (3 c. à soupe) de persil haché

🖙 Couper le veau en cubes de 5 cm (2 po) chacun. Faire chauffer l'huile. Y faire dorer le veau à feu vif. Le retirer de l'huile.

🖙 Diminuer la chaleur. Faire dorer les oignons dans un autre poêlon, de 5 à 6 minutes. Pendant que les oignons cuisent, rouler la viande dans la farine mélangée avec le sel et le poivre. Ajouter aux oignons et faire dorer à feu moyen, pendant 3 ou 4 minutes. Retirer la viande.

🖙 Ajouter le vin aux oignons. Faire bouillir pendant 1 minute en grattant bien le fond du poêlon. Ajouter la viande et porter encore une fois à ébullition, en remuant sans arrêt.

🖙 Enlever les graines des tomates, les peler et les couper en petits morceaux. Les ajouter à la viande ainsi que le basilic, le thym, le zeste d'orange et l'ail. Saler et poivrer au goût. Couvrir et faire mijoter de 1 à 1½ heure ou jusqu'à ce que la viande soit tendre.

🖙 Ajouter les champignons. Faire mijoter encore 15 minutes. Dégraisser la sauce et épaissir avec la fécule de maïs délayée dans l'eau froide. Verser dans un plat chaud, saupoudrer de persil et servir avec des nouilles.

VEAU VIENNOIS

2 rouelles de veau de 1,2 cm (½ po) d'épaisseur
60 mL (4 c. à soupe) de farine
sel et poivre
30 mL (2 c. à soupe) de beurre
5 mL (1 c. à thé) de paprika
250 mL (1 tasse) d'oignons en tranches
½ citron, en tranches minces
250 mL (1 tasse) de crème aigre
persil

🖙 Couper le veau en portions individuelles et le saupoudrer de farine assaisonnée. Faire fondre le beurre dans l'autocuiseur et y faire revenir le veau, saupoudré de paprika. Ajouter les oignons, les

Veau Marengo

❦ TECHNIQUE ❦
VEAU MARENGO

1 Faire dorer le veau dans l'huile.

2 Retirer la viande. Faire dorer les oignons.

3 Ajouter le vin blanc.

4 Rouler la viande dans la farine.

faire légèrement sauter, placer une tranche de citron sur chaque morceau de veau et ajouter la crème aigre.

🐚 Verrouiller l'autocuiseur et faire cuire le veau de 10 à 12 minutes. Laisser la pression tomber d'elle-même. Garnir de persil.

VEAU BRAISÉ

environ 1,5 kg (3 à 4 lb)
de cuisseau de veau ou 1,5 à 2,5 kg
(3 à 5 lb) d'épaule de veau, roulée
2 gousses d'ail
45 mL (3 c. à soupe) de gras
5 mL (1 c. à thé) de sel
2 mL (½ c. à thé) de poivre
1 mL (¼ c. à thé) de thym
ou de sarriette
6 oignons moyens
6 pommes de terre

🐚 Pratiquer quelques incisions ici et là dans la viande avec la pointe d'un couteau. Couper chaque gousse d'ail en deux et insérer les morceaux dans les incisions.

🐚 Chauffer le gras dans un faitout de fonte ou de fonte émaillée, y mettre la viande et la faire dorer de tous les côtés, sur feu moyen. Il est important de bien dorer la viande, et de le faire lentement. Saupoudrer avec le sel, le poivre, le thym ou la sarriette. Disposer les oignons et les pommes de terre autour de la viande. N'ajouter aucun liquide. Couvrir et cuire à feu doux pendant 1½ à 2 heures, ou jusqu'à ce que la viande soit tendre.

🐚 Retirer la viande et l'installer sur un plat de service chaud. Rouler oignons et pommes de terre dans le jus (il y en aura à peu près 250 à 375 mL ou 1 à

1½ tasse), sur feu moyen. Placer les légumes autour de la viande et servir la sauce dans une saucière.

LONGE DE VEAU À L'ÉTUVÉE

60 mL (4 c. à soupe) de beurre
4 oignons moyens, émincés
longe de veau d'environ 1,5 kg
(3 à 4 lb)
30 mL (2 c. à soupe) de farine
sel, poivre
basilic ou thym, au goût
250 mL (1 tasse) de consommé
8 salsifis, coupés en dés
(facultatif)
50 mL (¼ tasse) de crème

🐚 Faire fondre le gras au poêlon. Y faire dorer les oignons, puis les retirer. Mettre ensuite la longe et la faire dorer de tous les côtés. Saupoudrer de farine. Assaisonner et aromatiser au goût. Finir avec le consommé. Couvrir et faire mijoter en comptant 25 minutes par 500 g (1 lb). Environ 30 minutes avant la fin de la cuisson, mettre les salsifis à cuire avec la viande. Dégraisser la sauce au moment de servir et la lier avec la crème.

POITRINE DE VEAU FARCIE

1 gousse d'ail
1 œuf
45 mL (3 c. à soupe) de xérès
ou de jus de citron
5 mL (1 c. à thé) de sel
2 mL (½ c. à thé) de poivre
1 mL (¼ c. à thé) de muscade
50 mL (¼ tasse) de persil haché
250 g (½ lb) de porc haché
(facultatif)

500 mL (2 tasses) de mie de pain, écrasée finement
poitrine de veau désossée
d'environ 1,5 à 1,8 kg (3 à 4 lb)

🐚 Frotter un bol avec la gousse d'ail, y casser un œuf, y ajouter le xérès ou le jus de citron, le sel, le poivre, la muscade et le persil. Bien battre le tout et ajouter le porc haché et la mie de pain. Bien mélanger.

🐚 Remplir la cavité de la poitrine désossée avec la farce. Coudre avec du gros fil blanc, comme pour une dinde.

🐚 Faire cuire le veau farci de la même manière que le veau braisé. S'il reste de la sauce, la verser sur le morceau de veau, ce qui formera une délicieuse gelée brune en refroidissant.

🐚 Cette variante du veau braisé est pratique et économique. On la sert chaude au premier repas ; puis, refroidie, elle donne une délicieuse viande froide farcie qui rappelle beaucoup la saveur de la dinde.

BLANQUETTE DE VEAU

Une blanquette réussie est un plat délicieux, que vous pouvez présenter à vos convives avec orgueil. Cette recette, vous pouvez l'essayer avec toutes les viandes blanches, volaille, lapin ou agneau, et obtenir le même succès !

🐚 Une blanquette peut être servie telle quelle, c'est-à-dire la viande et la sauce seulement, ou avec une garniture dont la plus traditionnelle est constituée de petits oignons et de champignons (on compte 2 petits oignons et 1 champignon par portion).

On sert la blanquette avec des nouilles ou du riz vapeur, au beurre persillé.

La préparation de la blanquette est la même pour toutes les viandes. La seule différence concerne le temps de cuisson. Le veau requiert au moins 1½ heure, alors que l'agneau cuit en 60 minutes.

La partie utilisée pour la blanquette est la poitrine de veau, l'épaule, ou le haut de côtes. On peut aussi cuisiner ensemble des morceaux différents. Choisir du veau de bonne qualité, c'est-à-dire d'un beau blanc rosé. Compter de 125 à 250 g (¼ à ½ lb) de viande par personne. Pour la cuisson, employer un faitout juste assez grand pour contenir les morceaux de viande entassés les uns sur les autres : cela vous évitera de mettre trop de liquide, car un bouillon trop dilué donnerait une sauce moins réussie. Recouvrir d'eau.

Utiliser un faitout d'aluminium épais ou de fonte émaillée, mais éviter la fonte noire qui donnerait une teinte grise à la viande et à la sauce. Préparation et cuisson : 2½ heures. Donne 6 à 8 portions.

Blanquette de veau

VIANDE
900 g (2 lb) de veau
1 L (4 tasses) d'eau froide
5 mL (1 c. à thé) de sel
1 gros oignon
1 clou de girofle
2 carottes moyennes
1 branche de céleri
1 mL (¼ c. à thé) de thym
1 feuille de laurier
1 mL (¼ c. à thé) de poivre

SAUCE
45 mL (3 c. à soupe) de beurre
45 mL (3 c. à soupe) de farine
1 L (4 tasses) de bouillon de cuisson
pelures de 8 champignons
1 pincée de muscade
2 jaunes d'œufs
125 mL (½ tasse) de crème
15 mL (1 c. à soupe) de jus de citron
15 mL (1 c. à soupe) de persil émincé

GARNITURE
15 mL (1 c. à soupe) de beurre
30 mL (2 c. à soupe) de jus de cuisson du veau
12 à 15 petits oignons
1 pincée de sucre
125 mL (½ tasse) d'eau
1 pincée de sel
15 mL (1 c. à soupe) de jus de citron
8 champignons frais
5 mL (1 c. à thé) de beurre

Couper la viande en cubes d'environ 2,5 cm (1 po). Mettre dans le faitout avec l'eau froide et le sel. Porter lentement à ébullition, afin d'éviter de saisir la viande. Lorsque l'eau bout, ajouter l'oignon piqué du clou de girofle, les carottes coupées en tranches minces, la branche de céleri coupée en dés, le thym, le laurier et le poivre.

Reporter le tout à ébullition, couvrir et faire mijoter à feu doux, pendant 1 heure ou jusqu'à ce que la viande soit bien cuite, tout en restant un peu ferme.

Pendant ce temps, préparer la garniture. D'abord, les petits oignons qu'on fait cuire à part pour qu'ils conservent leur aspect et leur pleine saveur. Un petit truc pour éplucher les oignons consiste à les faire tremper dans l'eau bouillante pendant seulement 1 minute, dans une passoire. Une fois les oignons pelés, pratiquer une incision en forme de croix, à la racine, avec la pointe d'un petit couteau.

Faire fondre 15 mL (1 c. à soupe) de beurre, ajouter 30 mL

❦ TECHNIQUE ❦

BLANQUETTE DE VEAU

1 Mettre la viande, l'eau et le sel dans une casserole. Porter lentement à ébullition.

2 Ajouter les légumes et les épices.

3 Ajouter le jus de cuisson au mélange de farine et de beurre.

4 Mélanger les jaunes d'œufs, la crème et le jus de citron. Ajouter le mélange à la sauce.

(2 c. à soupe) du jus de cuisson du veau, ajouter les oignons et une pincée de sucre. Couvrir et faire mijoter à feu très doux, en remuant les oignons de temps en temps jusqu'à ce qu'ils soient blancs, et d'une apparence légèrement glacés. De 20 à 30 minutes, à feu très doux, suffisent habituellement. Garder au chaud jusqu'au moment de les utiliser.

☙ Préparer ensuite les champignons, en retirer les pieds et les nettoyer. Porter à ébullition 125 mL (½ tasse) d'eau, une pincée de sel et 15 mL (1 c. à soupe) de jus de citron. Lorsque l'eau bout, ajouter les champignons et 5 mL (1 c. à thé) de beurre. Porter à forte ébullition, couvrir et retirer du feu. Laisser reposer pendant 5 minutes. Égoutter en conservant l'eau de cuisson pour l'ajouter à la sauce.

☙ Pour faire la sauce, faire fondre le beurre dans une casserole et ajouter la farine. Laisser cuire à feu très doux pendant 1 minute. Ajouter 1 L (4 tasses) de jus de cuisson du veau passé à la passoire fine. Porter à ébullition en remuant sans arrêt. Ajouter les pieds des 8 champignons et la pincée de muscade. Faire mijoter pendant 10 minutes en remuant souvent. Ajouter graduellement l'eau de cuisson des champignons.

☙ Battre les jaunes d'œufs avec la crème et le jus de citron. Ajouter à la sauce, retirer du feu et remuer pendant quelques instants. Ajouter à la sauce la viande, les oignons, les champignons et le persil émincé. Vérifier l'assaisonnement. Réchauffer si nécessaire et servir.

Veau printanier

900 g (2 lb) d'épaule de veau, coupée en gros dés
30 mL (2 c. à soupe) de beurre ou de gras de viande
750 mL (3 tasses) de sauce blanche légère
1 pincée de thym
1 pincée de laurier
1 pincée de marjolaine
125 g (¼ lb) de champignons, coupés en tranches
50 mL (¼ tasse) de rutabaga coupé en petits dés
12 petits oignons, entiers
2 carottes, coupées en dés
250 mL (1 tasse) de petits pois

☙ Faire dorer les morceaux de veau dans le corps gras fondu. Ajouter la sauce blanche (voir page 46) et les herbes aromatiques.

☙ Couvrir et faire mijoter le tout pendant 1 heure en remuant de temps en temps. Ajouter ensuite tous les légumes et faire cuire pendant ½ heure de plus ou jusqu'à ce que ces derniers soient tendres.

LES CÔTELETTES DE VEAU ET LEURS GARNITURES

On apprête les côtelettes de veau de bien des façons, mais le plus souvent elles sont dorées au poêlon et nappées de sauce ou présentées avec des légumes. On doit toujours les faire cuire à feu moyen plutôt doux, et au moins 10 à 15 minutes par côté, en ne les retournant qu'une seule fois.

☙ Les côtelettes de veau sont meilleures cuites au beurre ou à l'huile d'olive : il faut compter 5 mL (1 c. à thé) de beurre ou d'huile pour chaque côtelette.

☙ Les légumes qui se mangent bien avec les côtelettes de veau sont la purée d'épinards, les

Veau printanier

[203]

Côtelette de veau sautée

carottes à la crème ou au beurre, les croquettes de pommes de terre, les petits pois, les haricots verts, les nouilles au beurre ou au parmesan, le riz aux tomates, les tomates farcies et la purée de pommes de terre.

CÔTELETTES DE VEAU AU JUS

côtelettes de veau
5 mL (1 c. à thé) de beurre par côtelette
sel et poivre
60 mL (4 c. à soupe) de vin blanc

❧ Faire fondre le beurre dans une casserole, y placer les côtelettes et les assaisonner. Couvrir. Laisser dorer à feu moyen. Retourner et faire dorer de l'autre côté. Ajouter le vin blanc. Couvrir et laisser mijoter 4 à 6 minutes à feu doux.

CÔTELETTE DE VEAU SAUTÉE

1 côtelette de veau
sel, poivre
paprika
5 mL (1 c. à thé) de beurre ou d'huile
60 à 75 mL (4 à 5 c. à soupe) de thé, de café froid, d'eau froide, de vin blanc, de jus d'orange ou de jus de tomate

❧ Avec un couteau, retirer l'os de la côtelette. Enlever également la bande de peau autour de la côtelette.

❧ Ensuite, marteler la côtelette à l'aide du plat d'un grand couteau. La côtelette aplatie est alors prête à rôtir. Saler et poivrer et saupoudrer de paprika. Faire fondre le beurre ou l'huile dans un poêlon, y placer la côtelette et faire dorer à feu moyen, sans couvrir, de 15 à 20 minutes par côté, en ne la retournant qu'une seule fois.

❧ Avant de faire la sauce, retirer la côtelette du poêlon. Au résidu qui est dans le poêlon, ajouter le liquide choisi. Porter juste à ébullition en grattant bien le poêlon. Verser la sauce sur la côtelette. Servir.

LES ESCALOPES DE VEAU

Pour apprêter l'escalope fine ou l'escalope à l'italienne, ou encore les schnitzels, la méthode de base est toujours la même. On les prépare généralement avec du veau, quoique le porc puisse également être utilisé. Elles proviennent du cuisseau ou de la longe désossée, bien que cette dernière soit plus coûteuse. Il en est de même pour le porc, les meilleures coupes étant la patte et le filet.

❧ Le cuisseau de veau comprend trois parties distinctes. La meilleure à utiliser est la partie de la ronde, que l'on appelle la noix. À l'achat, faites-vous couper en diagonale des tranches de 0,6 à 1 cm (¼ à ⅜ po) d'épaisseur, sans gras ni tendons.

❧ Apprêter pour la cuisson en plaçant une tranche de viande entre deux carrés de papier ciré et, avec un maillet de bois ou le plat d'un couperet ou d'un gros couteau, marteler la tranche pour qu'elle atteigne 0,15 cm (1/16 po) d'épaisseur, sans en modifier la forme.

❧ Toutefois, je préfère tailler moi-même mes escalopes ; j'achète alors une pièce de 1 kg (2 à 2½ lb) de haut de ronde de veau. À l'aide d'un couteau bien aiguisé, je la découpe en tranches minces que je martèle. Tout en réalisant des économies, j'obtiens des escalopes comme je les aime.

🍃 Ne pas oublier que les escalopes demandent très peu de cuisson, de 3 à 4 minutes de chaque côté suffisent, car le martèlement broie les fibres musculaires. Un poêlon de fonte, émaillée ou non, est ce qu'il y a de mieux pour cuire les escalopes.

🍃 900 g (2 lb) d'escalopes coupées en portions individuelles et aplaties serviront 6 à 8 personnes.

ESCALOPES DE VEAU PARISIENNES

900 g (2 lb) d'escalopes de veau
5 mL (1 c. à thé) de sel
1 mL (¼ c. à thé) de poivre
fraîchement moulu
1 mL (¼ c. à thé) de thym
1 mL (¼ c. à thé) de paprika
60 mL (4 c. à soupe) de beurre
60 mL (4 c. à soupe) de cognac
250 mL (1 tasse) de crème à 35 %
champignons

🍃 Préparer les escalopes en suivant la méthode de base (voir page précédente). Mélanger le sel, le poivre, le thym et le paprika. Saupoudrer sur les escalopes. Faire sauter dans le beurre noisette, environ 3 minutes de chaque côté, sur feu moyen. Disposer sur un plateau réchauffé. Verser le cognac sur le tout. Allumer et bien arroser les escalopes jusqu'à ce que la flamme s'éteigne. Verser la crème dans le poêlon et remuer tout en grattant le fond du poêlon pour la mélanger au jus de cuisson. Amener à ébullition et laisser mijoter doucement pendant 2 à 3 minutes, en remuant sans arrêt, la crème épaissira et changera de texture. Verser sur le veau et servir avec des champignons sautés au beurre.

ESCALOPES DE VEAU CORDON BLEU

6 petites rouelles de veau
6 tranches minces de mozzarella
6 tranches minces de jambon blanc
moutarde française (genre Dijon)
2 œufs
30 mL (2 c. à soupe) d'eau
375 mL (1½ tasse) de chapelure fine
5 mL (1 c. à thé) de sel
1 mL (¼ c. à thé) de poivre
1 mL (¼ c. à thé) de thym
1 mL (¼ c. à thé) de poudre d'ail
50 mL (¼ tasse) d'huile végétale
50 mL (¼ tasse) de beurre
250 mL (1 tasse) de vin blanc sec ou de vermouth sec

🍃 Marteler chaque tranche de veau pour l'aplatir. Sur chaque tranche déposer une tranche de fromage et une tranche de jambon. Badigeonner le jambon d'un peu de moutarde. Rouler les trois épaisseurs comme un gâteau roulé, retenir à l'aide de cure-dents. Tremper chaque roulade dans les œufs que vous avez légèrement battus avec l'eau froide, et la rouler dans la chapelure à laquelle vous avez ajouté le sel, le poivre, le thym et l'ail. Disposer sur une assiette et réfrigérer jusqu'au moment de la cuisson. Ces roulades peuvent être préparées 6 à 8 heures à l'avance ou être cuites immédiatement.

🍃 Pour la cuisson, faire chauffer l'huile et le beurre dans un poêlon de fonte émaillée ou un poêlon électrique à 190°C (375°F). Ajouter les roulades et dorer sur feu moyen, 6 à 8 minutes de chaque côté. Ajouter le vin ou le vermouth et laisser mijoter 10 minutes, non couvert, en retournant la viande une ou deux fois. Servir.

Escalopes de veau parisiennes

VEAU AU GRUYÈRE

8 tranches de veau très minces
8 petites tranches de jambon
8 petites tranches minces
de gruyère
30 mL (2 c. à soupe) de farine
2 mL (½ c. à thé) de sel
1 mL (¼ c. à thé) de poivre
1 pincée de muscade
1 œuf
15 mL (1 c. à soupe) d'eau
250 mL (1 tasse) de chapelure
45 mL (3 c. à soupe) de beurre
125 mL (½ tasse) de vin blanc

❧ Placer sur chaque tranche de veau une tranche un peu moins grande de jambon et de gruyère. Replier le veau sur le jambon et le fromage. Retenir avec des cure-dents. Mélanger la farine, le sel, le poivre et la muscade. Battre l'œuf avec l'eau. Mettre la chapelure dans une grande assiette.

❧ Rouler les escalopes de veau dans la farine, ensuite dans l'œuf et finalement dans la chapelure.

❧ Faire chauffer le beurre dans un poêlon jusqu'à ce qu'il prenne une couleur noisette. Y placer les escalopes et les faire dorer de tous les côtés, pendant à peu près 10 minutes. Ajouter alors le vin blanc, laisser mijoter pendant à peu près 3 minutes en grattant bien le fond du poêlon. Servir avec une salade verte.

ESCALOPES FINES AU CITRON

500 g (1 lb) de veau, en tranches très minces (cuisseau, partie du jarret)
60 mL (4 c. à soupe) de farine
sel et poivre
45 mL (3 c. à soupe) de beurre
60 mL (4 c. à soupe) de vin blanc
jus d' un citron
30 mL (2 c. à soupe) de persil haché

❧ Rouler les escalopes de veau dans la farine. Saler et poivrer.

❧ Faire chauffer le beurre dans la poêle jusqu'à ce qu'il prenne une couleur noisette. Y faire dorer les escalopes à feu moyen, 2 à la fois, pendant à peu près 1 minute de chaque côté.

❧ Lorsqu'elles sont dorées, retirer les escalopes de la poêle. Ajouter le vin ; faire cuire 1 minute à feu vif. Ajouter le jus de citron et le persil ; faire cuire 30 secondes. Verser sur les escalopes et servir.

WIENER SCHNITZELS

750 g (1½ lb) de petites escalopes de veau
jus d'un citron
2 mL (½ c. à thé) de sel
1 mL (¼ c. à thé) de poivre
50 mL (¼ tasse) de farine
1 œuf
15 mL (1 c. à soupe) d'eau froide
250 mL (1 tasse) de chapelure fine
90 mL (6 c. à soupe) de beurre
branches de persil ou d'aneth

❧ Préparer les escalopes selon la méthode de base (voir page 204). Badigeonner chaque escalope des deux côtés avec du jus de citron. Saupoudrer de sel et de poivre. Enrober de farine, en secouant pour enlever le surplus. Tremper dans l'œuf battu avec l'eau froide et rouler dans la chapelure. Faire sauter dans 60 mL (4 c. à soupe) de beurre chauffé. Faire cuire les escalopes sur feu moyen jusqu'à ce qu'elles soient dorées. Disposer sur un plateau préalablement chauffé.

❧ Au jus de cuisson, ajouter le reste du jus de citron et le beurre, le laisser mousser en grattant le fond du poêlon, puis verser sur les schnitzels. Garnir de branches d'aneth ou de persil.

Escalopes fines au citron

ROULADES DE VEAU

625 g (1¼ lb) de rouelles de veau
de 0,6 cm (¼ po) d'épaisseur
2 gousses d'ail
farine, assaisonnée d'épices
250 mL (1 tasse) de consommé
chaud
15 mL (1 c. à soupe) d'huile

FARCE
750 mL (3 tasses) de morceaux
de pain frais
3 mL (¾ c. à thé) de sel
2 mL (½ c. à thé) de thym
1 branche de céleri, hachée
30 mL (2 c. à soupe) de persil
frais haché
60 mL (4 c. à soupe) de beurre
1 oignon, émincé

🍃 Faites attendrir la viande à
l'achat. Couper en quatre morceaux et frotter chacun avec une
gousse d'ail.

🍃 Pour préparer la farce, mélanger
le pain, le sel, le thym, le céleri et
le persil. Faire dorer les oignons
légèrement dans le beurre et les
incorporer au mélange de pain.
Rectifier l'assaisonnement au
besoin.

🍃 Étendre la farce sur chaque
tranche et former un rouleau.
Attacher chaque rouleau avec une
ficelle avant de l'enrober entièrement de farine assaisonnée.

🍃 Faire brunir les roulades dans
l'huile chaude, et ajouter le consommé dans la poêle. Couvrir et
laisser mijoter de 30 à 40 minutes
ou jusqu'à ce que la viande soit
tendre. Servir avec la sauce accumulée au fond de la poêle.

Osso bucco

OSSO BUCCO

1 jarret de veau
farine
30 mL (2 c. à soupe) d'huile
végétale
30 mL (2 c. à soupe) de beurre
5 mL (1 c. à thé) de sel
1 mL (¼ c. à thé) de poivre
2 oignons, émincés
50 mL (¼ tasse) de carottes
râpées
5 mL (1 c. à thé) de basilic
30 mL (2 c. à soupe) de purée
de tomates
250 mL (1 tasse) de vin blanc
125 mL (½ tasse) d'eau
10 mL (2 c. à thé) de zeste
de citron
1 gousse d'ail
30 mL (2 c. à soupe) de persil
haché

🍃 À l'achat, faire tailler le jarret
de veau en rondelles de 8 cm
(3 po) d'épaisseur. Il y aura un
petit os rond au milieu, c'est l'os à
moelle. Rouler chaque morceau
dans la farine.

🍃 Faire dorer la viande dans
l'huile et le beurre chauffés
ensemble. Ajouter le sel, le poivre,
les oignons, les carottes et le
basilic. Couvrir et faire cuire à feu
doux pendant 10 minutes.

🍃 Mélanger la purée de tomates
avec le vin blanc et ajouter à la
viande ainsi que l'eau. Couvrir et
faire mijoter pendant 1¾ heure,
ou jusqu'à ce que la viande soit
cuite.

🍃 Lorsque la viande est cuite,
ajouter le zeste de citron, l'ail et
le persil. Faire cuire pendant
5 minutes. Vérifier l'assaisonnement et servir avec du riz
vapeur ou un risotto.

❧ TECHNIQUE ❧

OSSO BUCCO

1 Rouler chaque morceau de jarret dans la farine.

2 Faire dorer dans l'huile et le beurre chauffés ensemble.

3 Saler, poivrer. Ajouter les oignons, les carottes et le basilic. Couvrir et faire cuire.

4 Ajouter le mélange de purée de tomates et de vin blanc.

PAIN DE VIANDE ITALIEN CLASSIQUE

La cuisine italienne est très variée. Chaque région possède son style propre. Cette recette est typique de la région du Nord. Ce pain de viande est savoureux et attrayant.

3 tranches de pain, sans croûtes
125 mL (½ tasse) de lait
900 g (2 lb) de veau haché
ou 500 g (1 lb) d'agneau haché
et 500 g (1 lb) de porc haché
1 oignon, finement émincé
125 mL (½ tasse) de parmesan
ou de cheddar doux râpé
50 mL (¼ tasse) de persil haché
2 œufs
7 mL (1½ c. à thé) de sel
2 mL (½ c. à thé) de poivre

FARCE
150 mL (⅔ tasse) de chapelure
750 g (1½ lb) de fromage cottage
50 mL (¼ tasse) de cheddar râpé
250 g (½ lb) de jambon blanc, haché
2 jaunes d'œufs
2 mL (½ c. à thé) de marjolaine ou de basilic

🍃 Faire tremper les tranches de pain dans le lait. Égoutter et presser le pain. Se débarrasser du surplus de lait.
🍃 Bien mélanger la viande avec le reste des ingrédients et le pain trempé. Mettre la viande sur une planche, recouvrir d'un morceau de papier ciré et l'aplatir à 2,5 cm (1 po) d'épaisseur.
🍃 Préparer la farce en mélangeant tous les ingrédients. Si le mélange est un peu épais, ajouter 15 mL (1 c. à soupe) ou plus de lait. Disposer la farce au centre de la viande dans le sens de la longueur. Rouler comme une grosse saucisse. Envelopper avec du papier d'aluminium. Fermer les bouts hermétiquement et déposer sur une plaque à cuisson. Faire cuire dans un four à 180°C (350°F), de 1½ à 2 heures.
🍃 Pour servir chaud, développer et trancher. Pour servir froid, laisser refroidir dans un papier d'aluminium, réfrigérer, développer au moment de servir.

CROQUETTES DE VEAU CUIT

45 mL (3 c. à soupe) de beurre
45 mL (3 c. à soupe) de farine
250 mL (1 tasse) d'eau
ou de consommé
jus de ½ citron
125 mL (½ tasse) de crème
sel et poivre
2 jaunes d'œufs
500 mL (2 tasses) de veau cuit haché
1 mL (¼ c. à thé) de basilic

🍃 Faire fondre la moitié du beurre dans une casserole, ajouter la farine, le consommé, le jus de citron, la crème, le sel et le poivre. Faire bouillir jusqu'à consistance de crème épaisse. Incorporer les jaunes d'œufs et le veau cuit. Remuer quelques secondes. Aromatiser.
🍃 Laisser refroidir et couper en carrés. Rouler les carrés dans la farine et faire frire dans le beurre.

PAIN DE VEAU AUX CHAMPIGNONS

500 g (1 lb) de veau haché
500 g (1 lb) de jambon cru, haché
60 mL (4 c. à soupe) de ketchup
45 mL (3 c. à soupe) de poivron vert émincé
1 oignon moyen, râpé
2 œufs
5 mL (1 c. à thé) de sel
50 mL (¼ tasse) de chapelure

Pain de veau aux champignons

Cervelles de veau au beurre noir

250 mL (1 tasse) de soupe aux champignons non diluée
250 mL (1 tasse) de champignons grillés (frais ou en boîte)

🍃 Mélanger le veau, le jambon, le ketchup, le poivron vert émincé, l'oignon râpé, les œufs, le sel, la chapelure et la soupe aux champignons. Verser la moitié du mélange dans un moule à pain. Recouvrir avec les champignons grillés. Verser le reste du mélange de viande sur le tout.

🍃 Faire cuire pendant 1 heure dans un four à 180°C (350°F). Servir chaud ou froid.

SALADE DE VEAU

500 mL (2 tasses) de veau cuit coupé en dés
50 mL (¼ tasse) d'oignon haché
50 mL (¼ tasse) de céleri coupé en dés
50 mL (¼ tasse) de noix de Grenoble

150 mL (⅔ tasse) de mayonnaise
5 mL (1 c. à thé) d'estragon
15 mL (1 c. à soupe) de jus de citron
tomates et laitue
olives

🍃 Mélanger le veau, l'oignon, le céleri et les noix de Grenoble.
🍃 Mélanger la mayonnaise avec l'estragon et le jus de citron. Ajouter assez de cette mayonnaise au mélange du veau pour qu'il en soit bien enrobé.
🍃 Garnir un plat de service de feuilles de laitue. Mettre la salade de veau au milieu. Entourer de quartiers de tomates garnis de mayonnaise. Présenter avec un plateau d'olives.

CERVELLES DE VEAU

500 g (1 lb) de cervelles
500 mL (2 tasses) d'eau

15 mL (1 c. à soupe) de vinaigre
1 oignon, coupé en deux
1 feuille de laurier
1 mL (¼ c. à thé) de moutarde en poudre
5 mL (1 c. à thé) de sel
1 mL (¼ c. à thé) de poivre

🍃 Faire tremper les cervelles pendant 30 minutes à l'eau froide et les débarrasser de la membrane nerveuse qui les enveloppe.
🍃 Faire tremper de nouveau pendant 10 minutes dans de l'eau froide additionnée de vinaigre ; elles deviendront alors bien blanches.
🍃 Faire cuire de 15 à 20 minutes dans un court-bouillon fait de tous les autres ingrédients. Égoutter et servir telles quelles ou avec du beurre fondu ou encore avec une mayonnaise.

CERVELLES DE VEAU AU BEURRE NOIR

cervelles cuites au court-bouillon
sel et poivre
60 mL (4 c. à soupe) de beurre
1 poignée de persil, finement haché
2 mL (½ c. à thé) de vinaigre fin

🍃 Faire chauffer le beurre dans un poêlon jusqu'à ce qu'il soit foncé. Ajouter le persil au dernier moment. Verser le tout sur les cervelles cuites au court-bouillon (voir ci-dessus). Mettre dans un plat et bien assaisonner.
🍃 Verser le vinaigre dans le poêlon déjà utilisé, faire chauffer vivement et verser sur les cervelles.

LE FOIE

Dans le répertoire de la cuisine raffinée, le foie tient une place de choix. Pourtant, il n'est pas toujours apprécié à sa juste valeur. C'est sans doute parce qu'il s'agit d'un abat, mais je crois que la vraie raison est que l'on ne sait pas comment le faire cuire ni comment l'apprêter.

❧ Les raisons pour manger du foie sont multiples. Le foie contient une grande quantité de fer prêt à être assimilé par l'organisme. Il contient également du cuivre, et il est une bonne source de vitamines A, B et C.

❧ De plus, toutes les viandes de foie sont tendres, à condition de ne pas subir une cuisson trop prolongée.

❧ En dépit de leur grande différence de prix, tous les foies sont bons et se prêtent à la préparation d'excellents mets. Le foie de veau est le plus tendre et celui dont la saveur est la plus délicate. Le foie de bœuf arrive bon deuxième. Quant au foie de porc, sa saveur est plus prononcée, mais il contient également plus de fer que les foies de veau et de bœuf. Le foie d'animaux plus vieux a un goût plus fort que celui de jeunes animaux.

❧ Une méthode infaillible pour obtenir du foie tendre au goût délicat consiste à recouvrir de lait les tranches de foie et à les réfrigérer pendant 12 heures.

❧ Le foie peut être cuit au four d'une seule pièce, ou les tranches peuvent être grillées, braisées ou frites. On peut également le hacher. Il est donc facile à apprêter. Afin de préparer les tranches de foie pour la cuisson, enlever les tendons à l'aide de ciseaux.

❧ La règle la plus importante à observer dans la cuisson du foie est que celle-ci doit se faire rapidement, sur feu vif lorsqu'il est en tranches minces, sur feu moyen s'il est en tranches épaisses. On doit le faire cuire juste assez pour en changer la couleur.

FOIE GRILLÉ

❧ Pour faire cuire le foie de cette façon, n'utiliser que du foie de veau frais, en tranches de 1 cm (½ po) d'épaisseur, ou des tranches de foie de jeune agneau, préalablement trempées dans du lait pendant 12 à 24 heures. Bien apprêté, c'est un mets simple et délicieux.

foie de veau, en tranches de 1 cm (½ po) d'épaisseur
huile d'olive ou d'arachide
jus de citron frais
paprika

❧ Si le foie a été trempé dans du lait, l'égoutter et l'assécher. Badigeonner chaque tranche des deux côtés avec l'huile, puis avec le jus de citron. Disposer sur la grille huilée. Saupoudrer légèrement de paprika. Faire chauffer le gril. Lorsqu'il est chaud, faire griller le foie 3 minutes d'un côté, retourner, et faire griller 2 à 4 minutes. Servir aussitôt.

FOIE DE VEAU À LA CRÈME

4 à 6 petites tranches de foie de veau de 1 cm (½ po) d'épaisseur
250 mL (1 tasse) de lait
30 mL (2 c. à soupe) de farine
2 mL (½ c. à thé) de sel
1 mL (¼ c. à thé) de poivre
1 mL (¼ c. à thé) de cari
2 mL (½ c. à thé) de paprika
45 mL (3 c. à soupe) de beurre
250 mL (1 tasse) de crème légère
50 mL (¼ tasse) de persil frais haché

❧ Faire tremper les tranches de foie dans du lait pendant 4 à 6 heures au réfrigérateur.

❧ Mélanger la farine, le sel, le poivre, le cari et le paprika. Éponger la viande et rouler chaque tranche dans cette préparation à base de farine.

❧ Faire fondre le beurre dans un poêlon jusqu'à ce qu'il prenne une couleur noisette et faire frire le foie à feu moyen, 5 minutes de chaque côté, en ne retournant qu'une seule fois. Une fois cuit, retirer le foie du poêlon et le mettre dans un plat préalablement chauffé.

❧ Verser la crème dans le poêlon encore chaud. Ajouter le persil. Faire chauffer à feu moyen en remuant constamment, jusqu'à ce que la crème soit chaude. Verser sur les tranches de foie. Servir avec des pommes de terre bouillies.

FOIE FRIT À LA POÊLE

Après avoir cuisiné plusieurs années avec le foie, j'ai acquis un savoir-faire infaillible pour frire n'importe quelle sorte de foie tout en le gardant tendre et savoureux. Il peut ensuite être servi de plusieurs façons appétissantes. Pour mettre toutes les chances de son côté, il est préférable d'utiliser des tranches très minces.

500 à 750 g (1 lb à 1½ lb) de foie, en tranches minces

45 mL (3 c. à soupe) de beurre
jus d'un petit citron
45 mL (3 c. à soupe) de persil
frais haché
1 mL (¼ c. à thé) de poivre
assaisonné
sel, au goût
45 mL (3 c. à soupe) d'eau froide
farine

⁂ Faire chauffer le beurre jusqu'à ce qu'il devienne foncé. Il est très important d'utiliser un poêlon de fonte assez grand. Pendant que le beurre fond, mélanger dans un petit bol le jus de citron, le persil, le poivre assaisonné, le sel et l'eau. Mettre de côté. Enrober légèrement chaque tranche de foie de farine.

⁂ Quand le beurre est prêt, augmenter la chaleur et mettre les tranches de foie dans le poêlon, sans trop les tasser. Lorsque la dernière tranche est déposée, commencer à les retourner, en commençant par la première. Faire frire environ ½ minute.

Retirer les tranches et les disposer sur un plat chaud. Recommencer l'opération de cuisson s'il reste encore des tranches de foie. Lorsque toutes les tranches de foie sont cuites, verser le mélange de jus de citron dans le poêlon et remuer avec une cuiller de bois, en grattant le fond du poêlon, pendant une trentaine de secondes. Verser la sauce sur la viande et servir.

VARIANTES

⁂ On peut varier le goût du foie frit en modifiant la recette de l'une ou l'autre des façons suivantes.

⁂ Ajouter 2 à 5 mL (½ à 1 c. à thé) de cari à la farine avec laquelle on enrobera les tranches de foie.

⁂ Remplacer le persil de la préparation au citron par une quantité équivalente de ciboulette émincée.

⁂ Ajouter une grosse gousse d'ail écrasée à la préparation au citron.

⁂ Remplacer la préparation au ci-

tron par une autre, à base de vin :

250 mL (1 tasse) de porto
ou de xérès sec
1 mL (¼ c. à thé) d'estragon
1 mL (¼ c. à thé) de poivre
fraîchement moulu
5 mL (1 c. à thé) de miel

FOIE DE VEAU À LA FRANÇAISE

30 mL (2 c. à soupe) de sucre
30 mL (2 c. à soupe) d'eau
750 à 900 g (1½ à 2 lb) de foie de
veau, en tranches de 1 cm (½ po)
2 mL (½ c. à thé) de sauge
ou de marjolaine
30 mL (2 c. à soupe) de farine
2 mL (½ c. à thé) de sel
2 mL (½ c. à thé) de poivre
45 mL (3 c. à soupe) de beurre
45 mL (3 c. à soupe)
de vermouth sec ou de porto
45 mL (3 c. à soupe) de crème
à 35 %
50 mL (¼ tasse) de persil frais
haché

⁂ Faire chauffer le sucre et l'eau dans une poêle à frire, jusqu'à la consistance d'un sirop. Ajouter l'eau froide d'un seul coup, ce qui aura pour effet de faire durcir le sucre. Faire mijoter quelques secondes jusqu'à ce que le sirop commence à tourner en caramel. Mettre de côté.

⁂ Bien mélanger la sauge ou la marjolaine, la farine, le sel et le poivre dans un bol. Enrober chaque tranche de foie avec cette préparation.

⁂ Faire chauffer le beurre dans une poêle à frire en fonte et ajouter 30 mL (2 c. à soupe) de caramel. Lorsque c'est bien chaud, faire cuire le foie à feu vif, environ 1½ minute de chaque

Foie de veau grillé

côté. Réduire la chaleur, et laisser cuire encore 3 minutes. Retirer le foie et le mettre sur une assiette de service. Ajouter le porto ou le vermouth et la crème dans le poêlon encore chaud. Bien remuer avant de verser sur les tranches de foie. Saupoudrer de persil et servir.

FOIE DE VEAU GRILLÉ

60 mL (4 c. à soupe) de beurre
ou de margarine
30 mL (2 c. à soupe) d'oignon
émincé
30 mL (2 c. à soupe) de jus
de citron
1 pincée de thym
ou de marjolaine
farine
sel et poivre
paprika
500 g (1 lb) de foie de veau, en
tranches de 0,8 cm (⅓ po)
d'épaisseur

🍃 Faire fondre le beurre, ajouter l'oignon et laisser mijoter, à feu doux, 5 à 10 minutes, en remuant souvent. Retirer du feu et ajouter le jus de citron, le thym ou la marjolaine.
🍃 Mélanger de la farine avec du sel, du poivre et du paprika. Rouler les tranches de veau dans ce mélange, et ensuite dans le beurre fondu.
🍃 Mettre les tranches les unes à côté des autres dans le fond de la lèchefrite. Verser le reste de la sauce au beurre autour du foie.
🍃 Faire griller au four 4 à 8 minutes en tout, en ne retournant qu'une seule fois. Arroser 2 ou 3 fois pendant la cuisson. Servir aussitôt cuit. Saupoudrer de persil et accompagner de pommes de terre sautées.

KUGEL AU FOIE

Cette spécialité de la cuisine juive est idéale pour utiliser les restes de foie. Il m'arrive même de faire cuire du foie dans le seul but de faire le kugel.

250 g (8 oz) de nouilles fines
45 mL (3 c. à soupe) de beurre
1 gros oignon, haché
500 à 750 mL (2 à 3 tasses)
de foie cuit haché
2 mL (½ c. à thé) de sel de céleri
sel et poivre, au goût
2 œufs

🍃 Faire bouillir les nouilles et les égoutter. Faire fondre le beurre, ajouter l'oignon et le faire dorer. Mélanger les nouilles cuites, le foie haché, l'oignon doré, le sel de céleri, le sel, le poivre et les œufs battus.
🍃 Verser dans une casserole bien beurrée et faire cuire dans un four à 180°C (350°F), pendant 35 minutes ou jusqu'à ce que le dessus soit doré.

FOIE AUX OIGNONS

750 g (1½ lb) de foie de veau,
de bœuf ou d'agneau
50 mL (¼ tasse) de cornichons
sucrés
375 mL (1½ tasse) de purée
de pommes de terre
2 mL (½ c. à thé) de sel
10 mL (2 c. à thé) de sauce
Worcestershire
1 œuf
60 mL (4 c. à soupe) de crème
60 mL (4 c. à soupe) de gras
de bacon
oignons en crème
2 ou 3 tranches de bacon

🍃 Ébouillanter le foie et laisser bouillir pendant 5 minutes. Égoutter et passer au moulin à viande avec les cornichons.
🍃 À ce premier mélange, ajouter la purée de pommes de terre, le sel, la sauce Worcestershire, l'œuf et la crème. Bien mélanger et former en petits pâtés. Faire dorer légèrement dans le gras.
🍃 Recouvrir le fond d'un plat allant au four avec les oignons en crème. Placer les pâtés sur les oignons et recouvrir le tout avec des tranches de bacon.
🍃 Faire cuire à découvert dans un four à 200°C (400°F) pendant 20 minutes.

BOUCHÉES AU FOIE

Cette recette peut aussi être cuite dans un moule à pain et présentée comme un pain de viande.

15 mL (1 c. à soupe) de gras
de bacon
125 mL (½ tasse) de riz non cuit
250 mL (1 tasse) d'eau
750 g (1½ lb) de foie, haché
30 mL (2 c. à soupe) d'huile
végétale
1 oignon, râpé très finement
2 œufs
5 mL (1 c. à thé) de sel
1 mL (¼ c. à thé) de thym
1 mL (¼ c. à thé) de marjolaine
45 mL (3 c. à soupe) de germe
de blé (facultatif)
45 mL (3 c. à soupe) de mélasse
6 tranches de bacon

🍃 Faire fondre le gras de bacon dans un poêlon, et ajouter le riz. Remuer sur feu doux jusqu'à ce que tout le riz soit enrobé de gras. Ajouter l'eau et amener à ébullition. Remuer encore, couvrir et

Ris de veau aux champignons

faire cuire à feu doux pendant 15 minutes.

⁂ Mettre le foie haché dans un bol avec tous les autres ingrédients y compris le riz cuit, mais en omettant le bacon. Bien mélanger, et confectionner 6 grosses bouchées. Enrouler une tranche de bacon autour de chacune des bouchées et la retenir à l'aide d'un cure-dents. Placer les bouchées dans une lèchefrite, et les faire cuire au four, préalablement chauffé à 200°C (400°F), 30 à 40 minutes, ou jusqu'à ce que le bacon soit croustillant. Pour varier, servir les bouchées accompagnées d'une sauce tomate.

PATÉ DE FOIE GRAS DANOIS

500 g (1 lb) de foie de veau
ou de bœuf haché
50 mL (¼ tasse) d'oignons frits
250 g (½ lb) de porc frais haché
2 œufs
500 mL (2 tasses) de crème légère
5 mL (1 c. à thé) de poivre
15 mL (3 c. à thé) de sel
300 mL (1¼ tasse) de farine à pain
3 feuilles de laurier

⁂ Mettre tous les ingrédients dans un bol et remuer jusqu'à l'obtention d'une belle crème.
⁂ Verser dans un moule bien beurré. Couvrir. Mettre le moule dans un plat d'eau chaude. Faire cuire dans un four à 180°C (350°F), pendant 2 heures. Découvrir après une heure.

LANGUES DE VEAU EN GELÉE

4 langues de veau
3 carottes, coupées en dés
2 oignons, émincés
1 gousse d'ail
1 poignée de feuilles de céleri
30 mL (2 c. à soupe) de persil
1 mL (¼ c. à thé) de marjolaine
1 feuille de laurier
sel et poivre
1 L (4 tasses) d'eau
1 enveloppe de gélatine

⁂ Faire tremper les langues pendant 1 heure dans l'eau salée.
⁂ Mettre ensuite dans une casserole avec tous les autres ingrédients, excepté la gélatine. Couvrir et laisser mijoter pendant 2 heures. Si vous utilisez l'autocuiseur, cuire pendant 40 minutes.
⁂ Peler les langues dès qu'elles sont cuites.
⁂ Ajouter au bouillon la gélatine dissoute dans un peu d'eau froide. Verser sur les langues. On peut aussi servir les langues séparément et présenter le bouillon en soupe.

RIS DE VEAU AUX CHAMPIGNONS

4 à 6 ris de veau
5 mL (1 c. à thé) de sel
15 mL (1 c. à soupe) de vinaigre
1 pincée de thym
1 feuille de laurier

SAUCE
30 mL (2 c. à soupe) de gras
3 oignons verts, émincés
250 g (½ lb) de champignons, en tranches
30 mL (2 c. à soupe) de cognac ou de xérès

⁂ Peu importe la façon d'apprêter les ris de veau, il faut d'abord les blanchir et les nettoyer. Faire tremper pendant 1 heure dans l'eau froide.
⁂ Égoutter, placer dans une casserole et recouvrir d'eau.

☙ TECHNIQUE ☙

RIS DE VEAU AUX CHAMPIGNONS

1 Blanchir les ris de veau.

2 Égoutter et rincer à l'eau froide. Nettoyer les ris de veau et retirer les tendons.

3 Recouvrir les ris de veau d'un linge propre.

4 Ajouter un poids et laisser refroidir.

Assaisonner avec le sel et le vinaigre. Aromatiser. Porter à ébullition et laisser monter 3 ou 4 bouillons.

🌿 Égoutter et rincer à l'eau froide. Enlever les tendons (on les touche facilement du bout du doigt). Mettre les ris sur un linge propre ; couvrir d'un autre linge et d'une assiette à gâteau sur laquelle on place un poids, et laisser refroidir. Les ris sont alors prêts.

🌿 Laisser entiers ou couper en gros dés les ris préparés. Faire dorer dans le gras auquel on ajoute les oignons verts. Ajouter les champignons. Remuer le tout à feu vif pendant à peu près 2 minutes. Ajouter du cognac ou du xérès, au goût.

🌿 Servir dans des vol-au-vent, sur du pain grillé, ou encore sur un lit de riz vapeur garni de persil frais.

Rognons de veau Bercy

ROGNONS DE VEAU BERCY

1 ou 2 rognons de veau
ou 4 à 6 rognons d'agneau
15 mL (1 c. à soupe) de farine
15 mL (1 c. à soupe) de beurre
3 à 4 oignons verts, émincés
125 mL (½ tasse) de xérès
ou de consommé
125 mL (½ tasse) de sauce brune

45 à 60 mL (3 à 4 c. à soupe)
de persil haché
sel et poivre

🌿 Enlever le gras et la fine membrane qui recouvre les rognons, les couper en tranches minces, en évitant de laisser la partie blanche au milieu du rognon. Rouler les tranches dans la farine.

🌿 Faire chauffer le beurre jusqu'à ce qu'il prenne une couleur noisette. Ajouter les rognons et les faire saisir à feu vif, pas plus de 4 à 5 secondes, en remuant sans arrêt. Continuer à faire cuire 3 minutes à feu très lent. Retirer les rognons du poêlon et les conserver au chaud.

🌿 Ajouter les oignons verts au gras qui reste dans le poêlon et les faire dorer pendant quelques minutes, en remuant, à feu moyen. Ajouter le xérès ou le consommé et faire mijoter pendant 5 minutes. Ajouter la sauce avec le persil, le sel et le poivre. Verser cette sauce sur les rognons et servir aussitôt.

AGNEAU

L'AGNEAU

1. Gigot
2. Longe
3. Selle
4. Poitrine
5. Jarret
6. Épaule
7. Cou

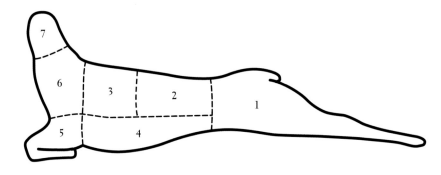

LES PARTIES DE L'AGNEAU

On appelle agneau l'animal de moins de 14 mois. Au-delà de cet âge, c'est du mouton. L'agneau de printemps a, quant à lui, entre 3 et 5 mois.

❧ La chair de l'agneau de bonne qualité est ferme, de texture fine, lisse et veloutée. La viande maigre est rosée. Chez le mouton, la viande est d'un rouge plus ou moins foncé.

❧ Le gras de l'agneau est ferme, lisse, tendre, d'un blanc crémeux ou légèrement rosé. Celui du mouton est plus sec et plus blanc.

❧ Les os du jeune agneau sont petits, poreux et rosés, ils se coupent ou se scient facilement. À mesure que l'animal vieillit, les os grossissent, durcissent, deviennent plus blancs et plus difficiles à couper.

❧ Les rognons, le foie, le coeur et la langue d'agneau ont une saveur délicate et sont délicieux.

❧ L'agneau doit être recouvert d'un papier ciré et conservé dans la partie la plus froide du réfrigérateur. Utiliser les biftecks et les côtelettes dans les 2 ou 3 jours qui suivent l'achat. Les rôtis se conservent un peu plus longtemps. L'agneau haché doit être consommé dans les 24 heures qui suivent l'achat.

GIGOT

Presque toutes les parties de l'agneau sont comestibles. Le rôti le plus populaire est le gigot. Les deux gigots, coupés sans être séparés, avec un peu de la longe, s'appellent le baron d'agneau. C'est un morceau de choix qui est servi aux grands dîners et dont la cuisson requiert un grand four.

❧ Le gigot se vend entier ou coupé en deux. Le jarret est la partie inférieure. La plupart du temps, le bout de la patte est coupé, désossé et replié sous le gigot. La croupe est la partie supérieure et la plus épaisse du gigot. Contenant l'os de la hanche, elle est plus difficile à dépecer que la partie du jarret.

LONGE

L'extrémité la plus charnue de la longe contient l'os en T et le filet. Elle s'achète entière ou en côtelettes. On peut se procurer les deux longes coupées mais encore rattachées, avec quelques os en moins et les flancs roulés. Le tout est roulé et farci avec les rognons. Tout comme le baron, quoique moins grosse, cette pièce d'agneau est réservée aux grands dîners.

SELLE

C'est la partie moins charnue de la longe, elle contient l'os des côtes et pas de filet. Elle s'achète entière ou en côtelettes. Le carré d'agneau est pris dans cette partie. La partie du flanc qui est sous la longe contient du gras, de la viande maigre et des os. Elle se vend entière, désossée, roulée ou hachée.

POITRINE

Partie voisine de l'épaule, passablement charnue. Elle contient le gros os de l'épaule et celui du jarret. Elle s'achète entière pour braiser, coupée en cubes pour ragoûts ou hachée et façonnée en boulettes.

JARRET

Un peu plus long à cuire que la poitrine, assez gélatineux et très bon braisé.

ÉPAULE

Contient l'omoplate, le petit os rond de l'épaule et des os de côtes. Elle s'achète entière ou divisée en deux : la palette et le petit os de l'épaule. Elle se présente aussi en tranches : celles de la palette contiennent l'omoplate et des os de côtes; les tranches du petit os d'épaule contiennent le petit os rond et des os de côtes. Elles sont de texture plus fine que les tranches de palette. Les tranches d'épaule sont plus charnues mais moins tendres que les côtelettes. On achète aussi l'épaule entière roulée et désossée pour être farcie et rôtie. L'agneau en panier est coupé dans l'épaule.

COU

Cette partie contient beaucoup d'os. Elle s'achète entière, en morceaux ou en tranches, et elle est idéale pour braiser, fricasser ou cuire en ragoût.

DES PETITS TRUCS CONCERNANT L'AGNEAU

CUISSON DE L'AGNEAU

Pour donner une saveur spéciale à l'agneau avant la cuisson, quel que soit le morceau utilisé, saupoudrer ou frotter la surface avec un des ingrédients suivants : basilic, romarin, thym, origan, gingembre moulu, poudre de cari.

🍃 Avant la cuisson, pratiquer plusieurs incisions dans la partie charnue de la viande et y insérer soit de l'ail, soit de la menthe fraîche, soit du zeste de citron, du persil haché ou de l'aneth frais.

TABLEAU DE CUISSON DE L'AGNEAU

Coupes	Four	Temps de cuisson (minutes par 500 g ou 1 lb)
Carré	200°C (400°F)	10 à 12 minutes
Couronne	180°C (350°F)	15 minutes
Épaule	160°C (325°F)	20 à 25 minutes
Gigot	180°C (350°F)	15 minutes
Longe	180°C (350°F)	15 minutes

La température interne enregistrée sur le thermomètre lorsque l'agneau est rôti à 180°C (350°F), est de 65°C (145°F).

🍃 Après la cuisson, arroser les rôtis au sortir du four, et les côtelettes au moment de les servir, avec du jus de citron, un peu de liqueur de menthe ou du cognac.

🍃 L'agneau doit toujours être cuit à feu moyen, qu'il soit rôti, grillé ou braisé, et il faut également éviter de trop le cuire.

🍃 L'agneau est à son meilleur lorsque, une fois cuit, il présente une couleur légèrement rosée.

LÉGUMES D'ACCOMPAGNEMENT

Les meilleurs légumes à servir avec l'agneau sont les petits pois, les asperges, le brocoli, les carottes, les haricots verts, les oignons frits. Le riz est préférable aux pommes de terre pour accompagner l'agneau.

🍃 Il faut toujours servir l'agneau dans des assiettes bien chaudes, faute de quoi le gras se figera très vite au contact de l'assiette froide, ce qui est très désagréable.

GLAÇURE

On peut glacer le gigot d'agneau de la même manière que le jambon. Voici une excellente glaçure : ajouter 2 mL (½ c. à thé) de moutarde en poudre à 125 mL (½ tasse) de gelée à la menthe,

ajouter encore 30 mL (2 c. à soupe) de jus de citron ou de vinaigre de cidre et une pincée de basilic. Étendre sur la viande une demi-heure avant la fin de la cuisson et arroser plusieurs fois.

GIGOT D'AGNEAU À LA BROCHE

🍃 Faire cuire le gigot avec l'os. Il est important de bien l'installer sur la broche. S'assurer qu'il est en équilibre stable en faisant tourner la broche plusieurs fois avant de commencer la cuisson.

🍃 Utiliser la *Sauce grecque* (page 56) pour arroser le gigot pendant la cuisson. Ou encore, le frotter avec 1 gousse d'ail avant la cuisson et ½ citron avant de le faire cuire ; une fois embroché, l'arroser d'huile et le saupoudrer d'une pincée de thym. Saler et poivrer seulement après la cuisson.

🍃 Faire rôtir de 20 à 25 minutes par 500 g (1 lb).

🍃 On peut glacer un gigot d'agneau cuit à la broche en l'arrosant pendant les dernières 10 minutes de cuisson avec un mélange très facile à obtenir: avec un batteur à main, mélanger 250 mL (1 tasse) de gelée de cassis avec 60 mL (4 c. à soupe) de moutarde préparée.

GIGOT D'AGNEAU FROID

🍃 Retirer le gigot du réfrigérateur au moins 30 minutes avant de le servir. Le trancher aussi mince que possible, et enlever tout le gras.

Gigot d'agneau grillé au barbecue

&• Servir avec un mélange de mayonnaise et de moutarde à raison de 125 mL (½ tasse) de mayonnaise pour 30 mL (2 c. à soupe) de moutarde. Accompagner d'une salade de riz faite de riz cuit refroidi, de piments hachés et d'oignons verts au goût, le tout arrosé de vinaigrette.

GIGOT D'AGNEAU À LA BRETONNE

500 mL (2 tasses) de haricots blancs secs
gigot d'agneau
2 gousses d'ail
175 mL (¾ tasse) de consommé
50 mL (¼ tasse) de pâte de tomates
30 mL (2 c. à soupe) de beurre
125 mL (½ tasse) de persil haché

&• Laisser tremper les haricots pendant 12 heures avant de commencer la cuisson de l'agneau.
&• Piquer le gigot avec une des gousses d'ail coupée en quatre. Faire rôtir selon les indications données dans le tableau de cuisson (voir page précédente). Arroser le gigot 3 fois pendant la cuisson avec le consommé.
&• Faire bouillir les haricots jusqu'à ce qu'ils soient tendres, mais encore entiers. Ils auront plus de saveur s'ils cuisent dans l'eau de trempage. Les égoutter, saler et poivrer au goût. Émincer l'autre gousse d'ail et l'ajouter à la sauce du gigot, ainsi que la purée de tomates.
&• Lorsque le rôti est cuit, le placer sur un plat bien chaud. Ajouter aux haricots le beurre et le jus de la cuisson très chaud. S'assurer que le tout reste bien chaud. Saupoudrer de persil et servir avec l'agneau.

GIGOT D'AGNEAU GRILLÉ AU BARBECUE

petit gigot d'agneau
1 gousse d'ail
2 feuilles de laurier
50 mL (¼ tasse) de gras de bacon
50 mL (¼ tasse) d'huile végétale
1 pincée de piment de cayenne
jus d'un citron
5 mL (1 c. à thé) de basilic
8 à 10 clous de girofle

&• Demander au boucher de désosser le gigot, mais de ne pas le rouler. Écraser ensemble l'ail et le laurier émietté. Pratiquer des incisions dans la viande et la piquer avec le mélange d'ail et de laurier.
&• Mettre le gras du bacon en crème, et, graduellement, y incorporer l'huile, le cayenne, le jus de citron et le basilic. Poivrer généreusement et ficeler le rôti. Utiliser le mélange pour badigeonner un côté du gigot.
&• Placer le côté badigeonné sur le gril du barbecue à environ 15 cm (6 po) au-dessus des braises. Piquer les clous de girofle ici et là dans la viande et faire griller pendant 40 minutes sans retourner.
&• Retourner le gigot après l'avoir badigeonné avec le reste du gras de bacon. Faire griller 40 minutes ou plus selon le degré de cuisson que vous désirez. Après 80 minutes de cuisson, l'agneau sera cuit à point.

GIGOT BOUILLI À L'ÉCOSSAISE

gigot d'agneau d'environ 2 à 2,5 kg (4 à 6 lb)

GIGOT D'AGNEAU GRILLÉ AU BARBECUE

1 Présentation du gigot d'agneau désossé.

2 Pratiquer des incisions dans la viande et la piquer avec le mélange d'ail et de laurier.

3 Poivrer généreusement.

4 Badigeonner du mélange d'huile et de gras de bacon.

50 mL (¼ tasse) de poivre en grains ou moulu (oui, je dis bien 50 mL, ¼ tasse !)
15 mL (1 c. à soupe) de gros sel
10 gousses d'ail entières
12 baies de genièvre

🖛 À l'aide d'un bon couteau, parer le gigot du surplus de gras. L'envelopper ensuite dans un morceau de toile à fromage, qui sera cousue bien serré.

🖛 Placer le gigot dans une grande casserole et recouvrir d'eau bouillante.

🖛 Ajouter le reste des ingrédients. Couvrir et laisser mijoter. Compter 15 minutes de cuisson par 500 g (1 lb) de viande.

🖛 Quand la viande est cuite, la retirer de l'eau, enlever la toile à fromage, et placer le gigot sur un plat chaud.

🖛 Ce gigot peut être servi chaud, froid ou réchauffé.

🖛 Pour servir chaud, garnir de persil émincé, et présenter avec des pommes de terre bouillies. Accompagner le tout d'une sauce aux câpres ou d'une sauce hollandaise avec des câpres. La sauce à la menthe ne convient pas vraiment au gigot à l'écossaise.

🖛 Pour réchauffer ou servir froid, laisser le gigot enveloppé jusqu'au moment de le servir ou de le réchauffer dans son jus de cuisson. Hacher un bouquet de persil et en saupoudrer le gigot avant de servir.

GIGOT D'AGNEAU BOUILLI À LA FRANÇAISE

gigot d'agneau d'environ 2 à 2,5 kg (4 à 6 lb)
2 L (8 tasses) d'eau bouillante

12 petits oignons
12 petites carottes
1 petit rutabaga, coupé en quatre
15 mL (1 c. à soupe) de sel
10 grains de poivre ou 5 mL (1 c. à thé) de poivre moulu
45 mL (3 c. à soupe) de farine
45 mL (3 c. à soupe) de beurre
15 mL (1 c. à soupe) de vinaigre ou de jus de citron
30 mL (2 c. à soupe) de cornichons hachés ou de câpres

🖛 Envelopper le gigot d'agneau dans une toile à fromage. Déposer dans une marmite et recouvrir d'eau bouillante. Ajouter les légumes et les assaisonnements. Couvrir et laisser mijoter de 12 à 15 minutes par 500 g (1 lb).

🖛 Retirer la toile à fromage et placer le gigot sur un plat bien chaud.

🖛 Faire une sauce avec la farine, le beurre et 750 mL (3 tasses) de bouillon de cuisson. Lorsque la sauce est lisse et crémeuse, ajouter le vinaigre ou le jus de citron, les cornichons hachés ou les câpres. Présenter dans une saucière. Servir avec des pommes de terre bouillies.

PRÉPARATION DES CHICHE-KEBABS

🖛 Pour faire les chiche-kebabs au barbecue, il faut des brochettes de métal de 15 à 60 cm (6 à 24 po) de longueur, selon la quantité d'aliments que l'on désire embrocher sur chacune.

🖛 Faire alterner les cubes de viande et les garnitures sur la brochette. Saler et poivrer.

🖛 Faire griller à environ 5 cm (2 à 3 po) de la braise, en badigeonnant plusieurs fois pendant la cuisson avec une quantité égale de beurre et de jus de citron chauffés ensemble, ou avec une sauce barbecue de votre choix.

CHICHE-KEBABS À LA BROCHE

🖛 Choisir les aliments en suivant les indications données ci-dessous pour les différentes sortes de kebabs. Les embrocher en alternance. Pendant la cuisson, arroser avec une sauce de votre choix ou simplement avec un mélange de jus de citron et de beurre fondu, en proportion égale.

🖛 Le temps de cuisson varie selon les goûts et les aliments utilisés. En règle générale, le kebab est cuit lorsque la viande est dorée.

KEBAB ANGLAIS
🖛 Rognons d'agneau coupés en deux, petits oignons blancs préalablement blanchis, champignons entiers.

KEBAB ITALIEN
🖛 Cubes de foie de veau ou de foie de volaille, tranches de bacon roulées, champignons entiers. Saupoudrer de thym avant la cuisson.

KEBAB PIQUANT
🖛 Faire alterner sur la brochette des cubes d'agneau de 2,5 cm (1 po) avec des tranches de salami de 1 cm (½ po) d'épaisseur. Arroser d'huile avant la cuisson.

KEBAB DU MAINE
🖛 Crevettes grises décortiquées, pétoncles, cubes de lard salé ou de bacon. Arroser de sauce aux herbes pendant la cuisson.

Chiche-kebab à l'épaule d'agneau

KEBAB À LA TURQUE

🍃 Aromatiser de l'agneau haché avec de l'ail émincé, un peu d'oignon, une pincée de thym, du sel et du poivre, 30 mL (2 c. à soupe) d'huile d'olive et 15 mL (1 c. à soupe) de jus de citron par 625 g (1¼ lb) de viande. Confectionner des boulettes et enfiler sur les brochettes avec des moitiés de tomates et des tranches d'oignons.

CHICHE-KEBABS À L'ÉPAULE D'AGNEAU

1 à 1,5 kg (2 à 3 lb) d'épaule d'agneau
125 mL (½ tasse) d'huile végétale
50 mL (¼ tasse) de jus de citron
2 gousses d'ail, écrasées
125 mL (½ tasse) de persil haché

🍃 Couper la viande en cubes de 4 cm (1½ po).
🍃 Mélanger le reste des ingrédients, ajouter la viande et laisser mariner de 2 à 6 heures.
🍃 Retirer la viande de la marinade. Mettre 4 à 6 cubes de viande sur chaque brochette et faire griller dans un four ou sur un feu de bois, jusqu'à ce que la viande soit dorée. Servir avec des tranches de pain croûté ou des croûtons.

CHICHE-KEBABS AU GIGOT D'AGNEAU

gigot d'agneau d'environ 2 à 2,5 kg (4 à 5 lb)
1 gousse d'ail, émincée
3 oignons, en tranches minces
30 mL (2 c. à soupe) d'huile d'olive

75 mL (⅓ tasse) de xérès ou de jus de citron
2 mL (½ c. à thé) de poivre
2 mL (½ c. à thé) de basilic ou de marjolaine
1 mL (¼ c. à thé) de thym
5 mL (1 c. à thé) de sel
6 poivrons verts
6 tomates bien fermes

🍃 Désosser le gigot et le tailler en cubes de 4 cm (1½ po). Enlever le surplus de gras.
🍃 Dans un grand bol, mettre l'ail, les oignons, l'huile d'olive, le xérès ou le jus de citron, le poivre, le basilic ou la marjolaine, le thym et le sel. Ajouter l'agneau, et bien mélanger. Couvrir et réfrigérer pendant 12 heures.
🍃 Enfiler les poivrons verts lavés sur une brochette de 60 cm (24 po), les tomates sur une autre brochette et les cubes d'agneau marinés sur une troisième brochette. Faire griller les trois brochettes garnies au-dessus de la braise.

🍃 Verser la sauce de la marinade dans un plat de fonte, la faire chauffer sur le gril pendant que la viande cuit.
🍃 Quand les tomates et les poivrons verts sont cuits, les retirer des brochettes et les déposer dans la sauce chaude. Les laisser reposer à la chaleur jusqu'à ce que la viande soit cuite.
🍃 Couper les poivrons et les tomates en quatre. Ajouter la viande cuite; bien mélanger le tout et servir avec un grand bol de riz chaud aromatisé.
🍃 Ceci est une manière facile de servir un barbecue au jardin pour 4 à 6 personnes.

VARIANTES
🍃 Remplacer le gigot d'agneau par 900 g (2 lb) d'épaule d'agneau hachée. Mélanger avec le reste des ingrédients excepté les poivrons verts et les tomates. Former des boulettes plus ou moins rondes. Déposer directement sur

[223]

le gril ou enfiler sur des brochettes. Servir avec du pain chaud et croustillant.

KEBABS PERSES

900 g (2 lb) d'agneau haché
125 mL (½ tasse) de noix
de Grenoble
125 mL (½ tasse) de persil haché
5 mL (1 c. à thé) de sel
1 mL (¼ c. à thé) de poivre
1 gousse d'ail, émincée
1 oeuf
15 mL (1 c. à soupe) d'huile d'olive

🏖 Mettre l'agneau dans un bol. Hacher finement les noix et les ajouter à l'agneau, ainsi que le reste des ingrédients. Mélanger pendant 5 minutes en utilisant, si possible, un batteur électrique, à vitesse moyenne. Réfrigérer pendant 1 heure.

🏖 Avec le mélange obtenu, confectionner des bâtonnets et les glisser sur des brochettes en comptant une brochette par personne. Huiler et faire griller au four ou sur charbons de bois jusqu'à ce que les bâtonnets soient dorés.

🏖 Servir sur un lit de riz vapeur.

FONDUE DE PÉKIN

À défaut d'un poêlon à fondue, utilisez une casserole de fonte ou d'aluminium épais, que vous poserez à table sur un réchaud. Apprêtée avec de l'agneau, cette fondue est un régal, mais le boeuf peut le remplacer agréablement.

2,5 L (10 tasses) de consommé
ou de bouillon
900 g (2 lb) de gigot d'agneau,
en tranches très minces

2 rognons d'agneau, en tranches
minces
500 g (1 lb) d'épinards frais
12 à 14 champignons frais
1 pousse de bambou, en tranches
minces
250 g (8 oz) de vermicelles
3 oignons verts
2 tranches de racine
de gingembre frais (facultatif)

🏖 Utiliser du consommé de boeuf en boîte, doublement dilué (1 boîte de consommé pour 2 boîtes d'eau) ou confectionner un bouillon avec des os en faisant mijoter 1,4 kg (3 lb) d'os de boeuf sans viande, dans 3 L (12 tasses) d'eau. Assaisonner le bouillon au goût avant de le passer.

🏖 Disposer sur un plat l'agneau et les rognons avec, au centre, les épinards dépouillés de leur tige, lavés et asséchés. Enlever les pieds des champignons et disposer les têtes près de la viande, ainsi que les morceaux de pousse de bambou. Verser le vermicelle dans une casserole d'eau bouillante et faire bouillir de 5 à 10 minutes. Égoutter, incorporer 30 mL (2 c. à soupe) d'huile végétale et présenter sur une assiette. Saupoudrer la viande avec les oignons verts hachés. Râper le gingembre sur les rognons.

🏖 Préparer la sauce trempette de Pékin. Dans un joli bol, mesurer 45 mL (3 c. à soupe) de xérès sec, 50 mL (¼ tasse) de sauce de soja (ne pas utiliser le type de sauce épaisse et salée), 45 mL (3 c. à soupe) d'huile d'arachide, 15 mL (1 c. à soupe) de vinaigre de cidre, 45 mL (3 c. à soupe) de persil haché, 1 mL (¼ c. à thé) de graines de fenouil ou d'anis, 1 gousse d'ail, écrasée. Mélanger le tout et mettre de côté. Pour

déguster la fondue de Pékin, placer un petit bol de style chinois rempli de sauce devant chaque convive.

🏖 Porter le consommé ou le bouillon à ébullition dans la casserole.

🏖 Déposer sur la table une assiette contenant des baguettes de bambou pointues ou des brochettes ou encore des fourchettes à fondue, ainsi que quelques plateaux garnis avec les ingrédients préparés. Chaque convive pique soit un morceau de viande, soit un légume, ou enroule sur sa baguette quelques vermicelles avant de la tremper deux ou trois fois dans le bouillon bouillant.

🏖 Ces aliments cuisent très rapidement. Tremper dans la sauce avant de manger.

CARRÉ D'AGNEAU RÔTI

carré d'agneau
30 mL (2 c. à soupe) de beurre
1 gousse d'ail, émincée
1 mL (¼ c. à thé) de basilic
ou de romarin
sel et poivre, au goût

🏖 Le carré d'agneau est le morceau idéal pour deux ou trois personnes. Il est taillé dans la partie des côtes de la longe, et le bout des os est découvert. Il comprend habituellement de 6 à 8 côtes.

🏖 Mélanger l'ail et le basilic ou le romarin au beurre, et en badigeonner le dessus du carré d'agneau. Saler et poivrer. Faire rôtir dans un four à 200°C (400°F), en comptant 10 minutes par 500 g (1 lb). Arroser le carré toutes les 15 minutes avec le jus qui s'accumule dans la lèchefrite.

🍃 Servir très chaud avec des pommes de terre fondantes et des petits pois au beurre.

COURONNE D'AGNEAU

côtes de la longe (les 2 parties)
250 g (½ lb) de lard salé, sans maigre
250 g (½ lb) d'épinards frais
1 boîte de petits pois
45 mL (3 c. à soupe) de beurre
1 mL (¼ c. à thé) de basilic
500 g (1 lb) de champignons

🍃 À l'achat, faire attacher les deux parties des côtes de la longe en couronne. Piquer un cube de lard salé sur chaque os de la couronne afin d'éviter qu'ils brûlent à la cuisson. Faire rôtir dans un four à 180°C (350°F), pendant une heure. Cette pièce d'agneau doit être servie saignante.

🍃 Pour servir, retirer les cubes de lard, déposer la couronne sur un plat très chaud, et décorer chaque bout de côte avec un manchon de papier.

🍃 Garnir le centre avec les épinards au beurre (voir page 390).

🍃 Égoutter les petits pois, les passer au presse-purée et leur ajouter le beurre et le basilic. Faire chauffer et entourer les épinards avec cette purée.

🍃 Faire sauter les champignons dans 30 mL (2 c. à soupe) de beurre et les disposer autour de la couronne sur le plat.

CÔTELETTES D'AGNEAU GRILLÉES

🍃 Saupoudrer les côtelettes de paprika. Piquer chacune de zeste de citron ou d'ail émincé. Badigeonner d'huile d'olive.

🍃 Placer à 10 cm (4 po) de la source de chaleur, ne pas fermer complètement la porte du four. Faire griller.

🍃 Temps de cuisson pour des côtelettes de 4 cm (1½ po) :

🍃 saignantes
4 minutes de chaque côté
🍃 à point
6 minutes de chaque côté

À LA GRECQUE
🍃 Piquer les côtelettes de zeste de citron et arroser avec un peu de jus de citron frais après les avoir salées et poivrées.

À L'ITALIENNE
🍃 Piquer les côtelettes de basilic ou d'ail émincé, les badigeonner copieusement d'huile d'olive et arroser de jus de citron. Saler et poivrer.

CÔTELETTES D'AGNEAU À LA POÊLE

🍃 Faire fondre 15 mL (1 c. à soupe) de gras ou de beurre, ou de gras d'agneau dans une poêle en fonte. Faire cuire les côtelettes pendant 4 minutes à feu vif. Régler le feu pour que les côtelettes ne brûlent pas, mais en maintenant une chaleur suffisante pour les empêcher de mijoter. Les retourner et les faire cuire encore 4 minutes. Saler et poivrer.

CÔTELETTES D'AGNEAU GARNIES

6 côtelettes d'agneau épaisses
3 tomates
6 gros champignons
6 tranches de bacon

🍃 Faire cuire les côtelettes à la poêle ou les faire griller.

Côtelettes d'agneau grillées

☙ Une fois cuites, les retirer et faire sauter les autres ingrédients dans le gras de cuisson.

☙ Pour servir, garnir chaque côtelette avec une moitié de tomate et un champignon, le tout recouvert d'une tranche de bacon.

CÔTELETTES D'AGNEAU AU XÉRÈS ET À L'ORANGE

4 côtelettes d'agneau
50 mL (¼ tasse) de xérès
2 mL (½ c. à thé) de sel
2 mL (½ c. à thé) de moutarde en poudre
1 mL (¼ c. à thé) de poivre
½ gousse d'ail, émincée
1 grosse orange
45 mL (3 c. à soupe) de cassonade
10 mL (2 c. à thé) de xérès

☙ La veille, faire macérer les côtelettes dans un mélange fait de 50 mL (¼ tasse) de xérès, de sel, de moutarde, de poivre et d'ail. Réfrigérer en prenant soin de retourner la viande de temps en temps.

☙ Une trentaine de minutes avant le repas, allumer le gril du four. Trancher l'orange avec son écorce, saupoudrer la cassonade sur les tranches et y répandre les 10 mL (2 c. à thé) de xérès. Mettre de côté.

☙ Égoutter les côtelettes et conserver la marinade. Les disposer sur la grille à environ 8 cm (3 po) de la source de chaleur. Faire griller les côtelettes 6 minutes, puis les retourner. Verser la marinade que vous aviez mise de côté sur les côtelettes et disposer les tranches d'orange autour. Faire griller 6 minutes ou jusqu'à ce

que la viande soit prête et les oranges dorées. Cette recette donne 2 portions.

CÔTELETTES D'AGNEAU BARBECUE

côtelettes d'agneau de 2,5 à 4 cm (1 à 1 ½ po) d'épaisseur ou
1 steak d'agneau de 2,5 cm (1 po)
sauce barbecue de votre choix ou 250 mL (1 tasse) de gelée de raisin avec 30 mL (2 c. à soupe) de moutarde préparée

☙ Débarrasser les côtelettes du surplus de gras.

☙ Ajuster le gril à 5 à 8 cm (2 à 3 po) de la braise, et disposer les côtelettes. Badigeonner 5 ou 6 fois pendant la cuisson avec une sauce de votre choix (barbecue ou au raisin). Faire cuire de 2 à 5 minutes par côté.

PÊCHES FARCIES ET CÔTELETTES D'AGNEAU

4 pêches mûres
jus d'un gros citron
chutney
30 mL (2 c. à soupe) de beurre
côtelettes d'agneau

☙ Beurrer un plat à cuisson peu profond. Peler les pêches, les couper en deux, enlever le noyau, disposer dans le plat et remplir la cavité d'une cuillerée de chutney et d'un bon morceau de beurre. Verser le jus de citron sur le tout. Faire cuire 35 minutes dans un four à 190°C (375°F). Servir chaudes avec des côtelettes d'agneau grillées.

TRANCHES D'AGNEAU BIGARADE

2 tranches de gigot
2 mL (½ c. à thé) de sel
2 oranges non pelées, en tranches
30 mL (2 c. à soupe) de cassonade
15 mL (1 c. à soupe) de zeste d'orange
2 mL (½ c. à thé) de gingembre
1 mL (¼ c. à thé) de clous de girofle moulus
5 mL (1 c. à thé) de menthe sèche
50 mL (¼ tasse) de beurre, fondu

☙ Placer les tranches de gigot dans un plat à cuisson de 4 ou 5 cm (1 ½ à 2 po) de hauteur. Saler. Recouvrir avec les tranches d'orange.

☙ Mélanger le reste des ingrédients, verser sur l'agneau.

☙ Faire griller dans un four pendant 5 minutes. Retourner et continuer la cuisson encore 5 minutes. Arroser plusieurs fois avec le jus pendant la cuisson. Servir.

TRANCHE D'AGNEAU GRILLÉE À LA TURQUE

☙ Faire griller une tranche d'agneau de votre choix, au four ou dans une poêle. Ne pas faire mariner.

☙ Cinq minutes avant la fin de la cuisson, badigeonner avec le mélange suivant :

5 mL (1 c. à thé) de moutarde préparée
5 mL (1 c. à thé) de miel
1 pincée de thym

☙ Servir avec une purée de lentilles.

POITRINE ROULÉE À LA BRETONNE

1,8 kg (4 lb) de poitrine d'agneau
1 oignon
2 clous de girofle entiers
1 feuille de laurier
1 gousse d'ail
1 branche de céleri
1 carotte
5 mL (1 c. à thé) de sel
moutarde préparée
chapelure
beurre, fondu

🍃 Jeter dans une casserole les 8 premiers ingrédients. Recouvrir d'eau froide et porter à ébullition. Couvrir et laisser mijoter jusqu'à ce que la viande soit tendre, environ 1 heure.

🍃 Retirer la viande du bouillon. Placer sur un grand plat. Désosser. Recouvrir d'un autre plat de telle sorte qu'il exerce une pression sur la viande. Laisser ainsi jusqu'à ce que la viande pressée soit bien refroidie.

🍃 Couper en portions individuelles. Badigeonner chacune de moutarde, saler, poivrer et rouler dans la chapelure.

🍃 Placer les morceaux sur une grille installée à 10 cm (4 po) de la source de chaleur, juste assez pour les faire dorer de chaque côté. Les arroser de beurre fondu à 2 ou 3 reprises pendant la cuisson.

🍃 Servir avec une sauce tomate et des nouilles.

ÉPAULE D'AGNEAU À LA MODE DE SARDAIGNE

🍃 Piquer 2 à 4 gousses d'ail dans une épaule d'agneau roulée. Prati-

Agneau braisé à la française

quer ensuite 8 à 10 incisions tout autour du rôti à l'aide de la pointe d'un couteau, et y insérer quelques brins de romarin.

🍃 Faire chauffer 125 mL (½ tasse) de xérès avec le jus de ½ citron, 1 mL (¼ c. à thé) de poivre et 5 mL (1 c. à thé) de sel.

🍃 Embrocher l'épaule d'agneau et faire cuire de 1 à 1 ½ heure ou jusqu'à ce que la viande soit tendre. Arroser toutes les 10 minutes avec le liquide chaud.

AGNEAU BRAISÉ À LA FRANÇAISE

1 épaule d'agneau d'environ
2 à 2,5 kg (4 à 6 lb)
2 mL (½ c. à thé) de poivre
5 mL (1 c. à thé) de sel
25 mL (1 ½ c. à soupe) de paprika
1 mL (¼ c. à thé) de muscade
2 mL (½ c. à thé) de sucre

45 mL (3 c. à soupe) de gras, fondu
2 oignons, en tranches

🍃 Rouler l'épaule d'agneau dans le poivre, le sel, le paprika, la muscade et le sucre mélangés.

🍃 Faire dorer dans le gras fondu et ajouter les oignons.

🍃 Couvrir et laisser cuire à feu doux pendant environ 1 heure, ou jusqu'à ce que la viande soit tendre.

🍃 Pour faire la sauce, retirer l'agneau, porter le jus à ébullition, en remuant sans arrêt.

🍃 Servir avec du riz vapeur ou des nouilles au persil.

ÉPAULE D'AGNEAU MARINÉE ET BRAISÉE

environ 2 à 2,5 kg (4 à 6 lb)
d'épaule d'agneau
250 mL (1 tasse) de jus
de tomate
15 mL (1 c. à soupe) de vinaigre
de cidre

Cari d'agneau à la mode du Bengale

1 oignon, finement émincé
1 gousse d'ail, coupée en deux
1 feuille de laurier
1 mL (¼ c. à thé) de basilic
1 mL (¼ c. à thé) de sel
45 mL (3 c. à soupe) de gras d'agneau
15 mL (1 c. à soupe) de sucre

🏵 Dans un grand bol, mélanger le jus de tomate, le vinaigre, l'oignon, l'ail, le laurier, le basilic et le sel. Faire mariner la pièce d'agneau dans ce mélange pendant 12 heures.

🏵 Faire fondre dans un faitout de fonte émaillée des morceaux de gras découpés dans l'épaule et y faire dorer l'agneau. Ajouter la marinade et le sucre. Couvrir et laisser mijoter pendant 2 heures ou jusqu'à ce que l'agneau soit tendre.

🏵 Procéder de la même façon avec l'autocuiseur, en utilisant seulement 50 mL (¼ tasse) de marinade pour la cuisson. Faire

cuire pendant 30 minutes.

🏵 Accompagner la viande de macaroni persillés. Présenter la sauce dans une saucière.

ÉPAULE D'AGNEAU BARBECUE EN PAPILLOTES

1,8 kg (4 lb) d'épaule d'agneau
75 mL (⅓ tasse) de farine
15 mL (1 c. à soupe) d'huile végétale
6 petits oignons pelés
6 petites tomates entières
6 petites pommes de terre, pelées
50 mL (¼ tasse) de poivrons verts coupés en dés
5 mL (1 c. à thé) de sel
2 mL (½ c. à thé) de poivre
2 feuilles de laurier
5 mL (1 c. à thé) de thym

🏵 Tailler 6 morceaux de 40 x 40 cm (15 x 15 po) de papier d'aluminium. Diviser l'agneau en

6 portions, enlever l'excès de gras, rouler dans la farine.

🏵 Déposer un morceau d'agneau sur chaque carré de papier, plus 1 pomme de terre, 1 oignon et 1 tomate. Éparpiller de petits morceaux de poivron sur le tout.

🏵 Mélanger le sel, le poivre, le laurier émietté et le thym et saupoudrer également sur chaque portion de viande et légumes. Envelopper chaque portion de manière à rendre chaque paquet aussi étanche que possible.

🏵 Tapisser le fond d'une lèchefrite avec du papier d'aluminium et y déposer les paquets. Recouvrir d'une autre feuille de papier et placer la lèchefrite sur le gril du barbecue pendant quelques heures. Au moment de servir, déposer un paquet dans chaque assiette et laisser aux convives le soin de le déballer.

CARI D'AGNEAU À LA MODE DU BENGALE

30 mL (2 c. à soupe) de farine
7 mL (1 ½ c. à thé) de sel
30 mL (2 c. à soupe) de cari
900 g (2 lb) d'épaule d'agneau
125 mL (½ tasse) de margarine
2 gros oignons, en tranches
2 petites pommes, pelées et râpées
1 citron, pelé et tranché
1 gousse d'ail, émincée
30 mL (2 c. à soupe) de cassonade
30 mL (2 c. à soupe) de raisins de Corinthe
30 mL (2 c. à soupe) de noix de coco râpée*
125 mL (½ tasse) de noix d'acajou
500 mL (2 tasses) d'eau

🡒 Tamiser ensemble la farine, le sel et le cari. Couper l'agneau en portions individuelles et les rouler dans le mélange tamisé.

🡒 Faire fondre la margarine dans un faitout de fonte émaillée et y faire dorer les oignons. Faire ensuite saisir la viande, à feu vif, en remuant.

🡒 Ajouter le reste des ingrédients. Porter à ébullition. Couvrir et laisser cuire à feu doux pendant 1 heure ou jusqu'à ce que la viande soit tendre. Servir avec du riz chaud.

* Utiliser de préférence de la noix de coco fraîche, et remplacer alors une partie de l'eau par le lait de coco.

AGNEAU À L'ARMÉNIENNE

1,4 kg (3 lb) d'épaule d'agneau
125 mL (½ tasse) d'huile végétale
2 gros oignons, émincés
1 poivron vert, coupé en dés
250 mL (1 tasse) de riz non cuit
2 aubergines moyennes
625 mL (2 ½ tasses) de tomates en boîte
250 mL (1 tasse) de vin rouge
125 mL (½ tasse) de fromage râpé
1 pincée de cannelle
1 gousse d'ail, émincée

🡒 Couper l'épaule d'agneau en petits cubes et les faire dorer dans l'huile, dans un faitout de fonte émaillée. Ajouter les oignons et le poivron, et cuire encore pendant 5 minutes, tout en remuant.

🡒 Faire cuire le riz. Peler les aubergines et les couper en dés. Les mettre dans une casserole, recouvrir d'eau bouillante, faire bouillir pendant 5 minutes et les égoutter dans une passoire.

🡒 Ajouter à l'agneau le riz cuit, l'aubergine égouttée, les tomates, le vin rouge, le fromage râpé et la cannelle. Saler et poivrer. Bien mélanger. Ajouter l'ail. Verser le mélange dans une casserole de 2 litres. Couvrir et cuire pendant 1 heure dans un four à 180°C (350°F). Cette recette donne entre 8 et 10 portions.

RAGOÛT D'AGNEAU HONGROIS, À L'ORGE

900 g (2 lb) d'épaule d'agneau
farine
sel et poivre
30 mL (2 c. à soupe) d'huile végétale
250 mL (1 tasse) d'oignons hachés
4 tomates, coupées en quatre
2 feuilles de laurier
30 mL (2 c. à soupe) d'orge perlé
6 pruneaux, dénoyautés
1 gousse d'ail, émincée
5 mL (1 c. à thé) de paprika

250 mL (1 tasse) d'eau
30 mL (2 c. à soupe) de crème aigre

🡒 Couper l'agneau en portions individuelles. Rouler dans la farine ; saler et poivrer au goût. Faire dorer dans l'huile, à feu vif.

🡒 Ajouter les oignons, couvrir et laisser mijoter pendant 10 minutes. Ajouter le reste des ingrédients, sauf la crème aigre.

🡒 Couvrir et laisser mijoter environ 2 heures ou faire cuire dans un four à 180°C (350°F) pendant 2 heures.

🡒 Au moment de servir, ajouter la crème et bien mélanger.

RAGOÛT D'AGNEAU À L'ARMÉNIENNE

900 g (2 lb) d'épaule d'agneau
30 mL (2 c. à soupe) d'huile végétale
250 mL (1 tasse) d'oignons émincés

Ragoût d'agneau à l'arménienne

RAGOÛT D'AGNEAU À L'ARMÉNIENNE

1 Faire dorer l'agneau dans l'huile.

2 Ajouter les oignons, couvrir et faire cuire à feu moyen.

3 Ajouter les épinards.

4 Ajouter le jus de tomate.

900 g (2 lb) d'épinards frais,
nettoyés
250 mL (1 tasse) de jus
de tomate
5 mL (1 c. à thé) de sel
1 mL (¼ c. à thé) de poivre
5 mL (1 c. à thé) de sucre
250 mL (1 tasse) d'eau

🌰 Couper l'agneau en portions
individuelles et enlever l'excès de
gras.

🌰 Faire dorer dans l'huile, à feu
vif. Ajouter les oignons, couvrir et
laisser cuire pendant 10 minutes à
feu moyen.

🌰 Hacher grossièrement les
épinards. Ajouter à l'agneau, ainsi
que le reste des ingrédients. Couvrir et laisser mijoter jusqu'à ce
que la viande soit tendre, soit de
40 à 60 minutes.

Agneau à la choucroute

RAGOÛT D'AGNEAU À LA MODE IRLANDAISE

1 à 2 kg (2 à 4 lb) d'agneau à
bouillir (épaule ou agneau en
panier)
2 oignons, coupés en quatre
125 mL (½ tasse) de feuilles
de céleri hachées
2 carottes, coupées en 3
2 mL (½ c. à thé) de moutarde
en poudre
2 mL (½ c. à thé) de thym
15 mL (1 c. à soupe) de gros sel
1 mL (¼ c. à thé) de poivre
3 L (12 tasses) d'eau tiède
3 ou 4 pommes de terre entières
3 ou 4 carottes entières

🌰 Mettre tous les ingrédients
sauf les pommes de terre et les
carottes entières dans un faitout
et porter à forte ébullition. Couvrir et laisser mijoter quelques
heures ou jusqu'à ce que la
viande soit tendre.

🌰 Lorsqu'il ne reste qu'une demi-
heure de cuisson, ajouter les
carottes et les pommes de terre
entières.

🌰 Pour servir, placer la viande au
centre d'un plat chaud, et disposer les légumes tout autour.

🌰 Utiliser le bouillon pour faire
une excellente soupe en y
ajoutant 1 boîte de tomates,
15 mL (1 c. à soupe) de sucre et
125 mL (½ tasse) d'orge. Laisser
mijoter le tout pendant 1 heure.

AGNEAU À LA CHOUCROUTE

4 tranches de bacon
1 oignon, émincé
750 mL à 1 L (3 à 4 tasses)
de choucroute
sel et poivre
5 mL (1 c. à thé) d'anis
500 à 750 mL (2 à 3 tasses)
d'agneau cuit coupé en dés

🌰 Faire frire le bacon, ajouter
l'oignon et le faire dorer. Ajouter
la choucroute, le sel, le poivre et
l'anis. Couvrir, et laisser mijoter
pendant 1 heure.

🌰 Ajouter l'agneau, couvrir et
laisser mijoter 15 minutes. Servir
avec des pommes de terre bouillies.

RAGOÛT D'AGNEAU AU RIZ

1,2 kg (2½ lb) d'épaule d'agneau
45 mL (3 c. à soupe) de beurre
ou d'huile végétale
300 mL (1¼ tasse) d'oignon
haché
30 mL (2 c. à soupe) de farine
sel et poivre, au goût
500 mL (2 tasses) de tomates
en boîte
250 mL (1 tasse) d'eau
1 gousse d'ail, émincée
5 mL (1 c. à thé) de curcuma
ou 1 pincée de safran

1 feuille de laurier
2 mL (½ c. à thé) de thym
5 mL (1 c. à thé) de sucre
250 mL (1 tasse) de riz à grains longs

🍃 Tailler la viande en morceaux d'égale grosseur. Faire dorer dans le gras fondu.

🍃 Ajouter les oignons et continuer à faire cuire jusqu'à ce qu'ils soient légèrement dorés. Ajouter la farine et bien mélanger le tout.

🍃 Saler et poivrer. Ajouter les tomates, l'eau, l'ail, le safran ou le curcuma, le laurier, le thym et le sucre. Porter à ébullition. Couvrir et laisser mijoter pendant 1 heure.

🍃 Ajouter le riz. Couvrir et laisser cuire environ 35 minutes dans un four à 350°F. Après avoir ajouté le riz, on peut présenter le ragoût dans un bol de terre cuite ou de verre qu'on mettra sur la table.

BOULETTES D'AGNEAU

2 tranches épaisses de pain rassis
30 mL (2 c. à soupe) de lait
500 g (1 lb) d'agneau haché, cuit
2 tomates fraîches, coupées en dés
1 petit oignon, haché fin
1 oeuf, battu
sel, poivre
muscade, au goût
chapelure
gras

🍃 Faire tremper le pain dans le lait, mettre en pâte avec une fourchette.

🍃 Ajouter la viande hachée, les tomates, l'oignon et l'oeuf battu. Saler, poivrer et aromatiser au goût. Former en boulettes, rouler dans la chapelure et faire dorer

dans le gras, à feu moyen, pendant 2 ou 3 minutes.

FRICASSÉE D'AGNEAU

1 oignon, émincé
30 mL (2 c. à soupe) de beurre
15 mL (1 c. à soupe) de persil ou de feuilles de céleri
250 mL (1 tasse) de sauce tomate
250 mL (1 tasse) de jus d'agneau, ou 125 mL (½ tasse) d'eau
sel et poivre, au goût
1 pincée de thym
500 à 750 mL (2 à 3 tasses) d'agneau cuit haché

🍃 Faire frire l'oignon dans le beurre. Ajouter le persil ou le céleri émincé, la sauce tomate, le jus, le sel, le poivre et le thym. Faire mijoter pendant 10 minutes.

🍃 Ajouter l'agneau. Couvrir, laisser mijoter pendant 1 heure ou pendant 45 minutes dans un four, à 180°C (350°F).

🍃 Au moment de servir, recouvrir de purée de pommes de terre ou accompagner de riz.

HACHIS D'AGNEAU

1 oignon, émincé
30 mL (2 c. à soupe) de beurre ou de gras d'agneau
750 mL (3 tasses) d'agneau cuit coupé en cubes
250 mL (1 tasse) de pommes de terre coupées en dés
125 mL (½ tasse) de céleri coupé en dés
250 mL (1 tasse) de bouillon d'agneau
2 jaunes d'oeuf, légèrement battus
250 mL (1 tasse) de crème légère ou de lait
1 mL (¼ c. à thé) de basilic

sel et poivre, au goût
chutney

🍃 Faire légèrement dorer les oignons dans le gras. Ajouter l'agneau, les pommes de terre, le céleri et le bouillon. Amener à ébullition et laisser mijoter pendant 15 minutes.

🍃 Battre ensemble les jaunes d'oeuf, la crème ou le lait, le basilic, le sel et le poivre. Incorporer au hachis et laisser mijoter à peine quelques minutes. Relever avec du chutney.

MOUSSAKA

1 grosse aubergine
50 mL (¼ tasse) de farine
90 mL (6 c. à soupe) de beurre ou de margarine
125 mL (½ tasse) d'oignon haché
500 g (1 lb) d'épaule d'agneau maigre, hachée
50 mL (¼ tasse) de persil haché
1 mL (¼ c. à thé) de poivre
sel
2 mL (½ c. à thé) de paprika
250 mL (1 tasse) de sauce tomate
125 mL (½ tasse) de vin blanc sec
1 tomate moyenne, en tranches
2 oeufs, battus
125 mL (½ tasse) de yogourt

🍃 Peler et couper l'aubergine en tranches épaisses de 0,6 à 1 cm (¼ à ½ po) et les enfariner légèrement.

🍃 Faire fondre 30 mL (2 c. à soupe) de beurre ou de margarine dans un grand poêlon et y faire dorer, sur un feu assez vif, le tiers des tranches en les retournant ; les éponger avec du papier absorbant. Faire cuire de cette manière toutes les tranches et les mettre de côté.

🖙 Dans le même poêlon, faire dorer l'oignon jusqu'à ce qu'il soit tendre. Ajouter l'agneau et faire sauter pendant 5 minutes ou jusqu'à ce que la viande soit légèrement cuite. Ajouter le persil, le poivre, 10 mL (2 c. à thé) de sel et le paprika, puis la sauce tomate et le vin blanc. Bien mélanger et laisser mijoter pendant quelques minutes dans un four, à 190°C (375°F).

🖙 Disposer le tiers des tranches d'aubergine dans le fond d'une cocotte ; recouvrir avec la moitié du mélange d'agneau, recouvrir avec le deuxième tiers des tranches d'aubergine. Verser le reste de l'agneau sur le tout. Garnir le dessus avec les tranches d'aubergine qui restent et des tranches de tomate disposées en couronne.

🖙 Battre 15 mL (1 c. à soupe) de farine avec les oeufs jusqu'à ce que le mélange soit lisse ; y incorporer 2 mL (½ c. à thé) de sel et le yogourt. Verser sur le plat et faire cuire au four pendant 30 minutes ou jusqu'à ce que le dessus soit bien doré.

🖙 Servir avec une salade verte et du pain à l'ail grillé. Cette recette donne 4 à 6 portions.

AGNEAU EN PILAF

1 petit oignon, haché
15 mL (1 c. à soupe) de gras
500 mL (2 tasses) d'agneau cuit coupé en cubes
250 mL (1 tasse) de riz non cuit
500 mL (2 tasses) d'eau chaude
125 mL (½ tasse) de sauce chili
1 gousse d'ail, écrasée
sel et poivre
125 g (¼ lb) de champignons frais, nettoyés ou 125 mL (½ tasse) de céleri coupé en dés

🖙 Faire frire l'oignon dans le gras. Ajouter l'agneau, le riz, l'eau, la sauce chili, l'ail, le sel et le poivre. Couvrir, et laisser mijoter de 35 à 45 minutes ou jusqu'à ce que le riz soit tendre.

🖙 Ajouter les champignons en tranches et faire cuire encore pendant 5 minutes.

AGNEAU À L'ESPAGNOLE

1 gros oignon, finement haché
1 poivron vert, finement haché ou 250 mL (1 tasse) de céleri
30 mL (2 c. à soupe) d'huile d'olive
375 mL (1½ tasse) de tomates en conserve
250 à 500 mL (1 à 2 tasses) d'agneau cuit coupé en dés
500 mL (2 tasses) de riz cuit
2 mL (½ c. à thé) de basilic
sel et poivre, au goût

🖙 Faire frire l'oignon et le poivron vert dans l'huile.

🖙 Ajouter les tomates et porter à ébullition. Ajouter le reste des ingrédients en remuant, et laisser cuire jusqu'à ce que le tout soit chaud. Servir avec du fromage râpé.

NAVARIN D'AGNEAU

épaule d'agneau d'environ 1 à 2 kg (2 à 4 lb), coupée en cubes de 2,5 cm (1 po)
5 mL (1 c. à thé) de sel
2 mL (½ c. à thé) de poivre
1 mL (¼ c. à thé) de muscade
60 mL (4 c. à soupe) de beurre ou de gras
45 mL (3 c. à soupe) de farine
2 gros oignons, émincés
750 mL (3 tasses) d'eau
125 mL (½ tasse) de carottes taillées en dés
125 mL (½ tasse) de rutabaga taillé en dés
125 mL (½ tasse) de pommes de terre taillées en dés

Navarin d'agneau

❧ TECHNIQUE ❧

NAVARIN D'AGNEAU

1 Rouler l'agneau dans le mélange de farine, de sel, de poivre et de muscade.

2 Faire dorer la viande dans le gras.

3 Ajouter les oignons et continuer la cuisson.

4 Ajouter les légumes.

🍃 Rouler l'agneau dans le mélange de farine, de sel de poivre et de muscade.

🍃 Faire dorer dans le gras, à feu moyen. Ajouter les oignons émincés et continuer la cuisson pendant une minute.

🍃 Ajouter l'eau, porter à ébullition tout en remuant. Couvrir et laisser mijoter pendant 1 heure.

🍃 Ajouter les légumes et laisser mijoter pendant encore 1½ heure.

🍃 Le navarin se réchauffe très bien à condition qu'il ne contienne pas de pommes de terre.

POIVRONS VERTS FARCIS À L'AGNEAU

4 poivrons verts
1 petit oignon, haché
15 mL (1 c. à soupe) de gras
50 mL (¼ tasse) d'eau
2 tomates fraîches
250 mL (1 tasse) d'agneau cuit
125 mL (½ tasse) de riz cuit
sel et poivre
1 pincée de basilic
125 mL (½ tasse) d'eau
5 mL (1 c. à thé) de sucre
15 mL (1 c. à soupe) de gras

🍃 Enlever le dessus de chaque poivron et retirer les pépins et les veines blanches. Mettre les poivrons dans une casserole d'eau bouillante. Faire bouillir pendant 5 minutes. Égoutter sur un papier absorbant.

🍃 Faire rôtir l'oignon dans le gras, ajouter 50 mL (¼ tasse) d'eau, les tomates coupées en petits cubes, le basilic, le sel, le poivre et l'agneau, coupé en petits morceaux ; faire mijoter le tout pendant 10 minutes. Ajouter le riz.

🍃 Farcir les poivrons avec le mélange d'agneau. Les placer

debout dans un plat de cuisson, verser dans le fond du plat les 125 mL (½ tasse) d'eau et ajouter le sucre et le gras. Faire cuire de 35 à 40 minutes dans un four, à 180°C (350°F).

PÂTÉ DE FOIE GRAS

175 mL (¾ tasse) d'eau
5 mL (1 c. à thé) de sel
250 g (½ lb) de gras de lard coupé en dés, ou de gras de jambon cuit
250 g (½ lb) de foie d'agneau ou de veau
1 feuille de laurier
1 gousse d'ail

🍃 Mettre tous les ingrédients dans une casserole. Porter à ébullition et faire mijoter pendant 15 minutes. Laisser tiédir. Verser dans le récipient du mélangeur. Couvrir et battre pendant 1 minute, ou jusqu'à ce que le tout soit en crème. Verser dans un moule. Couvrir et réfrigérer.

ROGNONS D'AGNEAU SUR CANAPÉS

8 rognons d'agneau
30 mL (2 c. à soupe) de beurre
20 mL (4 c. à thé) de farine
30 mL (2 c. à soupe) de persil haché
1 petit oignon, émincé
125 mL (½ tasse) de consommé ou d'eau
50 mL (¼ tasse) de jus de tomate
sel, au goût
5 mL (1 c. à thé) de sauce Worcestershire ou de chutney
4 tranches de pain grillé, beurrées

🍃 Enlever la membrane qui recouvre les rognons. Les trancher en deux dans le sens de la longueur. Enlever le gras et les veines blanches du centre avec des ciseaux.

🍃 Faire fondre le beurre dans un poêlon, jusqu'à ce qu'il prenne une couleur noisette.

🍃 Ajouter les rognons et laisser cuire à feu moyen de 6 à 8 minutes, en les retournant fréquemment.

🍃 Saupoudrer avec la farine et remuer pour mélanger avec le gras.

🍃 Ajouter le persil, l'oignon, le consommé ou l'eau, le jus de tomate, le sel et la sauce Worcestershire ou le chutney. Faire cuire à feu doux, en remuant sans arrêt, pendant 2 ou 3 minutes, ou jusqu'à ce que la sauce commence à épaissir.

🍃 Partager également et servir sur des tranches de pain saupoudrées de persil.

ROGNONS À LA MOUTARDE

4 rognons d'agneau et 2 rognons de veau
45 mL (3 c. à soupe) de beurre ou de gras
15 mL (1 c. à soupe) de beurre
1 oignon moyen, en tranches minces
4 champignons, en tranches
5 mL (1 c. à thé) de moutarde en poudre
15 mL (1 c. à soupe) de consommé
45 mL (3 c. à soupe) de farine
1 boîte de consommé
1 mL (¼ c. à thé) d'estragon
sel, au goût

45 mL (3 c. à soupe) de crème
aigre (facultatif)
30 mL (2 c. à soupe) de vin
(facultatif)

🍃 Couper les rognons en tranches minces. Faire dorer à feu vif, dans le gras, 2 minutes de chaque côté. Retirer les rognons du feu ainsi que le jus lorsqu'il y en a. Attention : certains rognons ne dorent pas ; ne pas les cuire davantage afin d'éviter qu'ils ne durcissent.

🍃 Mettre 15 mL (1 c. à soupe) de beurre dans le poêlon, puis l'oignon, les champignons que l'on fait cuire quelques secondes pour les dorer légèrement, la moutarde en poudre et 15 mL (1 c. à soupe) de consommé. Remuer quelques instants. Ajouter la farine, le consommé en boîte, l'estragon et le sel. Bien mélanger. Faire cuire à feu moyen jusqu'à ce que la préparation soit épaisse et lisse.

🍃 Retirer du feu, ajouter les rognons et leur jus, la crème aigre et le vin. Laisser mijoter pendant 5 minutes. Servir avec du riz vapeur.

ROGNONS D'AGNEAU PÔELÉS

4 à 6 rognons d'agneau
vinaigre
moutarde préparée ou chutney
15 mL (1 c. à soupe) de gras
de bacon ou de beurre
sel et poivre, au goût
5 mL (1 c. à thé) d'eau

🍃 Enlever la membrane qui recouvre les rognons. Les laisser entiers ou les séparer en deux dans le sens de la longueur.

🍃 Enduire les rognons de vinaigre, puis les badigeonner avec de la moutarde préparée ou du chutney.

🍃 Faire fondre le gras dans la poêle et y faire dorer les rognons. Laisser cuire pendant 3 minutes de chaque côté, à feu vif. Régler la chaleur pour que les rognons cuisent sans mijoter, ni brûler.

🍃 Saler et poivrer au goût. Remuer, ajouter l'eau, continuer à remuer pendant encore quelques secondes et servir.

RAGOÛT DE ROGNONS D'AGNEAU

8 rognons d'agneau
125 mL (½ tasse) de lait
250 g (½ lb) de champignons, en tranches
60 mL (4 c. à soupe) de beurre
30 mL (2 c. à soupe) de persil haché
1 petit oignon, émincé
50 mL (¼ tasse) de xérès
50 mL (¼ tasse) de crème
sel et poivre, au goût

🍃 Enlever la membrane qui recouvre les rognons. Les séparer en deux. Les laisser tremper pendant 20 minutes dans le lait. Égoutter et assécher chaque rognon. Couper en tranches minces.

🍃 Faire chauffer le beurre jusqu'à ce qu'il prenne une couleur noisette. Ajouter les rognons et les champignons. Sauter à feu vif, en remuant sans arrêt, pendant 2 minutes.

🍃 Ajouter le persil et les oignons, laisser mijoter pendant 5 minutes.

🍃 Ajouter le xérès et la crème. Porter à ébullition. Retirer du feu. Saler et poivrer au goût. Servir tel quel ou sur des vol-au-vent.

PORC

LE PORC

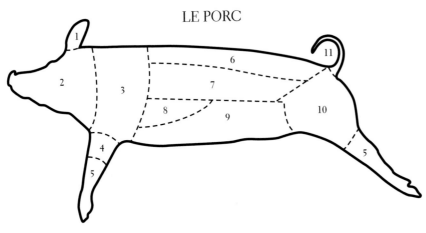

1. Oreilles
2. Tête
3. Épaule
4. Pattes
5. Pieds
6. Petites côtes
7. Longe
8. Palette
9. Flanc
10. Fesse
11. Queue

LES PARTIES DU PORC

OREILLES

Bouillies, grillées ou en vinaigrette, les oreilles de porc font un plat très intéressant.

TÊTE

Tout le monde connaît et apprécie le fameux fromage de tête.

ÉPAULE

Elle peut être préparée de deux façons:

🍃 l'épaule coupe New-York: la couenne et le gras extérieur ont été enlevés de la partie de la palette seulement. Elle est ordinairement divisée et vendue sous les noms de palette (soc) et petite épaule.

🍃 l'épaule coupe Montréal: elle est complètement débarrassée de la couenne et d'une bonne partie du gras extérieur. Le jarret et la bajoue sont enlevés mais non les os du cou ni les côtes. Elle est ordinairement vendue comme palette (soc), petite épaule, ou encore en côtelettes.

🍃 L'épaule rôtie ou braisée est très bonne et elle est à son meilleur cuite avec la couenne. Cependant, il faut la commander à l'avance à la boucherie, car on ne la présente pas de cette façon sur les étals.

🍃 L'épaule est plus facile à dépecer lorsque les os sont enlevés et qu'elle est roulée.

🍃 Elle fait également d'excellents ragoûts, et convient parfaitement pour la saucisse.

PATTES

Les pattes contiennent l'os du jarret et sont très charnues. En Europe, elles sont très appréciées servies avec la choucroute dans le pot-au-feu ou bouillies et grillées. Les pattes se vendent fraîches, fumées ou marinées.

PIEDS

Les pieds contiennent beaucoup d'os et de tendons mais peu de viande. C'est le morceau tout indiqué pour remplacer la couenne dans une recette de galantine ou de graisse de rôti, car le pied, ajouté à un ragoût ou à un rôti de porc, donne à la sauce ou au jus une bonne quantité de gélatine naturelle.

PETITES CÔTES

Il y a les côtes levées de l'échine (dos) et celles du flanc. Les côtes de l'échine sont toujours plus charnues que les côtes de flanc. Elles sont excellentes préparées à la chinoise, bouillies avec du chou ou de la choucroute, ou encore grillées au barbecue.

LONGE

La longe se divise en 3 parties:

🍃 Le filet, très charnu, comprenant le gros du filet et quelques os. Cette partie se vend en morceaux ou en côtelettes.

🍃 Le centre, moins charnu que le filet, contient les os de côté (os en T) et peu de filet. Cette partie se vend en morceaux ou en côtelettes.

🍃 Les côtes contiennent les os de côtes, une partie de la palette, mais pas de filet. Cette partie se vend en morceaux ou en côtelettes.

PALETTE

Elle se vend en tranches et contient presque toujours une partie de l'omoplate. Elle se vend aussi comme tranche de petite épaule, on la reconnaît par le petit os rond au milieu.

FLANC

C'est une partie très grasse qui se vend fumée.

FESSE

La fesse se vend entière ou coupée, fraîche ou fumée (le jambon). Coupée, elle comprend le jarret et la croupe.

🐷 Le jarret est la partie inférieure de la fesse contenant le jarret et l'os de la jointure.

🐷 La croupe est la partie supérieure la plus épaisse de la fesse contenant l'os de la hanche. Elle est beaucoup plus charnue que la partie du jarret.

🐷 La tranche de ronde ou la rouelle de jambon est coupée au centre de la fesse. Elle est de forme ovale, et contient un petit os rond au milieu.

QUEUE

En Europe, la queue de porc grillée est un morceau très apprécié. Elle est gélatineuse, croquante, et se sert également bouillie tout comme les pieds de porc.

DES PETITS TRUCS CONCERNANT LE PORC

Pour aromatiser le rôti de porc, l'ail, la sauge, les clous de girofle moulus, le laurier, la marjolaine, la moutarde en poudre, le persil, la sarriette ou le paprika conviennent très bien.

🐷 Pour accompagner le rôti de porc cuit, on peut servir de la compote de pommes, des rondelles de pommes non pelées et grillées au beurre, des betteraves dans le vinaigre, une marinade à la moutarde, de la sauce chili, une gelée de pommes ou de groseilles, une sauce aux canneberges, de la purée de pommes de terre ou une salade de chou.

TABLEAU DE CUISSON DU PORC

Coupe	Température du Four	Temps de cuisson (minutes par 500 g ou 1 lb)
Fesse	160°C(325°F)	35 à 45 minutes
Longe	160°C(325°F)	30 à 35 minutes
Épaule		
-palette	160°C(325°F)	35 à 40 minutes
-roulée	160°C(325°F)	35 à 40 minutes

LONGE DE PORC RÔTIE À LA NORMANDE

environ 2 kg (5 lb) de longe de porc
sel et poivre
6 à 8 pommes, pelées et en tranches
45 mL (3 c. à soupe) de beurre
15 mL (1 c. à soupe) de sucre
125 mL (½ tasse) de crème à 35 %
purée de pommes de terre

🐷 Saler et poivrer la longe de porc. Mettre dans la lèchefrite. Faire cuire pendant 60 minutes dans un four à 160°C (325°F). Retirer du four et enlever la graisse accumulée dans la lèchefrite.

🐷 Placer les pommes autour du rôti, les saupoudrer avec le sucre et les parsemer de noisettes de beurre. Remettre au four le temps nécessaire pour achever la cuisson (voir le tableau de cuisson plus haut). Arroser 3 ou 4 fois, 15 mL

Longe de porc rôtie à la normande

[239]

(1 c. à soupe) à la fois, avec la graisse retirée du rôti.

🍂 Servir la pièce de viande avec une purée de pommes de terre. Pour faire la sauce, verser le contenu de la lèchefrite dans une passoire et bien écraser les pommes qui contribuent à épaissir le jus. Ajouter la crème. Réchauffer, au besoin, avant de verser dans la saucière.

COCHON DE LAIT FARCI ET RÔTI

1 petit cochon de lait entier

FARCE
30 mL (2 c. à soupe) de beurre
1 gros oignon, émincé
cœur, foie et rognons du cochon, hachés
500 mL (2 tasses) de pain coupé en dés ou de riz cuit
ou de sarrasin entier
eau froide
2 mL (½ c. à thé) de sauge
1 mL (¼ c. à thé) de marjolaine ou de sarriette
30 mL (2 c. à soupe) de sel
2 mL (½ c. à thé) de poivre
500 mL (2 tasses) de pommes non pelées, coupées en dés

BEURRE-MOUTARDE
30 mL (2 c. à soupe) de beurre
5 mL (1 c. à thé) de moutarde

SAUCE POUR ARROSER
500 mL (2 tasses) d'eau
125 g (¼ lb) de beurre
2 mL (½ c. à thé) de sel
50 mL (¼ tasse) de xérès (au goût)

GARNITURE
2 petites carottes
6 canneberges avec cure-dents
cresson frais ou choux de Bruxelles, cuits

COMPOTE DE POMMES
500 mL (2 tasses) de pommes, pelées et coupées en quartiers
60 mL (4 c. à soupe) d'eau
15 mL (1 c. à soupe) de beurre

🍂 Faire frire l'oignon dans le beurre, ajouter les abats du cochon, préalablement hachés fin. Faire griller le pain au four, ensuite ajouter assez d'eau froide au pain, au riz ou au sarrasin pour en faire une pâte. Ajouter ce mélange à l'oignon, ainsi que les herbes, les assaisonnements et les pommes. Lorsque le tout est bien mélangé, en farcir la bête (dont on aura pris soin de bien nettoyer l'intérieur et l'extérieur avec un linge trempé dans le vinaigre).

🍂 Refermer l'ouverture et installer le cochonnet sur ses pattes repliées, dans une lèchefrite. Beurrer le dessus avec le mélange composé du beurre et de la moutarde. Faire rôtir en comptant 20 minutes par 500 g (1 lb), dans un four à 160°C (325°F).

🍂 Faire bouillir pendant 1 minute l'eau avec le beurre et le sel. Retirer du feu et ajouter le xérès. Utiliser ce liquide pour arroser la pièce de viande toutes les 20 minutes durant la première heure et demie de cuisson.

🍂 Retirer avec soin le cochonnet de la lèchefrite et mettre sur un plat chaud. Placer une petite carotte dans chaque oreille et, dans chaque œil, 3 canneberges piquées dans un cure-dents. Entourer d'un lit de cresson ou de choux de Bruxelles cuits.

🍂 Peler et couper les pommes de la sauce en quartiers. Faire cuire à feu doux, à couvert, dans les quelques cuillerées d'eau.

🍂 Lorsque les pommes sont en purée, les passer au tamis et les battre avec le beurre. Ne pas ajouter de sucre. Servir la purée chaude ou froide.

FESSE DE PORC RÔTIE

½ ou 1 fesse de porc non fumée
5 mL (1 c. à thé) de gros sel
2 mL (½ c. à thé) de thym
1 gousse d'ail, écrasée
2 mL (½ c. à thé) de poivre

🍂 Acheter la fesse de porc avec la couenne, si possible. Entailler le dessus ou la couenne en diagonale pour former des losanges (comme on le fait pour un jambon glacé).

🍂 Mélanger les autres ingrédients, bien les écraser et en frotter le rôti généreusement.

🍂 Mettre le rôti dans une rôtissoire sans double-fond. Ne pas ajouter d'eau. Faire cuire dans un four à 160°C (325°F), le temps nécessaire à la cuisson (voir page 239 pour le tableau de cuisson).

🍂 Retirer la viande de la lèchefrite et la laisser reposer pendant 20 minutes dans un endroit chaud avant de la dépecer.

🍂 Pour faire la sauce, utiliser du thé froid, du jus de pomme, du jus de tomate ou du vin rouge pour déglacer les sucs caramélisés dans le fond de la lèchefrite.

RÔTI DE PORC ET GRAISSE DE RÔTI À LA MODE DU QUÉBEC

environ 2 kg (4 à 5 lb) de longe de porc
2 gousses d'ail
5 mL (1 c. à thé) de moutarde en poudre

5 mL (1 c. à thé) de sarriette
sel et poivre
1 couenne de porc
ou 1 pied de porc
250 mL (1 tasse) d'eau

🍃 Piquer la longe de porc avec l'ail, chaque gousse coupée en deux. Frotter la viande avec la moutarde en poudre et la sarriette, en laisser adhérer le plus possible au gras de la viande.

🍃 Mettre dans une cocotte de fonte. La graisse de rôti sera plus blanche si le rôti est cuit dans de la fonte émaillée. La fonte noire donne une graisse aussi bonne au goût, mais de couleur ivoire. Saler et poivrer au goût. Mettre tout autour la couenne ou le pied de porc, coupé en morceaux. Ajouter l'eau.

Longe de porc boulangère

MÉTHODES DE CUISSON

🍃 La première méthode de cuisson consiste à placer la cocotte sur la source de chaleur. Porter à ébullition. Couvrir et faire mijoter pendant 2 heures. Découvrir et faire cuire à feu vif jusqu'à ce que le liquide soit évaporé, ce qui n'est pas très long. Faire dorer le dessus, c'est-à-dire la partie grasse du rôti, le mettre dans un plat et ajouter au résidu 250 mL (1 tasse) d'eau froide. Faire mijoter pendant 10 minutes en remuant et en grattant bien le fond. Couler le jus à travers une passoire fine, ce qui vous donnera une belle graisse de rôti bien gélatineuse.

🍃 La deuxième méthode de cuisson consiste à placer la cocotte, non couverte, dans un four à 160°C (325°F). Faire cuire 45 minutes par 500 g ou par lb (voir page 239 pour le tableau de cuisson). Lorsque le rôti est cuit, le mettre dans un plat. Placer la cocotte sur la source de chaleur et terminer la confection de la graisse de rôti en ajoutant 250 mL (1 tasse) d'eau froide au résidu. Faire mijoter en grattant bien le fond. Couler et réfrigérer.

LONGE DE PORC BOULANGÈRE

1 longe de porc d'environ
2 à 2,5 kg (4 à 6 lb)
2 gousses d'ail
sel et poivre
6 pommes de terre

🍃 Piquer les gousses d'ail dans la longe de porc. Recouvrir la lèchefrite avec la couenne du porc frais en ayant soin de placer le gras dessous. Saler, poivrer.

🍃 Faire cuire au four à 160°C (325°F), en comptant 35 minutes par 500 g ou par lb (voir page 239 pour le tableau de cuisson).

🍃 À la mi-cuisson, ajouter les pommes de terre préparées de la manière suivante: les ébouillanter et les laisser tremper pendant 10 minutes dans l'eau bouillante. Égoutter, essuyer et disposer autour de la viande. Arroser et retourner une ou deux fois pendant la cuisson.

🍃 Pour servir, couper la couenne bien grillée en petits carrés, en vous servant de ciseaux. La remettre dans la sauce.

RÔTI DE FILETS DE PORC

2 filets de porc moyens, ouverts
dans le sens de la longueur
1 gousse d'ail
6 pommes de terre moyennes
2 mL (½ c. à thé) de sarriette
1 oignon, frit
sel et poivre, au goût
5 mL (1 c. à thé) de graisse
de bacon ou de beurre mou

2 mL (½ c. à thé) de moutarde
50 mL (¼ tasse) d'eau chaude

🍃 Frotter les filets de porc avec la gousse d'ail.

🍃 Faire cuire les pommes de terre, les écraser et ajouter la sarriette, l'oignon frit et les assaisonnements. Quand elles sont bien refroidies, en former un rouleau de la même longueur que les filets et l'insérer entre les filets. Attacher les deux extrémités et le milieu, sans trop serrer. Recouvrir le filet du dessus avec 5 mL (1 c. à thé) de graisse de bacon ou de beurre mou. Saupoudrer avec la moutarde. Saler et poivrer au goût.

🍃 Placer le rouleau dans une petite lèchefrite avec 50 mL (¼ tasse) d'eau chaude. Le faire cuire en comptant 30 à 35 minutes par 500g (1 lb), dans un four à 180°C (350°F), en l'arrosant une ou deux fois durant la cuisson. Ce rôti, servi chaud ou froid, est facile à trancher.

LONGE DE PORC RÔTIE AU ROMARIN

environ 2 kg (5 lb) de longe de porc
1 gousse d'ail
5 mL (1 c. à thé) de sel
5 mL (1 c. à thé) de romarin
50 mL (¼ tasse) de vin blanc
125 mL (½ tasse) de crème à 35 %
pommes de terre rôties
épinards au beurre

🍃 Frotter la longe avec l'ail jusqu'à ce qu'elle en soit bien parfumée. Placer la viande dans une lèchefrite et la saupoudrer de sel et de romarin.

🍃 Faire rôtir dans un four à 160°C (325°F), le temps néces-saire à la cuisson (voir page 239 pour le tableau de cuisson).

🍃 Lorsque la viande est cuite, la retirer de la lèchefrite, enlever le surplus de gras de la sauce et ajouter au jus le vin blanc et la crème. Remuer à feu doux, en grattant bien le fond, tout en évitant l'ébullition.

🍃 Servir avec les pommes de terre rôties et les épinards au beurre.

LONGE DE PORC FARCIE

250 mL (1 tasse) de pommes pelées et coupées en dés
750 mL (3 tasses) de pain frais
3 mL (¾ c. à thé) de sel
1 mL (¼ c. à thé) de sauge ou de romarin
15 mL (1 c. à soupe) de cassonade
1 mL (¼ c. à thé) de poivre
30 mL (2 c. à soupe) de gras de bacon ou de beurre
1 oignon, émincé
45 mL (3 c. à soupe) d'eau chaude ou de jus de tomate
1 longe de porc (6 côtes)
125 mL (½ tasse) d'eau

🍃 Dans un bol, mélanger les pommes, le pain, le sel, le poivre, les épices et la cassonade.

🍃 Faire légèrement dorer les oignons dans du beurre, ajouter l'eau chaude ou le jus de tomate. Incorporer le mélange de pommes et bien mélanger.

🍃 Couper chaque côte jusqu'à l'os du dos sans détacher la viande de l'os. Placer dans une lèchefrite graissée. Entailler chaque côtelette et remplir avec la farce aux pommes. Verser 125 mL (½ tasse) d'eau sur le tout. Cuire dans un four à 180°C (350°F), de 30 à 35 minutes. Si le dessus a tendance à brunir trop rapidement pendant la cuisson, couvrir la lèchefrite.

FILET DE PORC À LA CHINOISE

1 ou 2 filets de porc
2 œufs, battus
45 mL (3 c. à soupe) de fécule de maïs
1 carotte, coupée en languettes
1 poivron vert, coupé en languettes
30 mL (2 c. à soupe) de sucre
30 mL (2 c. à soupe) de vinaigre
1 cube de concentré de bouillon
250 mL (1 tasse) d'eau chaude
60 mL (4 c. à soupe) d'huile végétale

🍃 Tailler les filets en cubes de 1 cm (½ po). Les plonger dans le mélange d'œufs battus , puis les enrober de fécule de maïs. Étaler les morceaux sur un papier ciré pour les faire sécher.

🍃 Mélanger dans un bol les légumes, le sucre, le vinaigre, le concentré de bouillon et l'eau chaude. Remuer pour faire dissoudre le cube de concentré, et mettre de côté pendant une trentaine de minutes.

🍃 Faire chauffer l'huile dans un poêlon et y faire sauter les morceaux de filet, en remuant constamment. Cuire environ 3 à 4 minutes. Ajouter le mélange de légumes, et faire chauffer à feu moyen encore 2 à 3 minutes, tout en remuant. Servir aussitôt prêt avec un bol de riz vapeur.

ÉPAULE DE PORC BRAISÉE

1,5 à 2,5 kg (3 à 5 lb) d'épaule de porc

3 carottes, pelées et hachées
4 oignons, pelés et hachés
2 gousses d'ail, émincées
5 mL (1 c. à thé) de sel
2 mL (½ c. à thé) de poivre
2 mL (½ c. à thé) de marjolaine
ou de thym
250 mL (1 tasse) de consommé
750 mL (3 tasses) de riz cuit
50 mL (¼ tasse) de persil

🍃 Prélever suffisamment de morceaux de gras du rôti pour en obtenir 125 mL (½ tasse). Le faire fondre dans une casserole de métal épais. Faire dorer la viande dans cette graisse à feu doux, jusqu'à ce qu'elle soit dorée de tous les côtés.

🍃 Ajouter les carottes, les oignons, l'ail, le sel, le poivre, la marjolaine ou le thym. Couvrir et faire cuire à feu doux, en comptant 35 minutes par 500 g ou par lb (voir page 239 pour le tableau de cuisson).

🍃 Lorsque le rôti est cuit, le retirer de la casserole et ajouter le consommé à la sauce. Porter à forte ébullition en remuant sans arrêt. Servir tel quel ou passer au presse-purée pour écraser les légumes. Servir avec un riz vapeur garni de persil.

FILET DE PORC AUX CHAMPIGNONS

1 filet de porc
1 gousse d'ail
paprika
30 mL (2 c. à soupe) de beurre
250 mL (1 tasse) de champignons frais en tranches minces
45 mL (3 c. à soupe) de vin blanc ou de jus de citron
sel et poivre
2 mL (½ c. à thé) de marjolaine ou de sarriette

15 mL (1 c. à soupe) de farine
125 mL (½ tasse) d'eau, de consommé ou de crème légère

🍃 Frotter le filet de porc des deux côtés avec la gousse d'ail. Le saupoudrer de paprika et le faire dorer dans le beurre chaud à feu moyen.

🍃 Ajouter les champignons et les remuer vivement pour bien les enrober de beurre, puis incorporer le vin ou le jus de citron, le sel et le poivre, la marjolaine ou la sarriette. Couvrir et laisser mijoter pendant environ 40 minutes ou jusqu'à ce que le filet soit tendre.

🍃 Retirer le filet cuit et le mettre de côté.

🍃 Mélanger la farine avec l'eau, le consommé ou la crème. Ajouter à la sauce du filet. Remuer sans arrêt en grattant le fond du poêlon jusqu'à ce que la sauce soit légère et crémeuse. Assaisonner au goût. Servir avec le filet de porc.

FILETS DE PORC GRILLÉS DE CANTON

4 petits filets de porc
50 mL (¼ tasse) de sauce de soja
50 mL (¼ tasse) de xérès
3 gousses d'ail, en tranches minces
60 mL (4 c. à soupe) de gingembre frais râpé
125 mL (½ tasse) de jus d'orange
5 mL (1 c. à thé) de moutarde en poudre

🍃 Mettre dans un bol la sauce de soja, le xérès, l'ail et le gingembre.

🍃 Bien mélanger et y rouler les filets de porc de manière à les enrober complètement. Couvrir et les laisser mariner pendant 3 heures ou toute une nuit au réfrigérateur.

🍃 Retirer les filets de la marinade, les faire griller jusqu'à ce qu'ils soient bien dorés des deux

Filets de porc grillés de Canton

[243]

❦ TECHNIQUE ❦

FILETS DE PORC GRILLÉS DE CANTON

1 Mettre dans un bol la sauce de soja, le xérès, l'ail et le gingembre.

2 Bien mélanger.

3 Rouler les filets de porc de manière à les enrober complètement.

4 Mélanger le jus d'orange et la moutarde en poudre et utiliser ce mélange pour badigeonner les filets.

côtés.

✤ Mélanger le jus d'orange et la moutarde en poudre et en badigeonner les filets à plusieurs reprises au cours de la cuisson. Le filet prend généralement de 15 à 18 minutes par côté pour griller.

FILETS DE PORC FARCIS À LA SAUGE

Ce traditionnel rôti de filets de porc est cuit en casserole plutôt qu'au four. Cela donne à la viande une texture juteuse, et à la sauce, une teinte foncée .

2 filets de porc
30 mL (2 c. à soupe) de beurre
1 oignon, haché fin
250 mL (1 tasse) bien tassée de mie de pain frais
5 mL (1 c. à thé) de sauge
zeste râpé de ½ citron
2 mL (½ c. à thé) de sel
1 mL (¼ c. à thé) de poivre
1 œuf
farine
2 tranches de bacon, coupées en dés
15 mL (1 c. à soupe) de beurre

✤ Ouvrir chaque filet en pratiquant une incision dans le sens de la longueur, en prenant soin de ne pas le couper complètement. Étendre les filets à plat et les frotter avec la pulpe du citron.

✤ Pour préparer la farce, faire fondre les 30 mL (2 c. à soupe) de beurre. Ajouter l'oignon, et faire cuire à feu moyen, jusqu'à ce qu'il soit transparent mais non bruni. Retirer du feu, ajouter la mie de pain, la sauge, le zeste de citron, le sel et le poivre. Bien mélanger. Casser l'œuf sur le tout et bien remuer.

✤ Remplir de farce les incisions des filets, en relever les bouts. Mettre le second filet sur le premier. Les attacher ensemble à l'aide d'une ficelle. Les enrober de farine.

✤ Dans une grande casserole de métal épais, faire fondre le bacon coupé en dés, ajouter le beurre. Y faire dorer les filets préparés, des deux côtés. Couvrir et faire cuire à feu doux, en comptant 35 à 40 minutes par 500 g (1 lb).

✤ Pour servir, disposer les filets sur un plateau chaud. Ajouter 15 mL (1 c. à soupe) de farine au jus de cuisson et remuer au moins 5 minutes, jusqu'à ce que la farine soit dorée. Ajouter 500 mL (2 tasses) de consommé, de thé faible ou d'eau. Remuer jusqu'à ce que la sauce soit lisse et légèrement épaissie. Disposer un bouquet de trèfles d'Irlande sur la viande, au moment de servir.

FONDUE AU FILET DE PORC

Cette recette est inspirée du teriyaki japonais, lequel est une méthode de grillade. Cette fondue est délicieuse et se cuit très bien dans le poêlon à fondue.

900 g (2 lb) de filet de porc
125 mL (½ tasse) de sauce de soja
1 bout de racine de gingembre
1 gousse d'ail
5 mL (1 c. à thé) de sucre

✤ Couper le filet en tranches de 2,5 cm (1 po) d'épaisseur. Marteler pour amincir la tranche. Mettre dans un bol et ajouter la sauce de soja mélangée avec le gingembre et l'ail, les deux finement hachés, ou mieux, écrasés dans le presse-ail, le gingembre frais sera

alors juteux. Ajouter le sucre. Couvrir le bol et réfrigérer pour laisser mariner pendant 24 heures.

✤ Amener à la température de la pièce deux heures avant de servir. Pour faire cuire, procéder de la même façon que pour *La fondue bourguignonne* (voir page 178). Présentez avec du riz vapeur et un choix de sauces épicées et de sauce aux prunes.

CHOP SOUI

45 mL (3 c. à soupe) d'huile d'olive
10 mL (2 c. à thé) de sel
2 mL (½ c. à thé) de poivre
500 g (1 lb) de porc dans l'épaule, taillé en petits cubes
45 mL (3 c. à soupe) de sauce de soja
750 mL (3 tasses) de céleri, coupé en morceaux de 2,5 cm (1 po)
2 gros oignons, coupés en 6 morceaux
15 mL (1 c. à soupe) de mélasse
500 mL (2 tasses) d'eau bouillante
500 mL (2 tasses) de fèves germées
45 mL (3 c. à soupe) de fécule de maïs
50 mL (¼ tasse) d'eau froide
750 mL (3 tasses) de riz cuit, chaud

✤ Mettre l'huile, le sel et le poivre dans un grand poêlon. Faire chauffer, ajouter le porc et faire saisir de 2 à 3 minutes. Faire cuire à feu doux, sans couvrir, de 5 à 8 minutes. Ajouter la sauce de soja et bien mélanger, puis incorporer le céleri et les oignons, continuer à faire cuire pendant 3 autres minutes. Verser sur le

Côtelettes de porc à la milanaise

tout la mélasse et l'eau bouillante mélangées.

🙿 Couvrir et laisser cuire à feu très doux de 10 à 20 minutes. Ajouter les fèves germées et laisser cuire pendant 3 minutes.

🙿 Mélanger la fécule de maïs avec l'eau froide, ajouter au chop soui et continuer la cuisson en remuant jusqu'à ce que la sauce épaississe et devienne transparente, pendant 3 ou 4 minutes. Servir avec le riz chaud. Donne 6 portions.

CÔTELETTES DE PORC AU PÔELON

🙿 Faire sauter les côtelettes à feu vif avec un tout petit morceau de beurre et un peu d'huile d'olive. Lorsqu'elles sont légèrement dorées d'un côté, les retourner, saler et poivrer et les saupoudrer d'un peu de marjolaine. Couvrir le poêlon et laisser cuire à feu

doux pendant 20 minutes. Retirer le couvercle et passer à feu vif pendant 2 minutes.

🙿 On peut farcir une côtelette de porc épaisse avec une farce au pain ou aux pommes de terre. Tailler le côté gras de la côtelette pour former une pochette, remplir de farce, fermer l'ouverture avec de la ficelle ou des broches et cuire tel qu'indiqué plus haut.

CÔTELETTES DE PORC À LA MILANAISE

🙿 Rouler les côtelettes dans de la farine et les tremper ensuite dans un œuf battu avec 45 mL (3 c. à soupe) d'eau froide. Les passer ensuite dans un mélange de chapelure et de parmesan râpé, en quantités égales.

🙿 Faire cuire de la même manière que les *Côtelettes de porc au poêlon*. Assaisonner au goût.

Servir avec des quartiers de citron et une salade verte.

CÔTELETTES DE PORC RÔTIES AU FOUR

🙿 Frotter un poêlon froid avec une gousse d'ail ou une tranche d'oignon. Le faire chauffer légèrement et le frotter cette fois avec un petit morceau du gras de la côtelette.

🙿 Faire dorer les côtelettes d'un côté à feu moyen, retourner, saler, poivrer et saupoudrer avec une petite pincée de marjolaine. Finir la cuisson au four, à 160°C (325°F).

🙿 Temps requis pour des tranches de 2,5 cm (1 po) d'épaisseur:

côtelettes
10 à 12 minutes par côté

tranches d'épaule
16 à 18 minutes par côté

tranches de ronde
26 à 28 minutes par côté.

CÔTELETTES DE PORC ENDIABLÉES

6 côtelettes de porc
1 oignon, finement haché
45 mL (3 c. à soupe) de jus de citron
5 mL (1 c. à thé) de moutarde en poudre
15 mL (1 c. à soupe) de cassonade
90 mL (6 c. à soupe) de sauce chili ou de ketchup
10 mL (2 c. à thé) de sauce Worcestershire

🙿 Enlever presque tout le gras des côtelettes et les faire tremper pendant 1 heure dans la marinade obtenue avec les autres ingrédients.

🎕 Faire fondre et dorer le gras dans un poêlon. Égoutter les côtelettes et les faire brunir dans la gras. Lorsqu'elles sont dorées, ajouter la marinade.

🎕 Couvrir le poêlon et laisser mijoter pendant 15 minutes. Les côtelettes ainsi préparées sont excellentes avec des épinards nature et de la purée de pommes de terre.

CÔTELETTES DE PORC NIÇOISES

6 côtelettes de porc
4 tomates, pelées et en tranches
2 gousses d'ail, émincées
1 poivron vert, nettoyé et haché
5 mL (1 c. à thé) de basilic
15 mL (1 c. à soupe) de sucre
125 mL (½ tasse) d'olives

🎕 Retirer un peu de gras des côtelettes et le faire fondre dans un poêlon de fonte.

🎕 Placer les côtelettes dans le poêlon, ainsi que tous les autres ingrédients, sauf les olives. Couvrir et cuire à feu moyen, de 15 à 20 minutes. Retourner les côtelettes une seule fois au cours de la cuisson.

🎕 Quand la viande est cuite, ajouter les olives et poursuivre la cuisson pendant encore 3 minutes, à feu doux cette fois. Servir avec un bol de riz vapeur.

PETITES CÔTES LEVÉES À LA CHINOISE

750 g (1½ lb) de petites côtes de porc
175 mL (¾ tasse) de sauce de soja

2 gousses d'ail, émincées
2 mL (½ c. à thé) de sel
30 mL (2 c. à soupe) de miel
15 mL (1 c. à soupe) de xérès

🎕 À l'achat, faire couper les petites côtes en morceaux de 2,5 cm (1 po). Mélanger les autres ingrédients dans un bol et bien enrober la viande avec la sauce. Laisser macérer pendant ½ heure.

🎕 Placer sur la grille au-dessus de la lèchefrite. Faire cuire à 10 cm (4 po) du gril, de 40 à 50 minutes, ou pendant 1 heure dans un four à 200°C (400°F).

🎕 Retourner une ou deux fois au cours de la cuisson.

CÔTELETTES DE PORC CHARCUTIÈRES

8 côtelettes de porc
2 oignons, émincés
sel et poivre, au goût
375 mL (1½ tasse) de consommé

50 mL (¼ tasse) de purée de tomates
5 mL (1 c. à thé) de moutarde en poudre
5 mL (1 c. à thé) de cassonade
30 mL (2 c. à soupe) de farine
50 mL (¼ tasse) d'eau froide
2 cornichons dans le vinaigre, hachés

🎕 Retirer un peu du gras des côtelettes et le faire fondre dans un poêlon de fonte émaillée. Y faire légèrement dorer les côtelettes de chaque côté. Ajouter les oignons. Couvrir le poêlon et laisser mijoter pendant 5 minutes.

🎕 Saler et poivrer au goût et laisser cuire à feu doux jusqu'à ce que les côtelettes soient tendres. Les retirer du poêlon et les mettre dans un plat chaud.

🎕 Ajouter le consommé, la purée de tomates, la moutarde en poudre et la cassonade dans le poêlon. Porter à ébullition et faire

Côtelettes de porc charcutières

❦ TECHNIQUE ❦

CÔTELETTES DE PORC CHARCUTIÈRES

1   Enlever un peu du gras des côtelettes.

2   Faire dorer les côtelettes dans le gras chaud.

3   Ajouter les oignons. Couvrir et laisser mijoter.

4   Retirer la viande. Ajouter le consommé, la purée de tomates, la moutarde en poudre et la cassonade.

mijoter pendant 2 minutes. Mélanger la farine et l'eau froide, verser dans la sauce en tournant sans arrêt et continuer la cuisson jusqu'à ce que la sauce épaississe. Ajouter les cornichons. Verser la sauce sur les côtelettes. Servir avec de la purée de pommes de terre.

PETITES CÔTES DE PORC BARBECUE

1 gousse d'ail, émincée
45 mL (3 c. à soupe) de gras de bacon
1,4 kg (3 lb) de petites côtes de porc
3 oignons, en tranches minces
250 mL (1 tasse) de ketchup
125 mL (½ tasse) de vinaigre de cidre
5 mL (1 c. à thé) de cari
5 mL (1 c. à thé) de paprika
1 mL (¼ c. à thé) d'assaisonnement au chili
15 mL (1 c. à soupe) de cassonade
250 mL (1 tasse) de consommé
2 mL (½ c. à thé) de sel
1 pincée de poivre
2 mL (½ c. à thé) de moutarde en poudre
riz vapeur

&❧ Faire dorer l'ail dans le gras de bacon. Tailler les petites côtes en morceaux individuels. Retirer l'ail et faire dorer vivement les petites côtes. Mettre l'ail et la viande dans une cocotte pour la cuisson au four.

&❧ Déposer les tranches d'oignons sur la viande.

&❧ Mélanger le reste des ingrédients. Les verser sur la viande et les oignons. Couvrir et faire cuire dans un four à 180°C (350°F) pendant 40 à 50 minutes ou

jusqu'à ce que la viande soit tendre. Servir avec du riz vapeur.

VARIANTE DE PETITES CÔTES DE PORC BARBECUE

1,4 kg (3 lb) de petites côtes de porc
sel et poivre
paprika
15 mL (1 c. à soupe) de gras de bacon
1 gros oignon, tranché
50 mL (¼ tasse) de ketchup
30 mL (2 c. à soupe) de vinaigre
5 mL (1 c. à thé) de sauce Worcestershire
1 pincée d'assaisonnement au chili
1 mL (¼ c. à thé) de graines de céleri
45 mL (3 c. à soupe) de cassonade
50 mL (¼ tasse) d'eau

&❧ Couper les petites côtes en portions individuelles. Assaisonner avec sel, poivre et paprika. Faire fondre le gras dans l'auto-cuiseur et y faire dorer les petites côtes. Ajouter l'oignon et mélanger le ketchup, le vinaigre, la sauce Worcestershire, les assaisonnements, la cassonade et l'eau.

&❧ Verrouiller l'autocuiseur et faire cuire pendant 15 minutes. Laisser la pression tomber d'elle-même.

LA SAUCISSE

Il y a 4 méthodes de cuisson des saucisses.

&❧ La première méthode: les saucisses grillées au poêlon. Placer les saucisses dans un poêlon froid légèrement graissé et faire cuire de 15 à 20 minutes à feu moyen, en les tournant souvent jusqu'à ce qu'elles soient uniformément brunes. Recueillir l'excès de gras au cours de la cuisson.

Petites côtes de porc barbecue

[249]

🍂 La deuxième méthode: pour garder les saucisses plus gonflées et moins grasses, les piquer avec une fourchette et verser de l'eau bouillante dessus. Couvrir et porter à ébullition. Égoutter avant de faire frire lentement, en suivant la première méthode.

🍂 La troisième méthode: les saucisses au four. Étendre les saucisses sur une lèchefrite basse, légèrement graissée. Calculer de 25 à 30 minutes à 180°C (350°F). Tourner les saucisses 1 fois au milieu de la cuisson.

🍂 La quatrième méthode: les saucisses grillées. Placer les saucisses dans la lèchefrite, à 15 cm (6 po) du gril, et calculer 2 à 3 minutes de cuisson par côté pour les rendre bien dorées.

PAIN DE SAUCISSES

C'est une spécialité du Vermont que j'ai mangée au cours d'un voyage. Elle constituait le plat principal et était servie avec du sirop d'érable au beurre chaud ou du chow-chow maison.

500 g (1 lb) de chair à saucisses
de porc ou 500 g (1 lb)
de saucisses
375 mL (1½ tasse) de farine
de maïs
125 mL (½ tasse) de farine
2 mL (½ c. à thé) de sel
10 mL (2 c. à thé) de levure
chimique
2 mL (½ c. à thé) de bicarbonate
de soude
1 œuf
250 mL (1 tasse) de lait aigre
ou de beurre
30 mL (2 c. à soupe) du jus
de cuisson des saucisses

2 mL (½ c. à thé) de sauge
ou de sarriette

🍂 Écraser la chair à saucisses avec une fourchette tout en la faisant dorer dans un poêlon de fonte noire. Retirer le gras du poêlon.

🍂 Dans un bol, mélanger la farine de maïs, la farine, le sel, la levure et le bicarbonate.

🍂 Mélanger l'œuf, le lait, la sauge ou la sarriette. Ajouter les 30 mL (2 c. à soupe) de jus. Verser le mélange liquide sur les ingrédients secs, d'un seul coup, et remuer juste assez pour bien mélanger. Verser cette pâte sur les saucisses dans le poêlon chaud.

🍂 Faire cuire à 200°C (400°F) pendant 30 à 35 minutes ou jusqu'à ce que ce soit bien doré. Renverser sur un plateau réchauffé.

SAUCISSES DU PAYS DE GALLES

Les gens du pays de Galles appellent ce plat «Sausage Bake». Les Allemands le préparent également, en remplaçant la saucisse fraîche par de la saucisse de Francfort.

500 g (1 lb) de saucisses de porc
moutarde préparée
muscade
sel et poivre
500 mL (2 tasses) de betteraves
cuites
250 mL (1 tasse) de bière (ale)

🍂 À l'aide d'un couteau pointu, entailler les saucisses dans le sens de la longueur, juste pour les ouvrir. Badigeonner chacune de moutarde, et saupoudrer de muscade, de sel et de poivre.

🍂 Disposer les saucisses dans un plat de cuisson peu profond.

Recouvrir d'une épaisse rangée de tranches de betteraves minces. Verser la bière sur le tout. Faire cuire 30 minutes, dans un four à 200°C (400°F).

🍂 Accompagner ce mets de pain croûté chaud, ou grillé, et d'un plat de haricots verts au beurre.

SAUCISSES AUX OIGNONS

500 à 900 g (1 à 2 lb) de saucisses
eau froide
3 oignons, en tranches minces
30 mL (2 c. à soupe) d'eau
5 mL (1 c. à thé) de sucre
30 mL (2 c. à soupe) de farine
250 mL (1 tasse) de consommé,
d'eau ou de jus de tomate
1 mL (¼ c. à thé) de sarriette

🍂 Placer les saucisses dans un poêlon froid et recouvrir avec l'eau froide. Couvrir le poêlon et porter à ébullition. Dès que l'eau bout, égoutter les saucisses.

🍂 Remettre les saucisses à feu moyen et faire rôtir, de 5 à 8 minutes. Enlever les saucisses et ajouter au gras du poêlon les oignons, l'eau et le sucre. Remuer jusqu'à ce que les oignons soient dorés. Saupoudrer avec la farine. Remuer de nouveau et ajouter le consommé, l'eau ou le jus de tomate (l'eau suffit car le gras de saucisse est assez riche, le consommé, toutefois, relève le goût). Porter à ébullition et remuer encore pour épaissir.

🍂 Mettre les saucisses dans la sauce et faire chauffer avec le reste. Aromatiser de sarriette au goût. Servir avec une purée de pommes de terre et une salade de chou.

SAUCISSES À L'ITALIENNE

500 g (1 lb) de saucisses
2 oignons, finement hachés
1 gousse d'ail, émincée
250 mL (1 tasse) de céleri coupé en dés
125 mL (½ tasse) de poivron vert coupé en dés
30 mL (2 c. à soupe) d'huile végétale
250 mL (1 tasse) de riz non cuit
5 mL (1 c. à thé) de sel
2 mL (½ c. à thé) de poivre
1 mL (¼ c. à thé) de basilic ou de sarriette
750 mL (3 tasses) d'eau (ou moitié eau moitié consommé ou jus de tomate)

Saucisses aux oignons

⌘ Commencer à faire dorer les saucisses à feu doux. Lorsqu'elles commencent à cuire, retirer le gras et augmenter la chaleur.

⌘ Lorsque les saucisses sont dorées, ajouter les oignons, l'ail, le céleri et le poivron vert. Mélanger le tout sur feu moyen pendant environ 2 minutes. Mettre le contenu du poêlon dans une casserole.

⌘ Ajouter l'huile. Y verser le riz et faire dorer à feu moyen. Ajouter ensuite le sel, le poivre, le basilic ou la sarriette et le liquide. Couvrir et laisser cuire de 40 à 50 minutes jusqu'à ce que tout le liquide soit absorbé.

SAUCISSES YORKSHIRE

Cette recette démontre que les saucisses peuvent devenir un plat de gourmets.

500 g (1 lb) de saucisses
175 mL (¾ tasse) de farine à pâtisserie

1,5 mL (⅓ c. à thé) de sel
2 mL (½ c. à thé) de levure chimique
175 mL (¾ tasse) de lait
2 œufs

⌘ Chauffer le four à 230°C (450°F).

⌘ Brunir les saucisses dans un poêlon légèrement graissé, pendant 10 minutes. Remuer et cuire jusqu'à ce qu'elles soient légèrement brunies.

⌘ Tamiser les ingrédients secs dans un bol. Ajouter le lait, et battre pour former une pâte lisse. Ajouter les œufs, et bien battre encore. Verser sur les saucisses, puis mettre au four pendant 20 minutes. Servir avec des oignons à la crème ou du maïs en crème.

SAUCISSES FRITES, EN PÂTE

250 g (½ lb) de saucisses
125 mL (½ tasse) de farine

75 mL (⅓ tasse) de bière
1 œuf
5 mL (1 c. à thé) d'oignon haché
gras ou beurre

⌘ Cuire les saucisses dans l'eau bouillante, pendant 2 minutes. Égoutter et éponger. Couper les saucisses en bouts de 2,5 cm (1 po).

⌘ Préparer une pâte avec la farine, la bière, l'œuf et l'oignon. Tremper chaque bout de saucisse dans la préparation et le faire frire dans le gras chaud, de 3 à 4 minutes ou jusqu'à ce que les bouts de saucisses soient dorés. Égoutter sur un essuie-tout.

PAIN DE VIANDE À LA SAUCISSE

⌘ 500 g (1 lb) de chair à saucisse, combinée avec de la purée de pommes de terre et d'autres ingrédients, donnera six portions.

C'est un plat qui se sert aussi bien chaud que froid.

500 g (1 lb) de chair à saucisse
300 mL (1¼ tasse) de flocons
de pommes de terre
75 mL (⅓ tasse) de lait
2 œufs, légèrement battus
1 mL (¼ c. à thé) de poivre
5 mL (1 c. à thé) de sel
5 mL (1 c. à thé) de sauge
ou de sarriette
5 mL (1 c. à thé) de moutarde
préparée
50 mL (¼ tasse) de flocons
de pommes de terre
50 mL (¼ tasse) de farine
d'avoine
30 mL (2 c. à soupe) de beurre,
fondu

&❧ Bien mélanger dans un bol la chair à saucisse, 300 mL (1¼ tasse) de flocons de pommes de terre, le lait, les œufs, le sel, le poivre, la sauge ou la sarriette et la moutarde préparée.

&❧ Mélanger 50 mL (¼ tasse) de flocons de pommes de terre, la farine d'avoine et le beurre fondu. Saupoudrer la moitié de ce mélange dans un moule à pain. Y entasser la viande et la recouvrir du reste du mélange. Faire cuire dans un four à 180°C (350°F) pendant 1½ heure. Refroidir 15 minutes avant de démouler.

FARCE À LA SAUCISSE À LA MODE DE LA NOUVELLE-ANGLETERRE

On peut utiliser cette farce pour la dinde, le poulet, le canard, le pain de viande. On peut aussi l'essayer pour une épaule désossée de porc ou de veau.

250 g (½ lb) de chair à saucisse
ou 250 g (½ lb) de saucisses,
coupées en morceaux de 2,5 cm
(1 po)
625 mL (2½ tasses) combles
de pain coupé en dés

7 mL (1½ c. à thé) de sel
1 mL (¼ c. à thé) de poivre
5 mL (1 c. à thé) de sauge
ou d'assaisonnement à volailles
1 petit oignon, finement haché
2 mL (½ c. à thé) de levure
chimique
300 mL (1¼ tasse) de lait chaud
30 mL (2 c. à soupe) de gras
de viande

&❧ Faire cuire la chair à saucisse ou les saucisses, sans rajouter de gras.

&❧ Égoutter la viande et la mélanger, dans un bol, avec le pain, le sel, le poivre, la sauge ou l'assaisonnement pour volailles, l'oignon et la levure. Le secret de cette farce si légère est l'utilisation de la levure chimique.

&❧ Ajouter alors le lait, et faire fondre le gras de viande dans un grand poêlon. Ajouter la farce et faire sauter jusqu'à ce que le mélange soit à moitié sec. Le lait s'évapore et le fond devient doré ici et là. Laisser refroidir et utiliser. Cette quantité est suffisante pour farcir un poulet ou un canard d'environ 1,5 kg (3 à 4 lb). Pour farcir une dinde, il faudra doubler la recette.

TOURTIÈRE

500 g (1 lb) de porc haché
1 petit oignon, coupé en dés
1 petite gousse d'ail, émincée
2 mL (½ c. à thé) de sel
2 mL (½ c. à thé) de sarriette
1 mL (¼ c. à thé) de graines
de céleri
1 mL (¼ c. à thé) de clous
de girofle moulus
125 mL (½ tasse) d'eau
50 à 125 mL (¼ à ½ tasse)
de chapelure

Tourtière

🐾 Mettre tous les ingrédients dans une casserole, sauf la chapelure. Porter à ébullition et laisser cuire à découvert, pendant 20 minutes. Retirer du feu.

🐾 Ajouter quelques cuillerées de chapelure, laisser reposer pendant 10 minutes. Si le gras a été suffisamment absorbé par la chapelure, il n'est pas nécessaire d'en ajouter. Sinon, continuer de la même manière.

🐾 Refroidir et verser entre deux croûtes de tarte. Faire cuire dans un four à 260°C (500°F) jusqu'à ce que la pâte soit bien dorée. Servir chaude.

PAIN DE VIANDE DE PORC

Pain de viande de porc

425 mL (1¾ tasse) de chapelure de pain blanc
125 mL (½ tasse) de lait
1 œuf, légèrement battu
30 mL (2 c. à soupe) de céleri émincé
900 g (2 lb) de porc haché
7 mL (1½ c. à thé) de sel
1 pincée de poivre
2 mL (½ c. à thé) de marjolaine

🐾 Chauffer le four à 190°C (375°F).

🐾 Dans un grand bol, mélanger la chapelure avec le lait et laisser reposer pendant plusieurs minutes. Ajouter alors tous les autres ingrédients. Bien mêler.

🐾 Avec les mains mouillées, presser le mélange dans un moule à pain peu profond. Faire cuire à découvert pendant 1 heure. Démouler sur un plat lorsque le tout est cuit.

RAGOÛT DE BOULETTES

500 g (1 lb) de porc haché maigre
250 g (½ lb) de bœuf haché
125 g (¼ lb) de lard salé
1 petit oignon, émincé
30 mL (2 c. à soupe) de persil
1 mL (¼ c. à thé) de gingembre
2 mL (½ c. à thé) de cannelle
2 mL (½ c. à thé) de clous de girofle moulus
2 mL (½ c. à thé) de moutarde en poudre
2 tranches de pain, coupées en dés
125 mL (½ tasse) de lait
sel et poivre
45 mL (3 c. à soupe) de gras
750 mL (3 tasses) d'eau
60 mL (4 c. à soupe) de farine grillée
125 mL (½ tasse) d'eau

🐾 Hacher le lard salé. Mélanger avec le bœuf et le porc haché.

🐾 Ajouter à la viande l'oignon, le persil, le gingembre, la cannelle, les clous de girofle et la moutarde en poudre. Ajouter le pain trempé et délayé en pâté dans le lait. Saler et poivrer. Former en petites boulettes.

🐾 Faire frire les boulettes dans le gras de votre choix. Arroser avec 750 mL (3 tasses) d'eau. Couvrir et faire bouillir doucement pendant 30 minutes.

🐾 Mélanger dans un bol de verre la farine avec 125 mL (½ tasse) d'eau. Verser dans le bouillon des boulettes et laisser cuire, en remuant, jusqu'à l'obtention d'une belle consistance épaisse.

ROGNONS DE PORC À L'ESPAGNOLE

2 à 4 rognons de porc
30 mL (2 c. à soupe) de gras de bacon
1 oignon, émincé

3 tomates fraîches, pelées et
coupées en cubes
2 mL (½ c. à thé) de sucre
1 gousse d'ail, écrasée
1 pincée de romarin, de sauge
ou de marjolaine
graines de céleri

🌑 Enlever le gras et la fine membrane qui recouvre les rognons. Les couper en deux dans le sens de la longueur.

🌑 Faire chauffer le gras de bacon et y saisir les rognons pendant 2 ou 3 secondes seulement. Les retirer du poêlon et les garder au chaud.

🌑 Au gras qui reste dans le poêlon, ajouter l'oignon, les tomates, le sucre, la gousse d'ail et l'herbe aromatique de votre choix. Mélanger et porter le tout au point d'ébullition à feu moyen; laisser mijoter pendant 15 minutes. Saler et poivrer au goût. Ajouter les rognons, couvrir et faire cuire de 15 à 20 minutes à feu très doux, car il est important d'éviter le point d'ébullition. Servir aussitôt prêts.

🌑 Pour qu'un rognon de porc reste tendre, il faut le saisir rapidement à feu vif, le couvrir et le laisser mijoter pendant pas plus de 20 minutes.

🌑 Servir avec une purée de pommes de terre aromatisée avec des graines de céleri.

LANGUES DE PORC DANS LE VINAIGRE

2 langues de porc
eau chaude pour couvrir
3 grains de poivre
6 clous de girofle
10 mL (2 c. à thé) de sel
2 feuilles de laurier
125 mL (½ tasse) de vinaigre
50 mL (¼ tasse) de sucre

🌑 Recouvrir d'eau chaude les langues de porc. Faire mijoter pendant 1 heure. Ajouter le poivre, les clous de girofle, le sel, le laurier, le vinaigre et le sucre. Couvrir et faire mijoter jusqu'à ce que les langues soient tendres.

🌑 Laisser refroidir dans le bouillon. Enlever la peau et nettoyer. Laisser entières ou couper en morceaux. Placer dans des pots stérilisés.

🌑 Dégraisser le bouillon. Couler et porter à ébullition. Verser bouillant sur les langues. Fermer les pots et les conserver au réfrigérateur.

RAGOÛT DE PATTES

1 à 1,5 kg (2 à 3 lb) de pattes
de porc, coupées en morceaux
5 mL (1 c. à thé) de gros sel
1 mL (¼ c. à thé) de poivre
2 mL (½ c. à thé) de cannelle
1 mL (¼ c. à thé) de clous
de girofle moulus
1 pincée de muscade
30 mL (2 c. à soupe) de gras
1 à 1,5 L (4 à 6 tasses) d'eau
tiède
250 mL (1 tasse) d'oignons rôtis
60 mL (4 c. à soupe) de farine,
grillée
125 mL (½ tasse) d'eau

🌑 Rouler les morceaux de pattes dans le mélange fait de sel, de poivre, de cannelle, de clous de girofle et de muscade.

🌑 Faire fondre le corps gras dans une cocotte de fonte. Y dorer les pattes de porc jusqu'à ce qu'elles soient d'un beau brun foncé (c'est là le secret de la réussite d'un bon ragoût). Lorsque la viande est bien grillée, ajouter l'eau tiède et les oignons rôtis. Couvrir et faire mijoter jusqu'à ce

que la viande soit tendre, pendant environ 2 heures.

🌑 Dans un bol en verre, mélanger la farine avec 125 mL (½ tasse) d'eau. Verser dans le bouillon du ragoût et laisser cuire, en remuant jusqu'à l'obtention d'une belle consistance épaisse.

PATTES DE PORC BOUILLIES

environ 1,5 à 2 kg (3 à 4 lb)
de pattes de porc, coupées en
morceaux
3 oignons, en tranches épaisses
15 mL (1 c. à soupe) de gros sel
1 feuille de laurier
2 mL (½ c. à thé) d'épices à
marinade
250 mL (1 tasse) d'eau
4 à 6 carottes
1 chou moyen, coupé en quatre
pommes de terre

🌑 Mettre les pattes de porc dans une lèchefrite épaisse, ajouter les oignons, le sel, la feuille de laurier, les épices à marinade et l'eau. Couvrir et faire bouillir lentement pendant 2 heures ou jusqu'à ce que les pattes soient tendres.

🌑 Environ 30 minutes avant la fin de la cuisson, ajouter les carottes, le chou et la quantité de pommes de terre désirée. Continuer à cuire jusqu'à ce que les légumes soient tendres.

FROMAGE DE TÊTE

🌑 La gelée du fromage de tête sera toujours plus claire si on enveloppe la tête dans un coton, bien cousu, pour la faire cuire. Il est aussi plus facile, une fois la cuisson terminée, de séparer la viande des os. Ne pas mettre plus de 3 litres d'eau par tête de porc. On peut remplacer une partie de l'eau par du jus de pomme (manière normande), ou par du vin blanc (manière poitevine), ou encore par du consommé de bœuf ou de poulet (manière bretonne). Le fromage de tête se conserve 2 à 3 semaines, à condition de ne pas être dans des moules de métal et d'être bien enveloppé. Il se congèle de 2 à 3 mois, mais la gelée en perd de sa limpidité, quoique la saveur demeure la même.

½ ou 1 tête de porc
(ou 4 à 6 pattes)
6 clous de girofle
2 bâtons ou 15 mL (1 c. à soupe)
de cannelle
30 mL (2 c. à soupe) de sel
2 gros oignons, hachés
1 grosse carotte, râpée
2 L (8 tasses) d'eau chaude

🍃 Envelopper la tête ou les pattes dans un linge. Mettre dans une marmite avec le reste des ingrédients. Porter à ébullition. Couvrir et faire mijoter pendant 2 heures.

🍃 Développer la tête ou les pattes, hacher la viande retirée des os et la jeter dans le bouillon chaud. Faire bouillir fortement pendant 10 minutes.

🍃 Verser dans des moules et mettre au froid jusqu'à ce que le tout soit pris en gelée.

GALANTINE DE PORC DU VIEUX-QUÉBEC

1 longe de porc d'environ 2 kg
(4 à 5 lb) ou 1 épaule de porc
avec sa couenne
1 pied de porc de 500 à 900 g
(1 à 2 lb)

2 gros oignons, émincés
ail, au goût
15 mL (1 c. à soupe) de gros sel
1 mL (¼ c. à thé) de clous
de girofle moulus
2 mL (½ c. à thé) de sarriette
250 mL (1 tasse) d'eau chaude
125 mL (½ tasse) de thé vert
ou 125 mL (½ tasse) d'eau froide

🍃 Utiliser une casserole de fer ou de fonte émaillée ayant un bon couvercle. Placer dans la casserole le morceau de viande, gras dessus. Entourer la viande du pied de porc coupé en trois. Ajouter le reste des ingrédients, sauf l'eau chaude. Ne pas couvrir.

🍃 Mettre dans un four à 160°C (325°F). Faire cuire pendant 2 heures et demie sans couvrir. Ajouter l'eau chaude, faire cuire pendant une heure, avec couvercle cette fois. Sortir du four et retirer la viande du jus. Retirer les os. Défaire la viande avec deux fourchettes, sans trop la déchirer. Couper la peau du pied de porc

en tout petits morceaux et les placer dans votre moule.

🍃 Mettre la casserole sur la source de chaleur, porter le tout à ébullition.

🍃 Ajouter 125 mL (½ tasse) de thé ou d'eau froide. Bien gratter le fond et le tour de la casserole. Passer la sauce et la verser sur la viande. Laisser tiédir, couvrir et réfrigérer. Démouler au moment de servir.

CRETONS DE MÉNAGE

🍃 Couper la couenne ou le pied de porc en petits morceaux et enlever les os. Saler et poivrer, au goût; ajouter une pincée de cannelle, une pincée de clous de girofle et une petite gousse d'ail écrasée. Bien écraser et remuer le tout; ajouter 15 à 30 mL (1 à 2 c. à soupe) du gras de rôti, passé. Verser dans un petit bol et réfrigérer.

Pattes de porc bouillies

CRETONS À L'ANCIENNE

500 g (1 lb) de porc haché assez
gras
250 mL (1 tasse) de mie
de pain sec
1 oignon, râpé
sel, poivre
clous de girofle, moulus
cannelle, au goût
250 mL (1 tasse) de lait

🍀 Mettre tous les ingrédients
dans une casserole. Remuer, couvrir et faire cuire pendant 1 heure
à feu doux. Remuer 1 ou 2 fois
durant la cuisson.
🍀 Verser dans un bol et mettre au
réfrigérateur.

RILLETTES DE MÉNAGE

900 g (2 lb) de porc dans l'épaule
ou la fesse

500 g (1 lb) de lard salé plutôt
gras
2 rognons de porc ou 500 g (1 lb)
de foie de veau
1 oignon, haché très fin
2 gousses d'ail, hachées
10 mL (2 c. à thé) de sel
5 mL (1 c. à thé) de poivre
2 feuilles de laurier
1 mL (¼ c. à thé) de piment de la
Jamaïque
500 g (1 lb) d'os de porc
eau froide pour couvrir

🍀 Tailler le porc, le lard salé et les
rognons ou le foie en cubes de
2,5 cm (1 po).
🍀 Placer ces trois ingrédients
dans une casserole et ajouter
l'oignon, l'ail, le sel, le poivre, les
feuilles de laurier et les épices.
Bien mélanger et ajouter les os de
porc et assez d'eau pour recouvrir
le tout.
🍀 Faire mijoter pendant 5 à
6 heures. L'eau doit alors être éva-
porée et la viande cuite. Retirer
les os et le laurier. Refroidir

légèrement et passer à la mouli-
nette pour obtenir une purée fine.
Verser dans de petits pots. Garder
au réfrigérateur. Les rillettes se
congèlent bien et se conservent
alors pendant 6 mois.

RILLETTES DE TOURS

750 g (1½ lb) de porc maigre
haché
900 g (2 lb) de gras de lard haché
1 mL (¼ c. à thé) de poivre
7 mL (1½ c. à thé) de sel
1 pincée de thym
1 feuille de laurier
250 mL (1 tasse) d'eau bouillante

🍀 Mettre dans une casserole de
fonte émaillée le porc frais et le
gras de lard, hachés ou coupés en
cubes.
🍀 Ajouter le reste des ingrédients.
Faire mijoter sans couvrir, environ
1 heure ou jusqu'à ce que l'eau
soit évaporée et que la viande et
le gras commencent à grésiller.
🍀 Passer et recueillir le jus dans
un bol. Retirer la feuille de laurier. Mettre la viande égouttée
dans un bol et battre au malaxeur
ou passer au presse-purée, de
manière à obtenir une purée assez
consistante. Ajouter graduellement 250 mL (1 tasse) de gras
égoutté. Bien mélanger et verser
dans de petits pots. Recouvrir
chaque pot d'une couche du gras
qui reste, couvrir et réfrigérer.
🍀 Contrairement aux cretons, les
rillettes doivent avoir été battues
fortement pour acquérir la consistance du pâté de foie. Si vous
avez un mélangeur électrique,
mettre la viande égouttée et les
250 mL (1 tasse) de gras dans le
récipient, couvrir et battre 1 à
2 minutes. C'est la méthode
idéale pour les rillettes.

Cretons à l'ancienne

PÂTÉ DE FOIE DE PORC

1,2 kg (2½ lb) de foie de porc
1,6 kg (3½ lb) de porc haché
2 oignons, émincés
3 gousses d'ail, écrasées
5 mL (1 c. à thé) de thym
25 mL (1½ c. à soupe) de sel
10 mL (2 c. à thé) de poivre
125 mL (½ tasse) de cognac
ou de xérès
4 œufs
125 mL (½ tasse) de farine
500 g (1 lb) de lard salé gras

🌶 Hacher le foie de porc. Mettre dans un grand bol et ajouter les autres ingrédients excepté le lard salé. Battre à grande vitesse au batteur à main, car plus le mélange est battu, plus le pâté sera fin.

🌶 Avec le gras de lard, faire des tranches aussi minces que possible, utiliser pour tapisser le fond et le tour du moule de votre choix. Remplir le moule avec le mélange du foie. Recouvrir avec le reste des tranches de lard. Couvrir le moule avec un couvercle ou un papier d'aluminium double.

🌶 Mettre le moule dans une lèchefrite à moitié remplie d'eau bouillante. Faire cuire pendant 2 heures dans un four à 180°C (350°F).

🌶 Retirer du four, laisser reposer pendant 25 minutes. Mettre un poids sur le pâté, une boîte de conserve par exemple, et réfrigérer au moins pendant 12 heures, sans couvrir.

LE JAMBON

Dans les magasins, plusieurs pièces de porc fumé sont appelées jambon. Le véritable jambon est pris dans la fesse de porc. Le soc roulé et le «jambon» picnic sont pris dans l'épaule de porc.

🌶 Le jambon est la fesse de porc fumée et salée. Il est vendu entier ou divisé en jarret et croupe, taillé en deux ou tranché. On le vend aussi désossé, sans couenne, en entier ou en partie, partiellement ou complètement cuit. Le jambon désossé est souvent enveloppé sous vide.

🌶 Le soc roulé est la partie supérieure de l'épaule qui se vend désossée, salée et souvent fumée. La saumure utilisée pour le soc roulé est plus sucrée et plus épicée que celle des autres coupes.

🌶 L'épaule picnic fumée est prise dans la partie inférieure de l'épaule, avec ou sans le jarret, désossée ou non, salée et fumée comme la fesse.

ACHAT D'UN JAMBON

Avant d'acheter une moitié de jambon, assurez-vous d'avoir la pleine moitié, car il arrive souvent que les tranches du milieu, qui sont les plus tendres, soient prélevées de la croupe comme du jarret. Il est plus économique d'acheter une moitié complète.

🌶 La partie du jarret est excellente mijotée ou cuite au four, enveloppée dans un papier d'aluminium. La partie de la croupe est excellente cuite au four et les tranches du milieu peuvent être très épaisses ou minces selon le mode de cuisson utilisé (braisées, grillées ou cuites au poêlon). On peut aussi, à l'achat, faire couper la partie du jarret en deux, dans le sens de la largeur, ce qui donne la possibilité de préparer deux bons repas.

PRÉPARATION DU JAMBON

Le jambon fumé a déjà atteint un certain degré de cuisson qui l'a rendu plus tendre. Quelques-uns sont même entièrement cuits. Les étiquettes indiquent généralement le degré de cuisson.

🌶 Les jambons de marques bien connues, avec ou sans os, requièrent un temps de cuisson beaucoup plus court que les autres. Ils sont généralement désignés en termes commerciaux par «Précuit»», «Attendri» ou «Mi-cuit» et enfin, «Traité au sucre». Ils sont vendus assez souvent avec une portion de couenne enlevée dans la partie la plus épaisse. Il n'est pas nécessaire de les faire tremper ou de les blanchir. Il est préférable de toujours acheter un jambon d'une marque reconnue. Garder au réfrigérateur jusqu'au moment de la cuisson. Enlever alors le papier qui le recouvre (aucun lavage n'est requis). L'envelopper d'un papier ciré assez épais ou d'un papier d'aluminium, et placer sur le double-fond d'une lèchefrite suffisamment profonde. S'il s'agit d'une moitié de jambon, placer dessous la partie coupée. Faire cuire suivant le tableau de cuisson (voir page 258).

JAMBON AU FOUR

🌶 Placer le jambon sur le double fond d'une rôtissoire découverte, le gras sur le dessus. Ne pas le couvrir. Ne pas ajouter d'eau. Le faire cuire dans un four à 160°C (325°F) jusqu'à ce que la température interne atteigne 75°C (170°F) sur le thermomètre (voir le tableau de cuisson ci-contre). Le laisser reposer pendant 20 minutes avant de le découper, s'il est servi chaud. Pour glacer le jambon, il faut le retirer du four ½ heure avant la fin de la cuisson, et suivre les méthodes indiquées plus loin.

PRÉSENTATION ET GARNITURES DU JAMBON

🐏 Entourer le jambon de morceaux d'ananas roulés dans la menthe fraîche, émincée.

🐏 Entourer la pièce de viande de petites grappes de raisins noirs et verts.

🐏 Disposer sur le jambon des moitiés d'abricots dans lesquelles vous piquerez des moitiés d'amandes.

🐏 Entourer le jambon de coupes remplies de canneberges ou de compote de pommes. Pour obtenir les coupes, couper une orange en deux et retirer la pulpe.

🐏 Entourer le jambon de moitiés de poires remplies de gelée de groseilles ou de moitiés de pêches garnies de sauce aux canneberges.

🐏 Entourer le plat de viande de tranches d'ananas garnies de salade de chou.

🐏 Disposer les garnitures pour qu'elles n'encombrent pas la personne qui sera chargée de dépecer la viande et pour qu'elles soient faciles à servir.

TABLEAU DE CUISSON DU JAMBON

Cuire dans un four à 160°C (325°F).

TYPE	POIDS	TEMPS DE CUISSON	TEMPÉRATURE DE LA VIANDE
NON DÉSOSSÉ			
Entier	3,6 à 4,5 kg (8 à 10 lb)	3½ heures	65°C à 68°C (150°F à 155°F)
Croupe	ou jarret entier 2,3 à 3,6 kg (5 à 8 lb)	3¼ à 3½ heures	65°C à 68°C (150°F à 155°F)
DÉSOSSÉ			
Entier	4,5 à 5,4 kg (10 à 12 lb)	3½ à 4 heures	65°C à 68°C (150°F à 155°F)
Moitié	2,3 à 3,6 kg (5 à 8 lb)	2½ à 3½ heures	65°C à 68°C (150°F à 155°F)
Épaule picnic fumée	1,8 à 2,7 kg (4 à 6 lb)	2½ à 3 heures	75°C (170°F)
	2,7 à 3,6 kg (6 à 8 lb)	3 à 4 heures	75°C (170°F)
	3,6 à 4,5 kg (8 à 10 lb)	4 à 4½ heures	75°C (170°F)

GLAÇURES POUR JAMBON CHAUD

🐏 Les recettes qui suivent conviennent au jambon entier cuit au four ou bouilli. Pour glacer un demi-jambon, une épaule picnic fumée ou un soc roulé, n'employer que la moitié des ingrédients indiqués dans les recettes.

GLAÇURE MIEL-ORANGE
🐏 Faire chauffer sans bouillir 125 mL (½ tasse) de miel, 250 mL (1 tasse) de cassonade et 125 mL (½ tasse) de jus d'orange frais ou de concentré surgelé (non dilué).

GLAÇURE À LA GELÉE DE RAISINS
🐏 Ajouter 2 mL (½ c. à thé) de moutarde en poudre et 45 mL (3 c. à soupe) de raifort, à 250 mL (1 tasse) de gelée de raisins. Mélanger à l'aide d'une fourchette.

GLAÇURE À LA CASSONADE
🐏 Mélanger 500 mL (2 tasses) de cassonade, 125 mL (½ tasse) de farine et environ 50 mL (¼ tasse) de vinaigre de cidre, assez pour obtenir une pâte épaisse.

GLAÇURE À L'ANANAS
🐏 Mélanger 175 mL (¾ tasse) d'ananas râpé, 175 mL (¾ tasse) de cassonade, 175 mL (¾ tasse) de mie de pain frais et 50 mL (¼ tasse) du gras fondu du jambon.

TABLEAU DE CUISSON POUR RÉCHAUFFER LE JAMBON PRÉCUIT

Chauffer dans un four à 160°C (325°F).

TYPE	POIDS	TEMPS DE CUISSON	TEMPÉRATURE DE LA VIANDE
NON DÉSOSSÉ			
Croupe ou jarret entier			
	2,3 à 3,6 kg (5 à 8 lb)	1¾ à 2 heures	55°C (130°F)
Entier	3,6 à 4,5 kg (8 à 10 lb)	2 à 2¼ heures	55°C (130°F)
	4,5 à 5,4 kg (10 à 12 lb)	2¼ à 2½ heures	55°C (130°F)
	5,4 à 6,8 kg (12 à 15 lb)	2½ à 3 heures	55°C (130°F)
	6,8 à 8 kg (15 à 18 lb)	3 à 3½ heures	55°C (130°F)
DÉSOSSÉ			
Moitié	2,3 à 3,6 kg (5 à 8 lb)	1½ à 2 heures	55°C (130°F)
Entier	4,5 à 5,4 kg (10 à 12 lb)	1½ à 2¾ heures	55°C (130°F)
	5,4 à 6,4 kg (12 à 14 lb)	2 heures	55°C (130°F)
Épaule picnic fumée			
	1,8 à 2,7 kg (4 à 6 lb)	2 heures	55°C (130°F)
	2,7 à 3,6 kg (6 à 8 lb)	2½ heures	55°C (130°F)
	3,6 à 4,5 kg (8 à 10 lb)	3 heures	55°C (130°F)

GLAÇURE AUX CANNEBERGES
🍃 Mélanger 125 mL (½ tasse) de sirop d'érable ou de sirop de maïs avec 250 mL (1 tasse) de canneberges en sauce ou en gelée.

GLAÇURE AU VIN
🍃 Mélanger 250 mL (1 tasse) de miel, 125 mL (½ tasse) de porto, 2 mL (½ c. à thé) de cannelle. Badigeonner le jambon cuit avec

de la moutarde préparée et arroser avec le mélange.

GLAÇURE POUR JAMBON EN CHAUD-FROID

Faire cuire le jambon et le refroidir pendant 48 heures. Pour préparer le chaud-froid, faire une sauce blanche avec 90 mL (6 c. à soupe) de beurre ou de gras fondu du jambon, 90 mL (6 c. à soupe) de farine, 750 mL (3 tasses) de liquide — lait, crème ou crème et vin blanc —, sel et poivre au goût.
🍃 Faire tremper 3 enveloppes de gélatine non aromatisée pendant 5 minutes dans 125 mL (½ tasse) d'eau froide, verser dans la sauce chaude et remuer jusqu'à ce que la gélatine soit bien fondue. Réfrigérer jusqu'à ce que la sauce commence à prendre la consistance d'un blanc d'œuf. L'étendre sur le jambon à deux ou trois reprises jusqu'à ce que le jambon soit bien glacé. On peut, au goût, le garnir de languettes de poivron vert ou rouge, d'olives noires, etc. Le mettre au réfrigérateur pour faire prendre la glaçure.

JAMBON GLACÉ GARNI

🍃 Faire cuire le jambon deux jours à l'avance. Conserver au réfrigérateur. On peut apprêter un très joli plateau avec le jambon, en tranches minces, garni d'œufs farcis.

1 jambon cuit d'environ 6 kg (12 à 14 lb)
250 mL (1 tasse) de confiture d'abricots
45 mL (3 c. à soupe) de vinaigre de cidre
50 mL (¼ tasse) de sirop d'érable ou de sirop de maïs
5 mL (1 c. à thé) de gingembre moulu
20 œufs durs
250 mL (1 tasse) de mayonnaise
5 mL (1 c. à thé) de moutarde préparée
5 mL (1 c. à thé) de cari
1 mL (¼ c. à thé) de sel d'ail
poivron vert, en lamelles

Soc roulé aux épices

SOC ROULÉ AUX ÉPICES

1 soc roulé de 1 kg (2 à 2½ lb)
1 gousse d'ail, émincée
6 clous de girofle entiers
1 feuille de laurier
4 grains de poivre
5 mL (1 c. à thé) de graines
de céleri
125 mL (½ tasse) de vinaigre
de cidre

❧Déballer le jambon. Mettre dans une casserole assez d'eau bouillante pour recouvrir le jambon.

❧Ajouter le reste des ingrédients, couvrir et laisser mijoter pendant 2 heures ou jusqu'à ce que le jambon soit tendre. Servir chaud ou froid.

DEMI-JAMBON GLACÉ À L'AUTOCUISEUR

5 mL (1 c. à thé) de gras
½ jambon d'environ 1,5 kg
(3 à 4 lb)
clous de girofle (facultatif)
15 mL (1 c. à soupe)
de cassonade
1 petite boîte d'ananas, coupés
en dés
125 mL (½ tasse) d'eau pour
l'autocuiseur

❧Faire chauffer la casserole et faire fondre le gras. Faire revenir le jambon des deux côtés jusqu'à ce qu'il soit doré. Le mettre sur un plat et pratiquer des incisions en losanges, avec la pointe d'un couteau. Piquer le jambon de clous de girofle.

❧Installer le jambon sur le double fond de l'autocuiseur. Ajouter l'eau, la cassonade et l'ananas.

❧Chauffer le four à 160°C (325°F). Mettre le jambon dans une rôtissoire peu profonde. Faire cuire en comptant 20 minutes par 500 g (1 lb). Si un thermomètre est utilisé, il devrait indiquer 55°C (130°F).

❧Mélanger dans une casserole la confiture d'abricots, le vinaigre de cidre, le sirop d'érable ou de maïs et le gingembre. Laisser mijoter 10 minutes.

❧Retirer du four lorsqu'il ne reste que 30 minutes de cuisson. Enlever la couenne, tailler les bords et égaliser le gras. Tailler le dessus en étoiles. Retirer le gras de la rôtissoire. Badigeonner le jambon avec la glaçure et faire cuire 30 à 40 minutes de plus, en le badigeonnant plusieurs fois avec ce qui reste de glaçure ou avec celle qui coule dans le fond de la rôtissoire. Refroidir et réfrigérer.

❧Couper les œufs en moitiés dans le sens de la longueur. Enlever les jaunes et les passer au tamis dans un bol. Ajouter la mayonnaise, la moutarde, le cari et le sel d'ail. Bien mélanger, saler et poivrer au goût.

❧Pour donner une touche de fantaisie, mettre les jaunes d'œufs dans les blancs à l'aide d'une douille à pâtisserie ou simplement d'une cuiller. Disposer une mince lanière de poivron vert sur chaque moitié. Aligner les œufs dans un moule à gâteau profond. Recouvrir le moule de papier transparent ou de papier d'aluminium. Réfrigérer. Les œufs peuvent s'apprêter la veille.

❧Pour servir le jambon, en faire des tranches aussi minces que possible, puis le reconstituer au centre d'un grand plateau. Entourer d'œufs farcis. Lorsque le jambon est présenté de cette façon, le service devient très facile.

Recouvrir et faire cuire pendant 30 minutes. Laisser la pression tomber d'elle-même. Découvrir, faire réduire le liquide en sirop et en arroser le jambon.

JAMBON BOUILLI GLACÉ À LA CANADIENNE

1 jambon, bouilli
clous de girofle entiers
250 mL (1 tasse) de cassonade
30 mL (2 c. à soupe) de mélasse
375 mL (1½ tasse) de chapelure

Enlever la couenne du jambon. Piquer des clous de girofle dans le gras. Mélanger la cassonade et la mélasse et l'étendre sur le gras du jambon. Saupoudrer de chapelure. Faire cuire dans un four à 140°C (275°F), jusqu'à ce qu'il se forme une croûte dorée sur le jambon.

JAMBON À LA MODE DE VIRGINIE

1 jambon entier, cuit au four ou bouilli
20 à 30 clous de girofle
90 mL (6 c. à soupe) de poivre
750 mL (3 tasses) de cassonade
500 mL (2 tasses) de cidre ou de vin rouge

Retirer la couenne du jambon cuit et pratiquer des incisions en forme d'étoiles, pendant qu'il est encore chaud. Piquer un clou de girofle dans chaque incision. Placer dans une rôtissoire.

Saupoudrer cette grande quantité de poivre sur le gras. Recouvrir ensuite de cassonade, en prenant bien soin de la faire adhérer le plus possible au gras du jambon.

Placer le jambon dans un four chauffé à 200°C (400°F), l'arroser toutes les 10 minutes pendant 40 à 50 minutes avec le cidre ou le vin, et, pour finir, utiliser la sauce accumulée au fond de la rôtissoire. Quand le jambon est bien glacé, le retirer du four et de la rôtissoire. Se débarrasser immédiatement de la sauce, qui n'est pas utilisable. Servir tiède ou froid.

JAMBON DE LA CABANE À SUCRE

1 jambon de 2,5 à 4,5 kg (5 à 10 lb)
3 L (12 tasses) de jus de pomme ou 3 L (12 tasses) d'eau d'érable
500 mL (2 tasses) de raisins secs
500 mL (2 tasses) de sucre d'érable
10 mL (2 c. à thé) de clous de girofle moulus
50 mL (¼ tasse) d'eau
5 mL (1 c. à thé) de moutarde en poudre
farine grillée (facultatif)

Porter le jus de pomme ou l'eau d'érable à ébullition. Y placer le jambon. Couvrir et laisser mijoter pendant 2 à 3 heures, ou jusqu'à ce que le jambon soit tendre. Retirer du liquide.

Enlever la couenne et recouvrir le gras du jambon avec le sucre d'érable, la moutarde en poudre, les clous moulus mélangés avec l'eau. Placer dans une lèchefrite, ajouter 250 mL (1 tasse) de jus de cuisson, ainsi que les raisins secs. Faire cuire pendant 30 minutes dans un four à 150°C (300°F).

Épaissir le jus avec un peu de farine grillée, délayée avec de l'eau froide. Servir cette délicieuse sauce aux raisins avec le jambon chaud. Ce jambon est également savoureux servi froid.

JAMBON PERSILLADE

Ce plat est un classique de la cuisine bourguignonne et, selon la tradition, il s'accompagne d'un vin blanc de Bourgogne.

1 jambon d'environ 2,5 à 3,5 kg (5 à 8 lb), désossé et roulé
1 boîte de consommé non dilué
½ bouteille de vin blanc
500 mL (2 tasses) d'eau
1 os de veau, dégarni
125 mL (½ tasse) de persil haché
15 mL (1 c. à soupe) d'estragon
2 feuilles de laurier
2 mL (½ c. à thé) de thym
3 petits oignons, coupés en quatre
1 gousse d'ail, écrasée
1 mL (¼ c. à thé) de poivre
2 enveloppes de gélatine non aromatisée
50 mL (¼ tasse) d'eau froide
250 mL (1 tasse) de persil frais haché
30 mL (2 c. à soupe) de cognac ou de jus de citron

Mettre le jambon dans une casserole. Y ajouter le consommé, le vin blanc, l'eau, l'os de veau, 125 mL (½ tasse) de persil frais, l'estragon, le laurier, le thym, les petits oignons, l'ail et le poivre. Porter le tout à ébullition, couvrir et laisser mijoter quelques heures, ou jusqu'à ce que le jambon soit tendre.

Retirer le jambon du bouillon et en enlever la couenne.

Couper le jambon et le gras comme pour une galantine, sans toutefois en faire des morceaux trop petits ou des tranches trop minces. Passer le jus de la cuisson à travers une passoire fine et y ajouter la gélatine, préalablement trempée dans l'eau froide pendant 5 minutes. Remuer la gélatine dans le bouillon chaud jusqu'à parfaite dissolution. Laisser refroidir au réfrigérateur, jusqu'à ce que le gras soit suffisamment figé sur le dessus pour pouvoir l'enlever.

🍂 Pendant ce temps, presser le jambon coupé dans un moule de votre choix. Couvrir et mettre au réfrigérateur jusqu'à ce que le bouillon soit prêt.

🍂 Dégraisser le bouillon et en verser 500 mL (2 tasses) sur le jambon en le faisant bien pénétrer partout. Remettre au réfrigérateur pour faire prendre en gelée, ce qui requiert 30 à 60 minutes.

🍂 Au reste du bouillon, ajouter les 250 mL (1 tasse) de persil frais émincé et le cognac ou le jus de citron. Verser sur le jambon, couvrir le moule avec soin et remettre au réfrigérateur.

🍂 Démouler et servir accompagné de moutarde aux fines herbes.

🍂 Cette gelée de jambon peut se préparer 6 jours à l'avance. Garder réfrigérée jusqu'au moment de servir.

JAMBON AU MADÈRE

30 mL (2 c. à soupe) de beurre
15 mL (1 c. à soupe) d'huile
végétale
2 oignons, en tranches minces
2 carottes, en tranches minces
1 jambon de 3 à 4 kg (7 à 9 lb)
500 mL (2 tasses) vin de madère
750 mL (3 tasses) de consommé
6 branches de persil
1 feuille de laurier
2 mL (½ c. à thé) de thym
45 mL (3 c. à soupe) de fécule
de maïs
30 mL (2 c. à soupe) d'eau froide

125 mL (½ tasse)
de champignons en tranches
15 mL (1 c. à soupe) de beurre

🍂 Chauffer le four à 160°C (325°F). Faire chauffer l'huile et le beurre dans une rôtissoire et y faire revenir les oignons et les carottes, à feu moyen, en remuant constamment.

🍂 Poser le jambon sur les légumes brunis. Ajouter le vin, le consommé, le persil, le laurier et le thym. Amener à ébullition, couvrir, et mettre dans le four déjà chaud. Arroser toutes les 20 minutes. Cuire pendant 2½ heures ou jusqu'à ce que le jambon soit tendre.

🍂 Retirer le jambon de la rôtissoire et tailler la couenne. Écumer le jus de cuisson pour enlever le surplus de gras, et le faire réduire jusqu'à l'obtention de 750 mL (3 tasses) de bouillon.

🍂 Battre la fécule de maïs avec l'eau froide et l'ajouter au bouillon réduit. Remuer constamment jusqu'à l'obtention d'une consistance crémeuse. Incorporer les champignons, préalablement frits au beurre durant 3 minutes. Servir cette sauce avec le jambon chaud, accompagné d'une bonne bouteille de vin rouge.

JAMBON EN CROÛTE

jambon de 3,5 à 4,5 kg (8 à 10 lb)
1,5 L (6 tasses) de farine
50 mL (¼ tasse) de graisse
végétale
125 mL (½ tasse) de beurre
7 mL (1½ c. à thé) de sel
1 mL (¼ c. à thé) de sucre
2 œufs
150 mL (⅔ tasse) d'eau froide

🍂 Faire cuire le jambon en suivant votre recette préférée (s'il s'agit du *Jambon au madère*, ne pas préparer la sauce). Lorsqu'il est cuit, laisser refroidir pendant 1 heure. Retirer la couenne.

🍂 Mettre dans un bol la graisse végétale, le beurre, le sel et le sucre. Manipuler le tout avec le bout des doigts jusqu'à ce que le gras ressemble à des flocons d'avoine. Battre les œufs avec l'eau froide. Ajouter à la farine et bien mélanger le tout. Mettre la pâte en boule. La laisser reposer 2 à 6 heures, bien enveloppée, au réfrigérateur.

🍂 Rouler les ⅔ de la pâte et l'étendre dans le fond d'une rôtissoire, y déposer le jambon, et ramener la pâte sur le jambon. Rouler le reste de la pâte après en avoir mis un petit morceau de côté. Badigeonner la pâte qui entoure le jambon d'un œuf battu dans 5 mL (1 c. à thé) d'eau froide. Tailler le tour de la pâte roulée en beaux festons, en vous aidant d'une petite soucoupe. La placer sur le dessus du jambon pour qu'elle adhère bien à la partie badigeonnée. Badigeonner le dessus du pâté avec le jaune d'œuf qui reste.

🍂 À même les restes de pâte, tailler de petites rondelles avec un moule de 4 cm (1½ po) et les utiliser pour garnir la croûte selon votre fantaisie.

🍂 Faire cuire dans un four à 200°C (400°F), jusqu'à ce que la pâte soit bien dorée.

🍂 Laisser refroidir pendant au moins 4 à 6 heures avant de réfrigérer, car la croûte a tendance à ramollir si elle est réfrigérée avant que l'intérieur soit bien refroidi.

ÉPAULE PICNIC FUMÉE

1,8 kg (4 lb) de jambon
250 mL (1 tasse) d'eau pour
l'autocuiseur
6 clous de girofle
125 mL (½ tasse) de mélasse

🍂 Laver le jambon et le faire tremper pendant au moins 2 heures à l'eau froide, avec les clous de girofle et la mélasse. Verser l'eau dans l'autocuiseur et déposer le jambon sur le double fond, le côté gras vers le haut.

🍂 Faire cuire pendant 30 minutes. Laisser la pression tomber d'elle-même. Retirer la couenne.

JAMBON BOUILLI

2 L (8 tasses) d'eau froide
2 L (8 tasses) de bière
ou de jus de pomme
ou encore de vin rouge
3 carottes, coupées en quatre
4 oignons, coupés en quatre
1 gousse d'ail, émincée
4 branches de céleri avec leurs
feuilles
8 grains de poivre
15 mL (1 c. à soupe)
de moutarde en poudre
125 mL (½ tasse) de mélasse
6 clous de girofle entiers
1 jambon d'environ 5 kg
(10 à 12 lb)
persil, haché

🍂 Mettre tous les ingrédients, sauf le jambon, dans une casserole. Porter à ébullition, couvrir et laisser mijoter pendant 30 minutes.

🍂 Déposer le jambon dans le bouillon chaud. Couvrir et laisser mijoter, le temps nécessaire, en

comptant environ 25 minutes par 500 g (1 lb). Un jambon cuit à chaleur lente devient tendre et savoureux.

🍂 Laisser tiédir dans l'eau de cuisson. Enlever la couenne et le surplus de gras.

🍂 Ce jambon se sert tel quel, saupoudré de persil frais, haché. Servir chaud ou froid avec une salade de pommes de terre, chaude ou froide, de la moutarde et du chou au beurre.

JAMBON BOUILLI À L'AUTOCUISEUR

1 jambon d'environ 1,5 kg
(3 à 4 lb)
250 mL (1 tasse) d'eau
125 mL (½ tasse) de jus
de pomme ou de jus d'orange
2 clous de girofle
1 branche de céleri
1 oignon, coupé en deux

50 mL (¼ tasse) de cassonade
5 mL (1 c. à thé) de moutarde
en poudre
15 mL (1 c. à soupe) de jus
de pomme

🍂 Placer le jambon dans l'autocuiseur. Ajouter l'eau, le jus de pomme ou d'orange, les clous de girofle, le céleri et l'oignon. Fermer l'autocuiseur. Faire monter la pression et laisser cuire pendant 40 minutes. Laisser la pression redescendre d'elle-même. Ouvrir la marmite, et mettre le jambon sur un plat. Retirer la couenne.

🍂 Porter lentement à ébullition la cassonade, la moutarde en poudre et la cuillerée à soupe de jus de pomme. Remuer sans arrêt, jusqu'à l'obtention d'un sirop. Le verser lentement sur le jambon. Continuer à l'arroser à la cuiller jusqu'à ce que le sirop refroidisse et colle au jambon. Servir chaud ou froid.

Jambon bouilli

BOUILLI DE JAMBON ET DE LÉGUMES

½ jambon, partie du jarret
1 gousse d'ail, émincée
15 mL (1 c. à soupe) de sel
1 mL (¼ c. à thé) de graines de céleri
6 pommes de terre moyennes, pelées
6 carottes entières, pelées
6 oignons moyens, pelés
1 petit chou, coupé en six
raifort
moutarde

🍃 Mettre le jambon dans une casserole, ajouter l'ail, les graines de céleri, le sel et de l'eau froide pour recouvrir le tout. Porter à ébullition, couvrir et laisser mijoter à feu doux (voir *Jambon bouilli*, page 263).

🍃 Environ 45 minutes avant la fin de la cuisson, ajouter les pommes de terre, les carottes, les oignons et le chou. Couvrir et faire cuire jusqu'à ce que les légumes soient tendres. Servir chaud, accompagné de moutarde et de raifort.

TRANCHE DE JAMBON AU FOUR

🍃 Choisir une tranche épaisse de 4 à 5 cm (1½ à 2 po), coupée dans le milieu du jambon entier ou dans la partie du soc roulé.

🍃 À l'aide de ciseaux, pratiquer de bonnes incisions dans le gras pour éviter que la tranche se déforme pendant la cuisson. Placer dans un plat peu profond.

🍃 Saupoudrer 30 mL (2 c. à soupe) de cassonade mélangée à

TABLEAU DE TEMPS DE CUISSON AU GRIL

ÉPAISSEUR DE LA TRANCHE	TEMPS DE CUISSON POUR CHAQUE COTÉ
JAMBON CRU	
1 cm (½ po)	5 minutes
2 cm (¾ po)	7 minutes
2,5 cm (1 po)	10 minutes
4 cm (1½ po)	12 à 15 minutes
JAMBON PRÉCUIT	
1,2 cm (½ po)	2 minutes
2 cm (¾ po)	3 minutes
2,5 cm (1 po)	5 minutes

une pincée de clous de girofle moulus et de moutarde en poudre, ou encore choisir une des recettes de glaçure à jambon (voir pages 258-259). Dans ce dernier cas, utiliser seulement la moitié de la recette. Poser un couvercle ou un papier d'aluminium sur le plat.

🍃 Faire cuire dans un four à 160°C (325°F).

🍃 Pour une tranche de 4 cm (1½ po), il faut compter 1 heure. Pour une tranche de 5 cm (2 po), il faut compter 2 heures.

🍃 Découvrir pendant les dernières 15 à 20 minutes de cuisson afin de faire dorer le dessus.

TRANCHE DE JAMBON PRÉCUIT AU FOUR

🍃 La préparer de la même manière que pour le jambon non précuit. La faire cuire dans un four à 160°C (325°F) couverte pendant 25 ou 30 minutes, puis découverte pendant 15 minutes pour la faire dorer.

TRANCHE DE JAMBON GRILLÉE

🍃 Choisir une tranche de jambon avec ou sans os de 1 à 4 cm (½ à 1½ po) d'épaisseur. Pratiquer des incisions dans le gras tout autour.

🍃 Avant d'allumer le four, ajuster la grille à environ 5 à 8 cm (2 à 3 po) de la source de chaleur, puis faire chauffer le gril pendant 10 minutes.

🍃 Déposer la tranche de jambon sur la grille et laisser cuire le temps nécessaire, en suivant les indications du tableau de cuisson au gril (voir ci-dessus).

🍃 Lorsque qu'un côté de la tranche est grillé, la retourner et enduire le côté cuit d'une légère couche de l'une ou l'autre de ces préparations:

🍃 15 mL (1 c. à soupe) de moutarde ou de raifort mélangé avec 4 mL (¼ c. à soupe) de cassonade.

🍃 50 ml (¼ tasse) de gelée de groseilles mélangée avec 15 mL (1 c. à soupe) de raifort.

🍃 50 à 125 mL (¼ à ½ tasse) de miel ou de marmelade.

TABLEAU DE TEMPS DE CUISSON AU POÊLON

ÉPAISSEUR DE LA TRANCHE	TEMPS DE CUISSON POUR CHAQUE CÔTÉ*
JAMBON CRU	
0,65 cm (¼ po)	2 à 3 minutes
1 cm (½ po)	4 à 5 minutes
2 cm (¾ po)	6 minutes
JAMBON PRÉCUIT	
0,65 cm (¼ po)	1½ minute
1 cm (½ po)	2 minutes
2 cm (¾ po)	3 minutes

* Ne tourner qu'une seule fois.

45 mL (3 c. à soupe) de beurre fondu avec 2 oignons verts, finement hachés.

TRANCHE DE JAMBON AU POÊLON

🍃 Acheter et préparer la tranche de jambon tel qu'indiqué pour la tranche de jambon au four (voir page précédente). Faire chauffer un poêlon de fonte émaillée, et le frotter avec un petit morceau de gras retiré du jambon. Y déposer le jambon et le faire cuire à feu moyen s'il s'agit de jambon ordinaire, à feu doux s'il s'agit de jambon précuit.

🍃 Quelques secondes avant la fin de la cuisson, saupoudrer le jambon avec un peu de sucre ou de cassonade ou de sucre d'érable râpé.

🍃 Pour servir le jambon avec une sauce, retirer la viande du poêlon et ajouter au gras 45 mL (3 c. à soupe) de vinaigre de cidre ou de jus de citron, 7 mL (1½ c. à thé) de moutarde préparée, 15 mL (1 c. à soupe) de gelée de raisins ou de groseilles. Bien remuer, juste assez longtemps pour chauffer le tout, et verser sur la tranche de jambon.

JAMBON AUX PÊCHES FRAÎCHES

1 tranche de jambon de 2,5 cm (1 po) d'épaisseur
2 gosses pêches
50 mL (¼ tasse) de sucre
50 mL (¼ tasse) de confiture de pêches
5 mL (1 c. à thé) de jus de citron
30 mL (2 c. à soupe) de beurre

POUR SERVIR FRAIS
🍃 Peler les pêches et les trancher mince. En recouvrir le fond d'un plat à cuisson rectangulaire. Saupoudrer de sucre. Y déposer la tranche de jambon. La recouvrir de la confiture de pêches mélangée au jus de citron. Faire cuire pendant 1 heure dans un four à 180°C (350°F). Après 15 minutes de cuisson, étendre le beurre sur le jambon. Arroser quelques fois pendant la cuisson.

POUR LA CONGÉLATION
🍃 Mélanger les pêches et le jus de citron.
🍃 Faire cuire dans un plat en aluminium léger, avec couvercle, spécialement destiné à la congélation. Étendre la confiture de pêche sur la tranche de jambon

Jambon aux pêches fraîches

[265]

Rouelle de jambon Miquelon

1 poivron vert, coupé en filets
4 à 5 tomates fraîches
2 gousses d'ail, émincées
1 mL (¼ c. à thé) de poivre
1 mL (¼ c. à thé) de thym
5 mL (1 c. à thé) de sucre
45 mL (3 c. à soupe) de persil
haché

🍃 Prélever suffisamment de gras de la tranche de jambon pour en obtenir 45 mL (3 c. à soupe), une fois fondu. Y faire dorer, dans un poêlon de fonte émaillée, la tranche de jambon des deux côtés, à feu moyen, et la placer dans un plat allant au four.

🍃 Verser dans le poêlon les oignons et le poivron vert, laisser cuire pendant 5 minutes à feu moyen, en remuant presque tout le temps.

🍃 Peler les tomates, enlever les graines et le jus en les coupant en deux et en les pressant. Les couper en petits morceaux et les ajouter aux oignons. Couvrir et laisser mijoter le tout pendant 5 minutes. Ajouter tous les autres ingrédients, sauf le persil.

🍃 Verser cette sauce sur le jambon. Couvrir et faire cuire 20 à 30 minutes dans un four à 180°C (350°F) ou jusqu'à ce que le jambon soit tendre. Le saupoudrer du persil haché et servir.

sans le jus de citron. Faire cuire en suivant la méthode décrite précédemment. Refroidir, couvrir et congeler. Pour servir, sortir du congélateur et mettre directement au four à 240°C (475°F), couvert, pendant environ 35 minutes ou jusqu'à ce que le jambon soit entièrement chaud.

ROUELLE DE JAMBON MIQUELON

1 gousse d'ail, coupée en 2
1 tranche de jambon de 1 cm
(½ po) d'épaisseur
poivre
250 mL (1 tasse) de bière
5 mL (1 c. à thé) de sucre blanc
15 mL (1 c. à soupe)
de moutarde en poudre

🍃 Frotter un poêlon avec la gousse d'ail. Saupoudrer de poivre. Retirer un peu de gras de la tranche de jambon, le faire fondre et y faire rôtir le jambon des deux côtés.

🍃 Ajouter la bière. Placer la gousse d'ail sur la viande. Couvrir et laisser mijoter de 25 à 35 minutes.

🍃 Pour servir, entourer la rouelle de jambon bien égouttée de pommes de terre frites, de quartiers de tomates et du jus de cuisson dans lequel on aura ajouté du sucre et de la moutarde en poudre, jusqu'à l'obtention d'un mélange crémeux.

TRANCHE DE JAMBON À LA MODE DU BÉARN

1 tranche de jambon de 1 à 5 cm
(½ à 2 po) d'épaisseur
45 mL (3 c. à soupe) de gras
de jambon, fondu
2 oignons, en tranches minces

TRANCHES DE JAMBON À LA MÉLASSE

750 g (1½ lb) de jambon,
en tranches de 2,5 cm (1 po)
d'épaisseur
50 mL (¼ tasse) de mélasse
50 mL (¼ tasse) d'eau froide
10 clous de girofle
1 mL (¼ c. à thé) de cannelle

🍂 Mettre le jambon dans un plat allant au four. Verser la mélasse sur le jambon et laisser reposer pendant 20 minutes.

🍂 Verser l'eau autour du jambon, le saupoudrer de cannelle, puis le piquer de clous de girofle. Couvrir et faire cuire dans un four à 160°C (325°F) pendant 45 à 60 minutes ou jusqu'à ce que la viande soit tendre.

TRANCHES DE JAMBON WISCONSIN

1 tranche de jambon de 2,5 à 5 cm (1 à 2 po) d'épaisseur
5 mL (1 c. à thé) de moutarde préparée
30 mL (2 c. à soupe) de cassonade ou de sirop d'érable
15 mL (1 c. à soupe) de beurre
3 patates douces
sel et poivre
250 mL (1 tasse) de crème à 35 %

🍂 Enduire la tranche de jambon de la moutarde mélangée avec la cassonade ou le sirop d'érable. Faire dorer dans le beurre, à feu doux.

🍂 Peler les patates douces et les couper en deux. Les placer sur le jambon. Saler et poivrer, et saupoudrer de 15 mL (1 c. à soupe) de cassonade.

🍂 Verser la crème sur le tout. Couvrir. Laisser cuire pendant 40 minutes à feu doux ou jusqu'à ce que le jambon soit tendre.

TRANCHE DE JAMBON À LA KENT

125 mL (½ tasse) de gelée de cassis
50 mL (¼ tasse) de moutarde préparée

1 tranche de jambon de 1 à 2,5 cm (½ à 1 po) d'épaisseur

🍂 Mélanger la gelée de cassis et la moutarde préparée. Mettre la tranche de jambon dans une lèchefrite. Badigeonner le dessus avec une partie du mélange à la moutarde.

🍂 Faire griller à 10 cm (4 po) de la chaleur directe, pendant 5 à 8 minutes. Badigeonner une seconde fois avec le mélange et faire griller 5 minutes supplémentaires. Badigeonner une dernière fois et faire griller 2 minutes de plus, jusqu'à ce que le dessus soit bien doré.

🍂 Présenter sur un plat chaud, garni d'œufs brouillés.

TRANCHE DE JAMBON EN SAUCE

C'est une méthode qui vient des vieux pays et qui exigeait, autrefois, de faire mijoter la viande très longtemps pour l'attendrir. En utilisant le jambon précuit d'aujourd'hui, dix minutes de cuisson suffisent amplement.

1 tranche de jambon précuit de 1 cm (½ po) d'épaisseur
125 mL (½ tasse) de crème à fouetter
30 mL (2 c. à soupe) d'eau
45 mL (3 c. à soupe) de cassonade
1 à 2 mL (¼ à ½ c. à thé) de cannelle ou 6 clous de girofle entiers

🍂 Mettre la tranche de jambon dans un poêlon électrique ou dans un poêlon de fonte émaillée, préalablement chauffé, sans aucun gras. Faire cuire à feu vif,

pendant 3 minutes de chaque côté, en ne retournant qu'une seule fois.

🍂 Mélanger le reste des ingrédients et verser sur le jambon. Faire mijoter 5 à 8 minutes à feu doux. Servir.

TRANCHES DE JAMBON BARBECUE

900 g (2 lb) de jambon dans la partie du soc roulé, coupé en tranches de 2,5 cm (1 po) d'épaisseur
1 oignon, émincé
15 mL (1 c. à soupe) d'huile végétale
30 mL (2 c. à soupe) de cassonade
2 mL (½ c. à thé) de sel
1 mL (¼ c. à thé) de clous de girofle moulus
50 mL (¼ tasse) de sauce chili
175 mL (¾ tasse) de jus de tomate
15 mL (1 c. à soupe) de sauce Worcestershire
30 mL (2 c. à soupe) de vinaigre de malt

🍂 Mettre les tranches de jambon dans un grand poêlon et les recouvrir d'eau bouillante. Couvrir le poêlon et laisser mijoter pendant 1 heure.

🍂 Préparer la sauce pendant ce temps. Faire frire l'oignon dans le gras, ajouter le reste des ingrédients et laisser mijoter le tout pendant 20 minutes.

🍂 Égoutter l'eau de cuisson du jambon. Le recouvrir avec la sauce, laisser mijoter pendant 20 minutes et servir avec du riz vapeur.

ROULADE AU JAMBON

🍃 La préparation de ce plat ne prend que 15 minutes, et les ingrédients sont disponibles en tout temps. La vinaigrette vaut la peine d'être conservée, car elle convient à tous les genres de salades. Pour un déjeuner plus élaboré, servir la roulade sur une salade de pommes de terre, entourée de tranches de tomate et de cresson.

1 pincée de moutarde préparée
85 à 125 mL (⅓ à ½ tasse) d'huile d'olive
2 œufs durs
10 mL (2 c. à thé) de jus de citron
250 mL (1 tasse) de céleri, coupé en petits dés
sel et poivre
6 tranches de jambon blanc
15 mL (1 c. à soupe) de persil haché

🍃 Pour préparer la vinaigrette, mettre la moutarde dans un bol (de préférence utiliser une moutarde française), ajouter l'huile graduellement, en battant au batteur à main. Le mélange épaissira au fur et à mesure que l'huile sera ajoutée.
🍃 Râper l'œuf dur, l'ajouter au mélange de la moutarde, de même que le jus de citron et le céleri. Saler et poivrer au goût. Bien mélanger.
🍃 Mettre une cuillerée du mélange sur chaque tranche de jambon. Rouler et mettre sur une assiette. Saupoudrer de persil et servir.

SOUFFLÉ TOSCAN

30 mL (2 c. à soupe) de beurre
250 mL (1 tasse) d'épinards cuits hachés
15 mL (1 c. à soupe) de farine
5 mL (1 c. à thé) de sel
2 mL (½ c. à thé) de poivre
125 mL (½ tasse) de consommé chaud
250 mL (1 tasse) de jambon blanc coupé en dés
75 mL (5 c. à soupe) de fromage râpé
3 jaunes d'œufs, battus
4 blancs d'œufs

🍃 Faire fondre le beurre dans un poêlon, ajouter les épinards bien égouttés. Faire cuire à feu doux, pendant 5 minutes.
🍃 Saupoudrer de farine, de sel et de poivre. Bien mélanger.
🍃 Ajouter le consommé et porter à ébullition en remuant sans arrêt. Couvrir et laisser mijoter pendant 10 minutes. Retirer du feu et laisser tiédir pendant 15 minutes.
🍃 Ajouter graduellement le jambon, le fromage râpé et les jaunes d'œufs tout en remuant.
🍃 Battre les blancs d'œufs en neige et les incorporer avec soin au mélange.
🍃 Verser dans un plat à soufflé de 20 cm (8 po). Faire cuire pendant 25 minutes dans un four chauffé à 180°C (350°F). Servir.

NID DE JAMBON ET POMMES DE TERRE

Ce plat est très approprié pour un brunch et facile à préparer. On peut l'accompagner de maïs en crème et d'une salade verte.

6 portions de purée de pommes de terre instantanée
5 à 6 tranches de jambon cuit
125 mL (½ tasse) de chapelure fine
6 œufs

Tranches de jambon barbecue

sel et poivre
45 mL (3 c. à soupe) de beurre, fondu

🍂 Faire cuire les pommes de terre en suivant les indications sur la boîte. Couper le jambon en minces filets et l'ajouter aux pommes de terre, ainsi que la chapelure. Bien mélanger le tout.

🍂 Mettre dans un plat rond, peu profond. Avec le fond d'un verre, faire 6 nids dans les pommes de terre. Briser un œuf dans chacun, saler et poivrer, au goût. Verser le beurre fondu sur le tout. Faire cuire dans un four à 200°C (400°F), pendant 10 à 15 minutes ou jusqu'à ce que les œufs soient cuits. Servir tel quel ou recouvert de bacon frit ou encore accompagné de sauce tomate.

PAIN DE JAMBON À L'ITALIENNE

Cette recette est simple, mais il ne s'agit pas d'un banal pain de viande. Ce pain est aussi rosé qu'un jambon frais, très savoureux et attrayant. Également bon chaud ou froid, il se tranche facilement.

750 g (1½ lb) de jambon cru maigre
750 g (1½ lb) d'épaule de porc frais
2 œufs
250 mL (1 tasse) de chapelure fine
250 mL (1 tasse) de lait
50 mL (¼ tasse) de persil haché
50 mL (¼ tasse) de cassonade pâle
10 mL (2 c. à thé) de moutarde préparée

🍂 Faire hacher le jambon et le porc ensemble ou, si la viande est préparée à la maison, passer deux fois au hachoir.

🍂 Ajouter à la viande hachée les œufs, la chapelure, le lait et le persil. Ni sel, ni poivre. Écraser avec les mains, jusqu'à ce que le tout soit bien mélangé. Ce mélange peut être disposé dans une cocotte, mais pour un dîner spécial on peut facilement le façonner pour lui donner la forme d'un jambon.

🍂 Mettre la préparation moulée dans un plat à cuisson. La frotter avec la moitié de la cassonade. Recouvrir de moutarde et ajouter le reste de la cassonade. Faire cuire 1¾ heure dans un four à 160°C (325°F) en arrosant 3 ou 4 fois avec le jus de cuisson. Servir chaud ou froid. Aucune sauce n'est requise; des tomates cuites peuvent en tenir lieu. Elles sont présentées dans l'assiette sur la tranche de pain de jambon ou à côté.

PAIN DE JAMBON

875 mL (3½ tasses) de jambon cuit
250 g (½ lb) de veau haché
250 g (½ lb) de bœuf haché
500 mL (2 tasses) de pain coupé en cubes
1 mL (¼ c. à thé) de sarriette
2 mL (½ c. à thé) de sel
1 mL (¼ c. à thé) de poivre
1 œuf, légèrement battu
50 mL (¼ tasse) de ketchup
2 branches de céleri, finement hachées
175 mL (¾ tasse) de lait
1 oignon moyen, émincé
30 mL (2 c. à soupe) de persil
125 mL (½ tasse) de cassonade
4 tranches d'ananas

🍂 Hacher les restes d'un jambon cuit. Pour obtenir 875 mL (3½ tasses) de viande, on peut compléter avec du jambon pressé en boîte, si cela est nécessaire. On peut même n'utiliser que de la viande en conserve pour faire ce pain. Mettre le jambon dans un grand bol et y ajouter le veau et le bœuf hachés. Bien mélanger.

🍂 Ajouter le pain, avec ou sans croûtes, ainsi que la sarriette, le sel, le poivre, l'œuf, le ketchup, le céleri, le lait, l'oignon et le persil. Bien mélanger le tout.

🍂 Saupoudrer la cassonade dans un plat de verre de 23 x 23 cm (9 x 9 po) et y déposer les tranches d'ananas, puis recouvrir du jambon. Bien presser pour que le tout soit très compact et faire cuire pendant 1 heure dans un four chauffé à 180°C (350°F).

🍂 Lorsque le pain de jambon est cuit, le retirer du four et égoutter le gras et le jus accumulés. Démouler et servir chaud ou froid.

PAIN DE JAMBON DE MA MÈRE

500 g (1 lb) de jambon cru, haché
500 g (1 lb) de longe de porc hachée
250 mL (1 tasse) de mie de pain
2 œufs, légèrement battus
250 mL (1 tasse) de crème aigre
jus de 1 citron
1 oignon, émincé
2 mL (½ c. à thé) de cari
5 mL (1 c. à thé) de gingembre moulu
5 mL (1 c. à thé) de moutarde en poudre
1 mL (¼ c. à thé) de paprika
1 mL (¼ c. à thé) de muscade

Pain de jambon de ma mère

SAUCE

125 mL (½ tasse) d'eau
250 mL (1 tasse) de vinaigre
de cidre
jus de 1 citron
250 mL (1 tasse) de cassonade
5 mL (1 c. à thé) de moutarde en
poudre

❧ Mettre dans un bol le jambon et le porc hachés, la mie de pain, les œufs, la crème aigre, le jus de citron et l'oignon. Bien mélanger et ajouter le cari, le gingembre, la moutarde en poudre, le paprika et la muscade. Mélanger le tout encore une fois.

❧ Former un pain de viande et placer dans une petite lèchefrite. Couvrir et faire cuire pendant 25 minutes dans un four à 160°C (325°F). Découvrir et continuer à faire cuire pendant encore 35 minutes.

❧ Pendant ce temps, préparer la sauce : mettre dans une casserole l'eau, le vinaigre de cidre, le jus de citron, la cassonade et la moutarde en poudre. Faire mijoter pendant 10 minutes.

❧ Dix minutes avant la fin de la cuisson du pain de viande, augmenter la chaleur du four à 190°C (375°F). Verser la sauce chaude sur le pain et continuer la cuisson. Servir chaud avec la sauce et de la purée de pommes de terre.

PÂTÉ DE JAMBON

250 mL (1 tasse) des restes d'un jambon cuit haché
50 mL (¼ tasse) de mayonnaise
30 mL (2 c. à soupe)
de moutarde préparée
30 mL (2 c. à soupe) de sauce Worcestershire
2 mL (½ c. à thé) de paprika
15 mL (1 c. à soupe)
de ciboulette
ou de petits oignons hachés

❧ Bien mélanger tous les ingrédients. Garder au réfrigérateur.

Délicieux comme garniture avec des biscottes ou en sandwich.

JAMBON FROID À L'ORANGE

45 mL (3 c. à soupe) d'huile d'olive
30 mL (2 c. à soupe) de vinaigre de cidre
5 mL (1 c. à thé) de moutarde préparée
sel et poivre, au goût
2 grandes tranches de jambon froid
3 petits cornichons, hachés
3 olives
1 orange, en quartiers

❧ Mélanger dans un bol l'huile, le vinaigre de cidre, la moutarde, le sel et le poivre. Ajouter le jambon haché, les cornichons, les olives tranchées et l'orange, pelée et découpée. Servir accompagné de fromage cottage ou de pain grillé.

SALADE AU JAMBON

125 g (4 oz) de macaroni
2 L (8 tasses) d'eau bouillante, salée
375 à 500 mL (1½ à 2 tasses) de jambon cuit coupé
2 branches de céleri, coupées en dés
1 oignon, émincé
125 mL (½ tasse) de mayonnaise
50 mL (¼ tasse) de lait
ou de crème légère
5 mL (1 c. à thé) de raifort
5 mL (1 c. à thé) de sel
poivre, au goût

❧ Faire cuire le macaroni de 15 à 20 minutes dans l'eau bouillante salée. Égoutter et rincer à l'eau froide.

🍂 Ajouter le jambon, le céleri et l'oignon.

🍂 Mélanger la mayonnaise avec le lait ou la crème, le raifort et les assaisonnements. Ajouter à la salade et bien mêler le tout. Garder au réfrigérateur. Servir dans des tomates évidées ou sur des feuilles de laitue.

PÂTÉ DE SALADE DE JAMBON

125 mL (½ tasse) de jambon cuit, finement haché
30 mL (2 c. à soupe) de poivron vert haché
5 mL (1 c. à thé) de moutarde préparée
30 mL (2 c. à soupe) de mayonnaise
15 mL (1 c. à soupe) d'oignon émincé

🍂 Bien mélanger le tout et garder au froid jusqu'au moment de servir.

BACON DE LONGE À LA BROCHE

bacon de longe de 1 kg (2 à 3 lb)

SAUCE
125 mL (½ tasse) de jus d'orange
50 mL (¼ tasse) de vinaigre de cidre
1 gousse d'ail, émincée
125 mL (½ tasse) de cassonade
15 mL (1 c. à soupe) de moutarde préparée

🍂 Embrocher le bacon de longe. Arroser pendant la cuisson avec la sauce.

🍂 La cuisson prend de 1 à 1¼ heure. Le bacon sera tendre et appétissant. Également bon chaud ou froid.

POMMES DE TERRE AU PORC FUMÉ

Le porc fumé, c'est le bacon. Lorsque vous aurez quelques pommes de terre cuites, refroidies, essayez ce plat vite fait. Il peut même être servi comme salade pour accompagner le poulet ou le veau froid.

4 tranches de bacon
1 petit oignon, haché
4 à 5 pommes de terre, cuites
10 mL (2 c. à thé) de vinaigre de cidre
sel et poivre, au goût

🍂 Faire frire le bacon pour qu'il soit croustillant. Le retirer du gras, ajouter l'oignon et le faire dorer légèrement. Trancher les pommes de terre dans un bol,

asperger de vinaigre, saler et poivrer. Remuer et ajouter le bacon, haché grossièrement. Égoutter les oignons à l'aide d'une cuiller à égoutter et les ajouter aux pommes de terre. Remuer et servir.

D'AUTRES SUGGESTIONS CONCERNANT LE JAMBON

OS DE JAMBON
Utiliser l'os ou la couenne d'un jambon cuit pour remplacer le lard dans la soupe aux pois.

COUENNE DE JAMBON
Mettre la couenne du jambon dans une lèchefrite et faire cuire pendant 1 heure dans un four à 180°C (350°F). Elle deviendra croustillante et se cassera facilement en petits morceaux. Délicieux avec du pain ou dans une soupe. Conserver le gras fondu au

Salade au jambon

[271]

réfrigérateur, et l'utiliser à la place du saindoux ou dans la pâte à tarte.

RESTES DE JAMBON
Aux restes du jambon finement coupés (environ 500 mL ou 2 tasses), ajouter 250 mL (1 tasse) de pain sec écrasé et mettre dans un plat à pouding. Verser sur le jambon un mélange fait avec 250 mL (1 tasse) de lait, 1 œuf battu et 15 mL (1 c. à soupe) de moutarde préparée. Faire cuire pendant 30 minutes dans un four à 180°C (350°F). Servir chaud ou froid.

VOLAILLE

COMMENT APPRÊTER LA VOLAILLE

On désigne sous le nom de volaille différents oiseaux de basse-cour. Le plus populaire est le poulet, les plus jeunes pesant aussi peu que 750 g (1½ lb), les plus gros pesant entre 1 et 2,5 kg (2 à 5 lb). La volaille comprend également la poule, le canard, l'oie et la dinde.

🦢 On peut faire bouillir la poule, la braiser ou la servir en fricassée.

🦢 Une poule bouillie pesant 2,5 kg (5 lb) donne environ 900 g (2 lb) de viande et de 2 à 2,5 L (8 à 10 tasses) de consommé de poulet.

🦢 Les poulets pesant environ 1,5 à 2,5 kg (3 à 5 lb) et les poussins pesant entre 750 g et 1,5 kg (1½ à 3 lb) sont utilisés pour rôtir, griller et frire à la poêle ou en grande friture.

🦢 Un poulet pesant entre 1 et 1,5 kg (2 à 3 lb) donne 4 portions individuelles, dont deux portions de cuisse et deux portions de poitrine.

🦢 Un poulet rôti pesant environ 2 kg (4 à 5 lb) donne 5 à 6 portions. Pour le découper, séparer les deux hauts de cuisse des cuisses, retirer les ailes, enlever la poitrine et la couper en deux ou en tranches minces.

🦢 Les chapons pesant entre 2,5 et 3,5 kg (5 à 8 lb) sont excellents rôtis ou braisés. Par contre, ils perdent leur saveur lorsqu'ils sont bouillis.

🦢 Pour découper un chapon ou une dinde, enlever seulement les ailes et tailler des tranches minces à même la poitrine. Enlever les hauts de cuisse et les cuisses à même la volaille.

🦢 Ne jamais faire tremper la volaille dans l'eau froide, sauf si on désire la faire décongeler. Dans ce cas, il faut la laisser dans son emballage. Laver la volaille sous l'eau du robinet et bien l'assécher.

🦢 Décongeler complètement la volaille avant de la faire rôtir.

🦢 Pour décongeler une dinde au réfrigérateur, il faut compter 5 heures par 500 g (1 lb). Laisser décongeler dans son emballage.

🦢 Pour décongeler une poule ou un gros poulet au réfrigérateur, il faut compter 2 heures par 500 g (1 lb).

🦢 Pour griller un poulet au four ou au barbecue, il faut l'ouvrir dans le milieu du dos. Pour ce faire, déposer le poulet sur une planche à découper, poitrine vers le bas. Avec un couteau bien affûté ou une cisaille à volaille, découper le long de l'épine dorsale en commençant par le cou. Enlever les côtes et aplatir le poulet à l'aide d'un rouleau à pâtisserie.

🦢 Avant la cuisson, frotter toute la volaille avec un morceau de citron pour que sa chair reste blanche, puis avec une noix de muscade pour relever sa saveur et ce, quel que soit le mode de cuisson utilisé.

🦢 Avant de rôtir la volaille, badigeonner la poitrine et les cuisses avec un mélange de beurre et de moutarde en poudre [mélanger 45 mL (3 c. à soupe) de beurre ou de toute autre matière grasse avec 5 mL (1 c. à thé) de moutarde en poudre]. En procédant de cette manière, la volaille aura moins tendance à s'assécher en cours de cuisson et à perdre son jus et ses sucs nutritifs.

🦢 Ne pas mettre d'eau dans la lèchefrite avant et pendant la cuisson.

🦢 Ne pas couvrir la lèchefrite pendant le rôtissage.

🦢 Saler l'intérieur et l'extérieur de la volaille avant la cuisson.

🦢 Ne pas trop remplir la volaille de farce, car le riz et la chapelure augmentent de volume pendant la cuisson.

🦢 Ne pas réchauffer un reste de poulet rôti dans sa sauce, car la viande a tendance à durcir. Envelopper le poulet dans du papier d'aluminium et le réchauffer au four à 260°C (500°F) pendant 20 à 30 minutes, selon la grosseur du morceau. Il est préférable de badigeonner les restes de poulet avec du beurre doux avant de les envelopper. Chauffer la sauce séparément.

🦢 Servir la poule bouillie avec une sauce blanche préparée à base de lait et de son bouillon de cuisson, ou bien avec une sauce aux œufs ou au persil.

🦢 Accompagner la poule bouillie de riz plutôt que de pommes de terre.

🦢 Ne pas faire bouillir une poule rapidement. Couvrir et laisser mijoter.

🦢 Farcir la volaille peu de temps avant la cuisson. On peut toutefois préparer la farce à l'avance, la mettre dans un bol et la réfrigérer jusqu'au moment de l'utiliser.

JEUNE POULET À LA CLAMART

1 jeune poulet de 900 g (2 lb)
3 oignons verts, hachés finement
sel et poivre
45 mL (3 c. à soupe) de beurre
900 g (2 lb) de petits pois, écossés
1 pomme de laitue, ciselée
8 petits oignons entiers

250 mL (1 tasse) de crème à 10 %
sel et poivre
15 mL (1 c. à soupe) de xérès

🍃 Piquer le poulet avec les oignons verts. Saler et poivrer. Trousser le poulet et le faire dorer dans le beurre.

🍃 Entre-temps, faire bouillir les petits pois pendant 20 minutes. Lorsque le poulet est bien doré, le mettre dans une cocotte avec les petits pois. Ajouter la pomme de laitue, les petits oignons et la crème. Saler et poivrer au goût. Parfumer avec le xérès.

🍃 Couvrir et cuire au four à 190°C (375°F) pendant 45 minutes.

POULET BONNE FEMME

1 jeune poulet de 1 à 2 kg
(2 à 4 lb)
125 mL (½ tasse) de lard salé
coupé en dés
20 petits oignons
sel et poivre
2 mL (½ c. à thé) de thym
pommes de terre crues, coupées
en gros dés, ou pommes de terre
nouvelles
persil et ciboulette, hachés

🍃 Trousser le poulet. Faire revenir le lard et y faire dorer le poulet à feu moyen.

🍃 Ajouter les oignons. Saler et poivrer. Aromatiser avec le thym. Couvrir et cuire au four à 190°C (375°F) pendant 30 minutes.

🍃 Ajouter les pommes de terre. Couvrir et poursuivre la cuisson pendant 25 minutes, ou selon la grosseur du poulet.

🍃 Au moment de servir, garnir de persil et de ciboulette.

Jeune poulet à la Clamart

POULET DES AMBASSADEURS

250 g (½ lb) de ris de veau, coupé
en dés
45 mL (3 c. à soupe) de beurre
250 g (½ lb) de champignons,
coupés en fines tranches
6 oignons verts, hachés finement
1 bonne pincée d'estragon
sel et poivre
1 œuf, battu
1 jeune poulet de 1,5 kg (3 à 4 lb)

SAUCE
30 mL (2 c. à soupe) de beurre
15 mL (1 c. à soupe) de farine
250 mL (1 tasse) de consommé
45 mL (3 c. à soupe) de porto
ou de cognac

🍃 Faire cuire les ris de veau dans le beurre avec les champignons et les oignons verts. Aromatiser avec l'estragon. Saler et poivrer. Retirer du feu. Ajouter l'œuf et farcir le poulet de ce mélange. Trousser le poulet et le faire dorer dans un peu de beurre.

🍃 Préparer la sauce comme une sauce blanche avec le beurre, la farine et le consommé. Déposer le poulet doré dans une cocotte et le recouvrir de la sauce. Couvrir et cuire au four à 190°C (375°F) pendant 1 heure. Au moment de servir, parfumer la sauce avec le porto.

POULE AU POT

1 poule d'environ 1,5 kg
(3 à 4 lb) avec les abats
500 mL (2 tasses) de mie
de pain sec
125 g (¼ lb) de jambon,
coupé en dés
1 gousse d'ail, hachée finement
2 œufs
sel, poivre, persil et estragon,
au goût
1 petit rutabaga
4 carottes
3 oignons

Poulet rôti farci aux pommes de terre

1 petit chou vert entier
500 g (1 lb) de jambon cru ou
de lard salé (facultatif)
1 feuille de laurier

🐾 Au robot culinaire, hacher le foie, le cœur et le gésier de la poule. Ajouter la mie de pain, le jambon, l'ail et les œufs. Saler et poivrer. Assaisonner de persil et d'estragon. Farcir la poule de ce mélange.

🐾 Trousser la volaille et la mettre dans une casserole d'eau bouillante. Compter 500 mL (2 tasses) d'eau par 500 g (1 lb) de viande. Ajouter le rutabaga, les carottes, les oignons, le chou, le jambon cru et le laurier. Porter à ébullition.

🐾 Couvrir à demi et laisser mijoter 20 minutes par 500 g (1 lb) ou jusqu'à ce que la poule soit tendre.

🐾 Servir la poule dans un plat de service chaud en disposant joliment les légumes tout autour.

Couper le jambon en tranches minces et les déposer sur les légumes. Garnir de persil frais haché.

POULET RÔTI NON FARCI

1 poulet d'environ 2 kg (4 à 5 lb)
1 petit oignon, coupé en deux
1 mL (¼ c. à thé) de thym
2 mL (½ c. à thé) de sel
1 mL (¼ c. à thé) de poivre
45 mL (3 c. à soupe) de beurre
15 mL (1 c. à soupe)
de moutarde en poudre
1 boîte de consommé non dilué
ou 125 mL (½ tasse) de crème

🐾 Laver le poulet. Mettre l'oignon, le thym, le sel et le poivre dans la cavité. Trousser le poulet. Défaire le beurre en crème avec la moutarde en poudre et badigeonner le poulet de ce mélange. Déposer le poulet dans une rôtissoire.

🐾 Faire rôtir au four à 190°C (375°F) de 18 à 20 minutes par 500 g (1 lb). Il n'est pas nécessaire d'arroser le poulet en cours de cuisson. Pour que la peau du poulet soit croustillante et que sa chair soit tendre et juteuse, ne pas couvrir la rôtissoire et ne pas ajouter d'eau.

🐾 Pour préparer la sauce, retirer le poulet de la rôtissoire. Poser celle-ci sur un feu vif et porter le gras et le jus de cuisson à ébullition. Ajouter une boîte de consommé non dilué ou 125 mL (½ tasse) de crème froide. Cuire à feu vif, en grattant bien le fond, sans toutefois laisser bouillir. Servir dans une saucière.

POULET RÔTI FARCI AUX POMMES DE TERRE

1 poulet de 2,5 kg (5 à 6 lb)
avec les abats
3 oignons moyens
1 petite gousse d'ail
60 mL (4 c. à soupe) de beurre
ou de gras, fondu
1 L (4 tasses) de pommes de terre
cuites et écrasées
5 mL (1 c. à thé) de sarriette
sel et poivre

🐾 Au robot culinaire, hacher le cœur, le gésier, le foie du poulet, les oignons et l'ail. Faire frire pendant quelques minutes dans le beurre.

🐾 Ajouter ce mélange aux pommes de terre. Aromatiser avec la sarriette. Saler et poivrer. Farcir le poulet.

🐾 Faire rôtir au four à 190°C (375°F) de 18 à 20 minutes par 500 g (1 lb).

POULET RÔTI À L'ITALIENNE

750 mL (3 tasses) de pâtes cuites
250 g (½ lb) de champignons,
coupés en fines tranches
250 mL (1 tasse) de fromage râpé
50 mL (¼ tasse) de lait
ou de crème
15 mL (1 c. à soupe) de sel
poivre au goût
1 poulet de 2,5 kg (5 à 6 lb)

SAUCE
30 mL (2 c. à soupe) de farine
250 mL (1 tasse) de lait froid
125 mL (½ tasse) de fromage râpé

&⬤ Mélanger les pâtes avec les champignons, le fromage, le lait et le sel. Poivrer. Farcir le poulet de ce mélange et le déposer dans une rôtissoire.

&⬤ Faire rôtir au four à 190°C (375°F) de 18 à 20 minutes par 500 g (1 lb). Retirer le poulet de la rôtissoire.

&⬤ Pour préparer la sauce, ajouter la farine au gras et au jus de cuisson dans la rôtissoire. Remuer et incorporer le lait. Cuire jusqu'à ce que la sauce soit lisse et crémeuse, en remuant presque sans arrêt. Ajouter le fromage et poursuivre la cuisson, en brassant, jusqu'à ce que le fromage soit fondu. Servir dans une saucière.

POULETS DE CORNOUAILLES

3 ou 6 poulets de Cornouailles
1 citron, coupé en deux
3 oignons moyens, coupés en deux
50 mL (¼ tasse) de beurre ramolli
2 mL (½ c. à thé) de basilic
ou de thym
sel et poivre

&⬤ Frotter l'intérieur et l'extérieur des poulets avec le citron. (Si vous utilisez 3 poulets, coupez-les en deux, si vous utilisez 6 poulets, laissez-les entiers.) Déposer les poulets dans une lèchefrite. Mettre une moitié d'oignon sous chaque moitié de poulet (ou dans chaque cavité, si vous utilisez 6 poulets). Badigeonner la viande du beurre ramolli et la saupoudrer du basilic.

&⬤ Mettre les poulets au four chauffé à 230°C (450°F). Réduire la chaleur à 180°C (350°F) dès que les poulets y sont placés. Faire cuire 30 minutes par 500 g (1 lb).

&⬤ Servir les poulets de Cornouailles sur un lit de riz.

POULE RÔTIE AU FOUR

&⬤ Saler et poivrer l'intérieur et l'extérieur d'une poule pesant environ 2,5 à 3 kg (5 à 7 lb). Frotter vigoureusement la peau avec la moitié d'un citron ou la badigeonner avec du vinaigre de cidre.

&⬤ Badigeonner les ailes et la poitrine avec de la graisse de bacon ou du beurre. Attacher les cuisses ensemble avec une ficelle. Déposer la poule sur une feuille de papier d'aluminium et bien l'envelopper. Mettre dans une rôtissoire. Cuire au four à 190°C (375°F) de 18 à 20 minutes par 500 g (1 lb).

&⬤ Pour que la peau soit bien dorée, retirer la poule du papier d'aluminium lorsque la cuisson est terminée et la déposer dans la rôtissoire. Ajouter le jus de cuisson accumulé dans le papier d'aluminium et faire dorer au four

à 230°C (450°F) pendant environ 20 minutes, en arrosant 3 ou 4 fois en cours de cuisson.

POULE BOUILLIE

1 poule d'environ 2,5 à 3 kg
(5 à 7 lb)
50 mL (¼ tasse) de feuilles
de céleri
1 pincée de muscade
15 mL (1 c. à soupe) de gros sel
10 grains de poivre
1 mL (¼ c. à thé) de thym
2 mL (½ c. à thé) de sarriette
1 gros oignon, coupé en quatre
2 gousses d'ail, hachées finement

&⬤ On peut faire bouillir la poule entière ou coupée en morceaux. Elle sera toutefois plus savoureuse si on la cuit entière.

&⬤ Si la poule est coupée, placer le dos dans le fond d'une casserole et disposer le gésier, le cœur et les pattes tout autour. Recouvrir des ailes, de la poitrine et des cuisses.

&⬤ Si la poule est cuite entière, la mettre dans une casserole, poitrine vers le haut.

&⬤ Dans les deux cas, choisir une casserole qui ne soit pas trop grande, afin que la poule ou les morceaux restent bien en place.

&⬤ Ajouter 250 mL (1 tasse) d'eau par 500 g (1 lb) de viande. La poule ne sera pas complètement recouverte d'eau, mais le blanc de poitrine cuira à la vapeur. Il est donc important de bien couvrir la casserole.

&⬤ Ajouter le reste des ingrédients. Porter à ébullition. Couvrir et laisser mijoter à feu doux en comptant 20 minutes par 500 g (1 lb). La poule coupée en morceaux cuira plus vite que la poule entière.

🐞 Pour que la poule soit bien juteuse et conserve toute sa saveur, il est préférable de la laisser refroidir dans son bouillon, surtout lorsqu'on l'utilise en salade.

BOUILLI QUÉBÉCOIS

1 poule d'environ 2 kg (4 à 5 lb)
2 mL (½ c. à thé) de muscade
15 mL (3 c. à thé) de jus de citron
sel et poivre
2 mL (½ c. à thé) de thym
900 g (2 lb) de lard salé entrelardé
3 L (12 tasses) d'eau chaude
5 mL (1 c. à thé) de gros sel
2 mL (½ c. à thé) de sarriette
2 oignons, hachés finement
125 mL (½ tasse) de feuilles de céleri
1 petit chou vert, coupé en quatre
12 carottes entières, brossées
12 petits oignons entiers
900 g (2 lb) de haricots beurre ou verts

12 pommes de terre nouvelles, brossées

SAUCE
125 mL (½ tasse) de beurre
125 mL (½ tasse) de persil frais haché
125 mL (½ tasse) de ciboulette

🐞 Enlever l'excédent de gras autour de la cavité de la poule, le couper en petits morceaux et le faire fondre dans une casserole à feu doux. Frotter la peau avec la muscade et le jus de citron. Saler et poivrer l'intérieur de la poule et y saupoudrer le thym.

🐞 Faire dorer la poule à feu moyen dans le gras fondu. Ajouter le lard salé, l'eau, le gros sel, la sarriette, les oignons et les feuilles de céleri. Porter à ébullition, couvrir à demi et laisser mijoter à feu doux 15 à 16 minutes par 500 g (1 lb), ou jusqu'à ce que la poule soit presque tendre.

🐞 Ajouter le chou, les carottes, les petits oignons, les haricots

attachés en petits paquets avec du gros fil et les pommes de terre nouvelles. Porter à ébullition, couvrir et poursuivre la cuisson pendant 30 minutes, ou jusqu'à ce que les légumes et la poule soient tendres.

🐞 Pour préparer la sauce, faire fondre le beurre et y ajouter le persil et la ciboulette.

🐞 Déposer la poule et le lard salé au centre d'un grand plat de service chaud et disposer les légumes tout autour. Napper le tout de la sauce au persil et à la ciboulette. Servir.

POULET AU PORTO

1 poulet de 2,5 kg (5 à 6 lb)
60 mL (4 c. à soupe) de beurre
1 gousse d'ail, écrasée
3 oignons verts, hachés finement
125 mL (½ tasse) de crème à 35 %
125 mL (½ tasse) de porto
quelques minces tranches de lard sel

🐞 Laver et trousser le poulet. Faire dorer dans le beurre. Lorsque la volaille est bien dorée, ajouter l'ail, les oignons verts, la crème et le porto.

🐞 Mettre le tout dans une cocotte. Recouvrir le poulet des tranches de lard. Saler. Cuire au four à 180°C (350°F) en comptant 20 minutes par 500 g (1 lb). Arroser 2 à 3 fois en cours de cuisson. Pour servir, disposer quelques champignons grillés autour du poulet.

DEMI-POULETS GRILLÉS AU BARBECUE

🐞 Acheter des poulets à frire pesant entre 750 g et 1,2 kg (1½ à

Poulet au porto

2½ lb). Compter un demi-poulet par portion. Laver les poulets et bien les assécher. Badigeonner la peau d'huile végétale ou de sauce barbecue. Laisser reposer pendant une heure.

☙ Déposer les poulets sur le gril du barbecue placé près des braises. Saisir le poulet pendant 2 à 3 minutes par côté. Placer ensuite le gril à environ 8 cm (3 po) des braises et cuire les poulets 25 à 30 minutes, ou jusqu'à ce qu'ils soient tendres et que leur peau soit croustillante. Badigeonner d'huile ou de sauce barbecue et tourner souvent en cours de cuisson. Les ailes se détachent facilement lorsque les poulets sont cuits.

POULET GRILLÉ AU CITRON

1 poulet de 1 à 1,5 kg (2 à 3 lb)
2 citrons non pelés, coupés en deux
5 mL (1 c. à thé) de sel
1 mL (¼ c. à thé) de poivre
2 mL (½ c. à thé) de paprika
45 mL (3 c. à soupe) de beurre, fondu
1 mL (¼ c. à thé) de thym

☙ Couper le poulet en deux. Bien frotter chaque moitié du poulet avec l'un des citrons coupé en deux. Mélanger le sel, le poivre et le paprika. Saupoudrer sur le poulet.

☙ Mélanger le beurre fondu et le thym. Avec une fourchette, piquer une moitié du citron, la tremper dans le beurre et l'utiliser pour badigeonner la peau du poulet.

☙ Déposer le poulet sur le gril du barbecue placé près des braises. Saisir le poulet 2 à 3 minutes par côté. Placer ensuite le gril à environ 8 cm (3 po) des braises et cuire les poulets 25 à 30 minutes, ou jusqu'à ce qu'ils soient tendres. Garder le beurre au chaud. Ajouter au beurre le citron utilisé pour badigeonner la peau. Badigeonner assez souvent du beurre en cours de cuisson, ceci rendra la peau croustillante et savoureuse, tout en aromatisant le poulet.

POULET GRILLÉ À L'ESTRAGON

1 poulet de 1 à 1,5 kg (2 à 3 lb)
90 mL (6 c. à soupe) de beurre
125 mL (½ tasse) de persil haché finement
1 mL (¼ c. à thé) d'estragon
2 mL (½ c. à thé) de sel
2 gousses d'ail entières

☙ Couper le dos du poulet, l'ouvrir et bien l'aplatir.

☙ Mettre le beurre, le persil, l'estragon, le sel et l'ail dans une petite casserole. Faire chauffer pendant quelques minutes.

☙ Badigeonner chaque côté du poulet du beurre chaud. Commencer la cuisson par le côté de la chair. Déposer le poulet sur le gril du barbecue placé à 15 à 18 cm (6 à 7 po) de la source de chaleur. Faire griller le poulet pendant 25 minutes, en le badigeonnant avec le beurre. Poursuivre la cuisson 25 à 30 minutes, ou jusqu'à ce que la peau soit croustillante et dorée. Retourner plusieurs fois en cours de cuisson, en badigeonnant bien le poulet chaque fois. Si le poulet semble griller trop rapidement, le recouvrir d'un papier d'aluminium pendant les 10 dernières minutes de cuisson.

POULET BARBECUE

Ce poulet barbecue bien doré et croustillant est tout simplement délectable.

1 poulet de 1 à 2 kg (2 à 4 lb)
30 mL (2 c. à soupe) de beurre ou d'huile d'olive
5 mL (1 c. à thé) de paprika
2 mL (½ c. à thé) d'estragon ou de basilic
1 mL (¼ c. à thé) de poivre
5 mL (1 c. à thé) de sel

☙ Avec une cisaille à volaille ou des ciseaux de cuisine, couper le poulet le long de l'épine dorsale. Ouvrir le poulet pour lui donner la forme d'un papillon (laisser ainsi ou le couper en deux). Il est préférable de couper le poulet après la cuisson, car il semble demeurer plus juteux lorsqu'il est grillé d'une seule pièce. Placer le poulet côté peau sur le gril du barbecue.

☙ Faire fondre le beurre avec le paprika, l'estragon, le poivre et le sel. Bien badigeonner le poulet de ce mélange.

☙ Placer le gril à 15 à 18 cm (6 à 7 po) des braises. Faire griller le poulet pendant 25 minutes, en le badigeonnant avec le reste du beurre. Poursuivre la cuisson 25 à 30 minutes, ou jusqu'à ce que la peau soit croustillante et dorée. Si le poulet semble griller trop rapidement, le recouvrir d'un papier d'aluminium pendant les 10 dernières minutes de cuisson. Servir immédiatement. Accompagner d'une salade.

Poulet grillé au four à la sauce barbecue

POULET GRILLÉ AU FOUR À LA SAUCE BARBECUE

1 ou 2 poulets à griller
30 mL (2 c. à soupe) de beurre
5 mL (1 c. à thé) de paprika
2 mL (½ c. à thé) de basilic ou d'estragon
5 mL (1 c. à thé) de sel

SAUCE BARBECUE
1 gousse d'ail, hachée finement
7 mL (1½ c. à thé) de sel
1 mL (¼ c. à thé) de poivre
3 oignons verts, hachés finement
10 mL (2 c. à thé) de moutarde
5 mL (1 c. à thé) de moutarde en poudre
50 mL (¼ tasse) de cassonade
jus d'un citron
45 mL (3 c. à soupe) de sauce Worcestershire
1 boîte de soupe aux tomates non diluée

🍂 Couper le dos du poulet pour l'ouvrir. Déposer le poulet dans une lèchefrite, côté peau vers le fond.

🍂 Faire fondre le beurre et y ajouter le paprika, le basilic et le sel. Badigeonner le poulet de ce beurre.

🍂 Préparation de la sauce barbecue: mélanger tous les ingrédients et battre pendant quelques minutes.

🍂 Déposer la lèchefrite sur la grille du four placée à 13 à 15 cm (5 à 6 po) de la source de chaleur. Faire griller pendant 25 minutes. Tourner et poursuivre la cuisson 30 à 35 minutes, ou jusqu'à ce que le poulet soit bien doré et tendre. Arroser plusieurs fois de la sauce barbecue pendant les 10 dernières minutes de cuisson. Verser le reste de la sauce dans la lèchefrite.

POULETS À LA MODE DE CAEN

2 jeunes poulets de 1 kg (2 à 2½ lb) chacun
sel et poivre
60 mL (4 c. à soupe) de beurre, coupé en dés

🍂 Couper les poulets en deux, ou faire une incision le long de l'épine dorsale (dans ce cas, ouvrir et aplatir les poulets). Déposer les poulets dans une lèchefrite. Saler et poivrer. Recouvrir des noisettes de beurre.

🍂 Cuire à découvert au four, chauffé à 200°C (400°F), pendant 15 minutes, ou jusqu'à ce que les poulets commencent à dorer. Couvrir la lèchefrite et poursuivre la cuisson à 180°C (350°F) pendant 30 minutes, ou jusqu'à ce que les poulets soient tendres. Il est quelquefois nécessaire d'ajouter du liquide pendant la cuisson. Dans ce cas, utiliser un mélange moitié lait, moitié crème. Lorsque la cuisson est terminée, le liquide doit être complètement absorbé par les poulets. Servir avec des pâtes au persil.

POITRINES DE POULET FARCIES

Vous pouvez préparer ces poitrines de poulet une journée à l'avance et les garder au réfrigérateur en les couvrant bien. Quelques minutes avant l'arrivée de vos invités, mettez les poitrines dans une rôtissoire. Il ne vous restera plus qu'à décider de l'heure où vous voudrez déguster votre repas.

3 petits poulets
5 mL (1 c. à thé) de sel

1 mL (¼ c. à thé) de poivre
2 mL (½ c. à thé) de gingembre
1 mL (¼ c. à thé) d'estragon

FARCE
250 g (½ lb) de champignons
frais, hachés finement
250 mL (1 tasse) de chapelure
150 mL (⅔ tasse) de beurre,
fondu
3 jaunes d'œufs, bien battus
125 mL (½ tasse) de persil frais
haché
zeste râpé d'un citron
1 tranche de bacon non cuit,
hachée finement
1 petite gousse d'ail, écrasée
sel et poivre

🍃 Couper chaque poulet en deux. Mélanger le sel, le poivre, le gingembre et l'estragon. Frotter l'intérieur et l'extérieur des poulets de ce mélange.

🍃 Pour préparer la farce, mettre les champignons et la chapelure dans un bol. Ajouter le beurre et bien mélanger. Ajouter les jaunes d'œufs, le persil, le zeste de citron, le bacon et l'ail. Saler et poivrer légèrement. Bien mélanger.

🍃 Couper un morceau de papier d'aluminium assez grand pour contenir les moitiés de poulet. Tapisser une rôtissoire du papier d'aluminium. Farcir chaque moitié de poulet et la déposer sur le papier d'aluminium, côté peau vers le haut. Soulever le papier tout autour, mais sans couvrir.

🍃 Verser 15 mL (1 c. à soupe) de beurre fondu ou d'huile d'olive sur la peau de chaque poulet. Couvrir. Faire rôtir au four chauffé à 150°C (300°F) pendant 1¼ heure. Aucune sauce n'est servie avec ce poulet car la farce le rend juteux. Si vous préférez

servir de la sauce, réchauffez 250 mL (1 tasse) de crème à 15 % avec du sel, du poivre et quelques cuillerées de cognac ou de whisky. Ajoutez au jus de cuisson.

POULET FRIT À L'AMÉRICAINE

1 poulet de 1 kg (2 à 2½ lb)
250 mL (1 tasse) de lait
2 mL (½ c. à thé) de sel
1 pincée de basilic ou d'estragon
1 mL (¼ c. à thé) de poivre
1 mL (¼ c. à thé) de paprika
1 ou 2 oignons verts, hachés finement
50 mL (¼ tasse) d'huile végétale ou de graisse végétale

SAUCE
2 c. a soupe de farine
125 mL (½ tasse) de persil frais haché (facultatif)

🍃 Couper le poulet en deux en commençant par le dos, ou faire une incision le long de l'épine dorsale pour l'ouvrir. Dans ce cas, aplatir le poulet. Laver l'intérieur et l'extérieur avec un chiffon imbibé de vinaigre ou de jus de citron.

🍃 Mélanger le lait, le sel, le basilic, le poivre, le paprika et les oignons verts. Placer le poulet dans ce mélange, côté peau vers le fond (ceci empêche le poulet de s'assécher pendant la cuisson). Laisser mariner pendant 2 heures.

🍃 Bien égoutter et saupoudrer le poulet de farine. Réserver la marinade.

🍃 Faire chauffer l'huile dans un poêlon assez grand pour pouvoir remuer facilement le poulet. Ajouter le poulet et cuire à feu moyen, 5 minutes de chaque côté, en commençant par le côté des os. Réduire le feu, couvrir le poêlon et poursuivre la cuisson à feu doux pendant 20 minutes. Retourner le poulet après 10 minutes de cuisson. Retirer le poulet du poêlon.

Poulet frit à l'américaine

🐦 Pour préparer la sauce, ajouter la farine au reste de l'huile dans le poêlon et cuire à feu vif, en remuant, jusqu'à ce que la farine brunisse légèrement. Ajouter 250 mL (1 tasse) de la marinade réservée. Poursuivre la cuisson en brassant jusqu'à ce que la sauce épaississe. Laisser mijoter pendant quelques minutes. Pour une sauce persillée, ajouter le persil. Servir.

POULET BRAISÉ AUX CHAMPIGNONS

1 poulet de 1,4 kg (3 lb)
45 mL (3 c. à soupe) de beurre
sel et poivre
1 oignon, coupé en tranches minces
250 g (½ lb) de champignons, coupés en dés
50 à 125 mL (¼ à ½ tasse) de vin blanc
1 mL (¼ c. à thé) d'estragon

15 mL (1 c. à soupe) de farine
250 mL (1 tasse) de crème à 10 %

🐦 Couper le poulet en morceaux. Dans un grand poêlon, faire fondre le beurre à feu moyen et y faire dorer les morceaux de poulet. Saler et poivrer.

🐦 Lorsque le poulet est bien doré, ajouter l'oignon et les champignons. Remuer le tout pendant quelques minutes. Ajouter le vin blanc et l'estragon. Couvrir et laisser mijoter 35 à 45 minutes, ou jusqu'à ce que le poulet soit tendre. Retirer le poulet du poêlon.

🐦 Battre la farine avec la crème. Ajouter ce mélange à la sauce dans le poêlon. Faire mijoter le tout, en grattant bien le fond du poêlon, jusqu'à ce que la sauce soit crémeuse. Rectifier l'assaisonnement. Napper le poulet de cette sauce.

🐦 Servir avec des pâtes au beurre et au persil.

Poulet à la crème

POULET AU MIEL

50 mL (¼ tasse) de miel
50 mL (¼ tasse) de beurre
10 mL (2 c. à thé) de sauce de soja
1 poulet à griller de 1,4 kg (3 lb)
sel et poivre

🐦 Faire chauffer le miel avec le beurre et la sauce de soja.

🐦 Couper le poulet en deux. Placer les demi-poulets dans un plat, côté peau vers le fond. Arroser avec 30 mL (2 c. à soupe) du mélange de beurre et de miel. Couvrir et cuire au four à 180°C (350°F) pendant 40 minutes.

🐦 Retourner le poulet et badigeonner la peau avec le reste du mélange de beurre et de miel. Poursuivre la cuisson, à découvert, de 20 à 30 minutes ou jusqu'à ce que le poulet soit tendre, doré et croustillant. Saler et poivrer. Servir.

POULET À LA CRÈME

1 poulet d'un peu plus de 1 kg (2½ à 3 lb)
45 mL (3 c. à soupe) de beurre
1 oignon, haché
50 mL (¼ tasse) de vin blanc
1 pincée de basilic
1 pincée de thym
sel et poivre, au goût
125 mL (½ tasse) de crème aigre ou de crème à 35 %

🐦 Couper le poulet en quatre morceaux. Dans une sauteuse, faire fondre le beurre et y faire dorer les morceaux de poulet et l'oignon.

🐦 Ajouter le vin blanc, le basilic et le thym. Saler et poivrer. Couvrir et laisser mijoter 40 à

❦ TECHNIQUE ❦

POULET À LA CRÈME

1 Mettre les morceaux de poulet dans le beurre chaud.

2 Ajouter l'oignon et faire dorer.

3 Ajouter le vin, le basilic et le thym. Couvrir et laisser mijoter.

4 Ajouter la crème. Chauffer sans laisser bouillir.

Poulet au vin blanc

45 minutes, ou jusqu'à ce que le poulet soit tendre.

🍒 Au moment de servir, ajouter la crème, chauffer sans laisser bouillir.

POULET AU VIN BLANC

1 poulet de 1 à 1,5 kg (2 à 3 lb)
sel et poivre
45 mL (3 c. à soupe) de beurre
75 mL (⅓ tasse) de vin blanc
1 mL (¼ c. à thé) d'estragon
15 mL (1 c. à soupe) de farine
125 mL (½ tasse) d'eau
45 mL (3 c. à soupe) de cognac

🍒 Couper le poulet en quatre. Saler et poivrer. Dans un poêlon, faire fondre le beurre et y faire dorer les morceaux de poulet à feu moyen.

🍒 Ajouter le vin et l'estragon. Couvrir et laisser mijoter pendant environ 45 minutes, ou jusqu'à ce que le poulet soit tendre. Retirer le poulet du poêlon.

🍒 Ajouter la farine au jus de cuisson dans le poêlon. Bien mélanger et ajouter l'eau. Cuire, en brassant sans arrêt, jusqu'à ce que la sauce ait une belle consistance. Rectifier l'assaisonnement. Remettre le poulet dans le poêlon. Chauffer quelques minutes en arrosant quelquefois le poulet de la sauce. Verser le cognac sur le tout. Laisser mijoter pendant 1 minute. Servir.

POULET À LA CIBOULETTE

1 poulet de 1 à 1,5 kg (2 à 3 lb)
1 noix de muscade
45 mL (3 c. à soupe) de beurre
sel et poivre
2 mL (½ c. à thé) d'estragon
50 mL (¼ tasse) de vin blanc plutôt sec
50 mL (¼ tasse) de crème à 35 %
250 mL (1 tasse) de ciboulette

hachée ou 125 mL (½ tasse) d'oignons verts hachés

RIZ AUX CAROTTES
250 mL (1 tasse) de riz à grains longs
500 mL (2 tasses) de consommé
3 carottes moyennes, pelées et râpées
15 mL (1 c. à soupe) de beurre

🍒 Laver et couper le poulet en quatre morceaux. Frotter chaque morceau avec la noix de muscade (râper la noix de muscade de temps à autre pour en faire sortir l'huile).

🍒 Dans une cocotte en fonte émaillée, faire fondre le beurre jusqu'à ce qu'il soit de couleur noisette et y faire dorer les morceaux de poulet à feu moyen. Saler et poivrer. Saupoudrer le poulet de l'estragon. Ajouter le vin blanc et la crème. Porter à ébullition. Couvrir et laisser mijoter à feu doux pendant 20 minutes.

🍒 Ajouter la ciboulette et poursuivre la cuisson, à découvert, 20 à 30 minutes.

🍒 Pour préparer le riz aux carottes, rincer le riz et porter le consommé à ébullition. Ajouter le riz et les carottes. Cuire à feu moyen 12 à 14 minutes. Au moment de servir, ajouter le beurre. Rectifier l'assaisonnement.

JEUNES POULETS AU SIROP D'ÉRABLE

2 jeunes poulets de 1,2 kg (2½ lb) chacun
60 mL (4 c. à soupe) de farine
2 mL (½ c. à thé) de sel
1 mL (¼ c. à thé) de poivre
60 mL (4 c. à soupe) de beurre

2 oignons, coupés en fines tranches
1 pincée d'anis
1 pincée de sarriette
sirop d'érable
125 mL (½ tasse) d'eau

🕭 Couper les poulets en quatre morceaux. Mélanger la farine, le sel et le poivre. Enrober les morceaux de poulet de ce mélange. Dans un poêlon, faire fondre le beurre et y faire dorer le poulet à feu moyen. Retirer les morceaux de poulet du poêlon et les placer dans une lèchefrite.

🕭 Faire frire les oignons dans le poêlon et les ajouter au poulet. Saupoudrer d'anis et de sarriette. Verser 5 mL (1 c. à thé) de sirop d'érable sur chaque morceau de poulet.

🕭 Rincer le poêlon avec l'eau. Verser sur le poulet. Cuire au four à 180°C (350°F), à découvert, pendant 40 minutes.

POITRINES DE POULET GRILLÉES

Il suffit de 30 minutes pour que ces poitrines de poulet soient à la fois dorées, croustillantes et savoureuses. Elles sont un vrai régal servies sur un nid de nouilles chinoises frites et accompagnées d'une salade verte bien fraîche et croquante.

jus d'un citron
30 mL (2 c. à soupe) de persil frais haché
1 gousse d'ail, hachée
5 mL (1 c. à thé) de basilic ou d'origan
75 mL (⅓ tasse) d'huile d'arachide

2 mL (½ c. à thé) de sel
1 mL (¼ c. à thé) de poivre
2 poitrines de poulet entières

🕭 Dans un bol peu profond, mélanger le jus de citron avec le persil, l'ail, le basilic, l'huile d'arachide, le sel et le poivre. Badigeonner chaque côté des poitrines de ce mélange. Déposer les poitrines sur la grille d'une lèchefrite, côté peau sur la grille.

🕭 Faire griller à 15 cm (6 po) du gril pendant 15 minutes. Badigeonner de temps à autre du mélange de jus de citron.

🕭 Tourner les poitrines et poursuivre la cuisson 10 à 15 minutes, en les badigeonnant du mélange de jus de citron.

🕭 Les poitrines sont prêtes lorsqu'elles sont dorées et croustillantes. Éviter de trop les cuire, car la chair deviendrait sèche. Servir une demi-poitrine par personne. Arroser du jus de cuisson.

POITRINES DE POULET GRILLÉES À LA MOUTARDE

4 poitrines de poulet entières
75 mL (⅓ tasse) de margarine ou de beurre
15 mL (1 c. à soupe) de vinaigre de cidre
2 mL (½ c. à thé) d'estragon (facultatif)
5 mL (1 c. à thé) de moutarde en poudre ou de moutarde préparée
2 mL (½ c. à thé) de sel
1 mL (¼ c. à thé) de poivre
75 mL (⅓ tasse) d'amandes grillées effilées

🕭 Couper les poitrines de poulet en deux, les déposer dans un bol creux et les recouvrir d'eau bouillante. Laisser reposer pendant 5 minutes. Égoutter et éponger avec un essuie-tout ou un linge propre.

🕭 Faire fondre la margarine avec le vinaigre, l'estragon, la moutarde,

Jeunes poulets au sirop d'érable

le sel et le poivre. Bien badigeonner les demi-poitrines de ce mélange. Déposer sur la grille d'une lèchefrite, côté peau sur la grille.

🍃 Faire griller à 15 cm (6 po) du gril pendant 15 minutes. Badigeonner les demi-poitrines du mélange de beurre et de moutarde. Tourner et poursuivre la cuisson 10 à 15 minutes ou jusqu'à ce que la chair du poulet soit tendre.

🍃 Servir dans un plat de service chaud. Arroser les demi-poitrines du jus de cuisson. Parsemer d'amandes grillées.

POULET MONACO

Certains l'appellent «Poulet Casino» mais, quel qu'en soit le nom, vous raffolerez de ce plat. Pour le servir froid, préparez-le la veille et gardez-le au réfrigérateur. Retirez le plat du réfrigérateur une heure avant de servir.

50 mL (¼ tasse) de jus de limette frais
50 mL (¼ tasse) de jus de citron
75 mL (⅓ tasse) de jus de pomme ou de vin blanc
1 gousse d'ail, écrasée (facultatif)
5 mL (1 c. à thé) de sel
1 mL (¼ c. à thé) de poivre
2 mL (½ c. à thé) d'estragon
3 poitrines de poulet entières (6 moitiés)
45 mL (3 c. à soupe) de beurre, coupé en dés

🍃 Mélanger les jus de limette, de citron et de pomme avec l'ail, le sel, le poivre et l'estragon.

🍃 Mettre les poitrines côte à côte dans une casserole peu profonde. Verser le mélange de limette sur le tout. Réfrigérer pendant 2 heures. Retirer les poitrines du mélange de limette et les disposer

dans une autre casserole peu profonde (les poitrines ne doivent pas se chevaucher). Parsemer de dés de beurre. Réserver la marinade.

🍃 Cuire au four chauffé à 190°C (375°F), pendant 35 à 40 minutes, ou jusqu'à ce que la chair du poulet soit tendre. Arroser de la marinade toutes les 10 minutes. Servir.

POITRINES DE POULET BORDELAISES

C'est une spécialité de la région de Bordeaux en France. De délicieuses et tendres poitrines de poulet mijotées dans une savoureuse sauce rehaussée de champignons, de vin blanc et de fines herbes. Pour donner à ce plat une touche d'élégance, désossez les poitrines de poulet avant la cuisson.

4 poitrines de poulet entières
jus d'un citron
2 mL (½ c. à thé) de sel
1 mL (¼ c. à thé) de poivre
1 pincée de thym
45 mL (3 c. à soupe) d'huile d'arachide
45 mL (3 c. à soupe) de beurre
250 g (½ lb) de champignons frais, coupés en tranches minces
60 mL (4 c. à soupe) de farine
500 mL (2 tasses) de bouillon de poulet
125 mL (½ tasse) de vin blanc sec
1 feuille de laurier
ou 0,5 mL (⅛ c. à thé) d'estragon

🍃 Couper les poitrines de poulet en deux. Badigeonner chaque demi-poitrine du jus de citron. Dans une assiette, mélanger le sel, le poivre et le thym. Enrober les demi-poitrines de ce mélange. Couvrir et réfrigérer pendant 2 heures.

🍃 Dans un poêlon, faire chauffer l'huile à feu moyen et y faire dorer les demi-poitrines de chaque côté. Lorsqu'elles sont bien dorées, les mettre dans une casserole profonde ou une cocotte munie d'un couvercle.

🍃 Faire fondre le beurre dans le poêlon et y cuire les champignons à feu vif pendant 1 minute, en remuant. Ajouter la farine et brasser pour bien mélanger. Ajouter ensuite le bouillon de poulet et le vin. Cuire, en brassant sans arrêt, jusqu'à ce que le mélange soit crémeux. Ajouter le laurier. Rectifier l'assaisonnement. Verser cette sauce sur le poulet. Couvrir et cuire au four à 150°C (300°F) pendant 1 heure. Servir avec du riz au persil, des haricots verts au beurre et un vin blanc bien froid.

POITRINES DE POULET GLACÉES OSTENDE

Ce plat typiquement belge peut se déguster chaud ou froid. La prochaine fois que vous ferez rôtir un poulet, essayez cette délicieuse farce aux huîtres.

4 poitrines de poulet entières
sel et poivre
250 mL (1 tasse) de gelée de groseilles rouges
zeste râpé et jus d'une orange

FARCE
500 mL (2 tasses) de petits cubes de pain
5 mL (1 c. à thé) de sel
2 mL (½ c. à thé) de poivre
1 mL (¼ c. à thé) de macis ou de muscade
125 mL (½ tasse) de persil frais haché

1 petit oignon, coupé en dés
125 mL (½ tasse) de margarine
ou de beurre fondu
45 mL (3 c. à soupe)
de margarine ou de beurre
60 mL (4 c. à soupe) de farine
500 mL (2 tasses) de lait
250 mL (1 tasse) d'huîtres
fraîches égouttées

🌢 Couper les poitrines en deux. Saler et poivrer de chaque côté.

🌢 Pour préparer la farce, enlever les croûtes et couper en dés assez de pain pour en obtenir 500 mL (2 tasses). Mettre sur une plaque à pâtisserie et faire dorer au four à 160°C (325°F). Retirer du four et laisser refroidir. Mettre les croûtons, le sel, le poivre, le macis, le persil, l'oignon et la margarine fondue dans un bol. Brasser pour bien mélanger le tout.

🌢 Préparer une sauce blanche avec la margarine, la farine et le lait. Lorsque la sauce est crémeuse et lisse, ajouter les huîtres. Laisser refroidir et verser sur le mélange de pain. Remuer légèrement avec 2 fourchettes.

🌢 Placer chaque poitrine coupée en deux sur un carré de papier d'aluminium, côté peau sur le papier. Remplir chaque poitrine de 125 mL (½ tasse) de farce. Retourner afin que la farce soit sur le papier. Ramener le papier tout autour sans recouvrir la poitrine. Placer les poitrines farcies côte à côte dans une lèchefrite peu profonde. Badigeonner le dessus de chaque poitrine de beurre ramolli.

🌢 Cuire à découvert au four, chauffé à 160°C (325°F), pendant 40 à 50 minutes. Après 25 minutes de cuisson, battre la gelée de groseille jusqu'à ce qu'elle soit lisse. En badigeonner chaque poitrine. Poursuivre la cuisson en

Poulet Véronique

badigeonnant les poitrines 3 ou 4 fois en cours de cuisson.

🌢 Retirer les poitrines de la lèchefrite. Ajouter le zeste et le jus d'orange au jus de cuisson. Remuer jusqu'à ce que le mélange soit chaud. Passer au tamis et verser sur les poitrines de poulet. Accompagner de pâtes au beurre et de carottes coupées en dés ou en tranches.

POULET VÉRONIQUE

Ce plat de poulet est digne des plus grands chefs français. Servez ces délicieuses poitrines de poulet avec du riz à la ciboulette ou au persil. Accompagnez le tout de pointes d'asperges fraîches nappées de sauce hollandaise.

4 poitrines de poulet
sel et poivre
30 mL (2 c. à soupe) de beurre
5 mL (1 c. à thé) d'huile d'olive
1 pincée de basilic

250 à 500 mL (1 à 2 tasses) de raisins frais sans pépins, froids
45 mL (3 c. à soupe) de crème à 35 %

SAUCE
45 mL (3 c. à soupe) de beurre
45 mL (3 c. à soupe) de farine
75 mL (⅓ tasse) de bouillon de poulet
250 mL (1 tasse) de vin blanc ou de vermouth
sel et poivre

🌢 Désosser les poitrines de poulet, si désiré. Saler et poivrer. Dans un grand poêlon, faire chauffer le beurre et l'huile d'olive et y déposer les poitrines de poulet, côté peau vers le fond. Saupoudrer de basilic et cuire à feu doux jusqu'à ce que la peau soit bien dorée. Il est important de cuire le poulet lentement afin d'éviter qu'il ne sèche. Retourner les poitrines, couvrir le poêlon et laisser mijoter à feu doux pendant 15 minutes.

Poulet de la vallée d'Auge

🦋 Le temps de préparation de la sauce est plus long que celui d'une sauce ordinaire. En effet, cette sauce est préparée selon le procédé français qui consiste à la faire réduire. Mais elle est si délicieuse qu'elle vaut bien la peine qu'on y consacre un peu de temps.

🦋 Faire fondre le beurre dans une casserole à fond épais ou de fonte émaillée. Ajouter la farine et remuer pour bien mélanger. Ajouter le bouillon de poulet. Brasser et cuire jusqu'à ce que la sauce soit lisse et crémeuse. Laisser mijoter à feu doux pendant 25 à 30 minutes, ou jusqu'à ce qu'il ne reste plus que 625 mL (2½ tasses) de sauce. Brasser une fois ou deux en cours de cuisson. Ajouter le vin blanc et laisser mijoter de nouveau 15 à 20 minutes, ou jusqu'à ce qu'il ne reste plus que 500 mL (2 tasses) de sauce. Brasser de temps à autre. Assaisonner de sel et de poivre

blanc fraîchement moulu.

🦋 Déposer les poitrines dans un plat allant au four et disposer les raisins tout autour. Napper le poulet de la sauce chaude. Fouetter la crème et l'étendre sur le tout. Cuire au four à 260°C (500°F) 3 à 4 minutes, ou jusqu'à ce que le dessus soit doré et glacé. Servir.

CUISSES DE POULET EN SALADE

2 cuisses de poulet ou 2 ailes, cuites
laitue Iceberg croustillante
2 tomates, hachées
30 mL (2 c. à soupe) de vinaigre de cidre
5 mL (1 c. à thé) de cari
ou de cumin moulu
125 mL (½ tasse) de crème à 35 %
5 mL (1 c. à thé) de moutarde
2 mL (½ c. à thé) de sucre

sel et poivre, au goût
œufs durs (facultatif)

🦋 Les cuisses et les ailes ne devront pas être froides. Couper quatre tranches épaisses de la laitue, en disposer deux sur chaque assiette et recouvrir des tomates hachées. Disposer le poulet sur le dessus. Mélanger le vinaigre de cidre avec le cari. Fouetter la crème et y ajouter la moutarde et le sucre. Saler et poivrer. Ajouter le vinaigre à la crème en battant. Bien mélanger et verser sur le poulet. Garnir des œufs durs coupés en tranches.

POULET DE LA VALLÉE D'AUGE

45 mL (3 c. à soupe) de beurre
1 poulet d'environ 2 kg (4 à 5 lb)
2 oignons moyens, hachés finement
2 gousses d'ail, écrasées
6 pommes, pelées et coupées en tranches
500 mL (2 tasses) de céleri haché finement
sel et poivre
15 mL (1 c. à soupe) de farine
250 mL (1 tasse) de vin blanc ou de jus de pomme
2 mL (½ c. à thé) de basilic

🦋 Dans un poêlon, faire fondre le beurre et y faire dorer le poulet entier ou coupé en portions individuelles.

🦋 Retirer le poulet du poêlon lorsqu'il est bien doré. Ajouter les oignons, l'ail, les pommes et le céleri au reste du beurre dans le poêlon. Saler et poivrer. Couvrir et laisser mijoter pendant 10 minutes à feu moyen.

🦋 Ajouter la farine, le vin blanc et le basilic. Mettre le poulet dans cette sauce et cuire à feu moyen jusqu'à ce que le poulet soit bien tendre.

CHAPON AU VIN BLANC

30 à 75 mL (2 à 5 c. à soupe) de beurre
4 tranches de gras de lard salé, coupées en petits dés
1 gros chapon
3 carottes, coupées en rondelles
24 petits oignons
2 mL (½ c. à thé) de marjolaine
2 branches de céleri
30 à 75 mL (2 à 5 c. à soupe) de persil
12 grains de poivre
500 mL (2 tasses) de consommé
1 gousse d'ail, écrasée
1 feuille de laurier
125 mL (½ tasse) de vin blanc
5 mL (1 c. à thé) de sel

☙ Dans une casserole, faire fondre le beurre et y faire dorer le lard salé. Trousser le chapon, bien le nettoyer et le faire dorer dans le gras à feu doux. Retirer le chapon de la casserole.

☙ Mettre les carottes, les oignons, la marjolaine, le céleri, le persil et le poivre dans la casserole. Cuire pendant quelques minutes en remuant sans arrêt.

☙ Déposer le chapon sur le lit de légumes. Ajouter le consommé, l'ail et le laurier. Porter à ébullition. Ajouter le vin blanc et le sel. Couvrir et laisser mijoter de 1 à 1½ heure ou jusqu'à ce que le chapon soit tendre.

☙ Pour servir, enlever la peau du chapon, couper la viande en assez gros morceaux ou même désosser le chapon. Disposer les morceaux de chapon sur un plat de service chaud. Passer le jus de cuisson au tamis et en recouvrir le chapon.

☙ Accompagner ce plat raffiné de petites pommes de terre persillées et d'asperges ou de brocoli au beurre.

POULET À L'AIL

1 poulet de 2,5 kg (5 à 6 lb)
2 oignons, coupés en 4
2 clous de girofle
1 mL (¼ c. à thé) de thym
1 feuille de laurier

SAUCE
75 mL (⅓ tasse) de beurre
2 oignons verts, hachés finement
60 mL (4 c. à soupe) de farine
250 mL (1 tasse) de crème
500 mL (2 tasses) de bouillon de poulet
2 gousses d'ail, hachées finement
4 jaunes d'œufs

RIZ AUX CHAMPIGNONS
500 mL (2 tasses) de riz non cuit
30 mL (2 c. à soupe) de beurre
250 g (½ lb) de champignons
125 mL (½ tasse) de xérès
sel et poivre

GARNITURE
paprika
persil

☙ Saler l'intérieur et l'extérieur du poulet. Piquer les oignons avec les clous de girofle. Mettre le poulet, les oignons, le thym, le laurier dans une casserole. Ajouter suffisamment d'eau chaude pour recouvrir le poulet. Faire mijoter à feu doux de 1½ à 2 heures, ou jusqu'à ce que le poulet soit tendre.

☙ Pour préparer la sauce, faire fondre le beurre dans une casserole et y ajouter les oignons verts. Cuire à feu doux, sans laisser brunir. Ajouter la farine et brasser jusqu'à ce que le tout soit bien mélangé. Ajouter la crème et le bouillon de poulet. Cuire, en brassant, jusqu'à ce que la sauce soit crémeuse.

☙ Ajouter l'ail à la sauce. Retirer du feu et ajouter les jaunes d'œufs, un à la fois, en battant vigoureusement après chaque addition. Rectifier l'assaisonnement.

☙ Couper le poulet en morceaux et l'ajouter à la sauce.

☙ Pour préparer le riz aux champignons, faire cuire le riz. Entre-temps, faire fondre le beurre et y faire revenir les champignons à feu vif pendant 3 minutes. Ajouter le xérès. Porter à ébullition et verser sur le riz cuit. Saler et poivrer. Servir ce riz avec le poulet à l'ail. Garnir le tout de paprika et de persil.

POULET SAUTÉ

1 poulet de 1 à 1,5 kg (2 à 3½ lb)
farine
sel et poivre
paprika
2 mL (½ c. à thé) d'estragon
15 mL (1 c. à soupe) de gras de bacon
15 mL (1 c. à soupe) de beurre
125 mL (½ tasse) de consommé

☙ Couper le poulet en portions individuelles, laver et bien assécher. Mélanger la farine, le sel, le poivre, le paprika et l'estragon. Enrober les morceaux de poulet de ce mélange. Dans l'autocuiseur, faire fondre le gras de bacon et le beurre et y faire dorer les morceaux de poulet. Ajouter le consommé.

☙ Bien fermer l'autocuiseur et placer le régulateur de pression.

Cuire pendant 15 minutes. Laisser tomber la pression d'elle-même. La sauce est prête à être servie.

POULET PANÉ CUIT AU FOUR

1 poulet de 1,4 kg (3 lb)
50 mL (¼ tasse) de farine
5 mL (1 c. à thé) de sel
1 mL (¼ c. à thé) de poivre
2 mL (½ c. à thé) d'estragon,
de thym ou de cari
125 mL (½ tasse) de beurre,
fondu ou de margarine

🍃 Couper le poulet en portions individuelles.

🍃 Mettre la farine, le sel, le poivre et l'estragon dans un sac de papier. Ajouter les morceaux de poulet. Fermer le sac et agiter jusqu'à ce que les morceaux de poulet soient bien enrobés de farine.

🍃 Disposer les morceaux de poulet côte à côte dans une lèchefrite. Arroser du beurre fondu.

🍃 Couvrir et cuire au four, chauffé à 200°C (400°F), pendant 30 minutes. Découvrir et poursuivre la cuisson 15 à 20 minutes, ou jusqu'à ce que le poulet soit tendre et doré.

POULET FRIT

1 poulet de 1,4 kg (3 lb)
125 mL (½ tasse) de farine
12 mL (2½ c. à thé) de sel
1 mL (¼ c. à thé) de poivre
1 mL (¼ c. à thé) de thym
ou de sarriette
250 mL (1 tasse) de lait
125 mL (½ tasse) de crème
à 10 %

🍃 Couper le poulet en portions individuelles. Mélanger la farine avec le sel, le poivre et le thym. Dans un bol, mélanger le lait avec la crème. Tremper les morceaux de poulet dans le lait, puis les enrober du mélange de farine.

🍃 Dans un poêlon, faire chauffer de l'huile ou de la graisse végétale (il en faut 1 cm ou ½ po) et y faire frire le poulet à feu moyen pendant 15 minutes. Retourner le poulet et poursuivre la cuisson pendant 15 minutes. Déposer le poulet cuit sur un plat de service chaud. Servir.

COQ AU VIN

1 poulet d'environ 1,5 kg
(3 à 4 lb), coupé en morceaux
45 mL (3 c. à soupe) de farine
60 mL (4 c. à soupe) de beurre
sel et poivre
45 mL (3 c. à soupe) de cognac
2 mL (½ c. à thé) de thym
2 feuilles de laurier
vin rouge, Bourgogne
de préférence
4 tranches de lard salé, coupées
en dés
12 petits oignons
12 champignons entiers

🍃 Enrober les morceaux de poulet de farine. Dans un poêlon, faire fondre le beurre et y faire dorer le poulet à feu doux. Saler et poivrer. Ajouter le cognac, chauffer et faire flamber. Ajouter le thym, le laurier et suffisamment de vin pour recouvrir le poulet. Couvrir et laisser mijoter à feu doux pendant 40 minutes, ou jusqu'à ce que le poulet soit tendre.

🍃 Dans un autre poêlon, faire dorer le lard et y ajouter les oignons entiers. Couvrir et cuire à feu doux 20 à 30 minutes, ou jusqu'à ce que les oignons soient tendres. Ajouter les champignons et poursuivre la cuisson pendant 2 minutes.

Coq au vin

❦ TECHNIQUE ❦

COQ AU VIN

1 Enrober les morceaux de poulet de farine.

2 Faire fondre le beurre et y faire dorer les morceaux de poulet.

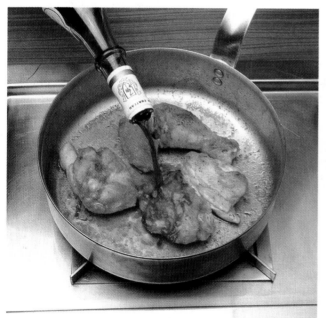

3 Ajouter le cognac et faire flamber. Ajouter les épices et le vin.

4 Ajouter les champignons aux oignons.

Poulet Marengo

🐟 Disposer les oignons, les champignons et les lardons en couronne sur un plat de service chaud. Déposer les morceaux de poulet dans le centre. Faire bouillir la sauce au vin pendant quelques minutes à feu vif, pour la réduire légèrement. Arroser le poulet de la sauce. Garnir le tout de pain grillé, beurré et coupé en triangles.

POULET MARENGO

1 poulet d'environ 2 kg (4 à 5 lb)
sel et poivre
farine
60 mL (4 c. à soupe) d'huile
d'olive
250 mL (1 tasse) de vin blanc
2 gousses d'ail, hachées finement
1 mL (¼ c. à thé) de thym
1 feuille de laurier
2 grosses tomates fraîches
ou 250 mL (1 tasse) de sauce
aux tomates

12 champignons, coupés
en quatre
persil, haché finement
croûtons, taillés en cœur et cuits
dans le beurre

🐟 Couper le poulet en portions individuelles. Saler, poivrer et enfariner chaque morceau.

🐟 Dans un poêlon, faire chauffer l'huile et y faire dorer les morceaux de poulet. Retirer les morceaux de poulet du poêlon et le mettre dans une cocotte.

🐟 Verser le vin blanc dans le poêlon. Porter à ébullition en grattant bien le fond. Verser sur le poulet. Ajouter l'ail, le thym, le laurier et les tomates fraîches, pelées et coupées en dés. Couvrir et laisser mijoter à feu doux 30 à 45 minutes, ou jusqu'à ce que le poulet soit presque cuit. Retourner les morceaux de poulet 2 ou 3 fois en cours de cuisson.

🐟 Rectifier l'assaisonnement. Ajouter les champignons et poursuivre la cuisson jusqu'à ce que le poulet soit tendre.

🐟 Déposer les morceaux de poulet sur un plat de service chaud. Saupoudrer du persil frais et disposer les croûtons tout autour. Servir.

POULET AU CURAÇAO

1 poulet d'un peu plus de 1 kg
(2½ à 3 lb)
45 mL (3 c. à soupe) de beurre
250 mL (1 tasse) de jus d'orange
1 morceau de zeste d'orange
5 mL (1 c. à thé) de gingembre
moulu
4 oignons verts, hachés finement
2 mL (½ c. à thé) d'ail en poudre
5 mL (1 c. à thé) de sel
1 pincée de poivre
30 mL (2 c. à soupe) de curaçao

🐟 Couper le poulet en portions individuelles. Faire fondre le beurre et y faire dorer les morceaux de poulet. Mettre les morceaux cuits dans une lèchefrite.

🐟 Ajouter le reste des ingrédients. Couvrir et cuire au four à 190°C (375°F) pendant environ 30 minutes, ou jusqu'à ce que le poulet soit tendre.

🐟 Si désiré, épaissir la sauce avec 15 mL (1 c. à soupe) de fécule de maïs délayée dans 30 mL (2 c. à soupe) d'eau froide.

POULE AU VERMOUTH

1 poule de 1,8 kg (4 lb)
50 mL (¼ tasse) de farine
5 mL (1 c. à thé) de sel
1 mL (¼ c. à thé) de poivre

1 pincée de thym
60 mL (4 c. à soupe) de beurre
175 mL (¾ tasse) de vermouth
250 mL (1 tasse) de crème à 10 %

🦴 Couper la poule en portions individuelles. Mettre la farine, le sel, le poivre et le thym dans un sac de papier. Ajouter les morceaux de poule et agiter jusqu'à ce qu'ils soient bien enrobés de farine.

🦴 Faire fondre le beurre et y faire dorer les morceaux de poule à feu moyen. Mettre dans une lèchefrite. Arroser du vermouth et de la crème.

🦴 Cuire au four à 190°C (375°F), à découvert, 40 à 45 minutes. Tourner les morceaux de poule et remuer souvent la sauce en cours de cuisson. Servir avec du riz.

POULE AUX OIGNONS

1 poule de 2 kg (4 à 5 lb)
sel, poivre et paprika
2 mL (½ c. à thé) de gingembre moulu
2 mL (½ c. à thé) de sarriette
5 oignons, coupés en tranches minces
125 mL (½ tasse) de persil haché finement
250 mL (1 tasse) d'eau

🦴 Couper la poule en portions individuelles. Mélanger le sel, le poivre, le paprika, le gingembre et la sarriette. Enrober les morceaux de poule de ce mélange.

🦴 Mettre la moitié des oignons dans une lèchefrite et les recouvrir des morceaux de poulet. Disposer le reste des oignons sur le dessus. Parsemer du persil. Verser l'eau sur le tout.

🦴 Bien couvrir et cuire au four à 150°C (300°F), ou à feu très doux, pendant 1½ heure.

🦴 Servir avec de la purée de pommes de terre.

POULET À L'ANCIENNE

Ce poulet est cuit au four dans une sauce blanche. Au début du siècle, ce plat était fort prisé par les fins gourmets. Je crois qu'il n'a rien perdu de son charme au cours des années et qu'il demeure un vrai délice pour le palais. De plus, il est simple à préparer.

1 poulet d'environ 1,5 kg
(3 à 4 lb)
5 mL (1 c. à thé) de sel
2 mL (½ c. à thé) de poivre
2 mL (½ c. à thé) de thym
ou de sauge

SAUCE
30 mL (2 c. à soupe) de beurre
45 mL (3 c. à soupe) de farine

500 mL (2 tasses) de lait
2 branches de céleri, coupées en dés
50 mL (¼ tasse) de persil haché
50 mL (¼ tasse) de xérès sec

🦴 Couper le poulet en portions individuelles et les mettre dans un grand bol. Recouvrir de glaçons et ajouter suffisamment d'eau pour immerger le poulet en entier. Laisser tremper pendant 1 heure. Égoutter et bien assécher chaque morceau. Mettre les morceaux de poulet, le sel, le poivre et le thym dans une casserole peu profonde.

🦴 Dans un poêlon, faire fondre le beurre et y ajouter la farine. Bien mélanger. Ajouter le lait. Remuer et cuire jusqu'à ce que le mélange soit lisse et crémeux. Ajouter le céleri, le persil et le xérès. Verser sur le poulet. Couvrir et cuire au four à 150°C (300°F) pendant 50 à 60 minutes, ou jusqu'à ce que le poulet soit tendre. Servir.

Poule aux oignons

Poulet chasseur à l'italienne

POULET ÎLE-DE-FRANCE

1 poulet d'environ 2 kg (4 à 5 lb)
45 mL (3 c. à soupe) de lardons de lard salé
45 mL (3 c. à soupe) de beurre
1 gros oignon, coupé en tranches très fines
½ gousse d'ail, écrasée
5 brins d'estragon frais ou 5 mL (1 c. à thé) d'estragon séché

SAUCE
45 mL (3 c. à soupe) de beurre
45 mL (3 c. à soupe) de farine
250 mL (1 tasse) de lait

❧ Couper le poulet en portions individuelles. Dans une casserole, faire revenir les lardons avec le beurre et y faire dorer le poulet. Ajouter l'oignon, l'ail et l'estragon. Couvrir et laisser mijoter à feu doux pendant 45 minutes. Réserver 250 mL (1 tasse) du jus de cuisson.

❧ Préparer une sauce blanche avec le beurre, la farine, le lait et le jus de cuisson du poulet. Ajouter du lait s'il n'y a pas assez de jus de cuisson. Faire cuire le tout jusqu'à ce que le mélange soit lisse et crémeux.
❧ Verser la sauce sur le poulet et laisser mijoter pendant 15 minutes. Servir au centre d'une couronne de pâtes au persil.

POULET À LA SUISSE

1 poulet de 2 à 2,5 kg (4 à 6 lb)
45 mL (3 c. à soupe) de beurre
125 mL (½ tasse) de vin blanc
250 mL (1 tasse) de consommé
1 bouquet de persil, haché
2 oignons verts, hachés finement
1 gousse d'ail, hachée finement
2 clous de girofle
½ feuille de laurier
1 mL (¼ c. à thé) de basilic
sel et poivre
15 mL (1 c. à soupe) de fécule de maïs

30 mL (2 c. à soupe) d'eau froide
250 g (½ lb) de gruyère, râpé

❧ Couper le poulet en portions individuelles. Dans une casserole, faire fondre le beurre et y faire dorer le poulet. Arroser du vin blanc et du consommé. Aromatiser avec le persil, les oignons verts, l'ail, les clous de girofle, le laurier et le basilic. Saler et poivrer. Couvrir et laisser mijoter à feu doux pendant 1 heure, ou jusqu'à ce que le poulet soit bien tendre. Retirer le poulet du jus de cuisson.
❧ Épaissir le jus de cuisson avec la fécule de maïs délayée dans l'eau. Cuire pendant 2 minutes. Verser la moitié de cette sauce dans un plat en verre allant au four. Saupoudrer de la moitié du gruyère. Déposer les morceaux de poulet sur le fromage. Recouvrir avec le reste de la sauce et saupoudrer du reste du gruyère.
❧ Passer sous le gril pendant 8 minutes.

POULET CHASSEUR À L'ITALIENNE

1 poulet d'environ 1,5 kg (3 à 4 lb)
45 mL (3 c. à soupe) de beurre
1 gousse d'ail, hachée finement
3 oignons verts, hachés finement
125 mL (½ tasse) de consommé
125 mL (½ tasse) de vin blanc
15 mL (1 c. à soupe) de pâte de tomates
1 mL (¼ c. à thé) de thym
1 mL (¼ c. à thé) de marjolaine
sel et poivre
125 mL (½ tasse) de persil haché finement
250 g (½ lb) de champignons

❦ TECHNIQUE ❦

POULET CHASSEUR À L'ITALIENNE

1   Faire dorer l'ail et les oignons verts dans le beurre.

2   Retirer l'ail et les oignons verts du beurre. Ajouter les morceaux de poulet et faire dorer.

3   Ajouter le consommé et le vin blanc.

4   Ajouter la pâte de tomates et les épices.

🍃 Couper le poulet en portions individuelles. Dans un poêlon, faire fondre le beurre et y faire dorer l'ail et les oignons verts. Avec une écumoire, retirer l'ail et les oignons verts. Faire dorer le poulet à feu moyen dans le beurre qui reste dans le poêlon.

🍃 Ajouter le consommé, le vin blanc, la pâte de tomates, le thym et la marjolaine. Saler et poivrer au goût. Couvrir et laisser mijoter à feu doux 40 à 45 minutes, ou faire cuire au four à 190°C (375°F) 40 à 45 minutes.

🍃 Déposer le poulet sur un plat de service chaud et le saupoudrer du persil haché. Faire revenir les champignons dans du beurre à feu vif 2 à 3 minutes et les disposer joliment autour du poulet.

POULE AU CHOU

1 poule de 2 kg (4 à 5 lb)
250 g (½ lb) de lard salé, coupé en dés
1 gros chou vert, haché grossièrement
4 à 6 gros oignons, coupés en tranches minces
5 mL (1 c. à thé) de sel
1 mL (¼ c. à thé) de poivre
2 mL (½ c. à thé) de thym
125 mL (½ tasse) d'eau

🍃 Couper la poule en morceaux et les enfariner. Dans une casserole en fonte, faire revenir le lard et y faire dorer les morceaux de poule.

🍃 Retirer les morceaux de poule au fur et à mesure qu'ils sont dorés. Ajouter le chou et les oignons au reste de gras dans la casserole. Faire cuire à feu moyen, en remuant souvent, jusqu'à ce que les légumes aient ramolli (environ 15 minutes).

🍃 Ajouter les morceaux de poule et les recouvrir avec le chou. Ajouter le sel, le poivre, le thym et l'eau. Bien couvrir et cuire au four à 150°C (300°F) pendant 1½ heure.

POULET À LA KIEV

Les amateurs de poulet raffoleront de ce plat. Pour bien le réussir, il est important que le beurre soit très froid et que le poulet soit coupé en tranches très minces. L'huile ne doit pas être trop chaude.

250 g (½ lb) de beurre
1 petite gousse d'ail, hachée finement
30 mL (2 c. à soupe) de ciboulette ou d'oignon haché finement
30 mL (2 c. à soupe) de persil haché finement
sel et poivre
poitrine d'un poulet de 2,3 kg (5 lb) non cuit
sel et poivre
farine
1 œuf, battu
125 mL (½ tasse) de chapelure
huile végétale

🍃 Défaire le beurre en crème avec l'ail, la ciboulette et le persil. Saler et poivrer au goût. Bien mélanger le tout. Couvrir et réfrigérer jusqu'à ce que le beurre soit dur. Façonner le beurre en 6 petits cylindres de la longueur d'un doigt. Envelopper et congeler pendant au moins 4 heures.

🍃 Couper la poitrine de la volaille en 6 belles tranches. Placer chaque tranche entre deux feuilles de papier ciré. Avec un maillet de bois, marteler la viande pour l'amincir le plus possible.

🍃 Saler et poivrer chaque tranche de poulet. Déposer un cylindre de beurre au centre de chacune. Replier et rouler. Attacher chaque roulade avec du fil, si désiré.

🍃 Saupoudrer légèrement de farine. Tremper chaque roulade dans l'œuf battu, puis dans la chapelure. Faire frire dans l'huile chaude, le plus rapidement possible, ou jusqu'à ce que les roulades soient bien dorées.

🍃 Servir immédiatement. Accompagner de pommes de terre.

FRICASSÉE DE POULE

1 poule de 2 kg (4 à 5 lb)
30 mL (2 c. à soupe) de beurre
2 L (8 tasses) d'eau bouillante
10 mL (2 c. à thé) de sel
1 carotte, coupée en tranches minces
1 oignon, haché finement
3 brins de persil, hachés finement
1 clou de girofle
1 feuille de laurier
1 pincée de thym
1 gousse d'ail, hachée finement

PÂTE À GRAND-PÈRES
500 mL (2 tasses) de farine
30 mL (2 c. à soupe) de levure chimique
2 mL (½ c. à thé) de sel
2 œufs
250 mL (1 tasse) de lait

🍃 Couper la poule en portions individuelles. Faire fondre le beurre et y faire dorer les morceaux de poule à feu moyen.

🍃 Ajouter l'eau bouillante, le sel, la carotte, l'oignon, le persil, le clou de girofle, le laurier, le thym et l'ail. Porter à ébullition. Couvrir et laisser mijoter à feu doux pendant environ 2 heures, ou jusqu'à ce que la poule soit tendre.

🌿 Pour préparer les grands-pères, tamiser la farine avec la levure chimique et le sel. Battre les œufs avec le lait. Ajouter d'un seul coup les ingrédients secs. Battre le tout jusqu'à ce que le mélange ait la consistance d'une pâte légère.

🌿 Lorsque la poule est cuite, la retirer du jus de cuisson. Laisser tomber la pâte par grosses cuillerées dans le jus de cuisson chaud, de 60 à 90 mL (4 à 6 c. à soupe) à la fois selon la grandeur de la casserole. Répéter l'opération avec le reste de la pâte. Couvrir et laisser bouillir à feu moyen pendant 10 minutes. Disposer les grands-pères autour de la poule. Napper le tout du jus de cuisson et saupoudrer de persil. Servir.

Poulet à la Kiev

POULET D'ÉTÉ

1 poulet de 2 kg (4 à 5 lb)
30 mL (2 c. à soupe) de beurre
sel et poivre
5 mL (1 c. à thé) d'estragon
175 mL (¾ tasse) d'eau
45 mL (3 c. à soupe) de vin blanc ou de jus de citron
1 botte de radis
1 botte d'oignons verts
1 concombre moyen
sel et poivre
ciboulette ou cresson

🌿 Couper le poulet en portions individuelles. Dans un poêlon, faire fondre le beurre et y faire dorer le poulet. Saler et poivrer. Ajouter l'estragon, l'eau et le vin blanc. Couvrir et cuire à feu doux 40 à 60 minutes, ou jusqu'à ce que le poulet soit tendre.

🌿 Couper les radis et les oignons verts en tranches. Peler le concombre. Saler et poivrer au goût. Ajouter les légumes au jus de cuisson du poulet. Parsemer de ciboulette. Ne pas laisser cuire les légumes dans le jus de cuisson.

RAGOÛT DE POULET AUX BOULETTES DE PÂTE

1 poulet ou une poule de 1,8 kg (4 lb)
750 mL (3 tasses) d'eau
5 mL (1 c. à thé) de sel
poivre
1 branche de céleri, hachée finement
1 carotte, coupée en tranches minces
2 oignons, hachés finement
1 gousse d'ail, hachée finement
1 mL (¼ c. à thé) de sarriette

PÂTE POUR LES BOULETTES
125 mL (½ tasse) de farine
20 mL (4 c. à thé) de levure chimique
2 mL (½ c. à thé) de sel
2 mL (½ c. à thé) de muscade
15 mL (1 c. à soupe) de beurre fondu
1 œuf, battu
150 mL (⅔ tasse) de lait

🌿 Couper le poulet en portions individuelles et les mettre dans le fond de l'autocuiseur (sans claie). Ajouter l'eau, le sel, le poivre, le céleri, la carotte, les oignons, l'ail et la sarriette.

🌿 Bien fermer l'autocuiseur et placer le régulateur de pression. Cuire le poulet pendant 15 minutes et la poule pendant 20 minutes. Laisser tomber la pression d'elle-même.

🌿 Pour préparer les boulettes, tamiser la farine avec la levure chimique, le sel et la muscade. Ajouter le beurre fondu. Mélanger

Crêpes au poulet

l'œuf avec le lait. Ajouter d'un seul coup aux ingrédients secs. Bien mélanger.

🦢 Retirer les morceaux de poulet de l'autocuiseur. Laisser tomber la pâte par cuillerée dans le jus de cuisson [il faut 750 mL (3 tasses) de liquide. Si nécessaire, ajouter de l'eau bouillante]. Fermer l'autocuiseur. Faire cuire les boulettes à la vapeur, à feu moyen pendant 10 minutes, sans le régulateur de pression. Disposer joliment les boulettes de pâte autour du poulet. Servir la sauce dans une saucière.

CRÊPES AU POULET

45 mL (3 c. à soupe) de beurre
2 oignons, hachés finement
½ poivron vert, haché finement
5 branches de céleri, coupées
en petits dés
250 g (½ lb) de champignons,
coupés en fines tranches
1 poulet rôti de 1,4 kg (3 lb)

PÂTE À CRÊPES
250 mL (1 tasse) de lait
2 œufs
30 mL (2 c. à soupe) de beurre,
fondu
125 mL (½ tasse) de farine
2 mL (½ c. à thé) de sel

🦢 Faire dorer légèrement dans le beurre les oignons, le poivron vert et le céleri. Ajouter les champignons et laisser mijoter le tout pendant 3 minutes, en remuant sans arrêt.

🦢 Retirer la peau du poulet et couper la viande en cubes de 0,5 cm (¼ po) de côté. Ajouter aux légumes.

🦢 Pour préparer la pâte à crêpes, battre le lait avec les œufs et le beurre fondu. Tamiser la farine avec le sel. Ajouter au mélange de lait et d'œufs. Battre jusqu'à ce que la pâte soit bien lisse.

🦢 Pour cuire les crêpes, beurrer un petit poêlon. Verser un peu de pâte dans le poêlon chaud. En penchant le poêlon, étendre la pâte de manière à en couvrir le fond. Faire dorer à feu moyen. Cuire d'un seul côté. Déposer la crêpe côté non cuit sur un linge. Faire cuire ainsi toute la pâte.

🦢 Répartir également le mélange de poulet sur la partie cuite de chacune des crêpes. Rouler les crêpes. La partie non cuite est alors sur le dessus. Déposer les crêpes côte à côte dans un plat à gratin. Recouvrir d'une sauce au fromage préparée avec 15 mL (1 c. à soupe) de beurre, 15 mL (1 c. à soupe) de farine, 375 mL (1½ tasse) de lait et 250 mL (1 tasse) de fromage râpé. Saler et poivrer au goût.

🦢 Faire cuire les crêpes au four à 180°C (350°F) pendant 30 minutes. Si désiré, passer sous le gril pendant quelques instants pour les faire dorer. Servir.

POULET À LA TOSCA

750 mL (3 tasses) de riz cuit
1 poulet de 1,2 kg (2½ lb), cuit
500 mL (2 tasses) de sauce
aux champignons
chapelure
fromage, râpé
15 mL (1 c. à soupe) de beurre,
coupé en dés

🦢 Mettre le riz dans une cocotte bien beurrée. Recouvrir du poulet cuit coupé en dés.

🦢 Verser la sauce aux champignons (voir page 48) sur le tout. Saupoudrer de chapelure et de fromage râpé. Garnir de dés de beurre. Faire dorer au four à 200°C (400°F) pendant 18 minutes.

Poulet au brocoli

1 poulet de 1,4 kg (3 lb)
500 mL (2 tasses) d'eau
sel et poivre
1 paquet de brocoli congelé
30 mL (2 c. à soupe) de beurre
45 mL (3 c. à soupe) de farine
125 mL (½ tasse) de bouillon
de poulet
125 mL (½ tasse) de crème
à 10 %
30 mL (2 c. à soupe) de xérès
parmesan râpé

🍂 Mettre le poulet dans l'eau. Saler et poivrer. Couvrir et laisser mijoter pendant 1 heure. Retirer le poulet du jus de cuisson et le désosser. Couper la viande en morceaux assez gros.

🍂 Cuire le brocoli, l'égoutter et le mettre dans une lèchefrite. Mettre les morceaux de poulet sur le brocoli.

🍂 Préparer une sauce blanche avec le beurre, la farine, le bouillon de poulet et la crème. Lorsque la sauce est bien crémeuse, ajouter le xérès. Verser la sauce sur le poulet. Saupoudrer de fromage râpé. Cuire au four à 200°C (400°F) pendant 15 minutes. Servir.

Bouchées de poulet

1 jeune poulet de 1 à 1,5 kg
(2 à 3 lb)
125 mL (½ tasse) de farine
5 mL (1 c. à thé) de sel
1 mL (¼ c. à thé) de poivre
5 mL (1 c. à thé) de paprika
5 mL (1 c. à thé) de cari
125 mL (½ tasse) de beurre
250 mL (1 tasse) d'oignons
hachés finement

🍂 Couper le poulet en morceaux d'environ 2,5 cm (1 po).

🍂 Dans une grande assiette, mélanger la farine, le sel, le poivre, le paprika et le cari. Enrober les morceaux de poulet de ce mélange.

🍂 Dans une lèchefrite, faire fondre le beurre et y disposer les morceaux de poulet côte à côte, la peau touchant le fond. Recouvrir des oignons légèrement frits. Cuire au four à 200°C (400°F) pendant 16 minutes. Servir chaud ou tiède.

Pâté au poulet

1 poule de 2,5 kg (5 à 6 lb)
15 mL (1 c. à soupe) de sel
1 mL (¼ c. à thé) de poivre
quelques branches de céleri
1 oignon, coupé en tranches
minces
1 mL (¼ c. à thé) de thym
ou de sarriette
1 feuille de laurier
500 g (1 lb) de carottes, coupées
en rondelles de 2,5 cm (1 po)
d'épaisseur
500 mL (2 tasses) de céleri coupé
en biais
12 à 24 petits oignons blancs
30 mL (2 c. à soupe) de beurre
250 g (½ lb) de champignons,
coupés en quatre
175 mL (¾ tasse) de beurre
175 mL (¾ tasse) de farine
750 mL (3 tasses) de lait
15 mL (1 c. à soupe) de jus
de citron
30 mL (2 c. à soupe) de persil
haché

🍂 Placer la poule dans une grande casserole avec le sel, le poivre, le céleri, l'oignon, le thym et le laurier. Recouvrir d'eau chaude. Couvrir et faire mijoter jusqu'à ce que la poule soit tendre.

🍂 Retirer la poule du bouillon, enlever la peau et couper la viande en morceaux de 2,5 cm (1 po) d'épaisseur (la poule doit être assez cuite pour que la viande se sépare facilement des os). Placer dans un bol et recouvrir du bouillon chaud. Couvrir et réfrigérer pendant 12 heures. Retirer la poule du bouillon en gelée et faire réduire le bouillon jusqu'à ce qu'il n'en reste plus que 750 mL (3 tasses). Réserver le bouillon.

🍂 Dans une casserole d'eau bouillante, cuire les carottes et le céleri jusqu'à ce qu'ils soient tendres mais croquants. Dans une casserole d'eau bouillante salée, cuire les petits oignons 15 à 20 minutes. Entre-temps, faire fondre le beurre et y faire dorer les champignons à feu vif pendant 2 minutes.

🍂 Dans une casserole, faire fondre le beurre et y ajouter la farine. Remuer pour bien mélanger. Ajouter le lait et les 750 mL (3 tasses) de bouillon de poulet réservé. Cuire en remuant sans arrêt jusqu'à ce que le mélange soit lisse et crémeux.

🍂 Ajouter les carottes, le céleri, les champignons, le poulet, le jus de citron et le persil. Faire chauffer quelques minutes. Rectifier l'assaisonnement.

🍂 Verser la préparation dans un moule à pâté. Recouvrir d'une pâte de votre choix. Cuire au four à 200°C (400°F) pendant 40 à 50 minutes.

🍂 On peut préparer les éléments de ce pâté la veille, mais on ne doit les assembler qu'au moment de le faire cuire. Il n'est pas nécessaire de réchauffer les légumes ou la sauce avant de mettre le pâté au four.

Cipaille du Québec

1 petite dinde d'environ
3 à 3,5 kg (6 à 8 lb) ou 1 poulet
de 2,5 kg (5 à 6 lb)
1 perdrix ou 1 canard sauvage
ou domestique
1 filet de porc
250 mL (1 tasse) de farine salée
et poivrée
10 tranches de lard salé gras
4 oignons, hachés finement
125 mL (½ tasse) de persil haché
finement
5 mL (1 c. à thé) de sarriette
50 mL (¼ tasse) de feuilles
de céleri hachées finement
15 mL (1 c. à soupe) de sel
2 mL (½ c. à thé) de poivre
1 mL (¼ c. à thé) de cannelle
pâte à tarte
500 mL (2 tasses) de chapelure
ou 500 mL (2 tasses) de pommes
de terre cuites, râpées
250 mL (1 tasse) de consommé

🐟 Couper la dinde et la perdrix en portions individuelles (ne pas mettre le dos s'il s'agit d'un canard domestique). Désosser. Hacher le filet de porc au robot culinaire.

🐟 Enrober les morceaux de volaille de la farine assaisonnée. Dans un poêlon, faire revenir les tranches de lard et y faire dorer les morceaux de volaille. Déposer le tout dans un plat.

🐟 Faire dorer les oignons, le persil et la sarriette dans le gras du lard salé. Retirer du poêlon. Réserver. Faire dorer ensuite le porc, les feuilles de céleri, le sel, le poivre et la cannelle dans le poêlon.

🐟 Abaisser la pâte à tarte jusqu'à 1 cm (½ po) d'épaisseur et en tapisser un moule ayant au moins 10 à 13 cm (4 à 5 po) de hauteur. Étendre le mélange de porc et de céleri dans le fond, sur la croûte. Saupoudrer d'un peu de chapelure. Recouvrir de quelques tranches de lard grillé et de quelques cuillerées du mélange d'oignons. Verser le consommé sur le tout.

🐟 Étendre une autre abaisse moins épaisse par-dessus la garniture au porc. Recouvrir des morceaux de dinde. Saupoudrer d'un peu de chapelure. Couvrir de quelques tranches de lard et de quelques cuillerées du mélange d'oignons.

🐟 Étendre une troisième abaisse par-dessus la dinde. Recouvrir des morceaux de perdrix. Saupoudrer d'un peu de chapelure. Couvrir de quelques tranches de lard et de quelques cuillerées du mélange d'oignons. Recouvrir le tout d'une autre abaisse de 1 cm (½ po) d'épaisseur. Cuire au four à 150°C (300°F) pendant 4 heures.

🐟 La cipaille se mange froide ou chaude.

Vol-au-vent au poulet

1 poulet de 2 kg (4 à 5 lb)
1 oignon, coupé en quatre
1 carotte, coupée en tranches
3 branches de céleri
15 mL (1 c. à soupe) de sel
2 mL (½ c. à thé) de poivre
1 pincée de thym
2 mL (½ c. à thé) d'estragon
125 mL (½ tasse) d'eau
par 500 g (1 lb) de poulet

SAUCE
45 mL (3 c. à soupe) de beurre
60 mL (4 c. à soupe) de farine
500 mL (2 tasses) de bouillon
de poulet
30 mL (2 c. à soupe) de crème
à 35 %
5 mL (1 c. à thé) de beurre
5 mL (1 c. à thé) d'estragon
ou de basilic ou 2 mL (½ c. à thé)
de thym

Poulet à la king

Placer le poulet dans une casserole avec l'oignon, la carotte, le céleri, le sel, le poivre, le thym, l'estragon et l'eau. Couvrir et faire mijoter pendant 40 à 60 minutes, ou jusqu'à ce que le poulet soit tendre. Laisser refroidir dans le bouillon. Réserver 500 mL (2 tasses) du bouillon de poulet.

Pour préparer la sauce, faire fondre le beurre et y ajouter la farine et le bouillon de poulet réservé. Cuire à feu moyen, en remuant, jusqu'à ce que la sauce soit lisse et onctueuse. Ajouter petit à petit la crème et le beurre, en brassant sans arrêt. Aromatiser avec l'estragon.

Couper le poulet en morceaux de grosseur moyenne et l'ajouter à la sauce. Si désiré, ajouter 250 g (½ lb) de champignons sautés au beurre. Rectifier l'assaisonnement. Servir cette sauce au poulet sur des vol-au-vent chauds.

POULET À LA KING

Ce plat au poulet a été créé en l'honneur du Roi Charles II.

30 mL (2 c. à soupe) de beurre
50 mL (¼ tasse) de poivron vert coupé en dés
250 mL (1 tasse) de champignons coupés en fines tranches
1 petit oignon, haché
30 mL (2 c. à soupe) de farine
500 mL (2 tasses) de crème à 10 %
3 mL (¾ c. à thé) de sel
750 mL (3 tasses) de poulet cuit coupé en dés
1 mL (¼ c. à thé) de paprika
15 mL (1 c. à soupe) de jus de citron
30 mL (2 c. à soupe) de xérès

Dans un poêlon, faire fondre le beurre et y ajouter le poivron vert, les champignons et l'oignon. Laisser mijoter pendant 5 minutes. Saupoudrer la farine, mélanger et ajouter la crème. Cuire en brassant sans arrêt jusqu'à ce que le mélange épaississe. Ajouter le sel et le poulet. Laisser mijoter pendant 3 minutes.

Ajouter le paprika, le jus de citron et le xérès. Poursuivre la cuisson à feu doux pendant 3 minutes. Servir cette sauce sur des vol-au-vent.

SOUFFLÉ AU POULET

250 mL (1 tasse) de blanc de poulet cuit
45 mL (3 c. à soupe) de beurre
45 mL (3 c. à soupe) de farine
175 mL (¾ tasse) de lait
sel au goût
50 mL (¼ tasse) de cognac ou de xérès
1 mL (¼ c. à thé) de moutarde en poudre
4 jaunes d'œufs
6 blancs d'œufs

Hacher le poulet au robot culinaire (mesurer le poulet lorsqu'il est haché).

Préparer une sauce blanche avec le beurre, la farine et le lait. Cuire la sauce jusqu'à ce qu'elle soit lisse et crémeuse. Saler au goût. Retirer du feu et ajouter le cognac. Bien mélanger et ajouter la moutarde.

Ajouter les jaunes d'œufs, un à la fois, en battant vigoureusement après chaque addition. Incorporer le poulet.

Battre les blancs d'œufs en neige et les incorporer délicatement au mélange.

Tapisser un moule à soufflé de 20 cm (8 po) de diamètre d'un papier ciré et y verser la préparation au poulet. Faire cuire le soufflé au four, chauffé à 180°C (350°F), pendant 40 à 50 minutes.

Servir avec une sauce blanche légère préparée à partir d'une quantité égale de bouillon de poulet concentré et de crème. Aromatiser d'un peu de xérès ou de cognac.

GALANTINE DE POULET À LA QUÉBÉCOISE

1 poule de 2,5 kg (5 à 6 lb), plutôt grasse
2,5 L (10 tasses) d'eau chaude
20 mL (4 c. à thé) de sel
2 mL (½ c. à thé) de poivre
1 carotte, râpée
1 panais, râpé
1 oignon, râpé
250 mL (1 tasse) de céleri coupé en dés
125 mL (½ tasse) de persil frais haché finement
5 mL (1 c. à thé) de sarriette ou de thym
1 feuille de laurier

Retirer le gras de la poule, le faire fondre à feu doux et y faire dorer la poule de chaque côté à feu moyen.

Ajouter le reste des ingrédients et porter à ébullition. Couvrir et laisser mijoter à feu doux 2 à 2½ heures, ou jusqu'à ce que la poule soit tendre. Retirer la poule du bouillon. Faire réduire le bouillon à feu vif, à découvert, jusqu'à ce qu'il n'en reste plus que la moitié. Réserver.

Poulet rôti martini

🌭 Désosser la poule avant qu'elle ne soit complètement refroidie. Défaire en petits morceaux et mettre dans un moule huilé de 23 x 13 x 8 cm (9 x 5 x 3 po).

🌭 Verser le bouillon réservé sur la viande (il n'est pas nécessaire de passer le bouillon au tamis). Couvrir et réfrigérer pendant 12 heures. Démouler et servir.

PETITES GALANTINES

1 poule de 1,8 kg (4 lb)
1,2 L (5 tasses) d'eau
1 oignon
2 branches de céleri
1 feuille de laurier
1 mL (¼ c. à thé) de thym
2 mL (½ c. à thé) de moutarde
en poudre
sel et poivre
125 mL (½ tasse)
de mayonnaise

30 mL (2 c. à soupe) de câpres
ou de cornichons

🌭 Mettre la poule, l'eau, l'oignon, le céleri, le laurier, le thym et la moutarde en poudre dans une casserole. Porter à ébullition. Saler et poivrer. Couvrir et laisser mijoter pendant environ 2½ heures, ou jusqu'à ce que la poule soit tendre.

🌭 Enlever la peau et désosser la poule. Couper la viande en morceaux de grosseur moyenne. Faire réduire le bouillon, à découvert, jusqu'à ce qu'il n'en reste plus que 500 mL (2 tasses). Réserver.

🌭 Huiler des petits moules et les remplir des morceaux de poule. Verser le bouillon sur la viande. Réfrigérer jusqu'à ce que le tout soit bien froid. Entre-temps, battre la mayonnaise avec les câpres.

🌭 Démouler et garnir du mélange de mayonnaise. Servir.

GALANTINE DE POULET À LA CRÈME

1 poulet de 1,8 kg (4 lb)
45 mL (3 c. à soupe) de beurre
2 oignons, coupés en tranches
minces
5 mL (1 c. à thé) de sel
1 mL (¼ c. à thé) de poivre
1 feuille de laurier
1 pincée de thym
500 mL (2 tasses) d'eau
250 mL (1 tasse) de crème à 35 %

🌭 Couper le poulet en portions individuelles. Dans un poêlon, faire fondre le beurre et y faire dorer le poulet à feu moyen. Ajouter les oignons, le sel, le poivre, le laurier et le thym. Verser l'eau sur le tout. Couvrir et faire mijoter pendant 25 à 30 minutes, ou jusqu'à ce que le poulet soit tendre.

🌭 Retirer les morceaux de poulet du poêlon. Faire réduire le bouillon jusqu'à ce qu'il n'en reste plus que 250 mL (1 tasse). Ajouter la crème et faire chauffer sans laisser bouillir.

🌭 Désosser et couper la viande en morceaux. Ajouter le mélange de crème au poulet. Rectifier l'assaisonnement. Verser dans un moule huilé. Réfrigérer pendant 24 heures. Démouler et servir avec du cresson et de la mayonnaise.

POULET RÔTI MARTINI

La saveur de ce poulet à l'italienne vous surprendra agréablement.

1 poulet de 1,4 kg (3 lb), coupé
en quatre morceaux
50 mL (¼ tasse) de beurre, coupé
en dés

8 à 10 baies de genièvre
50 mL (¼ tasse) de vermouth
30 mL (2 c. à soupe) de gin sec
ou le jus de ½ citron

🐟 Déposer les morceaux de poulet dans une casserole peu profonde. Parsemer de dés de beurre. Écraser les baies de genièvre avec le dos d'une cuiller de bois et en saupoudrer le poulet. Mélanger le vermouth avec le gin et en arroser le poulet.

🐟 Faire cuire au four à 180°C (350°F), à découvert, de 40 à 45 minutes, ou jusqu'à ce que le poulet soit tendre et doré. Badigeonner le poulet du jus de cuisson toutes les 15 minutes. Servir avec du riz.

SALADE DE POULET

1 L (4 tasses) de poulet cuit coupé en dés
500 mL (2 tasses) de céleri coupé en dés
125 mL (½ tasse) d'olives coupées en fines tranches
50 mL (¼ tasse) de vinaigrette au citron
laitue
125 mL (½ tasse) de mayonnaise
tomates, coupées en quartiers
persil

🐟 Mettre le poulet dans un bol. Ajouter le céleri, les olives et la vinaigrette. Laisser mariner pendant 1 heure.

🐟 Servir la salade de poulet sur un lit de laitue. Recouvrir de la mayonnaise. Garnir des tomates. Parsemer de persil.

SALADE DE POULET RÔTI

1 poulet de 2 kg (4 à 5 lb), rôti
250 mL (1 tasse) de céleri coupé en dés
30 mL (2 c. à soupe) de câpres
3 œufs durs, coupés en tranches
3 tomates, pelées et coupées en quartiers
sel et poivre, au goût
125 mL (½ tasse) de mayonnaise
50 mL (¼ tasse) de crème à 35 %

🐟 Enlever la peau du poulet rôti lorsqu'il est encore tiède. Désosser et couper la viande en morceaux assez gros.

🐟 Mélanger les morceaux de poulet avec le céleri, les câpres, les œufs durs et les tomates. Saler et poivrer.

🐟 Mélanger la mayonnaise et la crème. Ajouter au poulet et mélanger le tout avec deux fourchettes. Rectifier l'assaisonnement. Servir la salade de poulet sur un lit de laitue ou de cresson.

SALADE DE POULET À L'ANGLAISE

750 mL (3 tasses) de poulet cuit
500 mL (2 tasses) de céleri coupé en dés
75 mL (⅓ tasse) d'amandes salées effilées
jus d'un citron
1 petit oignon, râpé
125 mL (½ tasse) de mayonnaise
10 mL (2 c. à thé) de cari
5 mL (1 c. à thé) de sel
poivre, au goût
laitue

🐟 Couper le poulet en petits cubes. Ajouter le céleri et les amandes.

🐟 Mélanger le jus de citron et l'oignon avec la mayonnaise. Ajouter le cari et le sel. Poivrer. Battre le tout et mélanger avec le poulet. Utiliser une fourchette pour ne pas écraser le poulet. Servir la salade de poulet sur un lit de laitue.

SALADE DE POULET ET DE RIZ

175 mL (¾ tasse) de riz non cuit
500 mL (2 tasses) de poulet cuit coupé en dés
250 mL (1 tasse) de céleri coupé en dés
2 oignons verts, hachés finement
½ poivron vert, coupé en dés (au goût)
15 mL (1 c. à soupe) de jus de citron
125 à 175 mL (½ à ¾ tasse) de mayonnaise
laitue

🐟 Faire cuire le riz selon les instructions indiquées sur l'emballage. Laisser tiédir. Ajouter le poulet, le céleri, les oignons verts et le poivron vert. Mélanger avec une fourchette.

🐟 Mélanger le jus de citron avec la mayonnaise et l'ajouter au mélange de poulet. Bien mélanger. Rectifier l'assaisonnement. Servir la salade de poulet sur un lit de laitue.

FOIES DE POULET FRANCESCA

250 g (½ lb) de foies de poulet
30 mL (2 c. à soupe) de farine
1 mL (¼ c. à thé) de sel

5 mL (1 c. à thé) de paprika
2 mL (½ c. à thé) de cari
45 mL (3 c. à soupe) de beurre
4 oignons verts, hachés finement
125 mL (½ tasse) de vin rouge
125 mL (½ tasse) de consommé

🍂 Laver et couper les foies de poulet en petits morceaux.

🍂 Mélanger la farine, le sel, le paprika et le cari. Enrober les foies de poulet de ce mélange.

🍂 Faire fondre le beurre et y faire dorer les foies et les oignons verts à feu vif, 2 à 3 minutes. Ajouter le vin rouge et le consommé. Porter à ébullition en brassant sans arrêt jusqu'à ce que le mélange ait la consistance d'une sauce crémeuse. Couvrir et laisser mijoter 10 à 15 minutes. Servir avec du riz.

FOIES DE POULET À LA CRÈME

500 g (1 lb) de petits pois
175 mL (¾ tasse) de carottes

coupées en dés
30 mL (2 c. à soupe) de beurre
250 g (½ lb) de foies de poulet, bien nettoyés
25 mL (1½ c. à soupe) de farine
75 mL (⅓ tasse) de l'eau
de cuisson des légumes
75 mL (⅓ tasse) de crème à 10 %
sel et poivre

🍂 Faire cuire les légumes et les égoutter. Réserver 75 mL (⅓ tasse) de l'eau de cuisson. Si on utilise l'autocuiseur, cuire les légumes pendant 2 minutes sous 6,8 kg (15 lb) de pression. Réduire la pression rapidement.

🍂 Mélanger les légumes et les mettre dans des bols individuels.

🍂 Dans un poêlon, faire fondre le beurre et y ajouter les foies de poulet. Cuire 4 à 5 minutes à feu moyen. Mettre les foies sur les légumes.

🍂 Ajouter la farine au reste du beurre dans le poêlon et bien mélanger. Ajouter petit à petit l'eau de cuisson et la crème, en

remuant sans arrêt. Saler et poivrer. Cuire jusqu'à ce que le mélange soit lisse et légèrement épais. Verser cette sauce sur les foies et les légumes. Servir immédiatement.

🍂 On peut préparer ce plat à l'avance. Dans ce cas, au moment de servir, réchauffer au four à 180°C (350°F) jusqu'à ce que la sauce soit bien chaude.

SALADE AUX FOIES DE VOLAILLE

Laitue romaine ou laitue Iceberg, au goût
30 mL (2 c. à soupe) de beurre
4 foies de poulet
1 petite gousse d'ail, hachée finement
sel et poivre, au goût
1 pincée d'estragon
ciboulette ou oignons verts, hachés finement
vinaigrette au goût

🍂 Laver la laitue et détacher les feuilles. Envelopper dans un linge et réfrigérer jusqu'au moment de servir.

🍂 Faire fondre le beurre jusqu'à ce qu'il soit de couleur noisette et y faire dorer les foies de poulet avec l'ail, 3 à 4 minutes. Retirer du feu. Laisser tiédir. Saler et poivrer. Saupoudrer d'estragon. Couper les foies en petits morceaux.

🍂 Mettre la laitue dans un saladier. Ajouter la ciboulette. Mélanger les foies de poulet avec quelques cuillerées de vinaigrette. Ajouter à la laitue. Brasser et servir.

Pâté de foies de poulet

❦ TECHNIQUE ❦

PÂTÉ DE FOIES DE POULET

1   Laver les foies de poulet et les couper en morceaux.

2   Passer les foies de poulet et la chair des saucisses au hache-viande et mettre dans un bol.

3   Ajouter les épices, le céleri, les oignons, l'œuf battu et le porto.

4   Ajouter le bacon et bien mélanger. Verser la préparation dans un moule.

PÂTÉ DE FOIES DE POULET

500 g (1 lb) de foies de poulet
250 g (½ lb) de saucisses
5 mL (1 c. à thé) de sel
5 mL (1 c. à thé) de poivre
125 mL (½ tasse) de persil
250 mL (1 tasse) de céleri haché
2 oignons, hachés finement
1 mL (¼ c. à thé) de thym
1 pincée de clous de girofle moulus
1 œuf, battu
50 mL (¼ tasse) de porto, de xérès ou de cognac
6 tranches de bacon

🍂 Laver les foies de poulet, les couper en morceaux et retirer l'enveloppe des saucisses. Passer les foies de poulet et la chair des saucisses au hache-viande.

🍂 Ajouter le sel, le poivre, le persil, le céleri, les oignons, le thym, le clou de girofle, l'œuf battu et le porto. Battre jusqu'à ce que le mélange ait presque la consistance d'une mousse.

🍂 Couper le bacon en petits morceaux, le faire frire et l'ajouter aux foies avec le gras de cuisson. Bien mélanger le tout.

🍂 Verser la préparation dans un moule à pâté. Couvrir et cuire au four à 120°C (250°F) pendant 2 heures. Retirer du four et laisser refroidir. Couvrir et réfrigérer pendant 24 heures avant de servir.

LA DINDE

Une dinde est toujours plus tendre qu'un dindon. Les meilleures dindes pèsent entre 3,5 et 7 kg (8 à 15 lb). L'os du dessus de la poitrine doit être bien blanc.

🍂 Pour dégeler une dinde au réfrigérateur, il faut compter 3 jours, si elle est enveloppée.

🍂 La dinde fraîche nettoyée se conserve 3 à 4 jours au réfrigérateur, à condition qu'on ait enlevé les abats. Les restes de dinde cuite se conservent plusieurs jours au réfrigérateur et plusieurs semaines au congélateur.

🍂 Pour préparer une dinde qu'on fera rôtir, en saler légèrement l'intérieur. Frotter l'extérieur avec un morceau de muscade et une moitié de citron. Farcir la cavité du cou, sans trop tasser. Attacher la peau du cou sur le dos de la dinde. Farcir la cavité du corps, sans tasser (la farce pourra alors gonfler). Badigeonner la peau de la dinde avec un corps gras. Saler et poivrer.

🍂 Déposer la dinde dans une rôtissoire. Ne pas mettre d'eau. Rôtir au four, à découvert, en suivant les indications données dans le tableau de cuisson de la dinde.

🍂 Pour vérifier le degré de cuisson, presser les cuisses avec le bout des doigts. Si elles sont encore dures, poursuivre la cuisson. Ne pas piquer la dinde avec une fourchette, car elle perdra son jus si savoureux. Pour permettre au jus de se redistribuer dans la volaille, laisser reposer la dinde dans un endroit chaud pendant 20 minutes avant de la servir.

TABLEAU DE CUISSON DE LA DINDE

POIDS	TEMPÉRATURE	TEMPS DE CUISSON Minutes par 500 g (1 lb)
2,7 à 5,4 kg (6 à 12 lb)	180°C (350°F)	18 à 25 minutes
6 kg (13 lb) et plus	160°C (325°F)	15 à 18 minutes

FARCE AU PAIN

Cette farce est à la fois savoureuse et légère. Il n'est pas nécessaire de mesurer les ingrédients avec précision pour la préparer.

🍂 Mélanger 2 portions de cubes de pain grillé (blanc ou de blé entier) avec une portion de céleri ou d'oignons hachés finement. Aromatiser de thym, de marjolaine, de basilic ou d'une bonne quantité de persil.

🍂 Assaisonner l'intérieur de la volaille de sel et de paprika. Remplir la moitié de la cavité avec le mélange de pain et de céleri. Ajouter environ 50 mL (¼ tasse) de beurre fondu. Remplir l'autre moitié de la cavité avec le reste de la farce, sans trop tasser. Verser du beurre fondu et quelques cuillerées de xérès, de brandy ou de consommé. Coudre l'ouverture.

VARIANTES

🍂 Ajouter l'un ou l'autre des ingrédients suivants à la farce: noix, huîtres, dés de pommes, marrons, foie haché, porc maigre haché, abats de dinde passés au hache-viande, champignons, etc.

Farce française au jambon et aux abats

abats de dinde
500 g (1 lb) de jambon cru
3 œufs
sel, poivre, muscade
1 gros oignon, haché finement
1 gousse d'ail, écrasée
50 mL (¼ tasse) de persil haché
finement
2 mL (½ c. à thé) d'estragon
125 mL (½ tasse) de crème
à 10 %
1,5 L (6 tasses) de mie de pain

🔹 Couper les abats et le jambon
(sans enlever le gras) en très
petits morceaux.

🔹 Battre les œufs dans un grand
bol. Saler et poivrer. Assaisonner
de muscade.

🔹 Mélanger l'oignon avec l'ail, le
persil et l'estragon.

🔹 Faire chauffer la crème et la
verser sur la mie de pain. Laisser
tremper pendant 10 minutes.
Ajouter les abats, le jambon, les
œufs et le mélange d'oignon et
d'ail. Bien pétrir avec les mains de
manière à obtenir un mélange
homogène. Utiliser pour farcir
une dinde pesant entre 4,5 et 7 kg
(10 à 16 lb).

Farce anglaise aux oignons

15 mL (1 c. à soupe) de sauge
ou de sarriette
7 mL (1½ c. à thé) de sel
3 mL (¾ c. à thé) de poivre
125 mL (½ tasse) de persil frais
haché finement
175 mL (¾ tasse) de céleri avec
les feuilles, coupé en dés

Farce hollandaise aux pommes de terre et au pain

750 mL (3 tasses) d'oignons
hachés finement
250 mL (1 tasse) de beurre, fondu
3 L (11 à 12 tasses) de pain sec
coupé en dés

🔹 Mélanger la sauge, le sel, le
poivre, le persil, le céleri et les
oignons avec le beurre fondu.
Cuire à feu moyen pendant
10 minutes en brassant souvent.
Verser sur les dés de pain et bien
mélanger. Rectifier l'assaisonnement. Utiliser pour farcir une
dinde pesant entre 4,5 et 6,5 kg
(10 à 14 lb).

Farce hollandaise aux pommes de terre et au pain

2 œufs, battus
500 mL (2 tasses) de lait
1 L (4 tasses) de pain sec
grossièrement écrasé

15 mL (1 c. à soupe) de sel
2 mL (½ c. à thé) de poivre
500 mL (2 tasses) de pommes
de terre réduites en purée
125 mL (½ tasse) de céleri haché
finement
50 mL (¼ tasse) de beurre
1 gros oignon, haché finement

🔹 Battre les œufs jusqu'à ce
qu'ils soient très légers. Ajouter le
lait et verser sur le pain sec.
Ajouter le sel, le poivre, les
pommes de terre et le céleri. Bien
mélanger.

🔹 Faire fondre le beurre et y faire
dorer l'oignon à feu moyen 5 à
6 minutes. Ajouter le mélange de
pain et de pommes de terre.
Cuire le tout pendant environ
10 minutes, en brassant presque
sans arrêt. Utiliser pour farcir une
dinde pesant entre 3,5 et 4,5 kg
(8 à 10 lb).

Sauce délicieuse à base de farine

250 mL (1 tasse) de jus de cuisson
175 mL (¾ tasse) de farine
750 mL (3 tasses) d'eau froide
ou de bouillon préparé à base
d'abats
750 mL (3 tasses) de lait
15 mL (1 c. à soupe) de sel
poivre

🐚 Mélanger le jus de cuisson avec la farine. Cuire pendant 2 minutes à feu doux, en brassant sans arrêt. Ajouter l'eau froide et le lait d'un seul coup. Brasser avec un fouet métallique à feu vif jusqu'à ce que la sauce soit lisse et crémeuse. Ajouter le sel. Poivrer au goût. Laisser mijoter à feu doux, à découvert, pendant 3 à 5 minutes.

Sauce au pain

La dinde a toujours fait partie du repas traditionnel de Noël. On l'accompagne généralement de canneberges et d'une sauce à base de farine. Mais il n'y a rien de tel qu'une belle dinde dodue, rôtie à la perfection, arrosée de sauce claire et accompagnée de cette sauce au pain crémeuse, riche et veloutée.

250 mL (1 tasse) de mie de pain frais bien tassée
250 mL (1 tasse) de bouillon très chaud
1 pincée de muscade
sel et poivre, au goût
30 mL (2 c. à soupe) de beurre
crème à 35 %

🐚 Enlever la croûte du pain. Couper la mie en petits carrés et bien la tasser pour la mesurer. La mettre ensuite dans une casserole et la recouvrir du bouillon très chaud (on peut utiliser 1 boîte de consommé non dilué).

🐚 Ajouter la muscade. Saler et poivrer. Lorsque le pain a entièrement absorbé le bouillon, faire mijoter le tout à feu doux, en brassant souvent, jusqu'à ce que tout le liquide ait disparu. Ajouter alors le beurre et suffisamment de crème pour épaissir la sauce à votre goût.

🐚 Pour ceux qui aiment les oignons, en ajouter une tranche avant de mettre le bouillon. Retirer l'oignon avant d'ajouter le beurre à la sauce.

Dinde au vin blanc

Avec une dinde de 2,5 à 3,5 kg (6 à 8 lb), vous pourrez recevoir jusqu'à 10 convives. Si vous prévoyez avoir plus de personnes à votre table, servez deux dindes pesant chacune 2,5 kg (6 lb).

1 dinde de 2,5 à 3,5 kg (6 à 8 lb)
sel et poivre, au goût
5 mL (1 c. à thé) d'estragon
ou de sauge moulue
125 mL (½ tasse) de vin blanc
125 mL (½ tasse) d'huile
végétale

🐚 Demander au boucher de couper la dinde en portions individuelles, ou encore la couper vous-même. Dans ce cas, détacher les cuisses d'un seul morceau et les séparer ensuite à la jointure (vous avez alors 4 morceaux). Enlever les ailes, ce qui donne deux autres morceaux. Couper le long de l'épine dorsale et étaler la poitrine à plat sur la planche à découper. A l'aide de ciseaux de cuisine, enlever l'os du milieu de la poitrine.

🐚 Enlever les deux morceaux du dos et les laisser entiers. Couper chacune des demi-poitrines en 2 ou 3 portions, selon l'épaisseur de la viande blanche. Je les coupe généralement en 3 morceaux, car je choisis une poitrine bien en chair. On a alors 10 à 12 morceaux.

🐚 Mettre les morceaux de dinde dans un plat de verre. Saler et poivrer. Aromatiser avec l'estragon. Mélanger le vin avec l'huile et verser sur le tout. Couvrir et laisser mariner au réfrigérateur jusqu'au lendemain.

🐚 Déposer chaque morceau de dinde sur une double épaisseur de papier d'aluminium. Arroser de quelques cuillerées de marinade et bien envelopper de manière que le jus ne s'écoule pas. Mettre les morceaux côte à côte sur la grille d'une lèchefrite. Rôtir au four à 180°C (350°F) pendant 1 à 1½ heure. Retourner deux fois en cours de cuisson.

🐚 Disposer les morceaux de dinde sur une assiette et les développer. Enlever la grille de la lèchefrite. Recueillir tout le jus de chaque morceau de dinde. Ajouter 15 mL (1 c. à soupe) de beurre. Remuer à feu moyen et porter à ébullition. Disposer la dinde sur un plat de service chaud et l'arroser de la sauce. Garnir de persil, de cresson ou de piments hachés. Servir.

Dinde Tetrazzinni

500 g (16 oz) de spaghetti
175 mL (¾ tasse) de beurre
375 mL (1½ tasse) de céleri
coupé en dés
250 mL (1 tasse) de poivron vert
coupé en dés
1 gros oignon, haché finement

250 g (½ lb) de champignons, coupés en fines tranches
50 mL (¼ tasse) de farine
500 mL (2 tasses) de lait
250 g (½ lb) de fromage, râpé
10 mL (2 c. à thé) de sel
1 mL (¼ c. à thé) de poivre
2 mL (½ c. à thé) de marjolaine
375 à 500 mL (1½ à 2 tasses) de dinde cuite coupée en dés
50 mL (¼ tasse) de xérès
175 mL (¾ tasse) de fromage parmesan

🍴 Faire cuire les spaghetti selon le mode de cuisson indiqué sur l'emballage. Égoutter.

🍴 Faire fondre le beurre et y faire cuire le céleri, le poivron vert, l'oignon et les champignons jusqu'à ce qu'ils soient tendres. Incorporer la farine. Ajouter le lait et cuire à feu moyen, en remuant, jusqu'à ce que la sauce soit crémeuse.

🍴 Ajouter le fromage râpé, le sel, le poivre, la marjolaine, la dinde et le xérès. Cuire à feu doux jusqu'à ce que le fromage soit fondu.

🍴 Verser cette sauce sur les spaghetti cuits. Bien mélanger. Mettre dans un plat en verre allant au four. Saupoudrer de parmesan. Cuire au four à 180°C (350°F) pendant 10 à 12 minutes.

SURPRISES À LA DINDE

🍴 Préparer une sauce blanche avec 60 mL (4 c. à soupe) de graisse végétale, 60 mL (4 c. à soupe) de farine et 500 mL (2 tasses) de bouillon. Aromatiser avec de l'ail. Faire cuire la sauce à feu doux pendant 8 minutes. Ajouter 15 mL (1 c. à soupe) de sauce de soja et 750 mL (3 tasses) de dinde cuite. Bien chauffer le tout et servir sur un lit de riz cuit.

PÂTES À LA DINDE

🍴 Préparer une sauce blanche avec 60 mL (4 c. à soupe) de graisse végétale, 60 mL (4 c. à soupe) de farine et 750 mL (3 tasses) de bouillon. Ajouter 250 mL (1 tasse) de fromage râpé, 250 g (8 oz) de pâtes cuites, 500 à 750 mL (2 à 3 tasses) de dinde cuite, 250 g (½ lb) de champignons légèrement frits (facultatif), 1 gros oignon haché et 2 mL (½ c. à thé) d'origan.

🍴 Verser dans une cocotte graissée. Saupoudrer de fromage. Cuire au four à 180°C (350°F) pendant 15 à 18 minutes.

CROQUETTES DE DINDE

125 mL (½ tasse) de champignons coupés en fines tranches
45 mL (3 c. à soupe) de beurre
75 mL (5 c. à soupe) de farine
250 mL (1 tasse) de lait
2 mL (½ c. à thé) de sel
1 mL (¼ c. à thé) de cari
250 mL (1 tasse) de dinde cuite hachée
5 mL (1 c. à thé) de persil haché finement
miettes de craquelins
1 œuf, légèrement battu
30 mL (2 c. à soupe) d'eau froide

🍴 Faire sauter les champignons dans le beurre pendant 2 minutes. Ajouter la farine et bien mélanger. Ajouter le lait et cuire, en remuant, jusqu'à ce que le mélange ait la consistance d'une sauce crémeuse.

Croquettes de dinde

❧ Ajouter le sel, le cari, la dinde et le persil. Bien mélanger. Verser dans un plat et laisser refroidir 4 à 5 heures au réfrigérateur. Pour obtenir des croquettes légères, il est important de réfrigérer le mélange afin qu'il soit bien froid au moment de la cuisson.

❧ Façonner le mélange en 8 croquettes et les enrober des miettes de craquelins. Tremper ensuite les croquettes dans l'œuf battu avec l'eau froide puis les enrober une seconde fois des miettes de craquelins.

❧ Faire chauffer suffisamment de graisse ou d'huile végétale pour que les croquettes en soient bien recouvertes. Faire frire pendant 3 minutes, ou jusqu'à ce qu'elles soient bien dorées. Égoutter sur un essuie-tout. Servir.

LE CANARD

COMMENT
CHOISIR LE CANARD
Un bon canard a la poitrine bien en chair; la partie inférieure de son bec et le bout de ses ailes sont flexibles; la graisse est blanche ou légèrement grise, selon l'espèce. La peau doit être souple. Le canard doit être dodu sans être trop gras.

❧ Il est préférable d'acheter un canard pesant au moins 1,5 kg (3 lb). Bien que la viande des petits canards soit très tendre, elle contient trop d'os par rapport à la quantité de chair.

❧ La cane est plus petite que le canard. Ses os sont plus fins et sa chair est plus tendre. Cependant son prix est plus élevé.

❧ Il faut compter 250 à 375 g (½ à ¾ lb) de canard par personne.

COMMENT
PRÉPARER LE CANARD
Frotter l'intérieur et l'extérieur du canard vidé avec une moitié de citron ou d'orange. Trousser le canard en rabattant le croupion à l'intérieur. Laisser les pattes droites.

❧ Lorsque le canard doit être rôti ou braisé, il est préférable d'en assaisonner l'intérieur avant de le trousser.

❧ Cuire le canard au four à 220°C (425°F) pendant 45 minutes à 1 heure, en l'arrosant 3 ou 4 fois en cours de cuisson.

FARCES SAVOUREUSES
POUR LE CANARD
Il faut compter 375 mL (1½ tasse) de farce pour un canard moyen.

FARCE AUX ABATS
Au robot culinaire, hacher le foie, le cœur et le gésier du canard. Ajouter 500 mL (2 tasses) de mie de pain, 2 œufs, de l'ail et des oignons ou des oignons verts. Assaisonner de sarriette et de marjolaine.

FARCE À LA CANADIENNE
Mélanger du sel, du poivre, des clous de girofle moulus, de la cannelle, de la muscade et de la moutarde en poudre. Enrober 3 pommes non pelées et coupées en quartiers de ce mélange.

FARCE À LA NORMANDE
Faire frire 250 g (½ lb) de boudin à feu doux dans 30 mL (2 c. à soupe) de beurre. Ajouter 2 oignons coupés en tranches minces. Lorsque les oignons sont légèrement dorés, les écraser avec le boudin.

FARCE À L'ANGLAISE
Faire bouillir 3 ou 4 oignons rouges, bien les égoutter et les hacher. Ajouter 500 mL (2 tasses) de mie de pain, 50 mL (¼ tasse) de crème chauffée, 2 œufs battus et 1 mL (¼ c. à thé) de sauge. Bien mélanger le tout.

SAUCES POUR
ACCOMPAGNER LE CANARD
Pour faire une sauce claire, ne pas dégraisser, ajouter simplement au jus de cuisson 1 boîte de consommé non dilué et 50 mL (¼ tasse) de cognac ou de jus de citron. Porter à ébullition en grattant bien le fond et le pourtour de la lèchefrite. Passer la sauce au tamis et la servir très chaude.

❧ Pour une sauce plus épaisse, dégraisser, si désiré. Ajouter au jus de cuisson 50 mL (¼ tasse) de farine et cuire à feu moyen, en remuant sans arrêt, jusqu'à ce que la farine soit légèrement brunie. Ajouter 500 mL (2 tasses) de consommé. Cuire en remuant jusqu'à ce que la sauce soit lisse et crémeuse.

CANARD RÔTI DU QUÉBEC

3 pommes
2 mL (½ c. à thé) de sel
1 mL (¼ c. à thé) de poivre
1 mL (¼ c. à thé) de clous de girofle moulus
1 mL (¼ c. à thé) de cannelle
1 mL (¼ c. à thé) de muscade
1 mL (¼ c. à thé) de moutarde en poudre
1 canard de 2 kg (4 à 5 lb)
250 mL (1 tasse) de jus de pomme
1 oignon, coupé en tranches minces

2 tranches de lard salé
sel et poivre, au goût

❧ Peler et couper les pommes en quatre. Mélanger le sel, le poivre, le girofle, la cannelle, la muscade et la moutarde en poudre. Enrober chaque quartier de pomme de ce mélange.

❧ Farcir le canard avec les quartiers de pommes. Mettre le canard dans un poêlon en fonte. Ajouter le jus de pomme et l'oignon. Disposer les tranches de lard salé sur la poitrine du canard. Saler et poivrer.

❧ Cuire le canard au four à 230°C (450°F) pendant 1½ à 1¾ heure, en l'arrosant 3 ou 4 fois en cours de cuisson. On doit toujours cuire le canard à découvert dans un four chaud.

Canard à l'orange

CANARD BRAISÉ

30 mL (2 c. à soupe) de beurre
1 canard domestique de 2 kg
(4 à 5 lb)
sel
1 oignon, coupé en tranches minces
1 gousse d'ail, hachée finement
1 tranche de bacon
5 mL (1 c. à thé) de sucre
6 grains de poivre
2 mL (½ c. à thé) de romarin
250 mL (1 tasse) de vin blanc
ou de cidre
125 mL (½ tasse) d'eau

❧ Dans une casserole en fonte, faire fondre le beurre et y déposer le canard nettoyé et troussé. Saler. Ajouter l'oignon, l'ail, le bacon, le sucre, le poivre et le romarin. Bien brasser.

❧ Ajouter le vin et l'eau. Porter à ébullition. Couvrir et laisser mijoter à feu très doux pendant 1 à 1½ heure ou jusqu'à ce que le

canard soit tendre. Lorsque le canard est cuit, enlever la peau et le couper en belles tranches. Disposer les tranches de canard sur un plat de service très chaud et réserver au chaud.

❧ Ajouter 15 mL (1 c. à soupe) de farine, 15 mL (1 c. à soupe) de cognac ou de porto et 125 mL (½ tasse) de consommé au jus de cuisson. Brasser le tout jusqu'à ce que la sauce ait une belle consistance. Passer au tamis. Servir la sauce avec le canard.

CANARDS CHIPPENDALE

❧ Nettoyer 2 canards sauvages et les mettre dans un grand bol. Ajouter 50 mL (¼ tasse) de cognac, 50 mL (¼ tasse) de beurre fondu et 250 mL (1 tasse) de jus de pomme. Laisser mariner le canard dans ce mélange pendant 6 à 12 heures. Retourner 2 ou 3 fois.

❧ Retirer les canards de la marinade, bien les égoutter et les embrocher. Cuire 30 à 60 minutes selon la grosseur des canards. Mélanger le reste de la marinade avec 125 mL (½ tasse) de crème. Arroser de temps à autre de la marinade.

❧ Pour préparer la sauce, ajouter 125 mL (½ tasse) de jus de pomme et 250 mL (1 tasse) de compote de pomme au jus de cuisson accumulé dans la lèchefrite. Chauffer et servir en saucière.

CANARD À L'ORANGE

1 canard de 2 kg (4 à 5 lb)
2 mL (½ c. à thé) de sel
2 mL (½ c. à thé) de cari
zeste d'une orange
2 pommes, pelées et tranchées
45 mL (3 c. à soupe) de beurre mou
2 oranges non pelées, coupées en tranches minces

Canard au vin rouge

poivrer l'intérieur et l'extérieur du canard, et le farcir avec une partie du mélange de chou rouge. Fermer la cavité et attacher les pattes.

🦆 Tapisser une casserole en fonte des tranches de gras de lard. Mettre le reste du mélange de chou sur le lard, puis déposer le canard sur le lit de chou. Verser le vin rouge réservé sur le tout. Couvrir et cuire au four à 190°C (375°F) pendant 1½ heure. Découvrir la casserole pendant les 30 dernières minutes de cuisson.

CANARD GRILLÉ AU BARBECUE

1 canard de 2 kg (4 à 5 lb)
50 mL (¼ tasse) de miel
10 mL (2 c. à thé) de sauce piquante
2 mL (½ c. à thé) de sel
2 mL (½ c. à thé) de gingembre moulu

🦆 Couper le cou, les ailes et l'os du dos du canard. Détacher les cuisses.

🦆 Mélanger le miel, la sauce piquante, le sel et le gingembre dans une petite casserole ou un plat de métal pouvant être placé sur le gril du barbecue (afin de pouvoir garder la sauce chaude).

🦆 Déposer les quartiers de canard sur le gril, côté chair vers la braise. Cuire 40 à 50 minutes, en retournant assez souvent. Bien badigeonner les morceaux de canard de la sauce au miel chaque fois qu'ils sont retournés. Servir immédiatement, car le canard grillé a tendance à devenir gras.

125 mL (½ tasse) d'eau froide
250 mL (1 tasse) de jus d'orange
50 mL (¼ tasse) de cognac ou de cointreau

🦆 Laver le canard. Mélanger le sel, le cari, le zeste d'orange et les pommes. Farcir le canard de ce mélange.

🦆 Mettre le canard dans une lèchefrite. Badigeonner le canard avec le beurre et le recouvrir des tranches d'orange. Ajouter l'eau froide. Faire rôtir au four à 190°C (375°F) pendant 1½ heure, ou selon la grosseur du canard.

🦆 Pour préparer la sauce, enlever les tranches d'orange qui sont sur le canard. Déposer le canard sur un plat de service chaud. Mettre la lèchefrite directement sur le feu, ajouter les tranches d'orange, le jus d'orange et le cognac. Chauffer en grattant le fond et le pourtour de la lèchefrite, et en écrasant les tranches d'orange.

🦆 Passer au tamis. Servir dans une saucière avec le canard.

CANARD AU CHOU ROUGE

1 canard domestique
750 mL (3 tasses) de vin rouge
1 chou rouge moyen
1 gros oignon, haché finement
2 pommes non pelées, râpées
2 mL (½ c. à thé) de clous de girofle moulus
2 mL (½ c. à thé) de cannelle
5 mL (1 c. à thé) de sarriette
sel et poivre
6 tranches de gras de lard salé

🦆 Laver le canard, le mettre dans un bol et l'arroser du vin rouge. Laisser mariner pendant 12 heures au réfrigérateur.

🦆 Hacher finement le chou. Ajouter l'oignon, les pommes, le girofle, la cannelle et la sarriette.

🦆 Retirer le canard du vin rouge. Réserver le vin. Bien saler et

☙ TECHNIQUE ☙

CANARD AU VIN ROUGE

1 Couper le canard en portions individuelles.

2 Laisser mariner pendant 12 heures.

3 Faire dorer les morceaux de canard dans l'huile chaude.

4 Recouvrir de la marinade.

CANARD AU VIN ROUGE

1 canard de 2 kg (4 à 5 lb)
sel et poivre
1 oignon, coupé en tranches minces
2 feuilles de laurier
2 mL (½ c. à thé) de basilic
1 mL (¼ c. à thé) de sauge
2 clous de girofle entiers
1 gousse d'ail, écrasée et hachée
750 mL (3 tasses) de vin rouge
125 mL (½ tasse) d'huile d'olive

☙ Couper le canard en portions individuelles. Saler et poivrer chaque morceau.

☙ Mettre les morceaux de canard dans un bol. Ajouter l'oignon, le laurier, le basilic, la sauge, les clous de girofle, l'ail et le vin rouge. Couvrir et laisser mariner pendant 12 heures au réfrigérateur.

☙ Retirer les morceaux de canard de la marinade, les égoutter et les faire dorer dans l'huile chaude. Lorsque tous les morceaux sont dorés, les recouvrir de la marinade. Couvrir et faire mijoter à feu doux pendant 40 à 50 minutes ou jusqu'à ce que le canard soit tendre. Servir avec du riz au chutney et au cari.

CANARD À LA MORENCY

1 canard domestique de 2 kg (4 à 5 lb)
sel et poivre
45 mL (3 c. à soupe) de beurre
250 mL (1 tasse) de porto
½ boîte de consommé non dilué
10 mL (2 c. à thé) de fécule de maïs

50 mL (¼ tasse) de consommé froid
500 à 900 g (1 à 2 lb) de cerises fraîches, dénoyautées

☙ Couper le canard en portions individuelles. Saler et poivrer. Dans un poêlon ou une cocotte en fonte émaillée, faire fondre le beurre et y faire dorer le canard à feu moyen jusqu'à ce que la peau devienne croustillante et dorée. Retirer les morceaux de canard du poêlon.

☙ Enlever l'excédent de gras, si nécessaire. Ajouter le porto et le consommé. Chauffer à feu moyen, en grattant bien le fond du poêlon pour détacher les particules. Remettre le canard dans le poêlon. Couvrir et laisser mijoter pendant 40 à 50 minutes, ou jusqu'à ce que le canard soit tendre.

☙ Déposer le canard cuit sur un plat de service chaud. Mélanger la fécule de maïs avec le consommé froid. Ajouter au jus de cuisson dans le poêlon. Cuire, en brassant sans arrêt, jusqu'à ce que le mélange ait la consistance d'une sauce crémeuse. Ajouter les cerises. Couvrir et laisser mijoter pendant 10 minutes. Napper le canard de cette sauce. Servir.

CASSOULET

1 canard domestique ou sauvage
900 g (2 lb) de haricots blancs
250 g (½ lb) de lard salé, coupé en deux
500 g (1 lb) de couenne de lard
1 oignon, piqué de 4 clous de girofle
15 mL (1 c. à soupe) de sel
1 mL (¼ c. à thé) de thym
250 mL (1 tasse) de feuilles de céleri hachées
750 g (1½ lb) d'épaule de porc

750 g (1½ lb) d'épaule d'agneau
2 oignons, hachés finement
2 gousses d'ail, hachées finement
1 boîte de 150 mL (5½ oz) de pâte de tomates
250 g (½ lb) de saucisses à l'ail
chapelure
beurre
poivre, au goût

☙ Faire rôtir le canard au four à 160°C (325°F) en comptant 20 minutes par 500 g (1 lb). Après 40 minutes de cuisson, piquer l'extrémité de la cuisse avec une fourchette pour laisser le gras s'écouler. Poursuivre la cuisson et arroser le canard 4 ou 5 fois avec le gras accumulé dans le fond de la rôtissoire. Retirer le canard de la rôtissoire. Couvrir et réfrigérer. Gratter bien le fond de la rôtissoire pour détacher les particules et les mélanger avec le gras de cuisson. Couvrir et réfrigérer.

☙ Faire tremper les haricots blancs dans 15 tasses d'eau froide pendant 12 heures. Mettre les haricots et l'eau dans une grande casserole. Ajouter le lard salé. Rouler la couenne de lard, l'attacher avec une ficelle et l'ajouter aux haricots.

☙ Ajouter ensuite l'oignon, le sel, le thym et les feuilles de céleri. Porter à ébullition, couvrir et laisser mijoter pendant 1½ heure. Égoutter. Réserver le jus de cuisson.

☙ Couper le porc et l'agneau en cubes de 1 cm (½ po) de côté. Faire fondre le gras de canard réfrigéré et y faire dorer le porc et l'agneau. Ajouter les oignons et l'ail et les faire dorer. Enlever l'excédent de gras. Ajouter la pâte de tomates et 250 mL (1 tasse) du jus de cuisson réservé. Couvrir et laisser mijoter pendant

1 heure, ou jusqu'à ce que la viande soit tendre (si vous devez ajoutez de l'eau pendant la cuisson, ajoutez le jus de cuisson réservé). Réserver la sauce tomate.

🍖 Retirer le lard et la couenne des haricots. Couper le lard salé en petits dés. Dérouler la couenne et l'étendre dans le fond d'une grande casserole en terre cuite, le gras vers le fond. Retirer l'enveloppe des saucisses et les couper en tranches minces. Couper le canard en portions individuelles.

🍖 Étendre une couche de haricots sur la couenne. Recouvrir avec les morceaux de canard, puis les saucisses, le porc et l'agneau, en mettant une couche de haricots entre chaque couche de viande. Couvrir le tout de la sauce tomate réservée. Saupoudrer de chapelure. Parsemer de beurre et poivrer.

🍖 Couvrir et cuire au four à 150°C (300°F) pendant 2 heures. Découvrir pendant les 20 ou 30 dernières minutes de cuisson.

🍖 Ce cassoulet sert 12 à 14 personnes. Il se conserve 3 à 4 jours au réfrigérateur et se garde jusqu'à 2 mois au congélateur. C'est un plat qui se réchauffe très bien.

OIE RÔTIE

1 oie

MARINADE
Jus de 2 citrons
125 mL (½ tasse) d'huile
1 carotte, râpée grossièrement
1 oignon, coupé en tranches épaisses
1 gousse d'ail, coupée en deux
6 clous de girofle entiers
2 mL (½ c. à thé) de thym
2 mL (½ c. à thé) de basilic
1 poignée de persil

FARCE
900 g (2 lb) de pommes, pelées et coupées en tranches
125 g (¼ lb) de beurre, fondu
250 mL (1 tasse) de raisins secs
1,2 L (5 tasses) de pain grillé coupé en dés
2 mL (½ c. à thé) de thym ou de marjolaine
5 mL (1 c. à thé) de sel
2 mL (½ c. à thé) de poivre

🍖 Laver l'oie avec un linge imbibé de vinaigre. Ne pas l'ébouillanter, ni la tremper dans l'eau froide, ni la savonner. Mélanger tous les ingrédients de la marinade. Laisser tremper l'oie dans cette marinade pendant 24 heures, en la retournant de temps à autre. Retirer l'oie de la marinade.

🍖 Bien mélanger tous les ingrédients de la farce. Farcir l'oie de ce mélange. Mettre l'oie dans une lèchefrite. Ajouter 500 mL (2 tasses) d'eau bouillante. Couvrir et faire rôtir au four à 180°C (350°F), 25 à 30 minutes par 500 g (1 lb). Après 1 heure de cuisson, piquer les ailes et les cuisses avec une fourchette pour laisser le gras s'écouler. Découvrir la lèchefrite pendant les 20 dernières minutes de cuisson. Enlever l'excédent de gras. Préparer une sauce avec le jus de cuisson et le gras accumulés dans la lèchefrite (voir *Sauce délicieuse à base de farine*, page 308).

OIE AUX MARRONS

250 mL (1 tasse) de veau haché
250 mL (1 tasse) de porc haché
125 g (¼ lb) de lard salé, coupé en petits dés
1 oie
900 g (2 lb) de marrons
750 mL (3 tasses) de consommé
5 mL (1 c. à thé) de marjolaine
sel et poivre

🍖 Mélanger le veau, le porc, le lard salé et le foie de l'oie, haché finement.

🍖 Parer les marrons (voir Préparation des marrons page 512). Cuire les marrons pendant 30 minutes dans le consommé et les couper en morceaux de grosseur moyenne. Ajouter les marrons au mélange de porc et de veau. Ajouter la marjolaine. Saler et poivrer au goût. Farcir l'oie de ce mélange et la trousser.

🍖 Faire rôtir (voir *Oie rôtie*, ci-contre).

OIE FARCIE

1 oie d'environ 5 kg (10 à 12 lb)
jus d'un citron
5 mL (1 c. à thé) de sel
1 mL (¼ c. à thé) de poivre
1 mL (¼ c. à thé) de muscade
250 g (½ lb) de foies de poulet
15 mL (1 c. à soupe) de persil haché
2 oignons, hachés finement
1 gousse d'ail, écrasée
2 mL (½ c. à thé) de marjolaine
1 feuille de laurier
250 mL (1 tasse) de vin rouge
30 mL (2 c. à soupe) de beurre
2 jaunes d'œufs
250 mL (1 tasse) de jus d'orange

15 mL (1 c. à soupe) de moutarde
375 mL (1½ tasse) de chapelure

SAUCE
30 mL (2 c. à soupe) de gelée
de groseille
zeste râpé d'une orange
15 mL (1 c. à soupe) de brandy
1 boîte de consommé non dilué

🙠 Laver l'oie avec un linge imbibé de vinaigre. Mélanger le jus de citron avec le sel, le poivre et la muscade. Badigeonner l'intérieur et l'extérieur de l'oie de ce mélange.

🙠 Mettre le foie de l'oie, les foies de poulet, le persil, les oignons, l'ail, la marjolaine, le laurier et le vin rouge dans une casserole. Laisser mijoter pendant 30 minutes, en tournant les foies de temps à autre. Égoutter et réserver le vin. Hacher les foies très finement. Ajouter le beurre et les jaunes d'œufs. Bien mélanger. Rectifier l'assaisonnement. Farcir l'oie de ce mélange.

🙠 Fermer la cavité. Rabattre la peau sur le cou et la piquer avec une fourchette pour permettre au gras de s'écouler pendant la cuisson. Mettre l'oie dans une rôtissoire, poitrine vers le haut. Mélanger le jus d'orange au vin réservé. Verser ce mélange dans la rôtissoire. Faire rôtir au four à 180°C (350°F), à découvert, 15 minutes par 500 g (1 lb). Arroser toutes les 25 minutes.

🙠 Enlever l'oie de la rôtissoire. Dégraisser et verser le gras dans un bol. Remettre l'oie dans la rôtissoire.

🙠 Mélanger 45 mL (3 c. à soupe) du gras de cuisson avec la moutarde. Badigeonner l'oie de ce mélange. Saupoudrer de chapelure. Poursuivre la cuisson pendant 15 minutes, ou jusqu'à ce que la peau de l'oie soit dorée et croustillante.

🙠 Pour préparer la sauce, ajouter la gelée de groseille, le zeste d'orange, le brandy et le consommé au jus de cuisson dans la rôtissoire. Porter à ébullition. Servir.

GIBIER

Terrine de lapin

TERRINE DE LAPIN

lapin d'environ 1,5 kg (3 à 4 lb)
250 g (½ lb) de porc haché
125 g (¼ lb) de lard salé gras, haché
125 mL (½ tasse) de mie de pain
125 mL (½ tasse) de lait
2 œufs, battus
1 mL (¼ c. à thé) de thym
1 mL (¼ c. à thé) de marjolaine
1 mL (¼ c. à thé) de sarriette
1 mL (¼ c. à thé) de muscade
1 pincée de clous de girofle moulus
1 mL (¼ c. à thé) de poivre
5 mL (1 c. à thé) de sel
50 mL (¼ tasse) de persil haché
30 mL (2 c. à soupe) de cognac ou de porto
1 feuille de laurier

🐾 Retirer toute la chair du lapin et la hacher, ainsi que le foie, le cœur et les rognons du lapin.

Ajouter le porc et le lard salé hachés. Bien mélanger le tout.

🐾 Faire chauffer le lait, ajouter la mie de pain, mélanger, puis presser pour retirer le surplus de lait. Ajouter cette pâte de pain à la viande.

🐾 Battre les œufs avec le thym, la marjolaine, la sarriette, la muscade, les clous de girofle, le poivre, le sel et le persil. Verser dans le mélange de viande, ainsi que le cognac ou le porto. Bien battre le tout jusqu'à l'obtention d'un parfait mélange.

🐾 Beurrer une terrine à pâté ou un moule à pain. Le tapisser de minces tranches de lard salé plutôt gras. Verser dessus le mélange de viande en pressant bien. Placer la feuille de laurier sur le pâté.

🐾 Recouvrir avec un papier blanc beurré des deux côtés. Couvrir le moule et mettre dans une lèchefrite remplie d'eau chaude. Placer dans un four à 160°C (325°F)

pendant 2 heures. Laisser refroidir sans découvrir. Réfrigérer pendant 2 jours avant de servir. Ce pâté se conserve très bien 8 à 10 jours au réfrigérateur.

LAPIN À LA MOUTARDE

lapin d'environ 1,5 kg (3 à 4 lb)
30 mL (2 c. à soupe) de moutarde française
45 mL (3 c. à soupe) d'huile végétale
2 mL (½ c. à thé) d'estragon
125 mL (½ tasse) de lait
5 mL (1 c. à thé) de sel
1 mL (¼ c. à thé) de poivre
50 mL (¼ tasse) de crème à 35 %

🐾 Découper le lapin en portions individuelles, les pattes, le râble coupé en quatre, etc. Badigeonner chaque morceau avec un peu de moutarde.

🐾 Faire chauffer l'huile dans une cocotte. Y faire dorer les morceaux de tous les côtés. Ajouter le reste des ingrédients.

🐾 Couvrir et faire cuire à feu très doux, de 40 à 45 minutes ou jusqu'à ce que le lapin soit tendre.

🐾 Ajouter la crème juste au moment de servir. Chauffer et servir avec des pommes de terre bouillies.

LAPIN AU BACON

lapin d'environ 1,5 kg (3 à 4 lb)
125 mL (½ tasse) de farine
2 mL (½ c. à thé) de sel
1 mL (¼ c. à thé) de poivre
2 mL (½ c. à thé) de cari
9 à 10 tranches de bacon
2 gros oignons, en tranches

❦ TECHNIQUE ❦

TERRINE DE LAPIN

1 Désosser le lapin.

2 Passer la chair du lapin, le foie, le cœur et les rognons au hachoir. Ajouter le porc et le lard haché. Bien mélanger le tout.

3 Ajouter la mie de pain trempée.

4 Ajouter le mélange d'œufs et d'épices.

175 mL (¾ tasse) d'eau
15 mL (1 c. à soupe) de persil haché

🐦 Découper le lapin en portions individuelles.

🐦 Mélanger la farine, le sel le poivre et le cari. Rouler les morceaux de lapin dans ce mélange. Mettre de côté le reste de la farine.

🐦 Faire fondre 3 tranches de bacon dans une casserole en fonte. Ajouter les oignons à la graisse et les faire dorer. Les retirer avec une écumoire.

🐦 Envelopper chaque morceau de lapin enfariné d'une tranche de bacon. Faire dorer dans le gras restant dans la cocotte. Retirer les morceaux au fur et à mesure qu'ils sont dorés.

🐦 Remettre les oignons dans le fond de la cocotte et placer les morceaux de lapin dessus ainsi que 175 mL (¾ tasse) d'eau.

🐦 Ajouter le foie et le rognon du lapin préalablement hachés au couteau. Couvrir et faire mijoter à feu doux pendant 1½ heure, ou jusqu'à ce que le lapin soit tendre.

🐦 Pour faire la sauce, retirer le lapin de la cocotte et le mettre dans un plat chaud. Épaissir la sauce avec le reste de la farine délayée dans 250 mL (1 tasse) d'eau froide. Porter à ébullition tout en remuant jusqu'à ce que la sauce soit épaissie. Ajouter le persil et servir.

LAPIN À LA FRANÇAISE

jeune lapin
250 mL (1 tasse) de vin blanc ou de jus de pomme
1 tranche d'oignon
2 gousses d'ail
1 feuille de laurier
1 pincée de thym
3 clous de girofle
125 mL (½ tasse) de gras de lard salé coupé en dés
15 mL (1 c. à soupe) de beurre
20 petits oignons
15 mL (1 c. à soupe) de farine
5 mL (1 c. à thé) de sarriette
15 mL (1 c. à soupe) de persil haché
3 poireaux, émincés

🐦 Dépecer le lapin et le faire mariner pendant 6 heures dans le vin blanc ou le jus de pomme, la tranche d'oignon, l'ail, la feuille de laurier, le thym, les clous de girofle. Bien égoutter.

🐦 Faire brunir le lapin égoutté avec les petits lardons dorés au beurre. Ajouter les petits oignons entiers et saupoudrer le tout avec la farine. Mouiller avec la marinade préalablement passée au tamis. Ajouter la sarriette, le persil, les poireaux.

🐦 Couvrir et faire mijoter pendant 40 à 45 minutes, à feu doux ou jusqu'à ce que le lapin soit tendre.

PIGEONS RÔTIS

4 pigeons ou pigeonneaux
60 mL (4 c. à soupe) de beurre
2 mL (½ c. à thé) de marjolaine
5 mL (1 c. à thé) de beurre
foies des pigeons
125 mL (½ tasse) d'eau froide ou de vin rouge
sel et poivre

🐦 Nettoyer les pigeons ou pigeonneaux et les badigeonner de beurre. Saler et poivrer l'intérieur et l'extérieur. Saupoudrer un peu de marjolaine à l'intérieur.

🐦 Faire chauffer le four à 260°C (500°F) pendant 10 minutes. Mettre les pigeons dans une lèchefrite et les faire rôtir pendant 20 minutes (les pigeonneaux pendant 10 minutes seulement). Réduire la chaleur à 190°C

Lapin à la française

(375°F) et continuer à faire rôtir les pigeons pendant 50 minutes (les pigeonneaux, 30 minutes).

🕭 Pour faire la sauce, mettre les pigeons cuits sur un plat chaud. Faire légèrement dorer les foies dans 5 mL (1 c. à thé) de beurre, et les ajouter à la sauce qui reste dans la lèchefrite. Les écraser avec une fourchette. Ajouter 125 mL (½ tasse) d'eau froide ou de vin rouge. Porter à ébullition et servir.

PIGEONS SAINT-GERMAIN

50 mL (¼ tasse) de lard salé
4 à 6 pigeons
12 petits oignons
15 mL (1 c. à soupe) de farine
250 mL (1 tasse) de consommé
900 g (2 lb) de petits pois
3 baies de genièvre
1 pincée de thym ou de basilic
sel et poivre au goût
250 mL (1 tasse) de vin blanc ou de jus de pomme

🕭 Couper en dés le lard salé et le faire fondre. Faire dorer les pigeons et les oignons dans le gras fondu, puis les en retirer. Ajouter la farine et le consommé et porter à forte ébullition, en remuant, jusqu'à l'obtention d'une sauce lisse.

🕭 Mettre les pigeons et les oignons dans la sauce. Ajouter les petits pois, les baies de genièvre, le thym ou le basilic, le sel et le poivre. Couvrir et faire mijoter lentement jusqu'à ce que les pigeons soient tendres, de 20 à 55 minutes, selon que vous utilisez des pigeonneaux ou des pigeons.

🕭 Faire la sauce en ajoutant le vin blanc ou le jus de pomme au résidu de la cuisson.

PIGEONNEAUX GRILLÉS

4 beaux pigeonneaux gras
gras de bacon
sel et poivre
1 mL (¼ c. à thé) de marjolaine
45 mL (3 c. à soupe) de beurre
250 g (½ lb) de champignons
60 mL (4 c. à soupe) de cognac

🕭 Couper les pigeonneaux en deux par le dos et les aplatir. Badigeonner chacun d'eux de gras de bacon. Saler et poivrer. Saupoudrer avec un peu de marjolaine. Laisser reposer à la température de la pièce de 1 à 2 heures avant de les faire cuire.

🕭 Faire chauffer le beurre jusqu'à ce qu'il prenne une couleur noisette. Enlever les pieds des champignons et faire dorer les têtes à feu vif, en remuant sans arrêt pendant 3 ou 4 minutes. Ajouter le cognac. Saler et poivrer. Mettre de côté.

🕭 Mettre les pigeonneaux dans une lèchefrite, à 13 cm (5 po) du gril. Les faire griller pendant 5 minutes d'un côté, les retourner et faire griller pendant 5 minutes de l'autre côté. Recommencer cette opération en faisant griller 10 minutes par côté et en arrosant chaque fois avec le gras du fond de la lèchefrite. Lorsque les pigeonneaux sont cuits, les mettre sur un plat chaud.

🕭 Ajouter au gras de la lèchefrite les champignons au cognac et les pieds de champignons finement hachés ainsi que 50 mL (¼ tasse) d'eau froide. Remuer le tout à feu moyen en grattant bien le fond de la lèchefrite. Saler et poivrer les champignons et verser le tout sur les pigeonneaux.

FAISAN FLAMBÉ

45 mL (3 c. à soupe) d'huile d'olive
faisan
sel et poivre
45 mL (3 c. à soupe) de cognac
500 mL (2 tasses) de consommé chaud
30 mL (2 c. à soupe) de beurre
30 mL (2 c. à soupe) de farine
foie du faisan
5 mL (1 c. à thé) de moutarde française
125 mL (½ tasse) de crème à 35 %
500 mL (2 tasses) de croûtons bien dorés

🕭 Faire chauffer l'huile dans une casserole de fonte émaillée. Y faire dorer le faisan 10 à 15 minutes. Saler et poivrer. Verser le cognac sur le faisan. Faire chauffer quelques secondes et flamber.

🕭 Ajouter 250 mL (1 tasse) du consommé chaud. Couvrir et faire mijoter pendant environ 1 heure ou jusqu'à ce que le faisan soit tendre.

🕭 Pendant la cuisson du faisan, mettre le beurre et la farine en crème, écraser le foie du faisan et l'ajouter au beurre. Incorporer la moutarde.

🕭 Retirer le faisan cuit de la casserole. Ajouter au jus de cuisson les 250 mL (1 tasse) de consommé qui reste et le mélange du foie. Bien remuer le tout, en grattant le fond de la casserole, jusqu'à léger épaississement. Ajouter la crème. Vérifier l'assaisonnement et servir dans une saucière. Présenter le faisan entouré de croûtons dorés.

Faisan à la normande

PÂTÉ DE FAISAN

🙠 Nettoyer le faisan. Enlever la peau en évitant de trop la déchirer. Tailler la viande de la poitrine en belles tranches. Enlever le reste de la viande des os et la mettre de côté. Se procurer 6 tranches minces de veau ou de porc. Placer dans un bol les tranches de faisan et celles de veau ou de porc.

MARINADE
2 mL (½ c. à thé) de sel
2 mL (½ c. à thé) d'estragon
2 mL (½ c. à thé) de laurier
en poudre
30 mL (2 c. à soupe) de cognac
ou de jus de citron
50 mL (¼ tasse) de xérès
ou de jus de pomme
3 branches de persil
1 gousse d'ail
1 petit oignon
15 mL (1 c. à soupe) d'huile
d'olive

PRÉPARATION DE LA MARINADE
🙠 Bien mélanger, puis verser sur les tranches de viande. Couvrir et réfrigérer pendant 12 heures.

FARCE
petits morceaux de viande de faisan, hachés
375 g (¾ lb) de porc ou de veau, haché
375 g (¾ lb) de gras de porc
1 œuf
2 mL (½ c. à thé) de sel
1 pincée de thym
30 mL (2 c. à soupe) de cognac ou de jus de citron
50 mL (¼ tasse) de vin blanc, de xérès ou de jus de pomme

PRÉPARATION DE LA FARCE
🙠 Bien mélanger tous les ingrédients. Couvrir et réfrigérer pendant 12 heures.

PRÉPARATION DU PÂTÉ
🙠 Tapisser un moule avec la peau du faisan ou de minces tranches de lard salé. Verser la marinade sur la farce.

🙠 Bien mélanger. Mettre le tiers de cette farce dans le fond du moule. Bien presser, recouvrir avec un rang de tranches de faisan et de veau. Les recouvrir avec le deuxième tiers de la farce et mettre une nouvelle rangée de tranches de faisan et de veau. Terminer avec le reste de la farce, bien presser le tout. Recouvrir avec des tranches très minces de lard salé, ou ramener la peau du faisan tout autour. Couvrir.

🙠 Placer le moule dans un plat d'eau chaude. Faire cuire pendant 2 heures dans un four à 180°C (350°F). Le pâté est cuit lorsque le gras fondu autour de la viande est clair.

🙠 Enlever le couvercle. Recouvrir d'un papier d'aluminium et déposer un poids sur le tout. Refroidir pendant 12 à 24 heures.

FAISAN À LA NORMANDE

faisan
90 mL (6 c. à soupe) de beurre
8 pommes, pelées et en tranches minces
125 mL (½ tasse) de crème à 35 %
sel et poivre
45 mL (3 c. à soupe) de cognac

🙠 Nettoyer, ficeler et faire dorer le faisan dans 45 mL (3 c. à soupe) de beurre.

🙠 Tapisser le fond d'une cocotte en terre cuite avec la moitié des pommes. Verser dessus 45 mL (3 c. à soupe) de beurre fondu. Saler et poivrer le faisan et le placer sur le lit de pommes, puis l'entourer jusqu'à mi-hauteur avec le reste des pommes.

🙠 Faire cuire dans un four à 190°C (375°F), pendant 1¼ heure ou jusqu'à ce que le faisan soit tendre.

❦ TECHNIQUE ❦

FAISAN À LA NORMANDE

1 Faire dorer le faisan dans le beurre.

2 Tapisser le fond d'une cocotte avec les pommes. Ajouter le beurre fondu.

3 Placer le faisan sur le lit de pommes.

4 Lorsque le faisan est cuit, ajouter la crème et le cognac.

🐚 Lorsque le faisan est cuit, verser la crème et le cognac sur le tout. Servir.

CIVET DE LIÈVRE

lièvre
sel, poivre, thym et laurier
1 oignon, émincé
60 mL (4 c. à soupe) d'huile
125 mL (½ tasse) de vin
250 g (½ lb) de lard salé, coupé en petits dés
2 oignons, coupés en quartiers
30 mL (2 c. à soupe) de farine
2 gousses d'ail, écrasées
1 poignée de feuilles de céleri, émincées
12 petits oignons
500 g (1 lb) de champignons
45 à 60 mL (3 à 4 c. à soupe) de crème à 35 %

🐚 Dépecer le lièvre en réservant dans un bol le sang et le foie dont on aura enlevé le fiel.
🐚 Placer les morceaux de lièvre dans un plat de terre cuite. Assaisonner avec le sel, le poivre, le thym et le laurier. Ajouter l'oignon émincé et arroser d'huile et de vin. Laisser macérer dans cet assaisonnement pendant 12 heures.
🐚 Faire fondre dans une casserole en fonte le lard salé. Lorsqu'il est bien rissolé, ajouter les 2 oignons coupés en quartiers, et saupoudrer de farine. Faire cuire cette farine en remuant jusqu'à ce qu'elle soit légèrement brunie.
🐚 Mettre alors les morceaux de lièvre bien épongés dans la casserole et les faire revenir dans cette graisse tout en remuant. Ajouter juste assez d'eau pour en recouvrir les morceaux de lièvre. Ajouter l'ail, le céleri. Couvrir et faire cuire à feu moyen pendant 1 heure.

🐚 Ajouter les petits oignons, les champignons préalablement passés au beurre, la marinade tamisée. Couvrir et faire mijoter pendant encore 30 minutes.
🐚 Quelques minutes avant de servir, ajouter au civet le foie du lièvre haché et le sang auquel on aura mélangé la crème. Servir entouré de croûtons.

TOURTIÈRE DU LAC-SAINT-JEAN

lièvre
750 mL (3 tasses) d'eau
1 oignon, coupé en rondelles
2 branches de céleri
2 mL (½ c. à thé) de sarriette
5 mL (1 c. à thé) de cannelle
1 mL (¼ c. à thé) de clous de girofle moulus
5 mL (1 c. à thé) de gros sel
2 œufs
500 g (1 lb) de porc haché
500 g (1 lb) de bœuf haché
sel et poivre, au goût
pâte à tarte

🐚 Nettoyer le lièvre, le couper en portions individuelles.
🐚 Porter l'eau à ébullition avec l'oignon, le céleri coupé en dés, la sarriette, la cannelle, les clous de girofle et le gros sel. Y mettre les morceaux de lièvre. Couvrir et faire mijoter à feu doux pendant environ 1 heure, ou jusqu'à ce que le lièvre soit tendre.
🐚 Retirer les morceaux de lièvre et faire bouillir le liquide à feu vif jusqu'à ce qu'il soit réduit à 250 mL (1 tasse). Désosser le lièvre.
🐚 Battre les œufs. Verser lentement sur les œufs le bouillon non passé, en remuant sans arrêt. Ajouter la viande du lièvre, le porc et le bœuf. Vérifier l'assaisonnement.

🐚 Tapisser une assiette à tarte profonde avec une pâte à tarte de votre choix (voir pages 514 à 523). Y verser le mélange. Recouvrir de pâte. Faire cuire dans un four à 190°C (375°F), jusqu'à ce que la pâte soit bien dorée.

LIÈVRE AU VIN BLANC

500 mL (2 tasses) de vin blanc
1 gros oignon rouge, émincé
1 feuille de laurier
1 mL (¼ c. à thé) de basilic
6 clous de girofle entiers
1 mL (¼ c. à thé) de gingembre
5 mL (1 c. à thé) de sel
1 mL (¼ c. à thé) de poivre
gros lièvre ou 2 lapins
morceau de suif de bœuf
12 petits oignons blancs
6 petites carottes
125 mL (½ tasse) de pommes coupées en dés
1 gousse d'ail
1 pincée de thym
30 mL (2 c. à soupe) de persil haché
1 mL (¼ c. à thé) de romarin

🐚 Porter à ébullition le vin blanc avec l'oignon rouge, le laurier, le basilic, les clous de girofle, le gingembre, le sel et le poivre. Faire bouillir pendant 1 minute. Refroidir.
🐚 Découper le lièvre ou les lapins en morceaux. Mettre dans un plat de terre cuite, verser dessus la marinade refroidie. Couvrir et laisser mariner pendant 12 heures au réfrigérateur ou dans un endroit frais.
🐚 Pour faire cuire, mettre dans le fond d'une casserole le suif de bœuf coupé en petits morceaux, les petits oignons pelés, les carottes coupées en morceaux de 5 cm (2 po), les pommes non

pelées coupées en dés, l'ail, le thym, le persil et le romarin. Déposer les morceaux de lièvre ou de lapin sur le tout. Passer la marinade à travers un tamis fin et verser sur le lièvre ou le lapin. Couvrir et faire cuire pendant 2 heures dans un four à 150°C (300°F).

🦢 Servir avec des croquettes de pommes de terre.

LIÈVRE À LA FLAMANDE

1 gros lièvre
500 mL (2 tasses) de bière (ale)
1 gousse d'ail, émincée
5 mL (1 c. à thé) de sel
1 mL (¼ c. à thé) de poivre
1 feuille de laurier
4 oignons, en tranches minces
1 carotte, pelée et râpée
1 mL (¼ c. à thé) de piment de la Jamaïque
1 mL (¼ c. à thé) de muscade
125 mL (½ tasse) de gras de bacon
125 mL (½ tasse) de farine
2 mL (½ c. à thé) de sel
5 mL (1 c. à thé) de paprika
6 pommes de terre

🦢 Couper le lièvre en morceaux. Laver les morceaux avec un peu de bière.

🦢 Dans un grand bol, mélanger la bière, l'ail, le sel, le poivre, le laurier, les oignons, la carotte, le piment de la Jamaïque et la muscade. Mettre le lièvre dans cette marinade. Couvrir et laisser macérer pendant 24 heures au réfrigérateur.

🦢 Faire chauffer le gras de bacon. Mettre la farine, le sel et le paprika dans un sac. Retirer les morceaux de lièvre de la marinade, les essuyer avec un papier absorbant, et les

Lièvre au vin blanc

enfariner. Faire dorer dans le gras de bacon chaud à feu moyen. Ajouter la marinade. Couvrir et faire mijoter pendant 1½ heure, ou jusqu'à ce que le lièvre soit tendre.

🦢 Peler les pommes de terre et les couper en tranches de 0,5 cm (¼ po) d'épaisseur. Les étaler sur le dessus du lièvre, ½ heure avant la fin de la cuisson. Couvrir et laisser mijoter jusqu'à ce que les pommes de terre soient cuites.

GRANDE CIPAILLE AU LIÈVRE

1 ou 2 lièvres ou lapins
3 filets de porc entiers
1 gousse d'ail, coupée en deux
2 poulets d'environ 2 kg (4 à 5 lb) chacun
1 noix de muscade
1,4 kg (3 lb) de bœuf haché
sel et poivre
1 morceau de veau d'environ 1,5 kg (3 à 4 lb)

2 gousses d'ail
2 perdrix ou pigeons
125 mL (½ tasse) de graisse de rôti ou de saindoux
6 gros oignons, en rondelles
4 petites carottes, pelées
2 poireaux, nettoyés
10 branches de persil, lavées
feuilles de céleri
3 feuilles de laurier
4 clous de girofle
2 bâtons de cannelle
2 L (8 tasses) d'eau
5 mL (1 c. à thé) de thym
15 mL (1 c. à soupe) de gros sel

🦢 Nettoyer et couper en portions individuelles les lièvres ou les lapins. Frotter les filets de porc avec une gousse d'ail, coupée en deux. Désosser et couper les poulets en portions individuelles, et frotter chaque morceau avec la noix de muscade.

🦢 Saler et poivrer le bœuf haché et en faire de petites boulettes. Piquer le morceau de veau avec 2 gousses d'ail.

[325]

🍃 Nettoyer les perdrix et les ficeler.

🍃 Faire fondre le gras choisi dans un faitout en fonte, et y faire dorer, à feu vif, chaque morceau de viande séparément. Lorsqu'un morceau est prêt, le retirer du poêlon et ajouter l'autre.

🍃 Au gras qui reste dans le poêlon, ajouter les oignons et les faire ramollir en les remuant presque sans arrêt. Répartir les oignons sur la viande.

🍃 Ficeler les carottes, les poireaux, le persil et les feuilles de céleri, pour former un bouquet. Piquer les clous de girofle dans les poireaux, insérer les bâtons de cannelle et les feuilles de laurier dans le milieu du bouquet.

🍃 Porter l'eau à ébullition dans le faitout. Ajouter le thym et le gros sel. Lorsque l'eau bout, déposer le bouquet garni au milieu du faitout, avec, autour, le morceau de veau et les lièvres. Placer les filets de porc sur les lièvres, les morceaux de poulets sur le veau, et les perdrix sur le tout. Porter à ébullition. Couvrir et laisser mijoter doucement de 1 à 1½ heure, ou jusqu'à ce que la viande soit cuite.

🍃 Pendant ce temps, faire dorer les boulettes de bœuf, couvrir et garder au réfrigérateur jusqu'au moment de préparer la cipaille.

🍃 Transvider la viande cuite, le bouillon et le bouquet dans un grand bol. Couvrir et réfrigérer pendant 24 heures.

🍃 Pour finir la cipaille, retirer le gras accumulé sur le dessus du plat de viande refroidie, et se débarrasser du bouquet garni. Commencer à disposer les morceaux de viande dans un faitout en fonte ou une grande cocotte de terre cuite. Mélanger les viandes ou les disposer en rangées. Le veau peut être coupé en gros cubes et les perdrix en quatre. Sur le premier rang de viande, verser 175 mL (¾ tasse) du bouillon de la cuisson et garder le reste pour la sauce. Si le bouillon refroidi est en gelée, le faire chauffer.

🍃 Recouvrir ce premier rang de viande d'une grande rondelle de pâte (préparée selon la recette qui suit). Continuer en alternant jusqu'à l'obtention de cinq rangs de viande et six rangs de pâte, en terminant avec un rang de pâte. Pratiquer quelques incisions sur le dernier rang de pâte. Cuire dans un four à 190°C (375°F) 1 heure à 1½ heure, ou jusqu'à ce que la pâte du dessus soit bien dorée.

🍃 Utiliser le bouillon qui reste, du beurre et de la farine pour préparer une sauce blanche moyenne. Au moment de servir la sauce avec la cipaille, y ajouter 50 mL (¼ tasse) de crème à 35 % et de la ciboulette.

PÂTE POUR LA CIPAILLE

🍃 Tamiser et mesurer 750 mL (3 tasses) de farine avec 3 mL (¾ c. à thé) de levure chimique et 7 mL (1½ c. à thé) de sel.

🍃 Dans un grand bol, placer 50 mL (¼ tasse) de beurre, verser dessus 125 mL (½ tasse) d'eau bouillante. Remuer vivement jusqu'à ce que le beurre soit en crème, ajouter alors l'œuf légèrement battu. Incorporer la farine et bien mélanger. Il est quelquefois nécessaire d'ajouter un peu de farine, mais cette pâte est plutôt molle. On doit l'envelopper et la réfrigérer pendant 6 à 8 heures, ou jusqu'à ce qu'elle soit assez ferme pour bien s'abaisser.

CAILLES AUX RAISINS

4 cailles
4 feuilles de vigne
50 mL (¼ tasse) de cognac

Cailles aux raisins

❦ TECHNIQUE ❦

CAILLES AUX RAISINS

1 Plumer et vider les cailles.

2 Mettre dans un bol les foies de cailles, le pain, la crème, les épices et le cognac. Bien mélanger.

3 Farcir les cailles.

4 Envelopper chaque caille dans une feuille de vigne, puis dans une tranche de gras de lard.

3 tranches de pain, sans croûte, coupées en dés
50 mL (¼ tasse) de crème à 35 %, chaude
1 mL (¼ c. à thé) de romarin
sel et poivre, au goût
4 tranches très minces de gras de lard frais
30 mL (2 c. à soupe) de beurre
50 raisins verts
4 tranches de brioche

✤ Plumer et vider les cailles. Ne garder que les foies. Faire tremper les feuilles de vigne dans le cognac pendant 1 heure.

✤ Mettre dans un bol les foies des cailles, les tranches de pain coupées en dés, la crème chaude, le romarin, le sel et le poivre, ainsi que 15 mL (1 c. à soupe) du cognac utilisé pour faire tremper les feuilles de vigne. Bien mélanger, triturer et piler le tout afin d'obtenir une sorte de pâte.

✤ Farcir chaque caille avec cette préparation et l'envelopper dans une feuille de vigne, puis dans une tranche de gras de lard. Faire chauffer le beurre dans une casserole. Y mettre les cailles, les arroser avec le beurre. Saler et poivrer légèrement.

✤ Faire cuire pendant 10 minutes dans un four chauffé à 200°C (400°F). Ajouter alors les raisins et le reste du cognac. Couvrir et faire cuire encore 15 minutes.

✤ Pour servir, faire dorer les tranches de brioche dans un peu de beurre, à feu doux, et déposer une caille, entourée d'un peu de sauce aux raisins, sur chaque brioche.

CAILLES AU RIZ SAUVAGE

45 mL (3 c. à soupe) de beurre
2 oignons verts, hachés
1 morceau de moelle de bœuf de 5 cm (2 po)
250 mL (1 tasse) de riz sauvage
6 baies de genièvre
500 mL (2 tasses) de consommé bouillant
4 à 6 cailles
sel et poivre
125 mL (½ tasse) de beurre, fondu
60 mL (4 c. à soupe) de cognac

✤ Faire dorer dans une casserole les oignons verts dans le beurre. Y ajouter la moelle de bœuf retirée de l'os et continuer à faire cuire à feu doux jusqu'à ce que la moelle soit transparente. Retirer du feu et bien écraser le tout. Ajouter le riz sauvage soigneusement lavé, les baies de genièvre et le consommé bouillant. Remettre à feu doux, couvrir et laisser mijoter 30 à 40 minutes, ou jusqu'à ce que le riz soit tendre.

✤ Pendant la cuisson du riz, nettoyer les cailles et les couper tout le long du dos, les aplatir, les saler et poivrer des deux côtés. Placer dans une lèchefrite, la peau au fond. Mettre à 13 cm (5 po) du gril. Arroser toutes les 5 minutes avec le beurre fondu et le cognac mélangés. Faire cuire 10 minutes de chaque côté. Une fois cuites, les couper en deux.

✤ Pour servir, présenter le riz sauvage sur un plat chaud. Au milieu, installer un petit bol rempli de chutney aux mangues. Entourer avec les cailles grillées. Verser le jus de la lèchefrite sur le tout.

PERDRIX AU CHOU

4 perdrix
250 g (½ lb) de lard salé gras
60 mL (4 c. à soupe) de farine
1 gros chou vert, haché grossièrement
4 à 6 gros oignons, coupés en tranches minces
15 mL (1 c. à soupe) de sel
1 mL (¼ c. à thé) de poivre
2 mL (½ c. à thé) de thym
125 mL (½ tasse) de liquide (vin blanc, bourgogne rouge, cognac, cidre ou jus de pomme)

✤ Couper le lard salé en dés et le faire fondre dans un faitout en fonte. Couper les perdrix en deux ou les laisser entières en attachant les pattes. Rouler dans la farine. Faire dorer dans le lard fondu pendant 25 minutes, à feu très doux.

✤ Retirer les morceaux de perdrix du faitout à mesure qu'ils sont brunis. Ajouter le chou et les oignons au gras restant. Couvrir et faire cuire à feu moyen en remuant souvent, jusqu'à ce que les légumes soient tendres (environ 15 minutes).

✤ Disposer alors les perdrix dans le chou. Ajouter sel, poivre, thym et liquide de votre choix. Couvrir et faire cuire à feu très doux pendant au moins 2 heures, ou jusqu'à ce que les perdrix soient tendres.

✤ On peut apprêter de la même façon les poules, les pigeons et les filets de porc. Il n'y a que le temps de cuisson qui variera.

PERDRIX RÔTIES

30 mL (2 c. à soupe) de beurre
5 mL (1 c. à thé) de moutarde en poudre
2 perdrix
sel, poivre
4 tranches de bacon
ou 3 tranches très minces de lard salé

1 carotte émincée
3 branches de céleri, hachées
4 branches de persil
50 mL (¼ tasse) d'eau
125 mL (½ tasse) de vin rouge
60 mL (4 c. à soupe) de gelée
de pomme ou de raisin

🍂 Mettre en crème le beurre et la moutarde en poudre. Badigeonner les perdrix avec cette préparation. Placer 5 mL (1 c. à thé) de beurre à l'intérieur de chaque perdrix. Saler, poivrer, recouvrir les perdrix des tranches de bacon ou de lard salé.

🍂 Mélanger la carotte, le céleri et le persil, et placer le tout dans le fond d'une lèchefrite. Disposer les perdrix sur ces légumes. Ajouter l'eau et le vin rouge.

🍂 Couvrir et faire cuire pendant 20 minutes dans un four à 270°C (525°F). Réduire la chaleur à 230°C (450°F), et laisser cuire pendant 1 heure. Découvrir la lèchefrite pendant les 10 dernières minutes de cuisson. Ne pas arroser durant la cuisson, sauf pendant les 10 dernières minutes, où il faut arroser les perdrix 3 ou 4 fois.

🍂 Passer la sauce, y ajouter la gelée de pomme ou de raisin, et servir dans une saucière.

PERDRIX DU VIEUX TRAPPEUR

1 L (4 tasses) de chou haché
1 L (4 tasses) d'oignons hachés
2 œufs, légèrement battus
250 mL (1 tasse) de crème à 35 %
sel et poivre, au goût
1 ou 2 perdrix bien grasses
beurre
tranches de lard

🍂 Bien mélanger les oignons et le chou dans un grand bol de bois.

Perdrix rôties

🍂 Ajouter les œufs, mélanger et ajouter juste assez de crème pour obtenir un mélange crémeux. Saler et poivrer. Nettoyer les perdrix et les farcir avec une partie du mélange de chou et d'oignons. Coudre l'ouverture. Badigeonner chaque perdrix de beurre. Recouvrir la poitrine avec les minces tranches de lard.

🍂 Beurrer généreusement un poêlon de fonte. Disposer les perdrix au milieu. Faire cuire 30 à 40 minutes dans un four à 200°C (400°F), sans couvrir. Arroser souvent avec du beurre fondu. Lorsque les perdrix sont dorées, ajouter le reste du chou. Laisser cuire encore pendant 30 minutes ou jusqu'à ce que les perdrix soient tendres.

🍂 Servir avec des pommes de terre cuites au four en même temps que les perdrix et garnir de petits lardons de lard salé grillés ainsi que d'une pointe d'ail.

BÉCASSINES AU COGNAC

6 bécassines
1 foie de volaille
1 truffe
1 pincée de sel et de poivre
1 pincée de muscade
1 pincée de cannelle
5 mL (1 c. à thé) de cognac
6 tranches très minces de gras de lard frais
125 mL (½ tasse) de madère
1 pincée de thym
3 tranches de citron non pelées
125 mL (½ tasse) de champignons émincés
6 tranches de pain sans croûte
30 ml (6 c. à thé) de cognac

🍂 Plumer et vider les bécassines. Conserver l'intérieur, sauf le gésier.

🍂 Mettre dans un bol les abats des bécassines, le foie de volaille,

Cuisses de grenouilles à la provençale

la truffe coupée en petits morceaux, le sel, le poivre, la muscade, la cannelle et le cognac. Bien mélanger et piler jusqu'à l'obtention d'une sorte de pâte.

🍂 Farcir les bécassines avec ce mélange, les coudre et les envelopper chacune avec une tranche de gras de lard. Les aligner dans un plat pouvant tout juste les contenir. Arroser avec le madère. Ajouter le thym, les rondelles de citron et les champignons. Couvrir et laisser macérer pendant 2 jours au réfrigérateur, en les retournant chaque jour.

🍂 Retirer les bécassines de la marinade. Les mettre sur une assiette à tarte et les faire cuire dans un four chauffé à 240°C (475°F) pendant 20 minutes, ou jusqu'à ce qu'elles soient tendres. La bécassine cuit très vite.

🍂 Pendant ce temps, verser la marinade dans une casserole et la faire bouillir sans couvrir, jusqu'à ce qu'elle soit réduite de moitié. Faire griller les tranches de pain

et les mettre sur une plaque à biscuits. Verser sur chacune 5 mL (1 c. à thé) de cognac chaud. Faire flamber les rôties aussitôt. Frotter ensuite chaque rôtie avec une moitié de citron, puis avec une gousse d'ail et, finalement, saupoudrer d'un peu de muscade fraîchement râpée.

🍂 Pour servir, placer les rôties flambées sur un plat chaud ou directement sur les assiettes. Arroser chaque rôtie avec la marinade chaude et déposer une bécassine sur chacune.

PÂTÉ DE BÉCASSINES

125 g (¼ lb) de porc maigre
125 g (¼ lb) de veau
250 g (½ lb) de gras de lard salé
muscade
poivre et sel
2 mL (½ c. à thé) de laurier
en poudre
50 mL (¼ tasse) de crème légère

6 bécassines, coupées en deux
pâte semi-feuilletée

🍂 Passer 3 fois au hachoir le porc, le veau, le gras de lard salé. Saupoudrer de muscade, poivrer et saler, au goût. Ajouter le laurier. Verser la crème, bien mélanger le tout.

🍂 Tapisser de cette préparation le fond d'un plat en terre cuite bien beurré. Couper les bécassines en deux, les disposer sur la farce et les couvrir avec le reste de la farce. Recouvrir le tout d'une pâte semi-feuilletée (voir page 522). Faire cuire dans un four à 180°C (350°F), pendant une heure.

CUISSES DE GRENOUILLES À LA PROVENÇALE

250 à 500 g (½ à 1 lb) de cuisses de grenouilles fraîches
ou surgelées
sel, poivre
jus de citron
huile d'olive
persil, haché
1 gousse d'ail, écrasée
farine ou pâte à friture
ou 1 œuf, battu
farine
huile végétale
2 à 4 gousses d'ail
45 mL (3 c. à soupe) de beurre
1 citron, coupé en quartiers

🍂 Faire dégeler les cuisses de grenouilles sans les développer. Les faire mariner pendant une heure dans un mélange de sel, de poivre, de jus de citron, d'huile d'olive, de persil haché et d'ail écrasé.

🍂 Retirer les cuisses de la marinade, les rouler dans de la farine, dans une pâte à friture ou dans un œuf battu puis dans la farine (la dernière façon est la meilleure). Faire frire dans 8 à 10 cm (3 à 4 po) d'huile chaude, pendant 10 à 12 minutes, à feu moyen.

🐾 Pour servir à la provençale: faire frire des gousses d'ail dans le beurre, jusqu'à ce qu'elles prennent une couleur noisette. Verser immédiatement sur les cuisses de grenouilles cuites, et garnir de quartiers de citrons.

L'ORIGNAL

L'orignal est une venaison délicate lorsqu'il est jeune. Par contre, la chair des animaux adultes est coriace et exige une marinade. On la fait cuire comme celle du chevreuil.

🐾 Une fois nettoyée, un bête adulte peut peser jusqu'à 50 kg (120 lb).

🐾 Le cou taillé jusqu'à l'épaule et le bas des pattes se prêtent bien aux ragoûts. On peut aussi passer la viande au hachoir et la servir en boulettes ou en pâté, ou encore l'utiliser avec un tiers de suif de bœuf haché, ce qui donne une saveur différente. On peut également en faire d'excellentes saucisses, en ajoutant à l'orignal un tiers de son poids de gras de porc. Pour 2 kg (4 lb) de viande, ajouter 25 mL (5 c. à thé) de sel, 10 mL (2 c. à thé) de poivre fraîchement moulu, 2 mL (½ c. à thé) de sauge ou de sarriette.

🐾 L'épaule, coupée jusqu'aux côtes, se cuit en rôti, braisée, ou découpée en cubes de 2,5 cm (1 po) pour le civet ou le ragoût.

🐾 Les côtes entières pèsent environ 10 kg (22 lb) et se divisent en deux parties. Le carré, près de l'épaule, qu'on fait cuire en rôti, et la selle, partie allant jusqu'au gigot, et qui est constituée de la viande la plus tendre. Cette dernière partie équivaut au filet du bœuf. On la coupe généralement en biftecks ou en côtelettes qu'on assaisonne de sel et de poivre avant de les faire sauter dans l'huile chaude, à feu vif, le moins longtemps possible. Se rappeler que moins l'orignal est cuit, plus il est tendre.

🐾 La selle comme telle équivaut à la croupe du bœuf et fait un rôti délicieux. Il faut compter 15 minutes par 500 g (1 lb) dans un four chauffé à 200°C (400°F). Le même temps de cuisson est indiqué pour une cuisson à la broche.

🐾 Le bas de la selle équivaut à la ronde et est meilleur en bifteck.

🐾 L'orignal se congèle très bien. Envelopper les morceaux de papier d'aluminium, en prenant soin de faire adhérer celui-ci à la pièce de viande, et recouvrir ensuite d'un papier à congélation.

🐾 Le gras de l'orignal est ce qui lui donne son goût de gibier. Mais si cela vous déplaît, enlever tout le gras et le remplacer, lors de la cuisson, par du gras de lard ou de bacon.

🐾 Le cœur se farcit de pain, d'oignon et de céleri, et se cuit tout comme le cœur de bœuf.

🐾 Le foie est considéré par les amateurs de gibier comme la pièce de choix. On le mange souvent sur les lieux, au camp de chasse. Enlever la petite peau qui le recouvre et trancher le foie aussi mince que possible. Rouler dans la farine et faire cuire à feu vif dans un beurre bruni, 1 minute de chaque côté.

🐾 Les rognons se cuisent en sauce, tout comme les rognons de bœuf ou de veau, ou grillés au beurre avec de l'oignon, de l'estragon et du cognac.

🐾 Pour aromatiser la venaison: sel, poivre fraîchement moulu, sucre, tomates, oignons, ail, persil, céleri, romarin, citron, chutney, raifort. À la sauce (voir page 46), ajouter de la gelée de raisins de Corinthe ou du vermouth sec.

🐾 Marinade simple: mélanger 250 mL (1 tasse) d'huile d'olive et 125 mL (½ tasse) de jus de citron frais. Verser sur la viande et la laisser macérer pendant 24 heures dans ce mélange, en la retournant 4 ou 5 fois. Varier la marinade en ajoutant feuilles de laurier, clous de girofle entiers, baies de genièvre, ail, moutarde en poudre ou oignons. On peut aussi remplacer le citron par 250 mL (1 tasse) de vin rouge. Rôtir ou braiser la viande marinée.

🐾 Pour accompagner la venaison: Salade de chou rouge, purée de marrons ou de citrouille, betteraves au vin rouge, tomates en sauce ou grillées, riz brun ou riz sauvage, champignons, *Sauce hollandaise* (voir page 54), gelée de raisin, pommettes épicées, chutney, raifort.

LE CHEVREUIL

Une règle facile pour la préparation du chevreuil est de le cuire comme le bœuf, mais jamais comme le porc ou le veau. L'important est de bien retenir les jus de la viande à l'intérieur, tout comme pour le bœuf. Pour un rôti de chevreuil, le badigeonner de beurre mélangé à de la moutarde en poudre, avant de le faire rôtir.

🐾 Le chevreuil est plus tendre et plus savoureux lorsqu'il est un peu saignant. Faire cuire pendant 5 minutes à 290°C (550°F). Réduire la chaleur à 230°C (450°F) et faire rôtir 15 minutes par 500 g (1 lb), en arrosant toutes les 15 minutes. Le gras du chevreuil est flasque et sans saveur lorsqu'il est cuit. C'est pourquoi il est préférable de toujours l'enlever de la viande avant la cuisson et de le remplacer par du lard salé ou du gras de bœuf.

🦃 Pour faire cuire un bifteck, le griller ou le faire sauter dans un poêlon, tout comme le bifteck de bœuf. Ne faire griller que s'il s'agit d'un morceau très tendre.

🦃 Pour faire un ragoût, couper en cubes, rouler dans la farine, assaisonner et saisir au beurre. Ajouter oignons, ail, marjolaine, quelques tomates fraîches, xérès et paprika. Laisser mijoter jusqu'à ce que la viande soit tendre, pendant environ 1½ heure. S'il s'agit d'une cuisson au four, maintenir la chaleur à 180°C (350°F). Ajouter, au goût, 250 mL (1 tasse) de crème aigre ou de vin rouge. (Voir page suivante pour une autre recette de ragoût.)

CÔTELETTES DE CHEVREUIL GRILLÉES

🦃 Saler et poivrer des côtelettes de chevreuil de 1 cm (½ po) d'épaisseur. Mettre dans un plat. Arroser avec un peu d'huile d'olive et laisser mariner pendant 12 heures.

🦃 Placer à environ 15 cm (5 à 6 po) du gril et faire griller 10 à 20 minutes, selon le degré de cuisson désiré, en ne retournant qu'une seule fois. Pour bien réussir, il est nécessaire de chauffer le four à 200°C (400°F) et de faire griller les côtelettes à feu doux.

🦃 Accompagner d'une sauce faite de beurre fondu et d'une égale quantité de gelée de raisin, additionnée de 15 mL (1 c. à soupe) de sauce Worcestershire.

FILET DE CHEVREUIL À L'AUSTRALIENNE

filet de chevreuil d'environ
3 à 3,5 kg (6 à 8 lb)
1 gousse d'ail
500 mL (2 tasses) de vin rouge
250 mL (1 tasse) d'eau
4 grains de poivre
5 mL (1 c. à thé) d'estragon
5 mL (1 c. à thé) de gros sel
250 g (½ lb) de gras de lard salé
50 mL (¼ tasse) de cognac
500 mL (2 tasses) de crème aigre
sel et poivre

🦃 Pratiquer des incisions dans le filet et insérer l'ail coupé en quatre. Dans un grand bol, mélanger le vin, l'eau, le poivre fraîchement moulu, l'estragon et le gros sel. Ajouter le filet et l'enduire du mélange. Couvrir et laisser macérer au réfrigérateur pendant 24 heures.

🦃 Retirer le filet de la marinade. Bien l'essuyer. Le mettre dans une lèchefrite et le recouvrir des tranches fines de lard salé.

🦃 Faire chauffer le four à 230°C (450°F) pendant 10 minutes. Y mettre le filet de chevreuil et rôtir pendant 1½ heure, en réduisant la chaleur à 190°C (375°F) après 1 heure de cuisson. Arroser souvent avec le gras qui s'accumule dans la lèchefrite.

🦃 Pour faire la sauce, retirer le filet et le mettre sur un plat chaud. Mettre la lèchefrite à feu vif et ajouter au jus qui reste 250 mL (1 tasse) de la marinade passée au tamis fin et le cognac.

Porter à forte ébullition en remuant et en grattant bien le fond. Ajouter la crème aigre, et faire chauffer en évitant toute ébullition. Verser sur le filet et servir.

CHEVREUIL À LA BIÈRE

900 g (2 lb) de chevreuil
750 mL (3 tasses) de haricots secs
1 L (4 tasses) de bière blonde
1 feuille de laurier
250 g (½ lb) de lard salé
2 carottes, coupées en dés
4 gros oignons, en tranches minces
5 mL (1 c. à thé) de sarriette
250 mL (1 tasse) de mélasse
sel et poivre

🦃 Trier les haricots et les faire tremper dans l'eau froide pendant 12 heures.

🦃 Les égoutter tout en conservant l'eau et les mettre dans un pot de terre cuite. Ajouter la bière, 750 mL (3 tasses) de l'eau de trempage, le laurier, le lard salé coupé en cubes de 2,5 cm (1 po), les carottes, les oignons, la sarriette, la mélasse, le sel et le poivre. Bien mélanger le tout. Couvrir et laisser cuire pendant 5 heures dans un four à 150°C (300°F). S'il faut rajouter de l'eau, utiliser l'eau de trempage qui reste.

🦃 Lorsque les haricots sont tendres, sans être complètement cuits, ajouter le chevreuil coupé en cubes de 2,5 cm (1 po), couvrir et faire cuire pendant encore 2 heures.

🦃 On prépare les perdrix à la bière de la même façon: les ficeler et les enfouir dans les haricots, après 6 heures de cuisson. Laisser cuire 1 heure de plus au lieu de 2 heures.

RAGOÛT DE CHEVREUIL

1,5 kg (3 lb) de chevreuil, dans l'épaule

MARINADE
500 mL (2 tasses) de vin rouge
50 mL (¼ tasse) de cidre
2 gros oignons, en tranches minces
2 carottes, en tranches
6 grains de poivre, moulus
2 feuilles de laurier
2 clous de girofle
1 gousse d'ail
5 mL (1 c. à thé) de thym
15 mL (1 c. à soupe) de sel

45 mL (3 c. à soupe) de gras de bacon
45 mL (3 c. à soupe) de farine
2 branches de céleri avec feuilles
4 carottes, en tranches
12 à 15 marrons, pelés (facultatif)
sel et poivre

❧ Enlever le surplus de gras et couper la viande en morceaux de 5 cm (2 po).

PRÉPARATION DE LA MARINADE
❧ Dans un grand bol, mélanger les 10 ingrédients suivants, incluant le sel. Ajouter le chevreuil et mélanger. Couvrir et laisser macérer pendant deux jours au réfrigérateur.
❧ Pour cuire, retirer la viande de la marinade, l'éponger et la faire brunir dans le gras de bacon. Saupoudrer de farine. Mélanger et verser la marinade, préalablement tamisée, sur les morceaux de viande, les carottes, le céleri et les marrons pelés. Saler et poivrer,

Ragoût de chevreuil

au goût. Couvrir et cuire dans un four à 180°C (350°F), pendant 2 heures. Servir avec une purée de pommes de terre.

CHEVREUIL BRAISÉ

environ 2 à 2,5 kg (4 à 6 lb) de chevreuil, dans l'épaule ou les côtes, désossé
125 g (¼ lb) de gras de lard salé
50 mL (¼ tasse) de farine
5 mL (1 c. à thé) de sel
poivre, au goût
2 mL (½ c. à thé) de marjolaine
125 mL (½ tasse) de lard salé, fondu
125 mL (½ tasse) de vin rouge ou de jus de pomme et d'orange
15 mL (1 c. à soupe) de vinaigre
2 pommes non pelées, grillées

❧ Éponger la viande avec un linge propre préalablement trempé dans le vinaigre.
❧ Couper le lard salé en lamelles et en recouvrir la viande. Enrouler

et attacher. Mélanger ensemble la farine, le sel, le poivre et la marjolaine et saupoudrer sur la viande.
❧ Faire dorer la viande dans 125 mL (½ tasse) de lard salé fondu. Ajouter le vin ou les jus.
❧ Couvrir et cuire pendant 2 heures, à feu moyen, en remuant de temps en temps. Passer la sauce au tamis et servir dans une saucière.

VENAISON EN COCOTTE

1 à 1,5 kg (2 à 3 lb) de viande d'orignal ou de chevreuil
5 mL (1 c. à thé) de sel
1 mL (¼ c. à thé) de poivre
2 mL (½ c. à thé) de romarin
2 feuilles de laurier
750 mL (3 tasses) de lait
125 g (¼ lb) de gras de lard salé
15 mL (1 c. à soupe) d'huile végétale
30 mL (2 c. à soupe) de beurre

125 mL (½ tasse) de farine
15 mL (1 c. à soupe) de paprika
2 oignons, en tranches minces
500 mL (2 tasses) de consommé
500 mL (2 tasses) de vin rouge
125 mL (½ tasse) de crème aigre
jus de ½ citron

🍃 Couper la viande en cubes de 1 cm (½ po) et la mettre dans un bol. Saupoudrer de sel, de poivre, de romarin. Incorporer le laurier, et verser le lait sur le tout. Couvrir et réfrigérer pendant 24 heures, en retournant les morceaux une ou deux fois.

🍃 Retirer la viande de la préparation au lait et l'éponger. Pour cuire, utiliser une cocotte en fonte. Faire dorer les morceaux de lard salé dans l'huile. Ajouter le beurre, et lorsqu'il est très chaud, y mettre les cubes de viande. Mélanger la farine et le paprika. Prélever 30 mL (2 c. à soupe) de ce mélange et le saupoudrer sur les cubes de viande. Réserver le reste. Faire sauter à feu vif, pas plus d'une minute. Retirer du poêlon.

🍃 Ajouter les oignons dans la cocotte encore chaude, et les faire dorer. Ajouter le consommé et le vin, amener à ébullition et remettre la viande. Couvrir et laisser mijoter pendant 2 heures, ou jusqu'à ce que la viande soit tendre.

🍃 Avant de servir, mélanger le reste de la farine au paprika avec la crème aigre et le jus de citron. Ajouter à la viande cuite. Mélanger jusqu'à l'obtention d'une belle texture lisse et crémeuse. Rectifier l'assaisonnement. Verser dans une soupière ou un plat de service et mettre sur la table.

🍃 Cette recette peut être préparée quelques jours à l'avance. Au moment de servir, réchauffer dans un four à 200°C (400°F).

PÂTES
ALIMENTAIRES

LES PÂTES ALIMENTAIRES

La famille des pâtes alimentaires comprend les macaroni, les spaghetti, les vermicelles, les nouilles et un grand nombre de pâtes de fantaisie, dont les coquilles et les alphabets.

MÉTHODE FONDAMENTALE DE CUISSON

La quantité de pâtes nécessaire à la préparation d'un repas peut varier considérablement. Mais en règle générale, une portion de 30 g (1 oz) de pâtes accompagnées d'autres aliments devrait satisfaire une personne, tandis qu'il faut compter de 45 à 60 g (1½ à 2 oz) de pâtes si celles-ci sont servies nature ou avec une sauce.

⏂ Pour préparer 250 g (8 oz) de pâtes, portez à forte ébullition 2 L (8 tasses) d'eau additionnée de 5 mL (1 c. à thé) de sel. Ajoutez les pâtes petit à petit, de manière à ne pas arrêter l'ébullition. Faites cuire à découvert, en remuant une ou deux fois au cours des premières minutes de cuisson pour éviter que les pâtes s'agglutinent. Pour empêcher l'eau de mousser, ajoutez 5 mL (1 c. à thé) de beurre ou d'huile avant d'y plonger les pâtes.

⏂ La durée de la cuisson varie selon le type (fraîches ou sèches) et la marque de pâtes. Versez les pâtes cuites dans une passoire. Rincez sous le robinet à l'eau chaude ou froide, selon la température à laquelle les pâtes seront servies. Durant le rinçage, remuez délicatement la masse de pâtes à la fourchette.

COMMENT RÉCHAUFFER LES PÂTES CUITES, FROIDES OU CONGELÉES

Si vous ne servez pas immédiatement les pâtes cuites, remettez-les dans la casserole et ajoutez-y de 15 à 30 mL (1 à 2 c. à soupe) d'huile d'olive ou de beurre. Remuez à la fourchette afin de bien enrober les pâtes. Les pâtes ainsi apprêtées ne s'agglutineront pas.

⏂ Pour faire cuire les pâtes à l'avance, égouttez-les avant de les réfrigérer. Réchauffez les pâtes en les laissant 1 minute dans une casserole d'eau bouillante. Pour ne réchauffer qu'une portion de pâtes, laissez-la tremper 1 minute dans une passoire plongée dans une casserole d'eau bouillante. Égouttez bien en soulevant la passoire.

⏂ Les pâtes cuites se congèlent très bien. Déposez les pâtes, bien égouttées et divisées en portions, sur un carton tapissé de papier ciré. Enveloppez de papier d'aluminium et faites congeler. Pour réchauffer ces pâtes, procédez comme s'il s'agissait de pâtes froides, sans les faire décongeler.

GRANDE VARIÉTÉ D'APPRÊTS

Les pâtes se prêtent à une multitude d'apprêts bon marché et nourrissants. Pour en profiter, il suffit de découvrir leurs succulents secrets.

⏂ Selon vos préférences ou les réserves de votre garde-manger, ne craignez pas de changer la variété de pâte demandée dans une recette. Dans ce cas, consultez simplement le tableau de cuisson pour vous assurer de respecter la durée de cuisson appropriée.

TABLEAU DE CUISSON DES PÂTES ALIMENTAIRES

PÂTES FRAÎCHES (ayant une durée de conservation de 2 à 3 jours au réfrigérateur)

Spaghetti, fettuccine, linguine, etc.	5 minutes
Ravioli, tortellini	de 12 à 15 minutes

PÂTES FRAÎCHES (ayant une durée de conservation de 2 à 3 mois au réfrigérateur)

Spaghetti, fettuccine, linguine, etc.	de 7 à 8 minutes
Ravioli, tortellini	de 12 à 15 minutes

PÂTES SÈCHES (en boîte)

Macaroni (coudes)	de 8 à 10 minutes
Macaroni (longs)	10 minutes
Spaghetti, fettuccine, linguine, etc.	10 minutes
Rigatoni	12 minutes
Alphabets	de 4 à 6 minutes

COQUILLETTES AU LAIT GRATINÉES

1 L (4 tasses) de consommé
500 mL (2 tasses) de lait
170 g (6 oz) de coquillettes
75 mL (5 c. à soupe) de beurre
1 tranche de jambon, coupé
en dés de 0,6 cm (¼ po)
d'épaisseur
90 mL (6 c. à soupe) de fromage
râpé
sel et poivre, au goût
30 mL (2 c. à soupe)
de chapelure
30 mL (2 c. à soupe) de beurre
15 mL (1 c. à soupe) de persil
émincé
sel et poivre, au goût

❧ Dans une marmite, porter le consommé et le lait à ébullition. Ajouter les coquillettes. Faire bouillir environ 10 minutes. Égoutter. (Le bouillon peut être épaissi et transformé en soupe servie avec des croûtons, ou utilisé pour faire une sauce béchamel garnissant des coquillettes.) Ajouter le beurre.

❧ Tailler le jambon en dés. L'ajouter aux pâtes. Incorporer le fromage. Assaisonner. Verser la préparation dans un plat beurré. Saupoudrer de chapelure. Faire gratiner 20 minutes au four, à 200°C (400°F).

❧ Cinq minutes avant la fin de la cuisson, parsemer du reste de beurre et saupoudrer de persil.

SALADE DE COQUILLETTES ET DE HOMARD

250 g (8 oz) de coquillettes
1 boîte de 200 g (7½ oz) de chair de homard ou de crabe
1 boîte de 100 g (3¾ oz) de crevettes
1 tranche de jambon cuit, coupé en dés
125 g (¼ lb) de champignons, coupés en tranches minces
2 tomates, coupées en dés
45 mL (3 c. à soupe) d'huile d'olive
15 mL (1 c. à soupe) de vinaigre de cidre
75 mL (⅓ tasse) de mayonnaise
sel et poivre, au goût
zeste de ½ citron

❧ Cuire les coquillettes, les égoutter, les rincer à l'eau froide et les égoutter à nouveau.

❧ Égoutter la chair de homard et réserver le liquide. Tailler la chair de homard en dés. Dans un grand bol, mélanger avec deux fourchettes les coquillettes, la chair de homard, les crevettes, le jambon, les champignons, les tomates, l'huile d'olive, le vinaigre et le liquide réservé. Assaisonner.

❧ Déposer dans un saladier, en formant un dôme avec la préparation. Mélanger le zeste de citron et la mayonnaise et en garnir la partie supérieure du dôme.

LASAGNES À LA ROMAINE

SAUCE
50 mL (¼ tasse) d'huile d'olive
1 oignon, émincé
1 gousse d'ail, émincée
1 boîte de 800 mL (28 oz) de tomates italiennes
15 mL (1 c. à soupe) de persil émincé
2 mL (½ c. à thé) de basilic
1 boîte de 150 mL (5½ oz) de pâte de tomates
15 mL (1 c. à soupe) de sucre
sel et poivre, au goût

❧ Faire dorer l'oignon et l'ail dans l'huile d'olive. Ajouter le reste des ingrédients. Porter à ébullition et laisser mijoter 15 minutes, à découvert.

Lasagnes à la romaine

MÉLANGE DE VIANDES

250 g (½ lb) de bœuf, haché
250 g (½ lb) de porc, haché
30 mL (2 c. à soupe) de persil
émincé
2 mL (½ c. à thé) d'origan
2 œufs, légèrement battus
45 mL (3 c. à soupe)
de parmesan râpé
sel et poivre, au goût

🍃 Bien mélanger tous les ingrédients. Les ajouter à la sauce tomate une fois qu'elle a terminé de mijoter. Remuer et laisser mijoter encore 40 minutes.

PÂTES

6 L (24 tasses) d'eau
45 mL (3 c. à soupe) de sel
15 mL (1 c. à soupe) d'huile
d'olive
500 g (1 lb) de lasagnes

🍃 Verser l'eau dans une grande marmite et y ajouter le sel et l'huile. Porter à forte ébullition. Déposer les lasagnes dans l'eau bouillante, les unes après les autres. Faire cuire à découvert, de 12 à 15 minutes, en maintenant l'ébullition. Bien égoutter.

FROMAGES

125 g (¼ lb) de mozzarella,
en tranches minces
500 g (1 lb) de fromage cottage
30 mL (2 c. à soupe) d'eau
chaude
125 mL (½ tasse) de parmesan
râpé

🍃 Badigeonner d'huile un grand plat et y déposer 100 g (6 à 7 c. à soupe) de sauce. Couvrir d'un rang de lasagnes. Garnir ce rang de mozzarella. Recouvrir le mozzarella d'une couche de fromage cottage dilué dans l'eau chaude. Verser environ le quart de la sauce tomate sur la préparation.

Répéter l'opération jusqu'à l'utilisation complète des ingrédients. Saupoudrer de parmesan. Faire cuire au four à 180°C (350°F), de 30 à 40 minutes.

MACARONI À LA CRÈME

250 g (8 oz) de macaroni
375 mL (1½ tasse) de crème
à 15%
2 mL (½ c. à thé) de sel
et de poivre
1 pincée de muscade
fromage râpé, au goût

🍃 Faire cuire les macaroni. Égoutter. Incorporer la crème. Laisser mijoter à découvert, de 10 à 12 minutes à feu doux.
🍃 Au moment de servir, ajouter le sel, le poivre et la muscade. Incorporer également le fromage râpé ou le servir dans un ravier.

MACARONI AU FROMAGE

Voici un plat familial toujours populaire, que l'on peut varier à l'infini et qui se congèle très bien. Pour gagner du temps, remplacez la sauce par des tomates en conserve. Vous obtiendrez un macaroni à la viande en ajoutant une livre de bœuf haché, sauté.

500 mL (2 tasses) de coudes
7 mL (1½ c. à thé) de sel
30 mL (2 c. à soupe)
de margarine
30 mL (2 c. à soupe) de farine
1 mL (¼ c. à thé) de poivre
750 mL (3 tasses) de lait
500 mL (2 tasses) de cheddar
fort râpé
1 oignon, finement haché
2 mL (½ c. à thé) de sarriette

15 mL (1 c. à soupe) de sauce
Worcestershire ou le jus
de ½ citron
125 mL (½ tasse) de chapelure
au beurre

🍃 Porter à ébullition de 2 à 3 L (8 à 12 tasses) d'eau additionnée de 5 mL (1 c. à thé) de sel. Ajouter les coudes et les faire cuire en suivant les instructions du fabricant. Égoutter et rincer à l'eau froide. Préparer une sauce béchamel avec la margarine, la farine et le lait. Lorsqu'elle est lisse et crémeuse, ajouter le reste du sel et le poivre. Incorporer le fromage à la sauce, jusqu'à ce qu'il soit fondu. Verser la sauce sur les macaronis. Mélanger l'oignon, la sauce Worcestershire et la sarriette et ajouter à la préparation. Bien mélanger le tout. Refroidir rapidement au réfrigérateur.
🍃 Verser dans un plat graissé. Couvrir et congeler. N'ajouter la chapelure qu'à la cuisson finale.
🍃 Rendement : de 6 à 8 portions.
🍃 Durée de conservation : de 6 à 8 semaines.
🍃 Faire décongeler 18 heures au réfrigérateur ou 4 heures à la température ambiante, ou encore réchauffer le plat congelé au four à 200°C (400°F) pendant 25 minutes, après l'avoir saupoudré de chapelure au beurre et recouvert de papier d'aluminium.
🍃 Retirer le papier d'aluminium et laisser dorer quelques minutes, jusqu'à ce que la préparation bouillonne.
🍃 Si le mets a été préalablement décongelé, faire chauffer le four à 180°C (350°F). Saupoudrer la préparation de chapelure au beurre et couvrir. Cuire 25 minutes au four, découvrir et laisser dorer de 15 à 20 minutes.

MACARONI GRATINÉS

250 g (8 oz) de macaroni, cuits
45 mL (3 c. à soupe) de beurre
45 mL (3 c. à soupe) de farine
500 mL (2 tasses) de lait
250 mL (1 tasse) de fromage râpé
125 mL (½ tasse) de persil frais
émincé ou 15 mL (1 c. à soupe)
de persil séché
1 petit oignon, émincé
chapelure, au goût
beurre, coupé en dés

🌺 Faire une sauce béchamel avec le beurre, la farine et le lait.

🌺 Dans un plat beurré, déposer des couches de fromage, de persil et d'oignon en alternant avec les macaroni cuits. Ajouter la sauce béchamel. Couvrir de chapelure et de noisettes de beurre.

🌺 Faire cuire dans un four préalablement chauffé à 200°C (400°F), de 25 à 35 minutes ou jusqu'à ce que se forme une croûte bien dorée.

MACARONI MILANAIS

250 g (8 oz) de macaroni, cuits
250 mL (1 tasse) de fromage râpé
5 mL (1 c. à thé) de moutarde en poudre
1 mL (¼ c. à thé) de poivre
375 mL (1½ tasse) de lait

🌺 Mélanger le fromage, la moutarde et le poivre. Déposer dans un plat beurré, en couches, alternant avec les macaroni cuits. Arroser de lait.

🌺 Cuire au four à 180°C (350°F), 30 minutes.

Macaroni gratiné

MACARONI AUX POIVRONS VERTS

250 g (8 oz) de macaroni
15 mL (1 c. à soupe) d'huile d'olive
1 gros oignon, émincé
45 mL (3 c. à soupe) de graisse de bacon
1 poivron vert, paré et coupé en dés
1 boîte de 400 mL (14 oz) de tomates
5 mL (1 c. à thé) de sucre
2 mL (½ c. à thé) d'origan
sel et poivre, au goût

🌺 Faire cuire les macaroni, rincer à l'eau chaude et bien égoutter. Remettre dans la casserole. Ajouter l'huile d'olive et remuer à la fourchette. Couvrir.

🌺 Faire frire l'oignon dans la graisse de bacon. Ajouter le poivron vert, les tomates, le sucre, l'origan, du sel et du poivre. Faire bouillir 20 minutes.

🌺 Verser la sauce sur les macaroni. Bien mélanger et faire mijoter 5 minutes. Accompagner d'un ravier de fromage râpé.

MACARONI AUX TOMATES

1 boîte de 800 mL (28 oz) de tomates
15 mL (1 c. à soupe) de sucre
5 mL (1 c. à thé) de moutarde en poudre
2 mL (½ c. à thé) de poivre
1 mL (¼ c. à thé) de thym
ou 2 mL (½ c. à thé) de sarriette
50 à 125 mL (¼ à ½ tasse) de feuilles de céleri hachées finement
5 mL (1 c. à thé) de paprika
1 boîte de 150 mL (5½ oz) de pâte de tomates
250 g (8 oz) de macaroni, cuits
250 g (½ lb) de fromage fort ou doux, râpé
chapelure
beurre, coupé en dés

Macaroni alla carbonara

&❧ Graisser généreusement un plat. Y verser le tiers des tomates.

&❧ Bien mélanger le reste des tomates et le sucre, la moutarde en poudre, le poivre, le thym ou la sarriette, les feuilles de céleri, le paprika et la pâte de tomates.

&❧ Dans le plat, faire alterner les couches de macaroni, de préparation de tomates et de fromage râpé.

&❧ Couvrir de chapelure et de noisettes de beurre. Faire cuire au four à 180°C (350°F), de 35 à 45 minutes.

MACARONI
AU SAUMON

125 g (4 oz) de macaroni
1 boîte de 200 g (6½ oz)
de saumon
10 mL (2 c. à thé) de fécule
de maïs
3 œufs

500 mL (2 tasses) de lait
sel et poivre, au goût
15 mL (1 c. à soupe) de persil
1 oignon, émincé
15 mL (1 c. à soupe) de jus
de citron
30 mL (2 c. à soupe) de fromage
râpé

&❧ Faire cuire les macaroni. Rincer à l'eau froide et bien égoutter. Défaire le saumon en morceaux. Mélanger les macaroni et le saumon. Déposer dans un plat beurré.

&❧ Mélanger la fécule de maïs et les œufs. Ajouter le lait. Assaisonner au goût et ajouter le reste des ingrédients.

&❧ Verser la préparation aux œufs sur les macaroni. Déposer le plat dans une lèchefrite contenant 2,5 cm (1 po) d'eau chaude. Faire cuire au four à 160°C (325°F), 35 minutes.

MACARONI
ALLA CARBONARA

750 mL (3 tasses) de gros macaroni (ou de rigatoni)
500 g (1 lb) de jambon, cuit et coupé en dés
250 mL (1 tasse) de gruyère râpé
250 mL (1 tasse) de parmesan râpé
75 mL (⅓ tasse) de beurre ou d'huile d'olive
3 œufs, battus
250 mL (1 tasse) de lait ou de crème à 15%
1 gousse d'ail, écrasée
2 mL (½ c. à thé) de basilic
sel et poivre, au goût

&❧ Faire cuire les macaroni dans 3 L (12 tasses) d'eau bouillante jusqu'à ce qu'ils soient tendres. Égoutter.

&❧ Déposer les macaroni dans un plat à gratin beurré, en couches alternant avec le jambon, le gruyère et le parmesan. Parsemer de noisettes de beurre ou napper d'huile d'olive.

&❧ Battre les œufs avec le lait, l'ail, le basilic, du sel et du poivre. Verser la préparation sur les macaroni. Cuire à couvert 1 heure, au four à 150°C (300°F). Laisser tiédir. Réfrigérer 24 heures. Démouler et servir froid, avec une salade verte.

PÂTÉ DE MACARONI

250 g (8 oz) de macaroni
875 mL (3½ tasses)
de consommé
12 petits oignons blancs
45 mL (3 c. à soupe) d'huile
d'olive

❦ TECHNIQUE ❦

MACARONI ALLA CARBONARA

1 Déposer les macaroni dans un plat à gratin beurré, en couches alternant avec le jambon, le gruyère et le parmesan.

2 Napper d'huile d'olive.

3 Battre les œufs avec le lait, l'ail, le basilic, du sel et du poivre.

4 Verser la préparation sur les macaroni.

Salade de macaroni

15 mL (1 c. à soupe) de persil
émincé
500 g (1 lb) de tomates fraîches,
pelées et coupées en tranches
sel et poivre, au goût
250 g (½ lb) de champignons,
coupés en tranches minces
50 mL (¼ tasse) de porto
ou de xérès
30 mL (2 c. à soupe) d'olives
vertes émincées
60 mL (4 c. à soupe) de fromage
râpé
1 recette de pâte à tarte (voir
pages 514 à 523)
lait froid, au goût

🖝 Cuire les macaroni à l'eau
bouillante, 5 minutes. Égoutter.
Porter le consommé à forte ébullition et y terminer la cuisson des
macaroni. Égoutter.
🖝 Faire dorer les oignons dans
l'huile, à feu moyen. Ajouter le
persil et les tomates. Assaisonner.
Lorsque les tomates ont com-
mencé à cuire, ajouter les champignons. Faire mijoter le tout

15 minutes.
🖝 Verser la sauce sur les macaroni
cuits. Ajouter le porto, les olives
et le fromage râpé. Bien remuer.
🖝 Tapisser un moule beurré avec
la pâte à tarte, abaissée assez
mince. Déposer les macaroni dans
le moule. Couvrir d'une couche
de pâte. Badigeonner avec un peu
de lait froid. Faire cuire au four à
220°C (425°F), pendant 40 minutes ou jusqu'à ce que la pâte soit
bien dorée.

COQUILLES
DE MACARONI
ET DE JAMBON

250 g (8 oz) de coudes
250 mL (1 tasse) de jambon cuit
haché
125 mL (½ tasse) de chapelure
2 branches de ciboulette, hachées
30 mL (2 c. à soupe) de beurre,
en noisettes
sel et poivre, au goût
lait

🖝 Cuire les coudes à l'eau bouillante, salée. Bien égoutter.
🖝 Déposer la moitié des coudes
dans un plat à gratin beurré.
Couvrir de la moitié du jambon.
Ajouter la moitié de la chapelure
et de la ciboulette. Parsemer de la
moitié du beurre. Assaisonner.
Répéter l'opération avec le reste
des ingrédients.
🖝 Arroser de lait afin de pratiquement couvrir la préparation.
Cuire au four à 190°C (375°F), à
découvert, de 20 à 30 minutes.

MACARONI
AU FROMAGE
GRAND-MÈRE

250 g (8 oz) de macaroni
300 mL (1¼ tasse) de cheddar
jaune, doux
125 mL (½ tasse) de beurre,
fondu
125 mL (½ tasse) de crème
à 15%
2 mL (½ c. à thé) de sel
2 mL (½ c. à thé) de poivre
fraîchement moulu
125 mL (½ tasse) de ciboulette
ou de persil frais haché
paprika
lait

🖝 Briser les macaroni en morceaux de 2,5 cm (1 po). Cuire à
l'eau bouillante salée, jusqu'à ce
qu'ils soient tendres. Bien égoutter.
🖝 Râper le fromage. Ajouter la
moitié du fromage, le beurre et la
crème aux macaroni. Remuer
délicatement et assaisonner avec
le sel, le poivre et la ciboulette.
Verser dans un plat à gratin beurré.
Parsemer du reste de fromage.
Saupoudrer de paprika.
🖝 Arroser de lait afin de pratiquement couvrir la préparation.

Cuire au four à 150°C (300°F) jusqu'à ce que la préparation brunisse.

SALADE DE MACARONI

200 à 250 g (6 à 8 oz) de coudes
30 mL (2 c. à soupe) d'huile d'olive
60 mL (4 c. à soupe) de mayonnaise
1 boîte de 200 g (6½ oz) de thon, émietté
2 œufs durs, en tranches
2 tomates, pelées et coupées en tranches
quelques olives noires
5 mL (1 c. à thé) de cari
45 mL (3 c. à soupe) de fromage râpé
sel et poivre, au goût

🍃 Faire cuire les coudes. Bien égoutter. Incorporer l'huile d'olive en remuant, pendant que les pâtes sont encore chaudes. Laisser refroidir. Ajouter la mayonnaise et remuer de nouveau.

🍃 Mélanger le reste des ingrédients. Ajouter aux coudes. Bien remuer le tout à la fourchette. Servir sur un nid de laitue.

SALADE DE MACARONI DU CHEF

250 g (8 oz) de coudes
50 mL (¼ tasse) de vinaigrette
250 mL (1 tasse) de jambon en julienne
250 mL (1 tasse) de poulet en julienne
125 mL (½ tasse) de languettes de fromage suisse
mayonnaise
jus de citron, au goût
laitue

🍃 Faire cuire les coudes à l'eau bouillante, salée. Égoutter et réfrigérer.

🍃 Incorporer la vinaigrette aux coudes refroidis. Disposer la préparation sur un plat de service rond. Garnir de rangs de jambon, de poulet et de fromage.

🍃 Allonger la mayonnaise avec du jus de citron. En napper la viande et le fromage. Garnir de laitue.

CONFECTION DES NOUILLES

La fabrication de pâtes fraîches est un art. L'opération demande une habileté que l'on atteint avec l'expérience. Pour réussir vos pâtes, rappelez-vous que chaque marque de farine possède un degré d'absorption différent et que les œufs varient en calibre et en qualité. Il est donc important d'incorporer soigneusement la farine aux œufs. La quantité de farine mentionnée ne l'est qu'à titre indicatif.

🍃 Il faut également de l'expérience pour abaisser la pâte de façon uniforme. L'abaisse d'égale épaisseur sur toute sa surface donne certes les plus belles pâtes.

🍃 Il est difficile de faire des pâtes par temps humide.

🍃 Pour faire des boucles, couper la pâte en carrés de 2,5 cm (1 po) et pincer le milieu pour former une boucle.

NOUILLES FRAÎCHES

3 œufs
500 mL (2 tasses) de farine
2 mL (½ c. à thé) de sel

🍃 Battre les œufs, juste assez pour mélanger les jaunes et les blancs. Éviter de les faire mousser. Déposer la farine dans un grand bol en formant un puits.

Ajouter le sel. Y verser les œufs.

🍃 Du bout des doigts, incorporer la farine aux œufs. Continuer jusqu'à l'obtention d'une pâte assez ferme. Pétrir jusqu'à ce que la pâte devienne élastique, en ajoutant un peu de farine si elle est trop collante. Laisser reposer 10 minutes.

🍃 Diviser la pâte en trois. Sur une surface légèrement enfarinée, faire de chaque portion une abaisse aussi mince que possible. Laisser chaque abaisse sécher 20 minutes. Rouler chaque abaisse. Avec un couteau bien aiguisé, trancher le rouleau en minces rondelles. Défaire chaque rondelle afin d'obtenir une nouille plus ou moins fine, selon l'épaisseur des tranches que vous avez faites. Étendre les nouilles sur un linge propre, légèrement enfariné. Laisser sécher à la température ambiante.

🍃 On peut faire cuire les nouilles à l'eau bouillante salée, après les avoir fait sécher 20 minutes. Si elles sont bien sèches, on peut aussi les conserver dans des contenants hermétiques ou les faire congeler.

NOUILLES AUX ÉPINARDS

(fettuccine verdi)

2 œufs
1 L (4 tasses) de farine
5 mL (1 c. à thé) de sel
175 mL (¾ tasse) de purée d'épinards

🍃 Procéder comme pour la préparation de pâtes fraîches, en ajoutant la purée d'épinards en même temps que les œufs. Laisser sécher ces pâtes un peu plus longtemps avant de les faire cuire.

PRÉPARATION
DE LA PURÉE D'ÉPINARDS

🌿 Faire cuire 500 g (1 lb) d'épinards 5 minutes, à feu moyen. Hacher les épinards cuits et les réduire en purée en les passant au tamis ou au batteur. Remuer 30 secondes.

GRATIN DE NOUILLES AUX ÉPINARDS

250 g (8 oz) de nouilles
aux épinards
250 mL (1 tasse) de persil frais
haché
500 mL (2 tasses) de fromage
doux râpé
sel et poivre, au goût
250 mL (1 tasse) de crème
ou de lait, chaud
250 mL (1 tasse) de mie de pain
50 mL (¼ tasse) de beurre, fondu

🌿 Cuire les nouilles à l'eau bouillante salée, jusqu'à ce qu'elles soient tendres. Bien égoutter.

🌿 Dans un plat à gratin, alterner les couches de nouilles, de persil et de fromage. Assaisonner chaque couche. Verser le liquide chaud sur la préparation. Mélanger la mie de pain et le beurre. En couvrir la préparation. Cuire à 190°C (375°F) jusqu'à la formation d'une belle croûte dorée.

ANNEAU DE NOUILLES

250 g (8 oz) de nouilles fines
45 mL (3 c. à soupe) de beurre
30 mL (2 c. à soupe) de farine
125 mL (½ tasse) de crème
à 15%
1 mL (¼ c. à thé) de marjolaine
sel et poivre, au goût
4 jaunes d'œufs
4 blancs d'œufs
50 mL (¼ tasse) de persil émincé

🌿 Faire cuire les nouilles. Bien égoutter.

🌿 Faire une sauce béchamel avec le beurre, la farine et la crème. Aromatiser avec la marjolaine. Assaisonner.

🌿 Battre les jaunes d'œufs et les ajouter aux nouilles. Incorporer la sauce béchamel. Bien mélanger.

🌿 Battre les blancs d'œufs en neige ferme et les ajouter aux nouilles, ainsi que le persil. Verser dans un moule en forme d'anneau, beurré. Déposer le moule sur une lèchefrite contenant 2,5 cm (1 po) d'eau chaude. Faire cuire au four à 180°C (350°F), 40 minutes. Démouler et servir tel quel ou garni de petits pois, de carottes coupées en dés, de sauce aux œufs ou de crustacés.

NOUILLES AMANDINES

250 g (8 oz) de nouilles
moyennes
125 mL (½ tasse) de beurre
4 oignons, émincés
45 mL (3 c. à soupe)
de shortening
125 mL (½ tasse) d'amandes
mondées
750 mL (3 tasses)
de petits croûtons
sel et poivre, au goût

🌿 Faire cuire les nouilles. Bien égoutter. Faire fondre 50 mL (¼ tasse) de beurre et y faire sauter les nouilles quelques minutes.

🌿 Faire frire les oignons dans le shortening jusqu'à ce qu'ils soient bien dorés. Ajouter aux nouilles.

🌿 Faire fondre le beurre qui reste et y dorer les amandes à feu doux. Les retirer du beurre et les ajouter aux nouilles. Faire frire les croûtons dans le même poêlon et les verser sur les nouilles. Assaisonner.

Nouilles amandines

NOUILLES
AUX OIGNONS

250 g (8 oz) de nouilles
250 mL (1 tasse) de fromage râpé
75 mL (⅓ tasse) de mie de pain
625 mL (2½ tasses) de lait
3 œufs, légèrement battus
2 mL (½ c. à thé) de sel
5 mL (1 c. à thé) de sauce
Worcestershire
3 oignons, finement émincés
beurre ou huile d'olive

✿ Faire cuire les nouilles à l'eau bouillante salée. Rincer, égoutter et déposer dans un plat beurré, en couches alternant avec le fromage et la mie de pain.

✿ Mélanger le lait, les œufs, le sel et la sauce Worcestershire. Y incorporer la préparation de pâtes.

✿ Mettre le plat dans une lèchefrite contenant 2,5 cm (1 po) d'eau chaude. Faire cuire dans un four à 180°C (350°F), 45 minutes. Les nouilles cuites de cette façon se démoulent très bien.

✿ Faire frire les oignons dans le beurre ou l'huile jusqu'à ce qu'ils soient d'une belle couleur dorée. Couvrir les nouilles avec les oignons frits.

NOUILLES
AU FROMAGE BLANC

250 g (8 oz) de nouilles moyennes
250 mL (1 tasse) de fromage cottage
250 g (8 oz) de fromage à la crème
250 mL (1 tasse) de crème aigre
2 mL (½ c. à thé) de sel
1 mL (¼ c. à thé) de poivre
6 oignons verts, émincés
125 mL (½ tasse) de parmesan râpé

✿ Faire cuire les nouilles. Égoutter. Remettre dans la casserole et garder au chaud.

✿ Battre le fromage cottage avec le fromage à la crème et la crème aigre. Ajouter le sel et le poivre. Incorporer aux nouilles, ainsi que les oignons verts. Rectifier l'assaisonnement. Faire chauffer pendant quelques minutes à feu doux, en remuant avec une fourchette.

✿ Saupoudrer de parmesan râpé ou servir celui-ci dans un ravier. Servir les nouilles dans un plat chaud.

HUÎTRES TETRAZZINI

500 mL (2 tasses) d'huîtres
250 g (8 oz) de nouilles fines
250 mL (1 tasse) de mie de pain
50 mL (¼ tasse) de parmesan râpé
105 mL (7 c. à soupe) de beurre
50 mL (¼ tasse) de farine
750 mL (3 tasses) de lait
2 mL (½ c. à thé) de sel
1 pincée de poivre
10 mL (2 c. à thé) de jus de citron
50 mL (¼ tasse) de xérès
paprika
sel et poivre, au goût

✿ Bien égoutter les huîtres. Réserver 125 mL (½ tasse) de leur jus.

✿ Faire cuire les nouilles. Égoutter. Mélanger avec le pain et le fromage. Verser la préparation dans un plat de 30 x 20 x 5 cm (12 x 8 x 2 po).

✿ Faire fondre le beurre dans un poêlon. Verser 45 mL (3 c. à soupe) de ce beurre fondu sur la préparation de nouilles. Ajouter la farine au beurre qui reste. Bien mélanger et ajouter le lait, le sel, le poivre, le jus de citron, le xérès et le jus d'huîtres. Faire cuire à feu moyen en remuant constamment, jusqu'à l'obtention d'une sauce lisse et crémeuse.

✿ Déposer les huîtres sur les nouilles. Assaisonner légèrement. Verser la sauce béchamel sur le tout. Saupoudrer de paprika. Faire cuire au four à 200°C (400°F), 40 minutes. Servir chaud.

NOUILLES
AUX SAUCISSES

250 g (8 oz) de nouilles larges ou moyennes
125 mL (½ tasse) d'olives vertes ou noires
500 g (1 lb) de saucisses
5 mL (1 c. à thé) d'huile d'olive
45 mL (3 c. à soupe) d'huile végétale
30 mL (2 c. à soupe) de farine
50 mL (¼ tasse) de pâte de tomates
2 mL (½ c. à thé) de basilic
250 mL (1 tasse) de lait
45 mL (3 c. à soupe) de fromage râpé
sel et poivre, au goût

✿ Faire cuire les nouilles. Bien égoutter. Dénoyauter les olives et les couper en quatre.

✿ Faire dorer les saucisses dans l'huile d'olive, à feu doux.

✿ Faire chauffer l'huile végétale, ajouter la farine et bien mélanger. Ajouter la pâte de tomates, le basilic et le lait. Faire cuire à feu

Nouilles aux saucisses

doux, en remuant, jusqu'à l'obtention d'une sauce crémeuse. Ajouter le fromage. Retirer du feu.

🍃 Mélanger les nouilles avec les saucisses coupées en deux, les olives et la sauce. Assaisonner.

🍃 Verser la préparation dans un plat. Faire cuire au four à 190°C (375°F), 20 minutes.

NOUILLES FRITES À LA CHINOISE

250 g (8 oz) de nouilles très fines
2 L (8 tasses) d'eau
huile d'arachide

🍃 Dans une grande marmite, porter 2 L (8 tasses) d'eau à forte ébullition. Ajouter 2 L (8 tasses) d'eau par portion de 250 g (8 oz) de nouilles supplémentaire. Y plonger les nouilles et les laisser bouillir 7 ou 8 secondes. Égoutter. Déposer les nouilles sur un linge, pour éviter qu'elles ne s'agglutinent.

🍃 Lorsque les nouilles sont refroidies, faire chauffer l'huile en quantité suffisante pour faire de la grande friture. Déposer les nouilles dans une passoire résistant à la chaleur et la tremper dans l'huile jusqu'à ce que les nouilles soient dorées, de 30 à 60 secondes. Égoutter sur un essuie-tout.

🍃 Pour conserver les nouilles frites, les laisser refroidir et les entreposer dans une boîte de métal hermétique.

SPAGHETTI À L'AUBERGINE

250 g (8 oz) de spaghetti
3 œufs, cuits durs
1 aubergine moyenne
45 mL (3 c. à soupe) d'huile végétale
125 g (¼ lb) de jambon, cuit
10 à 15 olives noires, dénoyautées

50 mL (¼ tasse) de parmesan râpé
30 mL (2 c. à soupe) d'huile d'olive

🍃 Faire cuire les spaghetti. Égoutter et saler au goût. Couper les œufs en quartiers.

🍃 Peler l'aubergine et la tailler en petits morceaux. Faire frire dans l'huile, à feu vif. Égoutter. Saler au goût.

🍃 Couper le jambon en dés et les olives en deux.

🍃 Dans un plat beurré, déposer une couche d'aubergines ainsi que la moitié du jambon et des olives. Recouvrir avec 6 à 8 quartiers d'œufs et la moitié des spaghetti. Saupoudrer de la moitié du parmesan. Recommencer avec le reste des ingrédients. Arroser la préparation d'huile d'olive. Cuire au four de 15 à 20 minutes, à 200°C (400°F).

SAUCE À SPAGHETTI À L'AUBERGINE

1 aubergine de grosseur moyenne
30 mL (2 c. à soupe) de graisse de bacon
1 gousse d'ail, hachée
1 poivron vert, haché
2 mL (½ c. à thé) de basilic
1 boîte de 800 mL (28 oz) de tomates, égouttées et hachées
2 mL (½ c. à thé) de sel
1 mL (¼ c. à thé) de poivre
250 g (8 oz) de spaghetti ou de coudes

🍃 Peler l'aubergine et la couper en dés. Faire tremper 10 minutes dans l'eau froide. Égoutter.

🍃 Faire chauffer la graisse de bacon. Ajouter l'ail, le poivron et le basilic. Cuire à feu doux jusqu'à ce que les légumes soient tendres.

❦ TECHNIQUE ❦

NOUILLES AUX SAUCISSES

1 Faire dorer les saucisses dans l'huile d'olive.

2 Ajouter la pâte de tomates au mélange de farine.

3 Ajouter le basilic et le lait. Faire cuire à feu doux, en remuant.

4 Ajouter le fromage râpé.

Ajouter les tomates, le sel, le poivre et l'aubergine. Laisser mijoter 1 heure.

🐚 Cuire les pâtes à l'eau bouillante salée, jusqu'à ce qu'elles soient tendres. Égoutter et mêler à la sauce. Servir avec un ravier de fromage râpé.

SPAGHETTI GRATINÉS À LA CATALANE

500 g (16 oz) de spaghetti
1 boîte de 800 mL (28 oz)
de tomates
5 mL (1 c. à thé) de sucre
2 mL (½ c. à thé) de moutarde
en poudre
5 mL (1 c. à thé) de sel
2 mL (½ c. à thé) de poivre
1 feuille de laurier
1 pincée de thym
3 gousses d'ail, émincées
50 mL (¼ tasse) de beurre
250 mL (1 tasse) de biscuits soda
émiettés

🐚 Faire cuire les spaghetti. Égoutter.

🐚 Mélanger les tomates, le sucre, la moutarde en poudre, le sel, le poivre, la feuille de laurier et le thym.

🐚 Bien beurrer un plat en Pyrex, y déposer les spaghetti, en rangs alternant avec la préparation de tomates et l'ail. Sur chaque rang de spaghetti, déposer quelques noisettes de beurre. Recouvrir le tout de biscuits émiettés. Faire cuire au four à 190°C (375°F), de 45 à 60 minutes.

SPAGHETTI À LA LIVOURNAISE

125 mL (½ tasse) d'huile d'olive
ou d'huile végétale
2 carottes, pelées et râpées
2 oignons, en tranches très
minces
2 poireaux, coupés en rondelles
1 boîte de 800 mL (28 oz)
de tomates

Spaghetti à l'aubergine

15 mL (1 c. à soupe) de sucre
2 mL (½ c. à thé) de sel
5 mL (1 c. à thé) de basilic
250 g (8 oz) de spaghetti, cuits

🐚 Faire chauffer l'huile. Ajouter les carottes râpées, les oignons, les poireaux, les tomates, le sucre, le sel et le basilic. Couvrir et laisser mijoter 1 heure. Verser sur les spaghetti cuits.

🐚 Pour obtenir un goût parfait, s'assurer de faire cette sauce avec de l'huile.

SPAGHETTI DE NAPLES

6 minces tranches de lard salé
50 mL (¼ tasse) d'huile d'olive
2 gros oignons, émincés
1 poivron vert, coupé en dés
1 à 3 gousses d'ail, émincées
2 mL (½ c. à thé) de sel
15 mL (1 c. à soupe) de sucre
750 mL (3 tasses) de tomates
en conserve
1 boîte de 150 mL (5½ oz)
de pâte de tomates
5 mL (1 c. à thé) de marjolaine
2 mL (½ c. à thé) de basilic
50 mL (¼ tasse) de xérès
ou de vin rouge
30 mL (2 c. à soupe) de câpres
125 mL (½ tasse) d'olives noires
émincées
250 à 500 g (8 à 16 oz)
de spaghetti, cuits

🐚 Tailler le lard en dés. Faire dorer dans l'huile, à feu doux.

🐚 Ajouter les oignons, le poivron et l'ail. Bien remuer. Couvrir et laisser mijoter à feu doux, 15 minutes.

🐚 Ajouter le sel, le sucre, les tomates, la pâte de tomates, la marjolaine et le basilic. Couvrir et laisser mijoter 2 heures ou jusqu'à

ce que la sauce ait une belle consistance.

🙠 Ajouter le xérès, les câpres et
les olives. Faire mijoter 5 minutes
et servir sur les spaghetti.

🙠 Cette sauce se réchauffe très
bien.

SPAGHETTI SICILIENS

250 g (8 oz) de spaghetti
50 mL (¼ tasse) d'huile
végétale
1 gousse d'ail, finement hachée
6 filets d'anchois, hachés
1 mL (¼ c. à thé) de poivre
125 mL (½ tasse) de parmesan
râpé

🙠 Cuire les spaghetti à l'eau
bouillante salée, jusqu'à ce qu'ils
soient tendres. Égoutter et déposer sur un plat chaud.

🙠 Faire frire l'ail dans l'huile.
Retirer l'ail du poêlon et ajouter
les anchois. Cuire environ 2 minutes. Verser sur les spaghetti.
Ajouter le poivre. Servir avec le
fromage râpé.

SPAGHETTI PERSILLÉS

125 mL (½ tasse) de beurre
1 gousse d'ail, émincée
250 g (8 oz) de spaghetti
125 mL (½ tasse) de fromage
râpé
375 mL (1½ tasse) de persil
émincé

🙠 Faire fondre le beurre. Faire
sauter l'ail à feu doux, jusqu'à ce
qu'il soit légèrement doré.

🙠 Faire cuire les spaghetti.
Égoutter et remettre dans la
casserole. Ajouter le beurre à l'ail,
le fromage et le persil. Remuer
avec deux fourchettes en poursuivant la cuisson à feu doux,

Spaghetti à la livournaise

jusqu'à ce que le fromage et le
persil soient bien incorporés aux
spaghetti. Servir sans tarder.

SPAGHETTI À LA PÂTE DE TOMATES

250 g (8 oz) de spaghetti, cuits
60 mL (4 c. à soupe) d'huile
végétale
2 gousses d'ail, émincées
1 boîte de 150 mL (5½ oz)
de pâte de tomates
1 feuille de laurier
2 mL (½ c. à thé) de thym
5 mL (1 c. à thé) de sucre
2 mL (½ c. à thé) de sel
1 mL (¼ c. à thé) de poivre
fromage râpé, au goût

🙠 Faire chauffer l'huile dans une
casserole. Y faire dorer l'ail.
Ajouter la pâte de tomates, le laurier, le thym, le sucre, le sel et le
poivre. Couvrir et cuire 1 heure, à
feu doux.

🙠 Verser sur les spaghetti. Accompagner de fromage râpé.

SPAGHETTI À LA BOLOGNAISE

50 mL (¼ tasse) d'huile d'olive
ou d'huile végétale
2 oignons, émincés
3 gousses d'ail
1 poivron vert, coupé en dés
4 branches de céleri et leurs
feuilles, coupées en dés et
émincées
250 g (½ lb) de foie de veau
ou de bœuf haché
1 boîte de 800 mL (28 oz)
de tomates
1 boîte de 150 mL (5½ oz)
de pâte de tomates
125 mL (½ tasse) de persil
émincé
2 mL (½ c. à thé) de romarin
2 mL (½ c. à thé) de marjolaine
5 mL (1 c. à thé) de basilic

Spaghetti persillés

250 g (½ lb) de champignons, en tranches minces
500 g (16 oz) de spaghetti, cuits
500 mL (2 tasses) de fromage râpé

🍃 Faire chauffer l'huile. Ajouter les oignons, l'ail, le poivron vert, le céleri et le foie. Cuire à feu moyen en remuant constamment, 10 minutes.

🍃 Ajouter les tomates, la pâte de tomates, le persil, le romarin, la marjolaine, le basilic et les champignons. Couvrir et laisser mijoter 2 heures ou jusqu'à ce que la sauce ait la consistance désirée.

🍃 Verser sur les spaghetti. Accompagner de fromage râpé.

SPAGHETTI À LA MODE DE SIENNE

500 g (16 oz) de spaghetti
45 mL (3 c. à soupe) de beurre
125 mL (½ tasse) d'huile d'olive
1 boîte de 150 mL (5½ oz) de pâte de tomates

1 mL (¼ c. à thé) de thym
2 mL (½ c. à thé) de basilic
15 mL (1 c. à soupe) de sucre
sel et poivre, au goût
15 mL (1 c. à soupe) de beurre
250 g (½ lb) de bœuf, haché
15 mL (1 c. à soupe) de sauce Worcestershire
60 mL (4 c. à soupe) de parmesan râpé

🍃 Faire cuire les spaghetti. Égoutter, rincer à l'eau chaude et remettre dans la casserole. Ajouter le beurre et bien remuer avec deux fourchettes, jusqu'à ce que le beurre soit fondu. Couvrir.

🍃 Mettre dans une casserole l'huile d'olive, la pâte de tomates, le thym, le basilic, le sucre, du sel et du poivre. Porter à ébullition, couvrir et laisser mijoter de 20 à 25 minutes, en remuant de temps à autre.

🍃 Dans un poêlon, faire fondre 15 mL (1 c. à soupe) de beurre. Faire sauter le bœuf haché à feu moyen, en l'écrasant à la fourchette. Ajouter à la sauce tomate. Laisser mijoter 10 minutes, à couvert. Ajouter la sauce Worcestershire.

🍃 Déposer les spaghetti dans un plat chaud. Saupoudrer de parmesan et napper de sauce. Servir accompagné d'un ravier de fromage râpé.

ANNEAU DE SPAGHETTINI

250 g (8 oz) de spaghettini
125 mL (½ tasse) de fromage grossièrement râpé
30 mL (2 c. à soupe) de poivron vert coupé en dés
30 mL (2 c. à soupe) de piment coupé en dés
3 œufs, battus
250 mL (1 tasse) de lait
2 mL (½ c. à thé) de sel

🍃 Faire cuire les spaghettini à l'eau bouillante salée, jusqu'à ce qu'ils soient tendres. Bien égoutter.

🍃 Beurrer généreusement un moule en forme d'anneau. Y déposer les spaghettini, en couches alternant avec le fromage, le poivron et le piment.

🍃 Au batteur à main, mélanger les œufs, le lait et le sel. Verser sur la préparation de spaghettini. Déposer le moule sur une lèchefrite contenant 2,5 cm (1 po) d'eau chaude. Cuire au four à 180°C (350°F), 45 minutes. Démouler et garnir le centre de l'anneau d'une sauce crémeuse.

SAUCE VITE FAITE

45 mL (3 c. à soupe) d'huile végétale
1 à 2 gousses d'ail, émincées

15 mL (1 c. à soupe) de farine
1 boîte de 150 mL (5½ oz)
de pâte de tomates
250 mL (1 tasse) d'eau
2 mL (½ c. à thé) de basilic
1 mL (¼ c. à thé) de romarin
5 mL (1 c. à thé) de sucre
2 mL (½ c. à thé) de sel
1 mL (¼ c. à thé) de poivre

🌿 Faire dorer l'ail dans l'huile, à feu doux.

🌿 Ajouter la farine et bien mélanger. Ajouter le reste des ingrédients. Porter à ébullition, en remuant constamment. Laisser mijoter à couvert, de 20 à 30 minutes.

VARIANTES
🌿 Ajouter l'un des ingrédients suivants à la sauce avant de la faire mijoter :

🌿 125 mL (½ tasse) d'olives noires dénoyautées.

🌿 30 mL (2 c. à soupe) de câpres.

🌿 Restes de porc, de jambon ou de veau haché.

🌿 250 g (½ lb) de champignons en tranches minces, préalablement dorés avec l'ail.

🌿 125 à 250 g (¼ à ½ lb) de mini-boulettes de bœuf ou de porc haché.

PESTO GÉNOIS

250 mL (1 tasse) de basilic frais
2 branches de marjolaine
2 mL (½ c. à thé) de sel
60 mL (4 c. à soupe)
de parmesan râpé
250 mL (1 tasse) d'huile d'olive

🌿 Il n'est pas possible de faire cette sauce sans herbes fraîches. Elle se conserve 1 mois au réfrigérateur et de 3 à 6 mois au congélateur. La faire décongeler avant utilisation.

🌿 Cette sauce se fait facilement à l'aide d'un mélangeur. Il suffit de mettre les ingrédients dans le récipient, de couvrir et de mélanger 1 minute.

🌿 Pour faire le pesto à la main, émincer le basilic et la marjolaine et les broyer avec le sel jusqu'à l'obtention d'une pâte verte. Ajouter le fromage. Bien mélanger et ajouter l'huile d'olive, goutte à goutte, en battant vigoureusement. Au moment d'ajouter l'huile, il est possible d'utiliser un batteur à main. Servir au goût sur des spaghetti ou des macaroni cuits. Utiliser aussi sur des salades de pâtes froides.

SAUCE FROIDE À L'OIGNON

1 jaune d'œuf dur
5 mL (1 c. à thé) de jus de citron
2 mL (½ c. à thé) de moutarde
en poudre
175 mL (¾ tasse) d'huile d'olive

15 mL (1 c. à soupe) de vinaigre
de cidre ou d'estragon
sel et poivre, au goût
50 mL (¼ tasse) de crème à 15%
30 mL (2 c. à soupe) d'oignons
émincés

🌿 Dans un bol, mélanger le jaune d'œuf, le jus de citron et la moutarde en poudre jusqu'à l'obtention d'une pâte. Déposer le bol sur un plat rempli de glace. Laisser reposer 20 minutes.

🌿 Ajouter l'huile d'olive en un mince filet, en battant constamment à l'aide d'un fouet métallique ou de 2 fourchettes. Lorsque la sauce a la consistance d'une mayonnaise, ajouter le vinaigre, du sel et du poivre, sans cesser de battre.

🌿 Lorsque toute l'huile est incorporée, ajouter délicatement, en remuant, la crème et les oignons qui dilueront la sauce. Utiliser en remplacement des vinaigrettes et des mayonnaises dans les salades de pâtes et de riz.

Spaghetti à la mode de Sienne

Sauce au thon

SAUCE CRÈME PERSILLÉE

45 mL (3 c. à soupe) de beurre
45 mL (3 c. à soupe) de farine
375 mL (1½ tasse) de consommé
ou de crème
50 mL (¼ tasse) de lait
persil, émincé, au goût
sel et poivre, au goût

🌢 Préparer une sauce béchamel avec le beurre, la farine, le consommé et le lait. Faire mijoter 5 minutes.

🌢 Ajouter le persil, du sel et du poivre. Servir sur des pâtes chaudes.

SAUCE AU THON

1 boîte de 100 à 200 g (3¾ à 6½ oz) de thon à l'huile
30 mL (2 c. à soupe) d'huile végétale
2 gousses d'ail, émincées
30 mL (2 c. à soupe) de pâte de tomates
2 mL (½ c. à thé) de marjolaine
5 mL (1 c. à thé) de sucre
sel et poivre, au goût
fromage, râpé

🌢 Égoutter le thon en réservant le liquide. Verser l'huile réservée dans une casserole. Ajouter l'huile végétale. Faire dorer l'ail dans ce mélange.

🌢 Émietter le thon. Ajouter le thon, la pâte de tomates, la marjolaine, le sucre, du sel et du poivre à l'huile aromatisée. Couvrir et laisser mijoter à feu doux, 15 minutes.

🌢 Verser la sauce sur des pâtes cuites et saupoudrer de fromage râpé.

ŒUFS

LES ŒUFS

Les œufs ont des centaines d'utilisations en cuisine. Il est presque impossible de cuisiner sans avoir des œufs à portée de la main. On les sert à la coque, durs, pochés, sur le plat, brouillés, en omelette, etc. Bref, on les utilise de la soupe au dessert. Il est donc important de savoir les faire cuire.

ŒUFS BOUILLIS

Mettre les œufs dans l'eau bouillante salée pour leur donner plus de saveur, puis continuer à faire cuire à feu doux dans l'eau frémissante, ce qui empêche les œufs de se frapper durant la cuisson et les garde moelleux. Le temps de cuisson varie entre 3 et 10 minutes, selon le degré de fermeté désiré.

🍂 Pour éviter l'éclatement de la coquille en plongeant l'œuf froid dans l'eau bouillante, il est recommandé d'utiliser des œufs à la température de la pièce.

🍂 Écaler les œufs mollets ou les œufs durs sitôt cuits, ce qui empêche la coquille de coller au blanc. Pour rendre cette tâche encore plus facile, plonger les œufs dans un plat d'eau froide et briser la coquille de l'œuf en le frappant délicatement sur le bord de la table ; ensuite, écaler sous l'eau courante.

ŒUFS POCHÉS

Prendre une casserole large, peu profonde, et ne pas pocher plus de 4 ou 5 œufs à la fois.

🍂 Compter 30 mL (2 c. à soupe) de vinaigre par 1 L (4 tasses) d'eau. Ne pas saler. Casser d'abord les œufs dans une tasse ou un petit bol et les verser dans l'eau

bouillante. L'eau ne doit pas produire de bouillons trop forts, ce qui empêcherait le blanc de se coaguler uniformément. Avec une cuiller, donner une belle forme au blanc, en le ramenant vers le jaune.

🍂 Après 2 ou 3 minutes, retirer de l'eau à l'aide d'une écumoire et faire égoutter sur une serviette propre.

🍂 Le vinaigre ajouté à l'eau favorise la coagulation rapide du blanc. Utiliser de préférence le vinaigre de cidre ou le vinaigre blanc.

🍂 Pour verser l'œuf dans l'eau, tremper dans l'eau le bord du récipient contenant l'œuf et le laisser glisser avec soin dans l'eau bouillante. Le blanc se coagule très vite et le jaune reste bien en place au milieu.

🍂 Sortir les œufs pochés de l'eau avec une écumoire et les faire glisser dans un plat.

🍂 Les tailler avec des ciseaux pour les arrondir.

🍂 Pour égoutter les œufs, utiliser une serviette mouillée car, sur un linge sec, ils risqueraient de coller.

ŒUFS BROUILLÉS

Il est préférable de faire cuire les œufs brouillés dans une casserole à fond épais, plutôt que dans un poêlon. Faire chauffer le beurre requis par la recette. Casser les œufs directement dans le beurre, les saler, les poivrer et les battre sans arrêt avec une fourchette, à feu doux, jusqu'à l'obtention d'une belle crème. Ajouter alors 15 à 30 mL (1 à 2 c. à soupe) de lait ou de crème froide pour arrêter la cuisson, mais continuer à remuer les œufs quelques secondes.

🍂 Servir aussitôt cuits, sur pain grillé ou sur des tranches de tomates ou encore accompagnés de saucisses, de bacon ou de jambon.

OMELETTES

Battre les œufs dans une assiette creuse plutôt que dans un bol, pour faire entrer dans le mélange le plus d'air possible. Éviter de les faire mousser. Saler, poivrer et bien mélanger. Ajouter 15 à 30 mL (1 ou 2 c. à soupe) de crème, de lait ou d'eau froide.

🍂 Verser le mélange dans un poêlon juste assez grand pour la quantité d'œufs à faire cuire. Celui-ci doit être très chaud , et le beurre fondu. Soulever les bords tout autour avec une fourchette, en repoussant vers le milieu, jusqu'à ce que le liquide épaississe au contact de la chaleur. Continuer à faire cuire, à feu assez vif, en repoussant toujours vers le milieu. Servir aussitôt.

ŒUFS SUR LE PLAT

L'œuf sur le plat ou l'œuf frit est à son meilleur lorsqu'il est servi dans son plat de cuisson. On évite ainsi le refroidissement rapide, sans compter qu'on peut ainsi contrôler le degré de cuisson, selon le goût de chacun. Les petits plats de terre cuite ou d'aluminium sont jolis et faciles à trouver.

🍂 Beurrer généreusement le plat ou le poêlon, à froid. Y casser l'œuf ou les œufs et mettre à chauffer à feu doux, jusqu'à ce que l'œuf soit bien pris.

🍂 Servir tel quel, ou garni de fromage râpé, de persil haché, d'oignon vert ou de ciboulette.

ŒUFS FRITS

La température de la graisse et du poêlon étant difficile à contrôler, les œufs frits sont souvent trop cuits et secs, ce qui les rend indigestes.

🐦 Pour bien les réussir, graisser, huiler ou beurrer un poêlon avant de le faire chauffer. Verser les œufs préalablement cassés dans une assiette et ajouter 2 mL (½ c. à thé) d'eau.

🐦 Couvrir le poêlon et faire cuire, à feu très doux, jusqu'à ce que le blanc soit bien coagulé. La petite quantité d'eau ajoutée empêche l'œuf de durcir et son contour de s'assécher, et cuit l'albumine à la vapeur, rendant l'œuf plus digestible.

🐦 Pour faire un œuf frit au beurre noisette, faire dorer le beurre, 5 mL (1 c. à thé) par œuf, à feu moyen jusqu'à ce qu'il soit de couleur noisette. Casser les œufs dans une assiette, les glisser dans le beurre chaud et les laisser cuire, sans les couvrir, à feu doux, de 4 à 6 minutes.

ŒUFS MOULÉS

Beurrer généreusement de petits moules individuels. Casser un œuf dans chacun, saler et poivrer.

🐦 Placer aussitôt les moules dans une casserole d'eau bouillante, pour empêcher le jaune de tomber au fond du moule. Couvrir et faire cuire jusqu'à ce que l'œuf soit pris, soit entre 5 et 15 minutes, selon que vous désirez un œuf mollet ou bien cuit. Démouler et servir.

Œufs pochés Parmentier

ŒUFS POCHÉS PARMENTIER

3 grosses pommes de terre
45 mL (3 c. à soupe) de beurre
45 mL (3 c. à soupe) de fromage râpé
4 tranches de bacon, cuit
6 œufs, pochés
sel et poivre, au goût
crème

🐦 Faire cuire les pommes de terre au four et les couper ensuite en deux, dans le sens de la longueur. Enlever un peu de pomme de terre de façon à former une cavité.

🐦 Remplir chaque cavité avec un peu de beurre, un peu de fromage râpé et quelques morceaux de bacon. Recouvrir avec un œuf poché. Saler et poivrer.

🐦 Écraser le surplus de pomme de terre retiré au début avec un peu de beurre et de crème. Remettre autour des œufs. Faire chauffer pendant 5 minutes dans un four, à 230°C (450°F).

ŒUFS POCHÉS À LA FLORENTINE

4 œufs
500 g (1 lb) d'épinards frais
30 mL (2 c. à soupe) de beurre
30 mL (2 c. à soupe) de farine
375 mL (1½ tasse) de lait
125 mL (½ tasse) de fromage râpé
sel et poivre, au goût

🐦 Faire pocher les œufs et les laisser égoutter sur une serviette.

🐦 Faire cuire les épinards, et les égoutter. Saler, poivrer et ajouter 15 mL (1 c. à soupe) de beurre. Étendre les épinards dans le fond d'un plat.

🐦 Disposer les œufs pochés sur les épinards et les recouvrir avec une sauce blanche faite avec le beurre, la farine et le lait. Saupoudrer le tout de fromage râpé. Faire cuire pendant 8 minutes dans un four, à 200°C (400°F).

ŒUFS POCHÉS À LA POLONAISE

15 mL (1 c. à soupe) de beurre
500 g (1 lb) de bœuf haché
250 mL (1 tasse) de sauce
aux tomates
5 mL (1 c. à thé) de sucre
1 mL (¼ c. à thé) de sarriette
sel et poivre, au goût
6 œufs, pochés ou moulés
pain, en tranches

🥄 Faire dorer le beurre, ajouter le bœuf haché et l'écraser dans le beurre avec une fourchette. Faire cuire à feu moyen, jusqu'à ce que le bœuf soit cuit.

🥄 Ajouter la sauce aux tomates, le sucre et la sarriette. Saler et poivrer, au goût. Faire mijoter pendant 10 minutes.

🥄 Verser le mélange de viande dans un plat chaud. Garnir avec les œufs pochés ou moulés. Entourer le plat de triangles de pain grillés et beurrés.

ŒUFS POCHÉS EN GELÉE DE VIN ROUGE

6 œufs
1 enveloppe de gélatine
non aromatisée
45 mL (3 c. à soupe) d'eau froide
jus de ½ citron
75 mL (⅓ tasse) de vin rouge
ou de porto
huile d'amande douce*
125 mL (½ tasse) de mayonnaise
1 pincée de muscade
5 mL (1 c. à thé) de zeste de citron

1 mL (¼ c. à thé) de moutarde
en poudre
125 g (¼ lb) de champignons,
émincés
2 tranches de jambon cuit,
coupées en languettes minces

🥄 Faire pocher les œufs et les mettre de côté dans un plat d'eau froide.

🥄 Faire tremper la gélatine dans l'eau froide pendant 5 minutes, ajouter le jus de citron et l'alcool. Faire chauffer au bain-marie sur eau bouillante, jusqu'à ce que la gélatine soit dissoute.

🥄 Avec l'huile d'amande douce, badigeonner 6 petits moules ovales pour les œufs en gelée. On peut aussi utiliser des ramequins ou des tasses moyennes. Verser dans chaque moule assez de gelée de vin pour en recouvrir le fond. Faire prendre au réfrigérateur.

🥄 Incorporer à la mayonnaise la muscade, le zeste de citron et la moutarde. Ajouter les champignons et le jambon. Bien mélanger et mettre une bonne cuillerée à soupe de ce mélange dans chaque moule, sur la gelée.

🥄 Déposer ensuite l'œuf poché bien arrondi sur le mélange de mayonnaise. Recouvrir avec le reste de la gelée. Réfrigérer jusqu'à ce que la gelée soit bien ferme. Démouler et poser sur un nid de laitue ou de cresson. Servir comme entrée ou comme déjeuner.

* L'huile d'amande douce se trouve en pharmacie ou dans les épiceries d'alimentation naturelle. S'en servir pour toutes les recettes qui réclament de la gélatine. Elle permet de démouler facilement, et donne à la gelée un beau fini glacé. Elle est inodore, incolore et sans saveur. Pour démouler, simplement passer la pointe d'un couteau sur les bords de la gelée.

ŒUFS POCHÉS À LA BOURGUIGNONNE

10 à 12 petits oignons blancs
4 tranches très minces de lard
salé
15 mL (1 c. à soupe) de farine
125 mL (½ tasse) de vin rouge
125 mL (½ tasse) d'eau
sel et poivre, au goût
6 œufs

🥄 Éplucher les oignons et les laisser entiers. Faire dorer les tranches de lard salé, à feu doux, jusqu'à ce qu'elles soient bien croustillantes. Ajouter les petits oignons et les faire dorer à feu doux.

🥄 Ajouter la farine. Bien remuer le tout. Ajouter le vin rouge et l'eau. Porter à ébullition tout en remuant. Couvrir et laisser mijoter jusqu'à ce que les oignons soient tendres. Saler et poivrer, au goût.

🥄 Pour servir, pocher les œufs (voir page 354) dans la sauce au vin. Vérifier l'assaisonnement de la sauce, puis la verser dans un légumier avant d'y déposer les œufs.

ŒUFS POCHÉS À LA PURÉE DE PETITS POIS

1 boîte de petits pois
30 mL (2 c. à soupe) de beurre
1 pincée de basilic
sel et poivre, au goût
4 tranches de mie de pain, grillées
4 œufs, pochés

🥄 Égoutter les petits pois et les mettre en purée en les passant au presse-purée ou en les écrasant avec une cuiller de bois au travers d'une passoire. Ajouter le beurre, le basilic, le sel et le poivre. Faire chauffer au bain-marie.

🍃 Beurrer les tranches de pain grillées. Garnir chacune avec une bonne portion de purée de petits pois chaude. Placer un œuf poché sur la purée. Servir.

ŒUF À LA SUISSE

🍃 Mettre 15 mL (1 c. à soupe) de crème dans un petit ramequin ou une cocotte. Saupoudrer avec 5 mL (1 c. à thé) de fromage râpé. Casser un œuf dans la crème, saler et poivrer. Mettre un peu de beurre sur le jaune d'œuf.

🍃 Déposer le ramequin dans un poêlon avec juste assez d'eau bouillante pour recouvrir le fond. Couvrir le poêlon et faire pocher à feu doux, de 3 à 8 minutes, au goût. Servir sans démouler.

ŒUFS BROUILLÉS CRÉMEUX

En Angleterre, on les désigne sous le nom d'œufs au beurre, car de bons œufs brouillés sont cuits avec beaucoup de beurre. Ils sont meilleurs s'ils sont servis aussitôt prêts. Le mieux est de les cuire au poêlon électrique ou sur un réchaud devant les invités.

45 mL (3 c. à soupe) de beurre
5 œufs
50 mL (¼ tasse) de crème
sel et poivre, au goût
30 mL (2 c. à soupe)
de ciboulette ou d'oignons verts
émincés

🍃 Faire fondre le beurre dans une épaisse casserole ou un poêlon de grandeur moyenne. Battre les œufs jusqu'à ce que le mélange soit léger sans être mousseux.

Ajouter le sel et le poivre. Verser dans le beurre fondu, à feu moyen. Remuer sans cesse avec une cuiller de bois en grattant aussi les rebords du poêlon pour empêcher les œufs de coller. Lorsque les œufs commencent à se coaguler, ajouter la crème froide d'un seul coup et continuer à remuer jusqu'à ce que la consistance soit crémeuse. Servir aussitôt dans une assiette chaude accompagnée de bacon. Saupoudrer les œufs de ciboulette ou de tiges d'oignons verts.

ŒUFS BROUILLÉS AU MAÏS

30 mL (2 c. à soupe) de beurre
1 pincée de cari
1 boîte de 450 mL (16 oz)
de maïs en grains, bien égoutté
4 œufs, battus
sel et poivre, au goût

🍃 Faire fondre le beurre dans un poêlon. Ajouter le cari. Bien mélanger et ajouter le maïs ainsi que les œufs, le sel et le poivre, au goût.

🍃 Faire cuire en suivant les indications données pour les œufs brouillés (voir page 354). Servir sur des tranches de pain grillées, préalablement beurrées et frottées avec un morceau d'ail.

ŒUFS BROUILLÉS AUX CROÛTONS

15 mL (1 c. à soupe) de beurre
250 mL (1 tasse) de pain coupé
en dés
45 mL (3 c. à soupe) de persil
haché
15 mL (1 c. à soupe) de beurre
4 œufs, légèrement battus
sel et poivre, au goût

🍃 Faire fondre le beurre, ajouter les cubes de pain et les faire dorer à feu doux. Retirer la moitié des

Œufs brouillés aux croûtons

Omelette au homard

poser au milieu d'un plat chaud. Placer les tomates d'un côté, et les tranches de bacon de l'autre. Garnir chaque extrémité du plat avec des pommes de terre frites. Servir bien chaud.

OMELETTE AU HOMARD

🍂 Voici un déjeuner savoureux et élégant. Du crabe ou des crevettes hachés peuvent remplacer le homard avec un égal succès. Préparer à table dans un poêlon électrique à 190°C (375°F).

30 mL (2 c. à soupe) de beurre
6 à 8 oignons verts, émincés
2 branches de céleri, coupées en dés
125 mL (½ tasse) de jus de palourdes ou de bouillon de poulet
30 mL (2 c. à soupe) de sauce de soja
1 pincée de sucre
sel, au goût
375 à 500 mL (1½ à 2 tasses) de homard, cuit et coupé en dés
6 œufs, battus
90 mL (6 c. à soupe) de crème légère
15 mL (1 c. à soupe) d'huile d'arachide ou de beurre

🍂 Faire fondre le beurre dans un grand poêlon, ajouter les oignons verts et le céleri et laisser mijoter à feu doux jusqu'à ce qu'ils soient ramollis. Ajouter le jus de palourdes ou le bouillon de poulet, la sauce de soja, le sucre, le homard et saler au goût.

🍂 Faire mijoter, sans couvrir, environ 10 minutes pour obtenir une consistance claire.

🍂 Battre les œufs avec la crème et un peu de poivre. Faire chauf-

cubes de pain et les mélanger avec le persil.

🍂 Aux croûtons qui restent, ajouter le beurre, les œufs, le sel et le poivre au goût. Faire cuire en suivant les indications pour les œufs brouillés (voir page 354). Mettre sur un plat chaud et garnir avec les croûtons persillés.

ŒUFS BROUILLÉS AUX OIGNONS

1 oignon, émincé
30 mL (2 c. à soupe) de beurre
1 pincée de sarriette
1 pincée de sucre
4 œufs, légèrement battus
sel et poivre, au goût
pain ou riz

🍂 Faire dorer l'oignon dans le beurre, à feu moyen. Ajouter la sarriette et le sucre.

🍂 Ajouter les œufs, le sel et le poivre, au goût, et faire cuire en suivant les indications pour les

œufs brouillés (voir page 354). Servir dans un nid de riz bouilli ou sur du pain grillé et beurré.

ŒUFS BROUILLÉS À L'AMÉRICAINE

6 tranches de bacon
3 tomates, coupées en deux
sel et poivre, au goût
sucre
6 œufs
pommes de terre, frites

🍂 Faire dorer le bacon à feu doux, en le retournant une fois, dans le poêlon. Retirer le bacon et le mettre de côté.

🍂 Faire revenir les moitiés de tomates dans le gras de bacon. Saler, poivrer et saupoudrer une pincée de sucre sur chacune. Faire cuire pendant 5 minutes à feu doux.

🍂 Faire cuire les œufs en suivant les indications pour les œufs brouillés (voir page 354). Les dis-

❦ TECHNIQUE ❦

OMELETTE AU HOMARD

1 Faire fondre le beurre dans un poêlon, ajouter les oignons verts et le céleri et laisser mijoter.

2 Ajouter le jus de palourdes, la sauce de soja, le sucre et le homard. Saler au goût. Faire mijoter sans couvrir.

3 Mettre les œufs, la crème et un peu de poivre dans un bol.

4 Battre les œufs.

fer l'huile d'arachide ou faire fondre le beurre dans une casserole, y verser l'omelette et faire cuire de la même façon qu'une omelette ordinaire (voir page 354).

☙ Dès qu'elle est prête, mettre l'omelette dans un plat chaud et verser la sauce au homard chaude tout autour.

PIPERADE

4 œufs
500 g (1 lb) de tomates
2 poivrons verts
30 mL (2 c. à soupe) de beurre
sel et poivre, au goût
4 minces tranches de jambon
175 mL (¾ tasse) de croûtons
125 mL (½ tasse) de lait

☙ Ce plat est une spécialité de la cuisine basque. On peut le servir aussi bien froid que chaud et il est délicieux dans les deux cas. C'est une sorte d'œufs brouillés bien relevés.

☙ Peler les tomates et les couper en dés. Vider les poivrons verts et les couper en languettes. Faire fondre le beurre dans un poêlon et y jeter les légumes, le sel, le poivre, et cuire à feu doux, environ 20 minutes. Remuer de temps en temps.

☙ Faire frire les tranches de jambon pendant 1 minute, sur une plaque ou dans un poêlon. Les mettre de côté, au chaud. Faire tremper les croûtons dans le lait jusqu'à ce qu'ils soient mous. Les presser avec les mains pour en extraire le surplus de liquide.

☙ Battre les œufs légèrement et les mélanger aux croûtons, avant de jeter le tout sur les légumes. Remuer et cuire jusqu'à ce que mélange prenne. Servir dans un

plat chaud, et recouvrir de tranches de jambon.

☙ Cette recette est suffisante pour 4 personnes, même très affamées !

OMELETTE AU FROMAGE BAVEUSE

Voilà une omelette à la française, crémeuse et légère, ainsi qu'une méthode facile pour bien réussir une omelette de six œufs.

6 œufs
90 mL (6 c. à soupe) d'eau froide ou de lait
45 mL (3 c. à soupe) de beurre
sel et poivre, au goût
125 mL (½ tasse) de fromage suisse ou de cheddar doux râpé
30 mL (2 c. à soupe) de parmesan râpé
15 mL (1 c. à soupe) de persil haché

☙ Battre les œufs avec l'eau, le sel et le poivre. Faire fondre le beurre à feu vif dans un poêlon. Y verser les œufs sans remuer. Soulever le poêlon du feu, et l'incliner pour étendre les œufs en une mince couche. Soulever cette mince couche à l'aide d'une spatule et laisser une partie du mélange se répandre dessous.

☙ Répéter l'opération jusqu'à ce que le mélange soit presque entièrement coagulé ; il demeurera mou au centre.

☙ Saupoudrer du fromage râpé que la chaleur des œufs fera fondre. Plier l'omelette et la faire glisser du poêlon sur un plateau préalablement chauffé. Saupoudrer de persil et servir accompagnée d'un bol de cresson.

OMELETTE AUX POMMES DE TERRE

4 œufs
2 grosses pommes de terre
1 oignon, émincé
4 tranches de lard salé entrelardé
sel et poivre, au goût
persil, finement haché

☙ Battre les œufs. Peler et râper les pommes de terre et les ajouter aux œufs, ainsi que l'oignon. Saler et poivrer.

☙ Faire fondre le lard salé, jusqu'à ce qu'il soit doré et croustillant. Verser le mélange des œufs sur le lard, couvrir et faire cuire à feu doux pendant 15 minutes. Retourner l'omelette avec une grande spatule et faire cuire 5 à 8 minutes de l'autre côté, toujours à feu doux. Glisser sur un plat chaud, saupoudrer de persil et servir.

OMELETTE DE CAMPAGNE

30 mL (2 c. à soupe) de beurre
30 mL (2 c. à soupe) d'huile végétale
4 pommes de terre crues, pelées et coupées en dés
5 tranches de bacon
1 pincée de sarriette
1 oignon, émincé
125 mL (½ tasse) de fromage coupé en dés ou 125 mL (½ tasse) de persil haché
4 à 6 œufs, légèrement battus
30 mL (2 c. à soupe) d'eau froide
sel et poivre, au goût

☙ Faire chauffer le beurre et l'huile dans un poêlon. Y faire dorer les pommes de terre à feu moyen, pendant environ 20 minutes, ou jusqu'à ce qu'elles soient croustillantes.

☙ Couper le bacon en morceaux de 5 cm (2 po), les ajouter aux pommes de terre, ainsi que l'oignon et la sarriette. Remuer le tout jusqu'à ce que le bacon soit cuit.

☙ Mettre les cubes de fromage ou le persil sur les pommes de terre. Ne pas les mélanger au reste. Couvrir et laisser chauffer à feu très lent, pendant 2 minutes.

☙ Battre les œufs avec l'eau froide, le sel et le poivre au goût. Verser sur les pommes de terre. Faire cuire comme une omelette ordinaire (voir page 354), à feu moyen. Servir immédiatement.

Omelette aux champignons

OMELETTE
AUX CHAMPIGNONS

250 g (½ lb) de champignons, coupés en deux
60 mL (4 c. à soupe) de beurre
1 gousse d'ail, émincée
sel et poivre, au goût
5 œufs

☙ Trancher et frire les champignons dans le beurre, avec l'ail. Saler et poivrer.

☙ Battre les œufs, les verser sur les champignons et faire cuire comme une omelette ordinaire (voir page 354).

OMELETTE
AUX OIGNONS

2 oignons blancs, en tranches minces
30 mL (2 c. à soupe) de beurre
50 mL (¼ tasse) de crème légère
1 pincée de muscade
sel et poivre, au goût
5 œufs

☙ Faire revenir les oignons dans le beurre, jusqu'à ce qu'ils deviennent légèrement blonds.

☙ Les mouiller avec la crème. Saler et poivrer. Ajouter la muscade. Faire bouillir à feu vif pendant 10 minutes ou jusqu'à ce que la crème épaississe légèrement.

☙ Battre les œufs, sans ajouter de crème ou de lait, verser sur les oignons et faire cuire comme une omelette ordinaire (voir page 354).

OMELETTE MAGDA

4 œufs
50 mL (¼ tasse) de fromage râpé
2 mL (½ c. à thé) de moutarde préparée
ciboulette ou oignon vert
persil, au goût
croûtons

☙ Battre les œufs avec le fromage râpé, la moutarde préparée, la ciboulette ou l'oignon vert et le persil.

☙ Faire cuire l'omelette et la servir entourée de croûtons.

OMELETTE
AU FROMAGE

4 œufs
750 mL (3 tasses) de lait
250 g (½ lb) de fromage doux, râpé
500 mL (2 tasses) de mie de pain frais
5 mL (1 c. à thé) de sel
15 mL (1 c. à soupe) de sauce piquante
persil, au goût

☙ Battre les œufs légèrement. Ajouter le lait, le fromage, la mie de pain, le sel, la sauce piquante et le persil.

☙ Verser dans un plat de Pyrex beurré. Placer le plat dans une

Omelette savoyarde

lèchefrite contenant 1 pouce d'eau chaude et faire cuire dans un four à 190°C (375°F), pendant environ 30 minutes, ou jusqu'à ce qu'une lame de couteau, piquée au centre, en ressorte propre.

OMELETTE SAVOYARDE

3 pommes de terre crues, coupées en dés
45 mL (3 c. à soupe) d'huile d'olive
250 mL (1 tasse) de fromage râpé
5 œufs

🍃 Faire cuire les pommes de terre dans l'huile d'olive, à feu moyen, en remuant souvent, environ 25 minutes ou jusqu'à ce qu'elles soient bien dorées et parfaitement cuites.
🍃 Saupoudrer avec le fromage râpé.
🍃 Battre les œufs, verser sur les pommes de terre et faire cuire

comme une omelette ordinaire (voir page 354).

OMELETTE ÉCOSSAISE

125 mL (½ tasse) de lait chaud
125 mL (½ tasse) de mie de pain frais
4 œufs
2 mL (½ c. à thé) de sel
10 mL (2 c. à thé) de beurre

🍃 Verser le lait chaud sur la mie de pain.
🍃 Battre séparément les blancs et les jaunes d'œufs. Aux jaunes, ajouter la mie de pain trempée et le sel. Incorporer les blancs.
🍃 Faire fondre le beurre dans un poêlon, y verser l'omelette.
🍃 Couvrir et faire cuire à feu doux, de 10 à 15 minutes, sans remuer. Servir accompagnée de maïs en crème.

OMELETTE ESPAGNOLE

15 mL (1 c. à soupe) d'huile végétale
½ poivron vert, finement haché
1 petit oignon, émincé
50 mL (¼ tasse) de céleri coupé en dés
2 tomates fraîches, coupées en dés
5 mL (1 c. à thé) de sucre
2 mL (½ c. à thé) de sel
1 pincée de thym
3 à 6 œufs

🍃 Faire chauffer l'huile. Ajouter le poivron vert, l'oignon et le céleri. Couvrir et faire mijoter pendant 5 minutes.
🍃 Ajouter les tomates fraîches, le sucre, le sel et le thym. Laisser mijoter pendant 15 minutes.
🍃 Pendant ce temps, faire une omelette ordinaire (voir page 354) avec les œufs.
🍃 Verser le mélange de légumes sur l'omelette cuite et servir.

OMELETTE AUX FOIES DE VOLAILLE

2 foies de poulet
15 mL (1 c. à soupe) de beurre
1 pincée d'estragon
15 mL (1 c. à soupe) de sauce tomate
2 mL (½ c. à thé) de beurre
15 mL (1 c. à soupe) de consommé
4 œufs
30 mL (2 c. à soupe) de persil émincé
sel et poivre, au goût

🍃 Faire dorer les foies de poulet dans le beurre, pendant 5 minutes, à feu moyen. Ajouter l'estragon, saler et poivrer au goût. Couper les foies cuits en petits morceaux.

🍃 Faire mijoter la sauce tomate avec le beurre et le consommé.

🍃 Faire une omelette avec les œufs. Garnir avec le foie. Plier l'omelette et napper avec la sauce tomate. Saupoudrer de persil.

OMELETTE BONNE FEMME

8 à 9 tranches de bacon
1 oignon, en tranches minces
2 champignons
6 œufs

🍃 Couper le bacon et le faire dorer à feu doux dans un poêlon. Retirer les petits lardons. Faire frire l'oignon dans le gras jusqu'à ce qu'il soit doré et tendre.

🍃 Couper les champignons en tranches minces et les ajouter à l'oignon, faire cuire encore pendant 2 minutes.

🍃 Battre les œufs et les verser sur ce mélange. Faire cuire à feu moyen, jusqu'à ce que les œufs commencent à cuire sur le bord du poêlon. Répandre les lardons sur l'omelette et finir la cuisson.

OMELETTE D'ÉPICURE AU GRATIN

Je crois que c'est le meilleur plat fait avec des œufs. C'est un plat de luxe quand il est fait avec des crevettes, mais il reste délicieux avec du poulet ou du homard en boîte.

45 mL (3 c. à soupe) de beurre
45 mL (3 c. à soupe) de farine
500 mL (2 tasses) de lait

1 boîte de crevettes surgelées, décortiquées, ou 250 mL (1 tasse) de poitrine de poulet cuit et en tranches
5 mL (1 c. à thé) de câpres
sel et poivre, au goût
2 mL (½ c. à thé) de basilic
3 œufs
30 mL (2 c. à soupe) de crème légère
60 mL (4 c. à soupe) de fromage râpé
45 mL (3 c. à soupe) de chapelure

🍃 Faire une sauce blanche avec le beurre, la farine et le lait. Lorsqu'elle est bien lisse et crémeuse, ajouter les crevettes dégelées ou le poulet, et les câpres. Saler et poivrer. Faire mijoter le tout pendant 15 minutes. Ajouter le basilic.

🍃 Beurrer généreusement un plat à cuisson peu profond. Le réchauffer quelques minutes dans un four, à 200°C (400°F). Battre les œufs avec la crème et verser dans le plat chaud. Cuire 10 minutes ou jusqu'à ce que l'omelette soit cuite et gonflée. Ensuite, verser la sauce chaude sur le dessus et saupoudrer de fromage et de chapelure. Placer sous le gril jusqu'à ce que le fromage soit bruni.

OMELETTE SOUFFLÉE

30 mL (2 c. à soupe) de beurre
30 mL (2 c. à soupe) de farine
250 mL (1 tasse) de lait
2 oignons verts, émincés
2 mL (½ c. à thé) de sel
1 pincée de poivre
4 jaunes d'œufs, battus
4 blancs d'œufs, battus en neige

🍃 Faire une sauce blanche avec le beurre, la farine et le lait. Lorsque la sauce est bien lisse et crémeuse, ajouter les oignons verts, le sel et le poivre.

🍃 Ajouter les jaunes d'œufs battus à la sauce, tout en remuant

Omelette soufflée

❦ TECHNIQUE ❦

OMELETTE SOUFFLÉE

1 Faire fondre le beurre dans une casserole. Ajouter la farine et bien mélanger.

2 Ajouter le lait et faire cuire la sauce. Ajouter les oignons verts, le sel et le poivre.

3 Ajouter les jaunes d'œufs tout en remuant fortement.

4 Battre les blancs d'œufs en neige.

fortement. Incorporer avec soin les blancs battus en neige.

🏵 Verser le mélange dans une assiette à tarte graissée. Faire cuire pendant 20 minutes dans un four, à 160°C (325°F).

OMELETTE AUX FRAISES

4 œufs
45 mL (3 c. à soupe) de sucre
30 mL (2 c. à soupe) de beurre
1 boîte de fraises surgelées ou fraîches
crème à fouetter

🏵 Disposer sur un plateau les œufs, un bol, un batteur, une assiette avec le beurre, un joli plat de cristal ou de verre transparent contenant les fraises et un pot avec la crème.

🏵 À la table, casser les œufs dans le bol et bien les battre avec le sucre. Faire fondre le beurre dans un réchaud de table, y verser les œufs. Faire cuire en soulevant les bords et en faisant glisser les œufs encore liquides en dessous. Aussitôt cuite, rouler l'omelette et en servir une portion à chaque personne. Accompagner de fraises bien froides et de crème.

ŒUFS SUR LE PLAT AVEC BACON

🏵 Placer le nombre de tranches de bacon désiré les unes à côté des autres, dans un poêlon froid. Faire cuire à feu moyen, à peu près pendant 2 minutes sur le premier côté. Retirer la graisse de bacon du poêlon à mesure qu'elle s'accumule, ce qui contribue à rendre le bacon plus croustillant et digestible.

Omelette aux fraises

🏵 Après 2 minutes de cuisson, retourner les tranches de bacon et faire cuire pendant 1 minute. Casser le nombre désiré d'œufs autour du bacon, entre les tranches ou par dessus, au goût. Couvrir le poêlon et faire cuire de 2 à 5 minutes à feu très lent, selon que vous désirez un œuf un peu mollet ou très bien cuit. Saler et poivrer au moment de servir. Le bacon et les œufs cuits de cette façon sont très digestibles et les œufs ne sont jamais secs.

ŒUFS FRITS À LA BORDELAISE

250 g (½ lb) de champignons frais
1 gousse d'ail
1 petit oignon
2 tomates fraîches
15 mL (1 c. à soupe) de persil haché
1 pincée de sucre
sel et poivre, au goût

30 mL (2 c. à soupe) de beurre
5 mL (1 c. à thé) de farine
125 mL (½ tasse) de vin rouge
4 œufs, frits au beurre

🏵 Émincer les champignons, l'ail et l'oignon. Mélanger le tout et ajouter les tomates coupées en petits morceaux, ainsi que le persil. Ajouter une bonne pincée de sucre, du sel et du poivre, au goût. Bien mélanger le tout.

🏵 Faire une sauce avec le beurre, la farine et le vin rouge. Lorsque celle-ci est bien crémeuse, ajouter le premier mélange. Couvrir et laisser mijoter pendant 20 minutes, à feu doux.

🏵 Verser dans un plat chaud, placer les œufs frits sur le dessus. Garnir au goût de persil et servir.

ŒUFS FRITS AU JAMBON

15 mL (1 c. à soupe) de beurre
4 tranches de jambon

Œufs frits à la mode des Landes

1 pincée de cassonade
4 œufs
sel et poivre, au goût

❧ Faire fondre le beurre dans un grand poêlon. Y placer les tranches de jambon et les laisser chauffer à feu lent pendant 3 minutes. Les retourner et les saupoudrer de cassonade. Faire cuire pendant 3 autres minutes. Les retirer du poêlon et les placer sur un plat chaud.

❧ Casser les œufs dans le poêlon et les faire cuire. Placer 1 œuf sur chaque tranche de jambon, saler et poivrer, au goût. Servir.

ŒUFS FRITS À LA MODE DES LANDES

1 oignon, émincé
15 mL (1 c. à soupe) de beurre
4 saucisses
2 tomates
1 pincée de sucre
1 feuille de laurier
sel et poivre, au goût
4 à 6 œufs

❧ Faire frire l'oignon dans le beurre.

❧ Couper les saucisses en petites tranches et les tomates en morceaux. Ajouter les saucisses et les tomates aux oignons, ainsi que le sucre et la feuille de laurier. Laisser mijoter le tout de 5 à 10 minutes à feu doux. Saler et poivrer, au goût.

❧ Faire frire les œufs, les mettre sur un plat chaud et les entourer de la sauce.

ŒUFS MOULÉS DUCHESSE

❧ Beurrer des petits moules, casser un œuf dans chacun et les faire cuire suivant les indications pour les œufs moulés (voir page 355).

❧ Préparer une recette de pommes de terre duchesse (voir page 458). Démouler les œufs sur les pommes de terre prêtes à servir et accompagner d'une sauce brune (voir page 51) ou d'une sauce tomate (voir pages 59-60).

ŒUFS MOULÉS DU CARDINAL

❧ Faire une sauce blanche moyenne. Ajouter du homard, au goût, une pincée d'estragon, du sel et du poivre.

❧ Faire chauffer des coquilles de pâte feuilletée.

❧ Garnir chacune des coquilles avec un œuf moulé et verser la sauce au homard sur le tout.

ŒUFS MOULÉS À LA PORTUGAISE

❧ Beurrer généreusement des ramequins ou des petits moules. Saupoudrer de persil ou de ciboulette émincée. Casser un œuf dans chacun des moules et faire cuire au goût dans un poêlon couvert avec un peu d'eau chaude, à feu doux.

❧ Faire griller des moitiés de tomates dans du beurre. Saler, poivrer et saupoudrer d'une pincée de sucre. Démouler chaque œuf cuit et le poser sur une moitié de tomate. Garnir avec une cuillerée de sauce chili, légèrement chauffée.

ŒUFS À L'ALSACIENNE

500 mL (2 tasses) d'eau
15 mL (1 c. à soupe) de vinaigre
125 mL (½ tasse) de lait
6 œufs

90 mL (6 c. à soupe) de pâté
de foie gras
1 enveloppe de gélatine
non aromatisée
500 mL (2 tasses) de consommé
paprika

🍃 Faire chauffer ensemble l'eau,
le vinaigre et le lait. Casser les
œufs dans une assiette à soupe,
les verser lentement dans le liquide chaud. Couvrir, éteindre le
feu et laisser les œufs reposer pendant 15 minutes dans le liquide
chaud. Égoutter et disposer les
œufs sur une serviette ou sur un
papier absorbant pour bien les
assécher.

🍃 Tailler chaque œuf pour lui
donner une forme bien ronde et
le placer dans un petit moule ou
sur une assiette individuelle,
selon la présentation désirée. Sur
chaque œuf, déposer 15 mL
(1 c. à soupe) de pâté de foie
gras. Saupoudrer légèrement de
paprika.

🍃 Faire tremper la gélatine non
aromatisée dans 50 mL (¼ tasse)
d'eau froide pendant 5 minutes.
Faire chauffer le consommé.
Ajouter la gélatine au consommé
et remuer jusqu'à ce qu'elle soit
bien dissoute. Verser le tout dans
un plat et mettre au réfrigérateur
pour faire prendre la gélatine.

🍃 Pour servir, défaire la gélatine
en petits morceaux avec 2 fourchettes et en entourer chaque
œuf poché. On peut aussi faire
des moules avec cette recette, en
plaçant l'œuf poché dans une cas-
solette. Après avoir garni avec le
foie gras, on nappe le tout avec le
consommé à la gélatine légèrement refroidi. Mettre au réfrigérateur pour faire prendre, démouler,
poser sur un nid de laitue
émincée et garnir avec 15 mL
(1 c. à soupe) de mayonnaise.

ŒUFS SUR LE PLAT AUX POMMES DE TERRE

6 petites pommes de terre
30 mL (6 c. à thé) de gras
de bacon
6 œufs
30 mL (6 c. à thé) de lait
ou de crème
sel et poivre, au goût
fromage, râpé au goût

🍃 Peler les pommes de terre et en
faire des tranches minces. Faire
chauffer le gras dans un poêlon
assez grand. Faire cuire à feu
moyen, en remuant souvent,
jusqu'à ce que les pommes de
terre soient tendres et dorées.
🍃 Les étaler dans une assiette à
tarte, casser les œufs dessus et
verser sur chaque œuf 5 mL
(1 c. à thé) de lait ou de crème.
Saler, poivrer et saupoudrer
légèrement de fromage râpé.
🍃 Faire cuire de 5 à 8 minutes,
dans un four, à 260°C (500°F).

ŒUFS DURS AU FROMAGE RÂPÉ

4 œufs durs
30 mL (2 c. à soupe) de beurre
2 gros oignons, en tranches
minces
15 mL (1 c. à soupe) de beurre
mou
45 mL (3 c. à soupe) de farine
375 mL (1½ tasse) de lait
250 mL (1 tasse) de fromage râpé

🍃 Trancher les œufs durs et les
placer dans le fond d'un plat à
cuisson.
🍃 Faire fondre le beurre, y ajouter
les oignons et laisser cuire à feu

doux pendant 20 minutes, à couvert. Éviter de faire rôtir les
oignons.
🍃 Après 20 minutes, ajouter aux
oignons la cuillerée de beurre
mou et la farine. Bien remuer le
tout et ajouter le lait. Faire cuire,
en remuant sans arrêt, jusqu'à
l'obtention d'une sauce crémeuse.
Ajouter le fromage. Remuer à feu
doux, jusqu'à ce qu'il soit fondu.
🍃 Verser cette sauce sur les tranches d'œufs durs. Faire cuire pendant 10 minutes dans un four à
180°C (350°F) ou au bain-marie.

ŒUFS AU FROMAGE

6 œufs durs, en tranches
500 mL (2 tasses) de mie de pain
250 mL (1 tasse) de fromage râpé
sel et poivre, au goût
125 mL (½ tasse) de crème légère
30 mL (2 c. à soupe) de beurre
1 pincée de muscade

🍃 Dans une cocotte, alterner des
rangs d'œufs, de mie de pain et
de fromage râpé. Saler et poivrer.
🍃 Faire chauffer, sans bouillir, la
crème avec le beurre et la muscade. Verser sur le pain et les
œufs. Faire cuire de 30 à 35 minutes dans un four à 180°C (350°F).
Servir chaud.

ŒUFS AU MADÈRE

1 oignon, émincé
250 g (½ lb) de champignons,
émincés
30 mL (2 c. à soupe) de beurre
50 mL (¼ tasse) de madère
ou de xérès
sel et poivre, au goût
12 œufs durs

Œuf bénédictine

&. Faire frire l'oignon et les champignons dans le beurre jusqu'à ce que l'oignon soit légèrement doré.

&. Ajouter le madère ou le xérès. Saler et poivrer, au goût. Couper les œufs en deux dans le sens de la longueur, les placer dans un plat chaud et les recouvrir avec la sauce. Servir avec des triangles de pain grillés et beurrés.

ŒUF BÉNÉDICTINE

1 œuf, moulé
1 rondelle de pain, grillée
1 tranche mince de jambon
1 portion de sauce hollandaise

&. Poser l'œuf moulé sur la rondelle de pain grillée. Recouvrir l'œuf de la tranche de jambon. Napper le tout de sauce hollandaise (voir page 54). Servir.

&. Une recette de sauce hollandaise est suffisante pour 6 œufs. On peut remplacer la rondelle de pain par une moitié de muffin anglais, grillé et beurré.

ŒUFS EN SAUCE BLANCHE

30 mL (2 c. à soupe) de beurre
30 mL (2 c. à soupe) de farine
250 mL (1 tasse) de lait
15 mL (1 c. à soupe) de persil
1 pincée de muscade
5 mL (1 c. à thé) de vinaigre
sel et poivre, au goût
4 œufs durs

&. Faire fondre le beurre, ajouter la farine, bien mélanger et ajouter le lait. Faire cuire à feu moyen, en remuant sans arrêt, jusqu'à l'obtention d'une sauce bien crémeuse.

&. Aromatiser la sauce avec le persil et la muscade. Ajouter le vinaigre. Saler et poivrer, au goût. Bien mélanger le tout. Ajouter les œufs durs coupés en tranches ou en quartiers. Servir.

ŒUFS SOUBISE EN CRÈME

30 mL (2 c. à soupe) de beurre
30 mL (2 c. à soupe) de farine
250 mL (1 tasse) de lait
sel et poivre, au goût
15 mL (1 c. à soupe) de beurre
2 oignons, coupés en tranches minces
6 œufs durs

&. Faire une sauce blanche avec le beurre, la farine et le lait. Saler et poivrer, au goût.

&. Faire frire les oignons dans le beurre. Ajouter à la sauce, ainsi que les œufs coupés en tranches ou en quartiers.

ŒUFS DANS LE NID

Voici une nouvelle façon de servir des œufs, du bacon et des tomates. C'est un plat agréable et léger. Rien à préparer à la dernière minute, simplement mettre au four et faire cuire. Accompagner de brioches ou de pain grillé beurré, saupoudré de ciboulette ou de persil haché.

6 tomates moyennes
sel et poivre, au goût
6 œufs
12 tranches de bacon
45 mL (3 c. à soupe) de ciboulette ou de persil haché

&. Laver et évider les tomates. Saler et poivrer l'intérieur de chacune. Disposer les unes à côté des autres dans un plat à cuisson. Briser un œuf dans chaque tomate. Réfrigérer jusqu'au moment de la cuisson.

&. Chauffer le four à 180°C (350°F), et étaler le bacon sur une grille au-dessus d'une lèchefrite.

Au moment de servir, mettre le bacon à cuire pendant 10 minutes, ainsi que les tomates sans les couvrir, pendant une douzaine de minutes. Lorsque les tomates et les œufs sont cuits, le bacon est croustillant et doré. Le disposer autour des œufs. Saupoudrer les œufs de persil ou de ciboulette.

ŒUFS PERDUS

❧ Beurrer un plat. Séparer les jaunes des blancs d'œufs.

❧ Mettre les jaunes dans le plat. Battre les blancs en neige. Verser une cuillerée de crème sur chaque jaune d'œuf. Placer les blancs battus en neige autour des jaunes d'œufs, en repoussant ceux-ci vers le centre pour pouvoir placer les blancs en forme de couronne. Saler et poivrer, au goût. Faire cuire de 10 à 15 minutes dans un four à 200°C (400°F).

ŒUFS AU SAFRAN

8 œufs durs
30 mL (2 c. à soupe) de beurre
30 mL (2 c. à soupe) de farine
250 mL (1 tasse) de lait
ou de crème légère
persil, haché
1 mL (¼ c. à thé) de poivre
1 mL (¼ c. à thé) de sel
2 mL (½ c. à thé) de safran
15 mL (1 c. à soupe)
de chapelure

❧ C'est un plat de la cuisine espagnole. On peut préparer cette recette un peu à l'avance et la faire cuire au moment de servir.

❧ Chauffer le four à 220°C (425°F). Couper les œufs durs en deux, dans le sens de la longueur, en retirer les jaunes et les piler jusqu'à ce qu'ils soient mous. Dans un poêlon, mélanger le beurre et la farine et remuer sans arrêt tout en ajoutant le lait ou la crème. Cuire doucement, sans cesser de remuer jusqu'à ce que le mélange soit sur le point de bouillir. Saler.

❧ Mélanger la moitié de cette sauce à la purée de jaunes d'œufs avec un peu de persil haché, le poivre, et le sel. Farcir les moitiés d'œufs de ce mélange et les disposer dans un plat à cuisson. Mélanger le safran au reste du mélange et en mettre un peu sur le dessus de chaque œuf. Saupoudrer de chapelure et terminer avec une petite noisette de beurre. Cuire environ 10 minutes. Servir avec du pain, une salade verte et un verre de xérès.

❧ Cette recette donne 6 portions.

ŒUFS MARINÉS

7 mL (1½ c. à thé) de sel
5 mL (1 c. à thé) de clous
de girofle
5 mL (1 c. à thé) de poivre
en grains
2 mL (½ c. à thé) de graines
de céleri
500 mL (2 tasses) de vinaigre
blanc
250 mL (1 tasse) de vinaigre
de betterave
375 mL (1½ tasse) d'eau froide
12 à 24 œufs durs

❧ Placer les épices dans un petit sac de toile à fromage.

❧ Amener à ébullition le vinaigre blanc, le vinaigre de betterave, l'eau froide et le sachet d'épices. Laisser refroidir.

❧ Mettre les œufs dans un bocal de verre et recouvrir avec le vinaigre. Couvrir et réfrigérer. Attendre quelques jours avant de consommer.

ŒUFS AU VINAIGRE

❧ Les œufs au vinaigre se préparent de la même manière que les œufs marinés, mais en remplaçant le vinaigre de betterave par 125 mL (½ tasse) de vinaigre blanc et 125 mL (½ tasse) d'eau.

ŒUFS RÉMOULADE

Ce plat est un classique de la cuisine française et un de mes mets favoris pour le pique-nique ou le repas au jardin. Il consiste en œufs durs accompagnés d'une sauce délicieuse qu'on peut servir avec des crevettes, du saumon poché froid ou une salade.

6 œufs, pochés ou durs
6 petites tomates
sel et poivre, au goût
6 rôties sans croûtes, beurrées

SAUCE
2 jaunes d'œufs, cuits
1 jaune d'œuf cru
125 mL (½ tasse) d'huile
végétale
30 mL (2 c. à soupe) de jus
de citron
2 mL (½ c. à thé) de moutarde
préparée
2 petits cornichons, hachés
2 filets d'anchois, hachés
15 mL (1 c. à soupe) de câpres
15 mL (1 c. à soupe) de persil
haché

❧ Si les œufs sont pochés, les éponger sur un papier absorbant; les écaler s'ils sont durs. Vider les tomates et en saupoudrer l'intérieur de sel et de poivre. Les poser à l'envers dans un plat pendant 25 minutes. Préparer le pain et le mettre de côté.

PRÉPARATION DE LA SAUCE

🐦 Faire la sauce rémoulade. Presser les jaunes d'œufs cuits à travers une passoire, puis ajouter le jaune d'œuf cru. Mettre les blancs d'œufs cuits de côté. Battre jusqu'à ce que le tout soit bien mélangé. Ajouter l'huile très lentement, tout en remuant. Lorsque le mélange est crémeux comme une mayonnaise, ajouter graduellement le jus de citron et la moutarde en remuant sans arrêt. Puis, incorporer les cornichons, les anchois, les câpres et le persil. Assaisonner au goût.

🐦 Pour servir, disposer une tomate sur une rôtie, et la remplir avec un œuf poché ou un œuf dur. Ajouter une bonne cuillerée de sauce sur le dessus. Garnir avec des morceaux de blancs d'œufs cuits.

ŒUFS FARCIS CHAUDS

6 œufs durs
6 champignons, émincés
15 mL (1 c. à soupe) de beurre
5 mL (1 c. à thé) de purée de tomates
5 mL (1 c. à thé) de crème légère
45 mL (3 c. à soupe) de fromage râpé
90 mL (6 c. à soupe) de sauce hollandaise
sel et poivre, au goût

🐦 Couper les œufs en deux, dans le sens de la longueur. Écraser les jaunes avec une fourchette, ajouter les champignons cuits pendant 1 minute dans le beurre, la purée de tomates, la crème et le fromage râpé. Bien mélanger le tout. Saler et poivrer, au goût. Utiliser ce mélange pour farcir les blancs d'œufs.

🐦 Placer les blancs d'œufs farcis sur un plat, les chauffer de 5 à 10 minutes dans un four à 150°C (300°F). Garnir chaque moitié d'œuf d'une bonne cuillerée de sauce hollandaise (voir page 54). Servir.

ŒUFS À L'ÉCOSSAISE

5 œufs durs
30 mL (2 c. à soupe) de gras de bacon
1 oignon, émincé
1 gousse d'ail, émincée
5 mL (1 c. à thé) de cari ou de chutney
25 mL (1½ c. à soupe) de farine
500 g (1 lb) de bœuf haché
125 mL (½ tasse) d'eau
5 mL (1 c. à thé) de sel
1 œuf, battu avec 15 mL (1 c. à soupe) d'eau
175 mL (¾ tasse) de chapelure

🐦 Écaler les œufs durs et les placer dans un bol d'eau froide.

🐦 Faire chauffer le gras du bacon, y faire frire l'oignon et l'ail. Ajouter le cari ou le chutney et la farine. Remuer juste assez pour mélanger et ajouter le bœuf haché. Mélanger en écrasant la viande avec une fourchette. Ajouter l'eau et le sel. Faire mijoter, sans couvrir, jusqu'à ce que la viande soit bien cuite et le liquide complètement évaporé. Vérifier l'assaisonnement. Laisser refroidir.

🐦 Prendre quelques cuillerées de viande refroidie et en recouvrir les œufs très soigneusement. Rouler ensuite chaque œuf dur ainsi enrobé dans l'œuf battu, puis dans la chapelure. Faire frire à feu doux.

Œufs farcis chauds

FONDUE AU PAIN ET AU FROMAGE

C'est un plat délicieux accompagné de bâtonnets de céleri et de concombre. Vous pouvez y ajouter du poisson, du homard ou du crabe.

6 tranches de pain sans croûtes
125 mL (½ tasse) de beurre ramolli
30 mL (2 c. à soupe) de moutarde préparée
625 mL (2½ tasses) de cheddar doux coupé en dés
3 œufs
675 mL (2¾ tasses) de lait
5 mL (1 c. à thé) de sel
1 mL (¼ c. à thé) de poivre
1 mL (¼ c. à thé) de sauge ou de basilic

🥄 Beurrer un moule à pain. Tartiner chaque tranche de pain de beurre et de moutarde. Disposer en rangs le pain et les cubes de fromage, en alternance, sans presser.

🥄 Si on désire ajouter du homard ou du crabe, réduire la quantité de fromage à 375 mL (1½ tasse) et mélanger avec 500 g (16 oz) de homard ou de crabe, frais ou en boîte.

🥄 Battre les œufs légèrement, incorporer le lait, le sel, le poivre, la sauge ou le basilic. Verser sur le pain. Couvrir et réfrigérer de 3 à 5 heures.

🥄 Mettre au four, préalablement chauffé à 180°C (350°F), pendant 30 à 45 minutes ou jusqu'à ce que la lame d'un couteau, introduite au centre, en ressorte propre. Servir chaud.

ŒUFS EN GELÉE À LA GRECQUE

6 œufs
1 boîte de consommé non dilué
15 mL (1 c. à soupe) de purée de tomates
30 mL (2 c. à soupe) de jus de citron
2 mL (½ c. à thé) de sucre
1 pincée de basilic
1 enveloppe de gélatine non aromatisée
125 mL (½ tasse) d'eau froide
6 branches de persil
laitue ou cresson
mayonnaise

🥄 Faire cuire les œufs en suivant les indications pour les œufs moulés (voir page 355).

🥄 Faire chauffer le consommé avec la purée de tomates, le jus de citron, le sucre et le basilic.

🥄 Faire tremper la gélatine dans l'eau froide pendant 5 minutes. Ajouter au consommé chaud et remuer pour bien dissoudre la gélatine. Mettre au réfrigérateur jusqu'à ce que la gelée soit tiède. Réfrigérer un moule.

🥄 Verser un peu de la gelée dans le moule, bien huilé, incliner et tourner le moule jusqu'à ce que la gelée colle sur toutes ses parois. Placer les branches de persil dans le fond. Aligner les œufs sur le persil, et verser le reste de la gelée sur le tout. Réfrigérer jusqu'à ce que la gelée soit bien prise. Servir sur un nid de laitue ou de cresson. Garnir de mayonnaise, au goût.

ŒUFS FARCIS DU COUVENT

Ce plat était servi le vendredi, au pensionnat, comme plat végé-tarien. J'ai continué à apprêter ces œufs. Froids, ils constituent un excellent aliment pour le pique-nique ou une entrée avant un barbecue. Chauds, ils sont aussi délicieux.

4 œufs durs
250 g (½ lb) de fromage cottage
15 mL (1 c. à soupe) de cheddar râpé
sel et poivre, au goût
1 pincée de muscade
15 mL (1 c. à soupe) de persil haché
15 mL (1 c. à soupe) de farine
1 œuf, légèrement battu avec
30 mL (2 c. à soupe) d'eau
250 mL (1 tasse) de chapelure fine
huile d'arachide

🥄 Couper les œufs durs en deux. Mettre les jaunes dans un bol. Mélanger avec le fromage cottage, le cheddar râpé, le sel et le poivre. Battre avec un batteur à main. Ajouter la muscade et le persil.

🥄 Remplir les blancs d'œufs du mélange, donner à chaque moitié la forme d'un œuf complet. Rouler chaque œuf dans la farine, puis le tremper dans l'œuf battu et l'enrober de chapelure. Disposer sur une assiette. Réfrigérer 20 minutes. Faire dorer dans l'huile chaude. Servir.

SALADE AUX ŒUFS

6 œufs durs
250 mL (1 tasse) de céleri coupé en dés
30 mL (2 c. à soupe) de poivron vert coupé en dés
5 ou 6 oignons verts, émincés
50 mL (¼ tasse) de mayonnaise
15 mL (1 c. à soupe) de jus de citron

5 mL (1 c. à thé) de sel
poivre, au goût
laitue fraîche
6 tranches de bacon

🍂 Couper les œufs durs en gros morceaux.

🍂 Dans un grand bol, mélanger les œufs, le céleri, le poivron vert et les oignons verts, en remuant avec une fourchette.

🍂 Mélanger la mayonnaise avec le jus de citron, le sel et le poivre. Ajouter aux œufs et mélanger encore une fois délicatement, avec une fourchette, pour éviter de trop briser les œufs.

🍂 Servir sur un nid de laitue. Garnir avec des petits morceaux de bacon grillé, égouttés.

ŒUFS MIMOSA

Ce casse-croûte vous donnera la nostalgie du Sud de la France et du magnifique mimosa. Délicieux sur une tranche de pain croûté, beurrée.

2 œufs durs
quelques cuillerées
de mayonnaise
½ laitue

🍂 Écaler les œufs et les couper en deux. Retirer les jaunes, remplir les blancs de mayonnaise, disposer sur une assiette. Couper la laitue en minces filets, disposer sur les blancs d'œufs. Râper les jaunes sur la laitue et servir.

PAIN DORÉ DE MA MÈRE

8 tranches de pain
3 œufs
1 pincée de sel
1 pincée de muscade
125 mL (½ tasse) de sirop d'érable
250 mL (1 tasse) de lait
50 mL (¼ tasse) de crème légère
beurre

🍂 Couper les tranches de pain en deux. Battre les œufs avec le sel, la muscade et le sirop. Bien mélanger et ajouter le lait et la crème.

🍂 Dans un poêlon électrique à 180°C (350°F), faire fondre assez de beurre pour en recouvrir le fond. Ne pas faire brunir le beurre. Plonger le pain dans le mélange des œufs, rapidement et un morceau à la fois. Faire frire des deux côtés.

🍂 Lorsqu'il est cuit, le pain est croustillant à l'extérieur et tendre à l'intérieur. Servir ce pain doré avec de la gelée de pommes ou une compote de canneberges.

LES COMPOSANTES D'UN BON SANDWICH

Les sandwiches font presque partie de notre quotidien. Pourtant, on les prépare machinalement, toujours avec les mêmes ingrédients. On oublie souvent qu'il n'y a pas que le jambon, le fromage et les tomates pour faire de bons sandwiches. Voici donc quelques recettes simples qui vous permettront de confectionner des sandwiches à la fois délicieux et originaux.

PAIN

C'est bien connu, on ne fait pas de sandwiches sans pain. Mais rien n'empêche d'y mettre un brin de fantaisie en les préparant avec du pain français, italien, de blé entier, de seigle, etc. Et pourquoi ne pas combiner les différentes sortes de pain et faire un sandwich tout à fait original ?

Pour préparer de délicieux sandwiches, il est préférable d'utiliser du pain frais coupé en tranches moyennes. Il n'est pas nécessaire d'enlever les croûtes. Les sandwiches sans croûtes ont tendance à sécher. Bien sûr, les tranches de pain devront être de la même grandeur.

BEURRE ET AUTRES TARTINADES

Pour tartiner les sandwiches, on peut utiliser du beurre, de la margarine, du fromage à la crème ou encore un mélange moitié beurre, moitié margarine ou fromage. Avec certaines garnitures plus riches, comme le beurre d'arachide, il est préférable de ne rien mettre du tout.

Il faut éviter d'utiliser du beurre dur, car il est difficile de l'étendre sans briser le pain. De plus, croquer dans un morceau de beurre, si bon soit-il, est souvent désagréable. À l'opposé, le beurre trop mou, qui ressemble à de l'huile, n'est guère mieux. Pour qu'il soit toujours facile à tartiner, il suffit de le fouetter avant de l'utiliser (la margarine et le fromage à la crème peuvent aussi être fouettés).

On peut préparer la quantité requise plusieurs jours à l'avance. Laisser ramollir le beurre (la margarine ou le fromage) à la température ambiante. Fouetter ensuite, à l'aide d'un batteur à main, jusqu'à ce que le beurre soit bien mousseux et léger. Mettre dans un contenant de plastique. Fermer hermétiquement et réfrigérer. Retirer le beurre fouetté du réfrigérateur de 30 à 60 minutes avant de l'utiliser. Il ramollira beaucoup plus vite que le beurre non fouetté.

Il est également important de tartiner toute la surface du pain afin d'éviter que la garniture ne pénètre trop dans le pain.

GARNITURE

On ne prépare pas des sandwiches sans tenir compte du temps dont on dispose. En effet, il est inutile de se lancer dans la confection de sandwiches de fantaisie si on n'a pas suffisamment de temps devant soi. Si on est pressé, il vaut mieux se contenter de quelque chose de simple, comme un sandwich au jambon et aux tomates. Mais rien ne nous empêche d'y ajouter notre touche personnelle pour rehausser sa saveur. Par exemple, on peut mélanger du persil frais à de la mayonnaise pour accompagner les sandwiches

aux tomates, ou encore tartiner les sandwiches au jambon de moutarde de Dijon ou de moutarde au raifort.

Si certains sandwiches peuvent se préparer à l'avance, d'autres s'y prêtent moins bien. Les sandwiches préparés avec des garnitures qui pourraient mouiller le pain ou dégager une odeur forte ne doivent pas être faits plus d'une heure à l'avance. Dans une boîte à lunch, l'odeur de certains sandwiches peut se propager aux autres aliments.

La viande servie en sandwich doit être tranchée très mince ou passée au hache-viande. Pour ceux qui ont bon appétit, il est préférable de superposer de 2 à 4 tranches minces de viande plutôt que de mettre une seule tranche épaisse.

Assaisonnés avec goût, les sandwiches seront plus savoureux. Il suffit d'ajouter à la garniture une pincée de sel, de poivre, un peu de moutarde, du ketchup, ou de la mayonnaise, et le tour est joué. Quelques fines herbes fraîches (persil, ciboulette, basilic, etc.), ou encore des carottes râpées, du chutney ou du cari feront un sandwich digne des fins gourmets qui plaira même aux plus difficiles.

PRÉSENTATION

Les sandwiches présentés joliment sur une belle assiette, garnie d'un peu de persil, de quelques feuilles de laitue ou d'olives sont sans contredit plus invitants. On peut également garnir les sandwiches qu'on apporte pour le lunch, avant de les envelopper. Il suffit d'un rien pour en faire tout un régal !

COMMENT FAIRE PLUSIEURS SANDWICHES

Utiliser du pain tranché ou des petits pains.

🍂 Disposer les tranches de pain deux par deux, en rangées de six à huit. Répéter cette opération si nécessaire.

🍂 Préparer la garniture. Utiliser du beurre battu ou ramolli. Tartiner le pain puis étendre la garniture.

🍂 Préparer une seule sorte de sandwich à la fois. Mettre les sandwiches de la même sorte ensemble. Les couper, les envelopper ou les mettre de côté avant de commencer à en préparer d'autres.

🍂 Étendre une feuille de papier ciré sur un plat et y disposer les sandwiches. Séparer chaque sorte de sandwich avec un papier ciré. Recouvrir le plat d'un papier d'aluminium ou d'un papier ciré et placer un linge humide sur le dessus. Réfrigérer. Retirer du réfrigérateur de 15 à 20 minutes avant de servir. Les sandwiches se conserveront ainsi pendant plusieurs heures.

SANDWICHES DORÉS

Préparer un sandwich à la viande, au fromage ou aux légumes. Pour 4 sandwiches, battre 2 œufs avec 50 mL (¼ tasse) de lait et une pincée de sel. Tremper les sandwiches des deux côtés dans ce mélange. Faire dorer de chaque côté à feu moyen dans un peu de beurre chaud. Servir immédiatement.

Sandwiches dorés

LES SANDWICHES À LA VIANDE CHAUDS OU FROIDS

POULET OU DINDE
Chaud : Préparer un sandwich avec du pain blanc en le garnissant de fines tranches de poulet ou de dinde. Napper de sauce brune, de crème de champignons ou de soupe au poulet en boîte chaude mélangée avec ½ boîte de lait.

🍂 Froid : Servir le sandwich sans sauce, accompagné de canneberges ou de laitue garnie de mayonnaise.

BŒUF
Chaud : Préparer un sandwich avec du pain de seigle en le garnissant de fines tranches de bœuf. Badigeonner la viande de moutarde au raifort ou de chutney, ou l'arroser de quelques gouttes de sauce piquante. Napper le sandwich de sauce brune bien chaude ou de sauce aux tomates.

🍂 Froid : Servir le sandwich sans sauce, accompagné de ketchup, de sauce chili ou de cornichons.

PORC
Chaud : Préparer un sandwich avec du pain blanc en le garnissant de fines tranches de porc. Napper de sauce barbecue ou de sauce brune bien chaude. Accompagner de compote de pommes ou de tranches de pommes sautées au beurre.

🍂 Froid : Tartiner le pain avec de la graisse de rôti ou des cretons et garnir le sandwich de plusieurs tranches de porc. Servir avec des cornichons à l'aneth, des betteraves dans le vinaigre ou des concombres en salade.

❦ TECHNIQUE ❦

SANDWICHES DORÉS

1   Battre les œufs, le lait et le sel.

2   Tremper un côté du sandwich dans ce mélange.

3   Retourner le sandwich et tremper l'autre côté.

4   Faire dorer des deux côtés dans le beurre chaud.

AGNEAU

Chaud : Préparer un sandwich avec du pain de blé entier en le garnissant de fines tranches d'agneau. Tartiner une des tranches de pain de beurre et l'autre de moutarde. Verser sur le sandwich une soupe aux légumes ou au céleri chaude, mélangée à 125 mL (½ tasse) de lait. Garnir de gelée à la menthe.

☙ Froid : Tartiner le pain de beurre et de mayonnaise. Saupoudrer la mayonnaise d'un peu de cari ou ajouter une cuillerée de noix hachées. Garnir de fines tranches d'agneau et de quartiers de tomates. Saupoudrer de persil haché.

SANDWICHES AU FOIE, BACON ET CHAMPIGNONS

3 tranches de bacon
125 à 250 g (¼ à ½ lb) de foies de poulet
1 petit oignon, haché finement
250 mL (1 tasse) de champignons coupés en fines tranches
1 pincée de thym ou d'estragon
sel et poivre

☙ Dans un poêlon, faire cuire le bacon à feu doux jusqu'à ce qu'il soit bien doré et croustillant. Retirer du poêlon.

☙ Ajouter au gras qui reste dans le poêlon les foies coupés en petits morceaux, l'oignon et les champignons. Saupoudrer de thym. Cuire à feu vif, pendant 2 minutes, en brassant sans arrêt. Saler et poivrer. Ajouter le bacon. Étendre la garniture de foie et de bacon entre deux tranches de pain de blé entier. Pour un repas à

la fois léger et complet, servir avec une salade. Donne 4 sandwiches.

SANDWICHES CHAUDS AU JAMBON ET AUX POMMES DE TERRE

moutarde
4 tranches de jambon cuit
8 tranches de pain de seigle
3 pommes de terre, cuites
1 petit oignon, haché finement
15 mL (1 c. à soupe) de beurre

☙ Badigeonner de moutarde les tranches de jambon. Répartir le jambon sur 4 tranches de pain de seigle. Couper les pommes de terre en petits morceaux. Mettre les pommes de terre et l'oignon sur le jambon. Recouvrir avec les autres tranches de pain.

☙ Dans un grand poêlon, faire fondre le beurre à feu doux et y

faire dorer les sandwiches, 2 minutes de chaque côté. Tourner une fois en cours de cuisson. Pour un repas léger, servir avec une salade de chou.

☙ On peut utiliser des pommes de terre et du jambon froids. Ils seront réchauffés pendant la cuisson du sandwich.

SANDWICH CHAUD AU BŒUF ET AUX LÉGUMES

500 g (1 lb) de bœuf haché
15 mL (1 c. à soupe) de beurre
1 oignon moyen, râpé
30 mL (2 c. à soupe) de farine
1 boîte de soupe aux légumes non diluée

☙ Mettre le bœuf haché dans un poêlon et faire cuire à feu vif jusqu'à ce que la viande perde sa teinte rosée. Ajouter le beurre et bien mélanger.

☙ Ajouter l'oignon et la farine.

Sandwiches au foie, bacon et champignons

[377]

Sandwiches aux œufs brouillés et au bacon

Bien mélanger et incorporer la soupe aux légumes. Cuire à feu moyen, en brassant souvent, de 3 à 4 minutes, ou jusqu'à ce que la préparation ait la consistance d'une sauce crémeuse.

🍂 Étendre la garniture au bœuf et aux légumes entre deux tranches de pain. Servir.

SANDWICHES AUX ŒUFS BROUILLÉS ET AU BACON

4 à 6 tranches de bacon
4 œufs
15 mL (1 c. à soupe) de persil
1 oignon vert, haché finement
sel et poivre
8 tranches de pain blanc

🍂 Mettre le bacon dans un poêlon froid. Cuire à feu doux jusqu'à ce qu'il soit doré et croustillant. Retirer du poêlon. Couper en morceaux.

🍂 Casser les œufs dans le gras du bacon. Ajouter le persil et l'oignon vert. Saler et poivrer. Brasser à la fourchette pour brouiller les œufs. Éviter de cuire trop longtemps, car les œufs pourraient durcir.

🍂 Répartir les œufs brouillés sur 4 tranches de pain blanc. Parsemer de quelques morceaux de bacon. Recouvrir avec les autres tranches de pain. Servir. On peut également faire dorer les sandwiches dans du beurre (voir *Sandwiches chauds au jambon et aux pommes de terre*, page précédente).

SANDWICH TROIS-TRANCHES

🍂 Faire griller trois tranches de pain pour chaque sandwich. Enlever les croûtes, si désiré.

🍂 Tartiner chaque tranche d'un seul côté avec du beurre, de la mayonnaise ou de la sauce chili.

🍂 Garnir la première tranche avec les ingrédients choisis dans la liste no 1. Recouvrir de la deuxième tranche de pain, côté beurré sur le dessus et garnir avec les ingrédients choisis dans la liste no 2. Recouvrir le tout de la troisième tranche de pain.

🍂 Insérer des cure-dents à deux des coins opposés du sandwich. Couper en deux ou en quatre triangles.

🍂 Servir avec des croustilles, des cœurs de céleri, des olives, des cornichons, etc.

BACON, TOMATE ET LAITUE
1. Tranches de bacon grillées.
2. Tranches de tomate et feuille de laitue.

FROMAGE, JAMBON, TOMATE ET LAITUE
1. Tranche mince de fromage, tranche de jambon.
2. Tranches de tomate, laitue.

FROMAGE, BACON, TOMATE ET LAITUE
1. Fromage suisse, bacon grillé.
2. Tranches de tomate, laitue.

POULET, BACON OU SALAMI, OIGNON, TOMATE
1. Tranche de poulet, bacon grillé ou tranche mince de salami.
2. Rondelles d'oignon et tranches de tomate.

POULET, BACON, TOMATE, LAITUE
1. Minces tranches de poulet ou salade de poulet, bacon grillé.
2. Tranches de tomate, laitue.

POULET, FROMAGE, ROTI DE PORC, LAITUE
1. Mince tranche de poulet, fromage suisse.
2. Minces tranches de rôti de porc, laitue.

HOMARD, TOMATE, ŒUF, LAITUE
1. Homard avec un peu de mayonnaise, tranches de tomate.
2. Œuf dur tranché, laitue.

JAMBON, FROMAGE, BACON, TOMATE, LAITUE
1. Mince tranche de jambon, fromage, au goût.
2. Bacon grillé, tranches de tomate, laitue.

THON, ŒUF, TOMATE, BACON, LAITUE
1. Thon en morceaux, tranches d'œuf dur.
2. Tranches de tomate, bacon grillé, laitue.

GARNITURE
AU BŒUF HACHÉ

250 g (½ lb) de bœuf haché
2 mL (½ c. à thé) de sel
0.5 mL (⅛ c. à thé) de poivre
30 mL (2 c. à soupe)
de cornichon à l'aneth haché
15 mL (1 c. à soupe) de persil haché
15 mL (1 c. à soupe) de céleri ou d'oignon coupé en dés
50 mL (¼ tasse) de mayonnaise ou de vinaigrette
5 petits pains, coupés en deux

🍂 Bien faire dorer le bœuf haché. Ajouter le sel et le poivre. Mélanger avec le cornichon, le persil, le céleri et la mayonnaise. Servir chaud ou froid dans les petits pains.

GARNITURE
AU JAMBON

30 mL (2 c. à soupe)
de mayonnaise
3 mL (¾ c. à thé) de moutarde
250 mL (1 tasse) de jambon cuit coupé en dés de 1 cm (½ po)

125 mL (½ tasse) de céleri coupé en dés
125 mL (½ tasse) de poivron vert coupé en dés

🍂 Mettre la mayonnaise et la moutarde dans le récipient du mélangeur. Couvrir et actionner l'appareil à vitesse maximum. Ajouter le reste des ingrédients, quelques morceaux à la fois, en soulevant le bouchon-mesure. Remettre le bouchon-mesure après chaque addition. Travailler rapidement. Cette opération dure environ 45 secondes.

GARNITURES
DE SANDWICHES
AU POISSON

🍂 Saumon, concombre, oignon et mayonnaise.
🍂 Homard ou crabe, poivron vert, céleri et mayonnaise.
🍂 Thon, pomme râpée, jus de citron et mayonnaise.

🍂 Restes de poisson, céleri, noix hachées et mayonnaise.
🍂 Saumon, fromage blanc et relish.

GARNITURES
DE SANDWICHES
AUX LÉGUMES

🍂 Chou haché, noix hachées, mayonnaise.
🍂 Chou haché, carotte râpée, oignon vert, mayonnaise.
🍂 Carotte râpée, céleri, sauce chili, mayonnaise.
🍂 Radis coupés en tranches minces, concombre, poivron vert, mayonnaise.

GARNITURES
DE SANDWICHES
À LA VIANDE

🍂 Saucisse de Bologne, salade de chou.

Sandwich trois-tranches

[379]

🍂 Poulet haché, pomme râpée, céleri, mayonnaise.

🍂 Poulet ou dinde, noix hachées, olives vertes, mayonnaise.

🍂 Rôti de bœuf haché, céleri, oignon, sauce chili, mayonnaise.

🍂 Jambon haché, fromage, cornichons, mayonnaise.

🍂 Veau haché, ciboulette, céleri, mayonnaise.

GARNITURES VARIÉES

🍂 Mélanger du fromage à la crème avec l'un ou l'autre des ingrédients suivants :

🍂 Bacon grillé et un peu de relish.

🍂 Oignons hachés et sauce chili.

🍂 Dattes hachées et arachides.

🍂 Poivron vert coupé en dés, olives et céleri.

🍂 Beurre d'arachide, zeste d'orange, moutarde, persil haché et un peu de jus d'orange.

🍂 Radis coupés en fines tranches.

🍂 Ciboulette hachée.

🍂 Carottes râpées et noix hachées.

🍂 Sardines et jus de citron.

🍂 Tartiner une tranche de pain de beurre d'arachide et recouvrir de l'un ou l'autre des ingrédients suivants :

🍂 Compote de pommes et dattes.

🍂 Fromage à la crème et pruneaux hachés.

🍂 Jambon et relish.

🍂 Tranches de porc et moutarde.

🍂 Mélanger des œufs durs avec l'un ou l'autre des ingrédients suivants :

🍂 Bacon grillé, ciboulette et mayonnaise.

🍂 Carottes crues râpées, olives noires et mayonnaise.

🍂 Poulet haché, céleri, oignons et mayonnaise.

🍂 Jambon, cornichons, moutarde et mayonnaise.

🍂 Saumon, céleri, relish et mayonnaise.

🍂 Mélanger du fromage râpé avec l'un ou l'autre des ingrédients suivants :

🍂 Jambon et sauce chili.

🍂 Bacon grillé et ketchup.

🍂 Jambon diablé et relish.

🍂 Fromage cottage et arachides hachées.

🍂 Fromage canadien fort et fromage à la crème.

🍂 Salami et olives.

SANDWICHES RUBAN

🍂 Utiliser du pain frais. Disposer côte à côte 3 tranches de pain de blé entier et 2 tranches de pain blanc, en les alternant. Garnir au goût. Utiliser une ou deux sortes de garniture. Empiler les tranches de pain garnies les unes sur les autres en pressant fermement. Enlever les croûtes à l'aide d'un couteau à pain. Mettre dans un plat, recouvrir d'un papier ciré et d'un linge humide.

🍂 Réfrigérer de 3 à 4 heures. Couper en tranches de 1 cm (½ po) d'épaisseur.

SANDWICHES EN DAMIERS

🍂 Déposer côte à côte 2 tranches de pain blanc et 2 tranches de pain de blé entier, en les alternant. Garnir au goût. Empiler les tranches de pain garnies les unes sur les autres en pressant fermement. Enlever les croûtes à l'aide d'un couteau à pain. Couper en 3 tranches. Beurrer chaque tranche. Empiler les unes sur les autres en alternant les couleurs. Mettre dans un plat, recouvrir d'un papier ciré et d'un linge humide.

Garnitures variées

Réfrigérer de 2 à 3 heures. À l'aide d'un couteau à pain, couper en tranches de 1 cm (½ po) d'épaisseur.

SANDWICHES ROULÉS

Utiliser un pain entier. Enlever la croûte, excepté celle du dessous. Placer la croûte du dessous sur le côté gauche. Couper le pain dans le sens de la longueur en tranches de 0,5 cm (⅛ à ¼ po) d'épaisseur. Réserver la croûte du dessous pour un usage ultérieur.

Aplatir chaque tranche au rouleau à pâtisserie, ceci empêche le pain de se briser.

Tartiner de beurre mou et garnir au goût. Si désiré, mettre, en guise de décoration, une branche de cresson, une asperge, un petit cornichon ou 3 olives à l'une des extrémités de la tranche. Commencer à rouler par cette extrémité. (Si vous ne décorez pas les sandwiches, vous pouvez commencer à rouler par une ou l'autre des extrémités.) Il est important de rouler également en serrant le plus possible.

Envelopper dans du papier ciré ou du papier d'aluminium. Placer les rouleaux côte à côte dans un plat. Couvrir et réfrigérer de 3 à 4 heures.

Couper chaque rouleau en tranches de 0,5 cm (¼ à ½ po) d'épaisseur ou laisser entier.

SANDWICHES MOSAÏQUES

Garnir au goût une rondelle de pain de blé entier et une rondelle

Croque-monsieur

de pain blanc. Découper une petite rondelle au centre de deux autres rondelles (1 rondelle de pain de blé entier et 1 de pain blanc). Recouvrir la rondelle de pain de blé entier garnie de la rondelle de pain blanc trouée. Déposer la petite rondelle de pain de blé entier dans l'ouverture. Répéter cette opération avec la rondelle de pain blanc garnie et la rondelle de pain de blé entier trouée.

SANDWICHES ENVELOPPÉS

Enlever les croûtes d'une tranche de pain. Beurrer et plier en triangle. Garnir de persil, de cresson ou de toute autre garniture de votre choix. Retenir les pointes ensemble à l'aide d'un cure-dents. Réfrigérer.

PAIN SANDWICH

Utiliser un pain entier. Enlever la croûte. Placer le pain sur le côté et le couper dans le sens de la longueur en 5 tranches de 1 cm (½ po) d'épaisseur, à l'aide d'un couteau à pain.

Préparer 4 garnitures. Utiliser l'une ou l'autre des garnitures suivantes : jambon, œufs, poulet, légumes ou fromage. Choisir des garnitures crémeuses et aux couleurs variées afin que le pain se tranche plus facilement et ait belle apparence.

Garnir, par exemple, la tranche du dessous d'un mélange de fromage. Recouvrir de la deuxième tranche et mettre un mélange de poulet ou de veau. Recouvrir de minces tranches de tomates et d'une mince couche de poulet, pour éviter que le pain ne devienne mouillé. Couvrir de la troisième tranche de pain et y étendre un mélange d'œufs et d'olives noires ou vertes. Mettre la quatrième tranche de pain par-dessus et la tartiner d'une garniture au jambon. Recouvrir de la cinquième tranche de pain. Il n'est pas nécessaire de beurrer les tranches de pain. Ne pas presser le pain afin d'éviter que les garnitures débordent. Glacer le pain de fromage à la crème.

🕭 Préparation de la glace au fromage à la crème : défaire en crème 375 à 500 g (12 à 16 oz) de fromage à la crème avec 75 mL (⅓ tasse) de crème jusqu'à ce que la préparation ait la consistance d'une crème fouettée assez épaisse. Étendre la glace sur le pain en commençant par les côtés. Terminer par le dessus. Réfrigérer de 4 à 6 heures.

🕭 Garnir de bouquets de cresson, de persil ou de ciboulette haché, ou encore de fines tranches de radis.

🕭 Couper à l'aide d'un couteau affûté. Utiliser une spatule pour servir. Un pain entier donne 10 tranches de 2,5 cm (1 po) d'épaisseur.

🕭 Pour préparer un pain sandwich tout à fait original, utiliser 2 tranches de pain blanc et 3 tranches de pain de blé entier (ou l'inverse). Choisir des garnitures dont les couleurs feront contraste avec le pain.

CROQUE-MONSIEUR

Le croque-monsieur est un sandwich de fantaisie au fromage grillé, très populaire dans les cafés de Paris.

2 tranches de pain français
beurre ramolli
1 tranche de jambon
2 tranches de tomate
ciboulette ou persil
1 tranche de fromage suisse
ou hollandais

🕭 Beurrer le pain. Mettre le jambon sur une des tranches de pain. Recouvrir des tranches de tomate. Saupoudrer de ciboulette et couvrir du fromage. Recouvrir de l'autre tranche de pain. Beurrer le dessus du sandwich. Déposer sur la grille du four. Faire dorer au four préalablement chauffé à 240°C (475°F) pendant environ 10 minutes.

SANDWICH FRANÇAIS

🕭 Dans un poêlon, faire chauffer 30 mL (2 c. à soupe) d'huile végétale et y ajouter 1 oignon haché, 1 poivron vert coupé en fines tranches et 1 gousse d'ail écrasée. Faire revenir le tout jusqu'à ce

que les ingrédients soient bien mélangés. Retirer le poêlon du feu. Ajouter 2 mL (½ c. thé) de sel, 1 mL (¼ c. à thé) d'estragon ou de basilic et 500 mL (2 tasses) de viande cuite, hachée (utiliser n'importe quel reste de viande). Poivrer au goût. Bien mélanger.

🕭 Couper un pain français dans le sens de la longueur en 3 tranches égales. Tartiner la tranche du dessous de moutarde de Dijon et étendre la garniture à la viande. Recouvrir de la deuxième tranche de pain et la tartiner de beurre ou de mayonnaise. Garnir de tranches de tomate ou de concombre (ou les deux). Beurrer la troisième tranche de pain et la déposer sur le dessus des tomates et des concombres. Déposer sur un plateau. Garnir d'oignons verts et de radis. Couper en tranches. Servir.

🕭 Pour servir ce sandwich chaud, l'envelopper dans une feuille de papier d'aluminium et le mettre au four à 190°C (375°F) pendant 20 minutes. Enlever le papier d'aluminium et servir. Faire des incisions dans le sandwich garni avant de le faire chauffer, il sera ainsi plus facile à trancher.

LÉGUMES

LES LÉGUMES

Les légumes frais sont des aliments essentiels à notre alimentation. Ils permettent de varier agréablement tous nos repas.

🐦 On peut les faire cuire de différentes façons : à la vapeur, à l'eau, sautés, frits, sans eau, bouillis, dans l'autocuiseur ou au four. Qu'ils soient nature, à l'anglaise, à la française, à l'italienne, à la grecque, à l'espagnole, aux fines herbes, etc., ils sont toujours délicieux. De plus, les légumes crus, râpés ou coupés en bâtonnets et arrosés de vinaigrette, constituent une excellente source de vitamines.

🐦 On a cependant tendance à cuire les légumes trop longtemps. Ils deviennent alors mous et perdent leurs vitamines, leur couleur et toute leur saveur. Les légumes cuits à la perfection doivent être colorés, croquants et dégager un arôme délicat. Ils sont alors plus savoureux et gagnent en valeur nutritive.

LÉGUMES CUITS À LA VAPEUR

Pour faire cuire les légumes à la vapeur, il est préférable d'utiliser une marmite à vapeur. Cet ustensile de cuisson ressemble à un bain-marie contenant un panier percé de trous. On peut aussi utiliser une marguerite placée au-dessus d'une casserole d'eau bouillante.

🐦 Placer les légumes à faire cuire dans un panier à vapeur ou une marguerite. Mettre de l'eau dans le fond d'une marmite à vapeur (ou d'une casserole). Placer le panier (ou la marguerite) juste au-dessus du niveau de l'eau.

Porter à forte ébullition. Couvrir et faire cuire à feu moyen.

🐦 Les légumes cuits à la vapeur cuisent aussi rapidement que s'ils étaient bouillis, tout en conservant leur saveur et leurs vitamines. D'ailleurs, beaucoup de diététistes et de médecins recommandent fortement ce mode de cuisson.

LÉGUMES SAUTÉS

Les légumes sautés sont cuits dans leur jus et une certaine quantité d'huile ou de beurre.

🐦 Pour faire sauter les légumes, faire fondre dans un poêlon 15 à 30 mL (1 à 2 c. à soupe) de beurre ou d'huile et y ajouter les légumes. Faire cuire à feu doux, en remuant, de manière à bien enrober les légumes du corps gras. Couvrir et poursuivre la cuisson à feu très doux.

🐦 Les légumes doivent être bien asséchés au moment de les faire sauter, afin que le corps gras adhère à leur surface. Le corps gras empêche les légumes de perdre leurs sucs.

🐦 Nettoyer, assécher et placer dans un bol les légumes comme les épinards, le chou et le céleri haché avant de les faire sauter. Verser ensuite le beurre fondu (ou l'huile chaude). Bien remuer pour enrober entièrement les légumes. Mettre le tout dans une casserole. Couvrir et faire cuire à feu doux.

🐦 Pour faire sauter des légumes entiers comme des oignons ou de grosses carottes, il faut ajouter 30 mL (2 c. à soupe) d'eau après les avoir enrobés du corps gras.

🐦 Les légumes sautés se préparent en un tournemain, ils font toujours des plats haut en couleur et conservent toute leur saveur naturelle. C'est une excellente méthode pour faire cuire les

légumes sans sel et une façon originale de servir les épinards.

LÉGUMES FRITS

Les légumes frits font toujours fureur à notre table. Toutefois, ce ne sont pas tous les légumes qui se prêtent à ce genre de cuisson. Les meilleurs légumes frits sont surtout les tubercules, comme les pommes de terre, les racines et les bulbes, comme les carottes et les oignons. Pour bien les réussir, il doivent être refroidis avant de les utiliser. La règle d'or pour faire frire les légumes consiste à les cuire en petites quantités et à feu moyen.

🐦 Tailler les légumes de la manière désirée et les réfrigérer. Remplir de graisse fondue ou d'huile d'arachide la moitié d'une casserole, ayant 8 cm (3 po) de profondeur. Lorsque la graisse est chaude, ajouter les légumes froids. Faire cuire de 3 à 5 minutes. Retirer du feu. Égoutter sur un papier essuie-tout.

LÉGUMES CUITS DANS L'AUTOCUISEUR

J'adore ce mode de cuisson, car les légumes cuisent en un rien de temps, entre 1 et 5 minutes. Comme les instructions sont toujours fournies avec chaque autocuiseur, il est inutile que je donne plus de précisions. Toutefois, il y a une chose sur laquelle j'aimerais insister, le temps de cuisson. Il est très important de le calculer avec précision. Il suffit de 30 secondes de trop pour que les légumes soient trop cuits. C'est pourquoi il faut refroidir l'autocuiseur dès que le temps de cuisson suggéré est écoulé. Si on laisse la pression tomber d'elle-même, les légumes seront trop cuits.

🐛 Les légumes ne touchent pas à l'eau puisqu'ils sont déposés sur une claie. L'eau utilisée s'enrichit de nombreux éléments nutritifs en cours de cuisson. On peut l'utiliser pour servir sur les légumes ou encore l'ajouter à nos soupes.

LÉGUMES CUITS SANS EAU

Pour la cuisson sans eau, il faut utiliser des ustensiles de cuisson en aluminium épais, en acier inoxydable ou en fonte émaillée. Tous les légumes frais contiennent de 70 à 90 % d'eau, ce qui est amplement suffisant pour les cuire, à condition que la chaleur soit bien contrôlée et que la vapeur ne s'échappe pas.

🐛 La casserole doit être munie d'un couvercle hermétique et conçue de manière à répandre la chaleur uniformément. Les légumes cuisent grâce à la vapeur qu'ils dégagent. Dans bien des cas, il n'est pas nécessaire d'ajouter d'eau. Par contre, lorsque les légumes ne sont pas fraîchement cueillis, comme en hiver, il est préférable d'ajouter 15 à 30 mL (1 à 2 c. à soupe) d'eau. Toujours ajouter l'eau quand la casserole commence à devenir chaude. Maintenir le feu très doux pendant toute la durée de la cuisson afin d'éviter que la vapeur ne s'échappe et que les légumes ne sèchent ou ne brûlent. Le temps de cuisson varie entre 20 et 35 minutes.

LÉGUMES BOUILLIS

Nettoyer et préparer les légumes. On peut les laisser entiers ou encore les couper en tranches, en julienne ou en dés.

🐛 Le temps de cuisson varie en fonction du type de légume et de la manière dont il a été coupé. Par exemple, il faut 10 minutes de cuisson pour une carotte moyenne, de 4 à 5 minutes, si elle est coupée en dés, 3 minutes, si elle est coupée en fines tranches et 1 minute, si elle est râpée.

🐛 Mettre de préférence les légumes dans une casserole en fonte émaillée ou en acier inoxydable. Ne jamais saler pendant la cuisson, car les légumes auraient tendance à durcir. Verser suffisamment d'eau bouillante pour les recouvrir, sans plus. Les légumes prendront alors une couleur vive. Faire cuire jusqu'à ce que les légumes soient tendres mais croquants.

🐛 Toujours égoutter les légumes bouillis dans un tamis pour enlever l'excédent d'eau.

LÉGUMES CUITS AU FOUR

Seuls certains légumes (tubercules et racines) peuvent être cuits au four. On peut les cuire entiers avec la pelure ou coupés en tranches et enveloppés dans du papier parchemin ou d'aluminium.

🐛 Pour les faire cuire entiers, mettre les légumes non pelés dans une casserole et les recouvrir d'eau bouillante. Faire cuire pendant 1 minute à feu vif. Égoutter dans un tamis. Mettre les légumes dans une lèchefrite et cuire au four à 180°C (350°F) de 30 à 50 minutes. Retirer du four et peler. Servir. Les betteraves et les oignons sont particulièrement délicieux cuits de cette façon.

🐛 Pour faire cuire des légumes dans du papier parchemin, tailler le papier de la grandeur désirée, le tremper dans de l'eau chaude et bien l'essorer. Mettre ensuite les légumes pelés sur le papier par- chemin essoré. Ajouter du beurre au goût. Attacher solidement avec une ficelle. Faire cuire au four à 180°C (350°F) de 30 à 50 minutes.

🐛 La cuisson au four économise temps et énergie. En effet, il est possible de préparer un repas complet au four. Par exemple, on peut faire cuire un rôti de bœuf en même temps que des pommes de terre et des oignons. Si votre four est trop petit pour contenir trois lèchefrites, vous pouvez envelopper les légumes dans un papier d'aluminium ou par- chemin et les déposer directe- ment sur la grille du four.

LÉGUMES GRILLÉS

La cuisson sur le gril est de plus en plus populaire surtout depuis que presque tout le monde pos- sède un barbecue. Mais il n'y a pas que le barbecue pour faire griller les légumes, le four convient également parfaitement. Voici comment procéder pour griller les légumes au four. À l'aide d'un pinceau, badigeonner les légumes d'huile. Déposer les légumes sur la grille du four, placée à environ 10 cm (4 po) de la source de chaleur. Faire griller pendant 4 minutes. Tourner les légumes et réduire la chaleur. Faire cuire de 20 à 30 minutes, ou jusqu'à ce que les légumes soient tendres.

🐛 Ce mode de cuisson est idéal pour faire cuire les betteraves non pelées, les pommes de terre de grosseur moyenne et les pommes de terre nouvelles.

🐛 La cuisson sur le gril évite la condensation de vapeur sur les légumes qui gardent alors toute leur saveur. Cette particularité en fait un des modes de cuisson les plus avantageux.

RATATOUILLE NIÇOISE

4 tomates moyennes
1 courgette moyenne
1 aubergine moyenne
2 poivrons verts
2 gros oignons
2 à 3 gousses d'ail
125 mL (½ tasse) d'huile d'olive
1 mL (¼ c. à thé) de thym
2 mL (½ c. à thé) de basilic
5 mL (1 c. à thé) de sucre
sel et poivre, au goût

❧ Ébouillanter les tomates, les peler et les couper en quatre. Éplucher la courgette et l'aubergine. Épépiner les poivrons et enlever les membranes molles. Couper la courgette, l'aubergine et les poivrons en tranches d'épaisseur moyenne. Trancher les oignons en rondelles. Hacher l'ail.

❧ Dans une casserole de fonte émaillée, faire chauffer l'huile et y faire frire les légumes à feu assez vif. Commencer par faire dorer légèrement les oignons et l'ail, puis l'aubergine. Ajouter les tomates et bien mélanger en écrasant le tout avec une cuiller de bois. Ajouter la courgette et les poivrons verts. Faire cuire pendant quelques minutes à feu vif, en brassant presque sans arrêt. Ajouter le reste des ingrédients.

❧ Couvrir et laisser mijoter la ratatouille à feu doux pendant 1 heure, en remuant de temps à autre.

❧ La ratatouille se sert chaude ou froide. Pour la servir froide, l'arroser avec le jus de ½ citron et 45 mL (3 c. à soupe) d'huile d'olive avant de la servir.

Ratatouille Niçoise

CUISSON DES LÉGUMES CONGELÉS

On n'apprécie pas toujours à leur juste valeur la qualité et la saveur des légumes congelés. Pourtant ils nous permettent de réaliser des économies, car ils sont souvent moins chers que les légumes frais. De plus, ils se préparent facilement. À vrai dire, il n'y a qu'une seule manière de les faire cuire et ce, quelle que soit la marque. Permettez-moi toutefois de vous donner un conseil : ne suivez pas à la lettre les instructions indiquées sur les boîtes ou les emballages. À mon avis, la méthode qui suit est plus facile et donne de meilleurs résultats.

❧ Ne jamais décongeler les légumes avant la cuisson. Déposer les légumes dans une casserole munie d'un couvercle. Ajouter suffisamment d'eau pour remplir la moitié de la casserole (peu importe que l'eau soit froide, tiède ou bouillante). Ne pas saler.

Couvrir la casserole et faire bouillir à feu vif de 5 à 8 minutes, ou jusqu'à ce que les légumes atteignent le degré de cuisson désiré. Il vous faudra faire un essai de chaque sorte de légumes pour qu'ils soient toujours cuits à votre goût.

❧ Il est préférable de défaire les épinards et le brocoli congelés avant de les faire cuire. Il faut les tourner après 4 minutes de cuisson.

❧ Pour vérifier le degré de cuisson des légumes, couper un petit morceau et goûter. Il n'est pas recommandé de piquer les légumes avec une fourchette pour savoir s'ils sont cuits. Bien souvent, lorsque la fourchette s'enfonce facilement, c'est que les légumes sont déjà trop cuits.

❧ Égoutter les légumes cuits. Servir. Garder l'eau de cuisson des légumes pour préparer des soupes, des sauces, etc.

PURÉE DE LÉGUMES

750 mL (3 tasses) de pommes
de terre coupées en dés
250 mL (1 tasse) de carottes
coupées en dés
1 pomme, pelée et coupée
en tranches
½ oignon, coupé en tranches
5 mL (1 c. à thé) de sel
1 pincée de poivre
1 ml (¼ c. à thé) de sarriette
125 mL (½ tasse) d'eau
30 mL (2 c. à soupe) de beurre
5 mL (1 c. à thé) de persil haché

❧ Parer les légumes. Mettre les pommes de terre, les carottes, la pomme, l'oignon, le sel, le poivre, la sarriette et l'eau dans l'autocuiseur.

❧ Bien fermer l'autocuiseur et placer le régulateur de pression. Faire cuire pendant 3 minutes. Passer l'autocuiseur sous l'eau froide. Égoutter les légumes et les réduire en purée. Ajouter le beurre et battre jusqu'à ce que la purée soit onctueuse. Garnir du persil.

L'ART DE PRÉPARER UNE SALADE

Utiliser de préférence un bol à salade en bois, en verre ou en terre cuite. Frotter le fond du bol avec une gousse d'ail.

❧ Laver des légumes verts, les égoutter, les couper en bouchées et les mettre dans le bol. Décorer de persil haché ou de ciboulette et de rondelles d'oignon.

❧ Choisir une vinaigrette ou une sauce à salade de votre goût, la remuer et la verser sur la salade. Mélanger délicatement à l'aide d'une fourchette et d'une cuiller, jusqu'à ce que les légumes soient bien enrobés de vinaigrette. Rectifier l'assaisonnement. Ajouter de la vinaigrette au besoin. Servir immédiatement.

SALADE DU JARDIN

laitue
jus de ½ citron
3 à 4 cuillerées de crème aigre
sel et poivre, au goût
2 œufs durs

❧ Laver suffisamment de laitue pour remplir un saladier de taille moyenne. Envelopper la laitue dans un linge et réfrigérer de 2 à 3 heures. Elle sera ainsi plus croustillante.

❧ Au moment de servir, mettre le jus de citron et la crème aigre dans le fond du saladier. Saler et poivrer. Mélanger et ajouter la laitue. Brasser délicatement. Couper les œufs en tranches et les disposer en cercle sur la salade. Servir immédiatement.

SALADE JARDINIÈRE

1 concombre, pelé
1 bouquet de radis
4 à 5 oignons verts
2 tomates, pelées
2 petites carottes, pelées
crème aigre
sel et poivre
1 laitue

❧ Couper le concombre en tranches très fines. Laver et couper les radis. Hacher les oignons verts. Couper les tomates en petits quartiers et râper les carottes.

❧ Mettre tous les légumes dans un grand bol à salade. Ajouter la crème aigre, au goût. Saler et poivrer. Bien mélanger. Disposer les feuilles de laitue sur le pourtour du bol.

SALADE PRINTANIÈRE

❧ Disposer sur un lit de laitue des asperges cuites, des haricots verts cuits, des radis coupés en fines tranches et des petits pois cuits (ou crus). Ajouter une vinaigrette et mélanger délicatement. Garnir de ciboulette. Décorer avec des œufs durs coupés en quartiers.

SALADE D'ÉTÉ

❧ Mélanger des tranches de tomates avec de fines tranches de concombres (pelés ou non). Ajouter des tranches de pommes de terre nouvelles cuites, un oignon d'Espagne défait en anneaux et un cœur de céleri coupé en dés. Arroser de votre vinaigrette préférée et mélanger. Disposer la salade sur un plat tapissé de feuilles d'épinards ou de laitue Boston. Garnir de feuilles de céleri hachées. Décorer de persil et de cresson.

SALADE D'AUTOMNE

❧ Mélanger séparément chacun des légumes suivants avec une vinaigrette : betteraves cuites coupées en dés, carottes crues râpées, pommes pelées coupées en fines tranches, poivrons verts coupés en anneaux, céleri coupé en dés. Disposer joliment chaque légume autour d'un nid de chou râpé. Garnir de persil haché et d'oignon. Décorer de fromage cheddar râpé finement.

SALADE D'HIVER

🍃 Mélanger des haricots de Lima cuits avec de l'huile et du jus de citron. Disposer en couronne. Remplir le centre de la couronne d'œufs durs (coupés en tranches et mélangés avec de la mayonnaise), de tomates (coupées en tranches et saupoudrées de basilic) et de pommes de terre cuites (coupées en tranches et arrosées de vinaigrette). Garnir d'olives hachées. Décorer de feuilles de laitue Iceberg et de mayonnaise.

SALADE ESPAGNOLE

2 gros oignons d'Espagne
1 pomme rouge non pelée,
hachée finement (ou râpée)
30 mL (2 c. à soupe) de vinaigre
de cidre
2 mL (½ c. à thé) de sel
1 laitue Iceberg
45 mL (3 c. à soupe) d'huile
d'olive

🍃 Mettre les oignons non pelés dans un moule à tarte. Faire cuire dans un four à 180°C (350°F) pendant 1 heure. Retirer du four. À l'aide de ciseaux, entailler la pelure sur un côté et la retirer. Laisser refroidir.

🍃 Dans un bol, mélanger la pomme avec le vinaigre et le sel. Défaire la laitue en feuilles. Laver et envelopper dans un linge. Réfrigérer jusqu'au moment de préparer la salade.

🍃 Au moment de servir, mettre la laitue dans un grand saladier, recouvrir avec les oignons coupés en gros morceaux. Ajouter l'huile d'olive et le mélange de pomme

et de vinaigre. Mélanger avec une cuiller et une fourchette. Rectifier l'assaisonnement. Servir.

SALADE CÉSAR

500 g (1 lb) de laitue romaine
2 gousses d'ail moyennes,
coupées en deux
5 mL (1 c. à thé) de sel
90 mL (6 c. à soupe) d'huile
30 mL (2 c. à soupe) de vinaigre
de vin
15 mL (1 c. à soupe) de jus
de citron frais
2 mL (½ c. à thé) de sauce
Worcestershire
5 mL (1 c. à thé) de moutarde
en poudre
2 mL (½ c. à thé) de sel
5 mL (1 c. à thé) de poivre noir
4 anchois, coupés en petits
morceaux ou 90 g (3 oz)
de fromage bleu
15 mL (1 c. à soupe) de fromage
parmesan
1 œuf cru
24 petits croûtons

🍃 Couper la laitue en bouchées et réfrigérer.

🍃 Mettre l'ail et le sel dans un grand bol à salade. Écraser avec une fourchette et frotter le fond du bol pendant environ 2 minutes. Jeter l'ail et le sel. (Si désiré, garder l'ail et le sel dans le bol. Dans ce cas, ne pas saler par la suite.)

🍃 Ajouter l'huile et battre à la fourchette pendant environ 1 minute ou jusqu'à ce qu'elle épaississe. Ajouter ensuite le vinaigre et le jus de citron. Battre jusqu'à ce que le tout soit bien mélangé. Ajouter la sauce Worcestershire, la moutarde, le sel, le poivre, les anchois, le parmesan et l'œuf. Battre jusqu'à ce que tous

les ingrédients soient bien mélangés.

🍃 Ajouter la laitue et mélanger délicatement à l'aide d'une fourchette et d'une cuiller, jusqu'à ce que la laitue soit bien enrobée de vinaigrette. Ajouter les croûtons. Mélanger délicatement afin d'éviter que les croûtons ne deviennent mouillés. Servir immédiatement dans des bols individuels.

SALADE D'AVOCAT

Servie dans un bol de cristal et garnie de quelques capucines, cette salade fera sensation. Pour que les légumes soient frais et croustillants, il faut les laver, les couper et les réfrigérer avant de les utiliser.

1 gros avocat
jus d'une limette ou de ½ citron
1 laitue Boston
1 laitue romaine
ou 1 laitue Iceberg
3 oignons verts
75 mL (⅓ tasse) de crème à 10 %
30 mL (2 c. à soupe) de jus
de limette ou de citron frais
15 mL (1 c. à soupe)
de ciboulette hachée finement
1 mL (¼ c. à thé) de sel
1 pincée de poivre
1 pincée de sucre

🍃 Peler l'avocat et le frotter avec le jus de limette. Envelopper dans une pellicule de plastique et réfrigérer. Laver et essorer les laitues. Placer un essuie-tout ou un linge dans le fond d'un sac de plastique et y mettre les laitues. Réfrigérer. Hacher les oignons verts et les envelopper dans du papier d'aluminium. Réfrigérer.

🍃 Mettre la crème, le jus de limette frais, la ciboulette, le sel, le poivre et le sucre dans une bouteille. Agiter pour bien mélanger. Réfrigérer (la vinaigrette épaissira). Bien agiter avant d'utiliser.

☙ Mettre les laitues dans un bol à salade et ajouter les oignons verts. Couper l'avocat en deux puis en tranches. Déposer les tranches d'avocat sur les laitues. Verser la vinaigrette sur la salade. Mélanger au moment de servir.

SALADE CHIFFONNADE

2 œufs durs
2 betteraves, cuites
3 brins de persil
vinaigrette
laitue

☙ Hacher les œufs durs. Peler et râper les betteraves. Hacher le persil.

☙ Mélanger les œufs, les betteraves et le persil avec la vinaigrette de votre choix.

☙ Laver la laitue, bien l'assécher et la mettre dans un saladier. Déposer le mélange d'œufs et de betteraves sur la laitue. Brasser et servir.

LES ENDIVES

PRÉPARATION

Couper le pied de chaque endive. Enlever les feuilles qui sont flétries. Ne pas tremper les endives dans l'eau, car elles deviennent alors plus amères. Passer les endives sous l'eau froide et assécher. Ne laver que les premières feuilles.

☙ Les endives se conservent de 4 à 5 jours au réfrigérateur, sans qu'il soit nécessaire de les

envelopper. Elles sont aussi délicieuses en salade que cuites.

MÉTHODE DE CUISSON TYPE
Cuisson à l'étuvée. Laver les endives et les mettre dans une casserole. Ajouter 1 mL (¼ c. à thé) de sucre et une pincée de poivre par 500 g (1 lb) d'endives. Verser 125 mL (½ tasse) d'eau froide. Déposer quelques noisettes de beurre (5 mL ou 1 c. à thé) sur le tout. Ajouter le jus d'un demi-citron. Recouvrir les endives (et non la casserole) d'un morceau de papier d'aluminium. Porter à ébullition. Mettre ensuite au four à 180°C (350°F) pendant 30 minutes. Servir.

ENDIVES À LA CRÈME

500 g (1 lb) d'endives
30 mL (2 c. à soupe) de farine
15 mL (1 c. à soupe) de beurre mou
125 mL (½ tasse) de crème

1 pincée de muscade
sel et poivre

☙ Faire cuire les endives à l'étuvée (voir *Méthode de cuisson type*, ci-contre). Égoutter et réserver le jus de cuisson.

☙ Mélanger la farine avec le beurre puis ajouter le jus de cuisson et la crème. Faire cuire jusqu'à ce que le mélange soit lisse et crémeux. Ajouter la muscade. Saler et poivrer. Rectifier l'assaisonnement. Napper les endives de cette sauce. Servir.

SALADE D'ENDIVES

☙ Laver et défaire les endives en feuilles, ou couper les endives en quatre dans le sens de la longueur puis en morceaux de 2,5 cm (1 po) de longueur. Arroser de votre vinaigrette préférée. Servir.

☙ Si désiré, garnir de crevettes, d'avocats ou de noisettes hachées finement.

Endives à la crème

ENDIVES MEUNIÈRE

500 g (1 lb) d'endives
250 mL (1 tasse) d'eau
ou de consommé
1 mL (¼ c. à thé) de sucre
1 pincée de poivre
45 mL (3 c. à soupe) de beurre
sel, au goût

🍃 Mettre les endives, l'eau, le sucre et le poivre dans une casserole. Porter à ébullition. Couvrir et laisser mijoter de 15 à 20 minutes, selon la grosseur des endives. Égoutter et étendre sur un linge pour bien assécher.

🍃 Dans un poêlon, faire fondre le beurre jusqu'à ce qu'il soit de couleur noisette foncée. Y faire dorer les endives côte à côte, à feu moyen. Tourner une fois en cours de cuisson. Saler au goût. Servir.

LES ÉPINARDS

PRÉPARATION
Enlever les tiges qui sont trop grosses. Rincer les épinards une fois à l'eau tiède et deux fois à l'eau froide pour enlever le sable. Envelopper dans un linge et réfrigérer. Les épinards resteront frais pendant plusieurs jours.

MÉTHODE DE CUISSON TYPE
Mettre des épinards dans une casserole et ajouter 15 mL (1 c. à soupe) de beurre. Ne pas mettre d'eau. Couvrir et faire cuire à feu vif pendant 3 minutes. Retourner les épinards et poursuivre la cuisson pendant 2 minutes. Égoutter. Conserver le jus de cuisson pour la préparation de soupes ou de sauces. Lorsque les épinards sont bien égouttés, les remettre dans la casserole et les assaisonner au

goût. Faire chauffer pendant quelques minutes. Servir.

SALADE D'ÉPINARDS

500 g (1 lb) d'épinards bien frais
5 mL (1 c. à thé) d'oignon haché finement
4 ou 5 tranches de bacon
60 mL (4 c. à soupe)
de vinaigrette (au choix)

🍃 Enlever les tiges des épinards. Rincer les feuilles plusieurs fois à l'eau. Bien assécher dans un linge et mettre dans un saladier. Ajouter l'oignon.

🍃 Faire frire le bacon à feu doux. Égoutter sur un essuie-tout et laisser refroidir. Couper en petits morceaux et ajouter aux épinards. Réserver 45 mL (3 c. à soupe) du gras de bacon.

🍃 Faire chauffer le gras de bacon avec la vinaigrette. Ajouter aux épinards. Mélanger et servir immédiatement.

ÉPINARDS À LA CRÈME

🍃 Faire cuire 500 g (1 lb) d'épinards selon la *Méthode de cuisson type* (voir ci-dessus). Ne pas égoutter. Saupoudrer 15 mL (1 c. à soupe) de farine sur les épinards. Ajouter 15 mL (1 c. à soupe) de beurre et 30 mL (2 c. à soupe) de crème. Brasser le tout à feu moyen jusqu'à ce que la préparation ait une consistance crémeuse.

ÉPINARDS AU GRATIN

900 g (2 lb) d'épinards
250 mL (1 tasse) de dés de pain
15 mL (1 c. à soupe) de beurre

SAUCE
30 mL (2 c. à soupe) de beurre
30 mL (2 c. à soupe) de farine
2 mL (½ c. à thé) de sel
250 mL (1 tasse) de lait
2 mL (½ c. à thé) de moutarde en poudre
75 mL (5 c. à soupe) de fromage râpé
45 mL (3 c. à soupe) de crème

🍃 Laver et faire cuire les épinards selon la *Méthode de cuisson type* (voir ci-dessus). Égoutter. Faire dorer les dés de pain dans le beurre et les mélanger avec les épinards. Mettre dans un plat.

🍃 Pour préparer la sauce, faire fondre le beurre dans une casserole et y ajouter la farine et le sel, en brassant. Ajouter le lait d'un seul coup. Remuer jusqu'à ce que le mélange soit lisse et onctueux. Incorporer la moutarde en poudre, le fromage râpé et la crème. Faire mijoter pendant 5 minutes à feu doux, en brassant souvent.

🍃 Verser cette sauce sur les épinards. Faire cuire dans un four chauffé à 240°C (475°F) pendant 10 minutes.

PAIN AUX ÉPINARDS

500 g (1 lb) d'épinards frais
ou 1 boîte d'épinards congelés
50 mL (¼ tasse) de beurre mou
4 jaunes d'œufs
45 mL (3 c. à soupe) de persil haché finement
3 tranches de pain
4 blancs d'œufs
125 mL (½ tasse) de crème aigre
sel et poivre, au goût
5 mL (1 c. à thé) de cari
250 mL (1 tasse) de chapelure

🍂 Faire cuire les épinards, les égoutter et les hacher très finement.

🍂 Battre le beurre avec les jaunes d'œufs. Mélanger avec les épinards et le persil.

🍂 Faire tremper les tranches de pain dans un peu de lait (ne pas enlever les croûtes). Triturer le pain pour en faire une bouillie épaisse. Ajouter au mélange d'épinards. Bien brasser.

🍂 Battre les blancs d'œufs en neige et les incorporer aux épinards. Ajouter le reste des ingrédients. Réserver 15 mL (1 c. à soupe) de chapelure.

🍂 Beurrer un moule et y saupoudrer la chapelure réservée. Verser la préparation aux épinards dans le moule. Mettre le moule dans une casserole d'eau bouillante (le niveau de l'eau ne doit pas dépassé la moitié du moule). Couvrir la casserole et cuire à la vapeur à feu doux de 50 à 60 minutes, ou jusqu'à ce que le pain soit ferme.

🍂 Démouler le pain sur un plat de service chaud. Chauffer 15 mL (1 c. à soupe) de beurre et 15 mL (1 c. à soupe) de jus de citron. Verser sur le pain. Ce pain est également délicieux froid, servi avec une salade et de la mayonnaise.

Épinards mousseline

ÉPINARDS À LA CRÈME AIGRE

1 paquet d'épinards congelés, hachés
15 mL (1 c. à soupe) de beurre
10 mL (2 c. à thé) de farine
125 mL (½ tasse) de crème aigre
2 mL (½ c. à thé) de sel
2 mL (½ c. à thé) de poivre
1 mL (¼ c. à thé) de sel de céleri

2 mL (½ c. à thé) de muscade
5 mL (1 c. à thé) de jus de citron
1 œuf dur, coupé en tranches

🍂 Cuire les épinards selon le mode de cuisson indiqué sur l'emballage. Égoutter.

🍂 Faire fondre le beurre dans la casserole utilisée pour la cuisson des épinards. Ajouter la farine et mélanger. Ajouter la crème aigre, le sel, le poivre, le sel de céleri, la muscade, le jus de citron et les épinards. Cuire à feu doux pendant 5 minutes, ou jusqu'à ce que le mélange épaississe légèrement. Rectifier l'assaisonnement. Garnir des tranches d'œuf.

ÉPINARDS MOUSSELINE

250 mL (1 tasse) de crème à 35 %
125 mL (½ tasse) de fromage râpé

750 mL (3 tasses) d'épinards cuits
2 mL (½ c. à thé) de sel
1 mL (¼ c. à thé) de poivre
1 pincée de muscade

🍂 Fouetter la crème et y incorporer le fromage. Battre ce mélange avec les épinards cuits. Ajouter le sel, le poivre et la muscade.

🍂 Beurrer un moule à tarte et y verser le mélange de crème et d'épinards. Si désiré, saupoudrer un peu de fromage. Faire cuire au four à 190°C (375°F) jusqu'à ce que le dessus de la préparation soit doré.

L'OSEILLE

PRÉPARATION
L'oseille ressemble aux épinards et se nettoie de la même manière. On l'emploie rarement seule, car elle est très acidulée. Tout comme

le citron, l'oseille rehausse agréablement la saveur des plats. Ajoutez-en une bonne poignée aux épinards, ils n'en seront que plus délicieux. On peut aussi en faire bouillir quelques feuilles avec des pommes de terre qu'on mettra ensuite en purée. On l'utilise aussi pour aromatiser les salades et les potages. En somme, l'oseille, au même titre que le citron, a sa place en cuisine.

MÉTHODE DE CUISSON TYPE

Faire cuire l'oseille selon la méthode de cuisson suggérée pour les épinards (voir *Méthode de cuisson type*, page 390).

UTILISATIONS

☙ En omelette : mélanger 60 mL (4 c. à soupe) de purée d'oseille avec 4 œufs, du sel et du poivre et 15 mL (1 c. à soupe) de lait ou de crème. Bien mélanger et faire cuire comme une omelette ordinaire.

☙ Avec la purée de pommes de terre : ajouter 125 à 250 mL (½ à 1 tasse) de purée d'oseille à 1 L (4 tasses) de purée de pommes de terre.

☙ Dans la soupe aux légumes: ajouter 250 mL (1 tasse) de purée d'oseille à la soupe aux légumes, 20 minutes avant la fin de la cuisson.

Salade DE PISSENLITS DE MA GRAND-MÈRE

6 tranches de lard salé
ou 6 tranches de bacon
1 petit oignon, haché finement
45 à 60 mL (3 à 4 c. à soupe)
de vinaigre de cidre

1 grand bol de pissenlits nettoyés
sel et poivre, au goût

☙ Dans un poêlon de fonte émaillé, faire frire le lard salé à feu doux jusqu'à ce qu'il soit doré et croustillant. Égoutter sur un essuie-tout. La recette de ma grand-mère se fait avec du lard salé, mais on peut toujours utiliser du bacon.

☙ Ajouter l'oignon et le vinaigre dans le gras du poêlon. Porter à ébullition. Retirer du feu et laisser reposer 1 minute. Verser sur les pissenlits. Saler et poivrer. Ajouter les tranches de lard. Bien mélanger et servir immédiatement.

LES CROSSES DE FOUGÈRES

Les crosses de fougères sont des jeunes pousses de fougères que l'on cueille au début du printemps. Elles ressemblent à des têtes de violon.

☙ Pendant longtemps dans les Maritimes, les crosses de fougères étaient les premiers légumes frais de l'année qu'on pouvait déguster. Bien qu'elles soient difficiles à nettoyer, elles sont délicieuses. Leur goût s'apparente à la fois aux épinards et aux asperges. On peut les acheter fraîches, congelées ou en conserve. Pour ma part, j'aime bien les cueillir au début de chaque printemps à ma ferme.

☙ Laver les crosses de fougères 3 ou 4 fois et les mettre dans une casserole. Cuire à feu moyen, à couvert, de 10 à 15 minutes dans un peu d'eau. Les jeunes crosses de fougères plus tendres peuvent cuire en 5 minutes. Il faudra donc

les surveiller de près, car elles ne doivent pas cuire trop longtemps. Au moment de servir, saler et poivrer. Ajouter quelques noisettes de beurre et un trait de vinaigre.

LE CHOU

PRÉPARATION

Avant de faire cuire le chou vert ou rouge, on doit le faire tremper pendant 20 minutes dans de l'eau froide additionnée de 15 mL (1 c. à soupe) de gros sel. Mettre le chou, tête vers le bas, dans un bol. Enlever les feuilles fanées.

☙ Pour faire cuire le chou entier, faire de 6 à 8 incisions dans le cœur du chou, afin qu'il cuise en même temps que les feuilles. On peut aussi couper le chou en 4 ou 8 quartiers, sans enlever le cœur. Pour une cuisson rapide, hacher grossièrement le chou et râper le cœur.

MÉTHODE DE CUISSON TYPE

Porter à ébullition 1,5 L (6 tasses) d'eau et 2 mL (½ c. à thé) de sucre. Mettre le chou râpé dans l'eau bouillante. Couvrir et faire cuire à feu très vif de 3 à 5 minutes au plus. Le chou cuit de cette façon restera vert et savoureux et ne dégagera aucune odeur.

☙ Faire cuire le chou entier de 15 à 35 minutes.

Salade AUX DEUX TONS

750 mL (3 tasses) de chou vert
haché finement
750 mL (3 tasses) de chou rouge
haché finement
1 petit oignon, haché finement

1 pomme rouge non pelée
1 pincée d'anis
1 pincée de poivre
125 mL (½ tasse) de vinaigrette
(au choix)

🍃 Dans un grand saladier, mélanger le chou rouge et le chou vert. Ajouter l'oignon et la pomme coupée en demi-lunes très minces. Saupoudrer d'anis et de poivre. Réfrigérer jusqu'au moment de servir.

🍃 Ajouter la vinaigrette et bien brasser. Réfrigérer 20 minutes avant de servir la salade.

SALADE DE CHOU AUX POMMES

SALADE
1 chou moyen
2 à 4 pommes bien rouges non pelées
125 mL (½ tasse) de feuilles de céleri hachées finement

VINAIGRETTE
125 mL (½ tasse) d'huile d'olive
50 mL (¼ tasse) de vinaigre de cidre
½ gousse d'ail, écrasée ou 1 petit oignon, haché finement
5 mL (1 c. à thé) de sel
2 mL (½ c. à thé) de poivre

🍃 Hacher le chou très fin, le placer dans un bol d'eau glacée et le laisser tremper pendant 1 heure au réfrigérateur. Égoutter et éponger avec un linge pour bien assécher.

🍃 Ajouter les pommes coupées en tranches minces et les feuilles de céleri.

🍃 Pour préparer la vinaigrette, battre l'huile avec le vinaigre, l'ail, le sel et le poivre. Ajouter 125 mL (½ tasse) de cette vinaigrette à la salade. Bien mélanger. Rectifier l'assaisonnement. Préparer la salade 30 minutes avant de servir.

SALADE DE CHOU À L'ALLEMANDE

1 petit chou, haché finement
1 oignon, haché finement
4 jaunes d'œufs
2 mL (½ c. à thé) de moutarde en poudre
15 mL (1 c. à soupe) de sucre
15 mL (1 c. à soupe) de farine
15 mL (1 c. à soupe) de beurre, fondu
175 mL (¾ tasse) de vinaigre de cidre
250 mL (1 tasse) de crème à 35 %
sel et poivre, au goût
50 mL (¼ tasse) d'huile d'olive

🍃 Dans un bol, mélanger le chou et l'oignon.

🍃 Dans la partie supérieure d'un bain-marie, mélanger les jaunes d'œufs, la moutarde, le sucre, la farine et le beurre fondu. Battre au batteur à main jusqu'à ce que tous les ingrédients soient bien mélangés. Ajouter le vinaigre et la crème. Saler et poivrer. Battre pendant quelques minutes.

🍃 Cuire au-dessus d'une eau frémissante, en brassant sans arrêt, jusqu'à ce que le mélange épaississe. Retirer du feu. Ajouter l'huile en battant. Rectifier l'assaisonnement.

🍃 Verser la sauce chaude sur le chou. Bien mélanger et servir.

SALADE DE CHOU À LA CRÈME AIGRE

750 mL (3 tasses) de chou haché
1 petit oignon, haché finement
2 mL (½ c. à thé) de sel
15 mL (1 c. à soupe) de sucre
15 mL (1 c. à soupe) de vinaigre
1 mL (¼ c. à thé) de sel
1 mL (¼ c. à thé) de poivre
125 mL (½ tasse) de crème aigre

Salade de chou à la crème aigre

[393]

Choux aigre-doux

&❧ Dans un bol, mélanger le chou, l'oignon et le sel.

&❧ Mélanger le reste des ingrédients et ajouter au chou. Bien brasser le tout. Rectifier l'assaisonnement. Réfrigérer 20 minutes avant de servir.

SALADE DE CHOU À L'ANCIENNE

1 L (4 tasses) de chou haché finement
250 mL (1 tasse) de crème aigre
50 mL (¼ tasse) de vinaigre de cidre
30 mL (2 c. à soupe) de miel clair
2 mL (½ c. à thé) de sel
10 mL (2 c. à thé) de sel de céleri

&❧ Recouvrir le chou de glaçons ou d'eau bien froide. Réfrigérer pendant 1 heure. Égoutter et envelopper dans un linge. Réfrigérer jusqu'au moment de servir.

&❧ Battre la crème aigre jusqu'à ce qu'elle épaississe. Sans cesser de battre, ajouter lentement le vinaigre puis le miel, le sel et le sel de céleri. Verser sur le chou. Bien mélanger et servir.

SALADE DE CHOU

1 petit chou vert ou rouge
250 mL (1 tasse) de crème aigre
30 mL (2 c. à soupe) de miel
5 mL (1 c. à thé) de vinaigre
3 mL (¾ c. à thé) de sel
7 mL (1½ c. à thé) de sel de céleri
1 pincée de poivre
1 petit oignon, haché finement

&❧ Hacher le chou et l'envelopper dans un linge mouillé. Réfrigérer de 4 à 6 heures.

&❧ Mélanger la crème aigre, le miel, le vinaigre, le sel, le sel de céleri, le poivre et l'oignon. Brasser vigoureusement. Verser sur le

chou refroidi. Bien remuer. Si désiré, garnir d'œufs durs ou de lanières de poivron vert. Servir.

CHOU CRÉMEUX

175 mL (¾ tasse) de crème à 35 %
15 mL (1 c. à soupe) de beurre
15 mL (1 c. à soupe) de persil haché finement
1 oignon, râpé
2 clous de girofle
1,2 L (5 tasses) de chou haché finement
sel et poivre, au goût

&❧ Mettre la crème, le beurre, le persil, l'oignon et les clous de girofle dans une casserole. Porter à ébullition.

&❧ Ajouter le chou. Bien mélanger. Couvrir et faire cuire à feu doux pendant 35 minutes. Saler et poivrer. Servir.

CHOU VERT À LA GASCONNE

125 mL (½ tasse) de lard salé coupé en dés
1 chou moyen, coupé en tranches
4 pommes non pelées, coupées en tranches
2 mL (½ c. à thé) de sel
15 mL (1 c. à soupe) de jus de citron ou de vinaigre
30 mL (2 c. à soupe) de cassonade
2 clous de girofle

&❧ Faire dorer le lard salé dans un poêlon. Ajouter le reste des ingrédients. Couvrir et laisser mijoter à feu doux pendant 20 minutes, en brassant 3 ou 4 fois en cours de cuisson. Le chou deviendra légèrement doré là où il est en contact avec le fond du poêlon.

CHOU DE MA GRAND-MÈRE

1 L (4 tasses) de chou haché
finement
50 mL (¼ tasse) de beurre
125 mL (½ tasse) de farine
750 mL (3 tasses) de lait
5 mL (1 c. à thé) de sel
1 mL (¼ c. à thé) de poivre
50 mL (¼ tasse) de chapelure
30 mL (2 c. à soupe) de beurre,
fondu

🍃 Mettre le chou haché dans un plat beurré.

🍃 Préparer une sauce blanche en mélangeant le beurre et la farine. Ajouter le lait et brasser jusqu'à ce que la sauce soit assez épaisse. Ajouter le sel et le poivre. Verser la sauce chaude sur le chou cru. Bien mélanger.

🍃 Mélanger la chapelure avec le beurre fondu. Saupoudrer sur le chou. Faire cuire dans un four chauffé à 200°C (400°F) pendant 20 minutes.

🍃 Pour bien réussir ce plat, il est important de mettre le chou dans un four préalablement chauffé et de ne pas dépasser le temps de cuisson requis (20 à 25 minutes maximum). On doit également le servir dès qu'il est prêt. Le chou reste alors bien vert, légèrement croquant et très crémeux. Trop cuit, il tournerait en eau.

CHOU À LA MODE HOLLANDAISE

15 mL (1 c. à soupe) de beurre
15 mL (1 c. à soupe) de farine
125 mL (½ tasse) d'eau
ou de consommé
15 mL (1 c. à soupe) de cassonade
2 mL (½ c. à thé) de sel
½ chou moyen, haché finement
45 mL (3 c. à soupe) de vinaigre
de cidre
1 jaune d'œuf, battu

🍃 Faire fondre le beurre jusqu'à ce qu'il soit de couleur noisette. Ajouter la farine et bien mélanger. Ajouter l'eau et cuire jusqu'à ce que le mélange soit crémeux. Incorporer la cassonade, le sel et le chou. Bien mélanger. Couvrir et laisser mijoter à feu moyen pendant 20 minutes.

🍃 Retirer la casserole du feu lorsque le chou est cuit. Mélanger le vinaigre avec le jaune d'œuf. Ajouter au chou en brassant vigoureusement. Verser la préparation dans un plat et laisser reposer pendant 1 heure. Servir. Le chou se sert tiède. Il est délicieux avec du gibier, du porc et des saucisses.

CHOU À LA GRECQUE

1 petit chou
50 mL (¼ tasse) de raisins
de Corinthe
50 mL (¼ tasse) d'huile d'olive
sel, poivre et muscade
zeste de ½ citron

🍃 Hacher le chou et y ajouter les raisins de Corinthe.

🍃 Dans une casserole, faire chauffer l'huile et y ajouter le chou et les raisins. Bien mélanger. Couvrir et laisser mijoter à feu doux pendant 5 minutes.

🍃 Saler, poivrer et assaisonner de muscade. Ajouter le zeste de citron. Bien brasser le tout. Couvrir et cuire à feu doux de 5 à 6 minutes, ou jusqu'à ce que le chou soit tendre. Servir.

CHOU AIGRE-DOUX

1 L (4 tasses) de chou rouge
ou vert haché finement
500 mL (2 tasses) de pommes
non pelées et coupées en fines
tranches
50 mL (¼ tasse) de vinaigre
de cidre
50 mL (¼ tasse) d'eau
125 mL (½ tasse) de cassonade
6 clous de girofle
5 mL (1 c. à thé) de sel
45 mL (3 c. à soupe) de beurre

🍃 Mettre le chou, les pommes, le vinaigre, l'eau, la cassonade, les clous de girofle et le sel dans une casserole. Couvrir et faire cuire à feu doux pendant 40 minutes. Brasser plusieurs fois en cours de cuisson.

🍃 Si nécessaire, faire bouillir à feu vif, à découvert, pendant quelques minutes pour réduire le liquide. Ajouter le beurre et brasser jusqu'à ce qu'il soit fondu. Servir.

CHOU BRAISÉ

1 chou moyen
6 tranches minces de lard salé gras
3 carottes, pelées et coupées
en rondelles
1 oignon, haché finement
1 pincée de thym
1 feuille de laurier
1 mL (¼ c. à thé) de poivre
et de sel
250 mL (1 tasse) de consommé
chaud

🍃 Couper le chou en 8 quartiers. Tapisser un plat des tranches de lard salé et y déposer les quartiers de chou.

Disposer les carottes, l'oignon, le thym et le laurier sur le chou et tout autour. Ajouter le sel et le poivre. Verser le consommé sur le tout. Couvrir et faire mijoter pendant 2 heures à feu doux. Servir avec du gibier, du chevreuil ou du porc.

CHOU À LA CRÈME AIGRE

1 chou moyen
1 oignon, haché finement
30 mL (2 c. à soupe) de beurre
15 mL (1 c. à soupe) de farine
10 mL (2 c. à thé) de vinaigre de cidre
250 mL (1 tasse) de crème aigre
5 mL (1 c. à thé) de sel
2 mL (½ c. à thé) de sucre
poivre, au goût

Couper le chou en 4 morceaux. Faire cuire selon la *Méthode de cuisson type* (voir page 392). Bien égoutter. Mettre dans un légumier.

Préparer la sauce pendant que le chou cuit. Faire dorer l'oignon dans le beurre. Ajouter la farine et mélanger. Incorporer le vinaigre et la crème aigre. Cuire, en brassant sans arrêt, jusqu'à ce que la sauce soit crémeuse. Ajouter le sel et le sucre. Poivrer. Laisser mijoter pendant quelques minutes. Verser sur le chou chaud. Servir.

CHOU FARCI AUX CHAMPIGNONS

1 petit chou
45 mL (3 c. à soupe) d'huile végétale
1 gros oignon, haché finement
250 g (½ lb) de champignons, coupés en fines tranches
125 mL (½ tasse) de riz non cuit
250 mL (1 tasse) d'eau bouillante
7 mL (1½ c. à thé) de sel
1 mL (¼ c. à thé) de basilic
250 mL (1 tasse) de sauce aux tomates

Enlever le cœur du chou. Mettre le chou dans un bol et le recouvrir d'eau bouillante. Laisser reposer pendant 20 minutes. Retirer 16 feuilles du chou.

Faire chauffer 15 mL (1 c. à soupe) d'huile et y faire dorer l'oignon. Ajouter les champignons et cuire à feu vif pendant 2 minutes en brassant. Retirer l'oignon et les champignons. Ajouter le reste de l'huile et le riz dans le poêlon. Faire cuire à feu moyen jusqu'à ce que le riz commence à dorer. Ajouter l'eau bouillante. Couvrir et laisser mijoter à feu doux pendant environ 12 à 14 minutes, ou jusqu'à ce que le riz soit tendre et l'eau absorbée. Ajouter l'oignon, les champignons, le sel et le basilic.

Farcir chaque feuille de chou du mélange de riz et de champignons. Former de petits rouleaux.

Hacher le reste du chou et le mettre dans le fond d'une casserole. Disposer les rouleaux farcis sur le chou. Verser la sauce aux tomates sur le tout. Couvrir et cuire au four à 180°C (350°F) pendant 1 heure. Retirer le couvercle pendant les 15 dernières minutes de cuisson.

LE CHOU ROUGE

La préparation et la cuisson du chou rouge sont identiques à celles du chou vert (voir *Le chou*, page 392).

CHOU ROUGE AUX ÉPICES

1 chou rouge, haché finement
1,5 L (6 tasses) d'eau bouillante
45 mL (3 c. à soupe) d'épices pour marinade
60 mL (4 c. à soupe) de cassonade
60 mL (4 c. à soupe) de vinaigre
45 mL (3 c. à soupe) de beurre
sel et poivre, au goût

Mettre le chou rouge dans l'eau bouillante. Envelopper les épices pour marinade dans un morceau de toile à fromage. Bien attacher. Ajouter au chou. Faire bouillir à feu vif de 8 à 10 minutes, ou jusqu'à ce que le chou soit tendre. Bien égoutter dans un tamis. Retirer les épices pour marinade.

Mettre la cassonade, le vinaigre et le beurre dans une casserole. Cuire à feu doux jusqu'à ce que le beurre soit fondu. Ajouter le chou et brasser. Saler et poivrer. Servir.

CHOU ROUGE À LA FLAMANDE

1 chou rouge moyen
30 mL (2 c. à soupe) de beurre
1 gros oignon, râpé
2 pommes, pelées et coupées en tranches
50 mL (¼ tasse) d'eau
3 clous de girofle
15 mL (1 c. à soupe) de vinaigre
5 mL (1 c. à thé) de sucre
sel et poivre, au goût

Hacher le chou. Dans une casserole, faire fondre le beurre et y ajouter le chou et le reste des ingrédients.

🍂 Couvrir et faire mijoter à feu doux, en brassant de temps à autre, jusqu'à ce que le chou soit tendre et qu'il ne reste plus de liquide.

🍂 Ajouter un petit morceau de beurre. Brasser et servir.

CHOU ROUGE À LA VIENNOISE

1 chou rouge moyen
60 mL (4 c. à soupe) de sucre
15 mL (1 c. à soupe) de sel
125 mL (½ tasse) de vinaigre de cidre
60 mL (4 c. à soupe) de gras de poulet
45 mL (3 c. à soupe) de beurre
3 pommes, pelées et coupées en 8 morceaux
125 mL (½ tasse) de vin rouge
sel, au goût

🍂 Hacher le chou et le mettre dans une casserole. Ajouter le sucre, le sel et le vinaigre de cidre. Mélanger et laisser reposer pendant 30 minutes.

🍂 Faire fondre le gras de poulet et le beurre et y ajouter le chou. Bien mélanger. Placer les morceaux de pommes sur le chou. Couvrir et laisser mijoter pendant 10 minutes à feu doux.

🍂 Ajouter le vin rouge. Couvrir et poursuivre la cuisson pendant 30 minutes. Si le liquide n'est pas suffisamment évaporé, faire bouillir, à découvert, pendant quelques minutes. Saler. Ce plat se réchauffe très bien.

CHOU ROUGE AUX MARRONS

1 chou rouge moyen
1 gros oignon

Choux rouge à l'orange

60 mL (4 c. à soupe) de gras de bacon
sel et poivre, au goût
125 mL (½ tasse) de vin rouge
500 g (1 lb) de marrons

🍂 Hacher le chou grossièrement. Faire dorer l'oignon dans le gras de bacon. Ajouter le chou et bien mélanger. Saler et poivrer. Ajouter le vin. Couvrir et laisser mijoter à feu moyen.

🍂 Faire une incision en forme de croix sur la pointe des marrons, les mettre dans une casserole et les recouvrir d'eau bouillante. Faire bouillir pendant 20 minutes. Retirer de l'eau. Enlever l'écale et la peau brune des marrons (plus ils sont chauds, plus il sera facile d'enlever la peau).

🍂 Placer les marrons entiers sur le chou. Couvrir et laisser mijoter à feu doux pendant 1 heure. Au moment de servir, rectifier l'assaisonnement et ajouter une noisette de beurre.

CHOU ROUGE À L'ORANGE

1 chou rouge moyen
500 mL (2 tasses) d'eau
30 mL (2 c. à soupe) de sucre
50 mL (¼ tasse) de vinaigre de cidre
1 pincée de muscade
2 ml (½ c. à thé) de basilic
zeste et jus d'une orange
15 mL (1 c. à soupe) de fécule de maïs
sel et poivre, au goût

🍂 Hacher le chou et le mettre dans une casserole avec l'eau. Couvrir et laisser mijoter pendant 20 minutes.

🍂 Ajouter le sucre, le vinaigre, la muscade, le basilic et le zeste d'orange. Couvrir et laisser mijoter pendant 1 heure, ou jusqu'à ce que le chou devienne transparent.

🍂 Délayer la fécule de maïs dans le jus d'orange. Ajouter au chou.

Brasser jusqu'à ce que la préparation épaississe légèrement. Saler et poivrer. Servir.

LES CHOUX DE BRUXELLES

PRÉPARATION

Les choux de Bruxelles doivent être préparés avec soin. Enlever les premières feuilles. Laisser tremper les choux pendant 1 heure dans de l'eau salée et acidulée [15 mL (1 c. à soupe) de vinaigre et 5 mL (1 c. à thé) de sel pour 1 L (4 tasses) d'eau froide]. Bien égoutter.

MÉTHODE DE CUISSON TYPE

Mettre les choux de Bruxelles dans une casserole. Saupoudrer 1 mL (¼ c. à thé) de sucre. Ajouter de l'eau bouillante jusqu'à ce qu'il y en ait 8 cm (3 po) dans le fond de la casserole. Couvrir et faire bouillir à gros bouillons de 12 à 20 minutes, selon la grosseur des choux de Bruxelles.

CUISSON À L'AUTOCUISEUR

Mettre les choux de Bruxelles sur la claie de l'autocuiseur. Ajouter 125 mL (½ tasse) d'eau. Bien fermer l'autocuiseur et faire monter la pression. Cuire pendant 1 minute. Réduire rapidement la pression. Servir.

CHOUX DE BRUXELLES À L'INDIENNE

30 mL (2 c. à soupe) de beurre
30 mL (2 c. à soupe) de farine
5 mL (1 c. à thé) de cari
250 mL (1 tasse) de lait
sel et poivre, au goût
1 pomme, pelée et râpée
500 à 750 mL (2 à 3 tasses) de choux de Bruxelles cuits

⬥ Préparer une sauce blanche avec le beurre, la farine, le cari et le lait. Saler et poivrer. Ajouter la pomme et les choux de Bruxelles. Laisser mijoter pendant 4 minutes. Servir.

CHOUX DE BRUXELLES AUX CHAMPIGNONS

500 g à 1 L (2 à 4 tasses) de choux de Bruxelles
60 mL (4 c. à soupe) de beurre
125 à 250 g (¼ à ½ lb) de champignons, coupés en fines tranches
1 petit oignon, haché finement
15 mL (1 c. à soupe) de jus de citron
1 pincée de poivre
sel, au goût

⬥ Faire bouillir les choux de Bruxelles et bien les égoutter.
⬥ Dans un poêlon, faire fondre le beurre jusqu'à ce qu'il soit doré et y ajouter les champignons et l'oignon. Cuire à feu vif pendant 3 minutes, en brassant sans arrêt. Ajouter le jus de citron et le poivre. Saler.
⬥ Ajouter les champignons et l'oignon aux choux de Bruxelles. Servir dans un légumier chaud.

CHOUX DE BRUXELLES AU BEURRE NOISETTE

500 à 750 mL (2 à 3 tasses) de choux de Bruxelles cuits
60 mL (4 c. à soupe) de beurre
30 mL (2 c. à soupe) de jus de citron
sel et poivre, au goût

⬥ Bien égoutter les choux de Bruxelles cuits et les mettre dans un légumier chaud.
⬥ Faire fondre le beurre à feu doux jusqu'à ce qu'il soit doré. Ajouter le jus de citron. Saler et poivrer. Verser ce beurre sur les choux de Bruxelles. Servir.

CHOUX DE BRUXELLES EN SALADE

⬥ Faire tremper les choux de Bruxelles pendant 1 heure dans de l'eau froide salée et acidulée, préparée en ajoutant 15 mL (1 c. à soupe) de vinaigre et 5 ml (1 c. à thé) de gros sel pour 1 L (4 tasses) d'eau. Bien égoutter.
⬥ Hacher chaque petit chou de la même façon que pour une salade de chou. Mettre dans un saladier. Ajouter 1 oignon vert haché et la vinaigrette de votre choix. Mélanger. Décorer d'amandes effilées. Servir.

LE BROCOLI

Le brocoli appartient à la même famille que le chou. Il se vend frais ou congelé. Le brocoli frais doit être bien garni et d'un beau vert foncé ou légèrement violacé. Si le brocoli est jaune, c'est signe qu'il n'est pas frais. Toutes les parties du brocoli sont comestibles, les bouquets comme le pied. Garder le brocoli au réfrigérateur. Environ 500 g (1 lb) de brocoli frais donne 3 portions et une boîte de 300 mL (10 oz) de brocoli congelé donne 2 ou 3 portions.

PRÉPARATION

Détacher les bouquets du brocoli. Enlever les feuilles qui sont dures. Pour une cuisson uniforme, couper en 4 morceaux les tiges qui sont trop grosses. Si le brocoli est très gros, peler les tiges, elles seront plus tendres. Faire tremper dans de l'eau salée pendant 20 minutes.

MÉTHODE DE CUISSON TYPE

Mettre les tiges du brocoli dans le fond d'une casserole et recouvrir avec les bouquets. Verser suffisamment d'eau bouillante pour couvrir la moitié du brocoli. Couvrir et faire bouillir à gros bouillons de 10 à 18 minutes. Égoutter et servir.

CUISSON À L'AUTOCUISEUR

Mettre le brocoli sur la claie de l'autocuiseur en plaçant les tiges dans le fond. Recouvrir des bouquets. Ajouter 125 mL (½ tasse) d'eau bouillante. Saler. Bien fermer l'autocuiseur et faire monter la pression. Cuire pendant 2 minutes. Réduire rapidement la pression. Servir.

BROCOLI CONGELÉ

1 boîte de brocoli congelé
250 mL (1 tasse) d'eau froide
ou chaude
2 mL (½ c. à thé) de sucre

🍂 Mettre le brocoli congelé dans une casserole. Ajouter l'eau et le sucre. Couvrir et cuire à feu vif pendant 12 minutes.

🍂 Après 5 minutes de cuisson, détacher avec la pointe d'une fourchette les bouquets qui sont

encore congelés. Poursuivre la cuisson de 3 à 4 minutes. Répéter cette opération au besoin. Égoutter.

🍂 Servir avec une sauce hollandaise ou du beurre fondu mélangé à du jus de citron ou encore garnir de fromage râpé et de beurre fondu.

BROCOLI AMANDINE

900 g (2 lb) de brocoli frais
1 mL (¼ c. à thé) de beurre
2 oignons verts, hachés finement
50 mL (¼ tasse) d'amandes hachées
10 mL (2 c. à thé) de jus de citron
sel et poivre, au goût

🍂 Faire cuire le brocoli dans une casserole d'eau bouillante salée. Égoutter et garder au chaud. Faire fondre le beurre jusqu'à ce qu'il soit de couleur noisette et y ajouter les oignons verts et les amandes. Faire dorer à feu moyen pendant environ 2 minutes, en

brassant souvent. Ajouter le jus de citron. Saler et poivrer. Verser sur le brocoli. Servir. Donne 6 portions.

BROCOLI À LA CHINOISE

500 g (1 lb) de brocoli
45 mL (3 c. à soupe) d'huile d'olive
1 petit oignon, coupé en dés
30 mL (2 c. à soupe) de sauce de soja
5 mL (1 c. à thé) de sucre
125 mL (½ tasse) de bouillon de poulet
5 mL (1 c. à thé) de fécule de maïs

🍂 Laver et couper le brocoli en morceaux de 2,5 cm (1 po). Dans un poêlon, faire chauffer l'huile et y faire dorer l'oignon. Ajouter les morceaux de brocoli et cuire à feu moyen pendant 3 minutes, en brassant sans arrêt. Ajouter la

Brocoli amandine

[399]

Chou-fleur au gratin

sauce de soja et le sucre. Mélanger le bouillon de poulet avec la fécule de maïs. Ajouter au brocoli. Poursuivre la cuisson à feu vif pendant 1 minute, en remuant sans arrêt. Servir.

BROCOLI DE PARME

🍃 Dans un poêlon, faire chauffer 60 mL (4 c. à soupe) de beurre et 30 mL (2 c. à soupe) d'huile d'olive. Ajouter 2 pieds de brocoli cuit ou 2 boîtes de brocoli congelé, cuit. Faire sauter à feu vif pendant 2 minutes. Mettre dans un plat de service chaud. Arroser avec le jus de ½ citron. Saupoudrer 125 à 175 mL (½ à ¾ tasse) de fromage parmesan. Servir.

LE CHOU-FLEUR

PRÉPARATION
Bien souvent, on ne mange pas toutes les parties comestibles du chou-fleur. Pourtant, il n'y a pas que les bouquets qui sont comestibles, le trognon, les tiges et les feuilles sont également délicieux.

🍃 Enlever les grosses feuilles vertes du chou-fleur, en conservant une couronne de vert tout autour. Les tiges des feuilles sont très bonnes bouillies, enlever les feuilles et cuire les tiges comme le céleri.

🍃 On peut également préparer d'excellents potages avec le trognon, les tiges et les feuilles. En utilisant toutes les parties du chou-fleur, vous pourrez faire des économies.

MÉTHODE DE CUISSON TYPE
Faire tremper le chou-fleur, tête vers le bas, pendant 20 minutes dans de l'eau froide salée et acidulée [15 mL (1 c. à soupe) de vinaigre]. Mettre le chou-fleur dans une casserole et saupoudrer 1 mL (¼ c. à thé) de sel. Verser suffisamment d'eau bouillante pour couvrir le chou-fleur aux trois quarts.

🍃 Cuire le chou-fleur coupé en bouquets de 10 à 15 minutes et le chou-fleur entier de 25 à 30 minutes.

CHOU-FLEUR AU GRATIN

1 chou-fleur
15 mL (1 c. à soupe) de beurre
45 mL (3 c. à soupe) de beurre (pour la sauce)
45 mL (3 c. à soupe) de farine
425 mL (1¾ tasse) de lait
sel et poivre, au goût
125 à 175 mL (½ à ¾ tasse) de fromage râpé

🍃 Défaire le chou-fleur en bouquets et le faire bouillir selon la *Méthode de cuisson type* (voir ci-contre). Bien égoutter.

🍃 Faire fondre le beurre jusqu'à ce qu'il soit de couleur noisette. Ajouter le chou-fleur et bien l'enrober du beurre. Mettre dans un plat. Saler et poivrer légèrement.

🍃 Préparer une sauce blanche avec le beurre, la farine et le lait. Saler et poivrer. Verser la sauce blanche sur le chou-fleur chaud. Saupoudrer le tout du fromage râpé. Cuire au four à 200°C (400°F) pendant 20 minutes.

🍃 Si on prépare ce plat à l'avance, on doit le laisser à la température ambiante. Pour le réchauffer, mettre au four à 200°C (400°F) pendant 24 à 26 minutes.

CHOU-FLEUR À LA PROVENÇALE

1 chou-fleur entier
3 gousses d'ail entières
sel et poivre, au goût

30 mL (2 c. à soupe) de beurre
250 g (½ lb) de champignons,
coupés en fines tranches

❧ Faire cuire le chou-fleur selon la *Méthode de cuisson type* (voir page précédente), en ajoutant les gousses d'ail à l'eau de cuisson. Bien égoutter et mettre dans un légumier chaud. Saler et poivrer.

❧ Dans un poêlon, faire fondre le beurre jusqu'à ce qu'il soit doré. Y ajouter les champignons et cuire à feu vif pendant 2 minutes, en brassant sans arrêt. Verser sur le chou-fleur. Servir.

CHOU-FLEUR À LA GRECQUE

1 gros chou-fleur
50 mL (¼ tasse) d'huile d'olive
2 oignons, hachés finement
2 gousses d'ail, hachées finement
500 mL (2 tasses) de tomates en conserve
5 mL (1 c. à thé) de sel
2 mL (½ c. à thé) de poivre
1 pincée de thym
5 ml (1 c. à thé) de sucre
50 mL (¼ tasse) de persil haché finement

❧ Laver le chou-fleur et le défaire en bouquets.

❧ Faire chauffer l'huile dans une casserole. Y ajouter les oignons et l'ail et faire dorer légèrement. Ajouter les tomates, le sel, le poivre, le thym et le sucre. Porter à ébullition et faire mijoter pendant 10 minutes à feu doux.

❧ Ajouter les bouquets de chou-fleur. Couvrir et poursuivre la cuisson pendant environ 20 minutes, ou jusqu'à ce que le chou-fleur soit cuit. Saupoudrer de persil. Servir.

PURÉE DE CHOU-FLEUR

1 chou-fleur moyen
45 mL (3 c. à soupe) de beurre
1 oignon vert, haché finement
sel et poivre, au goût
15 mL (1 c. à soupe) de chapelure

❧ Défaire le chou-fleur en bouquets et le faire cuire selon la *Méthode de cuisson type* (voir page précédente). Bien égoutter.

❧ Mettre le chou-fleur égoutté dans la casserole utilisée pour sa cuisson. Ajouter le reste des ingrédients. Écraser le tout avec une fourchette en mélangeant bien. La purée de chou-fleur ne doit pas être trop lisse. Écraser juste assez pour que la purée soit un peu grumeleuse.

CHOU-FLEUR VINAIGRETTE

1 petit chou-fleur
45 mL (3 c. à soupe) d'huile d'olive
15 mL (1 c. à soupe) de jus de citron ou de vinaigre
1 mL (¼ c. à thé) de sel
1 oignon vert, haché finement
un peu de poivre

❧ Défaire le chou-fleur en bouquets et le faire cuire selon la *Méthode de cuisson type* (voir page précédente) jusqu'à ce qu'il soit tendre mais croquant. Bien égoutter. Étendre sur un linge propre et laisser refroidir.

❧ Mélanger le reste des ingrédients et ajouter le chou-fleur refroidi. Bien mélanger. Servir sur

un nid de laitue ou dans un petit plat creux. Si désiré, garnir d'une lanière de poivron vert.

CHOU-FLEUR À LA CRÈME

Voici un plat léger, doré et parfaitement équilibré.

1 chou-fleur
30 mL (2 c. à soupe) de beurre
30 mL (2 c. à soupe) de farine
375 mL (1½ tasse) de lait
125 mL (½ tasse) de crème
2 mL (½ c. à thé) de moutarde en poudre
5 mL (1 c. à thé) de sel
1 mL (¼ c. à thé) de poivre
125 mL (½ tasse) de fromage cheddar moyen râpé
2 jaunes d'œufs
2 blancs d'œufs

❧ Défaire le chou-fleur en bouquets. Recouvrir d'eau bouillante et faire bouillir à feu vif, à découvert, de 15 à 18 minutes ou jusqu'à ce que le chou-fleur soit tendre. Bien égoutter.

❧ Préparer une sauce avec le beurre, la farine, le lait et la crème. Lorsque la sauce est lisse et crémeuse, ajouter la moutarde en poudre, le sel, le poivre et le fromage râpé. Réserver 30 mL (2 c. à soupe) du fromage. Retirer du feu et remuer jusqu'à ce que tous les ingrédients soient bien mélangés. Ajouter les jaunes d'œufs, un à la fois, en battant vigoureusement après chaque addition. Battre les blancs d'œufs jusqu'à ce qu'ils soient fermes et les incorporer délicatement à la sauce.

❧ Mettre le chou-fleur dans un plat peu profond. Verser la sauce sur le dessus. Saupoudrer du fromage réservé. Cuire au four à 190°C (375°F) de 25 à 30 minutes.

CHOU-FLEUR À LA POLONAISE

1 chou-fleur, défait en bouquets
sel et poivre, au goût
30 à 45 mL (2 à 3 c. à soupe)
de beurre
125 mL (½ tasse) de pain coupé
en dés
1 œuf dur, râpé
15 mL (1 c. à soupe) de persil
haché finement

❧ Faire cuire le chou-fleur selon la *Méthode de cuisson type* (voir page 400). Bien égoutter. Mettre dans un légumier chaud. Saler et poivrer.

❧ Dans un poêlon, faire fondre le beurre et y faire dorer les dés de pain à feu doux. Retirer du feu, ajouter l'œuf et le persil. Mélanger et verser sur le chou-fleur.

CHOU-FLEUR À LA CHINOISE

❧ Utiliser un chou-fleur de grosseur moyenne ou petite. Enlever les feuilles et le trognon. À l'aide d'un couteau affûté, couper le chou-fleur en fines tranches. Mettre dans un poêlon. Ajouter une pincée de sucre et environ 125 mL (½ tasse) d'eau bouillante. Couvrir et cuire pendant environ 7 minutes. Maintenir l'ébullition pendant toute la durée de la cuisson. Servir immédiatement.

LES CHAMPIGNONS

PRÉPARATION

Les champignons très frais sont fermes et bien blancs. Lorsqu'ils sont moins frais, le chapeau est étalé et les lamelles du dessous sont noirâtres.

❧ Il n'est pas nécessaire de peler les champignons blancs. Par contre, il faut les laver à l'eau froide, mais on ne doit pas les faire tremper. Placer les champignons lavés sur un linge pour bien les égoutter.

❧ Enlever environ 0,5 cm (¼ po) à l'extrémité du pied des champignons. Si dans une recette on n'utilise que les têtes des champignons, garder les pieds pour préparer des potages ou des soupes. Leur goût est moins délicat, mais ils sont tout de même savoureux.

MÉTHODE DE CUISSON TYPE

Il est bon de se rappeler que les champignons doivent cuire le moins longtemps possible. Pour faire sauter les champignons, faire fondre du beurre jusqu'à ce qu'il soit doré. Il faut compter 30 à 45 mL (2 à 3 c. à soupe) de beurre pour 250 g (½ lb) de champignons entiers ou tranchés. Y faire sauter les champignons à feu très vif de 2 à 4 minutes, selon la grosseur, en brassant sans arrêt. Retirer du feu. Saler et poivrer. Aromatiser au goût avec des fines herbes, du vin ou du cognac.

❧ Pour faire bouillir ou blanchir les champignons, porter 250 mL (1 tasse) d'eau à ébullition, ajouter 2 mL (½ c. à thé) de sel, 2 tranches de citron non pelées et 250 g (½ lb) de champignons. Faire bouillir, à découvert, pendant 5 minutes. Bien égoutter. Utiliser au besoin.

❧ Blanchir les champignons est une bonne façon de les conserver. Mettre les champignons bouillis et égouttés dans un pot de verre bien propre. Couvrir et réfrigérer. Les champignons se conserveront ainsi pendant 1 semaine. La saveur et la texture des champi-

Chou-fleur à la polonaise

gnons bouillis ressemblent à celles des champignons en conserve.

CHAMPIGNONS SAUTÉS

❧ Dans un poêlon à fond épais, faire fondre 45 mL (3 c. à soupe) de beurre pour 250 g (½ lb) de champignons. Lorsque le beurre est de couleur noisette, ajouter les champignons. Faire sauter à feu vif, à découvert, en remuant. Cuire les champignons tranchés pendant 2 minutes et les champignons entiers pendant 4 minutes.

❧ Si on prolonge le temps de cuisson, les champignons perdront leur eau naturelle et auront tendance à durcir.

❧ Ajouter un peu d'ail ou des oignons verts pour aromatiser les champignons. Le basilic et l'estragon relèveront agréablement la saveur des champignons.

CHAMPIGNONS SAUTÉS À LA NAPOLITAINE

250 g (½ lb) de champignons
30 mL (2 c. à soupe) d'huile d'olive
1 gousse d'ail, coupée en fines tranches
sel et poivre, au goût
3 tomates, pelées et coupées en dés
5 mL (1 c. à thé) de sucre

❧ Hacher les pieds des champignons et couper les têtes en quatre.

❧ Dans un poêlon, faire chauffer l'huile et y faire dorer l'ail. Ajouter les champignons. Cuire à feu vif pendant 2 minutes en brassant. Retirer du feu. Saler et poivrer.

❧ Ajouter les tomates et le sucre aux champignons. Faire mijoter à feu moyen de 8 à 10 minutes, ou jusqu'à ce que les tomates soient bien mélangées aux champignons.

CHAMPIGNONS AUX PETITS POIS

250 g (½ lb) de champignons
60 mL (4 c. à soupe) de gras de bacon ou de beurre
1 boîte de 400 mL (14 oz) de petits pois (non égouttés)
1 oignon moyen, râpé
1 mL (¼ c. à thé) de moutarde en poudre
sel et poivre, au goût
30 mL (2 c. à soupe) de beurre
30 mL (2 c. à soupe) de farine
50 mL (¼ tasse) de xérès ou de crème
1 pincée de marjolaine

❧ Couper en fines tranches les pieds et les têtes des champignons. Dans un poêlon, faire fondre le gras de bacon et y faire sauter à feu très vif les champignons. Ajouter les petits pois, l'oignon et la moutarde en poudre. Couvrir et faire cuire pendant 10 minutes. Saler et poivrer. Réserver le jus de cuisson.

❧ Mélanger le beurre et la farine. Ajouter le jus de cuisson, le xérès et la marjolaine. Porter à ébullition. Incorporer ce mélange aux légumes. Faire bouillir pendant quelques minutes. Servir.

CHAMPIGNONS À LA CRÈME AIGRE

1 gros oignon, haché finement
60 mL (4 c. à soupe) de beurre
500 à 750 g (1 à 1½ lb) de champignons, coupés en tranches
5 mL (1 c. à thé) de sel
1 mL (¼ c. à thé) de poivre
10 mL (2 c. à thé) de paprika
250 mL (1 tasse) de crème aigre
50 mL (¼ tasse) de persil haché finement

❧ Faire sauter l'oignon dans le beurre. Ajouter les champignons, le sel et le poivre. Cuire à feu vif, en brassant sans arrêt, pendant 3 minutes ou jusqu'à ce que le liquide soit évaporé.

❧ Ajouter le reste des ingrédients. Chauffer, sans laisser bouillir, pour ne pas faire tourner la crème aigre. Servir sur des tranches de pain grillées.

CHAMPIGNONS AU CITRON

500 g (1 lb) de champignons
1 oignon, haché finement
45 mL (3 c. à soupe) de beurre
30 mL (2 c. à soupe) de persil haché finement
jus d'un citron
15 mL (1 c. à soupe) de farine
125 mL (½ tasse) de consommé
125 mL (½ tasse) de crème à 10 %
1 mL (¼ c. à thé) de basilic
sel et poivre, au goût

❧ Couper en fines tranches les pieds et les têtes des champignons.

❧ Faire sauter l'oignon dans le

Champignons à la toscane

beurre et ajouter les champignons. Cuire à feu vif pendant 2 minutes en brassant. Ajouter le persil et le jus de citron. Laisser mijoter jusqu'à ce que les champignons aient absorbé le liquide.

❧ Saupoudrer la farine sur les champignons. Ajouter le consommé, la crème et le basilic. Cuire en brassant jusqu'à ce que le mélange épaississe légèrement. Saler et poivrer. Servir.

CHAMPIGNONS À LA TOSCANE

250 g (½ lb) de champignons
30 mL (2 c. à soupe) de beurre
2 tomates, pelées et coupées en dés
1 pincée de romarin
5 mL (1 c. à thé) de sucre
sel et poivre, au goût

❧ Hacher les pieds des champignons et laisser les têtes entières.

❧ Dans une casserole, faire fondre le beurre et y ajouter les tomates, le romarin et le sucre. Faire cuire à feu vif pendant 15 minutes, en brassant de temps à autre. Saler et poivrer. Ajouter les pieds des champignons.

❧ Verser le tout dans un plat à gratin beurré. Recouvrir des têtes de champignons et de quelques noisettes de beurre.

❧ Cuire au four à 260°C (500°F) de 10 à 15 minutes. Garnir de persil. Servir.

CHAMPIGNONS À LA CRÈME

500 g (1 lb) de champignons
60 mL (4 c. à soupe) de beurre
1 gousse d'ail, hachée finement
sel et poivre, au goût
125 mL (½ tasse) de farine
250 mL (1 tasse) de crème à 10 %
250 mL (1 tasse) de crème aigre
1 mL (¼ c. à thé) d'estragon
50 mL (¼ tasse) de xérès
(si désiré)

❧ Couper les pieds des champignons en tranches et laisser les têtes entières. Faire fondre 45 mL (3 c. à soupe) de beurre et y faire dorer à feu vif l'ail et les têtes de champignons, en brassant sans arrêt. Retirer du feu et ajouter les pieds des champignons. Saler et poivrer.

❧ Dans une casserole, faire fondre le reste du beurre et y ajouter la farine et la crème. Bien battre le tout et faire cuire à feu doux, en brassant, jusqu'à ce que la sauce soit crémeuse. Ajouter la crème aigre et l'estragon. Chauffer sans laisser bouillir.

❧ Ajouter les champignons et le xérès. Laisser mijoter pendant quelques minutes sans laisser bouillir. Rectifier l'assaisonnement. Servir.

SOUFFLÉ AUX CHAMPIGNONS

30 mL (2 c. à soupe) de gras de poulet ou de bacon
45 mL (3 c. à soupe) de farine
2 mL (½ c. à thé) de sel
175 mL (¾ tasse) de lait
15 mL (1 c. à soupe) de beurre
125 mL (½ tasse)
de champignons coupés
en fines tranches
4 jaunes d'œufs
30 mL (2 c. à soupe)
de parmesan râpé
5 blancs d'œufs

❧ Préparer une sauce blanche avec le gras de poulet, la farine, le sel et le lait.

❧ Faire fondre le beurre et y faire sauter les champignons à feu vif pendant 1 minute, en brassant sans arrêt. Ajouter les champignons à la sauce blanche et y incorporer les jaunes d'œufs et le

❦ TECHNIQUE ❦

CHAMPIGNONS À LA TOSCANE

1   Hacher les pieds des champignons et laisser les têtes entières.

2   Mettre les tomates, le romarin et le sucre dans le beurre chaud.

3   Ajouter les pieds des champignons.

4   Verser le tout dans un plat à gratin beurré. Recouvrir des têtes de champignons.

parmesan râpé. Bien mélanger.

🍃 Battre les blancs d'œufs en neige et les incorporer délicatement au mélange de champignons.

🍃 Tapisser de papier ciré un moule à soufflé de 20 cm (8 po) de diamètre. Verser la préparation dans le moule. Faire cuire dans un four chauffé à 200°C (400°F) pendant 30 minutes. Servir.

CHAMPIGNONS À LA SUISSE

500 g (1 lb) de champignons
45 mL (3 c. à soupe) de beurre
5 mL (1 c. à thé) de sel
1 mL (¼ c. à thé) de poivre
15 mL (1 c. à soupe) de beurre
30 mL (2 c. à soupe) de farine
250 mL (1 tasse) de crème
250 mL (1 tasse) de fromage suisse râpé

🍃 Couper en fines tranches les pieds et les têtes des champignons. Faire fondre le beurre jusqu'à ce qu'il soit de couleur noisette. Y faire cuire les champignons à feu vif pendant 2 minutes, en brassant sans arrêt. Ajouter le sel et le poivre.

🍃 Faire fondre le beurre et y ajouter la farine et la crème. Cuire en brassant sans arrêt jusqu'à ce que la sauce soit crémeuse. Ajouter le fromage râpé et les champignons. Laisser mijoter pendant 10 minutes à feu très doux, en brassant plusieurs fois en cours de cuisson. Servir.

CHAMPIGNONS EN SAUCE

🍃 Peler 500 g (1 lb) de champignons et les couper en tranches. Chauffer 45 mL (3 c. à soupe) de beurre et 30 mL (2 c. à soupe) de consommé ou d'eau. Ajouter les champignons et laisser mijoter pendant 5 minutes. Ajouter 250 mL (1 tasse) de crème aigre.

Saler et poivrer. Assaisonner de muscade. Cuire à feu très doux jusqu'à ce que la sauce épaississe. Éviter de faire bouillir. Verser sur du pain de blé ou de seigle grillé. Servir avec des tranches de tomates et du riz au persil.

CHAMPIGNONS MARINÉS

250 g (½ lb) de champignons
60 mL (4 c. à soupe) d'huile d'olive
30 mL (2 c. à soupe) de vinaigre de cidre ou de vin
2 mL (½ c. à thé) de sel
1 pincée de poivre
2 oignons verts, hachés finement

🍃 Hacher très finement les pieds et les têtes des champignons. Ajouter le reste des ingrédients. Bien mélanger et laisser reposer pendant 1 heure.

🍃 Les champignons ne sont pas cuits. On les sert sur de la laitue pour remplacer la vinaigrette, ou sur de petites tranches de pain français ou de pain blanc grillées, non beurrées. Ils accompagnent agréablement le poulet ou le homard froid et font de délicieux petits hors-d'œuvre.

CHAMPIGNONS FARCIS

250 g (½ lb) de champignons
45 mL (3 c. à soupe) de beurre
15 mL (1 c. à soupe) de persil haché finement
1 gousse d'ail, hachée finement
2 mL (½ c. à thé) de sel
1 pincée de poivre

🍃 Enlever les pieds des champignons et les hacher finement. Mettre les têtes dans un plat à gratin,

Champignons à la suisse

partie ronde touchant le fond.

🔧 Défaire le beurre en crème avec le persil, l'ail, le sel, le poivre et les pieds des champignons. Farcir chaque tête de champignon de ce mélange.

🔧 Faire griller à feu très vif pendant 2 ou 3 minutes, en surveillant de près la cuisson, ou faire cuire dans un four chauffé à 260°C (500°F) pendant 5 ou 6 minutes.

L'ARTICHAUT

PRÉPARATION
Placer l'artichaut sur le rebord du comptoir. Maintenir l'artichaut de la main gauche et casser la tige en la tordant (les fibres dures du fond partiront du même coup). Retirer les quelques feuilles du bas qui ont tendance à être filandreuses.

MÉTHODE DE CUISSON TYPE
Mettre l'artichaut dans de l'eau bouillante salée. Cuire à feu vif de 30 à 40 minutes, ou jusqu'à ce que les feuilles se détachent facilement.

🔧 L'artichaut se sert généralement nature, accompagné de beurre fondu, de sauce hollandaise, de vinaigrette ou encore d'une sauce blanche enrichie d'un jaune d'œuf.

ARTICHAUTS À LA PARISIENNE

6 fonds d'artichauts
125 mL (½ tasse)
de champignons frais
125 g (¼ lb) de foie gras
50 mL (¼ tasse) de xérès
50 mL (¼ tasse) de consommé
5 ml (1 c. à thé) de beurre

Champignons farcis

🔧 Laver les fonds d'artichauts et les mettre dans une casserole d'eau bouillante. Couvrir et cuire à feu moyen de 15 à 20 minutes. Déposer dans un plat beurré. Couper les champignons en tranches minces. Défaire le foie en crème avec les champignons. Répartir ce mélange dans les fonds d'artichauts. Verser le xérès et le consommé dans le plat. Mettre une noisette de beurre sur chaque artichaut. Faire cuire au four à 200°C (400°F) pendant 15 minutes. Servir chaud ou froid.

ARTICHAUTS À LA FLORENTINE

6 fonds d'artichauts
500 g (1 lb) d'épinards frais
375 mL (1½ tasse) de sauce blanche moyenne
1 œuf, battu légèrement

15 mL (1 c. à soupe) de beurre
50 mL (¼ tasse) de fromage gruyère râpé

🔧 Nettoyer les fonds d'artichauts et les mettre dans une casserole d'eau bouillante. Couvrir et cuire à feu moyen de 15 à 20 minutes. Égoutter et déposer les artichauts dans un plat beurré.

🔧 Faire cuire les épinards et les hacher très finement. Préparer une sauce blanche moyenne avec 30 mL (2 c. à soupe) de beurre, 30 mL (2 c. à soupe) de farine et 375 mL (1½ tasse) de lait. Saler et poivrer au goût. Retirer du feu. Ajouter l'œuf et battre pendant quelques secondes. Ajouter le beurre et le fromage. Brasser jusqu'à ce qu'ils soient fondus.

🔧 Farcir les fonds d'artichauts avec les épinards. Couvrir avec la sauce au fromage. Faire chauffer au four à 200°C (400°F) pendant 15 minutes. Servir.

Asperges au gratin

ARTICHAUTS À LA GRECQUE

1 boîte de cœurs d'artichauts
congelés ou en conserve
12 petits oignons blancs
1 gousse d'ail, hachée finement
50 mL (¼ tasse) d'huile d'olive
125 mL (½ tasse) de jus de citron
15 mL (1 c. à soupe) de sucre
7 mL (1½ c. à thé) de sel
1 mL (¼ c. à thé) de poivre
50 mL (¼ tasse) d'eau

🍃 Retirer les cœurs d'artichauts
de la boîte et les laisser dégeler.
🍃 Mettre le reste des ingrédients
dans une casserole et porter à
ébullition. Laisser mijoter à feu
doux pendant 25 minutes.
🍃 Ajouter les cœurs d'artichauts
et cuire pendant 5 minutes. Rectifier l'assaisonnement. Mettre
dans un plat et réfrigérer.
🍃 Les cœurs d'artichauts congelés, préparés de cette façon se

conservent pendant deux semaines. Ils sont délicieux servis comme hors-d'œuvre ou en salade.

LES ASPERGES

Rien n'est comparable aux asperges fraîches. On les reconnaît à
leur fermeté et à leur brillant. De
plus, les bottes d'asperges fraîches
sont plus lourdes. Quant aux
pointes, elles doivent être denses
et d'un beau vert. Une autre
bonne façon de reconnaître leur
fraîcheur est d'enfoncer son ongle
dans la partie dure de l'asperge.
S'il pénètre facilement, c'est
qu'elles sont bien fraîches.
🍃 Les asperges, tout comme le
maïs, sont encore meilleures
lorsqu'on les mange le jour même
où elles ont été récoltées. Pour les
conserver fraîches, il faut les
envelopper dans un linge humide
(pour éviter tout contact avec
l'air) et les réfrigérer.

PRÉPARATION
Laver les asperges à l'eau froide
pour enlever le sable. Lorsque les
asperges sont de différentes
grosseurs, il est préférable d'attacher les petites ensemble.

MÉTHODE DE CUISSON TYPE
Mettre les grosses asperges dans le
fond d'un poêlon de fonte émaillée. Recouvrir avec les petites
asperges attachées ensemble.
Ajouter suffisamment d'eau
bouillante pour les recouvrir.
Couvrir et cuire à feu vif de 8 à
12 minutes. Maintenir l'ébullition
pendant toute la durée de la cuisson. Éviter de prolonger le temps
de cuisson car les asperges deviendront pleines d'eau et sans saveur.
🍃 Il est important de servir les
asperges immédiatement. Si ce
n'est pas possible, égoutter les
asperges et les mettre sur un linge
placé dans un plat ou un poêlon.
Recouvrir d'un autre linge. Le
linge absorbe la vapeur et empêche les asperges de ramollir. Mettre un couvercle sur le plat et
garder au chaud.

CUISSON À L'AUTOCUISEUR
Laver les asperges et les mettre
sur la claie de l'autocuiseur.
Ajouter 125 mL (½ tasse) d'eau.
Bien fermer l'autocuiseur et faire
monter la pression. Cuire pendant 1 minute. Réduire rapidement la pression. Servir.
🍃 Les asperges chaudes sont délicieuses servies avec du beurre ou
à l'anglaise ou encore accompagnées de sauce hollandaise ou
maltaise (hollandaise à l'orange)
ou tout simplement d'un bol de
beurre fondu et de citron. La
mayonnaise mousseline (crème
fouettée mélangée à de la mayonnaise) et la vinaigrette à l'huile et
au jus de citron sont tout indi-

quées pour accompagner les asperges froides.

ASPERGES À LA FLAMANDE

500 g (1 lb) d'asperges
1 œuf dur
15 mL (1 c. à soupe) de persil
45 mL (3 c. à soupe) de beurre, fondu
30 mL (2 c. à soupe) de jus de citron

🐦 Faire cuire les asperges selon la *Méthode de cuisson type* (voir page 408). Égoutter et déposer dans un légumier chaud. Hacher finement l'œuf et le persil. Ajouter le beurre et le jus de citron. Chauffer et verser sur les asperges.

ASPERGES AU GRATIN

500 g (1 lb) d'asperges, cuites
250 mL (1 tasse) de sauce blanche moyenne au fromage
125 mL (½ tasse) de fromage râpé
15 mL (1 c. à soupe) de beurre, fondu

🐦 Mettre les asperges dans un plat à gratin. Recouvrir les pointes avec la sauce blanche au fromage. Envelopper les tiges dans un papier ciré beurré. Saupoudrer le fromage sur les pointes et les arroser du beurre fondu. Faire dorer dans un four chauffé à 200°C (400°F). Enlever le papier ciré et servir.

ASPERGES À LA MILANAISE

500 g (1 lb) d'asperges, cuites
125 mL (½ tasse) de fromage râpé

30 mL (2 c. à soupe) de beurre

🐦 Disposer les asperges côte à côte dans un légumier. Saupoudrer le fromage sur les pointes. Faire fondre le beurre jusqu'à ce qu'il soit de couleur noisette et le verser sur les asperges. Servir.

ASPERGES À LA POLONAISE

500 g (1 lb) d'asperges, cuites
2 œufs durs, hachés
50 mL (¼ tasse) de persil haché finement
125 mL (½ tasse) de petits croûtons

🐦 Disposer les asperges côte à côte dans un légumier. Mélanger les œufs et le persil. Saupoudrer sur les asperges. Faire revenir les croûtons dans du beurre et en recouvrir les asperges. Servir.

ASPERGES À LA PARISIENNE

🐦 Mélanger 125 mL (½ tasse) de sauce blanche chaude avec 250 mL (1 tasse) de mayonnaise chaude. Ajouter 30 mL (2 c. à soupe) de jus de citron. Napper des asperges cuites. Servir avec du poisson ou des fruits de mer.

LE MAÏS

PRÉPARATION
Enlever 2,5 cm (1 po) à chaque extrémité de l'épi de maïs. Retirer les premières feuilles. Tirer les autres feuilles vers le bas et enlever les barbes. Ramener les feuilles sur les grains de maïs.

MÉTHODE DE CUISSON TYPE
Les épis de maïs cuits de cette façon sont si délicieux que vous ne voudrez plus les préparez autrement.

Maïs

🍂 Pour une douzaine d'épis, mettre 500 mL (2 tasses) d'eau, 250 mL (1 tasse) de lait, 5 mL (1 c. à thé) de sucre dans une casserole. Ne pas saler. Porter à ébullition. Ajouter les épis. Couvrir et faire bouillir à gros bouillons de 12 à 15 minutes, selon la grosseur des épis.

🍂 Il important de ne pas saler les épis de maïs en cours de cuisson.

🍂 Garder les restes de maïs à la température ambiante, car le maïs a tendance à durcir au réfrigérateur.

🍂 Réchauffer le maïs dans ses feuilles. Faire mijoter dans 250 mL (1 tasse) d'eau pendant 10 minutes.

CUISSON À L'AUTOCUISEUR

Mettre les épis de maïs dans le fond de l'autocuiseur (sans claie). Ajouter 50 mL (¼ tasse) de lait et 50 mL (¼ tasse) d'eau sucrée et salée. Bien fermer l'autocuiseur et faire monter la pression. Cuire pendant 5 minutes. Réduire rapidement la pression. Servir.

MAÏS CHARLESTON

750 mL (3 tasses) de maïs en grains frais ou en boîte
3 œufs, battus
5 mL (1 c. à thé) de sel
30 mL (2 c. à soupe) de sucre
45 mL (3 c. à soupe) de beurre, fondu
275 mL (1⅛ tasse) de lait chaud

🍂 Mélanger tous les ingrédients. Beurrer un plat en verre allant au four et y verser la préparation de maïs. Cuire au four à 160°C (325°F) de 30 à 40 minutes, ou jusqu'à ce que la pointe d'un couteau en ressorte propre.

🍂 Pour plus de variété, on peut ajouter 30 mL (2 c. à soupe) d'oignon râpé ou 125 mL (½ tasse) de noix de Grenoble hachées au mélange.

DÉLICE AU MAÏS

750 mL (3 tasses) de maïs en grains frais ou en boîte
2 œufs, bien battus
2 mL (½ c. à thé) de sel
175 mL (¾ tasse) de craquelins émiettés
30 mL (2 c. à soupe) de beurre, fondu
250 mL (1 tasse) de lait

🍂 Mélanger le maïs avec les œufs, le sel, les craquelins et le beurre. Beurrer un plat en verre allant au four et y verser le mélange de maïs. Recouvrir du lait. Cuire au four à 160°C (325°F) pendant 30 minutes.

BEIGNETS AU MAÏS

250 mL (1 tasse) de maïs en grains frais ou en boîte
1 œuf (blanc et jaune séparé)
1 mL (¼ c. à thé) de sel
2 mL (½ c. à thé) de sucre
1,5 mL (⅓ c. à thé) de levure chimique
30 mL (2 c. à soupe) de farine
15 mL (1 c. à soupe) de crème à 10 %
30 mL (2 c. à soupe) de beurre, fondu

🍂 Égoutter le maïs. Battre le blanc et le jaune d'œuf séparément.

🍂 Mélanger le reste des ingrédients avec le maïs. Incorporer le blanc et le jaune d'œuf. Laisser tomber par cuillerée dans un poêlon bien graissé. Faire dorer de 2 à 3 minutes de chaque côté.

BEIGNETS SOUFFLÉS AU MAÏS

4 œufs (blancs et jaunes séparés)
45 mL (3 c. à soupe) de farine
3 mL (¾ c. à thé) de sel
2 mL (½ c. à thé) de sucre
3 mL (¾ c. à thé) de levure chimique
175 mL (¾ tasse) de maïs en grains frais ou en boîte

🍂 Battre les blancs d'œufs en neige et les jaunes en mousse. Incorporer les jaunes aux blancs d'œufs. Mélanger la farine, le sel, le sucre et la levure chimique. Saupoudrer sur les œufs et mélanger délicatement. Ajouter le maïs (égoutter le maïs en boîte). Laisser tomber par cuillerée et cuire en grande friture (180°C ou 350°F). Faire frire jusqu'à ce que les beignets soient bien dorés.

COMMENT FAIRE GRILLER LES ÉPIS DE MAÏS

Faire tremper les épis avec leurs feuilles dans de l'eau froide salée, environ 10 minutes avant de les faire griller. Bien égoutter et déposer sur le gril du barbecue.

🍂 Faire griller pendant environ 10 minutes jusqu'à ce que les épis soient très chauds. Tourner très souvent en cours de cuisson. Retirer les feuilles.

ÉPIS DE MAÏS EN PAPILLOTES

Enlever les feuilles. Beurrer chaque épi de beurre mou. Saupoudrer d'une petite pincée de sucre. Déposer chaque épi sur une feuille de papier d'aluminium. Replier le papier et fermer hermétiquement de manière à former une papillote. Déposer directement sur la braise et faire griller 10 à 15 minutes. Retourner 2 ou 3 fois en cours de cuison.

ÉPIS DE MAÏS AU BACON

Enlever les feuilles. Badigeonner chaque épi de beurre d'arachide. Enrouler de 1 ou 2 tranches de bacon. Fixer à l'aide de cure-dents. Déposer sur le gril et cuire pendant 10 minutes, en tournant 2 ou 3 fois en cours de cuisson.

ÉPIS DE MAÏS BOUILLIS SUR LE GRIL

Si désiré, éplucher les épis de maïs. Dans une grande casserole, porter à ébullition 750 mL (3 tasses) d'eau, 750 mL (3 tasses) de lait et 5 mL (1 c. à thé) de sucre sur le gril du barbecue. Ajouter les épis. Couvrir et cuire pendant 10 minutes les épis non épluchés et de 5 à 6 minutes les épis épluchés. Égoutter et badigeonner chaque épi de beurre fondu. Déposer sur le gril du barbecue et cuire pendant quelques minutes, ou jusqu'à ce que les épis soient légèrement dorés. Servir immédiatement.

LES PETITS POIS

PRÉPARATION

Laver les petits pois et les écosser au moment de la cuisson. Si on désire les préparer à l'avance, envelopper les pois écossés dans un linge mouillé et les garder dans un endroit frais jusqu'au moment de la cuisson. Il faut procéder de la sorte, car les pois frais sèchent facilement et ont tendance à durcir.

Petits pois à la française

MÉTHODE DE CUISSON TYPE
Mettre les pois dans une casse-role. Ajouter de l'eau bouillante jusqu'à ce qu'il y en ait 2,5 cm (1 po) dans le fond de la casse-role. Ajouter une pincée de sucre et saler. Couvrir et faire bouillir à gros bouillons de 10 à 20 minutes.

PETITS POIS EN POT

900 g (2 lb) de petits pois
15 mL (1 c. à soupe) de beurre
2 mL (½ c. à thé) de sucre
6 feuilles de menthe fraîche
(au goût)

🥄 Mettre les pois écossés dans un pot de verre assez grand, muni d'un couvercle hermétique. Ajouter le reste des ingrédients.
🥄 Bien fermer le pot et mettre dans une casserole d'eau tiède. Couvrir et porter à ébullition. Cuire à feu assez vif pendant une heure.

🥄 Déposer les petits pois dans un légumier. Servir.

PETITS POIS À LA FRANÇAISE

500 à 900 g (1 à 2 lb) de petits pois, écossés
1 pomme de laitue, ciselée
5 mL (1 c. à thé) de sucre
30 mL (2 c. à soupe) de beurre
4 à 6 petits oignons

🥄 Mettre les petits pois, la laitue, le sucre, le beurre et les oignons dans une casserole. Ajouter suffisamment d'eau bouillante pour recouvrir le tout.
🥄 Couvrir et cuire à feu vif de 20 à 30 minutes. Égoutter. Servir.

PETITS POIS AU BACON

4 tranches de bacon
4 oignons verts, hachés finement

30 mL (2 c. à soupe) de farine
2 mL (½ c. à thé) de sel
1 pincée de poivre
1 pincée de sucre
250 mL (1 tasse) de consommé
ou de crème à 10 %
2 paquets de petits pois congelés

🍂 Dans un poêlon, faire frire le bacon et les oignons verts. Couper le bacon en petits morceaux. Enlever le gras du poêlon sauf 30 mL (2 c. à soupe). Mettre la farine, le sel, le poivre et le sucre dans le poêlon. Bien mélanger et ajouter le consommé. Cuire, en brassant sans arrêt, jusqu'à ce que le mélange ait la consistance d'une sauce crémeuse.
🍂 Ajouter les petits pois, non décongelés. Couvrir et faire mijoter à feu moyen pendant 10 minutes. Servir.
🍂 On peut remplacer les petits pois congelés par des petits pois frais. Dans ce cas, faire mijoter pendant 20 minutes.

PETITS POIS À LA MODE PRINTANIÈRE

900 g (2 lb) de petits pois
6 petites carottes nouvelles
12 petits oignons ou oignons verts
1 laitue
12 petites pommes de terre nouvelles
60 mL (4 c. à soupe) de beurre
30 mL (2 c. à soupe) de farine
5 mL (1 c. à thé) de sucre
sel et poivre, au goût
250 mL (1 tasse) de consommé
125 mL (½ tasse) de crème à 10 %

🍂 Écosser les petits pois. Brosser les carottes et les couper en tranches minces. Peler les oignons.

Laver la laitue et la défaire en feuilles. Brosser les pommes de terre.
🍂 Dans une casserole, faire fondre le beurre et y ajouter la farine et le sucre. Saler et poivrer. Bien mélanger. Ajouter le consommé et la crème. Porter à ébullition, en brassant, jusqu'à ce que le mélange épaississe.
🍂 Ajouter les feuilles de laitue, les oignons, les pommes de terre, les carottes et les petits pois. Couvrir et faire mijoter pendant 30 minutes, ou jusqu'à ce que les légumes soient cuits.

PETITS POIS AU RIZ

175 mL (¾ tasse) de riz non cuit
500 g (1 lb) de petits pois, écossés
1 carotte, coupée en petits dés
1 pincée de thym
1 mL (¼ c. à thé) de basilic
2 mL (½ c. à thé) de sucre
5 mL (1 c. à thé) de sel
500 mL (2 tasses) d'eau, de consommé ou de lait
15 mL (1 c. à soupe) de beurre, coupé en petits dés
30 mL (2 c. à soupe) de persil haché finement

🍂 Dans une casserole, mettre le riz, les petits pois, la carotte, le thym, le basilic, le sucre, le sel et l'eau. Porter à ébullition. Couvrir et laisser mijoter pendant 20 minutes à feu doux ou jusqu'à ce que l'eau soit complètement absorbée et que les pois soient tendres.
🍂 Verser dans un légumier chaud. Parsemer de beurre et de persil.

LES HARICOTS VERTS ET LES HARICOTS BEURRE

PRÉPARATION
Laver et équeuter les haricots. Enlever les fils si nécessaire.
🍂 Si vous les préparez plusieurs heures avant la cuisson, envelopper les haricots dans un papier ciré et les garder au réfrigérateur. Les haricots verts et les haricots beurre se préparent de la même manière.

MÉTHODE DE CUISSON TYPE
Mettre les haricots dans une casserole. Ajouter suffisamment d'eau bouillante pour remplir la moitié de la casserole. Saupoudrer 2 mL (½ c. à thé) de sel.
🍂 Couvrir et faire bouillir à feu vif de 15 à 20 minutes, selon la grosseur des haricots.

CUISSON À L'AUTOCUISEUR
Mettre les haricots sur la claie de l'autocuiseur. Ajouter 50 mL (¼ tasse) d'eau. Saler. Bien fermer l'autocuiseur et faire monter la pression. Cuire pendant 4 ou 5 minutes, selon la grosseur des haricots. Réduire rapidement la pression. Servir.

SALADE DE HARICOTS VERTS

500 g (1 lb) de haricots verts
1 pincée de sarriette
vinaigrette, au choix
2 œufs durs
45 mL (3 c. à soupe) d'amandes salées et effilées

🍂 Faire cuire les haricots verts avec la sarriette jusqu'à ce qu'ils soient tendres mais croquants.

Égoutter les haricots et les passer sous l'eau froide jusqu'à ce qu'ils soient bien refroidis. Éponger avec un essuie-tout.

🍂 Arroser les haricots de vinaigrette et bien mélanger. Mettre dans un saladier. Disposer les œufs coupés en quartiers sur le pourtour du saladier. Pour décorer, mettre les amandes effilées au centre de la salade.

HARICOTS À LA TOURANGELLE

500 g (1 lb) de haricots verts
5 mL (1 c. à thé) de beurre
5 mL (1 c. à thé) de farine
125 mL (½ tasse) de lait
1 gousse d'ail, hachée finement
125 mL (½ tasse) de persil haché finement
sel et poivre, au goût

🍂 Nettoyer et faire cuire les haricots selon la *Méthode de cuisson type* (voir page 412).

🍂 Dans un poêlon, faire fondre le beurre et y ajouter la farine et le lait pour préparer une sauce blanche. Brasser jusqu'à ce que le mélange soit crémeux. Ajouter l'ail et le persil. Saler et poivrer. Laisser mijoter pendant quelques minutes.

🍂 Napper les haricots de cette sauce. Servir.

HARICOTS À L'AMÉRICAINE

1 L (4 tasses) de haricots verts cuits
45 mL (3 c. à soupe) de beurre ou de gras de bacon
1 oignon moyen, haché finement
75 mL (⅓ tasse) de sauce chili
sel et poivre, au goût

🍂 Couper les haricots en morceaux de 2,5 cm (1 po) de longueur. Dans un poêlon, faire fondre le beurre et y faire dorer l'oignon.

🍂 Ajouter la sauce chili et bien mélanger. Ajouter les haricots et brasser le tout. Faire mijoter pendant quelques minutes. Saler et poivrer. Servir.

HARICOTS EN SALADE

500 g (1 lb) de haricots verts ou beurre
3 oignons verts, hachés finement
50 mL (¼ tasse) de vinaigrette
1 laitue

🍂 Couper les haricots en biais et les faire cuire jusqu'à ce qu'ils soient tendres mais croquants. Bien égoutter. Ajouter les oignons verts et la vinaigrette. Bien mélanger. Servir sur un lit de laitue.

🍂 Pour varier, ajouter soit 250 mL (1 tasse) de radis coupés en tranches minces, soit 125 mL (½ tasse) de fromage râpé ou alors 2 œufs durs.

HARICOTS À L'ALLEMANDE

500 g (1 lb) de haricots verts ou beurre
1 pincée de sarriette
15 mL (1 c. à soupe) de jus de citron
30 mL (2 c. à soupe) d'aneth frais haché
45 mL (3 c. à soupe) de beurre
sel et poivre, au goût

🍂 Faire cuire les haricots avec la sarriette. Bien égoutter. Ajouter le jus de citron, l'aneth et le beurre. Faire mijoter à feu doux pendant quelques minutes. Saler et poivrer. Servir.

Haricots à l'américaine

[413]

Haricots verts à la niçoise

HARICOTS VERTS À L'ORIENTALE

500 g (1 lb) de haricots verts
2 tranches de bacon,
coupées en dés
1 oignon, haché finement
30 mL (2 c. à soupe) de vinaigre
de cidre
5 mL (1 c. à thé) de sucre
15 mL (1 c. à soupe) de persil
haché finement
sel et poivre, au goût

🍂 Faire cuire les haricots selon la *Méthode de cuisson type* (voir page 412). Égoutter. Réserver l'eau de cuisson.

🍂 Faire frire le bacon. Ajouter l'oignon et le faire dorer légèrement. Ajouter l'eau de cuisson réservée. Faire bouillir à feu vif jusqu'à ce qu'il ne reste plus que 50 mL (¼ tasse) de liquide.

🍂 Ajouter le vinaigre, le sucre et le persil. Faire mijoter pendant 5 minutes. Ajouter les haricots. Poursuivre la cuisson jusqu'à ce que les haricots soient chauds. Saler et poivrer. Servir.

HARICOTS VERTS À LA NIÇOISE

50 mL (¼ tasse) d'huile d'olive
1 gros oignon, haché finement
1 gousse d'ail, hachée finement
½ poivron vert, coupé
en petits dés
375 mL (1½ tasse) de tomates
fraîches pelées et coupées en dés
5 mL (1 c. à thé) de sel
1 mL (¼ c. à thé) de poivre
1 feuille de laurier
750 g (1½ lb) de haricots verts
1 mL (¼ c. à thé) de sucre
30 mL (2 c. à soupe) de persil
haché finement

🍂 Faire chauffer l'huile et y faire dorer l'oignon, l'ail et le poivron vert. Ajouter les tomates, le sel, le poivre et le laurier. Porter à ébullition et laisser mijoter pendant 10 minutes.

🍂 Couper les haricots en morceaux de 2,5 cm (1 po) et les ajouter au mélange de tomates. Ajouter ensuite le sucre et le persil. Couvrir et cuire à feu doux pendant 25 minutes.

HARICOTS BEURRE AUX TOMATES

1 oignon, haché finement
1 gousse d'ail, hachée finement
45 mL (3 c. à soupe) d'huile
d'olive
250 mL (1 tasse) de tomates
en conserve
2 mL (½ c. à thé) de sel
5 mL (1 c. à thé) de sucre
1 mL (¼ c. à thé) d'origan
1 feuille de laurier
500 g (1 lb) de haricots beurre
sel et poivre, au goût

🍂 Faire frire l'oignon et l'ail dans l'huile. Ajouter les tomates, le sel, le sucre, l'origan et le laurier. Porter à ébullition et laisser mijoter pendant 20 minutes.

🍂 Laver, équeuter et couper les haricots en morceaux de 2,5 cm (1 po). Ajouter au mélange de tomates. Couvrir et laisser mijoter pendant environ 30 minutes, ou jusqu'à ce que les haricots soient tendres. Saler et poivrer.

🍂 On peut remplacer les haricots frais par 1 ou 2 paquets de haricots congelés. Ne pas décongeler les haricots et les ajouter au mélange de tomates. Laisser mijoter pendant environ 30 minutes.

HARICOTS EN SALADE, À LA POLONAISE

750 g (1½ lb) de haricots verts
ou beurre
75 mL (⅓ tasse) d'eau
15 mL (1 c. à soupe) d'huile
d'olive
1 pincée de sarriette
1 oignon vert, haché finement
2 mL (½ c. à thé) de sucre
1 œuf dur, râpé
125 mL (½ tasse) de vinaigrette
(au choix)

🦐 Mettre les haricots dans un poêlon. Ajouter l'eau, l'huile, la sarriette, l'oignon vert et le sucre. Porter à ébullition. Couvrir et faire cuire à feu doux pendant environ 20 minutes, ou jusqu'à ce que les haricots soient tendres mais croquants et que l'eau soit presque complètement évaporée. Égoutter. Laisser refroidir.

🦐 Mélanger l'œuf râpé avec la vinaigrette. Ajouter aux haricots tièdes et mélanger. Servir. Ne pas réfrigérer car l'huile figera et les haricots durciront.

HARICOTS VERTS À L'ARMÉNIENNE

🦐 Faire sauter 250 mL (1 tasse) d'oignons coupés en petits dés dans 50 mL (¼ tasse) d'huile d'olive, jusqu'à ce qu'ils soient tendres mais non dorés. Couper 500 g (1 lb) de haricots verts en biais. Ajouter aux oignons. Ajouter ensuite 250 mL (1 tasse) de tomates en boîte égouttées, 5 mL (1 c. à thé) de sucre, 5 mL (1 c. à thé) de sel et 1 mL (¼ c. à thé) de sarriette ou d'origan. Laisser mijoter pendant 30 minutes, sans laisser bouillir. Les hari-

cots resteront verts et croquants. Servir avec des œufs brouillés ou pochés.

🦐 Pour relever le goût des haricots, ajouter des amandes grillées, du persil ou de la ciboulette ou encore de la marjolaine fraîche, de la muscade, de la moutarde ou de la sauce chili.

VARIANTES

🦐 Ajouter des petits pois, des lanières de carottes, des haricots de Lima ou encore des tranches de champignons sautés.

LES HARICOTS DE LIMA

PRÉPARATION

Écosser les haricots de Lima frais au moment de la cuisson. Rincer à l'eau froide. Si vous écossez les haricots à l'avance, ils auront tendance à durcir en cours de cuisson.

🦐 Avant de faire cuire les haricots de Lima secs, les faire tremper dans de l'eau froide pendant 1 heure.

MÉTHODE DE CUISSON TYPE

HARICOTS DE LIMA FRAIS
Écosser les haricots et les mettre dans une casserole. Ajouter suffisamment d'eau bouillante pour remplir la moitié de la casserole. Porter à ébullition. Couvrir et laisser mijoter à feu doux de 20 à 30 minutes.

HARICOTS DE LIMA SECS
Pour 250 mL (1 tasse) de haricots secs, porter à ébullition 1 L (4 tasses) d'eau. Ne pas saler. Ajouter les haricots de Lima ayant préalablement trempé dans l'eau. Faire mijoter de 1½ à 2 heures. Une demi-heure avant

la fin de la cuisson, ajouter 5 mL (1 c. à thé) de sel. Égoutter. L'eau de cuisson est excellente pour préparer des soupes, des sauces ou encore pour diluer les soupes en boîte.

HARICOTS DE LIMA CONGELÉS
🦐 Mettre un paquet de haricots de Lima non décongelés dans une casserole. Recouvrir d'eau froide ou chaude. Ajouter une pincée de sucre. Couvrir et faire bouillir à feu moyen de 15 à 20 minutes.

COMMENT RELEVER LE GOÛT DES HARICOTS DE LIMA
La sarriette, la marjolaine et le laurier sont tout indiqués pour rehausser la saveur des haricots de Lima.

🦐 Les oignons, les tomates, les poivrons verts, la ciboulette et le persil se marient délicieusement aux haricots de Lima.

LES TOMATES

PRÉPARATION
Pour peler les tomates, les mettre dans un plat et les ébouillanter. Laisser tremper pendant 2 ou 3 minutes, enlever la peau en commençant par le côté opposé à la queue.

🦐 Presser délicatement les tomates cuites pour faire sortir les graines et l'eau. Pour toutes les recettes à base de tomates, ajouter du sucre pour qu'elles soient moins acides. Par exemple, si vous utilisez de 4 à 6 tomates, ajoutez 5 mL (1 c. à thé) de sucre.

🦐 Conserver les tomates au réfrigérateur. Servir les tomates crues à la température ambiante, elles seront plus savoureuses.

SALADE NIÇOISE

Servie en entrée ou pour le dîner, cette salade est un pur délice. Accompagnez la salade de pain français chaud et d'une tasse de thé. Utilisez des olives entières.

4 tomates
1 poivron vert
3 oignons verts ou 1 petit oignon
125 mL (½ tasse) d'olives noires
125 mL (½ tasse) de thon défait en morceaux
vinaigrette à l'huile et au vinaigre
2 œufs durs

🐚 Trancher les tomates. Épépiner le poivron vert et le couper en lanières. Hacher les oignons verts. Mélanger les tomates avec le poivron, les oignons verts, les olives et le thon. Arroser de vinaigrette et mélanger délicatement. Servir la salade dans un plat tapissé de laitue. Garnir des œufs coupés en quatre.

TOMATE PARISIENNE

Voici une collation nutritive et simple à préparer. Pour varier, ajoutez un peu de concombre coupé en dés. Accompagnez de craquelins non beurrés, si désiré.

1 tomate
1 pomme de terre, cuite et coupée en dés
1 oignon vert, haché
quelques olives noires ou vertes, hachées
1 pincée de basilic
10 mL (2 c. à thé) de mayonnaise
2 mL (½ c. à thé) de vinaigre ou de jus de citron
sel et poivre, au goût

🐚 Couper une fine tranche sur le dessus de la tomate. Enlever un peu de pulpe et la mettre dans un bol. Ajouter la pomme de terre, l'oignon vert, les olives, le basilic, la mayonnaise et le vinaigre. Saler et poivrer. Mélanger et farcir la tomate de ce mélange. Servir sur une feuille de laitue.

TOMATES GRILLÉES À LA SAVOY

4 à 6 tomates
45 mL (3 c. à soupe) de beurre
5 mL (1 c. à thé) de moutarde en poudre
1 jaune d'œuf

🐚 Couper les tomates en deux et les saler. Mettre dans une assiette, côté coupé vers le bas. Laisser dégorger pendant 20 minutes.
🐚 Défaire le beurre en crème avec la moutarde en poudre et le jaune d'œuf.
🐚 Égoutter et frotter chaque tomate d'un peu de sucre. Étendre un peu du mélange de beurre sur le côté coupé des tomates. Mettre les tomates dans un poêlon, côté coupé vers le fond. Faire cuire à feu doux pendant 20 minutes, sans retourner.
🐚 Retirer les tomates du poêlon à l'aide d'une spatule. Servir.
🐚 La pâte dorée qui recouvre les tomates leur donne un goût tout à fait exquis.

TOMATES FARCIES AUX CHAMPIGNONS GRILLÉS

60 mL (4 c. à soupe) de beurre
250 g (½ lb) de champignons, hachés
250 mL (1 tasse) de sauce aux tomates
1 jaune d'œuf, battu
1 pincée de thym
5 mL (1 c. à thé) de sel
1 pincée de poivre
6 tomates, évidées

Tomates farcies aux champignons grillés

❦ TECHNIQUE ❦

TOMATES FARCIES AUX CHAMPIGNONS GRILLÉS

1 Évider les tomates.

2 Faire griller les champignons dans le beurre.

3 Ajouter la sauce aux tomates, le jaune d'œuf battu, le thym, le sel et le poivre.

4 Farcir les tomates.

15 mL (1 c. à soupe) de
chapelure
15 mL (1 c. à soupe) de beurre

🔹 Dans un poêlon, faire fondre le beurre et y faire cuire les champignons jusqu'à ce qu'ils soient légèrement grillés.

🔹 Ajouter la sauce aux tomates, le jaune d'œuf battu, le thym, le sel et le poivre. Bien mélanger.

🔹 Farcir les tomates de ce mélange. Recouvrir chaque tomate d'un peu de chapelure et d'un petit morceau de beurre. Cuire au four à 200°C (400°F) de 20 à 30 minutes. Servir avec du poulet rôti.

TOMATES À LA PROVENÇALE

12 tomates
45 à 75 mL (3 à 5 c. à soupe) d'huile d'arachide
ou d'huile d'olive
2 à 3 gousses d'ail, hachées finement
30 mL (2 c. à soupe) de persil haché finement
1 mL (¼ c. à thé) de thym
15 mL (1 c. à soupe) de sucre
2 mL (½ c. à thé) de sel
1 mL (¼ c. à thé) de poivre

🔹 Peler les tomates et les presser délicatement pour en extraire l'eau et les graines. Couper en morceaux.

🔹 Mettre le reste des ingrédients dans une casserole de fonte émaillée. Chauffer pendant quelques minutes. Ajouter les tomates. Couvrir et cuire à feu doux pendant 1 heure. Rectifier l'assaisonnement. Servir.

TOMATES AU BEURRE

900 g (2 lb) de tomates bien fermes
60 mL (4 c. à soupe) de beurre
15 mL (1 c. à soupe) de sucre
2 mL (½ c. à thé) de poivre
1 pincée de thym ou
de marjolaine

🔹 Peler les tomates et les presser délicatement pour en extraire l'eau et les graines. Couper chaque tomate en quatre.

🔹 Dans un poêlon, faire fondre le beurre et y ajouter les morceaux de tomates en les disposant côte à côte. Ajouter le sucre, le poivre et le thym. Cuire à feu moyen, en brassant sans arrêt, de 3 à 4 minutes, ou jusqu'à ce que les tomates soient chaudes, mais non défaites. Servir immédiatement.

TOMATES À L'INDIENNE

900 g (2 lb) de tomates
45 mL (3 c. à soupe) d'huile d'olive ou de beurre
10 mL (2 c. à thé) de cari
2 gros oignons, coupés
en tranches
1 gousse d'ail, hachée finement
5 mL (1 c. à thé) de sel
5 mL (1 c. à thé) de sucre
50 mL (¼ tasse) d'eau

🔹 Laver les tomates et les couper en quartiers.

🔹 Faire chauffer l'huile et y ajouter le cari. Bien mélanger. Ajouter le reste des ingrédients. Porter à ébullition. Incorporer les tomates. Couvrir et faire bouillir à feu moyen pendant 15 minutes, ou jusqu'à ce que le mélange ait la consistance d'une sauce.

TOMATES GRILLÉES

4 grosses tomates fermes
5 mL (1 c. à thé) de sel
1 mL (¼ c. à thé) de poivre
15 mL (1 c. à soupe) de sucre
60 mL (4 c. à soupe) d'oignon haché
30 mL (2 c. à soupe) de persil haché finement
30 mL (2 c. à soupe) de beurre

🔹 Couper les tomates en deux horizontalement.

🔹 Saupoudrer le sel, le poivre et le sucre sur chaque moitié de tomate. Répartir l'oignon et le persil. Déposer sur une grille, sur une plaque à biscuits ou dans un moule à tarte.

🔹 Mettre une noisette de beurre sur chaque moitié de tomate. Faire griller à approximativement 15 cm (5 à 6 po) de la source de chaleur pendant environ 10 minutes, ou cuire au four à 230°C (450°F) pendant 10 minutes.

TOMATES CONGELÉES

Quand la saison des tomates bat son plein, pourquoi ne pas en profiter pour en congeler? Les tomates congelées vous permettront de concocter de bons petits plats à base de tomates pendant tout l'hiver. Il est préférable de ne pas congeler les tomates entières.

1,8 kg (4 lb) de tomates mûres
4 oignons moyens, hachés finement
2 clous de girofle
30 mL (2 c. à soupe) de sucre
2 mL (½ c. à thé) de thym
2 feuilles de laurier
1 poignée de persil

30 mL (2 c. à soupe) de pâte
de tomates
30 mL (2 c. à soupe) de beurre

🐚 Couper les tomates en quartiers et les mettre dans une casserole. Ajouter les oignons, les clous de girofle, le sucre, le thym, le laurier et le persil. Porter à ébullition en brassant. Faire bouillir à feu moyen, à découvert, pendant 25 minutes. Passer au tamis. Remettre sur le feu. Ajouter la pâte de tomates et le beurre. Brasser jusqu'à ce que la préparation commence à bouillir. Verser dans un contenant. Laisser refroidir et congeler.

🐚 Utiliser dans toutes les recettes qui requièrent de la sauce aux tomates.

VARIANTE

🐚 Ajouter 125 mL (½ tasse) de craquelins émiettés à 500 mL (2 tasses) de tomates congelées. Réchauffer.

TOMATES EN SALADE

Rafraîchissante à souhait, cette salade est à son meilleur en plein cœur de l'été lorsque les tomates sont fermes et juteuses. Pour que votre salade soit plus savoureuse, réfrigérez les tomates de 8 à 9 heures.

5 ou 6 grosses tomates mûres
1 laitue Boston
30 mL (2 c. à soupe)
de ciboulette hachée finement
ou 3 oignons verts, hachés
finement
75 mL (⅓ tasse) de persil haché

🐚 Mettre les tomates dans un bol et les recouvrir d'eau bouillante.

Tomates farcies

Laisser reposer pendant 5 minutes. Placer dans un bol d'eau glacée. Peler et couper en tranches épaisses.

🐚 Laver la laitue. Foncer un bol peu profond des feuilles de laitue et y disposer les tomates en cercle, en deux ou trois rangées. Mélanger la ciboulette avec le persil. Saupoudrer sur les tomates. Couvrir et réfrigérer jusqu'au moment de servir.

TOMATES FARCIES

Savoureuses, appétissantes et nutritives, ces tomates farcies se servent en toute occasion.

6 tomates moyennes
500 mL (2 tasses) de fromage cottage
50 mL (¼ tasse) de mayonnaise
50 mL (¼ tasse) de céleri coupé en dés
75 mL (⅓ tasse) de feuilles de céleri hachées

2 à 3 oignons verts, hachés finement
50 mL (¼ tasse) de noix de Grenoble ou d'amandes hachées

🐚 Couper une fine tranche sur le dessus des tomates et les évider. Mettre les tomates sur une assiette, côté coupé vers le bas.

🐚 Avec une fourchette, mélanger le fromage cottage, la mayonnaise, le céleri, les feuilles de céleri, les oignons verts et les noix de Grenoble. Couvrir et réfrigérer.

🐚 Remplir les tomates du mélange de fromage. Déposer sur une assiette tapissée de laitue. Arroser de vinaigrette légère.

TOMATES FARCIES MINCEUR

6 tomates moyennes
30 mL (2 c. à soupe) de beurre
1 petit oignon, râpé
250 mL (1 tasse) de mie de pain

[419]

Aubergine à la provençale

5 mL (1 c. à thé) de sucre
2 mL (½ c. à thé) de sel
1 mL (¼ c. à thé) de poivre
1 mL (¼ c. à thé) de marjolaine
2 jaunes d'œuf, battus
15 mL (1 c. à soupe) de persil
haché finement

🍂 Couper une fine tranche sur le dessus des tomates. Évider avec une petite cuiller. Passer la pulpe au tamis. Réserver.

🍂 Dans une casserole, faire fondre le beurre et y ajouter l'oignon, la mie de pain, la pulpe des tomates, le sucre, le sel, le poivre et la marjolaine. Faire cuire le tout pendant quelques minutes. Incorporer les jaunes d'œufs et le persil.

🍂 Farcir les tomates de ce mélange et cuire au four à 200°C (400°F) de 30 à 40 minutes.

TOMATES EN CRÈME

Voici une recette facile à faire qui se prépare en un rien de temps.

Pour que les tomates soient parfaitement réussies, il faut les faire cuire lentement et longtemps. Il n'est pas nécessaire de brasser en cours de cuisson. Ces tomates se conservent jusqu'à une semaine au réfrigérateur.

1 boîte de 800 mL (28 oz)
de tomates entières, pelées
2 tranches de pain épaisses et
sans croûte
15 mL (1 c. à soupe) de beurre
1 oignon, haché finement
15 mL (1 c. à soupe) de sucre
5 mL (1 c. à thé) de sel
1 mL (¼ c. à thé) de poivre
1 feuille de laurier, écrasée
1 mL (¼ c. à thé) de thym
persil, au goût

🍂 Acheter de préférence des tomates italiennes ou bulgares. Sinon, utiliser des tomates de votre choix. Il faudra alors prolonger la cuisson de 15 à 20 minutes.

🍂 Faire griller le pain au four à 150°C (300°F) jusqu'à ce qu'il soit doré et croustillant. Laisser refroidir.

🍂 Dans une casserole, faire fondre le beurre et y ajouter l'oignon. Cuire à feu doux, en remuant, jusqu'à ce que l'oignon ait ramolli. Éviter de faire dorer. Ajouter les tomates, le sucre, le sel et le poivre. Défaire le pain grillé en petits morceaux et l'ajouter aux tomates. Faire mijoter à feu doux, à découvert, pendant une heure.

🍂 Ajouter le laurier, le thym et le persil. Brasser et poursuivre la cuisson de 40 à 60 minutes. Servir. Les tomates sont prêtes lorsque le mélange devient épais et crémeux.

TOMATES AU FOUR

45 mL (3 c. à soupe) de beurre
1 gros oignon, haché finement
500 mL (2 tasses) de mie de pain
2 mL (½ c. à thé) de sucre
5 mL (1 c. à thé) de sel
1 mL (¼ c. à thé) de poivre
2 mL (½ c. à thé) de basilic
ou de thym
875 mL (3½ tasses) de tomates
en boîte
15 mL (1 c. à soupe) de beurre,
fondu

🍂 Dans un poêlon, faire fondre le beurre et y cuire l'oignon jusqu'à ce qu'il soit bien doré. Ajouter la mie de pain, le sucre, le sel, le poivre et le basilic.

🍂 Disposer les tomates et le mélange de mie de pain en couches successives dans une casserole beurrée. Arroser du beurre fondu. Cuire au four à 190°C (375°F) pendant 45 minutes.

Tomates vertes à l'ancienne

60 mL (4 c. à soupe) de beurre
5 à 8 tomates vertes, coupées
en tranches épaisses
4 oignons, coupés en tranches
épaisses
3 pommes, pelées et coupées
en tranches
5 mL (1 c. à thé) de sel
2 mL (½ c. à thé) de poivre
1 clou de girofle
2 mL (½ c. à thé) de cannelle
moulue
2 mL (½ c. à thé) de moutarde
en poudre
15 mL (1 c. à soupe) de sucre
125 mL (½ tasse) d'eau

🖜 Dans un poêlon, faire fondre le beurre et y ajouter le reste des ingrédients, sauf l'eau. Bien mélanger. Couvrir et laisser mijoter pendant 20 minutes.

🖜 Ajouter l'eau et faire cuire pendant environ 1 heure, ou jusqu'à ce que la préparation soit assez épaisse.

L'AUBERGINE

PRÉPARATION

Il existe de nombreuses recettes d'aubergines toutes aussi délicieuses les unes que les autres. Qu'elles soient cuites à la vapeur, gratinées ou frites, on doit les faire dégorger avant de les faire cuire. Elles seront alors plus savoureuses et croquantes. Pour faire dégorger les aubergines, les peler et les couper en rondelles ou en gros dés. Saupoudrer de gros sel et laisser dégorger pendant 30 minutes. Rincer à l'eau froide et bien assécher.

Aubergine à la provençale

1 aubergine moyenne
60 mL (4 c. à soupe) de beurre
30 mL (2 c. à soupe) de mie
de pain
15 mL (1 c. à soupe) de persil
frais
1 petite gousse d'ail, hachée
finement

🖜 Couper l'aubergine en rondelles, saler et laisser dégorger. Enfariner les rondelles d'aubergine. Faire fondre 45 mL (3 c. à soupe) de beurre et y faire cuire l'aubergine à feu moyen, de 4 à 5 minutes de chaque côté. Mettre dans un légumier.

🖜 Faire fondre le reste du beurre et y faire dorer la mie de pain avec le persil et l'ail. Cuire à feu doux, en brassant, pendant quelques minutes. Ajouter aux aubergines. Servir.

Aubergine nîmoise

1 aubergine moyenne
45 mL (3 c. à soupe) d'huile
d'olive
2 à 4 tomates, hachées
1 poivron vert, haché finement
2 gousses d'ail, écrasées
1 mL (¼ c. à thé) de basilic
persil, au goût
un peu de sucre

🖜 Couper l'aubergine en rondelles, saler et laisser dégorger. Enfariner les rondelles et les faire frire dans de l'huile.

🖜 Faire chauffer l'huile d'olive et y ajouter les tomates, le poivron vert, l'ail, le basilic, le persil et le sucre. Laisser mijoter jusqu'à ce que la préparation ait une belle

consistance. Ajouter les aubergines frites. Bien mélanger et servir.

Aubergine en crème

1 aubergine moyenne
30 mL (2 c. à soupe) de beurre
15 mL (1 c. à soupe) d'huile
d'olive
1 oignon, coupé en tranches
minces
4 champignons, coupés
en tranches
2 tomates, pelées et hachées
2 tranches de bacon, coupées en
petits morceaux
1 pincée de sucre
2 mL (½ c. à thé) de sel
1 mL (¼ c. à thé) de poivre
2 mL (½ c. à thé) de marjolaine
30 mL (2 c. à soupe) de crème
à 35 %

🖜 Peler l'aubergine et la couper en tranches de 1 cm (½ po) d'épaisseur.

🖜 Dans un grand poêlon, faire chauffer le beurre et l'huile et y faire dorer l'oignon. Ajouter les tranches d'aubergine et les champignons. Cuire à feu moyen jusqu'à ce que l'aubergine commence à devenir tendre.

🖜 Ajouter les tomates, le bacon, le sucre, le sel, le poivre et la marjolaine. Poursuivre la cuisson jusqu'à ce que l'aubergine soit tendre. Cuire ensuite à feu vif jusqu'à ce que le liquide soit évaporé et que la préparation soit crémeuse. Incorporer la crème. Rectifier l'assaisonnement. Servir.

Purée d'aubergine

1 aubergine moyenne
5 mL (1 c. à thé) de sel

1 mL (¼ c. à thé) de poivre
2 œufs durs
50 mL (¼ tasse) de mayonnaise
jus de ½ citron

🍂 Essuyer l'aubergine avec un linge humide et la mettre dans un moule à tarte. Cuire au four à 160°C (325°F) pendant 1 heure.

🍂 Peler l'aubergine et l'écraser avec une fourchette. Ajouter le reste des ingrédients et bien mélanger.

🍂 Servir en salade ou comme hors-d'œuvre.

🍂 La purée d'aubergine n'a pas besoin d'être réduite en purée très lisse.

AUBERGINE FARCIE

1 aubergine
45 mL (3 c. à soupe) d'huile d'olive
125 g (¼ lb) de champignons, hachés
1 gousse d'ail

Aubergine farcie

6 oignons verts, hachés
4 tomates fraîches, pelées et hachées
45 mL (3 c. à soupe) de persil haché finement
thym, basilic, sel et poivre, au goût
125 mL (½ tasse) de chapelure
30 mL (2 c. à soupe) de beurre, fondu

🍂 Couper l'aubergine en deux dans le sens de la longueur. Évider avec une cuiller en prenant soin de ne pas briser la peau. Faire dégorger l'aubergine (voir *Préparation*, page précédente). Hacher la chair de l'aubergine.

🍂 Faire chauffer l'huile et y faire revenir les champignons, l'ail, les oignons verts et la chair de l'aubergine. Bien mélanger et ajouter les tomates, le persil et les assaisonnements. Faire mijoter de 10 à 20 minutes. Farcir les moitiés d'aubergine de ce mélange. Saupoudrer de chapelure et arroser du beurre fondu.

Faire gratiner dans un four chauffé à 200°C (400°F) pendant 20 minutes, ou jusqu'à ce que les aubergines soient bien dorées.

AUBERGINES FARCIES À LA TURQUE

🍂 Pour relever le goût des aubergines, les oignons, l'ail, les tomates, le thym et le vin rouge sont tout indiqués.

🍂 Faire chauffer 45 mL (3 c. à soupe) d'huile d'olive et y faire dorer légèrement 3 oignons coupés en fines tranches. Ajouter 500 g (1 lb) de tomates coupées en tranches. Saler et poivrer. Ajouter du thym au goût et 75 mL (⅓ tasse) de graines de sésame. Laisser mijoter jusqu'à ce que la préparation soit lisse et bien mélangée.

🍂 Entre-temps, couper 1 aubergine en deux dans le sens de la longueur. Mettre dans une casserole d'eau bouillante et faire cuire pendant 8 minutes. Égoutter. Évider l'aubergine.

🍂 Saupoudrer l'intérieur de sel et arroser de jus de citron.

🍂 Cuire la chair de l'aubergine dans 45 mL (3 c. à soupe) de beurre. Saler et poivrer. Étendre dans le fond de l'aubergine et recouvrir du mélange de tomates. Déposer dans une casserole huilée et cuire au four à 150°C (300°F), à découvert, pendant 1 heure. Ces aubergines sont délicieuses servies avec de l'agneau ou des grillades.

LES POIVRONS

PRÉPARATION
Qu'ils soient verts, jaunes ou rouges, les poivrons se préparent

❦ TECHNIQUE ❦

AUBERGINE FARCIE

1 Évider l'aubergine avec une cuiller.

2 Faire revenir dans l'huile les champignons, l'ail, les oignons verts et la chair de l'aubergine.

3 Ajouter les tomates et les assaisonnements.

4 Farcir les moitiés d'aubergine du mélange de champignons. Saupoudrer de chapelure et arroser du beurre fondu.

Poivrons verts farcis

tous de la même façon. Crus ou cuits, ils sont toujours délicieux. Laver, épépiner et enlever les membranes molles à l'intérieur des poivrons. Couper les poivrons en lanières ou en dés. Pour peler, piquer une fourchette dans la tige du poivron et le faire tourner au-dessus d'une flamme ou de l'élément de la cuisinière jusqu'à ce que la peau noircisse et s'enlève facilement avec un petit couteau ou encore cuire les poivrons au four à 260°C (500°F) pendant 20 minutes, puis peler.

POIVRONS VERTS À L'ITALIENNE

60 mL (4 c. à soupe) d'huile d'olive
1 gros oignon, haché
1 L (4 tasses) de poivrons verts hachés
1 boîte de 400 mL (14 oz) de tomates
5 mL (1 c. à thé) de sucre
1 mL (¼ c. à thé) de romarin
sel et poivre, au goût
30 mL (2 c. à soupe) de persil haché finement

❧ Dans un poêlon, faire chauffer l'huile et y faire dorer l'oignon. Ajouter les poivrons et le reste des ingrédients. Couvrir et faire mijoter pendant 20 minutes. Retirer le couvercle et laisser bouillir à feu vif jusqu'à ce que la préparation ait une belle consistance. Servir.

RAGOÛT DE POIVRONS VERTS À L'ACADIENNE

45 mL (3 c. à soupe) de gras de bacon
1 oignon, coupé en tranches
2 poivrons verts
4 grosses tomates vertes
15 mL (1 c. à soupe) de cassonade
1 mL (¼ c. à thé) de cannelle
2 clous de girofle
5 mL (1 c. à thé) de beurre

❧ Dans un poêlon, faire fondre le gras de bacon et y faire cuire l'oignon pendant 3 minutes. Laver les poivrons et les tomates et en enlever le cœur. Couper les poivrons et les tomates en 8 morceaux dans le sens de la longueur. Ajouter à l'oignon et mélanger. Ajouter ensuite la cassonade, la cannelle et les clous de girofle. Couvrir et laisser mijoter pendant 20 minutes, ou jusqu'à ce que les poivrons soient tendres. Ajouter le beurre. Assaisonner et servir.

POIVRONS VERTS FARCIS

4 poivrons verts
250 g (½ lb) de bœuf haché
125 mL (½ tasse) de crème à 35 %
125 mL (½ tasse) de mie de pain
1 œuf, battu
1 pincée de thym
sel et poivre, au goût
250 mL (1 tasse) de sauce aux tomates
125 mL (½ tasse) d'eau
2 mL (½ c. à thé) de basilic

❧ Peler les poivrons. Couper une tranche de 2,5 cm (1 po) d'épaisseur sur le dessus des poivrons et retirer les pépins, le cœur et les membranes.
❧ Mélanger le bœuf haché avec la crème, la mie de pain, l'œuf et le thym. Saler et poivrer. Farcir les poivrons de ce mélange et les déposer dans un plat.

🍂 Mélanger la sauce aux tomates avec l'eau et le basilic. Verser sur les poivrons. Couvrir et cuire au four à 200°C (400°F) pendant 1 heure, ou jusqu'à ce que les poivrons soient tendres.

🍂 On peut remplacer la farce au bœuf haché par une farce au thon et au céleri et la mie de pain par du riz. Dans ce cas, ajouter de l'oignon et de l'ail.

POIVRONS VERTS FARCIS AU JAMBON

4 poivrons verts
500 mL (2 tasses) d'eau bouillante
250 mL (1 tasse) de riz non cuit
1 oignon, haché finement
30 mL (2 c. à soupe) de beurre
2 mL (½ c. à thé) de sauge
175 mL (¾ tasse) d'eau
250 g (½ lb) de fromage, coupé en dés
250 mL (1 tasse) de jambon cuit coupé en dés
30 mL (2 c. à soupe) de persil haché finement

🍂 Couper les poivrons en deux dans le sens de la longueur. Épépiner. Cuire pendant 5 minutes dans l'eau bouillante. Réserver l'eau de cuisson.

🍂 Cuire le riz selon le mode de cuisson indiqué sur l'emballage.

🍂 Faire frire l'oignon dans le beurre jusqu'à ce qu'il soit doré. Ajouter la sauge et mélanger pendant quelques minutes. Retirer du feu et ajouter l'eau et le fromage. Bien mélanger. Ajouter le jambon, le riz et le persil. Assaisonner au goût.

🍂 Farcir les moitiés de poivrons de ce mélange et les déposer sur une grille placée dans un poêlon. Ajouter 375 mL (1½ tasse) de l'eau de cuisson des poivrons.

Couvrir et laisser mijoter de 15 à 20 minutes.

LES CONCOMBRES

La plupart du temps on mange les concombres crus. On oublie souvent combien ils peuvent être savoureux lorsqu'il sont cuits. Ils sont un vrai régal en crème, au riz, au beurre, à la provençale, frits, etc. De plus, ils font d'excellentes marinades.

PRÉPARATION

Choisir des concombres bien fermes, droits et pas trop gros. Ils sont meilleurs lorsqu'ils sont bien verts. Les concombres jaunes sont trop mûrs pour être mangés crus, il est préférable de les utiliser pour préparer des marinades.

🍂 Peler les concombres, si désiré. Enlever une tranche de 1 cm (½ po) d'épaisseur à chaque extrémité. Couper en rondelles, en bâtonnets ou en deux dans le sens de la longueur.

MÉTHODE DE CUISSON TYPE

Peler les concombres et les couper en quatre dans le sens de la longueur. Épépiner en utilisant une petite cuiller. Dans une casserole, préparer de l'eau bouillante salée et acidulée en ajoutant 2 mL (½ c. à thé) de sel et 30 mL (2 c. à soupe) de vinaigre pour 500 mL (2 tasses) d'eau. Mettre les concombres, couvrir et faire bouillir pendant 10 minutes. Bien égoutter. Servir avec une sauce blanche, du beurre, une sauce hollandaise, etc.

DÉGORGEMENT DES CONCOMBRES

Peler les concombres et les couper en dés, ou selon les besoins de la recette. Mettre dans un plat de verre. Saupoudrer de 5 mL (1 c. à thé) de sel par concombre moyen. Laisser dégorger pendant 1 heure. Enlever l'excédent d'eau accumulée. Bien assécher et cuire. Faire dégorger les concombres si la recette l'exige.

SALADE DE CONCOMBRES

4 petits concombres
125 mL (½ tasse) de crème aigre
30 mL (2 c. à soupe) de ciboulette ou d'oignon vert
5 mL (1 c. à thé) de vinaigre de cidre
poivre

🍂 Peler et couper les concombres en tranches très fines. Mettre sur une grande assiette et saler généreusement. Placer une autre assiette avec un poids sur les concombres. Laisser dégorger pendant 2 heures. Bien rincer à l'eau froide, assécher et réfrigérer jusqu'au moment de préparer la salade.

🍂 Ajouter le reste des ingrédients aux concombres. Bien mélanger et servir. Si désiré, remplacer la crème aigre par la vinaigrette de votre choix.

SALADE DE CONCOMBRES À L'ANCIENNE

Idéale pour les journées chaudes de l'été, cette salade de concombres est un frais régal.

3 concombres de grosseur moyenne
5 oignons verts
3 à 6 radis

7 mL (1½ c. à thé) de sel
50 mL (¼ tasse) de cidre
ou de vinaigre de vin
5 mL (1 c. à thé) de sucre
250 mL (1 tasse) de crème aigre

🍃 Peler et couper les concombres en tranches minces. Hacher les oignons verts et trancher les radis. Mélanger les concombres avec les oignons verts et les radis. Ajouter le sel. Couvrir et réfrigérer 4 à 5 heures.

🍃 Environ 20 minutes avant de servir, égoutter l'eau du mélange. Ajouter le cidre, le sucre et la crème aigre. Brasser et réfrigérer jusqu'au moment de servir.

SALADE DE CONCOMBRE EN GELÉE

175 mL (¾ tasse) d'eau
bouillante
1 sachet de gélatine à la lime
ou au citron
250 mL (1 tasse) de mayonnaise
60 à 90 g (2 à 3 oz) de fromage
à la crème (à la température
ambiante)
5 mL (1 c. à thé) de raifort
30 mL (2 c. à soupe) de jus
de citron
175 mL (¾ tasse) de concombre
non pelé et râpé (égoutté
et pressé)
50 mL (¼ tasse) d'oignons verts
hachés finement

🍃 Verser l'eau bouillante sur la gélatine jusqu'à ce que celle-ci soit dissoute. Laisser refroidir. Incorporer la mayonnaise, le fromage à la crème, le raifort et le jus de citron. Battre au mélangeur ou au batteur à main jusqu'à ce que la préparation soit lisse.

🍃 Réfrigérer jusqu'à ce que la préparation épaississe légèrement. Ajouter le concombre et les oignons verts. Verser dans un moule. Réfrigérer pendant 6 heures avant de servir.

CONCOMBRE EN SAUCE

1 gros concombre
30 mL (2 c. à soupe) de beurre
30 mL (2 c. à soupe) de farine
250 mL (1 tasse) de lait
1 pincée de marjolaine
15 mL (1 c. à soupe) de persil
haché finement
sel et poivre, au goût

🍃 Peler le concombre et le couper en tranches épaisses. Faire cuire selon la *Méthode de cuisson type* (voir page précédente). Égoutter et mettre dans un plat chaud.

🍃 Préparer une sauce blanche avec le beurre, la farine et le lait. Lorsque la sauce est lisse et crémeuse, ajouter la marjolaine et le persil. Saler et poivrer. Napper le concombre de cette sauce. Cuire au four à 230°C (450°F) pendant 10 minutes. Si désiré, parsemer 125 mL (½ tasse) de fromage râpé sur le concombre avant de le mettre au four.

CONCOMBRES AU RIZ

2 concombres
45 mL (3 c. à soupe) de beurre
15 mL (1 c. à soupe) d'huile
végétale
500 mL (2 tasses) de riz cuit
150 mL (⅔ tasse) de fromage râpé

🍃 Peler et couper les concombres en tranches de 1 cm (⅓ po) d'épaisseur.

🍃 Faire revenir les concombres dans le beurre et l'huile et y ajouter le riz et le fromage râpé. Mélanger avec une fourchette pendant quelques minutes. Servir.

CONCOMBRES À LA PROVENÇALE

2 concombres non pelés
30 mL (2 c. à soupe) de beurre
15 mL (1 c. à soupe) d'huile
végétale
4 oignons verts, hachés finement
2 gousses d'ail, hachées finement
3 tranches de bacon, coupées
en petits morceaux
4 tranches de salami, coupées
en bâtonnets (au goût)
30 mL (2 c. à soupe) de pâte de
tomates

🍃 Laver et couper les concombres en dés.

🍃 Faire chauffer le beurre avec l'huile et y faire dorer les oignons verts et l'ail. Ajouter le bacon, le salami et le concombre. Faire cuire à feu vif pendant 10 minutes. Ajouter la pâte de tomates et poursuivre la cuisson jusqu'à ce que les concombres soient tendres.

CONCOMBRES À LA CRÈME

3 petits concombres
175 mL (¾ tasse) de crème à 10 %
15 mL (1 c. à soupe) de farine
1 gousse d'ail, hachée finement
5 mL (1 c. à thé) de beurre
1 mL (¼ c. à thé) de poivre
45 mL (3 c. à soupe) de persil

🍃 Peler et couper les concombres en morceaux de 2,5 cm (1 po). Saler et laisser dégorger pendant

30 minutes. Rincer à l'eau froide et égoutter.

꙯Mettre les concombres et le reste des ingrédients dans une casserole. Cuire à feu moyen, à découvert, pendant 25 minutes, ou jusqu'à ce que la préparation soit crémeuse et que les concombres soient tendres. Rectifier l'assaisonnement. Servir.

CONCOMBRES PANÉS

3 concombres assez longs non pelés
45 mL (3 c. à soupe) de farine
45 mL (3 c. à soupe) de chapelure
3 mL (¾ c. à thé) de sel
poivre, au goût
1 pincée de cari
1 mL (¼ c. à thé) d'ail en poudre
50 mL (¼ tasse) d'huile végétale

꙯Laver les concombres, les couper en rondelles de 0,3 cm (⅛ po) d'épaisseur et les enrober de farine. Mélanger la chapelure, le sel, le poivre, le cari et l'ail en poudre. Enrober les tranches de concombres de ce mélange.
꙯Dans un poêlon, faire chauffer l'huile et y faire dorer les tranches de concombres de chaque côté, à feu moyen. Égoutter sur un essuie-tout. Servir immédiatement.

BEIGNETS DE CONCOMBRES

3 à 4 petits concombres
quelques graines de fenouil, au goût
sel, poivre, paprika
300 mL (1¼ tasse) de farine
10 mL (2 c. à thé) de levure chimique
1 œuf

Concombres à la provençale

150 mL (⅔ tasse) de lait
huile d'arachide

꙯Peler les concombres, les couper en deux dans le sens de la longueur, puis en morceaux de 5 cm (2 po). Épépiner.
꙯Écraser les graines de fenouil et les mélanger avec le sel, le poivre et le paprika. Enrober les morceaux de concombres de ce mélange. Laisser reposer pendant 20 minutes.
꙯Passer la farine et la levure chimique au tamis. Battre l'œuf avec le lait, la farine et la levure chimique jusqu'à ce que le mélange ait la consistance d'une pâte légère.
꙯Piquer les morceaux de concombres avec une fourchette et les tremper dans la pâte. Faire chauffer l'huile et y faire dorer les morceaux de concombres. Retourner les beignets une fois en cours de cuisson.
꙯Égoutter sur un essuie-tout. Servir chaud.

CONCOMBRES À LA CRÈME AIGRE

3 concombres moyens
7 mL (1½ c. à thé) de sel
50 mL (¼ tasse) de crème aigre
30 mL (2 c. à soupe) de jus de citron
15 mL (1 c. à soupe) d'oignon haché finement
30 mL (2 c. à soupe) de cornichons hachés
1 mL (¼ c. à thé) de sucre
1 pincée de poivre
7 mL (1½ c. à thé) de persil haché finement

꙯Peler et couper les concombres en tranches très fines. Saupoudrer de sel et bien mélanger. Réfrigérer pendant 1 heure. Égoutter et recouvrir les concombres de glaçons. Réfrigérer jusqu'au moment de servir.
꙯Égoutter les concombres. Mélanger la crème aigre, le jus de

Concombres braisés

citron, l'oignon, les cornichons, le sucre et le poivre. Ajouter les concombres. Bien mélanger. Servir bien frais sur un lit de laitue. Garnir du persil haché.

MOUSSE DE CONCOMBRES

1½ sachet de gélatine sans saveur
125 mL (½ tasse) d'eau froide
125 mL (½ tasse) de sucre
50 mL (¼ tasse) de jus de citron
125 mL (½ tasse) de vinaigre de vin
2 mL (½ c. à thé) de sel
500 mL (2 tasses) d'eau chaude
1 gros concombre non pelé, râpé
1 poivron vert, coupé en dés
1 oignon, haché finement
3 branches de céleri, coupées en dés
3 feuilles de chou vert, hachées finement

🍃 Saupoudrer la gélatine sur l'eau froide et laisser gonfler pendant 5 minutes.

🍃 Mélanger le sucre, le jus de citron, le vinaigre, le sel et l'eau chaude et porter à ébullition. Faire bouillir pendant 3 minutes. Dissoudre la gélatine dans ce liquide chaud. Réfrigérer jusqu'à ce que le mélange ait la consistance de blancs d'œufs.

🍃 Ajouter alors le concombre, le poivron vert, l'oignon, le céleri et le chou. Rectifier l'assaisonnement. Verser dans un moule huilé. Réfrigérer jusqu'à ce que la mousse soit prise.

🍃 Démouler sur une assiette tapissée de feuilles de laitue. Accompagner de homard à la mayonnaise [mélanger 250 mL (1 tasse) de mayonnaise avec 1 boîte de pâte de homard]. Servir.

CONCOMBRES CITRONNÉS

Les concombres citronnés accompagnent agréablement le saumon ou le homard bouilli, servi chaud ou froid.

🍃 Avec une fourchette, strier un concombre moyen, non pelé, dans le sens de la longueur. Enlever une tranche à chaque extrémité du concombre.

🍃 Couper le concombre en tranches minces, les mettre dans un bol et les recouvrir de glaçons. Réfrigérer de 2 à 3 heures.

🍃 Bien égoutter. Étendre sur un linge et éponger. Saler et poivrer. Arroser de jus de citron. Servir dans un bol en verre.

PURÉE DE CONCOMBRES

Vers la fin de l'été, les marchés regorgent de concombres frais. Malheureusement ils ne se congèlent pas entiers, il faut les réduire en purée. Avec un peu de jus de citron, de clous de girofle ou d'aneth, la purée de concombres sera plus savoureuse et relèvera le goût de vos vinaigrettes, de vos potages et de vos sauces. Vous pourrez également préparer de beaux aspics avec cette purée.

12 concombres
10 mL (2 c. à thé) de sel
125 mL (½ tasse) d'eau bouillante

🍃 Peler et couper les concombres dans le sens de la longueur. Épépiner et couper en tranches minces. Saupoudrer de sel. Mettre dans une casserole de métal à fond épais et ajouter l'eau bouillante. Porter à ébullition. Faire cuire, à découvert, pendant 10 minutes. Passer au tamis ou au robot culinaire pour les réduire en purée. Verser dans de petits récipients d'une capacité de 250 mL (1 tasse). Congeler.

CONCOMBRES BRAISÉS

4 petits concombres
45 mL (3 c. à soupe) de beurre
50 mL (¼ tasse) de consommé
1 pincée de poivre
10 mL (2 c. à thé) de persil
ou de ciboulette

🌢 Peler les concombres, les couper en deux dans le sens de la longueur et les épépiner.

🌢 Dans un poêlon, faire fondre le beurre et y faire dorer les concombres pendant 5 minutes. Ajouter le consommé et le poivre. Couvrir et cuire à feu doux pendant 5 minutes. Garnir du persil. Servir.

LA COURGE

La courge est une plante potagère qui compte de nombreuses variétés : le potiron, la citrouille, la courge giraumont (acorn squash), la courge musquée (butternut), la courgette, etc. Mais, à mon avis, ce sont les courgettes qui ont meilleur goût.

COURGE EN HORS-D'ŒUVRE
Peler une courge de votre choix et la couper en cubes ou en bâtonnets. Disposer en couches successives dans un pot de verre. Parsemer chaque couche de cannelle, de clous de girofle, de thym, de laurier et d'un peu de muscade râpée. Recouvrir de vinaigre blanc, bouilli et refroidi. Pour 500 mL (2 tasses) de vinaigre, ajouter 15 mL (1 c. à soupe) de sucre. Couvrir et laisser mariner de 10 à 12 jours au réfrigérateur.

COURGE EN SAUCE BLANCHE
Parer et couper la courge en cubes. Mettre dans une casserole d'eau bouillante salée et faire cuire pendant 2 minutes. Égoutter. Déposer dans un plat, saupoudrer de fromage râpé et de beurre fondu. Recouvrir de sauce blanche. Cuire au four à 190°C (375°F) pendant 20 minutes.

COURGE AU RIZ
Parer et couper la courge en cubes. Mettre dans une casserole d'eau bouillante salée et faire cuire pendant 2 minutes. Égoutter. Dans un plat, poser en couches successives la courge, du fromage et du riz cuit. Recouvrir de sauce blanche.

🌢 Cuire au four à 190°C (375°F) pendant 20 minutes.

COURGE AUX TOMATES
Préparer une bonne sauce aux tomates et y faire cuire les courges.

COURGE NATURE CUITE AU FOUR
Couper la courge en deux et enlever les graines. Badigeonner l'intérieur de beurre fondu. Saler et poivrer. Cuire au four à 200°C (400°F) pendant 40 minutes.

BEIGNETS AUX COURGES

1 L (4 tasses) de courge pelée et coupée en dés
2 mL (½ c. à thé) de graines de fenouil
2 mL (½ c. à thé) de sel
1 mL (¼ c. à thé) de poivre
5 mL (1 c. à thé) de sucre
250 mL (1 tasse) de crème ou de lait
2 œufs (blancs et jaunes séparés)

🌢 Mettre la courge, les graines de fenouil, le sel, le poivre et le sucre dans une casserole. Ajouter 125 mL (½ tasse) d'eau. Couvrir et cuire jusqu'à ce que la courge soit tendre. Bien égoutter.

🌢 Réduire la courge en purée. Ajouter la crème et les jaunes d'œufs. Bien mélanger. Ajouter de la farine jusqu'à ce que le mélange ait la consistance d'une pâte assez épaisse (la quantité de farine varie selon le genre de courge utilisée). Battre les blancs d'œufs en neige et les incorporer à la pâte.

🌢 Faire frire dans 5 cm (2 po) d'huile d'arachide. Laisser tomber la pâte par cuillerée et cuire jusqu'à ce que les beignets soient bien dorés. Égoutter sur un essuie-tout. Servir.

COURGE FARCIE

1 petite courge
500 g (1 lb) d'épinards
sel et poivre
1 pincée de muscade
15 mL (1 c. à soupe) de beurre
15 mL (1 c. à soupe) de fromage râpé
15 mL (1 c. à soupe) de persil haché finement
1 gousse d'ail, écrasée
50 mL (¼ tasse) de chapelure
50 mL (¼ tasse) d'huile végétale

🌢 Laver la courge. Couper une tranche sur le dessus de la courge dans le sens de la longueur. Enlever les filaments et les graines. Piquer la chair de la courge avec la pointe d'un couteau. Faire cuire à la vapeur pendant 30 minutes.

🖎 Faire cuire les épinards. Bien égoutter. Saler et poivrer. Ajouter la muscade, le beurre, le fromage râpé, le persil et l'ail. Bien mélanger.

🖎 Farcir la courge du mélange d'épinards. Mélanger la chapelure et l'huile. Badigeonner les épinards de ce mélange. Cuire au four à 190°C (375°F) pendant 30 minutes.

🖎 Si désiré, farcir la courge avec un reste de viande avant de mettre les épinards. Badigeonner la viande de ketchup.

COURGE À LA CANNELLE

1 petite courge giraumont
15 mL (1 c. à soupe) de beurre

Cœurs de céleri aux tomates

5 ml (1 c. à thé) de sucre
1 bonne pincée de cannelle
sel et poivre, au goût

🖎 Mettre la courge dans une casserole contenant 5 cm (2 po) d'eau chaude. Couvrir et cuire à feu très doux pendant 1 heure. Ajouter de l'eau au besoin.

🖎 Enlever une tranche sur le dessus de la courge. Écraser la chair avec une fourchette et ajouter le reste des ingrédients. Bien mélanger. Servir.

LES COURGETTES

Plus les courgettes sont petites, plus elles seront délicieuses.

PRÉPARATION

Ne pas peler les courgettes, les laver et enlever une tranche à chaque extrémité. Couper en deux dans le sens de la longueur ou en tranches de 0,5 cm (¼ po) d'épaisseur.

COURGETTES BOUILLIES

Saler et poivrer les courgettes et les mettre dans une casserole. Ajouter 45 mL (3 c. à soupe) d'eau chaude par courgette. Couvrir et faire bouillir à feu moyen pendant 10 minutes. Égoutter. Pour 3 courgettes, ajouter 15 mL (1 c. à soupe) de beurre ou de sauce à salade et 30 ml (2 c. à soupe) de jus de citron.

COURGETTES FRITES

Laver et couper les courgettes en tranches de 0,5 cm (¼ po) d'épaisseur. Enrober de farine assaisonnée de sel et de poivre. Faire frire dans du beurre ou de l'huile d'olive pendant 5 à 7 minutes, ou jusqu'à ce que les courgettes soient dorées.

COURGETTES PANÉES

Laver et couper les courgettes en tranches de 0,5 cm (¼ po) d'épaisseur. Battre 2 œufs avec 5 mL (1 c. à thé) de basilic frais. Saler et poivrer. Tremper les tranches de courgettes dans ce mélange. Mélanger 125 mL (½ tasse) de chapelure avec 45 mL (3 c. à soupe) de fromage parmesan. Enrober les courgettes de ce mélange. Faire frire dans de l'huile d'olive chaude jusqu'à ce que les courgettes soient dorées.

COURGETTES À L'ITALIENNE

🖎 Dans un poêlon, faire fondre du beurre et y ajouter des courgettes non pelées et coupées en deux dans le sens de la largeur. Couvrir et faire mijoter pendant 15 minutes. Saler et poivrer. Arroser de jus de citron.

LE CÉLERI

En général, on consomme les tiges du céleri et les racines du céleri-rave. Tous les deux se mangent crus, en salades ou cuits. Le céleri a des propriétés diurétiques et stimule l'appétit.

MÉTHODE DE CUISSON TYPE
Laver les branches de céleri. Garder le cœur entier. Enlever les filaments avec un couteau-éplucheur. Mettre les branches dans le fond d'une casserole et mettre le cœur de céleri sur le dessus. Recouvrir d'eau bouillante salée et cuire pendant 15 minutes. Égoutter. Servir ou utiliser selon les besoins de la recette.

CUISSON À L'AUTOCUISEUR
Mettre les branches et le cœur de céleri sur la claie de l'autocuiseur. Ajouter 50 mL (¼ tasse) d'eau. Saler. Bien fermer l'autocuiseur et faire monter la pression. Cuire pendant 3 minutes. Réduire rapidement la pression. Servir. Procéder de la même façon pour la cuisson du céleri-rave.

CŒURS DE CÉLERI AUX TOMATES

4 cœurs de céleri
1 gousse d'ail, coupée en deux
175 mL (¾ tasse) de ketchup
30 mL (2 c. à soupe) d'huile d'olive
15 mL (1 c. à soupe) de vinaigre de cidre
15 mL (1 c. à soupe) de jus de citron
2 mL (½ c. à thé) de sel de céleri
poivre, au goût

🍃 Laver les cœurs de céleri et enlever les feuilles. Attacher chaque cœur de céleri avec une ficelle, sans trop serrer. Mettre dans une casserole et recouvrir d'eau bouillante. Couvrir et faire bouillir pendant 20 minutes, ou jusqu'à ce que les cœurs soient tendres. Bien égoutter et déposer sur un plat de service chaud.

🍃 Frotter un bol avec la gousse d'ail. Mettre le ketchup, l'huile d'olive, le vinaigre et le jus de citron dans le bol. Ajouter le sel de céleri et poivrer. Bien mélanger. Réchauffer et verser sur les cœurs de céleri.

CŒURS DE CÉLERI CROUSTILLANTS

Apaisez vos petites fringales avec ces cœurs de céleri.

🍃 Pour que le céleri soit frais et croustillant, il est préférable de le préparer la veille. Choisir deux pieds de céleri vert foncé ayant de belles feuilles fraîches. Couper l'extrémité du pied et enlever les feuilles. Laver et détacher les branches extérieures. Couper le cœur en quatre parties dans le sens de la longueur. Mettre à plat dans un bol d'eau glacée et ajouter 5 mL (1 c. à thé) de sel. Réfrigérer jusqu'au lendemain. Égoutter et disposer joliment dans un plat. Garnir de quelques olives. Servir.

CÉLERI À LA SAUCE AU VEAU

1 pied de céleri moyen
500 mL (2 tasses) d'eau bouillante
5 mL (1 c. à thé) de sucre

1 mL (¼ c. à thé) de graines de céleri
125 mL (½ tasse) de jus de veau ou de sauce brune
10 mL (2 c. à thé) de fécule de maïs
30 mL (2 c. à soupe) d'eau ou de lait
sel et poivre, au goût
15 mL (1 c. à soupe) de beurre

🍃 Laver le pied de céleri à grande eau, en écartant les branches vers le cœur, sans toutefois défaire le pied. Bien égoutter et attacher avec une ficelle, sans trop serrer. Mettre dans une casserole ou un poêlon. Ajouter l'eau bouillante, le sucre et les graines de céleri. Porter à ébullition, couvrir et cuire à feu moyen pendant 30 minutes. Égoutter le céleri sur un linge et réserver l'eau de cuisson.

🍃 Faire bouillir l'eau de cuisson jusqu'à ce qu'il n'en reste plus que 250 mL (1 tasse). Ajouter le jus de veau (reste de sauce de veau braisé ou rôti) et faire bouillir le tout pendant 5 minutes.

🍃 Délayer la fécule de maïs dans l'eau. Ajouter au jus de veau. Cuire, en brassant sans arrêt, jusqu'à ce que le mélange soit lisse. Saler et poivrer.

🍃 Verser cette sauce sur le céleri. Si nécessaire, faire mijoter pendant quelques minutes pour réchauffer le céleri. Retirer du feu, ajouter le beurre et brasser jusqu'à ce qu'il soit fondu.

CÉLERI DIABLE

1 L (4 tasses) de céleri coupé en morceaux de 2,5 cm (1 po)
5 mL (1 c. à thé) de sucre
30 mL (2 c. à soupe) de beurre

5 mL (1 c. à thé) de moutarde
de Dijon ou Aurora
sel et poivre
muscade

🍂 Mettre le céleri et le sucre dans une casserole. Ajouter suffisamment d'eau bouillante pour recouvrir le céleri. Couvrir et faire bouillir de 8 à 10 minutes. Égoutter.

🍂 Faire fondre le beurre et y ajouter la moutarde. Cuire juste ce qu'il faut pour que le mélange soit chaud. Verser sur le céleri. Saler et poivrer. Ajouter de la muscade au goût.

LE FENOUIL

Le fenouil est une plante herbacée à goût anisé. Il ressemble à un petit céleri trapu.

🍂 On consomme la partie charnue en salade ou comme hors-d'œuvre. On peut aussi le faire cuire et l'apprêter comme le céleri (voir *Le céleri*, page précédente).

LES OIGNONS

PRÉPARATION
Acheter des oignons durs à pelures sèches et propres. Pour faire bouillir, utiliser de préférence des petits oignons blancs ou jaunes. Les gros oignons cuiront plus facilement s'ils sont coupés en tranches. Peler les oignons dans un bol d'eau ou sous l'eau courante. Conserver dans un endroit sec, car les oignons craignent l'humidité. Ne pas réfrigérer.

MÉTHODE DE CUISSON TYPE
Faire bouillir 250 mL (1 tasse)
d'eau, ajouter les oignons et couvrir la casserole. Cuire les petits oignons de 20 à 30 minutes, les gros oignons de 28 à 30 minutes, et les oignons coupés en tranches pendant environ 5 minutes.

🍂 En Espagne, on lave les oignons et on les cuit dans l'eau bouillante jusqu'à ce qu'ils soient tendres. On les pèle ensuite et on les sert avec du beurre ou une sauce aux tomates.

CUISSON À L'AUTOCUISEUR
C'est la meilleure façon de faire cuire les oignons. Mettre les oignons non pelés sur la claie de l'autocuiseur. Ajouter 125 mL (½ tasse) d'eau. Bien fermer l'autocuiseur et faire monter la pression. Cuire de 3 à 6 minutes, selon la grosseur. Réduire rapidement la pression. Peler et servir avec du beurre et du persil.

CUISSON AU FOUR
Mettre les oignons non pelés sur une feuille de papier d'aluminium ou dans un moule à tarte. Cuire au four à 150°C (300°F) de 1 à 1½ heure. Peler les oignons et mettre un morceau de beurre sur chacun.

SALADE AUX OIGNONS ROUGES

2 mL (½ c. à thé) de sel
125 mL (½ tasse) d'huile d'olive
50 mL (¼ tasse) de vinaigre
jus d'un citron
3 brins de sarriette fraîche
ou 2 mL (½ c. à thé) de sarriette moulue
4 gros oignons rouges
1 citron non pelé, coupé en tranches minces

🍂 Dans un bol, mélanger le sel, l'huile, le vinaigre, le jus de citron et la sarriette.

🍂 Couper les oignons en fines rondelles et les défaire en anneaux. Ajouter les oignons et le citron à la vinaigrette. Bien mélanger. Couvrir et laisser mariner dans un endroit frais pendant 24 heures.

🍂 Ces oignons se gardent de 3 à 6 semaines au réfrigérateur.

OIGNONS À LA CRÈME

16 à 20 clous de girofle
8 à 10 oignons
15 mL (1 c. à soupe) de beurre
1 pincée de thym
1 feuille de laurier
sel et poivre, au goût
30 mL (2 c. à soupe) de beurre
30 mL (2 c. à soupe) de farine
375 mL (1½ tasse) de l'eau
de cuisson des oignons
chapelure, au goût
fromage râpé, au goût

🍂 Piquer 2 clous de girofle dans chaque oignon. Mettre les oignons dans une casserole et les recouvrir d'eau. Ajouter le beurre, le thym et le laurier. Saler et poivrer. Faire bouillir pendant une heure jusqu'à ce que l'eau soit réduite de moitié. Égoutter les oignons.

🍂 Préparer une sauce blanche moyenne avec le beurre, la farine et l'eau de cuisson des oignons (si nécessaire, ajouter du lait pour compléter la mesure).

🍂 Napper les oignons de cette sauce. Saupoudrer de chapelure et de fromage râpé. Faire gratiner au four à 230°C (450°F) de 20 à 30 minutes. Servir.

OIGNONS FRITS À LA FRANÇAISE

750 g (1½ lb) de gros oignons blancs
1 blanc d'œuf
75 mL (⅓ tasse) de lait
125 mL (½ tasse) de chapelure fine

🍠 Peler les oignons, les couper en rondelles de 0,8 cm (⅓ po) d'épaisseur et les défaire en anneaux.

🍠 Battre légèrement le blanc d'œuf avec le lait. Tremper les anneaux d'oignon dans ce mélange et les enrober de chapelure.

🍠 Déposer dans le panier de la friteuse et cuire en grande friture (190°C ou 375°F). Faire frire jusqu'à ce que les oignons soient bien dorés. Égoutter sur un essuie-tout. Servir immédiatement.

OIGNONS À LA FRANÇAISE

12 oignons
50 mL (¼ tasse) de beurre
5 mL (1 c. à thé) de sel
1 mL (¼ c. à thé) de poivre
2 mL (½ c. à thé) de sucre

🍠 Peler et couper les oignons en tranches de 0,5 cm (¼ po) d'épaisseur.

🍠 Dans un poêlon, faire fondre le beurre et y ajouter les oignons, le sel, le poivre et le sucre. Faire mijoter lentement de 25 à 30 minutes, en brassant de temps à autre.

🍠 Pour que les oignons soient légèrement dorés, ne pas couvrir la casserole. Les oignons seront meilleurs s'ils cuisent lentement.

Oignons à la crème

OIGNONS GLACÉS AU MIEL

50 mL (¼ tasse) de miel
30 mL (2 c. à soupe) de sucre
15 mL (1 c. à soupe) de beurre
15 mL (1 c. à soupe) de jus de citron
5 mL (1 c. à thé) de sauce Worcestershire
5 mL (1 c. à thé) de vinaigre de cidre
1 mL (¼ c. à thé) de sel
1 pincée de poivre
900 g (2 lb) d'oignons, pelés, cuits et égouttés

🍠 Mettre le miel, le sucre, le beurre, le jus de citron, la sauce Worcestershire, le vinaigre, le sel et le poivre dans un grand poêlon. Porter à ébullition. Brasser et faire bouillir pendant 1 minute.

🍠 Ajouter les oignons. Brasser jusqu'à ce que les oignons soient bien enrobés de sauce. Cuire à feu doux, en brassant souvent, jusqu'à ce que les oignons soient brillants et glacés. Déposer dans un plat chaud. Napper les oignons du reste de la sauce. Servir.

🍠 On peut également préparer cette recette avec d'autres légumes comme des carottes, des betteraves, des rutabagas, etc. Utiliser des légumes cuits entiers ou en conserve, bien égouttés.

PURÉE SOUBISE

30 mL (2 c. à soupe) de beurre
4 gros oignons, coupés en fines tranches
60 mL (4 c. à soupe) de riz non cuit
125 mL (½ tasse) d'eau bouillante
2 ml (½ c. à thé) de sel
1 mL (¼ c. à thé) de moutarde en poudre
125 mL (½ tasse) de sauce blanche épaisse

Oignons farcis

᠊᠊᠊ Dans une casserole, faire fondre le beurre et y ajouter les oignons. Couvrir et cuire à feu doux jusqu'à ce que les oignons soient ramollis, mais non brunis. Brasser deux ou trois fois en cours de cuisson.

᠊᠊᠊ Ajouter le riz, l'eau, le sel et la moutarde. Couvrir et faire cuire à feu doux pendant 35 minutes, ou jusqu'à ce que l'eau soit complètement absorbée. Réduire en purée au batteur à main ou avec un presse-purée.

᠊᠊᠊ Préparer la sauce blanche avec 30 mL (2 c. à soupe) de beurre, 30 mL (2 c. à soupe) de farine et 125 mL (½ tasse) de lait ou de crème. Saler et poivrer au goût.

᠊᠊᠊ Ajouter la sauce blanche à la purée d'oignons. Faire chauffer le tout à feu doux. Servir.

OIGNONS FARCIS

6 gros oignons jaunes
125 g (¼ lb) de champignons, cuits et hachés
6 tranches de bacon cuit, coupées en petits morceaux
125 mL (½ tasse) de mie de pain
5 mL (1 c. à thé) de sel
1 pincée de poivre
1 pincée de thym
250 mL (1 tasse) de fromage râpé
30 mL (2 c. à soupe) de beurre coupé en dés

᠊᠊᠊ Dans une casserole d'eau salée, cuire les oignons entiers, à couvert, pendant environ 30 minutes, ou jusqu'à ce que les oignons soient tendres. Égoutter et laisser refroidir.

᠊᠊᠊ Enlever les cœurs des oignons et les hacher très finement (il en faut environ 500 mL ou 2 tasses).

᠊᠊᠊ Mélanger les cœurs d'oignon avec les champignons, le bacon, la mie de pain, le sel, le poivre et le thym. Ajouter 125 mL (½ tasse) du fromage râpé. Bien mélanger.

᠊᠊᠊ Déposer les oignons dans un plat à gratin. Farcir chaque oignon du mélange de champignons et de bacon. Verser 125 mL (½ tasse) d'eau dans le fond du plat. Cuire au four à 200°C (400°F) pendant 20 minutes. Saupoudrer le reste du fromage sur les oignons. Recouvrir du beurre. Poursuivre la cuisson au four pendant 10 minutes. Servir.

OIGNONS AU XÉRÈS

12 petits oignons
1 pincée de clous de girofle moulus
50 mL (¼ tasse) de xérès
50 mL (¼ tasse) de noix de Grenoble hachées
45 mL (3 c. à soupe) de beurre

᠊᠊᠊ Peler les oignons et les faire cuire jusqu'à ce qu'ils soient tendres. Bien égoutter. Mettre dans un plat.

᠊᠊᠊ Faire chauffer le reste des ingrédients. Verser sur les oignons. Cuire au four à 230°C (450°F) pendant 15 minutes. Servir.

OIGNONS FRITS

En suivant cette méthode vos oignons frits seront toujours dorés uniformément et bien croustillants.

᠊᠊᠊ Peler les oignons, les hacher ou les couper en dés ou en tranches. Pour 6 à 8 oignons, faire chauffer 15 mL (1 c. à soupe) de beurre et 15 mL (1 c. à soupe) d'huile.

᠊᠊᠊ Mettre les oignons dans l'huile et le beurre chaud. Ajouter 15 mL (1 c. à soupe) d'eau froide et 2 mL (½ c. à thé) de sucre. Faire frire à feu vif, en brassant assez souvent. Lorsque les oignons commencent à brunir, poursuivre la cuisson à feu moyen jusqu'à ce qu'ils soient bien dorés. Saler et poivrer. Servir.

TARTE À L'OIGNON

🌭 Peler 4 gros oignons et les couper en tranches. Battre 2 œufs avec 125 mL (½ tasse) de crème à 10 %. Saler et poivrer. Ajouter 1 mL (¼ c. à thé) d'estragon et les oignons. Verser la préparation dans un moule à tarte de 20 cm (8 po) de diamètre, foncé d'une abaisse. Recouvrir de bacon coupé en dés. Cuire au four à 180°C (350°F) pendant 30 minutes. Couper en pointes. Servir avec de la viande froide et une salade verte.

LES POIREAUX

PRÉPARATION
Enlever les premières feuilles. Laver les poireaux, en faisant une incision dans la partie verte. Passer sous l'eau en écartant bien les feuilles afin d'enlever tout le sable.

MÉTHODE DE CUISSON TYPE
Mettre les poireaux nettoyés dans une casserole. Ajouter suffisamment d'eau bouillante pour recouvrir la moitié des poireaux. Saler. Couvrir et faire bouillir à feu vif pendant 20 minutes. Bien égoutter.

CUISSON À L'AUTOCUISEUR
Nettoyer les poireaux et les mettre sur la claie de l'autocuiseur. Ajouter 125 mL (½ tasse) d'eau. Bien fermer l'autocuiseur et faire

monter la pression. Cuire pendant 3 minutes. Réduire rapidement la pression. Servir.

POIREAUX AUX TOMATES

6 poireaux
45 mL (3 c. à soupe) d'huile d'olive
1 gros oignon, haché finement
125 mL (½ tasse) de carottes râpées
250 mL (1 tasse) de tomates fraîches coupées en dés
5 mL (1 c. à thé) de sucre
2 mL (½ c. à thé) de sel
1 pincée de poivre
1 pincée de basilic

🌭 Nettoyer et couper les poireaux en morceaux de 2,5 cm (1 po), partie blanche et verte.
🌭 Faire chauffer l'huile et y faire dorer l'oignon. Ajouter le reste des ingrédients. Faire mijoter le tout pendant 5 minutes. Ajouter

les poireaux. Couvrir et cuire pendant 20 minutes à feu doux ou jusqu'à ce que les poireaux soient tendres.

POIREAUX BRAISÉS

6 poireaux entiers
60 mL (4 c. à soupe) de beurre
2 mL (½ c. à thé) de sucre
2 mL (½ c. à thé) de sel
poivre, au goût
jus d'un citron

🌭 Nettoyer les poireaux et les étendre dans un poêlon. Recouvrir d'eau bouillante. Faire bouillir pendant 10 minutes. Bien égoutter.
🌭 Faire fondre le beurre jusqu'à ce qu'il soit de couleur noisette. Y ajouter les poireaux, le sucre et le sel. Poivrer. Cuire à feu doux pendant 20 minutes. Arroser de jus de citron. Servir.
🌭 Ces poireaux braisés sont un vrai délice.

Poireaux à la crème

POIREAUX À LA CRÈME

45 mL (3 c. à soupe) de beurre
6 poireaux moyens
250 mL (1 tasse) de crème à 35 %
50 mL (¼ tasse) de persil haché finement

🦃 Dans un poêlon, faire fondre le beurre et y ajouter les poireaux nettoyés. Couvrir et cuire à l'étuvée à feu moyen, de 15 à 20 minutes.

🦃 Ajouter la crème et laisser bouillonner pendant 30 minutes. Saupoudrer de persil. Servir.

POIREAUX VINAIGRETTE

🦃 Faire cuire les poireaux entiers ou coupés en morceaux de 2,5 cm (1 po). Bien égoutter et laisser refroidir. Étendre sur un linge. Mélanger les poireaux avec la vinaigrette de votre choix. Déposer dans un plat creux. Garnir d'œufs durs râpés et de persil haché.

LES CAROTTES

PRÉPARATION
Bien brosser les carottes nouvelles, ne pas les peler. Éplucher les carottes qui sont moins fraîches.

🦃 Si on désire manger les carottes crues, les brosser sans les peler, les laisser entières et les mettre dans un bol d'eau froide. Garder au frais ou au réfrigérateur.

MÉTHODE DE CUISSON TYPE
Mettre les carottes dans une casserole. Ajouter de l'eau bouillante jusqu'à atteindre 5 cm (2 po) dans le fond de la casserole. Ajouter une pincée de sucre. Couvrir la casserole et cuire de 8 à 10 minutes les jeunes carottes, de 12 à 15 minutes les carottes moins fraîches, et de 2 à 4 minutes les carottes coupées en tranches minces ou en petits dés.

CUISSON À L'AUTOCUISEUR
Mettre les carottes sur la claie de l'autocuiseur. Ajouter 50 mL (¼ tasse) d'eau. Bien fermer l'autocuiseur et faire monter la pression. Cuire de 2 à 4 minutes, selon la grosseur des carottes.

CAROTTES AUX FINES HERBES

5 ou 6 carottes
45 mL (3 c. à soupe) de beurre
2 mL (½ c. à thé) de sucre
2 mL (½ c. à thé) de sel
15 mL (1 c. à soupe) de persil
1 mL (¼ c. à thé) de thym
30 mL (2 c. à soupe) de crème à 35 %

🦃 Peler et couper les carottes en bâtonnets. Mettre dans une casserole et ajouter le beurre, le sucre, le sel, le persil et le thym. Brasser jusqu'à ce que le beurre soit fondu. Couvrir et cuire à feu très doux pendant environ 20 minutes, ou jusqu'à ce que les carottes soient tendres. Ajouter la crème et laisser mijoter quelques minutes. Servir.

CAROTTES RAPÉES AU BEURRE

6 à 8 carottes moyennes
15 mL (1 c. à soupe) d'huile d'olive
1 petite gousse d'ail, hachée finement
2 mL (½ c. à thé) de sel
1 pincée de poivre
1 pincée de thym
30 mL (2 c. à soupe) d'eau
50 mL (¼ tasse) de beurre

🦃 Peler et râper les carottes.

🦃 Dans un poêlon, faire chauffer l'huile et y ajouter l'ail, le sel, le poivre, le thym, l'eau et les carottes. Couvrir et cuire à feu moyen de 6 à 8 minutes. Brasser deux ou trois fois en cours de cuisson. Retirer du feu.

🦃 Ajouter le beurre. Bien mélanger jusqu'à ce que le beurre soit fondu et que les carottes soient bien enrobées de beurre.

CAROTTES GLACÉES À LA MOUTARDE

1,5 kg (3 lb) de carottes
50 mL (¼ tasse) de beurre ou de margarine
125 mL (½ tasse) de cassonade
50 mL (¼ tasse) de moutarde
30 mL (2 c. à soupe) de ciboulette, menthe et persil, hachés

🦃 Laver, peler et couper les carottes en biais, en tranches de 2,5 cm (1 po) d'épaisseur.

🦃 Mettre les carottes dans une casserole. Ajouter de l'eau bouillante jusqu'à atteindre 2,5 cm (1 po) dans le fond de la casserole. Couvrir et laisser mijoter pendant 20 minutes. Égoutter les carottes, si nécessaire (souvent l'eau s'évapore complètement).

🦃 Mettre le beurre, la cassonade et la moutarde dans une autre casserole. Faire chauffer à feu doux, en brassant sans arrêt, jusqu'à ce que le beurre soit fondu. Poursuivre la cuisson pendant trois minutes. Verser sur les carottes. Bien mélanger. Chauffer quelques minutes, si nécessaire. Ajouter la ciboulette, la menthe et le persil. Servir.

CAROTTES EN CRÈME

500 mL (2 tasses) de carottes coupées en tranches ou en dés
5 mL (1 c. à thé) de persil haché ou 50 mL (¼ tasse) de feuilles de céleri hachées
375 mL (1½ tasse) de lait
30 mL (2 c. à soupe) de beurre
30 mL (2 c. à soupe) de farine

❧ Mettre les carottes, le persil et le lait dans l'autocuiseur (sans la claie). Défaire le beurre en crème avec la farine. Façonner en petites boulettes et déposer sur le dessus des carottes. Bien fermer l'autocuiseur et faire monter la pression. Cuire pendant 3 minutes. Réduire rapidement la pression. Ouvrir la marmite et brasser vigoureusement le tout.

❧ On obtiendra une sauce lisse et crémeuse malgré son apparence (en effet, lorsqu'on soulève le couvercle, la sauce semble avoir tourné). Si désiré, remplacer les carottes par tout autre légume.

CAROTTES AU GINGEMBRE

5 carottes nouvelles
15 mL (1 c. à soupe) de beurre
15 mL (1 c. à soupe) de sucre
2 mL (½ c. à thé) de gingembre moulu

❧ Faire bouillir les carottes. Égoutter et mettre dans un poêlon froid. Ajouter le beurre, le

Carottes au gingembre

sucre et le gingembre. Cuire à feu moyen jusqu'à ce que les carottes soient bien enrobées du mélange de beurre et de gingembre.

CAROTTES GLACÉES

Pour préparer cette recette, j'utilise de petites carottes fraîches du jardin. J'en glace toujours une certaine quantité que je garde au congélateur pour les occasions spéciales.

750 g (1½ lb) de petites carottes ou 750 g (1½ lb) de carottes, coupées en minces lanières
30 mL (2 c. à soupe) de farine
50 mL (¼ tasse) de cassonade ou de sucre d'érable
2 mL (½ c. à thé) de sel
1 mL (¼ c. à thé) de thym
15 mL (1 c. à soupe) de vinaigre de cidre
15 mL (1 c. à soupe) de jus de citron frais

125 mL (½ tasse) de jus d'orange
zeste râpé d'une orange

❧ Mettre les carottes dans une casserole. Ajouter de l'eau bouillante et laisser bouillir pendant 5 minutes. Bien égoutter.

❧ Mélanger la farine, la cassonade, le sel et le thym. Ajouter le vinaigre, les jus de citron et d'orange et le zeste râpé. Porter à ébullition en brassant.

❧ Tapisser une casserole d'une feuille de papier d'aluminium et y déposer les carottes. Recouvrir de la sauce. Congeler.

❧ Lorsque les carottes sont congelées, les recouvrir d'une autre feuille de papier d'aluminium pour bien les envelopper. Retirer le paquet de la casserole et remettre au congélateur.

❧ Au moment de servir, enlever le papier d'aluminium et mettre les carottes dans une casserole. Couvrir et cuire au four à 180°C

(350°F) pendant environ 40 minutes. Découvrir 15 minutes avant la fin de la cuisson.

CAROTTES GLACÉES AUX GROSEILLES

Les carottes prendront un air de fête, enrobées de cette glace bien rouge, piquante et savoureuse. Cuire les carottes la veille et les réfrigérer. Glacer au moment de servir. Ces carottes accompagnent délicieusement le poulet.

12 carottes
2 mL (½ c. à thé) de sucre
45 mL (3 c. à soupe) de beurre
60 mL (4 c. à soupe) de gelée de groseilles rouges
jus de ½ citron

🍃 Peler et couper les carottes en julienne ou en fines lanières de 5 cm (2 po) de longueur. Mettre dans une casserole et ajouter le sucre. Verser suffisamment d'eau bouillante pour recouvrir complètement les carottes. Faire bouillir à feu vif, à découvert, pendant 5 minutes. Égoutter. Mettre les carottes cuites dans un bol. Couvrir et réfrigérer jusqu'au moment de servir.

🍃 Mettre le beurre, la gelée de groseilles rouges et le jus de citron dans un grand poêlon.

🍃 Au moment de servir, glacer les carottes. Pour ce faire, ajouter les carottes froides au mélange de beurre et de gelée de groseilles rouges (il est important que tous les ingrédients soient froids). Cuire à feu moyen et remuer doucement avec une spatule, aussi souvent que possible, de 3 à 5 minutes, ou jusqu'à ce que les carottes soient bien glacées.

CAROTTES À LA LYONNAISE

30 mL (2 c. à soupe) de beurre
2 oignons moyens, coupés en tranches très fines
sel et poivre
1 L (4 tasses) de carottes cuites coupées en tranches
persil

🍃 Faire fondre le beurre et y faire dorer les oignons. Saler et poivrer. Ajouter les carottes. Couvrir et laisser mijoter pendant 15 minutes. Garnir de persil. Servir.

LES BETTERAVES

PRÉPARATION

Bien brosser les betteraves à l'eau froide. Couper les tiges à 2,5 cm (1 po) de la betterave. Ne pas enlever la racine. Ne pas peler.

MÉTHODE DE CUISSON TYPE

Mettre les betteraves parées dans une casserole. Ajouter suffisamment d'eau froide pour les recouvrir. Porter à ébullition. Couvrir et faire cuire de 25 à 50 minutes, selon leur grosseur. Égoutter et passer sous l'eau froide. Peler (la peau s'enlève très facilement lorsque les betteraves sont bien cuites).

CUISSON À L'AUTOCUISEUR

Mettre les betteraves lavées et pelées sur la claie de l'autocuiseur. Cuire les moyennes et les petites betteraves pendant 10 minutes. Couper les grosses betteraves en quatre.

SALADE DE BETTERAVES

4 à 6 betteraves
4 oignons verts, hachés finement
30 mL (2 c. à soupe) de vinaigre d'estragon
60 mL (4 c. à soupe) d'huile d'olive
sel, poivre et sel de céleri
1 œuf dur, râpé

🍃 Faire cuire les betteraves, les peler et les couper en tranches très minces. Disposer joliment dans un saladier.

🍃 Mélanger les oignons verts avec le vinaigre, l'huile, le sel, le poivre et le sel de céleri. Verser sur les betteraves. Réfrigérer jusqu'au moment de servir.

🍃 Garnir de l'œuf dur au moment de servir.

BETTERAVES À LA CANADIENNE

4 betteraves
1 pomme, râpée
2 oignons, râpés
45 mL (3 c. à soupe) de beurre

🍃 Peler et râper les betteraves crues. Mettre la pomme, les oignons, le beurre et les betteraves dans une casserole. Couvrir et cuire à feu doux pendant 1 heure, en brassant souvent. Servir.

FEUILLES DE BETTERAVES EN CRÈME

500 mL (2 tasses) de feuilles et de tiges de betteraves
50 mL (¼ tasse) d'eau salée

2 mL (½ c. à thé) de farine
1 petit morceau de beurre
ou de gras
15 mL (1 c. à soupe) de lait
ou de crème
muscade ou ail frit

❧ Les feuilles de betteraves goûtent à la fois les épinards et les betteraves. Choisir de préférence de jeunes betteraves aux feuilles bien fraîches. Faire cuire les feuilles avant qu'elles ne deviennent flétries (elles ne se conservent pas longtemps). Les feuilles de betteraves diminuent sensiblement à la cuisson tout comme les épinards.

❧ Bien laver les feuilles et les tiges et les couper au ciseau en morceaux de 2,5 cm (1 po). Mettre dans une casserole avec l'eau salée. Couvrir et faire bouillir de 6 à 8 minutes à feu vif. Égoutter. Remettre les feuilles et les tiges dans la casserole et saupoudrer de farine. Ajouter le beurre et le lait. Cuire à feu vif, en brassant, jusqu'à ce que le mélange soit légèrement crémeux. Assaisonner de muscade.

❧ Pour manger les feuilles de betteraves nature, ajouter du sel, du poivre et du beurre lorsqu'elles sont cuites et bien égouttées. Servir avec des betteraves cuites.

BETTERAVES HARVARD

10 mL (2 c. à thé) de farine de maïs
125 mL (½ tasse) de sucre
75 mL (⅓ tasse) d'eau
75 mL (⅓ tasse) de vinaigre
1 L (4 tasses) de betteraves cuites coupées en tranches
45 mL (3 c. à soupe) de beurre
sel et poivre

❧ Mélanger la farine de maïs avec le sucre. Ajouter l'eau et le vinaigre. Faire bouillir pendant 5 minutes. Verser sur les betteraves. Couvrir et laisser mijoter pendant 20 minutes. Ajouter le beurre. Saler et poivrer. Servir.

BETTERAVES À LA POLONAISE

12 petites betteraves
15 mL (1 c. à soupe) de vinaigre de cidre
15 mL (1 c. à soupe) de vinaigre d'estragon
30 mL (2 c. à soupe) de sucre
30 mL (2 c. à soupe) d'huile d'olive
sel et poivre, au goût
15 mL (1 c. à soupe) de beurre
15 mL (1 c. à soupe) de farine
125 mL (½ tasse) de crème aigre

❧ Faire cuire les betteraves, les peler et les couper en tranches.

Mélanger les deux sortes de vinaigre avec le sucre et l'huile d'olive. Saler et poivrer. Ajouter aux betteraves.

❧ Faire fondre le beurre et y ajouter la farine. Bien mélanger. Ajouter le mélange de betteraves. Cuire à feu moyen, en brassant sans arrêt, jusqu'à ce que la sauce soit lisse. Incorporer la crème aigre. Chauffer sans laisser bouillir, car la crème aigre pourrait tourner.

BETTERAVES À LA FRANÇAISE

6 betteraves moyennes
ou 12 petites
30 mL (2 c. à soupe) de beurre
2 mL (½ c. à thé) de sucre
4 feuilles de laitue
30 mL (2 c. à soupe)
de ciboulette hachée finement
15 mL (1 c. à soupe) de persil haché finement

Betteraves à la polonaise

❧ Peler les betteraves crues et les couper en tranches très minces. Faire fondre le beurre et y ajouter le sucre. Chauffer jusqu'à ce que le sucre soit fondu. Ajouter les betteraves et mélanger jusqu'à ce qu'elles soient bien enrobées de beurre. Recouvrir des feuilles de laitue (garder les feuilles dans de l'eau froide). Couvrir et laisser mijoter à feu très doux de 25 à 30 minutes.

❧ Lorsque les betteraves sont tendres, enlever les feuilles de laitue. Saler au goût. Ajouter la ciboulette et le persil. Servir.

❧ On peut remplacer la ciboulette et le persil par 30 mL (2 c. à soupe) de crème aigre et 1 mL (¼ c. à thé) d'aneth haché ou encore par 30 mL (2 c. à soupe) de jus de citron et une pincée d'estragon.

LE CÉLERI-RAVE

PRÉPARATION

Le céleri-rave est un légume-racine ayant la même saveur que le céleri. On le prépare de la même façon. Il est délicieux cru ou cuit, en salade, en hors-d'œuvre ou nappé d'une sauce au fromage ou d'une sauce blanche.

❧ Bien laver le céleri-rave, le peler et le couper en gros dés. Mettre dans un bol d'eau légèrement acidulée (mettre un peu de vinaigre dans l'eau). Le céleri-rave est alors prêt à cuire ou à être utilisé cru.

MÉTHODE DE CUISSON TYPE

Dans une casserole, faire fondre 15 mL (1 c. à soupe) de gras et ajouter 15 mL (1 c. à soupe) de farine. Bien mélanger. Ajouter les cubes de céleri-rave et suffisamment d'eau chaude pour bien les recouvrir. Porter à forte ébullition. Couvrir et cuire pendant environ 20 minutes, ou jusqu'à ce que le céleri-rave soit tendre mais croquant. Éviter de trop cuire.

CÉLERI-RAVE EN HORS-D'ŒUVRE

1 céleri-rave moyen
45 mL (3 c. à soupe) d'huile d'olive
15 mL (1 c. à soupe) de vinaigre
1 gousse d'ail, écrasée et hachée
2 mL (½ c. à thé) de sel
1 mL (¼ c. à thé) de poivre
5 mL (1 c. à thé) de moutarde
125 mL (½ tasse) de mayonnaise

❧ Laver le céleri-rave, le peler et le râper finement ou en morceaux de grosseur moyenne. Mettre dans un bol d'eau froide acidulée [45 mL (3 c. à soupe) de vinaigre pour 1 L (4 tasses) d'eau].

❧ Mettre l'huile, le vinaigre, l'ail, le sel et le poivre dans un pot de verre. Agiter vigoureusement. Verser cette vinaigrette sur le céleri-rave égoutté. Bien mélanger. Disposer en forme de dôme dans un légumier.

❧ Mélanger la moutarde avec la mayonnaise. Napper le céleri-rave de ce mélange. Réfrigérer jusqu'au moment de servir.

CÉLERI-RAVE MARINÉ À LA MOUTARDE

1 céleri-rave
50 mL (¼ tasse) d'huile d'olive
50 mL (¼ tasse) de moutarde de Dijon
30 mL (2 c. à soupe) de vinaigre de vin
2 mL (½ c. à thé) de sel
poivre, au goût

❧ Peler et couper le céleri-rave en quatre morceaux. Mettre dans une casserole et recouvrir d'eau bouillante. Faire bouillir à feu vif pendant 5 minutes. Égoutter. Réfrigérer jusqu'à ce qu'il soit bien refroidi. Couper en julienne ou râper.

❧ Battre l'huile d'olive avec la moutarde, le vinaigre et le sel. Poivrer. Au moment de servir, ajouter le céleri-rave à cette vinaigrette et bien mélanger.

CÉLERI-RAVE AU GRUYÈRE

1 gros céleri-rave
2 tranches de citron non pelées
150 mL (⅔ tasse) de fromage gruyère râpé
30 mL (2 c. à soupe) de beurre

❧ Peler et trancher le céleri-rave. Mettre dans une casserole et ajouter suffisamment d'eau pour le recouvrir. Ajouter le citron et faire bouillir à feu moyen pendant 25 minutes. Bien égoutter.

❧ Dans un plat, disposer en couches successives, en les faisant alterner, le céleri-rave et le fromage gruyère. Parsemer du beurre coupé en petits morceaux. Faire gratiner au four à 200°C (400°F) pendant 15 minutes.

LES SALSIFIS

PRÉPARATION

Brosser les salsifis ou les peler à l'aide d'un couteau-éplucheur, en enlevant une mince couche. Enlever les feuilles et couper l'extrémité pointue.

❧ Couper les gros morceaux en deux dans le sens de la longueur, afin que les dés ou les bâtonnets soient de la même épaisseur.

🍀 Mettre les salsifis parés dans un bol d'eau vinaigrée (15 mL ou 1 c. à soupe de vinaigre pour 1 L ou 4 tasses d'eau froide) afin qu'ils restent bien blancs, car au contact de l'air ils ont tendance à brunir.

MÉTHODE DE CUISSON TYPE

Les salsifis doivent cuire au «blanc» ou à l'eau vinaigrée. La cuisson au blanc s'applique surtout pour les légumes qui sont susceptibles de noircir pendant la cuisson tels que les salsifis, le panais, etc.

🍀 Mélanger 15 mL (1 c. à soupe) de farine avec 60 mL (4 c. à soupe) d'eau. Ajouter ce mélange à 1 L (4 tasses) d'eau froide. Saler. Ajouter le jus d'un demi-citron et 30 mL (2 c. à soupe) de graisse. Faire bouillir pendant quelques minutes et ajouter les salsifis (ou les légumes à cuire au «blanc»). Cuire de 8 à 15 minutes selon la grosseur du légume. Égoutter.

🍀 On cuit les légumes au «blanc» pour qu'ils restent très blancs, c'est pourquoi il faut ajouter une certaine quantité de graisse ou de beurre. La matière grasse forme une couche isolante empêchant les légumes d'être en contact avec l'air.

🍀 Servir les salsifis sautés au beurre, persillés ou accompagnés d'une sauce blanche ou d'une sauce aux tomates.

🍀 Les salsifis sont également utilisés dans la préparation des ragoûts, du veau et de l'agneau braisé.

Céleri-rave mariné à la moutarde

LES TOPINAMBOURS OU ARTICHAUTS DE JÉRUSALEM

Le topinambour ressemble à la pomme de terre, mais sa saveur rappelle celle de l'artichaut. C'est pourquoi il est couramment désigné sous le nom d'artichaut de Jérusalem. C'est un légume que nous ont fait connaître les Amérindiens.

PRÉPARATION

Laver et peler les topinambours. Tout comme les artichauts, ils noircissent au contact de l'air, il faut donc les mettre dans de l'eau acidulée au vinaigre dès qu'ils sont nettoyés.

MÉTHODE DE CUISSON TYPE

Faire bouillir les topinambours dans de l'eau, du lait ou du consommé pendant 20 minutes. Peler avant ou après la cuisson.

🍀 On peut également les faire cuire à l'étuvée au beurre, ils sont alors un vrai régal. Ils sont aussi délicieux frits ou réduits en purée.

🍀 Pour certaines recettes, les topinambours peuvent remplacer les fonds d'artichauts. Dans ce cas, tailler les topinambours en forme de coupe et les faire cuire pendant 5 minutes dans de l'eau salée. Égoutter et utiliser.

PURÉE DE TOPINAMBOURS

500 g (1 lb) de topinambours
15 mL (1 c. à soupe) de beurre
30 mL (2 c. à soupe) de crème aigre
15 mL (1 c. à soupe) de persil haché finement
sel et poivre, au goût

🍀 Faire bouillir les topinambours selon la *Méthode de cuisson type*

Purée de rutabaga parmentier

(voir page 441). Bien égoutter et réduire en purée avec le beurre, la crème aigre et le persil. Saler et poivrer. Servir.

TOPINAMBOURS ÉTUVÉS AU BEURRE

500 g (1 lb) de topinambours
30 mL (2 c. à soupe) de beurre
persil, oignons verts, hachés finement
sel et poivre, au goût

🥄 Laver et peler les topinambours. Dans un poêlon (muni d'un bon couvercle), faire fondre le beurre et y ajouter les topinambours. Remuer jusqu'à ce qu'ils soient bien enrobés de beurre.

🥄 Couvrir et cuire à feu doux pendant 20 minutes en secouant souvent le poêlon, sans toutefois le découvrir. Enlever le couvercle et laisser dorer très légèrement à feu moyen pendant quelques minutes.

🥄 Garnir du persil et des oignons verts. Saler et poivrer. Servir les topinambours accompagnés d'une sauce blanche.

LES RUTABAGAS ET LES NAVETS

Les rutabagas, de la grosseur d'un chou et à la chair orangée, se différencient des navets, plus petits et blancs. Le rutabaga, cultivé au Québec, est un des légumes les plus consommés ici en hiver.

PRÉPARATION
Peler les rutabagas au moment de la cuisson (peler en profondeur, car la pelure est assez épaisse).

MÉTHODE DE CUISSON TYPE
Peler et couper les rutabagas en tranches épaisses. Mettre dans une casserole et ajouter suffisamment d'eau bouillante pour les recouvrir. Ajouter une pincée de sucre et une pincée de poivre.

Faire cuire, à découvert, de 20 à 35 minutes. (Si vous prolongez la cuisson, les rutabagas changeront de couleur et seront plus difficiles à digérer.) Cuire le rutabaga râpé pendant 5 minutes.

CUISSON À L'AUTOCUISEUR
Mettre le rutabaga sur la claie de l'autocuiseur. Ajouter 125 mL (½ tasse) d'eau. Saler. Bien fermer l'autocuiseur et faire monter la pression. Cuire pendant 4 minutes. Cuire le rutabaga râpé pendant 1 minute. Réduire rapidement la pression. Servir.

SALADE DE RUTABAGAS

125 mL (½ tasse) de vinaigre de cidre
5 mL (1 c. à thé) de sel
1 mL (¼ c. à thé) de poivre
45 mL (3 c. à soupe) de sucre d'érable ou de cassonade
30 mL (2 c. à soupe) de raifort frais râpé (facultatif)
1,2 L (5 tasses) de rutabagas pelés et râpés
1 gros oignon rouge, haché finement

🥄 Mélanger le vinaigre, le sel, le poivre, le sucre d'érable et le raifort râpé.

🥄 Verser ce mélange sur les rutabagas et l'oignon. Bien brasser. Couvrir et laisser reposer pendant 24 heures au réfrigérateur avant de servir.

COMPOTE DE RUTABAGA

🥄 Peler et couper en dés un rutabaga de grosseur moyenne. Cuire et égoutter. Réduire en purée et ajouter 250 mL (1 tasse) de compote de pommes non sucrée. Bien battre et ajouter 30 à 45 mL (2 à 3 c. à soupe) de beurre. Servir.

RUTABAGA À LA FRANÇAISE

500 mL (2 tasses) de rutabaga réduit en purée
1 œuf
30 mL (2 c. à soupe) de beurre
1 pincée de sarriette
sel et poivre, au goût
45 mL (3 c. à soupe) de farine
45 mL (3 c. à soupe) de beurre
250 mL (1 tasse) de lait
125 mL (½ tasse) de fromage râpé

🍃 Mélanger le rutabaga avec l'œuf, le beurre et la sarriette. Saler et poivrer. Verser dans un plat à gratin beurré.

🍃 Préparer une sauce blanche avec la farine, le beurre et le lait et en recouvrir le rutabaga. Parsemer le fromage râpé sur le dessus de la préparation.

🍃 Cuire au four à 200°C (400°F) pendant 25 minutes, ou jusqu'à ce que le fromage soit bien fondu.

PURÉE DE RUTABAGA PARMENTIER

1 rutabaga moyen de 1 à 1,5 kg (2½ à 3 lb)
5 pommes de terre
375 mL (1½ tasse) de consommé ou d'eau
5 mL (1 c. à thé) de sel
2 mL (½ c. à thé) de sucre
1 mL (¼ c. à thé) de sarriette
30 mL (2 c. à soupe) de beurre

🍃 Peler et couper le rutabaga en tranches minces ou le râper. Peler les pommes de terre et les couper

en tranches. Mettre le tout dans une casserole.

🍃 Ajouter le consommé, le sel, le sucre et la sarriette. Porter à ébullition et cuire jusqu'à ce que le rutabaga et les pommes de terre soient tendres.

🍃 Si les légumes sont cuits dans l'eau, égoutter. Si les légumes sont cuits dans le consommé, poursuivre la cuisson, à découvert et à feu vif jusqu'à ce que le consommé soit évaporé.

🍃 Ajouter le beurre. Réduire en purée. Servir.

PURÉE DE RUTABAGA

1 rutabaga
2 mL (½ c. à thé) de sucre
15 mL (1 c. à soupe) de crème aigre
30 mL (2 c. à soupe) de beurre
1 pincée de poivre
persil, au goût

🍃 Peler et couper le rutabaga en fines lanières. Recouvrir d'eau bouillante et ajouter le sucre. Faire bouillir à feu vif de 8 à 9 minutes. Égoutter. Remettre le rutabaga dans la casserole.

🍃 Ajouter la crème aigre, le beurre, le poivre et le persil. Avec une fourchette ou un pilon de bois, réduire en purée. Servir.

NAVETS AUX OIGNONS

900 g (2 lb) de navets
500 g (1 lb) de petits oignons blancs
50 mL (¼ tasse) de beurre
5 ml (1 c. à thé) de sel
1 pincée de poivre

🍃 Peler et couper les navets en tranches de 0,5 cm (¼ po) d'épaisseur. Faire cuire et égoutter.

🍃 Peler et couper les oignons en fines rondelles et les défaire en anneaux. Faire cuire dans le beurre et ajouter aux navets. Ajouter le sel et le poivre. Bien mélanger. Servir.

NAVETS AU BOUILLON

8 navets ou 1 rutabaga moyen (1 à 1,5 kg ou 2½ à 3 lb)
60 mL (4 c. à soupe) d'huile végétale
250 mL (1 tasse) de bouillon ou de consommé
50 mL (¼ tasse) d'oignons verts hachés finement
15 mL (1 c. à soupe) de sauce de soja
1 pincée de poivre
sel, au goût

🍃 Peler et râper les navets. Dans un grand poêlon, faire chauffer l'huile et y ajouter les navets. Cuire à feu moyen pendant 1 minute, en brassant sans arrêt. Ajouter le bouillon et porter à ébullition. Couvrir et laisser mijoter pendant 5 minutes.

🍃 Ajouter les oignons verts, la sauce de soja et le poivre. Saler. Faire mijoter, à découvert, pendant 3 minutes. Servir.

LE PANAIS

PRÉPARATION

Le panais est une plante potagère qui s'emploie surtout pour aromatiser les pot-au-feu et les soupes. On peut toutefois le consommer comme légume et l'utiliser à la place des carottes dans toutes les recettes.

🍃 Peler les panais et les mettre dans de l'eau froide acidulée [15 mL (1 c. à soupe) de vinaigre pour 500 mL (2 tasses) d'eau], il aura alors moins tendance à brunir.

MÉTHODE DE CUISSON TYPE

Mettre les panais entiers ou coupés en morceaux dans une casserole d'eau bouillante. Pour six panais, ajouter 2 mL (½ c. à thé) de sucre. Couvrir et faire bouillir de 15 à 18 minutes, selon la grosseur des panais, ou jusqu'à ce qu'ils soient tendres. Égoutter. Lorsque les panais sont trop cuits, leur saveur devient désagréable et leur couleur ivoire tourne au jaune foncé. Servir avec du beurre, du citron et du persil.

PANAIS AU FROMAGE PARMESAN

6 gros panais, bouillis
60 mL (4 c. à soupe) de beurre
50 à 125 mL (¼ à ½ tasse)
de parmesan râpé
sel, poivre, paprika, au goût

Patates douces au xérès

&– Couper l'extrémité plus mince des panais et trancher les têtes (extrémité plus épaisse) en quatre dans le sens de la longueur.

&– Dans un poêlon, faire fondre le beurre jusqu'à ce qu'il soit légèrement doré. Ajouter les panais et les faire cuire à feu doux jusqu'à ce qu'ils soient complètement dorés, en les retournant de temps à autre.

&– Saupoudrer le fromage et poursuivre la cuisson à feu doux jusqu'à ce qu'il soit bien mélangé au beurre. Mettre les panais sur un plat chaud et les arroser du beurre qui reste dans le poêlon. Saupoudrer légèrement de sel, de poivre et de paprika.

PANAIS GLACÉS

4 à 8 panais, bouillis
60 mL (4 c. à soupe) de beurre
60 mL (4 c. à soupe)
de cassonade
1 pincée de cannelle

&– Couper les panais en morceaux de même grosseur.

&– Mettre le beurre, la cassonade, la cannelle et les panais dans un poêlon. Cuire à feu doux, en brassant, jusqu'à ce que les panais soient dorés et bien enrobés du mélange de beurre et de cassonade. Servir.

LES PATATES DOUCES

PRÉPARATION

La patate douce ressemble à la pomme de terre ; elle est toutefois plus sucrée et sa couleur varie du jaune pâle au jaune foncé. Brosser les patates douces. Il n'est pas nécessaire de les peler, car elles sont meilleures lorsqu'elles cuisent avec leur pelure. Toujours enlever un tout petit morceau à chaque extrémité.

MÉTHODE DE CUISSON TYPE

Cuire au four à 180°C (350°F) de 30 à 40 minutes ou faire bouillir (avec la pelure) de 20 à 30 minutes. Saler après la cuisson.

PATATES DOUCES DE LA NOUVELLE-ORLÉANS

6 patates douces
375 mL (1½ tasse) de cassonade
375 mL (1½ tasse) d'eau
30 mL (2 c. à soupe) de beurre
1 mL (¼ c. à thé) de sel

&– Peler et couper les patates en tranches de 1 cm (½ po) d'épaisseur. Mettre dans un poêlon et recouvrir avec le reste des ingrédients. Couvrir et cuire au four à 180°C (350°F) pendant 20 minutes. Découvrir et poursuivre la cuisson pendant 30 minutes.

❧ Servies avec du jambon, ces patates sont un vrai délice.

PATATES DOUCES AU XÉRÈS

8 patates douces, bien lavées
125 mL (½ tasse) de beurre
250 mL (1 tasse) de jus d'orange
zeste de ½ orange
50 mL (¼ tasse) de xérès
125 mL (½ tasse) de noix
de Grenoble hachées

❧ Faire bouillir les patates douces selon la *Méthode de cuisson type* (voir page 444). Égoutter, peler et écraser. Ajouter le reste des ingrédients sauf les noix. Réduire en purée.

❧ Verser la purée de patates dans un plat à gratin. Saupoudrer les noix sur le dessus de la purée. Cuire au four à 190°C (375°F) pendant 25 minutes.

❧ Utiliser cette purée de patates pour farcir du poulet, du canard ou une épaule de porc. Dans ce cas, ajouter les noix à la purée et laisser refroidir de 4 à 6 heures avant de l'utiliser.

PAIN DE PATATES DOUCES

150 mL (⅔ tasse) de beurre
250 mL (1 tasse) de cassonade
2 mL (½ c. à thé) de sel
2 œufs
500 mL (2 tasses) de patates douces crues, pelées et râpées
zeste d'une orange
2 mL (½ c. à thé) de gingembre moulu
2 mL (½ c. à thé) de macis
30 mL (2 c. à soupe) de cognac ou de jus d'orange

Patates douces glacées à l'orange

❧ Défaire le beurre en crème avec la cassonade et le sel. Lorsque le beurre a la consistance d'une crème légère, ajouter les œufs, un à la fois, en battant vigoureusement après chaque addition. Ajouter les patates et le reste des ingrédients. Battre vigoureusement le tout.

❧ Bien beurrer un moule de 20 x 30 cm (8 x 12 po) de côté et y verser le mélange de patates. Cuire au four à 180°C (350°F) pendant 1 heure. Servir chaud. Ce pain de patates est idéal pour accompagner la dinde.

PATATES DOUCES GLACÉES À L'ORANGE

1 boîte de patates douces
ou 6 patates douces, bouillies
45 mL (3 c. à soupe) de beurre
125 mL (½ tasse) de marmelade à l'orange

2 mL (½ c. à thé) de cannelle
1 pincée de muscade
15 mL (1 c. à soupe) de brandy

❧ Égoutter et couper les patates en deux ou en quatre (si elles sont très grosses).

❧ Dans un poêlon, faire fondre le beurre et y ajouter la marmelade, la cannelle, la muscade et le brandy. Cuire jusqu'à ce que le mélange bouillonne. Ajouter les patates douces et remuer de manière qu'elles soient bien enrobées du mélange de marmelade. Arroser de temps à autre jusqu'à ce que les patates douces soient bien glacées. Cuire à feu doux, à découvert, pendant environ 15 minutes.

❧ Servir les patates douces très chaudes, nappées de la glace à la marmelade. Si désiré, saupoudrer les patates douces de cannelle et les passer sous le gril quelques minutes avant de servir.

SEMOULE AU PERSIL

625 mL (2½ tasses) de lait
125 mL (½ tasse) de semoule
de blé
30 mL (2 c. à soupe) de persil
séché ou 125 mL (½ tasse)
de persil frais
5 mL (1 c. à thé) de sel

15 mL (1 c. à soupe) de beurre
2 œufs, bien battus

🍃 Porter le lait à ébullition. Incorporer la semoule, en remuant constamment. Lorsque la préparation est homogène, ajouter le persil et le sel.

🍃 Poursuivre la cuisson 5 à 8 minutes à feu doux, en remuant fréquemment. Retirer du feu. Ajouter le beurre et les œufs battus. Faire cuire encore 2 minutes en remuant vigoureusement. Verser la préparation dans un légumier chaud. Servir comme légume avec du veau ou du poulet.

POMMES DE TERRE, LÉGUMES SECS ET RIZ

LES POMMES DE TERRE

PRÉPARATION

Il est toujours préférable de faire cuire les pommes de terre avec leur pelure, à moins qu'elles ne soient très vieilles ou décolorées. À défaut, ne peler que la partie centrale de la pomme de terre. Bien brosser. Rincer deux ou trois fois.

MÉTHODE DE CUISSON TYPE

Déposer les pommes de terre dans une casserole. Couvrir d'eau bouillante. Ajouter 5 mL (1 c. à thé) de gros sel pour 1 L (4 tasses) d'eau. Couvrir et faire cuire à forte ébullition jusqu'à ce que les pommes de terre soient tendres, environ 20 minutes pour des pommes de terre moyennes et 30 minutes pour de grosses pommes de terre. Égoutter. Remettre quelques secondes sur le feu pour assécher. Peler.

CUISSON SOUS PRESSION

Ne pas peler les pommes de terre lorsqu'on veut les faire cuire à l'autocuiseur. Déposer les pommes de terre sur la claie de l'autocuiseur (choisir des pommes de terre d'égale grosseur ou couper en deux celles qui sont trop grosses). Verser de l'eau bouillante jusqu'à la hauteur de la claie. Couvrir et fermer hermétiquement. Chauffer la casserole à feu vif jusqu'à l'obtention d'une bonne pression. Faire cuire 8 minutes (petites pommes de terre), 10 minutes (pommes de terre moyennes) ou 12 à 15 minutes (grosses pommes de terre). Réduire rapidement la pression. Ouvrir le couvercle. Égoutter.

Retirer la claie. Remettre quelques secondes sur le feu pour assécher. Peler.

QUELQUES NOTES SUR LES POMMES DE TERRE

Il est préférable de peler les pommes de terre le moins possible. Les pommes de terre non pelées ont beaucoup plus de saveur que les autres.

🍀 Une fois lavées, les pommes de terre (pelées ou non) doivent séjourner le moins longtemps possible dans l'eau, sauf s'il s'agit de pommes de terre d'hiver ayant perdu une partie de leur humidité naturelle.

🍀 Vos pommes de terre d'hiver ont amolli ? Faites-les tremper 12 heures dans l'eau froide, salée. Elles feront alors d'excellentes frites.

🍀 Il ne faut gratter les pommes de terre nouvelles que si leur pelure s'enlève facilement. Les vieilles pommes de terre se grattent mal: il est alors préférable de les peler.

🍀 La durée de cuisson des pommes de terre dépend de leur grosseur; il est donc important de faire bouillir des pommes de terre de même grosseur ou de les tailler en quartiers de volume semblable.

🍀 Retirer les pommes de terre de l'eau bouillante dès que le test de la fourchette est satisfaisant.

🍀 Une pomme de terre nouvelle présente une surface au grain serré et un cœur ferme et dur: la cuisson à découvert et à forte ébullition permet à la chaleur de bien pénétrer l'amidon intérieur.

🍀 Par contre, une vieille pomme de terre présente un grain de surface espacé. Si on la porte trop

rapidement à ébullition, la cellulose se brise, le féculent éclate et la pomme de terre se défait. Il est donc préférable de recouvrir les vieilles pommes de terre d'eau bouillante additionnée de gros sel et de les faire mijoter à feu moyen, à couvert.

🍀 Les pommes de terre cuites et non pelées se conservent aisément pendant deux à trois jours. On peut même, après les avoir pelées, les réchauffer 2 à 3 minutes dans l'eau bouillante salée. Égoutter et assécher. Notons, toutefois, que cette façon de procéder donne un mauvais goût aux pommes de terre cuites et pelées avant d'être réfrigérées.

POMMES DE TERRE FRITES

🍀 Laver et peler 6 pommes de terre moyennes. Tailler en bâtonnets de 1 cm (½ po) d'épaisseur. Faire tremper 30 minutes dans l'eau froide, salée.

🍀 Dans une marmite de 3 L (12 tasses), faire chauffer 1,5 L (6 tasses) d'huile d'arachide à 200°C (390°F), ou jusqu'à ce qu'un cube de pain de 2,5 cm (1 po) y dore en 25 secondes.

🍀 Entre-temps, égoutter les pommes de terre et les assécher à la serviette.

🍀 Déposer les pommes de terre dans le panier de la friteuse (sans trop le remplir). Faire frire les pommes de terre jusqu'à ce qu'elles soient tendres et dorées, environ 7 minutes. Égoutter sur un essuie-tout.

🍀 Garder au chaud durant la cuisson du reste des pommes de terre. Saler avant de servir.

CROUSTILLES DE POMMES DE TERRE

꙳ Peler de grosses pommes de terre. Les tailler en tranches aussi minces que possible (avec une machine à trancher ou un couteau à légumes), de façon que l'on puisse compter une dizaine de tranches au centimètre (une vingtaine au pouce).

꙳ Recouvrir les tranches de pomme de terre d'eau glacée. Les faire tremper 1 heure. Ajouter 30 mL (2 c. à soupe) de vinaigre blanc (quelle que soit la quantité d'eau). Égoutter. Bien assécher sur un linge.

꙳ En utilisant un thermomètre, faire chauffer 1 L (4 tasses) d'huile d'arachide à 180°C (360°F).

꙳ Plonger les tranches de pommes de terre dans une casserole remplie au tiers d'huile chaude. Y faire dorer les pommes de terre, en soulevant la masse avec une écumoire une ou deux fois en cours de cuisson.

꙳ Égoutter sur un essuie-tout. Saler, au goût.

꙳ Pour préserver la fraîcheur des croustilles, les faire refroidir et les entreposer dans une boîte métallique tapissée de papier ciré. Couvrir et conserver au frais.

POMMES DE TERRE CUITES, FRITES

4 pommes de terre non pelées
1 chopine d'huile d'arachide
sel, au goût
1 oignon, émincé
5 mL (1 c. à thé) de beurre

꙳ Brosser les pommes de terre. Les faire cuire à l'eau bouillante.

Pommes de terre rôties au gras de bacon

Égoutter et assécher. Laisser tiédir. Réfrigérer au moins 1 à 2 heures.

꙳ Peler les pommes de terre et les réduire en lamelles à l'aide d'une râpe à gros trous.

꙳ Faire chauffer l'huile [200°C (400°F) au thermomètre]. Y plonger les pommes de terre râpées. Faire cuire jusqu'à ce que les pommes de terre soient dorées et croustillantes. Égoutter. Saler.

꙳ Faire frire l'oignon dans le beurre. Ajouter les pommes de terre. Bien mélanger.

꙳ Pour varier, servir avec un bol de fromage râpé.

POMMES DE TERRE RÔTIES AU GRAS DE BACON

2 pommes de terre par personne
125 mL (½ tasse) de gras de bacon
sel et poivre, au goût

꙳ Peler les pommes de terre. Les tailler en tranches aussi minces que possible.

꙳ Faire tremper les tranches de pomme de terre 2 heures dans l'eau glacée. Égoutter et assécher.

꙳ Faire chauffer le gras dans un grand poêlon muni d'un bon couvercle. Verser la moitié des pommes de terre. Assaisonner. Ajouter le reste des pommes de terre. Rectifier l'assaisonnement. Couvrir et faire cuire à feu doux, environ 20 minutes, ou jusqu'à ce que le cœur des pommes de terre cède sous la pointe d'un couteau. Le fond formera alors une croûte dorée. Avec une spatule assez large, soulever les pommes de terre d'un seul coup, comme une crêpe. Huiler le fond du poêlon avec un peu de gras de bacon et faire dorer le deuxième côté des pommes de terre.

꙳ Pour servir, glisser la galette dorée sur un plat de service

Pommes de terre farcies aux herbes

chaud. Saupoudrer de persil, de ciboulette ou d'oignons frits.

POMMES DE TERRE BRUNES DU QUÉBEC

Cette méthode de cuisson donne des pommes de terre brunes comme celles qui ont cuit dans le jus d'un veau en cocotte ou d'un rôti de bœuf.

𝕊 Utiliser de préférence de petites pommes de terre.

𝕊 Blanchir les pommes de terre durant 3 à 4 minutes.

𝕊 Faire chauffer 30 à 45 mL (2 à 3 c. à soupe) de shortening, d'huile ou de beurre dans un poêlon en fonte ordinaire ou émaillée. Y déposer un rang de pommes de terre. Faire dorer uniformément les pommes de terre à feu doux, en les retournant de temps à autre.

𝕊 Laisser mijoter à couvert, environ 10 minutes. Secouer le poêlon

de temps à autre, sans découvrir.

𝕊 Servir dès que les pommes de terre sont tendres.

POMMES DE TERRE BRUNES PARFAITES

J'ai apprêté les pommes de terre brunes de maintes façons au fil des ans, mais elles ne sont jamais aussi bonnes que lorsque je les prépare avec de la crème aigre. L'été, je les je les recouvre complètement de ciboulette hachée et de basilic frais.

6 grosses pommes de terre non pelées
30 mL (2 c. à soupe) de beurre ou de gras de bacon
5 mL (1 c. à thé) de sel
1 mL (¼ c. à thé) de poivre
15 mL (1 c. à soupe) de beurre, fondu
60 mL (4 c. à soupe) de crème aigre
ciboulette ou persil, au goût

𝕊 Faire cuire les pommes de terre au four la veille et les réfrigérer sans les peler. Le lendemain, peler les pommes de terre et les tailler en fines lamelles à l'aide d'une râpe moyenne. Dans un poêlon épais, faire chauffer le gras de bacon ou le beurre (ou un mélange des deux). Recouvrir la surface du poêlon d'une couche de pomme de terre, sans tasser. Ajouter le sel, le poivre et le beurre fondu. Cuire à feu doux, jusqu'à ce que la partie inférieure de la préparation soit dorée et n'adhère pas au poêlon, soit environ 20 minutes. Vérifier le degré de cuisson en soulevant délicatement la masse. Retourner la préparation avec une spatule, par sections. Faire dorer l'autre côté à feu doux. Disposer la moitié de la préparation cuite sur un plat de service chaud. Couvrir de crème aigre. Recouvrir de l'autre moitié de la préparation. Saupoudrer de ciboulette ou de persil.

POMMES DE TERRE FARCIES AUX HERBES

4 pommes de terre
45 mL (3 c. à soupe) de beurre
30 mL (2 c. à soupe) de crème aigre
1 pincée de thym
1 pincée de sarriette
persil et ciboulette, au goût
sel et poivre, au goût

𝕊 Faire cuire les pommes de terre au four. Trancher les pommes de terre en deux dès qu'elles sortent du four. Les évider dans un bol. Réserver les moitiés de pelure.

𝕊 Faire chauffer le reste des ingrédients. Les ajouter aux pommes de terre. Réduire la préparation en purée, jusqu'à l'obtention d'une consistance lisse et crémeuse.

❧ À la cuiller, déposer la préparation dans les moitiés de pelure. Si désiré, saupoudrer de paprika ou de fromage râpé.

❧ Réchauffer au four à 200°C (400°F), 10 à 15 minutes.

POMMES DE TERRE CUITES AU FOUR

❧ Laver, brosser et assécher des pommes de terre de grosseur uniforme.

❧ Frotter chaque pomme de terre avec un petit morceau de gras ou la rouler entre les mains enduites de gras. Enrober de gros sel.

❧ Cette préparation permet d'obtenir des pommes de terre à pelure tendre. Pour obtenir une pelure croquante, ne pas badigeonner de gras et pratiquer 5 ou 6 incisions dans chaque pomme de terre.

❧ Faire cuire au four à 220°C (425°F), 40 à 60 minutes (selon la grosseur des pommes de terre). Quelques minutes avant la fin de la cuisson, piquer chaque pomme de terre avec la pointe d'un couteau afin d'évacuer la vapeur, qui donne de l'humidité à la pomme de terre.

❧ Servir sans tarder, car les pommes de terre cuites au four perdent rapidement leur saveur.

POMMES DE TERRE EN PAPILLOTES

❧ Brosser les pommes de terre. Les enduire d'une matière grasse et y pratiquer quelques incisions avec la pointe d'un couteau.

❧ Déposer sur un carré de papier d'aluminium. Envelopper hermétiquement. Faire cuire au four à 220°C (425°F), 50 à 80 minutes. Il est possible d'attendre 10 à 15 minutes avant de servir les pommes de terre ainsi apprêtées.

❧ Cette méthode de cuisson donne une pomme de terre légèrement humide, au goût particulier.

PURÉE DE POMMES DE TERRE

❧ Pour faire une bonne purée de pommes de terre, il faut un certain tour de main. La recette vous donnera la ligne à suivre, mais sa réussite exige que vous utilisiez votre goût et votre doigté culinaire, parce que chaque variété de pomme de terre cuit différemment et absorbe plus ou moins de liquide. Une purée parfaite nécessite des pommes de terre d'hiver, de préférence grosses ou moyennes.

❧ Peler les pommes de terre et les couper en morceaux d'égale grosseur. Faire bouillir à feu moyen, en évitant de trop cuire. Égoutter. Assécher quelques instants à feu vif.

❧ Réduire les pommes de terre en purée avec un pilon ou au presse-purée, ou battre au batteur à main à petite vitesse. Ajouter un peu de beurre, du sel, du poivre, de la sarriette, du persil ou de la ciboulette et 250 mL (1 tasse) de crème aigre pour chaque lot de 8 à 10 pommes de terre. Battre vigoureusement, jusqu'à l'obtention d'une purée blanche et légère. (On peut remplacer la crème aigre par de la crème ou du lait, mais la purée ne sera pas aussi fine et crémeuse.)

❧ Servir sans tarder et éviter de faire chauffer au four, pour ne pas enlever sa finesse à la purée. Pour la garder chaude, placer la casserole couverte dans un poêlon électrique chaud, contenant 250 mL (1 tasse) d'eau.

POMMES DE TERRE LOULOU

6 à 8 pommes de terre
30 mL (2 c. à soupe) de beurre
30 mL (2 c. à soupe) d'huile d'olive
7 mL (1½ c. à thé) de zeste de citron
15 mL (1 c. à soupe) de persil
15 mL (1 c. à soupe) de ciboulette
1 pincée de muscade
45 mL (3 c. à soupe) de jus de citron
sel et poivre, au goût

❧ Brosser les pommes de terre et les faire bouillir entières, selon la *Méthode de cuisson type* (page 448). Les peler et les déposer dans un plat.

❧ Faire fondre le beurre dans un poêlon, en prenant soin de ne pas le faire brunir. Ajouter le reste des ingrédients. Bien mélanger.

❧ Verser ce beurre très chaud sur les pommes de terre. Servir.

POMMES DE TERRE À L'ESTRAGON

3 pommes de terre, coupées en dés
125 mL (½ tasse) de crème
125 mL (½ tasse) de lait
15 mL (1 c. à soupe) de beurre
5 mL (1 c. à thé) d'estragon
sel et poivre, au goût

🍂Déposer les pommes de terre dans la partie supérieure d'un bain-marie. Ajouter le reste des ingrédients.

🍂Couvrir et faire mijoter 1 heure, ou jusqu'à ce que les pommes de terre soient cuites et qu'elles aient absorbé le liquide.

POMMES DE TERRE À LA PROVENÇALE

800 mL (28 oz) de tomates en boîte
1 petit oignon, haché finement
15 mL (1 c. à soupe) de sucre
2 mL (½ c. à thé) de sarriette ou de basilic
15 mL (1 c. à soupe) de ketchup
5 mL (1 c. à thé) de sel
1 à 1,2 L (4 à 5 tasses) de pommes de terre en tranches minces
50 mL (¼ tasse) de chapelure
15 mL (1 c. à soupe) de beurre

🍂Dans un bol, mélanger les tomates, l'oignon, le sucre, la sarriette, le ketchup et le sel.

🍂Verser ce mélange sur les pommes de terre. Bien remuer.

🍂Déposer la préparation dans un plat à gratin, beurré. Couvrir de chapelure. Parsemer de noisettes de beurre. Faire cuire 1 heure au four à 190°C (375°F).

POMMES DE TERRE FRIQUET

4 à 6 pommes de terre
60 mL (4 c. à soupe) d'huile d'olive
5 mL (1 c. à thé) de beurre
1 oignon, émincé
5 mL (1 c. à thé) d'eau
10 mL (2 c. à thé) de persil émincé

🍂Laver et peler les pommes de terre. Les tailler en gros dés.

🍂Faire chauffer l'huile dans un poêlon. Ajouter les pommes de terre. Faire cuire jusqu'à ce qu'elles soient bien dorées et tendres, en remuant fréquemment, environ 35 minutes. Réserver.

🍂Faire fondre le beurre dans un poêlon. Ajouter l'oignon, l'eau et le persil. Faire dorer légèrement.

🍂Incorporer la sauce aux pommes de terre. Servir très chaud.

POMMES DE TERRE AUX PETITS POIS

1 pomme de terre par personne
45 mL (3 c. à soupe) de beurre
45 mL (3 c. à soupe) de farine
500 mL (2 tasses) de lait
125 mL (½ tasse) de crème à 15%
1 boîte de petits pois surgelés
5 mL (1 c. à thé) de sel
1 pincée de thym
30 mL (2 c. à soupe) de beurre

🍂Faire bouillir les pommes de terre (ceci peut se faire la veille). Refroidir les pommes de terre et les tailler en cubes de 2,5 cm (1 po).

🍂Faire une béchamel avec le beurre, la farine, le lait et la crème. Lorsque la sauce est lisse et crémeuse, ajouter les pommes de terre. Ajouter les petits pois, le sel, le thym et le reste du beurre. Faire mijoter à feu doux jusqu'à ce que les pommes de terre soient bien chaudes et que les petits pois soient cuits, soit pendant 15 à 20 minutes.

🍂Des petits pois en conserve peuvent être utilisés, mais les petits pois surgelés donnent plus de couleur à la préparation.

Pommes de terre à la provençale

PELURES DE POMMES DE TERRE CROQUANTES

Voici un petit rien économique et délicieux, parfait pour l'heure de l'apéro.

❧ Bien brosser les pommes de terre et les peler, en prenant soin de garder les pelures un peu plus épaisses qu'à l'habitude.

❧ Beurrer ou graisser chaque pelure, comme une tartine. Assaisonner légèrement.

❧ Déposer les pelures sur une plaque à biscuits. Faire cuire au four à 190°C (375°F), 30 à 40 minutes.

Pommes de terre boulangères

POMMES DE TERRE À LA NORMANDE

30 à 60 mL (2 à 4 c. à soupe) de beurre
4 pommes de terre moyennes, pelées
sel et poivre, au goût
45 mL (3 c. à soupe) de farine
750 mL (3 tasses) de lait

❧ Tailler les pommes de terre en tranches minces.

❧ Beurrer un plat à gratin. Déposer la moitié des tranches de pommes de terre dans le plat. Assaisonner. Saupoudrer de la moitié de la farine. Ajouter le reste des pommes de terre. Assaisonner de nouveau et saupoudrer du reste de la farine. Ajouter le reste du beurre.

❧ Verser le lait sur la préparation. Faire cuire 25 minutes à couvert, au four à 190°C (375°F). Poursuivre la cuisson à découvert, 20 à 25 minutes.

❧ Pour varier, ajouter 30 mL (2 c. à soupe) d'oignon émincé, 125 mL (½ tasse) de ciboulette émincée ou 2 mL (½ c. à thé) de sarriette.

❧ On peut aussi faire gratiner ces pommes de terre en les couvrant avec 250 mL (1 tasse) de fromage râpé et quelques dés de beurre.

POMMES DE TERRE MOULÉES

30 mL (2 c. à soupe) de beurre
30 mL (2 c. à soupe) de farine
500 mL (2 tasses) de lait
2 mL (½ c. à thé) de sel
1 mL (¼ c. à thé) de poivre
750 mL (3 tasses) de pommes de terre crues râpées
1 oignon vert, émincé
beurre

❧ Faire une béchamel avec le beurre, la farine, le lait, le sel et le poivre.

❧ Ajouter les pommes de terre et l'oignon vert à la béchamel. Bien mélanger.

❧ Verser la préparation dans un plat beurré. Garnir de noisettes de beurre. Faire cuire au four à 150°C (300°F), 3 à 4 heures, ou jusqu'à ce que la croûte ait l'apparence d'un caramel bien glacé et doré.

POMMES DE TERRE BOULANGÈRES

4 pommes de terre
4 oignons
45 mL (3 c. à soupe) d'huile d'arachide
sel et poivre, au goût
250 mL (1 tasse) de consommé

❧ Tailler les pommes de terre et les oignons en tranches minces.

❧ Faire chauffer l'huile dans un poêlon. Cuire les oignons jusqu'à ce qu'ils soient dorés.

POMMES DE TERRE BOULANGÈRES

1 Cuire les oignons jusqu'à ce qu'ils soient dorés.

2 Ajouter les pommes de terre et bien mélanger.

3 Déposer la préparation dans un plat allant au four. Assaisonner.

4 Arroser de consommé.

🐦 Ajouter les pommes de terre. Bien mélanger. Déposer la préparation dans un plat allant au four. Assaisonner. Arroser de consommé. Couvrir et faire cuire 1 heure, au four à 190°C (375°F).

GALETTES DE POMMES DE TERRE «BOXTY»

Dans ma jeunesse, une gouvernante irlandaise me préparait ces galettes presque tous les jours. Depuis, rien n'est plus irlandais à mes yeux. Un bon «boxty» ne peut être fait avec des pommes de terre nouvelles. Choisir de grosses pommes de terre farineuses. À l'origine, on faisait cuire ces galettes sur une plaque à crêpes non graissée. Je trouve qu'elles ont plus de saveur et de légèreté lorsqu'elles sont cuites au four. On peut les préparer d'avance et les réchauffer dans un four à 160°C (325°F) pendant que l'on prépare la sauce.

2 grosses pommes de terre
500 mL (2 tasses) de purée
de pommes de terre
5 mL (1 c. à thé) de sel
5 mL (1 c. à thé) de bicarbonate
de soude
50 à 125 mL (¼ à ½ tasse)
de farine

🐦 Au-dessus d'un bol d'eau froide, peler et râper les pommes de terre avec une râpe fine ou moyenne. Laisser tremper durant la cuisson des autres pommes de terre.

🐦 Pour obtenir 500 mL (2 tasses) de purée, faire bouillir 6 petites pommes de terre, ou 4 moyennes. Égoutter. Remettre dans la casse-role pour les assécher, à feu doux. Les réduire en purée sans ajouter de beurre ni de lait.

🐦 Égoutter les pommes de terre râpées, en réservant le liquide. Ajouter ce liquide riche en fécule à la purée. Presser les pommes de terre râpées dans un linge pour en exprimer le liquide. Ajouter ces pommes de terre à la purée. Mélanger le sel, le bicarbonate de soude et 50 mL (¼ tasse) de la farine. Incorporer à la préparation. Bien mélanger, en ajoutant juste assez de farine afin de pouvoir abaisser la pâte obtenue.

🐦 Sur une surface enfarinée, abaisser la pâte en un cercle de 1 cm (½ po) d'épaisseur. Tailler en 4 pointes ou en galettes rondes. Déposer sur une plaque de cuisson graissée. Cuire au four à 160°C (325°F), 30 à 45 minutes, ou jusqu'à ce que les portions soient bien dorées.

GALETTES DE POMMES DE TERRE

4 grosses pommes de terre
1 œuf, légèrement battu
250 mL (1 tasse) de farine
sel et muscade, au goût
125 mL (½ tasse) de chapelure
30 mL (2 c. à soupe) de beurre

🐦 Faire bouillir les pommes de terre sans les peler. Égoutter. Peler et réduire en purée.

🐦 Incorporer l'œuf, la farine, du sel et de la muscade. Verser la préparation sur une planche légèrement enfarinée. Pétrir jusqu'à l'obtention d'une belle pâte. À la main, aplatir en galettes de 1 cm (½ po) d'épaisseur. Tailler à l'emporte-pièce. Rouler dans la chapelure.

🐦 Dans un poêlon, faire fondre le beurre. Faire dorer les galettes à feu moyen.

Galettes de pommes de terre

❦ TECHNIQUE ❦

GALETTES DE POMMES DE TERRE

1 Peler les pommes de terre et les réduire en purée.

2 Incorporer l'œuf, la farine, du sel et de la muscade.

3 Pétrir et former des galettes. Découper à l'emporte-pièce.

4 Rouler dans la chapelure.

GALETTES DE POMMES DE TERRE À L'IRLANDAISE

À l'heure du dessert, ces galettes se servent chaudes et légèrement beurrées, accompagnées de miel, de confiture d'oranges ou de cassonade. Comme légume, on les offre nature.

10 mL (2 c. à thé) de jus de citron
250 mL (1 tasse) de pommes de terre crues râpées
250 mL (1 tasse) de farine
250 mL (1 tasse) de pommes de terre cuites et pilées
5 mL (1 c. à thé) de sel
10 mL (2 c. à thé) de levure chimique
1 œuf, légèrement battu
250 mL (1 tasse) de lait aigre ou de babeurre
50 mL (¼ tasse) de beurre, fondu

🍂 Mélanger le jus de citron et les pommes de terre crues. Déposer sur un morceau de toile à fromage. Bien essorer la toile afin d'en exprimer tout le liquide.

🍂 Mélanger la farine et les pommes de terre cuites. Ajouter les pommes de terre râpées, le sel, la levure chimique, l'œuf et le lait aigre. Fouetter jusqu'à l'obtention d'un mélange homogène.

🍂 Faire chauffer un poêlon en fonte, badigeonné d'un peu du beurre fondu. Pour chaque galette, verser 15 mL (1 c. à soupe) de préparation dans le poêlon chaud.

🍂 Cuire 3 minutes de chaque côté, à feu moyen.

FRICASSÉE DE POMMES DE TERRE

Cette fricassée se réchauffe très bien.

125 mL (½ tasse) de gras, au choix
4 oignons, coupés en rondelles
6 pommes de terre, pelées et coupées en dés
125 mL (½ tasse) de feuilles de céleri
30 mL (2 c. à soupe) de persil
5 mL (1 c. à thé) de sarriette
sel et poivre, au goût
eau chaude

🍂 Faire fondre le gras dans un poêlon. Ajouter les oignons. Faire cuire à feu vif en remuant, jusqu'à ce qu'ils soient légèrement dorés. Ajouter les autres ingrédients, sauf l'eau chaude.

🍂 Bien mélanger le tout. Ajouter juste assez d'eau chaude pour couvrir les pommes de terre. Porter à ébullition. Couvrir et laisser mijoter 30 minutes, ou jusqu'à ce que les pommes de terre soient tendres. Écraser quelques pommes de terre à la fourchette, juste assez pour donner une texture crémeuse à la sauce.

🍂 Rectifier l'assaisonnement. Servir.

POMMES DE TERRE À LA BROCHE

🍂 Brosser et essuyer quelques pommes de terre moyennes. Badigeonner chacune de beurre mou. Les rouler dans du gros sel. Embrocher. Cuire au barbecue 20 à 35 minutes, selon la grosseur des pommes de terre. Ces pommes de terre seront croustillantes et délicieuses à condition d'être servies dès qu'elles sont cuites. Pour obtenir une pelure tendre, omettre le gros sel et envelopper de deux feuilles d'aluminium avant de faire cuire 40 minutes.

POMMES DE TERRE AU LARD

🍂 Peler des pommes de terre moyennes. Envelopper chacune d'une tranche aussi mince que possible de lard salé ou d'une tranche de bacon. Embrocher et faire cuire au barbecue 20 à 35 minutes, selon la grosseur des pommes de terre. Servir aussitôt.

POMMES DE TERRE GRILLÉES AU BARBECUE

POMMES DE TERRE FRITES SURGELÉES

🍂 Verser les frites dans une passoire. Secouer les frites au-dessus de la braise jusqu'à ce qu'elles soient chaudes. Saler. Servir.

POMMES DE TERRE EN PAPILLOTES

🍂 Bien brosser des pommes de terre moyennes. Les badigeonner de beurre mou. Saler légèrement. Envelopper chaque pomme de terre de deux feuilles de papier d'aluminium. Faire cuire 1 heure sur le gril du barbecue, en retournant plusieurs fois.

POMMES DE TERRE FRITES AU BACON

🍂 Faire frire des tranches de bacon dans un poêlon de fonte

Pommes de terre duchesse

placé sur le gril du barbecue. Peler 4 ou 5 grosses pommes de terre. Les tailler en tranches aussi minces que possible. Retirer le bacon du poêlon. Déposer les pommes de terre dans le gras. Assaisonner. Ajouter 1 oignon émincé (facultatif). Faire frire les pommes de terre jusqu'à ce qu'elles soient tendres et bien dorées, en les retournant plusieurs fois en cours de cuisson. Ajouter le bacon coupé en petits morceaux. Couvrir. Réserver sur les côtés du gril jusqu'au moment de servir.

POMMES DE TERRE DUCHESSE

4 à 6 pommes de terre
45 mL (3 c. à soupe) de beurre
2 jaunes d'œufs
30 mL (2 c. à soupe) de crème
5 mL (1 c. à thé) de sel
1 pincée de muscade
poivre, au goût

🙐 Faire bouillir les pommes de terre. Égoutter et assécher.

🙐 Dans la casserole contenant les pommes de terre, ajouter le beurre. Réduire la préparation en purée. Ajouter les jaunes d'œufs, la crème, le sel, la muscade et du poivre. Mettre en crème, en battant.

🙐 Verser la purée dans un plat. Faire cuire au four à 200°C (400°F), 10 à 15 minutes, ou jusqu'à ce que le dessus soit bien doré.

POMMES DE TERRE RÉCHAUFFÉES

750 mL (3 tasses) de pommes de terre cuites
1 oignon, émincé
45 mL (3 c. à soupe) de farine
50 mL (¼ tasse) de lait
5 mL (1 c. à thé) de sel
1 mL (¼ c. à thé) de poivre
45 mL (3 c. à soupe) d'huile d'arachide ou de gras de bacon

🙐 Tailler les pommes de terre en dés. Mélanger avec l'oignon, la farine, le lait, le sel et le poivre.

🙐 Faire chauffer l'huile ou le gras de bacon dans un poêlon de 23 cm (9 po). Verser la préparation de pommes de terre. Faire cuire à feu moyen, jusqu'à ce que les pommes de terre soient bien dorées. Poursuivre la cuisson en remuant souvent, jusqu'à l'obtention d'une belle texture. Servir.

POMMES DE TERRE RÔTIES AU FOUR

🙐 Les pommes de terre cuites avec une viande rôtie ont un goût incomparable. Peler les pommes de terre. Les déposer dans un bol. Saler. Blanchir les pommes de terre durant 3 à 4 minutes. Égoutter. Assécher avec un linge. Déposer les pommes de terre autour du rôti ou du poulet, environ 40 à 50 minutes avant la fin de la cuisson.

🙐 Retourner les pommes de terre dans le gras une ou deux fois en cours de cuisson.

POMMES DE TERRE CHANTILLY

Voici une façon élégante de servir des pommes de terre en flocons, pour accompagner le poulet ou le veau rôti, par exemple.

6 portions de pommes de terre en flocons
50 mL (¼ tasse) de beurre, fondu
sel et poivre, au goût
50 mL (¼ tasse) de crème à 35%
75 mL (⅓ tasse) de cheddar doux râpé

Faire cuire les pommes de terre selon les instructions du fabricant, mais sans beurre. Une fois la cuisson terminée, ajouter le beurre fondu, du sel et du poivre. Fouetter la crème. À la cuiller, déposer les pommes de terre dans une cocotte de 2 L (8 tasses). Couvrir de la crème fouettée. Saupoudrer de fromage. Cuire au four à 230°C (450°F), 10 minutes. Servir sans tarder.

POMMES DE TERRE À LA LYONNAISE

5 pommes de terre non pelées
75 mL (5 c. à soupe) de beurre
(ou moitié beurre, moitié huile)
250 mL (1 tasse) d'oignons en tranches minces
5 mL (1 c. à thé) de sel
1 pincée de poivre
persil, émincé

Faire bouillir les pommes de terre. Égoutter. Peler et couper en tranches.

Dans un poêlon, faire fondre 30 mL (2 c. à soupe) de beurre. Y faire dorer les oignons à feu moyen. Retirer du poêlon. Faire chauffer le reste du beurre. Ajouter les pommes de terre. Faire dorer à feu moyen. Ajouter les oignons, le sel et le poivre. Faire chauffer à feu doux, 3 minutes. Saupoudrer de persil. Servir.

BOULETTES DE POMMES DE TERRE

Une fois cuite, cette préparation peut être congelée dans des moules à muffins de grandeur moyenne. Une fois les portions congelées, on les retire du moule et on les dépose dans un sac à congélation ou un autre contenant hermétique. Ces boulettes de pommes de terre peuvent être servies avec un bifteck ou du poulet grillé. Voilà une recette fort pratique, car peu de plats aux pommes de terre se prêtent à la congélation.

12 pommes de terre moyennes
2 oignons de taille moyenne, râpés
4 œufs, bien battus
250 mL (1 tasse) de farine
15 mL (1 c. à soupe) de sel
2 mL (½ c. à thé) de poivre
2 mL (½ c. à thé) de sarriette
5 mL (1 c. à thé) de levure chimique
90 mL (8 c. à soupe) de gras de bacon, fondu

Peler les pommes de terre. Les râper au-dessus d'un bol d'eau froide pour les empêcher de s'oxyder. Égoutter. Presser les pommes de terre afin d'en exprimer le liquide. Ajouter les oignons et les œufs. Bien mélanger, en fouettant.

Mélanger la farine, le sel, le poivre, la sarriette et la levure chimique. Ajouter à la préparation de pommes de terre. Bien mélanger. Ajouter le gras fondu, en remuant. À la cuiller, verser le mélange dans des moules à muffins de grandeur moyenne, graissés. Cuire 1 heure au four à 190°C (375°F), ou jusqu'à ce que les boulettes soient dorées et croustillantes.

Laisser tiédir 30 minutes sur un treillis. Glisser la lame d'un couteau à l'intérieur des moules. Démouler sur une plaque de cuisson. Congeler. Cette recette donne 16 portions. Les boulettes se conservent 2 à 3 mois au congélateur.

Pour réchauffer les boulettes, les envelopper dans du papier d'aluminium et les laisser 20 à 25 minutes dans un four préalablement chauffé à 180°C (350°F).

Pommes de terre à la lyonnaise

POMMES DE TERRE GRATINÉES

Préparées à la française, les pommes de terre gratinées ressemblent aux pommes de terre à la normande. Elles sont apprêtées à partir de pommes de terre cuites et sont facilement réchauffées. Aucun plat de pomme de terre n'accompagne mieux le jambon!

8 pommes de terre moyennes
30 mL (2 c. à soupe) de beurre
1 gros oignon, haché
30 mL (2 c. à soupe) de farine
125 mL (½ tasse) de consommé
500 mL (2 tasses) de crème
à 15% ou de lait
sel et poivre, au goût
125 mL (½ tasse) de cheddar
ou de parmesan râpé
50 mL (¼ tasse) de chapelure fine
5 mL (1 c. à thé) de beurre

❧ Brosser les pommes de terre. Ne pas les peler. Les faire bouillir jusqu'à ce qu'elles soient tendres.

❧ Peler les pommes de terre. Les tailler en tranches moyennes.

❧ Faire fondre le beurre dans un poêlon. Ajouter l'oignon. Faire cuire jusqu'à ce qu'il dore légèrement. Ajouter la farine. Bien remuer.

❧ Ajouter le consommé et la crème, d'un seul coup. Remuer. Faire cuire jusqu'à l'obtention d'un mélange lisse et crémeux. Assaisonner.

❧ Beurrer une cocotte de 2 L (8 tasses). Remplir de couches de pommes de terre, en alternant avec des rangs de sauce et de fromage. Terminer avec la sauce. Mélanger le reste du fromage avec de la chapelure. En saupoudrer la préparation. Parsemer de noisettes de beurre. Cuire au four à 180°C (350°F), jusqu'à ce que la croûte soit dorée.

Crêpes de pommes de terre

CRÊPES DE POMMES DE TERRE

3 pommes de terre
2 œufs, battus
1 petit oignon, râpé
15 mL (1 c. à soupe) de farine
1 biscuit soda, écrasé
sel et poivre, au goût
60 mL (4 c. à soupe) de beurre

❧ Laver et peler les pommes de terre. Les râper au-dessus d'un plat rempli d'eau, afin de les empêcher de s'oxyder. Égoutter. Presser les pommes de terre dans un linge pour bien les assécher.

❧ Dans un bol, mélanger les pommes de terre, les œufs, l'oignon, la farine, le biscuit soda, du sel et du poivre.

❧ Faire fondre le beurre dans un poêlon. À la cuiller, déposer la préparation dans ce beurre. Laisser dorer d'un côté, environ 4 minutes. Retourner pour dorer de l'autre côté. Servir.

SALADE DE POMMES DE TERRE ESTIVALE

J'aime utiliser des herbes de mon jardin pour aromatiser cette salade légère et délicieuse. Dès qu'elles apparaissent sur le marché, j'emploie les toutes petites pommes de terre entières («grelots») plutôt que les pommes de terre coupées en dés.

6 pommes de terre moyennes ou 1 L (4 tasses) de petites pommes de terre nouvelles
3 oignons verts, finement hachés
15 mL (1 c. à soupe) de persil
45 mL (3 c. à soupe) de cerfeuil et d'estragon mélangés
ou de persil frais, haché

90 mL (6 c. à soupe) d'huile
d'olive
60 mL (4 c. à soupe) d'eau tiède
sel et poivre, au goût
30 mL (2 c. à soupe) de vinaigre
de cidre

🐟 Faire bouillir les pommes de
terre, non pelées. Ne pas trop
cuire. Égoutter. Assécher à feu
doux. Peler les pommes de terre
alors qu'elles sont encore chaudes.
Les déposer dans un bol. Ajouter
les oignons verts et les herbes.
🐟 Dans un pot, mélanger le vinaigre, l'huile, l'eau tiède, du sel et
du poivre. Agiter pour bien
mélanger.
🐟 Verser la vinaigrette sur la
salade de pommes de terre.
Remuer délicatement. Rectifier
l'assaisonnement. Verser dans un
bol de bois. Couvrir et laisser
reposer 2 à 4 heures à la température ambiante, pour éviter que les
pommes de terre ne durcissent au
froid et que la salade ne perde de
sa saveur.

SALADE DE POMMES DE TERRE NOUVELLES

12 à 15 petites pommes de terre
nouvelles
3 jaunes d'œufs
45 mL (3 c. à soupe) de vinaigre
de cidre ou de vin
30 mL (2 c. à soupe) de beurre
5 mL (1 c. à thé) de sucre
sel et poivre, au goût
75 mL (⅓ tasse) d'oignons verts
émincés
150 mL (⅔ tasse) de céleri en dés
125 mL (½ tasse) de crème à 35%
125 mL (½ tasse) de mayonnaise
persil, émincé, au goût

🐟 Brosser les pommes de terre.
Les faire cuire. Les égoutter.

Assécher les pommes de terre,
1 ou 2 secondes à feu moyen. Les
peler et les tailler en 2 ou 3 tranches.
🐟 Dans une casserole, mélanger
les jaunes d'œufs et le vinaigre.
Bien mélanger au batteur à main.
Cuire à feu très doux, jusqu'à ce
que la préparation épaississe
légèrement (éviter toute ébullition). Retirer du feu. Laisser
tiédir.
🐟 Mettre le beurre en crème avec
le sucre, du sel et du poivre.
Ajouter les oignons verts et le
céleri. Ajouter à la préparation
d'œufs. Remuer jusqu'à l'obtention d'une consistance crémeuse.
🐟 Fouetter la crème et l'incorporer à la mayonnaise. Ajouter à la
préparation d'œufs. Rectifier
l'assaisonnement.
🐟 Mettre les pommes de terre en
rangs alternés avec la sauce, dans
un saladier de verre. Ne pas
remuer. Recouvrir la salade d'une
couche de sauce. Saupoudrer de
persil émincé ou de paprika.
Servir cette salade tiède et non
réfrigérée.

SALADE DE POMMES DE TERRE À L'AMÉRICAINE

6 à 8 pommes de terre moyennes
30 mL (2 c. à soupe) d'huile
d'olive
40 mL (2½ c. à soupe)
de vinaigre de cidre
15 mL (1 c. à soupe) de persil
émincé
1 petit oignon, émincé
1 mL (¼ c. à thé) de poivre
finement moulu
175 mL (¾ tasse) de céleri coupé
en dés
5 mL (1 c. à thé) de sel

2 mL (½ c. à thé) de graines
de fenouil
175 mL (¾ tasse)
de mayonnaise

🐟 Faire bouillir les pommes de
terre non pelées (éviter de trop les
faire cuire). Égoutter. Assécher.
Tailler les pommes de terre en dés.
🐟 Dans un grand saladier,
mélanger le reste des ingrédients.
🐟 Incorporer les pommes de
terre. Bien remuer. Servir.

SALADE DE POMMES DE TERRE CHAUDE

4 à 6 pommes de terre, non pelées
2 œufs durs, râpés
4 tranches de bacon
1 oignon, émincé
30 à 60 mL (2 à 4 c. à soupe)
de vinaigre
sel et poivre, au goût

🐟 Bien brosser les pommes de
terre et les faire bouillir. Égoutter
et peler. Couper les pommes de
terre en tranches alors qu'elles
sont encore chaudes.
🐟 Ajouter les œufs aux pommes
de terre.
🐟 Faire frire le bacon. Le couper
en morceaux. L'ajouter aux pommes de terre, ainsi que le gras de
cuisson (qui remplace l'huile) et
le reste des ingrédients. Ajouter le
vinaigre petit à petit, au goût.
Assaisonner. Servir tiède.

SALADE DE POMMES DE TERRE AU BEURRE

🐟 Éviter de réfrigérer cette
salade, car le beurre durcit alors
sur les pommes de terre et en
altère le goût.

Salade de pommes de terre à la française

6 à 8 pommes de terre
sel et poivre, au goût
3 oignons verts, émincés
60 mL (4 c. à soupe) de beurre
45 mL (3 c. à soupe) de vinaigre
de malt ou de vin

🍃 Brosser les pommes de terre et
les faire bouillir, non pelées.
Égoutter. Peler les pommes de
terre. Les tailler en dés. Assaisonner. Ajouter les oignons verts.
Bien mélanger, à la fourchette,
afin de ne pas écraser les pommes
de terre.
🍃 Faire chauffer le beurre.
Ajouter le vinaigre. Faire chauffer
une seconde et verser sur les
pommes de terre tièdes. Bien
mélanger. Servir.

SALADE DE POMMES DE TERRE DE LUXE

12 pommes de terre moyennes
1 jaune d'œuf

45 mL (3 c. à soupe) de vinaigre
chaud
15 mL (1 c. à soupe) de beurre
15 mL (1 c. à soupe) de sucre
5 mL (1 c. à thé) de sel
75 mL (⅓ tasse) d'oignons
émincés
150 mL (⅔ tasse) de céleri en dés
125 mL (½ tasse) de crème à 35%
125 mL (½ tasse) de mayonnaise
15 à 30 mL (1 à 2 c. à soupe)
d'huile

🍃 Brosser les pommes de terre.
Les faire bouillir, non pelées. Ne
pas trop cuire. Peler les pommes
de terre et les couper en tranches
pendant qu'elles sont encore
chaudes.
🍃 Battre le jaune d'œuf. Ajouter
le vinaigre. Mélanger. Cuire à feu
doux, en remuant constamment.
Retirer du feu lorsque la préparation atteint une consistance
crémeuse. Refroidir.
🍃 Mettre le beurre en crème.
Mélanger avec le sucre, le sel, les
oignons et le céleri. Ajouter la

préparation à l'œuf. Fouetter la
crème et incorporer au mélange.
Ajouter la mayonnaise. Cette partie de la préparation peut être
faite à l'avance.
🍃 Réfrigérer la sauce dans un plat
muni d'un couvercle. Verser 15 à
30 mL (1 à 2 c. à soupe) d'huile
sur les pommes de terre. Bien les
enrober d'huile, délicatement.
Envelopper de papier ciré. Garder
au réfrigérateur.
🍃 Mélanger les pommes de terre
et la sauce juste avant de servir.

SALADE DE POMMES DE TERRE À LA FRANÇAISE

SAUCE
15 mL (1 c. à soupe) de farine
15 mL (1 c. à soupe) de sucre
7 mL (1½ c. à thé) de sel
2 mL (½ c. à thé) de moutarde
en poudre
30 mL (2 c. à soupe) d'huile
d'olive
125 mL (½ tasse) d'eau
45 mL (3 c. à soupe) de vinaigre
de cidre
1 œuf, légèrement battu
2 mL (½ c. à thé) de graines
de céleri
50 mL (¼ tasse) de crème aigre

🍃 Dans la partie supérieure d'un
bain-marie, mélanger la farine, le
sucre, le sel, la moutarde, l'huile
et l'eau. Porter à ébullition et
remuer souvent, jusqu'à l'obtention d'une consistance lisse et
crémeuse.
🍃 Dans un petit bol, battre le
vinaigre avec l'œuf. Ajouter petit
à petit à la préparation crémeuse,
en fouettant sans arrêt. Cuire
5 minutes à feu doux, en remuant
fréquemment. Retirer du feu
lorsque le mélange a épaissi.

❦ TECHNIQUE ❦

SALADE DE POMMES DE TERRE À LA FRANÇAISE

1 Dans la partie supérieure d'un bain-marie, mélanger la farine, le sucre, le sel, la moutarde, l'huile et l'eau.

2 Ajouter graduellement le mélange d'œuf au mélange en crème.

3 Bien mélanger les pommes de terre, l'huile, le vinaigre, le persil et l'oignon dans un bol.

4 Ajouter la sauce pour bien enrober.

[463]

Ajouter les graines de céleri et la crème aigre. Bien mélanger. Réserver au réfrigérateur.

SALADE

6 à 8 pommes de terre, cuites et coupées en dés ou en tranches
30 mL (2 c. à soupe) d'huile d'olive
40 mL (2½ c. à soupe) de vinaigre de cidre
15 mL (1 c. à soupe) de persil émincé
30 mL (2 c. à soupe) d'oignon émincé

☙ Mélanger tous les ingrédients. Ajouter juste assez de sauce pour bien les enrober. Garnir de cresson.

SALADE CHAUDE AUX POMMES DE TERRE

6 tranches de bacon, coupées en dés
4 pommes de terre moyennes crues, coupées en dés
1 oignon, en tranches minces
30 à 45 mL (2 à 3 c. à soupe) de sucre
10 mL (2 c. à thé) de sel
1 mL (¼ c. à thé) de poivre
5 mL (1 c. à thé) de moutarde
75 mL (⅓ tasse) de vinaigre de cidre
30 mL (2 c. à soupe) d'eau
30 mL (2 c. à soupe) de persil haché

☙ Dans un autocuiseur préalablement chauffé, faire sauter le bacon. Ajouter les pommes de terre et l'oignon. Mélanger le sucre, le sel, le poivre, la moutarde, le vinaigre, l'eau et le persil. Ajouter à la préparation de pommes de terre.
☙ Verrouiller le couvercle de l'autocuiseur. Placer le régulateur de pression et cuire 5 minutes. Refroidir rapidement la marmite.

LES LÉGUMES SECS

Tous les légumes secs, à l'exception des pois cassés, des pois jaunes et des doliques à œil noir, doivent tremper un certain temps avant la cuisson. Trempage et cuisson permettent à certains légumes secs de doubler de volume, encore plus dans le cas des lentilles. Il faut toujours les faire cuire dans leur eau de trempage. Si on le désire, on peut ajouter des herbes, des graines ou des oignons à l'eau de cuisson afin de rehausser la saveur des légumes secs. Porter le liquide à ébullition et laisser mijoter en prenant soin de ne pas remuer trop fréquemment, afin qu'ils restent fermes et conservent leur forme. Dans la plupart des cas, il faut prévoir 12 heures (ou une nuit) de trempage et de 2 à 2½ heures de cuisson. Pour réduire la durée du trempage, faire cuire les légumes secs tout d'abord 2 minutes dans l'eau bouillante. Retirer du feu et les laisser tremper 1 heure dans cette eau de cuisson. Procéder ensuite à la cuisson. Il faut environ 375 mL (1½ tasse) de légumes secs pour obtenir 6 portions.

GOURGANES DU LAC-SAINT-JEAN
La fève gourgane est une plante potagère dont l'espèce la plus connue est la grosse fève des marais, originaire de la Perse et de l'Afrique. La fève gourgane n'est utilisée en cuisine que dans les pays d'Amérique. Les plus fines et les meilleures proviennent de la région du Lac-Saint-Jean. En France, on trouve le «coco breton», qui ressemble beaucoup à nos gourganes, mais dont la fève est plus petite et plus tendre.
☙ On peut en faire un plat très savoureux en procédant de la façon suivante:

☙ écosser les gourganes et retirer leur mince pelure;
☙ cuire à l'eau bouillante, saler et aromatiser à la sarriette;
☙ égoutter et couvrir d'oignons frits et de quelques petites tranches de lard salé avant de servir.

LES LENTILLES
Originaires d'Asie Centrale, les lentilles sont le légume sec le plus riche en azote qui soit. En fait, une demi-tasse de lentilles équivaut sur ce plan à deux tranches de pain ou à 125 g (¼ lb) de viande.
☙ Les lentilles doivent tremper pendant 2 à 8 heures avant la cuisson.

LENTILLES AU MAIGRE

lentilles
1 gros oignon
2 clous de girofle
1 carotte, coupée en tronçons
1 gousse d'ail
2 mL (½ c. à thé) de sarriette
2 mL (½ c. à thé) de basilic
sel et poivre, au goût

☙ Déposer les lentilles dans une marmite. Couvrir d'eau froide. Porter lentement à ébullition. Enlever avec soin l'écume qui se forme à la surface du liquide.
☙ Ajouter l'oignon piqué des clous de girofle, la carotte, l'ail, la sarriette et le basilic. Assaisonner.
☙ Couvrir et laisser mijoter de 1 à 1½ heure, ou jusqu'à ce que les lentilles soient tendres.

LENTILLES AU GRAS

🍀 Ajouter un morceau de lard salé ou un os de jambon dans la marmite, après avoir écumé le liquide.

🍀 Les lentilles au maigre et les lentilles au gras sont générale-ment servies comme légumes.

LENTILLES AUX FRUITS

800 g (1¾ lb) d'épaule de porc
1 oignon, haché
2 gousses d'ail, émincées
4 tomates, pelées et hachées
375 mL (1½ tasse) de lentilles brunes
1 L (4 tasses) d'eau
15 mL (3 c. à thé) de sel
1 mL (¼ c. à thé) de poivre
5 mL (1 c. à thé) de graines de coriandre broyées
2 bananes, pelées et coupées en morceaux de 2,5 cm (1 po)
6 tranches d'ananas frais

🍀 Couper le porc en petits morceaux. Le déposer dans une casserole avec juste assez d'eau froide pour le couvrir. Faire mijo-ter jusqu'à ce que l'eau soit éva-porée et que le porc commence à brunir, soit environ 1 heure.

🍀 Ajouter les oignons et l'ail. Faire dorer à feu moyen. Ajouter les tomates et laisser mijoter à feu doux, jusqu'à ce que la viande soit tendre et que la préparation prenne la consistance d'une sauce.

🍀 Entre-temps, faire cuire les lentilles 40 à 50 minutes, dans 1 L (4 tasses) d'eau. Ne pas égoutter. Ajouter à la préparation avec le

Salade de lentilles

sel, le poivre et les graines de coriandre. Laisser mijoter 30 mi-nutes en remuant de temps à autre, ou jusqu'à ce que les lentilles soient tendres et que la préparation ait belle consistance.

🍀 Cinq minutes avant de servir, ajouter les morceaux d'ananas et de banane. Faire cuire juste assez longtemps pour réchauffer les fruits. Servir.

SALADE DE LENTILLES

375 mL (1½ tasse) de lentilles
750 mL (3 tasses) d'eau froide
5 mL (1 c. à thé) de sel
2 mL (½ c. à thé) de sarriette
250 mL (1 tasse) de céleri coupé en dés
1 oignon, émincé
50 mL (¼ tasse) de chutney ou de sauce chili
125 mL (½ tasse) de vinaigrette aux fines herbes

🍀 Faire tremper les lentilles pen-dant 4 à 8 heures dans l'eau froide. Les cuire dans leur eau de trempage additionnée du sel et de la sarriette, jusqu'à ce qu'elles soient tendres. Ne pas trop cuire. Égoutter. Laisser tiédir à la tem-pérature ambiante.

🍀 Mélanger le reste des ingré-dients. Ajouter aux lentilles refroidies. Laisser mariner pen-dant 2 à 3 heures avant de servir. Saupoudrer de persil ou de ciboulette émincée.

LENTILLES FROIDES À L'INDIENNE

375 mL (1½ tasse) de lentilles
750 mL (3 tasses) d'eau froide
4 oignons, émincés
60 mL (4 c. à soupe) de beurre
30 mL (2 c. à soupe) de cari
500 mL (2 tasses) de consommé
10 mL (2 c. à thé) de sel

2 mL (½ c. à thé) de poivre
15 mL (1 c. à soupe) de jus
de citron
125 mL (½ tasse) de crème aigre

🍃 Laisser tremper les lentilles 12 heures, dans 750 mL (3 tasses) d'eau froide. Le lendemain, faire cuire les lentilles dans leur eau de trempage, jusqu'à ce qu'elles soient cuites sans pour autant perdre toute leur fermeté. Égoutter.

🍃 Faire dorer les oignons dans le beurre. Ajouter le cari et laisser mijoter à feu doux 20 minutes, en remuant fréquemment. Ajouter le consommé, le sel, le poivre et les lentilles. Couvrir et laisser mijoter 2 heures à feu très doux. Les lentilles doivent rester entières, et le liquide doit prendre la consistance d'une sauce épaisse. Bien refroidir au réfrigérateur.

🍃 Ajouter le jus de citron et la crème avant de servir. Remuer à la fourchette. Si les lentilles sont plutôt servies chaudes, remplacer la crème par 15 mL (1 c. à soupe) de beurre.

FÈVES AU LARD DU QUÉBEC

1 L (4 tasses) de petits haricots blancs
3 L (12 tasses) d'eau froide
250 à 500 g (½ à 1 lb) de lard salé, en tranches minces
1 gros oignon
moutarde en poudre
125 à 250 mL (½ à 1 tasse) de mélasse
15 mL (1 c. à soupe) de gros sel

🍃 Trier et laver les haricots. Les faire tremper 12 heures dans l'eau froide. Ne pas égoutter.
🍃 Porter les haricots à ébullition.

Laisser bouillir 30 minutes.
🍃 Garnir le fond d'une cocotte de gras de lard salé. Ajouter les haricots et le liquide de cuisson. Creuser un puits dans le mélange et y enfouir l'oignon préalablement roulé dans la moutarde en poudre. Verser la mélasse sur la préparation. Couvrir généreusement de tranches de lard. Ajouter de l'eau chaude, jusqu'à ce qu'elle parvienne à égalité des haricots. Saler.
🍃 Cuire, à couvert, pendant 4 à 6 heures dans un four à 190°C (375°F). Une heure avant la fin de la cuisson, découvrir et ajouter un peu d'eau si les haricots semblent secs.

FÈVES AU LARD À L'ANCIENNE

1 L (4 tasses) de petits haricots blancs
500 à 750 g (1 à 1½ lb) de lard entrelardé, salé
1 gros oignon rouge
5 mL (1 c. à thé) de moutarde en poudre
500 mL (2 tasses) de cassonade
125 à 150 mL (½ à ⅔ tasse) de mélasse
5 mL (1 c. à thé) de gros sel
5 mL (1 c. à thé) de sarriette
eau chaude

🍃 Trier et laver les haricots. Les faire tremper 12 heures (ou une nuit) dans 3 L (12 tasses) d'eau froide.
🍃 Déposer les haricots et leur eau de trempage dans une marmite. Porter doucement à ébullition. Laisser mijoter de 60 à 90 minutes, ou jusqu'à ce que l'écorce des haricots se détache facilement, signe que le haricot peut être mis à cuire.

🍃 Frotter un pot de grès avec un morceau de lard. Y verser les haricots et leur liquide de cuisson. Creuser un puits dans le mélange et y enfouir l'oignon, préalablement roulé dans la moutarde. Faire des incisions dans le morceau de lard et le déposer sur les haricots.
🍃 Mélanger la cassonade, la mélasse, la sarriette et le sel. Verser sur la préparation. Mélanger délicatement. Ajouter de l'eau chaude jusqu'à ce qu'elle parvienne à égalité des haricots. Faire cuire 8 heures à couvert, au four à 150°C (300°F). Une heure avant la fin de la cuisson, découvrir et ajouter un peu d'eau si les haricots semblent secs.

FÈVES AU LARD DE LA COLONIE

1 recette de *Fèves au lard du Québec*
250 mL (1 tasse) de sucre d'érable râpé
125 mL (½ tasse) de beurre
4 pommes non pelées, évidées
125 mL (½ tasse) de rhum

🍃 Avant de mettre les fèves au lard au four, déposer les quatre pommes sur le dessus, en prenant soin de les tasser les unes contre les autres.
🍃 Mettre en crème le sucre d'érable et le beurre. En déposer 5 mL (1 c. à thé) sur chaque pomme. Étendre le reste sur la préparation. Cette garniture constituera le «couvercle» du pot. Ajouter de l'eau chaude si les haricots s'assèchent en cours de cuisson.
🍃 Au moment de servir, arroser délicatement de rhum les pommes caramélisées.

Fèves au lard à l'autocuiseur

500 mL (2 tasses) de petits haricots blancs
45 mL (3 c. à soupe) de cassonade
45 mL (3 c. à soupe) de mélasse
5 mL (1 c. à thé) de sel
2 mL (½ c. à thé) de moutarde en poudre
1 oignon moyen entier ou coupé en dés
30 mL (2 c. à soupe) de ketchup
eau

⁂ Faire tremper les haricots 12 heures. Égoutter. Faire sauter le lard dans un autocuiseur préalablement chauffé. Ajouter les haricots, la cassonade, la mélasse, le sel, la moutarde, l'oignon, le ketchup et juste assez d'eau pour couvrir la préparation.
⁂ Verrouiller le couvercle de l'autocuiseur. Placer le régulateur de pression. Faire cuire 15 minutes. Laisser la pression tomber d'elle-même. Laisser refroidir la marmite pendant 20 à 40 minutes avant de l'ouvrir.

Salade de haricots

375 mL (1½ tasse) de petits haricots blancs ou de flageolets
2 L (8 tasses) d'eau froide
2 mL (½ c. à thé) de basilic
2 mL (½ c. à thé) de thym
10 mL (2 c. à thé) de gros sel
1 mL (¼ c. à thé) de poivre
1 bouquet garni*
45 mL (3 c. à soupe) d'huile d'olive
45 mL (3 c. à soupe) de jus de citron
1 oignon, émincé
50 mL (¼ tasse) de persil émincé (réserver les tiges)

⁂ Trier, laver et faire tremper les haricots 12 heures dans l'eau froide. Les déposer dans une marmite avec leur eau de trempage. Ajouter le basilic, le thym, le sel, le poivre et le bouquet garni. Faire mijoter jusqu'à ce que les haricots soient tendres, soit environ 2 heures. Égoutter. Bien refroidir au réfrigérateur.
⁂ Mélanger le reste des ingrédients. Incorporer aux haricots une heure avant de servir. Rectifier l'assaisonnement.

* Sur un carré de toile à fromage, déposer 2 feuilles de laurier, les feuilles de 3 branches de céleri, les tiges de persil réservées et 3 gousses d'ail. Nouer.

Haricots rouges au fromage

500 mL (2 tasses) de haricots rouges
500 mL (2 tasses) de tomates
2 mL (½ c. à thé) de marjolaine
5 mL (1 c. à thé) de moutarde préparée
10 mL (2 c. à thé) de sel
1 mL (¼ c. à thé) de poivre
6 tranches de bacon
1 gros oignon, émincé
250 mL (1 tasse) de cheddar fort râpé
15 mL (1 c. à soupe) de beurre

⁂ Faire tremper les haricots pendant 3 à 6 heures dans 2 L (8 tasses) d'eau froide. Les déposer dans une marmite avec leur eau de trempage. Porter à ébullition. Faire mijoter 60 à 90 minutes, ou jusqu'à ce que les haricots soient tendres. Égoutter, en réservant l'eau de cuisson.
⁂ Incorporer les tomates, la marjolaine, la moutarde, le sel et le poivre.
⁂ Faire frire le bacon. Ajouter l'oignon et le faire dorer dans le gras de bacon. Ajouter aux haricots. Couvrir et laisser mijoter 1 heure. S'il est nécessaire d'ajouter un peu de liquide, utiliser

Salade de haricots

[467]

l'eau de cuisson réservée.

🍂 Lorsque les haricots sont prêts à servir, ajouter le fromage et le beurre. Remuer et servir.

HARICOTS DE LIMA À LA PAYSANNE

250 mL (1 tasse) de haricots
de Lima
1 L (4 tasses) d'eau
10 mL (2 c. à thé) de sel
45 mL (3 c. à soupe) de beurre
175 mL (¾ tasse) de persil
émincé
6 ou 7 oignons verts
2 mL (½ c. à thé) de basilic
2 mL (½ c. à thé) de poivre
1 grosse tomate, coupée en dés

🍂 Porter l'eau à ébullition. Ajouter les haricots de Lima. Couvrir et laisser mijoter à feu doux, de 1½ à 2 heures. Ajouter 5 mL (1 c. à thé) de sel après 1 heure de cuisson. Égoutter. Réserver le liquide de cuisson

pour faire une soupe.

🍂 Faire fondre le beurre. Ajouter le persil, les oignons verts, le basilic, le reste du sel et le poivre. Laisser mijoter quelques minutes. Ajouter les haricots. Remuer légèrement à la fourchette, jusqu'à ce que la préparation soit bien chaude. Ajouter la tomate. Servir.

SALADE DE HARICOTS DE LIMA

500 mL (2 tasses) de petits
haricots de Lima
1 oignon, émincé
250 mL (1 tasse) de crème aigre
30 mL (2 c. à soupe) de sucre
30 mL (2 c. à soupe) de vinaigre
de cidre
5 mL (1 c. à thé) de raifort
préparé
10 mL (2 c. à thé) de sel
1 mL (¼ c. à thé) de poivre
50 mL (¼ tasse) de persil émincé

🍂 Faire cuire les haricots de Lima dans 2 L (8 tasses) d'eau (voir recette des *Haricots de Lima à la paysanne*). Égoutter. Refroidir au réfrigérateur.

🍂 Mélanger le reste des ingrédients. Incorporer délicatement aux haricots refroidis juste avant de servir.

HARICOTS BLANCS À LA BRETONNE

En Bretagne, ces haricots constituent la garniture classique du gigot d'agneau rôti. Ils se réchauffent très bien.

500 g (1 lb) de haricots blancs
2 L (8 tasses) d'eau froide
5 branches de persil
feuilles de 3 branches de céleri
3 gousses d'ail entières
10 mL (2 c. à thé) de basilic
1 oignon, coupé en deux
5 mL (1 c. à thé) de thym
15 ml (1 c. à soupe) de sel
poivre, au goût
3 gros oignons, émincés
2 gousses d'ail, émincées
60 mL (4 c. à soupe) de beurre
30 mL (2 c. à soupe) de farine
375 mL (1½ tasse)
de consommé
50 mL (¼ tasse) de purée
de tomates

🍂 Laver les haricots. Les recouvrir d'eau froide et les faire tremper 12 heures.

🍂 Dans un morceau de toile à fromage, faire un bouquet garni avec les feuilles de céleri, les branches de persil, les 3 gousses d'ail entières et le basilic. Verser les haricots et leur eau de trempage dans une marmite. Ajouter le bouquet garni, l'oignon coupé en deux, le thym, le sel et du

Salade de haricots de Lima

poivre. Couvrir et laisser mijoter de 60 à 90 minutes, ou jusqu'à ce que les haricots soient tendres. Ne pas trop cuire.

❧ Entre-temps, préparer la sauce. Faire frire les oignons et l'ail dans le beurre. Ajouter la farine et bien mélanger. Incorporer le consommé et la purée de tomates. Faire cuire à feu doux en remuant constamment, jusqu'à l'obtention d'une sauce crémeuse. Assaisonner.

❧ Égoutter les haricots. Réserver 250 mL (1 tasse) du liquide de cuisson. Retirer le bouquet garni. Ajouter les haricots à la sauce. Couvrir et laisser mijoter 1 heure. Si la sauce devient trop épaisse, ajouter du liquide de cuisson.

LE RIZ

Il y a deux principales méthodes de cuisson du riz:

PREMIÈRE MÉTHODE DE CUISSON

Verser 500 mL (2 tasses) d'eau additionnée de 5 mL (1 c. à thé) de sel dans une grande casserole munie d'un bon couvercle. Porter à ébullition.

❧ Ajouter 250 mL (1 tasse) de riz. Porter de nouveau à ébullition.

❧ Couvrir et laisser mijoter à feu doux, 14 minutes. Rincer rapidement le riz à l'eau chaude (facultatif).

SECONDE MÉTHODE DE CUISSON

Ajouter 250 mL (1 tasse) de riz à 1 L (4 tasses) d'eau. Porter à forte ébullition. Ajouter 2 mL (½ c. à thé) de sel. Remuer.

❧ Cuire à découvert à feu moyen, de 10 à 14 minutes. Égoutter et servir.

VARIANTE

Ajouter 75 mL (⅓ tasse) d'eau dès que le riz commence à cuire. Prolonger alors la cuisson de 4 à 5 minutes.

RIZ PILAF

❧ Dans une casserole, faire fondre 30 mL (2 c. à soupe) de beurre. Y faire cuire 1 oignon moyen, haché très finement. Éviter de le laisser colorer.

❧ Après 10 minutes de cuisson, ajouter 250 mL (1 tasse) de riz cru. Remuer le mélange jusqu'à ce que le tout dore très légèrement. Mouiller avec 1 L (4 tasses) de consommé ou d'eau. Assaisonner au goût. Couvrir. Faire cuire au four à 200°C (400°F) sans remuer, 20 à 30 minutes.

RIZ VÉGÉTARIEN

15 mL (1 c. à soupe) de beurre
250 à 500 mL (1 à 2 tasses) de riz cuit
250 g (½ lb) de fromage cottage
250 mL (1 tasse) de crème aigre
4 oignons verts, finement émincés
persil, émincé, au goût
sel et poivre, au goût

❧ Faire fondre le beurre dans une casserole. Ajouter le riz cuit et le reste des ingrédients.

❧ Bien mélanger en remuant à la fourchette. Faire cuire à couvert à feu très doux, 15 minutes, ou juste assez pour réchauffer la préparation. Remuer une ou deux fois en cours de cuisson.

RIZ FRIT À LA CHINOISE

45 mL (3 c. à soupe) d'huile végétale
1 œuf
125 mL (½ tasse) de champignons en tranches (frais ou en conserve)
500 à 750 mL (2 à 3 tasses) de riz cuit
50 mL (¼ tasse) d'oignons verts hachés ou taillés en biseau
50 mL (¼ tasse) de persil émincé
30 mL (2 c. à soupe) de sauce de soja

❧ Faire chauffer l'huile dans un poêlon. Y jeter l'œuf. Perforer le jaune et le faire cuire sans trop le défaire, un peu comme une petite omelette.

❧ Vers la fin de la cuisson, tailler l'œuf en fines lanières. Retirer du feu.

❧ Ajouter les champignons, le riz cuit, les oignons verts, le persil et la sauce de soja. Remuer le tout délicatement, à la fourchette.

❧ Réchauffer à feu doux. Servir sans tarder.

RIZ AMANDINE

500 mL (2 tasses) de riz
3 oignons verts, hachés
45 mL (3 c. à soupe) de beurre
persil, à volonté
125 g (¼ lb) d'amandes salées

❧ Faire cuire le riz selon la *Première méthode de cuisson* (voir ci-contre).

❧ Rincer rapidement à l'eau chaude. Remettre le riz dans la casserole avec les oignons verts, le beurre et le persil. Couvrir et laisser réchauffer à feu très doux, pendant 10 à 12 minutes.

Riz au cari

🍃 Déposer dans un plat de service. Garnir d'amandes salées.

RIZ GRATINÉ

30 mL (2 c. à soupe) de beurre
30 mL (2 c. à soupe) de farine
500 mL (2 tasses) de lait
750 mL (3 tasses) de riz cuit
125 mL (½ tasse) de fromage râpé
sel, au goût

🍃 Faire une béchamel avec le beurre, la farine et le lait.
🍃 Ajouter le riz à la sauce. En remuant, incorporer le fromage râpé. Saler.
🍃 Verser la préparation dans un plat beurré. Saupoudrer de chapelure. Parsemer de noisettes de beurre. Saupoudrer à nouveau de fromage râpé (facultatif). Cuire 20 minutes, au four à 200°C (400°F).

RIZ AU CARI

60 mL (4 c. à soupe) de beurre
1 oignon moyen, en tranches minces
1 gousse d'ail, émincée
15 mL (1 c. à soupe) de cari
250 mL (1 tasse) de riz
500 mL (2 tasses) de consommé
sel et poivre, au goût

🍃 Faire fondre le beurre dans un poêlon. Ajouter l'oignon et l'ail. Couvrir et laisser mijoter environ 10 minutes, jusqu'à ce que l'oignon soit tendre.
🍃 Ajouter le cari. Bien mélanger et poursuivre la cuisson 1 minute. Ajouter le riz. Remuer afin de bien mélanger le riz et le beurre au cari. Ajouter le consommé. Assaisonner.
🍃 Mijoter à couvert, à feu doux, 30 minutes.

RIZ À LA CANNELLE

En France, ces céréales chaudes servent de repas léger du matin ou du soir.

500 mL (2 tasses) de riz cuit
125 mL (½ tasse) de lait ou de crème
50 à 125 mL (¼ à ½ tasse) de cassonade ou de sucre
30 mL (2 c. à soupe) de beurre
1 mL (¼ c. à thé) de cannelle ou de muscade

🍃 Dans une casserole, mélanger le riz, le lait et la cassonade. Couvrir et faire cuire à feu doux, environ 10 minutes. Remuer délicatement à la fourchette. Lorsque le riz est chaud, ajouter le beurre et la cannelle. Remuer de nouveau à la fourchette avant de servir.

PILAF ROSE

Ce pilaf se compose de riz à grain long, de bouillon de poulet et de pâte de tomates qui colore joyeusement le tout. Un plat délicieux!

60 mL (4 c. à soupe) de beurre
750 mL (3 tasses) de riz à grain long
2 oignons moyens, hachés finement
1,5 L (6 tasses) de bouillon de poulet
60 mL (4 c. à soupe) de pâte de tomates
10 mL (2 c. à thé) de sel

🍃 Faire fondre le beurre dans une casserole ou un poêlon à fond épais de grandeur moyenne, muni d'un couvercle. Ajouter le riz et les oignons. Faire dorer légèrement à feu vif, en remuant constamment. Ajouter le bouillon de

❧ TECHNIQUE ❧

RIZ AU CARI

1 Ajouter l'oignon et l'ail au beurre fondu. Couvrir et laisser mijoter.

2 Ajouter le cari. Bien mélanger et poursuivre la cuisson 1 minute.

3 Ajouter le riz et bien brasser.

4 Ajouter le consommé. Assaisonner.

Riz à la milanaise

poulet (il peut s'agir d'eau et de 5 cubes de bouillon de poulet). Ajouter la pâte de tomates. Remuer jusqu'à l'obtention de l'ébullition et jusqu'à ce que la pâte de tomates forme un mélange homogène avec le liquide. Saler. Réduire le feu et laisser mijoter, à couvert, 30 minutes. Ne pas remuer le riz ni soulever le couvercle. Remuer délicatement à la fourchette avant de servir.

RIZ À LA MILANAISE

60 mL (4 c. à soupe) de beurre
1 oignon moyen, haché
375 mL (1½ tasse) de riz
1,2 L (5 tasses) de consommé
2 mL (½ c. à thé) de sel
45 mL (3 c. à soupe)
de consommé
safran, au goût
45 à 75 mL (3 à 5 c. à soupe)
de beurre
125 mL (½ tasse) de fromage
râpé

🐚 Faire fondre les 60 mL (4 c. à soupe) de beurre dans une casserole à fond épais. Ajouter l'oignon. Faire sauter l'oignon à feu moyen, en évitant qu'il ne prenne couleur. Ajouter le riz. Faire cuire jusqu'à ce que la préparation brunisse.

🐚 Ajouter les 1,2 L (5 tasses) de consommé et le sel. Remuer jusqu'à ce que le mélange soit homogène. Couvrir et laisser cuire à feu doux, de 20 à 25 minutes ou jusqu'à ce que le riz soit tendre et que tout le liquide ait été absorbé.

🐚 Dès que le riz est prêt, mélanger le safran aux 45 mL (3 c. à soupe) de consommé. Ajouter au riz, ainsi que les 45 à 75 mL (3 à 5 c. à soupe) de beurre. Bien remuer à la fourchette. Rectifier l'assaisonnement. Servir sur un plat chaud. Saupoudrer de fromage râpé.

ANNEAU DE RIZ

250 mL (1 tasse) de riz
45 mL (3 c. à soupe) de beurre
375 mL (1½ tasse) de bouillon
de poulet (en cubes ou en boîte)
2 mL (½ c. à thé) de sel
2 carottes, râpées
½ gousse d'ail, émincée
4 oignons verts, en tranches
minces
3 tiges de céleri et leurs feuilles,
finement hachées
125 mL (½ tasse) de persil
émincé

🐚 Dans un poêlon, faire frire le riz dans 15 mL (1 c. à soupe) de beurre en remuant constamment, environ 5 minutes, ou jusqu'à ce que le riz brunisse légèrement. Ajouter le bouillon de poulet et le sel. Laisser mijoter 20 à 25 minutes à découvert, jusqu'à ce que le riz soit tendre et que la plus grande partie du bouillon soit absorbée.

🐚 Dans le poêlon, faire fondre le beurre qui reste. Ajouter le reste des ingrédients. Cuire encore cinq minutes à feu moyen, en remuant.

🐚 Ajouter le riz cuit au mélange de légumes. Remuer jusqu'à ce que le riz ait absorbé le liquide.

🐚 Presser la préparation dans un moule en forme d'anneau, bien beurré. Cuire 30 minutes, au four à 180°C (350°F). Démouler. Garnir de légumes (facultatif).

FARCE AU RIZ

🐚 Cette préparation donne une quantité de 1,2 L (5 tasses) pouvant servir à farcir poulet, dinde ou canard.

125 g (¼ lb) de saucisses
15 mL (1 c. à soupe) de beurre
50 mL (¼ tasse) d'oignons
hachés
125 g (¼ lb) de champignons,
en tranches
750 mL (3 tasses) de riz cuit
250 mL (1 tasse) de céleri coupé
en dés
50 mL (¼ tasse) de feuilles
de céleri hachées
10 mL (2 c. à thé) de sel
1 mL (¼ c. à thé) de thym
ou de sauge
250 mL (1 tasse) d'eau froide
1 œuf, battu

🍀 Tailler les saucisses en morceaux de 2,5 cm (1 po). Dans un poêlon, les faire cuire jusqu'à ce qu'elles brunissent. Ajouter le beurre, les oignons et les champignons. Faire frire environ 3 minutes. Retirer du feu.

🍀 Ajouter les autres ingrédients. Bien mélanger. Rectifier l'assaisonnement.

SALADE DE RIZ

500 à 750 mL (2 à 3 tasses)
de riz cuit
2 carottes, pelées et râpées
50 mL (¼ tasse) d'oignons verts
finement hachés
50 mL (¼ tasse) de persil émincé
50 mL (¼ tasse) de céleri
et feuilles finement hachés
vinaigrette, au goût

🍀 Mettre le riz cuit dans un saladier.

🍀 Ajouter le reste des ingrédients. Bien mélanger en remuant délicatement à la fourchette. Servir.

SALADE DE RIZ À LA FRANÇAISE

750 mL (3 tasses) de riz cuit
50 mL (¼ tasse) d'huile d'olive
45 mL (3 c. à soupe) de vinaigre
5 mL (1 c. à thé) de sel
1 mL (¼ c. à thé) de poivre
250 mL (1 tasse) de dés
de fromage
12 radis, en tranches minces
30 mL (2 c. à soupe) de noix
de Grenoble hachées
45 mL (3 c. à soupe) de persil
haché

🍀 Réchauffer le riz cuit. Ajouter l'huile, le vinaigre, le sel et le poivre. Bien mélanger avec 2 fourchettes. Laisser reposer 1 heure à la température ambiante.

🍀 Ajouter les autres ingrédients. Mélanger. Rectifier l'assaisonnement. Servir sur un nid de laitue.

LE RIZ SAUVAGE

On trouve le riz sauvage dans l'ouest du Canada et du Wisconsin et, surtout, au Minnesota. Il pousse dans les eaux stagnantes ou peu profondes et ses grains ressemblent à des petits bâtonnets noirs.

🍀 Le riz sauvage double de volume une fois cuit. Il est difficile d'établir une durée exacte de cuisson, car sa grosseur, son épaisseur et sa consistance varient considérablement. Il faut surtout éviter de trop le faire cuire.

🍀 Cuit avec une quantité égale de riz brun, le riz sauvage transmet à celui-ci toute sa saveur et même sa couleur. Cette façon de faire est beaucoup plus économique que de servir le riz sauvage seul, puisqu'il est assez cher.

🍀 On sert le riz sauvage avec le gibier, la venaison, le canard, le

Salade de riz à la française

[473]

bœuf bourguignon et divers mets cuisinés. On en fait aussi de très bons mets cuisinés au fromage, aux foies de volaille, etc.

🍀 Il y a plusieurs méthodes de cuisson du riz sauvage.

PREMIÈRE MÉTHODE

Rincer le riz plusieurs fois à l'eau froide. Porter 1 L (4 tasses) d'eau à ébullition. Ajouter 5 mL (1 c. à thé) de sel et 250 mL (1 tasse) de riz. Couvrir et laisser mijoter 20 à 30 minutes. Si on le fait mijoter, le riz sauvage conserve son goût de noisette.

SECONDE MÉTHODE

Rincer le riz plusieurs fois à l'eau froide. Le déposer dans une casserole à fond épais. Recouvrir d'eau bouillante. Couvrir et laisser reposer 20 minutes. Ajouter 5 mL (1 c. à thé) de sel et recouvrir d'eau bouillante (la majorité de la première eau aura été absorbée par le riz). Couvrir et laisser trem-per encore 20 minutes. Recouvrir une dernière fois le riz d'eau bouillante. Couvrir et laisser mijoter à feu doux 15 minutes, ou jusqu'à ce que tout le liquide ait été absorbé.

TROISIÈME MÉTHODE

Cette méthode permet de cuire le riz sauvage à l'avance et de le réchauffer par la suite.

🍀 Laver 375 mL (1½ tasse) de riz. Le verser dans 3 L (12 tasses) d'eau bouillante additionnée de 25 mL (1½ c. à soupe) de sel. Faire cuire à forte ébullition, 5 minutes. Égoutter. Dans une casserole, faire fondre 60 mL (4 c. à soupe) de beurre. Ajouter 45 mL (3 c. à soupe) de carottes râpées, 2 branches de céleri taillées en dés et 1 oignon émincé. Couvrir. Cuire à feu doux 5 ou 6 minutes, ou jusqu'à ce que les légumes attendrissent. Ajouter le riz sauvage bien égoutté. Cuire à feu doux 5 minutes, en remuant.

Ajouter 375 mL (1½ tasse) de consommé, 1 feuille de laurier, 1 mL (¼ c. à thé) de thym, 2 mL (½ c. à thé) de sel et 1 mL (¼ c. à thé) de poivre. Porter à ébullition. Couvrir et cuire au four à 180°C (350°F) de 30 à 35 minutes, ou jusqu'à ce que le riz ait absorbé tout le liquide.

🍀 Avant de servir, remuer le riz à la fourchette.

RIZ SAUVAGE AUX PIGNONS

500 mL (2 tasses) de riz sauvage
1 L (4 tasses) de bouillon
de poulet
5 mL (1 c. à thé) de sel
1 mL (¼ c. à thé) de poivre
125 mL (½ tasse) de pignons*
45 mL (3 c. à soupe) de persil
émincé
2 mL (½ c. à thé) de romarin
45 mL (3 c. à soupe)
de parmesan râpé

🍀 Faire tremper le riz 12 heures dans l'eau froide. Égoutter. Rincer plusieurs fois.

🍀 Dans une casserole, déposer le riz. Ajouter le bouillon de poulet, le sel et le poivre. Porter lentement à ébullition.

🍀 Ajouter les pignons, le persil et le romarin. Couvrir. Cuire au four à 180°C (350°F), 35 à 40 minutes. Saupoudrer de fromage râpé avant de servir.

* Les pignons (ou «noix de pin») sont de minuscules noix blanches vendues dans les magasins d'alimentation naturelle et dans les épiceries fines.

Riz sauvage aux champignons

❦ TECHNIQUE ❦

COCOTTE DE RIZ SAUVAGE À LA FERGUSON

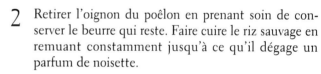

1 Faire dorer l'oignon dans le beurre chaud.

2 Retirer l'oignon du poêlon en prenant soin de conserver le beurre qui reste. Faire cuire le riz sauvage en remuant constamment jusqu'à ce qu'il dégage un parfum de noisette.

3 Mélanger le céleri, le persil, le thym, les carottes et l'oignon frit.

4 Déposer, en alternant, des couches de riz sauvage, de légumes et de fromage râpé, jusqu'à l'utilisation complète des ingrédients.

[475]

RIZ SAUVAGE AMANDINE

125 mL (½ tasse) d'huile végétale
250 mL (1 tasse) d'amandes
mondées émincées
sel, au goût
1 gousse d'ail, hachée
1 gros oignon, émincé
½ poivron vert, finement haché
500 à 750 mL (2 à 3 tasses) de riz
sauvage cuit
sel et poivre, au goût

🍂 Chauffer l'huile et y faire dorer les amandes. Réserver. Assécher les amandes sur un papier absorbant. Les saler légèrement.

🍂 À l'huile qui reste dans le poêlon, ajouter l'ail, l'oignon et le poivron. Cuire 5 ou 6 minutes, en remuant presque constamment. Ajouter le riz. Mélanger la préparation à la fourchette, en poursuivant la cuisson à feu doux, jusqu'à ce que le riz soit chaud. Assaisonner.

🍂 Mettre le riz dans un plat chaud. Saupoudrer d'amandes. Servir.

RIZ SAUVAGE AUX CHAMPIGNONS

375 à 500 mL (1½ à 2 tasses)
de riz sauvage
2 boîtes de crème
de champignons
250 mL (1 tasse) de lait
125 mL (½ tasse) de beurre
250 à 500 g (½ à 1 lb)
de champignons, hachés
30 mL (2 c. à soupe) de farine
30 mL (2 c. à soupe) de xérès
15 mL (1 c. à soupe) de jus
de citron

5 mL (1 c. à thé) de sauce
Worcestershire

🍂 Faire cuire le riz sauvage selon la première ou la seconde méthode (voir page 474). Beurrer un moule en forme de couronne et y tasser le riz, en pressant avec les mains. Déposer le moule dans un plat d'eau chaude. Couvrir et garder au chaud ou dans le four à 100°C (200°F).

🍂 Entre-temps, faire chauffer la crème de champignons et le lait.

🍂 Faire frire les champignons dans le beurre, 3 minutes. Ajouter la farine. Bien mélanger. Ajouter le xérès et le jus de citron.

🍂 Incorporer la préparation à la crème de champignons. Cuire quelques minutes. Ajouter la sauce Worcestershire. Rectifier l'assaisonnement.

🍂 Pour servir, démouler l'anneau de riz. Napper de sauce aux champignons très chaude.

RIZ SAUVAGE CHASSEUR

30 mL (2 c. à soupe) de cognac
15 mL (1 c. à soupe) de cari
45 à 75 mL (3 à 5 c. à soupe)
de chutney
250 à 500 mL (1 à 2 tasses) de riz
sauvage cuit
sel et poivre, au goût
50 mL (¼ tasse) de beurre

🍂 Dans une tasse, mélanger le cognac et le cari. Ajouter le chutney.

🍂 S'il y lieu, réchauffer le riz au bain-marie. Environ 5 à 10 minutes avant de servir, ajouter le mélange de cognac. Assaisonner.

Ajouter le beurre et remuer à la fourchette jusqu'à ce qu'il ait fondu. Servir.

COCOTTE DE RIZ SAUVAGE À LA FERGUSON

250 mL (1 tasse) de riz sauvage
45 mL (3 c. à soupe) de beurre
1 petit oignon, finement haché
2 branches de céleri, coupées
en dés
125 mL (½ tasse) de persil
frais émincé
1 mL (¼ c. à thé) de thym
3 carottes moyennes, râpées
250 g (½ lb) de cheddar fort, râpé
375 mL (1½ tasse) de bouillon
de poulet
30 mL (2 c. à soupe) de beurre,
en noisettes

🍂 Laver le riz à l'eau courante. L'étendre sur un linge et le laisser sécher 2 heures.

🍂 Dans un poêlon, faire fondre les 45 mL (3 c. à soupe) de beurre. Y faire dorer l'oignon jusqu'à ce qu'il soit tendre. Retirer l'oignon du poêlon, en prenant soin de conserver le beurre qui reste. Dans le poêlon, faire cuire le riz sauvage en remuant constamment, jusqu'à ce qu'il dégage un parfum de noisette.

🍂 Mélanger le céleri, le persil, le thym, les carottes et l'oignon frit. Beurrer un plat de Pyrex. Y déposer, en alternant, des couches de riz sauvage, de légumes et de fromage râpé, jusqu'à l'utilisation complète des ingrédients. Mouiller avec le bouillon de poulet. Garnir de noisettes de beurre.

🍂 Couvrir et cuire 1 heure, au four à 180°C (350°F).

FROMAGES

LES FROMAGES

Le fromage est presque aussi vieux que le monde. Dès l'an 200 avant notre ère, Aristote en décrivait les modes de préparation dans ses écrits.

❧ Le fromage apporte à l'organisme d'importants éléments nutritifs, tels le calcium et les protéines. Il est donc important d'en servir souvent et même de lui donner la vedette dans le plat de résistance. C'est d'ailleurs le seul aliment qui ait sa juste place tout au long du repas: comme hors-d'œuvre ou entrée, en accompagnement ou garniture du potage et de la salade, en cocotte, en sauce ou comme dessert. Il rehausse tout aliment et nourrit agréablement.

❧ Les textures et les saveurs des fromages diffèrent considérablement d'une variété à l'autre. On trouve des fromages coulants et crémeux: le brie, le Boursault, le camembert ou le Bel Paese, par exemple. D'autres sont fermes, comme le gouda, le Caerphilly ou le cheddar. Certains, comme le parmesan, sont secs. Il existe aussi des fromages doux, comme l'édam ou le munster; odorants, comme l'Oka ou le Liederkranz; et frais, comme le fromage cottage ou le fromage à la crème. Enfin, on trouve aussi les fromages de chèvre, les fromages bleus, les fromages aromatisés aux herbes, aux épices, aux noisettes, etc.

❧ Pour découvrir les fromages qui sauront vous plaire, ayez l'esprit d'aventure. Goûtez une fois à l'un, une autre fois à l'autre, afin de déceler vos préférences. L'appréciation des fromages est une affaire de goût personnel. En fait, la meilleure façon d'apprendre à les connaître est de cuisiner davantage de mets au fromage et de servir plus souvent du fromage nature.

❧ Il est important de servir les fromages à la température de la pièce, on les dit alors «chambrés». Conserver les fromages au réfrigérateur et les chambrer de 2 à 3 heures avant de servir. Ils auront alors leurs pleines saveur et texture naturelles.

❧ Il ne faut jamais faire cuire ou fondre les fromages râpés, coupés en dés ou en tranches à feu vif, un tel traitement les ferait «filer». La cuisson du fromage se fait à feu doux ou à four moyen.

QUELQUES FROMAGES

BANON
Fromage de chèvre généralement enveloppé de feuilles de chêne ou de vigne, spécialité de Marseille. Très bon.

BEL PAESE
Fromage italien très doux, crémeux et fin. Délicieux au dessert, servi avec des confitures ou de petits fruits frais.

BLARNEY
Fromage d'Irlande, semblable à un cheddar très doux et très jeune, idéal pour les sandwiches.

BLEU DE BRESSE
Fromage fin et crémeux, spécialité lyonnaise.

BRIE
Roi des fromages français, crémeux et légèrement salé. Certains préfèrent le brie de Melun, d'autres ne jurent que par le brie de Meaux. Quel qu'il soit, c'est un très beau fromage de dessert, surtout lorsqu'il est bien à point, c'est-à-dire crémeux.

CAERPHILLY
Fromage gallois, doux, très digestible, de texture semblable

Camembert et Bel Paese

au cheddar et dont on ne se lasse pas. Se prête aisément à la cuisson.

CAMEMBERT
Le plus connu des fromages français avec le brie. Crémeux, plus salé que le brie, il présente une saveur particulière. Excellent fromage de dessert.

CANTAL
Fromage de mêmes texture et couleur que le cheddar doux, d'une saveur toutefois plus crémeuse.

CARRÉ DE L'EST
Le camembert alsacien.

CHAVIGNOL
OU CROTTIN DE CHAVIGNOL
Délicieux petit fromage de chèvre.

CHEDDAR
Fort, mi-fort ou doux, de couleur crème ou orangé, il est délicieux nature, se prête aisément à la cuisson, se conserve facilement et est des plus nourrissants.

CHESHIRE
Fromage anglais, presque identique au cheddar mais avec un petit quelque chose de particulier.

DAUBLU OU BLEU DANOIS
Fromage assez doux, fait de lait de vache et non de brebis comme le roquefort.

DUNLOP
Fromage national écossais, d'un goût légèrement plus crémeux que le cheddar, auquel il s'apparente beaucoup.

ÉDAM
Fromage maigre et doux du nord de la Hollande, quelquefois nommé «Tête de Moine» à cause de sa forme ronde et lisse. Se prête aisément à la cuisson tout en étant délicieux nature.

EMMENTHAL
Fromage national suisse, considéré comme le plus fin et le plus délicat du pays. Fromage de table par excellence, qui plaît à tous les amateurs de fromage.

ÉPOISSES
Fromage portant le nom d'un village de la célèbre Côte-d'Or où il est fabriqué, situé au sud de Dijon. Presque sans sel, il offre une saveur un peu moins marquée que le Port-Salut, dont il emprunte cependant la texture.

ESROM
Fromage danois de texture semblable à celles de l'Oka et du Port-Salut. Très doux, mais présentant une saveur définie, il convient particulièrement au dessert, servi avec des poires ou des biscuits secs, par exemple.

FETA
Fromage national grec très blanc, fait de lait de brebis et conservé en saumure. Goût fin évoquant un fromage cottage légèrement salé, qui aurait durci. Particulièrement agréable dans les mets cuisinés ou ajouté en petite quantité au fromage cottage.

FONTINA
Fromage de brebis, jaune pâle et plutôt doux, favori des Italiens lorsqu'ils préparent une fondue.

FOURME D'AMBERT
Spécialité auvergnate.

FYNBO
Fromage doux finlandais et danois, de même type que le gouda hollandais. Se prête aisément à la cuisson et convient parfaitement aux sandwiches.

GJETÖST
Fromage norvégien de couleur caramel, comprenant 90% de lait

Emmenthal

de vache et 10% de lait de chèvre. Goût insolite auquel il faut s'habituer. Doit être servi en tranches très minces. Délicieux lorsqu'on l'accompagne de beurre ou de miel et de biscuits secs.

GLOUCESTER DOUBLE
Fromage anglais de type cheddar, présentant une croûte brune imputable au fait que, pendant la maturation, on la badigeonne de bière brune.

GORGONZOLA
Délicieux fromage bleu italien, crémeux et peu salé. Un des meilleurs fromages que je connaisse.

GOUDA
Fromage doux du sud de la Hollande, dont la saveur est toutefois plus prononcée que celle de l'édam. Se conserve bien et se prête à la préparation de divers mets cuisinés.

GRUYÈRE
Fromage suisse fabriqué dans le canton de Fribourg. Semblable à l'emmenthal, il est cependant plus salé et plus gras, et sa pâte est moins fine. Se prête aisément à la cuisson et à la préparation de sandwiches. On peut aussi le râper.

LANCASHIRE
Fromage anglais, parfait pour la cuisson, recommandé pour la fondue, le welsh rarebit ou tout autre mets cuisiné à base de fromage. Saveur plus fine que celle du cheddar.

LEYDEN
Fromage hollandais, à pâte plus molle et plus fine que le gouda et aromatisée aux graines de carvi, qui lui donnent une saveur toute spéciale

LIMBURGER
Fromage national allemand fort, crémeux, semblable au pont-l'évêque. Ne se prête pas à la cuisson.

MOZZARELLA

Fromage italien très doux. Se prêtant bien à la cuisson, il est devenu le fromage le plus employé pour la pizza.

MUNSTER

Délicieux fromage des Vosges, crémeux, voire coulant, au goût agréablement soutenu, offert nature ou parfumé au cumin. Ce fromage que l'on doit apprendre à apprécier est particulièrement agréable lorsqu'on le sert avec de la bière et du pain noir.

NÖKKELOST

Fromage semblable au Gjetöst, reconnaissable aux graines de carvi qui l'aromatisent.

OKA

Fromage à pâte molle des trappistes d'Oka, semblable au Port-Salut français. Délicieux à la fin du repas ou comme dessert avec une corbeille de pommes.

PARMESAN

On connaît bien le parmesan râpé utilisé, notamment, avec les macaroni et les aubergines. On trouve aussi du parmesan frais, de texture semblable à celle du cheddar mais d'un goût très différent.

PETIT-SUISSE

Délicieux fromage enrichi de crème fraîche, originaire de la Seine-Maritime et vendu en petits cylindres emballés de papier. Servi, par exemple, avec du sucre ou du sucre d'érable râpé et des fraises.

PONT-L'ÉVÊQUE

Fromage normand, fort et crémeux. Parfait avec du cidre ou des pommes.

REBLOCHON

Version savoyarde, légèrement plus douce, du Port-Salut.

ROMANO

Fromage italien utilisé de la même manière que le parmesan,

Bleu de Bresse

ayant une saveur plus marquée que ce dernier

ROQUEFORT

Français, de beaucoup le plus populaire.

SAMSOE

Fromage danois souvent appelé le «suisse danois» à cause de sa saveur de noisette et de sa texture semblables à celles du fromage suisse.

STILTON

Fromage bleu anglais très raffiné, à saveur fine. Parfait avec le porto.

TILSIT

Fromage présentant une texture semblable à celle du Port-Salut, à saveur agréablement marquée.

TOMME AU MARC

Fromage fabriqué en Savoie, blanc, solide, plutôt cireux, presque sans sel et, donc, très doux.

WENSLEYDALE

Délicieux fromage légèrement crémeux, semblable au stilton anglais mais non persillé. Se conserve aisément.

❧ Évidemment, cette liste est loin d'être complète. Je n'y ai mentionné que les fromages les plus connus et les plus faciles à trouver chez nous. Pour qu'elle soit exhaustive, il faudrait l'allonger de plusieurs centaines de noms!

CONSEILS
POUR UNE DÉGUSTATION
DE FROMAGES

Le fromage doit être servi chambré. Le conserver au réfrigérateur, dans son propre emballage ou recouvert d'une pellicule de plastique. Retirer du réfrigérateur deux à trois heures avant de servir. La véritable saveur de tout fromage ne se manifeste que lorsqu'il a atteint la température de la pièce. En fait, j'estime que tout fromage doit être chambré au moins trois heures avant d'être servi. Mais attention: aucun fromage ne peut supporter de brusques variations de température.

❧ Ne pas masquer le goût du fromage en le servant avec du pain à saveur prononcée, comme du pain de seigle à l'oignon, des brioches, du pain aromatisé aux graines d'anis, etc. Le pain français croûté et le pain à l'eau italien — deux pains pouvant être faits à la maison — sont les meilleurs compagnons du fromage. À ceux-ci s'ajoutent le pain scandinave sec et les biscottes, les biscuits non salés ou les biscuits anglais à l'eau.

◈ Choisissez votre fromage judicieusement, il vaut mieux n'avoir que quelques fromages, mais de la meilleure qualité. Si vos connaissances en fromage sont limitées, demandez conseil à un fromager. Faites-lui part de vos goûts: il vous conseillera. Si vous le préférez, soyez tout simplement votre propre juge. En fait, il s'agit probablement de la meilleure solution! Je vous suggère quelques fromages groupés par catégories, qui sont faciles à trouver dans les supermarchés et encore plus facilement dans les fromageries. N'oubliez pas que bon nombre de fromages de chez nous sont très aimés et peuvent faire honneur à votre plateau de fromages.

FROMAGES FRAIS DOUX

Variations du fromage à la crème et du fromage cottage, ces fromages sont très doux. Comme leurs saveurs se ressemblent, deux variétés suffisent lors d'une dégustation. En fait, ils sont surtout appréciés de ceux qui n'aiment pas les fromages forts.

MOZZARELLA

Tendre, délicat, doux.

PETIT-SUISSE

Doux et crémeux, particulièrement délicieux lorsqu'on l'accompagne de pain français, saupoudré de gros sel ou de poivre fraîchement moulu.

SAINT-FLORETIN ET BOURSAULT

Fromages importés pas aussi faciles à trouver que les deux précédents. Délicieux, riches, crémeux et coulants. Un genre très populaire.

FROMAGES DOUX ET RICHES

Très nombreux, ces fromages tirent leur grande popularité du fait qu'ils sont toujours délicieux et légers.

BEL PAESE

De saveur douce, bien définie et agréable.

ÉDAM ET GOUDA HOLLANDAIS

Lisses, doux et savoureux, ce sont les préférés de tous. Leur seule différence réside dans leur teneur en matières grasses: l'édam est fait de lait partiellement écrémé et le gouda, de lait entier. En général, plus un fromage contient de matières grasses, plus sa pâte est molle. On reconnaît facilement l'édam à son enveloppe rouge et le gouda, à son enveloppe jaune.

ESROM, FYNBO, DANBO ET SAMSOE

Fromages danois faits de lait, très agréables à découvrir et aimés de tous.

EMMENTHAL ET GRUYÈRE SUISSES

Fromages de qualité qui plaisent aux amateurs de fromage. Ils sont toujours de mise sur une table de fromages et indispensables lors d'une dégustation de vins et fromages.

FAMILLE DU CHEDDAR

CHEDDAR

Fromage canadien bien connu, proche parent du cheddar anglais. Le meilleur cheddar est fabriqué en meules de 2,3 kg (5 lb) et parfaitement affiné. La couleur du cheddar va d'un ton de beurre pâle à un orange citrouille. Selon le cas, le cheddar sera doux, mi-fort, fort ou extra-fort.

CHESHIRE

Le plus vieux des fromages anglais ressemble beaucoup au cheddar. Délicieux, friable sans être sec et présentant une saveur de babeurre salé, un cheshire véritable devrait occuper une place de choix sur un plateau de fromages.

GLOUCESTER

Autre type de cheddar anglais, ce

Cheddar

fromage est rarement offert alors qu'il est à son mieux.

CAERPHILLY

Mon cheddar mi-fort préféré! Ce magnifique fromage à la texture ferme mais légèrement granuleuse est délicieux lorsqu'on le sert sur des craquelins, saupoudré de poivre fraîchement moulu.

DUNLOP ÉCOSSAIS

Bien affiné, il possède une saveur riche, légèrement piquante sans être âcre. Mordre dans un morceau de Dunlop, c'est comme mordre dans du bon lait riche et frais.

DERBY

Moins spectaculaire que le Dunlop, ce fromage anglais est doux et savoureux.

KASSERIE GREC

Fromage de lait de brebis fort. Ce fromage de couleur blanche offre une saveur à mi-chemin entre le cheddar et le parmesan. On le trouve facilement dans les fromageries et dans les épiceries des quartiers grecs et polonais.

CAMEMBERT ET BRIE CLASSIQUES

Le duo le plus populaire de fromages importés! La différence entre les diverses marques de camembert est bien définie, tout comme il ne pourrait être question de comparer le camembert importé avec le camembert canadien. Les deux sont difficiles à acheter, car il faut bien en examiner la texture et l'apparence pour les choisir à point.

ঽ Le camembert et le brie importés sont très bons d'octobre à juin, et encore meilleurs de janvier à avril. En été, il est plus sûr d'acheter du camembert produit chez nous. De plus, d'où qu'il vienne, il vaut mieux s'abstenir de le consommer s'il n'est pas bombé et souple au toucher. Si le camembert semble être devenu trop petit pour remplir sa boîte ronde, méfiez-vous: il sera moins crémeux et sa croûte sera sèche.

ঽ Aucun fromage n'a meilleure réputation que le brie et pour cause! Ce fromage par excellence, reconnaissable à sa forme ronde et généralement découpé en pointes, occupe même la tête de liste des connaisseurs. Je vous assure qu'un bon brie vaut la peine qu'on le recherche. Le meilleur de tous est certes le brie de Meaux.

FROMAGES DE MONASTÈRES

PORT-SALUT

Fromage des monastères trappistes, de couleur jaune pâle, de texture molle et crémeuse et de saveur forte mais agréable.

SAINT-PAULIN

Moins délicat que le Port-Salut, auquel il ressemble beaucoup.

OKA

L'un des meilleurs fromages du type Port-Salut, fabriqué à l'origine par les trappistes d'Oka, au Québec, et connu de par le monde.

TOMME DE SAVOIE

Délicieuse saveur se situant entre celles d'un munster et d'un Port-Salut.

POUR ACCOMPAGNER LE FROMAGE

Les fromages forts peuvent être

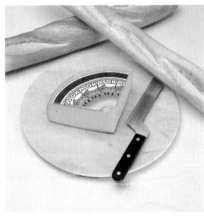

Oka

accompagnés de boissons et d'aliments au goût également soutenu. Certains préfèrent jouer les contrastes et les servir avec des bières et des vins légers, accompagnés de pain et de beurre. Tout cela est affaire de goût!

ঽ Les amateurs se demandent tous un jour si l'on peut — ou doit — servir du beurre avec le fromage. À mon avis, le beurre doux accompagne agréablement un fromage fort et salé comme le roquefort; cependant, je sers nature un fromage à texture riche et molle. À vous de juger!

ঽ Le pain et le beurre sont-ils les seuls compagnons du fromage? Pas du tout! Les fruits juteux, les pommes et les poires sont délicieux avec le cheddar. Tous les aliments croustillants sont également agréables: cresson, céleri, concombre, bâtonnets de carottes, etc.

ঽ Lors d'une dégustation de fromages, il suffit de servir l'un ou plusieurs de ces aliments, en prenant soin d'avoir également quelques corbeilles de pains et de craquelins assortis, une assiette de beurre doux et une autre de beurre salé. Ajoutez quelques couteaux bien aiguisés, et le tour est joué!

FONDUE: USTENSILES NÉCESSAIRES

Parmi les plats chauds de fromage, la fondue est l'un des plus célèbres. Pour servir une fondue, vous aurez besoin des éléments suivants:

ঽ Caquelon (un poêlon en terre cuite muni d'un manche) posé sur un réchaud à alcool ou poêlon électrique chauffé à 120°C (250°F) ou casserole de fonte émaillée

ঽ Longues fourchettes, de préférence munies de manche en bois

ঽ Corbeille pour les cubes de pain

ঽ Petites assiettes de 10 à 15 cm (4 à 6 po)

FONDUE SUISSE

1 gousse d'ail, pelée
250 mL (1 tasse) de vin blanc
léger
500 mL (2 tasses) de gruyère râpé
25 mL (1½ c. à soupe) de farine
1 pincée de muscade
(facultatif)
1 pincée de sel (facultatif)
15 à 45 mL (1 à 3 c. à soupe)
de kirsch, au goût

❧ Frotter le caquelon avec la gousse d'ail, coupée en deux. Y verser le vin et faire chauffer lentement.

❧ Mélanger le gruyère et la farine. Remuer le vin chaud à la fourchette. Incorporer le fromage par petites quantités, en remuant constamment. Poursuivre la cuisson à feu doux, en remuant, jusqu'à l'obtention d'un mélange lisse et crémeux.

❧ Rectifier l'assaisonnement en ajoutant, s'il y a lieu, la muscade et le sel. Incorporer ensuite le kirsch.

❧ Servir avec des croûtons de pain. Piquer les croûtons au bout d'une fourchette et les tremper dans le caquelon de fondue déposé au milieu de la table.

FONDUE PIÉMONTAISE

375 g (¾ lb) de fontina
ou de cheddar doux
30 mL (2 c. à soupe) de beurre
6 jaunes d'œufs, légèrement
battus

1 mL (¼ c. à thé) de poivre
1 truffe italienne blanche,
coupée en tranches minces
(facultatif)

❧ Couper le fromage en dés et l'arroser d'une quantité suffisante de lait pour le recouvrir. Laisser reposer de 6 à 12 heures au réfrigérateur.

❧ Dans la partie supérieure d'un bain-marie, déposer le fromage, le lait, 15 mL (1 c. à soupe) de beurre, les jaunes d'œufs et le poivre. Remuer avec une cuiller en bois, jusqu'à ce que le fromage commence à fondre. Battre ensuite avec un fouet métallique ou un batteur à main. Dès que le mélange est lisse et crémeux, retirer du feu. Ajouter la truffe et 15 mL (1 c. à soupe) de beurre. Bien mélanger en fouettant .

❧ Verser dans de petits plats individuels réchauffés ou sur des rôties. Servir sans tarder.

GOLDEN BUCK
ANGLAIS

250 g (½ lb) de cheddar, coupé
en dés
30 mL (2 c. à soupe) de beurre
50 mL (¼ tasse) de bière brune
de type porter
5 mL (1 c. à thé) de sauce
Worcestershire
5 mL (1 c. à thé) de jus de citron
4 œufs, battus
1 mL (¼ c. à thé) de poivre
6 tranches de pain, grillé

❧ Dans une casserole, déposer le fromage, le beurre et la bière. Cuire à feu très doux en remuant constamment, jusqu'à ce que le fromage soit fondu.

❧ Ajouter petit à petit la sauce Worcestershire, le jus de citron et les œufs en remuant sans arrêt, jusqu'à l'obtention d'un mélange crémeux. Poivrer. Verser sur le pain grillé. Servir sans tarder.

Fondue suisse

WELSH RAREBIT

45 mL (3 c. à soupe) de beurre
500 g (1 lb) de cheddar fort, râpé
1 pincée de poivre
2 mL (½ c. à thé) de moutarde
en poudre
250 mL (1 tasse) de bière
2 œufs, battus

❧ Dans une casserole, faire fondre le beurre. Ajouter le fromage, le poivre et la moutarde. Faire fondre le fromage à feu doux, en remuant constamment.
❧ Incorporer la bière. Remuer de nouveau, jusqu'à l'obtention d'un mélange homogène.
❧ Ajouter les œufs petit à petit, en remuant sans arrêt et en évitant toute ébullition. Servir sur du pain grillé avec des tranches de tomate.

FONDUE AU FOUR

500 mL (2 tasses) de lait
500 mL (2 tasses) de chapelure
5 mL (1 c. à thé) de sel
1 mL (¼ c. à thé) de poivre
2 mL (½ c. à thé) de moutarde
250 g (½ lb) de fromage, râpé
4 jaunes d'œufs
4 blancs d'œufs

❧ Faire chauffer le lait, ajouter la chapelure, le sel, le poivre, la moutarde et le fromage. Faire cuire 5 minutes, à feu doux, en remuant constamment.
❧ Dans un grand bol, battre les jaunes d'œufs. Ajouter la préparation de fromage. Battre jusqu'à ce que le mélagne soit homogène. Laisser tiédir 20 minutes.
❧ Battre les blancs d'œufs en neige. Les incorporer délicatement au mélange de fromage. Verser dans un moule à pouding d'une capacité de 1,5 L (6 tasses), bien beurré. Faire cuire 30 minutes au four à 180°C (350°F). Servir sans tarder.

FONDUE MEXICAINE

30 mL (2 c. à soupe) d'huile d'olive
1 poivron vert, finement haché
1 oignon, finement haché
15 mL (1 c. à soupe) de farine
125 mL (½ tasse) de lait
375 g (¾ lb) de fromage doux, râpé
250 mL (1 tasse) de tomates en conserve
2 mL (½ c. à thé) de sucre
2 piments forts, hachés
45 mL (3 c. à soupe) d'olives noires hachées
3 mL (¾ c. à thé) de sel
1 pincée de cayenne
3 jaunes d'œufs, battus

❧ Faire chauffer l'huile. Ajouter le poivron vert et l'oignon. Faire dorer 10 minutes à feu moyen. Ajouter la farine et bien mélanger. Retirer du feu.
❧ Incorporer le lait. Bien mélanger et remettre sur le feu. Remuer jusqu'à ce que la sauce soit crémeuse. Ajouter le fromage et remuer 2 minutes.
❧ Égoutter les tomates et les verser dans la sauce. Ajouter le sucre. Faire cuire 10 minutes à feu très doux, en remuant fréquemment.
❧ Ajouter les piments forts, les olives noires, le sel et le cayenne. Cuire quelques secondes. Ajouter petit à petit les jaunes d'œufs battus. Bien mélanger. Servir sans tarder, à la mexicaine, avec de petits bols de riz vapeur, ou tout simplement avec des croûtons de pain ou sur du pain rôti.

Welsh rarebit

FONDUE AMÉRICAINE

30 mL (2 c. à soupe) de beurre
30 mL (2 c. à soupe) de farine
250 mL (1 tasse) de lait
1 mL (¼ c. à thé) de sel
1 pincée de poivre
2 jaunes d'œufs, battus
500 g (1 lb) de fromage, râpé
(au choix)

❧ Faire fondre le beurre. Ajouter la farine et bien mélanger. Ajouter le lait. Cuire en remuant constamment, jusqu'à l'obtention d'une sauce blanche et crémeuse. Assaisonner.

❧ Verser quelques cuillerées de sauce chaude sur les jaunes d'œufs battus. Bien mélanger et incorporer au reste de la sauce.

❧ Ajouter le fromage râpé. Remuer à feu doux jusqu'à ce que le fromage soit fondu. Servir avec des croûtons de pain, comme une fondue suisse.

COCOTTE DE GRUYÈRE AU VIN BLANC

6 tranches de pain
30 mL (6 c. à thé) de beurre
1 gousse d'ail, émincée
6 œufs, battus
125 mL (½ tasse) de crème à 35%
250 g (½ lb) de gruyère
ou d'édam, râpé
125 mL (½ tasse) de vin blanc
125 mL (½ tasse) de consommé
1 mL (¼ c. à thé) de moutarde
en poudre
1 pincée de romarin
ou 1 mL (¼ c. à thé) de basilic
2 graines de coriandre,
concassées
2 mL (½ c. à thé) de sel

Fondue américaine

❧ Enlever les croûtes du pain. Mélanger le beurre et l'ail. Tartiner de ce mélange les tranches de pain. Placer le pain dans une cocotte, côté tartiné touchant le fond.

❧ Battre les œufs avec la crème, le fromage, le vin, le consommé, la moutarde, le romarin, la coriandre et le sel. Verser sur le pain.

❧ Faire cuire au four à 180°C (350°F) de 30 à 40 minutes, ou jusqu'à ce que la préparation soit bien gonflée et d'une belle couleur dorée. Servir sans tarder.

CHEDDAR AU FOUR

6 tranches de pain blanc
375 mL (1½ tasse) de cheddar coupé en dés
1 mL (¼ c. à thé) de sel
1 pincée de poivre
1 mL (¼ c. à thé) de sauge
ou de marjolaine
2 œufs, légèrement battus
375 mL (1½ tasse) de lait

❧ Tartiner le pain de beurre ramolli, sans enlever les croûtes. Couper chaque tranche en quatre. Déposer les morceaux de pain les uns sur les autres, dans une cocotte allant au four.

❧ Sur le pain, déposer les dés de fromage. Mélanger le reste des ingrédients et verser sur le pain et le fromage. Faire cuire au four à 160°C (325°F) de 30 à 40 minutes.

TREMPETTE AU CHEDDAR

750 g (1½ lb) de cheddar mi-fort
3 mL (¾ c. à thé) de moutarde
en poudre
75 mL (⅓ tasse) de persil émincé
50 mL (¼ tasse) d'oignons
verts émincés
50 mL (¼ tasse) de beurre,
ramolli
50 mL (¼ tasse) de ketchup
75 mL (⅓ tasse) de xérès sec
quelques gouttes de Tabasco

Trempette au cheddar

250 mL (1 tasse) de crème à 35%
2 mL (½ c. à thé) de basilic
sel et poivre, au goût
3 œufs, légèrement battus
250 mL (1 tasse) de fromage râpé

&❧ Abaisser la pâte et en tapisser un moule à tarte de 23 cm (9 po).
&❧ Faire chauffer le beurre jusqu'à ce qu'il devienne couleur noisette. Ajouter les champignons et remuer vivement durant 3 ou 4 secondes.
&❧ Mélanger la crème avec le basilic, le sel, le poivre et les œufs. Ajouter le fromage.
&❧ Déposer les champignons dans l'abaisse. Verser la préparation au fromage. Cuire 40 minutes, au four à 190°C (375°F), ou jusqu'à ce que la lame d'un couteau insérée au centre de la quiche en ressorte propre. Servir froid ou chaud.

&❧ Râper le fromage et le déposer dans le récipient du robot culinaire. Ajouter le reste des ingrédients. Bien mélanger jusqu'à ce que la préparation soit lisse.
&❧ Couvrir le récipient et laisser reposer jusqu'au moment de servir.

QUICHE LORRAINE AU BACON

pâte à tarte (au choix)
8 tranches de bacon
125 g (¼ lb) de gruyère, coupé en tranches minces
4 œufs
375 mL (1½ tasse) de crème à 35%
1 pincée de muscade
30 mL (2 c. à soupe) de beurre

&❧ Abaisser la pâte et en tapisser un moule à tarte de 23 cm (9 po).
&❧ Couper les tranches de bacon en deux. Déposer dans l'abaisse les tranches de bacon et de fromage, en alternant.
&❧ Battre les œufs avec la crème et la muscade. Verser sur le fromage. Faire chauffer le beurre jusqu'à ce qu'il prenne une couleur noisette. Arroser la préparation au fromage de beurre noisette.
&❧ Cuire au four à 190°C (375°F) pendant 35 minutes, ou jusqu'à ce que la crème soit prise. La quiche est cuite lorsque la lame d'un couteau insérée en son centre en ressort propre.

QUICHE AU FROMAGE ET AUX CHAMPIGNONS

pâte à tarte (au choix)
15 mL (1 c. à soupe) de beurre
250 mL (1 tasse) de champignons coupés en tranches minces

QUICHE VAUDOISE

pâte à tarte (au choix)
30 mL (2 c. à soupe) de farine
250 g (½ lb) de gruyère, râpé
4 œufs, battus
250 mL (1 tasse) de crème à 35%
5 mL (1 c. à thé) de sel
1 pincée de poivre

&❧ Abaisser la pâte et en tapisser un moule à tarte de 23 cm (9 po).
&❧ Saupoudrer la farine sur le gruyère. Bien mélanger et verser le gruyère dans l'abaisse.
&❧ Dans un bol, mélanger le reste des ingrédients. Bien battre. Verser sur le fromage.
&❧ Cuire 40 minutes au four à 190°C (375°F). La quiche est cuite lorsque la lame d'un couteau insérée en son centre en ressort propre.

❧ TECHNIQUE ❧

TREMPETTE AU CHEDDAR

1 Présentation des ingrédients.

2 Déposer le fromage râpé dans le récipient du robot culinaire. Ajouter la moutarde, le persil, les oignons verts et le beurre.

3 Ajouter le ketchup, le xérès et quelques gouttes de Tabasco.

4 Remuer jusqu'à ce que le mélange soit lisse.

ANNEAU DE FROMAGE COTTAGE AUX FRUITS

Voici une salade de fruits au fromage cottage tout à fait originale. La sauce qui les accompagne est une précieuse recette qui peut être utilisée avec une multitude de fruits.

2 enveloppes de gélatine
non aromatisée
50 mL (¼ tasse) de jus
de pomme
250 mL (1 tasse) de crème à 15%
1 L (4 tasses) de fromage cottage
250 mL (1 tasse) de crème à 35%
sel, au goût
fruits frais, au choix

🍃 Faire gonfler la gélatine dans le jus de pomme, 5 minutes. Entre-temps, faire chauffer la crème à 15%. Ajouter la gélatine et remuer jusqu'à ce qu'elle se dissolve. Refroidir. Incorporer le fromage cottage au mélange de crème. Fouetter la crème à 35% et l'incorporer au mélange. Saler. Verser dans un moule annulaire huilé. Réfrigérer jusqu'à ce que le mélange soit ferme. Démouler et servir entouré de fruits frais de votre choix. Au centre de l'anneau, déposer un petit bol de la sauce crème suivante :

SAUCE CRÈME
15 mL (1 c. à soupe) de moutarde
en poudre
5 mL (1 c. à thé) de sel
10 mL (2 c. à thé) de farine
7 mL (1½ c. à thé) de sucre
1 pincée de cayenne
ou quelques gouttes de Tabasco
75 mL (⅓ tasse) de vinaigre
1 jaune d'œuf
15 mL (1 c. à soupe) de beurre
250 mL (1 tasse) de crème à 35%,
fouettée ferme ou de crème aigre

🍃 Dans la partie supérieure d'un bain-marie, mélanger tous les ingrédients secs. Ajouter le vinaigre, le jaune d'œuf et le beurre.
🍃 Faire cuire au bain-marie jusqu'à ce que le mélange épaississe, en remuant fréquemment. Verser la préparation dans un bol. Déposer une feuille de papier ciré sur la sauce pour empêcher la formation d'une pellicule. Réfrigérer. Juste avant de servir, incorporer la crème.

PAIN DE FROMAGE COTTAGE

Voici un mets léger, sans viande, mais des plus nourrissants. Chaud, j'aime le servir avec une sauce tomate; froid, je l'accompagne de mayonnaise et d'une salade verte.

45 mL (3 c. à soupe) de beurre
ou d'huile végétale
1 gros oignon, haché finement
125 mL (½ tasse) de céleri coupé
en petits dés
2 carottes, brossées et râpées
500 mL (2 tasses) de fromage
cottage à petits grains
500 mL (2 tasses) de pain frais
coupé en dés
jus d'un citron
zeste râpé de ½ citron
5 mL (1 c. à thé) de sel
2 mL (½ c. à thé) de poivre
1 mL (¼ c. à thé) de basilic
ou de sarriette
2 œufs, bien battus

🍃 Faire chauffer le beurre. Ajouter l'oignon et remuer 1 ou 2 minutes à feu vif. Réduire le feu. Ajouter le céleri et les carottes. Remuer environ 1 minute. Verser les légumes dans un bol. Ajouter le reste des ingrédients. Mélanger.
🍃 Verser la préparation dans un moule à pain beurré. Cuire au four à 180°C (350°F) de 35 à 40 minutes. Servir avec la sauce tomate estivale.

Quiche vaudoise

SAUCE TOMATE ESTIVALE
625 mL (2½ tasses) de jus
de tomate
2 mL (½ c. à thé) de sucre
1 oignon, coupé en deux
1 feuille de laurier
2 mL (½ c. à thé) de basilic
ou de sarriette
4 tiges de persil
4 clous de girofle
75 mL (⅓ tasse) de beurre
60 mL (4 c. à soupe) de farine
jus d'un citron

🌢 Dans une casserole, mélanger 375 mL (1½ tasse) de jus de tomate, le sucre, l'oignon, la feuille de laurier, le basilic, le persil et les clous de girofle.

🌢 Faire fondre le beurre. Incorporer la farine. Retirer du feu. Ajouter 250 mL (1 tasse) de jus de tomate froid. Remuer. Verser le mélange chaud à travers une passoire. Bien mélanger. Cuire à feu moyen, jusqu'à ce que le mélange soit lisse et crémeux. Rectifier l'assaisonnement. Ajouter le jus de citron juste avant de servir.

Biscuits soufflés au fromage

BISCUITS SOUFFLÉS AU FROMAGE

BISCUITS
250 g (½ lb) de beurre
500 mL (2 tasses) de farine
250 g (½ lb) de fromage, râpé
2 mL (½ c. à thé) de sel
15 mL (1 c. à soupe) d'eau glacée

🌢 Dans un bol, bien mélanger le beurre, la farine, le fromage et le sel. Ajouter l'eau glacée. Façonner la pâte en boule (si cela semble nécessaire, ajouter 1 ou 2 cuillerées d'eau). Envelopper de papier ciré et réfrigérer de 1 à 2 heures.

🌢 Abaisser la pâte refroidie aussi mince que possible. Tailler en rondelles de 8 cm (3 po). Déposer sur une plaque à biscuits non graissée. Badigeonner chaque biscuit d'un peu de blanc d'œuf. Faire cuire 10 minutes au four à 180°C (350°F). ou jusqu'à ce que les biscuits soient légèrement dorés. Laisser refroidir sur un treillis.

GARNITURE
3 jaunes d'œufs
375 mL (1½ tasse) de crème à 35%
1 pincée de sel
1 pincée de poivre
45 mL (3 c. à soupe) de beurre
60 mL (4 c. à soupe) de fromage râpé

🌢 Battre les jaunes d'œufs avec la crème, le sel et le poivre. Faire cuire au bain-marie en remuant constamment, jusqu'à ce que le mélange commence à épaissir.

Retirer du feu. Réfrigérer jusqu'à ce que la préparation soit presque froide.

🌢 Battre en crème le beurre et le fromage. Ajouter à la première préparation. Réfrigérer. Pour servir, déposer une cuillerée de la garniture au fromage sur un biscuit et recouvrir d'un autre biscuit.

BISCUITS CHAUDS AU FROMAGE COTTAGE

De délicieuses bouchées à servir chaudes avec le ragoût ou le poulet rôti. Les couper en deux et les tartiner de beurre fouetté aromatisé à la ciboulette ou au basilic. À l'heure du thé, remplacer les herbes par quelques cuillerées de miel. Ces biscuits hollandais à la saveur et à la texture anciennes se congèlent très bien.

750 mL (3 tasses) de farine
5 mL (1 c. à thé) de sel

10 mL (2 c. à thé) de sucre
20 mL (4 c. à thé) de levure
chimique
2 mL (½ c. à thé) de bicarbonate
de soude
2 mL (½ c. à thé) de crème
de tartre
60 mL (4 c. à soupe) de beurre
2 œufs, battus
375 mL (1½ tasse) de fromage
cottage (à petits grains,
de préférence)

&♣ Dans un grand bol, tamiser les ingrédients secs. Incorporer le beurre en travaillant avec les doigts jusqu'à ce que le mélange soit granuleux mais homogène. Ajouter les œufs et le fromage. Remuer juste assez pour lier les ingrédients.

&♣ Renverser le contenu du bol sur une planche enfarinée. Pétrir jusqu'à ce que la pâte puisse être abaissée. Abaisser à 1 ou 2,5 cm (½ ou 1 po) d'épaisseur. Tailler en losanges, afin d'éviter les pertes. Disposer sur une plaque à biscuits graissée. Cuire au four préalablement chauffé à 220°C (425°F), de 10 à 13 minutes ou jusqu'à ce que les biscuits soient bien dorés.

SABLÉS SUISSES AU FROMAGE

Ces sablés se conservent aisément au frais, dans une boîte métallique hermétique.

300 mL (1¼ tasse) de farine
2 mL (½ c. à thé) de sel
1 pincée de poivre
1 pincée de muscade
125 g (¼ lb) de beurre
125 g (¼ lb) de gruyère, râpé
2 œufs, battus

&♣ Tamiser les ingrédients secs. Défaire le beurre en morceaux à l'aide de deux couteaux. Ajouter le fromage et les œufs. Mélanger jusqu'à ce que la pâte forme une boule. S'il y a lieu, ajouter 5 à 10 mL (1 à 2 c. à thé) d'eau froide. Envelopper et réfrigérer durant 2 heures.

&♣ Abaisser la pâte à 0,6 cm (¼ po) d'épaisseur. Tailler à l'emporte-pièce (choisissez la forme de votre choix). Déposer sur une plaque à biscuits. Cuire de 10 à 12 minutes au four à 190°C (375°F).

FONTAINEBLEAU

Voici une façon de préparer un beau fromage maison très léger, qui se démoule très bien. Faites-en un dessert des plus élégants, servi avec des fraises — mieux encore, des fraises des bois — et du sucre. Plus simplement, accompagnez-le de sucre d'érable râpé ou de sucre à la cannelle.

60 mL (4 c. à soupe) de crème
à 35%
900 g (2 lb) de fromage
à la crème
30 mL (2 c. à soupe)
de sucre à glacer

&♣ Fouetter la crème. Ajouter le reste des ingrédients. Battre avec le batteur à main jusqu'à ce que le mélange soit lisse.

&♣ Tapisser de toile à fromage un petit panier ou un moule annulaire. Y verser la préparation au fromage. Déposer sur un bol légèrement plus petit, de façon que le panier ou le moule n'en touche pas le fond. Réfrigérer de 12 à 14 heures, le temps que le petit-lait s'égoutte.

MOUSSE FROIDE AU FROMAGE

50 mL (¼ tasse) de beurre
125 mL (½ tasse) de farine
300 mL (1¼ tasse) de lait
2 enveloppes de gélatine
non aromatisée
125 mL (½ tasse) de consommé
4 jaunes d'œufs, battus
150 mL (⅔ tasse) de gruyère râpé
1 oignon vert, émincé
5 mL (1 c. à thé) de moutarde
en poudre
sel et poivre, au goût
4 blancs d'œufs
50 mL (¼ tasse) de crème à 35%
50 mL (¼ tasse) de ciboulette
émincée

&♣ Faire une béchamel avec le beurre, la farine et le lait.

&♣ Faire gonfler la gélatine 5 minutes dans le consommé froid. Ajouter à la béchamel chaude et remuer jusqu'à ce que la gélatine soit fondue.

&♣ Battre les jaunes d'œufs avec le fromage, l'oignon vert, la moutarde, le sel et le poivre. Ajouter petit à petit à la sauce chaude. Remuer jusqu'à ce que le fromage soit fondu. Laisser refroidir 25 minutes.

&♣ Battre les blancs d'œufs en neige. Fouetter la crème. Incorporer à la béchamel refroidie.

&♣ Huiler un moule et le saupoudrer de ciboulette. Verser la mousse dans le moule. Réfrigérer de 3 à 12 heures. Démouler. Servir.

FLAN AU FROMAGE

3 œufs
625 mL (2½ tasses) de crème
à 15%
425 mL (1¾ tasse) de gruyère
râpé
425 mL (1¾ tasse) de parmesan
râpé
6 tranches de bacon, cuites
1 pincée de sel

❧ Dans un bol, battre les œufs.
Ajouter la crème, le gruyère et le
parmesan. Bien mélanger.

❧ Couper le bacon cuit et refroidi
en petits morceaux. Ajouter à la
préparation au fromage. Saler.

❧ Verser la préparation dans un
moule à pouding d'une capacité
de 2 L (8 tasses). Cuire 40 minutes au four à 180°C (350°F).

CROÛTONS VAUDOIS

6 tranches de pain blanc
125 mL (½ tasse) de consommé
ou de vin blanc
60 mL (4 c. à soupe) de beurre,
fondu
50 mL (¼ tasse) de farine
250 mL (1 tasse) de lait
125 mL (½ tasse) de fromage râpé
1 pincée de muscade
sel et poivre, au goût
2 jaunes d'œufs, battus

❧ Tremper les tranches de pain
dans le consommé. Les déposer
délicatement dans un moule à
tarte bien beurré. Arroser de
30 mL (2 c. à soupe) de beurre
fondu.

❧ Au reste du beurre, ajouter la
farine et bien mélanger. Ajouter
le lait et faire cuire à feu moyen
en remuant constamment,
jusqu'à l'obtention d'une sauce

crémeuse. Ajouter le fromage et
la muscade. Assaisonner.

❧ Retirer du feu et ajouter les
jaunes d'œufs en remuant vigoureusement. Verser cette sauce sur
le pain. Faire cuire 30 minutes au
four à 190°C (375°F).

SOUFFLÉ D'AUTOMNE AU FROMAGE

8 grosses tomates bien fermes
30 mL (2 c. à soupe) de farine
50 mL (¼ tasse) de crème à 15%
30 mL (2 c. à soupe) de beurre,
ramolli
4 jaunes d'œufs, battus
2 mL (½ c. à thé) de sel
1 mL (¼ c. à thé) de poivre
175 mL (¾ tasse) de gruyère
ou de parmesan râpé
4 blancs d'œufs

❧ Découper une rondelle de
2,5 cm (1 po) d'épaisseur sur le
dessus de chaque tomate. Retirer

la pulpe. Saler l'intérieur des
tomates et les retourner. Laisser
dégorger pendant environ 15 minutes.

❧ Dans un poêlon, mélanger la
farine et la crème, jusqu'à ce que
le mélange soit lisse. Ajouter le
beurre, les jaunes d'œufs, le sel et
le poivre. Bien mélanger.

❧ Cuire à feu doux, en remuant
constamment, jusqu'à ce que la
préparation épaississe. Ajouter le
fromage et remuer jusqu'à ce
qu'il fonde complètement. Retirer du feu et laisser tiédir environ
15 minutes.

❧ Battre les blancs d'œufs en
neige et les incorporer au mélange
en soulevant délicatement la
masse.

❧ À la cuiller, remplir chaque
tomate aux trois quarts du mélange de fromage. Disposer les
tomates sur une plaque à biscuits
beurrée. Cuire 25 minutes au four
préalablement chauffé à 180°C
(350°F). Servir.

Croûtons vaudois

[491]

❧ TECHNIQUE ❧

CROÛTONS VAUDOIS

1 Tremper les tranches de pain dans le vin blanc.

2 Déposer le pain dans un moule à tarte beurré. Arroser de 30 mL (2 c. à soupe) de beurre fondu.

3 Ajouter les jaunes d'œufs à la sauce.

4 Verser la sauce sur le pain.

SOUFFLÉ MILANAIS

4 jaunes d'œufs
125 mL (½ tasse) de crème aigre
50 mL (¼ tasse) de farine
50 mL (¼ tasse) de parmesan râpé
2 mL (½ c. à thé) de sel
1 mL (¼ c. à thé) de poivre
4 blancs d'œufs
30 mL (2 c. à soupe) de chapelure
30 mL (2 c. à soupe) de parmesan râpé

❧ Dans un bol, battre les jaunes d'œufs. Ajouter la crème aigre. Battre jusqu'à l'obtention d'un mélange homogène.

❧ Dans un autre bol, mélanger la farine, le parmesan, le sel et le poivre.

❧ Ajouter petit à petit, en remuant constamment, la préparation d'œufs au mélange de farine et de parmesan.

❧ Battre les blancs d'œufs en neige et les incorporer en soulevant délicatement la masse. Beurrer la partie supérieure d'un bain-marie et la saupoudrer de chapelure. Verser le mélange dans le bain-marie. Couvrir et faire cuire pendant 50 minutes.

❧ Pour démouler, glisser la pointe d'un couteau contre la paroi du bain-marie. Renverser délicatement le soufflé sur un plat chaud. Saupoudrer du parmesan.

SOUFFLÉ AU CHEDDAR

30 mL (2 c. à soupe) de beurre
30 mL (2 c. à soupe) de farine
150 mL (⅔ tasse) de lait
2 mL (½ c. à thé) de sel

5 mL (1 c. à thé) de moutarde en poudre
3 jaunes d'œufs, légèrement battus
250 mL (1 tasse) de cheddar râpé
3 blancs d'œufs
6 à 8 tranches fines de cheddar

❧ Préparer une béchamel lisse et crémeuse avec le beurre, la farine et le lait. Ajouter le sel, la moutarde et les jaunes d'œufs. Bien mélanger.

❧ Incorporer le cheddar. Faire cuire à feux doux en remuant constamment, jusqu'à ce qu'il soit complètement fondu. Retirer du feu et laisser tiédir 15 minutes.

❧ Battre les blancs d'œufs en neige. Les incorporer au mélange tiède en soulevant délicatement la masse.

❧ Tapisser un moule à soufflé de 20 cm (8 po) d'un collet de papier. Beurrer le plat et l'enfariner. Y verser le mélange. Garnir la préparation des tranches de cheddar. Cuire 35 minutes au four préalablement chauffé à 190°C (375°F).

RIZ AU FROMAGE

45 mL (3 c. à soupe) de graisse végétale
125 mL (½ tasse) d'oignon haché
2 mL (½ c. à thé) de sel
1 pincée de poivre
1 pincée de sauge
15 mL (1 c. à soupe) de farine
175 mL (¾ tasse) de lait
375 mL (1½ tasse) de fromage râpé
750 mL (3 tasses) de riz cuit

❧ Faire fondre la graisse végétale. Ajouter l'oignon, le sel, le poivre et la sauge. Faire frire jusqu'à ce que les oignons brunissent. Ajouter la

farine et bien mélanger. Ajouter le lait. Cuire à feu moyen en remuant jusqu'à ce que la sauce épaississe.

❧ Retirer du feu. Ajouter le fromage et remuer jusqu'à ce qu'il soit fondu. À la fourchette, incorporer le riz cuit. Verser dans un moule graissé et faire cuire 30 minutes au four à 180°C (350°F).

PIEROGI POLONAIS

En Pologne, la veille de Noël est une fête importante. Dans la soirée, le «Wilia» a lieu. La famille joue un rôle important lors de cet événement solennel, et les membres de la famille qui se trouvent au loin sont tristes à l'idée de ne pouvoir être parmi les leurs à cette occasion. Le dîner compte un nombre défini de services — sept, neuf ou onze —, et il ne doit absolument pas y avoir un nombre impair de convives à table. L'apparition la plus remarquée est certes celle du pierogi sous une forme ou une autre. En voici une recette facile, particulièrement savoureuse lorsqu'on sert les pierogi comme plat sucré, accompagnés de crème aigre aromatisée de cannelle et de sucre.

500 mL (2 tasses) de fromage cottage
15 mL (1 c. à soupe) de beurre, ramolli
4 jaunes d'œufs
2 mL (½ c. à thé) de sel
7 mL (½ c. à soupe) de sucre
125 mL (½ tasse) de farine
4 blancs d'œufs

❧ Passer le fromage à travers une passoire à gros trous. Ajouter le beurre, les jaunes d'œufs, le sel, le sucre et la farine. Bien battre.

🙚 Battre les blancs d'œufs en neige ferme. Les incorporer au mélange de jaunes.

🙚 Renverser la préparation sur une planche enfarinée. Avec les mains, former un long rouleau étroit. L'aplatir un peu. Tailler en diagonale, en morceaux de 5 cm (2 po) de longueur.

🙚 Porter à ébullition une grande casserole d'eau additionnée de 15 mL (1 c. à soupe) de sel. Déposer les pierogi dans l'eau, quelques-uns à la fois. Faire bouillir à découvert, de 10 à 12 minutes. Retirer de l'eau à l'aide d'une écumoire. Déposer sur un plat chaud. Conserver au chaud.

🙚 Une fois la cuisson terminée, bien égoutter tous les pierogi. Servir avec la sauce à la chapelure.

SAUCE À LA CHAPELURE

🙚 Faire chauffer 45 mL (3 c. à soupe) de beurre jusqu'à ce qu'il dore. Ajouter 30 mL (2 c. à soupe) de chapelure grossière. Cuire à feu moyen, de 2 à 3 minutes ou juste assez pour faire dorer. Verser sur les pierogi.

FRUITS

LES FRUITS FRAIS

Au plus beau de l'été nous avons des fruits frais en abondance. Et si nous avons eu la sagesse d'en faire des réserves, nous pouvons en profiter tout au long de l'hiver.

❧ Les fruits devraient avoir une place importante dans nos menus. On peut les servir au petit déjeuner, à la collation et au repas principal. Ils sont délicieux frais, cuits ou en conserve. On peut en faire des salades, des gelées ou des confitures. Ils peuvent même être congelés et conserver leur forme et leur couleur. Les fruits sont également une importante source de vitamines.

❧ De plus, ils contribuent à enjoliver la table et les plats. Qu'y a-t-il de plus attrayant qu'un bol garni de belles pommes lustrées et d'agrumes?

❧ Il est donc important de savoir choisir de beaux fruits, et d'apprendre à les préparer. Voici quelques conseils pratiques:

❧ Les agrumes les plus juteux sont toujours les plus lourds. Les limettes doivent être bien vertes et conservées au réfrigérateur, ainsi que les pamplemousses. Ces derniers peuvent être parfumés au rhum ou au kirsch. Quant aux oranges, on les trouve sur le marché toute l'année. Les oranges de la Floride sont particulièrement savoureuses. On peut les parfumer au Cointreau ou au curaçao.

❧ Toujours refroidir les cerises, les raisins, les pommes, les poires et les pêches, avant de les servir, mais seulement pour un court moment.

❧ Pour conserver les petits fruits, tels que framboises, fraises, bleuets, groseilles, mûres, les étendre sur un papier ciré avant de les réfrigérer. Les rincer dans une passoire, les équeuter au besoin et les saupoudrer de sucre avant de les servir à la température de la pièce. On peut parfumer les fraises et les framboises à la liqueur d'orange ou au cognac.

❧ Ne jamais faire tremper les fruits frais.

❧ Toujours cuire les pêches, les nectarines et les abricots avec leur noyau.

❧ Les bananes et les abricots sont meilleurs lorsqu'ils sont mûrs. En salade, on utilise les bananes en petite quantité, car leur goût prononcé domine toutes les autres saveurs.

❧ Le jus de citron empêche les bananes, les pommes et certains autres fruits de s'oxyder.

❧ Les pommes rouges, pelées et coupées en dés, garnissent bien une salade de fruits. Les Délicieuses ne s'oxydent pas, mais les McIntoshs, arrosées de jus de citron, les remplacent tout aussi bien.

❧ En salade, les grosses cerises doivent être dénoyautées, mais on peut laisser les cerises sauvages entières.

❧ Toutes les variétés de raisins frais s'apprêtent en salade, mais les raisins verts sans pépins sont les meilleurs.

❧ Si on veut ajouter des prunes rouges dans une salade de fruits, les incorporer à la dernière minute parce qu'elles ont tendance à déteindre sur les autres fruits plus pâles.

❧ Les pêches en conserve gardent leur belle forme, mais rien n'égale la saveur des pêches fraîches. En salade, les dénoyauter et les peler.

❧ Toutes les variétés de melon, melon brodé, pastèque, melon miel, cantaloup, sucrin, conviennent bien aux macédoines et aux salades de fruits. Coupé en dés, en tranches ou en boulettes, on le parfume avec du jus de citron ou de limette, de la menthe fraîche ou du gingembre râpé.

❧ Ne jamais peler les poires avant de les faire cuire ou de les mettre en conserve: elles perdraient toute leur saveur. En salade, les peler et les tailler en lamelles ou en dés, et les badigeonner de citron. La variété de poires en conserve Barlett est très populaire, mais, tout comme pour les pêches, rien n'égale la saveur d'une poire fraîche.

❧ On trouve des ananas sur le marché toute l'année. Choisir un ananas assez lourd, sans signes de pourriture à la base et autour des yeux. Lorsqu'il est mûr, le fruit dégage un léger parfum et les feuilles de la tête se détachent facilement. Conserver l'ananas au réfrigérateur. Pour le préparer, enlever la tête, le tenir debout et le peler en suivant la courbe du fruit, de haut en bas. Enlever les yeux avec la pointe d'un couteau et couper en tranches, ou en cubes si on fait une salade de fruits. On peut aussi le râper. Parfumé au kirsch ou au marasquin, l'ananas constitue un dessert classique.

❧ À ces fruits bien connus s'ajoute la liste des fruits tropicaux, plus rares, qu'on trouve maintenant toute l'année sur les étals. Kiwis, mangues, goyaves, grenades, papayes, kumquat, kaki (persimmon), sont autant de fruits savoureux qui embellissent et agrémentent les salades et les macédoines de fruits frais.

❧ Les fruits contiennent beaucoup de sucre naturel. Moins on utilise d'eau pour leur cuisson, moins leur sucre naturel se perd, et moins on a besoin de rajouter de sucre ou de miel. Mais si cela est nécessaire, l'ajouter à la toute fin de la cuisson.

QUELQUES COMBINAISONS HEUREUSES

Certains fruits se prêtent tout naturellement à d'heureux mariages de saveur:

🍂 Bananes, oranges, ananas, abricots, framboises.

🍂 Pamplemousses, raisins frais, fraises, cerises ou abricots.

🍂 Oranges, bananes, pamplemousses, fraises, ananas, rhubarbe cuite.

🍂 Ananas, oranges, pêches, poires, prunes, fraises ou framboises.

🍂 Bananes, cerises, fraises, raisins frais, framboises.

🍂 Pêches, abricots, cerises, fraises, framboises, bananes.

LES SALADES DE FRUITS

Les salades de fruits peuvent se présenter de plusieurs façons:

SALADE DE FRUITS FRAIS À L'ÉRABLE

Verser du sirop d'érable dans un bol, y mettre ensuite le jus et le zeste d'un demi-citron ou d'une demi-orange. Ajouter n'importe quelle combinaison de fruits frais, coupés en dés. Bien mélanger. Recouvrir de menthe fraîche hachée et servir telle quelle ou réfrigérer quelques heures avant de servir.

MACÉDOINE DE FRUITS FRAIS

C'est un mélange de fruits frais, en quantité égale, et sucré avec

Salade de fruits frais

de la cassonade ou du sirop. Arroser avec le jus d'un citron frais et laisser macérer quelques heures ou faire refroidir.

FRUITS PARFUMÉS

Suivre la même recette que pour la macédoine de fruits, mais remplacer le jus de citron par du kirsch, du cognac, ou encore du vin blanc ou rouge.

COUPE DE FRUITS

Parfumer les fruits au cognac, mais les laisser macérer dans du champagne et les servir glacés dans des coupes à champagne. Refroidir pendant 6 heures.

SALADE DE FRUITS SURGELÉS

---

3 grosses pêches mûres
4 bananes
jus d'un citron
30 mL (2 c. à soupe) de sucre

125 mL (½ tasse) de cerises au marasquin, hachées
30 mL (2 c. à soupe) de jus de cerises au marasquin
250 mL (1 tasse) de crème, fouettée ferme

🍂 Peler les pêches et les bananes, les couper en gros morceaux. Les mettre dans un bol avec le jus de citron et le sucre. Écraser les fruits et remuer pour bien mélanger. Ajouter les cerises et le jus. Incorporer la crème fouettée. Verser dans un récipient de forme allongée. Couvrir hermétiquement et mettre au congélateur.

🍂 Lorsque la salade est congelée, la couper en tranches et la servir sur de la laitue.

SALADE DE FRUITS SANTÉ

---

250 mL (1 tasse) de raisins frais
1 orange
1 banane

Salade de melon

jus de 1 citron
1 poire ou 1 pêche
1 pomme
45 mL (3 c. à soupe) de miel clair
zeste de ½ citron
laitue

🔊 Laver les raisins et les assécher dans un linge. Peler l'orange et la séparer en quartiers. Peler la banane et la trancher. Rouler les tranches dans 5 mL (1 c. à thé) de jus de citron pour les empêcher de noircir. Peler et trancher la poire ou la pêche. Faire des tranches très minces avec la pomme non pelée.

🔊 Mélanger le jus de citron et le miel. Rouler chaque fruit préparé dans ce mélange, avec une fourchette pour éviter de les briser.

🔊 Disposer les fruits dans un nid de laitue. Verser le jus qui reste sur les fruits. Garnir avec le zeste de citron.

SALADE DE MELON

1 laitue
1 cantaloup
1 avocat
vinaigrette au citron

🔊 Laver la laitue. Envelopper les feuilles dans un linge et les réfrigérer jusqu'au moment de servir.

🔊 Peler le cantaloup et le vider. En faire des tranches minces en forme de demi-lune. Peler l'avocat, enlever le noyau et en faire des tranches minces.

🔊 Pour servir, étendre la laitue dans une assiette de service. Disposer les morceaux dans l'assiette, en faisant alterner le rose du cantaloup avec le vert tendre de l'avocat. Servir la vinaigrette dans une saucière.

SALADE DE POIRES

poires fraîches ou en conserve
fromage à la crème aux épices
vinaigrette au miel
laitue

🔊 Si vous utilisez des poires fraîches, les peler, les couper en deux, enlever le trognon et les badigeonner avec du jus de citron pour les empêcher de brunir. Les poires en conserve doivent être réfrigérées 2 à 3 heures avant de les utiliser. Bien les égoutter sur un papier absorbant.

🔊 Utiliser une poire coupée en deux par assiette. Mettre une boule de fromage dans chaque demi-poire, puis y verser une cuillerée à soupe de vinaigrette. Servir sur un nid de laitue.

FRUITS BELLE AURORE

15 mL (1 c. à soupe) de beurre
15 mL (1 c. à soupe) de farine
250 mL (1 tasse) de crème légère
125 mL (½ tasse) de sucre
2 mL (½ c. à thé) d'extrait de fruit, au choix
500 à 750 mL (2 à 3 tasses) de fruits frais ou en boîte
feuilles de menthe fraîche

🔊 Faire fondre le beurre dans un poêlon, y ajouter la farine. Retirer le poêlon du feu et ajouter la crème. Remettre au feu et remuer jusqu'à l'obtention d'une sauce lisse. Ajouter le sucre et l'extrait de fruit. Remuer jusqu'à ce que le sucre soit bien dissous.

🔊 Verser cette sauce chaude sur le mélange de fruits de votre choix. Parsemer de quelques feuilles de menthe fraîche hachées. Servir très froid.

DESSERTS VITE FAITS

Voici quelques suggestions de desserts aux fruits savoureux et réalisés en quelques minutes.

DESSERTS VITE FAITS AUX POMMES

🍃 Faire cuire des pommes pelées et coupées en quartiers dans du jus de canneberge, de framboise ou d'orange.

🍃 Ajouter du zeste et du jus d'orange ou de citron à de la compote de pommes fraîches.

🍃 Faire fondre une cuillerée à soupe de beurre dans un poêlon, ajouter des quartiers de pommes pelées. Saupoudrer de cannelle et de cassonade ou de sucre d'érable. Remuer pour mélanger. Couvrir et faire cuire pendant 20 minutes à feu doux, en remuant une ou deux fois. Servir chaud ou froid.

DESSERTS VITE FAITS AUX FRAISES

🍃 Servir les fraises avec de la cassonade ou du sucre d'érable et de la crème aigre.

🍃 Mettre en crème 125 g (¼ lb) de beurre avec 250 mL (1 tasse) de sucre à glacer et 250 mL (1 tasse) de fraises fraîches écrasées ; ajouter 50 mL (¼ tasse) d'amandes blanchies émincées. Servir avec des crêpes chaudes.

🍃 Porter à ébullition 750 mL (3 tasses) de fraises ou d'autres petits fruits, avec 125 mL (½ tasse) de sucre. Retirer du feu, ajouter le jus d'un demi-citron. Beurrer 8 à 10 tranches de pain. Disposer dans un plat, en alternance, des rangs de pain et de compote de fruits. Couvrir et réfrigérer 4 à 8 heures avant de servir.

COMPOTE DE FRAISES ET DE RHUBARBE

900 g (2 lb) de rhubarbe
125 mL (½ tasse) de jus d'orange
175 mL (¾ tasse) de sucre
500 mL (2 tasses) de fraises fraîches ou 1 boîte de fraises surgelées
crème fouettée ou crème glacée

🍃 Couper la rhubarbe en morceaux de 5 cm (2 po) chacun. Dans une casserole, porter à ébullition le jus d'orange et le sucre. Remuer jusqu'à ce que le sucre soit dissous. Ajouter alors la rhubarbe. Laisser mijoter à feu doux 5 à 8 minutes. Retirer du feu, ajouter les fraises fraîches, bien nettoyées et coupées en deux, ou les fraises encore gelées.

Présenter la compote froide dans un compotier, accompagnée d'un bol de crème fouettée ou de crème glacée, ou encore avec un pichet de crème aigre.

COMPOTE AUX QUATRE FRUITS

4 pêches
4 prunes bleues ou rouges
4 abricots
4 poires
250 mL (1 tasse) de sucre
125 mL (½ tasse) d'eau
2 mL (½ c. à thé) de graines de coriandre
ou 3 clous de girofle entiers
jus d'un citron

🍃 Laver les fruits. Préparer un sirop en faisant bouillir ensemble pendant 5 minutes le sucre, l'eau, la coriandre ou les clous de girofle. Mettre les pêches dans le sirop bouillant et laisser mijoter 10 minutes.

Compote de fraises et de rhubarbe

🍂 Retirer les pêches du sirop, les peler et les déposer dans un plat. Peler les poires, les couper en deux ou les laisser entières. Les faire cuire dans le sirop, tout comme les pêches. Une fois cuites, les retirer et les placer avec les pêches.

🍂 Ajouter enfin au sirop les abricots non pelés et les prunes, et faire cuire jusqu'à ce que la pelure des prunes se fendille. Ajouter aux autres fruits.

🍂 Arroser de jus de citron le plat de fruits cuits. Mélanger pour bien enrober les fruits de jus de citron. Faire bouillir le sirop pendant quelques minutes et le verser sur les fruits.

🍂 Pour congeler cette compote, répartir les fruits dans des récipients à congélation. Verser le sirop dessus. Couvrir et mettre au congélateur. Pour servir, laisser dégeler à la température de la pièce.

COMPOTE DE POMMES AUX PETITS CROÛTONS

500 mL (2 tasses) de jus de pomme
4 à 6 pommes
30 mL (2 c. à soupe) de beurre
175 mL (¾ tasse) de cubes de pain
2 mL (½ c. à thé) de cannelle
3 graines de coriandre, écrasées
15 mL (1 c. à soupe) de beurre
50 à 125 mL (¼ à ½ tasse) de sucre

🍂 Porter le jus de pomme à ébullition. Peler les pommes et les couper en tranches minces. Ajouter au jus de pomme. Couvrir et laisser mijoter à feu doux pendant 20 minutes.

🍂 Mettre les pommes cuites en compote en les battant avec un fouet métallique ou une cuiller de bois.

🍂 Faire fondre dans un poêlon les 2 cuillerées à soupe de beurre, et y faire dorer les cubes de pain à feu doux, en remuant presque sans arrêt. Ajouter la cannelle et la coriandre. Bien mélanger.

🍂 Retirer la compote de pommes du feu. Sucrer au goût, en ajoutant graduellement le sucre et en remuant sans arrêt. Ajouter la cuillerée à soupe de beurre et les croûtons chauds. Remuer jusqu'à ce que le beurre soit fondu. Servir cette compote chaude ou tiède.

COMPOTE DE FRUITS SECS

🍂 La compote de fruits secs est composée d'un mélange de fruits secs, tels que pruneaux, figues, raisins secs de Malaga et de Corinthe, ainsi que de quelques amandes ou noisettes. C'est un dessert ou une collation qui se prépare en 15 minutes, et qui peut se conserver plus d'un mois au réfrigérateur. Voici la recette de base.

750 g (1½ lb) de fruits secs
875 mL (3½ tasses) d'eau
2 oranges
1 pincée de piment de la Jamaïque
50 mL (¼ tasse) de miel
30 mL (2 c. à soupe) de sucre
30 mL (2 c. à soupe) de brandy (facultatif)
1 pincée de gingembre
30 mL (2 c. à soupe) de sucre
125 mL (½ tasse) d'amandes blanchies
30 mL (2 c. à soupe) de miel

🍂 Faire mijoter les fruits secs dans 875 mL (3½ tasses) d'eau.

Pouding Betty aux fruits variés

🍂 Égoutter les fruits et conserver le liquide. Râper le zeste des oranges dans le liquide, et y ajouter aussi le jus de ces oranges, le piment de la Jamaïque, le miel et le sucre. Amener à ébullition et laisser mijoter jusqu'à ce que le liquide épaississe.

🍂 Incorporer les fruits au sirop ainsi que le brandy et refroidir.

🍂 Mélanger le gingembre, les 30 mL (2 c. à soupe) de sucre et la demi-tasse d'amandes. Étendre dans une lèchefrite et verser les 30 mL (2 c. à soupe) de miel sur le tout. Faire griller dans un four à 150°C (300°F) jusqu'à ce que les amandes soient dorées. Ajouter cette préparation à la compote.

🍂 Donne 8 à 10 portions.

Croustillant aux pommes

POUDING BETTY
AUX FRUITS VARIÉS

375 mL (1½ tasse) de morceaux de pain rassis
30 mL (2 c. à soupe) de beurre
125 mL (½ tasse) de sirop d'érable ou de miel
500 mL (2 tasses) de pêches ou de pommes pelées et en tranches minces
crème légère

🍂 Faire dorer les morceaux de pain dans le beurre à feu doux, en remuant souvent. Ajouter le sirop ou le miel et les fruits. Mélanger, couvrir et faire cuire pendant 6 à 8 minutes à feu doux. Servir chaud ou froid, avec de la crème.

DÉLICE AUX POMMES

6 pommes moyennes
60 mL (4 c. à soupe) de beurre, fondu

3 œufs
45 mL (3 c. à soupe) de farine
45 mL (3 c. à soupe) de sucre
zeste râpé d'un citron
1 pincée de sel
500 mL (2 tasses) de lait
sucre superfin

🍂 Peler et couper les pommes en quartiers. Mettre dans une casserole avec le beurre fondu. Laisser cuire pendant 10 minutes en remuant plusieurs fois.

🍂 Battre les œufs avec la farine, le sucre, le zeste de citron, le sel et le lait. Ajouter les pommes.

🍂 Verser dans un plat en Pyrex beurré et faire cuire dans un four à 200°C (400°F), pendant 20 minutes. Saupoudrer avec le sucre et placer sous le gril jusqu'à ce que l'ensemble ait une apparence de caramel blond. Éviter de faire brûler le sucre.

CROUSTILLANT
AUX POMMES

1 L (4 tasses) de pommes en tranches
75 mL (⅓ tasse) de sucre
30 mL (2 c. à soupe) de farine
2 mL (½ c. à thé) de cannelle
15 mL (1 c. à soupe) de margarine ou de beurre
30 mL (2 c. à soupe) de jus de citron

GARNITURE
175 mL (¾ tasse) de cassonade
175 mL (¾ tasse) de farine, tamisée
75 mL (⅓ tasse) de beurre ou de margarine
1 pincée de sel
175 mL (¾ tasse) de noix hachées

🍂 Disposer les pommes dans un plat bien graissé. Mélanger le sucre, la farine, la cannelle et la

CROUSTILLANT AUX POMMES

1 Disposer les pommes dans un plat bien graissé.

2 Mélanger le sucre, la farine, la cannelle et le beurre dans un bol.

3 Étendre le mélange sur les pommes. Verser le jus de citron sur le tout.

4 Étendre la garniture sur les pommes.

margarine ou le beurre ; étendre ce mélange sur les pommes. Verser le jus de citron sur le tout.

🍂 Pour préparer la garniture, mélanger la cassonade, les 175 mL (¾ tasse) de farine, le beurre ou la margarine, le sel et les noix. Étendre sur les pommes et faire cuire dans un four à 160°C (325°F), pendant 1 heure.

ÎLES FLOTTANTES AUX POMMES

500 mL (2 tasses) d'eau
175 mL (¾ tasse) de sucre
6 pommes, pelées
2 blancs d'œufs, en neige
45 mL (3 c. à soupe) de sucre
2 jaunes d'œufs
30 mL (2 c. à soupe) de sucre
250 mL (1 tasse) de lait

🍂 Faire bouillir pendant 10 minutes l'eau avec le sucre. Mettre les pommes pelées dans ce sirop, couvrir et laisser cuire à feu moyen jusqu'à ce que les pommes soient tendres.

🍂 Retirer avec soin les pommes du sirop et les mettre sur un plat. Faire bouillir le sirop jusqu'à ce qu'il épaississe. Verser sur les pommes et laisser refroidir.

🍂 Préparer une meringue avec les blancs d'œufs et les 45 mL (3 c. à soupe) de sucre, et l'étendre sur les pommes refroidies. Faire dorer dans un four, à 180°C (350°F).

🍂 Battre les jaunes d'œufs avec les 30 mL (2 c. à soupe) de sucre et le lait. Laisser cuire en évitant l'ébullition, jusqu'à consistance d'une crème légère.

🍂 Au moment de servir, verser la sauce crémeuse autour des pommes à la meringue.

ÎLES FLOTTANTES AUX POMMES À LA FRANÇAISE

6 grosses pommes à cuire
50 mL (¼ tasse) d'eau
175 mL (¾ tasse) de sucre
4 blancs d'œufs
5 ml (1 c. à thé) d'eau de fleur d'oranger
500 mL (2 tasses) de crème anglaise
125 mL (½ tasse) de confiture de groseilles vertes

🍂 Enlever les trognons des pommes. Mettre les pommes non pelées dans un plat à cuisson avec 50 mL (¼ tasse) d'eau. Couvrir et faire cuire dans un four à 200°C (400°F), jusqu'à ce qu'elles soient tendres.

🍂 Lorsque les pommes sont assez refroidies, les passer au tamis, ajouter le sucre et battre le tout jusqu'à ce que le sucre soit dissous.

🍂 Battre les blancs d'œufs en neige ferme avec l'eau de fleur d'oranger. Incorporer lentement dans le mélange de pommes, remuer jusqu'à ce que le tout soit léger et mousseux. Mettre la crème anglaise (voir *Les crèmes-dessert*, page 570) refroidie dans un compotier et y verser doucement le mélange de pommes. Garnir avec de la confiture de groseilles vertes.

POMMES «BLACK CAPS» À L'ANGLAISE

6 grosses pommes
jus et zeste d'un citron
30 mL (2 c. à soupe) d'eau de fleur d'oranger
250 mL (1 tasse) de sucre superfin

🍂 Couper les pommes en deux sans les peler et enlever les trognons. Les mettre à plat dans une casserole pas trop grande.

🍂 Mélanger le jus, le zeste de citron et l'eau de fleur d'oranger. Verser sur les pommes. Saupoudrer de 175 mL (¾ tasse) de sucre. Faire cuire dans un four à 200°C (400°F), pendant 30 minutes. Saupoudrer le reste du sucre et servir.

POMMES DU QUÉBEC

2 pommes moyennes
125 mL (½ tasse) de noix de Grenoble hachées
1 œuf
250 mL (1 tasse) de sucre
30 mL (2 c. à soupe) de farine
5 mL (1 c. à thé) de levure chimique
1 pincée de sel
crème glacée

🍂 Enlever les trognons des pommes. Peler les pommes et les couper en tranches minces. Mettre les noix de Grenoble dans un bol. Battre l'œuf avec le sucre jusqu'à l'obtention d'une mousse et l'incorporer aux noix et aux pommes.

🍂 Tamiser la farine, la levure et le sel dans le mélange d'œuf. Bien mélanger.

🍂 Verser dans un plat à gratin beurré. Faire cuire pendant 25 minutes dans un four à 180°C (350°F), ou jusqu'à la formation d'une croûte dorée et croustillante. Servir chaud avec de la crème glacée.

Pommes normandes

POMMES NORMANDES

5 pommes
175 mL (¾ tasse) de sucre
75 mL (⅓ tasse) d'eau
jus d'un citron
zeste râpé d'un citron
30 mL (2 c. à soupe) de confiture
d'abricots, de pêches
ou de prunes
30 mL (2 c. à soupe) de xérès

🍎 Peler et couper en quatre des pommes d'égale grosseur. Mettre dans un poêlon beurré et recouvrir avec un sirop fait avec le sucre, l'eau, le jus et le zeste de citron râpé. Faire pocher les pommes dans ce sirop.

🍎 Lorsqu'elles sont cuites, les égoutter et les mettre dans un compotier et ajouter au sirop la confiture d'abricots, de pêches ou de prunes, ainsi que le xérès. Laisser réduire jusqu'à ce que cette confiture ait une belle consistance. Verser sur les pommes. Servir très froid.

POMMES SANS-SOUCI

500 mL (2 tasses) de lait
75 mL (⅓ tasse) de crème
125 mL (½ tasse) de semoule
de blé
45 mL (3 c. à soupe) de beurre
4 pommes moyennes, pelées
et coupées en dés
125 mL (½ tasse) de sucre
ou de cassonade
2 ml (½ c. à thé) de cannelle
2 œufs, battus
125 mL (½ tasse) de sucre
2 mL (½ c. à thé) de sel
5 mL (1 c. à thé) de beurre

🍎 Porter à ébullition le lait et la crème. Ajouter la semoule de blé tout en remuant. Laisser mijoter pendant 5 minutes.

🍎 Faire fondre le beurre dans un poêlon, ajouter les pommes, le sucre ou la cassonade et la cannelle. Remuer et faire cuire à feu doux pendant environ 5 minutes. Verser dans un plat.

🍎 Retirer la semoule du feu. Ajouter les œufs battus en remuant fortement, le sucre, le sel et le beurre. Bien mélanger et verser sur les pommes. Faire cuire pendant 20 minutes dans un four à 180°C (350°F). Servir chaud ou froid.

POMMES ENNEIGÉES

Des pommes surmontées d'une meringue! Un dessert léger et qui prend un air de fête lorsqu'il est servi avec de la crème fouettée ou de la crème glacée.

6 à 8 pommes
50 mL (¼ tasse) de beurre
125 mL (½ tasse) de sucre
50 mL (¼ tasse) de cassonade
5 mL (1 c. à thé) de vanille
ou 15 mL (1 c. à soupe)
de whisky irlandais
3 blancs d'œufs
10 mL (2 c. à thé) d'eau froide
75 mL (⅓ tasse) de sucre

🍎 Peler et trancher les pommes. Faire fondre le beurre dans un poêlon. Ajouter le sucre et la cassonade, remuer jusqu'à ce que le beurre soit fondu. Ajouter les pommes et bien remuer. Faire cuire à feu moyen, sans couvrir, pendant 10 minutes. Couvrir et laisser mijoter 20 minutes. Retirer du feu et écraser les pommes à l'aide d'une fourchette. Ajouter la vanille ou le whisky.

🍎 Mettre dans un plat de cuisson de 20 cm (8 po).

🍎 Faire une meringue en battant ensemble les blancs d'œufs et l'eau jusqu'à ce que les œufs soient fermes. Ajouter le sucre, 15 mL (1 c. à soupe) à la fois, en battant après chaque addition. Étendre sur les pommes, et saupoudrer le tout de 5 mL (1 c. à thé) de sucre. Cuire à 180°C (350°F), 30 à 35 minutes.

🍃 Ne pas réfrigérer. Servir chaud ou à la température de la pièce.

MOUSSE CUITE AUX POMMES

8 pommes, pelées et coupées en quatre
125 mL (½ tasse) d'eau ou de jus de pomme
2 clous de girofle
175 mL (¾ tasse) de sucre
3 blancs d'œufs
1 pincée de crème de tartre
30 mL (2 c. à soupe) de sucre
soupçon de rhum

🍃 Placer les pommes, l'eau ou le jus de pomme et les clous de girofle dans une casserole. Faire cuire à feu moyen, en remuant plusieurs fois jusqu'à ce que les pommes soient cuites. Retirer du feu. Répandre les 175 mL (¾ tasse) de sucre sur la préparation de pommes et battre vigoureusement jusqu'à ce que le sucre soit dissous et que les pommes soient en compote. Laisser refroidir et enlever les clous de girofle. Cette recette donne 750 mL (3 tasses) de compote.

🍃 Avec un batteur à main, battre les blancs d'œufs avec la crème de tartre et les 30 mL (2 c. à soupe) de sucre. Incorporer à la compote de pommes ainsi que le rhum. Verser dans un compotier. Réfrigérer. Il faut compter un blanc d'œuf par 250 mL (1 tasse) de compote.

HÉRISSON AUX POMMES

8 pommes moyennes
250 mL (1 tasse) de cassonade pâle ou de sucre d'érable
750 mL (3 tasses) d'eau
zeste de ½ citron, râpé
1 blanc d'œuf
30 mL (2 c. à soupe) de sucre
10 amandes blanchies

🍃 Peler 6 pommes et en enlever les trognons. Porter à ébullition l'eau et la cassonade. Mettre les pommes dans ce sirop et les faire cuire jusqu'à ce qu'elles soient tendres. Les retirer de la casserole et les disposer sur un plat.

🍃 Peler les deux autres pommes, en enlever les trognons et les trancher. Les ajouter au sirop, ainsi que le zeste de citron. Faire cuire jusqu'à ce qu'elles soient très cuites et molles, en remuant souvent. Battre jusqu'à ce qu'elles soient mousseuses. Verser sur les

pommes cuites. Laisser tiédir.

🍃 Battre le blanc d'œuf en neige ferme avec le sucre et l'étendre sur la compote. Couper les amandes dans le sens de la longueur et les répandre sur la meringue. Garder dans un endroit frais pendant 2 ou 3 heures avant de servir.

PÊCHES SAVETIER

500 mL (2 tasses) de pêches fraîches et 125 mL (½ tasse) de sucre ou 1 boîte de 285 mL (10 oz) de pêches surgelées
1 œuf entier, battu
2 œufs, séparés
15 mL (1 c. à soupe) de sucre superfin
15 mL (1 c. à soupe) de fécule de maïs
2 mL (½ c. à thé) d'essence d'amande

🍃 Peler et trancher les pêches. Ajouter le sucre et l'œuf battu. (Si on utilise des pêches surgelées,

Mousse cuite aux pommes

les laisser dégeler avant de les mélanger avec l'œuf battu, mais sans ajouter de sucre, car elles sont déjà sucrées). Verser les fruits dans un plat bien beurré.

🖎 Battre les jaunes d'œufs jusqu'à ce qu'ils soient légers, et y ajouter le sucre et la fécule de maïs. Continuer à battre jusqu'à ce que le mélange soit très léger et mousseux. Cela est plus facile à obtenir avec un batteur à main. Ajouter l'essence d'amande et incorporer les blanc d'œufs battus en neige ferme.

🖎 Verser cette pâte légère sur les pêches et faire cuire dans un four à 200℃ (400°F), pendant 30 minutes. Servir chaudes ou froides avec une légère sauce anglaise (voir *Les crèmes-dessert*, page 570).

PÊCHES ROMANOFF

6 jaunes d'œufs
250 mL (1 tasse) de sucre

Pêches Romanoff

175 mL (¾ tasse) de jus d'orange
175 mL (¾ tasse) de xérès
250 mL (1 tasse) de crème à 35 %
1,2 kg (2½ lb) de pêches fraîches
jus d'un citron
fraises ou cerises
sucre à glacer

🖎 Battre les jaunes d'œufs jusqu'à ce qu'ils soient très légers, ajouter le sucre et continuer à battre jusqu'à l'obtention d'une mousse légère.

🖎 Ajouter le jus d'orange et le xérès. Faire cuire au bain-marie, sur une eau très chaude mais non bouillante , en remuant sans arrêt jusqu'à l'obtention d'une crème épaisse et lisse. Refroidir et réfrigérer.

🖎 Fouetter la crème et l'incorporer au mélange refroidi.

🖎 Juste au moment de servir, peler les pêches et les tremper dans le jus de citron pour les empêcher de se décolorer. Trancher les pêches et les incorporer à la crème. Mettre dans un com-

potier et garnir avec les fraises ou les cerises et le sucre à glacer.

PÊCHES À LA BORDELAISE

8 pêches
sucre
750 mL (3 tasses) de vin rouge
50 mL (¼ tasse) de sucre
1 petit bâton de cannelle
brioches

🖎 Peler les pêches, les couper en deux et en retirer les noyaux. Saupoudrer de sucre et laisser macérer pendant une heure.

🖎 Faire bouillir le vin rouge avec le sucre et la cannelle. Faire pocher les moitiés de pêches dans ce liquide. Dès que les fruits sont cuits, les verser dans un compotier.

🖎 Faire réduire le sirop de cuisson, et le verser sur les pêches.

🖎 Servir très froid avec des tranches de brioches saupoudrées de sucre et légèrement dorées au four.

🖎 Les melons, les ananas, les poires et les pommes s'apprêtent aussi très bien de cette façon.

PÊCHES AUX FRAMBOISES

6 pêches mûres, pelées
250 mL (1 tasse) de framboises fraîches ou surgelées
50 mL (¼ tasse) de gelée de raisin
50 mL (¼ tasse) de sucre
5 mL (1 c. à thé) de fécule de maïs
30 mL (2 c. à soupe) de jus de citron ou d'orange

❧ TECHNIQUE ❧

PÊCHES ROMANOFF

1 Battre les jaunes d'œufs jusqu'à ce qu'ils soient légers.

2 Ajouter le sucre et continuer à battre.

3 Ajouter le jus d'orange et le xérès.

4 Faire cuire au bain-marie.

Pêches à la Condé

🐦 Peler et couper les pêches en deux. Placer chaque moitié dans des plats individuels ou les mettre dans un grand compotier.

🐦 Écraser les framboises, fraîches ou surgelées, à l'aide d'une fourchette. Mettre cette préparation dans une casserole. Ajouter la gelée de raisin et le sucre. Porter à ébullition. Épaissir avec une toute petite cuillerée à thé de fécule de maïs délayée dans du jus de citron ou d'orange, au goût.

🐦 Passer la sauce au tamis et la verser sur les pêches. Servir froid.

PÊCHES À LA CONDÉ

125 mL (½ tasse) de riz
500 mL (2 tasses) de lait
125 mL (½ tasse) de sucre
vanille
2 jaunes d'œufs
6 pêches
cerises au marasquin

🐦 Faire cuire au bain-marie le riz avec le lait et le sucre. Lorsque le riz est cuit, au bout de 40 à 60 minutes, et que le lait est complètement absorbé, parfumer à la vanille et ajouter les jaunes d'œufs bien battus.

🐦 Faire pocher les pêches et les disposer sur une couronne de riz à la vanille. Garnir avec les cerises au marasquin et leur jus.

🐦 On prépare de la même façon les abricots.

COCKTAIL DE PÊCHES FRAÎCHES

625 mL (2½ tasses) de pêches fraîches pelées et coupées en dés
15 mL (1 c. à soupe) de jus de citron
30 à 60 mL (2 à 4 c. à soupe) de sucre
soda gingembre froid
menthe fraîche

🐦 Mélanger les pêches et le jus de citron. Ajouter le sucre au goût. Mettre cette préparation dans des coupes à fruits. Verser le soda gingembre sur le tout. Garnir d'une tige de menthe. Servir bien frais.

PÊCHES POCHÉES

3 grosses pêches mûres et fermes
250 mL (1 tasse) d'eau
250 mL (1 tasse) de cassonade
1 bâton de cannelle

🐦 Couper les pêches en deux, et en retirer les noyaux. Faire bouillir l'eau et la cassonade dans un poêlon pendant 5 minutes. Ajouter le bâton de cannelle et les moitiés de pêches. Pocher à feu doux pendant 15 minutes, sans couvercle. Retirer les pêches et les mettre dans un plat. Enlever la pelure sur les pêches et dans le sirop. Faire bouillir le sirop encore 5 à 8 minutes. Retirer du feu. Ajouter le jus de citron aux pêches. Remuer et ajouter le sirop.

🐦 On peut remplacer les pêches par des poires ou des pommes. Cette préparation se prête très bien à la congélation.

PÊCHES AU COGNAC

750 mL (3 tasses) de sucre
250 mL (1 tasse) d'eau
2 L (8 tasses) de pêches pelées et coupées en deux
175 mL (¾ tasse) de cognac

🐦 Mettre le sucre et l'eau dans une casserole. Porter à ébullition à feu doux, en remuant constamment jusqu'à ce que le sucre soit dissous. Faire mijoter pendant 10 minutes.

🏵 Ajouter les moitiés de pêches au sirop. Laisser mijoter pendant 10 minutes ou assez longtemps pour attendrir les pêches. Retirer du feu.

🏵 Stériliser 4 pots de 500 mL (2 tasses) chacun. Mettre 15 mL (1 c. à soupe) du cognac dans chaque pot. Les remplir à moitié avec les pêches. Ajouter encore une autre cuillerée à soupe de cognac. Remplir les pots avec le reste des pêches et verser dans chacun une autre cuillerée de cognac. Recouvrir avec le sirop chaud. Sceller.

POIRES BOULOGNE

Pour faire ce magnifique dessert, utiliser des poires fraîches. Servir dans un plat de verre ou de cristal pour faire ressortir la couleur.

8 poires
1 boîte de 175 mL (6 oz) de jus d'orange ou d'ananas surgelé
125 mL (½ tasse) de sucre
125 mL (½ tasse) d'eau
1 mL (¼ c. à thé) de colorant végétal rouge
1 boîte de framboises surgelées
crème Chantilly

🏵 Peler les poires, en les laissant entières. À mesure qu'elles sont pelées, les mettre dans un bol d'eau froide.

🏵 Amener à ébullition les jus d'orange et d'ananas, le sucre et l'eau. Ajouter ensuite le colorant rouge, remuer pour bien mélanger. Ajouter les poires, baisser le feu, laisser mijoter sans couvrir pendant 30 minutes, en retournant les poires plusieurs fois. Retirer les poires du sirop avec une écumoire. Disposer dans un plat de service.

🏵 Faire bouillir le sirop à feu vif jusqu'à ce qu'il épaississe, pendant 8 à 12 minutes. Ajouter les framboises surgelées au sirop chaud. Amener lentement à forte ébullition. Faire bouillir 5 minutes. Passer la sauce dans un tamis et verser sur les poires. Couvrir et réfrigérer pendant 12 heures. Servir nature ou avec de la crème Chantilly (voir *Gâteau à la crème glacée*, page 590).

POIRES BRILLAT-SAVARIN

4 poires fraîches
125 mL (½ tasse) d'eau
250 mL (1 tasse) de sucre
crème parfumée à la vanille ou au rhum
2 gâteaux de Savoie, ronds
compote de pommes

🏵 Peler et couper les poires en deux. Chauffer dans un poêlon l'eau et le sucre jusqu'à ébulli-

tion. Ajouter les moitiés de poires à ce sirop. Couvrir et laisser mijoter 15 à 20 minutes. Le fruit doit être tendre, sans se briser.

🏵 Préparer la *Sauce crémeuse* à la vanille ou au rhum (voir page 601).

🏵 Farcir les deux gâteaux de Savoie avec une compote de pommes assez ferme.

🏵 Placer les gâteaux farcis sur une grande assiette ronde, les recouvrir avec les moitiés de poires pochées et verser la crème refroidie sur le tout.

ORANGES AU CARAMEL

zeste de 3 oranges
6 oranges
250 mL (1 tasse) de sucre
375 mL (1½ tasse) d'eau
ou de jus de pomme ou d'orange

🏵 Râper finement le zeste de 3 oranges. Peler 6 oranges.

Poires Boulogne

🐾 Caraméliser le sucre, ajouter l'eau, le jus de pomme ou le jus d'orange. Placer les oranges dans ce sirop. Couvrir et laisser mijoter pendant 40 minutes. Retirer les oranges du sirop. Ajouter le zeste. Faire bouillir vivement jusqu'à ce que le sirop ait une consistance assez épaisse.

🐾 Verser sur les oranges et servir très froid.

RHUBARBE D'ÉTÉ

1 L (4 tasses) de rhubarbe coupée en dés
375 mL (1½ tasse) d'eau
1 mL (¼ c. à thé) de bicarbonate de soude
125 à 175 mL (½ à ¾ tasse) de sucre

🐾 Enlever les feuilles et le bout de la rhubarbe. La peler, et la couper en dés d'environ 2,5 cm (1 po). En préparer assez pour en obtenir 1 L (4 tasses).

🐾 Placer la rhubarbe dans une casserole avec l'eau et le bicarbonate. Couvrir et porter à ébullition à feu moyen. Lorsque le point d'ébullition est atteint, remuer quelques instants et continuer à cuire à peu près 5 minutes. Retirer du feu et ajouter le sucre.

🐾 La rhubarbe cuite de cette façon est beaucoup plus facile à digérer, elle n'est jamais acide et on n'a pas besoin d'y ajouter beaucoup de sucre.

RHUBARBE ROSE D'HIVER CUITE AU FOUR

🐾 Laver, mais ne pas peler la jeune rhubarbe. Enlever les feuilles, couper la rhubarbe en morceaux de 5 cm (2 po).

500 mL (2 tasses) de rhubarbe
125 à 250 mL (½ à 1 tasse) de sucre

5 mL (1 c. à thé) de zeste de citron
jus de citron
1 pincée de cannelle

🐾 Dans un plat, disposer en rangs, en alternance, la rhubarbe et le sucre aromatisé au citron et à la cannelle. Laisser macérer 2 heures. Couvrir et faire cuire pendant 1 heure, dans un four, à 150°C (300°F).

RHUBARBE ROSE D'HIVER MIJOTÉE

🐾 Laver la rhubarbe, enlever les feuilles et la couper en morceaux.

500 mL (2 tasses) de rhubarbe
30 mL (2 c. à soupe) d'eau
250 mL (1 tasse) de miel ou de sucre
cannelle ou muscade
ou zeste d'orange ou de citron
raisins de Corinthe (facultatif)
gingembre confit (facultatif)
ananas, coupé en dés (facultatif)

🐾 Placer les morceaux de rhubarbe dans une casserole en fonte émaillée ou en Pyrex. Ajouter l'eau. Couvrir et faire mijoter pendant 20 minutes. Remuer 2 fois pendant la cuisson. Ajouter le miel ou le sucre. Bien remuer.

🐾 Aromatiser à la cannelle, à la muscade, au zeste d'orange ou de citron. Ajouter quelques raisins secs, du gingembre confit ou encore mélanger avec une égale quantité d'ananas frais coupé en dés et sucré au sirop d'érable.

BANANES GRATINÉES

3 à 5 bananes pas trop mûres
1 mL (¼ c. à thé) de sel

Bananes sautées

125 mL (½ tasse) de mie
de pain grillé
45 mL (3 c. à soupe) de beurre,
coupé en morceaux
125 mL (½ tasse) de cassonade
1 mL (¼ c. à thé) de cannelle

🐂 Peler et trancher les bananes,
puis les saler.
🐂 Mélanger le pain grillé, le
beurre, la cassonade et la cannelle. Étendre cette préparation
sur les bananes. Faire cuire environ 15 minutes, au four à 180°C
(350°F).

BANANES SAUTÉES

6 bananes pas trop mûres
jus d'un citron
45 mL (3 c. à soupe) de beurre
45 mL (3 c. à soupe)
de cassonade
15 mL (3 c. à thé) de rhum
crème glacée ou crème fouettée
(facultatif)

🐂 Peler les bananes, les tremper
dans le jus de citron et les couper
en quatre. Les mettre dans un
compotier. Présenter la cassonade
dans un joli bol et le rhum dans
un petit pot de verre. Disposer le
tout sur un plateau.
🐂 À la table, faire fondre le
beurre dans un réchaud. Ajouter
la cassonade et le rhum. Remuer
pour bien mélanger. Placer les
bananes dans ce sirop. Couvrir et
laisser mijoter 3 à 4 minutes.
Servir tel quel ou avec de la
crème glacée ou de la crème
fouettée.

PRUNEAUX
AU VIN ROUGE

500 g (1 lb) de pruneaux
500 mL (2 tasses) d'eau chaude

Cerises jubilée

250 mL (1 tasse) de sucre
zeste râpé d'un citron
1 bâton de cannelle
60 mL (4 c. à soupe) de beurre
500 mL (2 tasses) de vin rouge

🐂 Verser l'eau chaude sur les
pruneaux, couvrir et laisser tremper jusqu'au lendemain matin.
🐂 Placer les pruneaux et l'eau
dans une casserole, ajouter le
sucre, le zeste de citron, la cannelle et le beurre. Porter à ébullition, puis laisser mijoter jusqu'à
ce que les pruneaux soient tendres. Faire bouillir très rapidement
jusqu'à ce que tout le liquide soit
absorbé. Ajouter le vin. Chauffer
sans bouillir. Servir chaud ou
froid.

CERISES JUBILÉE

500 mL (2 tasses) de fraises
fraîches
25 mL (1½ c. à soupe) de sucre
750 mL (3 tasses) de crème

glacée à la vanille
1 boîte de cerises «Bing»,
dénoyautées
75 mL (⅓ tasse) de gelée
de groseille
50 mL (¼ tasse) de cognac

🐂 Deux heures avant de servir,
laver les fraises, les nettoyer et les
saupoudrer de sucre. Réfrigérer.
🐂 Confectionner des boules de
crème glacée, les envelopper
séparément avec du papier d'aluminium et les mettre au congélateur.
🐂 Pour servir, écraser les fraises
sucrées, égoutter les cerises et les
ajouter aux fraises.
🐂 Dans le plat d'un réchaud de
table ou dans un poêlon électrique, faire fondre la gelée de
groseille, en remuant sans arrêt ;
ajouter les fruits et continuer à
chauffer jusqu'à ce que le tout
mijote.
🐂 Verser le cognac juste au milieu
des fruits sans remuer, pour ne

[511]

pas diluer l'alcool, ce qui rendrait le flambage impossible. Laisser chauffer quelques secondes avant de faire flamber, en faisant craquer une allumette juste au-dessus du cognac.

🐛 Verser les cerises sur les boules de crème glacée pendant le flambage. Servir aussitôt.

PAMPLEMOUSSE NATURE

Lorsque vous achetez des pample-mousses, choisissez les plus lourds, car ils sont les plus juteux.

🐛 Avant de les préparer, les laisser toute la nuit à la température de la pièce. Les couper en deux et passer un couteau tranchant tout autour des sections, mais sans perforer la fine membrane.

🐛 Saupoudrer immédiatement de sucre à glacer. Les disposer sur un plateau à la température de la pièce et les recouvrir d'un papier transparent, jusqu'au moment de servir.

🐛 Une agréable variante consiste à remplacer le sucre par du sirop d'érable ou du miel.

PORC-ÉPIC AUX RAISINS

1 aubergine moyenne
ou 1 gros pamplemousse
raisins verts
fromage suisse
cure-dents de couleur

🐛 Piquer un cure-dents dans un raisin vert et un carré de fromage.

Piquer ensuite les cure-dents garnis sur toute la surface de l'aubergine ou du pamplemousse. Servir.

🐛 On peut garnir les cure-dents à l'avance, les couvrir et les réfrigérer. Il ne reste qu'à les piquer dans l'aubergine ou le pample-mousse à la dernière minute.

🐛 Placer l'aubergine ou le pamplemousse garni sur une branche de sapin. Le contraste des couleurs est attrayant et enjolivera la table.

LES MARRONS

PRÉPARATION

Voici trois façons différentes de parer les marrons :

🐛 Avec la pointe d'un couteau, fendre l'écale sur la partie plate des marrons. Mettre dans une casserole d'eau bouillante et cuire pendant 5 minutes. Égoutter. Enlever l'écale et la peau brune qui recouvrent les marrons. Ils sont alors prêts pour la cuisson.

🐛 Avec la pointe d'un couteau, faire des incisions en forme de croix sur la partie pointue des marrons. Mettre dans un moule à tarte. Ajouter 50 mL (¼ tasse) d'eau par 500 g (1 lb) de marrons. Faire cuire dans un four chauffé à 260°C (500°F) pendant 10 minutes. Enlever l'écale et la peau brune qui recouvrent les marrons. Ils sont alors prêts pour la cuisson.

🐛 Avec la pointe d'un couteau, faire des incisions en forme de croix sur la partie pointue des marrons. Mettre dans un poêlon de fonte et faire griller à feu doux,

en remuant souvent, pendant 15 minutes ou jusqu'à ce que l'écale s'enlève facilement. Les marrons sont alors prêts pour la cuisson.

MARRONS AU BEURRE

🐛 Parer les marrons. Mettre dans une casserole d'eau bouillante et ajouter une pincée de sucre. Faire cuire pendant 30 minutes ou jusqu'à ce que les marrons soient tendres. Égoutter. Faire fondre 45 mL (3 c. à soupe) de beurre jusqu'à ce qu'il soit de couleur noisette. Ajouter les marrons et mélanger jusqu'à ce qu'ils soient bien enrobés de beurre. Saupoudrer de persil. Servir.

PURÉE DE MARRONS

900 g (2 lb) de marrons
750 mL (3 tasses) de consommé
5 mL (1 c. à thé) de sucre
1 gousse d'ail, hachée finement
sel et poivre, au goût
60 mL (4 c. à soupe) de beurre
crème, au goût

🐛 Parer les marrons selon l'une des trois méthodes suggérées ci-dessus. Porter le consommé à ébullition. Ajouter le sucre et l'ail. Saler et poivrer. Ajouter les marrons entiers ou coupés en morceaux. Cuire pendant environ 30 minutes ou jusqu'à ce que les marrons soient tendres. Égoutter.

🐛 Écraser les marrons. Ajouter le beurre et la crème et réduire en purée. Fouetter jusqu'à ce que la purée soit légère. Servir.

TARTES

LES TARTES

COMMENT RÉUSSIR LA PÂTE À TARTE

Réussir une bonne pâte à tarte, ce n'est pas sorcier! Il suffit de connaître certains principes de base. Par exemple, il est important de bien mesurer les ingrédients en respectant les proportions de farine et de matière grasse suggérées. Le temps de cuisson et le pétrissage de la pâte sont d'autres facteurs dont il faut tenir compte pour que la pâte à tarte soit parfaite.

🍀 Pour obtenir une bonne pâte à tarte, il est important d'observer les règles suivantes:

🍀 Utiliser de la farine à pâtisserie.

🍀 Utiliser des ingrédients froids.

🍀 Ajouter juste assez de liquide pour lier la matière grasse et la farine.

🍀 Abaisser la pâte aussi peu que possible.

🍀 Cuire la pâte dans un four préalablement chauffé.

🍀 Porter une attention particulière à la position de la tarte dans le four.

🍀 Si on utilise trop d'eau, la pâte aura tendance à être lourde et dure.

🍀 Si la pâte est friable et s'émiette quand on la sort du four, c'est qu'on a utilisé trop de matière grasse par rapport à la farine employée.

🍀 Il est plus facile de confectionner de la pâte à tarte avec de la farine à pâtisserie, qui est composée de blé mou. Ce type de farine donne des pâtes plus tendres et plus délicates, car le blé mou contient une petite quantité de gluten particulièrement tendre. La pâte sera plus facile à réussir avec la farine à pâtisserie, car elle donne peu d'élasticité à la pâte.

TYPES DE PÂTES À TARTE

Il existe deux types de pâtes à tarte: la pâte à texture serrée et la pâte légère et feuilletée, composée de minces feuillets de pâtes intercalés d'air. Chacune de ces pâtes se distingue par le type de matière grasse qu'elle contient et la façon dont on la travaille au moment de la préparation.

🍀 Les pâtes à texture serrée sont préparées avec de la graisse végétale ou de l'huile végétale froide qu'on mélange aux ingrédients secs avec le bout des doigts. Ce genre de pâte est surtout utilisée pour les pâtés de viande et pour certains fonds de tarte.

🍀 Les pâtes semi-feuilletées sont préparées avec du saindoux dur et froid qu'on coupe dans les ingrédients secs tamisés, avec un coupe-pâte ou deux couteaux. Les pâtes feuilletées à la française sont quant à elles préparées avec du beurre. Ces dernières sont cependant plus difficiles à travailler et à conserver.

🍀 Les pâtes à l'eau chaude sont utilisées pour préparer les pâtés de viande.

🍀 Pour rendre certaines pâtes à tarte plus tendres et plus légères, on y ajoute quelquefois du jus de citron ou du vinaigre. L'acidité du jus de citron et du vinaigre décompose le gluten de la farine.

COMMENT FAIRE LA PÂTE À TARTE

Voici quelques techniques de base générales qui vous permettront de confectionner vos pâtes avec succès. Mentionnons que certaines pâtes, comme la pâte feuilletée, ont leurs règles particulières.

🍀 Souvenez-vous que pour réussir vos pâtes à tarte, tous les ingrédients doivent être aussi froids que possible.

🍀 Assembler les ustensiles.

🍀 Tamiser la farine à pâtisserie en mesurant la quantité requise dans le tamis, puis tamiser avec le sel. Si vous avez peu d'expérience dans la confection des pâtes à tarte et que vous craignez de ne pas obtenir de bons résultats, vous pouvez ajouter une petite pincée de levure chimique aux ingrédients secs. Je recommande d'ajouter 1 mL (¼ c. à thé) de levure chimique par 250 mL (1 tasse) de farine.

🍀 Mesurer la graisse végétale. Ajouter la graisse aux ingrédients secs en la coupant avec un coupe-pâte ou 2 couteaux (ou travailler la matière grasse avec le bout des doigts pour les pâtes à texture serrée).

🍀 Utiliser de l'eau très froide, la refroidir avec des glaçons au besoin. Arroser le mélange de farine et de gras avec l'eau glacée et mélanger légèrement avec une fourchette. Ajouter juste assez de liquide pour que la pâte soit humide et souple sans toutefois coller au bol (trop de liquide donne une pâte dure). Mélanger le liquide vivement avec une fourchette, sans trop brasser.

🍀 Diviser la pâte et l'abaisser immédiatement sur une planche à pâtisserie légèrement farinée. Si vous avez ajouté trop de liquide et que votre pâte est collante, enveloppez-la dans un papier ciré et laissez-la refroidir au réfrigérateur, pour qu'elle soit plus facile à travailler (inutile d'ajouter de la farine pour essayer de corriger

❦ TECHNIQUE ❦

PÂTE À TARTE À L'EAU CHAUDE

1 Mettre la graisse végétale dans un bol et ajouter l'eau bouillante.

2 Pour faire une pâte plus riche, ajouter un œuf.

3 Tamiser la farine, la levure chimique et le sel.

4 Ajouter la graisse végétale aux ingrédients secs. Mélanger jusqu'à ce que la pâte forme une boule un peu molle.

inférieure. Placer la seconde abaisse sur la moitié de la garniture. Déplier en évitant d'étirer la pâte. Replier l'excédent sous l'abaisse du fond. Sceller ensemble les deux abaisses à l'aide d'un couteau ou de ciseaux et canneler le bord.

LA CUISSON

La température idéale pour faire cuire des fonds de tarte sans garniture est de 230°C (450°F).

🐟 Mais il en va tout autrement quand on fait cuire la pâte en même temps que la garniture. En effet, il est important de régler la température de façon que les aliments de la garniture soient bien cuits et que celle-ci ne coule pas parce qu'elle bouille trop fortement.

🐟 Pour arriver à un résultat satisfaisant, il faut procéder de la façon suivante:

🐟 Cuire la tarte au four chauffé à 230°C (450°F), de 8 à 12 minutes (le temps de cuisson varie selon la grandeur et la profondeur de la tarte). Cette cuisson à haute température permet de saisir la pâte. Il est important de faire cuire la tarte à une température élevée pendant cette première période de cuisson si l'on veut obtenir une belle croûte savoureuse.

🐟 Réduire aussitôt la température, avant que la garniture atteigne un degré de cuisson trop élevé qui pourrait la gâter (réduire la température et ouvrir la porte du four pendant quelques secondes pour faire baisser la température).

🐟 La température idéale pour terminer la cuisson des tartes ou des pâtés est indiquée dans chaque recette. Par exemple, on réduit la température à 190°C (375°F) pour les garnitures aux fruits crus et à 160°C (325°F) pour les garnitures aux œufs.

COMMENT FAIRE DORER LA PÂTE

Avec du blanc d'oeuf
Avant de mettre la tarte au four, battre légèrement un blanc d'œuf et en badigeonner l'abaisse du dessus avec un petit pinceau. Lorsque la pâte est bien badigeonnée, la saupoudrer de sucre. Plus les grains de sucre sont gros, plus la croûte sera brillante.

Avec du lait
Concentré non sucré
Badigeonner l'abaisse du dessus avec du lait concentré non dilué. Saupoudrer de sucre.

Avec de la crème, de l'eau glacée ou de l'huile végétale
Badigeonner l'abaisse du dessus avec de la crème, de l'eau ou de l'huile. Plus la crème est riche, plus la croûte sera dorée. On emploie généralement l'huile pour badigeonner les pâtés ou les tartes à base de viande.

Avec du beurre, de la margarine ou de la graisse végétale
Faire fondre une cuillerée de beurre, de margarine ou de graisse végétale. Utiliser pour badigeonner l'abaisse du dessus avant de faire cuire la tarte. Le gras permet de dorer la pâte uniformément tout en la rendant plus riche. Le gras est idéal pour certaines tartes contenant des fruits qui ont tendance à mouiller la pâte.

LA CONGÉLATION

Les fonds de tartes se congèlent cuits ou crus. Pour les congeler crus, abaisser la pâte à la grandeur requise et l'arrondir. Tailler un carton de la même grandeur et le recouvrir d'une pellicule de plastique. Déposer une rondelle de pâte sur ce carton. Recouvrir d'une double épaisseur de papier ciré découpé en cercle et y déposer une autre rondelle de pâte. On peut mettre de 8 à 10 rondelles de pâte par paquet, en séparant chaque abaisse d'une double épaisseur de papier ciré découpé en cercle. Mettre dans un sac de plastique fermé hermétiquement. Les fonds de tarte crus se conservent jusqu'à 2 mois au congélateur.

🐟 Pour utiliser, retirer une rondelle de pâte en laissant une épaisseur de papier ciré sur les deux surfaces. Laisser décongeler tel quel de 15 à 20 minutes. Faire cuire comme une pâte fraîche.

🐟 Pour congeler les tartes non cuites, il suffit de bien les envelopper dans du papier d'aluminium. Au moment de la cuisson, mettre les tartes congelées au four préalablement chauffé à 200°C (400°F) et cuire jusqu'à ce que la pâte soit bien dorée. Les tartes non cuites se conservent jusqu'à 2 mois au congélateur. Les tartes cuites se conservent de 4 à 6 mois.

🐟 Les garnitures se congèlent cuites ou crues. Pour utiliser, faire décongeler les garnitures à demi et les mettre dans les fonds de tarte au moment de la cuisson. Les garnitures congelées se conservent de 2 à 3 mois au congélateur.

❦ TECHNIQUE ❦

PÂTE SEMI-FEUILLETÉE

1   Tamiser la farine avec le sel et le sucre.

2   Ajouter la graisse et la couper dans la farine.

3   Ajouter l'eau froide et mélanger.

4   Placer le beurre au milieu de l'abaisse.

🍃 Pour éviter que les fruits comme les pêches, les pommes, les poires et les abricots, ne noircissent pendant la congélation, y ajouter 15 mL (1 c. à soupe) de jus de citron.

PÂTE À TARTE NOUVELLE MÉTHODE

800 mL (3¼ tasses) de farine à pâtisserie
5 mL (1 c. à thé) de sel
75 mL (⅓ tasse) d'eau froide
250 mL (1 tasse) de graisse végétale froide

🍃 Chauffer le four à 230°C (450°F).

🍃 Tamiser et mesurer la farine. Ajouter le sel. Tamiser dans un bol. Mélanger l'eau froide avec 125 mL (½ tasse) de farine tamisée jusqu'à ce que le mélange ait la consistance d'une pâte lisse.

🍃 Ajouter la graisse végétale au reste de la farine tamisée et, à l'aide d'un coupe-pâte, travailler jusqu'à ce que le mélange forme des morceaux de la grosseur d'un pois. Ajouter le mélange de farine et d'eau. Brasser légèrement jusqu'à ce que la pâte soit humide et souple sans toutefois coller au bol.

PÂTE À TARTE À L'HUILE DE MAÏS

550 mL (2¼ tasses) de farine, tamisée
5 mL (1 c. à thé) de sel
50 mL (¼ tasse) et 7 mL (1½ c. à thé) de lait froid
135 mL (9 c. à soupe) d'huile de maïs

🍃 Tamiser la farine et le sel dans un bol. Verser le lait dans une tasse et y ajouter l'huile de maïs sans brasser. Verser d'un seul coup sur les ingrédients secs. Brasser légèrement avec une fourchette jusqu'à ce que le tout soit bien mélangé. Avec les mains, façonner la pâte en boule lisse.

🍃 Couper la pâte en deux et mettre chaque moitié entre deux feuilles de papier ciré coupées en carrés de 30 cm (12 po) de côté. Aplatir légèrement avec le rouleau à pâtisserie. Abaisser chaque pâte jusqu'à ce qu'elle touche les bords du papier ciré. Enlever le papier du dessus — si la pâte se brise, recoller avec un petit morceau de pâte.

🍃 Retourner la pâte et enlever délicatement le papier du dessous. Étendre la première abaisse dans un moule à tarte. Verser la garniture et déposer la seconde abaisse sur la garniture. Faire cuire comme n'importe quelle autre tarte.

🍃 Pour empêcher le papier ciré de glisser, abaisser la pâte sur une surface humide. Utiliser cette pâte dès qu'elle est prête.

PÂTE À TARTE À L'EAU CHAUDE

125 mL (½ tasse) de graisse végétale ou de gras
50 mL (¼ tasse) d'eau bouillante
375 mL (1½ tasse) de farine à pâtisserie
2 mL (½ c. à thé) de levure chimique
2 mL (½ c. à thé) de sel

🍃 Mettre la graisse végétale dans un bol et y verser l'eau bouillante. Battre jusqu'à ce que le mélange soit mousseux.

🍃 Tamiser la farine avec la levure chimique et le sel.

🍃 Ajouter la graisse végétale aux ingrédients secs. Mélanger jusqu'à ce que la pâte forme une boule un peu molle. Couvrir et mettre au réfrigérateur pendant 1 heure. Utiliser comme n'importe quelle autre pâte à tarte.

🍃 Pour une pâte plus riche, battre 1 œuf avec l'eau et la graisse végétale.

PÂTE FEUILLETÉE

125 g (¼ lb) de beurre non salé
175 mL (¾ tasse) de farine, tamisée
1 mL (¼ c. à thé) de sel
50 mL (¼ tasse) d'eau glacée

🍃 Couper 500 g (1 lb) de beurre non salé en quatre morceaux dans le sens de la longueur (utiliser un morceau pour chaque recette de pâte feuilletée). Couper le morceau de beurre en 3 tranches dans le sens de la largeur. Envelopper ces 3 morceaux dans un papier ciré et réfrigérer.

🍃 Mélanger la farine avec le sel et l'eau glacée, sans essayer de former une boule avec la pâte. Placer la pâte sur le plan de travail et pétrir avec les doigts de la main gauche tout en pressant la pâte avec la paume de la main droite. (De cette manière vous arriverez à utiliser toute la farine et à former une boule avec la pâte — à ce stade vous pouvez pétrir la pâte autant de fois qu'il est nécessaire.)

🍃 Aplatir la pâte en forme de rectangle. Sur une planche à pâtisserie légèrement farinée, abaisser la pâte en manipulant le rouleau à pâtisserie de haut en bas et en laissant à la pâte sa

❦ TECHNIQUE ❦

PÂTE SABLÉE

1 Au centre de la planche à pâtisserie, faire un monticule avec la farine et y former un puits.

2 Mettre le sucre, les jaunes d'œufs, le beurre et l'eau dans le puits.

3 Mélanger les ingrédients.

4 Fraiser la pâte.

forme rectangulaire. Les coins doivent être aussi carrés que possible. Égaliser les côtés avec la paume de la main. À ce stade, la pâte est plutôt difficile à travailler. Le rectangle abaissé doit mesurer 28 cm (11 po) de long et 15 cm (6 po) de large.

❧ Placer les 3 tranches de beurre à une des extrémités de la pâte, le premier morceau de beurre doit être à 4 cm (1½ po) du bord. Plier la pâte en deux sur le beurre. Pincer les deux pâtes ensemble sur les trois côtés à 1 cm (½ po) du bord. Ce travail doit être bien fait pour empêcher le beurre de sortir de la pâte. Envelopper la pâte de papier d'aluminium et réfrigérer pendant 30 minutes.

❧ Placer la pâte refroidie sur la planche à pâtisserie légèrement farinée, le bout pincé à gauche et le pli à droite. Aplatir le beurre avec le rouleau à pâtisserie.

❧ Abaisser la pâte de haut en bas et de bas en haut pour obtenir un rectangle de 45 cm (18 po) de longueur et de 15 cm (6 po) de largeur. Les coins doivent être aussi carrés que possible. Retourner la pâte assez souvent. La pâte doit être d'égale épaisseur partout. Si le beurre sort de la pâte, c'est qu'elle n'est pas assez refroidie, dans ce cas, enfariner légèrement le beurre avec le bout des doigts.

❧ Pour obtenir un carré parfait, plier la pâte vers le centre en rabattant la partie supérieure et la partie inférieure vers le milieu (rabattre 15 cm (6 po) de pâte à chaque extrémité). Couvrir et réfrigérer pendant 30 minutes. Abaisser la pâte de nouveau en un rectangle de 45 cm (18 po) de long et de 15 cm (6 po) de large. Plier la pâte vers le milieu en un

carré parfait. Répéter cette opération 3 fois. Réfrigérer pendant 30 minutes entre chaque opération.

PÂTE SEMI-FEUILLETÉE

1 L (4 tasses) de farine
5 mL (1 c. à thé) de sel
5 mL (1 c. à thé) de sucre
500 g (1 lb) de graisse végétale bien froide
175 à 250 mL (¾ à 1 tasse) d'eau glacée
125 g (¼ lb) de beurre

❧ Tamiser la farine avec le sel et le sucre. Ajouter la graisse et, à l'aide d'un coupe-pâte, travailler le mélange jusqu'à ce qu'il forme des morceaux de la grosseur d'une noisette. Verser l'eau glacée sur le tout. Mélanger à l'aide de deux couteaux sans essayer de former une boule avec la pâte.

❧ Pour réussir cette pâte, il est important d'ajouter la bonne quantité d'eau. Généralement, on ajoute 60 à 90 mL (4 à 6 c. à soupe) d'eau par 250 mL (1 tasse) de farine. Si on ajoute trop d'eau, la pâte sera collante, difficile à travailler et deviendra dure.

❧ Placer la pâte sur le plan de travail et pétrir avec les doigts pendant quelques minutes jusqu'à ce que la pâte forme une boule lisse. Abaisser la pâte en forme de carré, placer le beurre au milieu et écraser avec les mains. Envelopper le beurre dans la pâte en la repliant en trois comme une enveloppe. Bien fermer les extrémités. Abaisser la pâte en évitant de faire sortir le beurre. Plier de nouveau en trois sans faire sortir le beurre. Abaisser la pâte, replier et laisser reposer de 6 à 24 heures au réfrigérateur.

❧ Cette pâte se conserve très bien et gagne en légèreté lorsqu'on la laisse reposer.

PÂTE SABLÉE

500 mL (2 tasses) de farine à pâtisserie, tamisée
75 mL (5 c. à soupe) de sucre
4 jaunes d'œufs
125 mL (½ tasse) de beurre, coupé en morceaux
15 mL (1 c. à soupe) d'eau froide

❧ Au centre de la planche à pâtisserie, faire un monticule avec la farine. Former un puits au milieu assez grand pour contenir la main.

❧ Verser le sucre, les jaunes d'œufs, le beurre et l'eau dans le puits (le beurre ne doit pas être trop froid).

❧ Saupoudrer un peu de farine sur les œufs. Avec la main, travailler le mélange au centre du puits en incorporant peu à peu la farine qui entoure le puits.

❧ Une fois tous les ingrédients mélangés, commencer à fraiser la pâte. Pour fraiser la pâte, la mettre en boule et, avec la paume de la main, la repousser fermement en l'éloignant de soi. Ramener la pâte et recommencer jusqu'à ce que les ingrédients soient très bien mélangés. Former une boule avec la pâte et la travailler jusqu'à ce que la boule soit lisse. Envelopper dans une pellicule de plastique. Réfrigérer de 1 à 3 heures.

❧ Si la pâte est trop ferme pour l'abaisser, la laisser ramollir à la température ambiante. Abaisser la pâte jusqu'à 0,6 cm (¼ po) d'épaisseur avec un rouleau à pâtisserie légèrement fariné, en faisant de petits mouvements de rotation vifs en montant et en descendant.

🔊 Étendre l'abaisse dans un moule à tarte sans étirer la pâte. Couper l'excédent de pâte. Couvrir la pâte d'une feuille de papier d'aluminium et la remplir de riz. Cuire au four préalablement chauffé à 180°C (350°F), pendant 10 minutes. Lorsque le bord de la croûte commence à dorer, cela indique que la pâte ne gonflera plus. Enlever le papier d'aluminium et le riz. Poursuivre la cuisson pendant 10 minutes ou jusqu'à ce que la pâte soit bien dorée. Laisser refroidir sur une grille. Démouler avant de garnir.

PÂTE SUCRÉE À LA FRANÇAISE

(pour tartelettes)

625 mL (2½ tasses) de farine à pâtisserie
150 mL (⅔ tasse) de sucre superfin
2 mL (½ c. à thé) de sel
250 mL (1 tasse) de beurre froid
2 œufs moyens
5 mL (1 c. à thé) de zeste de citron

🔊 Chauffer le four à 190°C (375°F).

🔊 Tamiser et mesurer la farine. Ajouter le sucre et le sel. Tamiser deux fois dans un bol. Ajouter le beurre et couper dans la farine jusqu'à ce que le mélange ait la consistance d'une fine chapelure.

🔊 Bien battre les œufs avec le zeste de citron. Ajouter au mélange de farine et de beurre en brassant légèrement avec une fourchette, jusqu'à ce que la pâte soit lisse. Couvrir et laisser refroidir la pâte jusqu'à ce qu'elle soit suffisamment ferme pour qu'elle s'abaisse facilement.

🔊 Sur une planche à pâtisserie légèrement farinée, abaisser la pâte jusqu'à 0,4 ou 0,3 cm (⅙ ou ⅛ po) d'épaisseur. Découper des cercles dans la pâte et en foncer des moules à tartelette.

FOND DE TARTE AUX BISCUITS

🔊 Ramollir le beurre. Placer les biscuits entre deux feuilles de papier ciré et les écraser avec un rouleau à pâtisserie ou une bouteille. Ajouter le sucre et le beurre aux miettes de biscuits et mélanger. Réserver 45 mL (3 c. à soupe) de ce mélange pour garnir le dessus de la tarte. Étendre uniformément les miettes de biscuits dans le fond et sur les côtés d'un moule à tarte, en pressant. Faire cuire au four à 190°C (375°F) pendant 8 minutes. Laisser refroidir avant de garnir.

FOND DE TARTE ÉPICÉ AUX BISCUITS, SANS CUISSON

325 mL (1⅓ tasse) de miettes de biscuits
75 mL (⅓ tasse) de cassonade
75 mL (⅓ tasse) de beurre, fondu
2 mL (½ c. à thé) de cannelle ou de muscade

🔊 Utiliser des biscuits Graham ou des petits biscuits secs à la vanille ou au chocolat. Écraser assez de biscuits pour en obtenir 325 mL (1⅓ tasse). Ajouter le reste des ingrédients aux miettes de biscuits. Bien mélanger le tout. Étendre dans le fond et sur les côtés d'un moule à tarte de 23 cm (9 po) de diamètre, en pressant.

TABLEAU D'INGRÉDIENTS POUR LES FONDS DE TARTE AUX BISCUITS

	BEURRE	MIETTES DE BISCUITS	SUCRE
Biscuits Graham (environ 16)	50 mL (¼ tasse)	325 mL (1⅓ tasse)	50 mL (¼ tasse)
Biscuits secs à la vanille (environ 24)	50 mL (¼ tasse)	325 mL (1⅓ tasse)	Aucun
Biscuits secs au chocolat (environ 18)	45 mL (3 c. à soupe)	325 mL (1⅓ tasse)	Aucun
Biscuits secs au gingembre (20 de 5 cm ou 2 po)	90 mL (6 c. à soupe)	325 mL (1⅓ tasse)	Aucun
Céréales «Corn flakes» (environ 750 mL ou 3 tasses)	50 mL (¼ tasse)	325 mL (1⅓ tasse)	30 mL (2 c. à soupe)

Tarte au citron et à la muscade

🔖 Si désiré, réserver 50 mL (¼ tasse) du mélange de miettes de biscuits pour saupoudrer sur le dessus de la garniture.

TARTE AU CITRON ET À LA MUSCADE

pâte à tarte, au choix
2 mL (½ c. à thé) de muscade râpée

GARNITURE AU CITRON
250 mL (1 tasse) de sucre
60 mL (4 c. à soupe) de farine
1 pincée de sel
125 mL (½ tasse) d'eau
3 jaunes d'œufs, battus
250 mL (1 tasse) d'eau
30 mL (2 c. à soupe) de beurre
jus et zeste d'un citron

MERINGUE
3 blancs d'œufs
90 mL (6 c. à soupe) de sucre
muscade

🔖 Abaisser la pâte et en foncer un moule à tarte. Saupoudrer l'abaisse de la muscade râpée. Faire pénétrer la muscade en tapotant la pâte avec le bout des doigts. Badigeonner la pâte avec un peu de lait. Faire dorer au four à 230°C (450°F) pendant 10 minutes. Réduire la température à 200°C (400°F) et poursuivre la cuisson de 6 à 7 minutes. Laisser refroidir.

GARNITURE AU CITRON
🔖 Dans un bol, mélanger le sucre, la farine, le sel et les 125 mL (½ tasse) d'eau. Ajouter les jaunes d'œufs battus et les 250 mL (1 tasse) d'eau. Faire cuire au bain-marie jusqu'à ce que le mélange épaississe. Retirer du feu. Ajouter le beurre, le jus et le zeste de citron. Laisser refroidir. Étendre cette garniture dans le fond de tarte cuit.

MERINGUE
🔖 Battre les blancs d'œufs jusqu'à ce qu'ils forment des pics fermes et incorporer le sucre. Étendre sur la tarte, saupoudrer légèrement de muscade et faire dorer au four à 190°C (375°F). Laisser refroidir la tarte complètement avant de servir.

TARTE AU CITRON

3 jaunes d'œufs
175 mL (¾ tasse) de sucre
30 mL (2 c. à soupe) de fécule de maïs
1 pincée de sel
375 mL (1½ tasse) de lait
1½ citron, pelé et coupé en deux
zeste de citron

🔖 Mettre tous les ingrédients dans le récipient du mélangeur. Couvrir et actionner l'appareil à vitesse maximum pendant 1 minute. Verser le mélange dans un bain-marie. Faire cuire en remuant fréquemment jusqu'à ce que le mélange ait la consistance d'une crème. Laisser refroidir et verser la préparation dans un fond de tarte cuit.

MERINGUE
🔖 Battre 3 blancs d'œufs en neige avec 90 mL (6 c. à soupe) de sucre. Étendre sur la tarte au citron et cuire au four à 200°C (400°F) de 7 à 8 minutes pour dorer.

TARTE À L'ORANGE

3 jaunes d'œufs
125 mL (½ tasse) de sucre
45 mL (3 c. à soupe) de farine
250 mL (1 tasse) de jus d'orange
jus d'un citron
1 fond de tarte, cuit

Battre les jaunes d'œufs avec le sucre et la farine. Ajouter les jus d'orange et de citron. Faire cuire à feu doux, en brassant sans arrêt, jusqu'à ce que le mélange soit lisse et crémeux. Laisser tiédir.

Verser cette garniture à l'orange dans le fond de tarte et couvrir de meringue. Préparer la meringue avec 3 blancs d'œufs et 90 mL (6 c. à soupe) de sucre (voir *Meringue à trois œufs*, page 534). Faire cuire. Servir la tarte froide.

TARTE AUX POMMES

PÂTE
250 mL (1 tasse) de farine
2 mL (½ c. à thé) de levure chimique
1 pincée de sel
50 mL (¼ tasse) de beurre
30 mL (2 c. à soupe) de sucre
1 œuf
2 mL (½ c. à thé) de vanille

GARNITURE
4 grosses pommes, pelées
30 mL (2 c. à soupe) de zeste râpé de citron
30 mL (2 c. à soupe) de jus de citron
250 mL (1 tasse) de sucre
1 œuf

PÂTE
Mélanger et tamiser dans un bol la farine, la levure chimique et le sel. Ajouter le beurre et, à l'aide de deux couteaux, travailler jusqu'à ce que le mélange ait la consistance d'une chapelure fine.

Avec une fourchette, battre le sucre, l'œuf et la vanille. Ajouter à la préparation de farine en brassant.

Étendre la pâte sur le fond et les côtés d'un moule à tarte de 8 ou 9 po de diamètre, en pressant avec les doigts.

GARNITURE
Râper les pommes, ajouter le zeste et le jus de citron, le sucre et l'œuf. Battre pour bien mélanger. Badigeonner le fond de la tarte avec un petit morceau de beurre ramolli. Y verser la garniture aux pommes. Cuire au four à 180°C (350°F) de 50 à 60 minutes. Servir la tarte chaude ou froide.

TARTE AUX POMMES SAVOUREUSE

pâte à tarte, au choix
pommes, pelées
15 mL (1 c. à soupe) de beurre, coupé en dés
2 mL (½ c. à thé) de cannelle
2 mL (½ c. à thé) de muscade
zeste de ½ citron
1 pincée de sel

175 mL (¾ tasse) de sucre d'érable ou de cassonade
jus d'un citron

Abaisser la pâte et en foncer un moule à tarte.

Trancher les pommes directement sur la pâte et les placer au centre de l'abaisse. Parsemer de noisettes de beurre. Mélanger la cannelle, la muscade, le zeste de citron, le sel et le sucre d'érable. Saupoudrer le tout sur les pommes et arroser du jus de citron.

Recouvrir la garniture aux pommes d'une autre abaisse. Pour éviter que le jus ne coule dans le four, tremper une bande de coton de 2,5 cm (1 po) de largeur dans du lait et placer cette bande tout autour de la croûte. (On peut remplacer la bande de coton par une bande de papier d'aluminium.)

Faire cuire la tarte au four à 220°C (425°F) pendant 15 minutes. Réduire la température à 160°C (325°F) et poursuivre la

Tarte aux pommes savoureuse

cuisson pendant 50 minutes. Servir avec des pointes de fromage cheddar ou un fromage de votre choix.

TARTE AUX POMMES À LA HOLLANDAISE

pâte à tarte, au choix
6 à 8 pommes, pelées et tranchées
125 mL (½ tasse) de sucre
15 mL (1 c. à soupe) de fécule de maïs
1 mL (¼ c. à thé) de muscade
1 mL (¼ c. à thé) de cannelle
150 mL (⅔ tasse) de crème à 10 %
15 mL (1 c. à soupe) de beurre, coupé en petits dés

🌼 Abaisser la pâte et en foncer un moule à tarte de 23 cm (9 po) de diamètre. Mettre les tranches de pommes dans l'abaisse.

🌼 Mélanger le sucre, la fécule de maïs, la muscade et la cannelle. Saupoudrer sur les pommes et mélanger délicatement. Verser la crème sur le tout et recouvrir des dés de beurre.

🌼 Cuire au four à 190°C (375°F) de 30 à 45 minutes ou jusqu'à ce que les pommes soient tendres.

TARTE AUX POMMES À L'ÉCOSSAISE

pâte à tarte, au choix
500 mL (2 tasses) de pommes
175 mL (¾ tasse) de cassonade
50 mL (¼ tasse) d'eau chaude
1 œuf, bien battu
175 mL (¾ tasse) de miettes de biscuits Graham
50 mL (¼ tasse) de farine à pâtisserie
5 mL (1 c. à thé) de cannelle
1 mL (¼ c. à thé) de muscade
1 pincée de gingembre
60 mL (4 c. à soupe) de graisse végétale ou de beurre, ramolli

🌼 Abaisser la pâte et en foncer un moule à tarte de 23 cm (9 po) de diamètre.

🌼 Peler et enlever le cœur des pommes. Couper les pommes en 8 tranches dans le sens de la longueur et les mettre dans l'abaisse. Mélanger la cassonade avec l'eau chaude et ajouter l'œuf. Verser ce mélange sur les pommes.

🌼 Mélanger les miettes de biscuits, la farine, la cannelle, la muscade, le gingembre et la graisse végétale. Saupoudrer ce mélange sur les pommes.

🌼 Faire cuire au four à 200°C (400°F) pendant 20 minutes ou jusqu'à ce que la tarte commence à dorer. Réduire la température à 160°C (325°F) et poursuivre la cuisson pendant 20 minutes. Servir la tarte tiède et l'accompagner de fromage, si désiré.

PÂTÉ AUX POMMES

250 mL (1 tasse) d'eau
300 mL (1¼ tasse) de sucre
1 citron non pelé, coupé en tranches minces
60 mL (4 c. à soupe) de semoule de blé
5 mL (1 c. à thé) de muscade
5 à 8 pommes, pelées et coupées en tranches
45 mL (3 c. à soupe) de beurre
pâte à tarte
15 mL (1 c. à soupe) de sucre

🌼 Mélanger l'eau avec le sucre. Cuire jusqu'à ce que le mélange ait la consistance d'un sirop léger. Ajouter le citron et faire mijoter pendant 10 minutes. Ajouter la semoule de blé, la muscade et les tranches de pommes. Cuire pendant 5 minutes en remuant fréquemment. Ajouter le beurre. Verser dans un moule à pouding.

Tarte aux pommes à l'écossaise

Abaisser la pâte et en recouvrir la garniture aux pommes. Saupoudrer l'abaisse du sucre. Faire cuire au four à 230°C (450°F) pendant 30 minutes. Servir tiède.

TARTE AUX FRAISES CHANTILLY

500 mL (2 tasses) de fraises
250 mL (1 tasse) de crème à 35 %
15 mL (3 c. à thé) de sucre
à glacer
5 mL (1 c. à thé) de vanille
1 fond de pâte sablée, cuit (voir page 522)

🍂 Laver les fraises en les essuyant avec un linge humide. Éponger avec un essuie-tout.

🍂 Au moment de servir, fouetter la crème, y ajouter le sucre et la vanille et en garnir le fond de tarte. Disposer joliment les fraises sur la garniture à la crème. Saupoudrer généreusement de sucre à glacer. Servir.

TARTE AUX FRAISES À L'ANGLAISE

pâte sucrée à la française (voir page 523)
1 L (4 tasses) de fraises
45 mL (3 c. à soupe) de fécule de maïs
125 mL (½ tasse) de sucre
15 mL (1 c. à soupe) de jus de citron
250 mL (1 tasse) de crème à 35 %
50 mL (¼ tasse) de sucre
15 mL (1 c. à soupe) de vanille

🍂 Abaisser la pâte et en foncer un moule à tarte de 23 cm (9 po) de diamètre. Faire cuire et laisser refroidir.

Tarte aux fraises chantilly

🍂 Laver et équeuter les fraises. Réserver 500 mL (2 tasses) des plus belles fraises. Écraser les 500 mL (2 tasses) qui restent. Ajouter la fécule de maïs, le sucre et le jus de citron. Cuire à feu doux en brassant sans arrêt jusqu'à ce que le mélange soit lisse et crémeux. Laisser refroidir.

🍂 Disposer joliment les fraises réservées dans le fond de tarte cuit. Glacer avec le mélange de sucre et de fraises. Réfrigérer. Au moment de servir, fouetter la crème avec le sucre et la vanille. Garnir la tarte de cette crème fouettée.

TARTE AUX BLEUETS DE MA MÈRE

pâte à tarte, au choix
1 L (4 tasses) de bleuets
50 mL (¼ tasse) d'eau
150 mL (⅔ tasse) de sucre

30 mL (2 c. à soupe) de fécule de maïs
30 mL (2 c. à soupe) d'eau froide

🍂 Abaisser la pâte et en foncer un moule à tarte de 23 cm (9 po) de diamètre. Cuire au four à 230°C (450°F) pendant 10 minutes. Réduire la température à 200°C (400°F) et poursuivre la cuisson de 6 à 7 minutes. Laisser refroidir.

🍂 Laver et parer les bleuets. Cuire 175 mL (¾ tasse) des bleuets avec l'eau jusqu'à ce qu'ils soient tendres. Réduire les bleuets en purée en les écrasant dans un tamis ou en utilisant un presse-purée. Mettre la purée de bleuets dans une casserole. Ajouter le sucre et la fécule de maïs délayée dans l'eau froide. Cuire à feu moyen, en brassant sans arrêt, jusqu'à ce que le mélange soit lisse, transparent et crémeux. Verser cette sauce très chaude sur

Tarte aux cerises

le reste des bleuets. Bien mélanger. Couvrir et réfrigérer jusqu'au moment de servir.

🔹 Étendre la préparation aux bleuets dans le fond de tarte cuit. Si désiré, garnir la tarte de crème fouettée sucrée.

TARTE AUX CERISES

pâte à tarte, au choix
15 mL (1 c. à soupe) de beurre, fondu
3 pommes non pelées, râpées
250 mL (1 tasse) de cerises en boîte égouttées
125 mL (½ tasse) de sucre
5 mL (1 c. à thé) de muscade
5 mL (1 c. à thé) de noisettes de beurre

🔹 Abaisser la pâte et en foncer un moule à tarte. Badigeonner l'abaisse du beurre fondu et y mettre les pommes. Déposer les cerises sur les pommes. Saupoudrer de sucre et de muscade. Parsemer de noisettes de beurre.

🔹 Recouvrir la garniture d'une autre abaisse. Cuire au four à 200°C (400°F) pendant 40 minutes.

TARTE AUX ABRICOTS DE LUXE

125 g (4 oz) de fromage à la crème
250 mL (1 tasse) de crème aigre
1 fond de tarte, cuit (pâte semi-feuilletée, voir page 522)
1 boîte d'abricots, coupés en deux
125 mL (½ tasse) de sucre
5 mL (1 c. à thé) d'eau de rose ou de cannelle

🔹 Mélanger le fromage à la crème avec la crème aigre jusqu'à ce que le mélange soit légèrement mousseux. Réfrigérer. Une demi-heure avant de servir, garnir le fond de tarte avec le mélange de fromage et de crème aigre. Dis-

poser joliment les moitiés d'abricots bien égouttées sur la garniture de fromage. Mélanger le sucre avec l'eau de rose et en arroser la tarte. Réfrigérer jusqu'au moment de servir.

🔹 On peut remplacer les abricots en boîte par d'autres fruits en conserve ou des fruits frais, préalablement pochés.

TARTE AUX PÊCHES

250 g (½ lb) de pêches ou d'abricots secs
1 tranche de citron
175 mL (¾ tasse) de sucre
30 mL (2 c. à soupe) de fécule de maïs ou de farine
50 mL (¼ tasse) d'eau froide ou de jus d'orange
1 fond de tarte, cuit, au choix

🔹 Bien laver les pêches, les recouvrir d'eau bouillante et les laisser reposer pendant 2 heures.

🔹 Porter ensuite à ébullition. Couvrir et faire mijoter pendant 20 minutes. Ajouter le citron. Égoutter et réserver 375 mL (1½ tasse) du jus de cuisson. Y ajouter le sucre et les pêches, puis poursuivre la cuisson pendant 3 minutes. Épaissir la préparation aux pêches avec la fécule de maïs délayée dans l'eau froide. Verser la garniture aux pêches dans le fond de tarte cuit. Garnir de lanières de pâte. Cuire au four à 230°C (450°F) pour laisser dorer la pâte.

TARTE PRALINÉE AUX PÊCHES FRAÎCHES

pâte à tarte, au choix
1 L (4 tasses) de pêches fraîches, pelées et coupées en tranches
175 mL (¾ tasse) de sucre

7 mL (1½ c. à thé) de fécule
de maïs
10 mL (2 c. à thé) de jus
de citron
1 mL (¼ c. à thé) d'essence
d'amande
50 mL (¼ tasse) de farine
75 mL (⅓ tasse) de cassonade
125 mL (½ tasse) de noix
de Grenoble hachées
45 mL (3 c. à soupe) de beurre

꙰ Abaisser la pâte et en foncer un moule à tarte de 23 cm (9 po) de diamètre.

꙰ Dans un bol, mélanger les pêches, le sucre, la fécule de maïs, le jus de citron et l'essence d'amande.

꙰ Dans un autre bol, mélanger la farine, la cassonade et les noix de Grenoble. Ajouter le beurre et, avec une fourchette, travailler le mélange jusqu'à ce qu'il s'émiette. Saupoudrer ⅓ de ce mélange sur l'abaisse et y étendre la préparation aux pêches. Recouvrir avec le reste du mélange de noix. Cuire au four à 220°C (425°F) pendant 45 minutes.

TARTE GLACÉE
AUX PÊCHES

500 mL (2 tasses) d'eau
175 mL (¾ tasse) de sucre
2 mL (½ c. à thé) de vanille
6 pêches, pelées et coupées
en deux
125 mL (½ tasse) de confiture
de pêches, d'abricots ou de fraises
1 fond de pâte sablée, cuit (voir
page 522)
90 mL (6 c. à soupe) de confiture
d'abricots
15 mL (1 c. à soupe) d'eau froide
50 mL (¼ tasse) d'amandes
effilées (facultatif)

꙰ Dans un poêlon, porter l'eau à ébullition avec le sucre et la vanille. Faire bouillir pendant 5 minutes. Ajouter les moitiés de pêches et laisser pocher à feu moyen pendant 15 minutes. Laisser refroidir.

꙰ Étendre la confiture de pêches dans le fond de tarte. Recouvrir des moitiés de pêches refroidies.

꙰ Faire chauffer la confiture d'abricots avec l'eau froide. Badigeonner les pêches de ce sirop et laisser refroidir complètement.

꙰ Décorer la tarte avec les amandes. Servir.

TARTE À
LA RHUBARBE

pâte à tarte, au choix
250 mL (1 tasse) de sucre
5 mL (1 c. à thé) de zeste râpé
d'orange
15 mL (1 c. à soupe) de farine
30 mL (2 c. à soupe) de semoule
de blé

2 mL (½ c. à thé) de sel
750 mL (3 tasses) de rhubarbe
crue coupée en dés
15 mL (1 c. à soupe) de jus
de citron
30 mL (2 c. à soupe) de beurre,
fondu

꙰ Abaisser la pâte et en foncer un moule à tarte. Mélanger tous les ingrédients ensemble. Verser la préparation à la rhubarbe dans l'abaisse. Recouvrir d'une seconde abaisse. Cuire au four à 200°C (400°F) pendant 40 minutes.

TARTE À
LA RHUBARBE
DU PRINTEMPS

625 mL (2½ tasses) de rhubarbe
fraîche
175 mL (¾ tasse) de sucre
40 mL (2½ c. à soupe)
de semoule de blé
5 mL (1 c. à thé) de jus de citron

Tarte à la rhubarbe du printemps

5 mL (1 c. à thé) de zeste
de citron râpé
1 pincée de muscade
1 pincée de sel
500 à 750 mL (2 à 3 tasses)
de fraises entières
15 mL (1 c. à soupe) de beurre,
coupé en dés
pâte à tarte, au choix

❧ Couper la rhubarbe en dés et la mélanger avec le sucre, la semoule de blé, le jus et le zeste de citron, la muscade et le sel. Laisser reposer pendant 15 minutes. Ajouter les fraises équeutées. Mélanger délicatement.

❧ Verser cette garniture aux fruits dans un plat. Parsemer des noisettes de beurre. Abaisser la pâte et recouvrir la garniture aux fruits de cette abaisse. Cuire au four à 200°C (400°F) pendant 30 minutes ou jusqu'à ce que la pâte soit dorée.

TARTE À LA CITROUILLE À L'AMÉRICAINE

pâte à tarte, au choix
150 mL (⅔ tasse) de cassonade
5 mL (1 c. à thé) de cannelle
3 mL (¾ c. à thé) de gingembre
2 mL (½ c. à thé) de sel
2 mL (½ c. à thé) de zeste d'orange
2 œufs
50 mL (¼ tasse) d'eau
300 mL (1¼ tasse) de citrouille
fraîche ou en boîte
250 mL (1 tasse) de lait
75 mL (⅓ tasse) de jus d'orange
1 mL (¼ c. à thé) de vanille
45 mL (3 c. à soupe) d'amandes
non blanchies et effilées

❧ Abaisser la pâte et en foncer un moule à tarte de 23 cm (9 po) de diamètre.

❧ Dans un bol, mélanger la cassonade, la cannelle, le gingembre, le sel et le zeste d'orange. Dans un autre bol, battre légèrement les œufs et les ajouter au mélange de cassonade. Bien remuer. Ajouter l'eau, la citrouille, le lait, le jus d'orange et la vanille en brassant. Verser cette garniture dans l'abaisse. Parsemer des amandes effilées.

❧ Cuire au four à 230°C (450°F) pendant 10 minutes. Réduire la température à 160°C (325°F) et poursuivre la cuisson pendant environ 45 minutes ou jusqu'à ce que la tarte soit prise et que la lame d'un couteau insérée au centre en ressorte propre.

TARTE À LA CRÈME GLACÉE

18 biscuits secs au chocolat
125 mL (½ tasse) de beurre,
fondu
2 carrés de 30 g (1 oz) chacun
de chocolat non sucré
125 mL (½ tasse) de sucre
150 mL (⅔ tasse) de lait
concentré non sucré
15 mL (1 c. à soupe) de beurre
1 L (4 tasses) de crème glacée
au café

❧ Écraser les biscuits avec un rouleau à pâtisserie jusqu'à ce qu'ils soient bien émiettés. Mélanger les miettes de biscuits avec le beurre fondu. Étendre ce mélange dans le fond et sur les côtés d'un moule à tarte de 23 cm (9 po) de diamètre, en pressant. Réfrigérer jusqu'au moment de confectionner la tarte.

❧ Faire fondre le chocolat au bain-marie avec le sucre, le lait concentré et le beurre. Brasser jusqu'à ce que le mélange soit

lisse. Laisser refroidir.

❧ Étendre la crème glacée légèrement ramollie dans le fond de la croûte aux biscuits. Recouvrir de la sauce au chocolat. Mettre au congélateur jusqu'à ce que la tarte soit prise.

❧ Cette tarte se conserve de 6 à 8 semaines au congélateur, enveloppée d'une double épaisseur de papier d'aluminium.

TARTE GLACÉE AU CHOCOLAT

2 carrés de chocolat non sucré
30 mL (2 c. à soupe) de beurre
30 mL (2 c. à soupe) de crème
à 35 %
150 mL (⅔ tasse) de sucre
à glacer
375 mL (1½ tasse) de noix
de coco râpée
1 L (4 tasses) de crème glacée,
au choix

❧ Faire fondre le chocolat et le beurre dans la partie supérieure d'un bain-marie.

❧ Lorsque le chocolat est bien fondu, ajouter la crème, le sucre à glacer et la noix de coco. Bien mélanger.

❧ Beurrer un moule à tarte de 20 cm (8 po) de diamètre et y étendre uniformément la préparation au chocolat. Réfrigérer de 2 à 4 heures ou jusqu'à ce que la tarte soit prise. Retirer du réfrigérateur 20 minutes avant de servir.

❧ Démouler et remplir de boules de crème glacée.

TARTE AU CHOCOLAT

1 fond de tarte aux biscuits secs au chocolat (voir page 523)
1 paquet de 175 g (6 oz)

de brisures de chocolat
1 œuf entier
2 jaunes d'œufs
5 mL (1 c. à thé) de rhum
2 blancs d'œufs
250 mL (1 tasse) de crème à 35 %

🌺 Étendre le fond de tarte aux biscuits dans le fond et sur les côtés d'un moule à tarte. Faire cuire et laisser refroidir (voir *Fond de tarte aux biscuits*, page 523).

🌺 Faire fondre les brisures de chocolat dans la partie supérieure d'un bain-marie, au-dessus d'une eau frémissante (non bouillante). Retirer du feu lorsque le chocolat est fondu. Ajouter l'œuf entier et les jaunes d'œufs, un à la fois, en battant vigoureusement après chaque addition. Ajouter le rhum.

🌺 Dans un bol, battre les blancs d'œufs en neige. Dans un autre bol, fouetter la crème. Ajouter les blancs d'œufs et la crème fouettée à la crème au chocolat. Bien mélanger. Verser dans le fond de tarte aux biscuits. Réfrigérer pendant 1 heure.

🌺 Si désiré, garnir de crème fouettée ou de crème glacée.

Tarte au chocolat

TARTE AU SUCRE

pâte à tarte, au choix
2 mL (½ c. à thé) de bicarbonate de soude
375 mL (1½ tasse) de sirop d'érable
250 mL (1 tasse) de farine
250 mL (1 tasse) de cassonade
125 mL (½ tasse) de beurre

🌺 Abaisser la pâte et en foncer un moule à tarte de 23 cm (9 po) de diamètre.

🌺 Mélanger le bicarbonate de soude avec le sirop d'érable et remuer pour dissoudre. Verser dans l'abaisse. Mélanger la farine, la cassonade et le beurre avec le bout des doigts jusqu'à ce que le mélange soit grumeleux. En recouvrir le sirop.

🌺 Cuire au four à 180°C (350°F) pendant 30 minutes. Il est conseillé de placer un papier d'aluminium au fond du four car la garniture a parfois tendance à couler.

TARTE AU SIROP D'ÉRABLE

pâte à tarte, au choix
250 mL (1 tasse) de sirop d'érable
125 mL (½ tasse) d'eau
45 mL (3 c. à soupe) de fécule de maïs
30 mL (2 c. à soupe) d'eau froide
30 mL (2 c. à soupe) de beurre
50 mL (¼ tasse) de noix hachées

🌺 Abaisser la pâte et en foncer un moule à tarte. Faire bouillir le sirop d'érable et l'eau pendant 5 minutes. Délayer la fécule de maïs dans l'eau froide et la verser sur le sirop. Cuire, en brassant sans arrêt, jusqu'à ce que le mélange soit lisse et transparent. Ajouter le beurre et les noix hachées. Laisser tiédir. Remplir le fond de tarte non cuit de la garniture au sirop d'érable et aux noix. Recouvrir la garniture d'une seconde abaisse. Cuire au four à 200°C (400°F) de 25 à 30 minutes.

TARTES AU CARAMEL ET AUX NOIX

pâte à tarte, au choix
4 œufs, battus
45 mL (3 c. à soupe) de beurre, fondu
325 mL (1⅓ tasse) de sirop d'érable
325 mL (1⅓ tasse) de cassonade bien tassée

1 pincée de sel
45 mL (3 c. à soupe) de farine
5 mL (1 c. à thé) de vanille
375 mL (1½ tasse) de noix
non hachées

🍃 Abaisser la pâte et en foncer 2 moules à tarte de 23 cm (9 po) de diamètre. Cuire au four à 190°C (375°F) de 20 à 25 minutes. Garder au réfrigérateur jusqu'au moment de confectionner les tartes.

🍃 Battre les œufs jusqu'à ce qu'ils soient légers et mousseux. Y ajouter le beurre fondu, le sirop d'érable, la cassonade et le sel. Bien mélanger.

🍃 Tamiser la farine sur le mélange d'œufs. Ajouter la vanille et battre au batteur à main jusqu'à ce que le mélange soit bien lisse. Ajouter les noix et répartir cette préparation dans les fonds de tarte. Cuire jusqu'à ce que la lame d'un couteau insérée au centre de chaque tarte en ressorte propre.

TARTE AUX PACANES

pâte à tarte
50 mL (¼ tasse) de beurre
300 mL (1¼ tasse) de cassonade
1 pincée de sel
175 mL (¾ tasse) de sirop
de maïs
3 œufs, bien battus
250 mL (1 tasse) de pacanes
5 mL (1 c. à thé) de vanille

🍃 Abaisser la pâte et en foncer un moule à tarte de 20 cm (8 po) de diamètre.

🍃 Défaire la beurre en crème. Ajouter petit à petit la cassonade et le sel en battant. Ajouter le sirop de maïs, les œufs, les

pacanes et la vanille. Bien mélanger et verser dans l'abaisse. Cuire la tarte au four à 180°C (350°F) de 40 à 45 minutes ou jusqu'à ce que la lame d'un couteau insérée au centre en ressorte propre. Laisser refroidir avant de servir.

TARTE LÉGÈRE AU FROMAGE À LA CRÈME

1 fond de tarte aux biscuits (voir page 523)
350 g (12 oz) de fromage
à la crème
30 mL (2 c. à soupe) de beurre
125 mL (½ tasse) de sucre
1 œuf, bien battu
30 mL (2 c. à soupe) de farine
150 mL (⅔ tasse) de lait
50 mL (¼ tasse) de jus
de citron frais
30 mL (2 c. à soupe) de zeste
de citron

🍃 Étendre le fond de tarte aux biscuits dans le fond et sur les côtés d'un moule à tarte de 23 cm (9 po) de diamètre [réserver 50 mL (¼ tasse) des miettes de biscuits pour la garniture]. Cuire et laisser refroidir (voir *Fond de tarte aux biscuits*, page 523).

🍃 Battre le fromage à la crème et le beurre jusqu'à ce que le mélange soit légèrement mousseux. Ajouter le sucre et l'œuf. Bien mélanger et ajouter la farine et le lait. Brasser et ajouter le jus et le zeste de citron. Remplir le fond de tarte de cette garniture. Décorer des miettes de biscuits réservées. Cuire au four à 180°C (350°F) de 35 à 40 minutes. Réfrigérer de 4 à 5 heures avant de servir.

TARTE SAVOUREUSE AU FROMAGE ET AU COGNAC

1 fond de tarte aux biscuits (voir page 523)
350 à 400 g (12 à 14 oz)
de fromage à la crème
2 œufs entiers
250 mL (1 tasse) de sucre
5 mL (1 c. à thé) de zeste râpé
de citron
30 mL (2 c. à soupe) de cognac
500 mL (2 tasses) de crème aigre
10 mL (2 c. à thé) de vanille
40 mL (8 c. à thé) de sucre

🍃 Étendre le fond de tarte aux biscuits dans le fond et sur le côtés d'un moule à tarte de 23 cm (9 po) de diamètre. Faire cuire et laisser refroidir (voir *Fond de tarte aux biscuits*, page 523).

🍃 Battre le fromage à la crème avec les œufs, le sucre, le zeste de citron et le cognac jusqu'à ce que le mélange soit légèrement mousseux. Verser ce mélange dans le fond de tarte et cuire au four à 150°C (300°F) pendant 30 minutes. Réfrigérer jusqu'à ce que la garniture soit ferme.

🍃 Entre-temps, mélanger la crème aigre avec la vanille et le sucre. Retirer la tarte du réfrigérateur et la recouvrir de ce mélange. Cuire au four à 120°C (250°F) pendant 10 minutes. Retirer du four et réfrigérer de 12 à 24 heures avant de servir.

TARTE CHIFFON AUX FRAISES

15 mL (1 c. à soupe) de gélatine
sans saveur
50 mL (¼ tasse) d'eau froide
3 jaunes d'œufs

50 mL (¼ tasse) de sucre
2 mL (½ c. à thé) de sel
10 mL (2 c. à thé) de jus
de citron
500 mL (2 tasses) de fraises
écrasées (fraîches ou congelées)
3 blancs d'œufs
2 mL (½ c. à thé) de crème
de tartre
125 mL (½ tasse) de sucre
1 fond de tarte, cuit

🦐 Saupoudrer la gélatine sur l'eau froide et laisser reposer pendant 5 minutes.

🦐 Dans la partie supérieure d'un bain-marie, battre les jaunes d'œufs et ajouter le sucre, le sel et le jus de citron. Bien mélanger. Cuire au-dessus d'une eau frémissante, en brassant souvent, jusqu'à ce que le mélange soit lisse et crémeux. Ajouter la gélatine et les fraises écrasées. Battre vigoureusement pendant 1 minute. Retirer du feu et réfrigérer jusqu'à ce que la préparation soit à demi prise.

🦐 Battre les blancs d'œufs avec la crème de tartre jusqu'à ce qu'ils forment des pics durs. Sans cesser de battre, ajouter petit à petit le sucre. Incorporer les blancs d'œufs à la préparation aux fraises en battant bien le tout. Verser cette garniture dans le fond de tarte cuit. Réfrigérer de 2 à 4 heures avant de servir. Si désiré, garnir de crème fouettée sucrée et parfumée à la vanille.

TARTE CHIFFON À L'ÉRABLE

15 mL (1 c. à soupe) de gélatine
30 mL (2 c. à soupe) d'eau froide
125 mL (½ tasse) de lait
125 mL (½ tasse) de sirop
d'érable

1 mL (¼ c. à thé) de sel
2 jaunes d'œufs, bien battus
375 mL (1½ tasse) de crème à 35 %
5 mL (1 c. à thé) de vanille
2 blancs d'œufs, battus en neige
1 fond de tarte, cuit

🦐 Saupoudrer la gélatine sur l'eau froide.

🦐 Faire chauffer le lait, le sirop d'érable et le sel dans la partie supérieure d'un bain-marie. Ajouter lentement les jaunes d'œufs, puis la gélatine. Brasser jusqu'à ce que la gélatine soit dissoute. Laisser refroidir.

🦐 Fouetter la crème et la parfumer avec la vanille. Incorporer la moitié de la crème fouettée (réserver le reste) et les blancs d'œufs à la préparation au sirop d'érable. Verser cette garniture dans le fond de tarte cuit. Recouvrir la tarte avec le reste de la crème fouettée. Réfrigérer jusqu'à ce que ce la tarte soit froide.

TARTE CHIFFON AU CITRON

1 fond de tarte aux biscuits (voir page 523)
15 mL (1 c. à soupe) de gélatine
50 mL (¼ tasse) d'eau froide
4 jaunes d'œufs
1 pincée de sel
125 mL (½ tasse) de sucre
125 mL (½ tasse) de jus
de citron
30 mL (2 c. à soupe) de zeste
râpé de citron
4 blancs d'œufs
125 mL (½ tasse) de sucre

🦐 Étendre le fond de tarte aux biscuits dans le fond et sur le côtés d'un moule à tarte.

🦐 Saupoudrer la gélatine sur l'eau froide et laisser reposer.

🦐 Dans la partie supérieure d'un bain-marie, mélanger les jaunes d'œufs, le sel, le sucre, le jus et le zeste de citron. Cuire au-dessus

Tarte savoureuse au fromage et au cognac

Tarte chiffon au citron

d'une eau frémissante jusqu'à ce que le mélange soit légèrement crémeux. Retirer du feu. Ajouter la gélatine. Bien mélanger et réfrigérer jusqu'à ce que la préparation soit à demi prise.

🍂 Battre les blancs d'œufs en neige avec le sucre et les incorporer à la préparation à demi prise. Verser cette garniture dans le fond de tarte. Réfrigérer de 2 à 4 heures.

MERINGUE À DEUX ŒUFS

En suivant cette recette à la lettre, vous obtiendrez des meringues bien gonflées et croustillantes.

(Pour tarte de 20 cm ou 8 po)

2 blancs d'œufs
1 pincée de sel
60 mL (4 c. à soupe) de sucre
quelques gouttes de vanille
ou autre essence, au goût

🍂 Fouetter les blancs d'œufs avec le sel jusqu'à ce qu'ils soient mousseux. Ajouter petit à petit le sucre en battant sans arrêt jusqu'à ce que les blancs forment des pics fermes et que le sucre soit dissous.

🍂 Ajouter la vanille pour parfumer. Étendre la meringue sur la garniture de la tarte ou des tartelettes, en couvrant totalement les bords de la croûte.

🍂 Cuire au four à 150°C (300°F) jusqu'à ce que la meringue soit bien dorée. Le temps de cuisson varie selon la quantité de vapeur qui se dégage des différentes garnitures utilisées.

MERINGUE À TROIS ŒUFS

(Pour tarte de 23 à 25 cm ou 8 à 10 po)

3 blancs d'œufs
1 mL (¼ c. à thé) de crème de tartre
90 mL (6 c. à soupe) de sucre

🍂 Retirer les œufs du réfrigérateur quelques heures avant de les utiliser. Les blancs d'œufs qui sont à la température ambiante augmentent davantage de volume lorsqu'ils sont battus.

🍂 Dans un bol de grosseur moyenne, fouetter les blancs d'œufs avec la crème de tartre jusqu'à ce qu'ils soient mousseux. Ajouter le sucre, 15 mL (1 c. à soupe) à la fois, en battant vigoureusement après chaque addition. Battre jusqu'à ce que les blancs soient bien fermes et que le sucre soit dissous.

🍂 Étendre la meringue sur la garniture de la tarte. Cuire au four à 150°C (300°F) jusqu'à ce que la meringue soit bien dorée.

MERINGUE SANS CUISSON

75 mL (⅓ tasse) de sirop de maïs
1 blanc d'œuf
2 mL (½ c. à thé) de vanille
1 mL (¼ c. à thé) de sel

🍂 Porter le sirop de maïs à ébullition.

🍂 Dans un petit bol, battre le blanc d'œuf jusqu'à ce qu'il commence à se tenir. Ajouter le sirop de maïs bouillant en un mince filet. Battre sans arrêt jusqu'à ce que les œufs forment des pics fermes. Ajouter la vanille et le sel. Étendre la meringue sur la garniture de la tarte refroidie. Si désiré, garnir de noix de coco râpée.

TARTE MERINGUÉE DE MONIQUE

MERINGUE
4 blancs d'œufs (125 mL ou ½ tasse)

1 mL (¼ c. à thé) de sel
5 mL (1 c. à thé) de vinaigre
250 mL (1 tasse) de sucre

CRÈME AU CITRON
4 jaunes d'œufs
150 mL (⅔ tasse) de sucre
10 mL (2 c. à thé) de zeste râpé de citron
75 mL (⅓ tasse) de jus de citron

MERINGUE
🍃Fouetter les blancs d'œufs jusqu'à ce qu'ils soient légèrement mousseux. Ajouter le sel et le vinaigre. Battre jusqu'à ce que les blancs soient en mousse ferme. Ajouter le sucre, 15 mL (1 c. à soupe) à la fois, en battant vigoureusement après chaque addition.
🍃Beurrer un moule à tarte de 20 cm (8 po) de diamètre et le remplir de la meringue. Creuser légèrement au centre de la meringue. Cuire au four à 140°C (275°F) pendant 1¼ heure. Laisser refroidir la meringue.

CRÈME AU CITRON
🍃Battre les jaunes d'œufs jusqu'à ce qu'ils épaississent et qu'ils aient la couleur d'un citron. Sans cesser de battre, ajouter petit à petit le sucre, le zeste et le jus de citron. Cuire au bain-marie, en brassant sans arrêt, pendant environ 5 minutes ou jusqu'à ce que le mélange épaississe. Garnir la meringue refroidie de crème au citron.

TARTE À LA CRÈME AIGRE

pâte à tarte, au choix
15 mL (1 c. à soupe) de farine
250 mL (1 tasse) de cassonade foncée

1 mL (¼ c. à thé) de sel
250 mL (1 tasse) de crème aigre
2 œufs (jaunes et blancs séparés)
5 mL (1 c. à thé) de vanille
15 mL (1 c. à soupe) de beurre, fondu
1 pincée de sel
60 mL (4 c. à soupe) de sucre

🍃Abaisser la pâte et en foncer un moule à tarte de 23 cm (9 po) de diamètre. Badigeonner l'abaisse d'un peu de beurre mou. Réfrigérer pendant 40 minutes avant de mettre la garniture.
🍃Mélanger la farine, la cassonade, le sel, la crème aigre, les jaunes d'œufs, la vanille et le beurre fondu au batteur électrique. Verser ce mélange dans le fond de tarte refroidi. Cuire au four à 230°C (450°F) pendant 10 minutes. Réduire la température à 180°C (350°F) et poursuivre la cuisson pendant 45 minutes.
🍃Laisser refroidir la tarte sur une grille. Battre les blancs d'œufs avec le sel et le sucre jusqu'à ce qu'ils forment des pics fermes. Étendre ces blancs d'œufs sur la tarte tiède et faire dorer au four à 200°C (400°F).

MINCEMEAT AMÉRICAIN

(garniture à tarte)

250 mL (1 tasse) de pêches sèches
250 mL (1 tasse) d'abricots secs
zeste et jus de 3 oranges
4 pommes, pelées et râpées
250 mL (1 tasse) de suif haché
250 mL (1 tasse) de raisins secs
125 mL (½ tasse) de cédrat confit
250 mL (1 tasse) de carottes crues râpées

30 mL (2 c. à soupe) de cannelle
7 mL (½ c. à soupe) de piment de la Jamaïque
2 mL (½ c. à thé) de macis
7 mL (½ c. à soupe) de gingembre
5 mL (1 c. à thé) de clous de girofle moulus
500 mL (2 tasses) de mélasse
175 mL (¾ tasse) de cassonade
250 mL (1 tasse) de cidre ou de vin rouge

🍃Avec des ciseaux, couper les pêches et les abricots secs en petits morceaux et les mettre dans un bol d'eau chaude.
🍃Dans un grand bol, bien mélanger les pêches et les abricots avec le reste des ingrédients.
🍃Verser le mincemeat dans des pots stérilisés. Sceller les pots et les entreposer dans un endroit frais de 10 à 15 jours.

MINCEMEAT ANGLAIS

(garniture à tarte)

6 grosses pommes, cœurs enlevés
500 g (1 lb) de fruits confits mélangés
500 g (1 lb) de suif haché
500 g (1 lb) de raisins de Corinthe secs
500 g (1 lb) de raisins secs sans pépins
500 g (1 lb) de cassonade
175 mL (¾ tasse) de noix de Grenoble hachées
zeste et jus de 2 citrons
5 mL (1 c. à thé) de muscade
2 mL (½ c. à thé) de cannelle
2 mL (½ c. à thé) de piment de la Jamaïque
2 mL (½ c. à thé) de sel
125 mL (½ tasse) de cognac ou de rhum

🍃Peler et râper les pommes. Si désiré, couper les fruits confits en plus petits morceaux.

🐦 Dans un grand bol, mélanger les pommes et les fruits confits avec le reste des ingrédients. Remuer pendant 10 minutes.

🐦 Verser le mincemeat dans des pots stérilisés. Sceller les pots et les entreposer dans en endroit frais de 3 à 5 semaines.

TARTE AU MINCEMEAT

pâte à tarte, au choix
500 mL (2 tasses) de mincemeat
(voir recettes précédentes)
2 œufs, battus
500 mL (2 tasses) de crème aigre
30 mL (2 c. à soupe) de sucre
5 mL (1 c. à thé) de vanille

🐦 Abaisser la pâte et en foncer un moule à tarte de 23 cm (9 po) de diamètre. Verser le mincemeat dans l'abaisse. Cuire au four préalablement chauffé à 220°C (425°F), pendant 20 minutes.

🐦 Mélanger les œufs avec la crème aigre, le sucre et la vanille. Étendre sur le mincemeat. Poursuivre la cuisson pendant 8 minutes. Laisser refroidir.

🐦 Réfrigérer la tarte pendant 1 heure. Servir.

TARTE DE NOËL

pâte à tarte pour deux croûtes
(au choix)
500 mL (2 tasses) de mincemeat
(voir recettes précédentes)
2 pommes non pelées, râpées
175 mL (¾ tasse) de raisins secs
125 mL (½ tasse) de cognac
15 mL (1 c. à soupe) de beurre

🐦 Abaisser la pâte et en foncer une assiette de 23 cm (9 po) de diamètre.

🐦 Dans un bol, mélanger le mincemeat, les pommes, les raisins et la moitié du cognac. Verser cette garniture dans l'abaisse. Parsemer de noisettes de beurre et arroser le tout du reste de cognac. Étendre une seconde abaisse sur la garniture. Cuire au four à 190°C (375°F) pendant 40 minutes. Servir la tarte chaude ou froide.

TARTELETTES AU MINCEMEAT

pâte à tarte, au choix

GARNITURE
60 mL (4 c. à soupe) de beurre, fondu
75 mL (⅓ tasse) de sucre
4 jaunes d'œufs
zeste râpé et jus d'un citron
500 mL (2 tasses) de mincemeat
(voir recettes précédentes)

MERINGUE
4 blancs d'œufs
120 mL (8 c. à soupe) de sucre

🐦 Abaisser la pâte assez mince. Découper des cercles d'environ 5 cm (2 po) de diamètre et en tapisser 12 moules à tartelette.

GARNITURE
🐦 Dans un bol, bien mélanger le beurre fondu, le sucre, les jaunes d'œufs, le jus et le zeste de citron. Lorsque le mélange est léger et crémeux, y incorporer le mincemeat. Remplir les tartelettes aux trois quarts. Cuire au four préalablement chauffé à 180°C (350°F), de 25 à 30 minutes.

MERINGUE
🐦 Battre les blancs d'œufs jusqu'à ce qu'ils forment des pics fermes. Ajouter petit à petit le sucre, en battant après chaque

addition. Recouvrir les tartelettes de la meringue. Remettre au four pour faire dorer la meringue. Servir les tartelettes tièdes.

TARTE À LA FERLOUCHE

125 mL (½ tasse) de farine
250 mL (1 tasse) de mélasse
250 mL (1 tasse) d'eau
125 mL (½ tasse) de raisins secs
7 mL (½ c. à soupe) de beurre
1 fond de tarte, cuit

🐦 Dans une casserole, délayer la farine et la mélasse avec l'eau. Cuire en brassant sans arrêt jusqu'à ce que le mélange ait la consistance d'une crème lisse et épaisse. Ajouter les raisins secs. Lorsque le mélange devient transparent, ajouter le beurre (la garniture sera alors plus onctueuse).

🐦 Verser cette garniture dans le fond de tarte cuit. Servir la tarte froide. Si désiré, garnir de noix ou de crème fouettée. On peut aussi parfumer la tarte de quelques gouttes d'essence d'amande ou de ratafia.

TARTELETTES AU BEURRE

45 mL (3 c. à soupe) de beurre
250 mL (1 tasse) de cassonade
1 œuf
2 mL (½ c. à thé) de sel
50 mL (¼ tasse) de raisins secs sans pépins
50 mL (¼ tasse) de noix de Grenoble hachées
2 mL (½ c. à thé) de vanille

🐦 Dans un bol, défaire le beurre en crème et ajouter petit à petit la cassonade jusqu'à ce que le mélange soit légèrement crémeux.

🏵 Dans un autre bol, battre l'œuf et l'incorporer peu à peu au beurre en crème. Brasser après chaque addition. Ajouter le sel. Ajouter en brassant les raisins secs, les noix de Grenoble et la vanille. Déposer une cuillerée de cette garniture dans chaque tartelette.

🏵 Cuire pendant 8 minutes au four chauffé à la température indiquée pour le type de pâte utilisée. Réduire la température à 190°C (375°F) et poursuivre la cuisson de 10 à 12 minutes ou jusqu'à ce que la garniture soit prise et la pâte dorée.

TARTELETTES AUX FRAISES À LA PARISIENNE

pâte feuilletée (voir page 520)

CRÈME PÂTISSIÈRE
30 mL (2 c. à soupe) de sucre
1 jaune d'œuf
75 mL (⅓ tasse) de lait
30 mL (2 c. à soupe) de beurre
1 mL (¼ c. à thé) d'essence d'amande

GLACE AUX FRAISES
1 L (4 tasses) de fraises
175 mL (¾ tasse) d'eau
zeste râpé d'une orange
30 mL (2 c. à soupe) de jus de citron
175 mL (¾ tasse) de sucre

🏵 Abaisser la pâte feuilletée, la découper en cercles et en foncer des moules à tartelette. Cuire au four à 190°C (375°F) de 10 à 15 minutes ou jusqu'à ce que la pâte soit légèrement dorée. Démouler et laisser refroidir sur une grille.

CRÈME PÂTISSIÈRE
🏵 Dans une casserole, mélanger le sucre avec le jaune d'œuf et ajouter le lait. Cuire à feu doux, en brassant sans arrêt, jusqu'à ce que le mélange soit légèrement crémeux. Éviter toute ébullition car la crème pourrait tourner. Retirer du feu. Ajouter le beurre et l'essence d'amande. Bien brasser. Couvrir et réfrigérer jusqu'au moment de garnir les tartelettes. La crème épaissit en refroidissant.

GLACE AUX FRAISES
🏵 Laver et équeuter les fraises. Réserver les plus belles fraises pour mettre sur la crème pâtissière. Écraser le reste des fraises dans un tamis en ajoutant l'eau par petites quantités. Mettre la purée de fraises, le zeste d'orange, le jus de citron et le sucre dans une casserole. Porter à ébullition et laisser bouillir pendant environ 10 minutes ou jusqu'à ce que le mélange épaississe.

🏵 Étendre une cuillerée de crème pâtissière dans chaque tartelette. Disposer joliment les fraises sur la crème (3 à 5 fraises par tartelette). Badigeonner les fraises avec la glace. Servir immédiatement.

TARTE À LA LIME

1 sachet de gélatine sans saveur
50 mL (¼ tasse) d'eau froide
4 œufs (jaunes et blancs séparés)
250 mL (1 tasse) de sucre
75 mL (⅓ tasse) de jus de lime frais
2 mL (½ c. à thé) de sel
10 mL (2 c. à thé) de zeste râpé de lime
colorant vert
pâte à tarte

🏵 Saupoudrer la gélatine sur l'eau froide. Laisser reposer pendant 5 minutes.

🏵 Dans la partie supérieure d'un bain-marie, battre les jaunes d'œufs jusqu'à ce qu'ils soient

Tartelettes aux fraises à la parisienne

Tarte à la lime

légers. Ajouter 125 mL (½ tasse) de sucre, le jus de lime et le sel. Cuire au-dessus d'une eau frémissante en brassant sans arrêt jusqu'à ce que le mélange épaississe légèrement. Ajouter le zeste de lime et la gélatine. Brasser jusqu'à ce que la gélatine soit dissoute. Retirer du feu et ajouter le colorant de manière que la préparation devienne vert pâle. Réfrigérer.

🍃 Battre les blancs d'œufs jusqu'à ce qu'ils forment des pics fermes. Ajouter petit à petit le reste du sucre jusqu'à ce que le mélange épaississe. Incorporer à la préparation à la lime en soulevant délicatement la masse.

🍃 Abaisser la pâte, en foncer un moule à tarte de 23 cm (9 po) de diamètre et y verser la garniture à la lime. Réfrigérer jusqu'à ce que la tarte soit prise. Décorer de feuilles de menthe.

TARTELETTES AUX PETITS FRUITS

🍃 À l'aide d'une soucoupe, découper une feuille de papier d'aluminium en cercles de 8 cm (3 po) de diamètre. Disposer les cercles les uns sur les autres, en les séparant par des feuilles de papier blanc. Mettre sur un grand carré de papier d'aluminium.

🍃 Découper la pâte en cercles de 8 cm (3 po) de diamètre. Déposer chaque cercle de pâte sur un cercle de papier d'aluminium. Piquer la pâte avec une fourchette. Avec les doigts, remonter les bords du papier et de la pâte. Le papier d'aluminium tiendra la pâte en place. Cuire au four à 230°C (450°F) de 10 à 15 minutes. Laisser refroidir.

🍃 Étendre quelques cuillerées de crème pâtissière (voir page 537) dans chaque tartelette. Couvrir de fraises fraîches ou d'autres petits fruits ayant préalablement trempé dans un sirop pendant quelque temps (les fruits resteront ainsi frais et brillants).

COMMENT EMPÊCHER LES TARTES AUX FRUITS DE DÉBORDER

Étendre la pâte dans un moule à tarte en laissant un excédent de 2 cm (¾ po) sur le bord du moule. Remplir le fond de tarte de garniture aux fruits. Recouvrir la garniture d'une seconde abaisse. Humecter l'excédent de pâte et le replier sur l'abaisse du dessus. Sceller ensemble les deux abaisses et façonner le bord en cannelant.

🍃 Pour empêcher le jus de couler, faire quelques incisions sur l'abaisse du dessus et y placer deux ou trois petits entonnoirs de papier. Pendant la cuisson, le jus monte dans les entonnoirs mais revient à l'intérieur de la tarte lorsqu'on la retire du four.

🍃 Pour éviter de salir le four, placer une plaque à biscuits, une grande lèchefrite ou encore un morceau de papier d'aluminium sous la grille où sera déposée la tarte pendant la cuisson, afin d'empêcher le sirop de brûler au fond du four.

GÂTEAUX

LES GÂTEAUX

Les gâteaux sont associés aux événements heureux et importants, aux anniversaires, aux réjouissances. L'odeur d'un gâteau qui cuit est toujours alléchante, et souvent évocatrice de doux moments.

🍃 Il n'est pas nécessairement facile de faire un gâteau. Plusieurs facteurs contribuent à son succès : l'expérience, le goût de chacun et une certaine connaissance de la cuisine. En suivant les conseils que je vous propose, vous apprendrez tous les petits secrets essentiels à la confection d'un gâteau parfait. Une fois que vous aurez bien compris les principes de base, rien ne vous empêchera d'y mettre votre touche personnelle.

🍃 Les gâteaux se divisent en deux grandes familles, les gâteaux de Savoie (ou gâteaux-éponge) et les gâteaux au beurre.

🍃 Deux types de gâteau entrent dans la première catégorie, les gâteaux de Savoie proprement dit, qui sont préparés avec des jaunes d'œufs ou des œufs entiers, et les gâteaux des anges, qui sont préparés uniquement avec des blancs d'œufs.

🍃 Les gâteaux au beurre comprennent tous les gâteaux qui sont préparés en grande partie avec du beurre ou toute autre matière grasse.

CONFECTION D'UN GÂTEAU AU MÉLANGEUR

Il est possible de faire presque toutes les recettes de gâteaux dans un mélangeur, en procédant de la manière suivante :

🍃 Tamiser dans un bol tous les ingrédients secs requis par la recette.

🍃 Mettre dans le récipient du mélangeur les ingrédients liquides ou ceux qui peuvent se dissoudre, comme le sucre. Couvrir et terminer tel qu'indiqué dans la recette suivante.

🍃 À partir de cette recette de base, vous apprendrez à adapter les vôtres.

🍃 Dans un bol, tamiser :

550 mL (2¼ tasses) de farine
15 mL (3 c. à thé) de levure chimique
5 mL (1 c. à thé) de sel

🍃 Mettre dans le récipient du mélangeur :

250 mL (1 tasse) de lait
2 œufs
125 mL (½ tasse) de graisse végétale ou de beurre mou
300 mL (1¼ tasse) de sucre superfin
5 mL (1 c. à thé) de zeste de citron ou d'orange
ou 5 mL (1 c. à thé) de vanille

🍃 Couvrir le récipient et battre à vitesse maximum pendant 1 minute. Verser alors la préparation liquide sur les ingrédients secs. Mélanger. Verser dans un moule. Faire cuire dans un four à 190°C (375°F) de 25 à 35 minutes, ou jusqu'à ce que le gâteau soit cuit.

LES GÂTEAUX DE SAVOIE

Les vrais gâteaux de Savoie, tout comme la génoise, sont jaunes et n'ont pour toute levure que les œufs desquels ils tirent leur couleur. Quelques gâteaux de Savoie sont faits sans autre liquide que celui fourni par les œufs, tandis que d'autres gâteaux de Savoie requièrent une petite quantité de liquide. Ces gâteaux ne contiennent aucun corps gras.

🍃 Les gâteaux des anges ressemblent aux gâteaux de Savoie. La seule chose qui les distingue des véritables gâteaux de Savoie est leur couleur blanche, car ils ne sont préparés qu'avec des blancs d'œufs. Le gâteau des anges est d'un beau blanc et sa surface est légèrement dorée.

🍃 Les gâteaux de Savoie modifiés peuvent être jaunes ou blancs. Ils sont plus économiques que les vrais gâteaux de Savoie parce qu'ils se préparent avec beaucoup moins d'œufs, grâce à l'ajout d'un peu de levure chimique et de liquide.

INGRÉDIENTS

On utilise de préférence la farine à pâtisserie qui donne un gâteau plus tendre et plus délicat.

🍃 Les œufs constituent la base des gâteaux de Savoie. Il est donc important qu'ils soient bien battus et très légers. Il faut battre les jaunes et les blancs séparément pour les gâteaux de Savoie jaunes et battre uniquement les blancs pour les gâteaux des anges. En plus d'augmenter la valeur nutritive des gâteaux, les œufs leur donnent saveur et richesse.

🍃 On ajoute la crème de tartre aux blancs d'œufs au fur et à mesure qu'on les bat, ce qui aide à garder le gâteau léger. On peut remplacer la crème de tartre par du jus de citron ou du vinaigre. Dans ce cas, on incorpore ces ingrédients dans le mélange de jaunes d'œufs et de sucre plutôt que dans les blancs d'œufs.

🍂 Les œufs remplacent la levure. Ils sont employés avec ou sans crème de tartre, lorsque l'on fait un vrai gâteau de Savoie ou une génoise. Pour les gâteaux de Savoie modifiés, on ajoute généralement un peu de levure chimique.

🍂 Dans un vrai gâteau de Savoie, le sucre est battu dans les œufs. Dans les gâteaux de Savoie modifiés, on le bat dans les œufs ou on le dissout dans le liquide chaud utilisé comme ingrédient. Lorsqu'il faut ajouter du gras, on doit l'employer en très petite quantité et sous forme liquide.

🍂 Le gâteau de Savoie classique ne contient aucun liquide sauf celui des œufs. Par contre, dans les gâteaux de Savoie modifiés on doit ajouter un peu de liquide pour compenser celui fourni par les œufs. Ce liquide peut être du lait chaud ou froid, de l'eau chaude ou froide, ou encore du jus de fruit.

🍂 Le sel est indispensable pour réussir un bon gâteau, car il lui donne toute sa saveur.

🍂 Pour parfumer les gâteaux de Savoie, on peut utiliser différents types d'essence. La vanille, le citron et l'amande sont les plus populaires. On peut aussi utiliser le chocolat, l'érable, le café, l'orange et plusieurs autres.

CONFECTION DU GÂTEAU DE SAVOIE

À partir de la recette de base que je vous donne ici pour le gâteau de Savoie, vous pourrez ensuite expérimenter à votre guise.

250 mL (1 tasse) de farine à pâtisserie tamisée
2 mL (½ c. à thé) de sel
5 jaunes d'œufs
75 mL (5 c. à soupe) d'eau froide

Gâteau de Savoie

200 mL (¾ tasse) de sucre fin
5 blanc d'œufs
5 mL (1 c. à thé) de crème de tartre
50 mL (¼ tasse) de sucre
5 mL (1 c. à thé) de vanille
5 mL (1 c. à thé) d'essence d'amande

🍂 Sortir les œufs du réfrigérateur au moins une heure avant de faire le gâteau, car les œufs qui sont à la température ambiante donnent davantage de volume au gâteau.

🍂 Chauffer le four à 160°C (325°F).

🍂 Choisir le moule approprié. On recommande le moule à cheminée pour les gros gâteaux de Savoie, car il permet à la chaleur d'être distribuée également. Il est préférable d'utiliser un moule carré ou rectangulaire pour les gâteaux de Savoie moins épais que l'on désire couper en deux pour les garnir de fruits.

🍂 Ne jamais graisser le moule. La

pâte très délicate du gâteau s'attache plus facilement aux parois d'un moule non graissé lorsqu'elle lève.

🍂 Rassembler les ustensiles.

🍂 Mesurer la quantité nécessaire de farine à pâtisserie déjà tamisée. Ajouter le sel et les tamiser ensemble 3 fois.

🍂 Séparer les œufs et bien battre les jaunes. Mettre les blancs de côté. Ajouter lentement l'eau froide aux jaunes d'œufs, en battant sans cesse. (C'est aussi la façon de faire pour tout autre liquide qui serait requis dans la recette, sauf le jus de citron et le vinaigre, qui doivent être ajoutés seulement après que le sucre ait été incorporé aux jaunes d'œufs.)

🍂 Ajouter le sucre petit à petit et battre après chaque addition, à vitesse moyenne. Battre jusqu'à ce que le sucre soit dissout, ce qui prend environ 10 minutes.

🍂 Battre les blancs d'œufs. Ajouter la crème de tartre. Continuer à battre jusqu'à ce que les blancs d'œufs soient glacés sans être secs.

🍃 Ajouter le reste du sucre aux blancs d'œufs. Ajouter le sucre graduellement en remuant pour donner plus de volume aux blancs en neige.

🍃 Ajouter petit à petit les 50 mL (¼ tasse) de sucre aux blancs d'œufs, et bien battre. Tamiser la farine sur les jaunes d'œufs, et l'incorporer en pliant le mélange. Ajouter la vanille et l'essence d'amande. Verser les blancs en neige sur la surface des jaunes et les incorporer avec beaucoup de soin.

🍃 Verser cette pâte délicate dans le moule. Couper la pâte 5 ou 6 fois de part en part avec un couteau, afin de briser les grosses bulles d'air qui pourraient s'être formées.

🍃 Faire cuire au four à 160°C (325°F) pendant 1 heure.

🍃 Le moment critique pour la réussite d'un gâteau de Savoie est celui où on le retire du four. Retourner le moule à gâteau sur 3 petites tasses ou petits bols de même hauteur et le laisser refroidir ainsi suspendu. Le placer sur une table à l'abri des courants d'air, et ne pas y toucher jusqu'à ce qu'il soit complètement froid. C'est la seule façon de conserver les délicates cellules remplies d'air en parfaite suspension jusqu'à ce qu'elles soient bien prises. Si l'on retournait le moule avant que les cellules ne soient complètement refroidies, celles-ci ne supporteraient pas le poids du gâteau. Celui-ci s'affaisserait et deviendrait beaucoup plus petit et moins moelleux.

🍃 À l'aide d'un couteau à lame fine ou d'une spatule, détacher le gâteau du moule. Le glisser sur une grille à gâteau ou une assiette, en secouant légèrement. Le conserver dans une boîte de métal bien fermée, de 12 à 24 heures. Les gâteaux de Savoie sont toujours meilleurs le lendemain de leur cuisson.

CONFECTION DU GÂTEAU DES ANGES

Sortir les œufs du réfrigérateur au moins une heure avant de faire le gâteau, on obtient ainsi plus de volume en les battant.

🍃 Chauffer le four à 150°C (300°F). Le gâteau des anges cuit à une chaleur moins élevée que le gâteau de Savoie.

🍃 Utiliser un moule à cheminée non graissé.

🍃 Rassembler les ustensiles.

🍃 Tamiser de la farine à pâtisserie, puis mesurer la quantité de farine requise. Tamiser aussi souvent que le demande la recette.

🍃 Mesurer la quantité demandée de sucre et tamiser autant de fois que cela est nécessaire.

🍃 Séparer les jaunes d'œufs des blancs. Recouvrir les jaunes d'œufs avec un peu d'eau froide et les conserver au réfrigérateur jusqu'au moment de les utiliser pour une autre recette.

🍃 Ajouter le sel aux blancs d'œufs et battre en mousse légère. Saupoudrer la crème de tartre et continuer à battre jusqu'à ce que les blancs d'œufs soient en neige ferme, mais non sèche.

🍃 Tamiser le sucre, petit à petit, sur les blancs d'œufs, en incorporant avec soin chaque addition. On aura alors un grand bol de blancs en neige mousseux.

🍃 Incorporer l'essence choisie avec soin.

🍃 Tamiser un peu de farine à la fois sur les blancs en neige. Remuer délicatement après chaque addition jusqu'à ce qu'il n'y ait plus de trace de farine.

🍃 Verser la pâte dans le moule.

🍃 Faire cuire selon les indications données dans la recette.

🍃 Démouler et laisser refroidir en suivant les indications données ici pour le gâteau de Savoie.

CONFECTION DU GÂTEAU DE SAVOIE MODIFIÉ

Quand vous aurez bien compris les principes de base pour confectionner le gâteau de Savoie modifié, vous pourrez facilement exécuter n'importe quelle recette du même genre.

🍃 Bien qu'ils soient utilisés en quantité moindre que pour les gâteaux de Savoie classiques, les œufs assurent la réussite de cette recette. Et la façon de les battre reste très importante.

🍃 Dans les gâteaux de Savoie modifiés, tout comme dans les gâteaux de Savoie classiques, le sucre est habituellement battu avec les jaunes ou les œufs entiers. Pour réussir ce type de gâteau, il est très important de porter une attention particulière à la façon dont on bat les œufs. Battre les jaunes ou les œufs entiers aussi mousseux et légers que possible. Ajouter ensuite le sucre par petite quantité et continuer à bien mélanger. Quelques recettes demandent de battre le mélange d'œufs et de sucre 3 à 10 minutes. Si la recette le mentionne, je vous conseille de le faire. Durant cette opération, beaucoup d'air est incorporé dans le mélange et le sucre est presque dissous.

🍃 Il faut aussi apporter beaucoup de soin à la manière de battre les blancs d'œufs. Il arrive rarement qu'il soit nécessaire de les battre jusqu'à ce qu'ils soient secs. Les blancs d'œufs sont battus à point quand la surface est encore glacée.

🙠 Dans les gâteaux de Savoie modifiés, il faut aussi ajouter le sucre avec soin. Suivre les mêmes principes que pour le gâteau de Savoie, en saupoudrant le sucre sur les blancs d'œufs et en battant sans arrêt jusqu'à l'obtention d'une neige ferme. Incorporer les blancs en neige aux autres ingrédients en les pliant dans la masse. Cette opération doit se faire avec soin pour bien éliminer toute trace des blancs d'œufs.

🙠 Pour refroidir les gâteaux de Savoie modifiés, suivre les principes appliqués aux gâteaux de Savoie classiques, à moins que la recette ne l'indique autrement.

🙠 Toutes les sortes de gâteaux de Savoie sont plus tendres le lendemain de leur cuisson si on les a placés, une fois refroidis, dans une boîte de métal bien fermée. Conservé de cette façon, le gâteau restera frais pendant quelques jours.

LES GÂTEAUX AU BEURRE

Les gâteaux au beurre sont préparés avec une grande quantité de gras. La plupart du temps on les fait avec du beurre, ce qui donne un meilleur goût au gâteau.

🙠 Une graisse végétale de bonne qualité ou de la margarine donne un bon gâteau à texture fine. La graisse végétale peut d'ailleurs être utilisée avec du beurre.

🙠 Les huiles végétales de bonne qualité peuvent aussi servir dans la confection des gâteaux.

🙠 Des ingrédients de très bonne qualité choisis avec soin, la connaissance des propriétés de ces ingrédients et de leur rôle, une recette éprouvée, des mesures exactes prises avec des ustensiles à mesurer, le respect de la méthode, un four fiable et un démoulage parfait sont autant de conditions qui contribuent au succès final d'un gâteau au beurre.

🙠 Tout cela peut paraître compliqué, mais lorsque vous aurez fait quelques gâteaux en suivant la recette avec précision, vous acquerrez un savoir-faire infaillible !

INGRÉDIENTS

FARINE

La farine est l'ingrédient qui donne du corps à la pâte. Pour les gâteaux, il est préférable d'utiliser la farine à pâtisserie, faite de blé mou. Le blé mou est faible en gluten et donne un gâteau plus tendre et plus délicat.

LEVURE

Dans les gâteaux au beurre, on utilise de la levure chimique ou du bicarbonate de soude. Il est important de conserver ces produits au sec et de ne pas les mesurer avec une cuiller mouillée, car ces poudres forment des gaz au moment où elles entrent en contact avec l'humidité, et ceux-ci deviennent plus actifs sous l'effet de la chaleur.

🙠 Utiliser exactement la quantité de levure demandée et ne pas oublier que les levures sont des ingrédients chimiques.

ŒUFS

Les œufs constituent l'ingrédient de base du gâteau. Ils agissent comme levure, réduisant ainsi la quantité de levure chimique ou toute autre levure requise dans un mélange.

🙠 Les œufs enrichissent la saveur du gâteau et en augmentent la valeur nutritive. Ils donnent au

Gâteau des anges

gâteau toute sa texture. Les jaunes le rendent lisse, velouté et tendre tandis que les blancs le rendent léger et moelleux.

GRAS

Le gras joue un rôle de première importance dans la réussite d'un gâteau, car il a la particularité de le rendre plus tendre. Le type de gras utilisé modifie la saveur du gâteau. Les gâteaux préparés avec du beurre sont beaucoup plus savoureux que les autres.

🍃 Les graisses végétales de bonne qualité sont complètement neutres, car elles ne cachent pas le goût des autres ingrédients. Pour donner plus de saveur au gâteau, on peut remplacer une partie du gras requis par certains beurres de noix, comme le beurre d'arachide.

🍃 Si on désire substituer le beurre par de la graisse végétale, il est préférable de ne pas en remplacer plus de la moitié.

SUCRE, SIROP ET MIEL

Le sucre fin est le meilleur à employer pour confectionner les gâteaux.

🍃 La cassonade ajoute une saveur toute particulière aux gâteaux. Plus légère que le sucre blanc, elle est moins «sucrée». Si on l'utilise à la place du sucre, il faut donc en augmenter la quantité.

🍃 Quelques recettes faites avec de la cassonade comprennent des ingrédients acides (raisins et autres fruits secs, épices, chocolat). Comme la cassonade contient déjà un peu d'acidité, il suffira d'ajouter une petite quantité de bicarbonate de soude pour neutraliser cette acidité.

🍃 On peut utiliser différents types de sirop dans les pâtes à gâteaux. Le sirop de maïs,

employé seul ou mélangé avec du sucre est, pour certains genres de pâtes à gâteaux, préférable au sucre. Le sirop de maïs donne généralement un gâteau à texture poreuse et moelleuse. De plus, il permet de conserver le gâteau frais plus longtemps.

🍃 Le sirop de maïs est moins sucré que le sucre. Il est donc recommandé de suivre soigneusement les indications de la recette.

🍃 De tous les sirops, la mélasse est celui qui nous est le plus familier. Son goût la rend indispensable dans la confection de certains gâteaux et biscuits. Au point de vue nutritif, elle est une excellente source de fer et de calcium.

🍃 Particulièrement acide, la mélasse est souvent employée avec du bicarbonate de soude. Ces deux ingrédients jouent même le rôle de levure dans certaines recettes.

🍃 Le miel liquide ajoute de la saveur à une pâte à gâteau, tout en la sucrant beaucoup. Le miel est le substitut le plus facile à utiliser puisque le miel et le sucre ont la même valeur en «sucre». Toutefois, un peu moins de liquide est requis lorsque le miel est utilisé. Si vous n'avez pas l'habitude de cuisiner avec du miel, il est recommandé de s'en tenir à la recette et de bien respecter les quantités.

🍃 Le miel blanc, comme le miel de trèfle ou de pommier, est délicat et léger au goût. Le miel brun, tel que le miel de sarrasin, a un goût plus prononcé qui ne convient pas toujours pour les gâteaux.

LIQUIDE

Dans les gâteaux au beurre, le liquide le plus utilisé est le lait

frais, (avec levure chimique comme levure), ou parfois du lait aigre (dans ce cas, la levure utilisée est du bicarbonate de soude employé seul ou avec un peu de levure chimique).

🍃 On utilise parfois de la crème légère ou de la crème aigre qui fournissent en même temps une partie du gras demandé par la recette.

🍃 Dans plusieurs recettes de gâteaux, les jus de fruits, les fruits écrasés et les confitures sont considérés comme des liquides.

ESSENCES

Les essences dont on se sert pour aromatiser les gâteaux sont très variées.

SEL

Ce condiment est généralement ajouté à la farine en toute petite quantité. Il est cependant indispensable parce qu'il met en valeur la saveur des autres ingrédients.

INGRÉDIENTS SUPPLÉMENTAIRES

On peut ajouter plusieurs ingrédients aux pâtes à gâteaux pour leur donner plus de saveur et de texture.

🍃 Des fruits secs, des pelures confites, des fruits glacés et des fruits en sirop peuvent être ajoutés comme garniture à un gâteau léger ou servir d'ingrédients dans les gâteaux à pâte plus riche.

CONFECTION D'UN GÂTEAU AU BEURRE

Sortir les œufs, le lait, la graisse végétale du réfrigérateur une heure avant de les utiliser.

🍃 Allumer le four, assez long-temps à l'avance pour qu'il atteigne le degré de chaleur requis.

Il est important d'avoir la température exacte pour le genre de gâteau que l'on désire faire cuire. Quand le four est trop chaud, le gâteau pointe au centre, se brise sur la surface et la croûte devient lourde. Une chaleur insuffisante donne un gâteau lourd et de petit volume.

🙡 Tapisser le fond du moule de papier ciré lorsque cela est mentionné dans la recette. Pour obtenir la dimension exacte, placer le moule sur le papier et en faire le tour à l'aide d'un crayon. Couper ensuite juste en dedans de la ligne. Placer le papier dans le moule. Graisser les parois du moule et le papier avec de la graisse végétale si demandé dans la recette.

🙡 Rassembler les ustensiles.

🙡 Sortir les ingrédients requis.

🙡 Tamiser la farine à pâtisserie (un peu plus que la quantité demandée).

🙡 Mesurer, mélanger et tamiser les ingrédients secs selon les indications de la recette.

🙡 Dans un grand bol, mesurer le gras (beurre ou graisse végétale) requis. Battre le gras jusqu'à ce qu'il soit léger, avec une cuiller de bois ou un batteur sur socle.

🙡 Ajouter graduellement le sucre au gras, tout en continuant à remuer, jusqu'à ce que le mélange soit léger et mousseux et que le sucre soit dissous. Cette opération est importante pour donner une texture fine à votre gâteau.

🙡 Battre les œufs jusqu'à ce qu'ils soient légers et les ajouter petit à petit au mélange en crème, en battant bien après chaque addition.

🙡 Mesurer le liquide de base et y ajouter l'essence. Incorporer envi-

Quelques ingrédients pour la confection d'un gâteau

ron la moitié des ingrédients secs, puis du mélange liquide à la préparation en crème. Battre légèrement après chaque addition. Répéter ces opérations avec le reste du mélange liquide, puis des ingrédients secs. Éviter de trop battre.

🙡 Verser la pâte dans le moule préparé et bien l'étendre dans les coins et sur les côtés à l'aide d'une cuiller. Pour un gâteau au beurre cuit dans un moule carré ou un moule à pain, frapper le moule deux ou trois fois sur la table afin d'enlever les grosses bulles d'air qui forment des trous dans le gâteau durant la cuisson. (Ne pas faire cette opération si la pâte contient des noix ou des fruits, car ils tomberaient dans le fond du moule. Éviter de faire également cette opération avec les gâteaux riches et les gâteaux de Savoie, qui contiennent peu ou pas de levure.)

🙡 Faire cuire jusqu'à ce que les côtés du gâteau se décollent du moule et que le dessus ne garde pas l'empreinte du doigt après une légère pression.

🙡 Retirer du four et laisser reposer 10 minutes sur une grille à gâteau avant de démouler.

🙡 Décoller le tour du gâteau à l'aide d'un couteau. Renverser le moule sur une grille à gâteau et secouer légèrement pour le faire tomber. Si le gâteau colle, mettre un linge humide sur le fond du moule pendant quelques minutes. Retirer le papier.

🙡 Laisser refroidir le gâteau sur la grille, à l'abri des courants d'air, parce que tout changement de température pourrait en faire diminuer le volume.

🙡 Une fois bien refroidi, le gâteau peut être garni et glacé, au goût. Sinon, conserver le gâteau dans une boîte de métal propre, sèche et bien fermée.

[545]

Gâteau blanc nouvelle méthode

GÂTEAUX AU BEURRE AVEC BLANCS D'ŒUFS EN NEIGE

🔊 Les 9 premières étapes de la confection d'un gâteau au beurre avec blancs d'œufs en neige sont exactement les mêmes que celles du gâteau au beurre ordinaire (voir aux pages 544-545). Poursuivre la recette de la façon suivante :

🔊 Séparer les jaunes des blancs d'œufs. Battre les jaunes d'œufs jusqu'à ce qu'ils soient légers et les ajouter au mélange du beurre et du sucre. Battre jusqu'à ce que tous les ingrédients soient bien mélangés.

🔊 Ajouter graduellement les ingrédients secs tamisés, en alternant avec les ingrédients liquides. Si la recette contient des fruits ou des noix, les ajouter aussitôt que la pâte est bien mélangée, ainsi que l'essence choisie.

🔊 En dernier lieu, incorporer les blancs d'œufs battus en neige de la manière suivante :

🔊 Verser les blancs d'œufs battus sur la pâte.

🔊 Avec le côté d'une cuiller de bois ou d'une spatule de caoutchouc, couper dans la pâte en allant droit au fond du bol. Retourner la cuiller et la ramener vers les côtés du bol et ensuite vers le haut, tout en laissant tomber un peu de la pâte sur les blancs d'œufs. Répéter cette opération, en coupant dans la pâte et en incorporant les blancs jusqu'à ce qu'ils soient répartis également dans la pâte du gâteau.

🔊 Faire cuire et démouler de la même manière que les gâteaux au beurre.

GÂTEAU BLANC NOUVELLE MÉTHODE

625 mL (2½ tasses) de farine à pâtisserie
250 mL (1 tasse) de sucre
15 mL (3 c. à thé) de levure chimique
5 mL (1 c. à thé) de sel
250 mL (1 tasse) de graisse végétale ou de beurre mou
5 mL (1 c. à thé) d'essence de vanille
400 mL (1⅔ tasse) de lait
75 mL (⅓ tasse) de lait
2 œufs

🔊 Tamiser la farine avec le sucre, la levure chimique et le sel. Ajouter d'un seul coup, sans remuer, la graisse, l'essence de vanille et les 400 mL (1⅔ tasse) de lait. Battre le tout pendant 2 minutes. Ajouter l'autre 75 mL (⅓ tasse) de lait et les œufs. Battre pendant 2 autres minutes.

🔊 Verser la pâte dans deux moules ronds de 20 cm (8 po) de diamètre (pour en faire un gâteau étagé), ou dans un moule rectangulaire de 23 x 33 cm (9 x 13 po). Faire cuire dans un four à 180°C (350°F) pendant 35 minutes pour les gâteaux ronds, et pendant 45 minutes pour le gâteau rectangulaire.

GÂTEAU AUX NOIX DE GRENOBLE

750 mL (3 tasses) de farine à pâtisserie
15 mL (3 c. à thé) de levure chimique
250 mL (1 tasse) de sucre
7 mL (1½ c. à thé) de sel
425 mL (1¾ tasse) de graisse végétale ou de margarine
4 œufs
175 mL (¾ tasse) de lait
10 mL (2 c. à thé) de vanille
250 mL (1 tasse) de noix de Grenoble finement hachées

❦ TECHNIQUE ❦

GÂTEAU BLANC NOUVELLE MÉTHODE

1 Tamiser la farine avec le sucre, la levure chimique et le sel.

2 Ajouter le gras, la vanille et le lait. Battre pendant 2 minutes.

3 Ajouter le reste du lait et les œufs.

4 Battre 2 autres minutes.

🍃 Chauffer le four à 190°C (375°F). Graisser et tapisser de papier ciré le fond d'un moule à cheminée de 23 cm (9 po) de diamètre.

🍃 Tamiser les quatre premiers ingrédients dans le grand bol du batteur sur socle. Ajouter la graisse végétale et 2 œufs. Verser le lait mélangé avec la vanille sur le tout. Battre à vitesse moyenne pendant 2 minutes.

🍃 Lorsque le tout est bien mélangé, arrêter l'appareil et ajouter les 2 œufs qui restent. Battre pendant 2 autres minutes.

🍃 Ajouter les noix et battre 1 minute.

🍃 Verser la pâte dans le moule préparé. Faire cuire pendant 1 heure ou jusqu'à ce qu'un cure-dents inséré au centre du gâteau en ressorte propre. Laisser refroidir pendant 10 minutes. Démouler sur une grille à gâteau et enlever le papier ciré. Laisser refroidir.

GÂTEAU AU CHOCOLAT NOUVELLE MÉTHODE

500 mL (2 tasses) de farine à pâtisserie
425 mL (1¾ tasse) de sucre
175 mL (¾ tasse) de cacao
6 mL (1¼ c. à thé) de bicarbonate de soude
3 mL (¾ c. à thé) de levure chimique
5 mL (1 c. à thé) de sel
175 mL (¾ tasse) de graisse végétale
175 mL (¾ tasse) de lait
5 mL (1 c. à thé) de vanille
125 mL (½ tasse) de lait
3 œufs

🍃 Chauffer le four à 180°C (350°F). Graisser et tapisser de papier ciré 2 moules ronds de 23 cm (9 po) de diamètre.

🍃 Tamiser ensemble les six premiers ingrédients dans le grand bol du batteur sur socle. Ajouter la graisse végétale, les 175 mL (¾ tasse) de lait et la vanille. Battre pendant 2½ minutes à vitesse moyenne en nettoyant le tour du bol avec une spatule de caoutchouc, au besoin.

🍃 Ajouter les 125 mL (½ tasse) de lait et les œufs. Continuer à battre pendant 2½ minutes. Verser dans les moules préparés. Faire cuire pendant 35 minutes. Laisser refroidir pendant 10 minutes. Démouler, enlever le papier ciré et laisser refroidir sur une grille à gâteau.

GÂTEAU À LA CRÈME AIGRE POUR LE THÉ

Ce gâteau a gagné un prix lors d'un concours que j'ai eu à présider, il y a plusieurs années. Il est léger, savoureux et facile à faire. Lorsque j'ai tous les ingrédients à portée de la main, j'en profite généralement pour faire plusieurs gâteaux. Servir au petit déjeuner, au goûter, au dîner ou à l'heure du thé.

125 mL (½ tasse) de beurre, ramolli
250 mL (1 tasse) de sucre
2 œufs
5 mL (1 c. à thé) de bicarbonate de soude
250 mL (1 tasse) de crème aigre
375 mL (1½ tasse) de farine
7 mL (1½ c. à thé) de levure chimique
1 pincée de sel
5 mL (1 c. à thé) de vanille
50 mL (¼ tasse) de sucre
15 mL (1 c. à soupe) de cannelle
30 mL (2 c. à soupe) de noix de Grenoble finement hachées

🍃 Battre le beurre en crème avec les 250 mL (1 tasse) de sucre.

Gâteau au chocolat nouvelle méthode

Ajouter les œufs, un à la fois, en battant bien après chaque addition. Mélanger au batteur pendant 10 minutes.

&❧ Incorporer graduellement le bicarbonate de soude à la crème aigre. Ajouter cette préparation au mélange de beurre en battant. Dans un bol, mélanger la farine, la levure chimique et le sel. Ajouter au mélange de beurre. Aromatiser avec la vanille. Remuer pour bien mélanger.

&❧ Mélanger les 50 mL (¼ tasse) de sucre, la cannelle et les noix hachées.

&❧ Verser la moitié de la pâte dans un moule beurré de 20 x 20 x 5 cm (8 x 8 x 2 po). Saupoudrer avec la moitié du sucre à la cannelle. Recouvrir du reste de la pâte. Saupoudrer avec le reste du sucre à la cannelle. Faire cuire dans un four à 180°C (350°F), pendant 40 à 50 minutes. Laisser refroidir.

&❧ Donne 12 carrés de 5 cm (2 po).

GÂTEAU AU CHOCOLAT À LA CRÈME AIGRE

2 carrés (60 g ou 2 oz) de chocolat non sucré
250 mL (1 tasse) d'eau bouillante
500 mL (2 tasses) de farine
1 mL (¼ c. à thé) de sel
5 mL (1 c. à thé) de bicarbonate de soude
15 mL (1 c. à soupe) de zeste râpé de citron
125 mL (½ tasse) de beurre
5 mL (1 c. à thé) de vanille
425 mL (1¾ tasse) de cassonade bien tassée
2 œufs
125 mL (½ tasse) de crème aigre

Gâteau à la crème aigre

&❧ Chauffer le four à 160°C (325°F) et graisser un moule à pain.

&❧ Placer le chocolat dans un petit bol, y ajouter l'eau bouillante et laisser tiédir.

&❧ Tamiser la farine, le sel et le bicarbonate de soude. Ajouter le zeste de citron râpé.

&❧ Défaire le beurre en crème avec la vanille. Travailler à la main ou avec un batteur sur socle jusqu'à ce que le mélange ait ramolli. Ajouter la cassonade et continuer à travailler la pâte jusqu'à ce qu'elle soit très crémeuse. Ajouter les œufs, un à un, en battant bien après chaque addition. Incorporer les ingrédients secs avec soin en y mélangeant la crème aigre. Ajouter ensuite la préparation de chocolat et d'eau.

&❧ Verser la pâte claire dans le moule préparé et mettre au four pendant 50 à 60 minutes, ou jusqu'à ce que le gâteau soit cuit.

&❧ Laisser refroidir sur une grille à gâteau pendant environ 5 minutes. Démouler et laisser refroidir complètement.

GÂTEAU À LA CRÈME AIGRE

675 mL (2¾ tasses) de farine à pâtisserie
15 mL (3 c. à thé) de levure chimique
5 mL (1 c. à thé) de bicarbonate de soude
3 mL (¾ c. à thé) de sel
175 mL (¾ tasse) de beurre
5 mL (1 c. à thé) de vanille
375 mL (1½ tasse) de sucre
zeste râpé d'une orange
4 blancs d'œufs
250 mL (1 tasse) de crème aigre
125 mL (½ tasse) de lait

&❧ Chauffer le four à 180°C (350°F) et graisser trois moules ronds de 20 cm (8 po) de diamètre. Enfariner.

Pain de Savoie

🔊 Tamiser plusieurs fois la farine, la levure chimique, le bicarbonate de soude et le sel.

🔊 Mélanger le beurre avec la vanille. Mettre en crème à la main ou avec un batteur sur socle jusqu'à l'obtention d'un mélange mou et léger. Ajouter graduellement 250 mL (1 tasse) de sucre et remuer jusqu'à ce que le mélange soit très lisse. Incorporer le zeste d'orange.

🔊 Battre les blancs d'œufs en neige ferme et y ajouter graduellement le reste du sucre. Continuer à battre jusqu'à l'obtention d'une neige lisse et satinée qui forme des pics.

🔊 Mélanger la crème aigre et le lait.

🔊 Mélanger environ le quart des ingrédients secs dans le mélange de beurre et ajouter un tiers du mélange de crème aigre. Répéter ces opérations dans les mêmes proportions, en alternant. Mélanger rapidement, mais sans battre.

Incorporer les blancs d'œufs battus jusqu'à ce qu'il n'y ait plus aucune trace de blanc.

🔊 Verser dans les moules préparés. Mettre au four pendant 25 minutes, ou jusqu'à ce que le gâteau soit cuit.

GÂTEAU DE SAVOIE À L'AMÉRICAINE

300 mL (1¼ tasse) de farine à pâtisserie
300 mL (1¼ tasse) de sucre
1 mL (¼ c. à thé) de sel
6 œufs
30 mL (2 c. à soupe) de jus de citron
30 mL (2 c. à soupe) d'eau
5 mL (1 c. à thé) de vanille
6 mL (1¼ c. à thé) de macis
2 mL (½ c. à thé) de crème de tartre

🔊 Chauffer le four à 180°C (350°F) et sortir un moule à cheminée de 25 cm (10 po) de diamètre.

🔊 Tamiser la farine, 250 mL (1 tasse) de sucre et le sel.

🔊 Séparer les jaunes d'œufs des blancs. Mélanger le jus de citron, l'eau, la vanille, le macis et les ingrédients secs avec les jaunes d'œufs. Battre sans arrêt à l'aide d'un batteur à main pendant au moins 5 minutes.

🔊 Saupoudrer la crème de tartre sur les blancs d'œufs. À l'aide d'un batteur à main, battre les blancs en neige légère. Ajouter le reste du sucre, 30 mL (2 c. à soupe) à la fois, et battre fortement jusqu'à ce que les blancs soient en neige lisse et luisante.

🔊 Incorporer délicatement la préparation de jaunes d'œufs aux blancs d'œufs de manière que le mélange soit parfaitement homogène. Verser dans le moule à cheminée non graissé, et faire cuire pendant 40 à 50 minutes, ou jusqu'à ce que la surface du gâteau reprenne sa forme après une légère pression du doigt.

🔊 Renverser le gâteau sur une grille et laisser refroidir pendant 1 heure. Passer un couteau à lame fine tout autour du gâteau et frapper le moule pour démouler le gâteau.

PAIN DE SAVOIE

250 mL (1 tasse) de sucre
50 mL (¼ tasse) d'eau
3 blancs d'œufs
1 mL (¼ c. à thé) de sel
5 mL (1 c. à thé) de vanille
ou 5 mL (1 c. à thé) d'essence de citron
3 jaunes d'œufs
250 mL (1 tasse) de farine à pâtisserie
5 mL (1 c. à thé) de levure chimique

❧ TECHNIQUE ❧

PAIN DE SAVOIE

1 Faire cuire le sucre et l'eau jusqu'à l'obtention d'un sirop moyen, 80°C (180°F) au thermomètre à bonbon.

2 Verser le sirop sur les blancs d'œufs battus.

3 Incorporer les jaunes d'œufs battus aux blancs d'œufs.

4 Tamiser la farine et la levure chimique et l'ajouter aux blancs d'œufs.

🍃 Faire cuire le sucre et l'eau jusqu'à l'obtention d'un sirop moyen, 80°C (180°F) au thermomètre à bonbon. Battre les blancs d'œufs en mousse avec le sel. Lorsque le sirop est prêt, verser très lentement sur les blancs d'œufs, en battant sans arrêt. On peut utiliser un batteur à main ou sur socle, ou deux fourchettes avec lesquelles on bat vigoureusement. Quand tout le sirop est incorporé aux blancs d'œufs, ils ont l'apparence d'une guimauve un peu coulante.

🍃 Incorporer lentement la vanille aux blancs d'œufs en remuant. Battre les jaunes d'œufs en mousse légère et les incorporer avec soin aux blancs d'œufs.

🍃 Tamiser trois fois la farine avec la levure chimique, et l'ajouter aux blancs d'œufs, 15 mL (1 c. à soupe) à la fois. Pour bien réussir cette opération, saupoudrer la farine sur les blancs d'œufs et mélanger en faisant le tour du bol avec une cuiller, en remontant les œufs pour couvrir la farine (deux ou trois tours sont suffisants pour incorporer chaque cuillerée).

🍃 Verser cette pâte dans un moule à cheminée non graissé. Faire cuire dans un four à 180°C (350°F) pendant 30 minutes. Réduire la chaleur à 160°C (325°F) et poursuivre la cuisson 30 minutes, ou jusqu'à ce que le gâteau soit bien cuit. On peut vérifier la cuisson avec une tige métallique. Avant de démouler le gâteau, renverser le moule sur 3 tasses de manière qu'il y ait un espace d'au moins 8 cm (3 po) entre la table et le moule. Laisser refroidir ainsi suspendu avant de démouler.

GÂTEAU ROULÉ

4 blancs d'œufs
50 mL (¼ tasse) de sucre
4 jaunes d'œufs
125 mL (½ tasse) de sucre
30 mL (2 c. à soupe) de jus de citron
15 mL (1 c. à soupe) de zeste râpé de citron
250 mL (1 tasse) de farine à pâtisserie
1 mL (¼ c. à thé) de sel

🍃 Battre les blancs d'œufs en neige et ajouter les 50 mL (¼ tasse) de sucre. Continuer à battre jusqu'à ce que les blancs d'œufs soient en neige ferme.

🍃 Battre les jaunes d'œufs en mousse. Ajouter l'autre 125 mL (½ tasse) de sucre et continuer à battre jusqu'à léger épaississement. Ajouter le jus et le zeste de citron râpé. Incorporer les blancs d'œufs.

🍃 Tamiser la farine avec le sel et incorporer avec soin aux œufs mélangés.

🍃 Étendre la pâte dans une lèchefrite de 28 x 15 cm (11 x 6 po). Faire cuire dans un four à 180°C (350°F) pendant 15 minutes. Renverser sur une serviette. Rouler et laisser refroidir. Dérouler et tartiner le gâteau de gelée ou de confiture. Rouler de nouveau et saupoudrer de sucre à glacer.

GÂTEAU ROULÉ AU CHOCOLAT

PÂTE
6 œufs
125 mL (½ tasse)
et 30 mL (2 c. à soupe) de sucre
90 mL (6 c. à soupe) de cacao
5 mL (1 c. à thé) de vanille
1 mL (¼ c. à thé) d'essence d'amande

🍃 Chauffer le four à 180°C (350°F). Graisser un moule à gâteau roulé de 38 x 25 x 2,5 cm (15 x 10 x 1 po) et le tapisser de papier ciré graissé.

🍃 Séparer les blancs des jaunes d'œufs et battre les jaunes avec un batteur sur socle jusqu'à ce qu'ils soient épais et d'apparence crémeuse. Les jaunes doivent être battus fortement et longtemps, environ 10 minutes. Ajouter le sucre graduellement et continuer à battre jusqu'à l'obtention d'un mélange lisse. Incorporer en remuant le cacao, la vanille et l'essence d'amande.

🍃 Battre les blancs d'œufs en neige ferme. Incorporer avec soin à la préparation de cacao.

🍃 Verser dans le moule et faire cuire pendant 25 minutes, ou jusqu'à ce que le gâteau se détache des parois du moule.

GARNITURE
125 mL (½ tasse) de sucre
50 mL (¼ tasse) de cacao
1 pincée de sel
2 mL (½ c. à thé) de vanille
1 mL (¼ c. à thé) d'essence de menthe (facultatif)
375 mL (1½ tasse) de crème à 35 %

🍃 Mélanger tous les ingrédients dans un bol en remuant. Réfrigérer pendant plusieurs heures.

🍃 Battre le mélange jusqu'à ce qu'il soit assez ferme pour bien se tenir. Utiliser les trois quarts de la préparation comme garniture et étendre le reste sur le gâteau roulé.

GÉNOISE FRANÇAISE

5 œufs
250 mL (1 tasse) de sucre
2 mL (½ c. à thé) de sel
5 mL (1 c. à thé) de vanille
250 mL (1 tasse) de farine,
tamisée trois fois

🍃Battre les œufs jusqu'à ce qu'ils soient très légers et couleur de citron. Ajouter graduellement le sucre tout en continuant à battre. Ajouter le sel et la vanille. Battre ce mélange à vitesse moyenne pendant 5 minutes au batteur sur socle.

🍃Saupoudrer la farine, 30 mL (2 c. à soupe) à la fois, sur le mélange d'œufs et l'incorporer avec beaucoup de soin. Comme la génoise ne contient pas de levure chimique, les œufs remplacent la levure. Il faut donc les garder très légers.

🍃Verser la pâte dans deux moules à génoise bien graissés et tapissés de papier ciré. Faire cuire dans un four à 180°C (350°F) de 25 à 30 minutes. Laisser reposer pendant 5 minutes avant de démouler.

🍃Démouler et laisser refroidir sur une grille à gâteau. Ce gâteau peut être glacé ou garni à votre goût. Cette pâte à gâteau est parfaite pour les petits fours, on la cuit alors dans un moule carré.

GÂTEAU MOKA

2 génoises de 20 cm (8 po) chacune
250 mL (1 tasse) de sucre
125 mL (½ tasse) d'eau
4 jaunes d'œufs
5 mL (1 c. à thé) de café soluble
ou 5 mL (1 c. à thé) d'essence
de café

Génoise française

250 mL (1 tasse) de beurre mou

🍃Confectionner les génoises selon les indications de la recette précédente.

🍃Faire bouillir le sucre et l'eau jusqu'à l'obtention d'un sirop moyen, 80°C (180°F) au thermomètre à bonbon. Battre les jaunes d'œufs jusqu'à ce qu'ils soient très légers. Verser lentement le sirop très chaud sur les jaunes d'œufs en remuant sans arrêt, jusqu'à ce que le mélange ait la consistance d'une crème fouettée.

🍃Aromatiser avec le café. Couvrir et réfrigérer jusqu'à ce que cette crème soit très froide.

🍃Battre le beurre en crème et l'incorporer au mélange de jaunes d'œufs bien refroidi. Battre jusqu'à ce que le tout soit lisse et crémeux. Étendre cette préparation entre les gâteaux et sur le dessus. Garnir avec des noix hachées finement.

BÛCHE DE NOËL À LA FRANÇAISE

GARNITURE AU MOKA
175 mL (¾ tasse) de beurre
non salé
175 mL (¾ tasse) de sucre
à glacer, tamisé
2 jaunes d'œufs
5 mL (1 c. à thé) de café soluble
15 mL (1 c. à soupe) d'eau
chaude

PÂTE À GÂTEAU ROULÉ
AU CHOCOLAT
2 carrés (60 g ou 2 oz)
de chocolat non sucré
5 mL (1 c. à thé) de piment
de la Jamaïque
1 mL (¼ c. à thé) de cannelle
4 œufs
175 mL (¾ tasse) de sucre
à glacer, tamisé
5 mL (1 c. à thé) de vanille
2 mL (½ c. à thé) d'essence
d'amande

75 mL (⅓ tasse) de farine
à pâtisserie
2 mL (½ c. à thé) de levure
chimique
1 mL (¼ c. à thé) de sel

GLAÇAGE AU CHOCOLAT
1 carré (30 g ou 1 oz) de chocolat
non sucré
1 carré (30 g ou 1 oz) de chocolat
sucré
5 mL (1 c. à thé) de miel
30 mL (2 c. à soupe) de beurre

🍃 Préparer la bûche de Noël 24 heures à l'avance. L'envelopper soigneusement dans du plastique et réfrigérer jusqu'au moment de servir.

GARNITURE AU MOKA
🍃 Mettre le beurre en crème. Ajouter graduellement le sucre à glacer et continuer à travailler jusqu'à ce que le mélange soit lisse. Ajouter les jaunes d'œufs et le café soluble dissous dans l'eau chaude. Battre fortement jusqu'à

ce que la garniture soit ferme et encore facile à étendre.

GÂTEAU ROULÉ AU CHOCOLAT
🍃 Chauffer le four à 220°C (425°F) et beurrer un moule à gâteau de 38 x 25 x 2,5 cm (15 x 10 x 1 po). Tapisser le fond du moule de papier ciré graissé.
🍃 Faire fondre le chocolat au bain-marie. Ajouter le piment de la Jamaïque et la cannelle. Mélanger.
🍃 Séparer les jaunes des blancs d'œufs. Ajouter une pincée de sel aux blancs et battre jusqu'à ce qu'ils soient en neige ferme. Saupoudrer graduellement le sucre à glacer sur les blancs et remuer avec soin jusqu'à ce que tout le sucre soit absorbé.
🍃 Battre les jaunes d'œufs jusqu'à ce qu'ils soient épais et de couleur pâle. Ils doivent être battus fortement à l'aide d'un batteur à main ou d'un batteur sur socle pendant environ 10 minutes. Incorporer la vanille et l'essence d'amande.

🍃 Tamiser trois fois la farine avec la levure chimique et le sel. Mettre ces ingrédients dans un grand bol à mélanger.
🍃 Verser le mélange de jaunes d'œufs sur les ingrédients secs. Incorporer avec soin jusqu'à ce que la pâte soit bien mélangée. Incorporer les blancs d'œufs. Ajouter le mélange de chocolat et remuer légèrement.
🍃 Verser dans le moule et faire cuire pendant 15 minutes.
🍃 Renverser le moule sur une serviette de toile légèrement saupoudrée de sucre à glacer et laisser tiédir le gâteau. Retirer le moule et enlever le papier ciré.
🍃 Enlever les côtés croustillants du gâteau. Recouvrir le gâteau de la garniture au moka. Rouler le gâteau. Envelopper de papier ciré et réfrigérer.

GLAÇAGE AU CHOCOLAT
🍃 Faire fondre les deux sortes de chocolat au bain-marie. Ajouter le miel et le beurre. Remuer jusqu'à ce que le beurre soit fondu. Laisser tiédir et verser une mince couche de ce glaçage sur le gâteau roulé.
🍃 Décorer la bûche avec des brisures de chocolat sucré et non sucré et de petites boules argentées.

SAINT-HONORÉ

PÂTE À GÂTEAU
250 mL (1 tasse) de farine
50 mL (¼ tasse) de sucre
50 mL (¼ tasse) de beurre
1 jaune d'œuf
1 mL (¼ c. à thé) d'essence d'amande

PÂTE À CHOUX
125 mL (½ tasse) d'eau

Saint-Honoré

❦ TECHNIQUE ❦

SAINT-HONORÉ (PÂTE À CHOUX)

1 Mettre l'eau et le beurre dans une casserole et porter
à ébullition.

2 Verser la farine et le sel d'un seul coup.

3 Faire cuire en remuant fortement.

4 La pâte doit se détacher des parois de la casserole.
Retirer du feu et ajouter les œufs, un à un, en battant
vigoureusement après chaque addition.

[555]

50 mL (¼ tasse) de beurre
125 mL (½ tasse) de farine
1 pincée de sel
2 œufs

CRÈME OU GARNITURE
25 mL (1½ c. à soupe) de fécule
de maïs
1 mL (¼ c. à thé) de sel
75 mL (5 c. à soupe) de sucre
375 mL (1½ tasse) de lait
2 œufs
1 mL (¼ c. à thé) d'essence
d'amande

SIROP
50 mL (¼ tasse) de cassonade
50 mL (¼ tasse) de sirop de maïs

DÉCORATION
250 mL (1 tasse) de crème à 35 %
30 mL (2 c. à soupe) de sucre
à glacer
1 mL (¼ c. à thé) d'essence
d'amande
pistaches hachées

GÂTEAU
🍃 Tracer un cercle sur une plaque à biscuits, à l'aide d'un moule à gâteau rond de 23 cm (9 po) de diamètre.
🍃 Tamiser la farine avec le sucre. Ajouter le beurre en le coupant avec un couteau ou à l'aide de deux couteaux, jusqu'à ce que la préparation soit granuleuse.
🍃 Battre le jaune d'œuf avec l'essence d'amande. Verser dans la préparation de farine et travailler avec les mains jusqu'à ce que la pâte se tienne bien.
🍃 Étendre la pâte dans le cercle sur la plaque à biscuits. Réserver.

CHOUX
🍃 Chauffer le four à 190°C (375°F) et graisser une seconde plaque à biscuits.
🍃 Mettre l'eau et le beurre dans une casserole et porter à ébullition. Y verser la farine et le sel d'un seul coup. Faire cuire, en remuant fortement, jusqu'à ce que la pâte se détache des parois de la casserole.
🍃 Retirer du feu. Y battre les œufs, un à un, en battant vigoureusement après chaque addition.
🍃 Laisser tomber sur la plaque à biscuits une vingtaine de petites boules de la grosseur d'une noix de Grenoble. Étendre le reste de la pâte sur le cercle de gâteau non cuit. Faire cuire la base de gâteau et les petites boules de pâte à choux de 25 à 30 minutes.

GARNITURE
🍃 Pendant la cuisson, préparer la garniture. Mélanger la fécule de maïs, le sel et le sucre dans une casserole. Y ajouter le lait lentement en remuant. Cuire à feu doux en remuant sans arrêt jusqu'à ce que le mélange bouillonne.
🍃 Séparer les jaunes d'œufs des blancs et battre les jaunes légèrement. Ajouter graduellement le mélange du lait chaud aux jaunes battus, en remuant sans arrêt.
🍃 Remettre dans la casserole et faire cuire à feu très doux, en remuant jusqu'à ce que le mélange épaississe. Parfumer avec l'essence d'amande. Réfrigérer.
🍃 Juste avant d'assembler le Saint-Honoré, battre les blancs d'œufs en neige ferme et les incorporer avec soin à la garniture refroidie.
🍃 Pour assembler le Saint-Honoré, pratiquer une incision sur le dessus des petits choux à la crème et y insérer la garniture à l'aide d'une cuiller. Utiliser le reste de la garniture pour garnir le Saint-Honoré.

SIROP
🍃 Dans une casserole, faire cuire la cassonade et le sirop de maïs jusqu'à ce que le sucre soit fondu et que le mélange bouillonne. Badigeonner chaque chou à la crème avec ce mélange chaud. Utiliser ce sirop pour badigeonner le tour du gâteau cuit.
🍃 Disposer 15 petits choux à la crème tout autour du gâteau. Badigeonner le dessous des cinq petits choux à la crème qui restent avec le sirop et les disposer en cercle au milieu du gâteau.
🍃 Verser le reste de la garniture par petite quantité à la fois, autour des choux à la crème et au centre du gâteau.

DÉCORATION
🍃 Pour préparer la crème Chantilly, fouetter 250 mL (1 tasse) de crème à 35 %. Y mélanger avec soin 30 mL (2 c. à soupe) de sucre à glacer et 1 mL (¼ c. à thé) d'essence d'amande.
🍃 Laisser tomber la crème Chantilly par cuillerées, mais sans couvrir les petits choux. Décorer de pistaches finement hachées.

GÂTEAU AUX FRUITS

500 mL (2 tasses) de raisins de Corinthe
500 mL (2 tasses) de raisins secs épépinés
250 mL (1 tasse) de fruits confits assortis
50 mL (¼ tasse) de rhum ou de jus d'orange
500 mL (2 tasses) de beurre
500 mL (2 tasses) de sucre
6 œufs, bien battus
500 mL (2 tasses) de mélasse
1,8 L (7 tasses) de farine
5 mL (1 c. à thé) de levure chimique

5 mL (1 c. à thé) de muscade
15 mL (1 c. à soupe) de cannelle
15 mL (1 c. à soupe) de clous de
girofle moulus

🍂 Mettre dans un bol les raisins de Corinthe, les raisins épépinés, les fruits confits et le rhum. Couvrir et laisser tremper pendant 12 heures, remuant 2 ou 3 fois.

🍂 Mettre le beurre en crème et y incorporer le sucre. Ajouter les œufs battus, par petite quantité à la fois, en remuant bien après chaque addition. Ajouter la mélasse et bien mélanger.

🍂 Tamiser la farine avec la levure chimique, la muscade, la cannelle et les clous de girofle moulus.

🍂 Ajouter la moitié des ingrédients secs au mélange de beurre. Bien remuer et ajouter les fruits en alternant avec le reste des ingrédients secs. Lorsque le tout est bien mélangé, verser dans un moule à gâteau aux fruits graissé et tapissé de papier brun graissé. Utiliser un corps gras non salé. Ne remplir le moule qu'aux trois quarts. Faire cuire dans un four à 120°C (250°F) pendant 3 heures, ou jusqu'à ce qu'un cure-dents inséré au centre du gâteau en ressorte propre.

🍂 Laisser refroidir le gâteau dans le moule placé sur une grille. Démouler. Envelopper d'une double épaisseur de papier ciré et d'une feuille de papier d'aluminium. Garder dans un endroit frais.

🍂 Donne un gâteau d'environ 2,7 kg (6 lb).

PETITS TRUCS POUR LES GÂTEAUX AUX FRUITS

Préparé avec du beurre, le gâteau aux fruits aura un goût plus fin et se conservera mieux et plus longtemps.

🍂 Ne pas remplacer le papier brun du moule par du papier ciré.

🍂 Lorsque la pâte est versée dans le moule, le frapper délicatement sur la table, afin de bien répartir la pâte et d'éliminer les bulles d'air.

🍂 Il ne faut jamais démouler les gâteaux aux fruits au moment de les sortir du four, mais on doit toujours les faire refroidir sur une grille à gâteau.

🍂 Pour conserver un gâteau plusieurs mois, le badigeonner de vin, de cognac ou de rhum. L'envelopper dans une toile à fromage et dans plusieurs feuilles de papier journal. Le ficeler et le garder dans un endroit frais.

GÂTEAU AUX BLEUETS

175 mL (¾ tasse) de sucre
50 mL (¼ tasse) de graisse
végétale
1 œuf

125 mL (½ tasse) de lait
500 mL (2 tasses) de farine
2 mL (½ c. à thé) de sel
10 mL (2 c. à thé) de levure
chimique
2 mL (½ c. à thé) de muscade
ou de gingembre
500 mL (2 tasses) de bleuets
125 mL (½ tasse) de sucre
75 mL (⅓ tasse) de farine
2 mL (½ c. à thé) de cannelle
50 mL (¼ tasse) de beurre mou

🍂 Bien mélanger le sucre, la graisse végétale et l'œuf. Ajouter le lait et remuer. Ajouter la farine tamisée avec le sel, la levure chimique et la muscade. Remuer juste assez pour bien mélanger. Étendre cette pâte dans un moule graissé de 20 x 20 cm (8 x 8 po) de côté. Verser les bleuets bien égouttés sur la pâte.

🍂 Dans un bol, mélanger le sucre, la farine, la cannelle et le beurre. Saupoudrer sur les bleuets.

🍂 Faire cuire dans un four à 190°C (375°F) pendant 40 à

Gâteau aux bleuets

50 minutes. Servir chaud ou tiède avec de la crème à 35 %.

GÂTEAU AUX BANANES DE MAMAN

125 mL (½ tasse) de beurre
250 mL (1 tasse) de sucre
2 œufs
5 mL (1 c. à thé) de vanille
500 mL (2 tasses) de farine
3 mL (¾ c. à thé)
de bicarbonate de soude
2 mL (½ c. à thé) de levure
chimique
2 mL (½ c. à thé) de sel
1 mL (¼ c. à thé) de muscade
50 mL (¼ tasse) de lait
5 mL (1 c. à thé) de vinaigre
125 mL (½ tasse) de bananes
écrasées

🍃 Battre le beurre, le sucre, les œufs et la vanille jusqu'à l'obtention d'une crème légère.

🍃 Tamiser la farine avec le bicarbonate de soude, la levure chimique, le sel et la muscade. Mélanger le lait et le vinaigre et y ajouter les bananes.

🍃 Ajouter les ingrédients secs au mélange de beurre en alternant avec le lait aux bananes. Verser dans deux moules ronds de 20 cm (8 po) de diamètre ou dans un moule à pain. Faire cuire au four à 190°C (375°F) de 25 à 30 minutes pour les gâteaux ronds et 60 minutes pour le gâteau cuit dans un moule à pain. Laisser refroidir sur une grille à gâteau.

GÂTEAU AUX DATTES

PÂTE
250 mL (1 tasse) de dattes
dénoyautées
250 mL (1 tasse) d'eau chaude

375 mL (1½ tasse) de farine
à pâtisserie
5 mL (1 c. à thé) de levure
chimique
1 mL (¼ c. à thé) de sel
50 mL (¼ tasse) de beurre
ou de graisse végétale
175 mL (¾ tasse) de sucre
1 œuf
3 mL (¾ c. à thé) de bicarbonate
de soude

GARNITURE
75 mL (5 c. à soupe) de beurre
45 mL (3 c. à soupe) de crème
125 mL (½ tasse) de cassonade
bien tassée
175 mL (¾ tasse) de noix de
Grenoble hachées

GÂTEAU
🍃 Faire cuire les dattes et l'eau jusqu'à ce que le tout devienne pâteux.

🍃 Chauffer le four à 160°C (325°F). Graisser un moule carré de 20 cm (8 po) de côté et en tapisser le fond de papier ciré.

🍃 Tamiser la farine avec la levure chimique et le sel.

🍃 Mettre le beurre en crème. Incorporer le sucre graduellement et remuer jusqu'à l'obtention d'un mélange aussi lisse que possible. Ajouter l'œuf et battre fortement. Incorporer le bicarbonate de soude dans les dattes tièdes et ajouter le tout au mélange de beurre. Ajouter les ingrédients secs et remuer. Verser la pâte dans le moule et mettre au four pendant 45 minutes, ou jusqu'à ce que le gâteau soit cuit.

GARNITURE
🍃 Pendant la cuisson du gâteau, mélanger les ingrédients de la garniture dans une casserole et faire bouillir pendant 3 minutes. Étendre sur le gâteau cuit pendant

qu'il est encore chaud. Placer sous le gril à 10 cm (4 po) de la source de chaleur et faire griller pendant 2 minutes. Laisser refroidir dans le moule sur une grille à gâteau.

GÂTEAU AUX DATTES À L'ANCIENNE

375 mL (1½ tasse) de dattes
375 mL (1½ tasse) de noix
de Grenoble
375 mL (1½ tasse) de raisins secs
5 œufs
250 mL (1 tasse) de sucre
75 mL (⅓ tasse) de farine
7 mL (1½ c. à thé) de levure
chimique
1 mL (¼ c. à thé) de sel
7 mL (1½ c. à thé) de vanille
5 mL (1 c. à thé) de cannelle
jus d'un citron
250 mL (1 tasse) de sucre
en poudre

🍃 Hacher grossièrement les dattes et les noix. Ajouter les raisins. Séparer les blancs et les jaunes d'œufs. Conserver les blancs dans un bol. Battre les jaunes en crème légère avec le sucre.

🍃 Tamiser deux fois la farine avec la levure chimique et le sel. Incorporer délicatement dans le mélange de jaunes d'œufs, en remuant pour bien mélanger. Ajouter la vanille, la cannelle, les dattes, les noix et les raisins.

🍃 Battre les blancs en neige, sans les assécher et les incorporer à la préparation de jaunes d'œufs avec soin, en remuant de haut en bas jusqu'à ce que le mélange soit léger, mousseux et bien lié.

🍃 Tapisser un moule de 30 x 19 cm (12 x 7½ po) de papier ciré. Y verser la pâte. Faire cuire dans un four chauffé à 180°C (350°F) pendant 1¼ heure, ou jusqu'à ce qu'un cure-dents inséré au centre du gâteau en ressorte propre. Laisser refroidir dans le moule. Couper le gâteau en carrés. Mélanger le jus de citron avec le sucre en poudre et glacer le gâteau de cette préparation.

GÂTEAU MORENCY

500 mL (2 tasses) de cerises
non égouttées
125 mL (½ tasse) de sucre
1 mL (¼ c. à thé) de cannelle
2 blancs d'œufs
125 mL (½ tasse) de sucre
2 jaunes d'œufs
2 mL (½ c. à thé) de sel
150 mL (⅔ tasse) de semoule
de blé non cuite

❧ Mélanger les cerises, le sucre et la cannelle et verser dans un moule.
❧ Battre les blancs d'œufs en neige et en faire une meringue avec les 125 mL (½ tasse) de sucre auxquels on a enlevé 30 mL (2 c. à soupe).
❧ Battre les jaunes d'œufs avec les 30 mL (2 c. à soupe) de sucre qu'on a enlevé. Ajouter le sel, la semoule de blé et les blancs d'œufs battus. Mélanger et verser sur les cerises. Étendre uniformément cette préparation dans un plat. Faire cuire au four à 180°C (350°F) pendant 40 minutes. Retirer du four. Passer un couteau tout autour du plat et démouler. Si désiré, servir avec de la crème.

GÂTEAU BRETON

250 mL (1 tasse) de farine
de sarrasin
250 mL (1 tasse) de farine
tout-usage

Gâteau Morency

6 mL (1¼ c. à thé) de levure
chimique
2 mL (½ c. à thé) de sel
1 mL (¼ c. à thé) de cannelle
ou de muscade
125 mL (½ tasse) de beurre
250 mL (1 tasse) de sucre
2 œufs entiers
15 mL (1 c. à soupe) de zeste
râpé d'orange
150 mL (⅔ tasse) de lait

❧ Tamiser la farine de sarrasin avec la farine tout-usage, la levure chimique, le sel et la cannelle.
❧ Mettre le beurre en crème. Y ajouter le sucre graduellement en remuant. Ajouter les œufs et le zeste d'orange et bien mélanger.
❧ Ajouter les ingrédients secs au mélange de beurre en alternant avec le lait.
❧ Si désiré, ajouter 50 mL (¼ tasse) de cédrat confit ou d'amandes grillées, finement hachées. Verser dans un moule graissé de 20 x 20 x 5 cm (8 x 8 x

2 po). Mettre au four à 180°C (350°F) pendant 45 minutes, ou jusqu'à ce que le gâteau soit bien cuit.

GÂTEAU DES ANGES

1 pincée de sel
8 blancs d'œufs
5 mL (1 c. à thé) de crème
de tartre
375 mL (1½ tasse) de sucre
250 mL (1 tasse) de farine
à pâtisserie
5 mL (1 c. à thé) d'essence
d'amande
5 mL (1 c. à thé) de vanille

❧ Ajouter le sel aux blancs d'œufs et battre en mousse. Ajouter la crème de tartre et continuer à battre jusqu'à ce que les blancs d'œufs soient fermes. Incorporer le sucre, 30 mL (2 c. à soupe) à la fois. Incorporer la farine, en la tamisant sur les

Gâteau meringue aux fraises

blancs, 30 mL (2 c. à soupe) à la fois. Incorporer l'essence d'amande et la vanille en remuant doucement.

🌰 Verser dans un moule à cheminée non graissé. Mettre le gâteau au four non chauffé. Régler ensuite la température à 150°C (300°F). Faire cuire pendant environ 50 minutes.

🌰 Retirer du four, retourner le moule sur 3 petites tasses. Laisser refroidir ainsi suspendu pendant 1 à 2 heures. Démouler.

GÂTEAU MERINGUE AUX FRAISES

50 mL (¼ tasse) de beurre
125 mL (½ tasse) de sucre
2 jaunes d'œufs
425 mL (1¾ tasse) de farine
à pâtisserie

10 mL (2 c. à thé) de levure chimique
125 mL (½ tasse) de lait
45 mL (3 c. à soupe) de crème
à 35 %
1 mL (¼ c. à thé) d'essence
d'amande
1 mL (¼ c. à thé) d'essence
de vanille
2 blancs d'œufs
125 mL (½ tasse) de sucre
fraises sucrées, coupées
en tranches

🌰 Mettre le beurre et le sucre en crème. Ajouter les jaunes d'œufs et bien battre. Ajouter la farine tamisée avec la levure chimique, en alternant avec le lait et la crème. Parfumer avec les essences d'amande et de vanille.

🌰 Étendre ce mélange dans un plat beurré. Battre les blancs d'œufs jusqu'à ce qu'ils soient en neige ferme. Recouvrir le gâteau de cette préparation. Faire cuire

au four à 180°C (350°F) pendant 40 minutes.

🌰 Laisser refroidir. Couper en carrés et servir avec les fraises ou avec d'autres petits fruits, selon la saison.

TOURLOUCHE AU SIROP D'ÉRABLE

250 mL (1 tasse) de sirop d'érable
15 mL (1 c. à soupe) de beurre
45 mL (3 c. à soupe) de sucre
d'érable ou de sucre blanc
1 œuf
250 mL (1 tasse) de farine
de blé entier
10 mL (2 c. à thé) de levure
chimique
1 mL (¼ c. à thé) de sel
2 mL (½ c. à thé) de muscade
125 mL (½ tasse) de lait
5 mL (1 c. à thé) de vanille
50 mL (¼ tasse) de noix hachées

🌰 Faire bouillir le sirop d'érable pendant 3 minutes. Retirer du feu et verser dans un moule à gâteau beurré de 20 x 20 x 5 cm (8 x 8 x 2 po).

🌰 Battre le beurre avec le sucre d'érable et l'œuf jusqu'à l'obtention d'un mélange crémeux.

🌰 Tamiser la farine de blé entier, la levure chimique, le sel et la muscade. Ajouter au mélange de beurre, en alternant avec le lait et la vanille. Verser sur le sirop. Couvrir et faire cuire dans un four à 200°C (400°F) pendant 25 minutes. Il est important que ce gâteau soit bien couvert pendant la cuisson. Démouler et saupoudrer de noix hachées. Servir nature ou avec de la crème fouettée. Ce gâteau se mange tiède.

GÂTEAU AU SIROP D'ÉRABLE

125 mL (½ tasse) de beurre
75 mL (⅓ tasse) de sucre
superfin
2 œufs, battus
250 mL (1 tasse) de sirop d'érable
625 mL (2½ tasses) de farine
à pâtisserie
3 mL (¾ c. à thé)
de bicarbonate de soude
10 mL (2 c. à thé) de levure
chimique
1 mL (¼ c. à thé) de gingembre
125 mL (½ tasse) d'eau chaude

🐦 Défaire le beurre en crème avec le sucre et les œufs battus. Ajouter le sirop d'érable et continuer à battre.

🐦 Tamiser la farine avec le bicarbonate de soude, la levure chimique et le gingembre. Ajouter à la première préparation en alternant avec l'eau chaude.

🐦 Faire cuire au four à 190°C (375°F) pendant 35 minutes.

GÂTEAU RENVERSÉ DE LUXE

125 mL (½ tasse) de beurre
500 mL (2 tasses) de cassonade
foncée
15 mL (1 c. à soupe) d'eau
fruits, au choix
50 mL (¼ tasse) de pacanes
125 mL (½ tasse) de beurre
250 mL (1 tasse) de sucre
superfin
3 œufs entiers
625 mL (2½ tasses) de farine
à pâtisserie
20 mL (4 c. à thé) de levure
chimique

2 mL (½ c. à thé) de sel
175 mL (¾ tasse) de lait
10 mL (2 c. à thé) de vanille

🐦 Faire fondre le beurre dans un plat. Ajouter la cassonade et l'eau. Remuer à feu moyen jusqu'à ce que le sucre soit dissous. Ajouter les fruits et les pacanes.

🐦 Défaire le beurre en crème avec le sucre. Ajouter les œufs, un à un, en battant fortement après chaque addition.

🐦 Tamiser la farine avec la levure chimique et le sel. Ajouter au mélange de beurre en alternant avec le lait. Parfumer avec la vanille. Verser cette pâte sur le sirop aux fruits et aux pacanes.

🐦 Utiliser si possible un moule de 35 x 23 x 5 cm (14 x 9 x 2 po). Faire cuire au four à 190°C (375°F) pendant 45 minutes. Aussitôt cuit, renverser sur un autre plat.

PETITS GÂTEAUX CHIFFON

Voici de petits gâteaux tendres et délicats qui ne requièrent aucun glaçage. Ils sont délicieux nappés de confiture d'abricots. Ils se conserveront frais pendant une semaine dans une boîte de métal. De plus, ils se congèlent très bien.

250 mL (1 tasse) de sucre
6 blancs d'œufs
1 mL (¼ c. à thé) de crème
de tartre
6 jaunes d'œufs
1 mL (¼ c. à thé) de zeste
râpé de citron
15 mL (1 c. à soupe) de jus
de citron
1 pincée de macis ou de muscade
250 mL (1 tasse) de farine

1 mL (¼ c. à thé) de sel
45 mL (3 c. à soupe) de confiture
d'abricots

🐦 Mesurer 125 mL (½ tasse) de sucre. Battre les blancs d'œufs et la crème de tartre jusqu'à ce qu'ils soient mousseux. Saupoudrer 30 mL (2 c. à soupe) de sucre. Battre pendant environ 1 minute, ou jusqu'à ce que le sucre soit dissous. Répéter cette opération jusqu'à l'utilisation complète des 125 mL (½ tasse) de sucre. Continuer à battre jusqu'à ce que le mélange se tienne en pointes fermes et glacées. Utiliser un batteur sur socle ou un batteur à main, réglé à vitesse moyenne.

🐦 Dans un bol, battre les jaunes d'œufs avec le reste du sucre, le zeste et le jus de citron. Ajouter la muscade. Battre jusqu'à ce que le mélange soit épais et léger.

🐦 Tamiser la farine et le sel. Incorporer les jaunes d'œufs aux ingrédients secs en les battant à la main. Lorsque le tout est bien mêlé, verser sur les blancs d'œufs. Incorporer avec soin avec une spatule en caoutchouc jusqu'à ce que le tout soit parfaitement mélangé.

🐦 Foncer une plaque à muffins de moules en papier. Verser la pâte dans chaque moule en le remplissant aux deux tiers. Faire cuire au four à 180°C (350°F) pendant 12 à 15 minutes. Retirer du four. Laisser refroidir un peu. Retirer les moules de papier. Laisser refroidir complètement sur une grille à gâteau.

🐦 Au moment de servir, badigeonner les petits gâteaux de confiture d'abricots chaude et les saupoudrer de sucre à glacer ou de noix de coco.

GÂTEAU AU RHUM

1 Mettre le beurre en crème. Ajouter le sucre et continuer à battre.

2 Ajouter le zeste d'orange et de citron. Ajouter les œufs, un à un, en battant bien après chaque addition.

3 Ajouter une partie de la farine.

4 Ajouter une partie du lait.

GÂTEAU AU RHUM

PÂTE

250 mL (1 tasse) de beurre
ou de margarine
250 mL (1 tasse) de sucre superfin
zeste râpé de 2 oranges
et d'un citron
2 œufs
625 mL (2½ tasses) de farine
10 mL (2 c. à thé) de levure
chimique
2 mL (½ c. à thé)
de bicarbonate de soude
2 mL (½ c. à thé) de sel
250 mL (1 tasse) de lait aigre
250 mL (1 tasse) de noix de
Grenoble finement hachées

SIROP

jus de 2 oranges
jus d'un citron
60 mL (4 c. à soupe) de rhum
250 mL (1 tasse) de sucre

GÂTEAU

🍃 Mettre le beurre en crème. Ajouter graduellement 250 mL (1 tasse) de sucre et continuer à battre jusqu'à ce que le tout soit en crème très légère. Ajouter le zeste des oranges et du citron. Ajouter ensuite les 2 œufs, un à un, en battant bien après chaque addition.

🍃 Tamiser la farine avec la levure chimique, le bicarbonate de soude et le sel. Ajouter au mélange de beurre, en alternant avec le lait aigre et en battant bien à chaque addition. Incorporer les noix hachées. Verser la pâte dans un moule à cheminée graissé de 23 à 25 cm (9 à 10 po) de diamètre. Faire cuire dans un four à 180°C (350°F) pendant environ 1 heure, ou jusqu'à ce qu'un cure-dents inséré au centre du gâteau en ressorte propre.

SIROP

🍃 Dans une casserole, mélanger le jus d'orange, le jus de citron, le rhum et les 250 mL (1 tasse) de sucre qui restent. Porter juste à ébullition. Retirer le gâteau du four lorsqu'il est cuit et verser lentement ce sirop sur le gâteau. Laisser refroidir sur une grille à gâteau avant de le démouler. Servir avec de la crème Chantilly (voir *Saint-Honoré*, décoration, page 556) parfumée au rhum.

GÂTEAU AU FUDGE

PÂTE

90 mL (6 c. à soupe) de beurre
150 mL (⅔ tasse) de cacao
3 œufs
250 mL (1 tasse) de sucre
125 mL (½ tasse) de farine
à pâtisserie
1 mL (¼ c. à thé) de sel
2 mL (½ c. à thé) de cannelle

125 mL (½ tasse) de noix de
Grenoble hachées
5 mL (1 c. à thé) de vanille

GARNITURE

30 mL (2 c. à soupe) de cacao
30 mL (2 c. à soupe) de beurre
30 mL (2 c. à soupe) de crème
250 mL (1 tasse) de sucre à glacer

GÂTEAU

🍃 Mélanger le beurre et le cacao au bain-marie jusqu'à ce que le beurre soit fondu.

🍃 Battre les œufs et ajouter graduellement le sucre. Battre sans arrêt jusqu'à l'obtention d'une crème épaisse et lisse. Ajouter cette préparation à celle du cacao et bien mêler le tout.

🍃 Tamiser la farine avec le sel et la cannelle. Ajouter au mélange de cacao. Incorporer les noix de Grenoble et la vanille.

🍃 Verser dans un moule graissé de 20 x 20 x 5 cm (8 x 8 x 2 po). Faire cuire dans un four à 200°C (400°F) pendant 15 minutes.

Gâteau au rhum

[563]

Retirer du four et recouvrir aussitôt avec la garniture. Laisser refroidir et tailler en carrés.

GARNITURE
☙ Battre ensemble, à feu doux, le cacao, le beurre et la crème jusqu'à ce que le beurre soit fondu. Retirer du feu, ajouter le sucre à glacer. Battre jusqu'à l'obtention d'un mélange crémeux.

DÉLICES
AU CHOCOLAT

Voici un dessert dont tout le monde raffolera.

2 œufs
375 mL (1½ tasse) de cassonade foncée bien tassée
2 carrés (60 g ou 2 oz) de chocolat non sucré, fondu
2 mL (½ c. à thé) d'essence d'amande
500 mL (2 tasses) de farine

5 mL (1 c. à thé) de bicarbonate de soude
2 mL (½ c. à thé) de sel
50 mL (¼ tasse) de vinaigre de cidre
175 mL (¾ tasse) de lait
5 ml (1 c. a thé) de vanille
125 mL (½ tasse) de beurre mou

☙ Cuisiner avec des ingrédients qui sont à la température de la pièce.
☙ Dans un bol, mélanger et battre les œufs, la cassonade, le chocolat fondu et l'essence d'amande. Mélanger au batteur électrique pendant 1 minute.
☙ Mélanger et tamiser la farine, le bicarbonate de soude et le sel. Mélanger le vinaigre, le lait et la vanille. Ajouter les ingrédients secs et la moitié du mélange liquide à la préparation au chocolat. Ajouter ensuite le beurre ramolli. Battre de 1 à 3 minutes. Ajouter le reste du mélange liquide et battre de nouveau quelques minutes.

☙ Chauffer le four à 180°C (350°F). Graisser et enfariner deux moules ronds de 20 cm (8 po) de diamètre ou un moule de 33 x 23 x 5 cm (13 x 9 x 2 po) et y verser la pâte. Mettre au four pendant 45 à 50 minutes, ou jusqu'à ce que le gâteau soit cuit. Refroidir et saupoudrer de sucre en poudre. Couper en petits carrés ou en bâtonnets.

CARRÉS AU MIEL
ET AU CHOCOLAT

(brownies)

125 mL (½ tasse) de farine
2 mL (½ c. à thé) de levure chimique
1 mL (¼ c. à thé) de sel
220 g (7 oz) de chocolat mi-sucré
75 mL (⅓ tasse) de beurre
2 œufs
90 mL (6 c. à soupe) de miel
15 mL (1 c. à soupe) de rhum

☙ Tamiser la farine avec la levure chimique et le sel.
☙ Faire fondre le chocolat et le beurre à feu doux. Laisser tiédir. Ajouter les œufs, un à un, en battant bien après chaque addition. Ajouter le miel et le rhum. Bien mélanger et incorporer les ingrédients secs.
☙ Verser la pâte dans un moule beurré de 20 x 20 x 5 cm (8 x 8 x 2 po). Faire cuire au four à 180°C (350°F) pendant 35 minutes.

GÂTEAU AU FROMAGE
À L'AMÉRICAINE

PÂTE
250 mL (1 tasse) de farine
50 mL (¼ tasse) de sucre
5 mL (1 c. à thé) de zeste râpé de citron

Délices au chocolat

2 mL (½ c. à thé) de vanille
1 jaune d'œuf
125 mL (½ tasse) de beurre

GARNITURE AU FROMAGE
1,2 kg (2½ lb) de fromage
à la crème
425 mL (1¾ tasse) de sucre
45 mL (3 c. à soupe) de farine
7 mL (1½ c. à thé) de zeste râpé
d'orange
7 mL (1½ c. à thé) de zeste râpé
de citron
1 mL (¼ c. à thé) de vanille
5 œufs
2 jaunes d'œufs
50 mL (¼ tasse) de crème 35 %

GÂTEAU
ᘏ Dans un bol, mélanger la
farine, le sucre, le zeste de citron
râpé et la vanille. Creuser un
puits au centre et ajouter le jaune
d'œuf et le beurre. Travailler avec
les mains pour former une boule.
Envelopper de papier ciré et
réfrigérer pendant au moins
1 heure.
ᘏ Lorsque la pâte est bien refroidie, prendre un moule à fond
amovible (moule en deux
morceaux) de 23 cm (9 po) de
diamètre. Séparer le fond et les
côtés et le huiler entièrement.
Chauffer le four à 200°C (400°F).
ᘏ Utiliser environ le quart de la
pâte. À l'aide d'un couteau à
pâtisserie, abaisser la pâte directement sur le fond du moule
jusqu'à 0,3 cm (⅛ po) d'épaisseur.
Égaliser les bords.
ᘏ Faire cuire cette croûte pendant environ 10 minutes ou
jusqu'à ce qu'elle soit bien dorée.
Laisser tiédir.
ᘏ Diviser le reste de la pâte en
trois morceaux. Sur une planche
enfarinée, abaisser chaque morceau en une mince bande de 0,3
cm (⅛ po) d'épaisseur. Placer ces

Carrés au miel et au chocolat

bandes sur les parois du moule,
en pressant ensemble les bouts où
elles se joignent de manière à
tapisser complètement les parois.
Égaliser la pâte afin qu'elle arrive
aux trois quarts de la hauteur du
moule. (Cette quantité de pâte
est suffisante si elle a été abaissée
tel qu'indiqué plus haut.)
Réfrigérer jusqu'à ce que la garniture soit prête.

GARNITURE AU FROMAGE
ᘏ Mélanger le fromage à la
crème, le sucre, la farine, le zeste
d'orange et de citron râpé et la
vanille. Battre jusqu'à ce que le
mélange soit lisse, à l'aide d'un
batteur sur socle. Y laisser tomber
les œufs et les jaunes d'œufs un à
un en remuant légèrement après
chaque addition. Ajouter la crème
et remuer doucement.
ᘏ Rassembler les côtés et le fond
du moule tapissés de pâte et y
verser la garniture au fromage.
Faire cuire au four à 290°C (55°F)

pendant 10 minutes. Réduire la
chaleur du four à 100°C (200°F)
et poursuivre la cuisson pendant
1 heure.
ᘏ Retirer du four et laisser refroidir complètement sur une grille à
gâteau. Retirer les côtés du moule
avec précaution. Servir sans retirer le fond du moule.

GÂTEAU AU FROMAGE SANS CUISSON

CROÛTE
500 mL (2 tasses) de miettes
de biscuits Graham
125 mL (½ tasse) de cassonade
pâle ou de sucre d'érable
90 mL (6 c. à soupe) de beurre,
fondu
2 mL (½ c. à thé) de sel

GARNITURE
3 œufs, séparés
125 mL (½ tasse) de lait
250 mL (1 tasse) de sucre

Gâteau au fromage à la crème

2 enveloppes de gélatine
non aromatisée
125 mL (½ tasse) d'eau froide
750 mL (3 tasses) de fromage
cottage
250 mL (1 tasse) de crème à 35 %
zeste et jus d'un citron
5 mL (1 c. à thé) d'essence
d'amande

CROÛTE

ᙏ Mélanger les ingrédients pour
la croûte et presser dans le fond et
sur les côtés d'un moule à fond
amovible de 20 cm (8 po) de
diamètre ou d'un moule à gâteau
de 23 x 23 x 5 cm (9 x 9 x 2 po)
ou encore d'un moule à pain. (Si
on n'utilise pas un moule à fond
amovible, il est recommandé de
tapisser le fond du moule avec un
papier ciré qui dépasse du moule
afin de sortir facilement le gâteau
au moment de le servir.) Refroidir
la croûte sans la cuire.

GARNITURE

ᙏ Dans la partie supérieure d'un
bain-marie, battre les jaunes
d'œufs, le lait et 125 mL (½ tasse)
de sucre. Faire cuire au bain-
marie, en remuant souvent,
jusqu'à ce que le mélange soit
crémeux.

ᙏ Pendant ce temps, faire tremper la gélatine dans l'eau froide
pendant 5 minutes. Ajouter au
mélange de jaunes d'œufs et
remuer pour faire dissoudre la
gélatine. Laisser refroidir. Passer
le fromage cottage au tamis ou le
battre au mélangeur pendant
30 secondes. Ajouter au mélange
de jaunes d'œufs et de gélatine
tout en remuant. Y incorporer la
crème fouettée ferme, le zeste et
le jus de citron, l'essence d'amande, puis les blancs d'œufs battus
avec les 125 mL (½ tasse) de sucre
qui restent.

ᙏ Verser dans le moule préparé.
Réfrigérer de 4 à 8 heures avant
de servir. Garni de petits fruits
frais, ce dessert est tout simplement magnifique !

GÂTEAU AU FROMAGE À LA CRÈME

CROÛTE
375 mL (1½ tasse) de miettes de
biscuits Graham
60 mL (4 c. à soupe) de beurre
fondu
5 mL (1 c. à thé) de cannelle

GARNITURE
500 g (1 lb) de fromage à la
crème
250 mL (1 tasse) de sucre
50 mL (¼ tasse) de farine
5 jaunes d'œufs
30 mL (2 c. à soupe) de jus
de citron
zeste râpé d'un citron
500 mL (2 tasses) de crème aigre
5 blancs d'œufs

CROÛTE

ᙏ Mélanger les miettes de biscuits avec le beurre fondu et la
cannelle. Étendre ce mélange
dans le fond et sur les côtés d'un
moule à fond amovible de 23 x
25 cm (9 x 10 po). Conserver au
réfrigérateur pendant la préparation de la garniture.

GARNITURE

ᙏ Mélanger le fromage à la crème
avec le sucre. Lorsque la préparation est onctueuse, ajouter la
farine et les jaunes d'œufs d'un
seul coup. Battre ensuite le tout
jusqu'à l'obtention d'une crème
lisse. Ajouter le jus et le zeste de
citron râpé. Mélanger et incorporer la crème aigre. Battre avec un
batteur sur socle à vitesse
moyenne pendant 10 minutes, ou
jusqu'à l'obtention d'un mélange
lisse et mousseux.

ᙏ Battre les blancs d'œufs en
neige ferme et les incorporer avec
soin au mélange de fromage. Ver-

ser dans le moule. Faire cuire au four à 180°C (350°F) pendant 1 heure. Éteindre le four et laisser reposer le gâteau à l'intérieur pendant 1 heure. Ouvrir la porte du four et laisser reposer le gâteau encore 1 heure (3 heures en tout). Retirer du four, laisser refroidir et détacher les côtés du moule pour l'enlever.

🖎 En saison, recouvrir le dessus du gâteau au fromage avec des bleuets frais préparés. Il suffit de faire chauffer 500 mL (2 tasses) de bleuets avec 250 mL (1 tasse) de jus de pomme et 125 mL (½ tasse) de sucre. Délayer 25 mL (1½ c. à soupe) de fécule de maïs dans 15 mL (1 c. à soupe) d'eau froide. Ajouter aux bleuets cuits et remuer jusqu'à ce que le tout soit légèrement crémeux et transparent. Laisser refroidir. Étendre alors sur le gâteau.

🖎 En saison, on peut remplacer les bleuets par d'autres petits fruits.

SAVARIN

PÂTE
5 mL (1 c. à thé) de sucre
1 mL (¼ c. à thé) de gingembre
125 mL (½ tasse) d'eau chaude
2 enveloppes de levure sèche active
1 L (4 tasses) de farine
6 œufs, battus
150 mL (⅔ tasse) de beurre, fondu
50 mL (¼ tasse) de sucre
5 mL (1 c. à thé) de sel
150 mL (⅔ tasse) de raisins de Corinthe (facultatif)

SIROP AU RHUM
375 mL (1½ tasse) de sucre
500 mL (2 tasses) d'eau
4 tranches d'orange non pelées
4 tranches de citron non pelées

125 à 250 mL (½ à 1 tasse) de rhum

GARNITURE AUX ABRICOTS
75 mL (⅓ tasse) de confiture d'abricots
15 mL (1 c. à soupe) de jus de citron

GÂTEAU
🖎 Remuer le sucre et le gingembre dans l'eau chaude, ajouter la levure et laisser reposer pendant 10 minutes. Bien remuer.

🖎 Tamiser la farine dans un grand bol et ajouter la levure. Bien remuer et laisser reposer pendant 5 minutes.

🖎 Ajouter les œufs et battre le tout pendant 5 minutes avec une cuiller de bois. Laisser reposer pendant 30 minutes.

🖎 Ajouter le beurre fondu, en quatre fois, en battant bien après chaque addition. Le beurre aura tendance à sortir de la pâte, mais c'est normal. Ajouter le sucre, le sel et les raisins de Corinthe. Remuer la pâte avec une grande cuiller pendant 5 minutes, ou jusqu'à ce que la pâte soit lisse et élastique.

🖎 Graisser un moule à cheminée de 25 cm (10 po) de diamètre. Verser la pâte dans le moule. Égaliser la surface avec une spatule graissée. Couvrir avec un linge et laisser lever dans un endroit chaud jusqu'au triple de son volume ou jusqu'à ce que la pâte atteigne la bordure du moule.

🖎 Placer avec soin au four chauffé à 190°C (375°F) et faire cuire de 40 à 45 minutes.

🖎 Démouler sur une grille à gâteau. Lorsque le savarin est tiède, le mettre sur une assiette et le napper de sirop au rhum. Laisser refroidir pendant 2 heures, en arrosant aussi souvent que possi-

ble avec le sirop qui reste dans le plat.

SIROP AU RHUM
🖎 Porter à ébullition le sucre, l'eau et les tranches d'orange et de citron. Couvrir et laisser mijoter pendant 5 minutes.

🖎 Laisser refroidir le sirop et ajouter le rhum.

🖎 Pour donner un fini glacé au savarin, le recouvrir avec la garniture aux abricots juste au moment de servir.

GARNITURE AUX ABRICOTS
🖎 Mélanger la confiture d'abricots avec le jus de citron. Passer au tamis fin.

CHOUX À LA CRÈME

125 mL (½ tasse) d'eau
50 mL (¼ tasse) de graisse végétale
125 mL (½ tasse) de farine à pâtisserie
2 œufs

🖎 Porter l'eau et la graisse végétale à ébullition. Ajouter d'un seul coup la farine à pâtisserie, en remuant sans arrêt jusqu'à ce que la pâte forme une boule.

🖎 Retirer du feu, laisser tiédir et ajouter les œufs, un à un, en battant fortement après chaque addition. Continuer à battre jusqu'à ce que le mélange soit lisse et velouté.

🖎 Sur une plaque à biscuits graissée, laisser tomber, à l'aide d'une cuiller, 6 boules de pâte, en mettant quelques centimètres de distance entre chaque boule. Cuire au four chauffé à 230°C (450°F) pendant 15 minutes. Réduire la chaleur à 180°C (350°F) et poursuivre la cuisson pendant 30 à 35 minutes.

🍂 Laisser refroidir à la température de la pièce. Ouvrir chaque chou et le remplir de crème Chantilly (voir *Saint-Honoré*, décoration, page 556) ou de *Crème pâtissière* (voir page 574).

BABAS AU RHUM

PÂTE

5 mL (1 c. à thé) de sucre
50 mL (¼ tasse) d'eau tiède
1 enveloppe de levure sèche active
50 mL (¼ tasse) de lait tiède
500 mL (2 tasses) de farine
4 œufs, légèrement battus
2 mL (½ c. à thé) de sel
15 mL (1 c. à soupe) de sucre
150 mL (⅔ tasse) de beurre doux, ramolli
15 mL (1 c. à soupe) de raisins de Corinthe (facultatif)

🍂 Faire dissoudre le sucre dans l'eau tiède. Ajouter la levure. Laisser reposer pendant 10 minutes et y verser le lait tiède.

🍂 Dans un grand bol, tamiser la farine et creuser un puits au milieu. Y verser les œufs et la levure bien diluée. Incorporer graduellement ce mélange à la farine, en soulevant la pâte avec le bout des doigts. Ajouter de la farine si nécessaire. Pétrir avec les doigts durant 2 minutes. Couvrir et laisser lever pendant environ 45 minutes ou jusqu'à ce que la pâte ait doublé de volume.

🍂 Dégonfler la pâte avec le poing. Ajouter le sel, le sucre, le beurre et les raisins. Pétrir encore une fois avec les mains durant 3 ou 4 minutes.

🍂 Remplir à moitié des moules à babas bien graissés. Laisser lever la pâte au double de son volume. Faire cuire au four à 230°C (450°F) pendant 10 minutes. Réduire la chaleur à 180°C (350°F) et poursuivre la cuisson pendant environ 30 minutes. Démouler.

SIROP

250 mL (1 tasse) de sucre
375 mL (1½ tasse) d'eau
125 mL (½ tasse) de rhum

🍂 Faire bouillir le sucre et l'eau pendant environ 5 minutes ou jusqu'à ce qu'un thermomètre à bonbons indique 103 °C (218°F). Retirer du feu. Ajouter le rhum. Rouler les babas chauds dans ce sirop jusqu'à ce qu'ils en soient bien imbibés. Laisser refroidir.

BUNUELOS MEXICAINS

Les bunuelos sont de gros gâteaux croustillants que l'on mange au réveillon de Noël, à Mexico. On les déguste nature ou avec un sirop, ou encore avec du miel. Ils sont toujours gonflés, dorés, croustillants et délicieux.

500 à 750 mL (2 à 3 tasses) de farine
5 mL (1 c. à thé) de sucre
5 mL (1 c. à thé) de levure chimique
5 mL (1 c. à thé) de sel
2 œufs
125 mL (½ tasse) de lait
60 mL (4 c. à soupe) de beurre, fondu

🍂 Tamiser 500 mL (2 tasses) de farine puis tamiser une seconde fois avec le sucre, la levure chimique et le sel.

🍂 Battre les œufs jusqu'à ce qu'ils deviennent très légers, ajouter le lait et incorporer aux ingrédients secs en battant. Bien mélanger. À l'aide d'un batteur sur socle, mélanger pendant 3 minutes à vitesse moyenne. Ajouter le beurre fondu et battre encore 2 minutes.

🍂 Étendre 250 mL (1 tasse) de farine sur une planche à pâtisserie et y pétrir la pâte jusqu'à ce qu'elle ramollisse. Diviser la pâte en boules de 4 cm (1½ po). Badigeonner chaque boule de graisse végétale fondue et la mettre sur un papier ciré. Recouvrir d'un papier ciré et laisser reposer 20 à 30 minutes, puis aplatir chaque boule avec la paume de la main enfarinée.

🍂 Plonger les boules de pâte dans l'huile chaude jusqu'à ce qu'elles soient gonflées et dorées. Ne faire frire qu'une petite quantité à la fois, de telle sorte que les boulettes de pâte flottent à la surface de l'huile sans se toucher.

🍂 Les retirer à l'aide d'une écumoire et les égoutter sur du papier absorbant. Lorsqu'elles sont refroidies, saupoudrer de sucre à glacer.

ENTREMETS SUCRÉS, SAUCES DE DESSERT ET GLAÇAGES

LES CRÈMES-DESSERT

Pour un dessert vite fait, léger et délicieux, rien égale une bonne crème anglaise.

🍂 Les œufs, le lait et le sucre en constituent les ingrédients de base. Leur proportion variera selon que l'on désire une crème plus liquide ou plus ferme.

🍂 On peut remplacer une certaine quantité d'œufs par de la fécule de maïs. Les meilleurs entremets sont faits avec des jaunes d'œufs, mais des œufs entiers peuvent aussi être utilisés, à la condition de les passer dans un tamis fin après les avoir battus et mélangés au lait.

🍂 La grosseur des œufs déterminera la consistance de la crème, et leur quantité variera selon le type de crème désiré.

🍂 Pour une crème anglaise cuite au four, on utilisera 3 œufs entiers (ou 2 œufs entiers plus 2 jaunes ou 6 jaunes d'œufs) pour 500 mL (2 tasses) de lait ou de crème.

🍂 Pour une crème anglaise cuite dans une casserole, on utilisera 6 jaunes d'œufs [ou 3 œufs entiers et 2 jaunes, ou 4 jaunes d'œufs et 2 œufs entiers, ou encore 2 jaunes d'œufs et 30 mL (2 c. à soupe) de fécule de maïs] pour 500 mL (2 tasses) de lait.

COMMENT FAIRE CUIRE LES CRÈMES-DESSERT

Pour faire cuire les crèmes-dessert, utiliser des casseroles de fonte émaillée ou d'un métal suffisamment épais pour que la chaleur soit uniforme. Toutes les crèmes doivent être cuites à feu doux. La crème anglaise ne doit jamais bouillir, contrairement à la crème pâtissière et à la frangipane

qui doivent bouillir pour se lier.

🍂 Tout d'abord, faire bouillir le lait, et y ajouter l'essence lorsque la recette le réclame. Lorsque le lait a bouilli, le couvrir et le laisser reposer pendant 15 minutes dans un endroit chaud, mais non sur le feu.

🍂 Pendant ce temps, battre les jaunes d'œufs ou les œufs avec le sucre, la farine et le sel, jusqu'à ce qu'ils soient très légers. Pour la frangipane, ajouter la poudre d'amande à ce moment-là.

🍂 Délayer ensuite avec le lait chaud, une petite quantité à la fois, sans cesser de remuer. Remettre à feu doux et laisser cuire jusqu'à l'obtention d'une crème légère, en remuant sans arrêt, et en évitant toujours de laisser bouillir s'il s'agit d'une crème anglaise. Quand la crème est cuite, la verser à travers la passoire fine.

🍂 Pour la crème pâtissière et la frangipane, ajouter alors le beurre et remuer jusqu'à ce qu'il soit fondu.

🍂 Pour éviter qu'une pellicule ne se forme sur les crèmes pâtissière et frangipane lorsqu'elles refroidissent, badigeonner légèrement la surface des crèmes chaudes avec une noisette de beurre piquée sur la pointe d'un couteau.

QUELQUES TRUCS CONCERNANT LA CUISSON DES CRÈMES

Ne pas faire cuire un entremets, une crème anglaise ou un dessert à base de crème trop longtemps dans un four chaud, ce qui donnerait une crème trop liquide.

🍂 Faire cuire dans un four à 150°C (300°F), pendant 40 minutes dans des moules individuels, ou pendant 60 minutes si vous

avez utilisé un seul plat.

🍂 Afin de réduire le temps de cuisson, faire chauffer le lait avant d'ajouter les autres ingrédients.

🍂 Pour réussir une crème prise qui sera démoulée, battre les œufs légèrement.

🍂 Pour obtenir une surface dorée, bien battre les œufs.

🍂 Pour une garniture à tartelettes, toujours faire chauffer le lait avant de le mélanger aux œufs. Cette précaution empêchera la croûte du dessous de devenir humide.

🍂 Remuer sans arrêt pendant la cuisson d'une crème liquide. Elle est cuite lorsqu'elle enrobe la cuiller.

🍂 Pour obtenir une crème mousseuse, utiliser des œufs entiers. Incorporer les blancs battus en neige ferme et 30 mL (2 c. à soupe) de sucre.

🍂 Pour une crème caramel, remplacer le sucre par 50 mL (¼ tasse) de mélasse.

🍂 Pour une crème anglaise aux fruits, recouvrir le fond du plat de tranches de fruits, sucrés au goût. Verser la crème anglaise très chaude sur les fruits. Couvrir et réfrigérer.

🍂 Pour une crème anglaise plus riche, remplacer une partie du lait par de la crème légère.

CRÈME ANGLAISE À L'AUTOCUISEUR

500 mL (2 tasses) de lait
2 œufs
75 mL (⅓ tasse) de sucre
1 mL (¼ c. à thé) de sel
2 mL (½ c. à thé) de vanille

🍂 Faire chauffer le lait. Mélanger les œufs légèrement battus, le sucre et le sel. Ajouter lentement le lait en remuant continuellement. Ajouter la vanille. Verser dans des ramequins. Les recouvrir de plusieurs épaisseurs de papier ciré bien attachées ou d'un papier d'aluminium, et les installer sur la claie de l'autocuiseur. Ajouter 125 mL (½ tasse) d'eau.

🍂 Verrouiller, et faire cuire pendant 3 minutes. Refroidir rapidement la marmite. Réfrigérer.

CRÈME ANGLAISE AU CHOCOLAT
🍂 Faire chauffer le lait avec 45 mL (3 c. à soupe) de cacao et suivre les indications données pour la crème anglaise à la vanille.

CRÈME ANGLAISE À LA NOIX DE COCO
🍂 Saupoudrer 15 mL (1 c. à soupe) de noix de coco sur chaque portion de crème anglaise avant la cuisson.

CRÈME ANGLAISE AU CAFÉ
🍂 Ajouter au lait 30 mL (2 c. à soupe) de café soluble.

CRÈME AU FOUR À LA VANILLE

2 œufs entiers ou 3 jaunes
250 mL (1 tasse) de lait froid
30 mL (2 c. à soupe) de sucre, de sucre d'érable ou de cassonade
1 mL (¼ c. à thé) de vanille
1 pincée de muscade

🍂 Battre très légèrement les œufs entiers ou les jaunes d'œufs qui ont pour fonction de lier la crème. Faire dissoudre dans le lait froid le sucre, le sucre d'érable ou la cassonade. Ajouter les œufs et parfumer avec la vanille et la muscade.

Crème anglaise

🍂 Verser dans des ramequins et les placer dans une lèchefrite contenant de l'eau chaude à mi-hauteur. Faire cuire dans un four à 180°C (350°F), 30 à 40 minutes. Si une crème cuit trop longtemps ou à feu trop vif sa texture se liquéfie. Elle est cuite à point lorsqu'une lame de couteau, piquée au milieu, en ressort propre.

CRÈME PRISE ÉCLAIR

50 mL (¼ tasse) de sucre ou de mélasse
125 mL (½ tasse) de lait en poudre
1 pincée de sel
125 mL (½ tasse) de lait
2 œufs entiers
4 jaunes d'œufs
375 mL (1½ tasse) de lait

🍂 Mélanger dans une casserole le sucre, le lait en poudre et le sel. Ajouter et battre les 125 mL

(½ tasse) de lait, les œufs entiers et les jaunes d'œufs, jusqu'à l'obtention d'un mélange lisse. Ajouter les 375 mL (1½ tasse) de lait et mélanger.

🍂 Faire cuire pendant 4 ou 5 minutes, en remuant sans arrêt.

🍂 On peut utiliser un thermomètre à cuisson et faire cuire la crème jusqu'à ce que la température atteigne 80°C (175°F). Réfrigérer la crème cuite et parfumer avec de la vanille, de l'essence d'amande, de l'eau de rose ou de l'eau de fleur d'oranger.

CRÈME AU FOUR AU CAFÉ

10 mL (2 c. à thé) de café soluble et 250 mL (1 tasse) d'eau bouillante
ou 250 mL (1 tasse) de café fort
250 mL (1 tasse) de crème légère

60 mL (4 c. à soupe) de sucre
1 pincée de sel
2 ou 3 œufs entiers

🍂 Le café soluble convient parfaitement pour cette recette. Faire dissoudre les 10 mL (2 c. à thé) combles dans l'eau bouillante pour obtenir un café corsé.

🍂 Faire chauffer le café avec la crème, le sucre et le sel. Verser le tout lentement sur les œufs, légèrement battus.

🍂 Bien mélanger. Verser dans un moule beurré. Placer celui-ci dans un plat d'eau chaude. Faire cuire pendant 50 minutes dans un four à 160°C (325°F). Servir froid.

CRÈME AU FOUR À L'ÉRABLE

3 œufs, battus
50 mL (¼ tasse) de sucre
1 mL (¼ c. à thé) de sel
500 mL (2 tasses) de lait chaud
2 mL (½ c. à thé) de vanille

muscade
125 mL (½ tasse) de sucre d'érable
125 mL (½ tasse) de cassonade
15 mL (1 c. à soupe) de farine
125 mL (½ tasse) d'eau
5 mL (1 c. à thé) de beurre
1 mL (¼ c. à thé) d'essence d'érable

🍂 Mélanger les œufs bien battus, le sucre et le sel. Ajouter le lait chaud et la vanille.

🍂 Verser ce mélange dans des ramequins beurrés, saupoudrer légèrement de muscade; placer les ramequins dans un plat d'eau chaude; faire cuire dans un four à 160°C (325°F), de 30 à 40 minutes.

🍂 Se sert chaud ou froid avec une sauce à l'érable préparée de la façon suivante: faire cuire le sucre d'érable avec la cassonade, la farine, l'eau, le beurre et l'essence d'érable, jusqu'à l'obtention d'une belle consistance. Servir

tiède. On peut aussi, au goût, ajouter plus d'essence d'érable.

CRÈME AU CHOCOLAT

2 œufs
250 mL (1 tasse) de sucre
90 mL (6 c. à soupe) d'eau froide
2½ carrés de 30 g (1 oz) chacun de chocolat non sucré
175 mL (¾ tasse) de beurre
5 mL (1 c. à thé) de vanille

🍂 Placer les œufs dans le récipient du mélangeur. Couvrir et mélanger pendant 30 secondes.

🍂 Faire chauffer le sucre et l'eau en sirop épais ou jusqu'à ce qu'une goutte forme une boule molle au contact de l'eau froide. Remettre le mélangeur en marche, soulever le couvercle et verser lentement le sirop sur les œufs, jusqu'à ce qu'il soit entièrement absorbé.

🍂 Ajouter alors le chocolat coupé en petits morceaux, le beurre et la vanille. Couvrir et battre pendant 50 secondes. Réfrigérer pendant 1 heure. Vous obtiendrez alors une crème lisse et crémeuse.

CRÈME FRANGIPANE

La crème frangipane se distingue de la crème pâtissière par une plus grande quantité de farine et de beurre, et par l'addition de poudre d'amande ou de macarons écrasés. On la parfume souvent à la fleur d'oranger, à la vanille, au citron ou à l'orange.

625 mL (2½ tasses) de lait chaud
essence, au goût
125 mL (½ tasse) de farine
125 mL (½ tasse) de sucre
1 œuf entier

Crème frangipane

☙ TECHNIQUE ☙

CRÈME FRANGIPANE

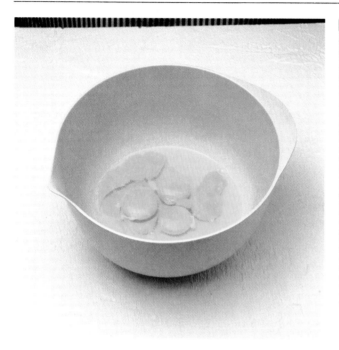

1   Mettre les œufs dans un bol.

2   Ajouter le sucre, la farine et la poudre d'amande.

3   Bien mélanger le tout au batteur à main.

4   Ajouter le lait chaud, une petite quantité à la fois, sans cesser de remuer.

[573]

4 jaunes d'œufs
60 mL (4 c. à soupe) de beurre
30 mL (2 c. à soupe) de poudre
d'amande ou de macarons écrasés

🍂 Suivre les indications données
au début du chapitre, concernant
la préparation et la cuisson de la
crème frangipane.

CRÈME PÂTISSIÈRE

*La crème pâtissière s'emploie dans
la pâtisserie, dans les desserts,
comme garniture des choux à la
crème et des éclairs. L'essence
utilisée, vanille, citron, café ou
chocolat, variera selon l'utilisation
que l'on veut en faire.*

625 mL (2½ tasses) de lait bouilli
essence, au goût
5 jaunes d'œufs ou 4 œufs entiers
30 mL (2 c. à soupe) de farine
175 mL (¾ tasse) de sucre
1 pincée de sel
5 mL (1 c. à thé) de beurre

🍂 La crème pâtissière diffère de
la crème anglaise par l'utilisation
de la farine dans sa préparation.
🍂 Suivre les indications données
au début de ce chapitre pour la
préparation et la cuisson de la
crème pâtissière. (Voir aussi à la
page 603, pour une autre recette
de crème pâtissière.)

CRÈME BRÛLÉE
À LA QUÉBÉCOISE

500 mL (2 tasses) de lait
45 mL (3 c. à soupe) de fécule
de maïs
175 mL (¾ tasse) de mélasse
5 mL (1 c. à thé) d'essence
d'amande
noix hachées (facultatif)

🍂 Mélanger le lait et la fécule de
maïs.
🍂 Faire chauffer la mélasse
jusqu'à ce qu'elle commence à se
caraméliser légèrement. Verser

dans le lait et laisser cuire jusqu'à
ce que la crème soit lisse. Parfumer avec l'essence d'amande.
🍂 Mettre en moule et servir très
froid. On peu garnir cette crème
avec des noix hachées.

CRÈME CARAMEL

85 mL (⅜ tasse) de cassonade
45 mL (3 c. à soupe) de beurre
250 mL (1 tasse) de lait
30 mL (2 c. à soupe) de fécule
de maïs
30 mL (2 c. à soupe) de lait froid
250 mL (1 tasse) de cassonade
bien tassée
125 g (¼ lb) de beurre
125 mL (½ tasse) de crème à 35 %

🍂 Faire cuire pendant 2 minutes
la cassonade avec le beurre.
Ajouter le lait et laisser cuire à feu
doux jusqu'à ce que le sucre soit
dissous.
🍂 Délayer la fécule de maïs dans
le lait froid. Ajouter au premier
mélange et laisser cuire jusqu'à
épaississement. Mettre en moule
et laisser refroidir.
🍂 Servir avec une sauce au
caramel préparée de la façon suivante : faire mijoter pendant
10 minutes, dans une casserole, la
cassonade, le beurre et la crème,
en remuant à quelques reprises.

CRÈME PRISE
AU SIROP D'ÉRABLE
DE SAINT-ISIDORE

175 mL (¾ tasse) de sirop
d'érable
30 mL (2 c. à soupe) de beurre
125 mL (½ tasse) d'eau
2 œufs, séparés
30 mL (2 c. à soupe) de fécule
de maïs

Crème caramel

❦ TECHNIQUE ❦

CRÈME CARAMEL

1 Faire cuire la cassonade et le beurre.

2 Ajouter le lait et laisser mijoter.

3 Ajouter la fécule de maïs délayée dans le lait froid.

4 Faire une sauce au caramel avec la cassonade, le beurre et la crème.

Crème moulée Pompadour

500 mL (2 tasses) de lait
ou de crème légère
1 mL (¼ c. à thé) de sel
5 mL (1 c. à thé) de vanille
crème à 35 %

☙ Mettre le sirop d'érable et le beurre dans un poêlon épais. Faire cuire jusqu'à ce que le sirop soit très épais et plein de bulles. Il doit caraméliser sans brûler. Ajouter alors l'eau d'un seul coup. Le sirop durcira, mais si on le laisse mijoter pendant quelques minutes, il ramollira. Faire bouillir rapidement pendant 3 minutes et laisser tiédir.

☙ Mettre les jaunes d'œufs dans le haut d'un bain-marie et battre légèrement. Ajouter la préparation au sirop d'érable, la fécule délayée dans 50 mL (¼ tasse) de lait, le sel et la vanille. Bien mélanger. Ajouter le reste du lait jusqu'à ce que la préparation épaississe, en remuant sans arrêt. Retirer du feu, laisser refroidir, en remuant souvent. Incorporer les blancs d'œufs battus en neige ferme. Verser dans un plat de cristal et réfrigérer pour faire prendre. Pour servir, garnir de crème fouettée.

CRÈME PRISE ESPAGNOLE

25 mL (1½ c. à soupe)
de gélatine
50 mL (¼ tasse) d'eau froide
3 jaunes d'œufs
1 mL (¼ c. à thé) de sel
675 mL (2¾ tasses) de lait
2 mL (½ c. à thé) de vanille
3 blancs d'œufs
75 mL (⅓ tasse) de sucre

☙ Faire tremper la gélatine dans l'eau froide. Faire cuire au bain-marie les jaunes d'œufs avec le sel et le lait jusqu'à le tout épaississe légèrement. Ajouter la gélatine. Laisser fondre. Refroidir le tout. Parfumer avec la vanille.

☙ Lorsque la préparation commence à épaissir, incorporer les blancs d'œufs battus avec le sucre. Verser dans un moule. Mettre au réfrigérateur pour faire prendre.

CRÈME MOULÉE SUÉDOISE AUX FRAISES

Voici un dessert suédois tradition-nel qui plaît toujours. À défaut de fruits frais, utiliser des fraises surgelées. On peut utiliser d'autres fruits. Cette magnifique crème lisse se conserve une semaine, réfrigérée. Il n'est donc pas néces-saire d'attendre à la dernière minute pour la faire.

2 enveloppes de gélatine
non aromatisée
125 mL (½ tasse) de crème légère
375 mL (1½ tasse) de crème
à 35 %
250 mL (1 tasse) de sucre
500 mL (2 tasses) de crème aigre
1 L (4 tasses) de fraises
125 mL (½ tasse) de sucre
5 mL (1 c. à thé) de vanille

☙ Saupoudrer la crème légère de gélatine, et laisser reposer 5 minu-tes.

☙ Mélanger dans une casserole la crème à 35 % et le sucre, ajouter la gélatine et laisser mijoter pour faire dissoudre le sucre. Verser dans un bol et réfrigérer jusqu'à ce que le tout soit légèrement épaissi, ou que vous obteniez une texture de blancs d'œufs. Y incor-porer la crème aigre. Verser dans un plat de cristal. Couvrir et réfrigérer jusqu'au moment de servir.

☙ Quelques heures avant de servir, laver et trancher les fraises fraîches, ajouter le sucre et la vanille. Mélanger avec soin. Mettre dans un bol et servir comme garniture pour accompagner la crème froide.

CRÈME DE MARRONS À LA LYONNAISE

60 marrons
125 mL (½ tasse) de beurre non salé
250 mL (1 tasse) de sucre superfin
10 mL (2 c. à thé) de vanille
3 œufs, séparés

🍂 Avec la pointe d'un couteau à légumes, pratiquer une incision dans la partie convexe (en saillie) de chaque marron. Mettre dans une casserole et recouvrir d'eau froide. Porter à ébullition et laisser bouillir pendant 15 minutes. Retirer la casserole du feu.

🍂 Enlever rapidement l'écorce et la seconde peau des marrons restés dans l'eau chaude afin qu'ils ne refroidissent pas.

🍂 Passer les marrons au presse-purée. Ajouter le beurre mou, le sucre, la vanille et les jaunes d'œufs.

🍂 Incorporer les blancs d'œufs battus en neige. Mettre dans un plat beurré et placer dans une lèchefrite contenant 8 cm (3 po) d'eau chaude.

🍂 Laisser cuire pendant une heure dans un four à 160°C (325°F). Servir cette crème chaude ou froide.

🍂 Accompagner d'un sirop à l'érable obtenu de la façon suivante : faire chauffer 250 mL (1 tasse) de sirop d'érable, 15 mL (1 c. à soupe) de beurre et 15 mL (1 c. à soupe) de cognac.

CRÈME MOULÉE POMPADOUR

125 mL (½ tasse) de sucre
30 mL (2 c. à soupe) de farine
2 jaunes d'œufs, battus
1 œuf entier
500 mL (2 tasses) de lait
2 mL (½ c. à thé) de vanille
2 blancs d'œufs, battus
125 mL (½ tasse) de sucre à glacer
30 g (1 oz) de chocolat, fondu
un soupçon de vanille
1 pincée de sel

🍂 Mélanger le sucre, la farine, les jaunes d'œufs bien battus et l'œuf entier. Ajouter graduellement le lait chaud parfumé à la vanille en remuant fortement. Faire cuire au bain-marie jusqu'à ce que le mélange épaississe.

🍂 Verser la crème dans des coupes, la laisser refroidir et la recouvrir d'une mousse au chocolat préparée de la façon suivante : battre les blancs d'œufs en neige ferme, ajouter le sucre à glacer, bien mélanger et incorporer, avec soin, le chocolat fondu, la vanille et la pincée de sel. En déposer une cuillerée [15 mL (1 c. à soupe)] sur chaque coupe. Servir très frais.

FLAN DE NEVERS AU CHOCOLAT

GARNITURE

60 mL (4 c. à soupe) de sucre
6 jaunes d'œufs
300 mL (1¼ tasse) de lait chaud
250 g (8 oz) de chocolat importé
250 mL (1 tasse) de beurre doux
30 doigts de dame
ou petits macarons à l'amande

CRÈME ANGLAISE

750 mL (3 tasses) de crème à 10 %
3 jaunes d'œufs
150 mL (⅔ tasse) de sucre
1 pincée de sel
5 mL (1 c. à thé) de vanille
ou 1 bâton de vanille
ou 30 mL (2 c. à soupe) de rhum

GARNITURE

🍂 Mettre le sucre et les 6 jaunes d'œufs dans la partie supérieure d'un bain-marie. Bien mélanger et ajouter le lait chaud. Mélanger de nouveau et cuire au-dessus d'une eau frémissante, en brassant souvent, jusqu'à ce que le mélange soit épais et crémeux. Passer cette crème au tamis fin et laisser tiédir.

🍂 Faire fondre le chocolat dans la partie supérieure d'un bain-marie au-dessus d'une eau frémissante. Ajouter le beurre et brasser pour mélanger. Verser le chocolat fondu dans le mélange d'œufs et de lait. Battre au batteur à main jusqu'à ce que le mélange soit lisse.

🍂 Tremper les biscuits dans de l'eau et les parfumer à la vanille ou au rhum. En tapisser le fond et les côtés d'un moule à charlotte. Verser délicatement la préparation au chocolat sur les biscuits. Recouvrir de biscuits et d'une feuille de papier d'aluminium. Réfrigérer de 8 à 24 heures.

CRÈME

🍂 Démouler le flan et le garnir de crème anglaise refroidie. Préparer la crème anglaise avec la crème, les œufs, le sucre, le sel et la vanille (voir *Les crèmes-dessert*, page 570 pour plus de détails sur la préparation).

VELOUTÉ À L'ORANGE

125 mL (½ tasse) de lait
15 mL (1 c. à soupe) de gélatine
125 mL (½ tasse) de sucre
1 œuf, battu
125 mL (½ tasse) de crème
125 mL (½ tasse) de jus d'orange
5 mL (1 c. à thé) de jus de citron
quartiers d'orange

🐟 Verser le lait dans une casserole. Y ajouter la gélatine, le sucre, l'œuf battu, la crème. Mettre au feu et remuer jusqu'à ce que la gélatine soit dissoute et que la consistance soit légèrement épaisse. Il est nécessaire d'éviter l'ébullition.

🐟 Verser dans un moule; laisser refroidir légèrement. Ajouter le jus d'orange et le jus de citron. Remettre dans le moule et servir très froid avec des quartiers d'orange roulés dans le sucre en poudre.

VELOUTÉ AU CARAMEL

175 mL (¾ tasse) de sucre
750 mL (3 tasses) de crème légère
30 mL (2 c. à soupe) de gélatine
50 mL (¼ tasse) d'eau froide
5 mL (1 c. à thé) de vanille

🐟 Faire caraméliser le sucre; ajouter la crème et remuer jusqu'à ce que le tout prenne une texture lisse et que le sucre soit bien dissous.

🐟 Verser le mélange sur la gélatine dissoute dans l'eau froide. Remuer pour bien faire fondre la gélatine. Parfumer avec la vanille. Mettre dans un moule et servir très froid.

MOUSSE AU CHOCOLAT DE LUXE

250 g (8 oz) de chocolat sucré
50 mL (¼ tasse) d'eau chaude

15 mL (1 c. à soupe)
de café soluble
5 jaunes d'œufs
30 mL (2 c. à soupe) de cognac
ou de Cointreau
5 blancs d'œufs

🐟 Mettre le chocolat, l'eau chaude et le café dans le haut d'un bain-marie. Faire fondre le chocolat, en évitant de laisser bouillir l'eau. Lorsque le chocolat est bien fondu, remuer et laisser tiédir.

🐟 Battre les jaunes d'œufs jusqu'à ce qu'ils soient très légers, ajouter le cognac ou le Cointreau, incorporer le tout au chocolat et bien mélanger.

🐟 Battre les blancs d'œufs en neige solide et les incorporer à la préparation à base de chocolat. Remuer jusqu'à ce qu'on ne voie plus la moindre particule de blanc.

🐟 Verser dans de petits moules. Réfrigérer pendant 12 heures avant de servir.

MOUSSE PARISIENNE AU CHOCOLAT

250 g (½ lb) de chocolat
semi-sucré
125 mL (½ tasse) de sucre
50 mL (¼ tasse) d'eau
5 jaunes d'œufs
5 mL (1 c. à thé) de vanille
5 blancs d'œufs, en neige

🐟 Faire fondre au bain-marie le chocolat, le sucre et l'eau. Remuer jusqu'à ce que le tout ait une apparence lisse et souple.

🐟 Battre les jaunes d'œufs en mousse. Les ajouter au mélange du chocolat, ainsi que la vanille. Remuer pendant quelques minutes; retirer du feu; laisser refroidir

Mousse au chocolat de luxe

MOUSSE AU CHOCOLAT DE LUXE

1 Faire fondre le chocolat dans l'eau chaude et le café.

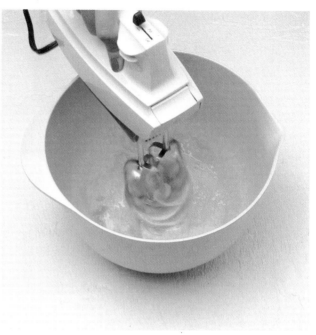

2 Battre les jaunes d'œufs avec le cognac, jusqu'à ce qu'ils soient très légers.

3 Ajouter le tout au chocolat et bien mélanger.

4 Incorporer les blancs d'œufs battus en neige au mélange de chocolat.

Bavarois aux fraises

et incorporer les blancs d'œufs battus en neige.

☙ Servir 6 à 8 heures après la cuisson. Parce qu'il est assez riche, ce dessert se sert habituellement dans des ramequins, en très petite quantité.

MOUSSE PARISIENNE AUX MARRONS

150 mL (⅔ tasse) de sucre
50 mL (¼ tasse) d'eau
6 jaunes d'œufs
500 mL (2 tasses) de crème à 35 %
250 mL (1 tasse) de marrons dans le sirop
5 mL (1 c. à thé) de cognac

☙ Mettre dans une casserole le sucre et l'eau. Faire bouillir pendant 5 minutes pour en faire un sirop. Battre les jaunes d'œufs avec un batteur à main jusqu'à ce qu'ils soient légers et mousseux. Verser graduellement le sirop chaud sur les jaunes, tout en con-tinuant à remuer. Faire cuire au bain-marie jusqu'à l'obtention d'une consistance crémeuse. Retirer du feu et battre jusqu'à ce que le mélange soit tiède. Cette opération est grandement facilitée par l'utilisation d'un batteur sur socle.

☙ Fouetter la crème. À la mousse tiède et bien battue, ajouter les marrons coupés en petits morceaux, le cognac et la crème fouettée. Bien mélanger, couvrir et réfrigérer pour faire prendre.

BAVAROIS AUX FRAISES

1 boîte de fraises surgelées
50 mL (¼ tasse) de lait froid
2 enveloppes de gélatine non aromatisée
50 mL (¼ tasse) de sucre
2 jaunes d'œufs
250 mL (1 tasse) de glace pilée
250 mL (1 tasse) de crème à 35 %

☙ Laisser dégeler les fraises. Égoutter 125 mL (½ tasse) du jus des fraises dans une casserole. Faire chauffer jusqu'à ébullition.

☙ Dans le récipient du mélangeur, mettre le lait, la gélatine et le jus de fraises bien chaud. Couvrir et battre pendant 40 secondes. Ajouter le sucre, les fraises et les jaunes d'œufs. Couvrir et battre pendant 5 secondes. Ajouter la glace et la crème. Couvrir et mélanger pendant 20 secondes ou jusqu'à ce que le mélange épaississe. Verser dans un moule huilé. Réfrigérer pendant 30 à 60 minutes avant de démouler.

BAVAROIS FRANÇAIS

250 mL (1 tasse) de lait
15 mL (1 c. à soupe) de gélatine
30 mL (2 c. à soupe) d'eau
125 mL (½ tasse) de sucre
5 mL (1 c. à thé) de vanille
250 mL (1 tasse) de crème à 35%, fouettée

☙ Faire chauffer le lait. Ajouter la gélatine dissoute dans l'eau, le sucre et la vanille. Bien remuer pour faire fondre le sucre et la gélatine.

☙ Laisser refroidir jusqu'à ce que la préparation soit à moitié prise. Ajouter la crème fouettée; battre le tout pour mélanger parfaitement, mettre dans un moule, réfrigérer et laisser prendre pendant 6 à 8 heures.

BAVAROIS ALLEMAND

25 mL (1½ c. à soupe) de gélatine
30 mL (2 c. à soupe) d'eau froide
250 mL (1 tasse) de crème à 35 %, fouettée

50 mL (¼ tasse) de sucre
5 mL (1 c. à thé) de vanille

❧ Faire dissoudre la gélatine dans l'eau froide. La faire fondre au bain-marie. Verser la gélatine dissoute sur la crème fouettée, en remuant sans arrêt. Ajouter le sucre et la vanille. Verser dans un moule et laisser prendre pendant 3 à 5 heures.

SOUFFLÉ FROID AU CHOCOLAT

4 œufs entiers
3 jaunes d'œufs
90 mL (6 c. à soupe) de sucre
25 mL (1½ c. à soupe)
de gélatine non aromatisée
60 mL (4 c. à soupe) d'eau froide
10 mL (2 c. à thé) de jus de citron
150 g (5 oz) de chocolat sucré
45 mL (3 c. à soupe) de café froid
30 mL (2 c. à soupe) de cognac
10 mL (2 c. à thé) de vanille
500 mL (2 tasses) de crème à 35 %
5 mL (1 c. à thé) de cognac
sucre à glacer
poudre de cacao

❧ Battre les œufs entiers, les jaunes d'œufs et le sucre en mousse légère.

❧ Faire tremper la gélatine pendant 5 minutes dans l'eau froide et le jus de citron. Faire dissoudre au bain-marie au-dessus de l'eau bouillante.

❧ Mettre dans une petite casserole le chocolat coupé en morceaux, le café froid et le cognac. Remuer à feu doux, jusqu'à ce que le chocolat soit fondu.

❧ Verser lentement la gélatine dans la mousse aux œufs, en remuant sans arrêt. Incorporer la crème de chocolat et la vanille sans cesser de remuer.

❧ Fouetter la crème, en incorporer la moitié dans le mélange. Entourer un moule à soufflé de 20 cm (8 po) de diamètre d'un collet de papier. Bien graisser, puis y verser la préparation. Recouvrir avec le reste de la crème fouettée, sucrée avec du sucre à glacer et aromatisée de cognac. Réfrigérer pendant 2 à 4 heures. Pour servir, retirer la bande de papier avec soin et saupoudrer avec un peu de cacao.

SOUFFLÉ FROID AU CITRON

1 enveloppe de gélatine
non aromatisée
50 mL (¼ tasse) d'eau froide
4 jaunes d'œufs
5 mL (1 c. à thé) de zeste
de citron
125 mL (½ tasse) de jus de citron
250 mL (1 tasse) de sucre
2 mL (½ c. à thé) de sel
5 mL (1 c. à thé) de vanille
4 blancs d'œufs
250 mL (1 tasse) de crème à 35 %

❧ Faire tremper la gélatine pendant 5 minutes dans l'eau froide.

❧ Mélanger les jaunes d'œufs avec le zeste et le jus de citron, 125 mL (½ tasse) de sucre et le sel. Faire cuire au bain-marie en remuant presque sans arrêt, jusqu'à l'obtention d'une crème très légère.

❧ Retirer du feu, y ajouter la gélatine et la vanille. Laisser refroidir.

❧ Battre les blancs d'œufs, ajouter 125 mL (½ tasse) de sucre et battre le tout en neige ferme.

❧ Fouetter la crème, la verser sur les blancs d'œufs et incorporer la préparation de gélatine au mélange. Verser dans un moule à soufflé. Garder au réfrigérateur jusqu'au moment de servir.

Soufflé froid au chocolat

SOUFFLÉ FROID À L'ORANGE

4 œufs entiers
3 jaunes d'œufs
90 mL (6 c. à soupe) de sucre
25 mL (1½ c. à soupe)
de gélatine non aromatisée
45 mL (3 c. à soupe) d'eau froide
10 mL (2 c. à thé) de jus de citron
2 grosses oranges
500 mL (2 tasses) de crème à 35 %
125 mL (½ tasse) de gelée
de cassis

🌺 Mettre dans un bol les œufs entiers, les jaunes d'œufs et le sucre. Battre au batteur à main jusqu'à ce que le mélange soit bien mousseux.

🌺 Faire tremper la gélatine dans l'eau froide et le jus de citron pendant 5 minutes. Faire dissoudre au bain-marie. Verser lentement dans la mousse des œufs, en remuant sans arrêt.

🌺 Ajouter le jus et le zeste d'une orange. Fouetter la crème et l'incorporer au mélange.

🌺 Entourer un moule à soufflé de 20 cm (8 po) de diamètre d'un collet de papier. Bien graisser. Y verser le mélange et le réfrigérer pendant 2 heures. Retirer ensuite le soufflé du réfrigérateur, et garnir le tour avec les quartiers de la deuxième orange.

🌺 Chauffer la gelée à feu doux pour la faire fondre et la répandre sur le soufflé et sur les quartiers d'orange.

🌺 Remettre au réfrigérateur. Au moment de servir, enlever avec soin la bande de papier.

SOUFFLÉ FROID AUX FRAISES

1 enveloppe de gélatine
non aromatisée
50 mL (¼ tasse) d'eau froide
1 boîte de fraises surgelées
4 jaunes d'œufs
250 mL (1 tasse) de sucre
2 mL (½ c. à thé) de sel
4 blancs d'œufs
250 mL (1 tasse) de crème à 35 %

🌺 Faire tremper la gélatine pendant 5 minutes dans l'eau froide.

🌺 Faire dégeler les fraises et les mettre en purée en les passant dans un tamis. Mélanger les jaunes d'œufs avec 125 mL (½ tasse) de sucre et le sel. Faire cuire au bain-marie en remuant presque sans arrêt, jusqu'à l'obtention d'une crème très légère.

🌺 Retirer du feu et ajouter la gélatine. Laisser refroidir et ajouter la purée de fraises.

🌺 Battre les blancs d'œufs, ajouter 125 mL (½ tasse) de sucre et battre le tout en neige ferme.

🌺 Fouetter la crème, la verser sur les blancs d'œufs en neige et incorporer au tout la préparation des fraises. Verser dans un moule à soufflé. Garder au réfrigérateur jusqu'au moment de servir.

SOUFFLÉ FROID AU CAFÉ

4 œufs entiers
3 jaunes d'œufs
50 mL (¼ tasse) de sucre
1 pincée de cannelle
25 mL (1½ c. à soupe)
de gélatine
60 mL (4 c. à soupe) de café
corsé froid
250 mL (1 tasse) de crème à 35 %
sucre à glacer
amandes grillées, émincées

🌺 Dans un bol, battre les œufs entiers, les jaunes d'œufs, le sucre et la cannelle, jusqu'à l'obtention d'une belle mousse.

🌺 Faire tremper la gélatine pendant 5 minutes dans le café froid.

Soufflé froid à l'orange

❦ TECHNIQUE ❦

SOUFFLÉ FROID À L'ORANGE

1 Mettre dans un bol les œufs entiers, les jaunes d'œufs et le sucre. Battre au batteur à main jusqu'à ce que le mélange soit mousseux.

2 Verser lentement la gélatine fondue dans la mousse des œufs en remuant sans arrêt.

3 Ajouter le jus et le zeste d'une orange. Incorporer la crème fouettée à la préparation.

4 Entourer un moule à soufflé d'un collet de papier. Bien graisser. Y verser le mélange.

Faire dissoudre au bain-marie au-dessus de l'eau bouillante. Verser lentement dans la mousse des œufs en remuant sans arrêt.

🍃 Fouetter la moitié de la crème et l'incorporer au mélange. Verser cette préparation dans un moule à soufflé de 20 cm (8 po). Réfrigérer pendant 2 à 4 heures.

🍃 Pour servir, fouetter le reste de la crème, la sucrer au goût avec du sucre à glacer, ajouter 5 mL (1 c. à thé) de café soluble et garnir le dessus du soufflé avec cette préparation. Parsemer le tout d'amandes grillées.

SOUFFLÉ FROID MOKA

1 enveloppe de gélatine
non aromatisée
50 mL (¼ tasse) d'eau froide
10 mL (2 c. à thé) de café soluble
125 mL (½ tasse) d'eau froide
4 jaunes d'œufs
250 mL (1 tasse) de sucre
2 mL (½ c. à thé) de sel
2 carrés de 30 g (1 oz) chacun
de chocolat non sucré
5 mL (1 c. à thé) de vanille
4 blancs d'œufs
250 mL (1 tasse) de crème à 35 %

🍃 Faire tremper la gélatine pendant 5 minutes dans 50 mL (¼ tasse) d'eau froide.

🍃 Dissoudre le café soluble dans 125 mL (½ tasse) d'eau froide. Mélanger les jaunes d'œufs avec le café, 125 mL (½ tasse) de sucre et le sel. Ajouter le chocolat et faire cuire au bain-marie, en remuant presque sans arrêt, jusqu'à l'obtention d'une crème très légère.

🍃 Retirer du feu et ajouter la gélatine et la vanille. Laisser refroidir.

🍃 Battre légèrement les blancs d'œufs, leur ajouter 125 mL (½ tasse) de sucre et battre en neige ferme.

🍃 Fouetter la crème, la verser sur les blancs battus en neige et incorporer au tout la préparation à base de café. Verser dans un moule à soufflé. Garder au réfrigérateur jusqu'au moment de servir.

SOUFFLÉ AU CHOCOLAT

60 mL (4 c. à soupe) de beurre
45 mL (3 c. à soupe) de farine
175 g (6 oz) de chocolat sucré
375 mL (1½ tasse) de crème à 35 %
1 mL (¼ c. à thé) de vanille
4 jaunes d'œufs
60 mL (4 c. à soupe) de sucre
6 blancs d'œufs
1 pincée de sel
sucre à glacer

🍃 Faire fondre le beurre, y ajouter la farine. Retirer du feu, bien mélanger.

🍃 Couper le chocolat en petits morceaux et l'ajouter à la crème, tout en remuant à feu doux, jusqu'à ce que le chocolat soit fondu. Verser sur le mélange du beurre et de la farine et laisser cuire, à feu moyen, jusqu'à ce que le tout épaississe. Ne pas laisser bouillir.

🍃 Retirer du feu, ajouter 1 mL (¼ c. à thé) de vanille. Laisser refroidir cette sauce, en remuant de temps à autre. Couvrir.

🍃 Battre les jaunes d'œufs avec le sucre, jusqu'à ce qu'ils soient très légers. Ajouter à la crème de chocolat et bien mélanger.

🍃 Battre les blancs d'œufs en neige avec le sel et les incorporer avec soin à la préparation.

🍃 Graisser un moule à soufflé de 20 cm (8 po) de diamètre, et recouvrir les parois intérieures d'un collet de papier; le saupoudrer de sucre, y verser la préparation. Mettre le plat dans une lèchefrite d'eau chaude. Faire cuire pendant 30 minutes dans un four à 180°C (350°F). Augmenter la chaleur à 190°C (375°F) et laisser cuire 15 minutes de plus.

🍃 Saupoudrer de sucre à glacer et servir avec une sauce au chocolat (voir pages 602 et 604).

SOUFFLÉ MOKA

45 mL (3 c. à soupe) de beurre
30 mL (2 c. à soupe) de farine
1 mL (¼ c. à thé) de sel
175 mL (¾ tasse) de café corsé
50 mL (¼ tasse) de crème légère
125 mL (½ tasse) de sucre
3 jaunes d'œufs
5 mL (1 c. à thé) de vanille
3 blancs d'œufs, battus en neige

🍃 Faire fondre le beurre; ajouter la farine, le sel, le café, la crème et le sucre. Faire cuire jusqu'à ce que le mélange épaississe.

🍃 Verser sur les jaunes d'œufs battus en mousse. Remuer jusqu'à ce que les jaunes d'œufs soient bien mélangés. Laisser refroidir; parfumer avec la vanille, et incorporer les blancs d'œufs battus en neige.

🍃 Verser dans des moules individuels beurrés; mettre ces moules dans une lèchefrite d'eau. Faire cuire dans un four à 160°C (325°F), à peu près 25 minutes.

SOUFFLÉ À LA LIQUEUR

125 mL (½ tasse) de lait
125 mL (½ tasse) de sucre
90 mL (6 c. à soupe) de farine
125 mL (½ tasse) de crème légère
15 mL (1 c. à soupe) de beurre
3 jaunes d'œufs
60 mL (4 c. à soupe) de sucre
à glacer
50 mL (¼ tasse) de Cointreau
ou de cognac
5 blancs d'œufs
amandes grillées, émincées

❧ Mélanger le lait et le sucre, jusqu'à ce que le sucre soit dissous. Mélanger la farine et la crème en pâte lisse et ajouter au lait. Remuer à feu doux jusqu'à ce que le mélange épaississe, sans toutefois le laisser bouillir. Retirer du feu et ajouter le beurre, petit à petit, en remuant à chaque addition. Battre les jaunes d'œufs avec le sucre à glacer jusqu'à ce que le mélange soit très léger. Ajouter graduellement la liqueur en continuant à battre. Ajouter à la sauce et bien mélanger.

❧ Battre les blancs d'œufs en neige et les incorporer avec soin à la préparation.

❧ Graisser un moule à soufflé de 20 cm (8 po) de diamètre dont les parois intérieures sont tapissées d'un collet de papier. Le saupoudrer de sucre blanc, y verser la préparation. Mettre le plat dans une lèchefrite d'eau chaude. Faire cuire de 40 à 45 minutes dans un four chauffé à 190°C (375°F).

❧ Accompagner d'une sauce préparée avec du beurre non salé et la même liqueur qui aromatise le soufflé, en proportions égales. Servir avec un plat d'amandes grillées émincées.

SOUFFLÉ AU SIROP D'ÉRABLE

250 mL (1 tasse) de sirop d'érable
4 blancs d'œufs
125 mL (½ tasse) de sucre à glacer
10 mL (2 c. à thé) de levure chimique
125 mL (½ tasse) de sirop d'érable
45 mL (3 c. à soupe) de cognac
15 mL (1 c. à soupe) de beurre

❧ Faire bouillir les 250 mL (1 tasse) de sirop d'érable, pour les réduire à 175 mL (¾ tasse). Laisser tiédir.

❧ Battre les blancs d'œufs en neige, leur ajouter le sucre à glacer tamisé avec la levure chimique. Incorporer avec soin le sirop tiède.

❧ Mettre 125 mL (½ tasse) de sirop d'érable dans le fond d'un moule à soufflé de 20 cm (8 po) de diamètre. Entourer les parois intérieures du moule d'un collet de papier. Ajouter le cognac et le beurre coupé en petits dés. Verser le mélange dans le moule. Mettre le moule dans une lèchefrite d'eau chaude. Faire cuire pendant 1 heure dans un four à 150°C (300°F).

❧ Servir avec une sauce à l'érable ou avec du beurre fondu et du cognac chauffés ensemble.

SOUFFLÉ DE LA CABANE À SUCRE

250 mL (1 tasse) de sirop d'érable
4 blancs d'œufs
125 mL (½ tasse) de sucre à glacer
10 mL (2 c. à thé) de levure chimique

❧ Faire bouillir le sirop d'érable pour le réduire à 175 mL

Soufflé à la liqueur

(¾ tasse). Laisser tiédir.

🖜 Battre les blancs d'œufs en neige ferme, y ajouter le sucre à glacer et la levure chimique. Y incorporer délicatement le sirop tiède. Verser le mélange dans un moule à soufflé ou dans un plat non graissé. Placer le moule dans une lèchefrite contenant 5 cm (2 po) d'eau. Faire cuire pendant 1 heure dans un four à 150°C (300°F). Servir aussitôt cuit.

SOUFFLÉ GARNI

135 mL (8 c. à soupe) de sucre
8 jaunes d'œufs
5 mL (1 c. à thé) de vanille
300 mL (1¼ tasse) de crème
à 35 %
8 blancs d'œufs
1 mL (¼ c. à thé) de sel
30 mL (2 c. à soupe) de farine
45 mL (3 c. à soupe) de beurre
6 boudoirs
50 mL (¼ tasse) de cognac
125 mL (½ tasse) de fruits
confits
sucre à glacer

🖜 Battre les 135 mL (8 c. à soupe) de sucre et les jaunes d'œufs au batteur sur socle.

🖜 Ajouter la vanille aux œufs. Battre jusqu'à ce que les œufs soient jaune pâle et d'une texture légère. Ajouter la crème petit à petit, tout en continuant à battre.

🖜 Faire cuire cette mousse dans le haut d'un bain-marie, à feu doux, jusqu'à ce que la crème colle au dos d'une cuiller de métal. Retirer du feu et réfrigérer pour bien refroidir.

🖜 Battre les blancs d'œufs en neige avec le sel. Tamiser la farine sur les blancs d'œufs et l'incorporer avec beaucoup de soin. Incorporer ensuite le mélange des blancs l'œufs à celui des jaunes d'œufs bien refroidi.

🖜 Beurrer généreusement un moule à soufflé de 20 cm (8 po) de diamètre. Entourer les parois intérieures du moule d'un collet de papier. Saupoudrer de sucre. Tremper les boudoirs dans le cognac et les placer debout, tout autour du plat, en laissant un espace vide entre chacun. Hacher les fruits confits et les tremper dans le reste de cognac. Les disposer ensuite entre les boudoirs. Verser le cognac qui reste dans le fond du moule et remplir avec le mélange. Saupoudrer la surface avec un peu de sucre à glacer.

🖜 Mettre le plat dans une lèchefrite d'eau chaude et faire cuire 45 à 55 minutes au four, à 160°C (325°F). Servir avec une sauce à la crème aromatisée au cognac.

SOUFFLÉ AUX ABRICOTS

30 mL (2 c. à soupe) de beurre
45 mL (3 c. à soupe) de farine
175 mL (¾ tasse) de lait
10 mL (2 c. à thé) de jus
de citron
125 mL (½ tasse) de confiture
d'abricots
4 jaunes d'œufs
60 mL (4 c. à soupe) de sucre
5 blancs d'œufs
sucre à glacer

🖜 Faire une sauce blanche avec le beurre, la farine et le lait. Ne pas laisser bouillir la sauce une fois qu'elle a atteint une consistance crémeuse. Retirer du feu.

🖜 Ajouter à la sauce le jus de citron et la confiture d'abricots. Ajouter les jaunes d'œufs, un à un, en battant fortement à chaque addition. Ajouter le sucre et battre jusqu'à ce qu'il soit dissous.

🖜 Battre les blancs d'œufs en neige et les incorporer au premier mélange.

🖜 Beurrer un moule à soufflé et le saupoudrer de sucre à glacer. Y verser le mélange. Faire cuire pendant 30 minutes dans un four chauffé à 180°C (350°F). Saupoudrer de sucre à glacer et servir.

SOUFFLÉ AUX BLEUETS

500 mL (2 tasses) de bleuets frais
ou surgelés
250 mL (1 tasse) de sucre
45 mL (3 c. à soupe) d'eau
15 mL (1 c. à soupe) de cognac
10 mL (2 c. à thé) de zeste
de citron
6 blancs d'œufs
30 mL (2 c. à soupe) de poudre
d'amandes
crème aigre ou crème à 35 %

🖜 Laver et égoutter les bleuets. Les écraser à travers un tamis.

🖜 Dans un poêlon, faire bouillir le sucre et l'eau, jusqu'à ce que le mélange prenne une texture filamenteuse lorsqu'on en retire une cuiller.

🖜 Ajouter la pulpe des bleuets, bien mélanger. Laisser refroidir pendant 30 minutes.

🖜 Ajouter alors le cognac et le zeste de citron. Bien mélanger.

🖜 Battre les blancs d'œufs en neige et les incorporer avec soin au mélange.

🖜 Entourer un plat à soufflé de 20 cm (8 po) de diamètre d'un collet de papier. Beurrer le plat, le saupoudrer de sucre, y verser le mélange. Saupoudrer le tout avec de la poudre d'amandes. Faire cuire pendant 30 minutes dans un four chauffé à 190°C (375°F). Servir avec de la crème aigre ou de la crème fouettée.

SOUFFLÉ AUX POMMES

4 jaunes d'œufs
150 mL (⅔ tasse) de cassonade
375 mL (1½ tasse) de compote de pommes
30 mL (2 c. à soupe) de cognac
15 mL (1 c. à soupe) de zeste d'orange
30 mL (2 c. à soupe) de sucre
4 blancs d'œufs

🥄 Battre les jaunes d'œufs jusqu'à ce qu'ils soient jaune pâle. Ajouter la cassonade et bien mélanger.

🥄 Mélanger la compote de pommes, le cognac, le zeste d'orange et le sucre. Ajouter à la préparation des jaunes d'œufs et bien mélanger.

🥄 Battre les blancs d'œufs en neige et les incorporer avec soin au mélange.

🥄 Entourer un moule à soufflé de 20 cm (8 po) de diamètre d'un collet de papier. Beurrer le moule, le saupoudrer de sucre, y verser la préparation. Saupoudrer de sucre et faire cuire pendant 30 minutes dans un four chauffé à 180°C (350°F).

CHARLOTTE RUSSE AU CAFÉ

125 mL (½ tasse) de sucre
1 enveloppe de gélatine non aromatisée
1 pincée de sel

Soufflé aux pommes

30 mL (2 c. à soupe) de café soluble
300 mL (1¼ tasse) de lait
2 jaunes d'œufs
2 mL (½ c. à thé) de vanille
2 blancs d'œufs
250 mL (1 tasse) de crème à 35 %
8 à 12 boudoirs

🥄 Mélanger 50 mL (¼ tasse) de sucre, la gélatine, le sel et le café soluble dans le haut d'un bain-marie. Battre le lait avec les jaunes d'œufs, les ajouter au mélange de la gélatine. Faire cuire au bain-marie sur une eau bouillante, en remuant sans arrêt, pendant à peu près 5 minutes, ou jusqu'à ce que la gélatine soit dissoute. Retirer le bain-marie du feu, ajouter la vanille. Refroidir au réfrigérateur jusqu'à ce que le mélange soit à moitié pris.

🥄 Battre les blancs d'œufs, leur ajouter 50 mL (¼ tasse) de sucre, puis les battre en neige ferme.

🥄 Incorporer la préparation réfrigérée dans les blancs en neige. Fouetter la crème et l'y incorporer.

🥄 Garnir le tour de moules individuels ou d'un plat de verre taillé avec les boudoirs. Y verser la préparation et réfrigérer pendant 4 à 12 heures.

CHARLOTTE AUX POMMES

8 à 12 pommes à cuire
45 mL (3 c. à soupe) de beurre
zeste râpé de ½ citron
15 mL (1 c. à soupe) d'eau
15 mL (1 c. à soupe) de gelée d'abricot
8 à 12 tranches de pain

🥄 Peler les pommes et en enlever les trognons. Hacher les pommes grossièrement et les placer dans une casserole avec le beurre, le zeste de citron et l'eau. Couvrir et laisser mijoter pendant 15 minutes, ou jusqu'à ce que les pommes

Sabayon

soient tendres. Sucrer au goût et ajouter la gelée d'abricot. Passer au tamis pour faire une purée épaisse.

🖎 Enlever les croûtes des tranches de pain. Tailler certaines tranches en rondelles, d'autres en bandes de 2,5 cm (1 po). Tremper une à une les rondelles dans du beurre fondu et en tapisser le fond d'un moule à charlotte (rond, peu profond, aux parois droites). Disposer les rondelles pour en faire un motif. Tapisser les côtés du moule des bandes de 2,5 cm (1 po), également trempées dans le beurre fondu. Remplir le moule préparé des pommes cuites. Couvrir d'un papier beurré, faire cuire dans un four à 180°C (350°F), pendant 40 minutes. Lorsqu'elle est cuite, renverser la charlotte sur un plateau et la laisser reposer dans son moule une quinzaine de minutes avant de retirer celui-ci avec soin.

SABAYON

8 jaunes d'œufs
250 mL (1 tasse) de sucre
250 mL (1 tasse) de marsala
8 blancs d'œufs

🖎 Mélanger les jaunes d'œufs et le sucre dans le haut d'un bain-marie. Battre au batteur à main ou sur socle, jusqu'à ce que le sucre soit dissout. Placer le récipient sur une eau chaude mais non bouillante, et continuer à battre à feu moyen jusqu'à ce que le mélange commence à épaissir.

🖎 Ajouter graduellement le marsala tout en remuant, jusqu'à ce que le mélange ressemble à une crème épaisse. Cette opération peut prendre une dizaine de minutes.

🖎 Pour servir le sabayon chaud, verser la préparation dans un compotier ou dans des coupes à champagne.

🖎 Pour le servir froid, verser le sabayon dans un plat et le mettre au réfrigérateur. Lorsque le sabayon est froid, y ajouter 8 blancs d'œufs battus en neige. Verser ensuite cette mousse légère dans un compotier ou dans des coupes.

ŒUFS EN NEIGE CARAMÉLISÉS

4 jaunes d'œufs
125 mL (½ tasse) de sucre
4 blancs d'œufs
50 mL (¼ tasse) de sucre
500 mL (2 tasses) de lait
125 mL (½ tasse) de sucre
30 mL (2 c. à soupe) d'eau
vanille ou muscade

🖎 Battre les jaunes d'œufs en mousse avec 125 mL (½ tasse) de sucre. Battre les blancs d'œufs en neige légère, ajouter 50 mL (¼ tasse) de sucre, puis battre en neige ferme.

🖎 Faire chauffer le lait dans un grand poêlon. Laisser tomber les blancs d'œufs par grandes cuillerées dans le lait chaud. Lorsque l'îlot de neige est bien gonflé, le retourner vivement pour faire cuire l'autre côté. Aussitôt cuit (environ 1 minute), le retirer avec une écumoire et le mettre dans un plat chaud.

🖎 Lorsque tous les blancs sont cuits, ajouter les jaunes d'œufs en mousse au lait chaud et remuer jusqu'à l'obtention d'une belle crème dorée. Ne pas faire bouillir. Parfumer avec de la vanille ou de la muscade.

🖎 Verser cette crème sur les blancs d'œufs. Faire chauffer 125 mL (½ tasse) de sucre et 30 mL (2 c. à soupe) d'eau jusqu'à l'obtention d'un caramel doré.

🖎 Avec une fourchette, verser

tout le caramel en grands filets sur les œufs en neige. Servir froid.

CROQUEMBOUCHE

En France, c'est une spécialité de Noël. C'est un dessert très décoratif, mais simple à préparer si on utilise une préparation pour faire les choux.

24 petits choux à la crème
de 5 cm (2 po) de diamètre
1 bande de pâte à tarte
de 23 cm (9 po)
500 mL (2 tasses) de crème à 35 %
2 mL (½ c. à thé) d'essence
d'amande
50 mL (¼ tasse) de cerises rouges
et vertes confites, émincées
250 mL (1 tasse) d'eau
375 mL (1½ tasse) de sucre

* Confectionner les petits choux en suivant les instructions données sur l'emballage. Faire cuire une bande de pâte à tarte de 23 cm (9 po), abaissée à 0,6 cm (¼ po) d'épaisseur et posée en cercle sur une plaque à pâtisserie.

* Fouetter la crème et y ajouter du sucre au goût, l'essence d'amande et les cerises émincées. Remplir chaque chou avec cette préparation de crème.

* Disposer le cercle de pâte cuite sur un joli plateau.

* Faire un caramel avec l'eau et le sucre en les faisant bouillir dans une casserole.

* À l'aide d'une fourchette, saucer rapidement les choux farcis dans le sirop chaud, un à la fois. Les disposer tout autour du cercle de pâte, le côté sucré en haut. Faire ensuite un second anneau de petits choux à l'intérieur du premier. Napper les choux de filets de sirop caramélisé. Conserver au frais.

BAGATELLE

500 mL (2 tasses) de crème à 35 %
4 jaunes d'œufs
125 mL (½ tasse) de cassonade
15 mL (1 c. à soupe) de farine
1 pincée de sel
2 mL (½ c. à thé) de vanille
1 mL (¼ c. à thé) d'essence
d'amande
50 mL (¼ tasse) de xérès
10 boudoirs ou 10 bâtonnets
de gâteau de Savoie sec
75 mL (⅓ tasse) de confiture
de framboises ou de fraises
125 mL (½ tasse) d'amandes
émincées

* Faire chauffer la crème dans le haut d'un bain-marie.

* Battre les jaunes d'œufs avec la cassonade, la farine et le sel. Verser dans la crème chaude, en remuant sans arrêt. Faire cuire au bain-marie jusqu'à l'obtention d'une crème lisse et crémeuse. Remuer souvent pendant la cuis-son. Retirer du feu, ajouter la vanille et l'essence d'amande. Réfrigérer quelques heures.

* Verser le xérès dans une assiette creuse, y tremper chaque boudoir ou bâtonnet de gâteau. Les disposer aussitôt tout autour d'un moule et en tapisser le fond après l'avoir légèrement beurré.

* Badigeonner les biscuits avec de la confiture et les parsemer d'amandes. Verser avec soin la crème refroidie dans le moule. Couvrir et réfrigérer pendant 12 heures. Garnir de crème fouettée et d'amandes émincées.

TIPSY PARSON

C'est une délicieuse bagatelle de l'époque victorienne qui constitue un plat traditionnel de Noël dans la campagne anglaise.

6 jaunes d'œufs
1 L (4 tasses) de crème légère
ou de lait amené au point
d'ébullition

Œufs en neige caramélisés

125 mL (½ tasse) de sucre
1 pincée de sel
10 mL (2 c. à thé) de vanille
1 gâteau de Savoie de 25 cm
(10 po) de diamètre
250 mL (1 tasse) d'amandes
blanchies émincées
250 mL (1 tasse) de xérès sec
500 mL (2 tasses) de gelée
de groseille
500 mL (2 tasses) de crème à 35 %
30 mL (2 c. à soupe) de sucre
en poudre
cerises au marasquin

CRÈME
🕬 Battre légèrement les jaunes
d'œufs dans le haut d'un bain-
marie. Ajouter la crème ou le lait
chaud, le sucre et le sel. Faire
cuire au bain-marie en remuant
presque sans cesse, jusqu'à ce que
la sauce enrobe la cuiller, soit
environ 30 minutes. Ajouter la
vanille, couvrir et réfrigérer pendant 12 heures.

BAGATELLE
🕬 Couper un gâteau de Savoie
déjà préparé (ou suivre une des
recettes apparaissant aux pages
540-541) en six tranches minces.
Mettre la tranche du dessous dans
un grand plat de cristal d'environ
5 cm (2 po) de profondeur, y
piquer des amandes ici et là.
Arroser d'un peu de xérès et répandre un peu de gelée de groseille.
Recouvrir d'une bonne cuillerée de
crème froide. Couvrir d'une autre
tranche de gâteau et répéter
l'opération jusqu'à ce que toutes
les tranches aient été utilisées.
🕬 Fouetter la crème et la sucrer
avec le sucre en poudre. Déposer
des flocons de crème fouettée sur
le dessus du gâteau et en décorer
le pourtour en traçant des lignes
verticales. Garnir de moitiés de

cerises. Réfrigérer pendant 6 à
8 heures avant de servir.

GÂTEAU À L'ANANAS RÉFRIGÉRÉ

*Ce dessert peut très bien être pré-
paré la veille du jour où vous le
servirez. Il restera délicieux et vous
n'aurez rien d'autre à faire à la
dernière minute que de le garnir à
votre goût.*

1 boîte de 540 mL (19 oz)
d'ananas broyé
250 mL (1 tasse) de sucre
jus de ½ citron
jus de ½ orange
125 mL (½ tasse) d'eau
2 jaunes d'œufs
45 mL (3 c. à soupe) de fécule
de maïs
45 mL (3 c. à soupe) de jus
d'ananas
2 blancs d'œufs, battus
10 à 14 boudoirs

🕬 Mélanger dans le haut d'un
bain-marie les ananas égouttés, le
sucre, les jus de citron et d'orange, l'eau et les jaunes d'œufs.
Délayer la fécule de maïs avec le
jus d'ananas. Faire cuire au bain-
marie, en remuant souvent,
jusqu'à ce que le mélange épaississe et devienne crémeux.
Refroidir.
🕬 Incorporer les blancs d'œufs
battus. Tapisser de boudoirs le
fond et les côtés d'un moule à
fond amovible beurré de 23 cm
(9 po) de diamètre.
🕬 Remplir avec la préparation à
base d'ananas. Réfrigérer au
moins 12 heures. Au moment de
servir, recouvrir de crème fouettée
sucrée ou de boules de crème
glacée ou de copeaux de chocolat.

GÂTEAU DE NEVERS

250 mL (1 tasse) de sucre
250 g (½ lb) de macarons bien secs
250 mL (1 tasse) de lait bouillant
15 mL (3 c. à thé) de sucre
125 mL (½ tasse) de rhum
3 jaunes d'œufs
3 blancs d'œufs

🕬 Faire fondre le sucre à feu
doux, dans un poêlon, jusqu'à
l'obtention d'un sirop blond.
Verser dans un moule à charlotte
en métal ou en Pyrex, et en badigeonner toutes les parois intérieures. Aussitôt que le sirop touche aux parois froides du moule,
il durcit.
🕬 Jeter les macarons grossièrement émiettés dans le lait bouillant. Ajouter le sucre et le rhum.
Bien mélanger pour mettre en
pâte très claire. Ajouter les jaunes
d'œufs battus en mousse légère.
🕬 Battre les blancs d'œufs en
neige et les incorporer au mélange
des jaunes. Verser cette préparation dans le moule caramélisé.
Mettre le moule dans une casserole avec un peu d'eau chaude.
Couvrir et faire cuire pendant
1 heure. Ajouter de l'eau bouillante pendant la cuisson si cela
est nécessaire.
🕬 Retirer du feu. Couvrir et
réfrigérer pendant 12 heures. Pour
servir, démouler sur une grande
assiette. Un beau caramel doré
devrait entourer le gâteau.

GÂTEAU À LA CRÈME GLACÉE

1 gâteau de Savoie
ou 1 gâteau des anges
500 mL (2 tasses) de crème
glacée, saveur au choix

50 mL (¼ tasse) de jus d'orange
ou 45 mL (3 c. à soupe) de rhum
ou de cognac
500 mL (2 tasses) de crème à 35 %
30 mL (2 c. à soupe) de sucre
à glacer
5 mL (1 c. à thé) de vanille

🍂 Découper une rondelle de 10 à 13 cm (4 à 5 po) de circonférence au centre du gâteau (voir pages 540-541 pour la recette du *Gâteau de Savoie*) et la retirer. Placer le gâteau sur une grande assiette à tarte. Retirer une tranche mince à même la rondelle et la placer au fond du trou du gâteau.

🍂 Remplir le trou de crème glacée, légèrement ramollie. Verser sur le gâteau, autour de la crème glacée, le jus d'orange ou le rhum ou le cognac. Recouvrir la crème glacée d'une autre rondelle de gâteau.

🍂 Faire la crème Chantilly en mélangeant les trois derniers ingrédients à l'aide d'une spatule. Garnir le gâteau avec cette crème. Mettre au congélateur jusqu'à ce que la crème Chantilly qui recouvre le gâteau soit bien prise.

GÂTEAU ALASKA

1 gâteau de Savoie de 20 cm
(8 po) de diamètre
1 L (4 tasses) de crème glacée
1 L (4 tasses) de sorbet
aux fraises ou aux framboises
8 blancs d'œufs
250 mL (1 tasse) de sucre

🍂 Tailler un morceau de papier brun en un cercle d'au moins 1 cm (½ po) de diamètre de plus que le gâteau, et l'étendre sur une plaque à pâtisserie de 14 x 25 cm (5½ x 10 po). Installer le gâteau

Gâteau Alaska

au centre du papier et le faire refroidir au congélateur ou au réfrigérateur.

🍂 Tapisser un gros bol de papier d'aluminium ou de papier ciré. Bien tasser le litre de crème glacée, légèrement ramollie, sur le fond et le tour du bol avec une cuiller de bois. Remplir le milieu avec le sorbet. Recouvrir avec un papier ciré et presser bien également avec les paumes des mains. Congeler.

🍂 Lorsque la crème glacée est bien durcie, préparer la meringue : battre les blancs d'œufs en neige et ajouter le sucre, 30 mL (2 c. à soupe) à la fois, en battant fortement à chaque addition.

🍂 Ensuite, démouler la crème glacée sur le gâteau. Centrer aussi bien que possible. Enlever le papier et recouvrir prestement avec la meringue de manière à en recouvrir complètement le gâteau. Il doit y avoir au moins 2,5 cm

(1 po) d'épaisseur de meringue. Remettre au congélateur jusqu'au moment de servir.

🍂 Chauffer le four à 260°C (500°F), 15 minutes avant de servir. Sortir l'Alaska du congélateur et le faire cuire pendant 4 ou 5 minutes, ou jusqu'à ce que la meringue soit légèrement dorée.

🍂 Pendant ce temps, faire refroidir un plateau en argent en le plaçant au congélateur. Aussitôt que l'Alaska est cuit, le glisser sur le plateau bien froid à l'aide de 2 spatules. Servir sans délai.

🍂 Pour faire des portions individuelles : utiliser 6 petits gâteaux de Savoie et faire une cavité au centre. Y déposer 15 mL (1 c. à soupe) d'ananas broyé. Garnir avec une grosse boule de crème glacée aux fraises. Recouvrir avec une meringue. Faire cuire dans un four chauffé à 260°C (500°F), pendant 4 ou 5 minutes.

🍂 Continuer en suivant les indications données plus haut.

[591]

Pouding aux bleuets

POUDING AUX BLEUETS

50 mL (¼ tasse) de beurre
250 mL (1 tasse) de sucre
1 œuf, battu
250 mL (1 tasse) de lait
jus d'une orange
625 mL (2½ tasses) de farine
15 mL (3 c. à thé) de levure chimique
1 mL (¼ c. à thé) de muscade ou de piment de la Jamaïque
375 mL (1½ tasse) de bleuets
30 mL (2 c. à soupe) de farine
30 mL (2 c. à soupe) de sucre

❧ Battre le beurre avec le sucre jusqu'à ce que le mélange soit léger et crémeux. Ajouter l'œuf battu et continuer à battre jusqu'à ce que le mélange soit bien homogène.

❧ Mélanger ensemble le lait et le jus d'orange.

❧ Tamiser la farine avec la levure chimique et la muscade ou le piment de la Jamaïque.

❧ Saupoudrer les bleuets des 30 mL (2 c. à soupe) de farine et remuer légèrement avec une fourchette.

❧ Ajouter la farine au mélange en crème, en alternant avec le lait. Battre jusqu'à ce que l'ensemble soit bien mélangé.

❧ Incorporer les bleuets au mélange.

❧ Verser la pâte par cuillerées dans un moule à gâteau graissé de 23 x 23 cm (9 x 9 po). Saupoudrer la pâte avec 30 mL (2 c. à soupe) de sucre et laisser cuire dans un four à 190°C (375°F). pendant 40 minutes.

POUDING HAWAÏEN AU FROMAGE COTTAGE

500 mL (2 tasses) de fromage cottage
250 mL (1 tasse) de sucre

30 mL (2 c. à soupe) de farine
4 jaunes d'œufs
1 boîte de 450 mL (16 oz) d'ananas broyé, égoutté
300 mL (1¼ tasse) de yogourt
5 mL (1 c. à thé) de zeste râpé de citron
4 blancs d'œufs

❧ Mélanger le fromage et le sucre. Ajouter la farine. Battre les jaunes d'œufs et y ajouter le mélange en battant. Ajouter l'ananas bien égoutté, le yogourt et le zeste de citron. Bien mélanger. Battre les blancs d'œufs en neige ferme, et les incorporer avec soin au mélange.

❧ Verser dans un plat à cuisson. Placer dans une lèchefrite d'eau et faire cuire dans un four préalablement chauffé à 190°C (375°F), environ 40 minutes, ou jusqu'à ce que le dessus soit bien doré et que la crème soit prise au centre. Refroidir, puis réfrigérer.

❧ Servir froid tel quel ou recouvert de crème fouettée, de crème glacée, ou de fraises sucrées.

POUDING AU CHOCOLAT

750 mL (3 tasses) de lait
125 mL (½ tasse) de crème
75 mL (⅓ tasse) de cacao
125 mL (½ tasse) de sucre
50 mL (¼ tasse) de semoule de blé
2 œufs, battus
45 mL (3 c. à soupe) de beurre
125 mL (½ tasse) de sucre

❧ Porter à ébullition le lait et la crème. Mélanger ensemble le cacao, le sucre et la semoule de blé. Verser ce mélange dans le lait bouillant, en remuant sans arrêt. Faire cuire pendant 9 minutes à feu doux.

🍃 Retirer du feu et verser sur les œufs battus, en remuant sans arrêt. Incorporer le beurre.

🍃 Caraméliser un moule avec 125 mL (½ tasse) de sucre, fondu en sirop brun. Y verser la préparation à base de semoule de blé. Couvrir et laisser prendre pendant 12 à 24 heures au réfrigérateur. Pour servir, démouler et accompagner d'une sauce au caramel (voir page 601) ou de crème fouettée.

POUDING DU CHÔMEUR

30 mL (2 c. à soupe) de graisse végétale ou de beurre
50 mL (¼ tasse) de sirop de maïs
1 œuf
250 mL (1 tasse) de farine
3 mL (¾ c. à thé) de levure chimique
1 mL (¼ c. à thé) de sel
50 mL (¼ tasse) de lait
5 mL (1 c. à thé) de vanille
1 mL (¼ c. à thé) de muscade
250 mL (1 tasse) de cassonade
375 mL (1½ tasse) de crème aigre

🍃 Fouetter la graisse végétale, le sirop de maïs et l'œuf jusqu'à l'obtention d'une mousse légère.

🍃 Tamiser la farine avec la levure chimique et le sel.

🍃 Incorporer la farine au mélange en crème, en alternant avec le lait parfumé à la vanille et à la muscade.

🍃 Verser la pâte, plutôt lourde, dans un moule à gâteau beurré.

🍃 Délayer la cassonade dans la crème aigre et couvrir la pâte de ce sirop. Laisser cuire pendant 55 minutes dans un four à 180°C (350°F).

DUMPLINGS AUX POMMES

250 mL (1 tasse) de farine
1 mL (¼ c. à thé) de sel
10 mL (2 c. à thé) de levure chimique
30 mL (2 c. à soupe) de graisse végétale
75 mL (⅓ tasse) de lait
1 œuf
pommes, pelées
sucre
muscade ou cannelle
250 mL (1 tasse) d'eau
125 mL (½ tasse) de sucre
15 mL (1 c. à soupe) de beurre
1 pincée de cannelle

🍃 Tamiser la farine avec le sel et la levure chimique. Couper la graisse végétale dans cette farine tamisée; ajouter le lait battu avec l'œuf.

🍃 Abaisser cette pâte à 0,6 cm (¼ po) d'épaisseur. Couper en carrés, recouvrir chaque carré de tranches de pommes pelées, de sucre et d'un peu de muscade ou de cannelle. Envelopper les pommes avec la pâte.

🍃 Mettre dans un plat; faire cuire pendant 15 minutes dans un four à 220°C (425°F).

🍃 Retirer les dumplings du four et les naper du sirop fait avec l'eau, le sucre, le beurre et la cannelle.

🍃 Remettre les dumplings pendant 20 minutes au four.

POUDING AUX POMMES À L'ANCIENNE

45 mL (3 c. à soupe) de beurre
250 mL (1 tasse) de sucre d'érable ou de sucre blanc
2 œufs, battus
2 mL (½ c. à thé) de muscade
2 mL (½ c. à thé) de cannelle
2 mL (½ c. à thé) de sel
5 mL (1 c. à thé) de bicarbonate de soude
250 mL (1 tasse) de farine

Dumplings aux pommes

Pouding aux pommes à l'ancienne

750 mL (3 tasses) de pommes
non pelées, coupées en dés
50 mL (¼ tasse) de noix hachées
5 mL (1 c. à thé) de zeste râpé
de citron

☙ Mettre en crème le beurre, le sucre et les œufs. Tamiser ensemble les ingrédients secs. Les ajouter au mélange en crème, puis incorporer les morceaux de pommes, les noix et le zeste de citron, tout en remuant. Verser dans un moule beurré de 20 x 20 x 5 cm (8 x 8 x 2 po). Faire cuire dans un four à 180°C (350°F), 40 à 45 minutes. Servir chaud ou froid.

POUDING À LA RHUBARBE À LA MODE DU VERMONT

375 mL (1½ tasse) de sucre
250 mL (1 tasse) de jus
de pomme

125 mL (½ tasse) d'eau
500 mL (2 tasses) de rhubarbe
coupée en dés
500 mL (2 tasses) de fraises
en tranches
5 mL (1 c. à thé) de vanille
250 mL (1 tasse) de farine
30 mL (2 c. à soupe) de sucre
7 mL (1½ c. à thé) de levure
chimique
2 mL (½ c. à thé) de macis
50 mL (¼ tasse) de beurre
50 mL (¼ tasse) de lait
ou de crème légère
sucre
muscade
beurre mou

☙ Porter à ébullition le sucre, le jus de pomme et l'eau. Remuer pour dissoudre le sucre. Retirer du feu, ajouter la rhubarbe, les fraises et la vanille. Bien mélanger et verser dans un moule à gâteau.
☙ Pour préparer la pâte, tamiser la farine avec le sucre, la levure chimique et le macis. Y couper le

beurre et ajouter le lait ou la crème. Remuer fortement pour bien mélanger, et laisser tomber par cuillerées sur les fruits. Saupoudrer avec du sucre et un peu de muscade et badigeonner de beurre mou. Faire cuire dans un four à 230°C (450°F), 20 à 25 minutes.

POUDING AUX DATTES

125 mL (½ tasse) de sucre
250 mL (1 tasse) de farine
10 mL (2 c. à thé) de levure
chimique
125 mL (½ tasse) de lait
2 mL (½ c. à thé) de sel
250 mL (1 tasse) de dattes
ou de raisins
125 mL (½ tasse) d'eau
250 mL (1 tasse) de cassonade
15 mL (1 c. à soupe) de beurre

☙ Mélanger le sucre, la farine, la levure chimique, le lait, le sel et les dattes coupées en morceaux ou les raisins. Placer cette pâte épaisse dans un plat beurré.
☙ Couvrir avec un sirop fait avec l'eau, la cassonade et le beurre. Faire cuire le sirop juste assez longtemps pour faire dissoudre le sucre.
☙ Dès que le sirop est versé sur le pouding, faire cuire dans un four à 200°C (400°F), pendant 30 minutes.

LE PLUM PUDDING

Voici quelques règles de base à observer pour bien réussir le plum pudding, ce mets traditionnel par excellence de la cuisine anglaise.
☙ Incorporer la farine et le suif.

❦ TECHNIQUE ❦

POUDING AUX POMMES À L'ANCIENNE

1 Mettre en crème le beurre, le sucre et les œufs.

2 Tamiser ensemble les ingrédients secs.

3 Ajouter les ingrédients tamisés au mélange de beurre.

4 Ajouter les pommes, les noix et le zeste.

🍂 Ajouter ensuite tout autre ingrédient sec.

🍂 Les œufs, le liquide et l'essence sont toujours ajoutés avant les fruits.

🍂 La proportion habituelle pour 250 g (½ lb) de suif est de 1 L (4 tasses) de farine ou de chapelure.

🍂 Plus le pudding contient de pain, plus il est léger.

🍂 Il faut mesurer les quantités avec soin, car un excès de liquide ou de gras peut gâcher le pudding.

🍂 Toujours recouvrir le pudding d'un papier ciré ou d'un papier d'aluminium et d'un linge.

🍂 Ne jamais remplir le moule plus qu'aux trois quarts.

🍂 Plus un pudding au suif est léger, plus on doit le manier avec soin et moins de liquide il requiert.

🍂 Toujours ajouter une pincée de sel dans un pudding.

🍂 Toujours battre les œufs jusqu'à ce qu'ils soient légers avant de les ajouter à la pâte.

🍂 Bien incorporer le suif et la farine ou la chapelure avant d'ajouter les autres ingrédients.

🍂 Utiliser une casserole assez grande avec un couvercle pour contenir le moule.

🍂 Plier plusieurs feuilles de papier journal au fond de la casserole. Y placer le moule dans l'eau bouillante jusqu'à mi-hauteur. Couvrir.

🍂 Le couvercle de la casserole à vapeur ne doit pas être enlevé avant la fin de la cuisson du pudding.

🍂 Laisser bouillir doucement tout le temps requis.

🍂 Si l'on doit rajouter de l'eau, il faut d'abord qu'elle ait bouilli quelques secondes.

PLUM PUDDING

750 g (1½ lb) de raisins secs
sans pépins
60 g (2 oz) de cédrat, finement
haché
250 mL (1 tasse) de jus d'orange
frais, de cognac ou de vin rouge
250 mL (1 tasse) de suif haché
375 mL (1½ tasse)
de chapelure fine
250 mL (1 tasse) de farine
5 mL (1 c. à thé) de cannelle
2 mL (½ c. à thé) de piment
de la Jamaïque
2 mL (½ c. à thé) de clous
de girofle moulus
5 mL (1 c. à thé) de sel
125 mL (½ tasse) de sucre
250 mL (1 tasse) de mélasse
3 œufs, bien battus
3 pommes aigres non pelées,
hachées
zeste râpé d'un citron
250 mL (1 tasse) de noix hachées

🍂 Faire macérer les raisins et le cédrat toute la nuit dans le jus d'orange, le cognac ou le vin rouge. Incorporer le suif et la chapelure. Tamiser la farine avec la cannelle, le piment de la Jamaïque, les clous de girofle, le sel et le sucre. Ajouter au mélange du suif.

🍂 Mélanger la mélasse, les œufs bien battus, tout le liquide égoutté des fruits et ajouter à la pâte, en remuant fortement. Mélanger les fruits, les pommes hachées, le zeste de citron et les noix. Incorporer à la pâte et remuer jusqu'à l'obtention d'un mélange léger. Verser dans un moule à pouding huilé. Bien recouvrir. Faire cuire à la vapeur pendant 6 heures selon les indications fournies précédemment. Servir chaud.

🍂 Le plum pudding est meilleur lorsqu'il est réfrigéré de 2 à 4 semaines. On doit alors le faire bouillir pendant 2 heures avant de le servir.

POUDING AU PAIN

75 mL (⅓ tasse) de sucre
125 mL (½ tasse) de lait
écrémé en poudre
1 pincée de sel
125 mL (½ tasse) de lait
2 œufs entiers ou 4 jaunes d'œufs
5 mL (1 c. à thé) de vanille
625 mL (2½ tasses) de lait
6 tranches de pain, beurrées
beurre d'arachide (facultatif)
raisins
muscade, cannelle
ou cardamome

🍂 Mélanger le sucre, le lait en poudre, le sel, 125 mL (½ tasse) de lait, les œufs entiers ou les jaunes d'œufs et la vanille. Battre pour obtenir un mélange lisse. Ajouter alors les 625 mL (2½ tasses) de lait.

🍂 Verser cette préparation sur les tranches de pain beurrées (ou généreusement recouvertes de beurre d'arachide) placées les unes sur les autres dans un plat allant au four. Garnir de raisins et saupoudrer de muscade, de cannelle ou de cardamome.

🍂 Faire cuire dans un four à 160°C (325°F), 50 à 60 minutes ou jusqu'à ce que la crème soit cuite. Un thermomètre à cuisson inséré dans le pouding devra atteindre 80°C (175°F).

VARIANTE

🍂 Verser simplement la préparation sur 1 L (4 à 5 tasses) de pain sec, coupé en dés.

POUDING AU PAIN DU LAC-SAINT-JEAN

175 mL (¾ tasse) de beurre
1 L (4 tasses) de pain coupé
en dés
5 mL (1 c. à thé) de cannelle
50 mL (¼ tasse) de sucre
500 mL (2 tasses) de bleuets frais
ou surgelés
30 mL (2 c. à soupe) de jus
de citron
125 mL (½ tasse) de cassonade
foncée

🌢 Faire fondre le beurre. Dans un bol, mélanger le pain, la cannelle et le sucre. Verser le beurre sur ce mélange, et remuer avec une fourchette jusqu'à ce que le pain soit bien enrobé de beurre.

🌢 Mélanger les bleuets avec le jus de citron et la cassonade foncée.

🌢 Étendre les bleuets et le pain, en rangs alternés, dans un moule à gâteau. Faire cuire dans un four à 180°C (350°F), 20 à 30 minutes. Servir chaud ou froid.

POUDING CARAMÉLISÉ AU PAIN

1,2 L (5 tasses) de lait ou moitié lait, moitié crème
10 tranches de pain sec
175 mL (¾ tasse) de cassonade ou de sucre d'érable
45 mL (3 c. à soupe) de beurre
4 œufs
250 mL (1 tasse) de sucre
crème à 35 % (facultatif)

🌢 Faire chauffer le lait. Couper le pain en dés et les mettre dans un bol. Y ajouter la cassonade ou le sucre d'érable, le beurre et le lait chaud. Laisser reposer pendant 5 minutes.

Pouding au pain

🌢 Battre les œufs jusqu'à ce qu'ils soient très légers. Battre le mélange du pain pour qu'il soit aussi crémeux que possible et y ajouter les œufs battus.

🌢 Graisser un grand moule ou 2 moules à pain de 23 x 13 x 8 cm (9 x 5 x 3 po).

🌢 Faire cuire les 250 mL (1 tasse) de sucre dans un moule, à feu moyen, jusqu'à ce que le caramel en recouvre les parois.

🌢 Verser le mélange du pain dans le moule. Placer dans une lèche-frite avec 2,5 cm (1 po) d'eau chaude. Faire cuire pendant 1½ heure dans un four à 160°C (325°F), ou jusqu'à ce que la lame d'un couteau enfoncée dans le pouding en ressorte propre.

🌢 Pour servir, laisser refroidir 2 à 3 heures, à la température de la pièce. Passer un couteau autour du moule et démouler. Le pouding sera recouvert d'un beau caramel doré. Servir avec de la crème fouettée.

POUDING AU CARAMEL

30 mL (2 c. à soupe) de beurre
ou de gras
50 mL (¼ tasse) de sirop de maïs
1 œuf
250 mL (1 tasse) de farine à pain
3 mL (¾ c. à thé) de levure
chimique
1 mL (¼ c. à thé) de sel
50 mL (¼ tasse) de lait
5 mL (1 c. à thé) de vanille
1 mL (¼ c. à thé) de muscade
250 mL (1 tasse) de cassonade
45 mL (3 c. à soupe) de fécule
de maïs
250 mL (1 tasse) de crème aigre
ou fraîche
250 mL (1 tasse) de lait

🌢 Mettre le beurre ou le gras en crème. Ajouter le sirop de maïs et l'œuf, non battu. Battre avec un batteur à main et ajouter la farine à pain, la levure chimique et le sel d'une part, ainsi que le lait d'autre part, en alternant. Aromatiser avec la vanille et la muscade.

🍂 Verser cette pâte dans un plat en Pyrex beurré. Bien mélanger les 250 mL (1 tasse) de cassonade, la fécule de maïs, la crème aigre ou fraîche et les 250 mL (1 tasse) de lait. Verser ce caramel sur le pouding. Faire cuire dans un four à 190°C (375°F) pendant 55 minutes.

RIZ AU LAIT

250 mL (1 tasse) de riz
1 L (4 tasses) d'eau
2 œufs, battus
50 mL (¼ tasse) de sucre
500 mL (2 tasses) de lait
1 pincée de sel
2 mL (½ c. à thé) de vanille
50 à 125 mL (¼ à ½ tasse) de raisins secs (facultatif)

🍂 Faire bouillir le riz dans l'eau pendant 15 minutes. Égoutter, rincer à l'eau froide.

🍂 Ajouter au riz une crème anglaise obtenue de la façon suivante : faire cuire les œufs battus avec le sucre, le lait, le sel et la vanille. Bien mélanger. Ajouter les raisins.

🍂 Verser le tout dans un moule à pouding. Saupoudrer de muscade. Mettre dans une lèchefrite d'eau chaude, dans un four à 200°C (400°F). Faire cuire pendant 20 minutes ou jusqu'à ce que la lame d'un couteau plantée au milieu en ressorte propre.

RIZ AU LAIT CRÉMEUX

90 mL (6 c. à soupe) de riz à long grain
1 L (4 tasses) de lait froid
1 mL (¼ c. à thé) de sel
45 mL (3 c. à soupe) de sucre
muscade ou cannelle

🍂 Dans un plat à gâteau beurré, mélanger le riz, le lait, le sel et le sucre. Garnir au goût de muscade râpée ou saupoudrer de cannelle.

🍂 Faire cuire le riz au lait dans un four à 150°C (300°F) pendant 1½ heure. Une cuisson longue et lente donne un riz au lait crémeux. Remuer 2 ou 3 fois au cours de la première demi-heure de cuisson, pour faire disparaître la pellicule qui se forme à la surface. Servir chaud ou froid.

POUDING AU RIZ DE LUXE

125 mL (½ tasse) de riz à long grain
500 mL (2 tasses) de crème légère
500 mL (2 tasses) de lait
175 mL (¾ tasse) de sucre
1 mL (¼ c. à thé) de sel
4 jaunes d'œufs
10 mL (2 c. à thé) de vanille
125 mL (½ tasse) de raisins secs
125 mL (½ tasse) d'eau bouillante
muscade, au goût
250 mL (1 tasse) de crème à 35 %

🍂 Mélanger le riz, la crème légère, le lait, le sucre et le sel dans le haut d'un bain-marie. Couvrir et faire cuire sur une eau bouillante 1 heure à 1½ heure, ou jusqu'à ce que le riz soit tendre. Remuer de temps en temps pendant la cuisson.

🍂 Battre les jaunes d'œufs avec la vanille et les incorporer lentement au riz chaud, en battant sans arrêt avec une fourchette. Verser le riz dans un plat, couvrir et réfrigérer jusqu'à ce qu'il soit bien refroidi.

🍂 Mettre les raisins secs dans l'eau bouillante, retirer du feu et laisser tremper pendant 1 heure. Égoutter les raisins et les ajouter au riz froid.

Pouding au riz de luxe

❧ Saupoudrer de muscade. Fouetter la crème et l'incorporer au riz. Verser le riz dans un plat. Couvrir et réfrigérer jusqu'au moment de servir.

❧ Servir avec une sauce au chocolat (voir pages 602 et 604), ou avec des fraises.

RIZ AU LAIT BIGARADE

500 mL (2 tasses) de lait
zeste râpé de ½ orange
1 bâton de cannelle
2 clous de girofle, entiers
500 mL (2 tasses) de riz cuit
3 œufs
125 mL (½ tasse) de cassonade ou de sucre
5 mL (1 c. à thé) de vanille
cannelle ou muscade

❧ Mettre dans une casserole le lait, le zeste d'orange râpé, la cannelle et les clous de girofle. Faire mijoter à feu doux pendant 15 minutes.

❧ Ajouter le riz, et faire cuire jusqu'à ce que le tout soit bien chaud.

❧ Battre les œufs avec le sucre et la vanille. Verser lentement sur le riz en remuant sans arrêt, de préférence avec une fourchette. Faire cuire sans laisser bouillir, jusqu'à l'obtention d'une crème légère. Verser dans un bol. Saupoudrer avec un peu de cannelle ou de muscade. Servir tiède ou froid.

POUDING AU RIZ

250 mL (1 tasse) de raisins secs
750 mL (3 tasses) de lait
300 mL (1¼ tasse) de riz cuit
1 mL (¼ c. à thé) de muscade

2 mL (½ c. à thé) de sel
15 mL (1 c. à soupe) de zeste râpé de citron
5 mL (1 c. à thé) d'essence d'amande
3 jaunes d'œufs
90 mL (6 c. à soupe) de cassonade
3 blancs d'œufs
1 pincée de sel
90 mL (6 c. à soupe) de sucre
gelée à la cerise ou à la framboise

❧ Faire chauffer les raisins avec le lait pendant 10 à 15 minutes. Ajouter le riz, la muscade, le sel, le zeste de citron et l'essence d'amande. Battre les jaunes d'œufs avec la cassonade. Ajouter au riz.

❧ Verser dans un plat beurré, placer celui-ci dans un plat d'eau chaude. Faire cuire pendant 1 heure dans un four à 180°C (350°F). Refroidir pendant 12 heures au réfrigérateur.

❧ Pour servir, faire une meringue avec les 3 blancs d'œufs battus en neige, une pincée de sel et le sucre. Déposer sur le pouding bien froid. Faire cuire pendant 10 minutes dans un four à 200°C (400°F). Garnir de gelée à la cerise ou à la framboise.

CRÈME PRISE AU RIZ

250 mL (1 tasse) de riz à long grain
125 mL (½ tasse) de lait
175 mL (¾ tasse) d'eau
15 mL (1 c. à soupe) de gélatine non aromatisée
125 mL (½ tasse) de sucre
5 mL (1 c. à thé) de vanille
250 mL (1 tasse) de crème à 35 %
ananas broyé (facultatif)

❧ Rincer le riz à l'eau froide. Faire cuire au bain-marie avec le lait et 125 mL (½ tasse) d'eau pendant 1 heure, ou jusqu'à ce que le riz soit tendre.

❧ Faire tremper la gélatine pendant 5 minutes dans les 50 mL (¼ tasse) d'eau qui reste. Ajouter au riz cuit, ainsi que le sucre et la vanille. Bien mélanger et faire refroidir.

❧ Fouetter la crème et l'incorporer au riz. Verser le tout dans un moule à pouding huilé. Couvrir et réfrigérer pendant 24 heures.

❧ Pour servir, démouler et accompagner d'ananas broyé ou de crème fouettée.

POUDING AU TAPIOCA

125 mL (½ tasse) de tapioca
750 mL (3 tasses) de lait
1 mL (¼ c. à thé) de sel
1 jaune d'œuf, battu
75 mL (⅓ tasse) de sucre
1 blanc d'œuf, battu en neige
5 mL (1 c. à thé) de vanille

❧ Faire cuire au bain-marie le tapioca, le lait et le sel, jusqu'à ce que le tapioca devienne transparent, ce qui prend de ¾ d'heure à 1¼ heure. Ajouter le jaune d'œuf battu avec le sucre. Faire cuire pendant 5 minutes.

❧ Retirer du feu et incorporer le blanc d'œuf battu en neige. Parfumer avec la vanille. Ce pouding se sert chaud ou froid.

COUPES AU CITRON

250 mL (1 tasse) de sucre
50 mL (¼ tasse) de farine
1 pincée de sel
30 mL (2 c. à soupe) de beurre, fondu

Coupes au citron

**75 mL (5 c. à soupe) de jus
de citron
zeste râpé d'un citron
3 jaunes d'œufs
375 mL (1½ tasse) de lait chaud
3 blancs d'œufs**

🖎 Mélanger le sucre, la farine, le sel, le beurre fondu, le jus et le zeste de citron râpé. Battre les jaunes d'œufs en mousse, ajouter le lait chaud. Verser sur la farine; mélanger jusqu'à l'obtention d'une pâte lisse. Incorporer avec les blancs d'œufs battus en mousse. Verser dans de petits moules individuels beurrés et faire cuire dans un four à 160°C (325°F), pendant 45 minutes.

LES SIROPS

Il y a plusieurs façons de préparer un sirop pour napper un dessert. En voici quelques unes :

🖎 Servir un sirop d'érable nature.
🖎 Mélanger moitié miel moitié eau.
🖎 Mélanger 250 mL (1 tasse) de sucre avec 125 mL (½ tasse) d'eau.
🖎 Mélanger 125 mL (½ tasse) de cassonade avec 125 mL (½ tasse) d'eau.
🖎 Mélanger 250 mL (1 tasse) de confiture ou de gelée avec 50 mL (¼ tasse) d'eau ou de jus d'orange.
🖎 Pour préparer un sirop de cassis ou de petits fruits, faire fondre le sucre et la gelée ou la confiture dans la quantité d'eau requise, en chauffant à feu doux pendant 10 minutes.

VINAIGRETTE POUR SALADE DE FRUITS

**50 mL (¼ tasse) de jus de citron
125 mL (½ tasse) d'huile
végétale**

**50 mL (¼ tasse) de jus de cerise
au marasquin
jus de cerise ou de prune
15 à 30 mL (1 à 2 c. à soupe)
de sucre
2 mL (½ c. à thé) de sel
2 mL (½ c. à thé) de paprika**

🖎 Mesurer tous les ingrédients et les mettre dans une bouteille ou un contenant de verre bien fermé. Agiter vigoureusement. Mettre au frais pendant plusieurs heures. Bien agiter avant de servir.

SAUCE AU MIEL POUR SALADE DE FRUITS

**15 mL (1 c. à soupe) de jus
de citron
45 mL (3 c. à soupe) de miel
250 mL (1 tasse) de crème à 35 %
1 pincée de sel**

🖎 Mélanger le jus de citron et le miel.
🖎 Fouetter la crème et ajouter graduellement le mélange de miel, ainsi que le sel. Servir.

CRÈME POUR SALADE DE FRUITS

**150 mL (⅔ tasse) de fromage
à la crème
50 mL (¼ tasse) de crème légère
250 mL (1 tasse) de jus
de pamplemousse
5 mL (1 c. à thé) de jus de citron**

🖎 Mélanger le fromage à la crème, la crème légère et le jus de pamplemousse. Bien battre. Ajouter le jus de citron et mélanger.

SAUCE AUX ŒUFS

30 mL (2 c. à soupe) de sucre
1 jaune d'œuf
125 mL (½ tasse) de crème à 35 %
30 mL (2 c. à soupe) de beurre
5 mL (1 c. à thé) de vanille

❧ Battre le sucre et le jaune d'œuf jusqu'à l'obtention d'une mousse jaune pâle. Ajouter la crème. Faire cuire à feu moyen, en évitant toute ébullition, jusqu'à ce que le mélange soit légèrement épaissi. Tourner sans arrêt. Laisser tiédir.

❧ Mettre le beurre en crème avec l'essence de vanille. Ajouter à la sauce. Remuer jusqu'à ce que le beurre soit fondu. Servir cette sauce chaude ou froide.

SAUCE AU BEURRE

50 mL (¼ tasse) de beurre
30 mL (2 c. à soupe) de farine
30 mL (2 c. à soupe) de sucre
250 mL (1 tasse) de jus
de pomme ou d'orange
1 pincée de cannelle

❧ Faire fondre le beurre, ajouter la farine et bien mélanger. Retirer du feu, ajouter le sucre et le jus de pomme ou d'orange.

❧ Remettre le poêlon sur le feu, ajouter la cannelle et laisser cuire, en remuant sans arrêt jusqu'à l'obtention d'une sauce lisse et crémeuse. Sucrer davantage si vous le jugez nécessaire.

SAUCE AU CARAMEL ÉCOSSAIS

125 mL (½ tasse) de sirop
de maïs
125 mL (½ tasse) de cassonade

125 mL (½ tasse) de crème légère
45 mL (3 c. à soupe) de beurre

❧ Porter les ingrédients à ébullition, à feu doux, en remuant souvent. Laisser bouillir pendant 2 minutes, en remuant sans arrêt. Cette sauce devient plus épaisse en refroidissant.

SAUCE AU CARAMEL

250 mL (1 tasse) de cassonade
30 mL (2 c. à soupe) de farine
1 pincée de sel
125 mL (½ tasse) de lait
125 mL (½ tasse) d'eau
5 mL (1 c. à thé) de vanille
1 pincée de muscade
ou de cannelle
30 mL (2 c. à soupe) de beurre

❧ Placer dans le récipient du mélangeur tous les ingrédients sauf le beurre. Couvrir et mélanger pendant 1 minute. Verser dans une casserole, ajouter le beurre et faire cuire pendant environ 2 minutes en remuant sans arrêt, jusqu'à l'obtention d'une sauce crémeuse. Servir chaude ou froide sur un pouding, une crème glacée ou un gâteau.

SAUCE CRÉMEUSE

❧ Faire mousser 125 g (¼ lb) de beurre non salé. C'est là le secret de la réussite de cet entremet. Ajouter graduellement 250 mL (1 tasse) de sucre à glacer, 15 mL (1 c. à soupe) à la fois, tout en continuant à battre jusqu'à l'obtention d'un mélange crémeux. Incorporer graduellement 45 mL (3 c. à soupe) de rhum ou de brandy ou 15 mL (1 c. à soupe) de vanille ou de jus de citron. Battre sans arrêt. Présenter dans un contenant en verre ou en argent.

Sauce au caramel

SAUCE AU BEURRE D'ARACHIDE

125 mL (½ tasse) de beurre d'arachide
250 mL (1 tasse) de sirop d'érable

🍃 Ajouter graduellement le sirop d'érable au beurre d'arachide. Bien mélanger et utiliser.

SAUCE AU CHOCOLAT

50 mL (¼ tasse) d'eau
250 mL (1 tasse) de sirop de maïs
150 mL (⅔ tasse) de cacao
1 pincée de sel
30 mL (2 c. à soupe) de beurre
5 mL (1 c. à thé) de vanille

🍃 Porter à ébullition à feu doux, en remuant souvent, l'eau, le sirop de maïs, le cacao et le sel. Faire bouillir pendant 2 minutes.
🍃 Retirer du feu, ajouter le beurre et la vanille. Remuer et laisser refroidir.

SAUCE AU CHOCOLAT SANS CUISSON

2 carrés de 30 g (1 oz) chacun de chocolat non sucré ou 250 mL (1 tasse) de brisures de chocolat
90 mL (6 c. à soupe) de lait, de crème ou de café chaud
125 mL (½ tasse) de sucre
2 mL (½ c. à thé) de vanille
1 pincée de sel

🍃 Couper le chocolat en petits morceaux et le placer dans le récipient du mélangeur. Verser dessus le liquide chaud et le reste des ingrédients. Couvrir et battre pendant 1 minute.

SAUCE AU MIEL CHAUDE

125 mL (½ tasse) de miel
50 mL (¼ tasse) de crème à 35 %
zeste d'une orange ou d'un citron
15 mL (1 c. à soupe) de beurre

🍃 Faire chauffer pendant 5 minutes, à feu doux, le miel avec la crème et le zeste d'orange ou de citron. Retirer du feu.
🍃 Ajouter le beurre et remuer jusqu'à ce que le beurre soit fondu. Utiliser cette sauce chaude ou froide.

SAUCE VANILLÉE

500 mL (2 tasses) de crème légère
50 mL (¼ tasse) de sucre ou de cassonade
1 pincée de sel
3 jaunes d'œufs
5 mL (1 c. à thé) de vanille

🍃 Faire chauffer la crème, y ajouter le sucre ou la cassonade et le sel. Remuer jusqu'à ce que le sucre soit dissous.
🍃 Battre les jaunes d'œufs et les ajouter à la crème chaude, mais non bouillante, tout en remuant. Faire cuire à feu doux en remuant sans arrêt, jusqu'à l'obtention d'une crème légère. Ajouter la vanille. Servir cette sauce bien froide.

MOUSSELINE À LA VANILLE

🍃 Préparer de la même manière que la sauce vanillée (voir recette précédente). Incorporer 3 blancs d'œufs battus en neige, après avoir ajouté la vanille. Servir froid.

MOUSSELINE AU COINTREAU

1 œuf entier
3 jaunes d'œufs
75 mL (5 c. à soupe) de sucre

Sauce au chocolat

50 à 125 mL (¼ à ½ tasse)
de Cointreau ou d'une liqueur
de votre choix
1 pincée de sel

🍃 Mélanger tous les ingrédients
dans le haut d'un bain-marie. Il
est important que l'eau mijote
sans bouillir et qu'elle ne touche
pas le fond de la partie supérieure
du bain-marie.

🍃 Battre les ingrédients avec un
batteur à main ou un fouet
métallique, jusqu'à l'obtention
d'une mousse chaude, légère et
ferme. Servir sans délai.

CRÈME PÂTISSIÈRE PARFUMÉE

375 mL (1½ tasse) de lait
25 mL (1½ c. à soupe) de fécule
de maïs
1 mL (¼ c. à thé) de sel
75 mL (5 c. à soupe) de sucre
2 jaunes d'œufs
5 mL (1 c. à thé) de vanille

🍃 Faire chauffer le lait. Mélanger
la fécule de maïs, le sel et le sucre.
Verser ces ingrédients sur les
jaunes d'œufs légèrement battus.

🍃 Remuer et faire cuire au bain-
marie ou à feu très doux, jusqu'à
ce que la crème soit épaisse et
lisse. Refroidir et parfumer avec la
vanille.

VARIANTE

🍃 Pour obtenir une crème pâtissière parfumée au café, suivre le
même procédé, mais remplacer le
lait par 125 mL (½ tasse) de café
très fort et 250 mL (1 tasse) de
crème à 35 %. (Voir aussi page
574, pour une autre recette de
crème pâtissière.)

SAUCE AU VIN BLANC À L'ITALIENNE

3 jaunes d'œufs
250 mL (1 tasse) de vin blanc
5 mL (1 c. à thé) de cannelle
un peu de zeste de citron
2 mL (½ c. à thé) de jus de citron

🍃 Mélanger les jaunes d'œufs et
le vin blanc dans le haut d'un
bain-marie ; ajouter la cannelle, le
zeste et le jus de citron.

🍃 Déposer sur une eau bouillante, en évitant que l'eau ne
touche le fond du bain-marie.
Battre avec un batteur à main ou
un fouet métallique jusqu'à
l'obtention d'une sauce épaisse et
mousseuse. Servir sans délai.

SAUCE ANGLAISE AU WHISKY

50 mL (¼ tasse) de beurre mou
500 mL (2 tasses) de cassonade
250 mL (1 tasse) de crème légère
1 œuf
1 pincée de muscade
50 mL (¼ tasse) de whisky

🍃 Mettre le beurre et la cassonade dans le haut d'un bain-
marie ; battre avec un batteur à
main, jusqu'à ce que le mélange
soit épais et crémeux.

🍃 Ajouter la crème, l'œuf et la
muscade. Continuer à battre jusqu'à ce que le mélange soit léger.

🍃 Faire cuire au bain-marie sur
une eau chaude (non bouillante)
en remuant de temps en temps
jusqu'à ce que le mélange épaississe.

🍃 Retirer du feu. Ajouter graduellement le whisky, en remuant
sans arrêt. Servir cette sauce
chaude ou froide.

SAUCE AU XÉRÈS

75 mL (⅓ tasse) de sucre
250 mL (1 tasse) de xérès
15 mL (1 c. à soupe) de jus
de citron
3 jaunes d'œufs
3 blancs d'œufs

🍃 Faire chauffer le sucre, le xérès
et le jus de citron dans le haut
d'un bain-marie jusqu'à ce que le
sucre soit dissous.

🍃 Ajouter les jaunes d'œufs et
battre avec un fouet métallique
ou un batteur à main jusqu'à ce
que le mélange soit crémeux et
léger. Retirer du feu.

🍃 Battre les blancs d'œufs en
neige. Incorporer à la sauce avec
soin, et battre jusqu'à l'obtention
d'une belle mousse.

SAUCE AUX ABRICOTS

250 mL (1 tasse) de crème à 35 %
50 mL (¼ tasse) de sucre à glacer
15 mL (1 c. à soupe) de vanille
125 mL (½ tasse) de confiture
d'abricots
jus de ½ citron

🍃 Fouetter la crème, y ajouter le
sucre et la vanille. Bien mélanger.

🍃 Incorporer la confiture d'abricots et le jus de citron à la crème.
Réfrigérer jusqu'au moment de
servir.

SAUCE AU CITRON

175 mL (¾ tasse) de sucre
45 mL (3 c. à soupe) de farine
3 jaunes d'œufs
175 mL (¾ tasse) d'eau froide
30 mL (2 c. à soupe) de beurre
175 mL (¾ tasse) de jus de citron

zeste d'un citron
5 mL (1 c. à thé) de zeste
d'orange

🍃 Mélanger dans le haut d'un bain-marie le sucre, la farine et les jaunes d'œufs. Ajouter l'eau froide et faire cuire au-dessus de l'eau bouillante, en remuant souvent, jusqu'à ce que le mélange épaississe.

🍃 Retirer le bain-marie du feu, mais laisser la partie supérieure au-dessus de l'eau chaude. Ajouter le beurre par petits morceaux, en remuant bien à chaque addition.

🍃 Ajouter le reste des ingrédients, bien mélanger et servir cette sauce chaude ou froide.

VARIANTE

250 mL (1 tasse) de sucre
125 mL (½ tasse) de beurre
1 œuf, légèrement battu
jus et zeste de 2 citrons
125 mL (½ tasse) d'eau bouillante

🍃 Mettre tout les ingrédients au bain-marie et faire cuire jusqu'à épaississement en remuant presque sans arrêt. Utiliser cette sauce chaude ou froide.

SAUCE AU CITRON À LA MODE DU QUÉBEC

250 mL (1 tasse) de cassonade
250 mL (1 tasse) d'eau
1 citron non pelé
5 mL (1 c. à thé) de fécule
de maïs
30 mL (2 c. à soupe) d'eau froide

🍃 Faire bouillir pendant 10 minutes la cassonade avec les 250 mL (1 tasse) d'eau et le citron coupé en tranches très minces.

🍃 Épaissir cette sauce avec la fécule de maïs délayée dans 10 mL (2 c. à thé) d'eau froide.

MOUSSE AU CITRON

250 mL (1 tasse) de sucre
75 mL (5 c. à soupe) de farine
à pâtisserie
1 œuf, battu
75 mL (⅓ tasse) de jus de citron
150 mL (⅔ tasse) d'eau
10 mL (2 c. à thé) de beurre
5 mL (1 c. à thé) de zeste râpé
de citron
50 mL (¼ tasse) de crème
fouettée
175 mL (¾ tasse) de crème
fouettée

🍃 Mélanger le sucre et la farine. Ajouter l'œuf battu, le jus de citron, l'eau et le beurre. Bien mélanger et faire cuire au bain-marie, pendant 10 minutes, en remuant constamment. Refroidir.

🍃 Incorporer le zeste de citron râpé et 50 mL (¼ tasse) de crème fouettée. Mettre la moitié de cette garniture entre deux gâteaux de Savoie.

🍃 Incorporer les 175 mL (¾ tasse) de crème fouettée à l'autre moitié de la garniture, et l'utiliser comme sauce.

SAUCE CHAUDE À L'ORANGE

zeste d'une orange
250 mL (1 tasse) d'eau
50 mL (¼ tasse) de jus d'orange
10 mL (2 c. à thé) de fécule
de maïs
75 mL (⅓ tasse) de sirop d'érable

🍃 Enlever la peau blanche qui adhère au zeste de l'orange.

Tailler ce zeste en filets très minces. Mettre dans une casserole avec l'eau et laisser mijoter pendant 15 minutes. On doit obtenir 150 mL (⅔ tasse) de cette préparation liquide. Ajouter de l'eau pour obtenir la quantité requise.

🍃 Mélanger le jus d'orange et la fécule de maïs. Ajouter au zeste, ainsi que le sirop d'érable. Porter lentement à ébullition et faire cuire pendant 5 minutes en remuant sans arrêt. Servir cette sauce chaude ou tiède.

SAUCE AU CHOCOLAT

125 g (4 oz) de chocolat sucré
15 g (½ oz) de chocolat
non sucré
45 mL (3 c. à soupe) de café
froid
250 mL (1 tasse) de crème légère
5 mL (1 c. à thé) de vanille
5 mL (1 c. à thé) de fécule
de maïs
2 jaunes d'œufs
125 mL (½ tasse) de crème à 35 %

🍃 Couper les deux sortes de chocolat en petits carrés et les faire fondre dans le café, au bain-marie, sur une eau bouillante.

🍃 Faire chauffer la crème et la vanille, à feu doux, pendant 10 minutes. Remuer presque sans arrêt.

🍃 Mélanger la fécule de maïs avec les jaunes d'œufs. Ajouter la crème chaude et ensuite le chocolat fondu, en remuant sans arrêt.

🍃 Faire cuire le tout dans le haut d'un bain-marie, en remuant souvent, jusqu'à ce que la sauce soit prise, lisse et légère. Retirer du feu. Fouetter la crème et l'incorporer à la sauce.

🍂 Si on veut servir cette sauce froide, attendre qu'elle soit refroidie avant d'incorporer la crème fouettée.

CRÈME À L'ÉRABLE POUR CRÊPES

250 mL (1 tasse) de sirop d'érable
125 mL (½ tasse) d'eau
15 mL (1 c. à soupe) de fécule de maïs
4 mL (¼ c. à soupe) d'eau froide
15 mL (1 c. à soupe) de beurre
50 mL (¼ tasse) de sirop d'érable

🍂 Faire bouillir le sirop avec l'eau pendant 2 minutes. Épaissir avec la fécule de maïs délayée dans l'eau froide. Remuer jusqu'à ce que la crème soit transparente, ajouter le beurre et laisser tiédir. Farcir chaque crêpe de 15 mL (1 c. à soupe) de cette préparation. Rouler les crêpes et les placer dans un plat de Pyrex. Cette opération peut se faire quelques heures avant le repas.
🍂 Au moment de servir, garnir les crêpes de noisettes de beurre et les recouvrir de 50 mL (¼ tasse) de sirop d'érable. Couvrir et faire chauffer pendant 20 minutes dans un four, à 190°C (375°F).
🍂 Cette recette peut garnir 8 crêpes.

BEURRE D'ÉRABLE MAISON

50 mL (¼ tasse) de sirop d'érable
50 mL (¼ tasse) de crème à 35 %
250 mL (1 tasse) de miel

🍂 Placer tous les ingrédients dans le récipient du mélangeur. Couvrir et mélanger pendant 40 secondes. Il faut éviter de remuer

Sauce au chocolat

trop longtemps, car cela fait tourner le beurre d'érable. Verser dans un contenant en verre bien propre. Couvrir et réfrigérer.

GLAÇAGE À GÂTEAUX VITE FAIT

750 mL (3 tasses) de sucre à glacer
5 mL (1 c. à thé) de café soluble
30 mL (2 c. à soupe) d'eau tiède
45 mL (3 c. à soupe) de cacao
5 mL (1 c. à thé) de vanille
1 mL (¼ c. à thé) de sel
50 mL (¼ tasse) de beurre
1 jaune d'œuf

🍂 Verser 500 mL (2 tasses) de sucre à glacer dans un bol. Mélanger les autres ingrédients ainsi que 250 mL (1 tasse) de sucre à glacer dans le récipient du mélangeur. Battre à pleine vitesse pendant 40 secondes. Verser ce liquide sur les 500 mL (2 tasses) de sucre à glacer et mélanger

jusqu'à l'obtention d'une crème.
🍂 Cette recette donne une quantité de glaçage suffisante pour garnir le dessus et les parois de deux gâteaux ronds de 20 cm (8 po) de diamètre.

GLAÇAGE POUR PETITS FOURS

500 mL (2 tasses) de sucre
1 pincée de crème de tartre
250 mL (1 tasse) d'eau chaude
250 à 375 mL (1 à 1½ tasse) de sucre à glacer, tamisé

🍂 Dans une casserole, porter à ébullition le sucre, la crème de tartre et l'eau chaude. Laisser bouillir en sirop léger, jusqu'à 108°C (226°F) au thermomètre à bonbon.
🍂 Laisser tiédir (à peu près 40°C ou 100°F) et ajouter, lentement, assez de sucre à glacer pour que le glaçage coule sur le gâteau tout

en y adhérant. Ajouter toujours le sucre au sirop plutôt que l'inverse.

🍂 Placer les petits fours sur une grille à gâteau, en ayant pris soin, au préalable, de recouvrir de papier ciré la surface de la table sur laquelle est déposée la grille. De cette façon, le surplus de glaçage s'égouttera sur le papier, et pourra même être récupéré.

GLAÇAGE ROYAL

375 mL (1½ tasse) de sucre
à glacer
1 blanc d'œuf
1 pincée de sel
5 mL (1 c. à thé) de jus de citron
colorant végétal, au choix

🍂 Mettre dans un bol le sucre à glacer, le blanc d'œuf, le sel et le jus de citron. Battre avec un batteur à main jusqu'à ce que le mélange se tienne, ou forme des pointes. Il est parfois nécessaire d'ajouter un peu de sucre à glacer ou de blanc d'œuf, pour arriver à la consistance désirée.

🍂 Pour conserver ce glaçage, le recouvrir d'un linge mouillé. Pour le colorer, mettre la portion désirée dans un bol. Ajouter quelques gouttes de colorant et mélanger avec une cuiller de bois. Comme ce glaçage durcit très vite, il faut s'en servir rapidement. On peut étendre ce glaçage avec une douille à pâtisserie et décorer les gâteaux de mariage, d'anniversaire, etc.

GLAÇAGE AU BEURRE

250 mL (1 tasse) de sucre
125 mL (½ tasse) d'eau
15 mL (1 c. à soupe) de sirop
de maïs
3 blancs d'œufs
250 mL (1 tasse) de beurre
non salé

🍂 Mettre dans une casserole 150 mL (⅔ tasse) de sucre, l'eau et le sirop de maïs. Remuer à feu doux jusqu'à ce que le sucre soit dissous. Faire bouillir à feu moyen jusqu'à 114°C (238°F) au thermomètre à bonbon, ou jusqu'à ce qu'une goutte de sirop forme une boule molle au contact de l'eau froide.

🍂 Battre les blancs d'œufs en neige légère, ajouter graduellement le reste du sucre, en continuant à battre jusqu'à ce que le mélange soit bien ferme.

🍂 Verser lentement le sirop bouillant sur les blancs d'œufs en neige, en remuant sans arrêt. Continuer à battre jusqu'à ce que le glaçage soit très lisse et épais. Laisser refroidir.

🍂 Mettre le beurre en crème très légère et l'incorporer au mélange refroidi. Aromatiser au goût. Cette recette vous donnera 500 mL (2 tasses) de glaçage au beurre.

GLAÇAGE AU RHUM ET AUX NOIX

500 mL (2 tasses) de glaçage
au beurre
250 mL (1 tasse) de noix
de Grenoble émincées
45 mL (3 c. à soupe) de rhum

🍂 Faire le glaçage au beurre en suivant les indications données plus haut.

🍂 Ajouter les noix et le rhum au premier glaçage.

GLAÇAGE À LA PÂTE D'AMANDE

125 mL (½ tasse) de beurre mou
250 mL (1 tasse) de pâte
d'amande
2 œufs, battus

Glaçage au chocolat et crème fouettè

5 mL (1 c. à thé) de zeste
de citron
10 mL (2 c. à thé) de farine

🍂 Mettre le beurre en crème. Écraser la pâte d'amande et la battre avec le beurre, en alternant avec les œufs battus. Battre jusqu'à ce que le mélange soit lisse.

🍂 Ajouter le zeste de citron et la farine. Bien remuer.

GLAÇAGE AU RHUM

500 mL (2 tasses) de sucre
à glacer
45 mL (3 c. à soupe) de beurre
mou
45 mL (3 c. à soupe) de crème
à 35 %
15 mL (1 c. à soupe) de rhum

🍂 Battre le sucre à glacer, le beurre et la crème, jusqu'à l'obtention d'une crème lisse et épaisse.

🍂 Ajouter le rhum et battre pendant une minute.

🍂 On peut varier les essences ou les alcools dans cette recette. Si le glaçage n'est pas assez ferme, ne pas ajouter de sucre, simplement le réfrigérer jusqu'à ce qu'il ait la consistance désirée.

CRÈME CHOCOLATÉE À L'AMÉRICAINE

1 jaune d'œuf
50 mL (¼ tasse) de sucre
30 mL (2 c. à soupe) de farine
250 mL (1 tasse) de lait
1 pincée de sel
175 g (6 oz) de brisures
de chocolat

🍂 Mettre dans une casserole le jaune d'œuf, le sucre, la farine, le lait et le sel. Bien mélanger et faire cuire à feu moyen, tout en remuant, jusqu'à l'obtention d'une crème. Retirer du feu.

🍂 Ajouter le chocolat. Laisser reposer pendant 15 minutes et remuer pour bien incorporer le chocolat fondu. Utiliser.

CRÈME VIENNOISE AU CHOCOLAT

4 carrés de 30 g (1 oz) chacun
de chocolat non sucré
125 mL (½ tasse) de sucre
60 mL (4 c. à soupe) d'eau
chaude
175 mL (¾ tasse) d'eau
bouillante
125 mL (½ tasse) de crème légère
125 mL (½ tasse) de sucre
5 mL (1 c. à thé) de vanille
1 blanc d'œuf, battu en neige
légère

🍂 Râper le chocolat et le mélanger avec 125 mL (½ tasse) de sucre. Mettre dans une petite casserole avec l'eau chaude. Remuer à feu doux jusqu'à ce que le sucre et le chocolat soient fondus.

🍂 Ajouter l'eau bouillante, la crème et 125 mL (½ tasse) de sucre. Continuer la cuisson tout en remuant, jusqu'à ce que le sucre soit dissous et que le mélange commence à bouillir.

🍂 Ajouter la vanille et le blanc d'œuf. Faire cuire sans laisser bouillir, jusqu'à ce que le mélange épaississe légèrement. Laisser refroidir et utiliser.

GLAÇAGE AU CHOCOLAT ET CRÈME FOUETTÉE

250 mL (1 tasse) de crème à 35 %
50 mL (¼ tasse) de sucre
en poudre
30 mL (2 c. à soupe) de cacao
2 mL (½ c. à thé) de vanille

🍂 Mélanger les ingrédients dans un bol. Réfrigérer pendant 2 à 7 heures.

🍂 Lorsque le moment est venu d'utiliser le glaçage, battre avec un batteur à main jusqu'à ce que la crème soit bien ferme. Utiliser pour garnir et glacer les gâteaux légers, tels que les gâteaux des anges et les gâteaux de Savoie.

GLAÇAGE VELOUTÉ AU CHOCOLAT

175 mL (¾ tasse) de lait
concentré
125 mL (½ tasse) de sucre à glacer
175 g (6 oz) de brisures
de chocolat

🍂 Dans une casserole, mélanger le lait et les brisures de chocolat. Faire cuire à feu très lent en remuant souvent, jusqu'à ce que le mélange bouille. Laisser bouillir à feu doux pendant 2 ou 3 minutes, jusqu'à ce qu'il épaississe légèrement.

🍂 Retirer du feu. Laisser bien refroidir en remuant plusieurs fois. Ajouter le sucre à glacer et utiliser.

Glaçage au citron et à l'orange

GLAÇAGE AU CHOCOLAT DOUX-AMER

5 carrés de 30 g (1 oz) chacun de chocolat non sucré
15 mL (1 c. à soupe) d'eau
1 pincée de sel
1 boîte de lait condensé sucré

❧ Faire fondre le chocolat dans le haut d'un bain-mairie sur une eau chaude mais non bouillante. Ajouter l'eau et le sel. Remuer jusqu'à ce que le chocolat soit lisse.

❧ Ajouter le lait condensé et remuer jusqu'à l'obtention d'un mélange bien homogène. Faire cuire pendant 7 ou 8 minutes sur une eau chaude. Refroidir et utiliser.

GLAÇAGE SUCRÉ AU CHOCOLAT

4 carrés ou 125 g (4 oz) de chocolat sucré
50 mL (¼ tasse) d'eau
125 mL (½ tasse) de sucre
45 mL (3 c. à soupe) d'eau
5 mL (1 c. à thé) de beurre
30 mL (2 c. à soupe) de crème à 35 %

❧ Mettre dans une petite casserole le chocolat coupé en morceaux et 50 mL (¼ tasse) d'eau. Chauffer à feu très doux jusqu'à ce que le chocolat soit fondu.

❧ Faire un sirop avec le sucre et 45 mL (3 c. à soupe) d'eau. Ajouter le chocolat fondu et remuer jusqu'à pleine ébullition. Ajouter le beurre et la crème. Laisser bouillir pendant 2 minutes à feu doux. Laisser tiédir.

❧ Remuer juste assez pour mettre en crème lisse. Utiliser.

GLAÇAGE AU CACAO

30 mL (2 c. à soupe) de beurre
30 mL (2 c. à soupe) de cacao
30 mL (2 c. à soupe) de crème à 35 %
250 mL (1 tasse) de sucre à glacer

❧ Faire fondre le beurre au bain-marie sur une eau chaude. Ajouter le cacao et la crème et bien mélanger.

❧ Retirer le bain-marie du feu, tout en laissant la partie du haut sur l'eau chaude. Ajouter le sucre à glacer. Battre jusqu'à l'obtention d'une crème lisse et légère.

❧ Ce glaçage s'utilise en couche légère sur les carrés au chocolat et les biscuits. En refroidissant, il devient comme un fudge léger.

CRÈME AU BEURRE ET AU CACAO

250 mL (1 tasse) de cacao
125 mL (½ tasse) de beurre
500 g (1 lb) de sucre à glacer, tamisé
125 mL (½ tasse) de lait
5 mL (1 c. à thé) de vanille

❧ Dans le petit bol d'un batteur sur socle mélanger le cacao et le beurre. Battre en crème. Ajouter graduellement le sucre à glacer, en alternant avec le lait et la vanille. Battre jusqu'à ce que le tout soit lisse et crémeux.

❧ Cette recette est suffisante pour glacer deux gâteaux de 20 cm (8 po) de diamètre.

GLAÇAGE MOKA

3 jaunes d'œufs
250 mL (1 tasse) de sucre
2 mL (½ c. à thé) de crème
de tartre
125 mL (½ tasse) d'eau
250 g (8 oz) de chocolat sucré
60 mL (4 c. à soupe) de café
très fort
30 mL (2 c. à soupe) de rhum
1 pincée de sel
250 g (½ lb) de beurre non salé
250 g (½ lb) de graisse végétale

🍃 Battre les jaunes d'œufs jusqu'à ce qu'ils soient en mousse légère.

🍃 Dans une petite casserole battre le sucre, la crème de tartre et l'eau. Faire cuire à feu moyen, tout en remuant, jusqu'à ce que le sucre soit dissous. Faire bouillir ensuite, sans remuer, jusqu'à l'obtention d'un sirop assez épais. Retirer du feu.

🍃 Verser le sirop chaud lentement sur les jaunes d'œufs, tout en remuant jusqu'à ce que le mélange soit assez épais et tiède. Laisser refroidir.

🍃 Faire fondre le chocolat dans le café, à feu très doux. Retirer du feu, ajouter le rhum et le sel. Laisser tiédir.

🍃 Pendant ce temps, ajouter au mélange des œufs le beurre et la graisse végétale, 5 mL (1 c. à thé) à la fois. Avec un batteur sur socle de préférence, battre jusqu'à ce que la crème soit très lisse et crémeuse. Incorporer le chocolat fondu, tout en continuant à remuer.

🍃 Plus le chocolat est fin et bien noir, meilleur sera ce glaçage. La quantité est suffisante pour glacer un gâteau de 25 cm (10 po) de diamètre et de 8 à 10 cm (3 à 4 po) de haut.

GLAÇAGE MOKA À L'AMÉRICAINE

125 mL (½ tasse) de beurre mou
500 g (1 lb) de sucre à glacer, tamisé
10 mL (2 c. à thé) de café soluble
2 carrés de chocolat non sucré, fondu
50 mL (¼ tasse) de lait
15 mL (1 c. à soupe) de vanille

🍃 Mettre le beurre en crème légère et lisse. Ajouter graduellement le reste des ingrédients en suivant l'ordre donné. Battre jusqu'à l'obtention d'une crème lisse et très crémeuse.

🍃 Cette recette est suffisante pour garnir et glacer un gâteau-étage de 20 cm (8 po) de diamètre.

GLAÇAGE AU CITRON ET À L'ORANGE

zeste de ½ orange
zeste de 1 citron
30 mL (2 c. à soupe) de jus d'orange
30 mL (2 c. à soupe) de jus de citron
45 mL (3 c. à soupe) de beurre mou
1 jaune d'œuf
1 pincée de sel
750 mL (3 tasses) de sucre à glacer

🍃 Placer dans le récipient du mélangeur le zeste d'orange, le zeste de citron, le jus d'orange et le jus de citron, le beurre mou, le jaune d'œuf et le sel. Couvrir et battre à haute vitesse pendant 1½ minute. Verser sur le sucre à glacer et bien mélanger.

🍃 Pour obtenir un glaçage crémeux, il vaut mieux le laisser reposer pendant 1 heure au réfrigérateur plutôt que d'ajouter davantage de sucre à glacer.

CRÈME À LA CONFITURE D'ABRICOTS

30 mL (2 c. à soupe) de farine
75 mL (⅓ tasse) de jus d'orange ou de xérès
150 mL (⅔ tasse) de confiture d'abricots
zeste de ½ citron
jus de 1 citron
3 jaunes d'œufs

🍃 Dans une casserole, mélanger la farine et le jus d'orange ou le xérès. Ajouter la confiture d'abricots, le zeste et le jus de citron. Faire cuire à feu doux, en remuant presque sans arrêt jusqu'à l'obtention d'une crème lisse.

🍃 Battre les jaunes d'œufs, leur ajouter quelques cuillerées de la crème chaude, bien mélanger et verser, tout en remuant, dans le reste de la crème chaude. Faire cuire pendant une minute, tout en remuant et en évitant l'ébullition. Refroidir et utiliser.

CRÈME AU CITRON

50 mL (¼ tasse) de sucre
30 mL (2 c. à soupe) de farine
50 mL (¼ tasse) de jus de citron
125 mL (½ tasse) de miel
zeste de 1 citron
1 œuf, légèrement battu
15 mL (1 c. à soupe) de beurre

🍃 Mélanger le tout dans le haut d'un bain-marie. Faire cuire sur une eau bouillante en remuant plusieurs fois, jusqu'à l'obtention d'une crème lisse et légère. Laisser tiédir avant d'utiliser.

🞿 Cette crème peut servir de garniture et de glaçage pour certains gâteaux.

CRÈME AUX POMMES

3 pommes, pelées
jus et zeste de 1 citron
175 mL (¾ tasse) de sucre

15 mL (1 c. à soupe) de farine
45 mL (3 c. à soupe) d'eau
2 jaunes d'œufs, battus
30 mL (2 c. à soupe) de beurre
2 mL (½ c. à thé) de vanille

🞿 Râper les pommes pelées sur la plus grosse râpe. Jeter les trognons.

🞿 Dans une casserole, mélanger les pommes râpées, le jus et le zeste du citron ainsi que le sucre. Faire cuire à feu moyen, sans couvrir, jusqu'à ébullition.

🞿 Mélanger la farine et l'eau, l'ajouter aux pommes en ébullition. Remuer jusqu'à épaississement. Ajouter quelques cuillerées des pommes chaudes aux jaunes d'œufs battus et verser dans le reste des pommes. Remuer pendant quelques minutes et retirer du feu. Ajouter le beurre et la vanille. Remuer jusqu'à ce que le beurre soit fondu. Refroidir et utiliser. Cette garniture est parfaite pour les pains d'épices.

CRÈMES GLACÉES ET SORBETS

QUELQUES CONSEILS CONCERNANT LA CRÈME GLACÉE

Le sucre est responsable de la granulation des crèmes glacées. Il est donc préférable d'en utiliser le moins possible et d'employer plutôt du sucre superfin. Le miel et le sirop de maïs produisent peu de granulation.

🍃 Un peu de gélatine non aromatisée ajoutée au mélange donne une crème glacée plus lisse.

🍃 Pour une crème glacée crémeuse et lisse, il est également recommandé de la battre 2 ou 3 fois avant de la laisser prendre complètement. Battre lorsque la crème glacée commence à prendre autour des parois du récipient.

🍃 Régler la commande de température du réfrigérateur au degré le plus élevé, une trentaine de minutes avant de verser la crème dans le récipient. Lorsque la crème glacée a été remuée et qu'elle est bien prise, remettre la commande de température au degré normal.

🍃 Si la crème glacée est fouettée, elle doit rester légère, car une crème trop battue prend une texture de fromage à la congélation. La crème glacée prend au moins 3 heures à geler.

🍃 Le mélangeur est l'ustensile le plus approprié pour battre les crèmes glacées, les sorbets et les granités. On obtiendra une mousse très légère et la crème sera plus lisse et plus onctueuse une fois congelée.

🍃 La sorbetière, électrique ou manuelle, est l'ustensile de cuisine avec lequel on fabrique les sorbets et les crèmes glacées. Les desserts obtenus avec la sorbetière demandent entre 6 et 8 heures de congélation.

🍃 Éviter de remplir complètement le contenant qui ira au congélateur, car la crème glacée augmente de volume en congelant.

🍃 Une fois terminée, laisser reposer la crème glacée pendant 1 heure au réfrigérateur avant de la servir.

🍃 La crème glacée se conserve pendant 3 semaines dans son contenant, sans perdre sa texture. Pour la conserver plus de 6 semaines, il est préférable d'envelopper le contenant d'un papier à congélation. Si le contenant est déjà entamé, remplir l'espace vide d'une pellicule de plastique froissée.

CRÈME GLACÉE À LA VANILLE

5 mL (1 c. à thé) de gélatine non aromatisée
15 mL (1 c. à soupe) d'eau froide
250 mL (1 tasse) de lait ou de crème
85 mL (³⁄₈ tasse) de sucre superfin
7 mL (½ c. à soupe) de fécule de maïs
1 pincée de sel
1 œuf, légèrement battu
5 mL (1 c. à thé) de vanille
250 mL (1 tasse) de crème à 35 %

🍃 Faire tremper la gélatine pendant 5 minutes dans l'eau froide. Faire chauffer le lait. Mélanger le sucre et la fécule, ajouter un peu de lait chaud. Remuer et verser dans le reste du lait chaud. Faire cuire à feu doux, en remuant sans arrêt, jusqu'à ce que le mélange épaississe légèrement.

🍃 Ajouter le sel et l'œuf battu en remuant fortement. Retirer du feu, ajouter la gélatine et remuer jusqu'à ce que celle-ci soit dissoute. Laisser refroidir ce mélange.

🍃 Lorsque le mélange est bien refroidi, y battre la vanille et la crème. Mettre au congélateur. Battre deux ou trois fois pendant la congélation jusqu'à ce que le mélange soit bien glacé.

🍃 Si désiré, remplacer la vanille par 15 mL (1 c. à soupe) de café soluble.

CRÈME GLACÉE À L'ANCIENNE

½ gousse de vanille
125 mL (½ tasse) de lait
5 jaunes d'œufs
375 mL (1½ tasse) de sucre superfin
1 L (4 tasses) de crème à 35 %

🍃 Fendre la vanille en deux. Gratter l'intérieur avec la lame d'un petit couteau. Mettre les grains dans le lait et y ajouter la gousse. Faire mijoter à feu très doux pendant 10 minutes.

🍃 Battre les jaunes en mousse légère. Ajouter le sucre et battre jusqu'à ce que le tout soit mousseux et jaune pâle. Ajouter aux œufs la crème non fouettée. Battre quelques instants. Retirer la gousse de vanille.

🍃 Verser dans une sorbetière et faire tourner jusqu'à ce que la crème glacée soit bien prise.

🍃 Couvrir et laisser reposer 1 heure.

CRÈME GLACÉE PHILADELPHIE

6 jaunes d'œufs
375 mL (1½ tasse) de sucre
1 L (4 tasses) de crème à 35 %

30 mL (2 c. à soupe) d'essence de vanille ou 30 mL (2 c. à soupe) d'essence de café

❧ Battre les jaunes d'œufs en mousse légère. Ajouter le sucre et continuer à battre jusqu'à ce que le sucre soit dissous.

❧ Ajouter la crème et l'essence de vanille. Battre au batteur à main jusqu'à ce que le tout soit bien mélangé.

❧ Verser la préparation dans le récipient de la sorbetière. Préparer la crème glacée conformément aux instructions du fabricant.

CRÈME GLACÉE AUX FRAISES
❧ Ajouter à la crème 15 mL (1 c. à soupe) de vanille et 1 boîte de fraises surgelées.

Crème glacée à l'ancienne

CRÈME GLACÉE AU LAIT CONCENTRÉ NON SUCRÉ

125 mL (½ tasse) de sucre
30 mL (2 c. à soupe) de fécule de maïs
2 mL (½ c. à thé) de sel
1 œuf non battu
1 boîte de lait concentré non sucré
7 mL (1½ c. à thé) de vanille
250 mL (1 tasse) de crème à 35 %

❧ Dans la partie supérieure du bain-marie, mélanger le sucre, la fécule, le sel et l'œuf. Bien remuer.

❧ Lorsque le tout est bien mélangé, ajouter graduellement le lait concentré et la vanille. Faire cuire au-dessus d'une eau bouillante, en remuant constamment, jusqu'à ce que le mélange épaississe légèrement, de 8 à 10 minutes environ.

❧ Retirer du feu. Laisser tiédir. Faire congeler.

❧ Pendant que le mélange refroidit, fouetter la crème. Verser le mélange refroidi dans un bol. Battre au batteur à main. Sans cesser de battre, incorporer la crème fouettée.

❧ Remettre au congélateur jusqu'à ce que la crème glacée soit prise.

VARIANTES

CRÈME GLACÉE AU CAFÉ
❧ Mélanger le sucre avec 30 mL (2 c. à soupe) de café soluble, non dilué. Terminer la crème glacée comme l'indique la recette ci-dessus.

CRÈME GLACÉE AU CACAO
❧ Mélanger le sucre avec 125 mL (½ tasse) de cacao et 45 mL (3 c. à soupe) d'eau froide. Terminer la crème glacée comme l'indique la recette ci-dessus.

CRÈME GLACÉE AU CHOCOLAT
❧ Au moment d'incorporer la boîte de lait concentré non sucré, ajouter 2 ou 3 carrés de 30 g (1 oz) chacun de chocolat non sucré. Terminer la crème glacée comme l'indique la recette ci-dessus.

CRÈME GLACÉE À LA GUIMAUVE

175 mL (¾ tasse) de lait
24 grosses guimauves
125 mL (½ tasse) de café corsé
1 pincée de sel
250 mL (1 tasse) de crème à 35 %
10 mL (2 c. à thé) de vanille

❧ Mettre le lait et les guimauves dans la partie supérieure du bain-marie. Faire chauffer au-dessus d'une eau bouillante jusqu'à ce que les guimauves soient fondues.

❧ Ajouter le café et le sel. Mélanger et retirer du feu. Laisser

Crème glacée aux fraises

refroidir jusqu'à ce que la préparation épaississe légèrement.

🍃 Fouetter la crème et l'ajouter à la préparation refroidie. Ajouter la vanille. Bien mélanger. Mettre au congélateur jusqu'à ce que la crème glacée soit prise.

VARIANTE

🍃 Remplacer le café par l'un des liquides suivants: 125 mL (½ tasse) de jus d'orange, 50 mL (¼ tasse) de jus de citron et 50 mL (¼ tasse) d'eau, 125 mL (½ tasse) de lait et 30 mL (2 c. à soupe) de rhum ou de cognac, 125 mL (½ tasse) de lait et 15 mL (1 c. à soupe) d'essence aromatique.

CRÈME GLACÉE À LA GÉLATINE

375 mL (1½ tasse) d'eau bouillante
1 sachet de gélatine aromatisée aux fraises, aux framboises,
aux cerises ou à l'orange, au goût
250 mL (1 tasse) de crème à 35 %

🍃 Verser l'eau bouillante sur la gélatine choisie. Remuer jusqu'à ce qu'elle soit bien dissoute. Réfrigérer jusqu'à ce que le mélange ressemble à des blancs d'œufs épais.

🍃 Battre la gélatine jusqu'à l'obtention d'une belle mousse. Fouetter la crème, l'ajouter à la mousse et bien mélanger les deux.

🍃 Mettre au congélateur jusqu'à ce que la crème glacée soit prise.

CRÈME GLACÉE AUX FRAISES

1 L (4 tasses) de crème glacée à la vanille
2 boîtes de fraises surgelées
250 mL (1 tasse) de crème à 35 %
5 mL (1 c. à thé) de vanille
2 jaunes d'œufs
125 mL (½ tasse) de sucre

🍃 Laisser ramollir la crème glacée et faire dégeler les fraises. Mélanger le tout dans un bol.

🍃 Fouetter la crème et y ajouter la vanille. Battre les jaunes d'œufs et le sucre jusqu'à ce qu'ils soient très légers et que le sucre soit dissous.

🍃 Ajouter à la crème glacée la crème fouettée et la préparation des jaunes d'œufs. Bien remuer et verser dans un moule. Faire congeler jusqu'à ce que le mélange soit bien pris. Remuer une ou deux fois à la cuiller, pendant la première heure de congélation.

CRÈME GLACÉE AU RHUM ET AUX RAISINS

125 mL (½ tasse) de raisins sans pépins
45 mL (3 c. à soupe) de rhum
2 jaunes d'œufs
125 mL (½ tasse) de sucre
1 pincée de sel
250 mL (1 tasse) de crème à 10 %
250 mL (1 tasse) de crème à 35 %
7 mL (1½ c. à thé) de vanille

🍃 Faire tremper les raisins dans le rhum pendant 12 heures. Réserver.

🍃 Battre les jaunes d'œufs jusqu'à ce qu'ils soient mousseux et jaune pâle. Ajouter le sucre et battre jusqu'à ce qu'il soit dissous. Ajouter le sel et la crème à 10 %. Battre quelques instants.

🍃 Fouetter la crème à 35 % et l'incorporer au mélange ainsi que la vanille. Mettre au congélateur jusqu'à ce que la crème glacée soit prise.

🍃 Mettre la crème glacée dans un bol, la battre jusqu'à ce qu'elle ressemble à une crème givrée.

Incorporer les raisins réservés. Remettre au congélateur jusqu'à ce que la crème glacée soit prête.

CRÈME GLACÉE AU CAFÉ ET AU RHUM

500 mL (2 tasses) de lait
125 mL (½ tasse) de sucre superfin
25 mL (1½ c. à soupe) de farine
2 mL (½ c. à thé) de sel
2 œufs, bien battus
5 mL (1 c. à thé) de gélatine non aromatisée
15 mL (1 c. à soupe) d'eau froide
500 mL (2 tasses) de crème à 35 %
30 mL (2 c. à soupe) de rhum
45 mL (3 c. à soupe) de café soluble

❧ Faire chauffer le lait. Mélanger le sucre à glacer et la farine. Mélanger cette préparation avec 125 mL (½ tasse) de lait chaud. Bien remuer et verser dans le reste du lait. Faire cuire en remuant sans arrêt jusqu'à ce que le mélange ait légèrement épaissi. Retirer du feu. Ajouter le sel et les œufs en battant.

❧ Faire tremper la gélatine dans l'eau froide pendant 5 minutes. L'ajouter au mélange de lait chaud et remuer jusqu'à ce que la gélatine soit dissoute. Laisser bien refroidir.

❧ Fouetter la crème et y ajouter le rhum et le café. Battre quelques secondes pour bien mélanger. Incorporer au mélange de lait refroidi. Mettre au congélateur jusqu'à ce que la crème glacée soit à demi prise. Mettre dans un bol et battre en mousse. Remettre au congélateur jusqu'à ce que la crème glacée soit complètement prise.

CRÈME GLACÉE AU MIEL

500 mL (2 tasses) de crème à 35 %
125 mL (½ tasse) de miel clair
zeste d'une orange et d'un citron
1 pincée de sel
2 mL (½ c. à thé) d'essence d'amande
125 mL (½ tasse) d'amandes grillées émincées

❧ Fouetter la crème en évitant qu'elle ne devienne trop ferme. Sans cesser de battre, ajouter petit à petit le miel jusqu'à ce que le mélange soit homogène. Ajouter le zeste d'orange et de citron, le sel et l'essence d'amande.

❧ Utiliser, de préférence, une sorbetière pour faire prendre la crème glacée. Sinon mettre la préparation au congélateur. Ajouter les amandes. Congeler jusqu'à ce que la crème glacée soit prise.

CRÈME GLACÉE AUX PÊCHES FRAÎCHES

900 g (2 lb) de pêches bien mûres
jus d'un citron
375 mL (1½ tasse) de sucre
2 œufs
30 mL (2 c. à soupe) de sucre superfin
250 mL (1 tasse) de crème à 35 %

❧ Ébouillanter les pêches et les peler. Réserver 2 pêches pour la garniture, les trancher, les sucrer et les conserver dans un contenant de verre. Réfrigérer jusqu'au moment de les utiliser.

❧ Mettre le reste des pêches et le jus de citron dans un bol. Écraser les pêches avec un pilon. Incorporer le sucre et bien mélanger.

❧ Séparer les jaunes d'œufs des blancs. Battre les blancs en neige ferme avec le sucre superfin. Battre légèrement les jaunes et les incorporer aux blancs. Fouetter la

Crème glacée aux pêches fraîches

[615]

crème et l'incorporer aux œufs. Incorporer avec soin les pêches écrasées.

🔊 Mettre au congélateur jusqu'à ce que la crème glacée commence à prendre autour des parois du contenant. Mettre dans un bol et battre en mousse. Remettre au congélateur jusqu'à ce que la crème glacée soit prise. Démouler et servir avec les pêches réservées.

CRÈME GLACÉE AUX MARRONS

125 mL (½ tasse) de raisins secs sans pépins
45 mL (3 c. à soupe) de rhum
5 jaunes d'œufs
250 mL (1 tasse) de sucre
15 mL (1 c. à soupe) de gélatine non aromatisée
1 L (4 tasses) de crème à 10 %
50 mL (¼ tasse) de jus d'ananas
375 mL (1½ tasse) de purée de marrons sucrée

2 mL (½ c. à thé) de sel
125 mL (½ tasse) de fruits confits finement hachés
125 mL (½ tasse) de chocolat sucré râpé

🔊 Faire tremper les raisins dans le rhum pendant 2 heures. Réserver.

🔊 Battre les jaunes d'œufs et le sucre jusqu'à ce qu'ils soient très légers et jaune pâle.

🔊 Faire tremper la gélatine pendant 5 minutes dans 30 mL (2 c. à soupe) d'eau froide. Faire chauffer la crème et y dissoudre la gélatine. Verser sur les jaunes d'œufs, bien mélanger et faire cuire à feu très doux en remuant sans arrêt, jusqu'à ce que la crème épaississe légèrement. Éviter toute ébullition. Réfrigérer jusqu'à ce que la crème soit bien refroidie.

🔊 Bien mélanger le jus d'ananas avec la purée de marrons et l'ajouter à la crème refroidie. Ajouter les raisins réservés, le sel, les fruits confits et le chocolat râpé. Bien mélanger. Utiliser de

préférence une sorbetière et battre jusqu'à ce que la crème glacée soit prise. Ou mettre la préparation dans un moule à soufflé et congeler jusqu'à ce que la crème glacée soit prise. Remuer 2 ou 3 fois pendant les deux premières heures de congélation. Servir garnie de crème fouettée.

COUPES GLACÉES AUX MARRONS

1 L (4 tasses) de crème glacée à la vanille
125 mL (½ tasse) de marrons dans le sirop
50 mL (¼ tasse) d'amandes grillées émincées
175 mL (¾ tasse) de cerises confites
50 mL (¼ tasse) de cognac

🔊 Laisser ramollir la crème glacée. Y ajouter les marrons coupés en petits morceaux, les amandes, les cerises hachées et le cognac. Bien remuer et répartir la préparation dans des coupes à dessert.

🔊 Décorer chaque coupe de miettes de macarons. Recouvrir de papier d'aluminium et congeler jusqu'à ce que la crème glacée soit prise.

CRÈME GLACÉE PRALINÉE

15 mL (1 c. à soupe) de beurre
30 mL (2 c. à soupe) de cassonade
50 mL (¼ tasse) de noix hachées
50 mL (¼ tasse) de céréales écrasées
125 mL (½ tasse) de sucre
2 mL (½ c. à thé) de sel
325 mL (1⅓ tasse) de lait
2 œufs

Crème glacée de luxe au chocolat

250 mL (1 tasse) de crème à 35 %
5 mL (1 c. à thé) de vanille

🍂 Dans un poêlon, faire fondre le beurre à feu doux et y ajouter la cassonade, les noix et les céréales. Remuer jusqu'à ce que le tout forme une pâte homogène. Laisser refroidir sur une grande assiette. On obtient alors le pralin.

🍂 Mélanger le sucre avec le sel et le lait, jusqu'à ce que le sucre soit dissous.

🍂 Battre les blancs d'œufs et les jaunes séparément.

🍂 Fouetter la crème et y ajouter les jaunes et les blancs d'œufs battus, le lait sucré, la vanille et le pralin brisé en petits morceaux. Bien mélanger et mettre au congélateur. Lorsque la crème glacée commence à prendre autour des parois du contenant, la verser dans un bol et battre en mousse. Remettre au congélateur jusqu'à ce que la crème glacée soit complètement prise.

CRÈME GLACÉE DE LUXE AU CHOCOLAT

250 mL (1 tasse) de sirop de maïs
3 jaunes d'œufs, bien battus
3 carrés de 30 g (1 oz) chacun de chocolat non sucré
500 mL (2 tasses) de crème à 35 %
3 blancs d'œufs
250 mL (1 tasse) de sucre superfin

🍂 Porter le sirop de maïs à ébullition. Verser lentement sur les jaunes d'œufs, en remuant sans arrêt. Laisser refroidir.

🍂 Faire fondre le chocolat au bain-marie, au-dessus d'une eau chaude. Laisser tiédir.

🍂 Fouetter la crème et battre les blancs d'œufs en neige.

🍂 Ajouter aux jaunes d'œufs le chocolat fondu, la crème fouettée, les blancs d'œufs en neige et le sucre. Bien mélanger jusqu'à ce que le sucre soit dissous.

🍂 Mettre au congélateur jusqu'à ce que la crème glacée soit prise.

BOMBE PRALINÉE

3 jaunes d'œufs
125 mL (½ tasse) de sucre
1 pincée de crème de tartre
50 mL (¼ tasse) d'eau froide
30 mL (2 c. à soupe) de café soluble
30 mL (2 c. à soupe) d'eau bouillante

PRALIN

1 L (4 tasses) de crème à 35 %
125 mL (½ tasse) de sucre
1 pincée de crème de tartre
125 mL (½ tasse) d'amandes
45 mL (3 c. à soupe) de rhum

🍂 Avec un batteur sur socle, battre les jaunes d'œufs jusqu'à ce qu'ils soient très légers.

🍂 Mettre dans une casserole le sucre, la crème de tartre et l'eau. Remuer, à feu moyen, jusqu'à ce que le sucre soit dissous. Faire cuire jusqu'à ce qu'un peu de sirop jeté dans l'eau froide forme une boule molle. Verser lentement le sirop sur les jaunes d'œufs, en remuant sans arrêt. Continuer à battre jusqu'à ce que le mélange soit tiède et épais.

🍂 Dissoudre le café dans l'eau bouillante. Fouetter la crème jusqu'à ce qu'elle soit bien ferme. Incorporer le café et la crème fouettée au mélange de jaunes d'œufs.

PRALIN

🍂 Mettre dans un poêlon de fonte le sucre, la crème de tartre et les amandes. Faire cuire à feu doux, en remuant avec une cuiller de métal, jusqu'à ce que le sucre devienne un sirop brun. Verser sur une plaque à pâtisserie beurrée. Laisser refroidir. Briser le pralin en morceaux et en faire une poudre. Ajouter le pralin et le rhum à la préparation de jaunes d'œufs.

BOMBE

🍂 Badigeonner un bol assez profond avec de l'huile d'amande douce et y verser la préparation. Couvrir et envelopper le bol de papier ciré ou de papier d'aluminium pour qu'il soit bien étanche. Mettre au congélateur de 5 à 6 heures.

🍂 Pour démouler, entourer le bol d'une serviette trempée dans de l'eau bouillante. Retirer le couvercle puis renverser sur un plat de service.

🍂 Si vous comptez servir un plus grand nombre d'invités, utiliser environ 1,5 L (6 à 7 tasses) de crème, sans changer les autres quantités.

BOMBE GLACÉE GARNIE

🍂 Choisir une crème glacée et un sorbet en tenant compte de la compatibilité des saveurs. Préparer l'un et l'autre en suivant les indications données dans les recettes.

🍂 Refroidir le moule au congélateur avant de le garnir. Remplir avec la crème glacée et congeler jusqu'à ce qu'elle soit à demi prise.

🍂 Enlever une partie de la crème glacée au centre du moule et la remplacer par le sorbet. Recouvrir le sorbet d'une couche de crème glacée et remettre au congélateur.

BOMBE GLACÉE MOKA

375 g (12 oz) de chocolat sucré
45 mL (3 c. à soupe) de café corsé
750 mL (3 tasses) de crème à 35 %
175 mL (¾ tasse) de sucre
superfin
1 pincée de sel

❧ Couper le chocolat en morceaux. Le mettre dans une casserole avec le café et le faire fondre à feu doux. Bien remuer lorsque le chocolat est fondu. Laisser refroidir.

❧ Fouetter la crème et y ajouter le sucre superfin et le sel. Bien mélanger. Incorporer avec soin le chocolat refroidi.

❧ Verser la préparation dans un bol assez profond légèrement badigeonné d'huile d'amande douce. Couvrir et envelopper le bol dans un papier d'aluminium ou un papier ciré.

❧ Mettre au congélateur de 2 à 3 heures.

❧ Pour servir, démouler sur un plat et napper de sauce au chocolat, de sauce au rhum, ou de crème fouettée parfumée au cognac (voir *Sauce au chocolat*, pages 602 et 604 ou *Sauce crémeuse*, page 601).

MOUSSE GLACÉE À L'ÉRABLE

250 mL (1 tasse) de sirop d'érable
3 jaunes d'œufs, légèrement
battus
125 mL (½ tasse) de noix hachées
500 mL (2 tasses) de crème à 35 %
3 blancs d'œufs

❧ Mélanger le sirop d'érable et les jaunes d'œufs. Faire cuire au bain-marie, en remuant sans arrêt, jusqu'à ce que la préparation épaississe légèrement. Laisser refroidir et incorporer les noix.

❧ Fouetter la crème et battre les blancs d'œufs en neige ferme. Les incorporer à la préparation refroidie.

❧ Mettre au congélateur jusqu'à ce que la mousse soit prise. Remuer 4 ou 5 fois pendant la congélation.

MOUSSE GLACÉE AUX BLANCS D'ŒUFS

125 mL (½ tasse) de cassonade
ou de sucre
50 mL (¼ tasse) d'eau, de jus
d'orange, de café
ou de jus de pomme
4 blancs d'œufs
1 pincée de sel
125 mL (½ tasse) de sucre
5 mL (1 c. à thé) de vanille
ou 15 mL (1 c. à soupe)
de liqueur, de cognac
ou de rhum

❧ Dans un poêlon, mélanger la cassonade avec l'eau. Faire cuire à feu moyen jusqu'à ce que le sirop se caramélise.

❧ Battre les blancs d'œufs avec le sel. Ajouter le sucre et battre jusqu'à ce que les blancs d'œufs soient en neige ferme. Verser lentement le sirop dans les œufs battus en remuant sans arrêt. Utiliser un batteur à main.

❧ Après avoir incorporé le sirop, et une fois la mousse ferme et lisse, aromatiser avec la vanille. Verser dans un plat, couvrir et congeler pendant 12 heures.

PARFAIT AU CITRON

3 jaunes d'œufs
50 mL (¼ tasse) de sucre
3 mL (¾ c. à thé) de zeste râpé
de citron
60 mL (4 c. à soupe) de jus
de citron
1 pincée de sel
125 mL (½ tasse) de crème
à 35 %
3 blancs d'œufs
50 mL (¼ tasse) de sucre

❧ Battre les jaunes d'œufs. Ajouter graduellement le sucre jusqu'à ce que les jaunes d'œufs épaississent et deviennent jaune citron. Ajouter le zeste, le jus de citron et le sel.

❧ Fouetter la crème et l'incorporer au mélange de jaunes d'œufs. Battre les blancs d'œufs jusqu'à ce qu'ils forment des pics mous. Ajouter graduellement le sucre, en remuant jusqu'à ce que les blancs d'œufs forment des pics fermes. Y incorporer le mélange de jaunes d'œufs. Mettre au congélateur.

PARFAIT AUX FRAISES

500 mL (2 tasses) de fraises
fraîches
12 grosses guimauves
175 mL (¾ tasse) de sucre
5 mL (1 c. à thé) de jus de citron
500 mL (2 tasses) de crème à 35 %
15 mL (1 c. à soupe) de vanille

❧ Nettoyer les fraises et les mettre dans une casserole. Ajouter les guimauves, le sucre et le jus de citron. Faire mijoter pendant 10 minutes en remuant quelquefois pendant la cuisson. Retirer du feu et laisser refroidir.

🍧 Fouetter la crème, ajouter la vanille et incorporer au mélange refroidi des fraises. Mettre au congélateur jusqu'à ce que la préparation soit à demi prise. Verser dans un bol, battre en mousse et remettre au congélateur jusqu'à ce que le parfait soit pris.

PARFAIT AU CARAMEL

250 mL (1 tasse) de cassonade
45 mL (3 c. à soupe) de beurre
175 mL (¾ tasse) de crème à 10 %
250 mL (1 tasse) de crème à 35 %
1 L (4 tasses) de crème glacée
à la vanille
125 mL (½ tasse) d'amandes
grillées émincées

🍧 Mettre la cassonade et le beurre dans un petit poêlon de fonte. Faire cuire à feu moyen, en remuant constamment, jusqu'à ce que la cassonade soit dissoute. Laisser mijoter pendant environ 2 minutes, en remuant pour empêcher de brûler. Réduire le feu.

🍧 Faire chauffer la crème à 10 % et l'ajouter graduellement au mélange de sucre, en remuant constamment. Continuer à chauffer et brasser jusqu'à ce que le mélange soit homogène. Laisser mijoter pendant environ 8 minutes, en remuant souvent. Laisser refroidir. Battre au batteur à main jusqu'à ce que le mélange doit doré. On obtient alors une belle sauce au caramel. Elle peut être préparée à l'avance et conservée au réfrigérateur. Bien la battre avant de l'utiliser.

🍧 Fouetter la crème à 35 % jusqu'à ce qu'elle commence à épaissir. Y ajouter graduellement 75 mL (⅓ tasse) de sauce au caramel. Réserver le reste de la sauce. Battre

constamment jusqu'à ce que le mélange soit ferme.

🍧 Verser une cuillerée de la sauce au caramel réservée dans six coupes à parfait. Ajouter ensuite une cuillerée de crème fouettée au caramel. Garnir d'une boule de crème glacée et parsemer d'amandes. Bien tasser. Disposer le reste des ingrédients en couches successives jusqu'à ce que les coupes soient pleines.

LES SORBETS

Le sorbet est une glace légère à base de fruits, parfumée de liqueur, d'essences aromatiques ou de citron. On peut le faire prendre au congélateur ou dans la sorbetière.

🍧 Si on le fait prendre au congélateur, il est important de le remuer très souvent pendant la congélation: une première fois lorsque le sorbet commence tout

juste à prendre, et ensuite, toutes les trente minutes jusqu'à ce qu'il soit complètement pris.

SORBET

(recette de base)

500 mL (2 tasses) de sucre
1 L (4 tasses) d'eau
15 mL (1 c. à soupe) de zeste
de citron
250 mL (1 tasse) de jus de citron

🍧 Porter le sucre et l'eau à ébullition, et laisser bouillir pendant 5 minutes. Laisser tiédir, ajouter le zeste et le jus de citron. Congeler.

SORBET AUX FRAMBOISES

1 boîte de framboises surgelées
175 mL (¾ tasse) de sucre
7 mL (1½ c. à thé) de gélatine
non aromatisée

Sorbet aux framboises

[619]

125 mL (½ tasse) d'eau froide
30 mL (2 c. à soupe) de jus
de citron
2 blancs d'œufs

🙠 Mélanger dans une casserole les framboises et le sucre. Faire cuire à feu très doux jusqu'à ce que le sucre soit dissous. Passer au tamis fin, pour enlever les graines de framboises.

🙠 Faire tremper la gélatine dans l'eau pendant 5 minutes. L'ajouter aux framboises chaudes et remuer jusqu'à ce que la gélatine soit dissoute. Ajouter le jus de citron. Mettre au congélateur jusqu'à ce que le sorbet commence à prendre.

🙠 Verser dans un bol et battre en mousse. Battre les blancs d'œufs en neige ferme et les ajouter au sorbet. Remettre au congélateur jusqu'à ce que le sorbet soit pris.

SORBET EXPRESS À L'ANANAS

250 mL (1 tasse) de morceaux d'ananas frais
3 oranges, pelées et défaites en quartiers
125 mL (½ tasse) de crème

à 35 % ou de lait condensé
jus de ½ citron
45 mL (3 c. à soupe) de sucre
250 mL (1 tasse) de glace pilée

🙠 Mettre dans le récipient du mélangeur l'ananas, les oranges, la crème, le jus de citron et le sucre. Si on utilise de la crème plutôt que du lait condensé, il est préférable d'ajouter 90 mL (6 c. à soupe) de sucre. Couvrir et battre pendant 1 minute. Ajouter la glace et battre jusqu'à obtention d'un mélange mousseux et léger. Plus il y a de glace, plus le mélange devient épais. Servir sans délai.

🙠 On peut remplacer les ananas par d'autres fruits, en respectant les quantités.

SORBET AUX FRUITS

250 mL (1 tasse) de sucre
500 mL (2 tasses) d'eau
500 mL (2 tasses) de purée de fruits (abricots, pêches, fraises, ananas)
jus de ½ citron ou de ½ orange ou 50 mL (¼ tasse) de liqueur ou 10 mL (2 c. à thé) d'essence

🙠 Porter le sucre et l'eau à ébullition, et faire bouillir fortement pendant 5 minutes. Laisser tiédir. Ajouter la purée de fruits et le jus de citron. Congeler.

SORBET AUX FRAISES FRAÎCHES

175 mL (¾ tasse) de sucre
500 mL (2 tasses) d'eau
50 mL (¼ tasse) de miel
ou de sirop de maïs
250 mL (1 tasse) de fraises fraîches écrasées
15 mL (1 c. à soupe) de jus de citron

🙠 Faire un sirop avec le sucre, l'eau et le miel en les faisant bouillir ensemble pendant 10 minutes. Laisser refroidir et ajouter les fraises écrasées et le jus de citron.

🙠 Mettre au congélateur. Remuer toutes les 10 minutes jusqu'à ce que le mélange commence à prendre autour des parois du contenant. Servir aussitôt, car ce sorbet fond très rapidement.

BISCUITS

LA CONFECTION DES BISCUITS

CONSEILS DE BASE

Disposer sur un plateau les ingrédients et les ustensiles requis par la recette.

❧ Graisser les plaques à pâtisserie ou les moules avec de la graisse végétale. Il est préférable d'avoir 2 plaques à pâtisserie, ce qui nous permet de préparer la seconde plaque pendant que la première est au four. Enlever les miettes de biscuits cuits qui collent sur la plaque après la cuisson et la graisser de nouveau avant de disposer d'autres biscuits. Il n'est pas toujours nécessaire de graisser la plaque (suivre les indications de la recette).

❧ Chauffer le four au degré de chaleur requis par la recette, une quinzaine de minutes avant la cuisson.

❧ Quelques heures avant d'utiliser le gras requis par la recette, le sortir du réfrigérateur. Il sera alors plus facile à travailler et donnera un meilleur biscuit. Mettre le beurre, la margarine ou la graisse végétale en crème très légère avant d'y ajouter tous les autres ingrédients.

❧ Les biscuits faits au beurre ont un goût plus fin que ceux préparés avec de la graisse végétale ou de la margarine.

❧ Ajouter le sucre au beurre en crème, une cuillerée à la fois, en battant sans arrêt (vitesse moyenne au batteur sur socle). Plus le sucre utilisé est fin, plus le biscuit est croustillant.

❧ Battre les œufs légèrement et les ajouter d'un seul coup à la préparation de beurre et de sucre. Si aucun liquide n'entre dans la recette, les œufs sont ajoutés à la pâte petit à petit en alternant avec les ingrédients secs.

❧ Tamiser les ingrédients secs ensemble et ajouter à la pâte en petite quantité à la fois, en alternant avec le liquide ou les œufs.

❧ Ajouter l'essence aux œufs ou au lait. Battre fortement le mélange après chaque addition de farine.

❧ Laisser tomber la pâte par cuillerées sur la plaque préparée ou abaisser et tailler le biscuit. Certains types de pâte doivent être réfrigérées (suivre les indications de la recette).

❧ Faire cuire tel qu'indiqué dans la recette en surveillant de près le temps de cuisson. Il est en effet difficile de donner un temps de cuisson précis, car celui-ci varie en fonction de l'épaisseur de la pâte, de la grandeur du biscuit et de la quantité de gras utilisé. Les biscuits qui sont trop cuits deviennent durs et secs. Les biscuits minces et croustillants sont cuits lorsqu'ils sont légèrement dorés. On vérifie la cuisson des biscuits à la cuiller en pressant légèrement avec le bout des doigts le centre du biscuit : si le biscuit est cuit, la marque des doigts disparaît. Si le four a tendance à cuire plus d'un côté que de l'autre, tourner la plaque à la mi-cuisson.

❧ À l'aide d'une spatule, retirer les biscuits de la plaque aussitôt qu'ils sont cuits et les laisser refroidir sur une grille à gâteau. Éviter de les placer les uns sur les autres, ce qui les ferait coller.

❧ Les biscuits secs resteront bien croustillants si on les garde dans une boîte de métal entrouverte, en recouvrant chaque rangée d'un papier ciré. Les biscuits tendres, pour leur part, doivent être conservés dans une boîte de métal fermée hermétiquement.

❧ La règle d'or à observer pour réussir tous les biscuits est d'utiliser le moins de farine possible. Les biscuits préparés avec peu de farine sont les plus croustillants.

MARCHE À SUIVRE POUR LA CONFECTION DES BISCUITS

Voici une recette type qui vous aidera à adapter vos propres recettes de biscuits.

❧ Dans un bol, tamiser :

575 mL (2⅓ tasses) de farine
10 mL (2 c. à thé) de levure chimique
5 mL (1 c. à thé) de sel
2 mL (½ c. à thé) de sucre
2 mL (½ c. à thé) de muscade ou de cannelle

❧ Mettre dans le récipient du mélangeur :

2 œufs
150 mL (⅔ tasse) de graisse végétale ou de beurre mou
250 mL (1 tasse) de sucre
150 mL (⅔ tasse) de crème ou de lait aigre
50 mL (¼ tasse) de noix ou de raisins secs

❧ Couvrir et battre à vitesse maximum pendant 1 minute. Verser cette préparation sur les ingrédients secs. Bien mélanger le tout. Laisser tomber par petites cuillerées sur une plaque à biscuits beurrée. Faire cuire au four à 200°C (400°F) de 8 à 12 minutes. Laisser refroidir les biscuits sur une grille à gâteau.

GALETTES DE LA NOUVELLE-ÉCOSSE

250 mL (1 tasse) de lait
250 mL (1 tasse) d'eau froide
15 mL (1 c. à soupe) de sucre
1 mL (¼ c. à thé) de gingembre
1 enveloppe de levure sèche active
30 mL (2 c. à soupe) de sucre
30 mL (2 c. à soupe) de saindoux
ou de graisse végétale
10 mL (2 c. à thé) de sel
550 mL (2¼ tasses) de farine
500 à 750 mL (2 à 3 tasses)
de farine

🍂 Porter le lait à ébullition. Retirer du feu et y ajouter l'eau froide.

🍂 Dans un bol, mesurer 50 mL (¼ tasse) du mélange de lait et d'eau et y dissoudre le sucre et le gingembre. Verser la levure sur le liquide sans remuer et laisser reposer pendant 10 minutes.

🍂 Au reste du lait, ajouter les 30 mL (2 c. à soupe) de sucre, le saindoux et le sel. Remuer pendant quelques minutes. Bien remuer la levure et l'ajouter à la préparation de lait. Tamiser les 550 mL (2¼ tasses) de farine sur le tout. Battre fortement, pendant environ 3 minutes. Si on utilise un batteur sur socle, battre à vitesse moyenne.

🍂 Ajouter les 500 à 750 mL (2 à 3 tasses) de farine ou juste assez pour pouvoir pétrir la pâte. Pétrir jusqu'à ce que la pâte ne colle plus aux mains. Couvrir et laisser lever jusqu'à ce que la pâte double de volume.

🍂 Dégonfler la pâte et la diviser en deux boules. Faire un rouleau de 5 cm (2 po) de diamètre avec chaque boule de pâte, en la roulant sur la table avec les mains.

Biscuits abaissés

🍂 Couper chaque rouleau en tranches de 2,5 cm (1 po) d'épaisseur, placer les rondelles sur une plaque à biscuits graissée. Couvrir et laisser doubler de volume. Faire cuire au four à 200°C (400°F) de 15 à 20 minutes. Ces galettes ne deviennent jamais très dorées. Couper en deux, beurrer et servir chaudes avec des confitures.

BISCUITS ABAISSÉS

(recette type)

250 mL (1 tasse) de beurre
125 mL (½ tasse) de sucre
1 œuf
500 à 750 mL (2 à 3 tasses)
de farine à pâtisserie
2 mL (½ c. à thé) de bicarbonate
de soude ou de levure chimique
2 mL (½ c. à thé) de sel
1 mL (¼ c. à thé) d'essence
d'amande
5 mL (1 c. à thé) de vanille

🍂 Suivre les huit premières indications générales données à la page précédente.

🍂 Ajouter juste ce qu'il faut de farine pour que la pâte se tienne. Les biscuits abaissés seront plus faciles à faire et plus croustillants si on utilise moins de farine et si la pâte est réfrigérée 24 heures avant d'être abaissée. L'envelopper dans du papier ciré.

🍂 N'abaisser que le quart ou la moitié de la pâte à la fois. Utiliser le moins de farine possible sur le rouleau et sur la table. Abaisser la pâte en partant du milieu et en allant vers les bords.

🍂 Faire une abaisse plus mince pour les biscuits secs que pour les biscuits tendres.

🍂 Avec l'emporte-pièce de votre choix, découper la pâte en autant de biscuits qu'il est possible d'en faire afin d'éviter d'avoir à abaisser la pâte trop souvent. Enfariner l'emporte-pièce avant de l'utiliser.

Biscuits à l'orange

🍀 Faire cuire au four à 220°C (425°F) pendant environ 5 ou 6 minutes, ou jusqu'à ce que les biscuits soient légèrement dorés.

🍀 Donne à peu près 8 douzaines de biscuits de 1 cm (½ po) chacun.

VARIANTES

BISCUITS AU CITRON

🍀 Remplacer la vanille par 5 mL (1 c. à thé) de jus de citron et ajouter 10 mL (2 c. à thé) de zeste de citron. Battre le jus et le zeste avec l'œuf.

BISCUITS AUX NOIX

🍀 En dernier, ajouter à la pâte 250 mL (1 tasse) de noix finement hachées.

BISCUITS AU CHOCOLAT

🍀 Faire fondre 2 carrés de chocolat non sucré à feu doux, ajouter à la préparation de beurre et de sucre. Faire cuire 10 minutes dans un four à 180°C (350°F).

BISCUITS À L'ANIS

🍀 Remplacer l'essence de vanille par 15 mL (1 c. à soupe) d'anis.

BISCUITS AU CACAO

🍀 Ajouter 60 mL (4 c. à soupe) de cacao au gras en crème. Ne pas mettre l'essence d'amande.

BISCUITS AUX ÉPICES

🍀 Tamiser avec les ingrédients secs 5 mL (1 c. à thé) de gingembre et 5 mL (1 c. à thé) de cannelle.

BISCUITS À L'ORANGE

125 mL (½ tasse) de beurre
250 mL (1 tasse) de sucre
zeste râpé d'une orange
1 œuf, battu
125 mL (½ tasse) de jus d'orange
750 mL (3 tasses) de farine à pâtisserie
5 mL (1 c. à thé) de levure chimique

🍀 Mettre le beurre en crème, ajouter graduellement le sucre, le zeste d'orange, l'œuf battu et le jus d'orange. Battre en mousse légère.

🍀 Ajouter les ingrédients secs tamisés. Réfrigérer pendant 1 heure.

🍀 Abaisser la pâte assez mince et y découper les formes de votre choix. Saupoudrer de sucre à l'orange.

🍀 Faire cuire au four à 180°C (350°F) de 15 à 20 minutes.

🍀 Ces biscuits sont assez tendres. Pour obtenir des biscuits plus croustillants, utiliser 50 mL (¼ tasse) de jus d'orange au lieu de 125 mL (½ tasse).

SUCRE À L'ORANGE

🍀 Ajouter le zeste d'une demi-orange à 60 mL (4 c. à soupe) de sucre. Fouetter avec une cuiller jusqu'à ce que le sucre soit jaune pâle.

BISCUITS AU SUCRE ROSE

125 mL (½ tasse) de beurre
125 mL (½ tasse) de saindoux
250 mL (1 tasse) de sucre
250 mL (1 tasse) de crème aigre
3 jaunes d'œufs, battus
7 mL (1½ c. à thé) de vanille
750 mL (3 tasses) de farine
5 mL (1 c. à thé) de sel
5 mL (1 c. à thé) de levure chimique
2 mL (½ c. à thé) de bicarbonate de soude
sucre rose

🍀 Mélanger les ingrédients en suivant les huit premières indications générales données à la page 622.

Couvrir la pâte et la réfrigérer de 2 à 3 heures. Abaisser la pâte aussi mince que possible et la tailler en biscuits de 6 cm (2½ po), en utilisant un emporte-pièce dentelé. Placer sur une plaque à biscuits beurrée. Saupoudrer de sucre rose au goût.

Faire cuire au four à 190°C (375°F) de 10 à 15 minutes.

Pour le sucre rose, ajouter quelques gouttes de colorant végétal rouge à 125 mL (½ tasse) de sucre. Mélanger jusqu'à ce que le sucre soit de la couleur désirée. Ajouter du colorant au besoin.

BISCUITS SECS AU GINGEMBRE

125 mL (½ tasse) de beurre
125 mL (½ tasse) de saindoux
250 mL (1 tasse) de sucre
2 œufs, légèrement battus
125 mL (½ tasse) de mélasse
1,1 L (4½ tasses) de farine à pâtisserie
15 mL (3 c. à thé) de gingembre moulu
5 mL (1 c. à thé) de sel
5 mL (1 c. à thé) de bicarbonate de soude

Mettre le beurre et le saindoux en crème, ajouter graduellement le sucre, les œufs battus et la mélasse, en remuant sans arrêt.

Incorporer les ingrédients secs tamisés. Bien mélanger. Envelopper la pâte dans un papier ciré et réfrigérer pendant 12 heures.

Abaisser la pâte aussi mince que possible. Tailler en rondelles. Saupoudrer de sucre.

Faire cuire au four à 200°C (400°F) de 15 à 20 minutes.

BISCUITS AU CITRON À L'ANCIENNE

250 mL (1 tasse) de beurre
500 mL (2 tasses) de sucre
2 œufs, battus
250 mL (1 tasse) de lait
45 mL (3 c. à soupe) de jus de citron
15 mL (1 c. à soupe) de zeste de citron
1 à 1,2 L (4 à 5 tasses) de farine
5 mL (1 c. à thé) de sel
5 mL (1 c. à thé) de bicarbonate de soude

Mettre le beurre en crème jusqu'à ce qu'il ait l'apparence d'une crème fouettée. Ajouter graduellement le sucre en remuant fortement. Ajouter les œufs battus et battre le tout très légèrement.

Mélanger le lait, le jus et le zeste de citron. Tamiser la farine avec le sel et le bicarbonate de soude. Ajouter petit à petit les ingrédients secs au mélange de beurre, en alternant avec le lait. Utiliser juste assez de farine pour que le mélange soit léger. Réfrigérer pendant 4 heures.

Abaisser la pâte très mince. Découper en rondelles. Déposer les biscuits sur une plaque à pâtisserie légèrement graissée. Cuire au four à 190°C (375°F) de 5 à 8 minutes.

SABLÉS ÉCOSSAIS

250 mL (1 tasse) de beurre
250 mL (1 tasse) de sucre superfin
625 mL (2½ tasses) de farine

Battre le beurre en mousse très légère. Ajouter le sucre et bien mélanger. Incorporer la farine. Sur une planche à pâtisserie enfarinée, pétrir la pâte jusqu'à ce qu'elle ne colle plus aux doigts.

Abaisser la pâte à 0,6 cm (¼ po) d'épaisseur et y découper des formes de votre choix. Faire cuire au four à 140°C (275°F) pendant 50 minutes, ou jusqu'à ce que les biscuits soient légèrement dorés.

BISCUITS DE GRAND-MÈRE

175 mL (¾ tasse) de graisse végétale
175 mL (¾ tasse) de sucre
1 œuf, battu
250 mL (1 tasse) de mélasse
1 L (4 tasses) de farine
5 mL (1 c. à thé) de sel
10 mL (2 c. à thé) de gingembre
5 mL (1 c. à thé) de bicarbonate de soude

Battre la graisse végétale en crème. Ajouter le sucre, l'œuf et la mélasse. Bien mélanger le tout jusqu'à l'obtention d'une belle mousse.

Tamiser la farine avec le sel, le gingembre et le bicarbonate de soude. Ajouter petit à petit au mélange de graisse et de sucre jusqu'à ce que la pâte contienne assez de farine pour bien s'abaisser.

Abaisser la pâte assez mince et couper la moitié en rondelles. Découper l'autre moitié avec un emporte-pièce à beignes. Faire cuire le tout au four à 180°C (350°F) de 10 à 12 minutes. Réunir les deux biscuits de formes différentes avec la crème suivante :

15 mL (1 c. à soupe) de beurre
125 mL (½ tasse) de sucre à glacer

1 mL (¼ c. à thé) de gingembre
1 pincée de sel
15 mL (1 c. à soupe) d'eau
bouillante
375 mL (1½ tasse) de sucre
à glacer

🍃Mettre le beurre en crème,
ajouter le sucre à glacer, le gingembre, le sel et l'eau bouillante.
Lorsque le tout est en crème,
ajouter le reste de sucre à glacer.
Ajouter de l'eau bouillante au
besoin pour obtenir une crème
bien claire.

BISCUITS
À LA CRÈME AIGRE

250 g (½ lb) de beurre
500 mL (2 tasses) de farine
à pâtisserie
5 mL (1 c. à thé) de levure
chimique
1 mL (¼ c. à thé) de sel
1 jaune d'œuf
125 mL (½ tasse) de crème aigre

60 mL (4 c. à soupe) de sucre
confiture, au choix

🍃Mettre le beurre en crème. À
l'aide d'une fourchette, incorporer la farine tamisée avec la levure
chimique et le sel. Ajouter le
jaune d'œuf, la crème aigre et le
sucre. Bien mélanger et réfrigérer
pendant quelques heures.

🍃Abaisser la pâte et en découper
la moitié en rondelles. Découper
l'autre moitié avec un emporte-
pièce à beignes. Placer 2 biscuits
de modèles différents l'un sur
l'autre et remplir le trou avec de
la confiture.

🍃Déposer sur une plaque à biscuits beurrée. Cuire au four à
180°C (350°F) pendant environ
15 minutes.

LES BISCUITS TAILLÉS
SUR LA PLAQUE

Ces biscuits, appelés aussi «carrés», se présentent de trois façons :

🍃Ceux qu'on mélange en une
seule opération et qu'on pourrait
appeler «biscuits simples».

🍃Ceux qui ont une base de biscuits secs et qui sont garnis de
crème ou d'un autre mélange, et
qu'on pourrait appeler «biscuits
riches».

🍃Ceux dont la garniture est
placée entre deux épaisseurs de
biscuits, et qu'on pourrait appeler
«biscuits sandwiches».

BISCUITS SIMPLES

125 mL (½ tasse) de graisse
végétale ou de beurre
250 mL (1 tasse) de sucre
2 œufs
5 mL (1 c. à thé) d'essence,
au goût
125 mL (½ tasse) de raisins secs
125 à 175 mL (½ à ¾ tasse)
de noix hachées
5 mL (1 c. à thé) de cannelle
1 pincée de clous de girofle
moulus
500 mL (2 tasses) de farine
à pâtisserie
7 mL (1½ c. à thé) de bicarbonate
de soude
375 mL (1½ tasse) de compote
de pommes

🍃Mettre dans un bol la graisse
végétale, le sucre, les œufs,
l'essence et battre jusqu'à l'obtention d'une crème légère.

🍃Ajouter les raisins et les noix.
Tamiser les ingrédients secs
ensemble et ajouter graduellement à la préparation crémeuse
en alternant avec la compote de
pommes.

🍃Verser la pâte dans un moule
graissé de 23 x 33 x 5 cm (9 x 13 x
2 po) ou 20 x 20 x 5 cm (8 x 8 x
2 po). (La grandeur du moule

Sablés écossais

utilisé peut varier selon que l'on désire obtenir un biscuit plus mince ou plus épais.) Faire cuire au four à 180°C (350°F) pendant environ 30 minutes. La pâte cuite garde l'empreinte du doigt après une légère pression.

🍂 Laisser refroidir en plaçant le moule sur une grille à gâteau. Lorsque les biscuits sont encore tièdes, les tailler en bâtonnets de 4 x 5 cm (1½ x 2 po). Enrober de sucre en poudre.

VARIANTES

BISCUITS AUX BANANES
🍂 Remplacer la compote de pommes par une quantité égale de bananes bien mûres écrasées.

BISCUITS AUX FIGUES
🍂 Remplacer les raisins par 250 mL (1 tasse) de figues noires séchées, coupées en petits morceaux. Remplacer les clous de girofle moulus par 2 mL (½ c. à thé) de muscade.

BISCUITS À LA CASSONADE
🍂 Remplacer le sucre par de la cassonade. N'utiliser que du beurre, parfumer avec 2 mL (½ c. à thé) d'essence d'amande.

BISCUITS À LA CITROUILLE
🍂 Remplacer les raisins secs par des dattes et la compote de pommes par une égale quantité de purée de citrouille.

BISCUITS RICHES

75 mL (5 c. à soupe) de beurre
15 mL (1 c. à soupe) de sucre
1 pincée de sel
175 mL (¾ tasse) de farine à pâtisserie
15 mL (1 c. à soupe) de lait

🍂 Mélanger tous les ingrédients jusqu'à l'obtention d'une pâte assez lourde. Étendre la pâte avec les mains dans le fond d'un moule non graissé de 20 x 20 x 5 cm (8 x 8 x 2 po) ou de 23 x 33 x 5 cm (9 x 13 x 2 po). (La grandeur du moule utilisé peut varier selon que l'on désire obtenir un biscuit plus mince ou plus épais.) Tapoter la pâte avec les mains de manière qu'elle s'étende également.

🍂 Cuire au four à 180°C (350°F) de 10 à 12 minutes ou jusqu'à ce que la bordure de la pâte soit légèrement dorée.

🍂 Dans certaines recettes, la pâte cuite est recouverte de confiture ou de fruits râpés ou coupés en tranches. Utiliser 125 à 250 mL (½ à 1 tasse) de fruits ou de confiture pour garnir la pâte. Laisser refroidir avant de garnir.

GARNITURE
1 œuf, battu
125 mL (½ tasse) de cassonade
175 mL (¾ tasse) de noix hachées
15 mL (1 c. à soupe) de farine
1 mL (¼ c. à thé) de levure chimique
2 mL (½ c. à thé) d'essence, au goût
1 pincée de sel

🍂 La garniture se prépare pendant la cuisson de la pâte. Battre l'œuf, ajouter la cassonade et, tout en continuant à battre, ajouter le reste des ingrédients. Remuer pendant 1 ou 2 minutes et étendre sur la pâte cuite.

🍂 Faire cuire au four à 180°C (350°F) de 18 à 22 minutes. Ne pas démouler, laisser refroidir le moule sur une grille à gâteau. Découper en bâtonnets lorsque refroidi.

BISCUITS SANDWICHES

(carrés aux dattes)

PÂTE
125 mL (½ tasse) de graisse végétale
250 mL (1 tasse) de cassonade
375 mL (1½ tasse) de farine
2 mL (½ c. à thé) de sel
5 mL (1 c. à thé) de bicarbonate de soude
425 mL (1¾ tasse) de flocons d'avoine

🍂 Mettre la graisse végétale en crème, ajouter graduellement la cassonade tout en continuant à remuer. Ajouter le reste des ingrédients et bien mélanger. La pâte sera assez épaisse. Mettre la moitié du mélange dans un moule graissé de 20 x 20 x 5 cm (8 x 8 x 2 po) ou de 23 x 33 x 5 cm (9 x 13 x 2 po).

🍂 Étendre la garniture et recouvrir le tout avec le reste de la pâte. Faire cuire au four à 180°C (350°F) pendant 40 minutes. Laisser refroidir sur une grille à gâteau, sans démouler. Lorsque bien refroidi, découper en carrés.

GARNITURE
500 g (1 lb) de dattes dénoyautées
250 mL (1 tasse) de cassonade
250 mL (1 tasse) d'eau
15 mL (1 c. à soupe) de beurre
2 mL (½ c. à thé) de cannelle
zeste râpé d'un citron

🍂 Mettre tous les ingrédients dans une casserole et faire cuire à feu moyen, en remuant souvent, jusqu'à l'obtention d'un mélange crémeux. Certaines garnitures ne sont pas cuites avant d'être mises entre les deux pâtes.

Carrés au citron

DÉLICES À LA CONFITURE

PÂTE
175 mL (¾ tasse) de farine
à pâtisserie
15 mL (1 c. à soupe) de sucre
superfin
1 pincée de sel
75 mL (5 c. à soupe) de beurre
15 mL (1 c. à soupe) de lait

GARNITURE
1 œuf, battu en mousse
125 mL (½ tasse) de cassonade
175 mL (¾ tasse) d'amandes
finement hachées
15 mL (1 c. à soupe) de farine
1 mL (¼ c. à thé) de levure
chimique
2 mL (½ c. à thé) d'essence
d'amande
1 pincée de sel

🍴 Tamiser la farine avec le sucre
et le sel. Incorporer le beurre à
cette préparation. Ajouter le lait
et bien mélanger.

🍴 Étendre sur une plaque à biscuits bien beurrée. Faire cuire au
four à 180°C (350°F) jusqu'à ce
que la pâte soit bien dorée.

🍴 Retirer du four et recouvrir
d'une mince couche de confiture.

🍴 Mélanger tous les ingrédients
de la garniture et étendre sur la
confiture.

🍴 Replacer le tout au four à
180°C (350°F). Faire cuire de 15 à
20 minutes ou jusqu'à ce que le
dessus soit bien doré. Retirer du
four et découper en carrés.

CARRÉS AU CITRON

PÂTE
125 mL (½ tasse) de beurre
ou de graisse végétale
10 mL (2 c. à thé) de zeste râpé
de citron
125 mL (½ tasse) de sucre
à glacer, tamisé
2 jaunes d'œufs, battus
250 mL (1 tasse) de farine

GARNITURE
2 blancs d'œufs
125 mL (½ tasse) de sucre
125 mL (½ tasse) de noix
émincées
15 mL (1 c. à soupe) de jus
de citron

PÂTE
🍴 Défaire le beurre en crème avec
le zeste de citron. Ajouter le sucre
à glacer, en battant fortement
après chaque addition. Incorporer
les jaunes d'œufs battus et continuer à battre. Lorsque le tout
est bien mélangé, ajouter la
farine, en remuant fortement
après chaque addition.

🍴 Étendre cette pâte dans le fond
d'un moule bien graissé de 23 x
33 x 5 cm (9 x 13 x 2 po). Faire
cuire au four à 180°C (350°F)
pendant 10 minutes. Démouler
sur une grille à gâteau.

GARNITURE
🍴 Entre-temps, battre les blancs
d'œufs en neige. Ajouter graduellement le sucre en battant
sans arrêt jusqu'à l'obtention
d'une neige bien ferme. Incorporer les noix et le jus de citron.

🍴 Étendre les blancs en neige sur
la pâte cuite et remettre au four
sur la grille à gâteau.

🍴 Faire cuire pendant 25 minutes
ou jusqu'à ce que la meringue
soit bien dorée. Laisser refroidir
et découper en carrés de 5 cm
(2 po) chacun.

CARRÉS AU CHOCOLAT

2 carrés de chocolat non sucré
50 mL (¼ tasse) de beurre
250 mL (1 tasse) de sucre
2 œufs, battus
250 mL (1 tasse) de farine

5 mL (1 c. à thé) de levure chimique
2 mL (½ c. à thé) de sel
250 mL (1 tasse) de noix hachées
5 mL (1 c. à thé) de vanille

✿ Faire fondre le chocolat avec le beurre à feu doux. Verser dans un bol, ajouter le reste des ingrédients. Bien mélanger. Verser dans un moule graissé de 20 x 20 x 5 cm (8 x 8 x 2 po).
✿ Faire cuire au four à 180°C (350°F) pendant 30 minutes.

VARIANTE
✿ Ajouter 250 mL (1 tasse) de dattes dénoyautées et coupées en petits morceaux.

LES BISCUITS MOULÉS

Les biscuits moulés et les biscuits à la cuiller sont les plus populaires. De plus, ils se préparent en un tournemain. La pâte est généralement assez épaisse, donc bien facile à façonner. La pâte se prépare selon les indications générales données au début (voir page 622).
✿ Pour mouler ces biscuits, on procède un peu au gré de sa fantaisie : on façonne de petites boules, des bâtonnets, des croissants, ou encore de petits anneaux ou des biscuits plats qu'on obtient en écrasant une boulette de pâte avec le fond d'un verre ou une fourchette trempée dans l'eau froide. Il est préférable de s'enfariner légèrement les mains pour empêcher la pâte de coller.
✿ Rouler les boules ou bâtonnets dans du sucre pour leur donner une apparence craquelée ou glacée.
✿ Disposer les biscuits sur une plaque à biscuits non graissée, en laissant un espace de 4 ou 5 cm (1½ à 2 po) entre chaque biscuit. La plupart des biscuits moulés doivent être cuits au four réglé à 180°C (350°F) pendant 10 à 15 minutes. Démouler aussitôt cuits et laisser refroidir sur une grille à gâteau.

BISCUITS FINS AU BEURRE

250 mL (1 tasse) de beurre, ramolli
50 mL (¼ tasse) de sucre
10 mL (2 c. à thé) de vanille
500 mL (2 tasses) de farine
250 mL (1 tasse) d'amandes blanchies et émincées

✿ Bien mélanger tous les ingrédients en suivant la méthode décrite à la page 622. Former des petites boulettes. Enrober chaque boulette de sucre. Ne pas aplatir.
✿ Faire cuire au four à 150°C (300°F) pendant 15 minutes.

BISCUITS AU CHOCOLAT ET AUX NOIX

125 mL (½ tasse) de graisse végétale
400 mL (1⅔ tasse) de sucre
5 mL (1 c. à thé) de vanille
2 œufs
2 carrés de chocolat non sucré, fondu
500 mL (2 tasses) de farine à pâtisserie
10 mL (2 c. à thé) de levure chimique
75 mL (⅓ tasse) de lait
125 mL (½ tasse) de noix hachées

✿ Mélanger tous les ingrédients en suivant la méthode de base (voir page 622). Les biscuits moulés au chocolat sont plus faciles à façonner lorsque la pâte est d'abord réfrigérée pendant 2 heures.
✿ Façonner en petites boulettes. Enrober chaque boulette de sucre à glacer jusqu'à ce qu'elle soit bien blanche.
✿ Faire cuire au four à 180°C (350°F) de 15 à 18 minutes.

VARIANTE
✿ Remplacer les noix hachées par une égale quantité de brisures de chocolat.

PETITS FOURS AUX FRUITS

15 mL (1 c. à soupe) de beurre
175 mL (¾ tasse) de sucre
2 œufs
250 mL (1 tasse) de dattes hachées
250 mL (1 tasse) de noix hachées
2 mL (½ c. à thé) de vanille
10 cerises rouges et vertes, coupées en deux
1 pincée de sel
noix de coco, râpée

✿ Mettre le beurre en crème et ajouter le reste des ingrédients. Au moment d'ajouter la noix de coco, n'utiliser que la quantité nécessaire pour pouvoir façonner de petites boules.

≈♣ Déposer les petits fours sur une plaque à biscuits graissée. Cuire au four à 180°C (350°F) pendant environ 20 minutes.

CROISSANTS
AUX AMANDES

250 g (½ lb) de beurre
125 mL (½ tasse) de sucre
400 mL (1⅔ tasse) de farine
à pâtisserie
1 mL (¼ c. à thé) de sel
150 mL (⅔ tasse) d'amandes
émincées
2 mL (½ c. à thé) d'essence
d'amande

≈♣ Mettre le beurre en crème avec le sucre. Ajouter la farine tamisée avec le sel. Ajouter les amandes et l'essence d'amande. Bien mélanger. Façonner la pâte en forme de petits croissants et les placer sur une plaque à biscuits non graissée.

≈♣ Faire cuire au four à 180°C (350°F) pendant environ 10 minutes, jusqu'à ce que les biscuits soient dorés. Laisser refroidir et enrober les biscuits de sucre en poudre.

BISCUITS
AUX AMANDES

125 mL (½ tasse) de beurre
125 mL (½ tasse) de graisse
végétale
125 mL (½ tasse) de sucre
125 mL (½ tasse) de cassonade
1 œuf, battu
1 mL (¼ c. à thé) d'essence
d'amande
500 mL (2 tasses) de farine
5 mL (1 c. à thé) de bicarbonate
de soude
1 mL (¼ c. à thé) de crème
de tartre
175 mL (¾ tasse) d'amandes
hachées

≈♣ Mettre le beurre et la graisse végétale en crème et ajouter le sucre et la cassonade. Ajouter le reste des ingrédients et bien mélanger.

≈♣ Façonner en petites boulettes. Garnir chaque boulette d'un petit morceau d'amande.

≈♣ Faire cuire au four à 180°C (350°F) pendant 10 minutes.

BISCUITS
À LA CUILLER

250 mL (1 tasse) de graisse
végétale
150 mL (⅔ tasse) de beurre
500 mL (2 tasses) de cassonade
pâle
3 œufs, battus
800 mL (3¼ tasses) de farine
10 mL (2 c. à thé) de levure
chimique
2 mL (½ c. à thé)
de bicarbonate de soude
2 mL (½ c. à thé) de sel
5 mL (1 c. à thé) de cannelle
125 mL (½ tasse) de lait
5 mL (1 c. à thé) de vanille

≈♣ Mettre ensemble dans un bol la graisse végétale, le beurre, la cassonade et les œufs battus. Battre le tout avec un batteur à main ou au batteur sur socle à vitesse moyenne, jusqu'à l'obtention d'une crème légère.

≈♣ Tamiser la farine avec la levure chimique, le bicarbonate de soude, le sel et la cannelle. Mélanger le lait avec la vanille.

≈♣ Ajouter graduellement les ingrédients secs à la préparation en crème en alternant avec le mélange de lait et de vanille. Bien mélanger le tout.

Biscuits aux amandes

🖎 Laisser tomber environ 5 mL (1 c. à thé) de pâte par biscuit sur une plaque graissée, en laissant un espace de 2,5 cm (1 po) entre chaque biscuit.

🖎 Faire cuire au four à 180°C (350°F) de 12 à 15 minutes. Démouler aussitôt cuits et laisser refroidir sur une grille à gâteau.

VARIANTES

BISCUITS AUX FRUITS

🖎 Ajouter 75 mL (⅓ tasse) de dattes hachées et 125 mL (½ tasse) de noix finement hachées à la préparation en crème.

BISCUITS AUX RAISINS

🖎 Ajouter 175 mL (¾ tasse) de raisins secs à la préparation en crème et 1 mL (¼ c. à thé) de clous de girofle moulus aux ingrédients secs.

BISCUITS À LA NOIX DE COCO

🖎 Ajouter 250 mL (1 tasse) de noix de coco râpée et 30 mL (2 c. à soupe) de zeste d'orange à la préparation en crème. Remplacer 125 mL (½ tasse) de lait par 50 mL (¼ tasse) de jus d'orange et 50 mL (¼ tasse) de lait.

BISCUITS À LA DANOISE

🖎 Ajouter à la préparation en crème 2 mL (½ c. à thé) de graines de cardamome écrasées, 125 mL (½ tasse) de raisins de Corinthe secs et le zeste d'un citron.

🖎 Cette pâte de biscuits à la cuiller se conserve très bien réfrigérée, dans un bol recouvert d'un papier ciré. Si la pâte est trop froide au moment de la façonner, la laisser reposer 1 heure à la température ambiante.

Biscuits aux épices

BISCUITS AUX ÉPICES

675 mL (2¾ tasses) de farine à pâtisserie
2 mL (½ c. à thé) de sel
2 mL (½ c. à thé) de bicarbonate de soude
7 mL (1½ c. à thé) de levure chimique
2 mL (½ c. à thé) de muscade
1 pincée de clous de girofle moulus
150 mL (⅔ tasse) de sucre
125 mL (½ tasse) de beurre
1 œuf
250 mL (1 tasse) de crème aigre

🖎 Dans un bol, tamiser la farine, le sel, le bicarbonate de soude, la levure chimique, la muscade, les clous de girofle moulus et le sucre. Ajouter le beurre et le couper dans les ingrédients secs à l'aide de deux couteaux jusqu'à ce qu'il soit en miettes.

🖎 Battre l'œuf avec la crème aigre et ajouter cette préparation aux ingrédients secs. Bien mélanger. Couvrir et réfrigérer de 2 à 3 heures.

🖎 Laisser tomber environ 5 mL (1 c. à thé) de pâte par biscuit sur une plaque légèrement graissée. Saupoudrer chaque biscuit de sucre.

🖎 Faire cuire au four à 180°C (350°F) pendant 15 minutes.

MACARONS DE FLOCONS D'AVOINE

60 mL (4 c. à soupe) de beurre
250 mL (1 tasse) de flocons d'avoine
125 mL (½ tasse) et 30 mL (2 c. à soupe) de cassonade
2 mL (½ c. à thé) de levure chimique
1 mL (¼ c. à thé) de sel
50 mL (¼ tasse) de farine à pâtisserie

1 œuf
2 mL (½ c. à thé) de vanille
50 mL (¼ tasse) de noix hachées

🖎 Faire fondre le beurre dans un poêlon. Ajouter les flocons d'avoine et les laisser dorer pendant 4 ou 5 minutes en remuant souvent. Retirer du feu et laisser refroidir.

🖎 Ajouter le reste des ingrédients en remuant bien après chaque addition.

🖎 Faire cuire tel qu'indiqué dans la recette de *Biscuits à la cuiller* (voir page 630).

MACARONS AUX AMANDES

250 mL (1 tasse) d'amandes non blanchies
250 mL (1 tasse) de sucre
2 ou 3 blancs d'œufs
2 mL (½ c. à thé) d'essence d'amande
2 mL (½ c. à thé) de vanille

🖎 Moudre les amandes en poudre et les mélanger avec 150 mL (⅔ tasse) de sucre. Ajouter graduellement les blancs d'œufs en mélangeant bien, jusqu'à ce que la pâte ait la consistance d'une purée de pommes de terre. Battre pendant 3 minutes. Ajouter l'essence d'amande et la vanille.

🖎 Laisser tomber la pâte par cuillerées d'environ 5 mL (1 c. à thé) sur une plaque à biscuits graissée et enfarinée. Saupoudrer les macarons avec le reste du sucre. Garnir chaque macaron d'une moitié d'amande.

🖎 Faire cuire au four à 200°C (400°F) pendant 15 minutes, ou jusqu'à ce que le dessus se

fendille et que les macarons soient dorés.

BISCUITS À L'ANANAS

500 mL (2 tasses) de farine
7 mL (1½ c. à thé) de levure chimique
1 mL (¼ c. à thé) de bicarbonate de soude
5 mL (1 c. à thé) de sel
150 mL (⅔ tasse) de graisse végétale
300 mL (1¼ tasse) de cassonade bien tassée
2 œufs
175 mL (¾ tasse) d'ananas taillé en cubes et égoutté
5 mL (1 c. à thé) de vanille

🖎 Tamiser la farine avec la levure chimique, le bicarbonate de soude et le sel. Mettre la graisse végétale en crème, ajouter graduellement la cassonade, et battre jusqu'à consistance légère. Incorporer les œufs un à un, en battant après chaque addition. Ajouter les ananas et la vanille. Ajouter les ingrédients secs par petites quantités à la fois en battant. Mélanger jusqu'à l'obtention d'une pâte lisse.

🖎 Laisser tomber la pâte par cuillerées de 5 mL (1 c. à thé) sur une plaque à biscuits non graissée.

🖎 Faire cuire au four à 200°C (400°F) pendant environ 10 minutes.

LANGUES DE CHAT

175 mL (¾ tasse) de graisse végétale
150 mL (⅔ tasse) de sucre
2 œufs, battus

2 mL (½ c. à thé) de sel
5 mL (1 c. à thé) de vanille
375 mL (1½ tasse) de farine à pâtisserie, tamisée

🖎 Mettre la graisse en crème, ajouter graduellement le sucre, puis les œufs, le sel et la vanille. Incorporer la farine.

🖎 Déposer la pâte dans les moules d'une plaque à langues de chat légèrement graissée, ou utiliser une plaque à biscuits et suivre la même méthode que pour les autres biscuits à la cuiller.

🖎 Faire cuire au four à 190°C (375°F) jusqu'à ce que les langues de chat soient légèrement dorées.

LANGUES DE CHAT AU BEURRE

125 mL (½ tasse) de beurre
125 mL (½ tasse) de sucre
3 blancs d'œufs
250 mL (1 tasse) de farine
1 pincée de sel
1 mL (¼ c. à thé) de vanille

🖎 Mettre en crème le beurre et le sucre. Ajouter les blancs d'œufs non battus, un à un, en battant fortement après chaque addition. Incorporer la farine, le sel et la vanille.

🖎 Graisser et enfariner deux plaques à biscuits. Chauffer le four à 170°C (340°F). Déposer la pâte par petites cuillerées sur la plaque à biscuits, en les allongeant pour leur donner la forme de langues de chat. Laisser 2,5 cm (1 po) de distance entre chaque biscuit. Vous pouvez également utiliser des plaques à langues de chat.

🖎 Faire cuire environ 7 minutes ou jusqu'à ce que la surface des biscuits soit dorée et le centre presque blanc. Retirer des plaques aussitôt cuits. Démouler.

LANGUES DE CHAT AU CITRON
🦚 Ajouter au beurre 10 mL (2 c. à thé) de zeste de citron et 15 mL (1 c. à soupe) de jus de citron.

BISCUITS CROQUANTS

75 mL (⅓ tasse) de graisse végétale
125 mL (½ tasse) de sucre
1 œuf, battu
250 mL (1 tasse) de farine à pâtisserie
5 mL (1 c. à thé) de levure chimique
1 mL (¼ c. à thé) de sel
2 mL (½ c. à thé) de cannelle
125 mL (½ tasse) de raisins secs
75 mL (⅓ tasse) de noix hachées

🦚 Mettre la graisse en crème, incorporer le sucre et l'œuf battu. Tamiser les ingrédients secs et les incorporer aux ingrédients liquides. Ajouter les raisins et les noix. Bien mélanger le tout.
🦚 Laisser tomber la pâte par cuillerée [5 mL (1 c. à thé)] sur une plaque à biscuits graissée.
🦚 Faire cuire au four à 180°C (350°F) pendant 10 minutes.

BISCUITS ÉCOSSAIS

1 œuf
125 mL (½ tasse) de sucre superfin
250 mL (1 tasse) de flocons d'avoine
15 mL (1 c. à soupe) de beurre, fondu
2 mL (½ c. à thé) de sel
2 mL (½ c. à thé) de vanille

Biscuits croquants

🦚 Battre l'œuf en mousse, ajouter graduellement le sucre, en continuant à battre jusqu'à ce que le tout soit bien mousseux. Ajouter le reste des ingrédients.
🦚 Laisser tomber la pâte par cuillerées sur une plaque à biscuits beurrée.
🦚 Faire cuire au four à 160°C (325°F) pendant 15 minutes. Retirer les biscuits de la plaque.

FLORENTINS

125 mL (½ tasse) de sucre
75 mL (⅓ tasse) de crème à 35 %
75 mL (⅓ tasse) de miel
30 mL (2 c. à soupe) de beurre
50 mL (¼ tasse) de zeste d'orange confit
375 mL (1½ tasse) d'amandes blanchies
45 mL (3 c. à soupe) de farine

🦚 Mettre dans une casserole de fonte émaillée le sucre, la crème, le miel et le beurre. Remuer le tout jusqu'à ce que le sucre soit dissous. Poursuivre la cuisson à feu plus vif jusqu'à ce que le thermomètre à bonbons indique 115°C (238°F) ou qu'un peu de sirop jeté dans de l'eau froide forme une boule molle. Laisser tiédir.
🦚 Ajouter au sirop le zeste d'orange confit coupé en petits morceaux, les amandes blanchies coupées en tranches minces et la farine. Bien mélanger. Laisser tomber par petite cuillerées sur une plaque à biscuits bien graissée. Façonner en petites rondelles en laissant au moins 5 cm (2 po) de distance entre chacune. Aplatir ensuite chaque biscuit avec une fourchette trempée dans du lait.
🦚 Faire cuire de 8 à 10 minutes ou jusqu'à ce que les biscuits soient légèrement dorés. Aussitôt que les florentins sont cuits, leur

redonner une forme ronde parfaite en les taillant avec un emporte-pièce à biscuits de 8 cm (3 po).

🐝 Laisser les biscuits refroidir sur une grille à gâteau et préparer le glaçage au chocolat.

GLAÇAGE AU CHOCOLAT

250 g (8 oz) de chocolat mi-sucré
15 mL (1 c. à soupe) de graisse végétale

🐝 Faire fondre le chocolat dans la partie supérieure d'un bain-marie et ajouter la graisse végétale. Utiliser immédiatement pour badigeonner chaque biscuit. Creuser des sillons dans le chocolat avec une fourchette. Réfrigérer juste le temps nécessaire pour durcir le chocolat.

COURONNES DANOISES

Les couronnes danoises sont de délicieux biscuits de Noël. Ils sont faciles à faire, dorés et riches.

150 mL (2/3 tasse) de beurre
75 mL (1/3 tasse) de sucre
30 mL (2 c. à soupe) de cognac
1 mL (1/4 c. à thé) de sel
375 mL (1 1/2 tasse) de farine
30 mL (2 c. à soupe) de sucre
5 mL (1 c. à thé) de muscade fraîchement râpée

🐝 Mettre le beurre en crème jusqu'à ce que le mélange devienne mou et léger. Incorporer le sucre, 5 mL (1 c. à thé) à la fois. Ajouter le cognac et remuer.
🐝 Mélanger le sel et la farine et incorporer graduellement à la préparation au beurre, en remuant après chaque addition. Lorsque tous les ingrédients sont bien

mélangés, façonner en une boule ronde et réfrigérer 30 minutes.
🐝 Façonner ensuite des boules de pâte de 2,5 cm (1 po) de diamètre, les rouler, puis les couper en bandes de 1 cm (1/2 po). Tresser une couronne avec les bandes en croisant les bouts. Mélanger les 30 mL (2 c. à soupe) de sucre et la muscade râpée et en saupoudrer chaque petite couronne. Si désiré, utiliser du sucre de couleur ou des paillettes de bonbons pour saupoudrer les biscuits.
🐝 Déposer sur une plaque à pâtisserie légèrement graissée et faire cuire au four à 200°C (400°F) de 8 à 10 minutes, ou jusqu'à ce que les couronnes soient légèrement dorées.

BISCUITS D'ABEILLE SUÉDOIS

Une fois cuites, ces bouchées de Noël enrobées de noix ont l'apparence d'une ruche, d'où leur nom.

250 mL (1 tasse) de beurre doux ou de margarine
2 jaunes d'œufs, battus
125 mL (1/2 tasse) de cassonade
5 mL (1 c. à thé) de vanille
500 mL (2 tasses) de farine
1 blanc d'œuf
250 mL (1 tasse) d'avelines ou de noix de Grenoble hachées
cerises rouges ou vertes confites

🐝 Mettre le beurre en crème légère. Ajouter les jaunes d'œufs, la cassonade et la vanille. Battre en crème. Ajouter la farine graduellement, en remuant constamment. Mélanger avec les mains, au besoin.
🐝 Façonner en boules de 2,5 cm (1 po) de diamètre. Tremper chaque petite boule dans le blanc

d'œuf légèrement battu et l'enrober de noix hachées. Disposer les boules sur une plaque à pâtisserie légèrement graissée, à environ 8 cm (3 po) de distance les unes des autres. Faire une légère pression du doigt au centre de chaque petite boule. Faire cuire au four préalablement chauffé à 180°C (350°F), pendant 10 minutes. Retirer du four et presser le centre des boules de nouveau. Remettre au four pendant 5 minutes. Déposer sur une grille à gâteau et remplir la cavité avec une petite quantité de cerises hachées. Laisser refroidir.

BISCUITS DE NOËL À LA SUÉDOISE

250 mL (1 tasse) de beurre
150 mL (2/3 tasse) de cassonade
75 mL (1/3 tasse) de sirop de maïs
150 mL (2/3 tasse) de miel
5 mL (1 c. à thé) de zeste de citron
5 mL (1 c. à thé) de rhum
1,1 L (4 1/2 tasses) de farine
5 mL (1 c. à thé) de sel
5 mL (1 c. à thé) de bicarbonate de soude
5 mL (1 c. à thé) de gingembre
2 mL (1/2 c. à thé) de clous de girofle moulus
5 mL (1 c. à thé) de cannelle

🐝 Battre en crème légère le beurre et la cassonade. Ajouter le sirop de maïs, le miel, le zeste de citron et le rhum. Battre pendant 5 minutes au batteur sur socle, à vitesse moyenne.
🐝 Tamiser ensemble le reste des ingrédients. Ajouter juste assez de farine à la préparation en crème pour obtenir une pâte un peu

Doigts de dame

DOIGTS DE DAME

3 œufs, séparés
75 mL (⅓ tasse) de sucre
5 mL (1 c. à thé) de vanille
1 pincée de sel
45 mL (3 c. à soupe) d'eau chaude
125 mL (½ tasse) de farine à pâtisserie
7 mL (1½ c. à thé) de levure chimique

🍂 Battre les blancs d'œufs en neige ferme et y ajouter graduellement le sucre en remuant sans arrêt.

🍂 Battre les jaunes très légers et les ajouter avec soin aux blancs ainsi que la vanille, le sel et l'eau chaude. Mélanger et incorporer la farine tamisée avec la levure chimique.

🍂 Tapisser une plaque à biscuits de papier brun. Étendre sur le papier les biscuits taillés en morceaux de 6 cm (2½ po) de longueur, pas trop près les uns des autres. Vous pouvez également laisser tomber la pâte par cuillerées sur la plaque. Saupoudrer de sucre à glacer et faire cuire au four à 180°C (350°F) pendant 8 minutes, ou jusqu'à ce que les biscuits soient légèrement dorés. Ils seront mous au toucher à la sortie du four. Démouler lorsqu'ils sont encore tièdes. Il est parfois nécessaire de placer le papier sur un linge mouillé pour enlever les biscuits.

🍂 Donne 1½ douzaine de biscuits.

molle. Envelopper la pâte dans un papier ciré et la réfrigérer de 8 à 12 heures ou jusqu'à ce qu'elle soit assez ferme pour être abaissée.

🍂 Abaisser la pâte aussi mince que possible. Tailler avec des emporte-pièce en forme d'étoile, de père Noël, etc. Disposer sur une plaques à biscuits graissée et enfarinée.

🍂 Faire cuire au four à 180°C (350°F) de 8 à 10 minutes.

CROQUANTS AUX NOIX

125 mL (½ tasse) de beurre
75 mL (⅓ tasse) de sucre
1 pincée de sel
5 mL (1 c. à thé) de vanille
375 mL (1½ tasse) de noix de Grenoble

🍂 Dans cette recette, les noix remplacent la farine. Il est donc important qu'elles soient hachées très finement.

🍂 Mettre en crème le beurre et le sucre. Ajouter le sel et la vanille et incorporer les noix hachées. Façonner la pâte en rouleaux de 2,5 cm (1 po) de diamètre chacun. Envelopper de papier ciré et réfrigérer de 12 à 24 heures.

🍂 Couper chaque rouleau en tranches très minces. Déposer les biscuits sur une plaque à biscuits non graissée. Cuire au four à 180°C (350°F) de 6 à 8 minutes. Les biscuits sont cuits lorsqu'ils sont dorés. Surveiller de près la cuisson, car ces biscuits brûlent facilement.

🍂 Refroidir sur un papier pour absorber l'excès de gras, si nécessaire.

❧ TECHNIQUE ❧

DOIGTS DE DAME

1 Battre les blancs d'œufs en neige ferme.

2 Ajouter graduellement le sucre en mélangeant sans arrêt.

3 Incorporer les jaunes d'œufs battus, la vanille, le sel et l'eau chaude.

4 Incorporer la farine tamisée avec la levure chimique.

PAIN, BRIOCHES
ET PÂTES ÉCLAIR

LA FABRICATION DU PAIN

La fabrication du pain est un art aussi bien qu'une science. Même si l'on suit à la lettre une recette, il n'est pas certain que le résultat sera parfait du premier coup. Plusieurs facteurs entrent en ligne de compte: les ingrédients, la température ambiante, le degré d'humidité… et sa propre habilité. Mais il ne faut surtout pas se décourager. C'est en faisant le pain qu'on apprend à le faire bien, et une fois qu'on a acquis le tour de main, on ne le perd plus.

🍂Avant de se lancer dans la fabrication du pain, il est important de comprendre le rôle que joue chaque ingrédient.

FARINE

La farine est le principal ingrédient qui entre dans la confection du pain. Il est important d'utiliser de la farine qui contient beaucoup de gluten (farine de blé dur ou farine tout-usage), car c'est lui qui donne toute l'élasticité et la texture à la pâte. Les pains préparés avec de la farine qui contient peu de gluten ont tendance à s'affaisser pendant la fermentation.

SUCRE

Le sucre donne de la saveur au pain et aide à dorer la croûte. Il est important de mesurer le sucre avec précision, car une trop grande quantité de sucre retarde l'action de la levure.

SEL

Le sel accentue la saveur du pain mais peut retarder l'action de la levure. C'est pourquoi il est préférable de l'ajouter vers la fin, lorsque la pâte a levé.

LEVURE

La levure est l'agent de fermentation nécessaire à la fabrication du pain. C'est une petite plante microscopique qui, en produisant des gaz carboniques, fait lever la pâte. La température, l'humidité et la quantité de sucre utilisé jouent un rôle important dans la fermentation du pain. La température du liquide dont on se servira pour dissoudre la levure doit se situer entre 27°C (80°F) et 29°C (85°F).

🍂La levure dans les recettes qui suivent est la levure sèche active. Il ne faut pas la remplacer par la levure à action rapide.

CORPS GRAS

Le gras (beurre, margarine, saindoux ou graisse végétale) donne couleur, saveur et texture au pain. Pour que la levure reste bien active, il est préférable de toujours ajouter un peu de farine à la préparation de levure avant d'ajouter la matière grasse.

LIQUIDE

Le liquide joue un rôle important dans la fabrication du pain. Les liquides les plus souvent employés sont l'eau et le lait. La crème, les jus de fruits ou de légumes et l'eau de cuisson des légumes peuvent également être utilisés. Il faut faire bouillir le lait et la crème pour empêcher la pâte de surir. Les liquides doivent être tièdes, car la chaleur détruit la levure. Tous les autres ingrédients doivent être à la température de la pièce.

GINGEMBRE

L'addition de 1 mL (¼ c. à thé) de gingembre à la levure est un petit truc qui m'a été enseigné par ma grand-mère. Cela rend la levure plus active et donne une saveur délicate au pain.

COMMENT COMBINER LES INGRÉDIENTS

Il est important de mélanger les ingrédients en suivant l'ordre donné dans la recette. Il ne faut jamais ajouter la farine d'un seul coup. Ajouter environ la moitié de la quantité, bien mélanger, puis ajouter le reste petit à petit jusqu'à ce que la pâte se détache facilement des bords du bol.

COMMENT PÉTRIR LA PÂTE

Mettre la boule de pâte au milieu d'une surface bien enfarinée. En pétrissant la pâte, une bonne partie de cette farine s'y incorporera. Pour bien pétrir la pâte, il faut la soulever, la replier sur elle-même, puis presser fortement avec la paume de la main. Il faut ensuite retourner la pâte et répéter l'opération à plusieurs reprises jusqu'à ce que la pâte soit lisse et satinée, ce qui prend environ 15 minutes.

🍂Une fois la pâte bien pétrie, la façonner en boule et la placer dans un bol graissé deux fois plus grand que la masse de pâte. Badigeonner le dessus de la pâte d'un peu d'huile. Couvrir d'un linge et laisser lever dans un endroit chaud à l'abri des courants d'air. La température idéale pour la fermentation se situe entre 24°C (75°F) et 29°C (85°F). Le temps requis pour faire lever la pâte varie selon les ingrédients utilisés, la température ambiante, etc. La pâte doit doubler de volume. La pâte est prête à façonner en pain lorsqu'elle garde la trace du doigt qu'on y enfonce légèrement. Dégonfler la pâte avec le poing, ramener les bords vers le centre, puis retourner la pâte sur une surface légèrement enfarinée.

COMMENT FAÇONNER LE PAIN

Façonner la pâte en boule. Avec un couteau bien affûté, couper la pâte pour obtenir le nombre de pains voulu. Graisser les moules à pain.

🐚 Abaisser chaque morceau de pâte en un rectangle de 23 x 18 x 2,5 cm (9 x 7 x 1 po). Replier vers le centre les deux extrémités du rectangle, en les faisant chevaucher légèrement. Presser la pâte pour la sceller.

🐚 Placer le pain dans le moule, les replis de pâte vers le bas. Badigeonner le dessus du pain d'un corps gras. Couvrir d'un linge et laisser lever dans un endroit chaud.

🐚 Le pain est prêt à cuire quand il garde la trace d'une légère pression du doigt. Poser le moule au milieu du four. S'il y en a plusieurs, bien s'assurer qu'ils ne sont pas trop près l'un de l'autre et qu'ils ne touchent pas aux parois du four.

CONSEILS PRATIQUES

Pour redonner de la fraîcheur au pain sec, l'humecter légèrement d'eau froide ou le mettre dans un sac de papier mouillé. Réchauffer au four à 190°C (375°F) jusqu'à ce que le pain ou le sac soit sec.

🐚 Ne jamais laisser du pain sec avec du pain frais, car le pain sec absorbe l'humidité du pain frais.

🐚 Les pains préparés avec de la mélasse ou du miel dorent plus rapidement.

🐚 Les pâtes à pain contenant des noix, des fruits confits, des raisins, etc. prennent plus de temps à lever que les pâtes à pain sans garniture.

🐚 Si la texture du pain est grossière, c'est probablement parce qu'on n'a pas assez pétri la pâte, ou encore parce qu'on a laissé lever la pâte trop longtemps, ou parce qu'on a mis trop de farine.

🐚 Ne pas couvrir le pain pendant qu'il refroidit à moins que l'on désire une croûte molle et humide.

🐚 Une cuisson lente ou une trop grande quantité de sucre dans la pâte donne une croûte plus épaisse.

🐚 Le pain se congèle bien enveloppé dans du papier pour la congélation. Il n'est pas nécessaire de le faire décongeler avant de le réchauffer. Mettre le pain congelé au four à 200°C (400°F) jusqu'à ce qu'il soit chaud. Si on désire le manger froid, on le laisse refroidir.

🐚 Pour que la croûte soit croustillante comme celle du pain français, badigeonner le dessus du pain avec de l'eau froide avant de le mettre au four et placer une lèchefrite remplie à moitié d'eau froide dans le bas du four pendant la cuisson.

PAIN BLANC PARFAIT

125 mL (½ tasse) d'eau tiède
5 mL (1 c. à thé) de sucre
1 mL (¼ c. à thé) de gingembre moulu
2 sachets de levure sèche active
75 mL (⅓ tasse) de sucre
625 mL (2½ tasses) d'eau tiède
1 L (4 tasses) de farine
175 mL (¾ tasse) de lait en poudre non dilué
750 mL (3 tasses) d'eau tiède
25 mL (5 c. à thé) de sel
125 mL (½ tasse) de saindoux, ramolli
1,5 à 2 L (6 à 8 tasses) de farine
500 mL (2 tasses) de farine (pour pétrir)

🐚 Dans un petit bol, mélanger l'eau tiède, le sucre, le gingembre et la levure. Laisser reposer pendant 10 minutes.

🐚 Dans un grand bol, bien mélanger le sucre, l'eau tiède, la farine et le lait en poudre.

🐚 Brasser la préparation de levure, l'ajouter au mélange de farine et bien remuer afin d'obtenir une pâte molle.

🐚 Couvrir et laisser reposer dans un endroit chaud jusqu'à ce que la pâte lève.

🐚 Ajouter l'eau tiède, le sel et le saindoux. Bien battre.

🐚 Ajouter petit à petit la farine jusqu'à ce que la pâte se détache du bol. Saupoudrer le plan de travail avec les 500 mL (2 tasses) de farine qui restent. Déposer la pâte sur le plan de travail et la pétrir en ajoutant juste ce qu'il faut de farine pour obtenir une pâte lisse et satinée.

🐚 Remettre la pâte dans le bol et le couvrir d'un linge humide. Laisser lever dans un endroit chaud pendant environ 30 minutes.

🐚 Remettre la pâte sur le plan de travail et la pétrir en utilisant juste ce qu'il faut de farine pour obtenir une pâte qui ne colle pas.

🐚 Diviser la pâte en 6 parties égales et la façonner en pains. Mettre dans des moules à pain graissés. Badigeonner le dessus des pains de saindoux. Laisser lever dans un endroit chaud jusqu'à ce que la pâte double de volume.

🐚 Chauffer le four à 220°C (425°F) pendant 10 minutes. Y mettre les pains et les faire cuire

Pain aux raisins

pendant 20 minutes. Réduire la température à 180°C (350°F) et poursuivre la cuisson pendant 30 minutes.

🍂 Retirer du four et laisser reposer pendant 5 minutes. Démouler sur une grille, à l'abri des courants d'air.

🍂 Cette recette donne 6 pains moyens

PAIN DE BLÉ ENTIER

125 mL (½ tasse) d'eau tiède
5 mL (1 c. à thé) de sucre
1 mL (¼ c. à thé) de gingembre
2 sachets de levure sèche active
250 mL (1 tasse) d'eau tiède
75 mL (5 c. à soupe) de mélasse ou de miel
500 mL (2 tasses) de farine de blé entier
125 mL (½ tasse) de lait en poudre écrémé non dilué
175 mL (¾ tasse) d'eau tiède
7 mL (1½ c. à thé) de sel

45 mL (3 c. à soupe) de beurre, fondu
750 mL à 1 L (3 à 4 tasses) de farine de blé entier

🍂 Mettre l'eau tiède, le sucre et le gingembre dans un bol. Remuer pour faire fondre le sucre. Saupoudrer la levure sur l'eau et laisser reposer pendant 10 minutes.

🍂 Dans un grand bol, mélanger l'eau tiède et la mélasse. Y incorporer en brassant la farine de blé entier et le lait en poudre. Ajouter la préparation de levure. Mélanger, couvrir et laisser reposer dans un endroit chaud jusqu'à ce que la pâte soit légère et molle. Ajouter alors l'eau tiède, le sel, le beurre et la farine de blé entier. Pétrir jusqu'à ce que la pâte se détache des bords du bol.

🍂 Saupoudrer une planche à pâtisserie de farine. Y pétrir la pâte jusqu'à ce qu'elle soit lisse et assez ferme. Remettre la pâte dans le bol et badigeonner le dessus d'huile. Couvrir et laisser lever dans un endroit chaud jusqu'à ce que la pâte double de volume. Dégonfler la pâte avec le poing et la mettre sur la planche à pâtisserie. Pétrir et diviser la pâte en deux boules. Façonner chaque boule en pain.

🍂 Mettre dans des moules à pain graissés et badigeonner le dessus des pains de beurre fondu. Laisser lever jusqu'à ce que la pâte remplisse complètement les moules. Cuire les pains au four préalablement chauffé à 180°C (350°F), de 45 à 55 minutes.

PETITS PAINS CROÛTÉS

10 mL (2 c. à thé) de sucre
125 mL (½ tasse) d'eau tiède
2 sachets de levure sèche active
250 mL (1 tasse) d'eau bouillante
30 mL (2 c. à soupe) de beurre
15 mL (1 c. à soupe) de sucre
5 mL (1 c. à thé) de sel
1,2 L (5 tasses) de farine, tamisée
2 blancs d'œufs

🍂 Faire dissoudre le sucre dans l'eau tiède. Saupoudrer la levure sur l'eau et laisser reposer pendant 10 minutes.

🍂 Mélanger l'eau bouillante, le beurre, le sucre et le sel. Bien brasser et laisser tiédir. Ajouter ensuite la préparation de levure et bien mélanger.

🍂 Ajouter 250 mL (1 tasse) de farine et brasser jusqu'à ce que la pâte soit lisse. Battre les blancs d'œufs en neige ferme et les incorporer à la pâte. Ajouter le reste de la farine tamisée et bien mélanger jusqu'à ce que la pâte soit assez ferme et facile à manier.

ɜ Mettre la pâte sur une planche à pâtisserie légèrement farinée et pétrir jusqu'à ce que la pâte soit lisse et élastique. Mettre la pâte dans un bol graissé. Recouvrir d'un linge propre et laisser lever dans un endroit chaud, à l'abri des courants d'air, jusqu'à ce que la pâte double de volume.

ɜ Graisser deux plaques à biscuits de 43 x 28 cm (17 x 11 po) de côté. Dégonfler la pâte avec le poing en ramenant les bords vers le centre. Mettre la pâte sur une planche à pâtisserie farinée et pétrir pendant 2 minutes. Diviser la pâte en deux et la façonner en deux boules. Recouvrir d'un linge propre. Laisser reposer pendant 10 minutes.

ɜ Rouler chaque boule de pâte en un cylindre de 70 cm (27 po) de long. Diviser chaque cylindre en 9 parties égales. Presser les extrémités de chaque partie. Façonner en 9 petits pains allongés en étirant la pâte. Répéter cette opération avec l'autre cylindre. Mettre les petits pains sur les plaques à biscuits graissées. À l'aide de ciseaux, faire une incision en forme de croix sur le dessus de chaque petit pain. Couvrir d'un linge propre et laisser lever dans un endroit chaud, à l'abri des courants d'air, de 15 à 20 minutes ou jusqu'à ce que la pâte double de volume.

ɜ Cuire les petits pains au four préalablement chauffé à 230°C (450°F), pendant 20 minutes.

ɜ Pour obtenir des petits pains très croustillants, placer une grande lèchefrite remplie d'eau légèrement salée dans le fond du four pendant toute la durée de la cuisson.

PAIN AUX RAISINS

15 mL (1 c. à soupe) de sucre
1 mL (¼ c. à thé) de gingembre
50 mL (¼ tasse) d'eau tiède
1 sachet de levure sèche active
175 mL (¾ tasse) de lait
75 mL (⅓ tasse) de beurre mou
125 mL (½ tasse) de sucre
1 œuf, battu
875 mL (3½ tasses) de farine
5 mL (1 c. à thé) de sel
375 mL (1½ tasse) de raisins secs
30 mL (2 c. à soupe) de beurre, fondu
30 mL (2 c. à soupe) de cassonade bien tassée
10 mL (2 c. à thé) de cannelle
1 mL (¼ c. à thé) de muscade

ɜ Dissoudre le sucre et le gingembre dans l'eau tiède. Saupoudrer la levure sur l'eau et laisser reposer pendant 10 minutes.

ɜ Faire chauffer le lait jusqu'à ce qu'une pellicule se forme à la surface. Retirer du feu et ajouter le beurre et le sucre. Brasser jusqu'à ce que le sucre soit dissous. Laisser tiédir. Ajouter la préparation de levure bien brassée et l'œuf battu. Mélanger.

ɜ Tamiser la farine avec le sel. Ajouter la moitié de la farine au mélange de lait et de levure. Bien mélanger. Recouvrir d'un linge propre et laisser reposer dans un endroit chaud, à l'abri des courants d'air, pendant 1½ heure ou jusqu'à ce que la pâte soit légère et molle.

ɜ Incorporer le reste de la farine à la pâte. Mettre la pâte sur une planche à pâtisserie légèrement farinée et ajouter les raisins. Pétrir de manière à répartir également les raisins dans la pâte. Mettre la pâte dans un grand bol graissé. Couvrir et laisser lever jusqu'à ce

que la pâte double de volume.

ɜ Dégonfler la pâte avec le poing. Sur une planche à pâtisserie légèrement farinée, abaisser la pâte en un rectangle de 46 x 18 cm (18 x 7 po). Badigeonner le dessus de la pâte avec le beurre fondu. Mélanger la cassonade, la cannelle et la muscade et saupoudrer la pâte de ce mélange. Abaisser la pâte dans le sens de la longueur du rectangle. Mettre dans un moule à pain graissé de 23 x 13 x 8 cm (9 x 5 x 3 po). Couvrir et laisser lever de nouveau. Cuire au four à 180°C (350°F) de 45 à 50 minutes.

TRESSE AUX AMANDES À LA DANOISE

250 mL (1 tasse) d'eau
1 grosse pomme de terre, pelée et coupée en petits dés
30 mL (2 c. à soupe) de sucre
2 sachets de levure sèche active
45 mL (3 c. à soupe) de sirop de maïs
75 mL (⅓ tasse) de lait tiède
45 mL (3 c. à soupe) de beurre mou
1 œuf, bien battu
750 mL à 1,2 L (3 à 5 tasses) de farine
1 pincée de bicarbonate de soude
250 à 500 mL (1 à 2 tasses) de pâte d'amande

ɜ Porter l'eau à ébullition et y cuire la pomme de terre. Écraser la pomme de terre dans l'eau de cuisson et laisser tiédir. Ajouter le sucre et brasser pour le dissoudre. Incorporer la levure et laisser reposer pendant 10 minutes.

ɜ Ajouter le sirop de maïs, le lait, le beurre et l'œuf. Tamiser 875 mL

(3½ tasses) de farine avec le bicarbonate de soude et ajouter ce mélange à la préparation de levure. Battre jusqu'à ce que tous les ingrédients soient bien mélangés.

⁓ Mettre la pâte sur une planche à pâtisserie légèrement farinée et la pétrir en ajoutant suffisamment de farine pour obtenir une pâte lisse et élastique qui ne colle pas aux doigts. Ce pétrissage prendra environ 5 minutes.

⁓ Placer la pâte dans un bol. Couvrir d'un linge et laisser lever dans un endroit chaud pendant environ 1 heure ou jusqu'à ce que la pâte double de volume.

⁓ Dégonfler la pâte avec le poing et la pétrir pendant 1 minute. Couper la pâte en 3 morceaux égaux. Abaisser chaque morceau jusqu'à 0,6 cm (¼ po) d'épaisseur et le recouvrir de pâte d'amande. Rouler chaque morceau comme un gâteau. Tresser les 3 rouleaux de pâte ensemble.

⁓ Placer la tresse de pâte sur une plaque à biscuits. Couvrir d'un linge et laisser lever dans un endroit chaud jusqu'à ce que la pâte double de volume. Cuire au four à 180°C (350°F) de 40 à 50 minutes.

PAIN D'ÉPICE

250 mL (1 tasse) de mélasse
125 mL (½ tasse) de beurre
575 mL (2⅓ tasses) de farine
1 pincée de sel
3 mL (¾ c. à thé) de bicarbonate de soude
5 mL (1 c. à thé) de gingembre
5 mL (1 c. à thé) de cannelle
1 mL (¼ c. à thé) de clous de girofle moulus
250 mL (1 tasse) de crème aigre

⁓ Chauffer le four à 180°C (350°F) et graisser généreusement un moule carré de 23 cm (9 po) de côté.

⁓ Faire chauffer la mélasse avec le beurre jusqu'au point d'ébullition. Retirer du feu, verser dans un bol et laisser tiédir.

⁓ Tamiser la farine avec le sel, le bicarbonate de soude, le gingembre, la cannelle et le girofle.

⁓ Incorporer la crème aigre au mélange de mélasse. Ajouter ensuite les ingrédients secs et bien mélanger.

⁓ Verser la pâte dans le moule préparé. Cuire au four à 180°C (350°F) de 35 à 40 minutes ou jusqu'à ce qu'un cure-dents inséré au centre du pain en ressorte propre.

⁓ Démouler et couper en carrés. Servir chaud et garnir de crème fouettée.

PAIN D'ÉPICE AU MIEL

250 mL (1 tasse) de sucre
175 mL (¾ tasse) de miel clair
12 mL (2½ c. à thé) de bicarbonate de soude
1 mL (¼ c. à thé) de sel
5 mL (1 c. à thé) de thé
300 mL (1¼ tasse) d'eau bouillante
45 mL (3 c. à soupe) de rhum
5 mL (1 c. à thé) de grains d'anis
10 mL (2 c. à thé) de cannelle
1 L (4 tasses) de farine

⁓ Mettre le sucre, le miel, le bicarbonate de soude et le sel dans un bol.

⁓ Faire infuser le thé dans l'eau bouillante pendant 5 minutes. Verser sur le mélange de sucre et de miel. Brasser jusqu'à ce que le sucre soit fondu. Ajouter le rhum, l'anis et la cannelle.

⁓ Tamiser la farine et l'ajouter petit à petit au mélange liquide en battant vigoureusement et sans arrêt jusqu'à ce que l'on obtienne une pâte lisse.

⁓ Verser la pâte dans un moule beurré d'une capacité de 1,5 L (6 tasses). Cuire au four à 230°C (450°F) pendant 10 minutes. Réduire la température à 180°C (350°F) et poursuivre la cuisson pendant 1 heure. Démouler et laisser refroidir sur une grille. Lorsque le pain est complètement refroidi, l'envelopper de papier ciré et le conserver dans une boîte de métal fermée hermétiquement. Ce pain d'épice se conserve de 2 à 3 mois. Il est délicieux servi avec du beurre non salé et du miel.

PAIN AU GINGEMBRE À L'ANCIENNE

125 mL (½ tasse) de sucre
125 mL (½ tasse) de mélasse
50 mL (¼ tasse) de beurre ou de gras de bacon, fondu
550 mL (2¼ tasses) de farine
220 mL (⅞ tasse) d'eau chaude (1 tasse moins 2 c. à soupe)
5 mL (½ à 1 c. à thé) de gingembre
5 mL (1 c. à thé) de bicarbonate de soude

⁓ Dans un bol, mélanger le sucre, la mélasse et le beurre fondu. Ajouter la farine et bien mélanger le tout.

⁓ Mélanger l'eau chaude, le gingembre et le bicarbonate de soude. Ajouter d'un seul coup au mélange de farine. Brasser le tout jusqu'à ce que les ingrédients soient mélangés, sans plus.

⁓ Beurrer un moule de 20 x 20 x 5 cm (8 x 8 x 2 po) et y verser la pâte. Cuire au four préalablement chauffé à 180°C (350°F), de 30 à 35 minutes ou jusqu'à ce qu'un cure-dents inséré au centre du pain en ressorte propre.

᠔ Utiliser un moule en verre allant au four pour éviter d'avoir à démouler le pain. Couper le pain en carrés et servir chaud.

BRIOCHES

15 mL (1 c. à soupe) de sucre
1 mL (¼ c. à thé) de gingembre
50 mL (¼ tasse) d'eau chaude
1 sachet de levure sèche active
125 mL (½ tasse) de beurre mou non salé
75 mL (⅓ tasse) de sucre
5 mL (1 c. à thé) de sel
125 mL (½ tasse) de lait chaud
875 mL (3½ tasses) de farine, tamisée
3 œufs

᠔ Dissoudre le sucre et le gingembre dans l'eau chaude. Saupoudrer la levure sur l'eau et laisser reposer pendant 10 minutes.

᠔ Dans le grand bol du batteur sur socle, battre le beurre à vitesse maximum. Ajouter le sucre et le sel par petites quantités. Lorsque le mélange est crémeux, réduire la vitesse et ajouter peu à peu le lait chaud et 375 mL (1½ tasse) de farine. Ajouter ensuite les œufs, un à la fois, en battant bien après chaque addition.

᠔ Pétrir avec les mains ou avec une cuiller de bois en ajoutant le reste de la farine. Travailler la pâte pendant 5 minutes et la mettre dans un bol. Couvrir et laisser lever dans un endroit chaud jusqu'à ce que la pâte double de volume.

᠔ Dégonfler la pâte avec la cuiller de bois. Couvrir le bol et réfrigérer pendant au moins 12 heures.

᠔ Les opérations qui suivent doivent se faire rapidement quand la pâte est encore bien froide.

᠔ Mettre la pâte froide sur une planche à pâtisserie légèrement farinée, la pétrir vigoureusement et la diviser en 4 morceaux. Façonner 3 des morceaux en 4 boules (on a alors 12 boules). Placer chaque boule dans un moule rond de 9 cm (3½ po) de diamètre ou dans un moule à brioche. Faire un trou au centre des boules avec le bout des doigts. Humecter avec un peu d'eau.

᠔ Façonner le quatrième morceau de pâte en 12 petites boules et en mettre une dans chacun des trous faits avec les doigts.

᠔ Laisser lever pendant environ 1 heure ou jusqu'à ce que les boules de pâte doublent de volume. Battre 1 blanc d'œuf avec 10 mL (2 c. à thé) de sucre. Badigeonner les brioches de ce mélange

et cuire au four à 190°C (375°F) de 15 à 20 minutes ou jusqu'à ce que les brioches soient bien dorées. Démouler immédiatement et laisser refroidir sur une grille.

BRIOCHES AUX PACANES

PÂTE
250 mL (1 tasse) de lait chaud
75 mL (⅓ tasse) de sucre
7 mL (1½ c. à thé) de sel
10 mL (2 c. à thé) de sucre
125 mL (½ tasse) d'eau tiède
1 mL (¼ c. à thé) de gingembre
2 sachets de levure sèche active
2 œufs
1,2 L (5 tasses) de farine, tamisée
125 mL (½ tasse) de beurre, fondu

GARNITURE
30 mL (2 c. à soupe) de beurre mou
125 mL (½ tasse) de cassonade bien tassée

Brioches aux pacanes

1 mL (¼ c. à thé) de cannelle
50 à 125 mL (¼ à ½ tasse) de
pacanes grossièrement hachées

GLACE

50 mL (¼ tasse) de beurre, fondu
50 mL (¼ tasse) de sirop de maïs
50 mL (¼ tasse) de cassonade
bien tassée
50 mL (¼ tasse) de pacanes
entières

PÂTE

❧ Faire chauffer le lait et le verser
dans un bol. Ajouter le sucre et le
sel. Bien brasser et laisser tiédir.
Dissoudre le sucre dans l'eau
tiède mélangée au gingembre.
Saupoudrer la levure sur l'eau et
laisser reposer pendant 10 minutes. Bien brasser.

❧ Ajouter la préparation de levure au lait et bien mélanger.
Ajouter les œufs, un à la fois, en
remuant bien après chaque addition. Incorporer 500 mL (2 tasses)
de farine et le beurre fondu. Bien
battre et ajouter le reste de la
farine sauf 30 mL (2 c. à soupe).
Bien mélanger.

❧ Saupoudrer une planche à
pâtisserie des 30 mL (2 c. à
soupe) de farine réservée. Mettre
la pâte sur la planche et la couvrir
d'un linge propre. Laisser reposer
pendant 10 minutes. Pétrir la
pâte légèrement, puis la mettre
dans un bol graissé. Couvrir et
laisser lever dans un endroit
chaud, à l'abri des courants d'air,
pendant 1 heure ou jusqu'à ce
que la pâte double de volume.

❧ Dégonfler la pâte avec le poing.
Recouvrir d'un linge propre et
laisser lever de nouveau, dans un
endroit chaud, à l'abri des
courants d'air, pendant environ
45 minutes ou jusqu'à ce que la
pâte double de volume. Dégonfler
la pâte et la mettre sur la planche

à pâtisserie farinée. Diviser la pâte
en deux parties égales et abaisser
chaque partie en un rectangle de
25 x 38 cm (10 x 15 po).

GARNITURE

❧ Tartiner chaque rectangle de
pâte avec le beurre. Mélanger la
cassonade et la cannelle et en
saupoudrer le beurre. Recouvrir
des pacanes grossièrement hachées. Rouler les rectangles dans
le sens de la longueur comme un
gâteau roulé. Pincer les bouts
ensemble pour les sceller. Couper
chaque rouleau en 15 tranches.

GLACE

❧ Graisser deux moules à gâteau
de 18 x 28 x 3 cm (7 x 11 x 1½ po)
et y verser le beurre fondu.
Mélanger le sirop de maïs et la
cassonade et répartir ce mélange
dans les moules. Parsemer des
pacanes. Mettre les tranches de
pâte sur les pacanes et le sirop.
Recouvrir d'un linge propre et
laisser lever dans un endroit
chaud, à l'abri des courants d'air,
pendant environ 45 minutes ou
jusqu'à ce que la pâte double de
volume.

❧ Cuire au four préalablement
chauffé à 180°C (350°F), pendant
30 minutes. Renverser les brioches
sur une grille. Laisser les moules
sur les brioches pendant 2 minutes de façon à bien les glacer.
Soulever le moule et laisser
refroidir sur une grille. Donne
environ 30 brioches.

BRIOCHES SUÉDOISES

PÂTE

150 mL (⅔ tasse) de sucre
1 œuf
50 mL (¼ tasse) d'eau tiède

1 sachet de levure sèche active
5 mL (1 c. à thé) de sel
5 mL (1 c. à thé) de graines
de cardamome écrasées
ou 1 pincée de safran
500 mL (2 tasses) de lait au
point d'ébullition
1,5 à 2 L (6 à 8 tasses) de farine
50 mL (¼ tasse) de beurre, fondu

GLACE

125 mL (½ tasse) de café fort
60 mL (4 c. à soupe) de sucre

PÂTE

❧ Réserver 5 mL (1 c. à thé) du
sucre. Dans un grand bol, battre
l'œuf avec le reste du sucre. Dissoudre le sucre réservé dans l'eau
tiède. Saupoudrer la levure sur
l'eau et laisser reposer pendant
10 minutes ou jusqu'à ce que le
mélange soit mousseux. Bien
brasser.

❧ Ajouter le sel et le cardamome
au lait chaud et laisser tiédir. Y
incorporer le mélange d'œuf et de
sucre et la préparation de levure.
Ajouter lentement 1 L (4 tasses)
de farine, 250 mL (1 tasse) à la
fois, en battant bien après chaque
addition. (Si possible, utilisez un
batteur muni d'un crochet pétrisseur pour travailler la pâte.)

❧ Lorsque la pâte est lisse et élastique, ajouter le beurre fondu en
brassant. Ajouter petit à petit
juste assez du reste de la farine
pour obtenir une pâte molle.
Mettre la pâte sur une planche à
pâtisserie légèrement farinée et la
pétrir jusqu'à ce qu'elle soit lisse,
soit environ 10 minutes (avec un
crochet pétrisseur, travailler la
pâte pendant 5 minutes).

❧ Mettre la pâte dans un bol
graissé. Couvrir d'un linge et
laisser lever dans un endroit
chaud de 1 à 1½ heure ou jusqu'à
ce que la pâte double de volume.

Dégonfler la pâte avec le poing. Couvrir et laisser lever de nouveau pendant environ 1 heure ou jusqu'à ce que la pâte double de volume.

🍃 Dégonfler la pâte et la diviser en boules de la grosseur d'une petite orange. Abaisser chaque boule en bandes de 15 x 2,5 cm (6 x 1 po) de côté. En partant de chaque extrémité et en allant vers le centre, couper les bandes de pâte en deux dans le sens de la longueur, en laissant environ 1 cm (½ po) de pâte non coupée au centre. Façonner les bandes en forme de X, en tirant les extrémités de chaque bande vers l'extérieur. Mettre un raisin au centre de chaque coin.

🍃 Mettre les brioches sur une plaque de cuisson légèrement graissée. Laisser lever pendant 20 minutes ou jusqu'à ce que la pâte soit gonflée, sans avoir doublé de volume.

🍃 Cuire au four préalablement chauffé à 190°C (375°F), de 20 à 25 minutes ou jusqu'à ce que les brioches soient bien dorées.

GLACE
🍃 Porter le café et le sucre à ébullition. Brasser pour dissoudre le sucre. Faire bouillir pendant 1 minute. Retirer du feu. Badigeonner les brioches de cette glace lorsqu'elles sont encore chaudes.

LES PÂTES ÉCLAIR

Il existe un grand nombre de pâtes éclair qui servent à confectionner certaines pâtisseries comme les pains éclair, les muffins, les grands-pères, les gaufres, les crêpes, les beignes et les petits pains au lait.

🍃 On distingue les différentes sortes de pâtes éclair par leur consistance, c'est-à-dire par la quantité de farine utilisée par rapport au liquide. On peut classer ces pâtes dans les trois catégories suivantes:

🍃 Les pâtes liquides (crêpes, popovers, etc.) ;
🍃 Les pâtes à la cuiller (muffins, grands-pères, pains éclair, etc.) ;
🍃 Les pâtes molles [petits pains au lait, gâteaux sablés (shortcakes)].

🍃 Certaines pâtes éclair sont cuites au four. C'est le cas des pains éclair, des petits pains au lait et des muffins. D'autres sont cuites en grande friture, comme les beignes et les beignets, ou encore à la vapeur, comme les grands-pères. Toujours chauffer le four avant d'y faire cuire les pâtes éclair.

🍃 Peu importe le type de pâte ou le mode de cuisson utilisés, toutes les pâtes éclair ont quelques points en commun:

🍃 Elles se préparent assez rapidement;
🍃 Elles sont généralement servies chaudes;
🍃 On peut ajouter du bicarbonate de soude pour leur donner une saveur d'antan [pour 10 mL (2 c. à thé) de levure chimique, ajouter 2 mL (½ c. à thé) de bicarbonate de soude].

COMMENT PRÉPARER LA PLUPART DES PÂTES ÉCLAIR
Tamiser tous les ingrédients secs ensemble.
🍃 Ajouter le corps gras à la farine et, avec un coupe-pâte ou deux couteaux, travailler le mélange jusqu'à ce qu'il soit grumeleux.

🍃 Faire un puits au centre des ingrédients secs et y verser d'un seul coup le mélange liquide. Brasser rapidement jusqu'à ce que les ingrédients soient mêlés, sans plus. Dans certaines pâtes comme la pâte à muffins, il peut même y avoir des grumeaux sans que les muffins soient lourds. De façon générale, il est préférable de manipuler les pâtes éclair le moins possible.

🍃 Faire cuire les pâtes éclair aussitôt qu'elles sont prêtes, sauf pour certains pains qu'il faut laisser reposer de 15 à 20 minutes avant la cuisson.

🍃 Toutes les pâtes éclair peuvent être réchauffées. Il suffit de les envelopper dans du papier d'aluminium et de les mettre au four à 230°C (450°F).

PAIN ÉCLAIR AUX FRUITS

625 mL (2½ tasses) de farine à pâtisserie
25 mL (5 c. à thé) de levure chimique
3 mL (¾ c. à thé) de sel
125 mL (½ tasse) de sucre
125 mL (½ tasse) de raisins secs
50 mL (¼ tasse) de fruits confits coupés en lanières
50 mL (¼ tasse) de noix grossièrement hachées
2 œufs
125 mL (½ tasse) de lait
1 mL (¼ c. à thé) d'essence d'amande
5 mL (1 c. à thé) de zeste de citron
120 mL (8 c. à soupe) de graisse végétale, fondue

🍃 Chauffer le four à 180°C (350°F). Beurrer et fariner un

moule à pain de 12 x 22 cm (4½ x 8½ po).

🍃 Tamiser la farine avec la levure chimique et le sel. Tamiser de nouveau dans un bol. Ajouter le sucre, les raisins, les fruits confits et les noix. Mélanger.

🍃 Battre les œufs et ajouter le lait, l'essence d'amande, le zeste de citron et la graisse végétale fondue.

🍃 Faire un puits au centre des ingrédients secs et y ajouter d'un seul coup le mélange liquide. Bien mélanger. Verser dans le moule à pain beurré et cuire au four à 180°C (350°F) pendant environ 1 heure.

PAIN ÉCLAIR AU SUCRE D'ÉRABLE

250 mL (1 tasse) de farine
500 mL (2 tasses) de farine de blé entier
125 mL (½ tasse) de sucre d'érable râpé

500 mL (2 tasses) de lait aigre
7 mL (1½ c. à thé) de bicarbonate de soude
5 mL (1 c. à thé) de sel

🍃 Tamiser la farine dans un bol. Ajouter la farine de blé entier et le sucre d'érable.

🍃 Mélanger le lait aigre avec le bicarbonate de soude et le sel. Verser d'un seul coup sur les ingrédients secs. Remuer jusqu'à ce que les ingrédients soient mêlés, sans plus.

🍃 Verser dans un moule à pain graissé. Cuire au four à 180°C (350°F) pendant 1 heure.

🍃 Servir chaud avec du beurre, du sirop d'érable et des grillades de lard salé chaudes, dorées et croustillantes.

PAINS ÉCLAIR AUX RAISINS

750 mL (3 tasses) de farine
125 mL (½ tasse) de lait en poudre non dilué
125 mL (½ tasse) de sucre
5 mL (1 c. à thé) de sel
15 mL (3 c. à thé) de levure chimique
60 mL (4 c. à soupe) de beurre
375 mL (1½ tasse) d'eau
3 œufs, bien battus
250 mL (1 tasse) de raisins blancs secs
125 mL (½ tasse) de farine
15 mL (1 c. à soupe) de graines de carvi
30 mL (2 c. à soupe) de lait concentré non sucré

🍃 Dans un grand bol, tamiser la farine avec le lait en poudre, le sucre, le sel et la levure chimique. Ajouter le beurre et, avec les doigts, travailler la préparation jusqu'à ce que tous les ingrédients soient bien mélangés. Ajouter l'eau et les œufs battus. Bien mélanger.

🍃 Mélanger les raisins avec la farine jusqu'à ce qu'ils soient bien enfarinés. Ajouter les raisins et les graines de carvi à la pâte à pain.

🍃 Répartir la pâte dans deux moules à pain graissés et farinés. Laisser reposer pendant 20 minutes. Cuire au four préalablement chauffé à 180°C (350°F), de 50 à 60 minutes.

🍃 Quinze minutes avant la fin de la cuisson, badigeonner le dessus des pains avec le lait concentré. Badigeonner de nouveau 5 minutes avant la fin de la cuisson.

🍃 Mettre les moules sur le côté et laisser refroidir 5 minutes avant de démouler. Envelopper les pains dans du papier d'aluminium et les laisser refroidir. Attendre 24 heures avant de servir. Le pain aux raisins fait d'excellentes rôties.

Pain éclair aux fruits

❧ TECHNIQUE ❧

PAIN ÉCLAIR AUX FRUITS

1 Tamiser la farine avec la levure chimique et le sel. Tamiser de nouveau dans un bol.

2 Ajouter le sucre, les raisins, les fruits confits et les noix. Mélanger.

3 Battre les œufs et ajouter le lait, l'essence d'amande, le zeste de citron et la graisse végétale fondue.

4 Faire un puits au centre des ingrédients secs et y ajouter d'un seul coup le mélange liquide.

PAIN DE SEIGLE

500 mL (2 tasses) de farine
250 mL (1 tasse) de farine
de seigle
5 mL (1 c. à thé) de sel
15 mL (3 c. à thé) de levure
chimique
5 mL (1 c. à thé) de café
instantané
250 mL (1 tasse) de noix hachées
1 mL (¼ c. à thé) de bicarbonate
de soude
125 mL (½ tasse) de mélasse
2 œufs
175 mL (¾ tasse) de lait
concentré non sucré

🍂 Dans un grand bol, tamiser la
farine avec la farine de seigle, le
sel, la levure chimique et le café
instantané. Ajouter les noix et les
enrober de farine.

🍂 Mélanger le bicarbonate de
soude avec la mélasse. Battre les
œufs avec le lait concentré. Verser
la mélasse et le lait d'un seul coup
sur les ingrédients secs. Brasser
jusqu'à ce que les ingrédients
soient mélangés, sans plus.

🍂 Verser la pâte dans un moule à
pain graissé et fariné, en faisant
un petit creux au centre du pain.

🍂 Laisser reposer pendant 15 minutes. Cuire au four préalablement chauffé à 180°C (350°F)
pendant 1 heure. Cinq minutes
avant la fin de la cuisson, badigeonner le dessus du pain de lait
concentré. Badigeonner de nouveau au moment de sortir le pain
du four. Démouler sur une grille.
Envelopper le pain dans du papier
d'aluminium et le laisser refroidir.
Attendre 24 heures avant de
servir.

🍂 Ce pain se conserve très bien.

PETITS PAINS ÉCLAIR À L'ORANGE

1 L (4 tasses) de farine
25 mL (5 c. à thé) de levure
chimique
2 mL (½ c. à thé) de sel
500 mL (2 tasses) de lait
3 œufs
15 mL (1 c. à soupe) de beurre,
fondu
jus et zeste d'une orange
250 mL (1 tasse) de pelures
de fruits confits
60 mL (4 c. à soupe) de sucre
30 mL (2 c. à soupe) de zeste
d'orange

🍂 Tamiser la farine, la levure
chimique et le sel.

🍂 Mélanger le lait, les œufs, le
beurre fondu, le jus et le zeste
d'orange. Battre rapidement et
vigoureusement en y incorporant
les pelures de fruits confits. Verser
d'un seul coup sur les ingrédients
secs. Mélanger jusqu'à ce que la
pâte soit homogène, sans plus.

🍂 Verser la pâte dans de petits
moules à pain. Mélanger le sucre
avec le zeste d'orange. Saupoudrer le dessus de chaque petit
pain de ce mélange. Cuire au four
à 190°C (375°F) pendant 1 heure.

PAIN ÉCLAIR AUX BANANES

50 mL (¼ tasse) de graisse
végétale
125 mL (½ tasse) de sucre
1 œuf, battu
250 mL (1 tasse) de son entier
375 mL (1½ tasse) de bananes
30 mL (2 c. à soupe) d'eau
375 mL (1½ tasse) de farine

5 mL (1 c. à thé) de sel
10 mL (2 c. à thé) de levure
chimique
2 mL (½ c. à thé) de bicarbonate
de soude
5 mL (1 c. à thé) de vanille
125 mL (½ tasse) de noix de
Grenoble hachées

🍂 Défaire la graisse végétale en
crème avec le sucre. Ajouter l'œuf
battu et le son entier. Bien
mélanger.

🍂 Écraser les bananes dans l'eau.

🍂 Tamiser la farine avec le sel, la
levure chimique et le bicarbonate
de soude. Ajouter à la préparation
de graisse végétale en alternant
avec les bananes écrasées. Parfumer avec la vanille et ajouter les
noix de Grenoble.

🍂 Cuire le pain au four à 180°C
(350°F) pendant 1 heure.

PETITS PAINS AU LAIT

500 mL (2 tasses) de farine
à pâtisserie
20 mL (4 c. à thé) de levure
chimique
2 mL (½ c. à thé) de sel
45 mL (3 c. à soupe) de graisse
végétale
150 mL (⅔ tasse) de lait

🍂 Dans un bol, tamiser la farine,
la levure chimique et le sel.
Ajouter la graisse végétale et la
couper dans la farine jusqu'à ce
que la préparation soit grumeleuse.

🍂 Faire un puits au centre de la
préparation de farine et y verser le
lait d'un seul coup. Brasser rapidement jusqu'à ce que les ingrédients soient mélangés, sans plus.
Si la pâte semble trop sèche,
ajouter un peu de lait. Si elle est

trop mouillée, ajouter un peu de farine. La pâte est parfaite lorsqu'elle se détache du bol.

🍃 Mettre la pâte sur une planche à pâtisserie légèrement farinée, la retourner dans la farine et la pétrir de 5 à 10 fois pendant quelques secondes.

🍃 En commençant vers le centre, abaisser la pâte jusqu'à 1 à 2 cm (½ à ¾ po) d'épaisseur. Avec un emporte-pièce fariné, découper la pâte (tailler d'un seul coup sans tourner l'emporte-pièce). Mettre sur une plaque à biscuits non graissée. Cuire au four préalablement chauffé à 230°C (450°F), de 12 à 15 minutes. Donne 8 petits pains au lait de 6 cm (2½ po).

VARIANTES

PAINS AU BACON

🍃 Faire frire 6 tranches de bacon. Égoutter sur un papier essuie-tout et émietter. Ajouter aux ingrédients secs en même temps que la graisse végétale.

PAINS AU FROMAGE

🍃 Ajouter 175 mL (¾ tasse) de fromage râpé de votre choix aux ingrédients secs (le cheddar canadien fort ou mi-fort est le meilleur).

PAINS AUX HERBES

🍃 Ajouter aux ingrédients secs 50 mL (¼ tasse) de persil haché ou de ciboulette, ou 5 mL (1 c. à thé) de basilic ou de marjolaine, ou encore 1 mL (¼ c. à thé) de thym ou de sarriette.

PAINS AUX NOIX

🍃 Ajouter 125 mL (½ tasse) de noix hachées finement aux ingrédients secs.

PAINS AU CARI

🍃 Ajouter 2 à 5 mL (½ à 1 c. à thé) de cari aux ingrédients secs.

Pain éclair aux bananes

PAINS AUX OIGNONS

🍃 Faire dorer 50 mL (¼ tasse) d'oignon haché finement dans 30 mL (2 c. à soupe) de beurre. Ajouter aux ingrédients secs en même temps que le lait.

BISCUITS CHAUDS À LA CUILLER

🍃 Utiliser 250 mL (1 tasse) de lait plutôt que les 150 mL (⅔ tasse) demandés. Ne pas pétrir, ni abaisser. Laisser tomber la pâte par cuillerées sur une plaque à biscuits légèrement graissée. Faire cuire au four à 230°C (450°F) pendant 10 minutes.

PETITS PAINS AU LAIT À L'ORANGE

1 recette de petits pains au lait (voir ci-dessus)
30 mL (2 c. à soupe) de beurre, fondu

GARNITURE

50 mL (¼ **tasse) de sucre**
50 mL (¼ **tasse) de cassonade**
50 mL (¼ **tasse) de noix hachées**
30 mL (2 c. à soupe) **de zeste râpé d'orange**
30 mL (2 c. à soupe) **de miel**

🍃 Abaisser la pâte en un rectangle de 30 x 45 cm (12 x 18 po). Badigeonner le rectangle de pâte avec 15 mL (1 c. à soupe) du beurre fondu.

GARNITURE

🍃 Faire chauffer tous les ingrédients à feu doux jusqu'à ce que le sucre et la cassonade commencent à fondre. Étendre cette garniture sur la pâte. Rouler la pâte dans le sens de la longueur comme un gâteau roulé. Couper en 18 tranches de 2,5 cm (1 po) d'épaisseur.

🍃 Beurrer 18 moules à muffins de 8 cm (3 po) de diamètre et y mettre chaque tranche de pâte, côté

Pain chaud aux bleuets

coupé vers le fond. Badigeonner chaque petit pain du reste du beurre fondu. Cuire au four à 220°C (425°F) pendant 15 minutes. Démouler immédiatement et servir chaud.

GÂTEAU SABLÉ AUX FRUITS

(shortcake)

550 mL (2¼ tasses) de farine
20 mL (4 c. à thé) de levure chimique
30 mL (2 c. à soupe) de sucre
2 mL (½ c. à thé) de sel
75 mL (⅓ tasse) de graisse végétale
1 œuf, légèrement battu
150 mL (⅔ tasse) de lait

🍂 Graisser et fariner un moule à gâteau de 20 cm (8 po) de diamètre.

🍂 Dans un bol, tamiser la farine avec la levure chimique, le sucre et le sel. Ajouter la graisse végé-

tale et la couper dans la farine jusqu'à ce que la préparation soit grumeleuse.

🍂 Mélanger l'œuf avec le lait. Ajouter d'un seul coup à la préparation de farine. Mélanger rapidement. Pétrir la pâte légèrement et la tasser dans le moule à gâteau. Cuire au four préalablement chauffé à 220°C (425°F), de 15 à 20 minutes.

🍂 Laisser reposer pendant 5 minutes avant de démouler. Avec un couteau bien affûté, trancher le gâteau en deux parties horizontales. Beurrer généreusement chaque moitié. Placer la partie inférieure sur une assiette à gâteau, côté beurré vers le haut. Garnir de fruits frais sucrés et tranchés ou de fruits en boîte, bien égouttés. Décorer de crème fouettée. Recouvrir de l'autre moitié de gâteau, côté beurré vers le haut. Garnir de fruits et décorer de crème fouettée.

🍂 Pour que ce gâteau soit bien réussi, il est important de le garnir quand il est encore chaud.

PAIN CHAUD AUX BLEUETS

PAIN

50 mL (¼ tasse) de graisse végétale ou de beurre
175 mL (¾ tasse) de sucre
2 œufs
125 mL (½ tasse) de lait
500 mL (2 tasses) de farine
2 mL (½ c. à thé) de sel
10 mL (2 c. à thé) de levure chimique
2 mL (½ c. à thé) de muscade ou de gingembre moulu
500 mL (2 tasses) de bleuets frais, congelés ou en boîte (pas de confiture)

GARNITURE

125 mL (½ tasse) de sucre
75 mL (⅓ tasse) de farine
2 mL (½ c. à thé) de cannelle
50 mL (¼ tasse) de beurre mou

PAIN

🍂 Dans un bol, défaire la graisse en crème avec le sucre et les œufs. Ajouter le lait et brasser. Ajouter la farine tamisée avec le sel, la levure chimique et la muscade. Brasser pour bien lier la pâte. Tapisser un moule carré de 20 cm (8 po) de côté de papier d'aluminium, le graisser et y verser la pâte. Étendre les bleuets bien égouttés sur la pâte.

GARNITURE

🍂 Dans un bol, mélanger le sucre avec la farine, la cannelle et le beurre. Étendre ce mélange sur les bleuets. Faire cuire le pain au four à 190°C (375°F) pendant 45 minutes. Servir chaud ou tiède avec de la crème à 35% ou de la crème aigre.

PAIN CHAUD À LA FARINE DE MAÏS

On peut préparer ce délicieux pain jusqu'à une semaine à l'avance et le garder au congélateur. On peut également le faire la veille et le réchauffer au four à 180℃ (350°F) au moment de servir. Les amateurs de pain de maïs ne pourront plus s'en passer.

1 œuf
2 mL (½ c. à thé) de sel
30 mL (2 c. à soupe) de sucre
250 mL (1 tasse) de babeurre ou de lait aigre
125 mL (½ tasse) de farine
2 mL (½ c. à thé) de levure chimique
250 mL (1 tasse) de farine de maïs jaune
75 mL (⅓ tasse) de beurre, fondu
2 mL (½ c. à thé) de bicarbonate de soude
45 mL (3 c. à soupe) d'eau froide

🍂 Dans un bol, battre l'œuf avec le sel et le sucre. Ajouter le babeurre et mélanger.

🍂 Mélanger la farine avec la levure chimique et ajouter au mélange liquide. Ajouter juste ce qu'il faut de farine de maïs pour obtenir une pâte moyenne. Battre le beurre fondu dans la pâte et bien mélanger (faire fondre le beurre dans le moule qui sera utilisé pour faire cuire le pain, le moule sera alors graissé). Ajouter le bicarbonate de soude délayé dans l'eau froide et brasser. La pâte sera plutôt claire. Cuire au four à 180℃ (350°F) de 15 à 20 minutes. Servir chaud.

SCONES ÉCOSSAIS

500 mL (2 tasses) de farine
10 mL (2 c. à thé) de levure chimique
2 mL (½ c. à thé) de sel
10 mL (2 c. à thé) de sucre
60 mL (4 c. à soupe) de beurre
1 œuf, battu
125 mL (½ tasse) de crème à 15 %

🍂 Dans un bol, tamiser la farine, la levure chimique, le sel et le sucre. Ajouter le beurre et le couper dans la farine avec un coupe-pâte. Ajouter l'œuf battu et la crème. Mélanger vigoureusement jusqu'à ce que la pâte adhère au bol.

🍂 Mettre la pâte sur une planche à pâtisserie farinée et la pétrir pendant quelques secondes. Abaisser la pâte jusqu'à 1 cm (½ po) d'épaisseur. Couper en pointes. Cuire au four à 230℃ (450°F) pendant 15 minutes.

GALETTES DE SARRASIN

375 mL (1½ tasse) de farine de sarrasin
15 mL (1 c. à soupe) de levure chimique
2 mL (½ c. à thé) de sel
2 mL (½ c. à thé) de bicarbonate de soude
125 mL (½ tasse) de farine de blé entier
500 mL (2 tasses) de babeurre
30 mL (2 c. à soupe) de mélasse
1 œuf
45 mL (3 c. à soupe) de beurre mou
15 mL (1 c. à soupe) de cassonade

🍂 Dans un bol, tamiser la farine de sarrasin, la levure chimique, le

sel et le bicarbonate de soude. Ajouter la farine de blé entier.

🍂 Dans le récipient du mélangeur, mettre le babeurre [on peut remplacer le babeurre par 500 mL (2 tasses) d'eau, 125 mL (½ tasse) de lait en poudre et 5 mL (1 c. à thé) de vinaigre], la mélasse, l'œuf, le beurre mou et la cassonade. Couvrir et actionner l'appareil à vitesse maximum pendant 1 minute. Verser ce mélange sur les ingrédients secs et bien mélanger. Laisser reposer pendant 3 heures. Faire cuire comme des crêpes (voir page 656).

MUFFINS

(recette de base)

500 mL (2 tasses) de farine
30 mL (2 c. à soupe) de sucre
2 mL (½ c. à thé) de sel
15 mL (3 c. à thé) de levure chimique
1 œuf, bien battu
250 mL (1 tasse) de lait
60 mL (4 c. à soupe) de beurre, fondu

🍂 Chauffer le four à 200℃ (400°F). Graisser des moules à muffins.

🍂 Dans un bol, tamiser la farine, le sucre, le sel et la levure chimique.

🍂 Mélanger l'œuf battu avec le lait. Verser d'un seul coup sur les ingrédients secs et brasser jusqu'à ce que les ingrédients soient mêlés, sans plus (plus la pâte est rugueuse, meilleurs seront les muffins). Incorporer le beurre fondu encore tiède.

🍂 À l'aide de deux cuillers, remplir les moules à muffins aux deux tiers, en manipulant la pâte le moins possible. Faire cuire immédiatement au four préalablement chauffé à 200°C (400°F), de 20 à 25 minutes. Démouler et servir chaud avec du beurre, de la confiture ou du miel.

🍃 Si l'on désire des muffins plus sucrés, utiliser 60 mL (4 c. à soupe) de sucre plutôt que les 30 mL (2 c. à soupe) demandés.

🍃 Si l'on désire des muffins très sucrés, utiliser 125 mL (½ tasse) de sucre plutôt que les 30 mL (2 c. à soupe) demandés.

VARIANTES

MUFFINS AUX POMMES

🍃 Préparer des muffins très sucrés et ajouter 5 mL (1 c. à thé) de cannelle aux ingrédients secs. Incorporer 250 mL (1 tasse) de pommes pelées (ou non) et râpées en même temps que le beurre.

MUFFINS AUX BLEUETS

🍃 Préparer des muffins sucrés et incorporer 250 mL (1 tasse) de bleuets nettoyés en même temps que le beurre.

MUFFINS À LA CASSONADE

🍃 Remplacer le sucre par 175 mL (¾ tasse) de cassonade.

MUFFINS À LA CONFITURE

🍃 Préparer des muffins selon la recette de base. Déposer 5 mL (1 c. à thé) de confiture de votre choix sur les muffins avant de les faire cuire.

MUFFINS AU BEURRE D'ARACHIDE

🍃 Préparer des muffins selon la recette de base. Mélanger 50 mL (¼ tasse) de beurre d'arachide avec le lait et l'œuf. N'ajouter que 30 mL (2 c. à soupe) de beurre fondu.

MUFFINS À CRÈME AIGRE

🍃 Préparer des muffins sucrés en ajoutant 2 mL (½ c. à thé) de bicarbonate de soude aux ingrédients secs. Remplacer le lait par de la crème aigre.

Muffins

MUFFINS À LA MÉLASSE

250 mL (1 tasse) de farine
2 mL (½ c. à thé) de bicarbonate de soude
2 mL (½ c. à thé) de sel
1 œuf, battu
50 mL (¼ tasse) de beurre, fondu
125 mL (½ tasse) de mélasse
125 mL (½ tasse) de lait aigre
5 mL (1 c. à thé) de zeste râpé de citron
5 mL (1 c. à thé) de vanille

🍃 Tamiser la farine avec le bicarbonate de soude et le sel.

🍃 Mélanger l'œuf, le beurre fondu, la mélasse, le lait aigre, le zeste de citron et la vanille. Ajouter d'un seul coup aux ingrédients secs. Brasser jusqu'à ce que les ingrédients soient mélangés, sans plus.

🍃 Répartir ce mélange dans des moules à muffins graissés, en remplissant chaque moule aux deux tiers. Cuire au four à 180°C (350°F) pendant 30 minutes.

BOULETTES DE PÂTE POUR RAGOÛTS

375 mL (1½ tasse) de farine
20 mL (4 c. à thé) de levure chimique
2 mL (½ c. à thé) de sel
2 mL (½ c. à thé) de muscade
15 mL (1 c. à soupe) de beurre
150 mL (⅔ tasse) de lait
1 œuf, bien battu

🍃 Tamiser la farine avec la levure chimique, le sel et la muscade. Incorporer le beurre. Mélanger le lait avec l'œuf. Ajouter aux ingrédients secs. Bien mélanger. Laisser tomber par cuillerées dans la sauce du ragoût, dans l'autocuiseur. [Il doit y avoir 750 mL (3 tasses) de sauce, ajouter de l'eau bouillante si nécessaire.]

❧ Bien fermer le couvercle de l'autocuiseur. Cuire pendant 10 minutes à la vapeur sans le régulateur de pression. Servir immédiatement.

GRANDS-PÈRES DU LAC-SAINT-JEAN

500 mL (2 tasses) de farine
2 mL (½ c. à thé) de sel
15 mL (3 c. à thé) de levure chimique
2 mL (½ c. à thé) de bicarbonate de soude
45 mL (3 c. à soupe) de graisse végétale ou de saindoux
250 mL (1 tasse) de babeurre ou de lait aigre

❧ Tamiser la farine avec le sel, la levure chimique et le bicarbonate de soude. Ajouter la graisse végétale et, à l'aide de deux couteaux, travailler le mélange jusqu'à ce qu'il forme une chapelure grossière.

❧ Ajouter le babeurre d'un seul coup. Remuer rapidement avec une fourchette jusqu'à ce que la pâte prenne forme. Mettre la pâte sur une planche à pâtisserie farinée et, avec le bout des doigts, la pétrir pendant 30 secondes.

❧ Abaisser la pâte jusqu'à environ 1 cm (⅜ po) d'épaisseur. Couper en carrés ou en rondelles. Cuire selon la méthode de cuisson suggérée ci-dessous.

MÉTHODE DE CUISSON
On peut cuire les grands-pères dans un bouillon de bœuf ou de poulet, dans une sauce brune légère ou dans un ragoût. Ils font de savoureux desserts lorsqu'on les cuit dans de la mélasse ou du sirop d'érable bouillant mélangé à une quantité d'eau équivalente. Ils sont aussi un pur délice cuits avec de la compote de petits fruits — pour ce faire, porter à ébullition 500 mL (2 tasses) d'eau, 250 mL (1 tasse) de sucre et 500 mL (2 tasses) de petits fruits (framboises, bleuets, etc.). Laisser mijoter pendant 5 minutes.

❧ Quelle que soit la méthode de cuisson choisie, le principe de base reste toujours le même. Il faut laisser tomber les grands-pères un à un dans un liquide bouillant en prenant soin de bien les espacer (cuire de 4 à 5 grands-pères à la fois). Couvrir la casserole et faire bouillir les grands-pères pendant 12 minutes, sans jamais soulever le couvercle. Retirer du bouillon avec une écumoire. Répéter cette opération avec le reste de la pâte. Au moment de servir, napper les grands-pères de la sauce sucrée ou salée utilisée pour la cuisson.

GRANDS-PÈRES AU CARAMEL

SAUCE AU CARAMEL
375 mL (1½ tasse) de sucre
500 mL (2 tasses) d'eau bouillante
10 mL (2 c. à thé) de vanille
30 mL (2 c. à soupe) de beurre

PÂTE
500 mL (2 tasses) de farine à pâtisserie
125 mL (½ tasse) de sucre
7 mL (1½ c. à thé) de levure chimique
2 mL (½ c. à thé) de sel
125 mL (½ tasse) de lait
15 mL (1 c. à soupe) de beurre, fondu

SAUCE
❧ Mettre le sucre dans une casserole ou dans un grand poêlon de fonte émaillée et faire cuire à feu moyen, en brassant légèrement jusqu'à ce que l'on obtienne un sirop doré. Ajouter l'eau bouillante et laisser cuire le sirop pendant quelques instants (attention: les sirops montent rapidement et peuvent déborder). Ajouter la vanille et le beurre.

GRANDS-PÈRES
❧ Dans un bol, tamiser la farine à pâtisserie avec le sucre, la levure chimique et le sel. Ajouter le lait et le beurre fondu. Mélanger rapidement (la pâte doit rester plutôt rugueuse). Laisser tomber par cuillerées dans la sauce bouillante. Couvrir et cuire à feu moyen pendant 15 minutes, sans jamais soulever le couvercle.

GRANDS-PÈRES AUX BLEUETS

1 L (4 tasses) de bleuets nettoyés
175 mL (¾ tasse) de sucre
175 mL (¾ tasse) de cassonade
1 mL (¼ c. à thé) de gingembre
1 mL (¼ c. à thé) de cannelle
250 mL (1 tasse) d'eau
500 mL (2 tasses) de farine à pâtisserie
15 mL (3 c. à thé) de levure chimique
2 mL (½ c. à thé) de sel
10 mL (2 c. à thé) de graisse végétale ou de beurre
150 mL (⅔ tasse) de lait tiède

🍂 Mettre les bleuets, le sucre, la cassonade, le gingembre, la cannelle et l'eau dans une casserole. Faire bouillir pendant 3 minutes.

🍂 Tamiser la farine avec la levure chimique et le sel. Ajouter la graisse et la couper dans la farine. Ajouter le lait petit à petit.

🍂 Laisser tomber la pâte par petites cuillerées dans le sirop de bleuets bouillant, en espaçant bien les cuillerées. Couvrir la casserole et laisser cuire à couvert pendant 15 minutes. Au moment de servir, napper les grands-pères de sirop.

GRANDS-PÈRES AU SIROP D'ÉRABLE

500 mL (2 tasses) d'eau
300 mL (1¼ tasse) de sirop d'érable
375 mL (1½ tasse) de farine à pâtisserie ou 300 mL (1¼ tasse) de farine tout usage, tamisée
15 mL (3 c. à thé) de levure chimique
15 mL (1 c. à soupe) de sucre
2 mL (½ c. à thé) de sel
50 mL (¼ tasse) de beurre froid
125 mL (½ tasse) de lait
noix hachées

🍂 Verser l'eau et le sirop d'érable dans une grande casserole. Couvrir et laisser mijoter.

🍂 Dans un bol, tamiser la farine à pâtisserie avec la levure chimique, le sucre et le sel. Ajouter le beurre et le couper finement. Faire un puits au centre des ingrédients secs et y verser le lait. Mélanger légèrement et ajouter les noix hachées. Laisser tomber la pâte par grosses cuillerées dans le sirop bouillant. Couvrir et faire bouillir à feu doux pendant 15 minutes,

sans jamais soulever le couvercle. Servir très chaud.

GOURMANDISES À LA CONFITURE

750 mL (3 tasses) de farine
20 mL (4 c. à thé) de levure chimique
5 mL (1 c. à thé) de sel
2 œufs
250 mL (1 tasse) de lait
15 mL (1 c. à soupe) de beurre ou de gras, fondu
confiture, au choix
500 mL (2 tasses) de jus de pomme

🍂 Dans un bol, tamiser la farine avec la levure chimique et le sel.

🍂 Mélanger les œufs et le lait. Verser d'un seul coup sur les ingrédients secs. Mélanger rapidement et incorporer le beurre fondu.

🍂 Mettre la pâte sur une planche farinée et l'abaisser jusqu'à 0,6 cm (¼ po) d'épaisseur. Couper en carrés de 2,5 cm (1 po) de côté.

🍂 Beurrer un plat à pouding ou un poêlon de fonte émaillée et y étendre la moitié des carrés de pâte. Tartiner chaque carré de confiture. Recouvrir d'un autre carré de pâte et le tartiner de confiture.

🍂 Faire bouillir le jus de pomme et le verser sur la pâte. Couvrir et cuire au four à 180°C (350°F) de 50 à 60 minutes. Si l'on désire une croûte bien dorée et croustillante, il est préférable de ne pas couvrir pendant la cuisson.

LES GAUFRES

La pâte à gaufres ressemble à de la pâte à crêpes épaisse. Avant d'utiliser le gaufrier, il est impor-

tant de lire les directives du fabricant. La plupart des gaufriers sont munis d'un réglage automatique qui nous facilite la tâche.

🍂 Sauf avis contraire du fabricant, graisser l'appareil avec un corps gras non salé comme du beurre sans sel, de l'huile de maïs, etc. Ne graisser l'appareil que pour la première gaufre. Il n'est pas nécessaire de le graisser par la suite car la pâte à gaufres contient suffisamment de gras pour ne pas coller.

🍂 S'assurer que le gaufrier est bien chaud avant d'y verser la pâte. S'il n'est pas muni d'un réglage automatique, vérifier la chaleur du gaufrier en laissant tomber quelques gouttes d'eau sur l'appareil. Si l'eau grésille et s'évapore aussitôt, l'appareil est prêt.

🍂 Verser la pâte en commençant par le centre du gaufrier jusqu'à ce qu'elle recouvre complètement les plaques. Fermer le gaufrier et laisser cuire jusqu'à ce que la vapeur cesse de s'échapper. Retirer la gaufre avec une fourchette.

🍂 Les restes de pâte à gaufres se conservent de 2 à 3 jours au réfrigérateur dans un pot de verre fermé hermétiquement. Bien battre les restes de pâte avant de les utiliser.

GAUFRES

(recette type)

500 mL (2 tasses) de farine
15 mL (3 c. à thé) de levure chimique
2 mL (½ c. à thé) de sel
2 œufs (jaunes et blancs séparés)
300 mL (1¼ tasse) de lait
90 mL (6 c. à soupe) de graisse végétale, fondue

🍂 Dans un bol, tamiser la farine, la levure chimique et le sel.

🍂 Battre les jaunes d'œufs avec le lait. Ajouter aux ingrédients secs et mélanger.

🍂 Ajouter la graisse fondue et bien mélanger. Battre les blancs d'œufs en neige et les incorporer à la pâte. Cuire en suivant les indications ci-dessus.

VARIANTES

GAUFRES AUX BANANES

🍂 Avant d'incorporer les blancs d'œufs à la pâte, ajouter 375 mL (1½ tasse) de bananes pelées et coupées en tranches minces.

GAUFRES AU CACAO

🍂 Remplacer 45 mL (3 c. à soupe) de la farine par 45 mL (3 c. à soupe) de cacao.

GAUFRES AUX NOIX

🍂 Avant d'incorporer les blancs d'œufs à la pâte, ajouter 250 mL (1 tasse) de noix hachées finement.

Gaufres

GAUFRES À LA MÉLASSE

75 mL (⅓ tasse) de beurre
250 mL (1 tasse) de mélasse
2 œufs (jaunes et blancs séparés)
500 mL (2 tasses) de farine
2 mL (½ c. à thé) de bicarbonate de soude
30 mL (2 c. à soupe) de levure chimique
10 mL (2 c. à thé) de cannelle
5 mL (1 c. à thé) de gingembre
2 mL (½ c. à thé) de sel
125 mL (½ tasse) de lait aigre

🍂 Défaire le beurre en crème avec la mélasse. Ajouter les jaunes d'œufs, un à la fois, en battant vigoureusement après chaque addition.

🍂 Tamiser la farine avec le bicarbonate de soude, la levure chimique, la cannelle, le gingembre et le sel. Ajouter au mélange de mélasse, en alternant avec le lait aigre. Battre jusqu'à ce que la pâte soit lisse.

🍂 Battre les blancs d'œufs en neige et les incorporer à la pâte. Faire cuire dans un gaufrier.

🍂 Servir avec du beurre et de la compote de pommes ou avec du sucre en poudre.

GAUFRES FRANÇAISES

175 mL (¾ tasse) de beurre non salé
250 mL (1 tasse) de sucre
4 œufs (jaunes et blancs séparés)
375 mL (1½ tasse) de farine
75 mL (⅓ tasse) de lait
5 mL (1 c. à thé) de vanille

🍂 Défaire le beurre en crème en ajoutant le sucre petit à petit.

Battre sans arrêt jusqu'à ce que le mélange ait l'apparence d'une mousse légère.

🍂 Ajouter les jaunes d'œufs, un à la fois, en battant vigoureusement après chaque addition. Ajouter la farine en alternant avec le lait et la vanille. Battre jusqu'à ce que la pâte soit très légère.

🍂 Battre les blancs d'œufs en neige et les incorporer à la pâte. Faire cuire dans un gaufrier chaud.

🍂 Ces gaufres françaises sont très fines et très croustillantes, les servir comme dessert accompagnées de crème glacée, de compote de fruits frais, de crème au chocolat, etc.

LES CRÊPES

Les recettes de crêpes varient beaucoup d'une région et d'un cuisinier à l'autre. Ces différences sont attribuables à nos traditions

Crêpes Suzette

familiales et à nos habitudes alimentaires. Quelle que soit votre recette favorite, les crêpes doivent être toujours légères et cuites à point, sans être humides et grasses. N'oubliez pas que c'est avec l'expérience que vos crêpes seront cuites à la perfection.

❧ Il est donc important d'utiliser de la pâte légère. De plus, pour que les crêpes ne soient pas trop grasses, il faut savoir doser la quantité de matière grasse utilisée pour la cuisson et celle qui entre dans la composition de la crêpe.

❧ Utiliser une poêle ou une plaque à crêpes à fond épais pour la cuisson. Graisser avec un corps gras non salé comme de la graisse végétale, de la margarine ou de l'huile. La meilleure façon de graisser la poêle à crêpes est d'utiliser un tampon de coton fixé à un bâton. Imbiber légèrement le coton dans le corps gras utilisé et badigeonner le fond et les côtés de la poêle. En procédant de cette façon, on étend le corps gras uniformément, sans en mettre trop.

❧ Il faut cuire les crêpes à feu moyen en prenant soin de faire chauffer la poêle de façon uniforme. Il arrive parfois que les premières crêpes collent à la poêle. Mais quand le nombre de crêpes qui collent dépasse 5 ou 6, c'est que la poêle est trop chaude et le feu trop vif.

CRÊPES FRANÇAISES

250 mL (1 tasse) de farine
1 mL (¼ c. à thé) de sel
15 mL (1 c. à soupe) de sucre
2 gros œufs ou 3 petits
375 mL (1½ tasse) de lait
5 mL (1 c. à thé) de cognac
ou 5 mL (1 c. à thé) d'essence de vanille
15 mL (1 c. à soupe) de beurre, fondu

❧ Dans un bol, tamiser la farine avec le sel et le sucre. Faire un puits au centre des ingrédients secs et y casser un œuf. À l'aide d'une cuiller de bois, battre l'œuf en incorporant peu à peu la farine. Répéter cette opération avec les autres œufs.

❧ Ajouter le lait petit à petit en battant avec un fouet jusqu'à ce que la pâte soit lisse et coulante. Ajouter le cognac et le beurre, puis laisser reposer pendant 1 heure à la température ambiante.

❧ Faire chauffer une poêle à crêpes et la badigeonner de beurre. Verser juste ce qu'il faut de pâte pour en couvrir le fond. En penchant et en tournant la poêle, étendre la pâte de façon uniforme. Cuire jusqu'à ce que le dessous soit doré, ce qui peut être vérifié en soulevant les bords de la crêpe avec une spatule. Retourner la crêpe avec la spatule, puis poursuivre la cuisson jusqu'à ce que la crêpe soit dorée des 2 côtés. Faire cuire ainsi le reste de la pâte. Empiler les crêpes dans une assiette chaude et les garder au chaud.

❧ Garnir les crêpes au goût ou simplement les plier en quatre et les servir avec du beurre et du sirop.

CRÊPES SUZETTE

PÂTE À CRÊPES
40 mL (2½ c. à soupe) de sucre
60 mL (4 c. à soupe) de farine
3 œufs
125 mL (½ tasse) de lait
2 mL (½ c. à thé) de sel
15 mL (1 c. à soupe) de vanille

SAUCE
60 mL (4 c. à soupe) de beurre
30 mL (2 c. à soupe) de sucre

30 mL (2 c. à soupe) de rhum
zeste finement râpé d'une orange
ou 30 mL (2 c. à soupe)
de curaçao
50 mL (¼ tasse) de sucre fin
30 mL (2 c. à soupe) de cognac
30 mL (2 c. à soupe) de Grand
Marnier

CRÊPES

☙ Dans un bol, mélanger le sucre et la farine. Dans un autre bol, battre les œufs et y incorporer le lait, le sel et la vanille. Ajouter les ingrédients secs aux ingrédients liquides. Bien mélanger le tout avec un fouet.

☙ Faire chauffer une poêle à crêpes de 15 cm (6 po) de diamètre et la badigeonner de beurre. Verser environ 25 mL (1½ c. à soupe) de pâte dans la poêle. En penchant et en tournant la poêle, étendre la pâte de manière à couvrir tout le fond de la poêle. Cuire à feu moyen jusqu'à ce que le dessous soit doré. Retourner la crêpe en la soulevant avec un couteau et en la prenant avec le bout des doigts. Poursuivre la cuisson pendant quelques instants. Empiler les crêpes sur une grande assiette placée sur un plat d'eau chaude pour que les crêpes restent molles et chaudes. Recouvrir le plat d'un linge ou d'un bol lorsque les crêpes sont toutes cuites.

SAUCE

☙ Faire fondre le beurre dans un grand poêlon en fonte ou une poêle à frire électrique [régler la température à 200°C (400°F)]. Ajouter le sucre et brasser jusqu'à ce que le sucre fonde et se caramélise légèrement (la préparation doit bouillonner). Ajouter le rhum et le zeste d'orange.

☙ Plier chaque crêpe en quatre, les déposer dans la préparation au rhum et les saupoudrer du sucre. Ajouter un peu de sucre sur le pourtour du poêlon, il se caramélisera pendant que les crêpes réchaufferont. Ajouter alors le cognac et le Grand Marnier et faire chauffer pendant quelques instants. Faire flamber les crêpes en remuant jusqu'à ce que la flamme s'éteigne. Si désiré, ajouter plus de cognac. Servir 3 crêpes par personne.

CRÊPES À L'ORANGE

Ces crêpes peuvent être préparées et cuites plusieurs heures à l'avance. Laissez-les à la température ambiante jusqu'au moment de les réchauffer dans la sauce.

PÂTE À CRÊPES

250 mL (1 tasse) de farine
à pâtisserie
50 mL (¼ tasse) de sucre
2 mL (½ c. à thé) de sel
250 mL (1 tasse) de lait
5 mL (1 c. à thé) de zeste râpé
d'orange
2 œufs, bien battus

SAUCE À L'ORANGE

60 mL (4 c. à soupe) de beurre
125 mL (½ tasse) de sucre à glacer
60 mL (4 c. à soupe) de zeste
d'orange
125 mL (½ tasse) de jus d'orange
30 mL (2 c. à soupe) de cognac

CRÊPES

☙ Tamiser la farine, le sucre et le sel. Ajouter le lait, le zeste d'orange et les œufs. Battre le tout jusqu'à ce que le mélange devienne très léger.

☙ Faire chauffer une poêle à crêpes et la badigeonner de beurre. Verser suffisamment de pâte pour en couvrir le fond. Cuire jusqu'à ce que le dessous soit doré, retourner la crêpe et poursuivre la cuisson jusqu'à ce que la crêpe soit dorée des 2 côtés. Faire cuire ainsi toute la pâte.

SAUCE À L'ORANGE

☙ Défaire le beurre en crème en ajoutant petit à petit le sucre à glacer. Bien mélanger et ajouter le zeste et le jus d'orange. Porter à ébullition et parfumer avec le cognac.

☙ Rouler les crêpes et les déposer dans la sauce à l'orange. Faire chauffer à feu doux, en arrosant les crêpes de la sauce, jusqu'à ce qu'elles en soient bien recouvertes et chaudes.

CRÊPES AUX PETITS FRUITS

☙ Pour vous faciliter la tâche, utilisez un mélange à crêpes au babeurre, au sarrasin ou nature. Ajoutez environ 125 mL (½ tasse) de plus que la quantité de liquide demandée. Vos crêpes seront alors légères et bien meilleures que certaines crêpes épaisses et lourdes.

☙ Si vous possédez une poêle électrique, préparez les crêpes directement sur la table. Disposez le mélange à crêpes et les garnitures (fruits, sirop, beurre) près de la poêle. (Si vous préparez le mélange à crêpes la veille, couvrez-le et gardez-le au réfrigérateur jusqu'au moment de l'utiliser.) En préparant ces crêpes sur la table, elles resteront bien chaudes jusque dans l'assiette de vos convives. Vous pouvez compléter ce petit gueuleton en accompagnant les crêpes de bacon croustillant.

✥ Utilisez des fraises sucrées et tranchées ou des bleuets frais, ou encore des fruits congelés. Pour 750 mL (3 tasses) de pâte préparée, prévoyez 150 à 250 mL (⅔ à 1 tasse) de petits fruits.

✥ Lorsque les crêpes sont cuites, mettez une ou deux cuillerées de fruits au centre de chacune et roulez-les.

✥ Le jus égoutté des fruits congelés sert à préparer le sirop. Faites bouillir le jus avec une égale quantité de sucre et le jus d'un citron pendant 10 minutes. Les crêpes peuvent aussi être servies avec du sirop d'érable.

CRÊPES RUSSES AU SARRASIN

300 mL (1¼ tasse) de lait
5 mL (1 c. à thé) de sucre
125 mL (½ tasse) d'eau tiède
1 sachet de levure sèche active
500 mL (2 tasses) de farine de sarrasin
4 œufs (jaunes et blancs séparés)
5 mL (1 c. à thé) de sel
15 mL (1 c. à soupe) de sucre
10 mL (2 c. à thé) de beurre ou de margarine, ramolli

✥ Faire chauffer le lait et le laisser tiédir. Dissoudre le sucre dans l'eau tiède. Saupoudrer la levure sur l'eau et laisser reposer pendant 10 minutes. Bien brasser.

✥ Mélanger la préparation de levure avec le lait tiède. Ajouter 250 mL (1 tasse) de farine de sarrasin en battant. Couvrir d'un linge propre et laisser lever dans un endroit chaud à l'abri des courants d'air, de 35 à 45 minutes ou jusqu'à ce que la pâte double de volume. Dégonfler avec une cuiller de bois.

✥ Battre les jaunes d'œufs jusqu'à ce qu'ils épaississent et qu'ils soient de couleur jaune citron. Y ajouter, en brassant, le sel et le sucre. Ajouter le mélange de jaunes d'œufs à la pâte. Brasser et ajouter le beurre ramolli. Lorsque tous les ingrédients sont bien mélangés, incorporer le reste de la farine de sarrasin et mélanger.

✥ Battre les blancs d'œufs en neige ferme et les incorporer à la pâte. Couvrir d'un linge propre et laisser lever dans un endroit chaud à l'abri des courants d'air, pendant 25 minutes ou jusqu'à ce que la pâte double de volume.

✥ Faire chauffer une poêle à fond épais et la badigeonner légèrement de graisse végétale ou de margarine. Laisser tomber la pâte par cuillerées dans la poêle. [Les crêpes cuites devraient mesurer environ 8 cm (3 po) de diamètre.] Faire cuire les crêpes jusqu'à ce que des petites bulles d'air se forment à la surface. Retourner et faire dorer l'autre côté. Servir à la russe avec de la crème aigre et du caviar ou encore avec du beurre et de la mélasse.

CRÊPES AUX CHAMPIGNONS

250 g (½ lb) de champignons
45 mL (3 c. à soupe) de beurre
sel et poivre, au goût
1 pincée d'estragon
500 mL (2 tasses) de pâte à crêpes, au choix
45 mL (3 c. à soupe) de beurre
30 mL (2 c. à soupe) de jus de citron

✥ Couper les pieds et les têtes des champignons en fines tranches. Faire fondre le beurre et y faire dorer les champignons à feu vif pendant 2 minutes, en brassant sans arrêt. Retirer du feu. Saler et poivrer. Ajouter l'estragon.

✥ Préparer la pâte à crêpes. Ajouter les champignons cuits. Cuire les crêpes dans une poêle à crêpes légèrement beurrée. Faire de petites crêpes.

✥ Faire chauffer le beurre avec le jus de citron. Servir ce beurre citronné sur les crêpes. Si désiré, parsemer de fromage râpé et faire gratiner au four.

LES BEIGNES

QUELQUES CONSEILS PRATIQUES

Après avoir défait la graisse en crème, il est important d'ajouter le sucre par cuillerées, en brassant vigoureusement après chaque addition. Si le sucre est bien fondu, la pâte sera plus fine et le beigne dorera uniformément.

✥ Il ne faut jamais ajouter la quantité de farine demandée d'un seul coup, car la pâte à beigne doit être aussi molle que possible afin que le beigne soit fin et léger. La meilleure façon de procéder est de diviser la farine en 3 parties. Ajouter d'un seul coup le premier tiers. Ajouter ensuite le second tiers de la même façon. Battre vigoureusement après chaque addition. Ajouter le dernier tiers par petites quantités, en n'utilisant que juste ce qu'il faut pour obtenir une pâte molle.

✥ Pour réussir vos beignes à tout coup, il est préférable de réfrigérer la pâte de 4 à 12 heures avant de l'abaisser. Les pâtes molles et complètement refroidies sont plus faciles à abaisser.

🍂 Abaisser la pâte et tailler les beignes. Disposer les beignes côte à côte et les laisser reposer pendant 15 minutes. Les beignes seront ainsi plus légers.

🍂 Les beignes doivent frire dans un bain d'huile (ou de graisse) chaude. La température de l'huile doit se situer entre 180°C et 190°C (360°F et 375°F). Si l'huile est trop chaude, les beignes ne seront pas cuits à l'intérieur. Si l'huile n'est pas assez chaude, les beignes seront imprégnés du corps gras.

🍂 Utiliser un thermomètre à friture pour vérifier la température de l'huile (ou régler la friteuse électrique à la température suggérée). À défaut de thermomètre à friture, jeter une boulette de pâte dans l'huile chaude. La pâte tombe alors dans le fond de la casserole et doit remonter à la surface presque aussitôt. Si elle reste trop longtemps dans le fond, c'est que l'huile n'est pas assez chaude.

🍂 Il est préférable de ne faire cuire que quelques beignes à la fois pour éviter de trop refroidir l'huile. Si l'huile devient trop froide, les beignes auront alors tendance à se déformer et à absorber l'huile.

🍂 Pour que les beignes soient légers et bien cuits, ils ne doivent commencer à dorer qu'après 3 minutes de cuisson. S'ils commencent à dorer avant, c'est que l'huile est trop chaude. Ne tourner les beignes qu'une seule fois en cours de cuisson, soit lorsqu'ils remontent à la surface.

🍂 Pour être parfaits, les beignes doivent être légers, non graisseux, bien ronds, d'une belle couleur dorée et avoir presque doublé de volume après leur cuisson.

Crêpes aux champignons

BEIGNES

(recette de base)

45 mL (3 c. à soupe) de beurre
250 mL (1 tasse) de sucre
2 œufs, battus
925 mL (3¾ tasses) de farine
20 mL (4 c. à thé) de levure chimique
2 mL (½ c. à thé) de sel
175 mL (¾ tasse) de lait
5 mL (1 c. à thé) de vanille

🍂 Défaire le beurre en crème. Ajouter le sucre, 15 mL (1 c. à soupe) à la fois, en alternant avec 15 mL (1 c. à soupe) des œufs battus. Battre jusqu'à ce que le mélange ait l'apparence d'une crème légère.

🍂 Tamiser la farine avec la levure chimique et le sel. Diviser en 3 parties.

🍂 Mélanger le lait et la vanille. Ajouter au mélange de beurre et de sucre, en alternant avec les ingrédients secs. Ajouter juste ce qu'il faut de farine pour obtenir une pâte assez molle. Couvrir et réfrigérer la pâte de 4 à 12 heures.

🍂 Diviser la pâte en 3 morceaux. Abaisser un morceau à la fois. Garder les autres morceaux au réfrigérateur.

🍂 Abaisser la pâte jusqu'à 0,85 cm (⅓ po) d'épaisseur sur une planche à pâtisserie légèrement farinée. Tailler les beignes et les laisser reposer 15 minutes avant de les faire cuire.

🍂 Chauffer l'huile ou la graisse de votre choix jusqu'à ce que le thermomètre à friture indique entre 180°C et 190°C (360°F et 375°F) ou régler la température de la friteuse entre 180°C et 190°C (360°F et 375°F). Il faut au moins 8 cm (3 po) d'huile ou de graisse fondue dans le fond de la casserole.

🍂 Déposer les beignes, un à la fois, dans l'huile chaude, en les espaçant bien les uns des autres.

🐟 Bien égoutter les beignes cuits sur un papier essuie-tout pour enlever l'excédent de gras.

🐟 Laisser refroidir et enrober les beignes de sucre à glacer ou de sucre superfin.

VARIANTES

BEIGNES À L'ORANGE

🐟 Ajouter 5 mL (1 c. à thé) de macis aux ingrédients secs et 15 mL (1 c. à soupe) de zeste d'orange au lait.

BEIGNES AUX ÉPICES

🐟 Ajouter 2 mL (½ c. à thé) de muscade et 1 mL (¼ c. à thé) de cannelle aux ingrédients secs.

BEIGNES AU LAIT AIGRE

🐟 Utiliser 10 mL (2 c. à thé) de levure chimique plutôt que les 20 mL (4 c. à thé) demandés et ajouter 2 mL (½ c. à thé) de bicarbonate de soude. Remplacer le lait frais par du lait aigre. Aromatiser avec 3 mL (¾ c. à thé) de muscade.

BEIGNES AU MIEL

PÂTE À BEIGNES

3 œufs
250 mL (1 tasse) de sucre
30 mL (2 c. à soupe) de beurre mou
925 mL (3¾ tasses) de farine
10 mL (2 c. à thé) de levure chimique
5 mL (1 c. à thé) de bicarbonate de soude
5 mL (1 c. à thé) de sel
3 mL (¾ c. à thé) de muscade
150 mL (⅔ tasse) de lait aigre

SIROP AU MIEL

250 mL (1 tasse) de sucre
250 mL (1 tasse) de miel
250 mL (1 tasse) d'eau
5 mL (1 c. à thé) de jus de citron

BEIGNES

🐟 Battre les œufs avec le sucre jusqu'à ce que le mélange soit légèrement mousseux. Ajouter le beurre et continuer de battre pendant quelques minutes.

🐟 Tamiser la farine avec la levure chimique, le bicarbonate de soude, le sel et la muscade.

🐟 Ajouter le lait aigre par petites quantités au mélange d'œufs. Y ajouter ensuite graduellement les ingrédients secs et brasser pour bien mélanger le tout. La pâte sera plutôt molle.

🐟 Couvrir et réfrigérer de 3 à 12 heures.

🐟 Cuire de la même manière que les beignes ordinaires [voir ci-dessus, *Beignes* (recette de base)]. Tremper les beignes dans le sirop au miel pendant qu'ils sont encore chauds.

SIROP AU MIEL

🐟 Dans une casserole, faire bouillir le sucre avec le miel et l'eau pendant environ 5 minutes, en prenant soin de ne pas laisser cristalliser le sucre sur le pourtour de la casserole. Couvrir la casserole pendant les 2 premières minutes de cuisson.

🐟 Retirer du feu et ajouter le jus de citron. Tout juste brasser et placer la casserole dans un plat d'eau bouillante.

🐟 Tremper chaque beigne dans le sirop chaud. Étendre du papier brun ou du papier ciré sur le comptoir et placer une grille sur le papier. Égoutter et laisser refroidir les beignes sur la grille.

BEIGNETS AUX FRUITS

375 mL (1½ tasse) de farine
30 mL (2 c. à soupe) de sucre
125 mL (½ tasse) d'eau tiède
30 mL (2 c. à soupe) de beurre, fondu
50 mL (¼ tasse) de cognac
1 pincée de sel
2 œufs (jaunes et blancs séparés)
fruits, au goût

🐟 Mélanger la farine et le sucre. Ajouter l'eau tiède et le beurre fondu petit à petit jusqu'à ce que la pâte soit lisse (ceci peut prendre un peu moins ou un peu plus d'eau que la quantité indiquée ci-dessus).

🐟 Ajouter le cognac, le sel et les jaunes d'œufs battus. La pâte doit maintenant avoir la consistance d'une crème épaisse. Battre les blancs d'œufs en neige et les incorporer à la pâte.

🐟 Peler et trancher des fruits frais (ou les couper en cubes), ou encore utiliser des fruits en boîte bien égouttés. Ajouter les fruits à la pâte et bien remuer pour bien les enrober.

🐟 Laisser tomber les beignets dans l'huile chaude jusqu'à ce qu'ils soient bien dorés. Égoutter sur un papier absorbant. Servir chauds avec du sirop d'érable ou encore du beurre fondu, du miel et du jus de citron.

PÂTE À BEIGNETS CLASSIQUE

2 œufs (jaunes et blancs séparés)
150 mL (⅔ tasse) de lait
15 mL (1 c. à soupe) de jus de citron

15 mL (1 c. à soupe) de beurre, fondu
250 mL (1 tasse) de farine
2 mL (½ c. à thé) de sel

🌢 Battre les jaunes d'œufs jusqu'à ce qu'ils soient légers et mousseux. Ajouter le lait, le jus de citron et le beurre fondu. Bien mélanger.

🌢 Tamiser la farine et le sel dans le mélange de jaunes œufs. Brasser jusqu'à ce que les ingrédients soient mélangés, sans plus.

🌢 Battre les blancs d'œufs en neige et les incorporer à la préparation de farine et de jaunes d'œufs. Utiliser pour préparer des beignets aux légumes ou aux fruits.

BEIGNETS AUX BANANES

4 bananes
50 mL (¼ tasse) de sucre à glacer
30 mL (2 c. à soupe) de rhum
ou 30 mL (2 c. à soupe) de jus de citron
pâte à beignets, au choix

🌢 Peler et couper les bananes en deux dans le sens de la longueur, puis couper chaque moitié en deux. Mettre les morceaux de bananes dans un plat, les saupoudrer du sucre à glacer et les arroser du rhum. Couvrir et laisser reposer pendant 30 minutes, en retournant les bananes plusieurs fois.

🌢 Enrober chaque morceau de banane de la pâte à beignets et faire cuire en grande friture à 190°C (375°F).

Pets-de-nonne

PETS-DE-NONNE

250 mL (1 tasse) d'eau
125 mL (½ tasse) de beurre
2 mL (½ c. à thé) de sel
5 mL (1 c. à thé) de sucre
250 mL (1 tasse) de farine
4 œufs entiers
2 blancs d'œufs

🌢 Dans une casserole, porter l'eau à ébullition avec le beurre, le sel et le sucre. Retirer du feu lorsque le beurre est fondu et que l'eau bout à gros bouillons.

🌢 Ajouter la farine d'un seul coup et brasser vivement jusqu'à ce que la préparation forme une boule. Remettre la casserole à feu doux et brasser de 1 à 2 minutes.

🌢 Retirer du feu et ajouter les œufs un à un, en battant vigoureusement après chaque addition. Aromatiser avec de la vanille, du jus de citron, du rhum ou du cognac. Incorporer les blancs d'œufs battus en neige.

🌢 Remplir une cuiller à soupe de pâte et, à l'aide d'un couteau, faire glisser la moitié dans l'huile chaude 190°C (370°F), puis laisser tomber l'autre moitié. Faire cuire ainsi le reste de la pâte.

🌢 Servir les pets-de-nonne chauds, saupoudrés de sucre à glacer ou avec une sauce frangipane (voir page 570).

❦ TECHNIQUE ❦

Pets-de-nonne

1 Porter l'eau à ébullition avec le beurre, le sel et le sucre.

2 Retirer du feu. Ajouter la farine d'un seul coup et brasser vivement. Remettre à feu doux et brasser de 1 à 2 minutes.

3 Retirer du feu et ajouter les œufs un à un, en battant vigoureusement après chaque addition.

4 Incorporer les blancs d'œufs battus en neige.

MARINADES
ET CONDIMENTS

LA PRÉPARATION DES MARINADES

USTENSILES

Saler les marinades dans un pot de grès ou de verre.

🍃 Utiliser des ustensiles en fonte émaillée, en verre ou en acier inoxydable pour la cuisson. Remuer les marinades avec une cuiller de bois ou d'acier inoxydable.

🍃 Conserver les marinades dans des pots de verre munis de couvercles en verre de préférence.

🍃 Utiliser une balance de cuisine pour peser le gros sel. En effet, il est préférable de peser le gros sel plutôt que de le mesurer afin d'obtenir une saumure parfaite.

INGRÉDIENTS

Choisir des légumes de qualité. Il est préférable d'utiliser les tomates et les concombres très frais. Par contre les fruits ne doivent pas être tout à fait mûrs.

🍃 Laver les fruits et les légumes avec soin. Toujours couper les aliments en morceaux de même dimension pour permettre au liquide de la marinade de se répartir uniformément.

🍃 Utiliser des vinaigres de bonne qualité. Les vinaigres de vin sont les meilleurs parce qu'ils ne s'altèrent jamais. L'acidité du vinaigre doit être de 4 à 6 % (bien lire les étiquettes sur les contenants). Le vinaigre de cidre convient parfaitement à certaines marinades, car il leur donne une fine saveur. Par contre, il est préférable d'utiliser le vinaigre blanc pour les marinades de choux-fleurs et les marinades d'oignons afin de ne pas en altérer la couleur.

🍃 À moins d'indication contraire, il est préférable d'utiliser des épices entières (enveloppées lâchement dans une toile à fromage, lorsqu'elles sont cuites avec les légumes).

🍃 L'eau douce fait de plus belles marinades. Si l'eau est dure, la faire bouillir, laisser refroidir et la filtrer à travers plusieurs épaisseurs de linge fin.

🍃 La poudre d'alun est un sulfate qu'on utilise pour rendre les légumes croustillants. Elle peut toutefois altérer le goût des légumes et les rendre amers. C'est pourquoi il vaut mieux éviter de l'utiliser.

SAUMURE

Préparer la saumure avec du gros sel et de l'eau. Ajouter du sel à la quantité d'eau nécessaire pour bien couvrir les légumes à mariner. Lorsqu'un œuf frais, plongé dans la préparation, remonte à la surface, c'est que le dosage de la saumure est parfait.

🍃 Les légumes qui trempent dans la saumure deviennent poreux, ce qui leur permet ensuite d'absorber plus facilement le sucre, le vinaigre et les aromates.

🍃 Certains légumes, tels que le maïs, le chou-fleur et les petits pois, ne doivent pas fermenter dans la saumure. Le dosage de cette dernière sera donc de 125 mL (½ tasse) de gros sel pour 2 litres d'eau.

🍃 Toujours recouvrir la saumure et les légumes d'une assiette et d'un poids. Laisser tremper pendant 24 heures dans un endroit frais. Bien égoutter.

🍃 Il faut 5 mL (1 c. à thé) de sel pour 1 L (4 tasses) de légumes et 10 mL (2 c. à thé) de sel pour 1 L (4 tasses) de viande.

🍃 Il arrive que les choux-fleurs changent de couleur si le vinaigre a moins de 4 à 6 % d'acidité, si la saumure est trop faible, ou encore si elle est faite avec du sel fin ou de l'eau dure. Si le vinaigre de la marinade devient blanc laiteux lorsqu'il est versé, c'est que la saumure a été préparée avec du sel fin, lequel contient des féculents qui adhèrent aux légumes.

KETCHUP

Le ketchup surit lorsque les tomates utilisées ne sont pas assez mûres, ou que la préparation ne contient pas assez de sel ou de vinaigre.

🍃 Pour 4,5 kg (10 lb) de tomates, il faut compter 30 mL (2 c. à soupe) de sel, 250 mL (1 tasse) de vinaigre, 125 mL (½ tasse) de sucre. Il faut aussi faire bouillir la pulpe des tomates avec 2 ou 3 oignons et 3 ou 4 poivrons verts avant d'ajouter les épices, le sel et le vinaigre.

STÉRILISATION

On peut stériliser les conserves au four plutôt que dans l'eau bouillante, mais c'est une opération plus longue et qui n'est efficace que s'il s'agit de fruits. Dans ce cas, il faut d'abord fermer les pots complètement, puis les ouvrir de 0,6 cm (¼ po). Placer ensuite les pots dans un plat de 8 cm (3 po) de hauteur, en laissant 5 cm (2 po) de distance entre chacun. Verser de l'eau chaude dans le plat et le placer au centre du four chauffé à 140°C (275°F). Ne pas faire varier la température et respecter le temps de stérilisation.

🍃 Les petits fruits sont stérilisés après 20 minutes à l'eau bouillante, ou après 55 minutes au four.

🍃 Les pêches, 25 minutes à l'eau bouillante, 1 heure au four.

La rhubarbe, 16 minutes à l'eau bouillante, 50 minutes au four.

Les pommes, 20 minutes à l'eau bouillante et 55 minutes au four.

Ces temps de stérilisation s'appliquent pour les bocaux d'une capacité de 1 L (4 tasses) et de 500 mL (2 tasses).

CHUTNEY

24 tomates mûres, pelées et coupées en tranches
4 poivrons verts, nettoyés
12 pêches, pelées et coupés en tranches
4 oignons, pelés et coupés en tranches
250 g (½ lb) de raisins secs, épépinés
250 mL (1 tasse) de gingembre dans le sirop
1 L (4 tasses) de cassonade
15 mL (1 c. à soupe) de gros sel

Mélanger dans une casserole tous les ingrédients. Porter à ébullition et laisser cuire doucement, en remuant souvent, pendant environ 3 heures ou jusqu'à ce que le chutney soit épais. Verser dans des bocaux stérilisés. Sceller.

CHUTNEY AUX GROSEILLES

La consistance de ce chutney est celle d'un ketchup clair. Ajouté à la vinaigrette pour les salades de poissons et de crustacés, il est délicieux.

900 g (2 lb) de groseilles vertes
500 g (1 lb) d'oignons rouges
1 boîte de raisins secs
250 mL (1 tasse) de cassonade foncée

Chutney

15 mL (1 c. à soupe) de moutarde en poudre
15 mL (1 c. à soupe) de gingembre
30 mL (2 c. à soupe) de gros sel
1 mL (¼ c. à thé) de cayenne
5 mL (1 c. à thé) de curcuma
500 mL (2 tasse) de vinaigre de cidre

Laver et nettoyer les groseilles. Peler les oignons et les couper en tranches. Au robot culinaire, hacher les groseilles, les oignons et les raisins, en prenant soin de mettre de côté le jus qui s'égoutte. Mettre le tout dans une casserole.

Ajouter la cassonade, la moutarde, le gingembre, le gros sel, le cayenne et le curcuma. Bien mélanger et ajouter le vinaigre. Porter à ébullition à feu doux. Laisser mijoter pendant 45 minutes ou jusqu'à ce que le tout soit épais.

Verser dans un tamis fin et passer en pressant avec le dos d'une cuiller de bois. Verser le chutney dans des pots stérilisés. Sceller.

CHUTNEY AUX PRUNES BLEUES

2,5 kg (6 lb) de prunes bleues (Damson)
900 g (2 lb) d'oignons jaunes
2 kg (4 lb) de pommes
750 mL (3 tasses) de vinaigre blanc
900 g (2 lb) de sucre
900 g (2 lb) de cassonade foncée
15 mL (1 c. à soupe) de piment de la Jamaïque moulu
15 mL (1 c. à soupe) de clous de girofle moulus
15 mL (1 c. à soupe) de gingembre
45 mL (3 c. à soupe) de gros sel
5 mL (1 c. à thé) de cayenne

🐌 Laver les prunes, les couper en deux et les dénoyauter. Peler les oignons et les couper en tranches minces. Peler et râper les pommes. Enlever les coeurs.

🐌 Dans une casserole, mélanger les prunes, les oignons et les pommes avec le vinaigre. Porter à ébullition en remuant constamment.

🐌 Ajouter le reste des ingrédients. Porter à nouveau à ébullition, puis laisser mijoter à découvert pendant 1½ heure. Verser le chutney dans des bocaux stérilisés. Sceller.

CHUTNEY AUX ABRICOTS

900 g (2 lb) d'abricots séchés
750 g (1½ lb) de cassonade
10 mL (2 c. à thé) de coriandre
2 oignons, coupés en tranches minces
5 gousses d'ail, émincées
30 mL (2 c. à soupe) de gros sel
10 mL (2 c. à thé) de gingembre râpé
250 mL (1 tasse) de raisins blancs secs
500 mL (2 tasses) de vinaigre de cidre ou de vin blanc

🐌 Faire tremper les abricots dans de l'eau froide pendant 8 heures. Bien égoutter.

🐌 Mettre les abricots dans une casserole de fonte émaillée avec le reste des ingrédients. Bien mélanger.

🐌 Faire cuire à feu doux de 40 à 60 minutes ou jusqu'à ce que le mélange ressemble à de la confiture. Remuer souvent pendant la cuisson. Verser le chutney dans des bocaux stérilisés. Sceller.

CHUTNEY AU MELON

1 gros cantaloup pas trop mûr
4 poivrons verts
1,2 L (5 tasses) de vinaigre de cidre
500 g (1 lb) de cassonade pâle
15 mL (1 c. à soupe) de piment de la Jamaïque entier
5 mL (1 c. à thé) de cayenne
30 mL (2 c. à soupe) de gros sel
500 mL (2 tasses) de raisins secs
250 g (½ lb) d'abricots séchés
250 g (8 oz) de gingembre confit
3 gousses d'ail, émincées

🐌 Peler et épépiner le cantaloup. Couper en carrés de 2,5 cm (1 po). Nettoyer les poivrons verts et les émincer.

🐌 Porter à ébullition 1 L (4 tasses) du vinaigre et la cassonade. Envelopper le piment de la Jamaïque dans une toile à fromage et le jeter dans le sirop. Ajouter le cayenne et le gros sel. Faire bouillir pendant 15 minutes.

🐌 Ajouter les poivrons verts, les raisins secs, les abricots coupés en quatre, le gingembre et l'ail. Faire bouillir pendant 30 minutes.

🐌 Ajouter les morceaux de cantaloup et faire bouillir pendant 45 minutes. Après 15 minutes de cuisson, ajouter les 250 mL (1 tasse) de vinaigre qui restent. Poursuivre la cuisson en surveillant de près la préparation afin d'éviter qu'elle ne colle. Verser le chutney dans des bocaux stérilisés.

CHUTNEY AUX ANANAS

1 ananas de 1,4 kg (3 lb)
750 mL (3 tasses) de vinaigre de cidre

750 mL (3 tasses) de sucre
7 mL (1½ c. à thé) de piments forts, écrasés
3 gousses d'ail, émincées
30 mL (2 c. à soupe) de gingembre fraîchement râpé
15 mL (1 c. à soupe) de gros sel
250 g (½ lb) de raisins secs sans pépins
250 g (½ lb) d'amandes blanchies

🐌 Peler l'ananas et le couper en dés.

🐌 Faire un sirop avec le vinaigre et le sucre. Ajouter l'ananas et le reste des ingrédients. Bien mélanger.

🐌 Faire mijoter pendant 2 heures, en remuant souvent, ou jusqu'à ce que le tout soit assez épais. Verser le chutney dans des bocaux stérilisés. Sceller.

CHUTNEY AUX DATTES

900 g (2 lb) de dattes dénoyautées
500 g (1 lb) d'oignons, pelés et coupés en quatre
5 mL (1 c. à thé) de gingembre moulu
2 mL (½ c. à thé) de cayenne
30 mL (2 c. à soupe) de gros sel
25 mL (1½ c. à soupe) de piment de la Jamaïque
5 mL (1 c. à thé) de poivre en grains
30 mL (2 c. à soupe) de graines de moutarde
500 mL (2 tasses) de vinaigre de cidre
500 mL (2 tasses) de sucre

🐌 Hacher les dattes avec les oignons. Les mettre dans une casserole de fonte émaillée. Envelopper dans une toile à fromage le gingembre, le cayenne, le gros sel, le piment de la Jamaïque, le poivre et les graines de moutarde. Nouer avec une ficelle pour former un petit sac. Ajouter aux dattes avec 250 mL (1 tasse) du vinaigre. Faire mijoter en remuant souvent jusqu'à ce que le mélange épaississe.

🍂 Mettre le sucre dans un moule à tarte et faire chauffer au four à 150°C (300°F) pendant 20 minutes. Ajouter aux dattes avec le reste du vinaigre. Continuer à faire cuire jusqu'à ce que le mélange épaississe à nouveau. Remuer souvent pour empêcher la préparation de coller. Retirer le sac d'épices et verser le chutney dans des pots stérilisés. Sceller.

MARINADE DE FRUITS D'ÉTÉ

4 poires
4 pêches
4 tomates mûres
1 oignon
1 poivron vert
125 mL (½ tasse) de sucre
375 mL (1½ tasse) de vinaigre de cidre
10 mL (2 c. à thé) de sel
1 mL (¼ c. à thé) de cayenne
1 pincée de cannelle moulue
1 pincée de clous de girofle moulus

🍂 Laver et peler les fruits, les tomates et l'oignon. Enlever le coeur des poires et les noyaux des pêches.
🍂 Enlever les graines et les parties filandreuses du poivron. Couper les fruits et les légumes au robot culinaire.
🍂 Mélanger avec le reste des ingrédients. Porter à ébullition et laisser mijoter, en remuant souvent, pendant environ 1½ heure

ou jusqu'à ce que la marinade soit épaisse. Verser la marinade dans des bocaux chauds. Sceller.

MARINADE DE CANTALOUPS

5 cantaloups pas trop mûrs
1 L (4 tasses) d'eau froide
50 mL (¼ tasse) de gros sel
1,8 L (7 tasses) de sucre
500 mL (2 tasses) de vinaigre blanc
2 clous de girofle entiers
1 bâton de cannelle

🍂 Couper chaque cantaloup en 8 quartiers. Épépiner et peler tout en laissant un peu du vert se trouvant sous l'écorce. Tailler chaque quartier en morceaux triangulaires. Préparer une saumure avec l'eau froide et le gros sel, et la verser sur les morceaux de cantaloup. Laisser reposer pendant 2 heures. Égoutter et bien rincer à l'eau froide.

🍂 Mettre les morceaux de cantaloup dans une grande casserole. Recouvrir d'eau froide. Porter à ébullition, puis laisser mijoter pendant environ 15 minutes ou jusqu'à ce que les morceaux de cantaloup soient tendres sans être trop mous. Égoutter.
🍂 Faire un sirop avec le sucre, le vinaigre, les clous de girofle et la cannelle. Porter à forte ébullition et verser sur les morceaux de cantaloup. Laisser reposer pendant 12 heures.
🍂 Le lendemain, porter à ébullition le sirop et les morceaux de cantaloup. Retirer du feu. Verser la marinade dans des bocaux stérilisés. Sceller.

POIRES MARINÉES

750 à 900 g (1½ à 2 lb) de poires soit 7 ou 8 petites poires
1 L (4 tasses) d'eau froide
jus d'un citron

Poires marinées

1 L (4 tasses) de sucre
500 mL (2 tasses) de vinaigre
de cidre
2 bâtons de cannelle
30 mL (2 c. à soupe) de clous
de girofle entiers

🌿 Laver les poires et les peler soigneusement. Une fois pelées, les mettre dans l'eau froide additionnée du jus de citron.

🌿 Couper les poires en deux dans le sens de la longueur, enlever le cœur et remettre dans l'eau acidulée.

🌿 Faire un sirop avec le sucre, le vinaigre, les bâtons de cannelle et les clous de girofle. Porter à ébullition et faire bouillir pendant 20 minutes. Cette quantité de sirop est suffisante pour 3 L (12 tasses).

🌿 Stériliser les bocaux et les garder à portée de la main.

🌿 Ajouter les poires au sirop bouillant. Laisser mijoter de 5 à 10 minutes ou jusqu'à ce que les poires soient tendres. Les retirer du sirop et les mettre dans les bocaux. Recouvrir de sirop jusqu'à 1 cm (½ po) du bord. Mettre un morceau de bâton de cannelle dans chaque pot. Avant de fermer, passer la lame d'un couteau autour de la paroi intérieure du bocal pour enlever les bulles d'air. Essuyer le tour du bocal et bien sceller. Renverser les bocaux sur une serviette pliée et les laisser refroidir ainsi.

PRUNES ÉPICÉES

1,8 kg (4 lb) de prunes
900 g (2 lb) de sucre
500 mL (2 tasses) de vinaigre
3 bâtons de cannelle

6 clous de girofle entiers
2 mL (½ c. à thé) de sel

🌿 Laver les prunes, les couper en deux et les dénoyauter.

🌿 Mélanger le reste des ingrédients dans une grande casserole et porter à ébullition. Réduire la chaleur et faire cuire doucement pendant 3 minutes. Ajouter les prunes et faire cuire lentement pendant environ 5 minutes. Mettre les prunes dans des bocaux d'une capacité de 1 L (4 tasses). Porter le sirop à ébullition et le verser sur les fruits pour remplir les contenants. Sceller.

POMMETTES MARINÉES

🌿 Pour 1 L (4 tasses), il faut compter 900 g (2 lb) de pommettes (crab apples). Les laver sans les peler et sans enlever les queues. Suivre les indications données pour les poires marinées (voir page précédente) et ajouter au sirop 5 mL (1 c. à thé) de clous de girofle. Mettre dans des pots stérilisés en suivant la méthode décrite pour les poires.

POIRES AU PORTO

250 mL (1 tasse) de miel
175 mL (¾ tasse) de vinaigre
de vin
10 clous de girofle
1 bâton de cannelle
175 mL (¾ tasse) de porto
8 à 10 petites poires

🌿 Porter à ébullition le miel, le vinaigre, les clous de girofle et la cannelle. Laisser bouillir pendant

5 minutes. Retirer du feu et ajouter le porto.

🌿 Couper les poires en deux dans le sens de la longueur, et enlever les cœurs.

🌿 Ajouter les poires au sirop. Porter à ébullition et laisser mijoter pendant 15 minutes ou jusqu'à ce que les poires soient tendres.

🌿 Mettre dans des bocaux et sceller. Entreposer dans un endroit frais.

ABRICOTS MARINÉS

🌿 Pour 1 L (4 tasses) d'eau, il faut compter environ 26 abricots, soit l'équivalent de 900 g (2 lb). Frotter les fruits avec un linge humide. Ne pas les peler et les couper en deux. Préparer les abricots en suivant les indications données pour les poires marinées (voir page précédente).

PÊCHES MARINÉES

🌿 Pour 1 L (4 tasses) d'eau, il faut compter 6 petites pêches, soit l'équivalent de 750 g (1½ lb).

🌿 Pour peler les pêches, les ébouillanter et les laisser tremper pendant 1 minute. Égoutter et plonger dans l'eau froide.

🌿 Pour éviter qu'elles ne se tachent une fois pelées, placer les pêches dans une saumure préparée en mélangeant 10 mL (2 c. à thé) de sel dans 1 L (4 tasses) d'eau froide. Rincer les pêches avant de les utiliser.

🌿 Préparer ensuite comme les poires marinées (voir page précédente).

CITROUILLE MARINÉE

2,7 kg (6 lb) de citrouille
2,3 kg (5 lb) de sucre
500 mL (2 tasses) de vinaigre
blanc
30 mL (2 c. à soupe) de clous
de girofle entiers
6 bâtons de cannelle

❧ Peler et épépiner la citrouille. Couper en tranches minces. Couvrir avec le sucre et laisser reposer toute la nuit.

❧ Le lendemain, ajouter le vinaigre, les clous de girofle et la cannelle à la préparation de citrouille. Faire cuire le tout à feu moyen jusqu'à ce que la préparation épaississe, environ 1 à 1¼ heure. Mettre dans 6 bocaux stérilisés d'une capacité de 500 mL (2 tasses) et verser le reste du sirop sur la citrouille. Sceller.

MARINADE DE CHOUX-FLEURS ET D'OIGNONS

4 choux-fleurs moyens
250 mL (1 tasse) de gros sel
4 L (16 tasses) de petits oignons
pour marinades
1 L (4 tasses) d'eau froide
125 mL (½ tasse) de gros sel
50 mL (¼ tasse) d'épices pour
marinades
500 mL (2 tasses) de sucre
2 L (8 tasses) de vinaigre

❧ Nettoyer les choux-fleurs, les défaire en petits bouquets et les saupoudrer de 250 mL (1 tasse) de gros sel. Laisser reposer pendant 12 heures. Égoutter et rincer à l'eau froide.

❧ Ébouillanter les oignons.

Marinade de choux-fleurs et d'oignons

Laisser tremper pendant 2 minutes. Égoutter et recouvrir d'eau froide. Peler. Faire une saumure avec 1 L (4 tasses) d'eau froide et 125 mL (½ tasse) de gros sel. Y laisser tremper les oignons pendant 12 heures. Égoutter et rincer à l'eau froide.

❧ Envelopper les épices pour marinades dans une toile à fromage et les mettre dans une casserole avec le sucre et le vinaigre. Remuer à feu doux jusqu'à ébullition. Ajouter les oignons et les choux-fleurs. Porter à ébullition. Retirer du feu. Mettre la marinade dans des bocaux stérilisés. Sceller.

MARINADE DE POIVRONS ET DE TOMATES

12 poivrons verts
12 poivrons rouges
12 oignons

12 tomates vertes, coupées
en quatre
750 mL (3 tasses) de vinaigre
blanc
750 mL (3 tasses) de sucre
45 mL (3 c. à soupe) de gros sel

❧ Nettoyer les poivrons et les couper en deux dans le sens de la longueur. Épépiner et enlever les membranes molles.

❧ Verser assez d'eau bouillante sur les poivrons et les oignons mélangés pour bien les recouvrir. Laisser reposer pendant 5 minutes. Bien égoutter et ajouter les tomates vertes.

❧ Au robot culinaire, couper les poivrons verts et rouges, les oignons et les tomates vertes.

❧ Porter à ébullition le vinaigre, le sucre et le sel. Ajouter les légumes et faire bouillir le tout pendant 10 minutes ou jusqu'à ce que la préparation ait une belle consistance. Verser la marinade dans des pots chauds. Sceller.

Marinade de concombres

MARINADE DE TOMATES VERTES

3,4 kg (7½ lb) de tomates vertes
5 oignons jaunes
125 mL (½ tasse) de gros sel
500 mL (2 tasses) de sucre
500 mL (2 tasses) de vinaigre blanc
15 mL (1 c. à soupe) de graines de moutarde
5 mL (1 c. à thé) de graines de céleri
5 mL (1 c. à thé) de poivre en grains
5 mL (1 c. à thé) de gingembre
5 mL (1 c. à thé) de curcuma

✦ Laver les tomates et les couper. Trancher les oignons en rondelles et les séparer en anneaux. Mélanger les tomates et les oignons et les saupoudrer avec le gros sel. Laisser tremper pendant 1 heure. Rincer à l'eau froide et bien égoutter.

✦ Pendant ce temps, mettre dans une casserole le reste des ingrédients et 5 mL (1 c. à thé) de sel. Laisser mijoter à feu doux, jusqu'à ce que le sucre soit dissous. Ajouter les tomates et les oignons égouttés. Porter à ébullition, puis retirer immédiatement du feu.

✦ Verser les légumes dans des bocaux stérilisés. Bien recouvrir de sirop chaud. Passer la lame d'un couteau autour de la paroi intérieure des bocaux pour enlever les bulles d'air. Sceller.

MARINADE DE CONCOMBRES JAUNES

12 gros concombres jaunes
125 mL (½ tasse) de gros sel
4 L (16 tasses) d'eau froide
1 L (4 tasses) de vinaigre
900 g (2 lb) de sucre
45 mL (3 c. à soupe) d'épices pour marinades

✦ Peler les concombres. Les couper en deux dans le sens de la longueur. Enlever les graines et la pulpe molle de l'intérieur. Puis couper chaque moitié en quatre bâtonnets.

✦ Faire une saumure avec le gros sel et l'eau froide. Y faire tremper les concombres pendant 2 jours. Bien les égoutter.

✦ Faire un sirop avec le vinaigre et le sucre. Ajouter les épices pour marinades enveloppées dans une toile à fromage. Lorsque le sirop bout fortement, ajouter les bâtonnets de concombres bien égouttés et les faire cuire, à feu moyen, jusqu'à ce qu'ils soient transparents, soit environ 1 heure.

✦ Disposer les concombres debout les uns à côté des autres dans des bocaux stérilisés d'une capacité de 500 mL (2 tasses). Recouvrir de sirop bouillant. Sceller.

MARINADE DE CONCOMBRES

6 gros concombres
4 gros oignons
50 mL (¼ tasse) de gros sel
500 mL (2 tasses) de vinaigre
175 mL (¾ tasse) de sucre
5 mL (1 c. à thé) de graines de céleri
5 mL (1 c. à thé) de graines de moutarde

✦ Laver les concombres et les couper en tranches minces sans les peler. Peler les oignons et les couper en rondelles minces. séparer les rondelles en anneaux. Mettre les concombres et les oignons dans un grand plat de faïence ou de verre (ne pas utiliser un plat de métal). Saupoudrer avec le gros sel. Mélanger et laisser reposer pendant 2 heures.

❧ Faire chauffer le vinaigre avec le sucre, les graines de céleri et les graines de moutarde. Faire bouillir pendant 3 minutes.

❧ Rincer à l'eau froide et bien égoutter les légumes. Remplir des bocaux d'une capacité de 500 mL (2 tasses) de concombres et d'oignons mélangés. Verser dans chaque bocal autant de vinaigre chaud qu'il faut pour bien recouvrir les légumes. Fermer hermétiquement et entreposer dans un endroit frais.

CONCOMBRES CROUSTILLANTS

8 concombres moyens
30 mL (2 c. à soupe) de sel
6 oignons moyens
1 L (4 tasses) de vinaigre
5 mL (1 c. à thé) de moutarde en poudre
10 mL (2 c. à thé) de graines de moutarde
10 mL (2 c. à thé) de graines de céleri
2 mL (½ c. à thé) de curcuma
500 mL (2 tasses) de sucre

❧ Laver les concombres et les couper en tranches minces. Il en faut 4 L (16 tasses). Couvrir avec le sel et de la glace concassée. Laisser reposer pendant environ 3 heures, puis bien égoutter. Pendant ce temps, peler les oignons et les couper en tranches très minces. Les ajouter aux concombres avec le reste des ingrédients et porter juste à ébullition. Retirer du feu.

❧ Répartir les légumes dans 6 ou 7 bocaux stérilisés et les recouvrir de la préparation de vinaigre en remplissant les bocaux jusqu'au bord. Bien sceller.

CONCOMBRES SUCRÉS À L'ANCIENNE

4 L (16 tasses) de concombres coupés en morceaux de 2,5 cm (1 po)
375 mL (1½ tasse) de sel
4 L (16 tasses) d'eau
2,5 L (9 tasses) de vinaigre de cidre
1,2 L (5 tasses) de sucre
30 mL (2 c. à soupe) d'épices pour marinades

❧ Mettre les morceaux de concombres non pelés dans un pot de grès ou un plat en faïence. Faire dissoudre le sel dans l'eau et verser la saumure sur les concombres. Placer une assiette avec un poids sur le pot afin que les concombres restent bien couverts et laisser tremper pendant 36 heures. Égoutter. Verser 1 L (4 tasses) du vinaigre sur les concombres et ajouter assez d'eau pour les recouvrir. Porter à ébullition et laisser mijoter pendant 10 minutes. Égoutter.

❧ Mélanger 500 mL (2 tasses) de sucre avec 750 mL (3 tasses) d'eau et le reste du vinaigre. Ajouter les épices enveloppées dans une toile à fromage. Porter à ébullition et laisser mijoter pendant 10 minutes. Retirer les épices et verser le vinaigre épicé sur les concombres. Laisser reposer pendant 24 heures. Égoutter le liquide dans une marmite et ajouter le reste du sucre.

❧ Porter à ébullition, puis verser sur les concombres et laisser reposer pendant 24 heures. Répartir les concombres dans des bocaux chauds. Porter le sirop à ébullition et le verser bouillant sur les concombres pour les recouvrir. Sceller.

CORNICHONS SUCRÉS

12 grains de piment de la Jamaïque
12 grains de poivre
3 bâtons de cannelle
1 morceau de racine de gingembre
24 clous de girofle
2 L (8 tasses) de vinaigre
500 mL (2 tasses) d'eau
500 mL (2 tasses) de cassonade
100 petits concombres pour marinades

❧ Envelopper les épices dans une toile à fromage. Mélanger le vinaigre, l'eau et la cassonade. Ajouter les concombres et les épices.

❧ Mettre à feu moyen jusqu'à ébullition. Laisser cuire à feu très doux pendant 3 heures ou jusqu'à ce que le liquide ressemble à un sirop léger. Retirer les épices.

❧ Mettre les petits concombres dans des pots et les recouvrir du sirop bouillant. Sceller. Entreposer dans un endroit sans lumière pendant 3 semaines avant de consommer.

CORNICHONS SUCRÉS VITE FAITS

2 L (8 tasses) de petits concombres pour marinades
125 mL (½ tasse) de gros sel
2 L (8 tasses) d'eau
1,5 L (6 tasses) de cassonade
1 L (4 tasses) de vinaigre de cidre
15 mL (1 c. à soupe) de clous de girofle entiers
7 mL (½ c. à soupe) de graines de céleri

7 mL (½ c. à soupe) de graines
de moutarde
1 bâton de cannelle

🍃 Laver les petits concombres et
laisser tremper toute la nuit dans
la saumure préparée avec le sel et
l'eau.

🍃 Le lendemain, égoutter les
concombres, les rincer à l'eau
chaude et les égoutter à nouveau.
Dans une casserole, porter à ébullition la cassonade et le vinaigre.
Ajouter les concombres et les
épices enveloppées dans une toile
à fromage. Retirer du feu et laisser refroidir les concombres dans
le sirop.

🍃 Retirer les épices. Mettre les
cornichons dans des bocaux de
250 mL (1 tasse). Ajouter une
feuille de laurier dans chaque
bocal. On peut également ajouter
1 petit piment fort. Porter le sirop
à ébullition et en remplir les
bocaux jusqu'au bord. Sceller.

CORNICHONS À L'ANETH

100 concombres pour marinades
4 L (16 tasses) d'eau froide
375 mL (1½ tasse) de gros sel
10 L (40 tasses) d'eau
1 L (4 tasses) de vinaigre blanc
500 mL (2 tasses) de gros sel
brins d'aneth

🍃 Nettoyer les concombres et
laisser tremper pendant 12 heures
dans les 4 L (16 tasses) d'eau
froide mélangée avec le gros sel.

🍃 Porter à ébullition les 10 L
(40 tasses) d'eau, le vinaigre blanc
et le gros sel. Laisser bouillir pendant 10 minutes. Laisser reposer
pendant 12 heures, puis placer les
concombres bien égouttés dans
des pots de verre garnis de
quelques brins d'aneth. Recouvrir
avec l'eau vinaigrée.

🍃 Passer la lame d'un couteau
autour de la paroi intérieure des
pots pour enlever les bulles d'air.

Sceller.

🍃 Si désiré, ajouter au vinaigre
250 mL (1 tasse) de graines de
moutarde et 250 mL (1 tasse) de
raifort râpé.

CORNICHONS À LA MOUTARDE

2 branches de céleri
4 L (16 tasses) de petits
concombres
1 gros chou-fleur
4 poivrons verts
2 poivrons rouges
3 L (12 tasses) d'oignons
pour marinades
500 mL (2 tasses) de gros sel
180 mL (12 c. à soupe)
de moutarde en poudre
30 mL (2 c. à soupe) de curcuma
30 mL (2 c. à soupe) de cari
1 L (4 tasses) de sucre
250 mL (1 tasse) de farine
3 L (12 tasses) de vinaigre
de cidre

🍃 Couper le céleri en morceaux
de 2,5 cm (1 po). Laver et nettoyer
les petits concombres. Couper le
chou-fleur en petits bouquets.
Épépiner et couper les poivrons en
dés. Peler les petits oignons.
Mélanger tous ces légumes avec le
gros sel. Laisser reposer pendant
12 heures. Le lendemain, bien les
égoutter.

🍃 Faire une sauce en mélangeant
le reste des ingrédients. Faire
cuire à feu moyen, en remuant
sans arrêt, jusqu'à l'obtention
d'une sauce lisse et crémeuse.
Ajouter les légumes, puis porter à
ébullition, sans faire bouillir, ce
qui ramollirait les légumes. Verser
dans des bocaux stérilisés. Sceller.

Oignons marinés

OIGNONS MARINÉS

3 L (12 tasses) de petits oignons blancs égouttés et pelés
125 mL (½ tasse) de sel
1 L (4 tasses) d'eau
1 petit piment fort
2 mL (½ c. à thé) de poivre en grains
4 morceaux de gingembre de 1 po chacun
250 mL (1 tasse) de sucre
1,5 L (6 tasses) de vinaigre blanc

⋅ Employer les oignons pour marinades «silver skin», très petits et blancs. On peut peler les oignons dans de l'eau froide ou les ébouillanter. Pour ce faire, laisser les oignons dans de l'eau bouillante pendant 30 secondes. Retirer les oignons, les recouvrir d'eau froide et les peler dans l'eau. Dès qu'ils sont pelés, les mettre dans l'eau glacée pour en empêcher la décoloration et pour les raffermir.

⋅ Égoutter les oignons, les couvrir d'eau froide et les égoutter de nouveau.

⋅ Dans une casserole en fonte émaillée ou un plat en verre, dissoudre le sel dans l'eau. Ajouter les oignons et suffisamment d'eau pour les recouvrir. Laisser reposer toute la nuit. Rincer à l'eau froide et égoutter.

⋅ Faire chauffer assez d'eau pour couvrir les oignons. Lorsqu'elle est bouillante, ajouter les oignons et faire bouillir pendant 1 minute. Égoutter. Avec une cuiller, les répartir dans des bocaux chauds et stérilisées. Mettre un petit morceau de piment, un grain de poivre et un morceau de gingembre dans chaque bocal.

⋅ Faire chauffer le sucre et le vinaigre dans une casserole en fonte émaillée ou un plat en verre. Lorsque le mélange est bouillant, le verser sur les oignons jusqu'à 1 cm (½ po) de l'ouverture. Fermer les bocaux et les mettre sur une grille placée dans une casserole. Remplir la casserole d'eau bouillante à moitié et faire bouillir 15 minutes. Retirer les bocaux. Fermer hermétiquement.

OIGNONS DANS LE VINAIGRE

750 mL (3 tasses) de vinaigre
15 mL (1 c. à soupe) de poivre en grains
15 mL (1 c. à soupe) de gros sel
1 à 1,5 kg (2 à 3 lb) de petits oignons

⋅ Mélanger les trois premiers ingrédients. Porter à ébullition. Écumer. Laisser mijoter pendant 10 minutes.

⋅ Ajouter les oignons pelés et faire cuire pendant 5 minutes.

⋅ Mettre les oignons dans des pots. Laisser refroidir le vinaigre et le verser sur les oignons. Laisser reposer pendant 1 mois avant de consommer.

CHAMPIGNONS MARINÉS

900 g (2 lb) de champignons
250 mL (1 tasse) de vinaigre de cidre
2 mL (½ c. à thé) d'estragon
15 mL (1 c. à soupe) de sucre
5 mL (1 c. à thé) de sel

⋅ Couper les champignons en tranches et les faire tremper dans 1 L (4 tasses) d'eau additionné de 15 mL (1 c. à soupe) de sel.

⋅ Stériliser 4 bocaux d'une capacité de 250 mL (1 tasse).

⋅ Porter à ébullition le vinaigre, l'estragon, le sucre et le sel. Bien égoutter les champignons et en ajouter environ la moitié au mélange de vinaigre. Réduire la chaleur et laisser cuire doucement pendant 3 minutes. Mettre le reste des champignons dans le liquide bouillant et laisser refroidir. Égoutter et remplir les bocaux de champignons.

⋅ Faire chauffer le mélange de vinaigre et verser sur les champignons. Sceller. Laisser reposer 1 mois avant de consommer.

CHOUX-FLEURS MARINÉS

2 choux-fleurs
7 g (¼ oz) de poivre en grains
7 g (¼ oz) de piment de la Jamaïque entier
½ bâton de cannelle
1 L (4 tasses) de vinaigre blanc

⋅ Séparer les choux-fleurs en bouquets. Les étendre sur un grand plat et les saupoudrer de gros sel. Laisser reposer pendant 2 jours.

⋅ Ajouter les épices au vinaigre et faire bouillir pendant 15 minutes. Bien égoutter les choux-fleurs, les mettre en pots et recouvrir avec le vinaigre chaud. Étendre un linge sur les pots. Laisser refroidir avant de sceller.

Haricots beurre marinés

HARICOTS BEURRE MARINÉS

900 g (2 lb) de haricots beurre
frais
250 mL (1 tasse) de vinaigre
blanc
125 mL (½ tasse) de sucre
5 mL (1 c. à thé) de graines
de céleri
1 pincée de gingembre
15 mL (1 c. à soupe) de gros sel
5 mL (1 c. à thé) de sarriette

&❧ Nettoyer les haricots et les
couper en biais, en morceaux de
2,5 cm (1 po). Les ébouillanter et
les laisser bouillir pendant 5 minutes. Égoutter. Conserver l'eau.
&❧ Ajouter à l'eau de cuisson le
vinaigre, le sucre, les graines de
céleri, le gingembre, le sel et la
sarriette. Porter à ébullition.
Ajouter les haricots cuits, puis
porter de nouveau à ébullition.
Retirer du feu.
&❧ Répartir les haricots dans des

bocaux stérilisés. Recouvrir avec
le liquide et sceller.

BETTERAVES

Pour éviter que les betteraves en
conserve perdent leur couleur, il
faut ajouter 15 ml (1 c. à soupe)
de vinaigre ou de jus de citron par
litre de betteraves.

RELISH À L'ESPAGNOLE

3 poivrons rouges
3 poivrons verts
8 tomates vertes moyennes
½ petit chou
3 gros oignons
10 mL (2 c. à thé) de gros sel
175 mL (¾ tasse) de sucre
175 mL (¾ tasse) de vinaigre
10 mL (2 c. à thé) de graines
de moutarde
1 mL (¼ c. à thé) de curcuma

&❧ Épépiner et enlever les membranes molles des poivrons.
Hacher les tomates [on doit en
avoir 1 L (4 tasses)], les poivrons,
le chou et les oignons. Mélanger
les légumes avec le sel et laisser
reposer toute la nuit.
&❧ Le lendemain, bien égoutter et
mélanger avec le reste des ingrédients. Porter à ébullition et faire
cuire à feu vif pendant 20 minutes. Répartir la relish dans
5 bocaux stérilisés d'une capacité
de 500 mL (2 tasses). Sceller.

RELISH AU MAÏS

24 épis de maïs
1 pied de céleri
4 gros oignons
2 poivrons verts
2 poivrons rouges
750 mL (3 tasses) de cassonade
750 mL (3 tasses) de vinaigre
blanc
250 mL (1 tasse) de moutarde
40 mL (2½ c. à soupe)
de moutarde en poudre
30 mL (2 c. à soupe) de farine
15 mL (1 c. à soupe) de sel

&❧ Avec un couteau bien tranchant, enlever les grains de maïs
des épis non cuits. Enlever les
feuilles du céleri, le laver et le
couper en petits dés. Couper les
oignons en tranches minces.
Épépiner les poivrons et les
couper en petits morceaux.
&❧ Mettre les légumes préparés
dans une casserole. Ajouter le
reste des ingrédients. Bien
mélanger. Porter à ébullition, couvrir et laisser mijoter pendant
1½ heure ou jusqu'à ce que la relish ait une belle consistance.
Mettre dans des bocaux stérilisés
chauds. Sceller.

RELISH
DE BETTERAVES ET DE CHOU

1 L (4 tasses) de chou émincé
1 L (4 tasses) de betteraves cuites
et râpées
500 mL (2 tasses) de sucre
250 mL (1 tasse) de raifort râpé
15 mL (1 c. à soupe) de sel
5 mL (1 c. à thé) de poivre
vinaigre blanc

🍃 Mélanger le chou émincé et les betteraves râpées. Ajouter le sucre et mélanger.
🍃 Ajouter le raifort aux légumes ainsi que le sel et le poivre. Bien mélanger.
🍃 Ajouter suffisamment de vinaigre blanc pour recouvrir le tout. Mélanger et laisser reposer pendant 1 heure. Bien remuer et mettre dans des petits bocaux stérilisés. Sceller. Cette relish ne requiert aucune cuisson et se conserve bien.

RELISH DE POIVRONS VERTS ET ROUGES

12 poivrons verts
12 poivrons rouges
3 oignons
500 mL (2 tasses) de sucre
15 mL (1 c. à soupe) de sel
vinaigre blanc

🍃 Nettoyer les poivrons et peler les oignons. Hacher au robot culinaire. Ébouillanter et laisser reposer pendant 10 minutes.
🍃 Bien égoutter. Ajouter le sucre et le sel, puis recouvrir de vinaigre. Faire mijoter pendant 20 minutes et mettre la relish dans des pots.

KETCHUP
AUX POMMES

900 g (2 lb) de tomates
900 g (2 lb) de pommes
non pelées
4 oignons moyens
750 mL (3 tasses) de sucre
500 mL (2 tasses) de vinaigre
blanc
10 mL (2 c. à thé) de sel
30 mL (2 c. à soupe) d'épices
pour marinades

🍃 Au robot culinaire, hacher les tomates, les pommes et les oignons. Les mettre dans une casserole. Ajouter le sucre, le vinaigre et le sel. Envelopper les épices pour marinades dans une toile à fromage. Nouer avec une ficelle pour former un petit sac. Ajouter au mélange.
🍃 Faire cuire à feu moyen, à découvert, pendant 1 heure ou jusqu'à ce que le tout ait une consistance assez épaisse. Remuer souvent. Retirer le sac d'épices. Verser le ketchup dans des bocaux stérilisés. Sceller.

KETCHUP VERT

4,5 kg (10 lb) de tomates vertes
125 mL (½ tasse) de gros sel
4 gros oignons rouges, coupés
en tranches
1 pied de céleri, coupé en dés
750 mL (3 tasses) de chou vert
coupé finement
750 mL (3 tasses) de vinaigre
blanc
500 à 750 mL (2 à 3 tasses)
de sucre
15 mL (1 c. à soupe) de poivre
15 mL (1 c. à soupe)
de gingembre moulu
15 mL (1 c. à soupe) de clous
de girofle moulus
15 mL (1 c. à soupe) de cannelle
15 mL (1 c. à soupe) de piment
de la Jamaïque entier
2 mL (½ c. à thé) de cayenne

Relish de poivrons verts et rouges

[675]

☙ Laver les tomates vertes et les couper en tranches. Placer dans un bol de verre ou de faïence. Saupoudrer de gros sel. Laisser tremper toute la nuit à la température de la pièce.

☙ Le lendemain matin, verser dans un tamis et laisser égoutter de 2 à 3 heures. Placer dans une grande casserole les tomates égouttées, les oignons, le céleri, le chou vert et le reste des ingrédients.

☙ Porter à forte ébullition en remuant bien. Faire bouillir à gros bouillons de 30 à 60 minutes ou jusqu'à ce que le ketchup ait une belle consistance. Verser le ketchup chaud dans des pots stérilisés. Fermer.

MARMELADE
DE POIVRONS ROUGES

12 gros poivrons rouges
15 mL (1 c. à soupe) de gros sel
375 mL (1½ tasse) de vinaigre
de cidre
125 mL (½ tasse) d'eau
1 citron non pelé
750 mL (3 tasses) de sucre

☙ Nettoyer les poivrons rouges et les hacher au robot culinaire. Saupoudrer de gros sel et laisser reposer de 3 à 4 heures.

☙ Bien égoutter, ajouter le vinaigre, l'eau et le citron coupé en quatre. Faire cuire pendant 30 minutes à feu doux. Retirer le citron et ajouter le sucre. Laisser cuire à feu doux pendant environ 1 heure jusqu'à ce que la marmelade épaississe. Remuer quelquefois. Verser dans des contenants propres et chauds. Sceller à la paraffine.

SAUCE CHILI

12 tomates moyennes
4 poivrons verts
2 gros oignons
4 pommes moyennes
500 mL (2 tasses) de cassonade
pâle
500 mL (2 tasses) de vinaigre
de cidre
30 mL (2 c. à soupe) de gros sel
5 mL (1 c. à thé) de moutarde
en poudre
5 mL (1 c. à thé) de graines
de céleri
2 mL (½ c. à thé) de clous
de girofle moulus
2 mL (½ c. à thé) de piment
de la Jamaïque entier
15 mL (1 c. à soupe) de cannelle
1 mL (¼ c. à thé) de poivre
2 mL (½ c. à thé) de cayenne

☙ Ébouillanter les tomates et les laisser tremper pendant 1 minute. Mettre les tomates dans de l'eau froide, puis peler. Couper en petits morceaux. Couper les poivrons en deux, enlever les graines et tailler en petits dés. Peler les oignons et les couper en tranches minces. Peler les pommes et les couper en petits morceaux.

☙ Placer dans une casserole les légumes, les pommes et le reste des ingrédients. Faire cuire à feu moyen, à découvert, pendant environ 2 heures ou jusqu'à ce que la sauce épaississe. Remuer souvent. Verser la sauce chaude dans des pots stérilisés. Fermer hermétiquement.

ŒUFS
DANS LE VINAIGRE

5 mL (1 c. à thé) de clous
de girofle entiers
2 mL (½ c. à thé) de graines
de céleri
5 mL (1 c. à thé) de poivre
en grains
750 mL (3 tasses) de vinaigre
blanc
375 mL (1½ tasse) d'eau
7 mL (1½ c. à thé) de sel
12 œufs durs

☙ Envelopper les clous de girofle, les graines de céleri et le poivre dans une toile à fromage. Nouer avec une ficelle pour former un petit sac.

☙ Porter à ébullition le vinaigre, l'eau et le sel. Ajouter les épices. Laisser mijoter pendant 10 minutes. Laisser refroidir.

☙ Écaler les œufs durs et les mettre dans un grand pot de verre.

☙ Verser le vinaigre refroidi sur les oeufs. Couvrir et conserver au réfrigérateur.

CONFITURES ET GELÉES

LA PRÉPARATION DES CONFITURES

La confiture aura meilleure couleur une fois cuite et elle se conservera plus longtemps si elle est préparée avec des fruits à peine mûrs.

🍃 Toujours bien laver les fruits avant de les utiliser.

🍃 Les confitures faites avec des fruits mûrs, fraîchement cueillis, demandent moins de cuisson que celles préparées avec des fruits moins frais.

🍃 Il est toujours préférable de faire chauffer le sucre avant de l'ajouter aux fruits chauds. En procédant de cette manière, la cuisson de la confiture se poursuit sans cesser de bouillir. On évite ainsi de prolonger inutilement la cuisson. Pour faire chauffer le sucre, répartir la quantité requise dans deux ou trois moules à tarte et mettre au four à 100°C (200°F) pendant une vingtaine de minutes. On peut alors verser directement le sucre dans le jus bouillant.

🍃 Ne jamais faire bouillir la confiture avant que le sucre soit complètement dissous.

🍃 La confiture qui a bouilli trop longtemps prend une couleur foncée et perd presque toute sa saveur.

🍃 Pour vérifier la cuisson de la confiture, en mettre une cuillerée sur une assiette froide (préalablement mise au réfrigérateur). Laisser refroidir la confiture pendant quelques secondes et passer le bout du doigt dans le centre. Si la surface se plisse et se sépare en deux, la confiture est prête.

🍃 N'écumer la confiture qu'à la fin de la cuisson, lorsque cette opération est indispensable.

🍃 Toujours verser la confiture chaude dans des pots de verre chauds et stérilisés.

🍃 Pour empêcher les fraises et les cerises de remonter à la surface des contenants, il faut d'abord laisser reposer les confitures de 20 à 30 minutes avant de les mettre dans les bocaux. Remuer une fois juste avant la mise en pots.

🍃 Laver l'extérieur des contenants pleins. Sceller, et coller les étiquettes. Garder les confitures dans un endroit frais et sombre.

🍃 On obtient une belle confiture grâce à la pectine naturelle des fruits. Celle-ci se retrouve en petite quantité dans les fraises, les cerises et les framboises ; en revanche, le cassis, les groseilles, les prunes bleues et les pommes en contiennent beaucoup. Moins un fruit est mûr, plus il est riche en pectine.

🍃 Pour préparer une bonne confiture avec des fruits qui contiennent peu de pectine, on doit remplacer une partie de l'eau indiquée dans la recette par du jus extrait d'un fruit riche en pectine.

🍃 La pectine de jus de fruits peut aussi être remplacée par de la pectine du commerce ou par une certaine quantité de jus de citron.

QUELQUES CONSEILS POUR LA PRÉPARATION DES CONFITURES

🍃 Comment empêcher les confitures de se gâter :

🍃 Ne pas verser la confiture chaude dans des bocaux mouillés et froids ;

🍃 Ne pas sceller à la paraffine lorsque la confiture est encore tiède ;

🍃 Ne pas entreposer les confitures dans un endroit humide.

🍃 Comment empêcher la cristallisation de la confiture :

🍃 Ne pas utiliser trop de sucre ;

🍃 Ne pas faire bouillir la confiture avant que le sucre soit dissous ;

🍃 Ne pas trop remuer une fois le sucre dissous ;

🍃 Ne pas attendre trop longtemps pour fermer les bocaux.

🍃 Comment empêcher la fermentation des confitures :

🍃 Ne pas diminuer le temps de cuisson ;

🍃 Ne pas diminuer la quantité de sucre ;

🍃 Ne pas entreposer les confitures dans un endroit chaud.

LA PRÉPARATION DES GELÉES

FRUITS TENDRES

Mettre les fruits nettoyés dans un pot de faïence ou un plat en terre cuite et écraser légèrement avec une cuiller. Couvrir et placer dans une casserole d'eau bouillante. Laisser l'eau mijoter pendant 1 heure pour faire sortir le jus des fruits.

🍃 On peut également mettre le tout au four, à 100°C (200°F), pendant une heure.

🍃 Pour extraire le jus d'une petite quantité de fruits, de 250 à 750 mL (1 à 3 tasses), utiliser la partie supérieure d'un bain-marie. Couvrir et faire chauffer au-dessus d'une eau frémissante de 35 à 45 minutes.

GROS FRUITS

🍃 Mettre les fruits nettoyés dans une casserole et les recouvrir d'eau froide.

❧ Écraser avec une cuiller et laisser mijoter jusqu'à ce que les fruits soient mous.

❧ Verser les fruits cuits dans une toile à fromage et laisser égoutter de 6 à 12 heures. Ne pas remuer ni presser la toile, pour éviter de brouiller le liquide.

❧ Mesurer le jus écoulé. Utiliser 500 g (1 lb) de sucre pour 500 mL (2 tasses) de jus. Le cassis et les groseilles demandent 625 g (1¼ lb) de sucre pour 500 mL (2 tasses) de jus.

❧ Faire chauffer le jus. Chauffer le sucre requis au four, tel qu'indiqué pour les confitures (voir page précédente). Ajouter petit à petit le sucre chaud au jus de fruits chaud et remuer jusqu'à ce que le sucre soit dissous.

❧ Faire bouillir rapidement et vérifier la cuisson au bout de 3 minutes pour les petits fruits et de 5 à 10 minutes pour les gros fruits.

❧ Pour savoir si la gelée est cuite à point, on peut faire le test de la soucoupe froide, utilisé pour les confitures (voir page précédente).

❧ Quand la gelée est cuite, l'écumer et la verser sans délai dans des bocaux stérilisés, secs et chauds. Il est nécessaire de travailler vite, car la gelée a tendance à se figer sur les parois de la casserole.

❧ Il est difficile de fixer d'une manière absolument précise le temps de cuisson d'une gelée ou d'une confiture, car tout dépend du volume d'eau contenu dans la pulpe des fruits.

PECTINE MAISON

❧ Choisir des pommes plutôt vertes ou juste mûres qui ne sont

TABLEAU DES COMBINAISONS DES FRUITS ACIDES ET NON ACIDES

FRUITS ACIDES		FRUITS NON ACIDES		PROPORTION DE SUCRE À UTILISER AVEC LES JUS MÉLANGÉS
Pommes	½	Framboises	½	⅔
Pommes	⅔	Rhubarbe	⅓	⅔
Pommes	½	Cerises	½	⅔
Pommes	½	Pêches	½	1
Pommes	⅔	Coings	⅓	¾
Pommes	⅔	Canneberges	⅓	¾
Pommes	½	Fraises	½	1
Groseilles rouges	⅓	Framboises	⅔	1
Limes	⅓	Poires	⅔	1
Citrons	¼	Pêches ou poires	¾	1

pas trop sucrées. Laver, peler et couper les pommes en quatre. Ne pas enlever le coeur. Mettre dans une casserole juste assez d'eau froide pour les recouvrir à moitié. Porter à ébullition, couvrir et faire bouillir jusqu'à ce que les pommes soient tendres.

❧ Les mettre dans une toile à fromage et les laisser égoutter pendant 12 heures.

❧ Presser la toile pour en extraire tout le jus possible. Remettre dans la casserole la pulpe épaisse restée dans la toile. Ajouter encore une fois suffisamment d'eau pour recouvrir la pulpe à moitié. Faire bouillir de 5 à 8 minutes, tout en remuant. Laisser couler le jus de 4 à 5 heures et l'ajouter ensuite au premier jus.

❧ Cette pectine est prête à être utilisée dans les proportions suivantes : 250 mL (1 tasse) de pectine pour 500 g (1 lb) de sucre. Ajouter la pectine juste après que le sucre soit fondu.

❧ Pour conserver la pectine maison, la mettre en bouteille et stériliser au bain-marie pendant 40 minutes. Sceller et entreposer dans un endroit frais.

❧ On procède de la même manière pour obtenir la pectine du cassis, des groseilles rouges ou vertes, des prunes mûres et des pommettes encore dures.

CONFITURE DE FRAISES À L'ANCIENNE

1,2 L (5 tasses) de fraises
1,2 L (5 tasses) de sucre
125 mL (½ tasse) de jus de citron frais

❧ Laver les fraises, les égoutter et les équeuter.

❧ Répartir le sucre dans 2 moules à tarte et le faire chauffer au four à 160°C (325°F) de 15 à 20 minutes.

❧ Mettre les fraises dans une grande casserole. Avec une écumoire, les écraser un peu pour en faire sortir le jus. Faire cuire pendant 10 minutes à feu doux, en remuant quelquefois.

❧ Verser le sucre chaud sur les fraises. Ajouter le jus de citron. Porter à ébullition en remuant plusieurs fois. Faire bouillir à feu moyen pendant 8 minutes, ou

Confiture de framboises

jusqu'à ce que le sirop soit assez épais. Verser la confiture dans des bocaux stérilisés. Sceller.

CONFITURE DE FRAISES ET DE RHUBARBE

1 L (4 tasses) de fraises lavées et équeutées
1 L (4 tasses) de rhubarbe
1,5 L (6 tasses) de sucre
5 mL (1 c. à thé) de zeste râpé de citron
15 mL (1 c. à soupe) de jus de citron
1 pincée de bicarbonate de soude

❧ Écraser les fraises avec un pilon. Couper la rhubarbe en cubes sans la peler, sauf s'il s'agit de rhubarbe d'hiver. Mesurer alors les fruits séparément et les mettre dans une casserole de fonte émaillée, de préférence.

Ajouter le sucre, bien mélanger et laisser reposer pendant 12 heures.
❧ Le lendemain, porter à ébullition à feu vif. Ajouter le zeste de citron râpé, le jus de citron et le bicarbonate de soude. Faire bouillir jusqu'à ce que la confiture ait une belle consistance en remuant souvent. Verser dans des bocaux stérilisés. Recouvrir de paraffine et sceller.

CONFITURE DE FRAISES

1 L (4 tasses) de fraises nettoyées
1,2 L (5 tasses) de sucre
45 mL (3 c. à soupe) de jus de citron

❧ Dans une casserole, mélanger 250 mL (1 tasse) de fraises et 250 mL (1 tasse) de sucre. Répéter avec le reste des fraises et du sucre. Porter à ébullition lentement et faire mijoter pendant

9 minutes, en remuant le moins possible.
❧ Retirer du feu et ajouter le jus de citron. Laisser reposer toute la nuit. (Ne pas laisser reposer les confitures dans un plat de métal, sauf s'il s'agit d'un plat en fonte émaillée.)
❧ Le lendemain, porter à ébullition à feu vif, puis faire mijoter pendant 9 minutes à feu doux. Retirer du feu. Écumer et laisser refroidir dans la casserole. Verser la confiture dans des bocaux stérilisés. Sceller.

CONFITURE DE FRAMBOISES

1 L (4 tasses) de framboises
50 mL (¼ tasse) d'eau

❧ Laver et écraser les framboises. Ajouter l'eau et faire cuire à feu moyen.
❧ Si désiré, passer au tamis pour enlever les graines. Mesurer le jus et ajouter 175 mL (¾ tasse) de sucre pour 250 mL (1 tasse) de jus. Faire cuire à feu moyen de 15 à 25 minutes, ou jusqu'à ce que la confiture ait une belle consistance. Verser chaud dans des bocaux stérilisés et sceller.

CONFITURE DE PRUNES BLEUES

2 L (8 tasses) de prunes bleues
1,5 L (6 tasses) de sucre
zeste de ½ orange
jus d'une orange
250 mL (1 tasse) de raisins épépinés

❧ Laver les prunes, les couper en deux et retirer les noyaux.

Mélanger les prunes avec le sucre. Faire cuire doucement, à découvert, en remuant souvent, jusqu'à ce que la confiture se fige lorsqu'on en laisse tomber quelques gouttes sur une assiette froide.

Ajouter le reste des ingrédients et faire cuire pendant 10 minutes. Laisser reposer quelques minutes. Écumer, puis remuer. Verser la confiture dans des bocaux chauds stérilisés et sceller.

CONFITURE DE PÊCHES ET D'ANANAS

1,2 L (5 tasses) de pêches pelées et coupées en six
1 boîte de 540 mL (19 oz) d'ananas broyé, égoutté
750 mL (3 tasses) de sucre
50 mL (¼ tasse) de noix de Grenoble hachées

Dans une grande casserole, mélanger les pêches, les ananas et le sucre. Faire cuire en remuant, à feu moyen, jusqu'à ce que le sucre soit dissous. Faire mijoter à découvert, en remuant de temps en temps, pendant environ 1 heure.

Pendant ce temps chauffer le four à 180°C (350°F). Faire bouillir les noix pendant 3 minutes. Égoutter. Étaler les noix sur une plaque à biscuit. Faire cuire au four en remuant souvent, pendant environ 15 minutes. Laisser refroidir, puis hacher grossièrement.

Retirer le mélange de fruits du feu et y ajouter les noix hachées. Verser la confiture dans des bocaux stérilisés. Sceller.

CONFITURE DE PÊCHES ET DE POIRES

1,5 L (6 tasses) de pêches mûres coupées en tranches
2 noyaux de pêches
12 cerises au marasquin, coupées en tranches
30 mL (2 c. à soupe) de jus de cerises
375 mL (1½ tasse) de poires mûres non pelées, coupées en dés
15 mL (1 c. à soupe) de jus de citron
15 mL (1 c. à soupe) de zeste râpé d'orange
1,2 L (5 tasses) de sucre

Ébouillanter, peler et couper les pêches. Casser les noyaux de pêches et ajouter les amandes aux pêches. Puis, ajouter les cerises, le jus de cerises, les poires, le jus de citron et le zeste d'orange râpé. Bien mélanger.

Ajouter le sucre et laisser reposer pendant 3 heures.

Faire mijoter doucement jusqu'à ce que la confiture épaississe.

GELÉE DE RAISINS BLEUS

1,4 kg (3 lb) de raisins bleus (Concord)
5 mL (1 c. à thé) de clous de girofle moulus (facultatif)
5 mL (1 c. à thé) de cannelle moulue (facultatif)
125 mL (½ tasse) de vinaigre de cidre
2 L (8 tasses) de sucre
125 mL (½ tasse) de pectine du commerce ou de pectine de pommes

Mettre dans une casserole les raisins nettoyés et détachés de leurs grappes, les clous de girofle moulus, la cannelle moulue et le vinaigre de cidre. Écraser les

Confiture de pêches et de poires

[681]

raisins 5 ou 6 fois, tout en les faisant cuire à feu moyen. Autrefois, on appelait cette opération «faire pleurer le raisin».

🍃 Dès que le jus est sorti des raisins, faire bouillir de 5 à 8 minutes, pas plus pour ne pas diminuer la saveur, la couleur et la pectine du raisin. Verser le jus dans une toile à fromage et laisser égoutter pendant 12 heures. Vous obtiendrez 1 L (4 tasses) de jus de raisins.

🍃 Porter le jus à ébullition. Faire chauffer le sucre et l'ajouter au jus de raisin en pleine ébullition. Faire cuire à feu doux, tout en remuant, jusqu'à ce que le sucre soit dissous. Porter à forte ébullition.

🍃 Ajouter la pectine. Faire bouillir exactement 30 secondes, en remuant sans arrêt. Écumer et verser la gelée dans des bocaux stérilisés. Sceller.

GELÉE DE MENTHE FRAÎCHE

10 à 15 tiges de menthe fraîche
colorant végétal vert ou jaune

🍃 Faire une gelée de pommes (voir ci-dessous). Lorsque le sucre est complètement dissous, ajouter les tiges de menthe fraîche attachées ensemble.

🍃 Retirer la menthe de la gelée cuite. Y ajouter un peu de colorant végétal vert ou jaune selon la couleur de la gelée. Mettre une feuille de menthe dans chaque bocal de gelée. Sceller.

GELÉE DE POMME

🍃 Laver les pommes et les couper en quatre sans les peler. Ne pas enlever les pépins ni le coeur.

🍃 Mettre les pommes dans une casserole. Ajouter 250 mL (1 tasse) d'eau pour 750 mL

(3 tasses) de pommes. Couvrir et faire bouillir pendant 30 minutes.

🍃 Verser les pommes cuites dans une toile à fromage et laisser écouler le jus de 6 à 12 heures.

🍃 Mesurer le jus et compter 250 mL (1 tasse) de sucre pour 250 mL (1 tasse) de jus. Faire chauffer le sucre au four. Porter le jus à ébullition.

🍃 Ajouter le sucre, en petite quantité à la fois, tout en remuant jusqu'à ce qu'il soit dissous. Faire bouillir à feu vif de 5 à 10 minutes. Vérifier la cuisson après 3 minutes. Verser la gelée dans des bocaux stérilisés. Sceller.

MARMELADE D'ORANGES DE SÉVILLE

12 oranges de Séville
eau froide
sucre

🍃 Laver les oranges et les couper en quatre. Enlever les pépins et tailler chaque quartier en petites tranches minces. Peser le tout.

🍃 Ajouter 1,5 L (6 tasses) d'eau froide pour 500 g (1 lb) d'oranges préparées. Envelopper les pépins dans un petit sac de toile à fromage et l'ajouter aux oranges. Laisser macérer pendant 24 heures.

🍃 Mettre le tout dans une casserole et faire mijoter jusqu'à ce que le zeste des oranges soit tendre, ce qui peut prendre de 3 à 4 heures. Retirer le sac et le presser fortement pour en extraire le jus. Remettre la pulpe bouillie dans un bol et laisser tremper pendant 12 heures.

🍃 Peser la pulpe et ajouter 500 g (1 lb) de sucre pour 500 g (1 lb) de pulpe bouillie. Porter lente-

Gelée de pomme

ment à ébullition, tout en remuant, jusqu'à ce que le sucre soit dissous. Faire bouillir jusqu'à ce que la marmelade ait une belle consistance et que le jus forme une gelée. Verser dans des bocaux et sceller.

MARMELADE ANGLAISE

8 oranges de Séville
3 oranges de Californie
2 citrons
4,5 L (18 tasses) d'eau froide
3,6 kg (8 lb) de sucre

🍊 Laver les oranges et les citrons. Les couper en deux et en extraire le jus. Mettre les pépins dans une petite toile à fromage. Nouer avec une ficelle pour former un petit sac.

🍊 Couper la pulpe et le zeste en petits morceaux, ou hacher au robot culinaire. Mettre dans un grand bol avec l'eau froide. Ajouter les jus et le petit sac de toile à fromage contenant les pépins. Laisser tremper pendant 24 heures.

🍊 Mettre dans une casserole et faire bouillir pendant 2 heures ou jusqu'à ce que le liquide soit réduit de moitié.

🍊 Faire chauffer le sucre au four à 100°C (200°F). Retirer le sac de pépins et le presser fortement pour en extraire le jus. Ajouter le sucre chaud au liquide réduit. Porter lentement à ébullition, tout en remuant, jusqu'à ce que le sucre soit dissous. Faire bouillir environ 30 minutes ou jusqu'à consistance désirée. Verser la marmelade dans des bocaux chauds. Sceller.

Marmelade d'oranges

MARMELADE D'ORANGES

🍊 Couper 6 oranges en deux et en extraire le jus.

🍊 Placer les pépins dans un petit bol et les recouvrir d'un peu d'eau chaude. Laisser tremper pendant 12 heures.

🍊 Enlever la membrane blanche qui colle à l'écorce. Couper le zeste en petites lanières. Ajouter au jus et mesurer. Ajouter 250 mL (1 tasse) d'eau pour 250 mL (1 tasse) de jus. Laisser macérer pendant 12 heures.

🍊 Le lendemain, enlever la gelée qui adhère aux pépins (c'est la pectine) et l'ajouter à la préparation de jus (verser un peu de jus sur les pépins pour enlever la gelée). Mélanger le tout dans une casserole. Jeter les pépins après avoir enlevé la gelée.

🍊 Porter à ébullition et laisser ensuite mijoter, à découvert, pen-

dant 2 heures pour faire réduire le jus. Mesurer encore une fois le jus et ajouter 250 mL (1 tasse) de sucre pour 250 mL (1 tasse) de jus. Faire bouillir 30 minutes ou jusqu'à ce qu'un thermomètre à bonbons indique 105°C (220°F).

🍊 Verser la marmelade dans des contenants stérilisés. Sceller.

MARMELADE DE FRAISES

2 oranges
2 citrons
125 mL (½ tasse) d'eau
2 mL (⅛ c. à soupe) de bicarbonate de soude
1 L (4 tasses) de fraises
1,8 L (7 tasses) de sucre
½ bouteille de pectine du commerce

🍊 Peler les oranges et les citrons. Retirer la membrane blanche. Trancher finement le zeste. Faire mijoter dans l'eau et le bicarbonate de soude pendant 10 minutes. Ajouter la pulpe des oranges et des citrons et faire mijoter pendant encore 20 minutes.

🦋 Laver les fraises et les écraser. Ajouter à la préparation d'oranges. Ajouter le sucre, porter à ébullition et laisser bouillir pendant 5 minutes.

🦋 Retirer du feu et y verser la pectine. Laisser reposer pendant 5 minutes, puis écumer. Verser la marmelade dans des bocaux stérilisés chauds. Recouvrir de paraffine avant que la marmelade ne refroidisse.

MARMELADE DE RHUBARBE

1,5 L (6 tasses) de rhubarbe
zeste et jus de 2 oranges
jus de 2 citrons
zeste d'un citron
1,2 L (5 tasses) de sucre
2 mL (½ c. à thé) de sel

🦋 Laver, peler et couper la rhubarbe en morceaux de 1 cm (½ po).

🦋 Mettre la rhubarbe dans une casserole de fonte émaillée et y ajouter le reste des ingrédients. Porter à ébullition, puis faire mijoter jusqu'à ce que le tout ait la consistance d'une marmelade.

🦋 Verser dans des bocaux stérilisés. Sceller.

MARMELADE D'ANANAS

1 orange
1 pamplemousse
1 citron

375 mL (1½ tasse) d'eau
1 mL (¼ c. à thé)
de bicarbonate de soude
1 ananas
2,3 L (9 tasses) de sucre
1 bouteille de pectine
du commerce

🦋 Peler l'orange, le pamplemousse et le citron et conserver le zeste. Gratter ensuite le zeste pour enlever le blanc qui y serait encore attaché, et le couper en fines lanières. Mettre dans une casserole avec l'eau et le bicarbonate de soude. Porter à ébullition. Couvrir et faire mijoter pendant 10 minutes.

🦋 Enlever la pulpe de chaque fruit. Faire ce travail au-dessus d'une assiette creuse, afin de ne pas perdre de jus. Ajouter la pulpe des fruits et leur jus à la préparation à base de zeste. Couvrir et faire mijoter pendant 20 minutes.

🦋 Peler l'ananas et le râper. Ajouter aux fruits mijotés et mesurer le tout.

🦋 Ajouter 425 mL (1¾ tasse) de sucre pour 250 mL (1 tasse) de fruits. Bien mélanger et porter à ébullition. Faire bouillir pendant 10 minutes, à découvert.

🦋 Retirer du feu et ajouter la pectine. Remuer pendant 5 minutes et écumer. Verser la marmelade dans des bocaux stérilisés. Sceller.

POIRES AU GINGEMBRE

25 poires fermes
175 mL (¾ tasse) de jus
de citron
1,5 L (6 tasses) de sucre

75 mL (⅓ tasse) de gingembre
râpé
75 mL (⅓ tasse) de zeste
de citron

🦋 Laver et peler les poires. Les couper en deux, enlever le coeur et les mettre dans une casserole avec 500 mL (2 tasses) d'eau et le jus de citron. Porter à ébullition et faire mijoter à découvert, de 30 à 40 minutes ou jusqu'à ce que les poires soient tendres.

🦋 Ajouter le sucre, le gingembre, le zeste de citron coupé en fines lanières. Faire mijoter, de 10 à 15 minutes, en remuant de temps à autre jusqu'à ce que le mélange épaississe. Verser dans des bocaux stérilisés. Sceller.

SIROP DE GROSEILLES VERTES

900 g (2 lb) de groseilles vertes
900 g (2 lb) de sucre
250 mL (1 tasse) d'eau
4 fleurs de sureau (facultatif)

🦋 Laver les groseilles.

🦋 Dissoudre le sucre dans l'eau à feu doux jusqu'à l'obtention d'un sirop plutôt épais. Ajouter les groseilles et laisser mijoter pendant 20 minutes.

🦋 Porter à ébullition et retirer du feu. Plonger 7 ou 8 fois les fleurs de sureau dans le sirop.

🦋 Passer le sirop dans une passoire recouverte d'une toile à fromage en écrasant bien les groseilles. Mettre en bouteilles et sceller. Ce sirop se conserve dans des pots stérilisés au réfrigérateur, de 3 à 4 semaines.

CONFISERIE

LA CONFISERIE

De nos jours, nous n'avons qu'à faire un saut au magasin pour nous procurer des bonbons. L'époque où les sucreries n'apparaissaient que dans les grandes occasions est depuis longtemps révolue.

❧ Mais il peut être si agréable de prendre le temps de préparer de petites douceurs, et les enfants seront ravis de vous aider! Les sucreries que je vous propose ici feront de délicieux desserts et de charmants cadeaux.

❧ La confiserie est une activité de temps frais et sec. Le sirop de base doit être chauffé exactement à la température indiquée dans la recette. Vous pouvez utiliser un thermomètre à bonbons pour le vérifier. Prenez soin cependant de réchauffer d'abord le thermomètre sous l'eau chaude avant de le plonger dans le sirop brûlant. Une autre façon de vérifier la température du sirop est d'en verser quelques gouttes dans l'eau froide et de voir quelle consistance elles prennent (voir le tableau ci-contre).

CHOCOLATS POUR ENROBER LES BONBONS
Il existe 3 sortes de chocolats pour enrober les bonbons :

❧ le chocolat mi-sucré, spécialement préparé pour l'enrobage ;
❧ le chocolat au lait ;
❧ le chocolat mi-sucré maison, que l'on prépare avec une égale quantité de chocolat non sucré et de chocolat au lait.

COMMENT FAIRE FONDRE LE CHOCOLAT
Pour faire fondre le chocolat, couper le chocolat de votre choix

TEMPÉRATURES POUR LA CUISSON DES BONBONS ET DES GLACES

Petit filet	101°C	215°F
Grand filet	103°C	225°F
Petit boulé (boule molle)	109°C à 116°C	230°F à 240°F
Grand boulé (boule dure)	120°C à 126°C	250°F à 260°F
Petit cassé (fils flexibles)	129°C à 145°C	270°F à 290°F
Grand cassé (fils cassants)	150°C	300°F

en petits morceaux et le mettre dans un petit bol à fond arrondi. On utilise généralement 500 g (16 oz) de chocolat à la fois.

❧ Placer le bol dans la partie supérieure d'un bain-marie au-dessus d'une eau frémissante. Battre jusqu'à ce que le chocolat soit partiellement fondu. Retirer le bol du bain-marie et continuer à battre avec une fourchette jusqu'à ce que le chocolat soit complètement fondu. Notons que le chocolat au lait est légèrement plus épais que le chocolat mi-sucré.

❧ Pour que le chocolat adhère bien aux bonbons, il est très important de maintenir le chocolat à une température constante, variant de 28°C à 29°C (83°F à 84°F). Pour ce faire, mettre le chocolat dans un bol assez épais et placer le bol dans de l'eau chaude à 30°C (85°F). Il faut également tenir compte de la température de la pièce. La température idéale pour travailler le chocolat est d'environ 18°C (65°F). À cette température, le chocolat refroidit presque instantanément, ce qui lui donne un aspect lisse et brillant.

COMMENT ENROBER LES BONBONS DE CHOCOLAT
Utiliser une grande fourchette à 2 dents ou une broche spécialement conçue pour enrober les

bonbons (en vente dans les magasins spécialisés en pâtisserie).

❧ Laisser tomber les bonbons un à un dans le chocolat. Retirer chaque bonbon entre les dents de la fourchette et taper 2 ou 3 fois sur le rebord du bol pour faire tomber le surplus de chocolat. Déposer les bonbons sur une plaque à biscuits tapissée de papier ciré. Pour donner une touche de finesse aux bonbons, faire tournoyer rapidement le mince filet de chocolat qui lie le bonbon à la fourchette.

❧ Lorsque le chocolat est bien durci, mettre les bonbons dans une boîte de métal en recouvrant chaque étage de papier ciré. Garder dans un endroit frais.

ROULEAUX AU MOKA ET AUX NOIX

250 mL (1 tasse) de cassonade
75 mL (⅓ tasse) de lait concentré non sucré
30 mL (2 c. à soupe) de sirop de maïs
1 paquet de 175 g (6 oz) de brisures de chocolat
5 mL (1 c. à thé) de café instantané
10 mL (2 c. à thé) de vanille
250 mL (1 tasse) de noix de Grenoble hachées

❧ Mettre la cassonade, le lait concentré non sucré et le sirop de maïs dans une casserole. Porter à ébullition à feu moyen en remuant sans arrêt. Faire bouillir pendant 2 minutes et retirer du feu. Ajouter le chocolat, le café et la vanille. Remuer jusqu'à ce que le chocolat soit fondu. Laisser tiédir.

🥄 Remuer jusqu'à ce que le mélange soit épais et lisse. Ajouter les noix et bien mélanger. Diviser ce mélange en deux portions. Rouler chaque portion en un rouleau de 25 cm (10 po) de longueur. Envelopper dans du papier ciré. Réfrigérer de 3 à 4 heures. Couper chaque rouleau en 20 tranches.

FUDGE EXPRESS

🥄 Ajouter suffisamment de sucre à glacer (750 mL à 1 L ou 3 à 4 tasses) à la *Sauce au chocolat* (voir page 602) pour que le mélange ait une belle consistance. Verser cette préparation dans un moule beurré et réfrigérer de 30 à 60 minutes. Découper en carrés et servir. Si désiré, ajouter quelques noix hachées avant de mettre la préparation au chocolat dans le moule.

FUDGE CLASSIQUE

60 mL (4 c. à soupe) de poudre de cacao
250 mL (1 tasse) de sucre
250 mL (1 tasse) de cassonade bien tassée
1 pincée de sel
250 mL (1 tasse) de crème à 15 %
15 mL (1 c. à soupe) de sirop de maïs
15 mL (1 c. à soupe) de beurre
2 mL (½ c. à thé) de vanille
ou 5 mL (1 c. à thé) de rhum
ou de zeste d'orange

Fudge au chocolat

🥄 Mélanger la poudre de cacao, le sucre, la cassonade et le sel. Ajouter la crème, le sirop de maïs et le beurre. Porter à ébullition tout en remuant. Laisser bouillir jusqu'à ce le thermomètre à bonbons indique 112°C (234°F) ou qu'un peu de sirop jeté dans de l'eau froide forme une boule molle. Retirer du feu et ajouter la vanille.

🥄 Pour obtenir du fudge crémeux et lisse, mettre la casserole dans un plat d'eau froide. Laisser reposer pendant au moins 4 minutes sans remuer. Retirer la casserole de l'eau et battre environ 5 minutes ou jusqu'à ce que le mélange épaississe et perde son apparence brillante.

🥄 Étendre le fudge dans un plat beurré.

FUDGE AUX NOIX ET AUX RAISINS
🥄 Hacher assez finement 250 mL (1 tasse) de raisins secs ou 125 mL (½ tasse) de noix. En recouvrir le fudge au moment d'ajouter la vanille. Remuer le fudge une fois qu'il est refroidi.

FUDGE À LA GUIMAUVE
🥄 Couper 8 à 10 guimauves en deux à l'aide de ciseaux préalablement trempés dans de l'eau chaude. Recouvrir le côté coupé de noix de coco râpée. Mettre les guimauves dans un plat beurré et les recouvrir de fudge.

FUDGE À L'ORANGE
Râper le zeste d'une orange. Couper la pulpe de l'orange en petits morceaux. Mettre la pulpe dans un tamis pour bien l'égoutter. Ajouter les morceaux d'orange au fudge au moment de le remuer. Verser dans un plat beurré et saupoudrer du zeste d'orange.

FUDGE MOKA
Ajouter 15 mL (1 c. à soupe) de café instantané aux ingrédients secs.

❧ TECHNIQUE ❧

TRUFFES À LA CRÈME

1   Mettre le chocolat et la crème dans la partie supérieure d'un bain-marie rempli d'eau chaude mais non bouillante.

2   Laisser fondre le chocolat à feu très doux.

3   Ajouter les jaunes d'œufs, un à un, en battant vigoureusement après chaque addition.

4   Rouler les truffes dans de la poudre de cacao.

TRUFFES À LA CRÈME

Ces truffes sont de vraies petites gourmandises.

250 g (½ lb) de chocolat suisse ou français, coupé en carrés
30 mL (2 c. à soupe) de crème à 35 %
3 jaunes d'œufs
15 mL (1 c. à soupe) de beurre non salé

🍃 Dans la partie supérieure d'un bain-marie rempli d'eau chaude mais non bouillante, faire fondre le chocolat avec la crème à feu très doux. Les truffes sont plus onctueuses lorsqu'elles sont cuites à feu très doux.

🍃 Retirer du feu et ajouter les jaunes d'œufs, un à un, en battant vigoureusement après chaque addition. Ajouter le beurre. Remettre le bain-marie à feu doux. Faire cuire de 15 à 20 minutes en remuant plusieurs fois.

🍃 Verser la préparation dans un plat. Couvrir et réfrigérer pendant 24 heures. Si désiré, ajouter 125 à 175 mL (½ à ¾ tasse) d'amandes effilées avant de mettre la préparation au réfrigérateur.

🍃 Se huiler les mains et façonner la préparation au chocolat en petites boules. Rouler les truffes dans de la poudre de cacao sucrée ou dans de petites miettes de chocolat. Conserver au réfrigérateur.

SUCRE À LA CRÈME

250 mL (1 tasse) de sucre
250 mL (1 tasse) de cassonade ou de sucre d'érable
2 mL (½ c. à thé) de vanille
2 mL (½ c. à thé) d'essence d'érable
125 mL (½ tasse) de noix hachées
1 pincée de sel
250 mL (1 tasse) de crème
30 mL (2 c. à soupe) de beurre

🍃 Mettre le sucre et la cassonade ou le sucre d'érable dans une casserole. Remuer pour bien mélanger.

🍃 Faire chauffer tout doucement jusqu'au point d'ébullition, sans remuer. Cela prend du temps, mais garantit le succès du sucre à la crème.

🍃 Lorsque le mélange bout, le faire chauffer à feu vif jusqu'à ce que le thermomètre à bonbons indique 119°C (246°F) ou qu'une goutte du mélange jetée dans l'eau froide forme une boule ferme.

🍃 Retirer du feu. Laisser tiédir. Ajouter la vanille, l'essence d'érable, les noix hachées, le sel, la crème et le beurre. Bien remuer, puis verser dans un plat beurré. Refroidir.

MAÏS SOUFFLÉ AU CARAMEL

250 mL (1 tasse) de mélasse
250 mL (1 tasse) de sirop de maïs
5 mL (1 c. à thé) de vinaigre
45 mL (3 c. à soupe) de beurre
2 mL (½ c. à thé) de sel
750 mL (3 tasses) de maïs soufflé

🍃 Porter à ébullition la mélasse, le sirop de maïs et le vinaigre. Laisser cuire jusqu'à ce que le mélange durcisse (un peu de sirop jeté dans de l'eau froide forme une boule dure). Retirer du feu.

🍃 Ajouter le beurre et le sel, puis verser lentement sur le maïs soufflé en remuant avec une cuiller de bois beurrée. Se beurrer les mains et façonner la préparation de maïs en boules. Travailler rapidement.

Truffes à la crème

[689]

SUCRE D'ÉRABLE

🍂 Faire bouillir du sirop d'érable jusqu'à ce que le thermomètre à bonbons indique 115°C (240°F) ou qu'un peu de sirop jeté dans de l'eau froide forme une boule molle. Faire refroidir aussi vite que possible en plaçant la casserole dans un bol rempli d'eau glacée. Lorsque le sirop est tiède, remuer vigoureusement avec une cuiller de bois jusqu'à ce que le sirop commence à se granuler et à changer de couleur. Verser immédiatement dans un moule rincé à l'eau froide. Laisser reposer dans un endroit froid jusqu'à ce que le sucre soit pris. Démouler aussitôt qu'il est solidifié.

BEURRE D'ÉRABLE

🍂 Le beurre d'érable se prépare de la même façon que le sucre d'érable. Ajouter 15 mL (1 c. à soupe) de beurre et 15 mL (1 c. à soupe) de crème pour 1 L (4 tasses) de sirop. Faire cuire le sirop jusqu'à ce que le thermomètre à bonbons indique 113°C (236°F) ou qu'un peu de sirop jeté dans de l'eau froide forme une boule molle.

BEURRE D'ÉRABLE CRÉMEUX

250 mL (1 tasse) de cassonade
750 mL (3 tasses) de sirop d'érable
250 mL (1 tasse) de crème ou de lait
125 mL (½ tasse) de sirop de maïs
60 mL (4 c. à soupe) de beurre

🍂 Mettre la cassonade, le sirop d'érable, la crème et le sirop de maïs dans une casserole. Porter doucement à ébullition. Faire bouillir à feu moyen de 20 à 30 minutes, en remuant constamment.

🍂 Laisser refroidir pendant 20 minutes. Ajouter le beurre et remuer jusqu'à ce que le mélange soit crémeux. Verser dans un pot de verre et fermer hermétiquement. Garder au réfrigérateur.

FONDANT AU SIROP D'ÉRABLE

500 mL (2 tasses) de sirop d'érable
pacanes ou noix de Grenoble

🍂 Porter le sirop à ébullition à feu moyen. Augmenter le feu et poursuivre la cuisson jusqu'à ce que le thermomètre à bonbons indique 113°C (235°F) ou qu'un peu de sirop jeté dans de l'eau froide forme une boule molle. Retirer du feu.

🍂 Lorsque le sirop a cessé de bouillir, le verser dans un plat assez grand, de manière qu'il n'y ait pas plus de 1 cm (½ po) d'épaisseur de sirop.

🍂 Lorsque le sirop est tiède, commencer à le travailler en le repliant vers le milieu avec une cuiller de bois jusqu'à ce que le sirop soit opaque et qu'il se tienne bien. Façonner le sirop en boule et le pétrir comme du pain jusqu'à ce que le fondant devienne doux et souple. Façonner de nouveau en boule et mettre dans un bol. Couvrir et laisser reposer pendant 12 heures.

🍂 Façonner la boule en 36 petits fondants ovales. Presser une moitié de pacane sur chacun et laisser sécher 4 heures sur une grille.

Fondant au sirop d'érable

❧ TECHNIQUE ❧
FONDANT AU SIROP D'ÉRABLE

1 Porter le sirop d'érable à ébullition à feu moyen.

2 Travailler le sirop d'érable en le repliant vers le milieu avec une cuiller de bois.

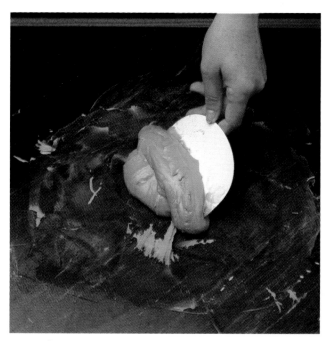

3 Façonner le sirop en boule.

4 Décorer chaque fondant d'une moitié de pacane.

Tire au miel

TIRE À LA MÉLASSE

500 mL (2 tasses) de cassonade
125 mL (½ tasse) d'eau
15 mL (1 c. à soupe) de sirop
de maïs
250 mL (1 tasse) de mélasse
75 mL (⅓ tasse) de beurre

📌 Mettre la cassonade, l'eau, le sirop de maïs, la mélasse et le beurre dans une casserole. Remuer pour bien mélanger et faire cuire jusqu'à ce que le thermomètre à bonbons indique 127°C (260°F) ou qu'un peu de sirop jeté dans de l'eau froide forme une boule dure. Parfumer de vanille ou d'essence d'amande.
📌 Verser la tire dans un moule carré et beurré. Laisser refroidir. Étirer, couper en bouchées et envelopper.

TIRE AU MIEL

500 mL (2 tasses) de sucre
500 mL (2 tasses) de miel
150 mL (⅔ tasse) d'eau
30 mL (2 c. à soupe) de vinaigre
1 pincée de sel

📌 Faire bouillir à feu doux le sucre, le miel, l'eau et le vinaigre jusqu'à ce que le thermomètre à bonbons indique 142°C (288°F) ou qu'un peu de sirop jeté dans l'eau froide forme des fils fermes mais flexibles. Remuer le moins possible.
📌 Ajouter alors le sel. Verser la tire dans un plat beurré et la laisser refroidir. Étirer la tire avec les mains jusqu'à ce qu'elle devienne pâle (pendant que vous étirez la tire, trempez vos mains dans un plat d'eau froide de temps à autre). Couper en bouchées de 2,5 cm (1 po) chacune.

MAÏS SOUFFLÉ AUX ARACHIDES

(crackerjack)

250 mL (1 tasse) de sucre
50 mL (¼ tasse) de sirop de maïs
125 mL (½ tasse) d'eau chaude
30 mL (2 c. à soupe) de beurre
3 mL (¾ c. à thé) de sel
40 mL (2½ c. à soupe)
de mélasse
175 mL (¾ tasse) d'arachides
1,5 L (6 à 7 tasses) de maïs soufflé

📌 Dans une casserole d'une capacité de 2 L (8 tasses), mettre le sucre, le sirop de maïs et l'eau chaude. Faire cuire à feu moyen jusqu'à ce que le thermomètre à bonbons indique 127°C (260°F).
📌 Réduire le feu et ajouter le beurre, le sel et la mélasse. Faire cuire jusqu'à ce que le sirop soit doré ou que le thermomètre à bonbons indique 143°C (290°F). Remuer une ou deux fois en cours de cuisson.
📌 Ajouter les arachides et remuer pour bien les enrober de sirop. Faire cuire jusqu'à ce que les arachides soient bien dorées. Mettre le maïs soufflé dans un grand bol et y verser le sirop aux arachides. Mélanger rapidement avec 2 fourchettes. Étendre le maïs soufflé sur une surface huilée, en l'espaçant le plus possible. Laisser refroidir et séparer en petits morceaux.

CROQUANT AUX ARACHIDES

125 mL (½ tasse) de sirop de maïs
500 mL (2 tasses) de sucre
75 mL (⅓ tasse) d'eau
45 mL (3 c. à soupe) de beurre

1 pincée de sel
250 mL (1 tasse) d'arachides
non salées
5 mL (1 c. à thé) de vanille

🌢 Mettre le sirop de maïs, le sucre, l'eau, le beurre et le sel dans une casserole. Faire cuire à feu moyen, en remuant sans arrêt, jusqu'à ce que le sucre soit dissous.

🌢 Ajouter les arachides et poursuivre la cuisson jusqu'à ce que le thermomètre à bonbons indique 150°C (300°F) ou qu'un peu de sirop jeté dans de l'eau froide forme des fils durs et cassants. Retirer du feu et ajouter la vanille. Verser la préparation sur une plaque à biscuits beurrée. Laisser refroidir puis briser le croquant en morceaux irréguliers.

🌢 On peut remplacer les arachides par des amandes blanchies.

TOFFÉE ANGLAIS

550 mL (2¼ tasses) de sucre
5 mL (1 c. à thé) de fécule de maïs
175 mL (¾ tasse) de sirop
de maïs
30 mL (2 c. à soupe) de beurre
250 mL (1 tasse) d'eau
5 mL (1 c. à thé) de sel
essence de vanille, de menthe,
d'amande, ou zeste de citron ou
d'orange ou rhum (au choix)

🌢 Mettre tous les ingrédients sauf l'essence dans une grande casserole et remuer pour bien mélanger. Faire cuire en remuant de temps à autre jusqu'à ce que le thermomètre à bonbons indique 120°C (250°F) ou qu'un peu de sirop jeté dans de l'eau froide forme une boule dure. Ajouter l'essence.

🌢 Verser quelques gouttes d'huile sur un marbre, une table de

porcelaine ou une plaque à pâtisserie et l'étendre avec le bout des doigts. Verser le toffée sur cette surface et le laisser durcir de 15 à 20 minutes.

🌢 Avec une spatule assez large, soulever le toffée et le mettre en masse compacte, en le repliant sur lui-même. Commencer immédiatement à étirer le toffée sans arrêter, sinon il collera. Étirer d'une main et replier le toffée sur lui-même le plus uniformément possible avec l'autre main. Une deuxième personne doit essuyer l'huile sur la surface de travail et la saupoudrer légèrement de fécule de maïs. Continuer à travailler le toffée jusqu'à ce qu'il soit assez dur.

🌢 Façonner le toffée en forme de cône. Avec une main, rouler la partie pointue du cône jusqu'à ce qu'il atteigne la grosseur d'un crayon. Couper avec des ciseaux enduits de fécule de maïs. Répéter cette opération avec le reste du toffée. Les morceaux de toffée doivent mesurer 4 cm (1½ po) de longueur. Envelopper individuellement dans du papier ciré.

CARAMEL ÉCOSSAIS

500 mL (2 tasses) de sucre
150 mL (⅔ tasse) de sirop de
maïs
50 mL (¼ tasse) d'eau
50 mL (¼ tasse) de crème à 10 %
50 mL (¼ tasse) de beurre

🌢 Mettre le sucre, le sirop de maïs, l'eau et la crème dans une casserole. Porter à ébullition à feu moyen en remuant sans arrêt. Poursuivre la cuisson en remuant de temps à autre jusqu'à ce que le thermomètre à bonbons indique 127°C (260°F) ou qu'un peu de

sirop jeté dans de l'eau froide forme une boule dure.

🌢 Ajouter le beurre et poursuivre la cuisson jusqu'à ce que le thermomètre indique 137°C (280°F) ou qu'un peu de sirop jeté dans de l'eau froide forme des fils fermes mais flexibles.

🌢 Verser dans un moule beurré de 20 x 20 x 5 cm (8 x 8 x 2 po). Laisser tiédir et faire des carrés avec la pointe d'un couteau. Lorsque le caramel est bien refroidi, le briser en morceaux.

COMMENT GLACER LES FRUITS ET LES NOIX

SIROP À GLACER
500 mL (2 tasses) de sucre
150 mL (⅔ tasse) d'eau
5 mL (1 c. à thé) de jus de citron
1 mL (¼ c. à thé) de crème
de tartre

🌢 Dans la partie supérieure d'un bain-marie, faire cuire à feu doux le sucre et l'eau, puis porter à ébullition. Ajouter le jus de citron et la crème de tartre. Avec un linge humide fixé à un petit bâton, nettoyer le pourtour du bain-marie afin d'enlever les cristaux de sucre.

🌢 Poursuivre la cuisson sans remuer jusqu'à ce que le thermomètre à bonbons indique 150°C (300°F) ou qu'un peu de sirop jeté dans de l'eau froide forme des fils durs et cassants.

🌢 Avec une fourchette, tremper des fruits ou des noix dans le sirop. Laisser égoutter le surplus de sirop, puis déposer les fruits glacés sur une plaque à biscuits bien huilée. Laisser refroidir jusqu'à ce que les fruits durcissent.

NOIX GLACÉES

🍃 Réfrigérer des pacanes, des noix de Grenoble ou des noix du Brésil pendant 1 heure. Les tremper dans le sirop à glacer et les laisser refroidir (voir page précédente, *Sirop à glacer*).

AMANDES GLACÉES

🍃 Façonner en ovale 5 mL (1 c. à thé) de pâte d'amande teintée rose ou verte. Presser une moitié d'amande dans chaque ovale. Réfrigérer pendant 1 heure. Enrober du sirop à glacer et laisser refroidir (voir page précédente, *Sirop à glacer*).

FRAISES GLACÉES

🍃 Choisir des fraises bien fermes avec des tiges vertes. Réfrigérer pendant 1 heure. Tremper chaque fraise dans le sirop à glacer jusqu'à la tige verte. Laisser refroidir (voir page précédente, *Sirop à glacer*).

PRUNEAUX GLACÉS

🍃 Farcir des pruneaux dénoyautés avec un morceau de gingembre confit ou une noix du Brésil. Réfrigérer les pruneaux pendant 1 heure, les tremper dans le sirop à glacer et les laisser refroidir (voir page précédente, *Sirop à glacer*).

RAISINS FRAIS GLACÉS

🍃 Enlever les raisins de la grappe en laissant le plus de tige possible. Réfrigérer pendant 1 heure. Tremper chaque raisin dans le sirop à glacer, en le tenant par la tige. Laisser refroidir (voir page précédente, *Sirop à glacer*).

ORANGES OU MANDARINES GLACÉES

🍃 Peler des oranges et séparer les quartiers en évitant de briser les membranes. Enlever tout le blanc collé sur la pulpe. Mettre sur une grille et faire sécher dans un endroit frais de 2 à 3 heures. Tremper chaque quartier dans le sirop à glacer. Éviter de percer les oranges en les ressortant. Laisser refroidir (voir page précédente, *Sirop à glacer*).

BOISSONS

LE VIN

Au chapitre des boissons, si l'on parle tout d'abord de celles qui contiennent de l'alcool, on se doit de commencer par la plus noble, l'une des plus anciennes, et celle dont la connaissance est tout à la fois un art et une science : le vin.

❧ Choisi de façon judicieuse, le vin accompagnera et mettra en valeur les plats du début à la fin du repas. Mais son compagnon le plus classique est sans nul doute le fromage. Encore là, il faut faire les bons choix. Un gruyère, par exemple, sera un vrai délice s'il est accompagné d'un vin blanc léger. Un roquefort, par contre, conviendra davantage à un bourgogne bien corsé ou à un bordeaux comme le Saint-Émilion.

❧ Pour une réception où les vins et les fromages sont à l'honneur, la règle la plus sûre est de commencer par les vins blancs secs et légers pour accompagner les fromages doux, suivis des vins plus corsés, tels que le bourgogne, pour boire avec les fromages plus forts. Les fromages du genre Oka sont meilleurs avec un vin rouge léger, un bordeaux ou un claret. Il n'est toutefois pas nécessaire de servir trois sortes de vins. Les vins d'Alsace et du Rhin, servis très frais, peuvent très bien accompagner tous les fromages. Les Chianti et les Valpolicella se servent également avec toutes les sortes de fromage. Lorsque vous effectuez votre choix de vins, rappelez-vous que la règle d'or est de choisir des vins que vous aimez, et cela, même si votre goût contrevient aux règles établies.

❧ Des corbeilles de fruits frais et de noix assorties constituent le dessert le plus approprié pour ce genre de réception.

❧ Lorsque plusieurs vins sont servis au cours d'un même repas, il est recommandé de toujours «remonter la gamme», c'est-à-dire aller du plus léger au plus corsé. Il est également préférable de boire les vins blancs avant les rouges et les vins jeunes avant les plus vieux.

❧ Le service classique, en effet, consiste à présenter trois vins différents. Un vin blanc sera servi avec le poisson ou l'entrée; un rouge avec la viande et le fromage; enfin, un blanc très fin ou un blanc pétillant avec le dessert.

VOCABULAIRE DU VIN

ACIDITÉ
Tous les vins ont une certaine teneur en acidité. Les vins «mous» manquent d'acidité. Ils n'ont pas de caractère et de nervosité. Par contre, les vins «vifs» présentent une bonne acidité. Trop d'acidité confère un goût désagréable au vin.

ARÔME
Impression caractéristique propre à chaque vin qu'on peut percevoir avec l'odorat et le palais.

BOUQUET
Mélange des parfums propres à un vin. Le bouquet se respire à même le verre en en faisant légèrement tourner le contenu avant de le humer profondément.

CAPITEUX
Vin à teneur élevée en alcool, qui grise rapidement.

CHAUD
Vin riche en alcool.

COMPLET
Vin bien équilibré, réunissant toutes les qualités. C'est générale-ment un vin de grande année.

CORSÉ OU ÉTOFFÉ
Vin dont le caractère est bien marqué, qui est riche en alcool.

DOUX
Vin qui glisse dans la bouche parce qu'il est un peu sucré.

DUR
Vin trop acide.

ÉLÉGANCE, CACHET
Marques de distinction réservées aux vins de grands crus.

ÉQUILIBRÉ
Vin dont tous les éléments (acidité, sucre, alcool) sont parfaitement dosés.

ENVELOPPÉ
Vin dont les reliefs sont estompés, les contours atténués.

FAIBLE
Vin qui manque d'alcool, de couleur, qui est sans personnalité.

FRAIS
Généralement un vin jeune, à acidité bien dosée, qui donne une sensation de fraîcheur au palais.

FRIAND
Vin jeune et fruité que l'on boit avec plaisir.

FRUITÉ
Vin qui possède l'arôme et la saveur du raisin.

GÉNÉREUX
Vin riche en alcool, chaud et vigoureux.

LÉGER
Vin peu corsé dont la teneur en alcool est plutôt faible.

VERT
Vin trop jeune qui présente une acidité élevée.

Le vin rouge

VIF
Vin qui impressionne le palais par son acidité, sans pour autant être désagréable.

VINOSITÉ
Qualité d'un vin qui a une forte teneur en alcool.

LIQUOREUX
Vin blanc plus ou moins capiteux, mais de saveur douce et sucrée.

MOELLEUX
Vin blanc dont la douceur est intermédiaire entre celle d'un vin blanc liquoreux et celle d'un vin sec.

NERVEUX
Vin qui a du caractère et qui présente une saveur acide dominante dans les limites de l'agréable.

SOYEUX
Vin souple et velouté auquel s'ajoute la finesse.

PASSÉ
Vin qui a perdu toutes ses qualités, vin devenu trop vieux.

RACÉ
Vin équilibré qui possède toutes les caractéristiques de son appellation. Vin qui a également de la classe, de la finesse et du caractère.

ROBUSTE
Vin généreux, riche en alcool, et produisant des effets marqués.

SEC
Vin qui ne donne pas l'impression de contenir du sucre.

SOUPLE
Vin dont l'équilibre alcool-acidité est excellent et qui glisse bien en bouche.

CHOIX D'UN VIN

Pour plusieurs d'entre nous, le choix d'un vin présente certaines difficultés: le type de vin approprié au plat, le rapport qualité-prix, le déchiffrage des étiquettes, etc.

Il n'est pas nécessaire de dépenser une fortune pour acquérir un bon vin. Il n'est pas non plus indispensable de posséder une cave à vins pour servir des vins de bonne qualité. Les vendeurs de vins sont aujourd'hui très bien approvisionnés et peuvent entreposer les vins dans les conditions propices à leur épanouissement.

L'étiquette d'une bouteille fournit plusieurs indications sur la provenance et la qualité du vin. Pour peu que vous vous soyiez familiarisé avec les sortes de vins, vous trouverez, en lisant l'étiquette, le vin approprié aux mets que vous voulez servir.

ENTREPOSAGE ET SERVICE

L'altération du vin est due principalement à l'action de l'air, de la lumière, et des changements importants de température. Les vins doivent donc faire l'objet de soins méticuleux. L'endroit destiné à les conserver (cave ou logement) doit répondre aux conditions suivantes:

La température doit se situer aux alentours de 12°C (53°F) et doit être constante. L'humidité doit se situer autour de 75%.

Le vin doit être dans l'obscurité presque totale et à l'abri des vibrations du sol.

Le vin respire, il est donc important que l'air de la cave soit exempt de fortes odeurs provoquées par des produits chimiques, comme le mazout, ou des denrées alimentaires comme l'ail et les oignons. Toutes les bouteilles doivent être conservées couchées.

Lorsqu'une bouteille n'a pas été entièrement consommée, il est recommandé de la transvider dans une bouteille plus petite qu'il faudra bien boucher. Cette tehnique permet de conserver un reste de vin pendant quelques jours.

La température de service des vins est un facteur important car elle devra varier selon le type de vin.

Le bordeaux rouge se boit à une température idéale de 18°C (65°F). Le bourgogne et les Côtes-du-Rhône sont meilleurs un peu plus frais, à 16°C (60°F). Le beaujolais doit être dégusté bien frais, à 14°C (58°F).

Pour refroidir un vin blanc, il faut procéder avec délicatesse et lenteur. Ne jamais ajouter de glaçons au vin. On le refroidit en plongeant la bouteille jusqu'au goulot dans un seau contenant un mélange d'eau et de glaçons. La températre idéale de consommation se situe entre 8 et 12°C (46 à 53°F). À noter que les grands vins de chardonnay se dégustent à une température variant entre 14 et 16°C (58 à 60°F).

Comme les vins blancs se servent très frais, nous recommandons de ne les monter de la cave qu'au moment de servir.

Les portos et les xérès, à l'instar des vins légers, doivent être tenus dans des endroits frais.

Les portos blancs, les xérès, les madères se servent frais, tandis que les portos rouges et les vins de liqueurs peuvent se servir frais ou chambrés, au goût.

Les champagnes et les mousseux se servent toujours frappés et se conservent en tenant les bouteilles bien couchées dans des endroits frais. Si les bouteilles sont laissées plus de 24 heures dans une position verticale, les bouchons peuvent sécher et le gaz contenu dans ces bouteilles peut s'échapper. Or un vin de Champagne ou un mousseux sans gaz est un vin perdu.

Le vieillissement des vins rouges provoque souvent l'apparition d'un dépôt foncé au fond de la bouteille. Ce dépôt, appelé lie, a un goût très amer qui masquera les saveurs d'un bon vin. Pour se débarasser de la lie, il faut décanter le vin. La décantation consiste à transvaser le vin dans un autre contenant. Pour décanter le vin, il est important d'ouvrir la bouteille en position horizontale. Placer ensuite la bouteille devant une source lumineuse et transvider le contenu dans une carafe, en prenant soin d'arrêter dès que des particules apparaissent au goulot, faute de quoi on risquerait de brouiller le vin qui est déjà dans la carafe.

Il est plus simple et moins risqué de déposer la bouteille sur la table quelques heures avant de servir pour laisser le temps aux particules en suspension de se déposer au fond de la bouteille. Éviter simplement de manipuler celle-ci brusquement.

Notons que les tire-bouchons à levier donnent moins de secousses que les autres. Les paniers à bouteilles sont très pratiques pour garder les bouteilles couchées pendant toute la durée du repas.

Pour éviter de briser un bouchon en ouvrant une bouteille, il faut appliquer le tire-bouchon au centre du liège. Il est préférable d'utiliser un tire-bouchon à pointe droite et à levier.

Si une bouteille a été conservée debout assez longtemps au point que le bouchon soit devenu sec et dur, on doit la coucher quelque temps pour permettre au liège de s'humidifier. Il sera alors plus facile de déboucher la bouteille.

Le suintement des vins que l'on remarque sur les bouchons, ou les moisissures qui apparaissent entre les capsules et les bouchons ne sont pas imputables à la mauvaise qualité des bouchons. Ces moisissures se développent à cause de l'humidité du bouchon et elles n'altèrent aucunement la qualité du vin.

LES VINS DE FRANCE

VINS DE BORDEAUX

Le vignoble bordelais se divise en plusieurs régions : Médoc, Graves, Sauternes, Entre-Deux-Mers, Saint-Émilion, Pomerol, Blayais, Bourgeais, Fronsac et les Côtes. Nous nous contenterons ici de décrire les principales régions.

La région du Médoc produit uniquement des vins rouges, souvent de noble réputation. Composés en grande partie de cépage cabernet sauvignon, ils sont bouquetés, avec beaucoup de corps et de finesse. Parmi les vins du Médoc, on compte quatre vins classés premiers crus :

Château Lafite-Rothschild
Château Latour
Château Margaux
Château Mouton-Rotschild

La région des Graves produit, à partir du cépage sauvignon blanc, des vins blancs secs ou moelleux fort réputés. Cette région produit également d'excellents vins rouges dont certains sont classés premiers crus :

Château Haut-Brion
(premier cru)
Château La Mission-Haut-Brion
(cru classé)
Château Haut-Bailly
(cru classé)

🍂 Les vins de Sauternes sont des vins blancs liquoreux et parfumés. Le plus prestigieux vin de la région est sans contredit le Château d'Yquem.

🍂 La région de l'Entre-Deux-Mers produit des vins blancs frais et fruités qui accompagnent à merveille les poissons et les fruits de mer. La région produit aussi quelques vins rouges vendus sous l'appellation Bordeaux ou Bordeaux supérieur.

🍂 Les vins rouges de Saint-Émilion sont plus souples que les vins du Médoc étant donné la présence dominante du cépage merlot par rapport au cabernet sauvignon. Parmi les plus célèbres, on compte le Château Ausone et le Château Cheval-Blanc.

🍂 La région du Pomerol produit des vins rouges généreux, corsés et bouquetés. Le Château Pétrus en est le plus réputé.

VINS DE BOURGOGNE

Les vins de Bourgogne proviennent d'un territoire qui est divisé en cinq grandes régions : Chablis, Côte d'Or (comprenant la Côte de Nuits et la Côte de Beaune), Côte chalonnaise, Mâconnais et Beaujolais.

🍂 Les vins de Chablis sont des vins blancs aux reflets verts. Ils sont fruités, frais et légers. Les appellations d'origine sont Chablis Grand Cru, Chablis Premier Cru, Chablis et Petit Chablis.

🍂 La Côte d'Or comprend la région de la Côte de Nuits et celle de la Côte de Beaune.

🍂 La région de la Côte de Nuits produit presque exclusivement des vins rouges à partir du cépage pinot noir dont plusieurs grands crus ont une renommée mondiale :

Romanée-Conti
Clos-Vougeot
Chambertin
Richebourg
Musigny
Bonnes-Marres

🍂 La région de la Côte de Beaune produit, à la fois, de très grands vins rouges et blancs. Les vins rouges ont beaucoup de charme et de finesse et sont moins puissants que les vins de la Côte de Nuits. Les blancs sont exquis, riches et secs. Voici quelques appellations très connues de la région, dont quelques grands crus :

Vins rouges et vins blancs

Corton (cru)
Beaune
Pommard
Aloxe-Corton
Volnay
Chassagne-Montrachet

Vins blancs

Corton-Charlemagne (cru)

Montrachet (cru)
Meursault

🍂 La Côte chalonnaise produit des vins blancs et rouges, mais aucun grand cru. Il n'existe pas d'appellation «Côte chalonnaise». Les appellations de cette région sont les suivantes :

Rully (rouges et blancs)
Montagny (blancs)
Givry (rouges et blancs)
Mercurey (rouges et blancs)

🍂 Le Mâconnais produit surtout des vins blancs. Ils sont secs, fruités et agréables. Les vins rouges et rosés font d'excellents vins de table. Le plus célèbre des vins blancs est sans doute le Pouilly-Fuissé. Les autres appellations sont Mâcon, Mâcon supérieur pour les vins blancs, rouges et rosés, et Mâcon-Villages et Chardonnay-Mâcon pour les vins blancs exclusivement.

🍂 Le vignoble de Beaujolais produit essentiellement des vins

Le vin blanc

rouges. Le Beaujolais est frais, souple, fruité et désaltérant. Renommé par sa fraîcheur et sa jeunesse, il est préférable de le consommer lorsqu'il est encore jeune. Les meilleurs crus ont droit à l'appellation Beaujolais-Villages. Cette région produit neuf crus :

Saint-Amour
Juliénas
Chénas
Moulin-à-Vent
Fleurie
Chiroubles
Morgon
Brouilly
Côte-de-Brouilly

VINS DU VAL-DE-LOIRE
Le Val-de-Loire comprend trois grandes régions : le pays nantais, l'Anjou, la Touraine et plusieurs autres petites régions comme le Berry, le Nivernais, l'Orléanais et le Haut-Poitou. Le Val-de-Loire est d'abord le pays des vins blancs et des rosés, même si on y produit également d'excellents vins rouges.

🍂 Le pays nantais produit un des vins les plus connus de la région, le Muscadet. Un vin léger, frais, fruité, que l'on doit boire dans sa pleine jeunesse.

🍂 L'Anjou produit une grande variété de vins : des vins blancs secs, demi-secs ou liquoreux, vins pétillants, vins mousseux, vins rouges et rosés. Le rosé d'Anjou est très populaire, c'est un vin fruité, léger et bien équilibré. Le vignoble de Saumur, situé en Anjou, produit de grands vins blancs légers, fins, fruités et vigoureux ainsi que des vins mousseux très réputés.

🍂 La Touraine produit des vins d'une grande diversité (rouges, blancs et rosés) dont de très grands vins blancs comme les vins de Vouvray et de Montlouis. On trouve également dans cette région d'excellents vins rouges tels que les vins de Chinon et de Bourgueil.

VINS D'ALSACE
Presque tous les vins d'Alsace sont blancs et secs. Les vins rouges sont rares mais excellents. C'est au nom du cépage qu'on reconnaît les types de vins. La région produit des vins blancs uniques à partir des cépages les plus nobles :

RIESLING
Roi des vins alsaciens, riche en alcool, élégant, racé et bouqueté.

TRAMINER
Vin parfumé, léger, peu acide et suave.

TOKAY D'ALSACE (Pinot gris)
Vin corsé et riche en saveurs (à ne pas confondre avec le Tokay hongrois).

SYLVANER
Vin léger, fin et fruité.

🍂 Les vins d'Alsace qui proviennent de plusieurs cépages (vins de coupage) portent le nom de Zwicker. Si le coupage est réalisé avec des cépages nobles, on a un Edelzwicker. Ces deux termes constituent la carte d'identité des vins d'Alsace.

VINS DE CÔTES-DU-RHONE
La vallée du Rhône produit une grande quantité de très bons vins rouges qui rivalisent avec certains vins de Bordeaux et de Bourgogne. Les vins rouges sont colorés, corsés et généreux. Les quelques vins blancs de la région sont fins et riches en saveurs.

🍂 Voici quelques appellations des plus grands vins du Rhône :

CHATEAUNEUF-DU-PAPE
Vin rouge corsé et moelleux, au bouquet ample et épicé.

TAVEL
Vin rosé, sec et fruité.

HERMITAGE (rouges et blancs)
Les rouges sont riches et puissants, et les blancs fins, élégants et racés.

VIN DE CHAMPAGNE
Pour apprendre à connaître le champagne, il est important de comprendre les grandes lignes de sa fabrication.

🍂 Sitôt vendangé, le raisin est pressé (par des pressoirs spéciaux, à action rapide, qui permettent d'obtenir un jus blanc et clair, et cela même avec des raisins noirs). Le moût ainsi obtenu est mis en tonneau pour une première fermentation. On obtient alors un vin «tranquille» que l'on soutire plusieurs fois pendant l'hiver.

🍂 Ce n'est qu'au printemps que l'on compose la «cuvée», mélange de vins provenant de divers crus de raisins noirs ou blancs, quelquefois récoltés en différentes années. (Le millésime n'implique pas que la totalité du vin soit de l'année, mais qu'on le retrouve dans une quantité supérieure, déterminée selon des règles établies.) Les vins ainsi «mariés» sont aussitôt additionnés d'une substance appelée «liqueur de tirage», puis mis en bouteille pour une seconde fermentation.

🍂 La liqueur fermente et produit du gaz carbonique, c'est ce gaz qui crée les bulles, on assiste alors à la «champagnisation». Ce travail de fermentation produit un dépôt qui, par remuage quotidien de la bouteille, se concentre dans le col de celle-ci. On expulse le dépôt au dernier stade de préparation, dit «dégorgement». Avant le remplissage définitif de la bouteille, on ajoute un mélange de vieux vins de Champagne et de sucre de canne, dit «liqueur d'expédition». C'est le dosage de cette liqueur qui fait qu'un champagne est brut, extra-brut, sec, demi-sec ou doux.

🍃 Les vins de Champagne se vendent sous le nom de grandes familles ou des sociétés propriétaires des vignobles. Ces grands noms ont acquis leurs lettres de noblesse dans le monde entier. Il est donc facile pour l'amateur de repérer son champagne préféré.

🍃 Seul le champagne produit avec des raisins blancs peut porter la mention «Blanc de Blancs».

🍃 Les vins tranquilles (non mousseux) produits dans la région de Champagne s'appellent Coteaux Champenois.

🍃 Les vins rouges de la région de Champagne ne sont jamais mousseux. Les plus connus sont les vins de Bousy, d'Ambonnay et de Damery.

LES VINS DU MONDE

🍃 Bien que la France reste le berceau de la tradition vinicole, plusieurs autres pays produisent d'excellents vins.

🍃 En Europe, l'Italie produit une très grande quantité de bons vins rouges, blancs et rosés. L'Allemagne et la Suisse produisent des vins blancs superbes à partir de cépages bien adaptés. L'Espagne et le Portugal comptent aussi parmi les pays ayant une tradition vinicole digne de mention.

SUGGESTIONS DE VINS*

VINS BLANCS SECS

France :	Bordeaux, Muscadet, Gros Plant, Graves, Gaillac, Beaujolais, Riesling d'Alsace, Bourgogne Aligoté, Pouilly-Fumé, Saint-Véran, Sancerre, Chablis.
Italie :	Orvieto, Soave, Franscati, Est-Est-Est, Torgiano.
Portugal :	Vinho Verde, Bucellas.
Allemagne :	Kabinett de la Moselle ou Rheingau.

VINS ROUGES LÉGERS

France :	Côtes du Ventoux, Saumur, Mâcon, Bordeaux, Beaujolais, Brouilly, Médoc, Bourgueil, Haut-Médoc, Saint-Émilion, Pauillac, Moulis, Fronsac.
Italie :	Chianti, Valpolicella, Bardolino, Chianti Classico, Reserva, Barbera d'Alba, Dolcetto d'Alba, Vino Nobile de Montepulciano.
Espagne :	Rioja.
Portugal :	Dâo.

VINS ROUGES CORSÉS

France :	Corbières, Fitou, Minervois, Côtes-du-Rhône, Crozes-Hermitage, Gigondas, Moulin-à-Vent, Madiran, Châteauneuf-du-Pape, Hermitage, Hautes-Côtes de Nuits, Mercurey.
Italie :	Barbera d'Asti, Sangiovese de Romagna, Nebbiolo D'Alba, Barbaresco, Barolo, Amarone.
Espagne :	Rioja.
Portugal :	Dâo, Garrafeira.

*Tiré de la brochure *Pour mieux apprécier les vins et les fromages*, publiée par Les fabricants de fromages fins du Québec, le ministère de l'Agriculture, des Pêcheries et de l'Alimentation, Les producteurs de lait du Québec et la Société des alcools du Québec.

🍃 Les États-Unis comptent deux États où l'on a le souci de produire des vins de qualité, ce sont la Californie, dont les cépages les plus apréciés sont le cabernet sauvignon, le chardonnay et le zinfandel, et l'Orégon qui produit de très bons vins de pinot noir. Au Canada, l'Ontario, le Québec et la Colombie-Britannique produisent aussi des vins intéressants.

🍃 En Amérique du sud, le Chili et l'Argentine s'imposent par l'originalité et la qualité de leurs vins.

🍃 L'Australie offre aussi un éventail impressionnant de vins fins dont certains peuvent rivaliser avec les grands vins européens et californiens.

LES APÉRITIFS

L'apéritif se prend en fin d'après-midi. Les apéritifs sont des boissons légères et savoureuses. Le mot «apéritif» vient du mot italien «aperire», qui veut dire «ouvrir», c'est-à-dire, mettre en appétit. On sert souvent du whisky ou des cocktails en guise d'apéritifs.

🍃 Voici une liste de quelques apéritifs:

Vermouth sec
Vermouth doux
Madère
Marsala
Dubonnet
Amer Picon
Pernod
Cinzano
Punt e Mes
Ouzo (grec)

🍃 Il y en a évidemment plusieurs autres. Il en existe aussi plusieurs marques de chaque sorte. À chacun de faire son choix!

🍃 Il est préférable de réfrigérer les verres à apéritifs ou à porto quelques heures avant de servir. Si cela n'est pas possible, les remplir de glaçons pendant quelques minutes. Jeter les glaçons et verser dans le même verre environ 85 mL (3 oz) de l'apéritif de votre choix. Servir.

APÉRITIF GLACÉ

🍃 Mettre de 2 à 4 glaçons dans un verre à whisky, avant d'y verser l'apéritif de votre choix. Ajouter un zeste de citron.

PICON GRENADINE

🍃 Verser sur plusieurs glaçons 60 mL (2 oz) d'Amer Picon et 4 gouttes de grenadine. Remplir le verre d'eau minérale gazéifiée.

VERMOUTH CASSIS

🍃 Dans un grand verre, déposer 2 glaçons, 85 mL (3 oz) de vermouth et 15 mL (1 c. à soupe) de crème de cassis. Ajouter un peu d'eau minérale gazéifiée et un zeste de citron.

SAINT-RAPHAËL À L'ORANGE

🍃 Mettre dans un mélangeur à cocktail 60 mL (2 oz) de Saint-Raphaël et 30 mL (1 oz) de jus d'orange. Ajouter de la glace pilée. Agiter et servir garni d'une tranche d'orange.

LES LIQUEURS

Les liqueurs sont riches en parfums et variées en saveurs, parce qu'elles sont les produits distillés de fruits, de fleurs, d'herbes, de graines aromatiques et d'épices. On les utilise autant en cuisine que comme digestif.

🍃 Une crème glacée arrosée d'une liqueur appropriée devient un délicieux dessert, de même qu'un gâteau parfumé avec quelques cuillerées de liqueur. On peut aussi déposer une carafe de liqueur sur la table et on laissera à chacun des convives le soin d'en verser à son gré sur la crème ou la salade de fruits.

🍃 Avec le café, on sert les liqueurs dans de petits verres. Les bons cognacs doivent idéalement être servis dans des ballons, afin que la chaleur des mains réchauffe l'alcool et en dégage le bouquet.

🍃 En cuisine, ce qu'il importe de connaître d'une liqueur est l'ingrédient de base dont elle est constituée, pour pouvoir marier les saveurs avec bonheur. Pour parfumer un soufflé aux abricots, par exemple, on peut très bien utiliser un cognac, mais une liqueur d'abricots donnera encore plus de saveur. De même, une liqueur à l'orange fera des merveilles dans les salades de fruits.

PRINCIPAUX CONSTITUANTS DES LIQUEURS

FRUITS, ZESTES DE FRUITS ET FLEURS

Abricots
Abricot (liqueur)
Apry Marie Brizard
Brandy aux abricots

Cassis
Crème de cassis

Cerises
Brandy aux cerises
Cerise (liqueur)
Cherry Heering (danois)
Kirsch

Grenadines
Sirop de grenadine
(non alcoolisé)

Oranges
Cointreau
Curaçao
Grand Marnier
Triple-Sec

Pêches
Brandy aux pêches
Pêche (liqueur)

Pommes
Calvados
Brandy aux pommes

Prunes
Mirabelle
Dolfi
Quetsche (alsacien)

Prunelles
Sloe gin

Raisins
Armagnac
Cognac
Grappa (italien)
Marc de Bourgogne
Metaxa (grec)

GRAINES, GOUSSES ET FINES HERBES

Amandes
Crème d'amandes
Orgeat (non alcoolisé)

Anis et badiane
Absinthe
Anisette
Ouzo
Pernod
Ricard

Cacao
Crème de cacao

Café
Crème de café
Kahlùa mexicain

Gousse de vanille
Crème de vanille

Graines de carvi
Kummel

Menthe
Crème de menthe
(blanche ou verte)
Frappé mint

LIQUEUR FRAPPÉE

Remplir un verre à liqueur de glace pilée. Verser 30 à 60 mL (1 à 2 oz) de liqueur de votre choix

Liqueur frappée

(menthe, Bénédictine, Cointreau). Piquer 2 petites pailles dans la glace et servir.

PUNCH CHAUD DE NOËL

1 orange
12 clous de girofle
2 bouteilles de vin rouge léger
1 citron non pelé, coupé
en tranches minces
1 bâton de cannelle
125 mL (½ tasse) de raisins secs
125 mL (½ tasse) de sucre
125 mL (½ tasse) de cognac

Chauffer le four à 200°C (400°F). Laver l'orange. Avec la pointe d'un couteau, pratiquer des incisions en forme de losanges dans l'écorce. Dans chaque losange, piquer un clou de girofle. Déposer dans un moule à tarte. Faire cuire pendant 30 minutes dans le four chaud.

Pendant ce temps, verser dans une grande casserole le vin rouge, le citron, le bâton de cannelle, les raisins secs et 50 mL (¼ tasse) de sucre. Ajouter l'orange cuite. Faire mijoter à découvert pendant 20 minutes. Éviter l'ébullition et remuer plusieurs fois. Retirer la cannelle et verser dans un bol à punch.

Mélanger le reste du sucre avec le cognac dans une petite casserole. Chauffer légèrement et faire flamber tout en versant dans le punch.

Donne 12 portions.

PUNCH DE NOËL

1 L (4 tasses) de cidre doux
500 mL (2 tasses) de jus d'ananas
500 mL (2 tasses) de jus d'orange
50 mL (¼ tasse) de jus de citron
250 mL (1 tasse) de gelée
de canneberge
1 pincée de clous de girofle
moulus

Punch français

1 banane
1 petit ananas

🍂Mélanger le cidre, le jus d'ananas, le jus d'orange et le jus de citron. Chauffer la gelée de canneberge à feu doux jusqu'à ce qu'elle soit en sirop. Y ajouter les clous de girofle moulus. Bien mélanger.

🍂Trancher la banane en petites rondelles et les disposer dans le fond d'un bol à punch. Nettoyer l'ananas et le couper en petits cubes et les déposer sur les rondelles de banane. Verser le sirop de canneberges sur les fruits et bien mélanger. Ajouter des glaçons et le mélange de cidre. Servir.

PUNCH CHAUD AU CIDRE

8 pommes
12 L (48 tasses) de bon cidre doux
6 bâtons de cannelle
20 mL (4 c. à thé) de clous

de girofle
5 mL (1 c. à thé) de muscade râpée
375 mL (1½ tasse) de sucre

🍂Faire griller les pommes de la même manière que pour le *Wassail bowl colonial* (voir page 706) et les mettre dans un bol à punch.

🍂Mettre le reste des ingrédients dans une grande casserole. Porter à ébullition. Passer le liquide au tamis fin et le verser sur les pommes. Servir chaud.

🍂Donne 50 portions.

PUNCH FRANÇAIS

250 mL (1 tasse) d'eau
250 mL (1 tasse) de sucre
zeste d'un citron
jus de 2 citrons
jus de 2 oranges
125 mL (½ tasse) de Cointreau ou d'une autre liqueur

de votre choix
2 bouteilles de bourgogne

🍂Porter à ébullition l'eau, le sucre et le zeste de citron. Faire bouillir pendant 3 minutes. Laisser refroidir.

🍂Ajouter les jus de citron et d'orange au sirop refroidi. Passer au tamis très fin. Réfrigérer.

🍂Verser le sirop dans un bol à punch. Ajouter le Cointreau, le vin et un gros bloc de glace. Servir.

🍂Donne de 14 à 18 portions.

PUNCH AU RHUM

6 citrons
750 mL (3 tasses) de thé fort, chaud
250 mL (1 tasse) de sucre
750 mL (3 tasses) de rhum
30 mL (2 c. à soupe) de cognac

🍂Enlever le zeste des citrons en le coupant en fines lanières. Déposer le zeste dans un bol à punch et y verser le thé chaud. Laisser reposer pendant 1 heure. Extraire le jus des citrons et l'ajouter au sucre. Laisser reposer pendant 1 heure, en remuant quelquefois pour dissoudre le sucre.

🍂Pour servir, mélanger le thé, le sirop de citron, le rhum et le cognac. Ajouter des glaçons et servir.

🍂Donne de 8 à 10 portions.

PUNCH MOSELLE DE LUXE

1 bouteille de champagne
50 mL (¼ tasse) de cognac
15 mL (1 c. à soupe) de Cointreau

10 mL (2 c. à thé) de sirop à cocktail (**voir page 710**)
125 mL (½ **tasse**) **d'ananas frais râpé**
½ orange pelée, coupée en tranches très minces

❧Mélanger le tout juste au moment de servir.
❧Une heure avant de servir, remplir un bol à punch de glaçons.
❧Jeter la glace. Verser le mélange du punch dans le bol froid.
❧Décorer avec une belle rose fraîchement éclose. Servir immédiatement.

PUNCH ROYAL

2 **bouteilles de champagne**
250 mL (1 **tasse**) **de jus d'orange**
250 mL (1 **tasse**) **de jus de citron**
50 mL (¼ **tasse**) **de Curaçao**
ou de Cointreau
15 mL (1 c. à soupe) **d'Angostura bitter**
1 **grande bouteille d'eau minérale gazéifiée**

❧Au moment de servir, mettre un bloc de glace dans le bol à punch. Ne jamais utiliser de glaçons pour ce punch.
❧Verser les ingrédients sur la glace en suivant l'ordre indiqué. Garnir de cubes d'ananas frais. Servir immédiatement.

PUNCH AUX PÊCHES ET AU VIN

6 **pêches fraîches ou 1 boîte de pêches surgelées**
50 mL (¼ **tasse**) **de miel**
250 mL (1 **tasse**) **de cognac**
2 **bouteilles de vin de Sauternes ou de vin rosé**
1 **bouteille de vin pétillant**

❧Peler et trancher les pêches fraîches ou laisser décongeler les pêches surgelées. Ajouter aux pêches le miel et le cognac. Couvrir et laisser reposer pendant 1 heure.
❧Au moment de servir, verser les pêches dans un bol à punch. Déposer un gros bloc de glace au milieu et verser le vin de Sauternes sur la glace. Bien mélanger et verser le vin pétillant sur le tout.
❧Donne de 14 à 18 portions.

PUNCH DE REIMS

500 mL (2 **tasses**) **d'ananas frais**
50 mL (¼ **tasse**) **de sucre**
75 mL (⅓ **tasse**) **de cognac**
250 mL (1 **tasse**) **de jus d'orange**
2 **bouteilles de champagne**

❧Râper l'ananas et le mélanger avec le sucre et le cognac. Remuer jusqu'à ce que le sucre soit dissous. Couvrir et réfrigérer pendant 12 heures.

❧Mettre un bloc de glace dans un bol à punch. Ajouter le jus d'orange au mélange d'ananas. Verser sur la glace. Ajouter le champagne et servir sans délai.

PUNCH DES GRANDES OCCASIONS

2 **bouteilles de champagne**
1 **bouteille de vin de Sauternes**
1 **bouteille grand format d'eau minérale gazéifiée**
50 mL (¼ **tasse**) **de cognac**
50 mL (¼ **tasse**) **de Cointreau**
50 mL (¼ **tasse**) **de sirop à cocktail** (**voir page 710**) **ou de sirop d'érable**
250 mL (1 **tasse**) **de fraises coupées en tranches minces**
feuilles de menthe fraîche

❧Réfrigérer le champagne, le vin de Sauternes et l'eau minérale gazéifiée pendant 12 heures.
❧Pour servir, mettre des glaçons dans un bol à punch. Mélanger le

Punch aux pêches et au vin

cognac, le Cointreau et le sirop moyen. Verser sur les glaçons et remuer.

🍃 Ajouter le champagne, le vin de Sauternes et l'eau minérale gazéifiée. Garnir avec les fraises et les feuilles de menthe. Servir.

🍃 Donne 36 portions.

PUNCH AUX FRAISES

500 mL (2 tasses) de fraises fraîches ou 1 boîte de fraises surgelées
125 mL (½ tasse) de sucre
1 bouteille de vin blanc
175 mL (¾ tasse) d'eau
250 mL (1 tasse) de sucre
750 mL (3 tasses) d'eau
2 bouteilles de vin blanc d'Alsace ou de vin suisse

🍃 Nettoyer les fraises, les couper en tranches minces et les saupoudrer avec le sucre. [Si vous utilisez des fraises surgelées, n'utilisez pas les 125 mL (½ tasse) de sucre indiqués dans la recette.]

Punch aux fraises

Ajouter le vin blanc. Couvrir et réfrigérer pendant 12 heures.

🍃 Faire un sirop moyen avec les 175 mL (¾ tasse) d'eau et les 250 mL (1 tasse) de sucre. Réfrigérer.

🍃 Pour servir, ajouter les 750 mL (3 tasses) d'eau et le vin d'Alsace. Bien mélanger et sucrer au goût avec le sirop moyen.

🍃 Ce punch peut se préparer à l'avance à condition de le garder au réfrigérateur.

🍃 Le sirop se conserve indéfiniment au réfrigérateur, dans une bouteille bien scellée.

BISHOP ANGLAIS

1 orange
clous de girofle entiers
125 mL (½ tasse) de cassonade
1 bouteille de porto
75 mL (⅓ tasse) de cognac

🍃 Laver l'orange, la piquer entièrement de clous de girofle et

la saupoudrer de cassonade. Faire cuire dans un moule à tarte, au four à 190°C (375°F), de 30 à 40 minutes ou jusqu'à ce que l'orange soit caramélisée.

🍃 Verser le porto dans une casserole de verre, ajouter l'orange caramélisée coupée en quatre, et faire mijoter, sans laisser bouillir, pendant 20 minutes.

🍃 Retirer du feu, ajouter le cognac et servir chaud dans des tasses de porcelaine.

🍃 Donne de 6 à 8 portions.

WASSAIL BOWL COLONIAL

2 mL (½ c. à thé) de graines de cardamome entières
2 mL (½ c. à thé) de clous de girofle
1 demi-noix de muscade
2 racines de gingembre
5 mL (1 c. à thé) de coriandre
250 mL (1 tasse) d'eau
2 bouteilles de porto
1 grosse bouteille de bière légère
125 mL (½ tasse) de sucre
4 blancs d'œufs, battus en neige
4 jaunes d'œufs, battus
6 pommes moyennes entières, grillées

🍃 Mettre dans une casserole la cardamome, les clous de girofle, la muscade, le gingembre, la coriandre et l'eau. Porter à ébullition. Couvrir et faire mijoter pendant 30 minutes. Passer au tamis très fin.

🍃 Mettre dans une grande casserole le porto, le sucre, l'eau des épices et la bière. Faire mijoter tout en remuant jusqu'à ce que le sucre soit dissous.

🍃 Ajouter une demi-tasse du liquide chaud aux jaunes d'œufs

battus. Bien mélanger et les verser dans le liquide en battant sans arrêt. Retirer du feu.

🍂 Ajouter les blancs d'œufs en neige et battre jusqu'à ce que le mélange soit mousseux.

🍂 Pour faire griller les pommes, enlever les oeufs et disposer les fruits dans un moule à gâteau. Dans chaque pomme, mettre 15 mL (1 c. à soupe) de sucre et 5 mL (1 c. à thé) de beurre. Faire cuire au four à 260°C (500°F) de 30 à 40 minutes, ou jusqu'à ce que les pommes soient dorées et même brunies.

🍂 Pour servir, déposer une pomme dans chaque tasse et remplir de vin chaud. Servir avec une cuiller.

WASSAIL BOWL ANGLAIS

2 mL (½ c. à thé)
de gingembre moulu
2 mL (½ c. à thé)
de muscade râpée
1 mL (¼ c. à thé) de cannelle
250 mL (1 tasse) de morceaux
de sucre
2 citrons
1,5 L (6 tasses) de bière (ale)
750 mL (3 tasses) de xérès sec
6 petites pommes, grillées

🍂 Mélanger les épices. Frotter les morceaux de sucre sur les citrons jusqu'à ce qu'ils deviennent jaunes.

🍂 Mettre dans une casserole les épices, le sucre au citron et 500 mL (2 tasses) de bière. Faire bouillir pendant 1 minute en remuant sans arrêt pour faire fondre le sucre.

🍂 Verser le reste de la bière et le xérès. Porter à ébullition et retirer immédiatement.

🍂 Pour faire griller les pommes, retirer les coeurs et disposer les fruits dans un moule à gâteau. Dans chaque pomme, mettre 15 mL (1 c. à soupe) de sucre et 5 mL (1 c. à thé) de beurre. Faire cuire au four à 260°C (500°F) de 30 à 40 minutes, ou jusqu'à ce que les pommes soient dorées et même brunies. Les placer dans un bol à punch et les ébouillanter avec le liquide.

LAIT DE POULE DE NOËL

(eggnog)

12 jaunes d'œufs
375 mL (1½ tasse) de sucre
1 L (4 tasses) de lait
1 L (4 tasses) de crème à 35%
1,2 L (40 oz) de whisky canadien
750 mL (26 oz) de cognac
12 blancs d'œufs
30 mL (2 c. à soupe) de rhum
(facultatif)
muscade, râpée

🍂 Battre les jaunes d'œufs avec le sucre jusqu'à ce qu'ils prennent une teinte plus claire.

🍂 Placer un bol à punch sur un lit de glace pilée. Y verser les jaunes d'œufs battus et le lait. Bien mélanger.

🍂 Fouetter la crème et l'incorporer au lait. Bien mélanger. Ajouter lentement le whisky et le cognac, en remuant.

🍂 Battre les blancs d'œufs en neige ferme et les incorporer au mélange. Arroser la surface de rhum et saupoudrer de muscade.

🍂 Pour un lait de poule au rhum, remplacer le whisky par une égale quantité de rhum léger.

🍂 Donne 50 portions. On peut facilement réduire la recette de moitié ou du quart.

GLOGG SUÉDOIS

Pour plusieurs, rien ne pourrait remplacer la bouteille de champagne pour la célébration de Noël, mais pour les Suédois, un glogg chaud et corsé est ce qu'il y a de mieux. D'après la tradition, aucune femme suédoise ne pouvait y tremper les lèvres avant qu'on ne lui dise d'abord «skol!».

750 mL (26 oz) d'akvavit
ou de vodka
50 mL (¼ tasse) de raisins
épépinés
50 mL (¼ tasse) d'amandes
blanchies
5 graines de cardamome
(utiliser les pépins à l'intérieur)
4 clous de girofle entiers
1 bâton de cannelle
de 10 cm (4 po)
4 zestes d'orange
150 mL (⅔ tasse) de sucre

🍂 Verser l'akvavit dans une casserole de fonte émaillée. Ajouter le reste des ingrédients. Remuer pour bien mélanger le sucre et laisser reposer de 4 à 6 heures.

🍂 Pour servir, réchauffer en prenant soin de ne pas laisser bouillir. Verser dans un bol à punch. Servir dans des tasses à punch avec un raisin et une amande au fond de chacune.

🍂 Faire flamber, si désiré.

GLOGG SCANDINAVE

75 mL (⅓ tasse) d'amandes
blanchies
125 mL (½ tasse) de raisins secs
5 clous de girofle

Whisky ou brandy fizz

3 bâtons de cannelle
10 graines de cardamome
1 bouteille de porto
1 bouteille de xérès
125 mL (½ tasse) de morceaux
de sucre
500 mL (2 tasses) de cognac

&❧ Une semaine avant de servir ce punch, mettre dans une casserole les amandes, les raisins, les clous de girofle, la cannelle, la cardamome et juste assez de porto pour recouvrir le tout. Porter à ébullition à feu doux. Ne pas laisser bouillir. Retirer du feu. Verser dans une bouteille. Couvrir et laisser reposer dans un endroit frais.

&❧ Pour faire le glogg, passer le porto épicé dans un tamis fin. Y ajouter le reste du porto et le xérès. Verser dans le bol d'un réchaud de table. Porter juste à ébullition.

&❧ Placer dans une petite passoire les morceaux de sucre et les imbiber de cognac. Faire flamber en continuant de verser le cognac. Ajouter au punch le sucre qui reste dans la passoire. Remuer lentement jusqu'à ce que les flammes s'éteignent. Servir chaud avec quelques raisins et une amande dans chaque verre.

CUBA LIBRE

jus de ½ limette
3 glaçons
50 mL (¼ tasse) de rhum
(blanc de préférence)
coca-cola

&❧ Extraire le jus de la limette au-dessus d'un grand verre, et jeter l'écorce dans le verre. Ajouter les glaçons et le rhum. Remplir le verre de coca-cola. Remuer et servir.

SIDE CAR

&❧ Mettre dans un mélangeur à cocktail une quantité égale de jus de citron, de Cointreau et de cognac. Ajouter des glaçons et agiter. Servir.

RHUM COLLINS

jus d'un citron
5 mL (1 c. à thé) de sucre
superfin
75 mL (⅓ tasse) de rhum
5 gouttes d'Angostura bitter
eau minérale gazéifiée

&❧ Mettre les ingrédients dans un mélangeur à cocktail à demi rempli de glace pilée. Agiter fortement. Verser dans un grand verre et remplir d'eau minérale gazéifiée.

&❧ Pour faire un John Collins, remplacer le rhum par une égale quantité de gin.

DRY MARTINI

⅔ de gin
⅓ de vermouth sec

&❧ Mettre les ingrédients dans un mélangeur à cocktail. Ajouter de la glace. Bien agiter et verser dans un verre. Piquer une olive ou un petit oignon mariné sur un cure-dents. Décorer d'une longue spirale de zeste de citron.

MANHATTAN

⅔ de whisky canadien
⅓ de vermouth sec
3 gouttes d'Angostura bitter

&❧ Mettre les ingrédients dans un grand verre rempli de glaçons. Bien remuer à l'aide d'une grande cuiller. Verser dans des verres à cocktail.

BLACK VELVET

🍀 Verser dans un grand verre à whisky une égale quantité de bière noire (stout) bien fraîche et de champagne frappé.

WHISKY OU BRANDY FIZZ

45 mL (3 c. à soupe) de jus de limette ou de citron
5 mL (1 c. à thé) de sucre superfin
45 mL (3 c. à soupe) de whisky ou de cognac

🍀 Dans un mélangeur à cocktail à demi rempli de glace concassée, verser le jus de limette, le sucre et le whisky. Agiter fortement.
🍀 Verser dans un grand verre et allonger d'eau minérale gazéifiée. Remuer à la cuiller et servir.

BLACK STRIPE

75 mL (⅓ tasse) de rhum
5 mL (1 c. à thé) de mélasse
5 mL (1 c. à thé) de jus de citron

🍀 Réchauffer un gobelet en le plongeant dans de l'eau chaude. Y verser le rhum, la mélasse et le jus de citron. Remplir le gobelet de thé chaud. Garnir d'un zeste de citron. Servir.

FLIP AU PORTO OU AU XÉRÈS

75 mL (⅓ tasse) de porto ou de xérès
30 mL (2 c. à soupe) de café fort, froid
15 mL (1 c. à soupe) de crème
1 œuf

🍀 Dans un mélangeur à cocktail à demi rempli de glace pilée, verser le porto, le café et la crème.
🍀 Casser l'œuf sur le tout. Couvrir et agiter fortement jusqu'à ce que le mélange soit homogène. Verser dans un verre à whisky.

RHUM GRENADINE

10 mL (2 c. à thé) de sucre
jus d'une limette
2 gouttes d'Angostura bitter
125 mL (½ tasse) de rhum
quelques gouttes de grenadine ou de sirop d'érable

🍀 Remplir un mélangeur à cocktail de glaçons. Ajouter les ingrédients dans l'ordre indiqué.
🍀 Couvrir et remuer fortement pendant quelques secondes. Verser la quantité désirée dans de grands verres remplis de glace pilée. Allonger d'eau minérale gazéifiée. Garnir de tranches d'orange et de morceaux d'ananas.

WHISKY SOUR

50 mL (¼ tasse) de whisky
jus de ½ citron
5 à 10 mL (1 à 2 c. à thé) de sucre ou de sirop à cocktail (voir page suivante)

🍀 Dans un mélangeur à cocktail rempli de glaçons, mettre le whisky, le jus de citron et le sucre. Agiter fortement pendant 1 minute.
🍀 Verser dans un verre à whisky préalablement refroidi. Garnir d'une tranche de citron ou d'orange ou d'une cerise.

JUS DE TOMATE SURPRISE

1 concombre
1,2 à 1,5 L (5 à 6 tasses) de jus de tomate
5 mL (1 c. à thé) de sucre
sel et poivre, au goût
ju de ½ citron ou 15 mL (1 c. à soupe) de sauce Worcestershire
ou 125 mL (½ tasse) de gin ou de vodka

🍀 Peler le concombre, l'épépiner et le râper finement. Ajouter le jus de tomate, le sucre, le sel et le poivre. Réfrigérer quelques heures ou jusqu'au lendemain. Au moment de servir, ajouter le jus de citron, la sauce Worcestershire ou l'alcool. Servir dans des verres à cocktail avec des glaçons.

VODKA-ORANGE

75 mL (⅓ tasse) de vodka
250 mL (1 tasse) de jus d'orange

🍀 Verser la vodka dans le jus d'orange. Ajouter des glaçons au goût. Servir.

ALEXANDRA

30 mL (2 c. à soupe) de gin
15 mL (1 c. à soupe) de crème
15 mL (1 c. à soupe) de crème de cacao

🍀 Mettre tous les ingrédients dans un mélangeur à cocktail. Ajouter de la glace pilée. Agiter vigoureusement.
🍀 Remplacer le gin par du cognac pour faire un Brandy Alexandra.

BAMBOO

45 mL (3 c. à soupe) de xérès
45 mL (3 c. à soupe)
de vermouth sec
quelques gouttes d'Angostura
bitter

❧ Mettre tous les ingrédients dans un mélangeur à cocktail. Ajouter de la glace pilée. Agiter vigoureusement. Servir.

BLOODY MARY

75 mL (⅓ tasse) de vodka
150 mL (⅔ tasse) de jus
de tomate
15 mL (1 c. à soupe) de jus
de citron
1 goutte de Tabasco
quelques gouttes de sauce
piquante

❧ Mettre tous les ingrédients dans un mélangeur à cocktail.
❧ Ajouter de la glace pilée, si

désiré. Couvrir et agiter fortement. Verser dans des verres refroidis.

SIROP À COCKTAIL

500 g (1 lb) de sucre
1,5 L (6 tasses) d'eau froide

❧ Mettre le sucre dans un bol avec 1 L (4 tasses) d'eau. Remuer souvent, pour arriver à faire dissoudre le sucre. Ne pas faire cuire. À mesure que le sucre se dissout, ajouter 500 mL (2 tasses) d'eau froide. Lorsque le sucre est complètement dissous, verser le sirop dans des bouteilles, bien les fermer, et réfrigérer. Ce sirop se conserve très bien.

SHANDY GAFF

❧ Verser une égale quantité de bière (ale) froide et de soda au gingembre piquant froid dans un grand verre à whisky. Remuer juste assez pour mélanger. Servir.

Bloody Mary

LES BOISSONS NON ALCOOLISÉES

Il est de mise, dans certaines circonstances, de servir des boissons non alcoolisées. On peut aussi les offrir aux invités qui, pour quelque raison que ce soit, préfèrent éviter l'alcool. Voici donc quelques suggestions de boissons non alcoolisées très rafraîchissantes.

PUNCH AU JUS DE FRUITS

75 mL (⅓ tasse) de thé fort, chaud
250 mL (1 tasse) de sucre
175 mL (¾ tasse) de jus d'orange
ou de jus de raisin
125 mL (½ tasse) de jus de citron
500 mL (2 tasses) de soda
gingembre
500 mL (2 tasses) d'eau minérale
gazéifiée

❧ Faire le thé avec 15 mL (1 c. à soupe) de thé ou 3 sachets et 125 mL (½ tasse) d'eau bouillante. Laisser infuser pendant 5 minutes et verser sur le sucre. Remuer jusqu'à ce que le sucre soit dissous.
❧ Verser ce sirop dans un grand pot, ajouter les jus d'orange et de citron. Réfrigérer ou ajouter des glaçons.
❧ Au moment de servir, ajouter le soda gingembre et l'eau minérale gazéifiée. Garnir de tranches d'orange coupées en quatre.

PUNCH DE LA FLORIDE

750 mL (3 tasses) de thé
375 mL (1½ tasse) de sucre

750 mL (3 tasses) de jus
de pamplemousse
750 mL (3 tasses) de jus d'orange
375 mL (1½ tasse) de jus
de citron
2 L (8 tasses) de soda
gingembre froid
2 limettes non pelées, coupées
en tranches minces

🕊 Faire bouillir le thé avec le
sucre pendant 3 minutes. Bien
laisser refroidir.
🕊 Ajouter le jus de pamplemousse, le jus d'orange et le jus
de citron au thé refroidi. Réfrigérer jusqu'au moment de servir.
🕊 Pour servir, mettre le mélange
dans un bol à punch et ajouter le
soda gingembre. Ajouter des
glaçons et garnir avec les tranches
de limettes.

Punch à la menthe fraîche

PUNCH À LA MENTHE FRAÎCHE

500 mL (2 tasses) de sucre
500 mL (2 tasses) d'eau
250 mL (1 tasse) de menthe
fraîche
500 mL (2 tasses) de jus
de citron
1 mL (¼ c. à thé) de sel
colorant végétal vert
1 L (4 tasses) de soda gingembre

🕊 Porter à ébullition le sucre,
l'eau et la menthe. Faire mijoter
de 5 à 8 minutes. Laisser refroidir
et passer au tamis fin.
🕊 Ajouter le jus de citron, le sel
et un peu de colorant. Au moment
de servir, ajouter le soda gingembre.
🕊 Garnir de petites feuilles de
menthe fraîche.

PUNCH DES FÊTES

2 boîtes de limonade concentrée
surgelée
2 boîtes de jus de limette
concentré surgelé
750 mL (3 tasses) de jus
de pamplemousse frais
2 boîtes de jus d'ananas
3 L (12 tasses) de soda
gingembre
1 L (4 tasses) de thé faible, froid
3 L (12 tasses) de glace pilée

🕊 Dans un bol à punch, mélanger
la limonade, la limette, le jus de
pamplemousse et le jus d'ananas.
🕊 Au moment de servir, ajouter
le soda gingembre, le thé froid et
la glace pilée. Bien mélanger.
🕊 Si désiré, garnir d'une couronne de houx décorée de cerises
confites vertes et rouges.
🕊 Donne 50 portions.

PUNCH AU JUS DE RAISIN

250 mL (1 tasse) de jus d'orange
125 mL (½ tasse) de jus de citron
500 mL (2 tasses) de jus de raisin
500 mL (2 tasses) d'eau
60 mL (4 c. à soupe) de miel clair
🕊 Bien mélanger le tout. Mettre
en bouteille. Fermer et réfrigérer
pendant 24 heures. Servir.

PUNCH D'ÉTÉ FINLANDAIS

*On peut préparer ce puch la veille
et le réfrigérer. Lorsque les invités
arrivent, il n'y a plus qu'à ajouter
l'eau minérale gazéifiée et les
glaçons.*

1 petit ananas
500 mL (2 tasses) de framboises
fraîches ou 500 mL (2 tasses)
de jus de cerise ou de framboise

Punch aux bleuets

1 orange, pelée et coupée
en tranches
2 citrons non pelés, coupés
en tranches très minces
1 grosse bouteille d'eau minérale
gazéifiée

🥄 Peler l'ananas et le couper en
petits dés. Faire chauffer les framboises et les écraser pendant la
cuisson pour en extraire le jus.
Laisser mijoter 5 à 8 minutes.

🥄 Presser les framboises au tamis
pendant qu'elles sont chaudes.
Mesurer le jus et ajouter de l'eau
pour obtenir 500 mL (2 tasses) de
liquide. Ajouter l'ananas. Mélanger et ajouter les tranches d'orange
et de citron. Mélanger le tout et
réfrigérer de 12 à 24 heures.

🥄 Pour servir, verser le mélange
dans un bol à punch. Ajouter 12 à
24 glaçons et verser l'eau minérale
gazéifiée sur le tout. Servir dans
des tasses à punch en prenant soin
de mettre quelques fruits dans
chacune.

PUNCH AUX BLEUETS

250 mL (1 tasse) de bleuets
250 mL (1 tasse) de miel
375 mL (1½ tasse) de jus
d'orange
125 mL (½ tasse) de jus de citron
500 mL (2 tasses) de thé fort
500 mL (2 tasses) de soda
gingembre

🥄 Mettre les bleuets et le miel
dans un bol. Écraser légèrement
avec une fourchette. Ajouter le
jus d'orange, le jus de citron et le
thé. Bien mélanger. Réfrigérer de
3 à 4 heures.

🥄 Au moment de servir, ajouter
le soda gingembre et de la glace
pilée. Si désiré, passer le mélange
de bleuets au tamis avant d'ajouter la glace.

BOISSON AU VINAIGRE DE FRAMBOISE

4 tasses de framboises fraîches
2 boîtes de framboises congelées
125 mL (½ tasse) de vinaigre
de cidre
175 mL (¾ tasse) de sucre
eau gazéifiée

🥄 Mélanger les framboises et le
vinaigre. Couvrir et réfrigérer pendant 24 heures.

🥄 Egoutter dans une passoire en
pressant bien les fruits pour en
extraire le plus de jus possible.

🥄 Ajouter le sucre au jus de framboise et faire chauffer jusqu'à ce
que le sucre soit dissous. Réfrigérer.

🥄 Dans un verre rempli au tiers
de glace pilée, verser le vinaigre
de framboise jusqu'à ce que le
verre soit plein aux deux tiers.

🥄 Allonger d'eau gazéifiée.

🥄 Ce vinaigre se conserve dans
des pots stérilisés au réfrigérateur,
de 3 à 4 semaines.

JULEP TROPICAL

*Voici une boisson rafraîchissante
qui plaira à tous ceux qui veulent
s'offrir un cocktail non alcoolisé à
l'heure de l'apéritif.*

3 à 6 brins de menthe fraîche
500 mL (2 tasses) de jus
de raisins blancs
jus d'un citron ou de 2 limettes
1 pincée de sel
jus d'un pamplemousse
250 mL (1 tasse) d'ananas
frais râpé
2 tasses de soda gingembre

🥄 Déposer la menthe au fond
d'un pot. Écraser légèrement avec

une cuiller en bois jusqu'à ce que la menthe dégage son arôme. Ajouter le jus de raisin, le jus de citron, le sel et le jus de pamplemousse. Remuer, couvrir et réfrigérer. Mettre l'ananas dans un bol couvert. Réfrigérer l'ananas et le soda gingembre.

🍃 Au moment de servir, placer 4 ou 5 glaçons dans de grands verres. Répartir l'ananas et le jus frais dans chaque verre. Remplir de soda gingembre. Pour une boisson plus sucrée, ajouter un peu de sucre.

CITRONNADE

🍃 Laver un citron ou une lime, enlever une petite tranche à chaque bout. Couper en quatre, sans peler et placer dans le récipient du mélangeur. Couvrir et actionner l'appareil à vitesse maximum pendant 40 secondes. Arrêter l'appareil et ajouter 3 ou 4 glaçons. Actionner l'appareil à vitesse minimum. Ajouter 500 mL (2 tasses) d'eau. Sucrer, au goût. Servir.

🍃 L'orangeade se prépare de la même manière, mais on doit peler l'orange en enlevant le plus possible de peau blanche, car cela rend la boisson amère.

LIMONADE DE FRAISE

1 boîte de fraises surgelées
50 mL (¼ tasse) de jus de citron
50 mL (¼ tasse) de sucre
500 mL (2 tasses) d'eau
8 à 10 glaçons

🍃 Laisser dégeler les fraises et les mettre dans le récipient du mélangeur.

🍃 Ajouter le jus de citron, le sucre, l'eau et les glaçons. Couvrir et mélanger de 50 à 60 secondes.

LIMONADE DE POMME

1,5 L (6 tasses) de jus de pomme non sucré
250 à 300 mL (1 à 1¼ tasse) de jus de citron
50 mL (¼ tasse) de miel liquide

🍃 Bien mélanger le jus de pomme, le jus de citron et le miel. Verser dans un pichet de verre. Ajouter des glaçons. Garnir de brins de menthe fraîche. Remuer.

BOISSON AU JUS DE RAISIN

750 mL (3 tasses) d'eau
250 mL (1 tasse) de miel
500 mL (2 tasses) de jus de raisin
500 mL (2 tasses) de jus d'orange frais ou surgelé
250 mL (1 tasse) de jus de citron frais ou surgelé

🍃 Mettre l'eau et le miel dans une casserole et faire bouillir 5 minutes. Laisser refroidir et ajouter les jus de raisin, d'orange et de citron. Verser dans un grand pichet de verre contenant des glaçons.

JUS DE TOMATE EXTRA

🍃 Verser une boîte de jus de tomate dans le récipient du mélangeur et ajouter l'un des ingrédients suivants :

125 mL (½ tasse) de céleri coupé en dés

4 tranches de concombre pelées
1 tranche d'oignon
125 mL (½ tasse) de tranches de carottes
6 brins de persil
1 oignon vert
1 pincée de sel
un peu de sucre
1 pincée d'estragon ou de basilic
15 mL (1 c. à soupe) de ciboulette
1 tranche de citron ou de lime

🍃 Couvrir et mélanger pendant 20 secondes. Servir avec des glaçons.

BOISSON AU CÉLERI

Cette boisson est l'une des meilleures que je connaisse.

2 citrons, pelés
125 mL (½ tasse) de sucre
250 mL (1 tasse) de feuilles de céleri tassées
1 à 1,2 L (4 à 5 tasses) d'eau
5 ou 6 glaçons

🍃 Mettre tous les ingrédients dans le récipient du mélangeur. Couvrir et mélanger à vitesse maximum pendant 1 minute. Passer au tamis et servir.

JUS DE PAMPLEMOUSSE FRAPPÉ

1 L (4 tasses) de jus de pamplemousse

🍃 Verser la moitié du jus de pamplemousse dans des moules à glaçons. Congeler.

🍃 Pour servir, remplir 4 à 6 verres de glaçons au pamplemousse.

Verser le reste du jus froid. Garnir chaque verre d'une tranche de citron et de quelques feuilles de menthe.

SODA GINGEMBRE GRENADINE

🍂 Verser du soda gingembre froid dans un verre. Ajouter quelques gouttes de grenadine, un zeste de citron et une tranche d'orange. Servir.

EAU MINÉRALE SURPRISE

🍂 Verser de l'eau minérale gazéifiée ou du soda tonique sur des glaçons, verser lentement afin de conserver tout le pétillant. Ajouter 2 tranches de concombre non pelées ou encore une longue et mince tranche de pelure de concombre.

EAU MINÉRALE CITRONNÉE

🍂 Remplir un grand verre de glace pilée, y verser le jus d'une limette ou d'un demi-citron et remplir d'eau minérale gazéifiée.

AMER CITRON ANGLAIS

(bitter lemon)

🍂 Placer des verres au congélateur pendant une heure. Remplir les verres de glace pilée. Verser plusieurs gouttes d'Angustura bitter et ajouter un zeste de citron. Remplir les verres d'amer citron.

DÉLICE À LA PAPAYE

🍂 Peler une papaye, la dénoyauter et la couper en plusieurs morceaux. Mélanger les morceaux de papaye avec un verre de soda gingembre à faible teneur en Calories. Au batteur à main ou au mélangeur, battre jusqu'à ce que le mélange soit crémeux. Servir dans des verres à vin blanc avec de la glace pilée. Garnir chaque verre de 3 tranches de limette fraîche. Remplir les verres de soda gingembre.

SODA GINGEMBRE CITRONNÉ

🍂 Dans un mélangeur à cocktail, verser le jus d'une limette et d'un demi-citron, 10 mL (2 c. à thé) de sucre et 250 mL (1 tasse) de glace pilée. Couvrir et bien agiter pendant 1 minute. Servir dans un très grand verre. Remplir de soda gingembre ou d'amer citron très froid.

LAIT FRAPPÉ

🍂 Mettre 3 ou 4 glaçons dans le récipient du mélangeur. Actionner l'appareil pour piler la glace. Ajouter 500 mL (2 tasses) d'eau, couvrir et mélanger à vitesse maximum. Sans arrêter l'appareil, ajouter 60 à 90 mL (4 à 6 c. à soupe) de lait en poudre, 250 mL (1 tasse) d'eau et un œuf entier. Ajouter l'un des ingrédients suivants:

🍂 15 mL (1 c. à soupe) de confiture de fraises;

🍂 15 mL (1 c. à soupe) de poudre de cacao soluble, ½ banane;

🍂 15 mL (1 c. à soupe) de café soluble;

🍂 1 pêche, pelée et dénoyautée;

🍂 125 mL (½ tasse) de petits fruits frais (fraises, framboises ou bleuets).

🍂 Sucrer au goût. Mélanger 1 seconde et servir.

PUNCH AU LAIT

1 œuf entier
2 jaunes d'œufs
45 mL (3 c. à soupe) de miel
500 mL (2 tasses) de lait
2 blancs d'œufs
1 pincée de sel
30 mL (2 c. à soupe) de miel
cannelle moulue

🍂 Battre ensemble l'œuf entier, les jaunes d'œufs et le miel. Lorsque le tout est léger et mousseux, ajouter le lait et bien remuer. Réfrigérer pendant 12 heures.

🍂 Battre les blancs d'œufs en neige avec le sel et le miel. Lorsqu'ils sont fermes et lisses, les incorporer partiellement au premier mélange, pour que de petits îlots de blancs d'œufs flottent sur le punch. Saupoudrer de cannelle. Servir.

LAIT À L'ORANGE

zeste d'une orange
500 mL (2 tasses) de lait bouillant
30 mL (2 c. à soupe) de sucre

🍂 Laver et peler l'orange. Bien enlever la membrane qui couvre le zeste. Mettre dans un pot.
🍂 Ébouillanter avec le lait et ajouter le sucre. Bien mélanger. Couvrir et servir bien froid.

SECOND RÉVEIL

C'est un producteur de pommes de terre de l'Île du Prince Édouard qui m'a donné cette recette. Il m'a avoué qu'il se préparait cette délicieuse boisson depuis 32 ans. Servir bien frais au petit déjeuner avec une galette de farine d'avoine. Une façon agréable de remplacer le thé ou le café et de partir la journée du bon pied.

1 L (4 tasses) de lait écrémé
15 mL (1 c. à soupe) de miel
5 mL (1 c. à thé) de graines d'anis

&⬤ Amener juste au point d'ébullition le lait, le miel et les graines d'anis. Si désiré, passer au tamis. Servir chaud ou froid.
&⬤ Mon ami utilisait du lait entier dans lequel il mélangeait 250 mL (1 tasse) de lait écrémé en poudre.

BABEURRE AUX FRAMBOISES

Ce délicieux babeurre crémeux se prépare en un clin d'oeil avec un mélangeur.

1 banane moyenne
5 mL (1 c. à thé) de jus de citron en bouteille
125 mL (½ tasse) de framboises fraîches
90 mL (6 c. à soupe) de miel clair ou de sucre
1,5 L (6 tasses) de babeurre froid

&⬤ Peler et écraser la banane. Ajouter le jus de citron et mélanger. Presser les framboises dans un tamis au-dessus du mélange de banane. Ajouter le miel et mélanger. Incorporer au babeurre froid et remuer le tout.

CHOCOLAT CHAUD AU MIEL

250 mL (1 tasse) d'eau
2 carrés de chocolat non sucré
50 mL (¼ tasse) de miel
1 pincée de sel
750 mL (3 tasses) de lait

&⬤ Mettre dans une petite casserole l'eau et le chocolat. Faire cuire à feu doux jusqu'à ce que le chocolat soit fondu, en remuant plusieurs fois. Ajouter le miel, le sel et faire bouillir pendant 3 minutes en remuant sans arrêt.
&⬤ Ajouter graduellement le lait et faire chauffer. Battre quelques instants avec un batteur à main pour faire mousser le chocolat. Servir.

LAIT CHOCOLATÉ

&⬤ Mettre 15 mL (1 c. à soupe) de *Sauce au chocolat sans cuisson* (voir page 602) dans un verre. Remplir le verre de lait, remuer et servir. Pour préparer le lait chocolaté avec du lait en poudre, mettre 15 mL (1 c. à soupe) de sauce au chocolat, 30 mL (2 c. à soupe) de lait en poudre et 500 mL (2 tasses) d'eau dans le récipient du mélangeur. Couvrir et mélanger pendant 2 secondes à vitesse minimum. Servir.

SIROP DE CACAO

300 mL (1¼ tasse) de cacao
250 mL (1 tasse) de sucre
2 mL (½ c. à thé) de sel
1 pincée de piment de la Jamaïque
1 pincée de cannelle
375 mL (1½ tasse) d'eau bouillante
125 mL (½ tasse) de miel
10 mL (2 c. à thé) de vanille

Chocolat chaud au miel

🌿Mettre dans une casserole le cacao, le sucre, le sel et les épices. Mélanger et ajouter l'eau bouillante. Faire bouillir pendant 5 minutes en remuant presque sans arrêt. Retirer du feu et laisser refroidir.

🌿Ajouter le miel et la vanille. Verser dans un pot. Couvrir et réfrigérer. Donne 550 mL (2¼ tasses) de sirop.

CACAO CHAUD

🌿 Faire chauffer 50 mL (¼ tasse) de sirop de cacao avec 500 mL (2 tasses) de lait. Battre quelques instants avec le batteur à main et servir.

CACAO FROID

🌿 Mélanger 50 mL (¼ tasse) de sirop de cacao avec 500 mL (2 tasses) de lait bien froid. Battre jusqu'à ce que le mélange soit homogène.

CHOCOLAT CHAUD À LA VIENNOISE

2 carrés de chocolat non sucré
250 mL (1 tasse) d'eau
45 mL (3 c. à soupe) de sucre
1 pincée de sel
750 mL (3 tasses) de lait

🌿Mettre dans une casserole le chocolat et l'eau. Faire chauffer à feu doux, en remuant souvent, jusqu'à ce que le chocolat soit fondu. Ajouter le sucre et le sel. Porter à ébullition et faire mijoter pendant 3 minutes.

🌿Ajouter graduellement le lait et faire chauffer. Juste au moment de servir, battre avec le batteur à main pour bien faire mousser le chocolat. Verser dans des tasses et garnir de crème fouettée.

Chocolat chaud à la viennoise

CHOCOLAT MOKA

🌿 Remplacer les 250 mL (1 tasse) d'eau entrant dans la préparation du *Chocolat chaud à la viennoise* (voir ci-contre) par 250 mL (1 tasse) de café fort.

CHOCOLAT À L'ORANGE

🌿 Préparer le *Chocolat chaud à la viennoise* (voir ci-contre). Au moment d'incorporer le sucre, ajouter 15 mL (1 c. à soupe) de zeste d'orange.

CHOCOLAT À LA MENTHE

🌿 Préparer le *Chocolat chaud à la viennoise* (voir ci-contre). Au moment d'incorporer le sucre, ajouter 15 à 30 mL (1 à 2 c. à soupe) de menthe fraîche hachée.

CHOCOLAT FRANÇAIS

250 mL (1 tasse) de sucre
175 mL (¾ tasse) de cacao
250 mL (1 tasse) d'eau
250 mL (1 tasse) de crème à 35%

🌿 Mélanger le sucre et le cacao. Ajouter l'eau et bien remuer. Faire cuire le tout à feu doux, en remuant souvent, jusqu'à ce que le sirop épaississe, soit de 8 à 10 minutes. Réfrigérer.

🌿 Fouetter la crème et l'ajouter au mélange de chocolat froid. Bien mélanger. Verser dans un pot de verre, couvrir et réfrigérer.

🌿 Pour préparer un lait au chocolat, mettre 30 à 60 mL (3 à 4 c. à soupe) de ce chocolat français dans une tasse ou un verre et remplir de lait chaud ou froid. Bien mélanger et servir. C'est le plus savoureux des chocolats.

LES INFUSIONS

Les infusions se font avec les feuilles ou les fleurs de plantes. Pour préparer une infusion, mettre les herbes choisies dans de l'eau bouillante et retirer immédiatement du feu. Laisser infuser quelques minutes avant de servir. En plus de posséder des vertus médicinales, les infusions de feuilles ou de fleurs font de délicieuses boissons légères.

MENTHE
Chaude, elle active la digestion; refroidie, elle désaltère et repose l'estomac. Elle a une saveur légère et laisse une impression de fraîcheur.

VERVEINE
Elle a un goût légèrement acidulé et stimule la digestion.

CAMOMILLE
Si l'on n'apprécie pas son goût douceâtre, il est préférable de la sucrer avec un peu de miel ou de la servir avec une rondelle de citron. La camomille constitue un calmant pour l'estomac.

ANIS ÉTOILÉ
Souverain contre les ballonnements et l'aérophagie. Goût délicieux et rafraîchissant.

ROMARIN
Seulement 5 mL (1 c. à thé) pour 250 mL (1 tasse) est tout ce qu'il faut pour une infusion. Excellent pour le foie surmené, surtout lorsqu'on le boit très chaud. Sucrer avec du miel.

Chocolat français

THÉ RUSSE

35 g (1¼ oz) de bâtons de cannelle
35 g (1¼ oz) de clous de girofle
zeste d'une orange
zeste d'un citron
175 mL (¾ tasse) de miel
500 mL (2 tasses) d'eau froide
5 L (20 tasses) d'eau bouillante
75 mL (⅓ tasse) de thé noir
jus de 3 oranges
jus de 6 citrons

❧ Mettre dans une casserole la cannelle, les clous de girofle, le zeste d'orange, le zeste de citron, le miel et l'eau froide. Faire bouillir pendant 10 minutes. Couvrir. Retirer du feu et laisser reposer pendant 1 heure. Passer au tamis très fin.
❧ Verser l'eau bouillante sur le thé. Couvrir et laisser reposer pendant 5 minutes à feu très doux. Le thé ne doit pas bouillir.
❧ Ajouter au thé le jus d'orange et de citron, ainsi que le liquide égoutté des épices. Servir très chaud, avec du miel ou du sucre.
❧ Donne 45 portions.

THÉ AUX FRUITS

6 tranches de citron non pelées
6 tranches d'orange non pelées
1 L (4 tasses) de thé fort, froid
1 bouquet de menthe fraîche

❧ Remplir de glaçons 6 grands verres à thé glacé. Mettre dans chaque verre une tranche de citron et une tranche d'orange. Remplir le verre de thé froid.
❧ Garnir chaque verre d'un brin de menthe. Sucrer au goût avec du miel ou du sucre.

THÉ À LA MENTHE

500 mL (2 tasses) d'eau bouillante

1 bouquet de menthe fraîche
ou 60 mL (4 c. à soupe)
de menthe séchée
1 citron non pelé, coupé
en tranches minces
1 L (4 tasses) d'eau froide

❧ Verser l'eau bouillante sur la menthe. Couvrir et laisser infuser pendant 30 minutes au bain-marie au-dessus d'une eau chaude.

❧ Passer au tamis. Ajouter au liquide à la menthe les tranches de citron et d'eau froide. Verser dans de grands verres remplis de glaçons. Sucrer au goût.

CAFÉ IRLANDAIS

Ce délicieux café chaud garni de crème fouettée veloutée fait les délices de plusieurs amateurs. Quoi de plus approprié pour porter un toast lors d'une célébration de la Saint-Patrice!

45 à 75 mL (3 à 5 c. à soupe)
de whisky irlandais
5 à 10 mL (1 à 2 c. à thé)
de sucre
crème fouettée

❧ Réchauffer de grandes tasses à café ou des gobelets de porcelaine dans de l'eau chaude.

❧ Verser dans chaque tasse la quantité de whisky désirée. Ajouter le sucre.

❧ Remplir chaque tasse de café fort. Déposer une grosse cuillerée de crème fouettée sur le dessus. Ne pas mélanger. Servir.

CAFÉ BRÛLOT

175 mL (¾ tasse) de cognac
6 morceaux de sucre
1 bâton de cannelle
6 clous de girofle
zeste d'une orange, coupé en lanières très fines
zeste d'un citron, coupé en lanières très fines
500 à 750 mL (2 à 3 tasses)
de café noir

❧ Mettre dans le bol d'un réchaud de table le cognac, le sucre, la cannelle, les clous de girofle et les zestes d'orange et de citron. Faire chauffer lentement, tout en remuant, juste assez pour bien chauffer le cognac. Éviter de faire bouillir.

❧ Faire flamber le cognac chaud pendant quelques secondes et commencer à verser le café fort très chaud sur le cognac qui brûle. Avec une louche, verser le café dans des tasses aussitôt que la flamme s'éteint. Servir.

INDEX

A

Abats
    Farce aux, (voir Le canard), 310
    Farce française au jambon et aux,
      307
Abricots
    marinés, 668
    Chutney aux, 666
    Compote aux quatre fruits, 499
Abricots, confiture d'
    Crème à la, 609
    Petits gâteaux chiffon, 561
    Sauce aux abricots, 603
    Savarin, 567
    Soufflé aux abricots, 586
    Tarte glacée aux pêches, 529
    Sorbet aux fruits, 620
    Tarte aux, de luxe, 528
Achigan, L', 145
    farci, 145
Agneau
    à l'arménienne, 229
    à l'espagnole, 233
    à la choucroute, 231
    Beurre à l'ail, 67
    Boulettes d', 232
    braisé à la française, 227
    Cari d', à la mode du Bengale, 228
    Carré d', rôti, 224
    Cassoulet, 314
    Chiche-kebabs à la broche, 222
    Couronne d', 225
    Des petits trucs concernant l', 219
    en pilaf, 233
    Foie aux oignons, 213
    Fondue de Pékin, 224
    Fricassée d', 232
    Hachis d', 232
    Kebabs perses, 224
    Les parties de l', 218
    Moussaka, 232

    Navarin d', 233
    Pâté de foie gras, 235
    Pêches farcies et côtelettes d', 226
    Poitrine roulée à la bretonne, 227
    Poivrons verts farcis à l', 235
    Préparation des chiche-kebabs, 222
    Ragoût de rognons d', 236
    Rognons à la moutarde, 235
    Rognons d', poêlés, 236
    Rognons de veau Bercy, 216
    Sauce fumée, 64
    Sauce grecque, 56
    Tranche d', grillée à la turque, 226
    Tranches d', bigarade, 226
    (voir variantes, Sauces aux câpres
      pour le poisson), 60
Agneau, Côtelettes d',
    au xérès et à l'orange, 226
    à la poêle, 225
    barbecue, 226
    garnies, 225
    grillées, 225
Agneau, Épaule d',
    à la mode de Sardaigne, 227
    barbecue en papillotes, 228
    Chiche-kebab à l', 223
    marinée et braisée, 227
Agneau, Gigot d',
    à la bretonne, 220
    à la broche, 219
    bouilli à la française, 222
    bouilli à l'écossaise, 220
    Chiche-kebab au, 223
    froid, 219
    grillé au barbecue, 220
Agneau, Ragoût d',
    au riz, 231
    à l'arménienne, 229
    à la mode irlandaise, 231
    hongrois, à l'orge, 229
Aiglefin
    à la grecque, 138
    Filets d', farcis, 138

    fumé du Maine, 138
    Hachis d', du Nouveau-Brunswick,
      139
Ail
    Beurre à l', 67
    Beurre d', (voir Beurres pour
      canapés), 92
    Mayonnaise à l', 73
    Poulet à l', 289
Akvavit, Glogg suédois, 707
Alexandra, 709
Alimentation,
    Les éléments essentiels de l', 14
    Les principes de base d'une saine, 6
Aliments,
    Durée de conservation de
      certains, 26
    La valeur énergétique de certains, 7
Amande
    Biscuits fins au beurre, 629
    Bombe pralinée, 617
    Brocoli amandine, 399
    Crème frangipane, 572
    Croissants aux, 630
    Florentins, 633
    glacées, 694
    Macarons aux, 632
    Nouilles amandines, 344
    pâte d', Glaçage à la, 606
    pâte d', Tresse aux amandes à la
      danoise, 641
    Pétoncles aux, 159
    Riz amandine, 469
    Riz sauvage amandine, 476
    Sauce amandine, 61
    Sole amandine, 140
Amer citron anglais, 714
Amer Picon, Picon grenadine, 702
Ananas
    Biscuits à l', 632
    Chutney aux, 666
    Confiture de pêches et d', 681
    Gâteau à l', réfrigéré, 590

Glaçure à l', (voir Glaçures pour jambon chaud), 258
jus d', Punch des Fêtes, 711
Mamelade d', 684
Pouding hawaïen au fromage cottage, 592
Punch de Reims, 705
Sorbet aux fruits, 620
Sorbet express à l', 620

Anchois
Beurre d', (voir Beurres pour canapés), 92
Canapés d', 85
Éclairs aux, 86
Spaghetti siciliens, 349

Anis étoilé
Biscuits à l', (voir Biscuits abaissés), 624
Les infusions, 717

Anneau
de fromage cottage aux fruits, 488
de nouilles, 344
de riz, 472
de spaghettini, 350

Apéritifs, Les, 702

Arachide
beurre d', Garnitures variées, 380
beurre d', Muffins au, (voir Muffins), 650
beurre d', Sauce au, 602
Croquant aux, 692
Maïs soufflé aux, 692

Artichaut, L', 407
à la flamande, 409
à la florentine, 407
à la grecque, 408
à la milanaise, 409
à la parisienne, 407
à la polonaise, 409
au gratin, 409
aux œufs à l'italienne, 82

Asperges, Les, 408
à la parisienne, 409
Crème d', 112
Sauce crémeuse aux fines herbes, 74
Sauce hollandaise Chantilly, 55
Sauce maltaise, 55

Aspic
à la viande, 89
au concombre, 89
au poisson ou aux fruits de mer, 89
aux œufs classique, 89
aux œufs, 89
aux tomates classique, 89
aux tomates, 89
classique, 88

Assiettes de fruits de mer, 153

Aubergine, L', 421
à la provençale, 421
en crème, 421
farcie, 422
nîmoise, 421
Purée d', 421
Sauce à spaghetti à l', 346
Spaghetti à l', 346

Aubergines farcies à la turque, 422

Autocuiseur
Carbonade de bœuf, 170
Crème anglaise au café, 570
Crème anglaise au chocolat, 570
Crème anglaise à l', 570
Crème anglaise à la noix de coco, 570
Demi-jambon glacé à l', 260
Épaule picnic fumée, 263
Fèves au lard à l', 467
Jambon bouilli à l', 263
Pot-au-feu à l', 169
Soupe au poulet, 96
Soupe aux légumes, 96
Variante de petites côtes de porc barbecue, 249
Veau à l', 197

Avocat
Salade d', 388
Salade de melon, 498

Avoine, flocons d',
Biscuits écossais, 633
Macarons de, 631

B

Babas au rhum, 568
Babeurre aux framboises, 715

Bacon
de longe à la broche, 271
Flan au fromage, 491
gras de, Pommes de terre rôties au, 449
Huîtres au, 157
Œufs dans le nid, 368
Œufs sur le plat avec, 365
Oignons farcis, 434
Omelette bonne femme, 363
Pain au foie et au, 192
Pain au, (voir Petits pains au lait), 648
Petits pois au, 411
Pommes de terre au lard, 457
Pommes de terre au porc fumé, 271
Quiche lorraine au, 486
Salade d'épinards, 390
Salade de pommes de terre chaude, 461
Sandwiches aux œufs brouillés et au, 378

Bagatelle, 589
Tipsy Parson, 589

Bambo, 710

Bananes
Beignets aux, 658
Biscuits aux, (voir Biscuits simples), 627
Gâteau aux, de maman, 558
Gaufres aux, (voir Gaufres), 652
gratinées, 510
Pain éclair aux, 648
sautées, 511

Barbecue
Bacon de longe à la broche, 271
Bifteck de flanc grillé, 166
Bifteck grillé au, 164
Canard grillé au, 312
Chiche-kebab au gigot d'agneau, 223
Chiche-kebabs à la broche, 222
Côtelettes d'agneau, 226
Darnes de poisson sur le gril, 132
Demi-poulets grillés au, 278
Foie grillé, 211
Gigot d'agneau à la broche, 219

Gigot d'agneau grillé au, 220
Homard grillé, 147
Kebabs perses, 224
Les réchauds, la fondue et le, 27
Pommes de terre
    au lard, 457
    à la broche, 457
    en papillotes, (voir Pommes de
        terre grillées au barbecue), 457
    frites au bacon, (voir Pommes
        de terre grillées au
        barbecue), 457
    frites surgelées, (voir Pommes
        de terre grillées au
        barbecue), 457
    grillées au, 457
Poulet grillé au citron, 279
Poulet grillé à l'estragon, 279
Poulet, 279
Préparation des chiche-kebabs, 222
Rôti de bœuf à la broche, 163
Tableau de cuisson des aliments
    au, 29
Truite grillée au, 142
Basilic, Pesto génois, 351
Bavarois
    allemand, 580
    aux fraises, 580
    français, 580
Bécassines
    au cognac, 329
    Pâté de, 330
Beignes, Les, 655,656
    au lait aigre, (voir Beignes), 656
    au miel, 657
    aux épices, (voir Beignes), 656
    à l'orange, (voir Beignes), 656
Beignets
    au maïs, 410
    aux bananes, 658
    aux courges, 429
    aux fruits, 657
    de concombres, 427
    Pâte à, classique, 657
    Pets-de-nonne, 658
    soufflés au maïs, 410
Bénédictine, Liqueur frappée, 703

Betteraves, Les, 438
    à la canadienne, 438
    à la française, 439
    à la polonaise, 439
    Feuilles de, en crème, 438
    Harvard, 439
    Relish de, et de chou, 675
    Salade chiffonnade, 389
    Salade de, 438
    Saucisses du pays de Galles, 250
Beurre
    au vin, 67
    aux fines herbes, 44
    à l'ail, 67
    Bercy, 68
    bifteck, 68
    blanc nantais, 66
    bleu, (voir Beurres pour canapés),
        92
    d'ail, (voir Beurres pour canapés),
        92
    d'anchois, (voir Beurres pour
        canapés), 92
    d'érable crémeux, 690
    d'érable maison, 605
    d'érable, 690
    d'estragon, 68
    d'œufs, (voir Beurres pour
        canapés), 92
    de câpres, (voir Beurres pour
        canapés), 92
    de caviar, (voir Beurres pour
        canapés), 92
    de fines herbes, 92
    de homard, (voir Beurres pour
        canapés), 92
    de menthe, (voir Beurres pour
        canapés), 92
    de raifort, (voir Beurres pour
        canapés), 92
    indien, (voir Beurres pour
        canapés), 92
    moutarde, 67
    noir, 66
    noisette, 67
    pour escargots, 68
Beurres pour canapés, 92

Bière
    Chevreuil à la, 332
    Crème à la, et aux concombres, 118
    Jambon bouilli, 263
    Lièvre à la flamande, 325
    Rouelle de jambon Miquelon, 266
    Shandy gaff, 710
    Wassail bowl anglais, 707
    Welsh rarebit, 484
Bière noire, Black velvet, 709
Bifteck, Le, 163
    au poivre, 167
    à l'italienne, 167
    Beurre au vin, 67
    Beurre moutarde, 67
    Beurre, 68
    de flanc grillé, 166
    de ronde grillé, 166
    Diane, 167
    grillé au barbecue, 165
    grillé au four, 166
    suisse à la crème aigre, 176
    Sauce barbecue aux tomates, 64
    Sauce Choron, 55
Biftecks, Sauce à badigeonner, 56
Bigorneaux, Assiettes de fruits
    de mer, 153
Biscuits
    abaissés, 623
    au cacao, (voir Biscuits abaissés),
        624
    au chocolat et aux noix, 629
    au chocolat, (voir Biscuits
        abaissés), 624
    au citron à l'ancienne, 625
    au citron, (voir Biscuits abaissés),
        624
    au sucre rose, 624
    aux amandes, 630
    aux bananes, (voir Biscuits
        simples), 627
    aux épices, (voir Biscuits abaissés),
        624
    aux épices, 631
    aux figues, (voir Biscuits simples),
        627
    aux fruits, (voir Biscuits à la
        cuiller), 631

aux noix, (voir Biscuits abaissés), 624

aux raisins, (voir Biscuits à la cuiller), 631

à l'ananas, 632

à l'anis, (voir Biscuits abaissés), 624

à l'orange, 624

à la cassonade, (voir Biscuits simples), 627

à la citrouille, (voir Biscuits simples), 627

à la crème aigre, 626

à la cuiller, 630

à la danoise, (voir Biscuits à la cuiller), 631

à la noix de coco, (voir Biscuits à la cuiller), 631

chauds au fromage cottage, 489

chauds à la cuiller, (voir Petits pains au lait), 648

Carrés au chocolat, 628

Couronnes danoises, 634

Croissants aux amandes, 630

croquants, 633

Croquants aux noix, 635

d'abeille suédois, 634

de grand-mère, 625

de Noël à la suédoise, 634

Délices à la confiture, 628

Doigts de dame, 635

écossais, 633

fins au beurre, 629

Florentins, 633

Galettes de la Nouvelle-Écosse, 623

La confection des, 622

Langues de chat au beurre, 632

Langues de chat, 632

Les, moulés, 629

Les, taillés sur la plaque, 626

Petits fours aux fruits, 629

riches, 627

Sablés écossais, 625

sandwiches, 627

secs au gingembre, 625

simples, 626

soufflés au fromage, 489

Tableau d'ingrédients pour fond de tarte aux, 523

Biscuits, miettes de

Fond de tarte aux biscuits, 523

Fond de tarte épicé aux Biscuits, sans cuisson, 523

Tarte à la crème glacée, 530

Tarte légère au fromage à la crème, 532

Tarte savoureuse au fromage et au cognac, 532

Bishop anglais, 706

Bisque de homard, 114

Bitter Lemon, (voir Amer citron anglais), 714

Black stripe, 709

Black velvet, 709

Blanquette de veau, 200

Bleuets

Gâteau aux, 557

Grands-pères aux, 651

Muffins aux, (voir Muffins), 650

Pain chaud aux, 649

Pouding au pain du Lac-Saint-Jean, 597

Pouding aux, 592

Punch aux, 712

Soufflé aux, 586

Tarte aux, de ma mère, 527

Blé entier, Pain de, 640

Bloody Mary, 710

Bœuf

au chou rouge, 174

à la mode, 171

bouilli, 177

Bouillon brun, 50

bourguignon, 171

braisé à la française, 169

Carbonade de, 170

Chili con carne, 176

Cœur de, braisé, 191

Consommé de base, 95

Consommé irlandais, 95

Délice aux rognons, 193

Entrecôte bordelaise, 165

en daube, 173

express, 185

Filet de, rôti, 163

Filet mignon grillé au poêlon, 168

Foie aux oignons, 213

Foie de, en julienne, 191

Fondue de Pékin, 224

Fricassée de chez-nous, 189

Grande cipaille au lièvre, 325

haché et chou, 182

haché Parmentier, 181

La fondue bourguignonne, 178

Langue de, Cumberland, 192

Langue de, en ragoût, 193

Les catégories de, 162

Les parties du, 162

longe de, (voir variante, Sauce aux raisins secs), 59

Mincemeat à la viande, 188

Pain au foie et au bacon, 192

Pâté de, et de rognons, 193

Pot-au-feu à l'autocuiseur, 169

Pot-au-feu classique, 105

queue de, Soupe à la, 106

Ragoût de queues de, à la dijonnaise, 191

Ragoût de, aux tomates, 176

Ragoût de, hongrois, 174

Robert, 189

Rognons à la française, 194

Rôti braisé à l'américaine, 170

Rôti braisé, 170

Rôti de, à la broche, 163

Roulade de, à l'ancienne, 168

Roulades de, garnies, 168

Salade de, bouilli, 190

salé au chou, 177

Sauce anglaise, 56

Sauce aux prunes, 61

Sauce piquante, 56

Sauerbraten, 173

Shabu-shabu, 180

Stroganoff, 179

Sukiyaki, 179

Teriyaki, 180

Tripes à la mode de Caen, 194

Bœuf haché

Bœuf express, 185

Boulettes de viande au riz, 183

Boulettes de viande à la polonaise, 188

Boulettes de viande et sauce à spaghetti, 182

Comment apprêter le, 181

Croquettes du lendemain, 190

Feuilles de chou farcies, 186
Garniture au, 379
Hachis de bœuf du gourmet, 190
Œufs à l'écossaise, 370
Œufs pochés à la polonaise, 356
Pain de riz au bœuf, 185
Pain de viande à la sauce
    piquante, 184
Pain de viande familial, 183
Pain de viande, 184
Pains de viande individuels, 185
Pâté chinois, 189
Pâtés à l'irlandaise, 185
Pâtés de, 181
Poivrons verts farcis, 424
Sandwich chaud au bœuf et
    aux légumes, 377
Spaghetti à la mode de Sienne, 350
Tourtière du Lac-Saint-Jean, 324
(voir variantes, Sauce vite faite),
    350
Bifteck, Le, 163
    à l'italienne, 167
    au poivre, 167
    de flanc grillé, 166
    de ronde grillé, 166
    Diane, 167
    grillé au barbecue, 165
    grillé au four, 166
    suisse à la crème aigre, 176
Boisson (voir aussi apéritifs, café,
        cocktail, infusions, jus,
        lait, limonade, liqueur,
        punch, thé, vin), 696
    au céleri, 713
    au jus de raisin, 713
    au vinaigre de framboise, 712
Boisson non alcoolisée, Les, 710
    Boisson au vinaigre de framboise,
        712
    Julep tropical, 712
    Punch au jus de fruits, 710
    Punch au jus de raisin, 711
    Punch aux bleuets, 712
    Punch à la menthe fraîche, 711
    Punch d'été finlandais, 711
    Punch de la Floride, 710
    Punch des Fêtes, 711

Bombe
    glacée garnie, 617
    glacée moka, 618
    pralinée, 617
Bouchées
    au foie, 213
    de poulet, 299
    de steak, 90
Boudin,
    Farce à la normande, (voir Le
        canard), 310
Bouillabaisse classique, 160
Bouilli
    de jambon et de légumes, 264
    québécois, 278
Bouillon
    blanc ou brun, Le, 50
    de jus de tomate, en gelée, 94
    de veau, 94
Boulettes
    d'agneau, 232
    de pâte pour ragoûts, 650
    de poisson de l'Atlantique, 136
    de pommes de terre, 459
    de viande au riz, 183
    de viande à la polonaise, 188
    de viande et sauce à spaghetti, 182
Brandy Alexandra, (voir Alexandra),
    709
Brioches, 643
    aux pacanes, 643
    suédoises, 644
Brochet
    à la crème, 144
    Beurre blanc nantais, 66
    cuit au four, 144
    Le, le doré et le maskinongé, 144
Brocoli, Le, 398
    amandine, 399
    à la chinoise, 399
    congelé, 399
    de Parme, 400
    Poulet au, 299
Brownies, (voir Carrés au miel
    et au chocolat), 564
Bûche de Noël à la française, 553
Bunuelos mexicains, 568
Bureks turques, 91

C

Cabillaud
    à la hollandaise, 135
    créole, 135
Cacao
    Biscuits au, (voir Biscuits
        abaissés), 624
    chaud, (voir Sirop de cacao), 715
    Chocolat français, 716
    Crème au beurre et au, 608
    Crème glacée au, (voir Crème
        glacée au lait concentré
        non-sucré), 613
    froid, (voir Sirop de cacao), 715
    Gaufres au, (voir Gaufres), 652
    Glaçage au, 608
    Sirop de, 715
Café
    brûlot, 718
    Bombe glacée moka, 618
    Charlotte russe au, 587
    Crème au four au, 571
    Crème glacée au, (voir Crème
        glacée au lait concentré
        non-sucré), 613
    Crème glacée au, et au rhum, 615
    Crème glacée Philadelphie, 612
    Gâteau moka, 553
    irlandais, 718
    Soufflé froid au, 582
    Soufflé froid moka, 584
    Soufflé moka, 584
    (voir variante, Crème pâtissière
        parfumée), 603
Cailles
    au riz sauvage, 328
    aux raisins, 326
Calmar, Le, 142
    sautés au vin, 142
Camomille, Les infusions, 717
Canapé (voir aussi hors-d'œuvre), 78
    à l'indienne, 86
    Beurres pour, 92
    Burek turque, 91
    d'anchois, 85
    d'Épicure, 87

de crabe, 87
de foie gras à la russe, 86
de sardines à la française, 86
Huîtres au bacon, 90
Huîtres fumées de Cancale, 91
Pâté Colmar, 82
Pâté de foies de poulet, 81
Rognons d'agneau sur, 235
suédois, 86
Canard, Le, 310
à l'orange, 311
à la Morency, 314
au chou rouge, 312
au vin rouge, 314
braisé, 311
Cassoulet, 314
Chippendale, 311
Farce au riz, 472
grillé au barbecue, 312
rôti du Québec, 310
Sauce barbecue aux tomates, 64
Canneberges,
Glaçure aux,
(voir Glaçures pour jambon
chaud), 259
Cannelle
Riz au lait bigarade, 599
Riz à la, 470
Cantaloup
Chutney au melon, 666
Marinade de, 667
Salade de melon, 498
Câpres,
Beurre de, (voir Beurres
pour canapés), 92
Bifteck à l'italienne, 167
Sauce aux, 47
Sauces aux, pour le poisson, 60
Sauce aux, (voir Cocktail
de crevettes), 80
(voir variantes, Sauce vite faite),
350
Caramel écossais, 693
Carbonade de bœuf, 170
Cardamome, graines de, Brioches
suédoises, 644
Cari d'agneau à la mode du Bengale,
228

Cari
Beurre indien, (voir Beurres pour
canapés), 92
Choux de Bruxelles à l'indienne, 398
Consommé au, 96
Crème sénégalaise, 120
Noix de Grenoble épicées, 85
Œufs à l'écossaise, 370
Pain au, (voir Petits pains au lait),
648
Potage au, 114
Riz au, 470
Riz sauvage chasseur, 476
Sauce au, 59
Tomates à l'indienne, 418
Carottes, Les, 436
à la lyonnaise, 438
au gingembre, 437
aux fines herbes, 436
Crème Crécy, froide, 118
en crème, 437
glacées aux groseilles, 438
glacées à la moutarde, 436
glacées, 437
râpées au beurre, 436
Carré d'agneau rôti, 224
Carrés
à la confiture, (voir Délices à la
confiture), 628
au chocolat, 628
au citron, 628
au miel et au chocolat, 564
aux dattes, (voir Biscuits
sandwiches), 625
Cassis, Crème de,
Vermouth cassis, 702
Cassonade
Biscuits à la, (voir Biscuits
simples), 625
Muffins à la, (voir Muffins), 650
Cassoulet, 314
Caviar, Beurre de, (voir Beurres pour
canapés), 92
Hors-d'œuvre de fruits de mer, 80
Céleri, Le, 431
à la sauce au veau, 431
diable, 431
Cœurs de, aux tomates, 431
Cœurs de, croustillants, 431

feuilles de, Boisson au céleri, 713
Potage au, 109
Céleri-rave, Le, 440
au gruyère, 440
en hors-d'œuvre, 440
mariné à la moutarde, 440
Cerise, jus de,
Punch d'été finlandais, 711
Cerises
jubilée, 511
Canard à la Morency, 314
Gâteau Morency, 559
Tarte aux, 528
Cervelles
de veau, 210
au beurre noir, 210
Champagne
Black velvet, 709
Punch de Reims, 705
Punch Moselle de luxe, 704
Punch royal, 705
Champignons, Les, 402
à la crème aigre, 403
à la crème, 404
à la suisse, 406
à la toscane, 404
au citron, 403
aux petits pois, 403
Chou farci aux, 396
Choux de Bruxelles aux, 398
Crème de, 112
Crêpes aux, 655
en sauce, 406
farcis, 406
Filet de porc aux, 243
marinés, 81, 406, 673
Omelette aux, 361
Pain de veau aux, 209
Poulet braisé aux, 282
Quiche au fromage et aux, 486
Ris de veau aux, 214
Riz sauvage aux, 476
Sandwiches au foie de poulet,
bacon et, 377
Sauce aux tomates et aux pieds
de, 60
Sauce aux, 48
sautés, 403
sautés à la napolitaine, 403

Smetana, 83
Soufflé aux, 404
Tomates farcies aux, grillés, 416
Chapon au vin blanc, 289
Charlotte
aux pommes, 587
russe au café, 587
Chaudrée
à la mode de la Nouvelle-
Angleterre, 106
à la mode de New York, 107
Cheddar
au four, 485
Golden buck anglais, 483
Pommes de terre Chantilly, 458
Pommes de terre gratinées, 460
Soufflé au, 493
Soupe au fromage canadien, 105
Trempette au, 485
Cheddar doux
Fondue piémontaise, 483
Cheddar fort
Cocotte de riz sauvage à la
Ferguson, 476
Haricots rouges au fromage, 467
Welsh rarebit, 484
Chevreuil, Le, 331
à la bière, 332
braisé, 333
Filet de, à l'australienne, 332
Mincemeat à la viande, 188
Ragoût de, 333
Venaison en cocotte, 333
Chiche-kebab
au gigot d'agneau, 223
à l'épaule d'agneau, 223
à la broche, 222
Préparation des, 222
Chili con carne, 176
Chocolat
à l'orange, 716
à la menthe, 716
Biscuits au, (voir Biscuits
abaissés), 624
Biscuits au, et aux noix, 629
Bombe glacée moka, 618
Bûche de Noël à la française, 553
Carrés au miel et au, 564
Carrés au, 628

chaud au miel, 715
chaud à la viennoise, 716
Crème au, 572
Crème chocolatée à l'américaine,
607
Crème glacée au, (voir Crème
glacée au lait concentré
non-sucré), 613
Crème glacée de luxe au, 617
Crème moulée Pompadour, 577
Crème viennoise au, 607
Délices au, 564
Flan de Nevers au, 577
Florentins, 633
français, 716
Fudge classique, 687
Fudge express, 687
Gâteau au fudge, 563
Gâteau au, à la crème aigre, 549
Gâteau au, nouvelle méthode, 548
Gâteau roulé au, 552
Glaçage au, doux-amer, 608
Glaçage au, et crème fouettée, 607
Glaçage à gâteaux vite fait, 605
Glaçage moka à l'américaine, 609
Glaçage moka, 609
Glaçage sucré au, 608
Glaçage velouté au, 607
Lait chocolaté, 715
moka, 716
Mousse au, de luxe, 578
Mousse parisienne au, 578
Pouding au, 592
Rouleaux au moka, et aux noix, 686
Sauce au, 602,, 604
Sauce au, sans cuisson, 602
Soufflé au, 584
Soufflé froid au, 581
Soufflé froid moka, 584
Tarte au, 530
Tarte à la crème glacée, 530
Tarte glacée au530
Truffes à la crème, 689
Chop soui, 245
Chou, Le, 392
aigre-doux, 395
à la crème aigre, 396
à la grecque, 395
à la mode hollandaise, 395

Bœuf haché et, 182
Bœuf salé au, 177
braisé, 395
crémeux, 394
de ma grand-mère, 395
farci aux champignons, 396
Feuilles de, farcies, 186
Perdrix au, 328
Poule au, 296
Relish de betteraves et de, 675
Salade aux deux tons, 392
Salade de, 394
Salade de, aux pommes, 393
Salade de, à l'allemande, 393
Salade de, à l'ancienne, 394
Salade de, à la crème aigre, 393
Soupe au, 98
Chou-fleur, Le, 400
à la chinoise, 402
à la crème, 401
à la grecque, 401
à la polonaise, 402
à la provençale, 400
au gratin, 400
Marinade de, et d'oignons, 669
marinés, 673
Purée de, 401
vinaigrette, 401
Choucroute, Agneau à la, 231
Chou rouge, Le, 396
à l'orange, 397
à la flamande, 396
à la viennoise, 397
à la gasconne, 394
aux épices, 396
aux marrons, 397
Bœuf au, 174
Canard au, 312
Choux
à la crème, 567
Croquembouche, 589
Choux de Bruxelles, Les, 398
à l'indienne, 398
au beurre noisette, 398
aux champignons, 398
en salade, 398
Chutney, 665
au melon, 666

aux abricots, 666
aux ananas, 666
aux dattes, 666
aux groseilles, 665
aux prunes bleues, 665
Sauce au, (voir Les sauces pour
    servir avec le poisson grillé), 55
Vinaigrette, 70
Ciboulette, Poulet à la, 284
Cidre
    Canard braisé, 311
    Jambon à la mode de Virginie, 261
    Punch chaud au, 704
    Punch de Noël, 703
Cipaille
    du Québec, 300
    Pâte pour la, 326
Citron
    Biscuits au, (voir Biscuits
        abaissés), 624
    Biscuits au, à l'ancienne, 625
    Boisson au céleri, 713
    Carrés au, 628
    Champignons au, 403
    Citronnade, 713
    Coupes au, 599
    Crème au, 609
    Glaçage au, et à l'orange, 609
    jus de, Limonade de fraise, 713
    jus de, Limonade de pomme, 713
    jus de, Mayonnaise au, 74
    Marmelade anglaise, 683
    Mousse au, 604
    Parfait au, 618
    Poulet grillé au, 279
    Sauce au, 603
    Sauce au, à la mode du Québec, 604
    Sauce au, (voir Les sauces pour
        servir avec le poisson grillé), 55
    Sauce barbecue au, 64
    Soufflé froid au, 581
    Tarte au, 524
    Tarte au, et à la muscade, 524
    Tarte chiffon au, 533
    Tarte meringuée de Monique, 534
    Thé aux fruits, 717
Citronnade, 713

Citrouille
    Biscuits à la, (voir Biscuits
        simples), 627
    marinée, 669
    Potage à la, 111
    Tarte à la, à l'américaine, 530
Civet de lièvre, 324
Cochon de lait farci et rôti, 240
Cocktail de crevettes, 80
Cocktail non alcoolisé, Julep tropical,
    712
Cocktail
    Alexandra, 709
    Bamboo, 710
    Black stripe, 709
    Black velvet, 709
    Cuba libre, 708
    Dry martini, 708
    Flip au porto ou au xérès, 709
    Jus de tomate surprise, 709
    Manhattan, 708
    Rhum Collins, 708
    Rhum grenadine, 709
    Side car, 708
    Sirop à, 710
    Vodka-orange, 709
    Whisky ou brandy fizz, 709
    Whisky sour, 709
Cocotte
    de gruyère au vin blanc, 485
    de riz sauvage à la Ferguson, 476
Cœur de bœuf braisé, 191
Cœurs de céleri aux tomates, 431
    croustillants, 431
Cognac
    Bifteck Diane, 167
    Brandy Alexandra, (voir
        Alexandra), 709
    Café brûlot, 718
    Canard Chippendale, 311
    Cerises jubilée, 511
    Coupes glacées aux marrons, 616
    Glogg scandinave, 707
    Lait de poule de Noël, 707
    Pêches au, 508
    Punch aux pêches et au vin, 705
    Punch Moselle de luxe, 704
    Side car, 708
    Soufflé à la liqueur, 585
    Soufflé garni, 586

Tarte de Noël, 536
Tarte savoureuse au fromage et au,
    532
Whisky ou brandy fizz, 709
(voir variante, Sauce aux raisins
    secs), 59
Cointreau
    Liqueur frappée, 703
    Mousseline au, 602
    Punch français, 704
    Punch royal, 705
    Side car, 708
    Soufflé à la liqueur, 585
Compote
    aux quatre fruits, 499
    de fraises et de rhubarbe, 499
    de fruits secs, 500
    de pommes aux petits croûtons, 500
    de rutabaga, 442
    Desserts vite faits aux, 499
    Hérisson aux pommes, 505
    Rhubarbe rose d'hiver cuite
        au four, 510
    Rhubarbe rose d'hiver mijotée, 510
Concombres, Les, 425
    Aspic au, (voir Aspic classique), 89
    au riz, 426
    à la crème aigre, 427
    à la crème, 426
    à la provençale, 426
    Beignets de, 427
    braisés, 429
    citronnés, 428
    Crème à la bière et aux, 118
    Crème de, 116
    croustillants, 671
    en sauce, 426
    jaunes, Marinade de, 670
    Marinade de, 670
    Mayonnaise aux, 75
    Mousse de, 428
    panés, 427
    petits, Cornichons à l'aneth, 672
    petits, Cornichons à la moutarde,
        672
    petits, Cornichons sucrés
        vite faits, 671
    petits, Cornichons sucrés, 671
    Purée de, 428

Salade de, 425
Salade de, à l'ancienne, 425
Salade de, en gelée, 426
Sauce au, (voir Les sauces pour
    servir avec le poisson grillé), 55
sucrés à l'ancienne, 671
Condiment
Chutney, 665
    au melon, 666
    aux abricots, 666
    aux ananas, 666
    aux dattes, 666
    aux groseilles, 665
    aux prunes bleues, 665
Ketchup
    aux pommes, 675
    Ketchup vert, 675
Marmelade de poivrons rouges, 676
Relish
    au maïs, 674
    Relish à l'espagnole, 674
    Relish de betteraves et de chou,
      675
    Relish de poivrons verts
      et rouges, 675
Sauce chili, 676
Confiserie, La, 686
Amandes glacées, 694
Beurre d'érable crémeux, 690
Beurre d'érable, 690
Comment glacer les fruits
    et les noix, 693
Croquant aux arachides, 692
Fondant au sirop d'érable, 690
Fraises glacées, 694
Fudge classique, 687
Fudge express, 687
Maïs soufflé au caramel, 689
Maïs soufflé aux arachides, 692
Noix glacées, 694
Oranges ou mandarines glacées, 694
Pruneaux glacés, 694
Raisins frais glacés, 694
Sucre à la crème, 689
Rouleaux au moka et aux noix, 686
Sucre d'érable, 690
Températures pour la cuisson des
    bonbons et des glaces, 686
Tire au miel, 692

Tire à la mélasse, 692
Toffée anglais, 693
Truffes à la crème, 689
Confiture
Carrés à la, (voir Délices à la
    confiture), 628
de fraises à l'ancienne, 679
de fraises et de rhubarbe, 680
de fraises, 680
de framboises, 680
de pêches et d'ananas, 681
de pêches et de poires, 681
de prunes bleues, 680
Délices à la, 628
Gourmandises à la, 652
La préparation des, 678
Muffins à la, (voir Muffins), 650
Pectine maison, 679
Tableau des combinaisons des
    fruits acides et non acides, 679
Congélation, La, 22
Conservation, Durée de , de certains
    aliments, 26
Consommé
au cari, 96
au vin, 95
croûte-au-pot, 96
de base, 95
irlandais, 95
madrilène en gelée, 96
Coq au vin, 290
Coquilles
de macaroni et de jambon, 342
Saint-Jacques, 157
Coquillettes
au lait gratiné, 337
Salade de, et de homard, 337
Corégone, Le, 146
Ragoût de, 147
Cornichons
à l'aneth, 672
à la moutarde, 672
sucrés vite faits, 671
sucrés, 671
(voir variantes, Sauces aux câpres
    pour le poisson), 60
Côtelette de veau sautée, 204

Côtelettes
d'agneau
    à la poêle, 225
    au xérès et à l'orange, 226
    barbecue, 226
    garnies, 225
    grillées, 225
      à l'italienne, (voir Côtelettes
        d'agneau grillées), 225
      à la grecque, (voir Côtelettes
        d'agneau grillées), 225
de chevreuil grillées, 332
de porc
    à la milanaise, 246
    au poêlon, 246
    charcutières, 247
    endiablées, 246
    niçoises, 247
    rôties au four, 246
de veau au jus, 204
Coupes
au citron, 599
de tomates, 83
Coupes glacées aux marrons, 616
Courge, La, 429
à la cannelle, 430
au riz, (voir courge), 429
aux tomates, (voir courge), 429
Beignets aux, 429
en hors-d'œuvre, (voir courge), 429
en sauce blanche, (voir courge), 429
farcie, 429
nature au four, (voir courge), 429
Courgettes, Les, 430
à l'italienne, 430
Couronne d'agneau, 225
danoises, 634
Crabe
Assiettes de fruits de mer, 153
Canapés à l'indienne, 86
Canapés de, 87
en sauce, 150
farci Nouvelle-Orléans, 150
Fricassée de, 151
Petites quiches au, 151
Salade antillaise, 151
Salade de coquillettes et de
    homard, 337

Crème anglaise
    à l'autocuiseur, 570
    à la noix de coco, (voir Crème
        anglaise à l'autocuiseur), 570
    à la vanille, (voir Crème anglaise à
        l'autocuiseur), 570
    au café, (voir Crème anglaise à
        l'autocuiseur), 570
    au chocolat, (voir Crème anglaise
        à l'autocuiseur), 570
Crème
    à l'érable pour crêpes, 605
    à la bière et aux concombres, 118
    à la confiture d'abricots, 609
    au beurre et au cacao, 608
    au chocolat, 572
    au citron, 609
    au four au café, 571
    au four à l'érable, 572
    au four à la vanille, 571
    aux huîtres, 114
    aux pommes, 610
    brûlée à la québécoise, 574
    caramel, 574
    chocolatée à l'américaine, 607
    Crécy, froide, 118
    d'asperges, 112
    de champignons, 112
    de concombres, 116
    de crevettes, 115
    de marrons à la lyonnaise, 577
    de persil, 111
    de petits pois, 111
    frangipane, 572
    froide aux tomates fraîches, 116
    Gaspacho, 116
    pour salade de fruits, 600
    prise
        au riz, 599
        au sirop d'érable de Saint-
            Isidore, 574
        éclair, 571
        espagnole, 576
    sénégalaise, 120
    vert-pré, 111
    Vichyssoise, 115
    viennoise au chocolat, 607

Crème glacée
    à l'ancienne, 612
    à la gélatine, 614
    à la guimauve, 613
    à la vanille, 612
    au cacao, (voir Crème glacée au
        lait concentré non-sucré), 613
    au café et au rhum, 615
    au café, (voir Crème glacée au lait
        concentré non-sucré), 613
    au chocolat, (voir Crème glacée
        au lait concentré non-sucré),
        613
    au lait concentré non-sucré, 613
    au miel, 615
    au rhum et aux raisins, 614
    aux fraises, (voir Crème glacée
        Philadelphie), 612
    aux fraises, 614
    aux marrons, 616
    aux pêches fraîches, 615
    Bombe glacée garnie, 617
    Coupes glacées aux marrons, 616
    de luxe au chocolat, 617
    Gâteau Alaska, 591
    Gâteau à la, 590
    Philadelphie, 612
    pralinée, 616
    Tarte au chocolat, 530
    Tarte à la, 530
Crèmes glacées, Quleques conseils
    concernant les, 612
Crème moulée
    Pompadour, 577
    suédoise aux fraises, 576
Crème pâtissière, 574
    parfumée, 603
Crème aigre
    Bifteck suisse à la, 176
    Biscuits aux épices, 631
    Biscuits à la, 626
    Champignons à la, 403,, 404
    Champignons en sauce, 406
    Champignons Smetana, 83
    Chou à la, 396
    Concombres à la, 427
    Épinards à la, 391
    Gâteau au chocolat à la, 549
    Gâteau au fromage à la crème, 566

Gâteau à la, 549
Gâteau à la, pour le thé, 548
Lentilles froides à l'indienne, 465
Muffins à la, (voir Muffins), 650
Pommes de terre farcies aux
    herbes, 450
Riz végétarien, 469
Salade de chou à l'ancienne, 394
Salade de chou à la, 393
Salade de chou, 394
Salade de concombres à
    l'ancienne, 425
Tarte au mincemeat, 536
Tarte à la, 535
Vinaigrette à la, 72
Crèmes-dessert, Les, 570
    Flan de Nevers au chocolat, 577
    Pêches à la Condé, 508
    Riz au lait bigarade, 599
    Riz au lait crémeux, 598
    Riz au lait, 598
    Velouté au caramel, 578
    Velouté à l'orange, 578
Crêpes, Les, 652
    au poulet, 298
    aux champignons, 655
    aux petits fruits, 654
    à l'orange, 654
    Crème à l'érable pour, 605
    de pommes de terre, 460
    françaises, 653
    russes au sarrasin, 655
    Suzette, 653
Cresson, Seri no oynyn, 106
Cretons à l'ancienne, 256
    de ménage, 255
Crevette, La, 151
Crevettes
    Assiettes de fruits de mer, 153
    au four, 154
    Cocktail de, 79
    Crème de, 115
    en papillon, 153
    en salade à l'américaine, 152
    en salade à la française, 153
    frites, 153
    Hors-d'œuvre de fruits de mer, 80

Kebabs du Maine, (voir Chiche-
kebabs à la broche), 222
Omelette d'Épicure au gratin, 363
Salade antillaise, 151
Sandwiches aux, 152
Sauce crémeuse aux fines herbes,
74
Tempura aux, 155
Victoria, 154
(voir variantes, Aspic aux
tomates), 89
Croissants aux amandes, 630
Croquant
aux arachides, 692
aux noix, 635
Croque-monsieur, 382
Croquembouche, 589
Croquettes
de dinde, 309
de palourdes, 156
de poisson, 131
de saumon, 130
de veau cuit, 209
du lendemain, 190
Crosses de fougères, Les, 392
Croustillant aux pommes, 501
Croustilles de pommes de terre, 449
Croûtons vaudois, 491
Crudités amandines, 83
Cuba libre, 708
Cuisine, Comment équiper une, 2
L'arithmétique dans la, 3
Cuisses
de grenouilles à la provençale, 330
de poulet en salade, 288
Cuisson
au blanc (voir Salsifis), 440
La, sous pression, La, 17
Les divers modes de, des viandes, 30
Tableau de, de la dinde, 306
Tableau de, des aliments au
barbecue, 29
Tableau de, des pâtes alimentaires
Tableau de, du veau, 197
Curaçao
Poulet au, 292
Punch royal, 705

D

Danoise, Biscuits à la, (voir Biscuits à
la cuiller), 634
Darnes
de poisson sur le gril, 132
de saumon grillées, 130
Dattes
Biscuits sandwiches, 627
Carrés aux, (voir Biscuits
sandwiches), 627
Chutney aux, 666
Gâteau aux, 558
Gâteau aux, à l'ancienne, 558
Petits fours aux fruits, 629
Pouding aux, 594
(voir variante Carrés au chocolat),
629
Délice
au homard, 150
au maïs, 410
aux pommes, 501
aux rognons, 193
à la papaye, 714
de la mer, 132
Délices
au chocolat, 564
à la confiture, 628
Demi-jambon glacé à l'autocuiseur,
260
Demi-poulets grillés au barbecue,
278
Dessert
Gourmandises à la confiture, 652
Les sirops, 600
Œufs en neige caramélisés, 588
Sabayon, 588
Sauce
au beurre d'arachide, 602
au beurre, 601
au caramel écossais, 601
au caramel, 601
au chocolat sans cuisson, 602
au chocolat, 602,, 604
au citron à la mode du Québec,
604
au citron, 603
au miel chaude, 602

au vin blanc à l'italienne, 603
au xérès, 603
aux abricots, 603
aux œufs, 601
chaude à l'orange, 604
crémeuse, 601
vanillée, 602
Desserts vite faits, 499
Dinde, La, 306
au vin blanc, 308
Cipaille du Québec, 300
Croquettes de, 309
Farce anglaise aux oignons, 307
Farce au pain, 306
Farce au riz, 472
Farce française au jambon
et aux abats, 307
Farce hollandaise aux pommes
de terre et au pain, 307
Pâtes à la, 309
Sauce au pain, 308
Sauce délicieuse à base de farine,
308
Sauce rose, 57
Surprises à la, 309
Tableau de cuisson de la,, 306
Tetrazzinni, 308
Doigts de dame, 635
Doré, Le brochet, le, et le
maskinongé, 144
Dorés, Filets de, bonne femme, 144
Dry martini, 708
Dumplings aux pommes, 593

E

Eau minérale surprise, 714
Éclairs aux anchois, 86
Endives, Les, 389
à la crème, 389
meunière, 390
Salade d', 389
Entrecôte bordelaise, 165
Épaule d'agneau
à la mode de Sardaigne, 227
barbecue en papillotes, 228
marinée et braisée, 227

Épaule de porc braisée, 242
Éperlan, L', 137
Éperlans au gratin, 137
  à la crème, 137
  frais frits dans la poêle, 137
Épices, Les, 42
  Biscuits aux, (voir Biscuits
    abaissés), 624
  Chou rouge aux, 396
Épinards, Les, 390
  à la crème aigre, 391
  à la crème, 390
  Artichauts à la florentine, 407
  au gratin, 390
  Bureks turques, 91
  Courge farcie, 429
  Gratin de nouilles aux, 344
  mousseline, 391
  Nouilles aux, 343
  Œufs pochés à la florentine, 355
  Pain aux, 390
  Ragoût d'agneau à l'arménienne,
    229
  Salade d', 390
  Tartelettes florentines, 91
Érable, Crème au four à l', 572
Érable, sirop d'
  Beurre d'érable crémeux, 690
  Beurre d'érable maison, 605
  Beurre d'érable, 690
  Crème à l'érable pour crêpes, 605
  Crème prise au, de Saint-Isidore,
    574
  Fondant au, 690
  Gâteau au, 561
  Grands-pères au, 652
  Jeunes poulets au, 284
  Mousse glacée à l'érable, 618
  Sauce au beurre d'arachide, 602
  Sauce chaude à l'orange, 604
  Soufflé au, 585
  Soufflé de la cabane à sucre, 585
  Sucre d'érable, 690
  Tarte au, 531
  Tarte au sucre, 531
  Tarte chiffon à l'érable, 533
  Tartes au caramel et aux noix,
    531
  Tourlouche au, 560

Érable, sucre d'
  Fèves au lard de la colonie, 466
  Jambon de la cabane à sucre, 261
  Pain éclair au, 646
Escalopes
  de veau cordon bleu, 205
  de veau parisiennes, 205
  fines au citron, 206
Escargots, Beurre pour, 68
Espadon grillé, 141
Estragon
  Beurre d', 68
  Pommes de terre à l', 451
  Poulet grillé à l', 279

F

Faisan
  à la normande, 322
  flambé, 321
  Pâté de, 322
Farce
  à l'anglaise, (voir Le canard), 310
  à la canadienne, (voir Le canard),
    310
  à la normande, (voir Le canard),
    310
  à la saucisse à la mode de la
    Nouvelle-Angleterre, 252
  anglaise aux oignons, 307
  au pain, 306
  au riz, 472
  aux abats, (voir Le canard), 310
  française au jambon et aux abats,
    307
  hollandaise aux pommes de terre
    et au pain, 307
Fenouil, Le, 432
Fesse de porc rôtie, 240
Fettuccine verdi, (voir Nouilles aux
  épinards), 343
Feuilles de betteraves en crème, 438
Feuilles de chou farcies, 186
Fèves au lard
  à l'ancienne, 466
  à l'autocuiseur, 467
  de la colonie, 466
  du Québec, 466

Figues, Biscuits aux, (voir Biscuits
  simples), 627
Filet
  de bœuf rôti, 163
  de chevreuil à l'australienne, 332
  de porc aux champignons, 243
  de porc à la chinoise, 242
  de sole Beaufort, 141
  de sole Marguery, 140
  de sole roulés, 141
  d'aiglefin farcis, 138
  de dorés bonne femme, 144
  de hareng marinés, 135
  de poisson farcis, 128
    gratinés, 127
    pêcheur, 127
    pochés, 127
  de porc farcis à la sauge, 245
    grillés de Canton, 243
  mignon grillé au poêlon, 168
Fines herbes, Les, 38
  Beurre aux, 42
  Beurre de, (voir Beurres pour
    canapés), 92
  Mayonnaise aux, 74
  Moutarde aux, 66
  Sel aromatique, 42
  Vinaigrette aux, 70
Flageolets, Salade de haricots, 467
Flan
  au fromage, 491
  de Nevers au chocolat, 577
Flétan
  au cari, 133
  à la russe, 133
Flip au porto ou au xérès, 709
Florentins, 633
Foie, Le, 211
  aux oignons, 213
  Bouchées au, 213
  de bœuf en julienne, 190
  de poulet
    à la crème, 304
    Francesca, 303
  de veau
    à la crème, 211
    à la française, 212
    grillé, 213

frit à la poêle, 211
grillé, 211
Kugel au, 213
Pain au, et au bacon, 192
Pâté de, gras danois, 214
Foie gras, Canapés de, à la russe, 86
pâté de, Pâté Colmar, 82
Foies
de poulet hachés, 81
Pâté de, de poulet, 306
Salade aux, de volaille, 304
Fond de tarte
aux biscuits, 523
épicé aux biscuits, sans cuisson, 523
Fondant au sirop d'érable, 690
Fondue
américaine, 485
au filet de porc, 245
au four, 484
au pain et au fromage, 371
bourguignonne, Sauce diablée, 63
de Pékin, 224
Les réchauds, la et le barbecue, 27
mexicaine, 484
piémontaise, 483
suisse, 483
Fontainebleau, 490
Fontina, Fondue piémontaise, 483
Fraises
glacées, 694
Bavarois aux, 580
Compote de, et de rhubarbe, 499
Confiture de, 680
Confiture de, à l'ancienne, 679
Confiture de, et de rhubarbe, 680
Crème glacée aux, (voir Crème
glacée Philadelphie), 612
Crème glacée aux, 614
Crème moulée suédoise aux, 576
Desserts vite faits aux, 499
Gâteau meringue aux, 560
Limonade, 713
Marmelade de, 683
Omelette aux, 365
Parfait aux, 618
Pouding à la rhubarbe à la mode
du Vermont, 594
Punch aux, 706
Sorbet aux fruits, 620

Sorbet aux, fraîches, 620
Soufflé froid aux, 582
Tarte aux, à l'anglaise, 527
Tarte aux, chantilly, 527
Tarte chiffon aux, 532
Tartelettes aux petits fruits, 538
Tartelettes aux, à la parisienne, 537
Framboise
Babeurre aux, 715
Boisson au vinaigre de, 712
Confiture de, 680
jus de, Punch d'été finlandais, 711
Pêches aux, 506
Punch d'été finlandais, 711
Sorbet aux, 619
Fricassée
d'agneau, 232
de chez-nous, 189
de crabe, 151
de pommes de terre, 457
de poule, 296
Fromage de tête, 254
Fromage à la crème
Crème pour salade de fruits, 600
Fontainebleau, 490
Garnitures variées, 380
Gâteau au fromage à l'américaine,
564
Gâteau au, 566
Mousse à l'indienne, 83
Tarte légère au, 532
Tarte savoureuse au fromage et au
cognac, 532
Fromage bleu, Beurre bleu, (voir
Beurres pour canapés), 92
Fromage cottage
Anneau de, aux fruits, 488
Biscuits chauds au, 489
Gâteau au fromage sans cuisson,
565
Nouilles au fromage blanc, 345
Œufs farcis du couvent, 371
Pain de, 488
Pierogi polonais, 493
Pouding hawaïen au, 592
Riz végétarien, 469
Soupe de céleri au fromage, 98
Trempette de fromage aux
légumes, 88

Fromage parmesan, Panais au, 444
Fromages, Les, 478
Asperges au gratin, 409
Asperges à la milanaise, 409
Biscuits soufflés au, 489
Brocoli de Parme, 400
Champignons à la suisse, 406
Chou-fleur au gratin, 400
Concombres au riz, 426
Coquillettes au lait gratiné, 337
Croque-monsieur, 382
Croûtons vaudois, 491
Épinards au gratin, 390
Épinards mousseline, 391
Fondue américaine, 485
Fondue au four, 484
Fondue au pain et au, 371
Fondue mexicaine, 484
Garnitures variées, 380
Gratin de nouilles aux épinards,
344
Macaroni alla carbonara, 340
Macaroni au, 338
Macaroni au, grand-mère, 342
Macaroni gratinés, 339
Macaroni milanais, 339
Nouilles aux oignons, 345
Œufs au, 367
Œufs durs au, râpé, 367
Oignons farcis, 434
Omelette au, 361
Omelette au, baveuse, 360
Omelette savoyarde, 362
Pain au, (voir Petits pains au lait),
648
Poivrons verts farcis au jambon,
425
Poulet à la suisse, 294
Quiche au, et aux champignons,
486
Riz au, 493
Riz à la milanaise, 472
Riz gratiné, 470
Salade de riz à la française, 473
Sauce au, 57
Sauce aux olives, 48
Sauce Mornay, 47
Spaghetti à la bolognaise, 349

Tomates farcies, 419
Fruits, Les, frais
        (voir aussi abricots, bananes,
        cerises, fraises, framboises,
        marrons, melon, oranges,
        pamplemousse, pêches, poires,
        pommes, pruneaux, prunes,
        raisins, rhubarbe), 496
    Anneau de fromage cottage aux,
        488
    Beignets aux, 657
    Biscuits aux, (voir Biscuits à la
        cuiller), 631
    Comment glacer les, et les noix,
        693
    Compote aux quatre, 499
    Compote de fraises et de
        rhubarbe, 499
    coupes de, Bananes sautées, 511
    coupes de, Cocktail de pêches
        fraîches, 508
    coupes de, Pêches aux framboises,
        506
    coupes de, Pruneaux au vin rouge,
        511
    Crème pour salade de, 600
    Crêpes aux petits, 654
    Desserts vite faits, 499
    Gâteau sablé aux fruits, 649
    Lentilles aux, 465
    Les salades de, 497
    Marinade de, d'été, 667
    Mincemeat américain, 535
    Mincemeat anglais, 535
    Mincemeat à la viande, 188
    Petits fours aux, 629
    Pouding Betty aux, variés, 501
    Salade de melon, 498
    Salade de poires, 498
    Salade de, santé, 497
    Salade de, surgelés, 497
    salade de, Mayonnaise crémeuse
        au raifort, 74
    salade de, Sauce au miel pour, 600
    salade de, Vinaigrette pour, 600
    Tarte au mincemeat, 536
    Tarte de Noël, 536
    Tartelettes au mincemeat, 536
    Tartelettes aux petits, 538

Fruits belle Aurore, 498
Fruits confits
    Gâteau aux fruits, 556
    Pain éclair aux fruits, 645
    Soufflé garni, 586
Fruits pochés
    Oranges au caramel, 509
    Pêches au cognac, 508
    Pêches à la bordelaise, 506
    Pêches pochées, 508
    Poires Boulogne, 509
    Pommes normandes, 504
Fruits secs, Compote de, 500
Fruits de mer, Les,
        (voir aussi bigorneaux, crabe,
        crevettes, homard, huîtres,
        moules, pétoncles), 147
    Assiettes de, 153
    Bouillabaisse classique, 160
    Hors-d'œuvre à base de poisson
        et de, 79
    Paella espagnole, 155
    Tempura, 159
Fudge au moka, (voir Fudge
        classique), 687
    à l'orange, (voir Fudge classique),
        687
    à la guimauve, (voir Fudge
        classique), 687
    aux noix et aux raisins, (voir
        Fudge classique), 687
    classique, 687
    express, 687
Fumet de poisson, 125

G

Galantine
    de porc du Vieux-Québec, 255
    de poulet à la crème, 302
    de poulet à la québécoise, 301
    de saumon, 128
Galantines, Petites, 302
Galettes
    de la Nouvelle-Écosse, 623
    de pommes de terre «boxty», 455
    de pommes de terre à l'irlandaise,
        457

de pommes de terre, 455
de sarrasin, 650
Garniture
    au bœuf haché, 379
    au jambon, 379
Garnitures
    à la viande, 379
    aux légumes, 379
    de sandwiches au poisson, 379
    variées, 380
Gaspacho, 116
Gâteau
    Alaska, 591
    à l'ananas réfrigéré, 590
    à la crème aigre, 549
        pour le thé, 548
        à la crème glacée, 590
    au chocolat à la crème aigre, 549
    au chocolat nouvelle méthode, 548
    au fromage
        à l'américaine, 564
        à la crème, 566
        sans cuisson, 565
    au fudge, 563
    au rhum, 563
    au sirop d'érable, 561
    aux bananes de maman, 558
    aux bleuets, 557
    aux dattes à l'ancienne, 558
    aux dattes, 558
    aux fruits, 556
    aux noix de Grenoble, 546
    blanc nouvelle méthode, 546
    breton, 559
    Bunuelos mexicains, 568
    Bûche de Noël à la française, 553
    Carrés au miel et au chocolat, 564
    de Nevers, 590
    de Savoie à l'américaine, 550
    des anges, 559
    Délices au chocolat, 564
    Génoise française, 553
    meringue aux fraises, 560
    moka, 553
    Morency, 559
    Pain de Savoie, 550
    Petits, chiffon, 561
    Poires Brillat-Savarin, 509

renversé de luxe, 561
roulé au chocolat, 552
roulé, 552
sablé aux fruits (Shortcake), 649
Saint-Honoré, 554
Savarin, 567
Tourlouche au sirop d'érable, 560
Gâteaux, Les, 540
Les, au beurre, 543
Les, de Savoie, 540
Gaufres, Les, 652
à la mélasse, 652
au cacao, (voir Gaufres), 652
aux bananes, (voir Gaufres), 652
aux noix, (voir Gaufres), 652
françaises, 652
Gelée de menthe fraîche, 682
de pomme, 682
de raisins bleus, 681
Gelées, La préparation des, 678
Génoise française, 553
Gibier, (voir aussi bécassines, cailles,
chevreuil, faisan, grenouilles,
lapin, lièvre, orignal, perdrix,
pigeonneaux)
Pâte pour la cipaille, 326
Gigot
bouilli à l'écossaise, 220
d'agneau
à la bretonne, 220
à la broche, 219
bouilli à la française, 222
froid, 219
grillé au barbecue, 220
Gin
Alexandra, 709
Dry martini, 708
John Collins, (voir Rhum Collins),
708
Jus de tomate surprise, 709
Gingembre
Biscuits de grand-mère, 625
Biscuits secs au, 625
Carottes au, 437
Pain au, à l'ancienne, 642
Glaçage
à gâteaux vite fait, 605
à la pâte d'amande, 606
au beurre, 606

au cacao, 608
au chocolat doux-amer, 608
au chocolat et crème fouettée, 607
au citron et à l'orange, 609
au rhum et aux noix, 606
au rhum, 607
Crème au citron, 609
Crème aux pommes, 610
Crème à la confiture d'abricots, 609
Crème chocolatée à l'américaine,
607
Crème viennoise au chocolat, 607
moka à l'américaine, 609
moka, 609
pour petits fours, 605
royal, 606
sucré au chocolat, 608
velouté au chocolat, 607
Glaçure
à l'ananas, (voir Glaçures pour
jambon chaud), 258
à la cassonnade, (voir Glaçures
pour jambon chaud), 258
au vin, (voir Glaçures pour
jambon chaud), 259
aux caneberges, (voir Glaçures
pour jambon chaud), 259
miel-orange, (voir Glaçures pour
jambon chaud), 258
Glaçures
à la gelée de raisins, (voir Glaçures
pour jambon chaud), 258
Les, pour jambon en chaud-froid,
259
pour jambon chaud, 258
Glogg
scandinave, 707
suédois, 707
Golden buck anglais, 483
Gourganes, Soupe aux, 103
Gourmandises à la confiture, 652
Graines aromatiques, Les, 40
Grande cipaille au lièvre, 325
Grands-pères
au caramel, 651
au sirop d'érable, 652
aux bleuets, 651
du Lac Saint-Jean, 651

Gratin de nouilles aux épinards, 344
Grenouilles, Cuisses de, à la
provençale, 330
Groseille, gelée de, Tipsy Parson, 589
Groseilles rouges, gelée de, Carottes
glacées aux groseilles, 438
Groseilles vertes, Sirop de, 684
Groseilles, Chutney aux, 665
Gruyère
Céleri-rave au, 440
Cocotte de, au vin blanc, 485
Flan au fromage, 491
Fondue suisse, 483
Mousse froide au fromage, 490
Quiche lorraine au bacon, 486
Quiche vaudoise, 486
Sablés suisses au fromage, 490
Soufflé d'automne au fromage, 491
Veau au, 206
Guimauve, Fudge à la, (voir Fudge
classique), 687
Guimauves, Crème glacée à la
guimauve, 613

H

Hachis
d'agneau, 232
d'aiglefin du Nouveau-Brunswick,
139
de bœuf du gourmet, 190
Hareng, Filets de, marinés, 135
Harengs
à la crème, 134
saurs marinés, 134
Haricots
à l'allemande, 413
à l'américaine, 413
à la tourangelle, 413
beurre aux tomates, 414
beurre marinés, 674
blancs à la bretonne, 468
de Lima à la paysanne, 468
en salade, 413
en salade, à la polonaise, 415
rouges au fromage, 467
verts à l'arménienne, 415
verts à l'orientale, 414
verts à la niçoise, 414

Haricots blancs secs
  Cassoulet, 314
  Fèves au lard à l'ancienne, 466
  Fèves au lard à l'autocuiseur, 467
  Fèves au lard de la colonie, 466
  Fèves au lard du Québec, 466
  Gigot d'agneau à la bretonne, 220
  Salade de haricots, 467
Haricots de Lima, Les, 415
  Salade d'hiver, 388
  Salade de, 468
Haricots rouges, Chili con carne, 176
Haricots secs, Chevreuil à la bière, 332
Haricots verts
  Haricots à l'américaine, 413
  Haricots à la tourangelle, 413
  Les, et les haricots beurre, 412
  Salade de, 412
Herbes, Les potages aux, 108
  Pain aux, (voir Petits pains
    au lait), 648
Hérisson aux pommes, 505
Homard
  Beurre de, (voir Beurres pour
    canapés), 92
  Bisque de, 114
  Bouillabaisse classique, 160
  Délice au, 150
  grillé, 147
  Hors-d'œuvre de fruits de mer, 80
  Œufs moulés du cardinal, 366
  Omelette au, 358
  Salade de coquillettes et de, 337
  Salade de, 150
  salade de, Sauce gribiche, 62
  thermidor, 148
  Trempette savoureuse au, 88
  Véritable, à la Newburg, 148
Homards frais bouillis, 147
Hors-d'œuvre, Les, et canapés,
  (voir aussi canapés), 78
  à base d'œufs durs, 79
  à base de légumes, 78
  à base de poisson et de fruits
    de mer, 79
  à l'espagnole, 85
  Artichauts aux œufs à l'italienne, 82
  Aspic
    au concombre, 88

au poisson ou aux fruits de mer,
    89
  aux œufs, 88
  aux œufs, 89
  aux tomates, 88,, 89
  à la viande, 89
  classique, 88
Bouchées de steak, 90
Céleri-rave en, 440
Champignons farcis, 406
Champignons marinés, 81
Cocktail de crevettes, 80
Coupes de tomates, 83
Courge en hors-d'œuvre,
    (voir courge, La), 429
Crudités amandines, 83
de fruits de mer, 80
Foies de poulet hachés, 81
Mousse à l'indienne, 83
Noix de Grenoble épicées, 85
Noix de Grenoble Héloïse, 91
Olives à la sévillane, 85
Purée d'aubergine, 421
Saucisses
  diablées, 90
  en pâte, 90
Trempette
  au cheddar, 485
  aux palourdes de la Nouvelle-
    Angleterre, 87
  à l'indienne, 87
  de fromage aux légumes, 88
  joyeuse, 88
  la dame en rose, 87
  savoureuse au homard, 88
Huîtres
  à l'américaine, 156
  au bacon, 90, 157
  au poêlon, 156
  Crème aux, 114
  frites, 157
  fumées de Cancale, 91
  Hors-d'œuvre de fruits de mer, 80
  Tetrazzini, 345
  Sauce normande aux, 61
  Soupe aux, 106

I

Îles flottantes
  aux pommes, 503
  aux pommes à la française, 503
Infusions, Les, 717

J

Jambon, Le, 257
  à la mode de Virginie, 261
  au four, 257
  au madère, 262
  aux pêches fraîches, 265
  bouilli à l'autocuiseur, 263
  bouilli glacé à la canadienne, 261
  bouilli, 263
  Bouilli de, et de légumes, 264
  Coquilles de macaroni et de, 342
  Croque-monsieur, 382
  D'autres suggestions concernant
    le, 271
  Demi-jambon glacé à
    l'autocuiseur, 260
  de la cabane à sucre, 261
  en croûte, 262
  Épaule picnic fumée, 263
  Farce française au, et aux abats, 307
  froid à l'orange, 270
  Garniture au, 379
  glacé garni, 259
  Glaçures pour, chaud, 258
  Les glaçures pour, en chaud-froid,
    259
  Macaroni alla carbonara, 340
  Nid de, et pommes de terre, 268
  Œuf bénédictine, 368
  Œufs frits au, 365
  os de, Lentilles au gras, 465
  Pain de veau aux champignons,
    209
  Pain de, 269
  Pain de, à l'italienne, 269
  Pain de, de ma mère, 269
  Pâté de salade de, 271
  Pâté de, 270

persillade, 261
Piperade, 360
Poivrons verts farcis au, 425
Présentation et garnitures du, 258
Rouelle de, Miquelon, 266
Roulade au, 268
Salade au, 270
Salade de macaroni du chef, 343
Sandwiches chauds au, et aux pommes de terre, 377
Soc roulé aux épices, 260
Soufflé toscan, 268
Trempette à l'indienne, 87

Jambon, Tableau
de cuisson du, 258
de cuisson pour réchauffer le, précuit, 259
de temps de cuisson au gril, 264
de temps de cuisson au poêlon, 265

Jambon, Tranche de,
à la Kent, 267
à la mélasse, 266
à la mode du Béarn, 266
au four, 264
au poêlon, 265
barbecue, 267
en sauce, 267
grillée, 264
précuit au four, 264
Wisconsin, 267

Jeune poulet à la Clamart, 274
Jeunes poulets au sirop d'érable, 284
Julep tropical, 712
Jus
de pamplemousse frappé, 713
de tomate extra, 713
de tomate surprise, 709

K

Kebab
à la turque, (voir Chiche-kebabs à la broche), 222
anglais, (voir Chiche-kebabs à la broche), 222
du Maine, (voir Chiche-kebabs à la broche), 222

italien, (voir Chiche-kebabs à la broche), 222
piquant, (voir Chiche-kebabs à la broche), 222
Kebabs perses, 224
Ketchup
aux pommes, 675
vert, 675
Kugel au foie, 213

L

Lait
à l'orange, 714
chocolaté, 715
de poule de Noël, 707
frappé, 714
Punch au, 714
Second réveil, 715
Laitue
Petits pois à la française, 411
Salade aux foies de volaille, 304
Langue
de bœuf Cumberland, 192
de bœuf en ragoût, 193
Langues
de chat, 632
de chat au beurre, 632
de morue frites, 136
de porc dans le vinaigre, 254
de veau en gelée, 214
Lapin
à la française, 320
à la moutarde, 318
au bacon, 318
Sauce rose, 57
Terrine, 318
Laquaiche aux yeux d'or de, La, Winnipeg, 146
grillée, 146
Lard salé, Fèves au lard à l'ancienne, 466
Fèves au lard du Québec, 466
Lentilles au gras, 465
Lasagnes à la romaine, 337
Légumes secs, Les,
(voir aussi haricots blancs, haricots de Lima, haricots rouges, lentilles), 464

Légumes, Les,
(voir aussi artichaut, asperges, aubergines, betteraves, brocoli, carottes, céleri, céleri-rave, champignons, choux de Bruxelles, chou, chou-fleur, concombres, courge, courgettes, crosses de fougères, endives, épinards, fenouil haricots de Lima, maïs, navets, oignons, oseille, panais, patates douces, petits pois, pissenlits, poireaux, poivrons, rutabagas, salsifis, tomates, topinambours), 384
Aspic classique, 88
Beurre blanc nantais, 66
Beurre noir, 66
Bœuf en daube, 173
Crudités amandines, 83
Garnitures de sandwiches aux, 379
Hors-d'œuvre à base de, 78
L'art de préparer une salade, 387
Mousse de concombres, 428
Petits pois à la mode printanière, 412
Potage fermière, 109
Purée de, 387
Ratatouille niçoise, 386
Salade
d'automne, 387
d'avocat, 388
d'été, 387
d'hiver, 388
du jardin, 387
espagnole, 388
jardinière, 387
Sandwich chaud au bœuf et aux, 377
Sauce amandine, 61
Soupe aux, 96
Soupe aux, du Québec, 97
Soupe végétarienne, 98
Spaghetti à la livournaise, 348
Sukiyaki, 179
Tableau de cuisson des, 19
Trempette de fromage aux, 88
Veau printanier, 203

Lentilles
  au gras, 465
  au maigre, 464
  aux fruits, 465
  froides à l'indienne, 465
  Salade de, 465
Lièvre
  à la flamande, 325
  au vin blanc, 324
  Civet de, 324
  Grande cipaille au, 325
  Tourtière du Lac-Saint-Jean, 324
Lime, Tarte à la, 537
Limette, jus de, Punch des Fêtes, 711
Limonade
  de fraise, 713
  de pomme, 713
  Punch des Fêtes, 711
Liqueur frappée, 703
Liqueurs, Les, 702
  Principaux constituants des, 702
Longe de porc boulangère, 241
  farcie, 242
  rôtie au romarin, 242
  rôtie à la normande, 239
Longe de veau à l'étuvée, 200

M

Macaroni
  à la crème, 338
  alla carbonara, 340
  au fromage grand-mère, 342
  au fromage, 338
  au saumon, 340
  aux poivrons verts, 339
  aux tomates, 339
  Coquilles de, et de jambon, 342
  gratinés, 339
  milanais, 339
  Pâté de, 340
  Salade au jambon, 270
  Salade de, 343
  Salade de, du chef, 343
Macarons
  aux amandes, 632
  de flocons d'avoine, 631
Madère, Œufs au, 367

Maïs soufflé
  au caramel, 689
  aux arachides (Crackerjack), 692
Maïs, Le, 409
  Beignets au, 410
  Beignets soufflés au, 410
  Charleston, 410
  Délice au, 410
  farine de, Pain chaud à la, 650
  huile de, Pâte à tarte à l', 520
  Œufs brouillés au, 357
  Relish au, 674
  Soupe de, 104
Mamelade d'ananas, 684
Manhattan, 708
Marinade, (voir aussi chutney,
      condiment, relish), 664
  Abricots marinés, 668
  Champignons marinés, 406,673
  Choux-fleurs marinés, 673
  Citrouille marinée, 669
  Concombres croustillants, 671
  Concombres sucrés à l'ancienne, 671
  Cornichons
    à l'aneth, 672
    à la moutarde, 672
    sucrés vite faits, 671
    sucrés, 671
  de cantaloups, 667
  de choux-fleurs et d'oignons, 669
  de concombres jaunes, 670
  de concombres, 670
  de fruits d'été, 667
  de poivrons et tomates, 669
  de tomates vertes, 670
  Haricots beurre marinés, 674
  Œufs
    au vinaigre, 369
    dans le vinaigre, 676
    marinés, 369
  Oignons dans le vinaigre, 673
  Oignons marinés, 673
  Pêches marinées, 668
  Poires
    au porto, 668
    marinées, 667
  Pommettes marinées, 668
  Prunes épicées, 668

Marinades
  Filets de hareng marinés, 135
  Harengs saurs marinés, 134
  La préparation des, 664
  Langues de porc dans le vinaigre,
      254
  Morue marinée, 136
  Truite ou saumon mariné, 143
Marmelade
  anglaise, 683
  d'oranges de Séville, 682
  d'oranges, 683
  de fraises, 683
  de poivrons rouges, 676
  de rhubarbe, 684
Marrons, Les, 512
  au beurre, 512
  Chou rouge aux, 397
  Coupes glacées aux, 616
  Crème de, à la lyonnaise, 577
  Crème glacée aux, 616
  Mousse parisienne aux, 580
  Oie aux, 315
  Purée de, 512
Maskinongé de la Côte-Nord, 145
  Le brochet, le doré et le, 144
Mayonnaise, La, 72
  à l'ail, 73
  à l'huile d'olive, 73
  à la gélatine, 75
  andalouse, 75
  au jus de citron, 74
  au mélangeur, 73
  au raifort, 74
  aux concombres, 75
  aux fines herbes, 74
  crémeuse au raifort, 74
  cuite sans huile, 75
  Mille-Îles, 75
  rosée, 73
  russe à l'américaine, 75
  russe à l'européenne, 75
  Sauce tartare, 74
  verte, 73
Mayonnaises, Tableau de proportions
  pour les, 72
Mélange, Tarte à la ferlouche, 536
Mélasse
  Biscuits de grand-mère, 625

Crème brûlée à la québécoise, 574
Gaufres à la, 652
Maïs soufflé au caramel, 689
Muffins à la, 650
Pain d'épice, 642
Tire à la, 692
Menthe
Beurre de, (voir aussi Beurres pour canapés), 92
Chocolat à la, 716
Gelée de, fraîche, 682
Les infusions, 717
liqueur de, Liqueur frappée, 703
Punch à la, fraîche, 711
Sauce à la, 76
Thé aux fruits, 717
Thé à la, 717
Meringue
à deux œufs, 534
à trois œufs, 534
Îles flottantes aux pommes à la française, 503
Îles flottantes aux pommes, 503
sans cuisson, 534
Pommes enneigées, 504
Mesures, Équivalences de poids et de, 3
Équivalences de quantités et de, 4
Équivalences des, impériales et métriques, 4
Miel
Beignes au, 657
Beurre d'érable maison, 605
Biscuits de Noël à la suédoise, 634
Carrés au, et au chocolat, 564
Chocolat chaud au, 715
Crème glacée au, 615
Oignons glacés au, 433
Pain d'épice au, 642
Poulet au, 282
Sauce au, chaude, 602
Sauce au, pour salade de fruits, 600
Tire au, 692
Mincemeat
américain, 535
anglais, 535
à la viande, 188
Tarte au, 536

Tarte de Noël, 536
Tartelettes au, 536
Morue
à la Mithridate, 135
Boulettes de poisson de l'Atlantique, 136
Cabillaud à la hollandaise, 135
Cabillaud créole, 135
en brandade, 134
Langues de, frites, 136
marinée, 136
Soupe à la, fraîche, 106
Moules marinières, 156
Moules, Capacité des, en volume métrique, 5
Dimension des, et des plats, 5
Moussaka, 232
Mousse
à l'indienne, 83
au chocolat de luxe, 578
au citron, 604
aux tomates fraîches, 82
cuite aux pommes, 505
de concombres, 428
froide au fromage, 490
glacée aux blancs d'œufs, 618
glacée à l'érable, 618
parisienne au chocolat, 578
parisienne aux marrons, 580
Mousseline au Cointreau, 602
à la vanille, 602
Moutarde finlandaise, 66
Carottes glacées à la, 436
Céleri-rave mariné à la, 440
Cornichons à la, 672
Poitrines de poulet grillées à la, 285
Sauce, à l'anglaise, 59
Sauce, de luxe, 55
Muffins, 650
à la cassonade, (voir Muffins), 650
à la confiture, (voir Muffins), 650
à la crème aigre, (voir Muffins), 650
à la mélasse, 650
au beurre d'arachide, (voir Muffins), 650
aux bleuets, (voir Muffins), 650
aux pommes, (voir Muffins), 650
Muscade, Tarte au citron et à la, 524

N

Navarin d'agneau, 233
Navets au bouillon, 443
aux oignons, 443
Nid de jambon et pommes de terre, 268
Noix
Biscuits au chocolat et aux, 629
Biscuits aux, (voir Biscuits abaissés), 624
Biscuits d'abeille suédois, 634
Biscuits riches, 627
Comment glacer les fruits et les, 693
Crème glacée pralinée, 616
Croquants aux, 635
Fudge aux, et aux raisins, (voir Fudge classique), 687
Gâteau aux dattes à l'ancienne, 558
Gaufres aux, (voir Gaufres, 652
Glaçage au rhum et aux, 606
Pain aux, (voir Petits pains au lait), 648
Rouleaux au moka et aux, 686
Tartelettes au beurre, 536
Tartes au caramel et aux, 531
Noix de Grenoble
épicées, 85
Canapés d'Épicure, 87
Gâteau aux, 546
Héloïse, 91
Noix glacées, 694
Noix de coco
Biscuits à la, (voir Biscuits à la cuiller), 631
Tarte au chocolat, 530
Nouilles
amandines, 344
Anneau de, 344
au fromage blanc, 345
aux épinards, 343
aux oignons, 345
aux saucisses, 345
fraîches, 343
frites à la chinoise, 346
fines, Kugel au foie, 213
Gratin de, aux épinards, 344

O

Œuf
à la suisse, 357
bénédictine, 368
Œufs, Les, 354
à l'alsacienne, 366
à l'écossaise, 370
Artichauts aux, à l'italienne, 82
Aspic aux, (voir Aspic classique), 89
Aspic aux, 89
au fromage, 367
au madère, 367
au safran, 369
au vinaigre, 369
Beurre blanc nantais, 66
brouillés
au maïs, 357
aux croûtons, 357
aux oignons, 358
à l'américaine, 358
crémeux, 357
Canapés à l'indienne, 86
dans le nid, 368
dans le vinaigre, 676
durs au fromage râpé, 367
en gelée à la grecque, 371
en neige caramélisés, 588
en sauce blanche, 368
farcis chauds, 370
farcis du couvent, 371
Fondue au pain et au fromage, 371
frits au jambon, 365
frits à la bordelaise, 365
frits à la mode des Landes, 366
Garnitures variées, 380
Hors-d'œuvre à base d', durs, 79
Îles flottantes aux pommes à la française, 503
Îles flottantes aux pommes, 503
marinés, 369
Meringue à deux, 534
Meringue à trois, 534
Meringue sans cuisson, 534
mimosa, (voir Hors-d'œuvre à base d'œufs durs), 79, 372
moulés à la portugaise, 366
moulés du cardinal, 366

moulés duchesse, 366
Nid de jambon et pommes de terre, 268
Omelette
au fromage baveuse, 360
au fromage, 361
au homard, 358
aux champignons, 361
aux foies de volaille, 362
aux fraises, 365
aux oignons, 361
aux pommes de terre, 360
bonne femme, 363
d'Épicure au gratin, 363
de campagne, 360
écossaise, 362
espagnole, 362
Magda, 361
savoyarde, 362
soufflée, 363
Pain doré de ma mère, 372
perdus, 369
Petites quiches au crabe, 151
Piperade, 360
pochés
à la bourguignonne, 356
à la florentine, 355
à la polonaise, 356
à la purée de petits pois, 356
en gelée de vin rouge, 356
Parmentier, 355
Pommes enneigées, 504
Potage polonais aux, 114
Quiche
au fromage et aux champignons, 486
lorraine au bacon, 486
vaudoise, 486
rémoulade, 369
Sabayon, 588
Salade aux, 371
Salade chiffonnade, 389
Sandwiches aux, brouillés et au bacon, 378
Sandwiches dorés, 375
Sauce aux, 601
Sauce Choron, 55
soubise en crème, 368
Soufflé

au cheddar, 493
au poisson, 128
au poulet, 301
aux champignons, 404
aux crevettes à l'indienne, 154
d'automne au fromage, 491
milanais, 493
toscan, 268
sur le plat aux pommes de terre, 367
sur le plat avec bacon, 365
Trempette joyeuse, 88
Oie aux marrons, 315
farcie, 315
rôtie, 315
Oignon
Sauce froide à l', 351
Soupe à l', au vin blanc, 101
Soupe à l', des Halles, 99
Soupe à l', du lundi, 99
Tarte à l', 435
Oignons, Les, 432
à la crème, 432
à la française, 433
au xérès, 434
dans le vinaigre, 673
farcis, 434
frits, 434
frits à la française, 433
glacés au miel, 433
marinés, 673
Farce anglaise aux, 307
Marinade de choux-fleurs et d', 669
Navets aux, 443
Nouilles aux, 345
Œufs brouillés aux, 358
Omelette aux, 361
Pain aux, (voir Petits pains au lait), 648
Poule aux, 293
Poulet bonne femme, 275
Purée soubise, 433
Salade aux, 371
Saucisses aux, 250
Velouté d', à la française, 101
Oignons rouges
Salade aux, 432
Farce à l'anglaise, (voir Le canard), 310

Olives
à la sévillane, 85
(voir variantes, Sauce vite faite), 350
Sauce aux, 48
Omelette
au fromage baveuse, 360
au fromage, 361
au homard, 358
aux champignons, 361
aux foies de volaille, 362
aux fraises, 365
aux oignons, 361
aux pommes de terre, 360
bonne femme, 363
d'Épicure au gratin, 363
de campagne, 360
écossaise, 362
espagnole, 362
Magda, 361
savoyarde, 362
soufflée, 363
Orange
Beignes à l', (voir Beignes), 656
Biscuits à l', 624
Canard à l', 311
Carottes glacées, 437
Chocolat à l', 716
Chou rouge à l', 397
Côtelettes d'agneau au xérès et à l', 226
Crêpes à l', 654
Fudge à l', (voir Fudge classique), 687
Glaçage au citron et à l', 609
Jambon froid à l', 270
jus d'
Boisson au jus de raisin, 713
Punch au jus de fruits, 710
Punch de la Floride, 710
Sauce au beurre, 601
Vodka-orange, 709
Lait à l', 714
Marmelade anglaise, 683
marmelade à l', Patates douces glacées à l'orange, 445
Orangeade, (voir Citronnade), 713
Petits pains au lait à l', 648
Petits pains éclair à l', 648

Saint-Raphaël à l', 702
Sauce chaude à l', 604
Sauce maltaise, 55
Soufflé froid à l', 582
Tarte à l', 524
Thé aux fruits, 717
Velouté à l', 578
Orangeade, (voir Citronnade), 713
Oranges
au caramel, 509
Marmelade d', 683
Marmelade d', de Séville, 682
ou mandarines glacées, 694
Orge, Soupe à l', à l'ancienne, 105
Orignal, L', 331
Venaison en cocotte, 333
Oseille, L', 391
Soupe à l', 104
Osso bucco, 207

P

Pacanes
Brioches aux, 643
Tarte aux, 532
Paella espagnole, 155
Pain
au foie et au bacon, 192
au gingembre à l'ancienne, 642
aux épinards, 390
aux raisins, 641
blanc parfait, 639
chaud aux bleuets, 649
chaud à la farine de maïs, 650
d'épice au miel, 642
d'épice, 642
de blé entier, 640
de fromage cottage, 488
de jambon, 269
à l'italienne, 269
de ma mère, 269
de patates douces, 445
de riz au bœuf, 185
de saucisses, 250
de saumon, 132
de Savoie, 550
de seigle, 648
de veau aux champignons, 209
de viande, 184

à la sauce piquante, 184
à la saucisse, 251
de porc, 253
familial, 183
italien classique, 209
doré de ma mère, 372
éclair
au sucre d'érable, 646
aux bananes, 648
aux fruits, 645
sandwich, 381
Farce
anglaise aux oignons, 307
au pain, 306
française au jambon et aux abats, 307
hollandaise aux pommes de terres et au,, 307
La fabrication du, 638
Pouding au, 596
Pouding au, du Lac-Saint-Jean, 597
Pouding caramélisé au, 597
Sauce au, 308
Sauce au, pour la perdrix, 61
Scones écossais, 650
Tresse aux amandes à la danoise, 641
Pains
de viande individuels, 185
éclair aux raisins, 646
Petits , éclair à l'orange, 648
Petits, au lait à l'orange, 648
Petits, au lait, 648
Petits, croutés, 640
Palourdes
Chaudrée à la mode de la Nouvelle-Angleterre, 106
Chaudrée à la mode de New York, 107
Croquettes de, 156
Trempette aux, de la Nouvelle-Angleterre, 87
Pamplemousse
Jus de, frappé, 713
jus de, Punch de la Floride, 710
jus de, Punch des Fêtes, 711
nature, 512
Porc-épic aux raisins, 512

Panais, Le, 443
    au fromage parmesan, 444
    glacés, 444
Papaye, Délice à la, 714
Parfait
    au caramel, 619
    au citron, 618
    aux fraises, 618
Parmesan, Soufflé milanais, 493
Patates douces, Les, 444
    au xérès, 445
    de la Nouvelle-Orléans, 444
    glacées à l'orange, 445
    Pain de, 445
Pâte
    à beignets classique, 657
    à choux, Saint-Honoré, 554
    à tarte à l'eau chaude, 520
    à tarte à l'huile de maïs, 520
    à tarte nouvelle méthode, 520
    Boulettes de, pour ragoûts, 650
    feuilletée, 520
    pour la cipaille, 326
    sablée, 522
    semi-feuilletée, 522
    sucrée à la française, 523
Pâtes éclair, Les, 645
Pâtes alimentaires, les,
        (voir coquilles, coquillettes,
        lasagnes, macaroni, nouilles,
        spaghetti, spaghettini), 336
    Huîtres Tetrazzini, 345
    Pesto génois, 351
    Poulet rôti à l'italienne, 277
    Sauce au thon, 352
    Sauce crème persillée, 352
    Sauce froide à l'oignon, 351
    Sauce vite faite, 350
    Tableau de cuisson des, 336
    (voir variantes, Bœuf express), 185
Pâtes à la dinde, 309
Pâté
    au poulet, 299
    aux pommes, 526
    chinois, 189
    Colmar, 82
    de bécassines, 330
    de bœuf et de rognons, 193
    de faisan, 322

de foie
    de porc, 257
de foie gras, 235
    danois, 214
        Œufs à l'alsacienne, 366
    de foies de poulet, 81, 306
    de jambon, 270
    de macaroni, 340
    de salade de jambon, 271
    de saumon, 130
Pâtés
    à l'irlandaise, 185
    de bœuf haché, 181
Pâtisseries
    Babas au rhum, 568
    Choux à la crème, 567
    Dumplings aux pommes, 593
Pattes de porc bouillies, 254
Pêches
    au cognac, 508
    aux framboises, 506
    à la bordelaise, 506
    à la Condé, 508
    Chutney, 665
    Cocktail de, fraîches, 508
    Compote aux quatre fruits, 499
    Confiture de, et d'ananas, 681
    Confiture de, et de poires, 681
    Crème glacée aux, fraîches, 615
    farcies et côtelettes d'agneau, 226
    Jambon aux, fraîches, 265
    Marinade de fruits d'été, 667
    marinées, 668
    pochées, 508
    Pouding Betty aux fruits variés, 501
    Punch aux, et au vin, 705
    Romanoff, 506
    savetier, 505
    Sorbet aux fruits, 620
    Tarte aux, 528
    Tarte glacée aux, 529
    Tarte pralinée aux, fraîches, 528
Pectine maison, 679
Pelures de pommes de terre
    croquantes, 453
Pepperone, Olives à la sévillane, 85
Perchaude, La, 145
Perdrix
    au chou, 328

du vieux trappeur, 329
    rôties, 328
    Cipaille du Québec, 300
    Sauce au pain pour la, 61
Persil
    Beurre noir, 66
    Crème de, 111
    Jambon persillade, 261
    Sauce crémeuse aux fines herbes,
        74
    Semoule au, 446
    Spaghetti persillés, 349
Pesto génois, 351
Petites côtes
    de porc barbecue, 249
    levées à la chinoise, 247
Petites galantines, 302
Petites quiches au crabe, 151
Petits fours aux fruits, 629
Petits gâteaux chiffon, 561
Petits pains
    au lait, 648
    au lait à l'orange, 648
    croûtés, 640
    éclair à l'orange, 648
Petits pois, Les, 411
    à la française, 411
    à la mode printanière, 412
    au bacon, 411
    au riz, 412
    Champignons aux, 403
    Crème de, 111
    Crème vert-pré, 111
    en pot, 411
    Œufs pochés à la purée de, 356
    Pommes de terre aux, 452
    Potage Saint-Germain, 109
Pétoncles
    aux amandes, 159
    Coquilles Saint-Jacques, 157
    en cocotte, 159
Pets-de-nonne, 658
Picon grenadine, 702
Pierogi polonais, 493
Pigeonneaux grillés, 321
Pigeons
    rôtis, 320
    Saint-Germain, 321

Pignons, Riz sauvage aux, 474
Pilaf rose, 470
Piperade, 360
Pissenlits, Salade de, de ma
    grand-mère, 392
Plum pudding, Le, 594,596
Poids, Équivalences de, et de
    mesures, 3
Pointe de poitrine bouillie, 177
Poireaux, Les, 435
    à la crème, 436
    aux tomates, 435
    braisés, 435
    Crème sénégalaise, 120
    Vichyssoise, 115
    vinaigrette, 436
Poires
    au gingembre, 684
    au porto, 668
    Boulogne, 509
    Brillat-Savarin, 509
    Compote aux quatre fruits, 499
    Confiture de pêches et de, 681
    Marinade de fruits d'été, 667
    marinées, 667
    Salade de, 498
Pois secs
    Soupe aux pois classique, 102
    Soupe aux pois sans viande, 101
Poisson, Le,
        (voir aussi achigan, aiglefin,
        brochet, cabillaud, calmar,
        corégone, doré, éperlan,
        espadon, flétan, hareng,
        hareng saurs, laquaiche,
        maskinongé, morue,
        perchaude, saumon, sébaste,
        sole, thon, truite), 122
    à la chinoise, 131
    Aspic au, ou aux fruits de mer,
        (voir Aspic classique), 89
    au four, 137
    Beurre
        à l'ail, 67
        bifteck, 68
        d'estragon, 68
        moutarde, 67
        noir, 66

    pour escargots, 68
Bouillabaisse classique, 160
bouilli au lait, 125
bouilli, 125
Boulettes de, de l'Atlantique, 136
Croquettes de, 131
cuit au court-bouillon, 125
cuit à la vapeur, 128
Darnes de, sur le gril, 132
entier cuit au four, 126
frit à la meunière, 126
Fumet de, 125
fumé poché au lait, 124
Garnitures de sandwiches au, 379
grillé, 126
Hors-d'œuvre à base de, et de
    fruits de mer, 79
La cuisson du, 123
Les sauces pour servir avec le,
    grillé, 55
Mayonnaise verte, 73
Salade de, 133
Sauce
    amandine, 61
    au chutney, (voir Les sauces
        pour servir avec le poisson
        grillé), 55
    au citron, (voir Les sauces pour
        servir avec le poisson grillé),
        55
    au concombre, (voir Les sauces
        pour servir avec le
        poisson grillé), 55
    au xérès, (voir Les sauces pour
        servir avec le poisson grillé),
        ·55
    aux fines herbes, 57
    barbecue au citron, 64
    Choron, 55
    diablée, 63
    hollandaise Chantilly, 55
    normande aux huîtres, 61
    veloutée pour le, 60
Sauces aux câpres pour le, 60
Soufflé au, 128
Tempura, 159
Poisson, Filets de
    farcis, 128
    gratinés, 127

pêcheur, 127
pochés, 127
Poissons des chenaux, 136
Poitrine de veau farcie, 200
Poitrine roulée à la bretonne, 227
Poitrines de poulet
    bordelaises, 286
    farcies, 280
    glacées Ostende, 286
    grillées à la moutarde, 285
    grillées, 285
    Poulet à la Kiev, 296
    Poulet Monaco, 286
    Poulet Véronique, 287
Poivre, Bifteck au, 167
Poivrons, Les, 422
    Marinade de, et tomates, 669
    Relish à l'espagnole, 674
    Relish de, verts et rouges, 675
Poivrons verts
    à l'italienne, 424
    farcis au jambon, 425
    farcis à l'agneau, 235
    farcis, 424
    Macaroni aux, 339
    Ragoût de, à l'acadienne, 424
Poivrons rouges
    Marmelade de, 676
Pomme
    Gelée de, 682
    jus de, Gourmandises à la
        confiture, 652
    jus de, Limonade de pomme, 713
    jus de, Sauce au beurre, 601
Pommes
    «black caps» à l'anglaise, 503
    Charlotte aux, 587
    Compote de rutabaga, 442
    Compote de, aux petits croûtons,
        500
    Crème aux, 610
    Croustillant aux, 501
    Délice aux, 501
    Desserts vite faits aux 499
    Dumplings aux, 593
    du Québec, 503
    enneigées, 504
    Farce à la canadienne, (voir Le
        canard), 310

Hérisson aux, 505
Îles flottantes aux, 503
Îles flottantes aux, à la française, 503
Ketchup aux, 675
Mousse cuite aux, 505
Muffins aux, (voir Muffins), 650
normandes, 504
Oie rôtie, 315
Pâté aux, 526
Pouding aux, à l'ancienne, 593
Pouding Betty aux fruits variés, 501
Poulet de la vallée d'Auge, 288
Salade de chou aux, 393
sans-souci, 504
Soufflé aux, 587
Tarte aux, 525
Tarte aux, à l'écossaise, 526
Tarte aux, à la hollandaise, 526
Tarte aux, savoureuse, 525
Pommes de terre, Les, 448
    à l'estragon, 451
    à la broche, 457
    à la lyonnaise, 459
    à la normande, 453
    à la provençale, 452
    au lard, 457
    au porc fumé, 271
    aux petits pois, 452
    boulangères, 453
    Boulettes de, 459
    brunes du Québec, 450
    brunes parfaites, 450
    Chantilly, 458
    Crêpes de, 460
    Croustilles de, 449
    cuites au four, 451
    cuites, frites, 449
    duchesse, 458
    en papillotes, (voir Pommes de terre grillées au barbecue), 457
    en papillotes, 451
    Farce hollandaise aux, et au pain, 307
    farcies aux herbes, 450
    Fricassée de, 457
    friquet, 452
    frites au bacon, (voir Pommes de terre grillées au barbecue), 457

frites surgelées, (voir Pommes de terre grillées au barbecue), 457
frites, 448
Galettes de, «boxty», 455
Galettes de, 455
Galettes de, à l'irlandaise, 457
gratinées, 460
grillées au barbecue, 457
Loulou, 451
moulées, 453
Nid de jambon et, 268
Œufs moulés duchesse, 366
Œufs pochés Parmentier, 355
Œufs sur le plat aux, 367
Omelette aux, 360
Omelette de campagne, 360
Omelette savoyarde, 362
Pelures de, croquantes, 453
Poulet rôti farci aux, 276
Purée de légumes, 387
Purée de, 451
réchauffées, 458
rôties au four, 458
rôties au gras de bacon, 449
Pommes de terre, Salade de,
    à l'américaine, 461
    à la française, 462
    au beurre, 461
    chaude, 461
    de luxe, 462
    estivale, 460
    nouvelles, 461
    Sandwiches chauds au jambon et aux, 377
    Soupe Parmentier, 101
Pommettes marinées, 668
Porc haché,
    Tourtière du Lac-Saint-Jean, 324
    (voir variantes, Sauce vite faite), 350
Porc, (voir jambon), 238
    Bacon de longe à la broche, 271
    Cassoulet, 314
    Chili con carne, 176
    Chop soui, 245
    Cipaille du Québec, 300
    Cochon de lait farci et rôti, 240
    côtes de, Sauce fumée, 64
    Cretons à l'ancienne, 256
    Cretons de ménage, 255

Des petits trucs concernant le, 239
Épaule de, braisée, 242
Farce à la saucisse à la mode de la Nouvelle-Angleterre, 252
Fesse de, rôtie, 240
Feuilles de chou farcies, 186
Filet de, aux champignons, 243
Filet de, à la chinoise, 242
Filets de, farcis à la sauge, 245
Filets de, grillés de Canton, 243
Fondue au filet de, 245
Fromage de tête, 254
Galantine de, du Vieux-Québec, 255
Grande cipaille au lièvre, 325
La saucisse, 249
Langues de, dans le vinaigre, 254
Lentilles aux fruits, 465
Les parties du, 238
Mincemeat à la viande, 188
Pain de saucisses, 250
Pain de viande à la saucisse, 251
Pain de viande de, 253
Pâté de foie de, 257
Pattes de, bouillies, 254
Petites côtes de, barbecue, 249
Petites côtes levées à la chinoise, 247
Pommes de terre au porc fumé, 271
Ragoût de boulettes, 253
Ragoût de pattes, 254
Rillettes de ménage, 256
Rillettes de Tours, 256
Rognons de, à l'espagnole, 253
Rôti de filets de, 241
Rôti de, et graisse de rôti à la mode du Québec, 240
Sauce barbecue aux tomates, 64
Saucisses
    à l'italienne, 251
    du pays de Galles, 250
    frites, en pâte, 251
    Yorkshire, 251
Seri no oynyn, 106
Tableau de cuisson du, 239
Tourtière, 252
Variante de petites côtes de, barbecue, 249
(voir Sandwiches à la viande, chauds ou froids), 375

Porc, Côtelettes de
  à la milanaise, 246
  au poêlon, 246
  charcutières, 247
  endiablées, 246
  niçoises, 247
  rôties au four, 246
Porc, Longe de
  boulangère, 241
  farcie, 242
  rôtie au romarin, 242
  rôtie à la normande, 239
Porc-épic aux raisins, 512
Porto
  (voir variantes, Foie frit à la poêle), 211
  Bishop anglais, 706
  Canard à la Morency, 314
  Flip au, ou au xérès, 709
  Glogg scandinave, 707
  Poires au, 668
  Poulet au, 278
  Sauce madère, 54
  Wassail bowl colonial, 706
Pot-au-feu
  à l'autocuiseur, 169
  classique, 105
Potage (voir soupe, bouillon, consommé, crème, velouté)
  au cari, 114
  au céleri, 109
  à la citrouille, 111
  fermière, 109
  froid du toit de chaume, 118
  Les, aux herbes, 108
  polonais aux œufs, 114
  Saint-Germain, 109
Pouding
  à la rhubarbe à la mode du Vermont, 594
  au caramel, 597
  au chocolat, 592
  au pain du Lac-Saint-Jean, 597
  au pain, 596
  au riz de luxe, 598
  au riz, 599
  au tapioca, 599
  aux bleuets, 592
  aux dattes, 594

aux pommes à l'ancienne, 593
Betty aux fruits variés, 501
caramélisé au pain, 597
Coupes au citron, 599
du chômeur, 593
hawaïen au fromage cottage, 592
Le plum pudding, 594
Plum pudding, 596
Poule
  au chou, 296
  au pot, 275
  au vermouth, 292
  aux oignons, 293
  bouillie, 277
  rôtie au four, 277
  Bouilli québécois, 278
  Petites galantines, 302
Poulet
  à l'ail, 289
  à l'ancienne, 293
  à la ciboulette, 284
  à la crème, 282
  à la Kiev, 296
  à la king, 301
  à la suisse, 294
  à la Tosca, 298
  au brocoli, 299
  au curaçao, 292
  au miel, 282
  au porto, 278
  au vin blanc, 284
  barbecue, 279
  Beurre Bercy, 68
  bonne femme, 275
  Bouchées de, 299
  Bouillon à la carcasse de volaille, 94
  Bouillon blanc, 50
  braisé aux champignons, 282
  Chapon au vin blanc, 289
  chasseur à l'italienne, 294
  Coq au vin, 290
  Crêpes au, 298
  Cuisses de, en salade, 288
  d'été, 297
  de la vallée d'Auge, 288
  Demi-poulets grillés au barbecue, 278
  des ambassadeurs, 275
  Farce au riz, 472

Fricassée de, 296
frit à l'américaine, 281
frit, 290
Galantine de, à la crème, 302
Galantine de, à la québécoise, 301
Grande cipaille au lièvre, 325
grillé au citron, 279
grillé au four à la sauce barbecue, 280
grillé à l'estragon, 279
Île-de-France, 294
Jeune, à la Clamart, 274
Marengo, 292
Monaco, 286
Omelette d'Épicure au gratin, 363
Paella espagnole, 155
pané cuit au four, 290
Pâté au, 299
Pâté de foies de, 81
Pâté de foies de, 306
Ragoût de, aux boulettes de pâte, 297
Sauce
  au vin blanc, 56
  aux prunes, 61
  barbecue au citron, 64
  barbecue pour le, 64
  barbecue, 64
  Choron, 55
  diablée, 63
  fumée, 64
  hollandaise Chantilly, 55
  rose, 57
sauté, 289
Soufflé au, 301
Soupe au, 96
Trempette à l'indienne, 87
Véronique, 287
(voir Sandwiches à la viande, chauds ou froids), 375
Vol-au-vent au, 300
Poulet rôti
  à l'italienne, 277
  farci aux pommes de terre, 276
  martini, 302
  non farci, 276
Poulet, Foies de
  à la crème, 304

Francesca, 303
hachés, 81
Sandwiches au, bacon et
  champignons, 377
Omelette aux foies de volaille,
  362
Poulet, Poitrines de
bordelaises, 286
farcies, 280
glacées Ostende, 286
grillées à la moutarde, 285
grillées, 285
Poulet, Salade de, 303
à l'anglaise, 303
aux foies de volaille, 304
de macaroni du chef, 343
et de riz, 303
rôti, 303
Poulets
à la mode de Caen, 280
de Cornouailles, 277
Jeunes, au sirop d'érable, 284
Présentation et garnitures du
  jambon, 258
Pruneaux
au vin rouge, 511
glacés, 694
Prunes
épicées, 668
Compote aux quatre fruits, 499
Sauce aux, 61
Prunes bleues
Chutney aux, 665
Confiture de, 680
Punch
à la menthe fraîche, 711
au jus de fruits, 710
au jus de raisin, 711
au lait, 714
au rhum, 704
aux bleuets, 712
aux fraises, 706
aux pêches et au vin, 705
chaud au cidre, 704
chaud de Noël, 703
d'été finlandais, 711
de la Floride, 710
de Noël, 703
de Reims, 705

des Fêtes, 711
des grandes occasions, 705
français, 704
Moselle de luxe, 704
royal, 705
Purée
d'aubergine, 421
de chou-fleur, 401
de concombres, 428
de légumes, 387
de marrons, 512
de pommes de terre, 451
de rutabaga Parmentier, 443
de rutabaga, 443
de topinambours, 441
soubise, 433

Q

Quantités, Équivalences de,
  et de mesures, 4
Quiche
au fromage et aux champignons,
  486
lorraine au bacon, 486
vaudoise, 486

R

Ragoût
d'agneau au riz, 231
d'agneau à l'arménienne, 229
d'agneau à la mode irlandaise, 231
d'agneau hongrois, à l'orge, 229
de bœuf aux tomates, 176
de bœuf hongrois, 174
de boulettes, 253
de chevreuil, 333
de corégone, 147
de pattes, 254
de poivrons verts à l'acadienne, 424
de poulet aux boulettes de pâte,
  297
de queues de bœuf à la dijonnaise,
  191
de rognons d'agneau, 236
Langue de bœuf en, 193
Ragoûts, Boulettes de pâte pour, 650
Raifort

Beurre de, (voir Beurres pour
  canapés), 92
Mayonnaise au, 74
Mayonnaise crémeuse au, 74
Sauce crémeuse au (voir Cocktail
  de crevettes), 80
Raisin
jus de, Boisson au, 713
jus de, Punch au jus de fruits, 710
jus de, Punch au, 711
Raisins
frais glacés, 694
blancs, jus de, Julep tropical, 712
bleus, Gelée de, 681
Biscuits aux, (voir Biscuits à la
  cuiller), 631
Biscuits croquants, 633
Cailles aux, 326
Crème glacée au rhum et aux, 614
Fudge aux noix et aux, (voir
  Fudge classique), 687
Pain éclair aux fruits, 645
Pains éclair aux, 646
Porc-épic aux, 512
Poulet Véronique, 287
Tartelettes au beurre, 536
Raisins secs
Gâteau aux dattes à l'ancienne,
  558
Gâteau aux fruits, 556
Sauce aux, 59
Ratatouille niçoise, 386
Réchauds, Les, la fondue et le
  barbecue, 27
Relish
au maïs, 674
à l'espagnole, 674
de betteraves et de chou, 675
de poivrons verts et rouges, 675
Rhubarbe d'été, 510
Rhubarbe rose d'hiver
cuite au four, 510
mijotée, 510
Rhubarbe
Compote de fraises et de, 499
Confiture de fraises et de, 680
Marmelade de, 684
Pouding à la, à la mode du
  Vermont, 594

Tarte à la, 529
Tarte à la, du printemps, 529
Rhum
  Babas au, 568
  Black stripe, 709
  Crème glacée au café et au, 615
  Crème glacée au, et aux raisins, 614
  Collins, 708
  Cuba libre, 708
  Gâteau au, 563
  Gâteau de Nevers, 590
  Glaçage au, 607
  Glaçage au, et aux noix, 606
  grenadine, 709
  Punch au, 704
  Rhum Collins, 708
  Savarin, 567
Rillettes
  de ménage, 256
  de Tours, 256
Ris de veau aux champignons, 214
Riz, Le, 469
  Agneau à l'espagnole, 233
  à la cannelle, 470
  à la milanaise, 472
  amandine, 469
  Anneau de, 472
  au cari, 470
  au fromage, 493
  au lait bigarade, 599
  au lait crémeux, 598
  au lait, 598
  au lait, Pêches à la Condé, 508
  Boulettes de viande au, 183
  Concombres au, 426
  Crème prise au, 599
  Épaule de porc braisée, 242
  Farce au, 472
  frit à la chinoise, 469
  gratiné, 470
  Pain de, au bœuf, 185
  Petits pois au, 412
  pilaf, 469
  Pilaf rose, 470
  Pouding au, 599
  Pouding au, de luxe, 598
  Poulet à la Tosca, 298
  Ragoût d'agneau au, 231
  végétarien, 469

Riz, Salade de, 473
  poulet et de, 303
  à la française, 473
Riz, sauvage, Le, 473
  amandine, 476
  aux champignons, 476
  aux pignons, 474
  chasseur, 476
  Cailles au, 328
  Cocotte de, à la Ferguson, 476
Rognons
  à la française, 194
  à la moutarde, 235
  d'agneau poêlés, 236
  d'agneau sur canapés, 235
  de porc à l'espagnole, 253
  de veau Bercy, 216
  Délice aux, 193
  Pâté de bœuf et de, 193
Romarin, Les infusions, 717
Roquefort
  Canapés d'Épicure, 87
  Vinaigrette au, 70
Rôti
  braisé, 170
  braisé à l'américaine, 170
  de bœuf à la broche, 163
  de filets de porc, 241
  de porc et graisse de rôti à la mode
    du Québec, 240
  Les sauces à, 46
  Les sauces pour arroser les,
    à la broche, 55
  Sauce claire, 46
  Sauce crémeuse, 46
  Sauce parfaite, 46
  Sauce à badigeonner, 56
Rouelle de jambon Miquelon, 266
Roulade
  au jambon, 268
  de bœuf à l'ancienne, 168
Roulades
  de bœuf garnies, 168
  de veau, 207
Rouleaux au moka et aux noix, 686
Roux blond ou brun, 50
Rutabagas et les navets, Les, 442
  à la française, 443
  Compote de, 442

Purée de, 443
Purée de, Parmentier, 443
Salade de, 442

S

Sabayon, 588
Sablés
  écossais, 625
  suisses au fromage, 490
Safran
  graines de, Brioches suédoises, 644
  Œufs au, 369
Saint-Honoré, 554
Saint-Raphaël à l'orange, 702
Salade
  antillaise, 151
  au jambon, 270
  aux deux tons, 392
  aux foies de volaille, 304
  aux œufs, 371
  aux oignons rouges, 432
  César, 388
  chaude aux pommes de terre, 464
  chiffonnade, 389
  Choux de Bruxelles en, 398
  Crevettes en, à l'américaine, 152
  Crevettes en, à la française, 153
  Cuisses de poulet en, 288
  d'automne, 387
  d'avocat, 388
  d'endives, 389
  d'épinards, 390
  d'été, 387
  d'hiver, 388
  de betteraves, 438
  de bœuf bouilli, 190
  de coquillettes et de homard, 337
  de homard, 150
  de homard, Sauce gribiche, 62
  de lentilles, 465
  de macaroni du chef, 343
  de macaroni, 343
  de melon, 498
  de pissenlits de ma grand-mère, 392
  de poires, 498
  de poisson, 133
  de riz à la française, 473
  de riz, 473

de rutabagas, 442
de veau, 210
du jardin, 387
espagnole, 388
Haricots en, 413
Haricots en, à la polonaise, 415
jardinière, 387
L'art de préparer une, 387
niçoise, 416
Pâté de, de jambon, 271
printanière, 387
Thon en, 133
Tomates en, 419
verte, Sauce gribiche, 62
Salade de chou, 394
   à l'allemande, 393
   à l'ancienne, 394
   à la crème aigre, 393
   aux pommes, 393
Salade de concombre, 425
   à l'ancienne, 425
   en gelée, 426
Salade de haricots, 467
   de Lima, 468
   verts, 412
Salade de pommes de terre
   à l'américaine, 461
   à la française, 462
   au beurre, 461
   chaude, 461
   de luxe, 462
   estivale, 460
   nouvelles, 461
Salade de poulet, 303
   à l'anglaise, 303
   et de riz, 303
   rôti, 303
Salade de fruits, Les, 497
  Anneau de fromage cottage
    aux fruits, 488
  Crème pour salade de fruits, 600
  Fruits belle Aurore, 498
  Mayonnaise crémeuse au raifort, 74
  Sauce au miel pour salade de
    fruits, 600
  santé, 497
  surgelés, 497
  Vinaigrette pour, 600
Salsifis, Les, 440

Sandwich
  chaud au bœuf et aux légumes, 377
  Croque-monsieur, 382
  français, 382
  Garniture au bœuf haché, 379
  Garniture au jambon, 379
  Les composantes d'un bon, 374
  Pain, 381
  trois-tranches, 378
Sandwiches
  à la viande, chauds ou froids, 375
  aux crevettes, 152
  aux foie de poulet, bacon et
    champignons, 377
  aux œufs brouillés et au bacon, 378
  chauds au jambon et aux pommes
    de terre, 377
  Comment faire plusieurs, 375
  dorés, 375
  en damiers, 380
  enveloppés, 381
  mosaïques, 381
  roulés, 381
  ruban, 380
Sandwiches, Garnitures de,
  à la viande, 379
  au poisson, 379
  aux légumes, 379
Sardines, Canapés de, à la française,
  86
Sarrasin
  Crêpes russes au, 655
  farine de, Gâteau breton, 559
  Galettes de, 650
Sauce
    (voir aussi beurre, bouillon,
    mayonnaise, moutarde,
    vinaigrette)
  amandine, 61
  anglaise au whisky, 603
  anglaise, 56
  au beurre d'arachide, 602
  au beurre, 601
  au caramel écossais, 601
  au caramel, 601
  au cari, 59
  au chocolat sans cuisson, 602
  au chocolat, 602, 604
  au chutney, (voir Les sauces pour

servir avec le poisson grillé), 55
au citron, 603
au citron à la mode du Québec, 604
au citron, (voir Les sauces pour
    servir avec le poisson grillé), 55
au concombre, (voir Les sauces
    pour servir avec le poisson
    grillé), 55
au fromage, 57
au ketchup citronée, (voir
    Cocktail de crevettes), 80
au ketchup, (voir Cocktail de
    crevettes), 80
au miel chaude, 602
au miel pour salade de fruits, 600
au pain pour la perdrix, 61
au pain, 308
au thon, 352
au vin blanc à l'italienne, 603
au vin blanc, 56
au xérès, (voir Les sauces pour
    servir avec le poisson
    grillé), 55
au xérès, 603
aurore, 48
aux abricots, 603
aux câpres pour le poisson, 60
aux câpres, (voir Cocktail de
    crevettes), 80
aux câpres, 47
aux champignons, 48
aux fines herbes, 57
aux œufs, 601
aux olives, 48
aux prunes, 61
aux raisins secs, 59
à badigeonner, 56
à la crème, 57
à la menthe, 76
à spaghetti à l'aubergine, 346
à spaghetti, Boulettes de viande
    et, 182
barbecue, Poulet grillé au four à
    la, 280
béarnaise, 55
béchamel à l'anglaise, 51
béchamel, 51
béchamel, La, 51
blanche, 46

Bouillon blanc, 50
Bouillon brun, 50
brune type, 51
chasseur, 54
chaude à l'orange, 604
chili, 676
Choron, 55
claire, 46
cocktail, (voir Cocktail de
    crevettes), 80
cocktail, 64
Colbert, 55
crémeuse au raifort, (voir Cocktail
    de crevettes), 80
crémeuse aux fines herbes, 74
crémeuse, 46,601
crème persillée, 352
de dessert, Sauce anglaise au
    whisky, 603
délicieuse à base de farine, 308
diable, 53
diablée, 63
froide à l'oignon, 351
froide, 61
fumée, 64
grecque, 56
gribiche, 62
hongroise, 47
italienne, 47
madère, 54
maltaise, 55
Mornay, 47
mousseline, 54
moutarde à l'anglaise, 59
moutarde de luxe, 55
normande aux huîtres, 61
parfaite, 46
Pesto génois, 351
piquante, 55
provençale, 48
ravigote, 63
Robert, 53
rose, 57
Roux blond ou brun, 50
Soubise, 47
suisse piquante, 63
tartare, 74
vanillée, 602
veloutée pour le poisson, 60

Vimot, 62
vite faite, 350
Sauce aux tomates, 63
en conserve, 60
et aux pieds de champignons, 60
fraîches, 59
Sauce barbecue, 64
au citron, 64
au vin, 65
aux tomates, 64
du Vermont, 65
pour le poulet, 64
pour les saucisses, 65
sans cuisson, 66
Sauce hollandaise, 54
Chantilly, 55
légère, 54
Sauces à rôtis, Les, 46
Les, pour arroser les rôtis à la
    broche, 55
Les, pour servir avec le poisson
    grillé, 55
Saucisse, La, 249
Farce à la, à la mode de la
    Nouvelle-Angleterre, 252
Pain de viande à la, 251
Saucisses
à l'italienne, 251
aux oignons, 250
cocktail, Saucisses diablées, 90
cocktail, Saucisses en pâte, 90
diablées, 90
du pays de Galles, 250
en pâte, 90
frites, en pâte, 251
Nouilles aux, 345
Œufs frits à la mode des Landes,
    366
Pain de, 250
Sauce aux fines herbes, 57
Sauce barbecue pour les, 65
Sauce barbecue sans cuisson, 66
Yorkshire, 251
Sauerbraten, 173
Saumon
au four, 129
bouilli de Marie, 129
cuit à la vapeur, 129
froid ali-bab, 130

fumé, Canapés suédois, 86
Croquettes de, 130
Darnes de, grillées, 130
Délice de la mer, 132
Galantine de, 128
Macaroni au, 340
Pain de, 132
Pâté de, 130
Sauce crémeuse aux fines herbes,
    74
Sauce froide, 61
Truite ou, mariné, 143
Vol-au-vent au, 132
Savarin, 567
Scones écossais, 650
Sébaste, Le, 139
au four, 139
en soufflé, 139
Second réveil, 715
Seigle, Pain de, 648
Sel aromatique, 42
Semoule au persil, 446
Seri no oynyn, 106
Shabu-shabu, 180
Shandy gaff, 710
Shortcake, (voir Gâteau sablé aux
    fruits), 649
Side car, 708
Sirops, Les, 600
à cocktail, 710
de cacao, 715
de groseilles vertes, 684
Soc roulé aux épices, 260
Soda
gingembre citronné, 714
gingembre grenadine, 714
Sole
amandine, 140
Filet de, Beaufort, 141
Filets de, Marguery, 140
Filets de, roulés, 141
Sorbets, Les, 619
aux fraises fraîches, 620
aux framboises, 619
aux fruits, 620
Bombe glacée garnie, 617
express à l'ananas, 620
Gâteau Alaska, 591

Soufflés, Les, 34
  à la liqueur, 585
  au cheddar, 493
  au chocolat, 584
  au poisson, 128
  au poulet, 301
  au sirop d'érable, 585
  aux abricots, 586
  aux bleuets, 586
  aux champignons, 404
  aux crevettes à l'indienne, 154
  aux pommes, 587
  d'automne au fromage, 491
  de la cabane à sucre, 585
  garni, 586
  milanais, 493
  moka, 584
  toscan, 268
Soufflé, froid
  au café, 582
  au chocolat, 581
  au citron, 581
  aux fraises, 582
  à l'orange, 582
  moka, 584
Soupe
    (voir aussi bisque, chaudrée,
    potage)
  à l'orge à l'ancienne, 105
  à l'oseille, 104
  à la morue fraîche, 106
  à la queue de bœuf, 106
  au chou, 98
  au fromage canadien, 105
  au poulet, 96
  aux gourganes, 103
  aux huîtres, 106
  aux pois classique, 102
  aux pois sans viande, 101
  de céleri au fromage, 98
  de maïs, 104
  La, familiale, 97
  majorquine, 104
  panade à la mode du Poitou, 107
  Parmentier, 101
  Pot-au-feu classique, 105
  Seri no oynyn, 106
  végétarienne, 98
  vénitienne, 98

Soupe aux légumes, 96
  du Québec, 97
Soupe aux tomates
  du Québec, 103
  et vermicelle, 102
  vertes, 103
Soupe à l'oignon
  au vin blanc, 101
  des Halles, 99
  du lundi, 99
Spaghetti
  à l'aubergine, 346
  à la bolognaise, 349
  à la livournaise, 348
  à la mode de Sienne, 350
  à la pâte de tomates, 349
  Boulettes de viande et sauce à, 182
  de Naples, 348
  Dinde Tetrazzinni, 308
  gratinés à la catalane, 348
  persillés, 349
  Sauce à, à l'aubergine, 346
  siciliens, 349
Spaghettini, Anneau de, 350
Steak, Bouchées de, 90
Sucre à la crème, 689
Sucre d'érable, 690
Suif, Plum pudding, 596
Sukiyaki, 179
Surprises à la dinde, 309
Tableau
  Capacité des moules en volume
    métrique, 5
  Décongélation de la volaille, 23
  de cuisson
    de la dinde, 306
    de la volaille, 19
    des aliments au barbecue, 29
    des légumes, 19
    des pâtes alimentaires, 336
    des viandes rôties, 32
    des viandes, 18
    du jambon, 258
    du porc, 239
    du veau, 197
    pour réchauffer le jambon
      précuit, 259
  de proportions pour les
    mayonnaises, 72

des combinaisons des fruits acides
  et non acides, 679
d'ingrédients pour fond de tarte
  aux biscuits, 523
Dimension des moules et des
  plats, 5
Durée de conservation de certains
  aliments, 26
Éléments essentiels de
  l'alimentation, 14
Équivalences de poids et de
  mesures, 3
Équivalences de quantités et de
  mesures, 4
Équivalences des mesures
  impériales et métriques, 4
Équivalences des températures du
  four en Fahrenheit et en
  Celcius, 4
Valeur énergétique de certains
  aliments, 7

T

Tapioca, Pouding au, 599
Tarte
  à l'oignon, 435
  à l'orange, 524
  à la citrouille à l'américaine, 530
  à la crème aigre, 535
  à la crème glacée, 530
  à la ferlouche, 536
  à la lime, 537
  à la rhubarbe du printemps, 529
  à la rhubarbe, 529
  au chocolat, 530
  au citron et à la muscade, 524
  au citron, 524
  au mincemeat, 536
  au sirop d'érable, 531
  au sucre, 531
  aux abricots de luxe, 528
  aux bleuets de ma mère, 527
  aux cerises, 528
  aux fraises à l'anglaise, 527
  aux fraises chantilly, 527

aux pacanes, 532
aux pêches, 528
chiffon au citron, 533
chiffon aux fraises, 532
chiffon à l'érable, 533
de Noël, 536
Fond de, aux biscuits, 523
Fond de, épicé aux biscuits, sans
    cuisson, 523
glacée au chocolat, 530
glacée aux pêches, 529
légère au fromage à la crème, 532
Meringue
    à deux œufs, 534
    à trois œufs, 534
    sans cuisson, 534
meringuée de Monique, 534
Mincemeat américain, 535
Mincemeat anglais, 535
pralinée aux pêches fraîches, 528
savoureuse au fromage et au
    cognac, 532
Tarte aux pommes, 525
    à l'écossaise, 526
    à la hollandaise, 526
    savoureuse, 525
Tarte, Pâte à, à l'eau chaude, 520
    à, à l'huile de maïs, 520
    à, nouvelle méthode, 520
    feuilletée, 520
    Pâté aux pommes, 526
    sablée, 522
    semi-feuilletée, 522
    Tableau d'ingrédients pour fond
        de, aux biscuits, 523
Tartelettes
    au beurre, 536
    au mincemeat, 536
    aux fraises à la parisienne, 537
    aux petits fruits, 538
    florentines, 91
    Pâte sucrée à la française, 523
Tartes, Les, 514
    au caramel et aux noix, 531
    Comment empêcher les, aux
        fruits de déborder, 538
    La congélation, 518
    La cuisson, 518

Températures, Équivalences des,
    du four en Fahrenheit et
    en Celsius, 3
Tempura aux crevettes, 155
Tempura, 159
Teriyaki, 180
Terrine de lapin, 318
Thé
    à la menthe, 717
    aux fruits, 717
    russe, 717
    noir, Thé russe, 717
Thon
    en salade, 133
    frais à l'indienne, 132
    Salade de macaroni, 343
    Sauce au, 352
Tipsy Parson, 589
Tire
    à la mélasse, 692
    au miel, 692
Toffée anglais, 693
Tofu, Shabu-shabu, 180
Tomates, Les, 415
    à l'indienne, 418
    à la provençale, 418
    Aspic aux, (voir Aspic classique), 89
    Aspic aux, 89
    Aubergine nîmoise, 421
    Aubergines farcies à la turque, 422
    au beurre, 418
    au four, 420
    Chou-fleur à la grecque, 401
    Chutney, 665
    congelées, 418
    Crème froide aux, fraîches, 116
    en crème, 420
    en salade, 419
    farcies aux champignons grillés, 416
    farcies minceur, 419
    farcies, 419
    grillées à la Savoy, 416
    grillées, 418
    Haricots beurre aux, 414
    Haricots verts à la niçoise, 414
    Jus de, surprise, 709
    jus de, Bloody Mary, 710
    jus de, Bouillon de, en gelée, 94
    jus de, Jus de tomate extra, 713

Ketchup aux pommes, 675
Ketchup vert, 675
Lasagnes à la romaine, 337
Macaroni aux, 339
Marinade de poivrons et, 669
Mayonnaise rosée, 73
Mousse aux, fraîches, 82
Œufs brouillés à l'américaine, 358
Œufs dans le nid, 368
Œufs moulés à la portugaise, 366
Œufs rémoulade, 369
parisienne, 416
pâte de, Spaghetti à la, 349
Poireaux aux, 435
Poivrons verts à l'italienne, 424
Pommes de terre à la provençale,
    452
Ragoût de bœuf aux, 176
Relish à l'espagnole, 674
Salade niçoise, 416
Sauce aux, 63
Sauce aux, en conserve, 60
Sauce aux, et aux pieds de
    champignons, 60
Sauce aux, fraîches, 59
Sauce barbecue aux, 64
Sauce chili, 676
Sauce Vimot, 62
Soupe aux, du Québec, 103
Soupe aux, et vermicelle, 102
Spaghetti à la bolognaise, 349
Velouté de, fraîches, 114
Tomates vertes
    à l'ancienne, 421
    Marinade de, 670
    Soupe aux, 103
Topinambours, Les, ou artichauts de
Jérusalem, 441
    étuvés au beurre, 442
    Purée de, 441
Tourlouche au sirop d'érable, 560
Tourtière, 252
    du Lac-Saint-Jean, 324
Tranche d'agneau grillée à la turque,
    226
Tranche de jambon
    à la Kent, 267
    à la mélasse, 266
    à la mode du Béarn, 266

au four, 264
au poêlon, 265
barbecue, 267
bigarade, 226
en sauce, 267
grillée, 264
précuit au four, 264
Wisconsin, 267
Trempette
à l'indienne, 87
au cheddar, 485
aux palourdes de la Nouvelle-
Angleterre, 87
de fromage aux légumes, 88
joyeuse, 88
la dame en rose, 87
savoureuse au homard, 88
Tresse aux amandes à la danoise, 641
Tripes à la mode de Caen, 194
Truffes à la crème, 689
Truite, La, 142
au four, 142
grillée au bacon, 142
mouchetée bouillie, 142
mouchetées froides, 143
ou saumon mariné, 143

V

Valeur énergitique, La, des aliments, 7
Vanille
Crème anglaise à l'autocuiseur,
570
Crème au four à la, 571
Crème glacée à l'ancienne, 612
Crème glacée à la, 612
Crème glacée Philadelphie, 612
Mousseline à la, 602
Sauce vanillée, 602
Veau
à l'autocuiseur, 197
au four, 197
au gruyère, 206
Beurre Bercy, 68
Blanquette de, 200
Bouchées au foie, 213
Bouillon blanc, 50
Bouillon de, 94
braisé, 200

Cervelles de, 210
Cervelles de, au beurre noir, 210
Consommé madrilène en gelée, 96
Côtelette de, sautée, 204
Côtelettes de, au jus, 204
Croquettes de, cuit, 209
Des petits trucs concernant le, 197
Escalopes de, cordon bleu, 205
Escalopes de, parisiennes, 205
Escalopes fines au citron, 206
Foie aux oignons, 213
Grande cipaille au lièvre, 325
Kebab italien, (voir Chiche-kebabs
à la broche), 222
Kugel au foie, 213
Marengo, 198
printanier, 203
viennois, 198
haché, Pain de viande italien
classique, 209
Langues de, en gelée, 214
Les côtelettes de, et leurs
garnitures, 203
Les escalopes de, 204
Les parties du, 196
Longe de, à l'étuvée, 200
Mayonnaise verte, 73
Osso bucco, 207
Pâté de foie gras danois, 214
Pâté de foie gras, 235
Poitrine de, farcie, 200
Ris de, aux champignons, 214
Rognons à la moutarde, 235
Rognons de, Bercy, 216
rôti de, Sauce crémeuse
aux fines herbes, 74
Rouelles de, 207
Salade de, 210
Sauce au vin blanc, 56
Tableau de cuisson du, 197
Tripes à la mode de Caen, 194
Wiener schnitzels, 206
Veau, Foie de,
à la crème, 211
à la française, 212
Beurre au vin, 67
Beurre moutarde, 67
grillé, 211, 213
frit à la poêle, 211

Velouté
au caramel, 578
à l'orange, 578
d'oignons à la française, 101
de tomates fraîches, 114
Venaison en cocotte, 333
Véritable homard à la Newburg, 148
Vermicelle, Soupe aux tomates et, 102
Vermouth
cassis, 702
Bamboo, 710
Dry martini, 708
Manhattan, 708
Poulet au, 292
Poulet rôti martini, 302
Sauce diable, 53
Verveine, Les infusions, 717
Viande grillée, Sauce Colbert, 55
Viande hachée, Sandwich français, 382
Viande rôtie, Sauce Colbert, 55
Viande,
Aspic à la, (voir Aspic classique), 89
Beurre d'estragon, 68
Beurre pour escargots, 68
boulettes de, Sauce barbecue sans
cuisson, 66
Garnitures de sandwiches à la, 379
Viandes rôties, Tableau de cuisson
des, 32
Viandes, Les divers modes de cuisson
des, 30
Tableau de cuisson des, 18
Vichyssoise, 115
Vinaigrette, La, 68
anglaise, 69
au roquefort, 70
aux fines herbes, 70
à l'huile végétale, 70
à la crème, 72
chiffonade, 70
chutney, 70
de Dijon, 69
française, 69
pour salade de fruits, 600
rosée, 72
Vin blanc
Beurre Bercy, 68
Calmars sautés au vin, 142
Canard braisé, 311

Chapon au, 289
Cocotte de gruyère au, 485
Coquilles Saint-Jacques, 157
Dinde au, 308
Escalopes de veau cordon bleu, 205
Fondue suisse, 483
Jambon persillade, 261
Lapin à la française, 320
Lièvre au, 324
Moules marinières, 156
Osso bucco, 207
Pigeons Saint-Germain, 321
Poitrines de poulet bordelaises, 286
Poulet au, 284
Poulet braisé aux champignons, 282
Poulet de la vallée d'Auge, 288
Poulet Marengo, 292
Poulet Véronique, 287
Punch aux fraises, 706
Vin blanc, Sauce au, 56
    à l'italienne, 603
    à l'oignon, au, 101
    diable, 53
    italienne, 47
    Robert, 53
    Veau Marengo, 198
Vin rouge
    Agneau à l'arménienne, 229
    Bœuf à la mode, 171
    Bœuf bourguignon, 171
    Canard au chou rouge, 312
    Canard au, 314
    Chou rouge aux marrons, 397
    Chou rouge à la viennoise, 397
    Filet de chevreuil à l'australienne, 332
    Jambon à la mode de Virginie, 261
    Jambon bouilli, 263

Œufs frits à la bordelaise, 365
Œufs pochés à la bourguignonne, 356
Œufs pochés en gelée de, 356
Pêches à la bordelaise, 506
Pruneaux au, 511
Punch chaud de Noël, 703
Punch français, 704
Ragoût de chevreuil, 333
Ragoût de queues de bœuf à la dijonnaise, 191
Rognons à la française, 194
Vin, Le, 696
    Aspic aux œufs, 89
    Beurre au, 67
    Coq au, 290
    Glaçure au, (voir Glaçures pour jambon chaud), 259
    Jambon au madère, 262
    Punch aux pêches et au, 705
    Punch de Reims, 705
    Sabayon, 588
    Sauce barbecue au, 65
    Sauce diablée, 63
    Sauce madère, 54
Vinaigre de cidre, Boisson au vinaigre de framboise, 712
Vins, Les, de France, 698
    Les, du monde, 701
    Suggestions de, 701
Vodka
    Bloody Mary, 710
    Glogg suédois, 707
    Jus de tomate surprise, 709
    -orange, 709
Vol-au-vent
    au poulet, 300
    au saumon, 132

Volaille
    Comment apprêter la, 274
    Décongélation de la, 23
    poitrines de, Sauce froide, 61
    Tableau de cuisson de la, 19

Wassail bowl
    anglais, 707
    colonial, 706
Welsh rarebit, 484
Whisky
    Café irlandais, 718
    Lait de poule de Noël, 707
    Manhattan, 708
    Sauce anglaise au, 603
    sour, 709
    Whisky ou brandy fizz, 709
Wiener schnitzels, 206

Xérès
    Artichauts à la parisienne, 407
    Bagatelle, 589
    Bamboo, 710
    Flip au porto ou au xérès, 709
    Glogg scandinave, 707
    Oignons au, 434
    Patates douces au, 445
    Sauce au, (voir Les sauces pour servir avec le poisson grillé), 55
    Sauce au, 603
    Tipsy Parson, 589
    Trempette au cheddar, 485
    Wassail bowl anglais, 707

❧ NOTES ❧

❦ NOTES ❦